长春（2005）

早期团队（2003）

团队成员（2003）

云南（2005）

海南博鳌（2004）

宁夏贺兰山（2005）

云南建水（2005）

广西（2004）

云南调研（2005）

江苏（2005）

云南论坛（2005）

云南建水（2005）

北京东城雍和园（2007）

南京（2005）

云南考察（2005）

云南（2004）

云南楚雄（2005）

西双版纳（2005）

CCTV 直播（2006）

上海（2006）

北京故宫（2007）

北京（2005）

四川甘孜（2005）

广东肇庆（2006）

熊澄宇 著

熊澄宇策划规划集

策划集 上

清华大学出版社
北京

版权所有，侵权必究。举报：010-62782989，beiqinquan@tup.tsinghua.edu.cn。

图书在版编目（CIP）数据

熊澄宇策划规划集/熊澄宇著．—北京：清华大学出版社，2022.7
ISBN 978-7-302-59499-4

Ⅰ．①熊…　Ⅱ．①熊…　Ⅲ．①文化产业－策划－案例－汇编－中国　Ⅳ．① G124

中国版本图书馆 CIP 数据核字 (2021) 第 231682 号

责任编辑：纪海虹
装帧设计：刘　派
责任校对：王荣静
责任印制：杨　艳

出版发行：清华大学出版社
　　　　　网　　址：http://www.tup.com.cn，http://www.wqbook.com
　　　　　地　　址：北京清华大学学研大厦 A 座　　　　邮　　编：100084
　　　　　社 总 机：010-83470000　　　　　　　　　　　邮　　购：010-62786544
　　　　　投稿与读者服务：010-62776969，c-service@tup.tsinghua.edu.cn
　　　　　质 量 反 馈：010-62772015，zhiliang@tup.tsinghua.edu.cn
印 装 者：三河市东方印刷有限公司
经　　销：全国新华书店
开　　本：185mm×260mm　　印　张：71.75　　插　页：18　　字　数：1644千字
版　　次：2022年9月第1版　　印　次：2022年9月第1次印刷
定　　价：388.00元（全三册）

产品编号：088637-01

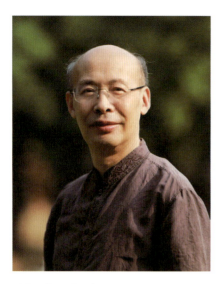

作者简介

熊澄宇,美国杨百翰大学博士,欧洲科学、艺术与人文学院院士,中央政治局集体学习主讲专家,文科资深教授。专业方向为跨学科战略研究。

长期担任清华大学学术委员会委员、新闻与传播学院学术委员会主任、新媒体传播研究中心主任、北京大学全球化创新领导力研究中心主任。

现任清华大学国家文化产业研究中心主任、中国传媒大学文化发展研究院院长、四川大学文科讲席教授、上海交大访问讲席教授、成都大学战略指导委员会副主任,海南师范大学熊澄宇院士工作站主持人。

序　言

自 2003 年 8 月应邀给中央政治局集体学习讲解我国文化产业发展战略以来，我主持完成了三项国家社科基金重大项目《发展我国文化产业的理论与实践研究》《我国文化产业政策研究》《基于总体国家安全观视野下的互联网治理体系研究》，出版了《信息社会 4.0》《世界文化产业研究》《媒介史纲》《世界数字文化产业现状与趋势》等学术专著，与全国 20 多个省委和中央部委理论学习中心组做过交流。

在研究和交流过程中，我深刻领会到，文化体现的是社会群体在物质符号、精神价值和行为制度层面的差异；文化产业是通过社会组织方式将这些差异转化为经济效益的过程。作为具有社会属性与经济属性并存的文化产业和信息传媒，涉及经济、法律、社会、传播、管理、科技、文化、艺术等众多领域，不能仅仅限于案头研究，更需要与社会实践相结合。

二十年来，我带领以清华教师和研究生为主的科研团队，走遍了全国三十二个省区市，与不同地域不同层次的政府部门合作，完成了三十多个相关的区域发展策划与规划，这里提供的是部分已经付之实施的成果案例，是我国文化产业和传媒领域发展的部分历时性记录。提供给大家共享与借鉴，欢迎批评。

感谢参与研究的团队成员，感谢提供机会合作研究的政府部门，感谢所有参与访谈、交流和提供帮助的每一个人。人民对美好生活的向往就是我们的奋斗目标。让我们从生产、生活、生态三个维度出发，共同做好这篇写在大地上的文章，不负时代，珍惜韶华。

2022 年 5 月

目 录

我国文化产业的发展战略 / 1

北京市文化产业发展与空间布局研究 / 13

关于发展文化生产力的若干思考 / 51

广西文化产业总体规划思路 / 69

数字电视内容规划及管理政策研究 / 99

广东省文化产业发展规划思路研究 / 185

北京市雍和园产业发展规划研究 / 203

我国网络文化管理思路研究 / 227

中国广播影视发展专项资金策划案 / 255

北京市海淀区文化大发展大繁荣纲要研究 / 295

北京市"人文东城"行动计划研究（2011—2015）/ 311

芜湖市鸠江区文化创意产业规划编制说明 / 331

杭州市打造"全国文化创意中心"的对策与思路 / 343

闽台（福州）文化产业园战略规划研究暨建设思路 / 371

我国文化产业的发展战略[1]

---
[1] 2003年8月12日的讲稿,收录于熊澄宇:《文化产业研究:战略与对策》,北京,清华大学出版社,2006。

一、我国文化产业发展面临的机遇与挑战

（一）源远流长的文明传统为文化产业的发展提供了极其丰厚的资源
（二）文化建设的巨大成就为文化产业发展提供了坚实的基础
（三）经济和社会的繁荣为文化产业发展提供了空前的市场需求
（四）加入世贸组织的新形势为文化产业发展提供了新的机遇和挑战

二、我国文化产业发展的战略与对策

（一）始终坚持先进文化的前进方向，发展中国特色的文化产业
（二）尽快制订总体发展规划，把文化产业纳入国家整体发展战略
（三）推动文化体制和机制创新，促进文化产业快速、持续、健康发展
（四）把握科学技术发展趋势，开拓文化产业新的增长点
（五）主动参与国际文化产业竞争，积极维护国家文化安全

信息、传媒和文化，因其拥有人类社会持续发展所必需的资源、沟通和人文三大要素，成为21世纪战略家、思想家和科学家们关注的焦点。综合这三大热点形成的文化产业已成为综合国力竞争的重要方面。

在新的形势下，党和政府对文化产业的发展十分重视。2000年10月，中共中央十五届五中全会第一次提出要"完善文化产业政策，加强文化市场建设和管理，推动文化产业发展"。2001年3月，文化产业发展被正式纳入全国"十五"规划纲要。2002年11月，党的十六大报告明确提出积极发展文化事业和文化产业，深化文化体制改革，要求"完善文化产业政策，支持文化产业发展，增强我国文化产业的整体实力和竞争力"。文化产业在中国特色社会主义建设中的战略地位得到了充分肯定。

一、我国文化产业发展面临的机遇与挑战

我国发展文化产业有着自己的优势。中华文明博大精深、源远流长，国民经济持续健康快速发展，人民群众精神文化生活需求日益增长，文化事业、文化产业有了长足进步，党和政府对文化事业、文化产业发展高度重视，这些都是中国文化产业得以进一步发展的有利条件。

（一）源远流长的文明传统为文化产业的发展提供了极其丰厚的资源

我国是文化资源大国，有五千多年的文明史，有50多个民族，文化积累十分深厚，文化类型极其丰富，为我们积累了难以估价的文化资源。经夏、商、周断代工程研究，中国历史上第一个有记载的王朝是约建立于公元前2070年的夏朝。以甲骨文、青铜器、先秦思想、汉唐文学、宋元科技为代表的中国文化，几千年来绵延不断。15世纪前，中国文化、科技、经济等都领先于世界，并且世界80%以上的重要发明创造都出自中国人之手。虽然经历了鸦片战争以后100年的低潮，但中华文化作为世界四大古文明的仅存硕果，今天仍然在发扬光大。

当今世界文化的冲突、环境的破坏、战争的灾难、贫富的差距、科学的负面性等，都是人类社会发展面临的问题。消除和解决这些问题与矛盾，中国文化具有西方文明无法取代的作用："大道之行，天下为公"的理想；"先天下之忧而忧，后天下之乐而乐"的胸怀；"苟利天下生死以，岂因祸福避趋之"的精神；"天人合一，君子和而不同"的观念；"老吾老以及人之老，幼吾幼以及人之幼"的态度；"己所不欲，勿施于人"的行为，这些中国文化的精髓在今天仍然具有强大的生命力。英国科技史学家李约瑟博士曾经指出："今天保留下来的各个时代的中国文化、中国传统、中国社会的精神气质和中国人的人事事物，在许多方面，将对以后指引人类世界做出十分重要的贡献。"

（二）文化建设的巨大成就为文化产业发展提供了坚实的基础

改革开放以来，中国文化事业、文化产业有了长足发展。以图书出版和广播电视为例，图书出版从改革开放之初的1.4万种，增长到2002年的17万种，发行数量达156亿册，销售金

额达 920 亿元。中国现有广播电台 1 988 座,广播节目 1 777 套,电视节目 1 047 套,广播和电视的人口覆盖率发展到 90% 以上,全国有线电视用户 9 000 多万。经过 20 多年的培育和建设,中国已经初步形成了以广播电视业、图书报刊业、电影业、音像业、演出业、娱乐业、文物艺术品业以及网络文化业等门类为主干的产业体系。

在应对加入世贸组织的新形势下,文化事业、文化产业进一步深化改革,加快发展。到 2003 年 7 月,中国已组建各类新闻出版广播影视集团 76 家,积极探索转换管理体制和运行机制,努力做大做强。在近年改革实践基础上,经中央批准,2003 年 6 月底,在全国启动了 35 个文化企事业单位和 9 个省市的文化体制改革试点工作,新一轮改革正在积极稳妥地推进。

(三)经济和社会的繁荣为文化产业发展提供了空前的市场需求

近十年来,中国的经济发展取得了举世瞩目的成绩。按国家统计局 2003 年 2 月的数据,中国国内生产总值从 1997 年的 7.4 万亿元增加到 2002 年的 10.2 万亿元,按可比价格计算,平均每年增长 7.7%。城乡居民人民币储蓄存款余额达 8.7 万亿元,人民生活总体达到小康水平。

文化事业和文化产业发展是经济发展到一定程度的必然要求。按经济学家波特的从"要素驱动""投资驱动""创新驱动"到"财富驱动"的经济发展四阶段理论,当人的初级的、低层次需求得到充分满足以后,高级的、高层次需求的地位就会日益突出;当物质需求得到充分满足以后,人们就会更加注重生活质量的全面提高和个体的全面发展。

目前,中国文化消费市场有着巨大的发展空间。据国家统计局数据,2001 年中国城乡居民直接用于娱乐、教育、文化类支出总额为 4 555 亿元。专家估计,在刚刚过去的 2002 年,城乡居民直接文化消费支出总额大约应在 5 000 亿元,今年将逼近 5 500 亿元。经济发展推动文化发展,文化发展又向经济发展提出了更高的需求。满足人民群众不断增长的物质和文化生活需求,为人民群众提供更多、更好的精神食粮,这是文化产业发展的责任之所在。

(四)加入世贸组织的新形势为文化产业发展提供了新的机遇和挑战

加入 WTO 使我们能够更好地利用两种资源、两个市场,用中国高质量的文化产品和服务去获取全球市场更大的份额,向世界传播优秀中国文化;可以更好地吸收国外优秀文化成果,借鉴国外发展文化产业的做法,为我所用。WTO 的规则和协定仍然是在动态的发展过程中,作为正式成员,我们可以在讨论和协商有关问题的过程中,引导最终结果向有利于中国文化产业的方向发展。

在这方面,我们也有特有的优势,就是全球华人的文化认同。这是中国文化产业开拓海外市场的有利条件。以汉字和华语为传播符号的中华文化拥有世界上最多的受众群:14 亿大陆人口加上台港澳地区和海外华人构成了相对稳定的文化圈。同文同种的文化传承与乡情亲情的心理暗示,形成共同的文化认同。

同时,我们对中国文化产业发展面临的挑战也要有足够的估计。随着加入世贸组织承诺的兑现，西方发达国家的资本、文化产品正在以前所未有的规模力图进入中国市场。国外流行音乐、数码影视和其他流行文化产品在校园和城乡日渐风行，外国网络游戏与相关文化信息产品升温热卖，好莱坞影视大片分享中国城乡电影市场，世界五家最大的文化产业集团已经以不同方式进入中国：时代华纳在上海合资建立了电影院线，贝塔斯曼把经营核心的书友会引入中国，新闻集团在珠江三角洲落地，维亚康姆的MTV进入了4 000万中国家庭，迪斯尼的米老鼠准备在我国的主题公园中登场。

这些在市场观念、产业资本、高新技术、经营机制和管理经验上有着明显优势的外国资本和产业集团的进入，给中国文化产业、文化传统、文化主权、意识形态阵地带来了强烈冲击。中国文化产业在体制机制转换、结构调整、市场整合等方面还有大量的工作要做。在这种情况下，外来文化的价值观念、行为方式潜移默化的影响，将是我们不得不面对的现实。

挑战也是一种机遇。如果积极应对，完全可以化被动为主动，在激烈的市场竞争中把我们的文化产业做大做强。

二、我国文化产业发展的战略与对策

我们的文化产业是建设中国特色社会主义事业的组成部分，必须符合社会主义精神文明建设的特点和规律。中国文化产业的起步和发展是在经济体制改革初步建立的基础上进行的，必须努力适应社会主义市场经济的发展要求。我们的文化产业是在现代高新科技日新月异的新形势下提出的，必须体现先进生产力要求，努力实现跨越式发展。这是我们提出文化产业发展战略与对策的基础。

（一）始终坚持先进文化的前进方向，发展中国特色的文化产业

文化产业首先是文化，其次是产业。在中国，凡是提供文化产品和服务的生产部门都应当是传播先进文化的重要阵地。面对世界范围各种思想文化的相互激荡，我们要保持高度的政治警觉，牢牢把握先进文化的前进方向。

（1）始终坚持把社会效益放在首位，努力做到社会效益与经济效益统一。邓小平同志1985年9月在中国共产党全国代表大会上指出："思想文化教育卫生部门，都要以社会效益为一切活动的唯一准则，它们所属的企业也要以社会效益为最高准则。"市场机制的引入对文化产业的发展有巨大的促进作用，也不可避免地会带来一些负面影响。俄罗斯M1电视台为提高收视率推出的"赤裸裸的新闻"节目就是一个极端的事例。因此，在发展文化产业的过程中，如何坚持社会效益第一、处理好经济效益和社会效益的关系，是一个重大的现实问题。

社会主义的文化产业应当追求经济效益和社会效益的统一。不讲求经济效益，产业难以形成投入与产出的良性循环；不被消费者接受的文化产品，其社会效益也无从谈起。在现实中，优秀的文化产品往往都是经济效益和社会效益的完整统一。上海电影制片厂的《生死抉择》和北京人艺的话剧《万家灯火》都有非常好的票房和社会影响力。把握好经济效益和社会效益的

关系，关键在人，而不在市场经济本身。市场经济是一种经济形态，是工具和手段，关键看人如何运用它。

（2）弘扬民族文化和吸收、借鉴相结合。中国文化产业的发展负载着弘扬中华民族历史文明的重大责任。英国历史学家汤因比认为，在近6 000年的人类历史上，出现过26个文明形态，只有中国的文化体系长期延续而从未中断。我们看到，奥地利交响乐团在维也纳金色大厅的新春音乐会上演奏中国民族交响曲时，掌声最为热烈。2008年北京奥运会会徽选用中国篆刻和书法为特征的标志受到中外评委的一致推崇。积极发展文化产业，就要充分发挥好民族文化这个优势，利用好这些资源。通过推动文化复兴完成民族复兴，是摆在我们面前的历史任务。

中国文化产业的发展要有世界眼光。要注意吸收和借鉴国外先进文化的内涵。现在世界上约有63种宗教，192个国家，292个民族，6 700种语言，在不同文化环境的生产生活过程中，不同的国家、民族、宗教和语言都产生了自己的优秀代表。古希腊的神话、贝多芬的交响曲、巴尔扎克的小说、达·芬奇的油画，这些人类文明的结晶是全人类的共同财富。今天在发展文化产业的过程中，我们仍然要把弘扬民族文化与吸收和借鉴外来优秀文化结合起来，展现中国作为一个文化大国的泱泱风范。

（3）正确处理公益性文化事业与经营性文化产业的关系。在整个社会主义文化建设中，公益性文化事业和经营性文化产业都是十分重要的组成部分，各自发挥着不可替代的独特作用。

发展公益性文化事业是保护和实现人民群众基本文化利益的重要途径。目前，中国文化设施建设，特别是中小城市和西部地区的图书馆、博物馆、影剧院、文化站等设施建设较为薄弱。农村基本文化条件严重不足，农民的基本文化权利得不到实现。"九五"期间，国家投资亿元以上的文化设施项目44个，除云南省图书馆、成都艺术中心、陕西省图书馆、西安光明电影院和西安文商大厦外，其他39个项目均在东部地区和大城市，其中上海8个，北京5个，广东5个。

发展经营性文化产业是市场经济条件下繁荣社会主义文化、满足人民群众精神文化需求的重要途径。文化产业是具有精神产品特点的经济形态，是文化事业发展的物质基础和解放文化生产力的有效途径。积极发展文化产业，一方面，有利于调动广大文化工作者的积极性和创造性，活跃和繁荣文化市场；另一方面，还可以创造更多的物质财富，通过产业方式实现文化的经济价值，完成自我积累、自我发展的任务，使国家有更多的物力和财力用以支持公益性文化事业的发展。

（4）发展文化产业要做到繁荣与管理并重。在文化产业发展过程中，繁荣和管理是相辅相成的两个侧面。对涉及意识形态和社会稳定层面的文化产业类型，所有与新闻、宣传、舆论等意识形态相关的内容产业，都要由国家主导或监管。对市场反应敏锐、经济属性明显的某些类型文化产业，要通过制订规则，建立公平竞争的市场环境来体现政府的管理职能。对加入世贸组织承诺放开的领域，政府的管理方式要向综合运用法制、经济、行政、舆论等多种调控手段转变。宏观调控与市场规律并重，努力促进文化产业和文化市场的繁荣发展。

（二）尽快制订总体发展规划，把文化产业纳入国家整体发展战略

文化产业的发展是一项巨大的社会系统工程，是国家经济和社会发展的重要组成部分，在国家总体发展规划中必不可少。建议根据国家国民经济和社会发展纲要，组织力量，制订跨部委的国家文化产业发展中长期规划，以指导全国涉及文化产业的各行各业在统一规划下有序发展。

建议在国家文化产业发展总体规划中考虑以下因素：

（1）把文化产业发展纳入国民经济与社会发展的整体战略和国家整体改革之中，使之在经济结构的战略性调整中扮演重要角色，促进经济增长和推动社会全面发展。使文化体制改革能够接应经济体制改革所带来的放大效应，让先进生产力的发展要求体现在先进文化的前进方向之中，为文化发展提供一种产业动力机制。

（2）确定一批重要文化发展项目，推动精品生产。从一定意义上讲，文化产业就是内容产业。如果没有一批反映先进文化前进方向的文化产品，中国特色社会主义文化产业就无从谈起。建议像当年搞两弹一星那样，制订切实可行的项目规划和实施方案，发挥中国特色社会主义制度能够集中力量办大事的优势，动员全社会的力量广泛参与。把兴起文化建设新高潮与十六大提出的建设全民学习、终身学习的学习型社会结合起来，把五千年的中华文化精髓贯穿到教科书、知识读物和各种学习型活动中，做到目标落实、组织落实、经费落实、效果落实。

（3）建立健全国家文化产业政策法规体系。根据现阶段发展文化产业的需要，研究和制订相关法规及政策，为文化产业的快速发展提供法律保障机制和政策支持系统。

（4）努力提高集约化经营水平，提高产业集中度。以资产和业务为纽带，运用市场机制，推动兼并、联合、重组，实行跨媒体经营和跨地区发展，打造文化品牌，培育和发展一批拥有自主知识产权和文化创新能力、实力雄厚的大型文化产业集团。

（5）制订发展文化产业人才培养规划。搞文化的人多数不懂经营或不屑经营，搞经营的人不少又不熟悉文化。经营人才的缺乏是制约文化产业发展的一个瓶颈。2002年，南方某市面向全国公开选拔150名处级以上干部，7天中有5 236人报名，可是大剧院总经理的职位竟无一人应聘。因此，要有计划地培养一批有文化、懂科技、会管理的复合型文化产业人才。建议在有条件的高等院校开设文化产业的专门课程，与文化产业单位和国际机构合作，联合培养有实践经验的高级管理人才。

（三）推动文化体制和机制创新，促进文化产业快速、持续、健康发展

当前，中国文化产业在经济发展和综合国力竞争中的重要作用尚未得到充分发挥，文化建设与奋斗目标的新要求，与人民群众日益增长的精神文化需求、与社会主义市场经济体制的逐步完善、与中国加入世贸组织后对外开放的新形势还不适应。有相当一部分文化企事业单位还保留着计划经济旧体制，主要靠行政方式配置资源，文化资源浪费严重；部分文化产品生产和文化服务不是以满足市场需求为目的，而是只限于系统内部的"小循环"，成本高，效率低；

政企不分、政事不分、管办不分现象还很严重；文化产业链和文化市场被条块分割，缺乏一个统一、开放、竞争、有序的市场体系；文化法制建设相对滞后，管理方法比较单一，过多地依靠行政管理和政策调节，缺乏统一的行政执法力量，有法不依、执法不严的现象大量存在。

最近，中央召开了文化体制改革试点工作会议，部署了"健全文化管理体制、健全微观运行机制、健全文化市场体系、健全文化经济政策、健全资源优化配置机制、健全对外文化交流机制"的六大任务。结合文化产业的发展，深化文化体制改革需要突出解决以下几方面问题。

（1）把深化改革与调整结构、促进发展结合起来。充分发挥市场在国家宏观调控下对文化资源配置的作用，逐步打破条块分割和市场封锁；推动文化产业结构、产品结构和所有制结构的调整；运用现代高新技术，加快产业升级；提高企业的集约化经营水平和产业集中度。

（2）理顺政府和文化企事业单位的关系。实行党委领导、政府管理、行业自律、企事业单位依法运营，实现政企分开、企事分开、管办分开；行政主管部门进一步转变职能，减少行政审批、作品评奖等具体事务，强化宏观调控、政策引导、依法行政、市场监管和公共服务。

（3）加强文化法制建设，加强宏观管理。为适应社会主义市场经济发展、社会全面进步和加入世贸组织的新形势，构建文化法治建设基本框架；提高立法质量，推进依法行政；建立统一的文化执法队伍，切实解决文化管理中长期存在的多头执法问题。

（4）着力进行体制机制创新，使我们的文化管理体制和运行机制既能适应社会主义市场经济的发展，遵循一般产业发展规律，又能体现意识形态工作的要求，遵循文化发展的内在规律；既要放得开，又要管得住。

（四）把握科学技术发展趋势，开拓文化产业新的增长点

现代科技与传统文化的结合和互动，是文化产业得以形成的基础。当今，以计算机信息处理技术为代表的科学技术不仅为文化产业的发展开拓了新的广阔空间，而且在文化基础设施建设、传播渠道、经营模式、受众对象以及人们的消费习惯方面产生了革命性的影响，对现有的产业格局和管理政策提出了新的挑战。

除了继续大力发展广播电视、电子音像制品等科技含量较高的文化产业之外，目前有三种与高新技术直接相关的文化产业形式值得我们关注。

（1）电脑与网络游戏。在美国，这个产业近年来的年产值均以百亿美元计，已经可以和传统媒介产业如电影业比肩而立。在韩国，由于政府的大力扶持和其他因素，游戏市场产值从1998年的5亿美元增到2001年的11.6亿美元，也为韩国经济从1997年金融危机中的复苏贡献了力量。据2003年年初在广州召开的广东首届网络游戏文化高层研讨会透露的信息显示，中国现有网络游戏玩家群已接近4 000万人，网络游戏产业年产值约10亿元人民币，并以每年近50%的速度快速增长，预计2004年中国网络游戏产值将突破20亿元人民币。

应该看到，电脑游戏不仅是娱乐，还是一种新的传播媒介。它综合了文本、图像、音频、视频等各种媒介符号形式，并允许使用者进行多种层次的信息传播和交互行为。它已经拥有超

过2亿遍布世界各国的使用者，超越了种族、性别、年龄界限。电脑游戏和流行音乐、电视剧、广告等文化现象一样，客观上已成为青少年成长的背景。建议政府应该考虑积极的应对政策，在规范管理的同时，鼓励开发具有中国文化特色的电脑游戏产品，以推动这个新兴的文化产业在中国的发展。

（2）基于移动通信的文化消费。手机短信在2002年已形成热潮，2003年春节拜年和"SARS事件"又推动手机短信的应用上了一个新的台阶。据有关统计数据，到2002年年底，中国移动电话用户已达2.066亿，2002年国内的短信发送量为750亿条。以目前短信基本资费每条0.1元来计算，这750亿条信息意味着75亿元的收入。

一般人只知道手机短信可以发信息和浏览网页，而实际上手机可以收发的文件格式包括文字、声音、照片、视频、游戏和小动画，其内容和一份小型杂志差不多，还可不断更新和互动。从产业发展的角度看，从多媒体到互联网是一大飞跃，单机版的光盘变成了可连接全世界数据库的网络，这一步解决了存储空间的问题；从网络到无线移动又是一大飞跃，这一步解决了任何时间、任何地点与社会的联系。今后两三年将迎来与移动通信相关产业的发展高峰。目前，信息业、媒体业与通信业已形成三位一体的发展态势，如再加上与文化相关的内容业，其发展势头不可阻挡。

可以设想，在不远的将来，这一产业领域还将随无线技术的发展衍生出许许多多新的增值文化业务，如随身听、视频点播、互动游戏等。这些与文化直接相关的移动消费形式肯定会牵动一个大的文化产业链的正式成形，其对文化产业的影响可能不亚于现在的电脑游戏、电影和电视。建议对这一新兴产业形式组织专家学者进行跨部门、跨学科的对策研究，为政府提供决策依据。

（3）大容量数字化文化资源库的开发与应用。图书馆、博物馆和美术馆是人类文明保存与传播的重要场所。以计算机和互联网的普及为标志的信息社会及知识经济社会的到来，使人们对数字资源的需求量越来越大。数字图书馆、数字博物馆、数字美术馆等大容量数字化文化资源库的出现反映了人们在现代高新技术条件下对文化资源共享的要求。

按中国文化信息化发展规划，"到2010年，争取做到全国重要的民族文化遗产、艺术作品、文化艺术科研成果和历史文物，都制成数字化产品；在城市和发达地区建构虚拟文化社区，对文化事业的发展起到主干作用"。在数字空间中弘扬中国民族文化的同时，如何对这批资源进行产业化的开发与利用是时代的要求，也是一项新的任务。

文化信息数字化后，其易复制、易存储、易传输，以及多媒体、跨时空、可交互、易检索等特性使其在文化遗产的保存、复制和传播方面有无可比拟的优势。发达国家不仅对自己拥有知识产权的数字化资源库进行产业开发，而且已经把手伸向了发展中国家，通过技术援助获取产业利益。随着网络用户数量的不断增加，数字资源的市场也不断扩大。考虑到中国文化网吧内容的缺失和街头报刊亭的增多，建议对文化信息化的产业功能加以规划，在已有的前期投入的基础上用小钱办大事，在一定程度上缓解不发达地区面临的数字鸿沟问题。

（五）主动参与国际文化产业竞争，积极维护国家文化安全

文化产业既是民族产业，又是世界产业。发展文化产业要主动参与国际文化市场的竞争。

西方发达国家在当代文化、自然科学和社会科学方面的发现与传播及社会影响上占有明显的优势地位。据联合国教科文组织《世界文化报告2000》发表的1980年和1996年两次对作品经常被译成其他文字的作者统计，前100名当中没有一个中国人。国际文化交往和学术活动中的议程设置和话语权由他人主导，中国学者多数只能在既定的话题中去阐述自己的观点。学术评估体系、人文和自然科学领域的七大文摘与索引都由西方发达国家掌握。有一项统计说，全球以英语为母语的人有4.2亿。相比之下，中国的人口数量是世界第一，使用中文的人数也是世界第一，然而，中文却不是信息世界的强势语言。目前，全球75%的电视节目是英语节目，80%以上的科技信息用英文表达，几乎100%的软件源代码用英文写成。

据北大一位教授研究，从1900年到2000年，100年间，中国全文翻译的西方学术著作将近10万册，但是西方完整翻译中国的书不到500册。值得我们思考的另一个数字是：1894年中日甲午海战之前，日本每年要翻译70本中国的著作，1894年中日甲午海战中国失败以后到1911年，16年间，日本翻译中国的书一共只有3本。

我们应加大把中华文化送出去的力度，除专项国际文化交流活动外，可利用各种商务、外事和其他国际交流场合，为文化传播搭台唱戏，在积极参与国际文化的建构与交融中，塑造中华文化的整体形象。利用WTO和各类国际平台，推动境外高品位资金和资源的引入，增大中国文化产品进入发达国家文化市场的可能性。民族语言一直是文化争论的焦点。要利用联合国官方语言的有利地位，坚持中文的使用场合和空间；积极参与文化领域的国际对话，以及相关国际标准、规则的制定；始终做到以我为主，在运动和发展中争取话语和议程设置的主导权。

在认同中华文化的前提下，最大限度地调动一切积极因素，关注华语文化产业的整合与互动，主动吸纳港澳台地区和海外华人的资金与产业运营经验，共同拓展华文、华语在世界文化市场的份额，并通过文化的整合力和凝聚力促进祖国统一。

用民族语言和先进文化去占领网络空间，一直是近年来文化传播和交流领域的热点问题。中国已出台了近200个管理网络空间的法律和法规，涉及参与管理的部委级机构有十来个之多。建议有关部门进一步加大管理力度，让家长、老师和孩子们放心地在一个健康有益的网络空间里去交流、去创造，在理想与现实的交互中去构筑他们的未来。

在扩大对外开放、加快文化产业发展中，要高度关注文化安全问题。要看到，文化属于意识形态。随着人们的社会生活进一步发生变化，经济成分、组织形式、就业方式、利益关系和分配方式的多样化日益明显，社会价值取向呈现复杂性、独立性、多变性和差异性的特点。随着全球经济文化交往的加深，西方敌对势力依仗其在经济、科技、军事及文化上的优势，千方百计利用一切途径进行思想文化渗透，旨在输出其价值观念，对我进行"西化""分化"。如今，文化产业发展处在一个更加开放、更加复杂的环境之中。

对文化发展与文化建设的支持、引导、管理和调控是现代政府的重要职能。任何一个国家

的政府对文化都不会放任自流，不会听任外来文化泯灭本民族的文化特征。我们要积极维护国家文化主权和文化安全，在文化产品的生产、进口和流通的各个环节掌握发展和管理的主动权，特别要注意境外资本对媒体的渗透，要采取有效措施，坚守和发展壮大思想文化阵地。

法国启蒙主义思想家伏尔泰1745年在《人类思想史新提纲》中写道："吃着印度、中国等东方古国土地上生产出来的食粮，穿着他们织就的布料，用他们发明出来的游戏娱乐，以他们古老的道德寓言教化习俗，我们为何不注意研究这些民族的思想？而我们欧洲的商人，则是一等找到可行的航路便直奔那里的。当你们作为思想家来学习这个星球的历史时，你们要首先把目光投向东方，那里是百工技艺的摇篮，西方的一切都是东方给予的。"

在伏尔泰所生活的年代，世界思想库和现代化标杆在东方，在中国；300年后，世界的目光又一次转向了经济持续高速增长的中国。中国能够再一次实现经济和文化的同步辉煌吗？中国文化事业、文化产业发展的结果将回答这个问题。

北京市文化产业发展与空间布局研究[①]

[①] 2004年《北京城市总体规划》修编专题研究。主持:熊澄宇。主要参与:雷建军、茅亚萍、程琦瑾。

一、研究背景

二、研究的前提与基本原则
（一）配合城市总体规划
（二）从城市规划学角度总结的基础原则
（三）从其他相关学科总结的基础原则
（四）文化产业的空间布局规律

三、建议方案
（一）总体布局规划
（二）近期具体规划

附　录
　附录1.国际大城市的发展轨迹
　附录2.国际化大都市的文化产业分布与规划状况

一、研究背景

《北京城市总体规划（1991至2010年）》指出："北京是伟大社会主义中国的首都，是全国的政治中心和文化中心，是世界著名古都和现代国际都市。"2001年通过的《北京市国民经济和社会发展第十个五年计划》确定了"文化产业是首都经济的重要成分，要适度优先发展"的地位；到2010年，北京将率先在全国基本实现现代化，构建起现代化国际化大都市的基本框架；到2020年，北京将基本建成现代化国际化大都市；到建国一百周年时，完全实现现代化，使北京成为世界一流水平的国际化的大都市。

北京重点发展文化产业不仅是由于政策上的倡导，更是由于城市发展的自然需求。北京作为历史文化名城，承载了太多的历史与遗产。但是，作为一个人们尚生活其中的"活"的城市，变化是绝对的。如何在保护历史文化遗产与城市经济发展之间取得平衡？发展文化产业是一个理想的选择。文化产业的含义和它所具有的特殊性决定了文化产业在现代化大都市建设中的重要地位：它可以凸显城市的独特内涵，造就城市的独特个性魅力；具有良好的经济效益，为城市的生存发展提供基础和动力；是一种理想的环保型产业，有助于形成良好的生态环境，满足人们对于生活高品质的需求。

目前，北京已经形成以知识经济为核心，以高新技术产业为龙头的"三、二、一"产业发展格局。其中文化产业更被提高到支柱性地位。但是2003年发布的《中国城市竞争力报告No.1》[①]（下称《报告No.1》）显示，虽然北京的人才竞争力、科技竞争力均居全国第一，但文化竞争力却连前十都没有进入，其综合竞争力也在上海、深圳之后，屈居第三。《报告No.1》在考察文化竞争力时，是从对创造财富有积极影响的角度，不是一般意义上来看文化。换言之，这里衡量的是一个城市文化产业的发展状况。在这一考察里，文化竞争力指标具体包括价值取向指数、创业精神指数、创新气氛指数、交往操守指数四项内容。报告是这么评价北京的："文化竞争力表现一般。商业意识和创业精神与南方及沿海城市相比相对不足，但是交往操守好，能兼容平等对待不同文化。"[②] 换言之，在北京，缺乏的是产业意识，传统的文化事业观念是最大的束缚。

在《中国城市竞争力报告No.2》（下称《报告No.2》）里，北京市的综合竞争力上升一个名次，在上海之后，位列第二，并且被定位为文化中心的第一位，看似比上一年有大幅度进步。但是我们具体分析报告的内容，不难发现情况并不乐观。《报告No.2》对北京市的竞争力[③]作出如下评估：人才的知识水平、技术水平和交往操守指数均居全国领先地位，但专业技术人员和企业家创业人员比例较低，创业精神和创新意识较弱，辛劳精神和闯荡意识不足，构造创新的社会环境所需的平等观念还不够。人才、资本、科学技术要素资源丰富，土地、供水等资源不足，劳动力成本、土地成本和资本实际利率等生产要素成本较高；产业集群环境和产业服务环境不健

---

① 转引自《大都市》2003年8月，第4期，第1版。北京市规划委主办。
② 《中国47个最具竞争力城市点评：北京》，http://finance.sina.com.cn/roll/20030417/1257332555.shtml。
③ 倪鹏飞主编：《中国城市竞争力报告No.2》，372页，北京，社会科学文献出版社，2004。

全；区位条件优越，当地需求规模大，但需求质量有待提高；商务基础设施较好，信息技术基础设施发达，但对外基础设施仍显不足，基础设施成本过高；市场竞争、开放和国际化处于中上游水平；政府管理水平中等，财政能力和推销水平很强，但城市战略规划和产业政策能力不足。

可见在两年的报告里，一脉相承的事实是：北京虽然拥有厚实的文化竞争潜力，却没有将其充分发挥出来，投入与产出不成比例；虽然由于政治地位、历史文化传统等方面的因素，北京当之无愧成为全国的文化中心，但创新能力与发展速度不高，从而也制约了整个城市的综合竞争力。

上述现象当然是多种因素的综合结果，但其中，文化产业空间布局的不合理，也是一个至关重要的因素。从产业经济学角度讲，合理的空间布局有利于产业的健康发展。所谓"合理"是指：一方面，要避免过多的行政理念束缚使文化产业缺乏活力。城市规划是用来弥补"市场失灵"，而不是替代或指导市场机制在城市建设过程中如何运行。要配合政府主要职能由管理转变为服务的趋势，城市规划也必须面向市场，尊重市场。另一方面，不能放松规划，让文化产业陷入自由无序的竞争。虽然这样竞争的最终结果仍会走向有序，但是耗费时间和金钱，将错过良好的发展时机。特别是在建设成本越来越昂贵的北京，选址布局的失误很难得到修正，即使修正也需要付出高昂的代价。城市规划作为一种宏观调控的手段，对于自发、自由竞争的市场是很好的补充与制衡。因此，审慎、负责、具有前瞻性的空间规划，对于文化产业的发展必将起到重要的引导作用。

目前，北京聚集了大量高水准的文化机构，但其中大多数都是行政力量策划安置的结果。许多政府支持的文化机构占据了黄金地段，却不必为此付出相应的租金，感受不到经济压力，因而在经营方面也缺乏面向市场的意识，不能真正服务消费者。相应地，一些民营、外资资本虽然有商业意识、有竞争能力，却因为缺乏政府支持，只能屈居侧角，难以在适宜的地段谋求发展。这造成三方面的压力：一是政府要承担沉重的财政负担；二是文化机构本身收入低迷，缺乏活力；三是广大民众的文化需求得不到满足。这样的空间布局，更多地体现了地位等级的差异，而非经营创收能力的差异，使文化隔离于市场，也使文化隔离于民众，自然缺乏活力与竞争力。

由此，要发展文化产业我们可以尝试首先从改变文化产业的空间布局开始。

二、研究的前提与基本原则

（一）配合城市总体规划

文化产业的空间布局需要在城市总体的布局规划中展开。《北京城市空间发展战略研究》[①]以及修订中的《北京城市总体规划》等是我们研究的基础和前提。

《北京城市战略研究总报告》将北京与同样定位于世界城市的上海、广州进行了对比。北京建设世界城市有很多优越条件，特别是政治、文化上拥有最优秀的发展条件。北京也有自身的限制条件，如：水资源缺乏；城市环境质量较差；不临海，没有大运量的海上运输条件；城市经济社会活动与国家行政管理活动高度重叠，互相干扰，制约着城市功能的正常运行。这样

---

① 北京市规划委员会：《北京城市空间发展战略研究》，2003。

的判断与其他城市竞争力研究的结论基本吻合,共同显示了北京发展的优势与劣势。基于这样的判断,我们认为文化产业不仅是朝阳产业,更应该以其强大的增长潜力和经济带动能力成为北京的主导产业。

2004年9月发布的《北京城市总体规划(2004—2020年)》(下称《规划》)印证了这一判断。《规划》确定北京市的主要职能依次为:全国政治中心、全国文化中心、国家经济管理中心、信息中心、国际交往中心、科技创新中心、国际著名旅游地及旅游服务中心、国际交通枢纽,等等。这一规划同时将北京市的发展目标确定为:国家首都、世界城市、文化名城、宜居城市。这是基于以人为本、可持续发展的理念,分析国内外首都城市、特大城市和城市文化的发展趋势之后进行的定位。这些定位既吻合了我们对北京发展文化产业的潜力、能力的判断,也为我们进一步确定文化产业发展在北京市空间布局中的地位做了铺垫。基于这些定位,在北京市空间布局方面,我们一方面要重视文化产业的布局选址,为其预留充分的发展空间;另一方面,要跳脱传统思维,以发展文化产业为核心,考虑某些地带的整体布局规划。

《北京城市空间发展战略研究》(下称《战略研究》)中提出了"两轴两带多中心"的规划。"两轴"指结合北京城市的轴线布局特点和自然地理特征,在继承发展城市传统中轴线和长安街沿线十字轴的基础上,强化政治、文化与首都经济发展的职能;"两带"则指在其外围构建"东部发展带"和"西部生态带"。"两轴"是北京城市的精髓,结合传统中轴线和长安街的延伸,全面实现保护与发展,从空间布局上体现首都政治、文化、经济职能。"东部发展带"北起怀柔、密云,重点发展顺义、通州、亦庄,东南指向廊坊、天津,与区域发展的大方向相一致,主要承接新时期的人口产业需求;"西部生态带"与北京的西部山区相联系,既是北京的生态屏障,又联系了延庆、昌平、沙河、门头沟、良乡、黄村等,实现以生态保护为前提的调整改造,各级城镇主要发展高新技术、高教园区等环保型产业,为北京建成最适宜人居住的城市奠定基础。"多中心"是指在市区范围内建设不同的功能区,分别承担不同的城市功能,以提高城市的服务效率和分散交通压力,如CBD、奥运公园、中关村等多个综合服务区的设定。在市域范围内的"两带"上建设若干新城,以吸纳城市新的产业和人口,具备分流中心区的功能。

因此,目前北京市城建部门的工作重点[①]就是完善"两轴",强化"东部发展带",整合"西部生态带",逐步构筑以城市中心与副中心相结合、市区与多个新城相联系的新的城市形态。具体来说:

(1)市区整体保护旧城区。今后几年,北京市区的建设重点将以疏解、优化城市功能为中心,整治、完善"市区建成区",调整产业结构,实现旧城功能的有机疏散。近期建设规划提出了市区建设的三大任务:一是集中力量建设奥林匹克公园、商务中心区、中关村科技园区海淀园等重要功能区;二是尽快启动首钢的搬迁改造工程;三是整体保护北京旧城区,提高文化品质,重点加强旧城文物修缮和平房院落的保护。重点整治"两线一街一区"(即中轴线、朝阜路沿

---

① 《首个城建规划出台 房地产项目用地被控制》,http://news.soufun.com/2004-04-01/258563.htm。

线、国子监街和什刹海地区）。

（2）郊区重点发展卫星城。今后几年，北京远郊区县将会大变样，尤其东南、东北和南部平原地区将是重点发展地区。而北京的北部与西部将控制建设，形成山体绿色屏障并保护水源地。远郊区近期重点发展卫星城和小城镇，同时，沿轨道交通和高速路沿线发展，形成交通走廊、城市轴、生态绿地组合的发展模式。

另外，市区强调按"分散集团式"布局原则，由市区中心地区和环绕其周围的北苑、酒仙桥、东坝、定福庄、垡头、南苑、丰台、石景山、西苑、清河 10 个边缘集团所组成。①

我们提出的方案，正是以这些规划的思想为基调的。总体规划中对于城乡布局的配置，为我们将生态文化产业定位为北京市区的主要产业提供了前提和基础。一个城市不可能发展单一类型的产业，但是可以在布局上有所侧重。北京市的总体规划将农业、工业向郊县转移，才能让市区可以安心发展第三产业。但是布局的有所偏重不意味着有所偏废。按照我们下文提出的"多元化原则"，无论城乡，我们都应保证其文化发展的权益，鼓励其发展文化产业。特别是一些郊县，具备发展某类文化产业的特殊优势，文化产业的发展也将推动这些地方的绿色经济增长，因此在我们的规划方案里也对郊县的文化产业发展提出一些具体建议。比如，石景山区文化产业可以辐射到附近的门头沟区，与门头沟的"新南城"规划配合发展；丰台区的一些规划建议也可以辐射到大兴，带动大兴的第三产业发展。其他定位在生态农业的区县也可以将生态保护与观光旅游业、会展培训业结合起来，在目前的农家乐、山居住宿基础上，开发更多的体验旅游和会展旅馆经济。网吧、书店、音像租赁等一些文化基础设施，更是无论在中央核心区还是近郊、远郊都需要普及的，以满足当地居民的文化需求。尤其是基于外城区的现状，它们可能更需要加快建设。

《战略研究》里对"两轴""两带""多中心"的强调在我们设计的方案里得到了尊重和发挥。我们变"两轴"为多轴，从而更加自然地形成多中心。我们将全市整体规划的"两带"与文化产业发展的"两带"相结合，规划出文化产业的东部国际交流带与西部新生原创带。针对市区整体保护旧城，我们设计了旧城保护与发展并举的文化产业布局。针对郊区重点发展卫星城，我们设计了郊区的文化产业发展重点项目；针对市区分散集团式布局，我们规划了市区文化产业发展的几个重点、试点区域。

（二）从城市规划学角度总结的基础原则

我们汲取以往国内外城市规划、布局的经验，为自己的空间布局规划方案总结了以下一些基础原则。

在"大北京"的区域规划中，进行北京城市规划；在北京的总体产业和空间规划中，思考文化产业的空间布局，使文化产业为北京市尤其是内城中心区的发展提供重要的生存保障和经

---

① 北京市规划委员会：《北京城市空间发展战略研究》，14 页，2003。

济支撑。

内外城形成差异化发展，提升北京城市的综合竞争力。内城以保护、维持比较纯粹的传统城市风貌为基本准则，进一步简化职能；外城因地制宜，统筹规划，设置几大文化产业的主要分布点。内外城共同塑造北京的整体形象：文化古都和现代化大都市的完美统一；自然环境和人文环境、科技环境协调发展。

总体分散，相对集中，均衡布局。除内城以文化产业为绝对产业重心外，外城的文化产业应因势利导，统筹规划；建立几大有影响力的发展中心，辐射周边地区，并带动相关产业，达到北京的整体繁荣。不追求单纯的功能区划分。文化产业犹如植被，是城市发展的氧气来源。由于对土壤、气候的选择，不同的植被会形成一定程度的聚集。但是每一地域必然都是不同植被搭配生长、相互补充的。

布局中不拘泥于行政区划的限制，而应根据相关资源、经营规模和市场需求以及空间便利性等进行跨区域、跨行业的联合。更大程度发挥市场在资源配置中的基础性作用。相关门类适度集中，如出版、广电等传媒业，数字媒体与IT业等，以形成资源共享、产业互动。

文化产业的空间规划要具有前瞻性。每一次规划都会在城市地貌上留下痕迹，引导并制约着城市下一步的发展，因此每一次的规划必须为未来留下充分的可选择空间。规划不求一步到位，而是动态地、持续地规划。

应切实坚持文化和经济的双重属性。空间规划尤其要注意"人文关怀"。虽然我们强调应该面向市场，遵循产业运作规律，但是人文关怀同样不可忽视。城市不仅要为外来者留下美好印象，也要有利于促进社会公平，让本地居民安居乐业，获取充分的自我发展机会。

在北京城市布局现状的基础上，稳步而坚定地推进空间改革。注意运用对现有建筑进行功能置换等方法，因势利导，以减少损失，减小阻力。尤其是内城，更应重视文化保护，空间布局应侧重现有基础上的调整和因势利导，而不是大规模的兴师动众。

文化产业的选址要充分考虑城市安全因素。建筑物的体量、抗灾系数、周边是否有充足的应急空间等，都应成为文化产业空间布局必须考虑的方面。

整个城市加强绿化，优化环境，进行可持续发展。绿化带在相对集中的基础上，可与文化产业、高科技产业、生态农业等"无烟产业"穿插进行，以达到空间的高效利用，增强综合功能。

（三）从其他相关学科总结的基础原则

我们还从人文、历史、社会学、传播学、经济学等领域汲取经验，在进行方案规划时，遵循了以下基础原则。

1. 集约原则

目前，我国各行业都提倡可持续发展、科学发展观是与我国尚处于发展中国家行列的国情密切相关的。传媒产业的发展也必须结合这方面来考虑。同时，传媒产业在我国属于新兴产业，具有后发优势。后发的优势之一应该体现在能够吸取前人的经验教训，以更小的代价获取更多的发展机会。因此，集约原则应该成为传媒产业发展的重要原则，既体现在产业经营上，也体现在产业的空间布局上。

从横向来说，不同的产业之间可以互补，形成产业链。为相关性较高的产业提供便利的沟通空间，能够节约成本，形成拉动效应。"未来很有可能出现一种状况：在传媒的某个经营型盘面中，其中任何一个'点'本身可能都不是一流的，但组合在一起，效率、竞争能力以及经营业绩却是第一流的。"①

从纵向来说，同一产业的上下游之间可以分解开来，进一步引入市场竞争，从而降低成本。随着通信技术的进步，许多文化产业的上下游不再像以往那样必须捆绑在一起，其分工进一步细化、成熟。一些对信息资源、创新能力要求较高的产业应该选择城市的中心、繁华地段作为自己的发展空间，虽然那里地价相对较高。而一些对创新要求较低，对技术要求较高的产业，则可以选择地价较低的边缘地段。基于这样的分解，有交叉环节的产业之间，也可以根据集约原则来共享资源，避免重复建设。

这里需要特别强调的是，出于集约原则，政府所扮演的角色也应该从管理者向服务者转变。城市空间布局规划以往是作为政府的管理职能之一，由政府大包大揽地进行，政府负担沉重，效果也不好，因为单凭政府难以照顾到方方面面。现在面向市场之后，能够由市场自身调节和配置工作，政府应该自我解放，做出方向性的引导之后，放手由市场自身做细化工作。这就体现在空间布局规划时的模糊性、概念性，不做过分细致固定的规划。但是有些事情还是需要政府的支持，特别是对于一些具有长远利益的项目，由于单凭自由竞争的市场可能难以照顾到长远的发展，因此就需要政府先予以扶持。例如，规划文化产业创业园，为这一朝阳产业的发展创造机会、提供沃土。这是政府可以做到的，也是政府应该做的。

2. 审美原则

科学家说"美"即是"真"，具有形态美感的假说往往被证实为真。在空间规划上，我们也可以利用这一原则，注意布局的审美感。北京的审美感重点就是要保持形态的均衡、大气。在中国历史上，传统的城市规划就具有一种正大齐整的审美感，北京城的规划就是其中典范。此外，像古城西安、开封等的规划，也是条理清晰，勾栏瓦肆分布均衡。"最能体现北京历史文化特征的空间要素是北京的中轴线，最能体现北京现代形象特征的空间要素是东西长安街，而两者组合成的十字轴构成了北京空间结构最独特的个性。""'十字'轴线是中国首都特有的中国气质，将是未来北京空间结构的基础。"②

另外，中国古建筑系的特点不在于单体建筑的突出，而在于它的建筑组群平面布局形成多层次的空间，有开端，有高潮，有尾声，步移景换，在逐渐展开的空间变化中显示出特有的气

---

① 喻国明：《中国传媒业的历史方位与现实趋势》，见张晓明，胡惠林，章建刚主编：《2004年：中国文化产业发展报告》，73页，北京，社会科学文献出版社，2004。
② 北京市规划委员会：《北京城市空间发展战略研究》，21页，2003。

势。这是一种四维的空间，包含了时间的因素。这样的思路值得我们今天做空间规划时参考和借鉴。例如，奥林匹克公园的空间组织就充分考虑到北京城市原有的平缓、开放的空间格局，形成外高内低，外密内疏的建筑布局。将自然环境与历史文脉融为一体，不失为成功的规划。①

在我们的规划中，也将吸取中国传统建筑规划的风格，以十字轴线的布局延续正大齐整的传统，以疏密相间的布局让观者获得舒适的体验。

3. 时间原则

"时间原则"包括两个方面。一方面是保护既往历史的空间。北京作为一个具有700年建都史的历史文化名城，历史感是其重要的魅力来源之一。我们在规划时也应该保持历史的纵深感，形成一个立体的城市。比如，奥运时空走廊的规划就是一个富有历史纵深感的设计，我们设计的历史文脉轴线也是延伸这个思路，将北辰路、鼓楼大街、王府井大街、前门大街、永定门大街串联起来，规划成一个类似东京的"历史与文化散步大道"，在这条中轴线上充分展示北京的历史文脉。同时，我们的规划淡化中轴线传统上的政治地位，将其主要职能置换为公共文化空间，从而体现北京作为宜居城市的精神风貌。

以北京的现状而言，历史感还可以体现为同心圆的形式。如内核部分主要保留古城面貌，外围部分则可以保留一些工业化建筑的面貌，高新建筑尽量不要影响城市天际线。建筑作为物证，其本身就具有丰富的价值，传递着丰富的信息。我们应该适度保存每个时代的一些建筑外貌，但是可以对其内部进行功能置换，如将工业厂房置换成文化产业的空间，将文物保护与新的发展有机结合起来。

"时间原则"的另一方面是预留未来历史发展的空间，也就是让空间保持动态变化，让空间具有时间性。城市规划的先驱格迪斯（Patrick Geddes）说，"城市不仅是空间上的地点，也是时间上的一台戏"。J. B. Mcloughlin 也说，"规划的目的在于影响和利用变化，而不是描绘未来的、静态的图示"②。因此在规划文化产业的布局时，我们避免一步到位，避免将规划变成规定，即使提出了一些具体方案，也只是对可能性的一种建议，并且希望能够保持开放，在实践中不断修正。

4. 信息化原则

我们的信息化原则不仅指一般意义上的信息数字化，也是从信息论、系统论的角度出发，总结文化产业空间布局中与信息传播有关的规律。

（1）配合加快建设信息社会的总体社会发展策略，在文化产业布局规划时充分利用信息化技术，设计新社区时要充分考虑为其配置智能化系统，要有超前设计观念，为城市信息服务业留下更大的发展空间。网络普及化设施（如网吧）、书店、音像出租等信息服务产业，应与

---

① 王明贤：《过程的意义》，载《北京规划建设》，2004（3）：87。
② 引自仇保兴：《追求繁荣与舒适——转型期间城市规划、建设与管理的若干策略》，46页、51页，北京，中国建筑工业出版社，2002。

社区发展相配合，分布在社区内部易于寻找、易于到达的位置。

（2）信息化之后，有些产业布局可以分散。产业的集中可以形成规模效应，但并不意味着集中就一定有利于产业发展。有些产业的集中是基于技术的制约。例如，传统的出版业与印刷业的集中就是基于传统的排版、印刷技术，只有集中才能缩短加工时间，节约成本。但是有了激光照排技术、远程信息传递系统之后，这两个环节就完全可以在地理上分开。典型的案例是英国伦敦的舰队街，① 这里在工业化时代成为伦敦的出版发行中心，但是随着现代信息技术的应用，这些出版发行机构一个个离开这里，寻找周边环境、地价、租金都更适合自己的地方，大多数转移到新开发的港口区，并且逐渐散布开来。我们的规划方案里将主要的印刷产业安排在郊区，也正是基于信息化的前提。通过传真、互联网等，位于市区的出版编辑机构可以瞬间将版式传递给位于郊区的印刷单位，既节约了成本，也有利于缓解市区地产压力。

不过，分散也不是唯一的趋势。有学者曾总结在当今的技术背景下，"低技术、传统工业在地理空间上扩散，大企业越办越远。但是高技术的企业需要创新，相关企业却是高密度密集，在地理空间上集中"。例如，美国硅谷的创业者"可以在众多高科技企业集聚的集群中获得更多的隐性知识，虽然付出了高昂的房租，但是集聚所产生的效益大大高于付出"，因为"隐性知识是无法进行远距离输送的"②。同样的规律适用于各种知识密集型、强调创新的产业。例如，在世界各大都市，艺术家、艺术产业也都是以集群的方式存在，在北京的体现就是画家村、大山子798工厂等。这样的集聚是一种自然的发展趋势，因此也被称为"自组织"。"自组织的市场经济优于被组织的计划经济"③。

因此我们在规划布局时应区别考虑。对于本身规模庞大，具有工业化大生产性质的文化产业，可以考虑运用现代信息技术，将其分解布局，缓解地产、交通压力；对于本身规模较小，具有手工作坊性质的文化产业，可以顺应其集群的趋向，为其留下充分的发展和扩张空间，避免人为地强行分散和拆割。

（3）借鉴虚拟社区的发展经验。虚拟空间是一种能比较体现民意，也比较人性化的空间。其核心是，让每一个小单位都可以有效地获取信息，彼此之间能有效地交流和互动；每一个小单位都能体现大环境的风格与信息；强调个性，但内部又应该有较完善的功能。依据这些原则，我们在规划城市空间时，可以考虑充分发展公共交通，让主要公共设施集中在公交线路附近，让人们可以走路到达。每一个小区域的规划应该充分张扬特色，但并非让其单一化。新媒体时代，人们的居住、办公、休闲往往是可以在同一个地方完成的，所以区域规划时也应该兼备多种功能。而所谓的"特色"，只是体现在每一区域的发展重点不同。信息时代的城市应该是有中心但是无边缘的。

---

① Susie Barson, Andrew Saint. A FAREWELL TO FLEET STREET. London: Historic Buildings & Monuments Commission, 1988.
② 仇保兴：《追求繁荣与舒适——转型期间城市规划、建设与管理的若干策略》，159页，北京，中国建筑工业出版社，2002。
③ 仇保兴：《追求繁荣与舒适——转型期间城市规划、建设与管理的若干策略》，148页，北京，中国建筑工业出版社，2002。

（4）借鉴互联网变线性思维为联想式、开放思维的思路，在空间布局上打破传统的居住区、工作区、游憩区、交通区四个功能区①的简单划分，构建生态型社区。将相关产业搭配聚合，并注意预留发展空间。信息化的空间是开放的空间，因此其规划不应该是一步到位的，而是预留了充分的可选择余地。从产业经济的角度讲，这样的空间布局可以刺激连锁消费，让文化产业创造出更多的利润。澳大利亚的首都堪培拉是建筑大师格里芬的杰作，其城市布局的清晰优美令人赞叹，但这个城市缺乏生机与活力，即使在商业区也行人寥寥，②其城市影响力、魅力也远不如非首都的悉尼，这一案例值得我们警惕。

5. 多元化原则

1）打破单一集中

历史上，北京市的空间布局体现了典型的中央集权色彩，让空间分布具有区分地位的功能。延续这一思路的同心圆规划让北京市呈现出摊大饼的发展态势。大家于是保留着思维定式，认为身处中心区就体现出更高的地位，一家公司或单位从中关村牵址到建国门，通常都会被大家认为是地位的提升。一个人在二环以内买房也会被认为比在四环买房者更成功。基于这样的判断定势，各公司机构为了自身发展与经济利益而争相拥向中心区是可以理解的。

因此在做总体规划时必须打破这种中心权威。鉴于地表的中轴线模式作为北京历史风貌必须加以保存，我们不妨通过地下或地上轨道的修建，打破单一的中轴线，塑造一个更均衡发展的空间布局。这样的重新布局，让全市在经济发展上没有先入为主的中心、外围之分，为各区域提供公平的竞争机会，一方面缓解目前中心区的超载压力，另一方面增强目前弱势地区的积极主动性，从而有利于城市的均衡、健康发展。有鉴于此，我们才能吸引各公司、各机构将自己的办公地点选择在更合理的地方，而不是都盲目集中到一个区域。

在地表，通过增加其他的轴线，也可以淡化原本中轴线的权威感。在我们的方案里，将两条轴线变成六条轴线，将唯一的中心点变成九个中心点，并且通过两条虚拟的 z 线，将整个布局变得更为生动，并提醒大家始终不要忘记，没有固定的轴线与中心，我们随时可以根据城市发展和产业发展的需求来调整合纵连横的思路。

另外，相对来说，目前的中心区更适合将其主要功能从政治中心置换成文化产业区。因为这一带保留了大量的古建筑，交通可达性很好，旅游业、会展演出业、大型零售业十分发达，适合发展体验经济。"城市中心和轴线的内容基本反映的是城市的大事记。一个城市的中心被什么建筑占领，最能体现其政治、经济状况"③。将这一片传统上属于集权者的区域彻底改造成属于公众的公共文化区域，具有象征意义。

---

① 关于四个功能区的理念，参见 1933 年国际现代建筑学会拟订于雅典的《雅典宪章》。
② 《澳大利亚三城记迥异美》，http://www.ln.xinhuanet.com/lvyoupd/2003-11/25/content_1250281.htm。
③ 冯斐菲：《中轴线与北京奥运》，载《北京规划建设》，2004（3）：10。

2）尊重多元化的需求

多元化原则的含义是指尊重不同个人或团体的利益与选择。北京不仅是国家的首都，也是广大居民安居乐业的地方。贫富差距是目前一个不可回避的现实。政府不可能直接救济每一个贫困者，但至少应该为他们提供平等的机会和权利。城市规划时应保持人文关怀，这不仅有利于树立一个城市的文化形象，而且有利于传媒产业的健康发展。目前的城市规划常常容易从强势经济实力的立场出发，为其提供尽可能优越的发展机会，但对于弱势群体同样应该有所关照，特别是在文化产业方面。因为：①从文化消费需求角度讲，弱势群体往往更能体会到自身的不足与需要补充，其消费欲望并不比强势群体小；②从文化消费市场角度讲，弱势群体占人口比例的大多数，而传媒产业是一个需要人气支撑的产业，其发展离不开这个占人口大多数的市场；③从文化消费可持续发展角度讲，一个城市整体文化形象的提高，离不开对弱势群体文化消费的培养。当代城市是一个流动性非常大的空间，阶层之间的空间界限非常模糊。在同一个空间里，强势群体与弱势群体互为背景，如果两极分化严重，会导致系统的失衡乃至崩溃。

全球化时代的到来，我们应该为生活在城市中的所有人创造和谐的城市社会生活，尽管人们的文化背景、种族和肤色、性别、年龄、宗教信仰，以及职业和收入水平等不同。关怀全体城市居民的利益，帮助城市中社会和经济生活有困难的人，是城市规划师的职责。联合国1999年提出"人人共享的城市"（cities for all）主题。东京的长期规划将建设充满人性、富有温情的家园城市设置为城市发展的第一目标。① 伦敦市长 K. 利文斯顿提出的将伦敦发展成为典型的可持续发展城市的三个相关主题之一是"社会包容性，为所有伦敦人提供共享伦敦成功未来的机会"②。美国威斯康星大学城市与区域规划荣誉教授 J. 考夫曼在2003年美国全国规划会议上指出，"中心城市最关键问题就是确保穷人家的孩子可以受到良好的教育"③。我们应强调城市社会中社会生活的和谐，强调整个城市中各社会集团在空间上的和谐，重视区域中各城市之间居民生活的和谐。城市中任何个别的社会小集团利益，都不应妨碍城市全体市民的公共利益。

总体来说，多元化的空间是要让城市的每一个居民都感觉到自己是被当作一个公民来平等对待，感觉到自己是生活在一个值得骄傲、可以称之为家乡的温馨环境里面。而这样的环境也必然是富有魅力、宾至如归的环境，能够赢得世界各地的关注与热爱。

我们相信，一个成功的传媒企业必然是有人文关怀的企业，这种关怀不仅应体现在它所传播的信息内容里，也应体现在它的空间位置的选择上。

3）适应国际化的多元需求

北京要建设成为国际化大都市，必须吸引更多的跨国公司，同时又不能放松本土产业的发展。这样，在北京将聚集起外资、合资、国有、民营、联合控股等各种不同类型的产业经济模式。不同的资本模式有不同的资本规模、不同的盈利方式、不同的市场需求，也有不同的空间

---

① 东京都厅：《第二次东京都长期规划：家园城市、东京——朝着21世纪、开始新的航程》，1988。
② K. 利文斯顿：《伦敦展望》，载《大都市》，2003（4）。北京市规划委主办。
③ 引自北京市规划委：《21世纪美国规划师面临的新挑战》，载《大都市》，2003（4）。

发展需求。这一现象必然也将出现在传媒产业领域。我们在做空间发展研究时必须考虑到这方面可能出现的状况，并且引导这一状况向好的方向发展。所谓"好"是指，一方面有利于各种产业模式都蓬勃发展，同时又能促进各模式之间相互搭配、协调发展，促进不同模式的企业之间交流与合作，让城市的空间布局呈现出繁荣而有序的面貌。

（四）文化产业的空间布局规律

相较于其他产业类型，文化产业有其自身的特殊性，在空间布局上也有特殊要求。因此我们要想做出有利于增强城市文化竞争力的空间规划，必须注意考虑文化产业发展的特殊要求。

北京市在推动文化产业发展时，首先从理论上确认了目前世界文化产业的三种形态：生产和销售以相对独立的物态形式呈现的文化产品行业，如生产和销售图书、报刊、影视、音像制品、电子出版物、书画艺术品及各类工艺品的行业；以劳务形式呈现的各类文化服务行业，如音乐、舞蹈、戏剧、体育、表演业、娱乐业、文化旅游业、教育培训业、广告业、会展业、咨询业、设计业及家庭装饰业等；为社会和人们进行文化消费提供各种设备、器材、用品的行业，如文体用品、娱乐用品、游戏与玩具的制造与销售业等。

目前，北京已初步形成文艺演出、新闻出版、广播影视、文化会展、古玩艺术品交易等优势行业。2002年，五大行业所创造的增加值占全市文化产业创造增加值的74.8%，就业人数占全市文化产业总就业人数的78.1%。考虑到现有资源等各项潜力，北京在上述文化产业类别，以及旅游、新媒体产业等方面，还具有极大的拓展和提升空间。在此，从空间布局的相似性角度出发，并结合国家统计局印发的"文化及相关产业分类"，以及《2004—2008年北京市文化产业发展规划》，将文化产业各类别重新组合为以下几类。

1. 报刊业

报刊业是本地居民获取信息的重要渠道之一，也是北京市现有文化产业类型中资本规模最大的产业之一。由于目前国内的报刊在国际上尚没有取得一席之地，因此这个产业的主要消费者还是国人。

位于北京市市区的报社、杂志社没有形成特别的集中区。但是其地理位置基本都处于次中心区，即不是最繁华地段，但交通仍非常便利。这也是各城市报社、杂志社分布的基本规律，与报社、杂志的产业特性相吻合：与纯商业保持一定距离，又保证对社会各方面能做出灵敏的反应。

报刊业的周边产业主要有邮政业、造纸业、物流业、市场调查业等[①]。但是，这些产业并非地理上的聚集。中国报纸、杂志的发行传统上是由邮政部分负责，但现在大部分都市报都开始了自办发行，并且以自办发行的队伍、渠道、运输设备为基础，通过自己建立的连锁发行网络附带开展物流配送业务。例如，《北京青年报》属下的小红帽报刊发行服务有限责任公司，除了送报纸，还送牛奶和饮料；广州日报报业集团1995年首创连锁店方式自办发行，除了派

---

① 参见张辉锋、朱晨阳：《中国报业对相关产业的带动作用分析》，见郑保卫主编：《论媒介经济与传播集团化发展论文集》，276页，北京，中国人民大学出版社，2003。

送报纸还运输图书、文化用品及其他各种商品。这样的业务内容决定了其地理位置应该具备交通便利的基本要求，并且根据各地区的市场规模均衡散布分站。小红帽公司的总部位于宣武门西大街，并在全市设立100多个投发站点。① 换个角度来考虑，我们也可以利用一些物流配送体系来发行书报，从而节约重新建立的成本。

市场调查业作为信息咨询业的一部分，与传媒产业的发展有很强的共生关系。"与欧洲的市场相比，我国内地市场调查业的营业额中来自传播媒介和广告公司的客户所占的比例远远高于欧洲的平均水平。按研究的产品类别和主题来分，在1995年的总营业额中，来自广播等媒介的营业额远远高于其他任何一个产品类别，高达48.8%""与欧洲的市场相比，我国内地在传播媒介方面的市场研究份额也显著地高于欧洲平均水平"。② 因此，北京的市场调查业会作为传媒产业的主要周边产业而在空间布局上有所体现。

2. 图书出版业

北京汇集了全国将近40%的出版机构，集中了中国最重要、最丰富的文化资源，它的政治文化地位决定了其作为本土出版中心的地位。其图书产品在国际上有一定影响，但在创收方面有待改进。目前其主要消费者仍是国人。

图书出版业对交通的要求不是特别高，但是对信息交流的要求很高，要求其周边科教研究资源丰厚，能够成为其智力资源，同时也能够成为其消费市场。随着图书出版市场的放开，创业性的工作室成为现在图书出版业的新兴经营方式。这样的产业模式非常类似于信息产业，因此很可能围绕大学、研究所等机构形成类似于硅谷的"簇状"集群。我们将出版业重点布局在以新生、原创为特征的西部地区，正是基于这种考虑。

出版业按其经营内容大致可以分为大众出版、教育出版、专业出版三大类，其中教育类出版门槛最高，是在选址方面最有规律的，也是最适宜进行统筹规划的。目前在海淀西城交界地段，由蓟门桥、马甸桥、明光桥、德胜门大致围合成的矩形地带，已经聚集了一些教育类出版社。这一地段靠近学院区，交通便利，商业氛围不浓重也不缺乏，对于出版业的发展比较适宜。如果北京的出版业要形成一个聚集地的话，这里是一个可能性较大的选择。

图书出版业不如报刊出版业那样与发行业紧密结合，因此可以与报刊业共享其发行、物流配送的服务。网上书店也为图书发行提供了新渠道。目前，北京的图书发行已经初步形成了大中小结合的梯队结构，有数个大型图书交易中心，有集中于学校、研究所周围的中等规模特色书店，有众多分布于社区的小型便民书店，以及配送范围遍及全市各地的网上书店。我们在布局规划时只要顺应并适当优化这一结构就可以了。

此外，在图书出版业周围通常会聚集起广告公关公司、画廊、情调消费等产业，形成消费链。我们应该为这些产业的发展预留充分空间。

---

① 参见小红帽公司官方网站，http://www.bjxhm.com.cn/gsjj/content.php#gsjj1。
② 张辉锋、朱晨阳：《中国报业对相关产业的带动作用分析》，见郑保卫主编：《论媒介经济与传播集团化发展论文集》，278页，北京，中国人民大学出版社，2003。

3. 广播电视业

广电行业被誉为"无冕之王",是民众获取信息的主要渠道,也是对外展现国家和地区形象的第一窗口。广电是目前的强势媒体,其产业资本规模较大,市场规模也较大,消费者覆盖到国外。

由于中国广电媒体的特殊属性,其建设通常与行政级别相挂钩,每一个机构都具有相当规模,内部结构都十分庞杂,难以形成商业化的公司间分工合作。因此中国每一个广电媒体的建设成本都相当高昂,尤其北京市域的广电媒体级别较高,规模较大,其选址更必须要慎重。

广电机构的建设要求保密性,要求周围保持静空状态,规划占地面积较大。在全球反恐时代,广电机构的建筑要特别注意安全,如建筑物的高度和形体设计是否容易引起攻击,建筑物的周边是否有充足的紧急疏散空间。目前,国内的广电媒体经营尚未完全放开,短期内电视台、电台的数量不会有太大改变。但是,随着频道分众经营、数字电视推广,北京市广电媒体的规模必然有所扩大。另外,传媒集团化的发展趋势也必将推动产业规模的扩张。集团化的目的之一就是为了资源共享,节约成本,例如,对演播室、录音棚的共享等。这也就意味着集团内部必须集中,才方便利用这些资源。

以上这些都要求广电媒体的选址必须为未来发展预留较大空间。另外,由于有大量新闻采访业务,广电机构对于交通要求也很高。广电媒体应位于交通干道附近,但不一定要位于交通中心。因为按照北京的交通现状,时间上的可达性比空间上的可达性更具意义。在经常产生拥堵的闹市区,3公里也许能耗费半小时的车程。但如果在路况较好的地区,数十公里也只需半小时。因此广电媒体的选址应该选择"潜力股"而非"绩优股",既有利于广电产业自身的发展,也有利于将"潜力股"造就成新的"绩优股"。

伴随着同一集团内部的集中,不同集团则适宜错位分布。在北京,有国家级和市级两级广电媒体,每一级内部又有不同类型,我们可以顺应分众传播的趋势,按照每一集团的受众定位,选择适合的地址。

在广电媒体的周边往往会聚集起节目制作公司、广告公关公司、音像制作与销售、旅行社、汽车租赁、餐饮娱乐业、特色礼品制作与销售等产业。广电媒体的庞大消费能力和经济辐射能力往往能带动一个区域的经济、文化繁荣。

4. 电影业

这里专指电影制作发行业。北京是国产电影主要基地,并形成一定的京派风格。北京制作的电影在国际上也有一定影响,但国外消费者与国内消费者对于电影产品的消费口味仍相当不同。

当前,整个传媒产业都存在工业化流程被分解,从工业化向后工业化转变的趋势。例如,出版业的工作室模式,广电产业的节目制作外包模式,在电影业,这一趋势体现为从工业化大生产向独立制片人转变。伴随这一趋势,电影业可以分解成策划构思、制作生产、发行放映三个环节来规划布局。

根据美国电影业的发展经验,行业的细分与重组必然促使各公司或各经济机构之间在签定每个电影项目合同时都要做更多近距离的协商,形成积聚性经济。公司间的密切接触有利于信息交流，交流中可以正确评定对方的能力和诚信度。这类公司的聚集带有地区性倾向，这样就更容易找到普通的工作人员。[①] 在策划构思环节，这种聚集表现得更为明显。策划构思是知识密集、信息密集的环节，会围绕一个母体形成"簇状"集群。对于电影业来说，这个母体可能有两种：一是上游母体，即集中在学院周围，便于随时获取创新资源。在纽约，纽约大学、哥伦比亚大学的电影专业十分著名，因此大多数电影制作机构都是围绕、散布在它们周围。在北京有众多优秀高校，其中北影、中戏、中传都是国内著名的影视专业院校，在它们周围都有可能聚集起一批电影制作机构。另一种可能是集中在下游母体，即发行机构周围，便于随时把握市场动态。韩国汉城的电影业从忠武路转移到江南区，对此，LJ 电影公司的李承在代表说："因为电影公司一直关注大众喜好的变化，新流行的发源地江南很有吸引力。"[②] 可见这样的空间布局与韩国商业电影的蓬勃发展关系密切。

　　面向上游的集中与面向下游的集中会孕育出两类不同风格的电影，前者偏向学院派，后者偏向商业元素。这两种类型不可偏废，应更多地促进二者间的融合。因此在布局规划时，一方面，要顺应两种自然的聚集趋势；另一方面，要适当引导和促进两种风格的交流。目前阶段最具增长潜力的是北影及其辐射带。北影在中国电影界具有重要地位，在国际电影界也有相当影响。另外，北影地处学院路，离北大、清华、人大等著名高校都不远，可以集中高校区的综合人才、资源优势。因此可以成为一个资源丰厚的上游母体。同时，北影位于奥运经济直接辐射地带，其周边国际化、时尚化的氛围会日趋浓重。结合这两方面优势，北影及其辐射带很有可能成为北京电影产业第一个标志地带。

　　电影业的制作生产环节具有工业化的性质，需要大规模的厂房、流水线式生产。因此我们建议，可以配合北京市工业搬迁，将一些厂房功能置换为电影生产单位。同时，电影拍摄的外景基地可以资源重复利用，开发配套的观光旅游业。目前，国内的几个影视基地在旅游方面运营得都不太理想，但是浙江横店、北京的大观园却是较为成功的案例。英国伦敦西部的诺丁山也是凭借一部《诺丁山情缘》而成为众多情侣游客的朝圣之地。可见只要形成特色，依托一定的文化底蕴，借助有效的宣传推广手段，这一类型的产业是非常有市场的。

　　电影发行放映产业面对的是电影产品的直接消费者，而且主要是本地居民。因此，院线的布局应充分结合本市各区域的人口密度、教育与消费水平、交通便利程度、周边商业繁华程度等选择自己的位置。我们在规划中建议参考麦当劳、肯德基的选址来确定影院的选址，就是基于这种考虑。麦当劳、肯德基之类的公司有在全球数十年的运营经验，它们应该已经积累出成熟而丰富的选址经验。同时，它们的消费群体恰好与影院的消费群体有重合之处。通常我们会发现有影院的地方就有麦当劳、肯德基，但是，既然国内的快餐业比影院业起步要早，我们不妨逆向思维，根据时尚餐饮业的分布来规划影院的布局。

---

① ［美］理查德·E.凯夫斯：《创意产业经济学：艺术的商业之道》，孙绯等译，93～94 页，北京，新华出版社，2004。
② 《韩国电影界进入"江南时代"》，http://www.tokorea.com.cn/san/image/data/life_show.php?id=329。

5. 文化演出与会展业

　　文化演出与会展业都是聚集人流、增强人气的产业，也是对交通可达性要求较高的产业。目前，北京的会展数量已占全国的1/2，会展经济为北京的文化产业注入了极大的活力。而北京现有的会展场地较为分散，且大多位于中心区和近郊。现有主要的展览馆，集中在长安街及其延长线附近。如以国际展览馆、农业展览馆、CBD商圈、燕莎商圈为核心的"东三环会展产业区"。目前，北京会展场馆利用率已基本达到饱和，全市展览馆的出租率普遍高于50%，处于超负荷运转状态。场馆结构不合理，小、旧、单的问题比较突出。大型场馆缺乏，场馆功能单一、设施和设备陈旧，还没有一个展览面积超过10万平方米，集会议、展览、餐饮、住宿等多种功能于一体的大型现代化综合场馆。北京会展业的进一步发展繁荣，要求为其提供一个更大的发展空间。

　　2004年在国展中心举办的车展，为我们提供了一次考察北京会展业的机会。这次车展以宏大的规模成为中国迄今最成功的一届车展，并号称"世界第六大车展"。但是据媒体报道，会展期间，停车位空前紧张[①]，交通拥堵[②]，会展中心内部同样非常拥挤。到了中午，国展中心提供休息的小棚子分外拥挤，排着长队好不容易买到饭的人，因为没有地方坐，无奈地蹲在路边吃，形象非常落魄。根据专家们的观点，国际一流车展应具有如下标准：世界级厂商参展；有一流的新车或概念车首次亮相；场馆面积和配套设施一流；主办方服务质量一流；有大量来自各国的媒体和参观者。以此标准来衡量，本届北京车展恐怕只满足了第一条和最后一条。[③]

　　我们由此可以看到北京会展业的几大弊端：①交通承受力脆弱；②缺乏充分的预留地用来疏导交通、紧急避难；③缺乏适量的旅馆、餐饮休闲场所用来满足参观者的需要；④缺乏有效的可扩展体系，以分散会场部分人流。

　　国外大都市通常有一个或几个演出、会展场馆集中的地区，成为城市的标志性地带。这有其历史原因。欧洲以会展为主的贸易活动起源于11—12世纪，最初是由皇家特许某些城市和地区经营。从那时起，会展业就成为欧洲一些城市发展的重要动力和影响因素。随着特许权的废除，贸易展览活动在各国蓬勃发展起来。19世纪末20世纪初，全世界对于博览会的热情空前高涨，在英国伦敦、法国巴黎等地接连举办的博览会，创造了工业、贸易乃至建筑的奇迹。在德国也产生了莱比锡、法兰克福等知名的会展城市，使其会展业得到迅速发展。因此，会展中心在城市中的地位相当重要。在德国甚至能成为与火车站、飞机场等场所同样重要的公共设施。会展中心的选址往往能得到政府的支持或政策倾斜，因而能选取较利于其发展的地方。由于现代会展中心动辄要拥有超过10万平方米的展览场馆，同时还需要大量的室外展场、停车场、货物堆场及发展预留用地和配套设施等，加之需要通畅的人流、物流流线，因此会展中心往往需要规模庞大的用地和便利的交通条件。通过百年来的发展，基本形成了处于城市边缘、靠近主要交

---

① 《交通协管员趁机炒车位捞钱停车贵过看车展》，http://auto.tom.com/1440/1443/2004614-53986.html。
② 《北京车展：目击国展拥堵盛况让人提心吊胆》，http://auto.tom.com/2059/2055/2004614-53997.html。
③ 《"展外展"路边开北京车展优雅背后藏遗憾》，http://auto.tom.com/1440/1444/2004617-54262.html。

通干线的选址模式。这种模式基本适用于所有的德国会展中心。①

北京的会展场馆选址在向国外学习时也应注意这一历史脉络，不能看到国外展馆在城市中心集中的现状就盲目效仿集中。首先，会展活动将带来大量的交通流量。因此，应选择那些交通网络发达的区域，四周交通便利、换乘方便，各种交通设施齐全。其次，应远离居民区和其他行政机构服务区域，避免给附近居民带来困扰或者妨碍其他公共事务。比如，朝阳区拥有CBD、使馆区等重要商务区域，但在一次外企评测当中，曾在北京所有城区中排名倒数第二，一个重要原因就是交通问题。

此外，附近现有的配套基础设施状况，如宾馆、酒店、商场、健身场所等，也将影响到展馆建设的投资和时间。配合不同级别的会展，其附近酒店、旅馆的级别要求也有差别。大型会展中心周边应有充足的四、五星级宾馆。会展业具有覆盖面广、关联大、综合性功能强，可以带来大量的人流、物流、资金流、信息流等。会展业不仅能够带来直接经济效益（利润率约在20%～30%以上，远远高于旅游产业），如门票收入、场地租金等，具有高收入、高盈利的特点，而且能够带动交通运输、旅游、餐饮服务、住宿、贸易、通信、公关、广告、劳务、保险业等相关产业的迅猛发展。据统计，展览业的产业带动系数为1∶9，即展览场馆收入1元，相关收入为9元，为展览业服务配套的服务业、旅游业、广告业、餐饮业、通信业等行业将因此受益。②但是，目前我国的许多会展业并没有在周边建起充分的配套产业，也没有将其带动效应充分发挥。

同时，展馆的群体架构最好呈狭长、分散型，而非集中、聚集型，以避免因展馆过分集中而带来车辆拥堵，难以对其进行有效集散。比如，美国著名的会展城市巴尔的摩，就是依赖其靠近纽约、费城等大型城市的良好区位位置，"平行式"陆路交通的便利，濒临海口位置的海陆交通优势，以及各种配套设施和服务的齐全，塑造了国际性会展城市的地位。

还可以将会展中心、体育场馆、演出场馆等适当集中。当会展中心人流过多时，可以机动地向附近其他场馆转移分散。同时这些场馆的规模也应大小搭配。《北京会展业发展规划2004—2008年》提出"大中小，远中近"结合的原则，应该很好地落实。例如，可以在大型会展中心附近安置一个中型体育场馆、一个小型演出场馆，不同类型不同规模交错搭配。否则同类型、大规模场馆都集中到一个区域，一方面，会造成交通拥堵；另一方面，难以保证其他区域居民的文化需求，也无法充分利用这些场馆。

6. 文化艺术商务代理、艺术品拍卖服务、广告业

北京的这一类产业在全国处于领先发展地位，其中古玩艺术品的交易在国际上有一定影响。但总体来说，国内这些产业的发展还处于起步阶段，未能与国际发展相抗衡。

这一类文化产业的依附性较强。其中文化艺术商务代理依附着文化演出、会展业，艺术品拍卖服务依附着文物保护业，广告业依附着各类媒体产业、演出会展产业。因此，它们的分布

---

① 许懋彦、张音玄、王晓欧：《德国大型会展中心选址模式及场馆规划》，载《国外规划研究》，2003（9）。
② 杨国平：《世博会将给我们带来什么？》，http://stock.sdinfo.net/72903118479687680/20021204/1107928.shtml。

也会根据不同的母体，形成一定程度的集中。

其中，艺术品拍卖交易产业依托北京历史文化名城的地位和丰富的国际交流机会得到较好发展，也成为北京市近期文化产业发展的重点。我们依据北京市现有规划，提出潘家园产业区、琉璃厂产业区，以及在南城新建"京城百工坊"等的建议，希望能够将区域优势最大化，形成辐射。

在旅游景点内部开设中小型文化艺术品交易机构，是我们将体验经济与产业关联思路相结合提出的建议。北京有大量的名胜古迹，在这些景点内部和附近已经自发地聚集起旅游纪念品销售单位，但是由于管理不善，这些单位给游客留下的都是商品质量不高且漫天要价的印象。我们可以顺应产业聚集的规律，但要向正规、完善的方向引导，将优质的文化艺术品销售单位吸引到这里。我们相信这样的安排是能够双赢互利的。游客有此方面购买需求，文化艺术品销售单位需要这样的出口扩大自己的交易额和影响力，城市也需要质量上乘、价格公道的文化艺术品交易来改善城市文化形象。

7. 旅游、文物保护业

旅游、文物保护产业是北京市文化产业的重点内容和强项，发展得较为成熟。目前存在的主要问题是缺乏创新和产业意识，体现为现有的旅游项目还是主要视古迹遗址位置而定，而较少开发更多都市观光旅游、郊区体验旅游项目。目前，中关村科技旅游、金融街都市观光旅游、农家乐生态旅游等项目经过市场验证获得成功，但是在质量和内容丰富程度方面还有待提高，我们应该增加这方面的开发力度，放宽思路，扩大旅游业的市场。

另外，当代文化的保护与体验也可以成为旅游、文物保护产业的一部分。如大山子艺术区、长城脚下公社之类的当代文化艺术作品，本身就集艺术与商业于一身，并且在国际上获得了一定知名度，完全可以成为当代文化体验旅游的内容。而对它们的保护则应该从当下做起，尽量保证它们的发展不受干扰。

8. 网络服务、休闲娱乐、音像出租业

这一类产业主要是面向社区服务，呈均衡分布状态。其规划宜结合各个社区具体需求来制订，这里就不做展开。

需要特别强调的是，流动人口是城市网吧的主要消费人群，北京作为一个流动人口比例较大的城市，其对网吧的需求较高。建议北京可以借鉴上海的经验，建立政府授权的网点，统一管理，提供规范、优质的网络服务。其地点选择也可以由政府统一规划，根据各地区流动人口比例来确定网吧的位置，根据流动人口的受教育水平、消费水准等来确定网吧的规模、档次，避免资源浪费，为网吧提供合适的盈利环境。

三、建议方案

在分析北京城市基本数据，参考、整合了相关研究的基础上，以现行的《北京城市总体规划》及修编为前提，在城市整体空间规划框架中，考虑文化产业的空间布局，我们初步形成以下方案。

（一）总体布局规划

1. 市区总体规划

如下图所示，X2为长安街及其延长线。长安街一带聚集了大量的博物馆、剧院、会展场馆；向西延伸有石景山数码娱乐城（规划），首钢搬迁之后进驻的影视制作基地（建议）；向东延伸有定福庄边缘文化产业基地（规划）。沿着这条线可以汇集与大都市体验旅游相关的、雅俗共赏的文化产业内容。

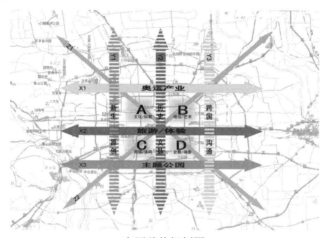

市区总体规划图

X1为奥林匹克公园的东西延长线，主要覆盖北三环与北四环之间。这一带本身已分布相当数量会展、演出场馆。奥运会后将有一批新场馆转化成文化产业用途。因此这一带可以结合"人文奥运、科技奥运、绿色奥运"的口号，汇集一些比较尖端、时尚的文化产业内容。

X3目前落在永定门滨河路及其延长线，但希望随着南城的建设发展，这一轴线可以覆盖南三环与南四环之间。在目前的永定门滨河路及其延长线，分布有潘家园旧货市场、北京游乐园、天坛、陶然亭、大观园等。规划中的永定门将修复成绿色景观带。如果与南苑的发展结合起来，在南城再兴建一两个主题公园，这一带将集中各种富有特色的公园，同时也可以兼具影视拍摄基地的功能，成为绿色经济增长带。

三条Y轴都是虚线。其中Y1主要覆盖西三环以西地区，包括了昌平沙河高教园、上地、中关村、现在的北京电视台、现在的中央电视台、西长安街、石景山数码娱乐城（规划）、石景山影视创作基地（建议）、房山良乡高教园区等，与北京的"西部生态带"有一定重合。"西部生态带"仅仅作为生态屏障是不够的，各级城镇应大力发展高新技术、高教园区、生态农业等环保型产业；大力发展和开拓旅游、休闲娱乐及其他各类文化产业。这一区域既有丰富的智力资源，又有历史文化、自然景观资源，适宜创作与开发。

Y2可以成为一条实线，经过奥运会的规划建设之后，这一线从北向南，将分布着现代化的场馆设施、皇家园林、民俗风情建筑，充分展示北京的历史文脉，可以建成一条"历史与文化散步大道"。这一轴线上有三个中心：以奥林匹克公园为主体的文化商务中心，是北端核心。

它将以高新科技、知识和资本密集型工业及会展业等为经济核心，集大中关村地区、高校科研区、奥林匹克文化商务区、机场及机场路沿线工业区、颐和园—上地—亚北—回龙观—望京等居住区为一个有机整体。北端核心所辐射的范围，大致以北四环为南界、北六环为北界，以相对松散而低密度的组团为主体，它侧重于体现北京城市现代化、高科技的一面。以南苑新城为主体的商务居住中心，是南端核心。它面向全国的商团和产业团体，代表着城市文明吸引和凝聚下的大众工商文化，它将以地方性、民间性、多样性、原生性的工商业和服务业为经济核心，成为城南地区引入强劲而持久的活力源头。南端核心所辐射的范围，大致以南三环为北界，以南六环为南界，以中等紧凑度和中等开发强度的城市形态为主体。该核心区应加快发展，同时改善目前较差的整体环境风貌，以便更充分地发挥其作为城南门户的功能。

Y3 则基本覆盖北京城区的东半边，以朝阳区和东城区为主，其影响力向东辐射到密云、怀柔、顺义、通州等郊县。这一带外国消费者较多，文化产业起步也相对较早。目前的战略研究里已计划在望京地区沿机场线路一侧开辟新的涉外设施用地。我们可以借助这一优势，并将其影响力向南部扩散，结合南城的民俗文化、古玩艺术品交易，使这一带的文化产业在面向市内、国内消费者的同时，更多地承担起外汇创收、吸引国外投资等功能。在此还可以适当设置一些"文化用品、设备及相关文化产品"的生产和销售机构，一方面，可以解决部分就业问题，产生经济效益；同时，也能就近为北京文化产业的发展提供物质保障。可在进一步实地调查的基础上，确定市场需求，进行布局。

由 X1、X2、Y1、Y2 大致围合而成的 A 板块，集中了北京大量的高校，也有大量旅游景点，适宜的文化产业类型包括图书出版发行、文化演出、影视节目制作、旅游观光等。

由 X1、X2、Y2、Y3 大致围合而成的 B 板块，集中了大量体育场馆、展览馆、博物馆、艺术场馆等，也有丰富的文化娱乐设施。适宜的文化产业类型包括文艺演出、文化会展、影视节目制作、旅游观光等。

由 X2、X3、Y1、Y2 大致围合而成的 C 板块，集中了一批会馆、民俗景点，同时也有相当数量的出版社，以及宣武传媒大道这样的规划。适宜的文化产业类型包括民俗体验旅游、休闲娱乐产业、出版发行业等。

由 X2、X3、Y2、Y3 大致围合而成的 D 板块，文化产业资源相对较少，因此，一方面，要重点打响品牌，如在天坛、北京游乐园以外再建设几个主题公园、会展中心，使这一带形成新的会展、文化产业；另一方面，要扩大辐射效应，以潘家园旧货交易市场为中心，辐射出一个古玩艺术品交易地带，以及特色旅游商品设计、制作、销售地带。

此外，有新闻业务的各种广电、报刊媒体则可以审慎地考虑自身和各区域的发展需求，在交通主干道附近选择自己的位置。有社区服务职能的各种文化娱乐场所、书店、网吧等，则可以结合社区规划状况，在便于识别、小区居民方便到达的地方选择自己的位置。

两条 Z 轴是虚拟的视觉导向线，为了打破北京布局横平竖直的思维定式。从首都机场到达北京的朋友，既可以沿着 X1 一路体验时尚、现代的北京，也可以沿着 Y3 一路体验国际化而又富有民族特色的北京，还可以沿着Z2，通过多次转换交通工具，去体验Y1、Y2、X2、X3。同样，通过铁路到达北京的朋友，也可以沿着Z1的思路体验全城。

用红、绿、蓝三种颜色标示出时间上的优先次序。按照产业发展的规律，从长远考虑，需要照顾到均衡发展；但在短期内，必须选择几个优势项目重点发展，逐个突破并逐渐形成规模效应。尤其对于北京来说，在文化产业竞争越来越激烈、2008年奥运会转眼到临的背景下，我们必须尽快形成北京的品牌优势，否则就会丧失大好时机。

配合北京市总体规划的三步走，我们的文化产业空间规划也可以大致分三步。第一步大致在2004—2008年，重点扶持X2、Y2两条红色轴线及其辐射带。这一带本身就是北京市的主轴线，现在更成为奥运规划的主轴线，是近几年的发展重点。第二步大致在2009—2020年，重点扶持X3、Y3两条绿色轴线及其辐射带。这一带本身文化产业起步较早，产业意识和产业氛围都较好，并且对外交流频繁，容易受到两条红色轴线的辐射，因此适宜配合总体规划的第二步，帮助北京确立具有鲜明特色的现代化国际大都市地位。第三步大致在2020—2050年，重点扶持X1、Y1两条蓝色轴线及其辐射带。这一带作为北京原生、原创文化的土壤，既有深厚的历史文化遗产，也有活泼的创新能力，在前两步中虽然没有得到优先扶持，但是也一定能保持稳定的增长。按照总体规划的第三步，北京要建设成为经济、社会、生态全面协调可持续发展的城市，进入世界城市行列。这意味着北京的战略将从突击战转变为持久战，因此需要从原创土壤里挖掘新一轮的增长潜力。

2. 内城具体规划

北京旧城区是东方建筑文化最集中的代表，也是世界城市史上的优秀杰作。内城建设应以保护为主，并强调城区的整体保护。我们需要做出一个能尽量达到"新旧两全"的安排。

在目前状况下，内城要保证它的特殊地位和历史资源并获得健康发展，只能釜底抽薪，立足于疏散。应进一步简化内城职能，以政治中心、文化中心、宜居区域为主，剥离现有的其他多种职能。同时，将文化产业作为绝对主导性的产业来发展。在文化产业的空间布局上，则应强调现有基础上的调整和因势利导，避免兴师动众，必须谨慎处理好保护和发展的关系。

内城区域包括：东城、西城、宣武和崇文四区。内城应强调旧城区的整体保护，尤其是二环和前门大街沿线构成的区域（即"凸"字形的上半部），是历史文化保护的重中之重。借鉴新城市主义、霍华德的"花园城市"等理论，参考华盛顿等城市的规划模式，突出"人文"价值趋向，把"政治行政功能和体现传统文化内涵"作为内城的两大基本职能。在此，文化产业可占据绝对主导性地位；其布局应强调现有基础上的调整和因势利导，避免兴师动众。

内城应大力发展以下文化产业类别。

1）旅游业

内城具有丰富的文物资源和历史遗存，旅游业是该区域文化产业的支柱性类别，具有很好的发展潜能。

内城旅游，应以文化旅游为主，注重传统韵味的保存。同时，充分挖掘现有资源，创造性地提升产业效益。如加强受众的参与性，重视文化产品的研发，以及其他与旅馆、餐饮、商业等产业链各环节的互动等。

本区域旅游是强调历史文化内涵的人文旅游，因此现有的历史、地理特征是最为关键的影响元素。所以，在布局上应侧重因势利导，依托现有布点，加强规划和创造性的开发，以提升产业效应。重点是在现有基础上提炼主题、勾勒主线，使内城旅游形成一个文理清晰的有机体。使之由现在的较为分散、杂乱、各部分缺乏联系的状况，转变成一个具有内在灵魂的、主题突出、特色分明的整体。

由此，应完善各部分间的线路交通设施，并加强相关的住宿、餐饮、购物、娱乐等配套设施，以提升整个行业的服务水平和档次，促进旅游业的发展，提高产业增加值。另外，还应注意与其他地区、其他行业间的联系。比如，与南苑地区可能的文化产品市场、南城潘家园地区等的互动，以促进整个文化产品交易市场的繁荣发展。

2）传媒产业

传媒产业主要包括：新闻、出版、广播、电视、电影等媒体相关的各类机构。如新闻的采集、加工和分发；书报刊和电子出版物的出版与发行，印刷制作部分则可布置在其他地区；广播、电视服务及传输服务；电影服务，如放映、宣传交易等，以及各类传媒相关的专业服务机构，如各类版权专业服务、广告、市场调查、文化活动的策划和运作等。

宣武区中心位置有建设中的"国际传媒大道"，北起宣武门，南至南滨河路，全长3.2公里。其原计划目标包括：北京以及其他各地传媒机构，包括国际媒体机构的入驻，形成一个具有商务办公、企业经营、休闲居住、配套服务等功能的、辐射全国乃至世界的"传媒中心"。

就北京传媒业整体而言，宣武区还尚未形成决定性的优势。目前，朝阳区就集中了很大一部分传媒机构，如位于建国门的北京日报报业集团、北三环中路的北京出版社出版集团、建外大街的北京人民广播电台等，而中央电视台、北京电视台都曾考虑将新台址选在CBD。另外，由于这一地段远离使馆区，要吸引国际传媒迁入并非易事。因此，如何把北京以及其他地区的传媒相关机构吸引到传媒大道，还是一个需要不断探索的问题。

基于内城的区位特点，传媒大道的发展应注意：首先，在此可聚集媒介产业的核心业务。比如，各类传媒组织机构的总部、管理中心；国内外传媒集团的决策、投资中心；传媒企业的经营中心等。而剥离低端、劳动密集、污染型业务，比如出版中的印刷业，可将这些业务迁至远郊，那里的地价等成本也相对低廉。大型影视节目的制作以及外景地等，也可考虑设置在外围的"影视基地"。其次，传媒业是一个现代化的产业，必然要求其具备完善的配套服务设施，但传媒大道的发展必须以内城的整体保护为核心，可借鉴国外相应城市的做法，处理好保护和发展间的关系。在外观形体设计上要与周围环境协调，符合内城建筑的各项指标限制；在内部设施上，可体现高科技、现代化、国际化的特征，以满足客户的需要。

3）文化艺术服务

主要包括：演出场所；电影院、影剧院；其他相关文化设施（包括博物馆、烈士陵园和纪念馆、图书馆、档案馆等）；群众文化场馆（包括社区文化设施等）。

目前，北京市的艺术表演团体、演出经纪机构总量均居全国各大城市之首。应加强现有场所的改造和修缮，适量新建一些较大型的演出场所和室外演出场所，从整体上提高内城文艺服务的服务质量。可以长安街及其延长线为轴心，辐射周边特色街区，形成相对集中的文艺服务中心。中心区应大力加强相关设施、场所的建设和配套，提高服务档次。同时，这些设施也在很大程度上具有分散布点的需求，应在现有基础上统筹规划和协调，合理布局其他地区的文艺服务场所，以满足广泛的群众需求。

尤其应注意社区文艺服务。它与人们生活最为密切相关，却也是目前较为薄弱的一环。应在"三贴近原则"的指导下，切实加强社区文艺设施建设，以更好地满足人们的文化需要，强化整个城市的文化氛围，同时也能创造更多的经济效益。

在空间布局上应注意聚散结合，既满足人们的普遍需求，又形成几个深具影响力的、特色鲜明的知名汇聚点。强调在现有基础上统筹规划，协调发展。

4）其他娱乐文化公共空间

增加公共性的设施配置和娱乐文化空间。在内城主要是指各类公园、水面、广场、绿地、林荫道，以及室内娱乐、游乐园、休闲健身娱乐活动等。应强调内城生态绿化和娱乐文化的有效结合，在满足人们文化娱乐需求的同时，增加城市的绿化覆盖率，保护生态环境。注意加强现有空间的开发，切实地整治、适当扩大各类公园、绿地等用地，保护其不致为其他用途所侵占。

3. 外城具体规划

如果说对内城而言保护是重点，那么对外城地区而言，各种产业的协调发展则不容忽视。对于外城，应综合考虑城市的多种职能，以满足人们居住、工作、生活等的多方面需求。同时，承担起为北京城市提供后备物质支撑等各方面的责任。由此，应统筹规划，着眼于各地各产业的协调发展。

在文化产业的发展上，应立足于因地制宜，切实地根据本地资源优势来确立是否发展以及发展的重点。在布局规划中，应做到从全局着眼，从长远着眼。在具体的选址上，不仅应考虑到该地适合于发展某类文化产业，还应考虑某类文化产业的落户可能给当地以及整体经济带来的效能。这种选址是综合地理、各种资源、文化产业具体类别的特殊性、可能的效应以及其他影响等多种因素的结果。目的是希望能形成品牌和规模效应，从而辐射周边地区，带动相关产业。

总体来说，外城各区域应致力于形成各自的核心竞争力，真正提高文化产业的产业效能。文化产业不是万能的。文化产业虽然重要，但仍不可忽视其他产业的发展。在现实国情下，应强调为文化产业预留空间，而不是盲目地一哄而上。文化产业是长线产业，其空间环境也相对具有稳定性和长期性，因此，规划构筑这类空间不宜一蹴而就，而应学习某些发达国家的经验，在较长的时间内深思熟虑、精雕细刻，其精华部位甚至经历几代人的努力，才能留下经典的传世佳作。

在外圈的广阔地区，根据现有资源、周边环境及发展潜力等因素，试提出以下几个文化产业的集聚点作为近期的重点规划区，打造北京的文化产业中心，形成品牌和规模效应，以辐射周边地区，带动相关产业。

1）新媒体中心

除了现有的海淀中关村高科技区、望京电子科技园区之外，考虑在石景山区建设一个新媒体中心，大力培育和发展数字娱乐产业，尤以大众化数字娱乐产品、数字娱乐体验产品为主。

目前，数字内容产业尤其是数字娱乐产业，已成为西方发达国家的一项主导产业。据统计，2002年以动画、游戏、电影、广告、宽带内容、多媒体产品、数字出版等为代表的数字娱乐产业市场规模已达到723.93亿美元。我国的数字娱乐业尽管才刚刚起步，但发展极其迅速，已初步形成北京、上海、成都的鼎足之势。而北京，则在文化、技术、人才、信息等方面具有极大优势。

石景山区是北京的八大城区之一，环境优美、交通便利、地价较低，具有比较完善的基础设施。尤其是区位优势明显，可与周边地区加强联系，优势互补。石景山区目前的定位是北京的"绿色都市休闲旅游区"，可在此基础上逐步向"娱乐+数字+媒体"方向发展，发展数字媒体娱乐的研发、体验和展示，以及交易和服务，力求发展成为一个以新媒体产业为重点的新文化产业区。

2）会展中心

9月新修订的《北京城市总体规划（2004—2020）》指出，要在顺义、通州、亦庄新城、朝阳十八里店、石景山各建一个综合性会展中心，在奥林匹克公园建设国际会议中心；对怀柔、密云等新城现有设施进行整合，提升服务水平，建设若干会议、培训中心。

这一设计基本吻合我们前述各种基础原则。我们想特别指出的是顺义的会展中心建议选址在区西南角，靠近机场。这里有便利的交通，包括机场、101国道及京承高速等，可基本满足上述多种要求。在此可建设一片大型的、具有良好的现代化综合设施的国际化、综合型会展场地，强调其国际化、专业化和品牌化的特色。它可与建设中的奥运用地相呼应。奥运场馆建成后将形成一条南北走向的轴线，它们可在赛后转化为会展用地。

另外，可考虑在南城也建一个会展中心。具体选址可考虑在南苑或亦庄新城，虽然其周边配套设施可能还不够理想，但无疑会展业的发展将带动相关产业的发展，为目前还不够发达的南城经济以及市政建设注入新的活力。

对于新规划的各会展中心，以及现有的展馆，我们应大致对其用途进行定位，以形成差异化、专业化和品牌化的发展。这也有助于加强对展会的协调、控制，减少交通流动。如内城场馆可以小型为主，用于艺术、服装、珠宝、丝绸等展会的举办。当然，对于现有场馆设施也应加强改造、整治，以改善配套设施，提高服务水平。

3）影视基地

可考虑在朝阳区大环地区建成一个北京影视基地，吸引北京市及其他地区的影视制作单位，使之成为北京影视节目的外景地、制作基地和交流中心。这里空间开阔，交通便利，艺术氛围较好（临近大山子艺术园区），并已具有一定基础。比如，已有国家电影博物馆、北京影视城、影视拍摄棚、技术服务楼等，可重点发展传媒、旅游等产业。

首钢搬迁后，可以考虑将其中部分功能置换成影视创作基地。影视制作可以进行工业化流水线生产，将工业基地转化成影视制作基地颇具象征意义。从实用的角度讲，高大的厂房适合改造成摄影棚，厂房周边有石景山、永定河，厂区内各种设施完善，还有铁路贯穿，这些都提供了丰富的外景选择。同时，位于厂区东面的数码娱乐产业基地如果发展良好，会聚集起一批数码影视制作的力量，将为影视创作基地提供支持。而这两大基地又可以联合起来，成为新的都市体验旅游的景点，为游客提供数码娱乐体验、影视拍摄现场参观等特色体验。同时，还可以带动起音像制品销售、高科技影院、特色旅游产品销售、酒店经营等产业。

4）艺术栖居地

位于机场附近的大山子，已经自然聚集了一些艺术家和艺术类设施，可继续加以促进和引导，以形成艺术家的集聚地，发展各类艺术和创作、策划，致力于营造一个宽松、多元化、开放的环境。

5）时尚之都

可以说，朝阳区是目前北京最现代化、最国际化的区域，在这个区域中建立一个体现国际时尚文化的中心，也就顺理成章。目前，朝阳区提出要把原《朝阳文化发展纲要》中提出的朝阳公园时尚文化园区，扩大到从CBD至奥林匹克村中间更大的地区。这一地区交通便利，环境氛围好，已经具有相当的发展基础，形成了一个娱乐休闲设施高档并相对集中的区域。因此，这样的规划具有相当的可行性。同时，建议将其沿机场高速略往东北方向扩展，逐步形成以东四环、东五环间东北段为核心的时尚中心。在此可依托现有基础，与该地区CBD、影视基地、艺术栖居地等连成一片，进行互动。

6）京城百工坊

目前，北京的古玩艺术品交易额占全国的4/5，在全国文化产业中居于领先地位。可考虑在南城建设一个文化产品的研发和交易基地：包括古玩艺术品、传统工艺品交易，民间民俗艺术品、高级仿制品等的研发、生产和交易，但要注意提高文化产品的品质和内涵。

具体选址可考虑以丰台区的东北角、靠近南三环东路和京津塘高速交汇处附近为中心，可侧重发展，使其成为文化产品的研发、生产和大型交易基地。这里交通便利，没有得到充分的开发，空间较大，同时，靠近北边的潘家园文化产业园区。潘家园古旧文化品交易，日客流量在10万人以上，是中国古旧文化品交易的一个主要场所。同时，与内城西起琉璃厂、中经大栅栏、东到鲜鱼口的前门外商业区形成互动，从而成为这些现有文化产品交易集中地的"后院"基地。

而作为北京的南大门，南城整体发展状况欠佳，环境质量较差。这里已属于北京城市的近郊地区，城市与农村混杂，具有小型工业、仓储业发展的历史。文化产品研发和交易基地的建设，将有助于带动南城地区经济的发展。同时，其作为劳动密集型产业，也有助于帮助内城分流人口，解决外城人口就业问题。

7）休闲娱乐园

休闲娱乐园主要是指一些户外游乐设施、休闲健身场所，以及度假村等。它可以依据、结合现有基础和综合统筹考虑的规律，选取多个中心，散布在城市的多个地区。

比如，可考虑在内城外圈的过渡带地区，以及位于"西部生态带"的相关区域进行选址。应侧重发展一些以绿色、健身为主的休闲娱乐产业，既可以产生较好的经济效益，又符合生态保护的需要。

比如，石景山区已拥有一批较具现代特色的游乐设施、文体、休闲和健身场所，可考虑在此构建一个中心。南苑可以建立一个郊野生态园。依托通州区的龙马乐园、大营生态旅游度假村等，构建一个中心。延庆位于北京市的西北端，已发展起山区旅游业，拥有妫水漂流、滑雪、马术等项目，可进一步利用其良好的生态环境优势，将其建设成一个较高档的休闲疗养、游乐基地，等等。

8）复制、物流中心

目前，位于顺义的北京印刷集团是个不错的选择，顺义在北京的郊区里属于较缺乏旅游资源的，可以将印刷产业作为重点发展的文化产业。同时，由于首都机场位于顺义，可以将印刷与特色纪念品制作结合起来，将顺义建设成为一个旅游画册、高档纪念品制作、销售的基地。另外，东南部的亦庄永乐店也可以参考此发展思路。因为这里位于京津塘高速沿线，规划中的首都第二机场也选址在这一带，地理交通优越性十分明显。

还可以在大兴北京印刷学院周围发展印刷业、音像制品出版业，建设物流中心。这里有便利的公路、铁路交通，离即将建设的第二机场也较近；有北京印刷学院的技术支持；大兴又属于北京重点建设的工业区，这些都为这一地带发展印刷、出版业提供了支持。

9）人才培养基地

目前，海淀区已经形成了一个比较成熟、发达的教育区域；良乡、沙河高教园区建设基本完成。今后，高校可采取向郊区转移的战略，即由集中在城区适度向郊区分散；同时，进一步与科技园区、经济技术开发区以及卫星城的建设等相结合，以充分发挥高校的聚集效应。

也就是以海淀为核心，向昌平辐射，形成一个教育培训中心。可再选址建设一些以国际教育、民办教育为主的园区；注意充分重视各类培训的发展。

（二）近期具体规划

下面我们针对三步走的第一步，即我们所面对的客观环境做出一些具体的布局规划建议。

根据《2004—2008年北京市文化产业发展规划》提供的数据，北京市的文化产业中，艺术表演团体、演出经纪机构总量居全国各大城市之首，舞台演出荟萃海内外优秀剧目，出版物品种、电视剧出品集数、电影产量和会展数量均占全国1/2，古玩艺术品交易额占全国4/5，在全国文化产业中居于领先地位。另外，北京丰富的历史文化遗产、作为全国政治文化中心的卓越地位,以及高校云集的资源优势,都是毋庸赘言的。

根据这种现状,《2004—2008年北京市文化产业发展规划》提出,要重点"把北京建成全国文艺演出中心、出版发行和版权贸易中心、影视节目制作和交易中心、文化会展中心和古玩艺术品交易中心"。

这一规划的提出是基于对北京现有文化产业优势和潜力的分析,是基于优先发展优势产业、走特色发展道路的原则。对于北京,这是一个比较经济的选择。

基于这样一种选择,我们可以重点考察一下这几方面相关的产业分布状况,并对此提出相应建议。

近期具体规划表

产业内容	分 布 现 状	布 局 建 议
文艺演出	演出场所目前主要集中在东城和西城。《2004—2008年北京市文化产业发展规划》提出要构筑以长安街及其延长线为轴心、辐射周边特色街区的相对集中的文艺演出功能区。充分利用保利剧院、北京之夜剧场、长安大戏院、人民大会堂礼堂、中山公园音乐堂、首都剧场、梨园剧场、湖广会馆、广德戏楼等既有的特色文艺演出场所;精心建设国家大剧院、中央歌剧院歌剧广场、国家话剧院剧场、中国京剧院剧场、中国大马戏院、西单剧场、吉祥戏院、双井剧院等演出场所;改造修缮中国木偶剧院、正乙祠戏楼;对已不具备经营条件的演出场所,可采取产权置换方式易地建设;适量建设经营性的大型室外演出场所	演出场所整体呈现散点式布局,以满足各地区居民与游客的文化需求,也满足演出单位的需要。除市区以外,在各郊区也要分布适当数量的现代化演出场馆。特别建议将一些由政府投资建设、以往处于限制使用状态的演出场所适当地向公众开放,如一些高校、机关单位的演出场所,使其逐步转向社区服务。这样可以节约成本,减轻财政负担。对于目前市区演出场所已经较集中的几个地段,则应形成差异化经营。 在长安街及其延长线,相对集中一批文艺演出机构,其演出内容国际化,一方面,引进优秀的国际文化节目,另一方面,向国外推介最优秀的中国文化节目 在前门大街、王府井大街两条纵线的周边则集中一批具有民俗特色的演出机构,与当地的民俗旅游相结合 北三环与北四环之间,可以成为另一条文艺演出的轴心。这一带现有中国科技馆、木偶剧团、北京电影制片厂、儿童电影制片厂、中华民族园、奥体中心等。随着奥运场馆的建设,这一带将聚集起更多的演出场馆。另外,建设中的中关村文化广场也位于这一带。这一带的演出内容应主要面向中青年知识阶层,兼具时尚与品位,可以安排一些先锋派节目。 需要说明的是,以上关于特色的定位并不意味着该地带只经营某一方面文化内容,而是在尽可能提供更多内容的基础上结合周边情况,树立一定的特色。每一个文艺演出单位都应该为消费者提供多种选择,只有这样,才能适应市场的需求

续表

产业内容		分 布 现 状	布 局 建 议
出版发行和版权贸易		北京日报报业集团位于朝阳区建国门，北京出版社出版集团位于北三环中路，《北京青年报》位于朝阳区白家庄。图书销售方面，有位于西长安街的北京图书大厦和王府井图书大厦、中关村图书大厦、海淀图书城。另外，坐落在王府井大街北口的外文书店有6 300平方米的营业大楼，除门市营业外，还设有北京市图书进出口公司和北京市外文音像出版社两个机构，是集图书进出口业务和音像出版发行为一体的机构。北京图书批发交易市场位于朝阳区甜水园，北京图书音像城位于西城区西外北滨河路。可见，目前北京的出版发行机构呈分散状态，但是基本都位于区域内较繁华地段	出版行业类似农业，需要适宜的土壤和环境，因地制宜，不必刻意将这些机构迁移到一起。现在在京城盛行的工作室经营方式，则具有手工作坊的色彩，有可能集中到某一房地产价格适宜的地区。 目前，图书发行机构已形成西单、王府井、中关村等几大中心，小型工作室、大型出版集团的总部都可以适当聚集在这几个中心周围。但中小型销售机构还是应该均衡分布，避免同类竞争。 另外，位于南三环木樨园桥西北角的百荣环球书城，号称亚洲单体面积最大的书城。这一书城有可能成为南城图书出版发行的中心，但目前尚未得到重视。配合永定门的修复、南苑的开发，这一地带在未来很有增长潜力。 印刷、仓储、物流机构适宜安置在郊区，如顺义、大兴等区
影视节目制作与交易	广电媒体	目前，中央电视台、北京电视台都将新台址选在了朝阳区CBD，中央人民广播电台位于西城区复兴门外，北京人民广播电台位于朝阳区建外大街，中国国际广播电台位于石景山区。这些台址都是轴心、中心地带，显示了广电媒体的强势地位	广电媒体的选址牵扯广泛，需要慎重论证。需要特别考虑的是：①有新闻业务的广电媒体应位于交通干道，便于紧急采访；②广电媒体不能太集中，以免信号干扰。也可以避免同时紧急采访时造成交通拥堵。 可以考虑按集团集中，不同集团则错位分布
	影视制作机构	目前，规划在朝阳区大环地区建设北京影视城和影视节目制作基地。 定福庄一带计划依托中传的辐射能力，发展影视制作业。如果央视正式迁入CBD，这一带很有可能成为新的电视节目制作公司聚集地	影视制作中心除了朝阳区、首钢搬迁空地之外，还可以在南城再开辟一个，将其与各种主题公园结合起来，可参考大观园的思路，将影视制作与旅游观光相结合

续表

产业内容	分 布 现 状	布 局 建 议
电影放映	影院必然是分散各地，但目前北京市经济效益较好的影院主要分布在东城、西城、海淀	院线选址应与大型零售业、公园等结合。因为与麦当劳、肯德基的消费群体基本重合，所以可以参考这些快餐店的选址思路
文化会展	现有的主要展览馆集中在长安街及其延长线，随着奥运场馆的建设，又将形成一条南北走向的轴线，这些场馆可以在赛后转化为文化场所。 现有规划指出，要坚持"大中小，远中近"相结合的原则进行会展设施布局，即在市中心拥有一批1万平方米左右的小场馆，以适应农业、丝绸、珠宝、服装服饰等小规模展览会的举办，在城区边缘、城乡接合部或郊区兴建几个规模大、设施全的会展场馆，以适应国际汽车展等大规模展会需要。具体设施建设方面，今后5年，在集中力量对农业展览馆、北京展览馆等一些老场馆进行现代化改造的基础上，兴建几个具有国际水平的会展设施：在朝阳区十八里店物流港范围内建设会展面积10万平方米的现代化综合会展设施；在奥林匹克公园（B区）新建一座以会议为主、总建筑面积为26万平方米、具有国际先进水平的多功能会议中心；完成中国国际展览中心异地迁建工作①	除了《北京城市总体规划（2004—2020）》中确定的几个新建会展中心以外，可以考虑在丰台区建设一两个工商业会展中心。在丰台大红门曾举办过成功的服装商贸节。随着大兴工业开发区、亦庄经济开发区的建设、南苑的开发，对大型会展的需求将越来越大。会展业又是最能聚集人流的文化产业，对于现在相对缺乏人气的丰台区，建设会展中心是合理的选择。 同时，可以在丰台建设一两个主题公园。地址选在京九、京广等铁路沿线，重点吸引国内外地游客。对于许多外地游客来说，丰台是他们进京的第一站。作为首都，北京应该呈现给他们富庶、欢快的形象。大型主题公园是适宜的选择。 对于这一带的居民来说，南城历史文化遗产较少，工业氛围较重，主题公园的建设为他们提供了新的休闲娱乐选择，也为他们创造了新的就业机会。与会展业一样，主题公园也是相当聚集人气的产业，对于南城的繁荣将起到推动作用。 主题公园在规划经营时应吸取世界公园的经验，注重品位与品质，保证公园的魅力和持续经济效益。可以考虑吸引外资

---

① 北京市发展和改革委员会办公室：《北京会展业发展规划2004—2008年》，2003年12月10日。

续表

产业内容	分 布 现 状	布 局 建 议
古玩艺术品交易	根据《2004—2008年北京市文化产业发展规划》，要在王府井步行街、西单商业街等繁华街区设立艺术家才艺展示区；建设京城百工坊，逐步形成中国最大的工艺美术品研发和生产基地；以琉璃厂大街、南新华街为主体，建设琉璃厂文化产业园区；以地摊特色的潘家园旧货市场为核心，建设包括北京古玩城、明清古典家具市场等在内的潘家园文化产业园区	扩大潘家园旧货市场的经济辐射能力。南北方向沿东三环延伸，将外国消费者的目光吸引过来；东西方向沿永定门滨河路，将关注民俗风情的消费者目光吸引过来；沿着这两线散布一些古玩旧货商店、市场，越靠近潘家园密度越大。 琉璃厂一带是另一个古玩艺术交易中心，这一带名气大，但是地域狭小，扩张潜力小。主要是一些与旅游结合的小型经营。可以考虑在即将建成的宣武传媒大道中建设一个新的现代化的交易中心。地点可以选在传媒大道的京韵传媒城。这个中心一方面可以借助琉璃厂、宣南的文化资源，一方面可以借助传媒大道即将形成的国际化贸易环境，同时建筑内部信息化环境良好，适合建成国际一流的古玩艺术交易中心。 在南苑建设京城百工坊，成为南城发展民俗产业的生产基地。 另外，目前在一些旅游景点里已存在一些仿真文物销售、民间工艺制品销售、传统才艺展示的项目，但质量尚不高，游客观赏多购买少。我们可以政府授予资格认证的形式，吸引优秀的民间艺术、艺术品进入景区，提升这些展示的质量，刺激游客的消费欲望。这样既有助于保护和弘扬民间文化艺术，也可以刺激新的产业收入，还可以提升北京旅游业的档次和城市文化形象

另外，数码娱乐产业也成为北京最近文化产业发展的重点。北京的科技竞争力位居全国前列，但成果转化不足。数码娱乐产业的开发将带动科技的产业化，创造丰富的利润，同时吻合"科技奥运"的口号，有助于增加北京的现代化魅力。

但这里需要提醒的是，数码娱乐产业中的微电子产业发展需要顾虑北京的缺水状况。如果单纯从吨水产出来考虑，半导体行业不失为一个高效用水的行业。根据台湾地区统计的数字，用每吨用水量可创造的年产值来衡量，电子半导体晶圆厂是钢铁厂的13.9倍、石化厂的9.9倍、果糖浆厂的22倍。半导体行业对水质要求非常高，即使是"干净"的水也需要处理成"超纯水"后才能使用。水质越好，企业投入的成本就可以越少。① 因此，北京在规划数码产业时应主要侧重内容开发，主打创意，而适当抑制半导体产品生产，以免成为第二个钢铁行业。

目前，北京已经在建设中或在规划中的大型数码产业基地有：海淀区的中关村科技园、朝阳区的望京科技创业园，以及石景山区提出的数码娱乐产业基地计划。这三个园区在各自全面建设的同时，可以树立各自的特色，形成一定的区别效益。中关村借助北大、清华的高校资源，又有长期的积累，适宜主打高新技术的开发与应用；望京则可以一方面借助社科院的人文资源，

---

① 《因为缺水北京难圆硅谷梦？半导体能否在京振兴》，http://www.blogchina.com/new/display/34096.html。

一方面借助大山子的艺术、创意资源，主打数码娱乐产品的开发；石景山区则可以借助便利的地铁交通，借助八角游乐园、雕塑公园的人气和设施，主打数码娱乐体验、数码纪念品的开发与销售。另外，在宣武区的传媒大道规划里，也包括了一个数码城的建设，其功能主要是商贸、数码体验。

另外，建议在市区重点建设几个文化产业创业园，园区按市场化原则运作，但要以较便宜的地价、租金吸引各种文化产业的加盟，既体现政府对文化产业的扶持，也满足文化产业自身的发展需求。目前来看，比较适合建立园区的地段有：①石景山数码娱乐城（规划），首钢搬迁之后进驻的影视制作基地（建议），以及石景山区配合的其他规划，可以共同培育发展出一块文化产业创业园。这一带地价相对便宜，交通又十分便利，电影业、数码娱乐业本身又是十分有带动性的产业，能够聚集起大规模产业链。②酒仙桥798厂一带。这一带本身已经有一些文化产业的创业尝试，再借助大环地段影视制作业的建设，可以开发建设成一个较具艺术气息的创业园。③海淀区前八家、后八家一带。海淀区经过中关村的发展，已经具有较浓的创业氛围，但是目前的创业偏重科技，而缺乏文化产业的发展。海淀图书城本来可以成为一个很好的创业园，但是由于缺乏市场化的运作，而丧失了本应有的价值。前八家、后八家一带靠近高校区，交通也较为便利，同时有可能成为奥运产业的辐射地带，因此适宜作为创业园区的候选地。④朝阳区定福庄组团一带。这一地段向西可以接受CBD的商业辐射，如果央视、北京电视台最终迁入CBD区，对定福庄一带文化产业的带动会更大；向南可以吻合大北京向东南方向扩展的趋势，而且地段本身交通便利，可利用土地空间较大，又有北广、北二外等高校可以作为人才资源库。

附　录

附录1. 国际大城市的发展轨迹

早在20世纪中期，发达国家的一些大城市便实行了重点开发郊区新城的城市发展战略，在半个多世纪的发展过程中，积累了比较丰富的经验和教训。国际大城市郊区新城建设的历史经验和发展趋势将对我国大城市郊区新城规划建设有所裨益。

西方发达国家在19世纪工业化过程中，城市的发展以集中为主。第二次世界大战结束后，西方发达国家普遍进入了经济发展的"黄金时期"。以伦敦、巴黎为代表的大城市经济和人口急剧增长，市区用地不断向四周蔓延，形成了单中心高度聚集的城市形态，中心城区人口密度很高。如20世纪50年代巴黎市区平均人口密度为2.6万人/平方公里，某些地区甚至达到10万人/平方公里。这种单中心高度聚集的城市结构给城市生态环境、城市效率以及城市管理等方面带来诸多问题。如城市环境恶化、城市热岛等生态问题凸显；城市住房短缺，房屋价格飞涨，两极分化矛盾日益突出；交通拥挤、出行不便，等等。为了维持城市经济增长的持续性和社会的稳定，针对上述城市问题，政府开展了许多研究，并逐渐形成了"从城市区域的角度出发，通过开发城市远郊地区的新城分散大城市压力"的城市规划思想。最终与中心城市共同形成大都市区国外大城市郊区新城发展的一个主要趋势是,新城逐渐形成郊区的城市次中心,并最终与中心城市和周边次中心城市共同组成大都市区。

大城市郊区新城的发展经历了单纯为疏散人口而发展的卧城和适应大都市区域整体调整需要而发展提供就业机会的新城两个阶段,产业对城市发展的支撑作用日益为人们所重视。伦敦、东京、香港、巴黎等大都市区域的许多新城都在政府的规划指导下发展成了具有就业功能的新城。

西方发达国家的传统工商业城市,大致走过的是一个从发展、兴旺(20世纪40年代至50年代)、衰落(60年代至70年代),再到重新振兴(80年代特别是90年代以后)的过程。而我们应该吸取教训,尽量避免发展过程中的衰落。随着后工业化社会和信息革命的出现,以传统的工商业为支撑的城市,经历了一个功能与结构改造的过程。20世纪50年代以后,美国的许多城市在产业结构调整中,传统的工业迁到国外和偏远地方。由此,相关的投资和建设也逐渐外移,于是原来的城市便逐渐衰微起来。这种现象被认为是进入了"逆城市化"阶段。而同时,新建的郊区,又不能完全取代大城市的诸多功能。由此,造成了恶性循环,影响了整个国家的发展。目前,我国的许多城市也可能将面临这样一个变动过程,城市兴衰的历程有可能重现。北京也需要在产业结构的进一步调整中处理好各种关系,以保证整体的良好发展。

当前,许多欧美城市都在思考如何恢复中心城市的人气。一些城市试图把空置的办公空间转换功能,使其成为舒适的空间,从而把零售业和其他城市产业吸引回城市;一些城市着手更新、扩展基础设施功能,以配套的服务吸引居民;另一些城市则以强化、烘托浓厚的城市文化氛围来展示城市的魅力。这些措施也产生了一定的效果,一些大城市的居住人口逐渐得以稳定,并有一定程度的回流。到2000年年末,美国全国中心城市中有工作的居民增加了370万。这些增加的居民多数是单身职业白领和没有孩子的双收入家庭。据调查,这类人对市区中心住房的兴趣还有上升趋势,回归城市中心区运动有了一定的成效。

考察国际大都市的发展和城市规划,总体上遵循了以下基本发展轨迹:从工业化城市转向以第三产业为主;剥离污染型产业,疏散高密度人口,更加重视良好的生态环境建设。而文化产业,作为一种较新的产业,也已兴盛起来,并逐渐成为支柱性产业,在GDP中占据了重要比重。

文化产业的发展是经济发展到一定阶段的历史必然。作为国际经济学界公认的朝阳产业,在许多发达国家和地区,文化产业已经成为国民经济重要的经济增长点和支柱产业。发展文化产业,也是增强竞争地位的需要。从20世纪30年代到"二战"前,美国和西欧一些发达国家初步形成文化产业的基础和框架;"二战"后,西方发达国家的文化产业迅猛发展,亚洲的日本、新加坡、韩国等国家与中国香港、台湾地区随着经济的快速发展,文化产业也迅速崛起。当前,国内外文化产业发展出现了信息资源共享化、资源配置国际化、社会投入多元化、资产利用集团化(规模经营)、资源投入无形化(无形资产)的新趋势,以优化为原则,有效地把有限的资源(即投入)变成有用的产品(即产出),包括文化产品、服务和为其他产业服务提供的附加值等多种形式,体现出产业化程度日益提高,规模化经营不断扩张,经济与文化结合日趋密切的新特点。

北京具有首都的区位优势、人才智力优势、文化资源优势等诸多优势。而相应地,北京却缺乏工业发展的一些基本条件,北京存在着诸如缺水、电力不足、内陆城市以及较严重的城市污染等问题。由此,北京能形成目前这么大的工业规模基础，可以说是原来计划经济体制下的一个奇迹。但继续走工业化的老路，已不可能。依据北京的现有资源，高新技术产业和文化产业，应该是两大产业发展重点。而其中，文化产业将是北京新的经济增长点，是北京未来的支柱性产业和未来市政财政的主要来源。这在世界上已有先例，比如，美国的影视业已经超过了它的航天工业，体育产业也已超过了石油工业，超过了其证券交易所有全部收益。

作为一个产业，文化产业具有巨大的经济能量。著名的摩根斯坦利全球投资报告（1998年），在对11种产业建立世界级竞争能力的大企业所需年限进行统计分析后指出：大众传媒产业所需的年限为8年，其收益远远快于医药、银行、电力、能源等其他产业。同时，文化产业又在很大程度上是劳动密集型的，可以容纳大批劳动力，提供广泛的就业机会。相比较而言，高科技产业并不能提供多少再就业机会。文化产业产业效应的有效发挥，将为中心区带来生存的保障、经济上的支撑，它有助于避免大城市发展过程中常出现的所谓"逆城市化"趋向。

另外，在城市建设的理论和实践中，"人文价值"取向越来越受到重视。包括新城市主义、霍华德的"花园城市"等，都在关注城市人性化的一面，而不仅仅是一个技术的结果。与其他产业相比，文化产业无疑将为城市带来更多温情的色彩。

总体上说，科技与文化已从世界发展的边缘地带转移到了中心位置，成为当代世界发展最重要的两大动力。在此驱动下，世界发展已鲜明地呈现出两大趋势：科技与经济的一体化发展、文化与经济的一体化发展。目前，一些发达国家在科技与经济一体化发展的道路上已经走得很远了，我国很难形成强劲的竞争态势；而在文化与经济一体化发展中，它们所走过的路程也不算长，我们所拥有的文化资源优势将是一个十分有利的因素。

附录2. 国际化大都市的文化产业分布与规划状况

许多发达国家，文化产业正成长为支柱性产业，文化产业从业人员占全部就业人口的比例达到5%，居民文化消费也占到总消费额的30%以上。由于文化产业对就业和GDP的贡献率迅速提高，文化产业成为公认的"朝阳产业"，文化产业使得经济文化化、文化经济化的趋势日益增强，文化正从经济体系的边缘走向中心，文化与经济正日趋一体化。从城市发展的产业转型来看，全球国际化城市，大多从传统以加工业为主的第二产业向以贸易、服务业为主的第三产业过渡，无论是传统国际化城市的改造还是现代国际化城市的兴起，都是以第三产业的发展为前提的，事实上，大力发展文化产业成为了国际化城市的普遍选择。目前，公认国际化大都市既是公认的世界经济中心，同时也是全球的文化中心，其主要表现在以下几个方面。

（1）报纸、出版、广播、电视等媒体行业相当发达。伦敦是世界上最大的出版中心之一。每个工作日，在伦敦的全国性报纸印量达1 100万份；每个星期，地方性报纸印量达450万份；每个月，仅5家最大的杂志出版社要出版100多种杂志，印数超过1 000万册；每年，仅5家最大的出版商就要出版4万多种书籍，印数达上千万册。同时，伦敦和东京还是全球电子出版业的中心。

纽约在媒体产业方面也相当出色。纽约有4家日报社，2 000多家周刊和月刊杂志，80多家有线新闻服务机构。此外，纽约还有4家国内电视网和至少25家大型广播公司，其中包括HBO、MTV、A&E和FOX News等世界著名媒体。纽约还是出版业的大都会——数百家国家级杂志的总部设立于此，如Tine、Newsweek、Fortune、Forbes和Business week。整个美国出版业18%的从业人员工作、生活于纽约。

（2）国际化大都市在图书馆、博物馆、剧场、电影院等文化设施的数量和质量方面也名列前茅，它不仅为本国人民服务，也向世界开放，成为重要的旅游资源之一。东京有图书馆164个，藏书量达2 000万册，博物馆131个，剧场79个，电影院214个；纽约有图书馆204个，藏书量达2 200万册，博物馆150个，剧场390个，电影院263个；伦敦有图书馆421个，藏书接近2 000万册，博物馆48个，剧场43个，电影院231个。同时，伦敦、巴黎等国际大都市的博物馆都有很高的质量和影响，1993年大英博物馆参观人数达600万人次。

（3）国际化都市的教育和科技产业优势明显。美国费城科学情报研究所曾对发表的3 000种主要国际杂志上的论文来源进行统计，结果显示，位于前10位的论文来源绝大部分是世界著名的国际化大都市。纽约作为美国最大的都市区，拥有100家大专院校，788个研究机构，集聚着各种专门人才，成为美国的人才中心。[1]

几大国际化大都市的文化产业布局状况大致总结如下：

伦敦

伦敦的舰队街（Fleet Street）曾经是著名的出版发行业聚集地，英国的著名报社几乎都集中在这一带。但是，1994—1996年这些产业开始转移，并且呈分散状态。[2] 其中，相对较集中的区域在新规划的码头区（Docklands），因为这里地价便宜、交通便利。BBC总部设在伦敦摄政公园（Regent's Park）以南的邮政塔（P. O. Tower）附近，离舰队街（Fleet Street）不远。

西部是全国行政中心，也集中了大量剧院、夜总会。北部有国家美术馆、大英博物馆和伦敦大学。南部的金斯顿区也集中了一部分著名美术馆、博物馆。

英国政府在2000年发布了名为"创造机会——英格兰地方政府制定地方文化战略指南"的报告，要求各地政府在2002年年底之前必须制订出本地区的文化发展战略；英国的老牌工业城市曼彻斯特为改变其由于工业衰落后导致的城市衰落，提出了新世纪将曼彻斯特建设成为"创意之都"（Creative City）或"文化之都"（Cultural Capital）的发展战略。其初步实施的城市复兴计划、扩大文化参与、发展文化经济等内容已取得良好效果。

纽约

纽约的广电媒体、出版发行产业主要集中在城市的北部。尤以洛克菲勒中心、时报广场一带最为集中。这一带也是纽约最著名的CBD区。还有一部分分布在城市南部的格林威治村一带。[3] 纽约的历史遗迹并不多，其旅游业以都市观光旅游为主。旅游与购物、观看文化演出等结合紧密。

百老汇大街斜贯曼哈顿岛，汇集大量影剧院、音乐厅、博物馆。位于曼哈顿41街区南部的"硅港"是纽约的新媒体产业群，集中了大批与新媒体相关的出版、广告、影视制作、娱乐业等。

---

[1] 尹继佐主编：《2002年上海经济发展蓝皮书》，上海，上海社会科学院出版社，2002。
[2] Susie Barson, Andrew Saint. A FAREWELL TO FLEET STREET. London: Historic Buildings & Monuments Commission, 1988.
[3] 纽约市传媒分布图，http://www.publicityclub.org/mediacapital.htm。

纽约的麦迪逊大街是全球著名的广告业聚集地。麦迪逊大街及其两边的两三个街区有两个美国最大的广播电视网及50家电台推销代表处,它们向地方电视台出售广告时间;还有几乎所有主要杂志的广告销售中央办事处和《时代》《生活》《时尚》《观察》《麦卡尔》《红书》《绅士》《小王冠》《纽约人》《小姐》等期刊的编辑部,以及60家全国推销代表的主要办公室,它们为近千份报纸出售广告版面。在这条大街及其周围还建起了一处全美独一无二、欧洲也是绝无仅有的优美的娱乐场所,可以说,纽约最优秀的餐馆在这里为广告和传播业的先生们提供午餐。①

东京

东京的广电媒体出版发行产业集中在都心区。尤其是在都港区再开发的六本木山,集中了写字楼、住宅、饭店、文化设施、商业设施、电影城及广播中心的综合设计。还有一部分在临海副都心。旅游业内容丰富,上野、武野藏的历史文化旅,都心区、新宿、涩谷的时尚购物都非常著名。目前,东京正在建设贯穿全市的历史与文化散步大道。

特别值得关注的是东京的六本木之丘再开发案。这项被喻为日本史上最庞大的民间都市再开发计划,成功的关键在于:敏锐地发现商机、大胆地描绘开发蓝图、耐心地整合全体住民意愿和切实地提供可行的方针。从六本木之丘的案例中发现,企业家已取代政治家,成为城市改造的发动者。六本木之丘里的建筑,包括54层高的"森"大楼、凯悦饭店、Virgin影城、精品店、主题餐厅、日式庭园、户外剧场、集合住宅,以及日本建筑师桢文彦设计的朝日电视台总部,几乎已涵盖各式都市机能。区域内还提供免费无线上网,并设置支持IEEE802.11b规格的接入点。配合日本政府推动的「e-Japan战略」,利用「Town Card」(IC卡)和「Town Click」(RFID标签)个人认证设备,以手机、掌上计算机等移动终端设施随时随地掌握各种生活信息。

同时应该注意的是,六本木之丘虽然位于东京都心地区,但是东京的城市规划已经经历了大规模改变,都心地区的区位职能正在转变,② 一个多中心的城市正在形成,其中临海地区更成为新兴的媒体发展中心。《第二次东京都长期规划》里指出,要将东京建设成富有个性的多中心型都市。都心更进一步更新都市机能,向金融、情报信息的高层次发展。银行、商社、新闻界等机构与纽约、伦敦等世界大城市紧密联系,交换最尖端情报,开展昼夜24小时的国际性规模活动。在都心周围地区,在抑制业务机能向住宅区的外延性扩张过程中,积极引导居住、商业、文化等机能的设置。在各个副都心,根据其历史、机能集中的特性以及背后的地区特性,将会形成一个有特色的地区形象。如新宿的"商业、业务高度集中的商业大街",上野、浅草的"继承传统创造明天之文化大街"等。其中,在临海副都心,以"东京通信中枢为核心,加强适应国际化和情报信息化的能力、整顿情报关联业务、国际交流、居住、文化、文体活动等的复合性的都市机能,在富有情趣的水域环境旁,使外国人也能安居乐业,创造未来型的情报都市空间"。在这个副都心兴建东京国际通信基地。以情报关联业务机构为主,引进商业、文化、居住等复合性都市机能。它们利用港口废置厂房改建成文化活动场所,迎合了LOFT艺术风潮。

---

① [美]威雅:《颠覆广告:麦迪逊大街美国广告业发家的历程》,5~8页,夏慧言、马洪、张健青译,呼和浩特,内蒙古人民出版社,1999。
② 毛其智:《日本首都功能转移考》,载《国外城市规划》,2000(2)。

汉城（今首尔）

韩国电视台（KBS）、汉城电视台（SBS）都位于素有"韩国的曼哈顿"之称的汝矣岛上。发行量最大的《朝鲜日报》报社位于汉城市中区太平路。韩国唯一的国家通讯社——联合通讯社位于汉城市钟路区，钟路是汉城最繁华的地段之一。电影业曾经集中在中心区繁华的忠武路。但从1997年开始向江南转移，目前，国内主要电影公司中有70%左右聚集在位于江南的以鸭鸥亭为中心，半径4～5公里以内。另外，韩国放送振兴院位于阳川区。位于汉城市中心西面，临近汉江的上岩洞则被规划成为一个数字媒体城市。文化演出与会展机构基本在汉城均匀分布。其中大学博物馆与大学分布相当，集中在江北远离汉江的地带。

新加坡

新加坡已制定了"文艺复兴城市"（Renaissance City）的文化战略。在其政府通过并正在实施的《文艺复兴城市报告》中，明确提出要将新加坡建成"21世纪的文艺复兴城市，亚洲核心城市和世界文化中心城市之一"。与之相应地还确立了近期5～10年（5年间政府将投入超过5 000万新加坡元的资金）赶上香港、格拉斯哥等城市，远期与伦敦、纽约"平起平坐"的目标。

目前已建成号称亚洲最大表演艺术中心的"滨海剧院"（esplanade），坐落在新加坡商业中心，汇合旅馆与购物中心等产业。

关于发展文化生产力的若干思考[1]

---
[1] 广东省委中心组学习演讲提纲,2005年10月21日。熊澄宇。

一、理论问题——重新认识文化

二、战略问题——如何促进文化与经济的融合

三、应用问题——文化的产业化

四、对策问题——广东发展文化产业怎么做？

2003年8月，在中央政治局集体学习之后的谈话中，胡锦涛总书记明确指出：要利用清华大学的多学科优势，就文化产业的相关问题，做跨学科、跨领域、跨行业的综合对策研究，为中央决策提供依据。

为落实中央的战略部署，2004年5月，清华大学成立了以新闻与传播学院、经济管理学院、公共管理学院、法学院、人文社会科学学院、艺术学院、信息科学学院7个院系为依托的跨院系研究机构——清华大学文化产业研究中心。

2004年6月，中央给我们下了一个委托课题，国家社科基金重大课题：发展我国文化产业的理论与实践研究。有6个行业主管部委的负责同志和专家、企业家共同参与研究。在1年多的时间内，我们走访了11个省，开了不少座谈会，完成了一些专题研究报告。在作研究的过程中，我们一直在领会总书记的战略思想，从跨学科、跨领域、跨行业的角度思考文化产业的综合发展问题。

广东省是我国改革开放与经济发展的前沿，是我国文化经济与全球化接轨的战略门户，也是我国文化体制改革与文化经济发展的领先之地。广东省文化经济的发展，关系到我国文化经济模式的建立与国家文化产业创新体系的建构，直接影响到全球化过程中国家综合实力与国家文化资本竞争优势的跨越发展。广东的文化大省建设和张德江书记提出的文化经济思想一直是我们关注和研究的重点。

2004年9月，清华大学党委书记陈希同志和我两人来广州，报告清华大学文化产业研究中心与广东在文化产业发展领域的合作思路。在交流中，张德江书记提出了4个问题：要重新认识文化、如何促进文化与经济的融合、文化的产业化问题、广东怎么办。这4个问题正好涉及理论、战略、应用、对策4个层面。今天我主要就这4个问题的思考向张德江书记和广东的各位领导同志做一个初步汇报。

一、理论问题——重新认识文化

文化是什么？从广义上说，文化是人类物质文明和精神文明的总和。不同的人可以从不同的角度解读。今天我们主要从生产力和经济社会发展的角度来阐述文化的内涵。我们说文化是生产力，而且在一定的情况下，文化还是第一生产力。

我们先看看今年我国被世界媒体关注的主要文化事件：

（1）标志着台海关系解冻的连、宋来访。对于连战、宋楚瑜的来访陈水扁无可奈何，美国也只能表示出一种积极的关注、客观的观望。这样我们完全掌握了两岸关系的主导权。我访问过台湾多次，跟台湾三党的人士都有过交流，包括他们的高层。连战、宋楚瑜访问大陆以后，三党人士至少有一点认识是共同的，就是对胡锦涛总书记个人的认同，赞不绝口。这种行为应该说扭转了两岸关系持续停滞的状态，使两岸经济文化有了进一步互动的空间。

（2）中欧纺织品贸易谈判的成功和中美纺织品谈判的搁浅。这个事件我们也把它从文化层面加以解读。中欧纺织品谈判的成功一定程度上是在整个全球化背景下中国"和平发展"

力量和欧盟"轴心经济"力量形成的一种互动双赢的局面,从而打破了我们在世界经济斗争中的被动局面。和美国谈判的不成功和与欧洲谈判的成功实际上是相对的,都是一种大的文化力量在里面起作用。

(3)湖南台的"超级女声"事件。据说,赞助商投了2 000多万元,湖南台自己说投入1.5亿元;有人统计其收入是25亿元,至少在短信收入方面就达到3 000多万元。广告收入无法统计,因为每次3个小时的节目里有1个小时的广告。超过《新闻联播》的收视率使湖南台的影响急剧上升。这种事件是知识经济、文化经济、媒介经济、市场经济、信息经济培养出来的一种大众文化意识形态,是可以提升的一种大众文化。它的关系是市场经济和主流文化的一种正面互动关系,里面有很多值得研究的现象,也是一种积极因素。

(4)"神六"的成功发射和返回。它构成了一个超过军事和国防意义的文化事件。因为它在国防意识和科学意识的整合中产生了中国自主创新、自立自强的一种现代民族精神,显示了我们的主流文化,这是一种综合合力的成功。这两年我们感受到国内的很大问题就是各方面的局部利益、部门利益、行业利益影响到整体利益、国家利益。在"神六"的成功发射、回收过程当中,我们感觉到这样一种合力,感觉到了与之相匹配的科技强国和军事强国的力量。

以上事例都是文化现象,但又不是单纯的文化现象,它们与社会的政治、经济、生产关系、上层建筑息息相关。从中我们可以进一步思考,文化是什么?让我们再看看相关的背景材料。

据2003年国家统计局报告:我国人均GDP已达到1 080美元,这相当于美国1942年的水平。但这个数字告诉人们:中国人开始从温饱向小康过渡。文化需求、精神需求可以开始超过温饱需求。我们的生产和生活都是以人为中心的,是围绕人来展开的。人的动机决定行为,行为构成社会形态。

美国社会心理学家A.H.马斯洛先生在20世纪40年代发表的名著《人的动机理论》一文中率先提出"人的动机产生于人的需求""激励源于人对需求的满足"等论断。为了阐明这些论断,他将人的需要分为两大类共五个层次,好像一座金字塔,由下而上依次是生理需要、安全需要、社交需要、尊重需要、自我实现需要。人在满足高一层次的需要之前,至少必须先部分满足低一层次的需要。两大类中,第一类需要属于缺失需要,可引起匮乏性动机,为人与动物所共有。缺失需要的满足是产生快乐的基础和前提,一旦得到满足,紧张消除,兴奋降低,便又失去动机。第二类需要属于发展需要,可产生成长性动机,为人类所特有,是一种超越了生存满足之后,发自内心地渴求发展和实现自身潜能的需要。

社会是由个体的人构成的,从人到人群,从人群到社区,从社区到社会是一个清楚的多层结构。在社会发展层面,我们通常把个体的需求整合成社会需求。马斯洛提出的个体五大需求转换成社会需求,可以是三个层面:物质需求、精神需求、发展与可持续发展的需求。

GDP指标是物质需求,文化产品是精神需求,和谐社会是可持续发展的需求。

历史唯物主义的原理是社会生产力决定社会生产关系。社会生产力和生产关系的统一构成社会生产方式,社会经济基础决定社会政治和法的上层建筑以及社会意识形态。传统的生产力理论认为：社会生产力是由生产者、生产手段（或生产工具）和劳动对象三要素结合而成的。20世纪90年代，生产力理论有了新的发展。经济学家于光远提出社会生产力是由生产者、生产工具两要素构成的。目前，最新的生产力理论认为：社会生产力是作为生产主体的生产者自己所拥有的与自然打交道的能力水平（通称为一要素）。我们说的文化生产力从生产力一要素的角度阐述比较容易理解。

文化生产力是一个综合的概念，它是与物质生产力相对应的精神生产力。文化生产力指具有一定智能知识的劳动者运用和掌握科学技术创造社会财富的能力；人的智力水平、文明程度、科学知识、生产管理、劳动组织等为其构成要素。

马克思认为，科学是生产力；邓小平提出，科学技术是"第一生产力"。当然，科学技术并不是那种直接创造物质财富的生产力，而是一种"知识形态"上的生产力，即潜在的生产力。它只有通过与生产力其他要素的结合，才能转化为现实的、物质的生产力。

社会学界认为，社会现代化其实分为两步：一是从农业文明向工业文明转换，这又被称为第一次现代化（人均GDP 1 000美元左右）；第二次现代化则是从工业文明向后工业知识文明转化（人均GDP 3 000美元），也有人称为后现代化。

第一次现代化主要强调物质文明的发展和增长。物质文明是社会发展的必备条件，也是精神文明发展的基础。第二次现代化主要强调在物质文明基础上的多元差异，强调精神和文化的价值。现代化是社会发展的必然过程，这时如果不注意文化的凝聚力，不注意文化对人、对社会的重要意义，社会发展就会出大问题。

从追求物质文明到追求精神文明，这是社会发展的不同阶段。整体社会环境的变化，将逐渐导致从"科技是第一生产力"，过渡到"文化是第一生产力"的阶段。物质文明发展阶段，科学技术是当仁不让的第一生产力。当社会文化需求、精神需求大于物质需求时，文化作为第一生产力的作用就开始发挥起来了。而这个时期，学者们认为是人均GDP达到3 000美元以后，也就是我们说的现代化的第二个阶段。广东人均GDP现在达到了2 374美元，已接近第二次现代化发展阶段。

文化生产力除了强调劳动者有文化、高素质，强调社会的文化需求和精神需求，还强调劳动者在生产生活中与生产对象、与周围环境的均衡、循环、生态和可持续，也就是中国传统观念中的天人合一，即我们常说的人与自然的和谐。

从发展文化生产力的角度出发，国家提出了解决产业资源、经济能源、环境生态、投资导向与资源配置问题的可持续发展战略，提出了经济与社会和谐互动的科学发展观。目前，中国的经济发展一方面是每个GDP消耗了发达国家10～20倍的单位能耗；另一方面，每年消耗了世界1/7的淡水，1/6的钢材、煤炭，1/5的电。因此，循环经济、生态经济、环境经济、非稀缺经济与非物质经济的发展是我们下一步的发展重点。

2005年，国家科学院中国现代化发展课题组的报告显示，中国的国家核心竞争力正在由经典的物质生产向非物质经济的综合发展过渡，主要指标体现在信息化科技竞争力、非物质化文化竞争力、生态经济环境竞争力，以及知识化创新竞争力等方面。在这种过渡和转化中，文化生产力作用得到明显的提升。

所以我们说，从经济和社会发展的角度，文化的核心价值体现为文化生产力。

二、战略问题——如何促进文化与经济的融合

这是一个非常重大的问题。文化与经济的关系是现代文明的一大难题。从英国的亚当·斯密以来，在资本主义大工业的原始积累阶段就提出过经济与道德的文明难题。资本主义发展原始积累是极其残酷的，但它是社会的进步。这里面就有一个经济与道德之间的冲突问题，由此产生的马克思主义的科学社会主义学说曾经试图提出通过暴力革命来解决。

在资本主义商业扩张期出现的是产业和资源的矛盾，出现了地区冲突、宗教冲突、金融风暴，这时候人们提出发展和可持续发展理论试图来解决这个问题。进入后工业文明时代，德国的法兰克福学派曾经预言，文化与工业的矛盾、文化与经济的结构性难题要导致资本主义结构性的崩溃。所以，现在世界上都在研究文化与经济这样一对矛盾的关系。

文化与经济的这样一种理论、一种概念的提出，是从文化与经济互动的正关系中来解决世界历史上出现的经济与道德、产业与资源、文化与经济的矛盾这样一种现代文明的难题的。

文化经济理论将文化创新与知识创造、内容创意作为经济发展、产业重构的动力资源，介入了现代生产方式、经济增长模式以及产业市场规则的改造，形成社会再生产的全要素生产力和边际资本递增的新的生产方式。所以，文化经济主要是指文化的经济形态和经济的文化含量。

文化的经济形态可以是文化产业、内容产业，但不限于文化产业、内容产业；经济的文化形态是知识经济、科技经济、生态经济、绿色经济。文化经济与文化产业相比包容量更大，与经济的关系更密切。文化经济的核心是发展和可持续发展，其表现形式就是我们刚才谈到的循环经济、生态经济、环境经济和非物质经济。

在世界范围内文化经济有一个发展过程，它经过了从产业经济到知识经济再到文化经济这样的发展道路。所谓工业经济是以加工、制造业为代表的，这样一种工业经济是我们说的产业经济阶段，这种经济更多地体现为一种量的经济。而以知识为基础的经济，即我们通常使用的创意经济、内容经济、信息经济，这样一种经济形态是我们说的知识经济阶段，这种经济是一种质的经济。

文化经济包括文化的经济形态和经济的文化含量，但不是两者的叠加，是融合。在各种会议上经常会听到叠加和融合的阐述，"叠加"是简单的物理行为、物理反应，而"融合"是化学反应，从根本上改变了原始的形态。所以说文化经济大于知识经济，知识经济大于产业经济。

从概念的内涵和外延来阐述，文化经济的概念涉及很多具体的内容。比如，涉及轴心经济、自主创新、服务贸易、国家资本（或者叫资源配置）以及可持续发展五大要素内容。产业经济是平行经济，它可以在不同的点同时展开；知识经济是轴心经济，它是以知识产权为中心而建构的一种经济状态，有的地方出思想、出创意，有的地方做加工，这是一种轴心经济。资源配

置则在一定程度上涉及国家资本。

以美国为例对这两个概念略加说明。汽车制造业曾经是美国很重要的产业经济结构。美国的底特律、芝加哥都是产业工人的聚居地，"五一"国际劳动节就是芝加哥发起的。当时英国和其他一些发达国家在这样一种产业经济层面上是并存的，重点不仅仅在美国。但是到了计算机信息经济阶段，美国的轴心经济就表现得特别明显。

有一年我跟着一个政府高层的小规模代表团访问法国，与法国政府主管通信信息的高层官员讨论交流国家信息化的发展。法国人提出，目前以计算机为终端、以互联网为传输渠道的信息传播方式是美国的跨国资本在里面起作用，希望中国警惕。因为目前世界互联网的管理机制不是政府，是各种各样的技术协会，而这些协会的主导权多数在美国。所以，欧洲的政府代表提出希望中国考虑欧洲模式。欧洲的信息终端是以它的通信线路为渠道，以个人通信终端为个人信息终端。

当然，中国的情况不一样，我们还要加以研究。回来以后我们给中央提出的思路是：欧洲的模式、美国的模式都是有特定内涵的模式，即信息经济下的一种轴心经济模式，我们恐怕还得考虑自己的第三方模式。至少中国的电视平台是全世界最大的，目前中国有将近4亿台电视机。那么，我们可能就要考虑不同信息终端的融合。

目前，美国的经济政策是利用全球的资源、市场、劳动力来为美国的思想、文化服务，美国主导的版权政策实际上是不合理的。我在北京参加过美国版权协会、软件协会一些讨论会和谈判，在这种会上它们总是居高临下、趾高气扬地指责中国，说你们怎么违背了版权规则，等等。

在一次会议上我就提出，你们的这些版权规则本身存在不合理的部分。因为所谓版权概念是双重保护，或者我们叫作适度保护，一方面，要保护著作权人的利益；另一方面，它要保护全社会、全人类的利益。当你著作权的保护超过了适度的时候，它就侵害了别人的权利，侵害了全社会的权益。你们就是利用"先入"的地位优势来掠夺"后入"的发展中国家人民的财富和资源。这样一种轴心经济和国家资本的概念是值得我们关注的，它是文化经济里面很值得研究的问题。

在联合国这个平台上谈到文化，是谈多元文化；谈到经济，是谈全球经济。"多元文化"和"全球经济"是两个并存的概念。所以，在世界范围的平台上大家可以接受全球经济的概念，但是不能接受文化一体的概念。美国在这个领域里一直要推动的就是全球经济和美国文化的一体化。它的文化经济表现的是以美国为轴心的一种经济形态。

美国有个日裔学者叫福山，写了一本书，叫作《历史的终结与最后的人》（*The End of History and the Last Man*）。我在北京跟他有过一次对话，我问他"历史怎么能终结呢？"他在书中提出世界文明是以法国革命为终点的，"自由、平等、博爱"等法国革命提出来的这些口号是人类文明的终点。而美国目前是法国革命这种精神最直接的承受者和发扬者，所以要用美国文化来一统世界。在北京我向他提出疑问，他说"英文里 end 有两个意思，一个是终结，一个是目标；我的阐述两个意思都有"。我和他争论的结果是谁也不能说服谁，但至少表现了他的一种观念。

美国还有一个学者叫亨廷顿,是哈佛大学的教授。他也写了一部很有名的书,叫《文明的冲突》。他提出文明的冲突不可调和,战争是解决冲突的最后途径。在他的书里描绘了一个场景,是2010年的一场世界大战。他写道,到2010年由于台海战争,由于石油问题引发了世界大战,而世界大战的双方,一方是以美国、欧洲、俄罗斯为代表,另一方是以中国、日本和伊斯兰世界为代表,他认为这是两种文明。在这两种文明的冲突当中,他在书里写道,最后无非是两种结果,一种是西方军队进入天安门广场,一种是双方筋疲力尽坐下来谈判。

所以我们说文化、文化经济一定程度上是和国家战略、国家利益联系在一起的,问题是看你采取哪一种方法去解决。像美国也谈它的资源可持续利用。美国30多个州,资源非常丰富。它的得克萨斯州石油资源很丰富,但是美国自己的资源放在那里不动,它要去外面掠夺资源。所谓的海湾战争、所谓的中东战略都是资源在驱动。

文化和经济的融合在国家发展当中是起到很大作用的。韩国1997年以后经济跌入低谷,它的翻身就是韩国的文化经济在其中起了决定性作用。文化经济里面涉及一个"国家资本"的概念。国家资本包括国有资产,但又不等同于国有资产。国家资产有的是无形资产、有的是有形资产。比如土地,比如政策,这涉及资源分配问题。在发展文化经济的过程中,如何利用这种资产也是一个在操作层面上值得关注的问题。在英国、新加坡,对这部分的资源和资产都有非常明确的界定。如果进入产业化领域,国家必须要占有一定的份额,具有发言权。但是在我们现在正在转型的过程当中,我们感觉到这方面有一些问题。怎么在文化经济行为当中保存国家资本的力量,至少让它在发展过程当中继续有发言权,这是一个值得研究的课题。

在文化经济概念当中我们通常关注文化产品,但是文化产品是一种有形的文化经济,而文化的服务贸易是现在亟待开拓的一个发展空间,这是一种无形的文化经济形态。比如说,美国商务部代表到中国来谈判,他们经常谈的是以版权为核心的贸易,这里面既包括产品贸易,也包括服务贸易。但是在对应的谈判过程当中,我们的商务部没办法和他们讨论这些问题,因为这不在商务部的领域之内,我们还有许多其他的部门。文化服务贸易是文化经济的一个新的增长点。关于文化服务贸易怎么在文化经济的整体发展当中发挥作用也是我们后面要讨论的。

文化与经济的融合不仅仅是内容、产品,不仅仅是产业,它涉及一个更宽视野、更高层面的思考。

三、应用问题——文化的产业化

文化产业的发展受多方面的影响,其中主要有历史传承、社会需求、经济状况、科技水平、政策导向等几个方面。

"历史传承"指文化的历史沉淀,包含语言、文字、艺术创作、科学发明等文化形态的历史延续;"社会需求"指的是社会发展到一定程度以后人们对全面发展、综合发展和可持续发展的一种需求;"经济状况"是指国民经济发展的总体水平以及受其影响的可用于文化产业的直接投入、消费市场、广告市场;"科技水平"是指在信息、材料、生物、认知等与文化产业关系较为密切的领域的科学发展水平;"政策导向"指的是政府利用行政资源在一定时期内对产业发展方向进行的宏观调控措施。

在这里,我把以上几个方面糅在一块谈谈我对文化产业化发展的一些思考。中国关于文化产业的研究、推动是2000年以后出现的,出现的时间虽然不长,但是发展很快,5年来一波一波地动作。

2003年6月中央文化体制改革工作会议决定了35个试点单位、9个试点地区,我们在座的各位都是领导干部,知道做试点是个什么样的概念,试点都是抓一个、两个、三个点,而像这样35个点、9个省市地区,那么可以算是投产前的中试了,这个动作是很大的。2003年中央政治局学习关于文化产业的问题。2003年12月底国务院发105号文,内容是关于推动文化体制改革和文化产业的相关政策。

2004年十六届四中全会提出"文化生产力"这样一个概念。2005年刚刚结束的十六届五中全会再一次提出文化事业、文化产业,特别提到了完善文化产业政策,形成以公有制为主体,多种所有制共同发展的文化产业格局和以民族文化为主体,吸收外来有益文化的文化市场格局,这是一种比较新的提法,既谈到了资本形态,也谈到了内外文化的关系。以前我们只谈一个方面——弘扬民族文化,这里谈到了与外来文化的互动。

我们跑了很多省,许多省都在提建"文化大省""文化产业大省",等等,我也参与了一些省文化或文化产业规划的制定。广东做得比较早,而且影响和成效都比较大。2002年广东省委决策,2003年就召开建设文化大省的会议,2004年11月首届国际文化产业博览会在深圳召开,2005年10月在珠海开南方文化产业论坛,今天省委中心组又在这里讨论文化产业、文化生产力的问题。

这些都说明我国在战略上的部署是非常清晰的,发展形势也是好的,但是,同时套用一句我们经常说的话"形势大好,问题也不少",这种问题从理论到实践上都有。

首先,我们说我国是文化资源大国,但不是文化产业强国,在世界文化产业的排名当中没有位置。一谈到文化产业我们大家都能数得出的有:美国的电影产业,好莱坞的电影打遍全世界;英国的出版产业,特别是学术出版,仍然占有统治地位;德国的会展产业,它们的会展规模、会展类型,好几个城市作为世界会展中心的位置,显出了它在世界会展业当中的作用;日本的动漫产业,电视里的动漫虽然是美国题材,但是基本是日本人制作的;韩国的游戏产业,中国电脑游戏60%的内容来自韩国。而我们自己在世界上还没有叫得响的文化产品。

第二个比较突出的问题是,虽然我们现在文化产业的范围扩大了,但是有行业没有产业的现象仍然非常突出。文化产业在2003年以前基本上限定在文化行政管理部门所管辖的范围,2003年以后,特别是2004年国家统计局关于文化及相关产业的统计规定下达以后,文化产业概念有了一个很大的变化。它里面分成了几个层面:核心产业、外围产业、宏观产业。核心产业又分7大类:新闻服务、出版版权贸易、广播电影电视、信息文化、旅游休闲、旅游娱乐、广告会展。然后扩展到其他相关产业,包括制造业。所以说范围已经很大了,但在文化的核心产业里面我们看到的仍然是有行业没产业的现象。

以传媒为例,全国有2 000多种报纸,但是没有报业,虽然有上市公司,但那是试点,我们所有的报纸都是事业单位。《人民日报》发行200多万份,算是最大的,但《人民日报》不构成产业;广东三四家报纸都是很大规模的,产值达到10亿～20亿元,但是它不进入产业渠道;全国有1 988座电台,但广播没有形成产业;我们有1 606座电视台,有4亿台电视机,但没有电视产业;每年我们国家大约有17万种图书出版,但是我们的出版社很少是独立的企业法人,而是事业单位企业管理。

此外,我们的文化事业、文化产业、体制改革的相互关系不明确,公共文化服务体系有待建构。还有,从认识上、理论上经常有人会提到这样的问题:"发展文化产业是阶段性的工作还是长期的工作?是宣传文化部门的工作还是所有部门的工作?"我们做了大量的工作,有实践,但是在这方面抽象出规律,上升到理性认识,形成我们的政策还有距离。

所以我们说,虽然发展形势很好,但是问题还是比较明显的。要解决问题可以从文化产业的三个核心要素入手来思考。我们说文化产业由内容、科技、资本三个核心要素构成。由内容决定社会需求,由科技决定产业形态,由资本决定产业规模,这是我们思考问题的出发点。

所谓内容决定需求主要看内容的原创性和不可替代性,看老百姓是否喜闻乐见。韩国的青年学生在网上留帖子写道:"韩国的经济再发达也不如中国,因为我们没有鲁迅。"在这里,鲁迅就是一种原创的符号代表,他的思想深度、他的影响力就在于他的这种不可替代性。我说广东的报业做到全国最好,为什么?至少它成功的原因之一在于它的内容的成功性。通常我们说传媒是党的喉舌,那么喉舌就要完成政令畅通、上传下达的任务。但是这还不够,因为我们通常说,"媒体不仅仅是喉舌,还是耳目喉舌"。麦克卢汉是加拿大的一位传播学大师,他在这个基础上又发展了一步,提出"传媒是人的延伸",是人体各部分感官和人的思维、神经中枢的延伸。这里面给予传媒赋予的内涵就更大了。所以说,我们的传媒除了意识形态这部分任务需要完成以外,同时还有科学、教育、娱乐的功能,另外还有一个重要功能——信息服务。而广东的报业能做得这么好,内容方面的突出表现是重要因素。

当然,我们谈到内容经常会遇到一种争论,就是在社会效益和经济效益方面到底谁先谁后。如果进入产业层面在文化产业的平台上讨论,这个问题应该不存在。因为这两个因素很难分割,除了类似古琴、昆曲目前中国仅有的两个世界非物质文化遗产,其他的文化产品,如果是产品,假如它不能够实现经济效益,这样一种社会效益恐怕只能说是一种没有实现的潜在的效益,是没办法证明的社会效益。用户主导、市场调节这是产业规则,所以,产品如果不能被用户所接受,用户不愿从口袋里掏钱,那么你的效益,不管是经济效益还是社会效益都没有。

国外学者总结归纳文化产品有三种基本的产品形态,在地产品、在场产品、在线产品。所谓"在地产品"指的是在某一地区固有的、由物理原因和文化生态理由无法移动的产品形态,比如,特定的自然遗产和以建筑形态存在的。以广州来说,白云山、珠江都属于这种在地的文化形态，它具有一次性，不可重复。而与在地产品的消费直接发生关系的一种文化现象就是旅游文化。但是怎么把在地产品的内涵再挖深一点？这里面就有很多讲究的地方，就是我们说的"内容"。大家都知道桂林山水甲天下，所以大家到桂林来旅游就是到此一游，看看山水就走。但实际上桂林是全国第一批文化名城，从古到今有许许多多历史文化的传承，有遗迹、有旧居、有人物。如果能够让大量的旅游者为了桂林山水送上门来了以后多留一天，你的产值就要增加许多。怎么能多留一天？那就是除了空间的文化概念以外，还要去发掘时间的延续性，也就是我们说的历史传承这个层面。这就是对在地文化的一种阐述。

所谓"在场文化"就是指突破了地域性局限可以在异地得到表现的文化形态，接受者可以在特定的场合对它进行观赏。最典型的表现形式是艺术表演或者博物馆的巡展。云南进京的《云南印象》是在场文化产品一种很好的表现形式。目前《云南印象》不仅在中国上演，而且在世界很多地方上演了多场，据说合同已经签到一年以后了。这就是把在地文化向在场文化过渡转化的一种表现方式。

但真正能够突破文化产品空间限制的是在线文化。所谓"在线文化"是利用电子模拟技术、数字技术将文化内容传承、上载，使它传遍世界的范围和空间。与这种文化相联系的，我们通常说的是影视业和互联网。2005年全世界纪念电影100周年，那么对电影我们有一个说法，电影是第一个涉及输入、存储、输出的一种文化形态。通过拍摄变成胶片可以存在那里，什么时候需要就拿出来放。可以说，现在的电视、互联网形成了这样一种形态。

区分清楚了这些表现形式，我们对文化产业的内容可以得出一些基本思路。首先，多数地区要考虑一种不可替代、具有历史传承的，具有鲜明地方特色的在地文化资源的开掘。对于在场和在线的文化生产主要以创新和复制为主要特征。而对在地资源缺乏的地区，这个是主要的文化形态，它是文化的主业。像美国百老汇表演、好莱坞电影就是因为它们在地文化资源不够，所以才开掘出来这种在场文化。在当今全球化的发展过程中对文化流传有一条定律，叫作"流通决定流传"。在地、在场的资源影响力取决于在线传播的最大化，那些文化资源小国能够变成文化产业大国，其主要原因就在这个地方。以上是谈内容，内容决定需求。

下面谈科技决定形态。现在的科技日新月异，给文化产业和其他产业都带来了无限的商机。这种科技表现其中一个非常突出的点是科技的融合创新。以前古代的学科大师们都是跨学科的，不管是亚里士多德、柏拉图，或是中国的孔子、老子至少都是哲学家、教育家，还兼其他领域的专家。但随着现代科技的发展，学科越分越细，互相之间不来往。最近这些年在科学界有一个很突出的值得关注的现象，就是融合，科学技术的融合。

目前，在学界有一个专有名词，叫"融合技术"。这种技术主要指目前四个迅速发展的科学技术领域的融合：纳米技术、生物技术、信息技术、认知科学，这四个词的英文缩写叫NBIC。如果我们到网上去查一下可以查到目前这方面在学术界非常热门。专家们认为以上四个领域的技术当前都在迅速发展，每一个领域潜力都巨大。所谓人类认知组计划、基因组计划、超级计算机、新型材料都取得了明显的进展。这四种技术中任何技术的两两融合、三种汇聚或者四者集成都会构成难以估量的影响。

对这四大科学技术科学家们有一段表述："如果认知科学家能够想得到它，纳米科学家就能够制造它，生物科学家就能够使用它，信息科学家就能够监视和控制它。"这段话清楚地说明了融合技术的社会作用和相互关系。

在广东，我觉得对这种融合技术感受最直接的是纳米科学与信息科学的结合体——超级光盘。据有关报道，现在的纳米光盘一个盘片可以装 20 部电影，容量是传统光盘的 150 倍，存储量达 100GB 以上。这样一种产品的出现将使光盘市场产生革命性的变化。前一个阶段已经出现一种号称"音像 SARS"的压缩 DVD 碟片，这种碟片大概是现有 DVD 的 8～10 倍，它已经对广东的音像市场产生了极大的推动。广东有关部门是从反盗版入手来控制事态的发展的，但我觉得还需要看到，即使盗版得到控制，这样一种技术的发展趋势还是存在的。所以还要从技术发展和人的发展角度去考虑我们的应对。

科技创新有无限的空间，但是在文化消费、文化产品、文化服务领域里面有它自身的内在发展规律。这种规律的基本特点是以人为中心，围绕人的需求来开展的，特别是那些与人的工作、生活有直接密切关系的产品。

有一年我去芬兰诺基亚的总部——赫尔辛基参观，看它们设备的研制。大家都知道诺基亚手机确实比较好用，我看到那里有各种形状的手机，我就问当时的技术人员："手机设计大大小小，最小可以做到什么程度？"设计师给了我一个回答，出乎我意料，但却又在情理之中。他说"手机的大小以你的耳朵和嘴巴的距离为标准"，我想这个回答非常准确。你哪怕弄得再小它也得兼顾听和说的功能。所以在文化产品和科学技术间是可以找到一些规律性的东西的。

我们前面说到不同的信息终端是不同的人的需求。比如说以工作为重心的同事们在办公室的时间多，他的信息的主要接收终端就是计算机；那些把家庭温情、亲子关系看得比较重的人，可能在电视机前家庭客厅里待的时间就会多一点，那么对他们来说可能电视机就是主要的信息获取终端；对我们很多人来说，以个人为中心，经常在移动中活动，那么手机可能就是他的主要信息终端。所以我们的文化服务、文化产品就要根据不同人的需求去研究他的消费习惯、消费模式。

2005 年我去美国拉斯维加斯参加一个信息产品的展览，发现现在大家都提出一个概念"整合传媒"，都号称我们现在已经具有了整合传媒技术。由于目前终端较多，因此必须要有一个放到一起的平台——一个整合平台。

2005 年 6 月初，我在华盛顿见了美国国务院信息与通信政策委员会的主席，和他讨论中国与美国的信息政策。他举了个例子，说在他们家里没有什么"三网合一"的问题，他只需要选择一个供应商，任何一个本行业的供应商进来以后，一张账单解决问题。因为这个供应商就能把他们家的电话、计算机网络、电视机有线网络全部办妥。

所以在这样一个科技与文化的融合过程中，科技会更多地影响到产品的形态和服务的方式。在今天，所谓手机、电视、网络、游戏都是新技术带来的发展空间，而在这方面广东又走在全国的前面。广东有三家大的集团公司：广州网易、深圳腾讯、珠海金山，都是抓住了时机，成为这个方面成功的案例。

所谓资本决定规模,这里面涉及的问题比较复杂。从优势产业的角度,一些有基础的优势产业要参与竞争,要面向国际市场必定要有规模,这个规模就需要资本的投入。科技企业可以找到风险投资,其他以文化内容为载体的产品和服务在企业资本方面如何拓展思路,这是一个很值得研究的问题。

这次五中全会在文化产业领域提出了多种所有制并存。8月份国务院的文件对外资进入是有明确限制的,但对国内的资本却给予了一种积极鼓励的态势,对2004年以后建立的文化企业给予了免税的优惠。但这里面的资本和经济领域里的资本不一样,经济体制改革过程中很多成功的经验能不能移植到文化产业领域里来目前还在探索之中。

在北京,中央建立两个文化产业方面的集团公司,一个是发行集团公司,一个是演出集团公司。这两个集团公司明确定为企业法人,但是关于资本的归属到现在为止还没有得到一种非常满意的运作方式。国务院的思路是由国资委来管理,因为它是国家资本、国家产权;中宣部的思路是由中宣部来管理,因为它涉及内容、干部、行业。最后协调的结果是放在财政部去管理。财政部管理当然有困难,因为它们既要管钱、管事还要管人。

文化产业的资本归属现在也在探索过程中,经济体制改革改到深处是产权问题,文化体制改革改到深处,在一定程度上说有可能涉及政权问题。

2005年8月我接受一个任务,去蒙古国访问。那里现在的政治形态是全民普选总统,两党轮流执政,所有的媒体除了发公报的机构是政府的以外,其余的全部是民营化。它还有一个很有特点的现象,这在别的西方国家没有看到,它有7个政党,7个政党都有党报,而这些党报是交给一家民营报业集团在运营的。所以我们的文化体制改革在经济层面上、资本层面上怎么去运作,关系到许多深层次的问题,目前正在思考研究过程当中。我们也很希望广东能够创造出一种模式。

四、对策问题——广东发展文化产业怎么做?

文化产业综合发展的基础是人以及人的社会需求。以人为最小的核心单元,以人群为中心的行为模式和以社会为中心的文化形态,构成了我们讨论的文化产业的全部内容。这里面有几个要点:第一个是以人为中心的核心单元,第二个是以人群为中心的行为模式,第三个是以社会为中心的文化形态。这就是我们需要研究的文化产业。

按照国家统计局的界定,文化产业在核心产业方面包括七大类。从表象上看文化产业是创意和内容,是产业和经济,而实际上文化产业反映的是人类的生存环境、交往方式和社会结构。报纸和电视提供的信息与新闻是人们行动的依据,各种表演和艺术作品是人们流露感情和表达思想的方式。娱乐是调节,传媒是沟通。当代文化产业充分体现了人和社会相互依存的复杂关系。文化的发展和社会的综合发展是密不可分的。说到底文化产业发展就是人的综合发展、社会的协调发展。从这样一个角度来理解和思考文化产业的发展思路与社会的协调发展,可能更为直接,更为亲切。

根据广东的情况,谈点不成熟的意见。因为我们对广东确实很不理解,虽然我来过几次,但都是非常匆忙,调研的地方还比较少,座谈的只有三个地区,一个东莞、一个惠州、一个中山市,这就难以准确来体现广东的整体面貌,但从看到的材料中也有一些感觉。

第一,从发展思路上来说,建议要考虑从物质经济到非物质经济的跨越,从知识产业经济到以知识为基础精神的跨越,从工业制造经济到创意服务经济的跨越,从文化资源到文化技术体系的跨越。

广东目前文化制造业非常发达,占全国的大头。但是,怎样才能把广东制造变为广东创造,创意产业的发展具有很大的空间。广东印刷业和制造业非常发达,印刷业占了全国50%以上,文化产品的制造业占了绝对优势。但与版权相关的文化产业排名靠后。音像制作和发行空前繁荣,占全国60%以上的份额,但是电视和电影创作跟音像的这种发行和制作来说不成比例。报业全国排名第一,但广电业排名达不到这样的程度。

我跟东莞市的宣传部部长在交流的时候,他说我们把最需要钱的人吸引到这里打工,把最有钱的人吸引到这里投资,但是我们现在更需要的是把最有创造、最聪明的头脑吸引到这里来创造。这样一种创意产业,领导同志们跟我们曾经举过一些例子,而且在很多场合大家谈过,这种创造值跟制造业不成比例。比如说迪斯尼,它是一种美国创造的符号资本,中国香港以500亿的产业资本来应对美国提出来的45亿港元,而我们只占60%的股份,这就是为什么要发展创意产业的空间。

第二,建议从政策和体制上做一些创新。创新是民族的灵魂,是广东的传统,也是改革开放的成功经验。中国历史上很多大事都是从广东发源的,昨天晚上我们的蔡书记给了我一个VCD,让我好好读,我看了一下,这里有一首歌的MTV,里面谈到广东的历史。我很有感触,鸦片战争、辛亥革命、改革开放都从这里发源。在这个领域,我们可以做一些事情。

我到中山调研的时候,注意到一个现象:中山故居,它是文物保护单位和教育基地,每年有400万元的财政拨款;但它又是4A级旅游景点,每年有800万元的门票收入。它一年包括发展的经费需求,大概要700万元左右。按照我们的现行政策,它这两个部分有冲突,体制不顺,怎么办?

我们说文化产业的三个核心要素,有内容引发的社会需求,有科技推动的形态变化,有资本决定的产品规模。而这三点的发展都受到了政策、机制、体制的制约,我们的体制是有很多地方不顺。比如说,我做互联网研究,前几年接受国家一个课题,是网络安全的法律体系研究。当时我们做这个题目的时候,公安、安全、信息、广电、新闻出版这些部门的一些同志一起来讨论,公安的同志就跟我说,我们现在无法可依。我说与互联网相关的法律法规,全国一共出台了200多项,这200多项怎么会无法可依呢?后来我们经过仔细分析发现这些法规大都是申明式的,没有办法用作执法使用。比如,规定中已明确某些单位没有执法权,但它自己却宣布我有执法权,这个事情该归我管。像这样参与管理的部门就有18个,到现在为止这个管理关系还没有理顺。把我们传统的、物质形态里面的管理模式移到这样一种虚拟世界里面就遇到了问题。比如说我们现在的分工，有管网络出版的、有管网络学术的、有管网络新闻的、有管网络视频的、有管网络游戏的、有管网络文化的。你们说在计算机上可能这么分吗？网站的老总告诉我，如果这十几个部门同时开会，我这个老总都不够派，这就是一种体制造成的。

这种体制不容易一下子改过来，因为我们现在的政策要承认现实，兼顾这样一种利益，所以有一些突破就只能由基层从不同层面来做。怎么突破没有现成的模式，没有一定之规。十六大报告里面的"三个一切"，我觉得很好：一切妨碍发展的思想观念都要坚决冲破，一切束缚发展、一切影响发展的体制和弊端都要坚决革除。从理论上、从观念上我觉得可以做，当然从实践操作上有难度。

怎么从实践操作上也能做到这"三个一切"呢？第一，是否符合中央的整体改革精神；第二，是否有明文规定不许你这么做；第三，是否是改革的试点单位和试点地区，如果这三个条件都具备，我觉得就可以做。因为我们现在关于文化产业的改革，有很多地方都有一句话：限于试点地区和试点单位，广东就是试点地区。

当然除了这三条，还有最后一条就是你是不是真的想做。我曾经跟有些领导干部做过交流，他们说，我们经常遇到这样的报告打上来，说我要做什么事，而这种事是突破现行体制、现行政策，那么你这个报告放到我这里来有两种可能：第一个可能性是要我给你承担责任，你去干；第二个可能性是你并不是真的想做，但是躲不过，要做一个动作，放到我这里来。以上这四条可能在一定程度上能够促使我们在一些思路上、在有关做法上做一些突破。

第三，建议广东文化产业的发展从社会的综合发展出发，把文化产业发展和公共服务体系联系起来思考。目前，公共服务、公共文化服务体系，是在文化发展过程中、在和谐社会建构过程中比较关注的一个点。

公共文化服务体系主要是指政府向公民直接或间接地提供公共文化产品或公共文化服务。所谓"公共文化产品"是指全社会所有公民能够共同和平等享用的公益及整个公益性产品。所谓"公共服务"是指以满足社会成员文化需求为目的，着眼于提高全体公众的文化素质和文化水平并且维持社会生存和发展必要的条件。

对公共文化服务，各个国家有不同的做法。全世界大概有三种模式：一个是以法国和日本为代表的中央集权模式或者叫政府主导。这个从中央到地方都有行政管理部门，然后由行政管理部门来做这些事情，并且对文艺团体和非营利组织给予支助。第二类是美国、加拿大、澳大利亚这样一种市场分散和主导的模式，政府主要管政策法规，建立优惠政策让不同的部门在市场中生存发展，寻求一种空间。第三种是以英国为代表的政府和民间之间有一个中介的这样一种非政府的公共机构。其一方面向政府提供咨询，另一方面负责给民间的事业单位拨款。

从我国的国情来看，我们现在的公共文化服务体系，涉及政府的行政框架、队伍建设，涉及公共文化的措施，包括图书馆、博物馆、文化站，涉及公共文化的网络、信息工程，还有文化活动，服务机制市场化运作。我们过去习惯把这样一些层面全部由政府统包，叫作为人民服务。而公民也习惯于接受这种无偿服务，但是在北京我们讨论过几次，觉得目前应该发展到新的阶段，即使对公共文化服务也要采取不同的思路。

这样的思路至少有三种形态：第一，公益性的无偿服务。第二，适当补偿成本的有偿服务。所谓补偿成本就是政府拨款不足，但是你又不能以营利为目的，你还要分担社会成本。第三，进入市场的一个公共文化服务。就是你享受服务你就付费。所以，在发展文化产业过程中，使文化产业发展和公共文化体系建构产生互动，可能是一种探索模式。

这样一种模式的前提，要有经济积累，有经济基础。我们走了十来个省，有些省经济基础比较好，有些省经济基础比较差，我觉得要做这样一种尝试，在经济基础比较好的省可能能够先做起来。广东是经济基础比较好的省份，如果能够结合这样一种社会建构，把文化产业融合到这里面，既有经济效益，又有社会效益，公民的文化效益得到保障，服务决策也得到发挥可以做一些事业。

第四，从操作层面提点建议，也是我在调研过程中总结出来的"八句话"：党政领导，战略布局；职能部门，统一运营；专家论证，观念突破；科学决策，试点先行；群众参与，保持特色；市场运作，机制创新；立足本土，拓展海外；文化兴邦，产业富民。

我把这八句作一下解读，"党政领导，战略布局"，我觉得这是由我们体制决定的。社会主义体制，国家体制的优越性，能够集中力量办大事，所以党政领导这样一种战略布局在于能够集中力量、集中资源。在我们调研过程中，很多省里面的同志，特别是宣传部部长交流的时候，他们都谈到一个观念，说这件事情光靠宣传文化部门来推动是很难的，如果党政主要领导来推动事情就好办得多。广东的经验也刚好看到这一点，正是领导的大力推动，文化大省才走得比较快。

"职能部门，统一运营"。它涉及跨领域、跨行业、跨部门综合协调。这样一种"跨"，是职能部门的一种综合协调。

"专家论证，观念突破"。科学决策是有必要的，这个专家论证也只是提出一些观念，有时认识和观念的突破是我们行动的一个基础、一个依据。当然，也不能尽听专家的，有时专家也只能纸上谈兵。所以后面这句话也重要，"科学决策，试点先行"。要论证，要做试点。

"群众参与，保持特色"。我们说文化产品它有一个独特的特点，就是它的地方性，即地域文化、民族文化，而这样一种地方文化和民族文化的保持与保证就在于需要有足够多的群众参与。只有群众的积极参与，才能充分保持和保证这样一种地域文化的演示，使文化基因得于发挥。

"市场运作，机制先行"。既然它是产业就有产业的规则，就有投入、产出，要遵循市场的规矩。

"立足本土，拓展海外"。因为我们的文化产业不仅仅是为我们当地的人服务，它确确实实存在着弘扬文化，存在着走出去的任务。更重要的，世界市场是一个更大的市场，比如广州每年的广交会，其中主要目的就是面向世界，那么我们做文化产业也要面向世界。

最后一句话叫"文化兴邦,产业富民"。文化兴邦我们前面已经谈过,是谈文化基本概念的时候。产业富民在文化产业这个层面,跟其他产业不一样。文化产业,它是先富民然后给政府带来税收,你首先能使这一片地区的老百姓增加收入,这是各地在开发旅游过程当中普遍得到的一个感受。文化产业、文化服务业在这个层面上它首先是一个富民的产业,然后使这个地区得以壮大。

今天我的发言是以胡锦涛总书记的指示作为我们思考的出发点,结合张德江书记提出来的四个问题,做一种学习心得的汇报。前面我们说了,广东省是我国改革开放和经济发展的前沿,是我国文化经济和全球化接轨的战略门户,也是我国文化体制改革和文化经济发展的领先之地。广东的文化产业和文化经济的发展关系到我国文化经济模式的建立和国家文化体系的建构。所以,我们衷心祝愿广东在文化经济的理论和实践中继续保持优先地位,为我们国家经济社会的全面发展探索出新的思路、新的模式。

广西文化产业总体规划思路[①]

[①] 2004年广西文化厅委托课题。主持:熊澄宇。主要参与:周勇、吴澍、茅亚萍、程琦瑾、孔燕红、赖晓航、陈思宇、贾萌。

1. 广西文化产业面临的机遇与挑战
    1.1 文化产业的发展现状与评估
    1.2 广西的优劣势分析
    1.3 发展的新机遇

2. 广西文化产业发展的总体思路
    2.1 空间布局
    2.2 时间规划
    2.3 发展的基本原则

3. 广西文化产业发展的重点建议
    3.1 旅游
    3.2 出版
    3.3 会展
    3.4 演出
    3.5 广电

文化产业，又称内容产业、创造性产业等。根据国家统计局 2004 年 3 月印发的《文化及相关产业分类》通知，文化产业目前在我国涵盖了九大类内容，主要包括新闻报业、出版发行、广电音像、演出娱乐等文化产业的核心层；网络服务、广告会展、旅游休闲等文化产业的外围层，以及一些相关文化产业层。

这一分类标准反映出我国文化产业外延的扩大，以及伴随着地位的提升。我国"文化产业"概念的提出，虽然比西方发达国家较晚，但也已有十几年的历程。2000 年 10 月，中共中央十五届五中全会第一次提出要"完善文化产业政策，加强文化市场建设和管理，推动文化产业发展"。2001 年 3 月，文化产业发展被正式纳入全国"十五"规划纲要。但是这些文件里的文化产业，主要还是局限于文化部所管辖的领域里。2002 年 11 月，党的十六大报告明确提出"发展文化产业是市场经济条件下繁荣社会主义文化、满足人民群众精神文化需求的重要途径。完善文化产业政策，支持文化产业发展，增强我国文化产业的整体实力和竞争力"。这里所说的文化产业则已经成为跨行业、跨领域、跨部门的综合性产业。其内涵得到了进一步的深化，不再是简单的文化、宣传概念；其地位也上升到关系国民经济整体发展、综合国力提升，以及社会和谐稳定的重要位置。

这一分类标准也体现了我国文化产业发展与国际接轨的趋势。分类标准里的一些项目类型，具有社会属性与经济属性并存的特点，与意识形态管理密切相关。它们是否可以产业化，是否可以与国际接轨，在以往都存在很大争议。但是随着我国加入 WTO 和市场经济的健康发展，它们的产业化已经成为大势所趋。现在的问题是：如何产业化，如何在与国际接轨的同时又能保持本国意识形态的稳定坚固。这些都是需要在实践中不断探索的。

1. 广西文化产业面临的机遇与挑战

1.1 文化产业的发展现状与评估

从自治区发展文化产业的实践看，广西较早地认识到通过文化产业的带动实现全区经济跨越式发展的可能性，借助自治区民族文化资源和艺术品牌优势，确立了"优先发展本体产业、积极扩张延伸产业、努力寻找合作产业"的全区文化产业发展思路，以项目建设为中心，进行了一些有益的探索并取得了可喜的成绩。在《2001—2005 年广西文化发展总体规划》里，自治区政府明确了"把文化产业培育成为新的经济增长点，促进文化事业的可持续发展"的文化发展指导思想以及建设"具有鲜明时代特点和南疆特色的民族文化自治区"的战略目标。规划实施以来，在发展文化娱乐业、电影音像业、艺术演出业等传统文化产业的同时，也拓展了文化信息业、文化旅游业、艺术教育等新领域。

但是，相对于全国的整体水平，相对于一些兄弟省份，广西的文化产业发展仍存在差距。

1.1.1　发展概况及其与其他省份的比较

国家统计局资料显示,目前我国文化消费的存量有3 000亿元到4 000亿元的结构性缺口,到2005年将增加到5 500亿元左右,文化产业有望迅速成为国民经济的支柱产业,成为扩大内需新的增长点。现在全国已经有近20个省、区、市提出了建设文化大省、发展文化产业的目标。有的省市已经提出了具体的办法和措施,有的省市加大了文化体制改革的力度,还有的省市在图书发行、电影发行、放映和发展社会文化方面进行了探索,都值得广西学习和借鉴。

北京的文化产业自1997年以来得到了迅猛发展。1997—2003年,北京文化消费支出年均递增15.2%。根据新的发展计划,2004—2008年北京市文化产业创造增加值预计年均增长20%,到2008年达到470亿元,在北京市GDP中所占的比重将达到8%～10%,成为首都经济的支柱产业。这一期间北京将重点建设优势文化产业,包括文艺演出、出版发行、影视节目制作与交易、文化会展与古玩艺术品交易等。上海提出优先发展影视、演出、艺术品经营和网络游戏四大文化产业,树立主打国内、面向世界的市场观念,并采取多种措施予以扶持,力求在较短时间内形成上海的优势产业。广东积极探索文化产业引进外资的新模式,目前已吸收外商直接投资项目近300个,合同金额近7亿美元。四川全力建设"文化产业园",实施社会文化资源和民间民营资本战略整合,以深度开发民族民间文化为主,依靠政府职能部门推进民族民间文化走向国内外市场。云南提出要重点抓好昆明一个龙头以及丽江、大理、腾冲三个试点地区;加快发展广播影视、新闻出版、文娱演艺、体育服务、以民族民间工艺品制造为主要代表的乡村文化五大产业。

我们可以再看一组数据(表1、表2、表3)。

表1　2003年全国及广西文化产业概况

指　标	单位	全国数值	广西数值
广播综合人口覆盖率	%	93.6	86.7
电视综合人口覆盖率	%	94.8	91.5
艺术表演团体	个	2 587	118
电影生产量	部	202	0
报纸出版量	亿份	(全国和省级)243.6	(全区)4.97
期刊出版量	亿册	29.9	1.08
图书出版量	亿册(张)	67.5	7.34

表2　按年份各地区文化事业财政补助收入情况(单位:万元)

地区	2000年	2001年	2002年	2003年
全国	631 591	710 188	836 582	940 283
广西	14 608	18 125	21 983	22 877
广东	58 321	70 060	85 778	104 201

续表

地区	2000年	2001年	2002年	2003年
浙江	35 334	46 592	55 909	70 075
云南	23 945	25 106	29 373	30 946
宁夏	3 625	4 619	6 356	6 279
山西	12 347	16 978	18 405	20 918

表3 按年份各地区文化事业费占财政支出比重情况

地区	2000年		2001年		2002年	
	比重（%）	位次	比重（%）	位次	比重（%）	位次
广西	0.52	9	0.52	13	0.52	12
广东	0.53	8	0.56	7	0.61	4
浙江	0.78	1	0.75	2	0.78	1
云南	0.51	10	0.56	7	0.53	11
宁夏	0.5	11	0.55	10	0.59	5
山西	0.59	5	0.55	10	0.51	14

总体上，广西目前在文化产业的发展中还存在许多值得思考的问题。比如，传统观念、传统的条块划分思维仍在一定程度上束缚着人们的手脚。文化产业的发展缺乏整体的、系统的规划与协调。各文化产业类型之间也缺乏合作，有的彼此之间甚至仍然存在壁垒，没有形成一个完整的、流畅的产业链。一些文化产业类型的产业化仍停留于政府指令的层面。名义上产业化，但实质上未能真正面向市场。同时，国民经济的整体状况也制约着文化产业的发展，并且没有意识到文化产业可以异军突起，成为提高整体经济水平的突破口。不过近年会展业的发展也许会给广西人民带来新的思路。

经过"九五""十五"的建设，广西的产业结构得到调整，第三产业占据了越来越大的比重。据广西统计局核算，2003年广西生产总值为2 733.21亿元，比上年增长10.2%，成为"九五"以来快速增长的年份之一。在西部十二省区主要经济指标比较中名列前茅。城乡居民收入继续增加，带动了消费的增长。2003年全区城镇居民人均可支配收入为7 785元，同比增长6.4%；农民人均纯收入2 095元，同比增长4.1%，城镇和农村居民家庭恩格尔系数呈现下降趋势，文化办公用品、体育娱乐用品等商品继续旺销。但和发达地区相比，在经济指标方面，广西仍有较大差距，人均生产总值仅为天津市的1/4，在一定程度上影响了广西文化消费总量的提升。同2002年相比，全区人均娱乐教育文化用品及服务类支出797.8元，下降8.2%。这其中必须考虑，旅游市场受"非典"疫情影响较大。全年全区接待国内旅游人数下降7.1%；接待外国及港澳台地区过夜旅游人数下降50.5%。以实际发展来看，中国—东盟博览会落户南宁，广西在全国对外开放格局中的地位进一步提高，广西的第三产业发展又增新机遇。

广西城市人民购买文化娱乐用品和相应的文化娱乐服务支出有较快速度的增长。据统计，广西2002年人均收入7 315元，人均消费支出5 413.4元，文化消费支出869.2元，文化消费支出占总消费比重的16.1%。文化消费总量比北京、广东、浙江差很远，但文化消费支出占总消费支出比例比北京低，比广东高，与浙江平。抽样调查资料表明，2004年上半年，全区城市居民人均教育文化娱乐服务支出达到了373.52元，比上年同期增长14.52%。其中，购买文化娱乐用品，如各类型号的款式各异的家用电脑等支出增长6.67%；文化娱乐服务支出增长45.94%。（数据资料根据广西统计信息网）

1.1.2. 各具体类别的现状调查

以国家统计局发布的"文化产业及其相关分类"为框架，我们具体调查了广西各文化产业类别的相关数据，以下是广西政府相关部门提供的一些基础数据。

（1）出版发行和版权服务

包括图书、报纸、期刊的出版、制作与发行，音像制品及电子出版物的出版、制作、复制和发行（表4）。

表4 广西出版发行和版权服务概况（2003年度统计数字）

	机构数量（个）	从业人员（人）	总资产（万元）	发行数量（万册）	年销售收入（万元）	年利润（万元）	上缴税金总额（万元）
出版机构总计	4 030	27 200	396 915	62 636	358 107	21 682	27 481
图书出版机构	8	1 016	121 260	22 436	73 447	13 596	10 576
音像电子出版机构	6	227	4 728		4 518	176	295
报纸	84	3 093	43 563	34 048	49 738	2 737	4 275
期刊	202	1 826	4 914	6 152	10 838	472	625
出版物复制、印刷单位	3 730	6 986	84 854		34 502	-457	2 942
出版物发行机构	4 678	14 052	136 596		185 064	5 158	8 768

（2）广播、电视、电影服务

包括广播、电视服务和传输，电影制作、发行与放映。全区目前共有电视台15座，广播电台10座，中短波广播发射台和转播台22座，卫星地面接收站35 454座，电视、广播人口覆盖率分别达91.5%和86.7%。

2003年全区广电行业创收71 681.43元，其中区广播电影电视局直属单位经济创收28 702.35元。广播业的主要收入来源包括财政补助和事业收入（其中主要是广告收入），财政补助为1 928.7万元，事业收入4 786.48万元（其中广告收入4 507.31万元），财政补助占总收入的28.51%，事业收入占总收入的70.77%。

电视业的主要收入来源包括财政补助和事业收入（其中主要是广告收入），财政补助为

3 468.17 万元，事业收入为 34 604.02 万元（其中广告收入 30 077.93 万元），财政补助占总收入的 9.03%，事业收入占总收入的 90%，年度生产电视剧 5 部 /68 集。

电影制作业，年度生产电影 0 部。全区共有影院 118 家，银幕 150 块，可容纳观众 84 793 人。年度放映影片 1 157 部，其中国产影片 777 部，票房收入 5 961 033 元。引进影片 352 部，票房收入 7 407 264 元。

（3）文化艺术服务

包括文艺创作、表演及演出场所；文化保护和文化设施服务；群众文化服务；文化研究与文化社团服务；其他文化艺术服务。

全区现有各种艺术表演团体 118 个（表 5），从业人员 4 519 人，艺术表演场所 24 个，艺术创作与研究机构 11 个，艺术展览机构 1 个，公共图书馆 96 个，博物馆 50 个，文物保护管理单位 48 个，文化馆、站 2 332 个。

2003 年文艺演出 11 634 场。专业剧团事业收入 10 506 万元，其中演出收入 841 万元（表 6），占总收入的 10.6%。大型文化演出活动《印象·刘三姐》，其融资来源包括国家政策性扶持资金、民营公司投入股份资金和银行贷款，分别为 20 万元、5 500 万元和 2 000 万元，创造就业机会 600 多个。

表 5　按年份各地区艺术表演团体机构数（单位：个）

地区	2000 年	2002 年	2003 年
全国	2 619	2 587	2 601
广西	118	118	117
广东	138	141	144
浙江	79	80	77
云南	129	124	121

表 6　按年份各地区文化部门艺术表演团体演出收入情况（单位：万元）

地区	2000 年	2002 年	2003 年
全国	51 650	64 884	71 781
广西	717	839	841
广东	138	141	144
浙江	79	80	77
云南	129	124	121

（4）网络文化服务

主要指互联网信息服务，包括互联网新闻、出版、电子公告服务和其他互联网信息服务。

全区目前共有注册域名 2 911 个，站点 6 593 个。互联网上网用户 149.2 万，上网计算机约 35 万台。

（5）文化休闲娱乐活动

包括旅游、室内娱乐活动、游乐园、休闲健身娱乐活动、网吧服务和其他娱乐活动。

广西现有旅行社 350 家。截至 2003 年 10 月 31 日，全区共有网吧 3 942 家，电脑 134 100 台，解决就业岗位 10 993 人，上缴税费 59 万元。

（6）其他文化服务

包括文化艺术经纪代理、模特服务，演员、艺术家经纪代理服务，文化活动组织、策划服务，文化产品出租与拍卖服务，广告和会展文化服务等。

广西现有经纪代理公司 29 家，年上缴利税 5.1 万元；从事文物、字画等文化产品拍卖业务的拍卖行 2 家，年均成交额 470.2 万元；画店、画廊 98 家，2003 年度主营营业收入 438.8 万元。

1.2 广西的优劣势分析

1.2.1 劣势和问题

（1）现实经济瓶颈

广西是传统的农业省区，工业基础薄弱，经济结构不尽合理。就全国范围而言，广西尚属经济欠发达地区。其产业结构虽然得到调整，但是经济结构性矛盾依然存在；工业化、城镇化水平不高，缺乏大工业支撑，直接影响经济和财政收入的增长；农业软环境建设仍然是个突出问题，严重影响招商引资和非公有制经济的发展；就业再就业形势依然严峻，部分群众生活还比较困难；安全生产事故仍时有发生，社会治安状况还不能让人民群众满意；政府职能、机关作风有待进一步转变和改进等。

文化的发展离不开社会经济的支撑，上述这些对于文化产业的发展都有所制约，其主要体现在资金支持不足、市场消费能力不足、市场环境不够活跃等方面。目前，广西的居民消费水平同发达地区差距明显，社会经济对文化设施建设和文化消费的支撑力不足，文化投资主体相对单一，对文化投入总量与经济发展水平相比偏低，这些都影响了文化产业的发展壮大。尤其是文化消费，受经济状况限制，目前广西的文化消费实际水平和消费愿望都还不够。尽管拥有漓江出版社、接力出版社和广西师范大学出版社等在国内有一定影响力的出版机构，但图书、报刊在自治区内的销售量仍然不高。从文艺演出业的状况看，本地观众观看本地剧团演出还习惯于赠票、送票、要票，市场化程度有待提升，市场机制有待培育。

从国家的经济发展举措来看，文化产业无疑是新一轮产业结构调整中的重要内容。广西要扭转经济发展中的劣势，可以从文化产业的发展入手。通过文化产业加快引进、培育和发展新的制造业；通过文化产业项目吸引各类资金参与，拉动多种产业类型的共同发展；通过文化产业提供就业岗位、提高居民文化素质，推动城镇化进程。因此，建议广西逐步加大文化产业在国民经济中的比重，使其成为广西经济发展的支柱产业、主导产业。

（2）人口素质制约

根据第五次人口普查的数据，2000年广西及相邻省每万人中接受各种文化教育的人数为：

表7 每万人中接受各种文化教育的人数

地区别	大专及以上	高中和中专	初中	小学
全国（平均）	361	1 115	3 396	3 570
广西	238	960	3 242	4 204
湖南	293	1 113	3 566	3 833
广东	356	1 288	3 669	3 315
海南	317	1 249	3 250	3 440
云南	201	656	2 123	4 477
贵州	190	563	2 048	4 360

如表7所示，广西虽然文盲率较低，但中高端人才的数量在全国处于中下游，整体文化素质不高。近些年，广西的教育水平和人口素质得到很大提高。在《经济日报》和《经济》杂志推出的"2003中国31省区市新经济实力排行榜"上，广西居第17位。由于从业人员中专业技术人员比例较高，知识就业指数排在全国第6位。同时，由于地处沿海沿边，全球化也居全国中间靠前位置。但是其经济动态、数字化和创新能力则处在全国比较靠后的位置，这制约了文化产业的发展，主要表现在消费能力不足、人才补充不足、思路观念保守等方面。文化产业又称创意产业，对于创新性、开拓性要求较高，如果人员本身文化素养不够，即使发展文化产业，也会因为缺乏原创性而难以在市场竞争中获胜。

因此，广西目前发展文化产业十分关键的一步是要吸引和培养人才。特别是我国加入WTO，广西又被确定为中国—东盟贸易区的桥头堡，站到了国际交流的平台上，人才的定位需要与世界接轨。

（3）产业整体规划不足

文化产业的规划不是某个行业或某个城市内部的规划，而是建立在整个自治区平台上的产业规划。因此，文化产业规划的制订也必须体现自治区综合发展规划的精神、服务于自治区综合发展的要求。从自治区文化产业发展现状看，一方面，文化及相关产业的发展规划主要还是由各部门分别制定，跨行业合作的机会比较少，产业发展具有一定的零乱性和盲目性，在一定程度上影响了文化及上下游产业之间关系的整合，需要从自治区的层面上对各行业的关系进行协调；另一方面，在各地吸引投资的过程中，对资金进行引导的力度不够，往往只看到投资项目在近期内可能产生的经济效益，而忽视了将外资和民营资本经营活动纳入整体发展规划的可能性和必要性，从长远看可能会影响到文化产业的可持续发展。

（4）设施布局不尽合理

广西的文化设施布局主要集中在南宁、桂林等城市，设施分布不够均衡，浪费与不足并存。一方面，在旅游热点地区出现重复建设现象，仅桂林市区内就有9个旅游演出场所，下属县区还有一些长年民俗旅游演出点，由于对外部旅游市场的依赖性较强，而本地市场的消费拉动力又不明显，因此在旅游淡季时特别是"非典"时期一些资源只得被迫闲置；另一方面，从全区范围看，基层文化设施建设特别是农村文化设施建设欠缺较多，中心城市缺乏标志性文化设施，一些地方基层文化生活贫乏，乱建庙宇、占卜算卦等封建迷信活动盛行，"黄、赌、毒"现象屡禁不止，影响了社区群众文化活动的开展。从已有文化设施的利用状况看，图书馆、博物馆等设施尚未对周边群众形成足够的吸引力。以南宁市图书馆为例，定期利用图书馆藏书资源的读者人数比较有限，图书馆网络阅读资源多被青少年用于电脑游戏或网络聊天，使用层次不高。

（5）产业质量有待提升

广西文化产业资源数量非常丰富，但从资源利用的效率来看还需要进一步提高。

首先，需要加强优势行业的文化内涵。以旅游业为例，广西山水旅游和民族风情驰名中外，对游客有较大的吸引力，不过从文化旅游的角度考察，在历史遗迹的保护、开发、宣传和利用方面还做得不够，一些独具特色的古建遗迹鲜为人知，一批重要的文物保护单位需要重点关注。从著名旅游城市桂林的情况看，"桂林山水甲天下"已经成为当地发展旅游业的重要品牌，可是文化历史名城的地位并未凸显，王城、碑林和兴安灵渠等具有人文色彩、在全国范围内都极富特点的旅游项目的价值尚未被充分认识。这种情况在广西比较普遍。

其次，需要提高文化产业的科技含量。受制于经济条件，全区图书馆的数字网络建设还比较落后，城市影剧院的设备较老、功能单一，广播电视的数字化制播能力尚有差距，空中电波监测和对抗能力需要改善。相比之下，不少省市均走在广西前列。

（6）交通网络有待完善

总体上，广西已经构建起了陆海空的立体式交通体系，但仍需要进一步发展、完善。目前的交通状况两极分化严重。大城市交通便利，南宁和桂林各有一个国际机场，柳州是重要的铁路枢纽，区内已建成高速公路四条，连接桂林、柳州、南宁、北海等经济状况较好的城市。2003年广西公路建设完成投资74亿元，2004年计划完成投资139亿元，完成在建、续建、新建公路1 300公里，交通建设将上一个大台阶。

但是在经济状况较落后的地区，其交通状况仍十分恶劣，制约了当地文化产业的发展。以北海市的旅游业为例，涠洲岛旅游资源得天独厚，其火山景观和珊瑚资源一直为中外游客所青睐，也吸引了大批投资者上岛考察，但由于上岛交通的船只小，船速慢，抗风力差，不仅乘船往返需要时间长，遇有风浪更是常常被困孤岛，不仅客流量严重受限，而且令众多有实力上岛开发的投资者只能望岛兴叹。又如，红树林是国家级保护的自然生态旅游度假区，但由于该景点离市区较远，市区内又无专线旅游车直达红树林，很多闲散游客虽然很想到红树林参观，但苦于交通不便也只好放弃。北海的交通状况在广西已处上游，其他如河池、百色等山区、老区，其交通到达更加不便，那里有丰富的民俗文化、历史人文资源，但始终得不到挖掘与利用，其交通的制约是一个十分重要的因素。

1.2.2 三大优势

（1）区位优势

广西壮族自治区位于东经104°28′～112°04′、北纬20°54′～26°23′之间，东连广东省，邻近香港、澳门，东北接湖南省，西北靠贵州省，西邻云南省，南临北部湾，东南与海南省隔海相望，西南与越南民主共和国接壤。

广西在地理位置上的优势是极其明显和认识一致的。首先，广西作为中国东西部的结合部。作为东部的西部，广西毗邻广东，东部发达地区的发展经验，接受它的辐射。作为西部的东部，广西是西部12个省区中唯一拥有海岸、港口和码头，由国家投资兴建的南昆铁路和高等级公路，把滇、黔、川等省市连通，成为西南最便捷的出海通道。同时，广西地处中国—东盟自由贸易区的中心位置。绵延的海岸线和边界线上分布着众多的港口和边境口岸。陆路与水路与东盟大多数国家相通，而且运输距离最短。

上述这些优势非常有利于广西接收国内外生产要素，加速自身发展。独特的、无可替代的地理区位位置，将使其在目前我国的整体发展格局中具有重要地位。

（2）资源优势，内容优势

广西发展文化产业的最大资源优势在于其丰富的旅游文化资源和民俗民间文化资源。广西旅游资源非常丰富，据统计全区有可供开发的景区、景点400多处，分布于8个地区、63个县。其中包括峰林景观、溶岩洞穴、山池景观、河湖水景、瀑布和泉流景观，以及文物古迹、现代建筑和园林艺术等。

广西民俗和民间文化资源拥有民族性、区域性和多元融汇的特征，主要体现在音乐、美术、舞蹈、民间工艺、旅游、服饰、民居、交通、节假日、婚丧、医药保健、游艺、民间体育、民俗文化等诸多方面。自然旅游资源和民族特色文化资源互为表里，形成了广西独特的文化资源优势。

（3）政策优势

一是国家西部开发的优惠政策。广西是国家实施西部大开发12个省、市、区之一，享有国务院《关于实施西部大开发若干政策措施的通知》和《关于西部大开发若干政策措施的实施意见》规定的5大类19条具体优惠政策措施，包括了西部开发的产业政策和区域政策，增加资金投入的政策，增强西部地区的吸引力，提高竞争力的举措，吸引人才和发展科技教育的政策等。广西根据国家赋予少数民族自治区的自治权限和国家有关文件精神，2001年年底出台了涉及投资、税收、土地、矿产资源、价格和收费6个方面贯彻国家西部大开发政策的措施。2003年，广西又出台了提高对外开放水平、改善投资软环境等4个重要文件，进一步明确扩大开放的一系列政策措施，投资环境得到进一步改善。

二是边境贸易优惠政策。对边境小额贸易企业通过边境口岸进口原产于毗邻国家的商品，除极少数商品外，进口关税和进口环节税按法定的税率减半征收；边民通过互市贸易进口的商品（仅限生活用品），每人每天价值在人民币3 000元以下的，免征进口关税和进口环节增值税；边境地区对外经济技术合作项下换回物资的进口，享受边境小额贸易的进口税收政策；边境小额贸易企业同时享有对外经济技术合作经营权，可开展与毗邻国家边境地区的承包工程和劳务合作业务。

三是少数民族地区优惠政策。依照法律规定，民族自治地区的自治机关除行使地方国家机关的职权外，可以依照法律规定行使自治权，可以根据本地实际情况，在不违背宪法和法律的原则下，采取特殊政策和灵活措施，加快民族自治地区经济和社会发展。

四是广西作为西部省区中唯一沿海的自治区，享有国家施行的各种沿海开放优惠政策。

1.3 发展的新机遇

中国—东盟自由贸易区的建立又为广西提供了新的机遇与优势。2001年11月，中国和东盟领导人签署协议，宣布在未来10年内建立中国—东盟自由贸易区。贸易区将成为世界上人口最多的自由贸易区，也将是发展中国家组成的最大的自由贸易区。2003年10月，国务院总理温家宝在第七次中国与东盟领导人会议上提出："为促进双方商界合作，中方建议从2004年起，每年在广西南宁举办中国—东盟博览会。"作为我国鼓励外商投资多种优惠政策叠加的省区，现在又争取到中国—东盟博览会的定点举办资格，广西有望成为中国和东南亚交流的新中心。这是广西发展文化产业的特殊机遇。南博会落户南宁，对于南宁、对于整个广西而言，具有打造经济新平台，提供开放新契机，塑造自治区新形象，实现发展新跨越的重要而又深远的战略意义。

东盟成立于1967年8月，最初只有印度尼西亚、马来西亚、菲律宾、新加坡和泰国5国。直到1992年1月，东盟贸易部长会议签署了设立"东盟自由贸易区"（AFTA）的协议，才形成了目前东盟10国的局面。2002年11月中国与东盟签署的《中国—东盟全面经济合作框架协议》，标志着中国—东盟建立自由贸易区的进程正式启动。这个自由贸易区不是狭义上的自由贸易区，而是广义上的自由贸易区，它是以贸易为先导的全方位、广泛领域的合作。其中，当然也蕴涵着文化产业发展的极大机遇。

在此背景下的南博会，无疑有助于深化中国与东盟的经贸关系，促进共同发展，推动中国—东盟自由贸易区的建设。而南博会的落户，更将进一步提升广西南宁的桥头堡地位，使其成为东南亚进入中国的门户，成为服务东盟，服务中国的物流中心、商务中心、加工市场中心，以及民间交往和文化交流平台。而其在广告、形象推广方面的无形价值，更是一个非常重要的方面。南博会，为南宁、为整个广西带来的是一次"目光聚焦"的机会，使其能获得超出平常的、更多的关注。这是一个机遇，一个向外界展示自己，让外界了解广西、了解广西文化产业的最好机遇。这一刻，南宁、广西站在了舞台中心。当然，挑战也相应存在。广告和宣传的背后，需要以实力为基础。而按照区域经济合作的理论，中国—东盟自由贸易区间南南合作的模式，也使双方在经济合作上存在许多困难。而文化上的相近性，也要求我们懂得如何趋利避害。它既是双方开展多元化交流的基石和纽带，同时，这种相似性也极易形成同类竞争的局面。

总体上，每年一次的中国—东盟博览会，实际上是国家把广西从边界省区推到了对外开放的最前沿。这将是政治、经济、文化等的全面交流，它所带来的也是全方位的机遇。

2. 广西文化产业发展的总体思路

2.1 空间布局

● 东靠、西联、北引、南进

东靠、西联、北引、南进，这是一个全方位开放联合的战略，指的是：充分发挥广西的地缘和区位优势，实行全方位对外开放与联合。特别是与周边地区的经济互补与合作，打破地区封锁和行政壁垒，充分发挥市场经济的规律和作用。"东靠"是依靠东部的粤港澳，主动接受其经济技术辐射和产业转移，引进人才和资金，输出劳务，积极推进广西与粤港澳的经济一体化，使广西尽快成为粤港澳的有效腹地；"西联"是联合西部的云、贵、川、蓉、藏，立足服务，以联合促开发，以开发促发展，使广西真正成为大西南的重要出海通道和出海口；"北引"是引入北部的湘、赣、鄂的重要对外开放的前沿；"南进"是向南进入越、柬、老、缅、泰、新、马、菲等，走出去，请进来，稳步推进广西与东盟的经济合作，使广西成为中国特别是周边省区与东盟经济合作的重要窗口和桥梁。

近年来，广西对于这一战略已有较深入的研究，但是合作项目多局限于传统产业，在文化产业方面的应用尚显不足。建议在文化产业方面，也多利用地缘优势，特别是广东、湖南、四川、云南等地的文化产业发展策略都有可借鉴、学习之处，广西可以多与它们加强交流与合作，促进本区的进步。

● 挖掘水系文脉

水源一向被视为文明之源，很多文化的传播都是沿着水系开展而来的。广西桂林山水的自然风光已经赢得国际声誉，但是对于其历史人文内涵的挖掘还十分不够。这样的旅游开始就略显单薄。如果挖掘、打造出漓江文化，将桂林的影响力辐射到贺州、梧州，既可以带动这些地区的发展，又可以为桂林山水增添更多层次的魅力，创造更多发展文化产业的机会。

同样的思路也适用于红水河流域。这一带既有悠久的历史文化、丰富的民族生态，又有优美的自然风光，值得开发，而且应该整体开发，以水脉为线索将整个区域串联起来，形成辐射效应，将潜在的利益最大化。

广西还有一个得天独厚的水系文脉，就是其海岸线。广西沿海港口同时具有水深、避风、浪小等自然特点，距港澳地区和东南亚的港口都较近，北海港距香港港425海里，钦州港距新加坡港1 338海里，防城港距越南海防港151海里，距泰国曼谷港1 439海里。同时，这些港口还可以直通波斯湾、西欧、非洲、美洲等地各大港口。北部湾港口均位于海、陆、空三位一体运输方式的交汇点上，其商品原材料从开采到生产加工、配送营销，直至废物处理完全可以形成一条典型的"物流"供应链。随着中国—东盟自由贸易区的建立，环北部湾港口的投资价值也日益凸现。但是，环北部湾港口的价值不仅仅在于物流方面，文化产业的开发将为其带来更多的收益。

目前，北海的"碧海银滩"已经形成一定知名度，但还停留于度假休闲的低层次开发。这种单一的旅游开发容易受季节限制，当我们冬天到达北海时，海边一片寂静，所有旅游的相关产业都十分萧条。如果广西能挖掘海洋在文明传播中的作用与地位，加强与港澳地区、东南亚国家的合作，挖掘这里的历史文化资源，打造海岸线的文化旅游品牌，不仅可以增加这些旅游创收项目，而且可以增加这些沿海城市的吸引力，为当地吸引投资、带动整体经济发展带来更多的机遇。

● 挖掘边境潜力

广西与越南山水相邻，陆地边境线长达1 000多公里，海岸线也有1 000多公里。去年，在这条"边境贸易长廊"上的边境小额贸易进出口总额达5.35亿多美元，占全区外贸进出口的比重上升到16.8%，与2002年同期相比增长55%，高出全区外贸进出口增长率23.6%。其中出口的主要是机电产品，进口的主要是橡胶、木薯淀粉、热带水果等初级资源性产品。对于文化产品，目前尚未引起策略性重视。

根据我们今年年初的实地调研，越南民众对于中国的电视剧、流行音乐都十分喜爱，中国民众对于越南、缅甸的一些民俗文化制品也十分有兴趣，目前在北京一些特色礼品专卖店以高价出售的商品不少号称是从云南、广西等少数民族地区，或越南、缅甸等东南亚国家进货而来。广西一方面可以通过南博会之类的会展平台，向外输出影视节目、音像制品；另一方面，也可以在边境线展开文化产品的贸易线，提供文艺演出、民俗特产交易的平台。

在经营这一平台时，应将眼光放长远，不能局限于本区内部。以往的小额边贸多是由广西本地人进行，但是文化产品的交易如果仍由边境本地人进行则不具有优势。一是因为本地人与越南人文化、民俗有相似性，难以形成差别性交易；二是因为位于边境的百色、崇左等地经济实力较差，尚没有形成发展文化产业的基础。所以，可以从全区战略规划的层面，在边境建立边境文化产品交易平台，吸引全国，乃至全球的客户前来。通过引入外来资金、外来先进经验，带动本地的发展。

配合边境文化产品贸易，可以同时开发更多新的旅游项目。如边境游、民俗体验游等。贸易、旅游又都是十分具有拉动性的产业，将会带动餐饮、酒店、纪念品生产加工等产业的发展。边境地带土地价格、劳动力价格都相对低廉，将成为吸引投资的优势。

要保证这一规划思路的顺利实施，需要确保几个前提条件。一个是边境的安全稳定。由于历史原因，中越边境在两国人民心中都有一定阴影，政府方面需要继续加强和稳固边境目前的安宁局面，同时将边境新貌传播出去，消除外地人心中的担忧，才能顺利吸引投资。另一个是交通的便利。

2.2 时间规划

在制订时间规划之前,我们必须明确两个基本原理:一是在全球化和本土化齐头并进的今天,判断一个地区的文化消费需求能力不能再仅仅局限于本地,还要考虑到全国、全球的消费能力;二是文化产品的生产与消费不一定发生在同一个地方,但是文化产品的生产与消费都能为当地创造就业机会和经济价值。

考察广西的文化产业现状,我们发现广西本区在文化产品的生产能力方面优于消费能力,其主要消费者不在本区,而在外地,国外消费者尤其占较大比重。以旅游业为例,2002年全自治区接待海外旅游者136.3万人次,全国排位第7;接待国内旅游者4 887万人次,全国排位第14。

第一步,面向国际。以与国际接轨的标准,为本区文化产业确定一个高起点。特别是借着南博会这样国际展会的机遇,为广西的文化产业打造国际级品牌。目前,广西有些文化产业项目已经享有一定的国际知名度,但是在运营模式、包装推广方面还有待改进。

第二步,面向全国。借助第一步打响的国际知名度,进一步增加广西在国内的综合竞争力排名,吸引外地投资者和消费者。

第三步,挖掘区内。通过前两步的发展,广西本区的文化产业实力、综合经济实力必定有很大进步,广西本区的文化产品消费能力也随之得到提升,生产与消费之间可以得到平衡发展。因此第三步就可以重点挖掘区内,形成可持续健康发展的态势。

这样的发展次序是先搭架子,再一步步夯实基础的次序。但是在落实的过程中,必须注意统筹兼顾。例如,第一步虽然重点面向国际,但并不意味着忽视国内、区内;与国际接轨的重点建设,自然会增强广西文化产业在国内的地位,繁荣区内文化产业的发展。国际、国内、区内,应形成一个同心圆的发展局势,一荣俱荣,相得益彰。

2.3 发展的基本原则

(1)产业开发要以文化保护为前提

例如,裸浴习俗是以当地人天人合一的文化传统为背景,如果过度商业炒作,就会破坏其文化的底蕴,也破坏当地人的生活习惯。再如长寿食品的开发,如果陷入工业化大生产,违背绿色食品的生长规律,也就破坏了其本身的价值。

(2)产业开发要以帮助当地人民脱贫致富为责任

红水河以往作为重要的水电资源而得到开发,但是根据新闻报道,这些开发并没有解决当地人民的贫困状况。现在我们对红水河进行文化开发,不能让这一情况再继续,否则也违背了文化本身人文关怀的性质。应该寻找一些既有利于保护当地文化特色,又能为当地人民创造福利的产业类型。

(3)加强对当地文化的考察、研究

《穿越红水河》一书总结道:一方面,当地干部所接受的教育决定了他们眼中只有以唐诗、宋词、鲁迅小说等为代表的上层文化才是文化,而本土那些民族民间的文化,则是"封建迷信"

的东西;另一方面,则是鉴于当地目前有限的经济条件,使得他们在作出决策的时候,常常不得不尽可能最大限度地减少成本,哪怕这种成本的减少是以文化的破坏为代价。于是,一旦文化有机会给当地带来一定的经济效益的时候,我们的干部这时候才发现当地的文化资源已经趋于消亡,后悔莫及。由此,我们在开发文化产业的同时,也应该加强相关研究,让文化资源受到当地政府的重视与保护。山西省的文化强省发展规划纲要里特别强调要整合建构强势人文学科,通过文化研究带动文化发展,非常值得广西学习和借鉴。广西不仅有丰富的研究资源,也有不错的教育基础、人才基础,同时还有出色的出版机构,有潜力成为一个文化研究的胜地。

(4)处理好不同市场的关系

广西居于中国向东南亚开放的窗口和门户位置,是国内地区和东盟各国的交流通道与枢纽。应充分挖掘这个特殊的中介地位,利用好国内和东南亚两地资源、两地市场,做大做强自身的文化产业。

首先,面向国内,努力打造区域文化产业基地。在广西的文化产业发展中,不应忽视广阔的国内市场,应加强发展文化产业,力求辐射更广泛地区,充分发展与周边地区,如云南、四川以及华南、华东地区的互动和合作。类似西部开发中的"南贵昆经济区",广西也可力争发展成为国内文化产业发展的新基地和汇聚地之一;成为国内其他市场通向东南亚的中介。当然,在此过程中,要处理好竞争与合作的关系。要与云南、四川等西南诸省形成良性竞争关系,同时它们又可以形成文化产业同盟,共同面向东南亚。其次,面向东南亚,重视文化的软力量。如果单从经济上考虑,鉴于目前东盟各国不平衡的经济、社会发展状况,许多国家仍属于发展中国家,因此它们对于文化产业的消费能力受到了很大的局限。但是,文化产业的意义还在于一种宣传、推介和提升作用;同时它对于国际关系、国家形象、区域形象等都具有极其重要的意义。最后,面向全球,通向更广阔的世界市场。如上所述,由于经济、社会等各方面的因素,东南亚市场在某种程度上是一个颇具局限性的市场,尤其是对文化产业而言。因此,东南亚是广西走向世界的一个中点。

(5)在规范中突出发展

在文化产业的发展中,广西区政府宜采取开发性管理的策略。即以促进发展为主,规范管制为辅,也就是"先发展,后规范"的管理。传统上,由于文化产业与意识形态、娱乐休闲有密切的关系,管理方式多倾向于规约式管理,管理观念比较保守。规约式管理重管制、轻发展,不利于新兴产业的发展。而要搞文化产业,开发性管理是非常重要的外部条件。湖南电视传媒的发展,就是开发性管理促进文化产业发展的突出例子。因此建议政府在确定大方向和重点发展项目之后,以服务、促进为主,管制、规范为辅,顺应市场化规律和原则,走出一条具有鲜明特色的文化产业发展之路。

3. 广西文化产业发展的重点建议

广西目前整体经济实力并不优厚,在发展文化产业方面需要先整合资源,选准主导项目,以重点项目打响品牌，为下一步的扩展奠定基础。配合上面提出的三步走的时间规划，我们认为，广西文化产业在近几年的发展重点是要走高端、国际化精品路线，以一个高起点带动下一步的发展。

我们建议选择以下几个产业类型，作为广西目前发展文化产业的重点突破口。

3.1 旅游

旅游业已经成为广西国民经济的支柱产业之一，对广西国民经济和社会的发展做出了积极的贡献。有关专题研究测算表明，2002年全国国际国内旅游业增长11.43%，高出国民经济总体增长速度3.43个百分点，相当于当年GDP的5.44%；广西2001年旅游业总收入增长18.47%，占全区当年GDP的9.15%。广西旅游业对GDP的贡献超过全国平均水平，正成为区内支柱产业。从旅游收入看，根据区统计局《2003年广西国民经济和社会发展统计公报》中的数据，2003年全年全区国际旅游收入10.97亿元，接待海外游客64.53万人次，国内旅游收入193.36亿元，接待国内旅游人数4 540.35万人次，在全国属中上游。

目前，全区对于旅游业都十分重视，期望值也相当高。但是目前广西旅游业的效益质量尚且不高。在旅游质量和旅游收入增长率方面，广西旅游业的效益和产值增长速度远低于国内平均水平。另外，由于旅游业对外部市场依赖性强，受"非典"等突发性事件影响收入波动较大。目前，全区旅游产品主要以喀斯特山水地貌景观为主体，历史文化类、民族风情类、会展商务类、滨海度假类产品不够成熟。从旅游功能和游览方式看，又主要以观光游览型为主，人文体验、休闲度假、会展商务等高消费旅游明显不足。单一的旅游产品结构不仅无法延长游客的停留时间，旅游消费上不去，旅游整体效益不高，而且越来越不适应市场需求日益多样化的趋势。因此，必须大力度调整优化全区旅游产品结构和游览方式，由单一的观光型向人文体验、休闲度假、会展商务、健康疗养、探险探奇、科普教育等方向发展，丰富旅游内涵，拓展消费层面，实现全区旅游由数量型增长向效益型发展。

（1）高端路线

根据全区旅游产品现状，与我们的三步走战略相配合，首先，要走高端路线，突出开发国际一流的休闲体验产品、会展商务产品，上档次，上规模，以此增加旅游消费。其次，进一步发挥优良的自然生态环境和优美的山水景观资源以及浓郁的民族风情，着力改造提高现有的山水景观项目内涵，挖掘民族风情文化，开发一批生态型、独具特色的民族旅游项目；再次，进一步加快旅游基础设施建设，认真研究实施重点旅游线路的大交通网络，要使全区航空、铁路、公路、航运和海港建设有突破性进展，初步架起大西南通向东南亚的水陆空立体化的现代化交通网络。发挥广西地域优势，成为连接东西旅游、南来北往旅游的交通枢纽。最后，加强旅游产业配套设施建设，使旅游产业在空间上景区、景点及其配套的服务设施通过道路或其他的线路连接起来，使之形成一个人流、物流、能量流和信息流的有机整体，从而使系统的功能能够有效地发挥。要使旅游地及其子系统能保障旅游者行、住、食、游、购、娱等各要素的高效组合，形成一个合理化网络，以便旅游地系统在空间流程上通畅，能够高效率地运营。

同时，要格外注意考虑高端消费人群的旅游消费喜好。团体旅游固然是目前市场的主流，但是自助游、自驾车已经成为更时尚、更具潜力的旅游方式。旅游业经营者也应在跟随式服务之外，开辟信息服务、散点式服务、个性化服务体系，让这些有钱、有闲、有个性的"散兵游勇"同样成为自己的固定消费者。例如，为自驾车游客提供线路导引、紧急支援、加油站休闲餐饮区、景区停车管理、汽车旅馆等服务；为背包自助游游客提供民居体验住宿、野外生存器具租借服务，以及咖啡厅、酒吧等休闲娱乐场所，等等。

（2）品牌战略

特色和差异是构成旅游产品吸引力和竞争力的根本要素。增强旅游产品的竞争力，首先要集中力量狠抓特色旅游精品建设。国内外旅游业日趋激烈竞争的焦点在于是否拥有一批具有很高奇特度、强烈震撼力、永久吸引力和区域垄断力的旅游精品。要在未来竞争中立于不败之地，就必须按照规模化、高级化、垄断化的要求，整合开发几个能作为全区旅游业竞争制胜主体支撑的旅游极品。除了以桂林漓江为主体的桂林山水外，应打破行政区划界限，在高品位特色旅游资源比较集中的区域，围绕1～2个主题，实施"板块式"集约开发和整合提升；或以线路为纽带，以1～2个特定主题为纲领，将沿线的若干特色景区串联组合提升，使之成为一个整体，打造品牌，实现整合包装。

自治区主席陆兵在2004年政府工作报告中指出要整合旅游资源，加快桂林国际旅游城市和德天瀑布旅游区、百色大石围天坑群探险度假区、金秀大瑶山生态民俗文化旅游区、北部湾滨海旅游区、桂东历史文化名胜自然生态旅游区等建设，打造旅游品牌。大力引进区内外企业参与旅游线路、景区景点的开发建设。加快与东南亚旅游市场的对接，构筑广西—东盟大旅游网络体系，提高旅游业国际化和市场化水平。大力发展商贸、餐饮等传统服务业。运用现代营销方式和服务技术，进一步提高商贸业经营水平。这些思路都是值得拓展的。

广西旅游观光精品项目在以下几个方面有可能取得突破。一是全国独有的特色节庆，有潜力的候选项目如：柳州民间艺术节、北海海洋文化节、边关少数民族风情游。二是主题公园，如桂林雕塑公园。另外，在桂林和北海都可以设计出精品的主题公园。而南宁利用召开东盟博览会的契机，也可以建设一个国家级甚至世界级的东盟博览会主题公园。三是历史文化遗产，桂林王城、碑林等历史文化资源进行精心包装后，可以申报联合国教科文组织的"历史文化遗产"，建成世界知名的历史文化胜地。

在民族特色上，要在以广西为主或唯广西独有的民族文化上做文章，如漓江水系、红水河水系、中越边境、北部湾海上风情等。在非少数民族文化旅游方面应着重推出百色起义、太平天国起义、桂系集团演义这样一些具有重要的历史和现实意义的文化旅游。在景点的开发与建设方面，注意前期论证，保证每一个项目都是精品。总之，重点推广的品牌一定要做到"人无我有，人有我优"。

（3）特色战略

旅游业一直是南宁文化产业的传统项目，但如果没有创新，对于广西旅游业来说，也许已缺少进一步的增长空间。所以，应以丰富的自然风光、民俗风情为基础，加强进一步的开拓、挖掘。

在总体经济实力尚不够强大的情况下，广西的旅游业发展适合走特色路线，争取以小投入带动大发展。恰好，独特的地理风貌、民族风情也正是广西的优势所在。广西可以重点围绕前文提到的水系文脉、边境风情来开发特色旅游产品。

在富有民族风情的红水河流域，可供开发的特色文化资源包括：铜鼓艺术、喀斯特地貌风景、新石器时代遗址、红河奇石、红河垂钓、长寿食品、裸浴习俗、民歌风俗、革命遗址等。比如，裸浴习俗的开发。在红水河流域的巴马、天峨等地都有裸浴的习俗，有些研究表明这一习俗对于当地人的长寿也有帮助。在国外有很著名的天体浴场，但在中国还没有。像红水河流域的这种裸浴习俗，既可以填补国内的空白，又具有区别于西方天体浴场的神秘特色，有很大的市场潜力。

在碧海银滩的环北部湾港口，可供开发的特色文化资源包括：海滨休闲娱乐、火山岛、珊瑚礁、红树林等海景奇观，以及海鲜美食，老街风情等。在海洋风情项目的开发与经营方面，注意保证安全与服务的优质，让这些城市真正成为最适宜人类居住的地方。在老街、文物的开发与经营方面，要着力打造声势。北海市的珠海路是有100多年历史的老街，被历史学家和建筑学家们誉为"近现代建筑年鉴"。著名作家舒乙认为，珠海路和新加坡国宝级的老街一模一样，值得好好保护。英国建筑专家白瑞德认为，珠海路的历史文化价值，不但对北海有意义，而且对华南地区、全中国，乃至全世界都有意义。但是，现在珠海路即使在国内也尚不具备知名度。如果一方面参考阳朔的发展模式，一方面参考泉州近几年的宣传方式，将类似的老街从历史、文化的角度加以包装和推介，必将获得良好的收效。

边境游也将成为广西旅游的特色项目之一。目前，东兴口岸出入境人数在全国陆路边境口岸中排位遥遥领先，2004年前9个月出入境人数已超过210万人次，年内将超过270人次，创历史新高。东兴也是中越边境线上出入境人数最多的口岸，占到出入境总人数的70%以上。中国游客通过东兴口岸出境可以游览越南芒街、被列为世界自然遗产的下龙湾、越南北方的"海上门户"海防市和越南首都河内市。将广西与越南及其他东南亚国家的旅游项目联合开发，将广西建成中国人东南亚旅游和东南亚人中国游的必经之地，既有利于广西旅游业的发展，也有利于巩固和提升广西在中国—东盟合作组织中的枢纽地位。

（4）多渠道融资

用改革开放思想及西部大开发的政策和"入世"有关规则指导各项工作，排除各种障碍和束缚，改革过时体制，有计划、有步骤地在旅游饭店业、娱乐业、旅游资源开发以及旅游交通、旅行社等各个方面全方位向国内外开放。进一步解放思想，改善投资环境，尽快建立推进旅游资源和产品开发的市场机制，加大项目包装和招商引资力度，大力吸引外资、内资和社会资金参与旅游资源和产品的开发，形成旅游投资主体和投资方式多元化格局。国务院明确规定西部大开发，先以BOT、TOT方式利用外资进行试点，在融资、上市股票、产业资金、风险投资、改善环境、沿海和边境开放、产业联动、多层次协调机制、扶贫开发、少数民族地区等优惠政策方面，都要用好用足。坚持"谁投资、谁受益"的原则，培育多元化投资主体。鼓励社会各方面力量投资开发和合资开发旅游景区景点，建设旅游接待设施，研制、开发、生产、销售旅游商品。兴办合资旅行社，鼓励外商在旅游度假区内兴办外商投资旅游企业；对旅游基础设施建设、资源开发、商品开发给予倾斜性财税政策。做好旅游国债项目申报工作，争取最大限度的国债资金填补旅游资金的不足；尽快争取以BOT、TOT方式进行外资的引进。同时，争取国际金融组织和外国政府的支持；引进股份，组建旅游股份企业，并上市融资；推行股份合作制，通过民间筹资入股和以工顶资、以工折股等方式开发旅游项目；把旅游扶贫与民族贫困地区旅游开发结合起来，各级政府适当贷款贴息扶持当地旅游基础设施建设。

（5）开发相关文化产品

在旅游业的发展中，我们可以大力发展各类具有文化含量的产品的生产、创新和交易活动。伴随着城市人口的流动、商贸活动的频繁，文化类产品也将获得一个更具潜力的市场。

在文化产品的发展上，应避免一般低层次产品的泛滥（目前，全国各地的旅游纪念品大都缺乏地方特色），而提供有本地特色，有竞争力的文化产品。广西在这方面应当说具有很好的发展基础，如壮锦、瑶族瓠酒等，都具有很好的开发潜力和市场前景。再比如长寿食品的开发。巴马被誉为世界第五长寿之乡，这里的自然环境、饮食生活习惯都引起世界级的关注。可充分发掘这一资源，除了在当地开发体验旅游项目外，还可以生产、销售、出口长寿食品。基于南南合作的格局，在一般贸易中，许多"中国制造"产品已陷入困境，如中国制造家电产品的一般劣势是：发达国家已抢占市场，行业进入门槛高，我国的产品在质量、价格、售后服务等方面，都尚未具备足够的竞争力。那么，我们也许可以利用独特的文化类产品来打开局面。

对此，应从源头和市场推广两方面着手。在生产源头上，目前许多民族手工产品处于衰落的境地。其表现为产量少，质量也不高；仅仅简单延续上代的手艺而缺乏创新和改进，有的甚至缺乏继承而处于逐渐失传的境地；也有的已在现代化的工业生产中发生变异，而未能很好地承袭传统的精髓。对此，应该进行一定的调查研究，处理好继承和发展的问题，使其在提高生产效率的同时保持原有的特有价值。而在市场销售上，也应注意营销和推广，树立品牌意识，大力开拓潜在市场。另外，还应使产品的文化含量得到最充分的体现，使其对广西的整体文化产业产生积极的宣传效应。政府对于文化产品的发展，可给予一定的优惠、鼓励政策。

文化类产品将与旅游业、会展业等其他文化产业联合互动，提高整个产业的增加值，创造出更多的效益。

3.2 出版

相对于本区文化产业总体发展状况，以及与其他周边省区相比，广西出版业的实力和活力都非常突出。2002年，全年出版图书3 000种，其中新版约1 800种。现有图书出版社8家。现有报纸71种，其中高校校报17种，党报15种，党报下属子报9种。期刊共183种。音像出版社共 6 家，其中 2 家可基本维持经营，另 4 家状况较差，处于惨淡经营和挣扎之中。2002 年，实行局社分家，成立出版总社。6 家直属出版社的一般图书销售收入为 1.43 亿元，营业利润 848 万元，分别比上年增长 72.2% 和 184.56%。其中，一般图书的销售收入占总收入的比例达到 44.6%。广西师大出版社属于教育归口，不在总社之列，走内涵式的集团化发展道路。发行集团现正在筹备之中。

2003 年，全区出版发行网点数达到 4 917 家。其中，民营网点发展迅速，目前有 600～800 家，但尚未形成规模。相对于该区总体发展状况，以及与其他周边省区相比，广西出版业的实力和活力都非常突出，其中，接力出版社和广西师大出版社的发展在全国令人瞩目。广西师大出版社近几年发展迅猛，其社科类图书已形成一定的规模和特色，接力出版社在畅销书领域声名鹊起，尤其是其少儿类读物，更是表现不俗。人民和教育两大出版社也有可圈点之处。广西拥有不少出版界名人，在体制与机制上大胆创新，尤其是在异地分支机构的运作和管理上，更多地具备了市场化的内涵，形成了所谓的出版业"广西现象"。

在音像出版方面，从录音作品出版看，2002 年全国共出版录音带 8 598 种，19 662.4 万盒，广西出版 72 种，55.6 万盒；全国出版激光唱盘 3 691 种，2 916 万张，广西出版 57 种，18.4 万张；全国出版高密度激光唱盘 7 种，0.4 万张，广西在该领域仍为空白；从录像作品出版看，2002 年全国出版录像带 663 种，43 万盒，广西出版 1 种，0.1 万盒；数码激光视盘 11 766 种，19 992 万张，广西出版 72 种，611.9 万张；全国出版高密度激光视盘 1 147 种，1 808.7 万张。

总体上看，目前广西出版业在全国居中上水平，存有较大的发展空间。同时，广西拥有丰富的旅游、民俗等资源，这是出版业的强大后盾，也是出版业的一大生长基点。

广西出版业发展的劣势，一是在于其市场尤其是本地市场培育不足；二是总体的经济和文化发展层次不高，这在很大程度上制约了出版业的发展；三是存在一定的两极分化现象，具有亮点，但同时也存在着一大批经营不善的出版单位，尤其是一些音像出版社。

基于此，我们的建议如下：

（1）打造国际品牌

基于广西具有西南沿海沿边的区位优势，发展以境外受众为目标的出版物具有独特优势。一方面，与前所述的走高端策略相结合，这些出版物可直接创造出经济效益；另一方面，也是很好的对外沟通交流的窗口。可充分发挥这些出版物的媒体宣传优势，加强对广西的公关、营销力度，增强国际竞争力，使广西得以以一种更新的形象走向世界。同时，也有利于提升广西的投资环境，吸引境外、区外的多种资源。这将与培养阅读社会的策略那样，从软环境因素的角度，大大促进广西文化产业乃至社会的总体发展。

比如，可继续发展《沿海时报》《海外星云》等报刊，同时利用南博会的机遇，重点打造几个深具国际影响力的报纸和期刊。图书方面，借鉴广西图书出版社成功走向全国的成熟经验，利用广西万达版权代理公司的资源优势，在此基础上鼓励有实力的出版机构进一步走出去实现

"全球组稿",使全球资源直接服务于广西的原创出版。

利用本地资源,如阳朔西街、愚自乐园,建立广西"原创孵化园",将全国乃至于全世界的新老内容创造者引进来。吸引全球范围内的创作名流作客孵化园,签约广西出版机构,这些名流具有媒体联动效应。同时,孵化园也是新作者的成长地,对大量新人的发掘将成为出版业长期发展的核心竞争力。这一孵化基地同样可以品牌化运作,做成全国甚至全球的知名品牌,不仅可以孵化优秀的出版物,还可以成为读者们的朝圣之地,带动旅游业发展。

(2)以图书出版带动音像出版

目前广西的图书出版做得比较出色,但是音像出版却处于劣势。其实广西有丰富的内容资源,缺乏的是市场化运作,因此可以将音像出版归并到优秀的图书出版社,以图书出版的经验和品牌优势带动音像出版的发展。

广西发展音像业的第一步重点可以选择音乐,尤其是新民乐。目前,国内流行乐坛以北京和广州为两大重镇,其中,北京的影响力和地位尤其重要,广西在这方面不具有优势。但在民乐方面,广西则是当之无愧的沃土。每年举办的广西国际民歌节已经打出一定知名度。刘三姐故事的广泛流传、少数民族的能歌善舞都是广西发展民乐的丰富资源。据《穿越红水河》一书的记录,广西巴马地区群众特别喜爱山歌,客观上形成了一个具有商品经济意义的市场。县城里一个个体老板,就用一种原始而低成本的方式——付给一定的报酬,专门邀请男女歌手进行对歌,录音后进行转录,然后将录好的磁带在市场上销售。这说明民歌的生产在当地既有资源也有市场,可以用更规范的商业模式来运作。

而新民乐恰好又是当今国际乐坛的一股新兴潮流。中国的"女子十二乐坊"红透日本,阿里郎、容中甲尔之类的少数民族风格的歌手也在国内流行乐坛占据相当地位,可见新民乐是大有可为的,重要的是选择合适的运营方式。现在做音乐产业不是单纯地做出版发行,而应该是从音乐活动的举办、音乐电视节目的制作到艺人的包装推广一条龙,要让民乐时尚化,让广西成为中国新民乐的摇篮。

广西师大出版社在国内艺术类书籍出版方面已经确立一定地位,可以借助其优势,联合一些音乐产业方面的优秀力量,推出图书和音像的立体出版,同时推出关于民乐的畅销书、民乐民歌的精品专辑。进一步可以考虑出版民乐、民俗风情类杂志、刊物。这一系列的出版都应该先走高端路线、精品路线,确立品牌。所以在选择合作伙伴时可以优先考虑外资,以便于国际推广和学习、借鉴国外在音乐产业方面的先进经验。

(3)发展具有延展性的出版产品

广西具有天然的以资源带动内容工业,以至于连动其他产业并发的优势。以期刊为例,可利用利于植被生长的亚热带气候以及相关的资源优势,开发"园艺"类杂志。目前这类杂志在国际市场发展良好,在国内市场也具有开发潜力,并且同类刊物的竞争较小。可从B2B及B2C层面挖掘此类期刊的潜力,同时力求以一刊带动多产——即以该刊带动广西内容出版业、园艺业、旅游业、会展业等多行业的发展。

开发核心品牌产品，挖掘增加值，是整个出版业发展的重点。对于图书和音像类产品，因其缺乏期刊的连续性，因此能否发挥出规模效应的关键在于，是否找得到价值链上能得到有效延伸的品牌产品，从而利用该产品的品牌优势，延伸到其他的多种媒体形式上，以至会展、主题公园以及第三方产品贴签的版权许可，等等。

（4）合纵连横

广西出版业的总体发展状况较好，但存在一定的两极分化现象。在各种资源有限的前提下，可以通过合并、联合等方式凝聚、提升核心竞争力。

在书刊业，有一批已颇具规模的出版单位，发展势头很好。应尽力整合资源，探索发挥规模效益的途径，避免让发展较差的出版机构成为阻碍。如对于组建的出版总社，可确立内涵式发展的模式，切实让总社的组建发挥效应而不仅仅是表层的联合。同时，进一步释放制度活力，增强出版机构作为市场主体的竞争活力。积极鼓励社会资本参与，特别是民营资本的参与。

对于音像业，前面提到，可以考虑将没有资金和思路的音像出版社并入其他已有跨媒体发展思路的出版机构。以多媒体集团化发展的道路，从深度和广度的层面加强对资源的整合与开发。

对于报业，其发展在很大程度上取决于地方市场，因此，地方经济的发展是报业发展的方向标。对于广西报业发展的总体思路是，依靠地方经济拉动，走一定程度的自然发展式道路。一方面，做好重点报纸，比如，《广西日报》及其下属子报（其中《南国早报》市场化程度较好），以巩固本地市场；另一方面，也应更大胆地加强与区外实力媒体集团的合作。比如，可尝试与广东的报业集团横向联合，整合两地报业资源，从而带动广西报业的发展。

（5）新的市场

具体而言，随着中国—东盟自由贸易区建设步伐的加快和中国—东盟博览会的召开，广西的桥头堡地位将逐步显现。由此，该地区的人口特征也将随之而发生变化。对于出版业而言，也就意味着新的目标受众群的出现。这些尚未被覆盖，或者说媒体需求尚未充分满足的群体，必将催生出新的出版物，也将可能形成一个新的出版市场。比如，日益庞大成型的外来人口群体对财经商贸信息的更多需求，新兴的更具消费能力的高端群体对更多的现代时尚消费需求、更多国际性政治文化信息的需求，等等。而随之而来的巨大的多元化的人流、物流、资金流、技术流和信息流等，也必将给这个产业带来无限机遇。

总体上，应加强与东南亚国家的交流和合作，使各类信息资源在我国与东南亚地区间更好地流通、分享。更深层上说，出版业或者说传媒业，也需要我们共同应对西方的话语权控制。

3.3 会展

20世纪90年代以来，南宁国际学生用品交易会、桂林国际环境博览会、博鳌亚洲旅游论坛（中国 桂林）等大型展会的举办，让广西人感受到会展经济强劲的冲击力。现在，中国—东盟博览会落户南宁，桂林国际会展中心、东兴国际会展中心和南宁国际会展中心相继落成并投入使用，这一系列信息表明，发展会展经济的重大机遇正在降临广西。

在经济全球化的推动下，会展经济在经济中的重要性日益凸显，对各国或地区间的贸易往来、技术交流、信息沟通、经济合作等具有重要的作用。据计算，会展业的利润率大约为20%～25%，属高盈利行业。一次大型会展可创造上亿元的直接收益和十几亿甚至上百亿元的间接收益，会展业对一国或一个地区经济发展的"带动系数"最低为1∶5，最高为1∶9；每千平方米的展览面积，可创造100个就业机会。

但是，据中国展览馆协会理事长梁文先生评估，广西的展览业尚位于全国的第三层次。广西的劣势主要表现在专业人才、专业队伍的稀缺。目前，北京注册的展览公司有2 000多家，而南宁还没有一家。首届南博会的人才招聘则遭遇了条件适合的应聘者非常少的情况。

（1）建立会展业人才培训基地

会展业在国外已经是一个较成熟的产业，它要求从业人员有较高的综合能力和较丰富的工作经验。复旦大学中国经济研究中心主任石磊教授曾指出：一名合格、成功的会展人才应该具备营销、广告、公关、金融、外语、文案设计等多方面的能力。同时还应该积极主动地尽量拓宽自己就职的领域，多接触各种人和事物、扩展视野、积累经验，等等。而在我国，它还是一个新兴的朝阳产业，人们对它还很陌生，目前还没有任何高校开设与会展相关的专业，只有上海、北京等地的几所高校开设了会展的培训班。在亚洲只有新加坡学校开设了相关的专业，香港、澳门等地的会展人员均是先到新加坡培训后才上岗的。

2004年6月26日，由自治区人事厅和中国展览协会联合主办的"中国—东盟博览会会展实务"系列讲座在南宁正式开讲。下一步，广西应该吸引和培养更多的专业人才。可以考虑借助南博会的机遇，与新加坡合作，在广西建成一个会展业的人才培训基地，以填补国内空白。

（2）注重相关产业的带动效应

展馆的建设是一个长线投资，不能与建饭店、酒楼相比。目前，国内很多新建的展览馆利用率在10%左右，这么低的利用率不可能盈利。政府应看重的是，通过召开展览会，在拉动其他行业增收的同时，会给当地带来的税收收入、提供就业岗位等。同时，这些配套产业的发展对于会展的成功举办也是至关重要的。如何让客户、观众在广西消费更多，而且消费愉快，对广西留下美好印象，是举办方必须思考的问题。

会展业最直接相关的是广告业。一次成功的会展离不开好的广告策划和推广，广西本地的广告业尚不够发达，难以承担国际会展项目，因此目前广西应大力吸引和培养优秀人才。

会展业还关联到休闲娱乐业、旅游业。其中餐饮、住宿、休闲娱乐的设施应该卫生、高雅，文化表演、旅游观光的项目应该能充分展现广西的特色风情。这些产业都可以提供大量就业机会，应该充分发展。

此外，网络服务业、信息服务业也与会展业密切相关。以会展为主题，提供商务信息，具有电子商务功能的网站平台值得大力建设。关于大型会展的新闻报道则有可能使广西的新闻媒体走向国际。媒体还可以利用此机遇建成数据库，开展信息咨询业务。

各种文化产业都可以利用会展平台进行交易，促进产业发展。例如，影视节目、旅游项目、民俗文化、特产等的交易。

（3）分散布局，强弱搭配

目前，广西的大型会展主要集中在南宁和桂林。会展业需要人气，有规模效应，在初始阶段选择南宁、桂林这样经济基础较好、国际知名度较高的大城市是必然的。2000年，广西抓住第九届"中国金鸡百花电影艺术节"在南宁举行的时机，将民歌节、电影节及广西投资贸易洽谈会同时举行。据了解，"两节一会"期间，广西不仅吸引了国内企业和商人的参加，连世界500强中的7家大企业也前来助兴，这不仅为广西吸引到上百亿的投资额，更是让广西"闪亮"了一回。

但是，随着广西开发出越来越多的会展项目，一些项目已经打出一定知名度之后，就可以开始考虑分散布局，缓解大城市建设过快的压力，带动更多地区的发展，促进广西整体实力的提高。广西国际民歌节从固定在南宁转变为在各城市流动举行就是一个好动作。其他各种会展也可以根据内容特色选择合适的举办地点，如旅游业的会展放在桂林，国际商贸类会展放在南宁，国内商贸类会展放在柳州，边贸类会展放在东兴，等等。

在会展时间的确定上，可以选择旅游淡季，弥补淡季人流不足的缺失。我们在北海调研时发现，冬季，北海的大量酒店客房闲置，餐馆停业，各种旅游相关产业都呈现萧条景象，是很大的资源浪费。如果借助会展业，制造大型活动，将淡季变旺季，对于当地经济发展将是很大的促动。

（4）把关质量，打造精品

南宁已经俨然形成一股会展热潮。仅2004年10月、11月两个月，就先后有第二届全国少数民族曲艺展、南宁第五届美食节、中国—东盟博览会、中国—东盟商务与投资峰会及2004年南宁国际民歌艺术节等一系列展演、会议的举办。

在这一系列盛事中原本还应有一项，就是原定于10月10日至17日在南宁国际会展中心举办的"2004中国（南宁）国际汽车展览会"。按照原计划，这次车展应是西南地区有史以来级别最高的一次车展。其成功举办既可以获得丰厚的商业利润，又可以提升南宁的城市影响力和地位，为东盟博览会的举办热身。但这一展览14日草草收场，不仅令一批参展商和买了票的观众非常不满，更给南宁的会展业乃至南宁市的信誉抹了黑。

造成这一事件的原因是多方面的，其中非常关键的是对于主办方的能力与资格没有进行严格审查，在合同履行方面也欠缺有力的保障措施。这反映了广西会展业有欠成熟稳重的地方。广西的旅游业提出要打放心牌，在会展业同样应贯彻这一理念。国内的会展业目前整体都处于不完善的起步阶段。南宁应该把握住这一机遇，从一开始就把好质量关，在会展业树立广西声誉。

首先，要完善立法体系，加强执法力度和司法监督效力。同时，要加强行业自律，通过组建行业协会，引导行业自我规范。对每一个会展项目，从立项开始，在每一步都严格审核，保证广西的每一场会展都是优质产品。

(5) 南博会带来的契机

南博会的召开，无疑将为广西的会展业注入新的活力，带动广西会展业进入一个新的发展阶段。应打好南博会这张牌，使广西会展经济走向国际化。

作为一个具有枢纽地位的城市，尤其是作为南博会的开办城市，以及其他各方面因素的考虑，南宁具有发展成为一个多元化、国际"会展城市"的潜力。除了一般性的商贸经济类博览会，应积极开发各种类型的偏重文化类的会展。

据2004年1月份的粗略考察，南宁开展会展业的展馆设施较好，尤其是新建的国际展览馆，无论从周边环境还是硬件设施等方面看，都比较理想。但南宁的实力和魅力离国际化都市的差距仍有很大距离。要成功举办国际性博览会，需要有完善的基础设施、先进发达的通信设备与信息网络。显然，南宁在这些硬件上还有待进一步完善。南宁会展场馆资源总体规模偏小；产业基础薄弱、经济总体实力不强；经济辐射能力小，尚未发展成区域性的商业和金融中心。这些因素都在一定程度上影响了"南博会"的吸引力。尤其在软件方面，即会展的经营管理上急待提升。主要是在会展内容、类型、参展单位的层次等方面，都还远远达不到国际性会展的要求。

我们应和东南亚各国商会之间建立更为广泛、密切、长期的合作关系，可共同举办促进经贸合作的研讨会、展销会、洽谈会、招商会、论坛，为企业广开通商之路。应经常、及时地为其会员企业提供商务信息，为企业提供中介服务。同时，加强对东南亚国家的调查研究。只有深入了解东盟各国，了解各国社会的方方面面，才能更好地融入东盟自由贸易区，更好地使广西的文化产业走向东南亚。除官方交流外，可大力支持各类丰富多彩的民间交流。民间交流常常具有许多独特的优势，不仅能促进各类交流活动的兴盛，也将大大促进我国与东南亚友好关系的发展。另外，建议聘请专业会展公司进行策划，进行整体形象设计，以使首届南博会能够一炮而红，为后续会展打好品牌基础。在博览会期间，除了常规博览会的商品展览、展销会、项目投资洽谈会、合作项目签约活动以外，还可以有专题论坛、学术交流和开展有着浓郁的东南亚文化色彩的各种文化娱乐活动，以及相关的宣传展示活动，比如，各类文化节、艺术节、民族歌舞、手艺展示、美食节、宣传影片以及群众活动等。

3.4 演出

广西的文化演出业整体水平不高。根据2003年度的统计数据，全广西仅有文化艺术经纪与代理机构29家，净利润为-53.8万元。剧团习惯了国家的供养而缺少发展的动力，群众还没有养成花钱看演出的习惯，剧院年久失修、改作他用，演出设备陈旧。这些都在制约着演出业的健康发展。但是，演出业其实是非常具有拉动效应的产业类型。演出是体现民族文化、地域文化的最佳途径之一，同时也具备很好的产业化特征，可以对平行行业进行优势整合。以演出业为中心，可以整合和带动娱乐业、培训业、旅游业、会展业、出版业、影视业等相关行业的发展，同时，也可以促进文化衍生产品的发展。

广西的演出业也不乏成功的案例。以桂林为例，依托著名国际旅游名城和历史文化名城的优势，大力发展旅游演出业，引进外资和民营资本，由北京、香港、台湾和桂林当地的商家兴办旅游演出场所，建立了以漓江剧院、春天剧场等专业演出为龙头、以刘三姐景观园、梦幻漓江等长年民俗旅游为演出点，全年共收入 757 万元，观众达 430 867 人次，演出场次 3 792 场。除在广西本地和兄弟省市参与商业演出外，广西文化艺术团体还加大了对外交流力度，到 28 个国家及中国港澳台地区进行文化交流活动，将少数民族服饰表演、歌舞杂技、地方剧种等推向中国香港、韩国、日本、越南等国家和地区，并为捷克、越南等国家的艺术团体编排剧目、培训演员，提升了交流的层次和质量，传播了民族文化，也创造了经济效益。

2003 年 10 月 1 日正式公演大型山水实景演出《印象·刘三姐》。这一演出运用政府扶持、市场主导、企业运作的新机制，融资顺畅。在具体项目实施中，走精品路线，汇集了国内最强大的创作队伍，名人效应与品质兼具，让桂林山水的自然美与演出相互辉映。运营方还注重把演出作为龙头项目，带动其他项目的开发、升值。旅游观光、房地产、音像出版、餐饮娱乐、艺术培训等产业都在此演出的带动下发展起来，形成"印象经济"。广西优美丰富的自然风光、悠久的历史文化传统、少数民族的能歌善舞，都为发展演出业提供了基础条件。旅游业、会展业的发展也为演出业提供了新机遇。演出业将成为广西文化产业的新秀。

（1）建立"中心—外围"的产业结构

建议广西的文化演出业形成"中心—外围"产业结构和产业链。首先，可以确立一个以演出业为中心的文化产业圈。居于中心的演出业包括日常文艺演出、节庆专门特色演出、历史文化礼仪和旅游区特色项目演出；居于外围的演出业包括艺术培训业、娱乐业、音像发行业和文物、艺术品及其衍生产品业，它们都是演出业的支撑或延伸；居于更外围的是旅游业和信息产业。

同时，在文化演出业内部，形成以几个类似《印象·刘三姐》的大型精品演出项目为中心，以大量中小型日常文艺演出、民俗历史文化演出、旅游区特色演出为外围的结构。《印象·刘三姐》的经验值得继续挖掘、深化，但是不宜大面积推广。一则因为项目规模浩大，二则因为同类重复建设容易丧失特色，减损品牌魅力。可以挖掘其他演出产品，满足中低端市场需求，让文化演出覆盖到各种不同的消费水平。

（2）重视对外交流

广西对于文化演出的对外交流已经有所重视。除了各种政府推行的交流活动之外，桂林市演出公司将桂林的少数民族服饰表演和歌舞杂技节目推向中国香港、韩国、越南等国家和地区，每年演出近 700 场，取得了良好的经济效益。2002 年，广西交响民乐团首次跨出国门赴越南演出，《妈勒访天边》剧目首次在香港地区有偿转让，广西木偶剧团应邀为捷克木偶剧团创编剧目及辅导排教，广西杂技团为越南培训演员，都实现了零的突破。

在下一步的发展中，广西应该继续加强对外交流，尤其应加强业务性合作，不仅要介绍和推广广西丰富的民族文化，也要实现经济创收。因此，在演出内容方面，宜结合市场编排特色鲜明、适销对路的剧目；在融资方面，宜联合外资、民营资本，以方便开拓市场。

南宁国际民歌艺术节、南博会等国际级大型会展的举办，都为广西演出业的对外交流提供了良好平台。演出业可以利用这些平台，进行节目交易，为自己开拓市场。

（3）重视演出业与广电影视业的互动

演出业可以将实景演出、场馆演出、录制演出相结合，全方位挖掘市场潜力。它与广电影视业的互动，表现为演出业可以通过录制广播、电视节目来宣传、推广自己，演出单位还可以通过参与电视剧、电影的拍摄，扩大自己的知名度和品牌地位；而广电节目、影视制作单位也可以借此吸引受众，增加商业效益。

广西的广电影视业目前发展较为迟滞，电台、电视台缺乏代表性节目，电影制片厂则陷于无以为继的困境。通过与演出业、旅游业的互动合作，也许可以为它们带来新的突破。

3.5 广电

广西的广电影视业目前发展较为迟滞，电台、电视台缺乏代表性节目，电影制片厂则陷于无以为继的困境，而这些真正具有全民影响力的领域，如果在短时间内没有突破，不能形成地域优势是一件非常可惜的事情。幸运的是与其他需要长期积累的产业不同，在广电领域，一两个项目，或者一两个观念的转变就可能带来质的变化。

（1）电影业另辟蹊径

在电影制作方面，今年两部国产纪录片取得了不错的票房成绩，一部是以云南民风为内容的《茶马古道》，一部是以西藏风情为内容的《布达拉宫》。这两部影片的成功一定意义上启示了国内电影制作业发展的新契机。广西电影制片厂也可以借鉴此思路，与演出业合作，将刘三姐这样的优秀节目搬上银幕，演出公司可以借此扩大自己的影响力，制片厂也可以为自己打一个翻身仗。而最终受利的则是广西全区，因为一部影片而树立一个地区的形象，这样的案例并不少见。

此外，名不见经传的、以前远远落后于广西电影制片厂的山西电影制片厂这两年凭借《暖春》等影片走出了中国电影盈利的第三条道路，成为广电总局领导交口称赞的对象，也为困境中的电影制片厂找到了出路。这条道路区别于张艺谋《英雄》的大制作模式，区别于冯小刚的贺岁片模式，为弱小的电影制作方找到了盈利模式，这种模式我们可以初步称为情感模式，它利用最近几年社会文化中人们对情感共鸣的需求，目标对准有闲有钱的中老年电影观众，低成本打造可以赚取观众眼泪的电影（如同当年台湾电影《妈妈再爱我一次》），放在上午或者下午的非黄金时间放映，通过低廉的票价吸引观众，达到了盈利的目的。这种模式可能声势不大，但是利润率远远高于前两种模式。广西电影制造业可以借鉴这种类似于分众的方式，放弃"主流"的青年电影受众，寻找新的电影市场，例如，儿童电影、农村电影、让露天电影、包场电影重新在广西回归，或者也走情感电影的模式，这些都未尝不可。

（2）电视业办出地方特色

现在地方电视台发展的两大瓶颈是节目缺乏竞争力和当地有限的广告市场，这是电视业发展的两个不同的阶段，对于广西的广电产业来说，目前还处在节目缺乏竞争力的阶段。从总体思路上来讲，要发展广西的电视产业首先要做的是坚定不移地为上星台和地面台制订不同的发展目标，因为太多的电视台在摇摆不定中失去了快速发展的时机。

对于上星台而言，广西卫视必须要在众多的省级卫视当中树立自己的特色，西部很多频道都采取同东部发达地区一些公司合作的方式，但是如果不解决频道定位的问题，不在全国观众中形成品牌和口碑，最后的结局只有失败。或许广西卫视可以选择这样几个方向进行探讨：一是把广西卫视定位成"风情频道"，以展现包括广西在内的全国各地、世界各地的风俗民情、各类活动、逸闻趣事、风情剧场，等等；二是把广西卫视定位成"情感频道"，讨论不同年龄、各种各样的情感话题，推出一些可以和观众贴心的主持人，并且推出情感剧场和情感影院；三是把广西卫视定位成"东盟频道"，与东盟各主要电视机构成立合作体，交换节目、新闻、影视剧，成为向东盟宣传中国，向中国介绍东盟的区域性国际频道。

对于非上星台而言，这些年很多地方台已经做出了有益的尝试，并且取得了丰硕的成果，例如，江苏的《南京零距离》、浙江的《阿六头说新闻》，以及湖南经济电视台等，它们的成功都归因于紧紧贴住了当地的老百姓，让镜头天天在老百姓身边晃悠，是新闻贴近性原理的生动写照，也是"三贴近"的具体落实，而这一点是其他外来的任何势力都无法比拟的。完成了这一步，广西的电视业就会逐步从节目缺乏竞争力的阶段走向第二个阶段，而要拓展当地有限的广告市场，就只能依靠整体经济实力的提升和整体经济环境的改善。

（3）广播业力捧名嘴

现在一提广播，大家都说北京交通台，它在全国无出其右的业绩和在北京地区的影响力简直让人瞠目结舌，但是它的发展和北京200多万辆机动车分不开，这是其他地区所无法比拟的，但总有一些共性的东西可以参考。在这些共性当中，除了开发短信平台以外，最重要的就是培养名嘴，利用名嘴的个人魅力把听众和客户吸引到收音机前。在广西地区这些名嘴可以通过选拔产生，不要拘泥于普通话的好坏，而是把感染力放在第一位，使广播成为以人为品牌的事业。

数字电视内容规划及管理政策研究[①]

---
① 2006年国家广电总局社会管理司委托课题。主持：熊澄宇。参与：靳一。

第一部分　国外数字电视发展情况与经验
　　1.1　美、英、韩数字电视发展总体概况
　　1.2　美、英、韩数字电视内容管理政策与法规
　　1.3　美、英电视内容构成与分组付费情况
　　1.4　美、英应对媒体汇流的相应政策

第二部分　国外数字电视内容规划及管理政策分析
　　2.1　国外数字电视内容规划与管理政策特点的归纳
　　2.2　国外数字电视发展经验对我国的启示

第三部分　我国数字电视内容规划与管理的基本原则
　　3.1　我国数字电视格局的影响因素分析
　　3.2　我国数字电视发展的理想与现实
　　3.3　数字电视内容规划与管理的基本原则

第四部分　我国数字电视内容规划与管理策略
　　4.1　电视数字化对地面、有线电视服务内容的影响
　　4.2　我国数字电视内容规划与管理的整体思路
　　4.3　数字电视内容的协调规划布局

结　语

参考文献

第一部分　国外数字电视发展情况与经验

1.1　美、英、韩数字电视发展总体概况

1.1.1　美国数字电视发展概况

一、地面数字电视发展概况

美国以政府为主导的数字电视转换主要集中在地面广播电视领域。地面电视追求数字化、高清晰发展并非完全以电视产业发展为目标，其地面电视的数字化转换的主要动力之一在于国家可以收回原来的模拟频谱，以提供无线通信产业使用，而且通过美国几百万家庭模拟电视的大规模更换，为相关数字设备制造业带来巨大盈利空间。未来的高清晰电视，一方面，将导向家庭电影院的升级；另一方面，将成为信息高速公路上一个重要的终端进出口，传统的电视收看功能将彻底地改变并融入多媒体的革命。

1995年，FCC开始进行高清晰电视标准的测试；1996年，美国第一个播放数字信号的地方电视台WRAL开播；1997年，FCC免费分配给各地方地面电视台6MHz用来播送数字信号。2000年，美国主要电视联播网ABC、CBS、NBC、PBS都已经开始提供高清晰电视节目。1997年，国会设定2006年12月31日为关闭模拟电视信号的最后期限，但前提是保证85%以上的家庭可以接收数字电视信号[①]。

虽然FCC订立各种措施积极推广地面电视的数字化，但数字电视的发展并不像预期的那样顺利，2004年，美国国会不得不决定推迟关闭地面模拟电视信号的期限。

经过一年多的反复讨论，2005年年底美国众议院通过的预算法案将关闭地面广播电视模拟信号的时间定为2009年2月16日。这样，在此期限之后，15%通过无线电波接收电视节目的美国家庭想要继续收看电视只能有3种选择：一是直接购买数字电视机；二是保留原来的模拟电视机，但要购买地面数字电视机顶盒来接收电视信号；三是定制有线或卫星电视服务。为了缓解消费者的反对情绪，国会同时决定花费15亿美元，以每个家庭发放2张40美元的代金券的方式资助人们购买最低价值50美元的机顶盒。这样，关闭模拟信号之后所节省出来的无线频谱资源一部分将提供给目前频道有限的警察、消防和其他危机反应部门，而其余的频谱则将拍卖给从事无线业务的公司。预计拍卖将带来约100亿美元的收入，这笔收入中的74亿美元将用于补贴财政。而且模拟转数字也将为数字电视相关设备制造业带来巨大的盈利空间。

二、有线与卫星数字电视发展概况

与对待地面广播电视的要求不同，美国政府对有线和卫星电视没有特定的数字化政策，也没有特定的引导或鼓励机制，数字化普及工作交给市场来自由进行，市场竞争是有线电视和卫

---

① "可接收数字信号的家庭"在此法案中的定义并不明确，直到2005年这一概念逐步明确为"拥有数字电视机以及可将数字电视信号转换成模拟信号在现有电视机上使用的机顶盒的家庭，再加上拥有可以使用数字有线电视以及卫星转播机顶盒的家庭的总和"。

星电视推广数字服务的主要动力。

有线电视在美国电视市场上占据绝对优势，2004年5月在整个电视市场的普及率达68.1%，远高于地面和卫星电视。但近年来有线电视面临着来自卫星直播电视的威胁，多项调查显示，60%左右的卫星电视用户原来曾是有线电视用户，有线电视和卫星电视一直在争夺用户方面进行着激烈的竞争。在这样的背景下，美国的有线电视业者意识到数字化可以为自己带来更多的竞争优势，因而愿意投入大量资金用于有线电视从模拟向数字的转化。与此同时，美国的1996年电信法为有线电视提供了更加广阔的发展空间，并赋予有线电视产业垂直整合的合法地位。市场竞争与政策开放促使美国的有线电视业投入了超过850亿美元的资金用于发展数字电视，2001年第一季度，美国的数字有线电视用户仅600万户，而到了2004年第一季度，数字有线电视的用户已经增长到2 300万户，在有线电视用户中的比例超过了30%。

数字电视的发展进一步引发了"数字家庭革命"，有线电视产业的总产值以年增长率10%的速度至2004年达到了1 850亿美元，而每年收入的70%会重新投入优质节目制作和全新的数字服务开发，步入数字产业（已不仅限于电视）的良性循环发展轨道。

目前，美国有线电视提供的服务包括按次付费电视（pay TV）、视频点播（VOD）、数字录像机（DVR）、互动电视（ITV）、高清晰电视频道（HDTV），除此之外，自1996年电信法颁布之后，美国广电和电信可以跨业经营，美国的主要有线电视经营者都同时提供电视、宽带上网和有线电视网络电话（VOIP）的服务，将不同服务进行不同方式的捆绑促销是有线电视推广数字电视常用的营销方式，比如，美国最大的有线电视经营者Comcast在数字电视推广期间的捆绑促销：如果用户同时选择数字电视频道、宽带上网和数字电话3种服务可以有25美元的优惠；选择数字电话和数字电视可享受10美元的优惠；选择宽带上网同时选择数字电话或数字电视之中的任何一种服务也可以享受20美元的优惠。

1990年成立的DIRECTV是目前美国的第一大卫星电视经营者，据2004年的统计资料显示拥有用户1 300万户，在电视市场上仅次于用户最多的有线电视经营者Comcast。1999年DIRECTV开始提供高清晰家庭影院频道（HBO-HDTV），同年又推出付费点播的高清晰电视频道，节目内容包括电影、演唱会和体育节目。另外DIRECTV还提供宽带上网服务（DIRECWAY）。

1.1.2 英国数字电视发展概况

英国的电视数字化主要由市场力量主导，政府对数字电视的引导较少强制性措施，而是以务实的态度遵循市场规律和市场接受程度来制订相应的配套政策。从整体方向上来说，英国广电的体制以及政府对未来数字电视的发展目标明显区别于美国。

截至2005年6月底，570万用户通过免费地面数字电视平台收看数字电视。卫星直播数字电视用户2005年的用户总数达到740万户。英国有线电视运营商Telewest公司和NTL公司的数字用户在2005年第二季度总计为260万户。

一、地面数字电视发展概况

英国数字电视最初采用付费运营模式,但随着数字电视运营的开创者 OnDigital 宣告破产,数字地面电视付费运营模式遭到质疑。2002 年英国政府发布《数字行动方案》,由所有地面电视合作,以 BBC 为领导,并由一家传输公司 Crown Castle 与默多克旗下的卫星业者 Sky 合组产业联盟"FreeView",联盟经过评比取得了一张 15 个数字频道的全国执照,加上原本地面电视已有的频道形成了一个独立的数字地面广播电视平台。不同于 OnDigital 的运营模式,"FreeView" 联盟采用免费收视的运营方式。对英国家庭来说,只要在市场上购买了地面数字机顶盒就可以完全免费享受 FreeView 所提供的 36 个数字地面电视频道和 20 个数字广播频道,[①]因此是一个可以在完全自愿的情况下自由选择加入的数字平台。在推广过程中,由 BBC 号召成立的产业、官方、学术联合组织"英国数字电视集团"(DTG),在节目制作、接收端设备以及政府协助等方面发挥着重要的协调与整合作用。2003 年之前 FreeView 的收视用户仅有 100 万户,到了 2004 年第一季度已超过了 300 万户,成功地超出默多克卫星电视的用户成长数。

2004 年 3 月,英国又再度出现了一个付费地面数字电视——Top Up TV,用户只需花 25 英镑的装机费,以及每月 7.99 英镑的月租费,就可以收看到 FreeView 的所有频道以及另外的 10 个频道。

英国所实行的这种以市场上优势公司主控的数字化发展模式,虽然受到了"过度保障以往业者"的批评,但的确营造了数字电视服务的新局面,开创了英国数字服务的独有模式。这样统合地面电视力量所建构的地面数字共同传输平台,可以与默多克的 BskyB 卫星电视服务平台分庭抗礼,既维持了适当的市场竞争局面,又避免了本国电视产业被国外媒介集团侵蚀的危险。同时,英国的数字地面电视系统在政府管制下可以更好地保障公众以低廉的价格获取多元的电视服务。

二、有线与卫星数字电视发展概况

在英国电视市场中,地面电视占有率为 58%,卫星电视为 27.6%,有线电视仅 13%,电视市场主要由卫星和地面电视占主体,因此默多克新闻集团旗下的数字卫星电视公司 BSkyB 在数字化方面也取得了相当的成功。

由媒介大亨默多克建立于 1991 年的 BSkyB,由天空卫星电视网与英国卫星传播合并而成。为了增加更多的收视户,1999 年 BSkyB 实现了信号全面数字化,将原有频道数从原来的 22 个经压缩后增加到 200 个,并在新增加的频道上推出新型的电视服务。2001 年 5 月,默多克新闻集团旗下子公司 NDS 成功地在 BSkyB 的平台上实现了 Discovery 的节目互动,让收视户体验了与电视互动的乐趣,并陆续推出 Open、Sky One 等购物频道、Sky Sport Extra 体育互动频道、EPG 电子节目选单和 SMS 系统、借助手机实现在线下注的赌博频道、与商家联机的互动广告、VOD、MOD 电影频道、数字录像机(PVR)等服务内容。

---

① 当然对电视观众来说还是需要按照英国的传统缴纳每年 116 英镑的电视执照费。

除了在内容方面不断创新之外，BSkyB 注重销售策略。为了增加更多用户，在推广客户端数字化的营销策略上，BSkyB 从 1998 年 8 月开始预计以 5 年的时间，花费 500 万英镑，以赠送数字机顶盒的方式吸引消费者，用户只需付相当于 500 元左右人民币的装机费，不需另外付其他费用，就能至少收看到 37 个免费的电视频道与 37 个免费广播，但条件是必须订 BSkyB 的服务一年。到 2002 年，BSkyB 的用户从 1998 年的 225 万增长到 630 万。

受数字地面电视平台 FreeView 普及的影响，2004 年 BSkyB 在数字电视市场的普及率明显减退。为了挽救自己在数字电视市场中的衰退，BSkyB 与 FreeView 展开竞争，计划推出自己的免费数字卫星电视平台，用户只要花 150 英镑的装机费，就可以收看到近 200 个电视频道，试图通过免费平台的方式与 FreeView 争夺用户。

英国的有线电视无论是市场占有率还是资金实力都不如卫星和地面电视，近年来市场占有率一直维持在 13% 左右。英国的有线电视执照分为三类：

如果只是单纯传输电视信号到收视家庭，只需"区域传输服务执照"（Local Delivery Service License）；

1991 年英国开放有线电视进入电信市场之后，有线电视经营者除了提供有线电视服务之外还提供电话、宽带上网等电信服务，而如果要开办电视服务之外的业务，则需要"多样化电视服务执照"（Television Multiplex Service License）；

在电视数字潮流之下，如果要提供数字电视相关服务则需要"数字电视附加服务执照"（Digital Television Additional Service License）。

面对数字化潮流，英国的有线电视希望通过发展视频点播等交互式电视服务来增加自己相对于地面和卫星电视的独特性与竞争力。英国的有线电视市场主要由两家公司（NTL 和 Telewest）控制。有线电视经营者除了提供有线电视的不同频道组合之外，还开展了付费频道、计次付费、电视机浏览网页以及购物、游戏、新闻标题搜寻等互动服务。除此之外，NTL 还为用户提供一条免费电话线，并可以提供宽带上网以及其他网络相关业务。用户只要签约一年就可以免费使用机顶盒，如果需要第二台机顶盒则需付大约 15 英镑的租金。通过形式多样的服务组合促销策略，英国的有线电视数字化比例 2004 年就已经达到了 73%，因此，英国的有线电视面临的主要困境并不是数字化转换难题，而是地面和卫星电视数字平台对用户的激烈争夺。

1.1.3 韩国数字电视发展概况

韩国的地面电视台在电视市场中占有绝对优势地位，3 家地面电视台总计大约有 70% 市场占有率。2001 年韩国开播数字地面电视，2003 年开播数字卫星电视，为了加强韩国电视的市场竞争力，加快电视数字化的进程，2004 年韩国电视市场已进入有线、地面和卫星电视互相竞争的多频道时期。韩国政府计划 2010 年全面关闭模拟信号，但这仅仅是供经营者参考的时间表，并没有任何强制规范的内容。

1997 年韩国政府追随美国数字电视的发展模式，决定采用美国的 ATSC 标准作为地面电视的传输标准，委托公共电视台 KBS 作为数字电视的引导者，建立了美国 ATSC 标准的高清晰试验系统，于 2001 年 11 月开始试播，内容以目前 5 家主要地面电视台节目为主，试播覆盖区域为汉城（今首尔）。政府投资以直接与间接两种方式进行，前者以出资 50 亿韩元建设实验台，后者则以设备进口关税八五折价及贷款 6 000 亿韩元进行投资。在市场方面，政府引导产业提供多种款式的机顶盒和高清晰电视机，特别鼓励大财团外的中小企业制造，以平价销售。

在数字电视推广方面，希望能够通过世界杯足球赛、职业棒球赛与大型戏剧节目等维持高清晰电视节目的吸引力。对于未来的发展，KBS 将与 LG 电子、三星、大宇展开合作，开发高清晰环境下的互动与电视商务服务，同时将这样的功能运用在 6 种节目类型内：新闻、气象、足球、纪录片、时装与音乐节目。

韩国关于传输标准应该选择美国的 ATSC 还是欧洲的 DVB-T 一直存在争论，以至于在长达 3 年的时间里全国性数字电视的推广一直止步不前。就在政府扶助第一期试播计划结束后，另一家公共电视台"文化广播公司"（Munwha Broadcasting Corporation，MBC）希望重新考虑欧洲标准的经营优点，并与电器厂商及"数字电视实地测试委员会"（DTTB Comparative Field Trial Committee）进行评估，证实 DVB-T 的优越性，然而此结果没有被主管数字电视的信息传播部（MIC）所接纳，经营者认为技术标准问题相当复杂，具有政治性，非单纯技术问题。不过，之后韩国政府回应了类似质疑，为了弥补美国标准在移动接收方面的缺陷，提出了一些规划建议，比如，由第三代移动通信经营者配合电视经营者推出移动音视频的接收业务，或由 DAB 经营者以多媒体概念来发展。由此可见，韩国模式因过度的政府介入，隐藏着产业内部矛盾与风险性。

在汇流的趋势下，如何对广电和电信进行制度调整与安排，也是韩国政府面临的一个难题。在发展大方向上，顺应数字汇流的趋势，打破电信业的垄断局面，开创一个公平竞争的环境等目标虽然已是上下的共识，但究竟采用何种方式来实现这一目标则出现了意见分歧。主管电信业的"情报通信部"主张让电信和广电业展开全面的竞争，为电信业全面开放广电大门；但管辖广电行业的"放送委员会"则认为，目前数字有线电视还处于发展初期，要与电信展开全面竞争必定处于弱势地位，将面临发展空间萎缩、难以确保资金支撑的危险，因此要在有线电视业的数字化发展较为成熟的前提下，才可开放电信业者进入广电领域。

1.2 美、英、韩数字电视内容管理政策与法规

1.2.1 美国数字电视内容管理政策与法规

一、数字时代电视内容管理基本趋势

美国数字电视管制政策的基本原则可以说是模拟时代的延续，也就是不对现有广电结构进行变革，直接将模拟时代的电视规范过渡到数字电视时代。

美国的电视业奉行经济自由主义，认为电视业在充分的市场竞争环境下可以为公众提供更

多更好的选择，只要让观众有选择权，观众的利益就会得到很好的实现，当然也会为国家带来财富。因此，美国一般不对电视经营者进行强制性的管制，主要通过复杂、严格的法律体系来约束电视台尽可能履行公共责任，不损害国家和民众的利益。美国的电视经营者只需对法律负责，只要不触犯法律，电视内容就会拥有相当大的自由空间。

为了激发电视产业的经济活力，自20世纪80年代以后，美国联邦通信委员会（FCC）大幅度地减少了对媒介的管制，比如，1985年取消了非娱乐性节目最低数量的限制，用列入公共档案的方式取代原有要求节目内容应符合地方市场需要和利益的抽象规定；1987年取消了公平原则等。如果这种趋势继续下去，进入数字时代，为了电视产业能有更大的发展空间，FCC对电视管制很可能会越来越走向萎缩。

二、数字时代电视内容管理政策依据

针对电视的数字化，美国1997年成立了"数字电视广播公共利益与义务咨询委员会"（The Advisory Committee on Public Interest Obligations of Digital Television Broadcasters，又称Gore Commission），1998年出版了该委员会关于数字时代的最终报告书，成为数字电视管制政策的重要依据。该报告延续了模拟时代的电视管理原则，即由FCC对产业实行"最低度管制"政策，与此同时，为保证现有电视经营者在进入数字时代时既可以继续履行电视的社会责任，又可以有明确自由的运作空间，报告书设计了多种规范模式，让现有的地面电视经营者根据自己的情况来选择。该报告书以"创新取向履行公共利益与责任"为原则，推出四种规范模式。

1. 公共信托人模式（Public Trustee Model）：以模拟时代的内容管制为本，将相关规定延续到数字时代，以高清晰单一频道置换现有模拟频道，作为换发执照的依据。

2. 缴费免除公共播出责任模式（Spectrum Free Model）：电视台从其营业额或频道价值部分出资，来作为公共利益节目制作的基金，以交换电视台自由使用频率的权利。

3. 付费且播出模式（Pay plus Access Model）：电视台付费来免除公共利益节目播出的责任，但仍须在必要时段开放，让公共利益节目播出。

4. 付费或自我经营模式（Pay or Play Model）：电视台可以选择付费或自己投资制播公共利益节目。

为保证商业电视台也能够履行公共责任，该报告对数字时代的商业电视提出了以下原则性的要求。

1. 商业电视台应该每一季提出报告，展现其履行公共责任播出的具体成效，采用逐项检查（Check-off）的方式，以减少行政单位与人民的介入。这些成效应包含下列数项表现。

（1）提供政治言论、信息的多元服务（如免费论坛播出时间）；

（2）政府服务广告的播出；

（3）播出儿童与教育节目；

（4）播出地方性节目；

（5）播出容易被忽视的群体节目服务。

2. 电视台经营的信息必须以合理、公开原则，透过互联网进行公告。

3. 免费为公共团体提供频宽传输信息的服务，视为履行公共责任的加权计分（如服务公共图书馆、非营利事业团体、小区大学、医疗与训练中心）。

4. 定期免费提供公众生活信息。

5. 投资建立危机事件的警报与信息系统。

6. 为残障者提供收视辅助服务（隐藏字幕、音讯描述信息服务，或点字键盘系统）。

而该报告中对公共电视的数字化，建议采取以项目补助的方式进行，成立一个信托基金，以排除政治势力干预，专款执行数字化工程。另外，该报告所认同的公共电视服务，除了公共电视网（PBS）以外，还包含非营利的节目制作业，希望两者能携手利用数字科技提供更好的教育节目。[①] 该政策也鼓励公共电视与大学、图书馆、少数弱势民众组织、教育节目制作业者合作，利用数字科技发展远距教学、互动学习、资料广播等。

总体来说，美国电视数字化时代延续了模拟时代的电视结构，并不存在利用数字转换的契机进行大规模的广电改造情况。对数字电视的内容管制，一方面，继续设定复杂的内容管制法律法规，以约束商业电视的不良倾向，使保障公众利益的电视内容可以在注重收视率的商业电视机制中存活；另一方面，将传统教育功能透过数字化契机进一步与公共电视结合，迈向一种教育信息科技的建设。

三、数字时代电视频道（率）管理

为普及地面数字电视，美国政府规定了地面数字电视信号天线的统一规格，并规定天线必须具有接收地面数字电视信号的功能；制定了著作权保护规则，规定数字电视机等机器必须适应特殊防复制信号。

在传输政策方面，FCC 于 1997 年制定 ATSC 为美国的数字电视传输标准，但对于画面格式与扫描方式究竟要采用高清晰还是标准清晰并没有硬性规定，而是交给市场自行决定。而且将来地面电视也可以经营付费电视，只需要保证至少有一个频道是免费频道。

（一）地面数字电视频率的指配原则

1. 不改变现有的结构，也就是说，现有的经营者可免费取得一个 6MHz 频道，涵盖区与模拟信号相同；

2.1996 年的电信法中的公共利益责任延伸到数字环境中；

3. 数字电视节目的分辨率不能低于现行电视；

4. 数字电视的播送时间也不能少于现有模拟的节目；

5. 不一定要播高清晰（HDTV）节目；

6. 数字环境中的公共利益将以文字具体列出。

（二）数字时代有线电视的"必须转载"原则

美国政府认为，地面电视台使用的是公有电波，是为了给全国民众提供服务的，同时地面

---

① 美国对公共电视的认识与英国有所不同，认为公共电视主要是普及教育的延伸。这一点与韩国类似。

电视台也是最普及的新闻与影视节目娱乐，因此有线电视系统必须转播在该地区内可以接收到的地面电视节目。由于地面电视台与有线电视具有广告上的竞争关系，政府会特别制订转载规则来保护地面电视台不会因为有线电视不转播节目而流失观众及广告收益。

模拟时代，美国有线电视必须转载的电视台分为当地的商业电视台和非商业的公共电视台两类。规定可使用频道在12个以下的有线电视经营者必须转载至少3个当地的商业电视频道；可使用频道数超过12个的有线电视经营者，必须转载的商业电视频道数为可使用频道数的1/3。对于转载非商业公共电视台的规定则是：拥有12个频道数以下的至少转载1个非商业公共电视；拥有13～36个频道数的需转载1～3个；拥有36个以上频道的有线电视则至少需要转载3个以上非商业公共电视频道。

在地面模拟信号彻底关闭之前的过渡时期，模拟和数字信号将在一段时期内并存，因此2001年FCC做出了在模拟向数字信号过渡期间有线电视转载的规定。

对于非商业的地面电视台，模拟时代的"必须转载"依然适用。而对于商业地面电视台则有"必须转载"和"转载同意"（retransmission consent）两种方式可供选择。所谓转载同意，就是地面电视与有线电视双方可以进行谈判协商，签订协议规定转载的费用、权利金等问题。

FCC规定，对于既播送模拟信号又播送数字信号的商业地面电视台，其数字信号部分的传输必须选择"转载同意"，也就是必须与有线电视经营者进行协商。而模拟信号部分，地面电视经营者可以自由选择"必须转载"或者"转载同意"。如果选择"必须转载"，有线电视必须提供转载服务，而地面电视台也不能向有线电视收取费用。

对于只播送数字信号的地面电视台，可以自由选择"必须转载"或者"转载同意"。地面电视台可在其数字电视信号开播前60天到开播后30天之内作出选择，如果选择"必须转载"，有线电视经营者则必须在作出选择后60天之内提供服务。如果选择"转载同意"就需同有线电视业者达成协议，如果协议不成，有线电视台可拒绝转载。

四、对电视内容的法律规范

美国对电视节目以法律的形式做了详细的规制，其内容管理的核心可概括为以下几项原则。

（一）保障国家利益原则

虽然美国的新闻记者受到《宪法第一修正案》的保护拥有很大限度的自由，但不可损害国家安全是绝不可逾越的底线，不然就面临"叛国罪"的指控。这一准则在美国战争时期表现尤为明显。

（二）平衡原则

一是针对选举平等原则，即政治候选人在利用电视台、电台设施宣传自己的时候，电台、电视台必须遵循"时间平等"的原则，即政治对手在电台、电视台播出的竞选广告时间应该是相同的，但这一原则不包括新闻报道、专访、纪录片等。二是在报道"有争议性并对公众利益来说很重要的问题"时，要保证报道的平衡，对于相对立的观点要尽可能给予相等的报道机会。至于什么是"有争议性并对于公众利益来说很重要的问题"，如何处理，由广播电视单位自己判断和决定。

（三）未成年人保护原则

1990 年美国国会通过《儿童电视法》，要求商业电视台必须有题材多样和一定数量的节目对儿童进行教育，不能只播娱乐性节目。儿童节目中播放广告的时间平均每小时不超过 12 分钟，周末每小时不超过 10.5 分钟。1996 年 FCC 具体规定电视台必须每周播出 3 小时以上儿童节目，而且必须安排在 7:00～22:00 之间定时播出，长度为 30 分钟。《1996 年电信法案》规定所有的电视机必须有"V 芯片"，供家长控制。家长可以锁定不适合儿童观看的电视频道。

（四）禁止淫秽、下流、猥亵内容

《美国刑法》禁止"在任何形式的广播传媒中说出任何淫秽、威胁、下流、亵渎的字眼"。FCC 对于淫秽猥亵的标准制定了较为明确的准则，作为法庭裁判的依据。包括：影像或言语非常鲜明大胆；导致淫秽联想的性暗示或双关语；不停地描绘淫秽材料或一再重复；刻意制造骇异效果等。

但是 FCC 并不负责监督广播节目，而是通过观众投诉机制来行使监督权，如果有民众对电视节目内容提出投诉，则会进行调查。对第一次违规的电视台会处以 12 500 美元的罚款，再犯则提高罚款金额，但最高不超过 25 000 美元。

（五）禁止种族歧视

对于电视台种族问题的言论的发布，美国没有专门的法律进行限制，主要通过媒体自律、观众投诉机制以及反种族歧视的非政府组织来对电视台进行约束。

（六）禁止发布愚弄、虚假消息

FCC 制定了《反愚弄法》禁止发布假消息，规定在以下情况下媒体发布假消息将予以处罚：一是明知消息是假的；二是可以预见到信息的播出将导致群众实质性的伤害；三是播出的消息确实导致了群众实质性的伤害。

（七）对于广告内容的管理

美国对电视广告的限制除了由 FCC 制定了详细的广告限制条例之外，还有广告界的自律团体"国家广告审议委员"以及消费者保护团体共同进行监管。美国的民间消费者团体非常强大，比如"国家消费者联盟""国家资深公民会议"以及"消费者倡导团体"。这些团体对产品进行检测是否符合广告内容，并有固定杂志定期发表结果，还代理公众委托进行违法广告的诉讼。

1.2.2 英国数字电视内容管理政策与法规

一、数字时代电视管理机构的变更

2004 年之前，英国的所有商营电视台都由英国独立电视委员会（The Independent Television Commission，简称 ITC）管理，它是根据《1990 年广播法》设立的机构，负责为商业电视，包括有线电视和卫星电视公司颁发经营许可证，并制定相关的规章制度。

为了适应数字汇流趋势，2004 年英国正式成立了通信办公室（The Office of Communications，简称 Ofcom），独立电视委员会也被纳入其中。通信办公室是现今英国通信领域内独立、统一的监管机构，管辖范围包括电视、广播、电子通信、无线通信服务等，直接对议会专门委员会负责。在对电视内容的管理中，通信办公室的权限比原先的独立电视委员会要大。

二、地面数字电视规划管理原则

英国政府认为有线和卫星电视经营者是私人企业，其是否进行数字化以及数字化的日程应由企业自己决定，因此并未针对有线和卫星电视制订政策或鼓励机制，数字化政策主要是针对地面数字电视。

英国的电视内容管理一直注重保持公共电视的公共性，认为商业力量有损电视内容的多样和平衡，而公共电视作为为公众利益服务的国家工具，应当提供高质量、公正和多元的节目。政府一直致力于依据这个指导思想对公共电视频道进行内容定位和规划，这一原则也延伸到数字电视时代，英国广播公司所推出的免费地面数字电视平台 FreeView 正是这一原则的体现，在新的数字频道套餐中，除了提供更为丰富的信息、娱乐、教育频道之外，还特别增加了幼儿、儿童、青少年、知识与艺术的主题频道。

为确保民众利益不受损害、保障地面电视顺利实现模拟向数字化转换，英国政府制定了一些具体原则。

（一）电视数字化的基本目标

（1）使所有目前可接收 5 个公共频道（BBC1、BBC2、ITV、Channel4、Channel5）的家庭均可接收到相应的数字化频道信号；

（2）大多数家庭都可负担数字化的费用；

（3）在政府宣布全面数字化之前，95% 家庭可接收数字电视。

（二）电视数字化的服务方向

（1）为民众提供尽可能多样化的选择

确保频道数量的增加；确保民众可有多个可供选择的电视平台；确保民众在选择数字电视机或相关设备时可以有多种不同规格、价格可供选择，而且尽可能使设备在更换服务商之后还可以使用。

（2）确保数字电视服务品质

英国政府将确保数字电视为民众带来更多的频道、更多的服务内容、更好的声音和画面效果，为民众提供更加丰富、生动的观赏体验。

（3）确保数字电视不超过绝大多数民众的负担能力

英国政府将确保那些只对免费收看电视有兴趣的民众能够收看数字电视而不需要付出无法负担的费用；确保市场上有便宜的数字转换设备可以用于转换家中的第二台或第三台电视机。

（4）确保民众对数字电视的接收

政府将确保目前可接收模拟地面电视频道的地区在数字化之后仍可继续免费接收这些频道。同时，政府也有责任帮助民众学习、享受数字化之后所带来的各种新型服务与好处。

三、数字电视相关管理法规

完备的法律体系是英国广播电视管理的主要依据,《1990 年广播法》和《1996 年广播法》是英国电视节目内容管理的基本准则,设定了"高质量"和"多元"等基本节目标准,并对公共电视频道进行了划分和定位。2004 年之后,通信办公室成为电视节目内容管理的主要机构,2005 年 7 月 25 日生效的《通信办公室广播法》(OFCOM Broadcasting Code)成为目前最新、最全面的电视和广播节目内容准则。这个法规不仅适用于原先由独立电视委员会负责颁发经营许可证的商业电视台,也部分适用于 BBC 这样的公共电视台。由于通信办公室是根据 2003 年 7 月英国议会批准的《2003 年通信法》(Communication Act 2003)授权成立的,因此《通信办公室广播法》中有一部分规定来源于《2003 年通信法案》,相当于后者的细则。

通信办公室的另一部法规《通信办公室广告数量和分布规则》(Rules on the amount and distribution of advertising)是有关电视广告的基本规范。

独立电视委员会虽然被通信办公室所取代,但委员会于 1998 年发布的《独立电视委员会节目准则》并未因此失效,该准则的许多具体规定都已经在《通信办公室广播法》中得到了延续,而且从准则中还能读到英国电视内容管理机构的管理原则和方针。

作为欧盟的一员,英国还需遵守欧盟的相关规定。例如,《通信办公室广播法》中许多条款都依据《欧洲人权公约》和 1989 年(欧共体)《电视无国界》指令的相关条款而设定,《通信办公室广告数量和分布规则》则参照了 1989 年(欧共体)电视广播指令(1997 年修正)和 1989 年欧洲委员会境外电视协定。《1990 年广播法》也有一条基本的规定是贯彻了 1989 年(欧共体)《电视无国界》指令:电视无国界传输的最低要求是,欧共体的每一个成员国之间的传输不被干扰,极少数特殊情况除外。该指令第 4 条要求成员国确保预留相当的传输时间,用于传输其他成员国的节目。

四、对电视内容的管理

(一)对节目呈现形态的管理

(1)节目类型与比例规定

英国对节目类型和比例的规定主要针对商营地面公共电视台:独立电视一台(ITV1)、第四频道(Channel4)和第五频道(Channel5)。《1990 年广播法》规定,这三个全国性的商营公共频道首先必须提供基本的公共服务——信息、教育和娱乐。

在此基础上,《1990 年广播法》规定,独立电视一台必须提供充足和高质量的国内外新闻与时事节目,尤其是在收视高峰时间;充足和高质量的地区性节目、社区性节目;充足的宗教节目和儿童节目。这些节目需要在整体上满足不同的品位和兴趣。此外,独立电视一台每年需有不少于 25% 的时间播放独立制作的节目。

该法规定,第四频道需要满足独立电视一台没有满足的品位和兴趣,鼓励这些节目的创意性和实验性。在这些节目中,要包括适当比例的教育节目、充足和高质量的新闻、时事节目。节目中包含的欧洲原创节目应达到适当的比例,并且按照规定每年播放一定数量独立制作的节目。第五频道不仅要提供儿童节目、地方节目和宗教节目，还必须提供高质量的新闻和时事报道。

该法还规定，独立电视一台、第四频道和第五频道都应播出高质量的学校教育节目，并且与各区域学校的教学需要相适应。独立电视一台和第五频道还必须播出一定时间的为失聪者制作的字幕节目。

除了以上三个商营公共电视频道，《1990年广播法》还规定：由非营利机构威尔士第四套节目公司提供的威尔士第四套节目（S4C），在威尔士地区必须提供高质量的电视服务，包括收视高峰的威尔士语节目。

《1996年广播法》延续了《1990年广播法》，而且对数字电视节目的类型和比例作了规定：节目中包含的欧洲原创节目达到适当的比例；每年不少于10%的时间播放独立制作的节目。其中包括对威尔士第四套数字节目的特别规定：确保所有在S4C频道播出的威尔士语节目都同时在S4C数字频道播出，如果是只在S4C数字频道播出的节目，那么节目在内容和质量上都应当符合高标准，并且主题广泛。

《1996年广播法》还规定公共图文电视（Public Teletext Service）应当提供充足和高质量的国内外新闻节目，以及对不同地区的用户来说都很充足的有用信息，以满足不同的品位和兴趣。

（2）节目分级以及对节目播出时段的规定

英国有严格的节目播出时段，这主要是出于对未成年人的保护。《独立电视委员会节目准则》中阐述了设定节目播出时段的原则：独立电视委员会认为，即使一些儿童很可能在收看电视，但是也应当有足够数量的节目供成人收看，包括严肃题材的节目。一个折中的办法是假定收看电视的儿童数量在整个晚间呈逐渐下降趋势，因此在晚间，时段越早越要播出适宜儿童收看的节目，时段越晚越可以播出儿童不宜的节目。由此，晚间9点通常被定为"分水岭"。

《通信办公室广播法》规定，儿童不宜的内容不得在大量儿童有可能观看电视的时间内播出。这并不是说所有日间节目和傍晚节目都要适宜儿童收看，只是应当以节目表的形式或预告的形式提供充足的信息，以便帮助家长做出正确的收看选择。从晚上9点到清晨5点半可以逐渐增加播出儿童不宜的节目。

《通信办公室广播法》还规定，在晚上9点以前，不得有表现性行为的内容，除非出于严肃的教育目的，在9点以前播出的此类内容应当是受限的和含糊的。在晚上9点以前，应当尽量避免暴力和危险行为、吸毒、吸烟、饮酒等内容，不得含有最具冒犯性的语言以及咒语、超自然现象等内容。

在电影、额外付费节目和按次计费节目中，依据《通信办公室广播法》的规定，英国电影审查局（British Board of Film Classification，简称BBFC）对电影或节目做出的播出等级认证被作为时间编排的指导。

在上述三类节目中，在任何时间均不得播出被英国电影审查局拒绝颁发证书的内容和R18级内容。除了按次计费节目，还不得在晚上9点以前播出18级节目。

额外付费节目可以播出不低于15级的节目，但必须满足以下条件：当超过U级和PG级的节目在晚上 8 点前和早上 5 点半以后播出时，有相应的保护系统（比如强制性的密码）确保只有有权观看的观众能够看到该节目；上述特别为保护儿童而设置的保护系统已经向所有订户进行了解释说明。

按次计费节目可以播出不低于 18 级的节目，但也必须满足上述条件。

如果有相应的保护系统确保订户是成人，额外付费节目和按次计费节目可以在晚上 10 点和早上 5 点半之间播放成人节目。

（3）对节目是否播出广告的限制

BBC1 和 BBC2 两个公有频道是完全禁播商业广告的。《通信办公室广告数量和分布规则》为独立电视一台、第四频道、第五频道和其他商业频道的广告设定了严格的规则。在上述频道中，短于半小时的新闻和时事节目、短于半小时的纪录片、宗教仪式的转播、英国王室的正式典礼或重大场合、为学校制播的教学节目、节目长度少于 30 分钟的儿童节目，以及国会开会的现场转播等节目都不许插播广告。除此之外，对于独立电视一台、第四频道和第五频道，还有更加严格的限制，即任何短于 20 分钟的节目都不得插播广告。

（4）对广告播送时间和次数的限制

《通信办公室广告数量和分布规则》规定，没有通信办公室的事先允许，独立电视一台、第四频道和第五频道在晚上 6 点至 11 点，和早上 7 点至 9 点之间，平均每小时广告不得超过 8 分钟。在上述三个频道一整天的播出时间中，广告总时数均不得超过每小时 7 分钟的平均值，同时，在任何一个小时之内，也都不应有总长超过 12 分钟的广告时间。每一个广告时段最多不可以超过 3 分 50 秒，而且商业广告的播出不得超过 3 分半钟，为其他节目招徕观众的节目促销广告则不能超过 20 秒。

对于全部归通信办公室管理的电视频道，在正规节目自然告一段落的时刻才能插播广告。如果是体育赛事或现场演出等有间断的节目，必须在间断时才能插播广告。一般的节目至少应连续播出 20 分钟，才能插播广告。

在电影节目中，短于 45 分钟的影片不得插播广告；长度为 46～89 分钟的影片可以有 1 次广告；长度为 90～109 分钟的影片可以有 2 次广告；长度为 110～135 分钟的影片可以有 3 次广告；长度为 136～180 分钟的影片可以有 4 次广告；长度为 181～225 分钟的影片可以有 5 次广告，以此类推。

在公共图文电视中，广告可以以一个广告页面的形式出现，也可以在节目页面出现广告信息，该广告信息可以指向其广告页面。如果在节目页面出现广告信息，则不得占用页面的 30% 以上。在有节目内容的复合页面，完全的广告页面出现的时间不得超过总时长的 35%，完全的广告页面数量不得超过全部页面数量的 35%。

最后，每晚 9 点以前，任何电视频道都不得播出儿童服用成药、维他命或其他食疗补给品的广告，也不得播出保险套的广告。

（二）对节目实质内容的规制

（1）保障国家利益原则

英国所有媒体进行报道都必须遵守1989年《官方机密法》的规定。

（2）未成年人保护原则

保护未成年人是英国对电视内容的管理中最重要的原则之一，该原则首先体现在晚上9点这一"分水岭"的设置上，除此以外，《通信办公室广播法》还对节目的内容进行了规范。

《通信办公室广播法》明确规定：不许播出可能严重影响18岁以下未成年人身心成长的内容。在晚上9点以前，不得有表现性行为的内容，除非出于严肃的教育目的，在9点以前播出的此类内容应当是受限的和含糊的。除非有充分的编辑理由，否则，描写暴力、危险行为等内容不能包含在主要为儿童制作的节目中，在9点以前播放的节目中，应当尽量避免。在描写吸烟、饮酒和吸毒内容时，对儿童和少年有可能观看的节目需特别谨慎。在晚上9点以前（或晚上8点以前在额外付费频道中）的节目中，吸烟的镜头不得被突出描绘，也不得将吸烟描绘成正常的和吸引人的行为。在有充分编辑理由的情况下，或者在不可能剪掉的时候（例如播出电视影片时）才可以例外。同样，在儿童节目中不得含有饮酒的内容，除非有充分的编辑理由。冒犯性的语言不应当在专门为儿童制作的节目中使用。

另外，在性犯罪及其他犯罪报道中，不得提供能够据以辨识未成年人身份的线索，无论其是被害人、证人或被告。根据1933年和1969年《儿童少年条例》，公布17岁或17岁以下牵涉法院程序的人的姓名和地址是犯罪行为，公布能够暴露他们身份的任何内容也是一种犯罪行为。

当儿童参与节目制作时，不得使他们受到痛苦或惊吓，在任何时候都不得使儿童接触精神危险或身体危险，尤其在制作涉及犯罪行为的事实性节目时。

（3）有害内容的禁止原则

《通信办公室广播法》致力于针对电视节目中有害或攻击性的内容，为公众提供适当的保护。所谓"有害"内容，包括且不限于：攻击性语言、暴力、性、性暴力、羞辱、损害人格尊严、歧视等内容。

《独立电视委员会节目准则》对许多有害内容的规制原则都作了解释。例如，对性行为和裸露的描写应当根据前后剧情的需要，并应当谨慎。对非情愿的性行为描写，包括强奸，尤其要特别注意。不得有形体细节的描写，也不得在时间上持续表现。

针对暴力和危险行为等内容，由于现实世界有许多形式的暴力，因此电视有责任在新闻、戏剧以及其他节目中对此加以反映。但是，一些暴力行为被描写得超过了一般观众所能忍受的程度，可以被划分为1990年广播法所定义的"违反良好品位或违反礼仪"的范畴或"有可能冒犯公众情感"的范畴。有的暴力描写有可能引起观众的不安，甚至导致心理伤害，尤其是对于青少年或情感不健全的观众。电视中描写的暴力有可能在实际生活中被模仿。经常和反复地在电视中出现暴力描写的内容会使观众误以为暴力是可以接受的行为，并有可能使观众漠视暴力受害者。研究证据显示，缺少社会保障的个人以及情感不健全的个人，尤其是青少年，最容易受到伤害。虽然电视的想象力、创造力和真实性不应当受到约束，不应当使为大多数人服务的节目受到少数人的限制，但是，一个文明的社会对于它的弱小成员应予以特别的注意。因此，在一个如此敏感的领域，独立电视委员会遵循一条特别原则——如果有疑惑，就剪掉。

吸毒及其后果是电视节目的有效题材。但是应当尽力避免使观众产生错觉，即吸毒是现代英国社会可以接受的生活方式。尤其在少年儿童喜爱的节目中更应当注意。对滥用毒剂也应当采取同样的措施。任何能够被轻易模仿的不良行为都应当尽力避免。不得将吸毒和滥用毒剂描绘得无忧无虑和充满刺激。

在描写自杀和自杀企图时，应当谨慎小心，尤其是在系列剧中，不应当对自杀手段或自杀方式进行具体的描写。制片人要适当征求专业人士的意见，或就自杀的描写征求自杀救助机构的建议。

《通信办公室广播法》还规定，含有咒语、神秘、超自然现象、预言等内容的虚构题材的节目如果是为了娱乐目的，必须向观众说明。要注意节目中催眠镜头对某些敏感观众的危险影响，不得使用正面镜头展示催眠术。

对有害和攻击性内容的判断标准不能一概而论，《通信办公室广播法》设定了一个比较灵活的判断标准，即执照持有者必须根据具体情境来判断此类内容，如节目的编辑内容、播出的频道、播出时间、在该节目前后播出的节目、有害程度、潜在的观众规模和构成、潜在的观众可能领会该内容实质的程度、该内容对只是匆匆浏览的观众可能产生的影响等。考虑到具体情境，节目不能包含开脱或美化暴力、危险、反社会行为的内容，以及可能鼓励他人模仿此类行为的内容。

（4）禁止可能会鼓励或教唆犯罪或导致混乱的内容

这类内容主要包括犯罪行为、恐怖主义、绑架、劫机事件等。

《通信办公室广播法》规定，任何节目，如果有理由认为它鼓励、教唆犯罪或导致混乱的，都是不可接受的。对于犯罪内容，除非有充分的编辑理由，否则，不得包含描述或示范犯罪技术细节的内容。针对劫机和绑架事件的报道，不得播出任何可能使生命受到威胁或不利于打击劫机和绑架事件的信息，无论该信息是来自通信监听机构还是来自其他信息源。

《独立电视委员会节目准则》特别针对恐怖主义行为进行了规定：在节目中，对于在不列颠群岛或国外使用暴力或其他犯罪手段，或主张使用暴力或其他犯罪手段以达到政治目的，或其他目的的个人或组织的观点，要予以特别注意。执照持有者在报道北爱尔兰的恐怖主义行为和犯罪行为时，要熟知《1967年刑法典》（北爱尔兰）、《1989年恐怖主义防止法》（临时法规）以及《北爱尔兰紧急规定》条例中的特别规定。

（5）对宗教内容的规定

《通信办公室广播法》规定，宗教节目中不得含有对某个宗教或教派的观点和信仰作不适当处理的内容。不得不当利用观众的宗教感情。宗教节目不得为宗教组织吁请捐款或招募信徒。除非从事法律认可的调查，否则，宗教节目不得含有现实中的人或群体的任何自称拥有特殊力量或能力的宣称。

（6）新闻报道的适度准确和适度公正原则

英国对新闻报道一直都有"适度准确和适度公正"的要求，在此，"适度"一词具有实际的意义。就题材的性质和节目的类型而言，它的意思应当被解释为"充分"和"适宜"。虽然对适度公正的要求适用于广播法所涉及的全部有争议的领域，但是，"适度"并不意味着要求数学意义上的简单的平衡，不意味着给予每一个相反的观点同样多的时间，也不意味着在每一个问题上绝对中立。对适度一词，需要在具体情境中作出判断。

《通信办公室广播法》规定，新闻中的重要错误需要迅速承认和改正。在节目中穿插模拟电视新闻报道或模拟简明新闻必须确保不会被误认为真实的新闻报道。

在报道政治争议、劳工争议或当前公众政策问题时，必须客观冷静，新闻必须向观众提供关于事件不偏不倚的观点。在报道有关劳工争议或政治争议事宜时，如果是在争议活跃期，对有关事宜的主要不同观点要给予适度的重点报道。

在报道个人观点时，尽管在节目中为供片人提供一个发表自己观点的机会是节目编排的重要组成部分，但为了确保适度公正，每个表达个人观点的节目，无论是在节目前的预告中，还是在节目本身开始时，都必须明确说明；事实必须得到尊重，即使是偏激的观点，其证据不得是虚假的；适当地为节目提供反馈的机会，例如，在适宜的情况下回答节目提出的问题，或在讨论类的节目前举办预备节目等。

至于时事性节目和纪录性节目，在一系列个人观点节目中没有必要给予每一种观点相同的时间。但是，执照持有者应当注意考虑在一个系列中节目播出的频率、各个节目的长度，以及节目的主题等，以便确保在任何一个系列节目中，范围广泛的观点都得到了表达。在系列节目，例如，每夜、每周或每月播出的节目中，涉及有争议问题的观点应当平衡地表达。

（7）隐私权保护原则

英国关于电视媒体与隐私权的关系遵循如下原则：电视获取信息的自由和发表信息的自由要接受某些限制，这些限制来自对国家安全的考虑，来自广播法的要求，也来自公民对个人隐私保护的权利。但有的时候，个人的隐私权必须与公众利益取得平衡，这些公众利益包括：发现并揭露犯罪；保护公众健康和安全；防止公众被某些个人或组织的言论或行动所误导；揭露公务中显而易见的低效率等。这一原则在《独立电视委员会节目准则》中得到了清晰的阐述。

由此原则出发，《通信办公室广播法》规定，在节目中对隐私的任何侵犯，都必须有正当理由。未经允许不得泄露个人的家庭住址信息。即使在新闻事件的报道中，相关人员也拥有隐私权。

如果一个节目侵犯了个人或组织的隐私，除非有正当理由，否则需要在播出前获得该个人或组织的同意。如果权利人要求节目停止录制或播放，除非有继续下去的正当理由，否则，执照持有者应当服从权利人的要求。

在正常情况下，不得将电话采访或电话交谈录制后用于节目中，除非获得被采访人同意。只有当隐蔽采访能够确立内容的可信度和权威性，只有当内容本身重要而且有利于公众利益时，才被允许使用隐蔽的麦克风和摄像机去获取未被告知人的声音和图像。

对自然灾害、事故或暴力事件等的报道常常是对人类磨难和痛苦的报道不可分割的一部分，并成为报道中直接描述的对象，而非间接报道的对象。但是，在提供此类镜头之前，制片人需要在为真实性服务的愿望以及同情感和追求轰动效应及不正当侵害个人隐私的可能性之间寻得适当的平衡。个人在丧亲或极度痛苦时的隐私权尤其应当得到尊重。

与上述保护未成年人的原则相一致，儿童的隐私权受到特别保护。采访16岁以下儿童时，需要征得其家长、监护人或其他负有责任的人员的同意，没有此类人员的同意，不得提问有关私人事务的问题。

（8）对节目赞助的规定

《通信办公室广播法》明确规定了新闻时事节目不允许接受赞助。除了赌博和游戏公司，被禁止在电视上做广告的商家也不能成为电视节目的赞助者；赌博和游戏公司不能赞助针对18岁以下未成年人的节目。

赞助者不得影响节目的内容和时间安排，不得削弱执照持有者的编辑独立性。节目中不能鼓励性地提及赞助者的名字、商标、图像、活动、服务或产品。赞助者不能在节目上有直接或间接的利益。

在节目的开始或结尾，必须能够清晰地辨认出赞助者的名字或标识；赞助者和节目之间的关系必须是公开透明的；赞助者名单必须与节目内容清楚地分开；赞助必须与广告清楚地分开；赞助者名单不得含有广告信息，不得鼓励购买或租用赞助者的产品或服务；当节目预告中含有节目赞助者信息时，必须是简短和次要的。

（9）对广告内容的限制

英国对广告内容的规制有一条基本原则，即节目和广告之间应有明确的区分，观众应当知道什么时候看到的是节目，什么时候看到的是广告。

因此，《通信办公室广告数量和分布规则》要求广告必须能够迅速被识别出来，并与节目截然分开。长于1分钟的广告，要特别注意与节目内容的区分，以免观众发生混淆。如果广告的风格与节目类似，在每播满1分钟时都要用5秒时间来提醒观众这是广告，超过1分钟后每20秒都要用3秒时间来提醒。

《通信办公室广告数量和分布规则》还对具体的广告内容进行了规范：所有商业电视频道中，在针对10岁以下小朋友播出的节目里，女性生理用品的广告有可能遭到禁播；同时，在任何针对16岁以下青少年的节目中均不得播出有关乐透或足球彩券的广告；在任何针对18岁以下青少年的节目中均不得播出超过某一浓度的酒类饮品、宾果游戏，以及瘦身类的食品或药品广告。

在任何频道的所有儿童节目里，都不得播出含酒巧克力、火柴、成药、维他命及其他食疗补给品的广告，不得播出限制级（即明确规定15岁或18岁以下青少年不宜观赏）的电影或录像带片段，也不得将含有低度酒精的饮料当成酒类替代饮品加以宣传、推销。

1.2.3 韩国数字电视内容、频道管理政策法规

一、实现电视内容规划管理的手段

（一）政府管制

颁布《放送法》和《放送法施行令》，对广播电视机构及相关从业者的行为活动、权利责任进行明确规范。1999年12月韩国国会通过了《综合广播电视法》，该法将所有的广播电视媒体统一规定在一个法律体系之中，并由一个机构统一进行管理。这个机构就是经过重新组建并于2000年3月正式开始运作的韩国广播电视委员会（Korean Broadcasting Commission，简称KBC）。在原有的法律框架下，不同的媒体由不同的法律规制、不同的机构分散管理，很难有效地制订和执行广播电视政策，因此已经越来越不适应当今国际传媒业迅猛发展的需要。KBC的重组正是出于这一国内和国际大环境下的考虑。

（二）行业自律

（1）KBC和KOBACO

KBC是一个负责处理与广播电视有关的所有事务的一揽子机构。KBC从文化和旅游部（MCT）、信息通讯部（MIC）接管了地面广播电视、有线广播电视、卫星广播电视、有线转播运营和音乐广播电视的许可与核准等管理权。同时，KBC行使由原KBC和韩国有线广播委员会执行的广播电视内容的管理权。KBC的职能还包括以前未被纳入法律体系的互联网广播电视内容的管制。此外，KBC还有权任命公共广播公司（如韩国广播公司、文化广播公司、教育广播电台）的董事会成员以及其他管理层人员。

韩国放送广告公社（Korean Broadcasting Advertising Corp.）是代理韩国无线广播电视台广告营业活动的媒体代理商，创立于1981年1月20日，旨在确保广播电视业的公共性，将传播收益回报给社会。定位为"培育放送和广告业、受爱戴的公益企业"，目标是成为数字化媒体时代的广告领导者和广告产业世界化的基石，形成以振兴广告事业和为广告提供便利条件为中心，将顾客置于首要地位、珍惜人才的发展策略。

（2）广电机构内部的伦理规范

韩国的广播电视机构均制定了从业人员行为规范或伦理纲领文件，要求员工加强自律。同时设有监察机构，以便及时纠正有关人员的失职行为。

（三）来自社会的他律

依据韩国《放送法》规定，韩国在综合编成和以报道为特色的广播电视机构建立了专门的视听者委员会，委员会由10～15人组成，定期召开会议对有关机构的节目进行评估审议并提出整改意见。

二、对电视内容的规制

（一）对节目呈现形态的管理

（1）节目内容的类型和比例的设定

韩国电视节目的传输方式主要包括地面和有线两种。节目类型分为报道、教养和娱乐三

类。以首都圈范围为例，普通韩国电视家庭能够收到的地面广播基本频道包括KBS1、KBS2、MBC、SBS、EBS以及NHK和驻韩美军电视台。前五个频道采用综合编成方式，后两个频道属于外国所有。其中KBS（韩国放送）和EBS（教育放送）具有鲜明的公营性质，也需要承担更多的公益责任。KBS的经营活动必须严格遵守韩国放送公社法。此外韩国对KBS播出的报道节目和娱乐节目的比重也有限制。报道节目的比重不能低于15%，娱乐节目（含连续剧）不得超过45%。

目前46.4%的韩国有线电视频道提供娱乐类节目，17.9%的频道提供资讯节目，28.6%的频道提供生活资讯，7.1%的频道为公共服务类。韩国唯一的外国语有线电视频道阿里郎电视台主要为在韩国生活的外国人服务，此外通过两个卫视频道，利用英语、汉语、日语、西班牙语、韩语向亚洲、欧洲、美洲、非洲的观众提供娱乐、教养和报道类节目。

（2）对本国自制节目的保护原则

根据韩国放送法施行令规定，地面电视每月播出国产节目的比例不低于80%，其他电视机构每月播出国产节目比例不低于50%，宗教、教育类专门频道播出国产节目的比例可以低于40%，但必须达到放送委员会核定的比率。按照节目类别来说，地面电视播放本国电影的比例为电影播放总时长的20%～40%，动画为30%～50%，大众音乐为50%～70%，其他类型的电视频道播放比例为电影30%～50%，动画40%～60%，大众音乐50%～80%。

（3）播音语言管制

韩国电视台主要使用韩国语标准语播音，出现方言或不标准的韩国语时需要加字幕。外语教学类节目和一些以外国人为主要目标受众的有线频道可以使用外国语言。NHK和驻韩美军电视台分别使用日语和韩国语播音。

（4）节目分级及对节目规定播出时段的限制

韩国对节目进行了年龄分级规定，出发点是为青少年营造适宜成长的广播电视节目环境，防止青少年受到暴力及色情节目的不良影响。规制的重点是暴力、色情及言语粗俗的内容。通过在电视画面上附加等级分类标记，引导观众做出合理的收视选择。2000年3月13日起，韩国在试行的放送法中对等级制的实施做出明确说明，经过一段时间的准备，于2001年2月1日起正式实施该项制度。

节目分级制度适用于电影、电视连续剧、脱口秀和娱乐节目，以及音乐电视和动画等节目类型。根据规定，韩国广播电视节目等级分为"全部年龄可观看""7岁以上可观看""12岁以上可观看""19岁以上可观看"。此外，广电业者选择增加了"15岁以上可观看"等级。

此外，在播出时段方面，韩国规定凌晨1点至清晨6点电视台不得播出新节目。工作日期间，下午1点至晚10点禁止播放"19岁以上可观看"等级节目；公休日和中小学放假期间，上午10点至晚10点禁止播放"19岁以上可观看"等级节目。收费频道的青少年视听保护时段从下午6点至晚10点。

(5) 对节目是否播出广告的限制

作为公营电视，KBS1承担着提高韩国民族自尊心、保护国民知晓权的公共职能，因此不得播放广告。

(6) 对广告播送时间和次数的限制

地面电视播放广告的时间不得超过节目总时长的10%，不得在节目中间插播广告，但体育比赛、文艺活动等中间休息时及准备时间插播广告不受此限制。电视节目之间每小时最多播放2次图幕广告，每次不超过4个，单个广告不超过1分30秒。和节目内容无关的字幕广告每小时最多播出6次，每次10秒以内，字幕大小不得超过画面的1/4。

综合有线和卫星电视的广告时间通常每小时不得超过10分钟。在节目中插播广告时，45～60分钟的节目可播出1次，60～90分钟的节目可播出2次，90～120分钟的节目可播出3次，120分钟以上的节目可播出4次。每次3个以内，广告时间不超过1分钟，但体育比赛、文艺活动等中间休息时及准备时间插播广告不受此限制。节目之间每小时最多播放2次图幕广告，每次不超过5个，单个广告不超过1分40秒。和节目内容无关的字幕广告每小时最多播出4次，每次10秒以内，字幕大小不得超过画面的1/4。

（二）对节目实质内容的限制

(1) 保障人类尊严和国家利益的规定

韩国《放送法》第5条第1项规定，广播电视必须尊重人类尊严和民主的基本秩序；第5条第2项规定，广播电视要努力建设国民团结、国家发展、民主进步的舆论环境。

(2) 电视内容的公平、平衡

韩国《放送法》第5条第2项规定，禁止播出宣扬地域、世代、阶层、性别歧视的内容；第6条第5项规定，广播电视要努力反映少数族群或相对弱势群体的利益要求。

(3) 对未成年人的保护和对淫秽、猥亵、下流、亵渎内容的限制

韩国《放送法》第5条第4项规定，电视节目不得宣扬犯罪或其他不道德行为；第5条第5项规定，为保护儿童、青少年的健康成长，促进家庭和谐，电视节目不得传播淫秽和暴力犯罪内容。

(4) 诽谤、侮辱他人、侵犯隐私

韩国《放送法》第5条第3项规定，电视节目不得毁损他人名誉或侵害他人权利。

1.3 美、英电视内容构成与分组付费情况

1.3.1 美国电视内容构成与分组付费情况

一、美国地面数字电视内容

由于美国大部分家庭都可以通过有线或卫星电视收看到数十套甚至上百套电视节目，与英国大部分家庭只能收看几套节目的情况有很大不同，因此，美国的地面电视数字化方向不在于

增加频道数量，而是主要关注音画质量的提高，所以，主要的发展方向为高清晰电视。2003年各大商业广播网在高清电视节目上展开角逐，美国哥伦比亚广播公司（CBS）对高清电视最为热心，几乎全部黄金时段都播出高清电视节目。播放时间每周平均27小时，除转播高尔夫球和橄榄球比赛之外，平时白天还播放通俗电视剧。紧随其后的是美国广播公司（ABC），每周平均播放16小时的高清电视节目，目标是要使高清电视节目达到其黄金时段节目的60%。另外，全国广播公司（NBC）平均每周15小时在黄金时段和深夜播放高清电视节目。美国四大广播网中，就连在高清电视化方面最不积极的福克斯公司（Fox）也自2004年秋季开始让黄金时段的节目有一半以上实现高清化。

美国公共广播公司（PBS）很早就开始了高清电视节目的制作，2005年3月初开始向全美的PBS所属电视台分配称作"PBS HD"的高清电视专门频道。

除了电视节目的高清晰播出外，一些地方地面电视台推出的极具地方特色的公共电视频道也大受好评。比如，南卡罗来纳州开设的南卡罗来纳频道，它是一个以报道地方信息为主的由"南卡罗来纳人制作的、为南卡罗来纳服务的、关于南卡罗来纳"的电视频道。因为当地商业电视台的地方节目只有新闻，因此，该频道锁定商业电视台不播放的内容，例如，当地高中和大学的橄榄球赛与篮球赛、州议会开会审议的情况以及当地大学的管弦乐音乐会等。

二、美国有线数字电视内容

美国有线电视的市场占有率近70%，产业发展相当成熟。有线电视可以为用户提供上百个电视频道，因此将电视节目分成不同频道组合以适应不同的用户需求，是有线电视普遍的措施，成熟的分组付费模式也自然延伸到了数字电视时代，并且随着数字电视节目和服务的多样化，节目分组更加细致多样。

（一）美国有线电视频道分组的基本模式

频道一般分为3种类别：基本频道（basic service）、按频道付费（pay per channel）与按节目付费（pay per view）。随着电视频道的增多，基本频道又可以进一步细分为经济型基本频道（economic basic tiers）、标准型基本频道（standard basic tiers）、扩充型基本频道（expanded basic tiers）。

经济型基本频道是最便宜的一种，但节目中大都穿插有广告，一般收费10多美元；标准型基本频道由经济型频道再加上几个受欢迎的有线电视频道，如CNN、ESPN等组成。扩充型基本频道则会再提供一些制作成本、授权费较高的电视频道如MTV、Discovery、高尔夫频道等。

付费频道（Pay Per Channel）是在基本频道之外比较特殊、没有穿插广告的频道，如HBO、CINEMAX、Showtime等电影频道或电子游戏频道，或者是满足特殊人群需要的小众化频道，需要个别付费才可以收看。按片付费（Pay Per View）是以单一的节目为单位，比如，最新的电影、一场精彩的足球赛、拳击赛的直播或是成人节目。

除此之外，还有个性化的频道组合方式，如选择舍弃型组合（negative option tiers），指有线电视用户可以和有线电视运营者协商舍弃自己不喜欢的频道，这样可以酌情减少有线电费用。另外，还有套餐组合频道（a la carte selection），可以根据用户的喜好，像点菜一样将频道进行不同的组合，常常会有适当的优惠促销，是有线电视常见的一种营销策略。美国的频道分组与频道费用基本情况详见表 1-1：

表 1-1　美国有线电视频道分组与费用基本情况

频道分类		节目内容	频道数和费用
基本频道	经济型基本频道	主要是全国和本地地面电视网或公共电视台的节目、成本较低的有线电视节目，一般都插播广告	大约 20～40 个频道 13 美元左右收视费
	标准型基本频道	经济型频道再加上一些受欢迎的有线电视频道，如 HBO、CNN、ESPN	大约 50～80 个频道 30～40 美元收视费
	扩充型基本频道	标准型频道再加上一些制作成本较高，授权费较高的电视频道如 MTV	大约 80～100 个频道 45 美元左右收视费
付费频道	按频道付费	较特殊的没有广告的频道，如 HBO、CINEMAX、Showtime 等电影频道或面对特殊族群的外语频道，如俄语、菲律宾语频道等	每套节目约 15 美元或与基本频道一起进行节目组合，费用 40～80 美元不等
	按节目付费	以节目为单位的付费节目频道	根据节目形态每个节目 4~8 美元不等
个性化组合	选择舍弃型组合	根据个人需求的频道组合	
	套餐组合		

（二）Comcast 的电视频道分组情况

（1）Comcast 模拟电视频道分组付费情况

Comcast 是美国最大的有线电视多系统运营商，用户约 2 200 万户。目前 Comcast 模拟电视部分的频道分组情况为：有限基本型，可以收看 50 个左右频道，收视费约 10 美元；标准型，收视费 44 美元，可以收到 90 个左右频道。另外，还提供 8 个付费频道，其中 4 个频道每套节目售价 14.99 美元，内容为一个影视剧频道 STARZ! 和 3 个满足小众需求的电视频道——俄语频道 RTN、菲律宾频道 The Filipino Channel 以及中国的 CCTV-4，另外 4 个是电影频道，每套节目售价 15.99 美元，分别为 HBO、Showtime、Cinemax、The Movie Channel 影视剧频道。另外，还提供几个付费点播的电影和成人节目频道，包括 RCN PPV、TeN、ETC、Playboy TV，根据节目形态每 90 分钟的节目大约 3.95～7.95 美元不等。见表 1-2：

表 1-2　Comcast 的模拟电视频道分组情况

分组类型	频道数	节目内容	收视费
有限基本服务	50 个左右	全国和本地地面电视网或公共电视台的节目、成本较低的有线电视节目	约 10 美元/月
标准服务	90 个左右	在有限基本频道之外包括 ESPN、CNN、Discovery、迪斯尼、天气频道、历史频道、高尔夫频道、金融频道等成本较高的电视节目	44 美元/月

续表

分组类型	频道数	节目内容	收视费
付费频道	8个	STARZ！	14.99 美元 / 月
		俄语频道 RTN	14.99 美元 / 月
		菲律宾频道 The Filipino Channel	14.99 美元 / 月
		CCTV-4	14.99 美元 / 月
		HBO	15.99 美元 / 月
		Showtime	15.99 美元 / 月
		Cinemax	15.99 美元 / 月
		The Movie Channel	15.99 美元 / 月
付费点播频道	4个	RCN PPV	每90分钟节目约 3.95～7.95 美元
		TeN	
		ETC	
		Playboy TV	

（2）Comcast 的数字电视服务

在数字电视发展方面，Comcast 的全部线路已经完成了双向改造，目前主要提供高清晰、付费点播、视频点播、数字录像机（DVR）等服务，2004 年第二季度的统计显示数字电视用户约为 800 万户。Comcast 可以同时提供电话和宽带上网的服务，电信和数字电视业务相互配合展开，目标是逐步迈向未来的 Triple-Play。数字电视比模拟电视提供了更多的频道选择，分为经典数字组合（Digital Classic）、加值数字组合（Digital Plus）、数字银组合（Digital Silver）、数字金组合（Digital Gold）、数字白金组合（Digital Platinum）5 种类型。组合频道内容与收视费详见表 1-3：

表 1-3 Comcast 的数字电视频道分组情况

频道组合	频道数	服务内容	收视费
经典数字组合（Digital Classic）	206个	除了广播网的电视节目之外还包括一些较受欢迎的有线电视频道、小众和专业频道，如 BBC America、Discovery Health、ESPN News、Independent Film Channel、National Geographic、Noggin、The Science Channel and Style，以及数字音乐频道、付费点播、互动电视等服务	51.50 美元 / 月
加值数字组合（Digital Plus）		除以上服务外，增加更多节目质量较高的有线电视频道以及专业小众电视频道	56.50 美元 / 月
数字银组合（Digital Silver）		除了以上频道和服务之外，另有 $Encore 频道组合，并可以自选一组付费频道组合	67.99 美元 / 月
数字金组合（Digital Gold）		除以上频道和服务之外，可再多选一组付费频道组合	79.99 美元 / 月
数字白金组合（Digital Platinum）		除以上频道和服务外，可收看 STARZ！频道组合以及所有付费频道	94.99 美元 / 月

与时代华纳等有线电视经营者相比，Comcast 的电视节目分组比较简明，美国许多有线电

视经营者为了争取市场份额会针对细分的受众市场,为客户提供非常详尽细致甚至烦琐的电视频道组合方案,以求争取一些有特殊需求的客户。而美国的观众也已经适应了有线电视节目细分的分组形式。但对于有些国家(比如中国),电视观众一直以来都没有电视分组付费的概念,过于烦琐的节目分组并不一定能取得好的市场效果。

1.3.2 英国数字电视内容构成与分组付费情况

英国的电视频道有3种类型。在英国5个全国性的频道中,英国公共广播公司拥有的BBC1和BBC2注重塑造国家文化;独立电视一台(ITV1)、第四频道(Channel4)和第五频道(Channel5)则为商业运营的公共电视,独立电视一台和第五频道以流行文化为主,第四频道注重发扬小众文化;还有S4C(威尔士语言台)、盖尔语节目这样的地区性、民族性公共频道。此外,截至2000年12月,英国还有大约250个纯商营的电视频道。

数字电视时代,英国利用地面、卫星和有线系统,致力于建立多个地面数字电视接收平台,为民众提供更多更好的电视服务。目前,英国有两个地面数字电视平台,一个是免费的数字电视组合FreeView,提供30多个数字电视频道和十几个数字广播频道服务;另外还有付费地面数字电视组合"Top Up TV",除了提供FreeView的所有节目外,另有十几个电视频道。除此之外,卫星电视BskyB凭借雄厚的实力也推出免费的数字频道组合与地面电视进行竞争。有线电视在英国不够普及,目前致力于推出互动性节目、付费节目等与有线和卫星电视竞争用户,同时,有线电视利用自身的网络优势将电视频道服务与电话、宽带上网等业务进行组合营销,吸引电视消费者成为有线电视用户。

一、英国地面数字电视内容

英国的数字地面电视,以2002年推出的免费多频道地面数字电视平台FreeView为代表,FreeView可以称得上是世界地面数字电视的成功典范。目前,FreeView为用户提供42个电视频道和18个广播频道,一般家庭只需花费约60英镑购买安装数字机顶盒,就可以收到FreeView所提供的所有节目。截至2004年年底,英国通过FreeView接收数字电视的英国家庭达到了460万户,占全国家庭总数的20%。36个电视频道内容与频道分类情况见表1-4:

表1-4 FreeView 频道内容与频道分类情况

序号	频道名称与频道位置	频道内容	频道内容细分
1	BBC One CHANNEL 1	为现代的英国观众提供对所有人都有一定价值的、高质量的流行节目	新闻综合类
2	BBC Two CHANNEL 2	丰富的纪录片、喜剧、戏剧、历史、艺术和新闻时事节目	新闻综合类
3	ITV1 CHANNEL 3	英国最大的商业频道,播放流行的电视剧、娱乐、体育、喜剧和新闻节目	新闻综合类
4	Channel 4 CHANNEL 4	提供多元的、开放的和大胆的节目,作为主流节目以外的另一种选择	非主流类

续表

序号	频道名称与频道位置	频道内容	频道内容细分
5	Five CHANNEL 5	在黄金时间提供艺术和娱乐,大型电影,体育赛事直播,美国电视剧和流行的纪录片	综合娱乐类
6	BBCi CHANNEL 105	提供不断更新的信息,增加特定的节目,以开阔眼界	综合资讯类
7	BBC Three CHANNEL 7	一个智慧、有趣的频道,目标观众是20~30岁和30~40岁年龄段的人群	特定受众类（中青年）
8	BBC Four CHANNEL 9	针对需要从电视中获得更多东西的观众,更有深度、广度,对思维有促进作用	高品位节目类
9	ITV2 CHANNEL 6	独立电视台较年轻的娱乐频道,提供电视剧、喜剧、体育和电影节目	综合娱乐类
10	ITV3 CHANNEL 10	当代和经典电视剧,一周两次播出好莱坞电影	影视剧类（电影、电视剧）
11	ITV4 CHANNEL 30	为男士量身制作:播出最受欢迎的美国电视剧、大型电影和犯罪类节目,以及喜剧、谈话节目、拳击赛事和欧洲冠军杯、联盟杯直播	特定受众类（男性）
12	E4 and E4+1 CHANNEL14&32	第一时间播出热门电视剧,以及风靡一时的喜剧	影视剧类（电视剧）
13	More4 CHANNEL 13	面向成人的智慧的、促进思维的频道,播出最好的家庭纪录片、当代电影、电视剧、新闻时事	高品位节目类
14	Sky Three CHANNEL 11	引人注目的娱乐频道,播出在卫星电视Sky One、Sky旅游和艺术世界频道中最受欢迎的节目,包括电视剧、生活节目和新闻	综合娱乐类
15	UKTV History CHANNEL 12	面向大量历史爱好者	高品位节目类（历史）
16	Men & Motors CHANNEL 38	节奏最快、速度最快的生活节目	生活类
17	Ftn CHANNEL 20	名人的小道消息与普通人真实生活的混合,包括有冲击性的电视剧和纪实性纪录片	生活类
18	abc1 CHANNEL 15	高质量的美国电视剧和喜剧（在威尔士收不到）	影视剧类（电视剧）
19	YooPlay HANNEL 106	提供游戏的互动频道,包括最新的手机铃声和java游戏	互动类（游戏）
20	Quiz Call CHANNEL 37	参与性的电视节目,观众参与竞猜和游戏节目,赢取从10英镑到1万英镑的现金奖励	互动类（竞猜）
28	Sky News CHANNEL 82	英国最受欢迎的频道,电视新闻强大的、创新的动力,向超过40个国家的8 000万观众提供24小时新闻报道	新闻类（综合）
29	Sky Sports News CHANNEL 83	昼夜不断地提供最新的新闻和结果	新闻类（综合）
30	BBC News 24 CHANNEL 80	深入每日的焦点事件,精确、权威和公平的新闻,24小时不间断	新闻类（深度报道）

续表

序号	频道名称与频道位置	频道内容	频道内容细分
31	BBC Parliament CHANNEL 85	英国唯一的政治频道	新闻类（政治）
32	ITV News channel CHANNEL 81	与事件同步的新闻报道	新闻类（综合）
33	Teletext CHANNEL 100	精确到每分钟的国内和国际新闻、体育竞赛，以及天气和娱乐信息	新闻类（图文）
21	BBC 2W(Wales) CHANNEL 2	每个周末晚上的高峰时间播出有关威尔士和面向威尔士的节目	小语种类（威尔士语综合类）
22	S4C Digital (Wales) CHANNEL 4	一个活跃、动态的频道，面向威尔士，每周播出超过80小时的威尔士语节目	小语种类（威尔士语综合类）
23	S4C2(Wales) CHANNEL 8	对威尔士议会进行不间断的报道	小语种类（威尔士语政治类）
24	BBC Two Digital (Northern Ireland) CHANNEL 2	在平日（非周末）晚上的高峰时间向本地观众展示对熟悉事物的意想不到的观点	地方类
25	TeleG(Scotland) CHANNEL 8	面向苏格兰观众，提供每日的盖尔语节目	小语种类（苏格兰语综合类）
26	Cbeebies CHANNEL 71	BBC的一个公益性频道，面向6岁以下儿童，使他们与知名动画人物一起玩耍和学习	儿童娱乐类（6岁以下）
27	The BBC Channel CHANNEL 70	面向6～12岁儿童的激动人心、引人注目和娱乐性的节目，从游戏、采访到优质电视剧和新闻	儿童娱乐类（6～12岁）
28	The Music Factory CHANNEL 21	第一个为全家设计的音乐和娱乐频道	音乐类
29	The Hits CHANNEL 18	最著名和最好的音乐与歌手	音乐类
30	Bid tv CHANNEL 23	快速和有趣的现场拍卖：观众通过电话和互联网同步出价，购买大范围的高质量商品，每日从上午8点至凌晨1点播出17小时	互动类（拍卖）
31	Price-drop tv CHANNEL 24	动态的购物方式：价格一直下降到所有的商品被售出为止，所有的购买者只需支付最低的价格	互动类（拍卖）
32	QVC CHANNEL 16	英国最领先的家庭购物频道，提供著名品牌和来自美容、DIY、时尚、电器等领域专家的建议	购物类
33	Ideal World CHANNEL 22	24小时购物，包括时尚、珠宝、园艺、健康与美容产品、家用器皿等	购物类
34	UKTV Bright Ideas CHANNEL 19	修理、园艺、内部设计、房地产和烹调节目	生活类
35	The mmunityChannel CHANNEL 87	由英国顶级广播公司和慈善团体提供的娱乐和信息	慈善类
36	Teachers' TV CHANNEL 88	有关教育事务和争论的新闻与纪录片，在全国范围内展示教师如何使课程活跃起来并促进学校改革	教育类

　　FreeView多频道平台的所有频道可分为6个大类，其中"信息、娱乐综合"类的频道数量最多，达到了16个，占所有频道数的44.4%；其次是"生活服务类"频道，共有9个，

占频道总数的 25%；专门的"新闻类"频道共有 6 个，占频道总数的 16.7%；关照小语种和地方收视需求的地域性频道共有 5 个，占频道总数的 13.9%；"儿童类"和"音乐类"频道各 2 个，占频道总数的 5.6% 左右；另外还有慈善团体提供的频道和教育类节目各一套。

如果从更为细分的节目类型来观察，可以看出 FreeView 依托 BBC 在新闻节目方面的强势，除了 3 个新闻综合类频道每天提供新闻报道之外，还有 6 个专门的新闻频道；而且 FreeView 注重对互动节目的开发，各种类型的互动节目共有 4 个，体现出 FreeView 积极利用数字电视优势的发展策略。另外，由于英国观众对电视的欣赏品位较高，而 FreeView 的主要控股者 BBC 又坚持公共电视服务的理念，因此，以高雅、高智商、反主流为主要内容的高品位电视频道和小语种类频道所占比例也比较突出。

从节目比例构成可以看出 FreeView 平台的多元化特征，差不多所有英国观众都可以在 FreeView 找到适合自己的节目。在照顾大众化需求的同时，FreeView 还善于利用数字电视的先进科技为民众提供更好的公共电视服务，重视节目高品质和服务的公平性与广泛性的公共电视原则延续依旧。FreeView 频道类别构成情况详见表 1-5：

表 1-5　FreeView 频道类别构成情况

频道类别	频道数量	比例	频道内容细分	频道数量	在所属类别中的比例	在频道总体中的比例
信息、娱乐、综合类	16	44.4%	高品位节目类（包括高雅、高智商、反主流等）	4	25%	11%
			新闻综合类	3	18.8%	8.3%
			影视剧类（包括电影和电视剧）	3	18.8%	8.3%
			综合娱乐类	3	18.8%	8.3%
			特定受众类（包括中青年和男性）	2	10%	5.6%
			综合资讯类	1	5%	2.8%
生活服务类	9	25%	互动类（游戏、竞猜、拍卖）	4	20%	11%
			生活类（包括生活资讯、生活技能等类型）	3	15%	8.3%
			购物类	2	10%	5.6%
新闻类	6	16.7%	新闻类（综合、深度报道、政治、图文等）	6	30%	16.7%
地域性频道	5	13.9%	小语种类（威尔士语、苏格兰语）	4	20%	11%
			地方类	1	5%	2.8%
儿童类	2	5.6%	儿童娱乐类（6 岁以下、6～12 岁）	2	10%	5.6%
音乐类	2	5.6%	音乐类（综合、流行）	2	10%	5.6%
慈善类	1	2.8%				
教育类	1	2.8%				

二、英国有线数字电视内容

（一）英国有线电视的服务类别

英国的有线电视所提供服务内容可分为 4 大类：

1. 转播地面和卫星电视的节目；

2. 提供地面电视所不具有的影视剧、体育、成人节目等频道，并提供按节目付费和节目点播服务；

3. 提供交互式的购物、理财、游戏、电子邮件等服务；

4. 开展电信相关业务，包括电话、宽带上网和其他网络相关服务。

（二）Telewest 的电视频道分组情况

英国最大的有线电视系统经营者 Telewest 所提供的服务包括电视、宽带上网和电话三个方面。电视频道实行分组付费制度，包括"初始组合"（Starter Package），提供 36 个频道，费用 13.5 英镑；"基本组合"（Essential Package），提供 32 个频道，费用 19.5 英镑；"超值组合"（Supreme Package），提供 36 个频道，费用 25.5 英镑；亚洲组合（Asia Package），提供 42 个频道，费用 37.5 英镑。另外还有单独的付费频道、视频点播、按节目付费，以及购物、理财、电视网络游戏、电子邮件等互动服务。为了能够让用户方便使用互动服务，Telewest 为用户提供无线键盘。用户的第一台机顶盒在签约一年的情况下可免费使用，第二台机顶盒须付 25 英镑的装机费，并每月付 15 英镑的租金。Telewest 所提供的付费服务与价格详见表 1-6：

表 1-6 Telewest 所提供的付费服务与价格

付费频道（Premium Channel）		
类别	内容	价格（£）
成人频道 1 （Adult Channel）	Play Boy TV	11
	Television X	11
	The Audlt Channel	11
国际频道 （International Channels）	Ary	10
	B4U	10
	B4U Music	10
	Sony TV Asia	10
	Star News & Star Plus	13
	Zee TV	10
儿童频道 （Kids Channel）	Disney Channel	6
电影频道 （Movie Channels）	FilmFour	6
	Sky Movies Pack （Sky Movie 1-9、Sky Cinema、1-2、4 Disney Channels）	20

续表

付费频道（Premium Channel）		
类别	内容	价格（£）
电影与运动频道（Movies & Sports Channels）	Sky Movies & Sports Pack（Sky Movie 1-9、Sky Cinema、1-2、4 Disney Channels、Sky Sports 1-3、Sky Sports Xtra）	24
运动频道（Sports Channels）	MUTV	6
	NASA	10
	Sky Sports Pack（Sky Sports 1-3、Sky Sports Xtra）	20
视频点播节目（TV on Demand）	Front Row	
	Private Blue	5.5
	Pay Per Night Channel	7
	Premiership Extra	
	Special Events	
互动服务（Interactive Service）	购物、理财、游戏、电子邮件	
无线键盘（Keyboard）	用以操作互动服务	29.99
机顶盒（第二台起）	安装费 25 英镑	月租费 15

1.4 美、英应对媒体汇流的相应政策

1.4.1 美国应对媒体汇流的政策取向

在科技汇流之前，美国对各类媒体依据其传输特性不同，在法规上有不同的管制原则和力度。

平面媒体强调《宪法第一修正案》所赋予的新闻自由与出版自由，没有主管机关，也没有出版法。

而地面广播电视因为使用稀有且具有公用性质的电波资源，因此依据"公共信托"模式（Public trustee model）进行管理，管理的尺度比较严格。

有线电视的线路铺设因为使用了公众的马路，因此也必须提供一定的公共、教育与政府频道。

对公共数据传输业（电信业）的管理逻辑则是依据进入行业的次序，先来者先得，不能有歧视。

对于互联网的限制最少，使用者须遵守网络域名秩序。

但是在科技汇流的潮流下，5 种媒介的法规模式也面临挑战。汇流是个渐进的过程，自 20 世纪 60 年代开始，ISDN 开始发展，电信与电脑之间在技术上越来越相关，电脑可以传输数

据,而传统提供语音服务的电话公司也可以提供数据到用户终端,为此美国相关管理部门在1970年、1980年和1986年分别制定法规不断对电话与数据服务的开办主体进行不同程度的规定,以维护竞争的公平性。到了90年代,随着互联网的迅速崛起,1996年的电信法顺应不断显著的汇流趋势彻底破除了不同媒介、不同区域之间的行业壁垒,使每一种产业在法律上都可以跨到他人的领域当中去,而究竟是不是要跨业经营则完全由企业根据市场情况自行决定。同时,很大程度上解除了对媒体的限制。

虽然随着汇流趋势的不断深入,美国的媒介管理原则将不断面临许多有待解决的具体问题,但美国 FCC 对于未来政策的基本指导方针和目标已经相当明确,即鼓励竞争、解除管制、提供投资机会、科技创新、为民众提供合理的媒介接近权及负担得起的价格与服务。

1.4.2 英国应对媒体汇流的政策取向

英国与美国面对科技汇流所采取的政策,最大的分歧在于英国主张传输与内容的分离。1996年,英国的广播电视法将数字地面电视的传输与内容相分离,分为多重传输服务者(multiplex services)、数字节目提供者(digital program services)与数字附加服务提供者(digital additional services)。多重传输服务平台负责将多个频道安置在政府所指配的8MHz频率中。按照规定,90%的频率必须播电视节目或与之相关的服务,10%可用来提供其他的内容,如数据传输。

英国所倡导的传输与内容分离制度的优点是:频率的分配与使用更有效率;可降低成本;可为新进入者增加竞争和提供创新机会;传输与制作各自分工有利于专业化方向发展。

任何一种制度都不可能是完美的,英国的传输与内容分离制的缺点是:传输平台和运营平台容易被垄断、对原有产业生态改变较大,运营者较难适应;小的产业容易被兼并。

第二部分　国外数字电视内容规划及管理政策分析

2.1　国外数字电视内容规划与管理政策特点的归纳

2.1.1　数字电视标准与数字电视发展策略

各国电视生态环境的差异决定了数字电视发展目标和策略的差别,这一差别体现在地面数字电视标准的制定或选择上。目前国际上最具代表性和普及性的是美国和欧洲两大地面数字电视标准:由美国"先进数字电视委员会"(Advanced Television System Committee)发展出的 ATSC、欧洲"数字视频广播集团"(Digital Video Broadcasting Group)发展出的 DVB-T。

一、欧、美两种地面传输标准的差异

美国地面传输标准以发展高清晰电视(HDTV)为中心,是一种"更高质量画面"(Better Quality Picture)取向,这种发展方向影响电视节目摄制向更高质量发展,强调更先进的硬件器材、更高级的视听享受,但不涉及节目型态的改进与多元。可以说,美国的数字电视是电信与信息科技厂商所推动的科技产物,主要以电视机和相关设备工业的振兴为目的,希望数字转换带动电视机市场的消费,但不着重电视节目的变革。美国标准采用单载波技术,与欧洲标准相比,具有信号覆盖好、抗干扰能力强等优点。以电视设备出口为重点产业或者与美国有较紧密政治经贸联系的国家倾向于选择美国标准作为本国的国家标准,如韩国、加拿大、墨西哥等国。

而欧洲则以标准清晰电视作为电视画面的要求,将注意力转向节目频道和服务内容的扩展,是一种"更高质量播出"(Better Quality Broadcaster)的取向,使经营者充分利用数字化频道压缩的优点,提供更多种类型的电视内容服务及增值服务,并可进一步开发多媒体广播等业务,以便公民参与公共事务、进行商务,提供教育软件,发挥电视教育普及的社会功能。而且欧洲标准采用多载波技术,强调与移动通信、电信事业充分结合,以达成数字汇流的产业目标。

总体来说,"美国标准"强调技术与物理画面的高品质展现,与美国的商业电视体制相呼应,以维护电视制造产业经济和技术优势、电视频率回收拍卖为目标。而欧洲的多频道与行动接收系统标准是从社会整体发展进行定位的,与欧洲的公共广播体制相呼应,以促进社会公众的信息获取便利、实现信息产业融合为目标。

二、美国地面数字电视标准及发展策略

(一)美国地面数字电视传输标准出台的背景

美国的数字电视发展模式主要是由电信与信息科技厂商而不是广播电视台所主导,数字电视发展的大背景是美国与日本电子工业之间的技术竞争以及数字汇流科技趋势。

美国的电视工业自 20 世纪 80 年代以后开始逐渐没落,其优势被日本的家电企业所取代,日本于 1960 年开始研发高清晰的模拟电视,在 80 年代进入成熟阶段,于是通过与美国同行建立策略联盟、资助技术联盟的方式,积极向美国推销"Hi-Vision"的高清晰电视概念,争取使自己的高清晰电视标准在全球占领优势。

美国本土电子业对日本主导电视产业方向的局面感到不满,认为美国的主导型产业联盟"数字视频广播集团"(ATSC)只是电视广播与制作的产业联盟,而合作伙伴和会员又多为美、日的合资厂商,因此本国产业利益被排除在外,于是向主管单位呼吁介入。1987 年 FCC 开始介入高清晰电视政策的相关事宜,成立新的咨询委员会 Advisory Committee on Advanced Television Service (FCC-ACATS),纳入了为数众多的美国资本的电子产业,其代表组织为 American ElectronicAssociation(AEA)。AEA 认为只有自行开发技术标准,才能改变美国电视工业日益萎缩的厄运,自 1988 年起召集了美国本土的计算机、电信与半导体厂商,积极投入高清晰电视的开发。20 世纪 80 年代之前,电视的革新锁定在所谓高清晰或高分辨率电视的研发,并不必然牵涉到模拟或数字的信号问题。比如,日本的 MUSE 系统与欧洲的 HD-MAC 系统都是用模拟信号传送高清晰影音节目;但美国自 1980 年开始,受半导体产业投资趋势与电信产业数字化成熟的影响,决定将电视信号数字化与电视高清晰革命融为一体,以创造更多经营效益,并与日本 NHK 的技术标准展开竞争,到 1993 年,经测试中心确认,美国标准优于日本

NHK 的标准，日本标准自此不仅败退北美市场，在世界的扩张也受到美国的威胁。

（二）美国数字电视发展策略

1993 年由美国主要电信与信息科技厂商所组成的组织 Grand Alliance 成立，该组织开发的高清晰电视标准得到 FCC-ACATS 的认可，国会正式批准为美国国家标准。

1996 年通过的电信传播法（Telecommunications Act）对美国数字电视发展的方向也起到重要的作用。法案允许各种电信传播产业相互竞争，也促使电信、计算机、传统媒体之间进一步并购、融合，电视将融入未来的大传播服务体系当中。

该法案还允许无线频率使用的弹性（spectrum flexibility），使原本广播电视信号的频率可以转换给其他无线通信使用。因此，地面电视追求高清晰数字化发展政策的背后，其实蕴含着将原本无线模拟频谱尽可能地快速收回，拍卖、提供给无线通信产业使用的政策意图。

在美国的数字政策下，电视产业的主体性不像欧洲政策那样明确，而是呈现模糊和萎缩的趋势。美国未来的高清晰数字电视，一方面，将导向家庭影院的升级目标；另一方面，将成为信息高速公路上一个重要的终端进出口，传统的电视收看功能，将彻底地改变并融入多媒体的革命当中去。

三、欧洲地面数字电视传输标准及发展策略

（一）欧洲地面数字电视传输标准出台的背景

面对数字化潮流，欧洲各国认为 20 世纪 90 年代初期的高清晰电视，由美国、日本合作发展出来，象征着日本家电工业与美国好莱坞影视集团在全球的优势，极有可能进一步入侵欧洲的市场，导致文化产品倾销，损害国家文化主权，因此欧洲有必要联合起来发展自己的电视革新模式，以取得对等地位的数字电视发展。因此，欧洲统合整体的力量组建"数字视频广播集团"（Digital Video Broadcasting Group）来开发传播新科技，主要参与的团体为欧盟（European Union）、欧洲广播联盟（European Broadcasting Union），以及欧洲电信标准机构（European Telecommunications Standard Institute，ETSI）。

欧洲整体的数字电视标准规范（包括卫星、有线、地面电视），建立在 1997 年的"传播科技汇流绿皮书"的基础之上，其中"地面电视"只是整套电信与传播数字科技汇流中的一项。

从技术上来看，地面数字电视标准欧洲与美国的最大区别在于欧洲的调控方式应用的是多载波技术，而通信网络所普遍应用的就是多载波技术，这就为电视与电信的融合提供了基础。由此欧洲采用 DVB-T 标准具有两项独特意义：一是带领电视进入整体数字媒体产业；二是将电视内容转换成可流通到所有数字平台上的软件。

不过欧洲的数字电视发展整体来说采取市场驱动（market-driven）与务实取向（realistic approach）的发展策略。

从市场的角度，欧洲许多国家的电视观众，主要收视环境仍以地面电视为主，而观众的品位也以本国文化为中心。因此，多频道的数字电视广播，可以增加大部分观众的收视选择，从而达到丰富本国多元文化的效果。

从务实的角度来看，数字电视的发展最为困难的部分，在于用户使用高清晰数字电视服务的门槛（购买价格高昂的数字电视机或机顶盒），如果任由市场自由发展，电视接收设备的转换必然需要耗费较长时间，历史上黑白电视更换为彩色电视就耗时 10 年。

从数字产业发展的角度来看，在数字媒体汇流的时代中，不同媒体的内容与服务的相互协作有助于扩大规模经济并为相关经济领域带来发展空间。

（二）欧洲数字电视发展策略

考虑到以上因素，欧洲 DVB 集团认为高清晰电视市场需求尚未成熟，而且让用户使用高清晰数字电视服务的门槛（购买价格高昂的数字电视机）是发展的一大瓶颈。数字化应该可以为电视节目的种类提供更大的空间，如果增加投资却无法提高收益，将会降低传播业者推动数字电视的意愿，因此欧洲的地面传输标准 DVB 系统主张提供视听效果低于高清晰节目，但同时占用频宽较小的标准清晰节目，以增加节目频道数量为主要目的，而且在增加节目数量的同时应尽量提供多媒体广播（数据、音频、视频）以及透过 MHP（Multimedia Home Platform）界面① 提供互动多媒体服务，用来增加获利机会。英国于 1998 年 11 月正式开播数字地面广播，同时提供免费与付费两种节目，并提供互动性节目与图文数据服务。欧洲集团的数字化采取了市场与务实取向的发展策略，与美国的高清晰电视取向分道扬镳，以"内容"作为未来多媒体产业的发展方向，而不是以技术决定电视服务的方向。

欧洲政策的另一项特点是，在数字电视的发展中坚持对公共广播电视理念的重视与强调。1997 年欧盟理事会正式同意一项为公共电视所设的议定书作为"阿姆斯特丹条约"的附件，同意欧洲政府继续提供资助给公共电视，使其可以在数字时代履行公共责任。

2.1.2 媒介理念与数字电视发展策略

世界各国发展数字电视的策略之所以有较大差异，与各自的广播电视体制有直接关系。不同的广播电视体制体现了不同的媒介理念，各国的电视体制从本质上可归结为：在"商业主义"和"反商业主义"两种极端观念之间所做出的不同程度倾向性的选择。美国和欧洲国家分别是"极端商业主义"和"极端反商业主义"的典型代表。

美国一向反对政府对大众传播媒介的干涉，认为市场是实现大众多样化选择的最好方式，因此美国采用"商有商营"的电视体制，媒体由私人自由经营，政府实行低度管制；而欧洲国家历史上存在着对商业主义的厌恶和不信任，认为"故事、歌谣和图画一直是人类社会传递价值观和信仰的主要方式，如果不能负责任、有创造力地运用，而是仅仅把它们看作是一个消费品产业而不是一个复杂的文化现象，那很可能就会摧毁掉社会的健康和活力。"因此大众传播媒介尤其是广播电视被认为是一种文化事业，而非单纯的商业，应该是一种非营利性的公共事业，由政府或非营利性的财团法人经营。

纯粹"商业主义"和"反商业主义"理念指导下的电视体制都有其难以避免的"市场失灵"

---

① 类似于 Windows 操作系统的用于数字电视的操作系统。

或者"政府失灵"的弊端：商业主义之下的电视内容，为迎合最多数人群的注意力，容易走向低俗、谄媚；而政府的直接管制方式往往成本巨大，而且行政组织也较难获得完备的一线实践部门的信息，从而造成效率低下、决策失误。

自 20 世纪 80 年代以来，随着经济自由化与社会多元化的发展，出现了全球广播电视体制向"商业主义"一端偏移的趋势。欧洲的电视体制已经不再是纯粹的"反商业主义"。以英国为例，1985 年英国政府委托 Peacock 委员会进行公共广播系统的调查研究。该委员会经过调研发布的报告成为英国媒介政策的转折点。在此报告出台之前，政府管理者普遍认为市场压力与节目质量是两个完全独立、互不干预的领域。政府管理是确保节目质量的最佳方式，而在此报告之后，这个原则被抛弃了。政府管理者开始意识到，如果公众能从供应商那里购买到所需要的节目，而供应商通过价格和质量来争取顾客，那么公众利益就可以得到很好的满足。另外，通过竞争不断刺激广播组织提供更多、更好的服务，也有利于公众的利益。英国的政策走向开始越来越依赖公众的选择而不是强制性的管理来保证公众获得想要的节目。与此同时，媒介产业所蕴含的巨大商机、跨国媒介集团对欧洲媒介文化和市场的侵蚀，也使欧洲政府越来越感到提高媒介市场化程度、增加媒介机构竞争能力对于改变国内经济低迷、保护民族文化的重要性。因此市场与政府管制相结合的原则渐渐成为欧洲国家电视媒体发展的主流。

2.1.3 电视数字化过程中政府的主要管控对象

我国对大众媒介实行全面管制的政策，无论是地面电视还是有线、卫星电视以及所有印刷媒体都由政府直接管理，因此对于三类电视传输方式在管理政策上并无本质的区别。而在多数国家，除地面电视之外的大众媒体一般没有进入门槛，无须政府审核发放执照，完全是私人化的企业。相对地，多数国家认为地面电视是政治与文化的产业，而非单纯的经济性产业，因此一直被作为特殊的传播媒介来对待，在管理政策上与有线电视、卫星电视以及印刷媒体有着本质区别，即使是在电视高度商业化的美国也不例外。原因在于地面广播电视的几项特性：

* 地面电波频谱是公共的资产；
* 地面电波频谱是稀有的资源；
* 电视媒体对民意的影响远强过印刷媒体；
* 电视出现的历史背景不同于印刷媒体。

发达国家将地面电视经营机构作为公共利益的信托人看待，认为这些机构在享有了使用有限公共频率资源权利的同时，必须承担相应的社会责任。而为了保证地面电视能够很好地履行社会责任，地面电视被认为是一个进入管制（entryregulation）的产业，以求通过政府的管制来保障地面电视在节目上必须承担公共责任（accountability）、扶植多元文化（diversity）、新闻信息报道严守客观中立（objectivity）等。这样的原则历经从广播到电视、从单一地面微波到有线卫星多渠道传输、数字化技术等多次传播科技变革，一直没有发生改变，对地面电视可以进行政府管制的传统也一直保留至今。①

因此,在弥漫全球的解除传播管制、媒介自由化的潮流之下,地面电视的特殊性虽然也面临挑战和质疑,但从目前的情况来看,地面广播电视可以说是唯一没有被技术革新与自由主义思潮完全攻破的领域。

由于政府对地面电视一直有管制的传统并拥有实施管制的资源,多数国家的电视数字化发展过程中,政府主要介入的领域是地面电视,而有线和卫星电视被认为并没有占据公共频率资源,一般都是完全私人化的企业,其数字化发展不属于公共政策的范畴,政府没有权力直接介入,因此,有线和卫星电视的数字化主要由经营者根据市场情况来自行决定,国家不以法规政策强行主导,除非其数字化的过程会影响地面电视数字化的进程,政府才会针对此问题加以管理引导。

2.1.4 发达国家电视节目内容管理机制

发达国家对电视节目内容的管理并不仅限于政府机关的管制,媒介的自律以及社会的他律机制在电视内容规制中也起着重要的作用。而且,对电视内容的规制一般遵循先由媒体自律,其次社会他律,最后才是政府管制的先后顺序,政府管理的定位是"剩余责任的承担者",也就是在行业自律和社会他律无法起作用的领域才由政府介入。

一、政府管理机制

政府管理机关一般通过核发经营执照的手段进行电视频道数量和种类的结构控制。同时,通过各种形式的法律法规对电视机构进行强制性限制,对于违反法律的电视机构,电视专门管理部门以及国家执法机关可以对其处以不同形式的惩罚。

二、行业自律机制

国外主流的电视制播机构一般会谨慎恪守媒体专业主义要求,电视行业协会或电视媒体所订立的电视自律守则和内部规范往往比管理机关的规定要烦琐且严格。

三、来自社会的他律

国外一般积极利用公民社会的力量实现对电视内容的监管。一方面,建立较为完善的公众投诉系统,鼓励民众利用方便的申诉渠道对媒体内容提出批评建议;另一方面,利用民间非政府组织力量,比如,美国的"报道公正及确实组织"(FAIR)、"国家消费者联盟"(CFA),英国的"新闻控诉委员会"(Press Complains Commission,PCC),这些组织通过舆论对媒介形成压力,对不恰当的媒介报道或媒体广告进行监督和批评。

2.1.5 发达国家电视内容管理目标、准则与方式

随着广播与电信的汇流,以及电视媒体数字化所带来的频道资源的扩展,传统电视内容的大众传播模式向小众化、个性化方向发展,这种现象虽然一方面可以更大限度满足观众(消费

---

① 但这些社会责任随着政治、社会的演进也在不断变化,在数字电视转换过程中,在国会、政府、行业之间或内部的讨价还价之中有渐渐被侵蚀的趋势。

者）的多样化需求，但无形中也造成了社会的碎片化现象，而且"信息鸿沟"又会进一步扩大社会分化，隐含着社会不稳定因素。因此，引导社会整合、确保电视服务的普及以及减少信息鸿沟，是数字化时代发达国家广电管理部门对电视进行管理规范的重点。

"公共利益"是西方国家电视管制的核心，因此严格要求政府对媒介的任何干预都必须符合"公共利益"原则。不同国家对"公共利益"的理解不尽相同，西方发达国家对"公共利益"一般理解为"秩序""自由"和"平等"，并由此衍生出相应的电视管理准则，而不同的管理准则又对应一些惯常采用的管理方式。西方国家媒介管理的目标、准则与方式见表2-1：

表2-1 西方国家媒介管理的目标、准则与方式

管理目标		管理准则	管理方式
保障公共利益	维护国家安全	保守国家机密	国家机密保障法
		无损国家利益	叛国罪
		政令发布	强制播送
	维护社会秩序	维护社会伦理道德 保护青少年身心健康	节目分级制度
			猥亵、暴力内容的禁止
		防止过度商业化的侵蚀	媒介自律机制
			节目广告化的禁止
			广告管理法律法规
			媒介所有权与经营权分离
		保护个人权益	诽谤罪
			隐私侵犯赔偿
	保护民族文化	保护民族文化	本国节目制作比例规定
			少数民族语言文化保护
		保障内容多样性	设置公共频道
			节目类型比例
	自由与平等	确保个人意见的表达	更正、答辩权
			开放个人或政党竞选广告
			机会均等原则
		媒介使用权与知情权	公平原则
			政府信息公开

2.16 合理的制度安排与电视内容规划

国家制度、政治经济文化环境、电视体制、传播理念是电视内容安排的宏观影响因素，而由这些宏观影响因素所决定的电视资金获取方式、传输方式选择、播出机构的理念和经营策略等则是决定电视内容呈现的直接影响因素。西方发达国家对电视内容的规划，一般并不直接干预电视节目本身，而是通过设定电视内容的相关影响因素来影响电视节目内容的走向，也就是

通过合理的制度安排使电视内容处于一个良性的发展框架之内,不会偏移基本的内容规划理念。数字科技使电视业所面临的制度选择处于一种新的不确定的状况,如何利用新技术实现合理的制度安排,是数字电视内容规划的一项重点。

一、国家媒介体系

这是电视内容最外层的影响因素。一个国家的媒介体系由一系列因素所构成,包括政治、经济、社会、历史等基础架构,以及在此基础上的国家媒介政策和媒介行业文化等。

二、电视机构的运营形式

这一层面由一系列组织管理规则所控制。

（一）资金获取方式

资金是任何一个电视机构运转的基础,资金获取方式对电视机构的战略和编辑选择,也就是对电视节目的内容和风格具有决定性的影响。市场化、数字革命以及媒体融合给电视机构的资金获取途径提供了更为多样化的选择设计空间。传统的资金获取方式以广告和执照费为主,在数字化、多频道的环境中,付费收看、点播收费等方式在扩展电视业资金来源渠道的同时也为观众提供了更大的选择自由。目前电视机构的主要资金来源为:

（1）执照费和财政拨款

执照费和财政拨款从本质上来说都是税收,所不同的是财政拨款来源于全体国民而执照费来源于所有拥有电视的家庭。执照费和财政拨款是公共广播组织的传统收入方式,目前英国、瑞典和日本的公共广播组织以收取执照费来维持运作；加拿大和澳大利亚的公共广播组织主要依赖财政拨款；美国的公共广播网40%的资金来源于政府拨款,剩下的来源于捐赠。

执照费和财政拨款在消费者和电视机构之间建立了一种直接的财政关系,但是并没有为观众表达意见建立一个直接的机制。收取执照费的电视机构所提供的节目内容往往会有与观众需求相脱节的问题,尤其是在垄断条件下,收取执照费和享受财政拨款的电视机构被批评将一种"精英格调的品位"强加给电视观众。但是执照费和财政拨款的电视机构能够摆脱电视观众数量（收视率）的限制,有利于电视节目的多元化,电视机构能够有空间去创作不具有收视率优势、但品质较高、具有文化教育意义的电视节目。

（2）广告费

广告费是商业电视机构的传统资金来源,也是公共广播组织的额外收入来源。从经济学的角度来说,广告费摆脱了"从消费者那里直接获取生产成本"的问题,给观众免费收看节目的感觉。但是广告收入并不与消费者对电视节目的需求直接相联系,而由社会经济状况、企业的盈利状况以及观众的消费能力所决定,因此,依赖广告收入的电视机构对国内的经济起伏十分敏感。

此外,广告对电视内容有很重要的影响,依赖广告收入的电视机构的最大目标是吸引尽可能多的、且具有较高消费能力的人群,这也就限制了节目内容的多样化,小众的、经济能力差的观众群体的收视需求往往被冷落。

（3）收视费

随着社会的多元化发展，电视观众的品位和需求呈现多样化和碎片化发展的趋向，电视节目也走向细分化。收视费作为电视机构的一种财政来源逐渐成为颇具吸引力的盈利模式。

（4）互动收费系统——点播付费

点播付费是一种快速增长中的电视机构资金获取方式，是媒介、电视、IT产业融合的结果。"点播付费"系统可以让观众摆脱电视时间和内容安排的限制，可以挑选任意时间收看自己挑选的节目。

点播付费系统的基础设施搭建比较昂贵，而且促销宣传也需要花费大量资金，难以实现短期内盈利，因此其发展需要强大的资金支持。目前，这种资金获取方式在有线和卫星电视比较发达的国家发展已经相当成熟。

（5）跨业经营收入

随着电视的数字化以及"三网融合"的发展，传统的电视机构有机会从事传统电视节目内容提供之外的业务，比如，利用有线电视网络提供信息服务、带宽出租、宽带上网、IP电话等，从而获得跨业经营的收入。

电视机构的跨业经营所影响的已经不仅仅是电视服务内容的提供，对整个电视产业的结构都将产生颠覆性的影响。目前，对于电视的发展定位有两种不同的意见：一种认为，电视应该固守自己内容制作的优势领域；另一种认为，电视业应该采取积极开拓的态度。目前，许多国家从国家信息化战略角度考虑，已经为广电、电信的跨业经营提供了政策空间，美国由于电视产业的发达，在这方面处于领先地位。

（二）电视信号传输方式

十几年前，所有的电视节目都是通过地面模拟信号向观众传输，如今已经有卫星、有线、地面以及互联网等多种传输方式可选择。传输方式对于电视节目内容也具有极为关键的影响。

（1）地面传输方式

地面传输网络是最早的电视节目传送方式。这种传送方式的优点是在覆盖区域内任何人都可以接收信号；缺点是频率资源有限，并且信号容易受地形、天气等外在因素的干扰。

（2）卫星

卫星相当于一种轨道天线，它接收从地面发射的信号，然后再把这些信号发送到个人的接收天线或有线网络，再由有线网络发送给个人家庭。卫星信号质量优于地面传输，而且对于广大区域来说，成本低于地面传输网络。

（3）有线电缆

有线电视信号传输不易受到外界环境干扰，而且是一个宽带电视系统，可以提供更多的电视频道，并具有开展电话、互动电视等服务的有利条件。

（4）电信网络

随着电视信号的数字化以及电信网络的技术升级，电信网络传输影音节目成为可能，而且电信网络具有良好的互动性，功能开发空间更为广阔，在影音节目的传输上具有一定的优势。

2.1.7 延续电视公共服务目标的保障原则

督促媒介履行社会责任的媒介管理目标，在广电行业表现为对电视"公共服务"原则的一系列保障措施，欧洲的"公共广播体系"正是这类保障措施最为典型的制度化体现。不同国家对电视公共服务原则的侧重点不尽相同，比如，美国着重儿童、社区节目品位，以及政治意见多元市场的维护；新西兰、加拿大等国家重视本国文化节目的生产；欧洲联盟重视欧洲高品位文化节目的制播；日本重视独立制片产业的发展等。纵观目前主要发达国家的数字化政策，电视模拟时代的公共服务原则也继续存在于数字时代，依然是数字化时代的电视管制重点，并且根据数字时代的特点设立了相应的保障措施。

一、对特定节目普遍服务责任的规定

就保障而言，数字化过程中，频道增多，频道加密机制可以创造额外利润，受公众欢迎的节目将逐渐转入付费节目的范畴，因此有必要进一步明确限定公共服务类的节目种类，该类节目不可卖断转播权给付费电视经营者，尤其是运动、现场演艺转播、经典影片等节目。如英国1996年广播电视法，要求地面波的数字电视频道必须免费提供特定的电视节目类型；同时，也禁止重要的体育比赛节目转播权转卖给付费电视公司。

在这方面德国曾有过教训。2000年8月经营德国付费卫星电视频道Premiere的Kirch集团，为了推广数字电视买下所有重要的全国性足球赛的转播权，届时全国民众想要收视这些球赛都需要付费，订阅其专属的运动节目频道，引发争议；这一行为被德国之声称为人民的头号公敌，最后用户没有达到预期，节目买断的巨大资金投入无法收回，使集团发生财务困难而最终倒闭。

欧洲执委会的官员针对此议题，要求共同体的竞争法（Community Competition Law）对此问题进行观察并研讨管制对策。相关官员认为，单一球赛的独占播出权并不违反竞争法，但是长时期的独占播出权应该禁止，而且只有在电视业者有重大投资风险的考虑下，这样的契约才允许签署。执委会建议依据"电视无疆界"（Television without Frontiers）指令第3A条规定，各会员国政府必须确认该国广电经营者不可利用其独占权利侵害公众使用体育节目的信息权利，因此要正面列出应当免费播出的电视节目。

二、设立公共服务赞助机制

数字电视的发展需要大量的前期资金投入，而且很难实现短期投资回报，各国针对此问题纷纷建议设立数字电视公共服务相关的赞助机制。英国公共政策研究中心（The Institute for Public Policy Research）建议，从模拟频谱拍卖的收入中成立"数字公民基金"，协助公共电视推广数字电视节目，或由国会立法征收数字电视税收（Digital TV Levy），资助公共电视发展数字电视节目；美国智库组织"世纪基金会""卡耐基协会""McArthur &Knight基金会"于2001年资助一项研究名为"数字承诺计划"（Digital Promise Project），该研究成果最后由Newton Minow（前FCC主席）及Lawrence Grossman（前公共电视协会总裁）具名报告，呼吁国会立法用无线电波拍卖的资金成立"数字机会投资基金"（Digital Opportunity Investment Trust），专款补助公共电视在未来宽带网络上播出节目的需求，这一法案与美国在20世纪初成立土地投资法案建立州立大学的创举相呼应，被称为无线电波的不动产资助（land grant of the airwaves）；日本邮电省（MPT）则在2000年与大藏省商讨，将补助国民收看数字电视节目的设备需求，预计2001年所需经费为100亿日元，经费规划从拍卖模拟频谱收入中征收；韩国政府也在研究以"广播发展基金"中的一部分支持独立电视节目公司在高清晰节目制作上的需求，投资的预算大约为600亿韩元。

另有政策建议，以开发商业服务收入来补助公共电视服务，如美国联邦传播委员会于2001年宣布：公共电视、教育广播电视、非营利广播组织，可以利用数字频率节目播出以外部分经营广告与增值信息服务，所得的税后盈利用来补助数字化发展需要。

对商业电视台进行公共责任的规范，也是资助多元节目生产的方法。英国与美国，目前都有商讨"付费或执行"的政策原则（pay or play）来引导数字电视的发展。也就是政府拍卖数字频率的收入，以及商营电视台付出的数字频率使用费（交换不执行公共责任播出的条件），都应归入项目的数字基金，以投资优质与公共服务的节目制播，支持公共电视与公共利益委托人的商业电视台在数字时代的节目制作需求。或者将商业电视台的年度总营业额按一定比例上缴，成立信托基金，资助公共电视节目制作的需求。

2.1.8 对数字电视新型服务内容的管制原则

未来的数字电视，利用数字通信与汇流其他媒体的方式，除了传统电视节目内容的呈现之外还可提供互动电视、增值服务（如多角度转播体育节目、财经新闻节目的信息提供、电子节目菜单等）、数据广播（data-broadcasting：提供政府或商业信息）等服务项目，这使得数字电视的节目内容转型成一种多媒体的服务；观众不仅能看电视，还可获取数据、享受互动服务、传递信息，电视的服务内容已经与电信服务的管辖范围出现了交叉融合。由此产生一个重要的问题：数字电视新型服务的内容管制，应该遵循共同传输者（common carrier）还是内容管制（content regulation）的原则？目前发达国家对此问题尚无定论，但是对于已经开始提供新型服务的电视台，仍然需要接受现有广播电视法的管辖。

此外，由于电视台进行数字电视业务的频率分配主要是依据原来的身份而获得，因此原来的身份也自然延伸到数字电视时代，对于地面电视台来说仍是公共利益委托人的角色，除非另外订立特别豁免规定，所以其经营的本业仍是电视节目广播。因此发达国家一般对地面电视台的信息广播业务设立了一些限制，以免副业变成本业，损害了观众的权益。如英国广播电视法，限制数据广播业务使用的频宽不能超过所有频宽的10%；澳大利亚1998年制订的"电视广播服务法"和"数据广播强制法令"，规定现有商业电视台所经营的信息广播只限于增值电视的业务范围，单纯的信息广播业务只允许由新成立的经营者，以电信业务的名义申请经营。除此之外，发达国家在使用频率传输数字电视内容方面，并没有明显的限制规定，一般是以开放的态度，鼓励公共电视尽可能开发增值型电视服务，提供节目相关的知识，使电视在数字化时代能够更好地为公众服务。

2.2 国外数字电视发展经验对我国的启示

2.2.1 不同国家在数字化过程中面临不同议题

"数字电视"对于不同国家的广播电视来说是内涵不同的议题。数字汇流是一个早在20世纪60年代就已经开始并渐进发展的过程，对于广播电视体制较为成熟的国家来说，不仅电视体制本身对科技变化的承载接纳能力较强，而且应对数字汇流科技的政策、产业变动早已起步，可以说已经积累了数十年的经验。这类国家在目前的电视"数字化转换"过程中，所面临的主要议题是如何将模拟时代的广播电视理念与制度继续贯彻到数字时代，因此对广播电视体制只需进行微调即可，可称之为"数字化延续"；而对于一些广电体制本身不够成熟的国家来说，电视体制在模拟电视时代就已经表现出种种弊端，面临革新，因此这些国家往往将电视数字化视为变革原来不尽合理的广电体制的契机。也就是说，这些国家的电视数字化进程需要同时面临"应对数字化挑战"和"变革广电体制"的双重任务，而电视数字化可能会使该国的广电体制产生一些本质的改变，因此可称之为"数字化跨越"。

美、英以及一些欧洲福利国家，虽然各自的广播电视理念不尽相同，但都在历史发展中形成了一系列较为合理有效的广电制度，面对数字化只需将各自的广电理念以一种"简单而持续"的原则贯彻到数字时代即可。

我国的电视体制在模拟信号时代就已经积累了较多的问题，面对"数字革命"的挑战，原有广播电视体制的束缚与新科技所带来的生产力进步之间产生了矛盾，因此在我国电视数字化的进程中，利用新科技发展广电与利用新科技变革广电的双重任务必然是纠缠在一起的，所面临的任务也相应更为艰巨。

我国广电行业面对社会、科技变革一直有一种"维持现状""小富则安"的心态，数字化所带来的"三网融合"等新形势，一方面对广电行业提出了严峻的挑战，但也同时提供了一种开拓新局面的机会。

此外，正是由于我国数字化进程面临着双重任务，不同于发达国家的"数字化延续"，而且我国的电视生态系统与国外有着相当大的差异，因此即使是国外的成功经验也须谨慎对待，在借鉴之前一定要考察这些成功经验所赖以生存的环境因素，不然很容易造成"南桔北枳"的结果。我国电视发展很多时候倾向于借鉴美国经验，而忽略了美国的电视发展是以美国所独有的、成熟的商业电视生态系统和社会经济文化为背景的，美国的电视网、不同广播电视机构之间的竞合关系等电视发展的基础条件，对于我国来说都是很难在短期内实现的。欧洲的电视体系与我国有更多基因上的类似，可供借鉴和挖掘的经验应该更多一些。

2.2.2 电视体制与政治、经济、文化教育目标的协调

世界各国对大众媒介的规制，从本原上来讲蕴含了三种不同的理念：政治理念、经济理念和文化教育理念，三种理念对于一个国家和民族的发展都有其不可忽视的价值。政治理念强调的是媒介对于维持国家认同、保证国土安全以及维护执政党地位的作用；经济理念注重的是媒介如何建立和维持自由的媒介市场，通过市场满足消费者的需求并获得经济收益；文化教育理念关注于媒介对于知识普及、民族文化传承以及对社会的批判性考察。三种理念在不同的媒介生态环境下会呈现出融合协调或者分离冲突的状况。不同国家对媒介进行管理的基本理念一般都是三种理念的综合，不同之处在于对三种理念的不同偏重程度，而相同之处则都是以追求三种理念的协调发展为最高目标。一个国家的媒介体制是否成熟有效，从根本上来说取决于这一体制是否为三种媒介理念提供了各自的发展空间与协调融合的可能性。不成熟的媒介体制往往表现在三种目标理念之间的顾此失彼或者相互冲突对立。美国的商业电视体制和英国经过改革后的公共电视制度可以说是两种较为成熟的电视体制。

美国的电视发展模式是典型的以经济理念为核心，在这一理念的指导下发展出一套成熟的商业电视运作体制，通过市场化的手段既实现了媒介产业的繁荣，同时也能很好地实现媒介的政治目标，相对来说，文化教育目标的实现则让位于经济和政治目标，有一定的缺失。为弥补这种缺失，美国所采取的对策是制定复杂的电视内容管制规则，以此弥补电视过度商业化的弊端；同时对非营利的公共电视台进行政策和资金方面的保护，使电视的文化教育目标可以在商业电视的环境中得以实现。

以英国为代表的欧洲国家，以文化教育目标为电视业发展的核心理念，将广播电视视为公共产品，强调电视的公共服务功能，建立了公共广播电视体系。在20世纪80年代之前，公共电视体制的一个突出特点是强烈依赖政府管理手段来实现电视的文化教育等公共服务目标。由此，电视可以较好地实现电视的文化教育和政治目标，但在经济目标方面则有很大的缺失。在国内经济低迷以及美国媒介集团跨国渗透的压力下，80年代之后欧洲的电视体制有了很大的改观，竞争性的市场机制取代政府直接管理，在电视公共服务的提供中发挥基础和重要作用，以求改变公共部门的效率低下、"政府失灵"①等问题，同时将电视等文化产业作为国内经济振兴、扩大就业的经济增长点，也通过增加媒介企业的市场竞争力来抵御美国传媒集团的文化渗透。通过80年代的改革，英国的广播电视体制弥补了原有公共电视体制在经济目标实现方面的不足，更趋成熟。

我国的广播电视体制曾在相当长的时期内实行"政治目标压倒一切"的方针。改革开放之后，经济目标越来越受重视，虽然在任何正式文本中政治目标依然被列为第一位，但在实践中，经济目标已经在事实上成为我国电视制播机构和地方政府最为关心的目标。但与之不相适应的是，电视的商业化发展事实得不到政策与法律的正式认可，因此，相应的电视商业化规范体系

---

① 政府的直接管制方式往往成本巨大，而且行政组织也较难获得完备的一线实践部门的信息，这样，效率低下、决策失误等"政府失灵"的问题难以避免。

也迟迟无法建立健全,电视业发展的经济目标在缺乏有效规范的情况下类似于没有缰绳的野马,与政治目标以及公共服务目标产生了越来越多的矛盾和冲突;相应的电视管理机构在法制化管理不健全的情况下,常常陷于管理成本巨大但管理效果不理想的微观人治化监管的烦琐工作当中;从宏观大局规划电视内容发展布局,从而促进电视业政治、经济、文化教育目标协调发展的功能则没有充分发挥,与发达国家的电视内容管理方向有较大的不同。

2.2.3 电视媒体的分类发展布局

发达国家一般是通过对电视媒体进行合理的分类布局来实现广电业的政治、经济、文化教育三重目标的协调。所谓电视分类发展布局也就是将电视分为商业电视与公共电视两大类,不同类的电视分别侧重于某一项目标理念的实现,同时通过一定的管理制度来规避某一类电视可能产生的负面影响。

商业电视以实现经济目标为主要任务,为国家创造经济效益、增加就业机会,同时政府利用直接管制、法律、行业自律、社会他律等手段将商业电视控制在不损害国家、社会利益的范围之内;而公共电视则主要发挥政治和文化功能,但同时也给予公共电视一定的市场竞争压力,避免公共电视产生垄断和惰性,使公共责任与市场盈利责任分别由不同类型的电视机构担当。而政府管理者的主要角色为:一方面,为媒介产业的发展营造公平自由的市场环境;另一方面,通过公共电视机构的作用弥补电视商业化发展的不足。不同类的电视分别发挥不同的作用,从而形成一个"不同媒体分担不同任务"的功能分类布局。

我国的电视体制要求每一家电视制播机构都要同时承担政治、经济、文化的多重任务,处于"单一媒体多重定位"的局面。这样的布局使得媒体发展目标不明确,并容易在电视机构内部产生不同目标之间的相互干扰:政治目标受到电视过度商业化的侵蚀,庸俗化节目、虚假广告侵害消费者利益,扼杀媒体公信力;媒体经济发展又受到观念、体制的束缚,缺乏良性发展的空间;而文化教育功能则容易被冷落。因此,通过电视数字化所带来的频道资源解放与新型功能开发,实现电视的分类发展布局,实现电视政治、经济、文化教育多种功能的互补协调,应是电视数字化的主要议题之一。

2.2.4 行业文化在广电发展中的重要性

数字化革命并不是广电行业面临的第一个挑战,自20世纪80年代以来,全球广播电视行业的生存环境一直都在发生着持续不断的深刻变革,各个国家的广电行业面对环境变化所采取的具体应对措施差异性很大,但无论具体措施怎样千差万别,从国外的案例中可以发现一条规律,那就是行业文化在其中发挥了重要的作用。广电行业的行业文化由目标、基本理念、行为规则以及实践行为四个层面构成,四个层面从核心到外围相互之间紧密关联并处于不断的冲突和协调过程当中,相当于广播电视系统运转的神经网络,这一神经网络是否处于协调状态决定了一个国家广电行业应对变革、发展自身的思维方式和行为能力。

目前，我国广电业的发展面临的一个难题就是行业文化体系中表面的行业文化准则与实践层面所隐含的行为准则之间的断裂和分歧，通俗地说就是"说一套做一套"，说的一套无法很好地贯彻，做的一套没有法理依据，处于"打擦边球"的境地，缺乏必要的规则约束，同时也存在高风险。这种行业文化的破碎是制约电视数字化健康发展的一个无形障碍。

成熟的行业文化体系是广播电视业生存和发展的基本保障，如果行业文化在不同层面不是协调统一而是对立分裂，广电行业的基本生存都有可能陷入危机，也就很难有足够的力量和空间去应对"数字革命"等机遇和挑战。从国外案例可以看到，引导广电行业文化体系达成协调是国外广播电视管理机构的主要工作。相对照我国的广电业发展，一方面，自改革开放以来取得了巨大的成就，但另一方面，在应对环境挑战时往往是"头痛医头，脚痛医脚"，缺乏对整个广电系统的宏观规划和调整，长期积累下来，广播电视的目标、理念、规则和行为四个层面之间积累了众多的冲突和矛盾。今天，我国的广播电视行业正面临着前所未有的严峻挑战，这种挑战不仅来自外界，也来自自身，如何调整广电业的行业文化达到良好的协调状态是广电业面对挑战的基本准备，否则广电业的发展很可能会陷入被科技和时代进步淘汰的危机。

第三部分　我国数字电视内容规划与管理的基本原则

数字电视的内容规划和管理是整个广播电视发展的一个组成部分，应服从于整个广播电视发展的战略布局安排；同时，由我国的政治经济现实和广播电视自身的特点所决定，广播电视的发展不是一个行业内部的问题，与社会安定、国家信息战略、经济发展等都具有很强的关联性。

经过多年的建设与发展，我国电视业已具有相当的规模与基础。截至2005年，全国共有电视台305座，广播电视台1922座，教育电视台50座，开办电视节目1 269套，另有1 759个县级广播电视台在电视公共频道的预留时段内插播自办节目，电视家庭用户达到3.4亿户，有线电视用户1.15亿户，人口覆盖率超过90%，各种数据表明，我国已经成为电视业大国。在数字电视方面，我国确立了"三步走"的发展战略，制定了《有线数字电视服务平台建设指导意见》等一系列技术政策、标准规范，建立了由节目平台、传输平台、服务平台和监管平台构成的有线数字电视技术体系，探索了模拟向数字整体转换的模式，省级以上电视台绝大多数实现了数字化，一些电视台开始为包括网络电视、手机电视、移动电视等新媒体领域提供内容服务，电视事业呈现出快速发展的势头。

与此同时，我国的电视业也面临着一些比较突出的困难和问题，主要表现在：一是我国的电视业实行以计划事业型为主的体制，不区分经营性产业和公益性事业；二是我国的电视业按行政区划设置，条块分割严重；三是电视产业发展很不平衡，东部与中部、西部，发达地区与不发达地区，城市与农村，差异比较大；四是我国电视产业的政策和法律法规还不完善；五是从总体上看，我国电视产业还只是处于起步、探索的初级阶段，产业发展不充分，经济总量规模比较小，与发达国家相比实力还比较弱，竞争力不强，进口大大超过出口，其国际影响力与我国日益提升的国家地位不匹配。这些都要求我们要更加科学、系统地对整个电视事业的发展进行筹划，不遗余力地提升整个事业的水平。

在新的历史阶段，衡量一个国家实力的标准已经悄悄地从 GNP（Gross National Product）转移到 GNE（Gross National Enjoyment），知识文化的优良程度和充实程度，以及人民的幸福指数要比经济实力和军事实力更能体现一个国家的国力。作为文化产业重要组成部分的电视事业，其主要发展目标就是能够做到对内可以满足小康社会人民群众日益增长的精神文化需求，对外可以参与国际竞争，而完成这些目标，就必须也只能牢牢抓住数字化这个机遇，利用数字化实现整个事业质的飞跃。因此，数字电视内容的规划与管理必须从国家发展和广播电视发展的战略层面出发，在一定的战略高度上确立内容规划和管理的基本原则与总体架构，打好从宏观层面到微观水平的合理化基础，只有这样，才能从根本上摆脱内容管理一直没有形成制度和延续、多头管理、交叉管理、实际操作中往往无所适从的困境。

3.1 我国数字电视格局的影响因素分析

我国电视业整体提升的根本出路在于数字化，要想在数字化的过程中真正完成对我国电视业质的提升，就必须对影响我国数字电视格局的主要因素进行科学系统的分析，只有建立在科学分析的基础上，我们出台的数字电视内容规划与管理原则和措施才可能在实践中真正发挥作用。目前，对我国数字电视业格局安排具有影响力的主体主要包括：国家权力中心、地方权力中心、公众、民营与外资资本以及行业外力量，这些主体同电视业具有相互交织而又各不相同的利益诉求，各个主体凭借着自身的实力对数字电视发展格局实行有利于自身利益的干涉，数字电视的未来发展方向和格局取决于各方的力量博弈情况。

3.1.1 国家权力中心对电视业的利益诉求

在我国，媒体是党、政府和人民的喉舌，处于党和政府的直接管辖之下，因此国家权力中心在数字电视的格局安排上无疑是最强的影响力因素，所以，我国未来数字电视的格局安排必然是以中央和国家的利益诉求为中心。国家权力中心对于电视业的利益诉求主要包含政治诉求、公共服务和经济诉求。

一、政治诉求

政治诉求是国家权力中心对电视业最核心、最重要的诉求。媒体是影响当今国家和社会建构的重要因素之一，电视作为目前影响力最大的媒体自然是国家权力中心关注的对象，国家权力中心希望通过电视及其他媒体为自己执政创造最佳的国内和国际政治气候。

（一）国内政治支持最大化

由于电视是目前国内所有媒体当中受众面最广、传播速度最快、手段最为生动的媒体，因此国家权力中心在寻求与国民最有效率的联系上，在寻求国内政治支持最大化的诉求上，必然要求电视能够很好地完成以下功能。

（1）完成意识形态整合和舆论导向功能

国家权力中心希望利用电视媒体舆论导向的功能，完成民众对于主流意识形态的认同，从而在思想层面上稳定执政的根基，保障各项事业的顺利发展。

（2）保证政令畅通

国家权力中心希望通过电视这一管道，向各级政府和民众传达各种政策和法令，做到上通下达。

（3）缓解社会矛盾，构建社会和谐

国家权力中心希望通过电视媒体来进行舆论监督，释放、化解社会矛盾，提倡良好风气，构筑社会和谐。

（4）构筑国家安全网络

国家权力中心希望通过地面电视、有线电视和卫星电视建立起一个在特殊情况下保障国家团结和安全的信息网络。

国家权力中心希望通过电视媒体实现国内政治支持的最大化，为实现这些功能，电视系统必须在传输上做到安全、及时，因此建立全数字化的无线、有线和卫星电视网络，做到全面覆盖非常重要。同时，在体制上有必要把公共电视和商业电视进行区分，保证政令畅通、舆论监督和社会公平。在平台上，必须建立两到三个全国统一的、没有死角的公共播出平台。在管理上必须统一到中央政府的职能部门手中。

从国际环境来看，当今国际风云变幻莫测，一些西方敌对势力一直没有放弃对中国进行"西化"和"分化"的图谋，加紧对我国进行舆论战、信息战，因此我们必须通过自己的阵地，特别是传播能力最强的电视对这些行为进行揭露和还击，同时为中国和其他发展中国家提供舆论支持。

（二）国际政治支持最大化

当今的中国在国际舞台上的地位越来越高，同时，国际政治斗争的局面也越来越复杂，国家权力中心希望通过电视这一媒体树立良好的国际形象，营造良好的国际氛围。

（1）树立开明、民主的国家形象

随着中国改革开放的深入，国家权力中心希望在全世界人民的心目中塑造一个更加开明、民主的国家形象，为中国的发展创造一个和谐的国际环境，而图像是全球化的语言，在这一点上电视尤其要发挥自己的特长和作用。

（2）提升中华文化的文化竞争力

文化作为一种重要的软力量在全球化的过程中扮演越来越重要的角色，各国的文化交融和角力无时无刻不在进行，作为有五千年历史的中华文明必须在这个过程中进一步发扬光大，因此，国家对电视媒体的要求是能够在对西方文化渗透进行抵制与对中华文化进行传播的过程中起到排头兵的作用。

（3）团结海外华人和一切友人

海外华人是中华民族的重要财富，是中华精神和中华文明在世界各地的火种与载体，电视媒体是团结海外华人的重要渠道，因此，要通过这一渠道把爱好中华文化和热爱中国的各国友人团结在一起。

国家权力中心希望通过电视媒体实现国际政治支持的最大化，因此电视媒体必须建立起覆盖世界主要地区的数字传输网络，首先，在技术上达到世界先进水平并被世界各国人民所认可。此外，一个统一的节目平台、多元化的节目形式和高水平的节目质量也不可或缺，同时，还要利用先进的数字技术提供各种可能接收和接入的方式。

二、公共服务

公共服务是国家权力中心对电视业的又一诉求，随着中国社会民主和文明的进一步发展，电视业在公共服务领域所扮演的角色会越来越重要。

（一）保证公众的知情权

知情权是公众重要的社会权利，当发生重大公共安全、卫生安全事件的时候，尤其要通过电视媒体向公众告知和说明，在特殊情况下，电视媒体往往会成为公众最为可以接触并且信赖的媒体。

（二）提高公民素质，增加国民道德修养，弥补教育鸿沟

国家权力中心要求电视承担起提高公民素质，普及法律、科学、文化等知识的义务，利用电视不受时间和空间限制的特点，弥补不同地区教育水平发展不平衡的鸿沟，同时，通过各种形式对公民进行提醒和教育，增加国民道德修养。

（三）弘扬民族文化，增进国家认同

国家权力中心希望电视媒体能够把中国传统文化中精华的部分传递给民众，把中国多元的各民族文化展现给观众，并让观众通过对文化的认同达到对国家的认同。

国家权力中心对电视业提供公共服务的诉求，要求电视业为不同地区提供无差别的覆盖，以弥补地区差别、城乡差别，尤其在数字时代，要从起始阶段就尽可能避免数字鸿沟过深过宽，同时要求电视业要关注数字电视时代可能提供的教育手段和教育机会，并利用数字电视提供给民众多元化的选择。

三、经济诉求

国家权力中心对电视业的第三个诉求是经济诉求，与前两项相比，经济诉求是正在显性和被强化的诉求。在西方发达国家，文化产业已经成为国民经济的重要支柱，在一些国家，文化产业甚至是第一大产业，而我国也提出要大力发展文化产业。目前，作为文化产业重要组成部分的电视业虽然已经拥有强大的社会影响力，但是其经济总量和规模还比较小。根据当前世界高新技术发展的趋势和媒体产业的进一步优化升级，国家权力中心有理由要求电视业成为不断增长的传媒经济主体，成为产业链条的龙头，从而带动整个文化产业的发展，使文化产业成为我国下一步经济增长的主要动力，成为国际竞争中的重要力量。

国家权力中心对电视业的经济诉求，迫切要求电视业深化改革，加快发展，在技术上尽快完成数字化，在体制上更深地融入社会主义市场经济中，很好地协调电信与广电的分工与合作，

做好整个数字内容领域的舵手,从文化事业的整体角度出发,完成电视业的全面提升。

国家权力中心对电视业的利益诉求一直以国内政治诉求的"意识形态整合"为重点,改革开放以来"缓解财政压力"的经济诉求也成为利益诉求的一项重点,随着政治和社会改革的深入,公众服务的诉求也越来越重要,结合当前全球化、信息化的浪潮,国家权力中心作为影响电视业最重要的因子,其每一项利益诉求的变化都会对电视业的格局重构,对数字电视的整体发展产生决定性的影响。

3.1.2 地方权力中心对电视业的利益诉求

依据我国的政治体制,从根本上来说国家权力中心和地方权力中心对电视业的利益诉求是一致的,但由于长久以来我国的电视业呈现条块分割、多重管理的格局,又曾经有"四级办电视"的发展阶段,因此不乏地方权力中心为地方利益或个人利益而损害国家利益的行为,而且以块为主的电视管理模式使得地方权力中心对地方电视业具有相当大的影响力,某些时候这种影响力甚至超越国家权力中心的力量。由于这些年地方电视业的快速发展,因此地方权力中心作为电视业影响因子的分量呈现出越来越重的趋势。目前,地方权力中心对电视业的利益诉求包括:

一、政治诉求

地方权力中心对电视业的政治诉求没有国家权力中心那样来得直接、那样重要。但是由于我国干部制度的特殊性,地方权力中心与地方利益之间也呈现出复杂多元的关系,并且往往有个人原因牵涉其中,因此地方权力中心对电视业的政治诉求也各不相同,总体来说主要有以下几种:

(一)地方舆论导向

地方权力中心希望电视业能够结合本地的实际情况,结合当地政府的规划和要求,对地方舆论进行合理引导。

(二)政绩宣传

地方权力中心要求电视媒体能够把地方党政机关的政绩对地区内以及全国进行宣传,同时,地方权力中心也希望自己有一个比较强势的电视媒体,在宣传政绩的同时,成为自己政绩的一部分,成为地方荣誉的一部分。政绩宣传是地方权力中心对电视业的主要诉求。

(三)政令畅通

地方权力中心有时候需要电视媒体传达政令,让区内各级党政机构和民众了解并执行。

(四)缓解地方社会矛盾,促进地方社会和谐

地方权力中心希望电视媒体能够尽可能地利用各种手段缓解地方社会矛盾,为社会发展提供一个和谐的环境和气氛。

地方权力中心对电视业的政治诉求主要集中在政绩宣传和促进社会和谐这两个方面,由于地方利益的局限,在面对数字化整体提升电视业水平的问题时,大部分地区缺乏政治动力。

二、公共服务

地方权力中心对电视业有着公共服务的诉求,但在现实当中,这一点已经被弱化了。

（一）保证公众知情权与参与权

地方权力中心应该要求电视媒体保证公众对公共事务、公共安全与突发事件的知情权，由于地方与民众的接近性，公众对一些事情应该有参与权。

（二）弘扬地区文化

地方权力中心希望电视业能够积极地弘扬本地区文化，创造良好的地区形象，形成文化吸引力。

地方权力中心对公共服务诉求的弱势，使电视业在发展数字化的过程中无法通过公众利益来借力，这也是电视业实行数字化的障碍之一。

三、经济诉求

地方权力中心对电视业最大的需求是经济诉求，在很多地方这种诉求已经超越政治诉求，成为第一诉求。

（一）为地方经济发展提供良好的环境和机遇

地方权力中心要求电视媒体能够全力为地方经济发展提供良好的舆论环境，同时，努力创造各种机遇促进地方经济发展，为地方经济向内向外扩张创造条件，提升竞争力。

（二）电视业自身成长为强大的经济实体

地方权力中心要求电视业自身能够成长为强大的经济实体，并带动相关产业的发展，成为地方经济增长的直接动力。

地方权力中心对电视业的经济诉求，其核心目的就是达到地方财政收益最大化，这一目的成为电视业完成数字化改造最大的动力，这种动力起作用的前提是可以看到可观的经济效益。

按照地方权力中心的性质，其对地方电视业的诉求应该以政治诉求的"舆论导向""政绩宣传""政令畅通"为重点，但现实是大部分地方权力中心对电视业的经济诉求表现得十分强烈，电视业成为地方财政的重要来源，而公共服务因缺乏直接动力则较为受到冷落。地方权力中心的各种利益纠葛比较复杂，再加上地方保护主义的观念不时出现，因此在利用数字化提升电视业整体水平的过程中，应该适当考虑打破地区界限，从国家的层面上积极谋划和开展，统一部署，整体推进。

3.1.3 公众对电视业的利益诉求

公众不具有政治权力或资本的实力，但是任何电视业的利益相关者其政治、经济等诉求的实现都是以公众对电视内容的接触为前提，也就是以满足公众的利益诉求为前提。因此，公众对于电视业的格局安排具有一种虽然被动、看似无形却很关键的影响力。

一、个人目标

一般公众对电视业的利益诉求首先是个人目标，其主要包括信息的知情权和媒介活动的参与权，以娱乐为主的文化消费以及通过电视媒体接受教育的权利。

随着社会的发展与社会阶层的分化，公众对电视业的个人诉求呈现出多元化的趋向，但目前没有经过数字化的电视业无法满足公众多元的需求，这也是电视从技术到内容数字化的民间动力。

二、公共目标

公众对电视业诉求的公共目标是希望电视业能够成为社会和公共利益的守望者，能够代表公众行使监督权，为公众提供一个公平、和谐的社会环境。

公众对电视业的利益诉求是电视业赖以生存的基石，电视业改革的目的是最大限度地满足人民群众不断增长的精神文化生活需求，这也是我国改革的根本目的。当前，电视业发展的主要矛盾就是电视业发展水平与公众对文化需求的日益增长之间的矛盾。要想适应分众化、多样化、个性化的公众需求，电视业必须全面完成数字化，用数字化真正地迎合公众需求的变化。

3.1.4 民营与境外资本对电视业的利益诉求

由于电视业显性的影响力和隐性的盈利空间，民营资本和境外资本都希望通过各种途径涉足其中，尤其是我国加入世贸组织以后，有关广播影视方面的承诺将逐步兑现，国外大型传媒集团会陆续进入我国市场，激烈的竞争不可避免。民营资本尤其是境外资本在国际舞台上的经验优势、管理优势、资金优势、人员优势都会通过各种渠道对我国电视格局的安排产生影响。

一、经济诉求

民营与境外资本对电视业的利益诉求归根结底是经济诉求，它们或者追求短期回报，或者追求长远收益，总之其核心目标是资本收益的最大化。由于目前受政策的限制，民营和境外资本还只能在狭小的空间中活动，一旦我国在数字电视领域采取公共电视和商业电视分离的制度，为了满足不同公众多元化的需求，民营和境外资本会迎来一个全新的舞台。

二、政治诉求

与经济诉求相比，民营资本和境外资本对电视业的政治诉求是隐性的，而我国的政治体制和媒体性质使民营和境外资本很难表达自己的政治诉求，但是，由于电视媒介在社会中的地位和难以管理的直播卫星传播方式，一些资本的政治理念还是或多或少地可以渗透进来，当数字时代全面到来的时候，这种渗透将成为一个更加难以解决的问题。

民营资本和境外资本对电视业的诉求目前主要以经济诉求为主，进入数字时代，由于传播方式的变化和新型媒体的接入，它们的政治诉求会逐步走向显性。在数字电视时代，民营和境外资本的经济与政治诉求都有可能得到满足的机会，因此，它们成为电视数字化隐约的推动力量。

3.1.5 其他行业对电视数字化的利益诉求

随着科技的进步和社会的发展，广电业原本清晰的范围和界限开始发生改变，面临重新界定的问题。在这一过程中，广电业与一些过去界限分明的行业产生了交叉与融合，这类行业以电信业为代表，与广电业在交叉和新兴业务领域展开了不清不白的竞争。

另外，电视的数字化不是一个孤立的产业变革，关系到众多上下游企业的业务方向与产业利益，以及国家整体的信息化发展规划，这类产业以电视相关设备制造业为代表，与广电行业主要是相互依存的合作关系。电视数字化的发展方向和制度安排与这些行业有着巨大的利益关联，而且这些行业以其拥有的资本、政治和社会影响力，对电视数字化发展的格局也具有很强的影响力。

一、经济诉求

其他行业对电视业的经济诉求主要表现在扩大业务范围、寻求新的核心业务、寻找新的利润增长点，以及寻找新的行业发展方向等几个方面。

其他行业，尤其是电信业，对电视业的经济诉求是竞争性的、掠夺性的，由于在数字时代可能出现核心业务的交叉，因此这种竞争在某种程度上是关系到未来生死存亡的残酷斗争。现在国际上流行的一个词叫作"三网融合"，说明这也是世界性的课题，这个课题如何解决，尤其是在中国，电视业与电信业分属于不同的体制，因此这种考量将直接决定中国数字电视及其关联业务发展的战略格局。

二、政治诉求

其他行业对电视业的诉求还有政治方面的考虑，它们希望借助电视的社会和政治影响力，提升自己在社会和政治生活中的影响力及地位。尤其涉及对于未来数字平台的所有权问题，播出平台的政治属性将会是一个非常值得关注的问题。

其他行业对电视业的诉求主要是经济层面的，尤其是在数字电视时代，电信业和电视业的融合与竞争涉及技术、平台、内容和意识形态各个层面，因此国家对于数字电视的整体规划与管理必须从根本上对这一行业进行区分和界定，从而保证中国的数字电视事业快速、高效、健康地发展。

在电视业数字化的进程中，国家权力中心、地方权力中心、公众、民营与境外资本，以及其他行业力量都是影响数字电视政策制定的主要因素，其中国家权力中心是决定因素，公众是基本因素，只有在保证国家利益和公众利益的基础上，我们出台的数字电视内容规划与管理原则和措施才能真正成为推动事业发展、创建和谐社会的利举，才能真正为增强综合国力、实现中华民族伟大复兴贡献力量，才能真正让中国在信息化、全球化的大潮中走在世界的前列。

3.2 我国数字电视发展的理想与现实

如前文所述，在我国，数字电视的发展受到多种力量的推动或制约，数字电视的发展必须充分考虑媒介环境中的各种因素，利用各种手段改善数字媒介发展的生态环境，让各种力量博弈的结果尽可能接近我们理想中的数字电视发展方向，让国家和公众成为这个过程中最大的赢家。

3.2.1 我国数字电视发展的理想状况

理想的数字电视格局从功能上来讲应符合国家、公众和资本的利益诉求，而从表面的形式上来说，至少需要达到节目播出平台的先进、节目内容的丰富和质量的提升、舆论导向正确、电视节目播出之外的多种业务的开展与盈利的实现，等等。但是，要达到这样一种状况，又需要在整体生态环境的不同方面达到理想状况，是理想的环境中结出的理想果实，具体如图 3-1 所示：

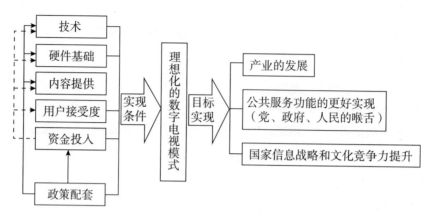

图 3-1　我国数字电视发展的理想化结构

一个理想化的政策施行，势必与社会各种政治经济既得利益者有所冲突，而数字电视的最终发展结果是各种力量博弈的结果，很难完全达到理想化的预期。从广电业发展的角度来看，外部力量的制约是难以改变的，广电业的主要任务是根据环境趋势调整自身做好应对数字化变革的充分准备，利用数字化契机进行变革与发展，从而在新一轮的技术变革中赢得有利的地位，使广电为国为民的使命和职责得以实现。

3.2.2　我国数字化发展所面临的现实

广电业在数字化发展过程中所面临着几个亟待解决的突出矛盾，这些矛盾都是实现数字化必须克服和解决的事业难题。

一、电视双重定位之间的矛盾

在我国，电视业既有事业属性又具有企业属性，由于我国没有对公共电视和商业电视进行区分，导致整个电视业的功能相互纠缠、影响，这种二元体制的结果导致大部分电视台片面追求经济效益，追求小富则安，无法有大的作为。而且，因为我国目前对电视商业化行为缺乏法律规范约束，导致虚假劣质广告、节目低俗化等问题产生，严重损害了电视的公信力，[①] 从而影响到电视的舆论引导力。与此同时，电视的公共服务功能因为缺乏政治或经济激励而受到冷落。因此，在面对数字化的机遇之时，国家必须从体制上对电视业进行调整，区分公共电视和商业电视，用法律和法规来规范公共电视与商业电视的发展，让国家、公众和资本达到三赢。

---

① 2005 年中国人民大学舆论研究所的媒介公信力调查显示，在 23 项可能影响媒体公信力的选项中，民众将"虚假广告"视为损害媒介公信力的首要原因。

二、内部层级、地区利益之间的矛盾

在电视业的内部体制上,由于长久以来条块分割、多重管理的局面,以及曾经"四级办电视"的发展阶段,导致广电系统内部层级之间、国家和地区之间存在不少矛盾。电视业的发展趋势,特别是数字电视的发展,要求形成统分结合的整体布局,尤其是中国的电视业想要成为有国际竞争力的事业,就必须首先拥有统一的国内市场、全国性的网络覆盖和全国性的节目营销平台,而这些目标的实现要求地区利益必须让位于国家利益,只有很好地解决广电内部的层级矛盾,形成国家和地区利益新的平衡,才能够让全国性平台和地方平台相得益彰,而不是互相拆台,这一切都要求国家在数字电视的战略布局上做出明确的规划。

三、公众多样化信息需求与单一服务提供之间的矛盾

公众多样化的信息需求与较为单一的服务提供之间的矛盾是一个相对复杂的矛盾,甚至是一个鸡生蛋还是蛋生鸡的问题。因为,一方面,数字电视会涉及"收视费用",所以人们对它的要求更高,也更挑剔,但同时数字电视节目的制作比较模拟时代成本更大,而国内的内容制作单位无法在短时间内满足上述要求,因此出现了节目品种单一、内容雷同、粗制滥造等现象,对数字电视的推广产生了一定的负面影响;另一方面,长期以来人们形成了免费收视的习惯,导致数字电视用户规模太小,无法形成真正的市场,无法平衡节目成本。这种情况似乎让这个矛盾成为了难以解开的死结,但如果我们深入地思考,可以发现解决这个矛盾的出路在于我们如何解决第一和第二个矛盾,如果我们区分了公共电视和商业电视,就可以形成公共电视和基本商业电视内容免费,附加商业电视内容收费的整体局面,同时,解决了层级之间的矛盾,可以形成足够大的、统一的全国市场,来支持数字电视节目的开发和制作。而地区性的平台可以通过提供购物、医疗、教育等增值服务,完成对数字电视的整体利用,从而为用户形成全面丰富的服务体系,克服数字电视的供求瓶颈。

四、广电维持现状惯性思维与其他行业强势扩张的矛盾

由于长期以来处在以计划为主的事业体制内,广电形成了相对保守的、维持现状的惯性思维,而与广电在数字业务领域交叉最多的电信,已经真正成为市场经济的主体,甚至进入世界五百强的行列。随着科技、经济和社会的发展,广播电视单一的服务方式已经过时,而电信领域在各种增值服务良好运转的基础上开始强势扩张,借助网络、手机等终端,开始了网络电视、手机电视等业务。而经过数字化改造的电视网络也具有运营传统电信业务的能力,因此双方的矛盾成为未来事业发展的主要障碍。从国家安全、舆论导向、文化弘扬、道德建设等角度而言,应该把数字内容领域归属到一个统一的国家行政部门管理,由它完成对公共平台和商业平台的区分:公共平台必须免费提供,而商业运营平台可以通过适度的市场竞争进行整合。由于届时我们区分了公共电视和商业电视,那么我们就可以通过不同平台上的公共电视来保证国家和公众的利益,并通过法律和条例来完成对不同平台的商业电视的管理。

五、电视机构追求短期效益与数字电视长线大投入特点的矛盾

目前,我国电视用户数已占全球电视用户总数的1/3,如此庞大的系统规模和越来越高的

科技含量，都凸显数字电视长线大投入的特点，但由于我国电视业的收入来源主要以市场经营为主，管理团队主要以短期任职为主，这些因素直接导致电视机构不得不片面追求短期效益，这种"长"与"短"的矛盾直接影响我国数字电视整体建设的速度和规模。解决这一矛盾的主要途径在于解决投入主体的问题，既然认定数字电视的光明前途，国家就应该成为数字电视系统的主要投入主体，同时联合一切可以联合的力量，然后利用成熟的平台优势，经营内容和直接出租平台，长线投入，长久收益，并且国家的投入是政治、经济、社会和文化多方面的收益，是综合的投资回报。

以上五大矛盾是我国电视业数字化所面临的主要矛盾，解决了它们，就可以解决一些深层次的体制和利益问题，在这些矛盾前面，没有退缩，只有知难而上才能真正迎来数字电视全面发展的时代。

3.2.3 我国数字电视未来发展的可能状况

数字电视的未来发展状况基本由两个方面所左右：一是现有电视业的现实基础；二是对电视业未来的期望。现实基础决定了实现预期的能力，没有现实基础，任何预期都是空中楼阁；而对未来的期望又影响着现实的实践行为方向。

一、保守预期

对我国数字电视未来发展的保守预期是：在基本保持现有体制和市场格局的基础上，通过政府补贴实现整体平移，频道数量有一定增加，但基本上以目前模拟电视的数字翻版为主，节目形式和节目质量有所提升，大部分人民群众比较满意。

二、现实预期

对我国数字电视未来发展的现实预期是：在数字转化顺利完成的基础上，建立数字电视完整的、全国性的节目平台、传输平台、服务平台和监管平台，实现频道数量和品质的全面提升，扩展服务和增值服务顺利开展，电视业单纯依赖广告的盈利方式得到改观，电视业内部的层级矛盾、电视业与其他相关产业之间的矛盾得到缓解，人民群众比较满意。

三、理想化预期

对我国数字电视未来发展的理想预期是：前文所说的各种矛盾顺利解决，在三网融合的基础上实现"数字电视网络化、网络数字家庭化"，使广电行业所拥有的独立的地面、有线、卫星网络与电信的通信网络一起构成未来数字化时代的重要信息传输渠道，多媒体电视与计算机一同成为家庭娱乐与信息化需求的重要终端，在提供多样化、专业化、个性化节目服务的同时，提供电子政务、商务、教育、金融等各种生活、工作服务，人民群众不断增长的精神文化和信息需求得到满足，数字电视业成为国民经济的重要支柱。

对我国数字电视未来发展的保守预期、现实预期和理想化预期，与其说是预期，不如说是要求，希望通过一段时间的努力，逐渐把三种预期逐步实现。当然理想的状况是通过从体制和利益上的全面改革，直接把理想化预期变成现实预期，再变成现实。

3.3 数字电视内容规划与管理的基本原则

通过对数字电视安排格局影响因素的分析,以及对数字电视发展所面临的主要矛盾的分析,结合广电系统内部所存在的思想不适应、技术不适应、体制不适应、机制不适应、方法不适应、管理不适应等问题,我们就数字电视内容的规划和管理提出以下基本原则。

3.3.1 数字电视作为党、政府和人民喉舌的主体功能不变

在数字化时代,电视依然要坚持正确的舆论导向,弘扬主旋律,提倡多样化,大力发展先进文化,坚持把社会效益放在首位,努力实现社会效益与经济效益的统一。

3.3.2 从体制上区分公共电视和商业电视的功能

要以数字电视为契机,建立公共服务体系,提高公共节目质量和服务质量,使每个公民都能享受数字电视的基本服务,真正满足广大人民群众的公共需求。同时,要建立市场运作体系,推动产业化发展,把数字电视业做大做强,使其具有国际竞争力,成为国民经济的重要支柱。

3.3.3 建立全国统一的数字电视运行监管系统

数字电视的发展必须打破层级壁垒和地方保护,建立全国统一的节目平台、传输平台、服务平台、运营平台和监管平台,建立以政策、条例和法律为主体的监管体系。同时,在制订具体方案时要因地制宜地保护地方的积极性和利益。

3.3.4 在数字电视内容领域设立统一的国家管理机构

在充分考虑三网融合的趋势和可能之后,在不同运营平台进行市场运作的同时,在内容领域必须建立以广电为主体的运营牌照颁核、播出内容审核的全国性管理机构,确保国家利益、社会利益和公众利益得到保证。

3.3.5 加强数字电视领域的人才培养

数字电视的竞争归根结底是人才的竞争,要从技术、制作、管理、营销、保障、研发等各个环节有计划、有组织地开展人才培养工作,造就一支政治素质和业务素质都过硬的队伍,真正实现数字电视质的飞跃。

3.3.6 从全球化视野考虑数字电视的内容规划

参与国际竞争是国家和人民对数字电视事业的要求,电视数字化的过程同时也是使中国由电视大国成为电视强国,由文化大国成为文化强国的过程,只有自始至终保持国际化的视野,才能让自己的事业成为全球舞台上令人瞩目的力量,才能为增强中国的综合国力、提升中国的国际地位做出自己应有的贡献。

总之，数字电视的性质、地位和作用决定了这项工作的极端重要性，只有做到思想、体制、机制、人才和高度等各方面的全面升华，才能真正完成这项电视领域史无前例的巨变，才能真正抓住机遇，完成满足人民群众日益增长的精神文化和资讯信息需求的根本目标，成为国家强盛和进步的重要力量。

第四部分　我国数字电视内容规划与管理策略

4.1　电视数字化对地面、有线电视服务内容的影响

地面、有线和卫星三种电视信号传输方式各有特点，对于数字电视的整体内容规划来说，应力求充分利用三种方式的优越之处，最终形成一个协调互补的内容提供格局。由于我国卫星电视的直接接收还存在一些障碍，以下主要以地面和有线电视为主要分析对象。

4.1.1　数字科技为地面电视提供的发展空间

数字电视利用传输塔台，以无线微波的技术将数字节目信号传输至客户端。在模拟时代，地面电视由于频道数量有限、视听效果欠佳等原因，发展受到限制，在我国，尤其是城市地区，有线网络成为主要的电视传输渠道。数字科技不仅弥补了地面电视的缺陷，而且带来移动接收等新的技术可能，为地面电视的发展提供了新的空间。

一、独立多频道数字电视平台建立的可能

地面电视采用数字压缩技术，再配合数字传输技术的进步，可在有效频宽内传送更多的数据，提高频率的使用效益。模拟时代，一个 6MHz 的频宽只能传送一个模拟节目，但经过数字压缩之后，6MHz 可以用来传输 4～6 个标准清晰度（SDTV）的电视频道，或者是一个高清晰度（HDTV）的电视频道，使地面电波传输多个电视频道成为可能。

数字电视在电视节目视听效果方面也有很大程度的提升，数字传输技术可修正传输内容，达到高传真、低噪声的传输效果，画面质量可明显提升，声音可达到多声道环绕效果。电视声音、画面质量可以达到不低于或高于目前的模拟有线电视。

由于频道数量和画面质量的提升，地面数字电视建立独立有效的、多频道电视节目平台成为可能。数字地面电视平台至少可以提供 20～40 个数字电视频道，能够提供足够的节目类型满足一般民众对电视的基本需求。①

二、移动多媒体服务

数字地面电视使电视信号的移动接收成为可能，无线传输的便利性高于有线传输，使用者可以通过电视、电脑、手机、PDA 等电子产品，随时随地接收影音和数据信息。同时，可在公共或私人交通设备上安装数字电视接收设备，满足人们上下班和旅途中的信息及娱乐需求，

---

① 多项调查显示，民众经常收看的电视节目集中于 15～20 个频道。

并缓解电视的收视集中于几个有限时段的情况。目前,移动多媒体接收是我国数字电视扩展业务中最具有可行性并广受关注的业务领域之一。

三、扩展型电视服务提供

数字技术除了可以增加传统电视节目频道之外,还为提供新型的电视服务创造了空间。扩展型电视服务是指相对于传统单向、免费收视之外的视听和数据服务。数字化之后,地面电视可利用电视节目传输之外的剩余频宽,提供多种扩展型服务项目,如信息广播(Data Broadcasting)、按次收费节目(PayPer View,PPV)、视频点播(Video On Demand,VOD)、电视在线购物、网络游戏、电视银行及网络浏览等。但目前这些业务还处于预测和试验阶段,存在若干技术和政策瓶颈。

四、跨行业业务开展的可能

地面电视数字化之后,开展传统电信服务成为可能。比如,经营数据传输业务,利用无线传输的方式提供使用者高速上网的环境,可以与电信经营者展开竞争,改善国内电信服务的垄断局面,并带来新的盈利空间。

五、带来节目应用效益提升与应用空间扩展

以数字设备制作、储存的节目,可与计算机自动化控制及数据处理系统结合,在剪辑、后期制作、储存、传输等方面将更为方便,而影视数据数字化后经过重新编辑制作,可成为新的产品进行多渠道、跨地区、跨国销售,并且可与其他数字化平台如 IPTV、手机电视等结合,增加节目资源的边际效益。

4.1.2 数字科技为有线电视提供的发展空间

由于传输介质的差异,有线电视对数字化技术的应用取向与地面电视有很大的不同,这也就决定了促使有线电视数字化的动因与地面电视有很大差异。比如,在频道数量方面,有线电视的 HFC 网络已经有能力传输 80 个以上的模拟频道,并没有太大的迫切性需要再增加频道数量;而在电视视听效果改善方面,有线电视模拟信号通过有线网络传输,画面声音效果本身已相当不错,在客户端仍然使用目前模拟电视机的情况下,数字化后电视画面效果与模拟并没有很大区别;而许多扩展型电视服务,如宽带上网、按次收费节目(PayPer View,PPV)、视频点播系统(Video On Demand,VOD)、电视在线购物等,在模拟时代有线电视就完全有能力开展,与电视是否数字化没有直接关系,而是取决于有线网络是否具有双向互动功能;而移动电视更是有线电视无论是否数字化都不可能具备的功能。

有线电视的特点是可使用频宽远超过地面电视,而且拥有信号回传通道(在双向改造的基础上),因此,在扩展服务的开发空间与互动服务的提供方面具有一些地面电视所不具有的优势。

一、为建立有线电视分组付费体系创造机会

我国有线电视的建立与发展,是以公益性电视服务为目标和基本原则的,同时以广告为主要盈利途径,与国外有很大的不同。我国有线电视的特点是收视费用低,但节目内容和服务单一。这种有线电视的发展模式，是在地面电视不能很好满足民众收视需求、频道资源短缺等历史背景下产生的，但随着社会的发展，已经越来越表现出其模式的局限性。

通过带有密码锁定系统的机顶盒，建构有线电视的分组付费体系，为不同需求的用户提供不同级别、不同组合、多种形态的电视服务，是国际上有线电视业的惯例，也是我国有线电视走出盈利模式单一、服务内容单一等困境的关键。

有线电视的模数转换需要为电视用户安装机顶盒，而配有密码锁定系统的机顶盒正是有线电视分组付费体系建立的基础，因此数字化是优化有线电视产业结构的一个极其难得的机会。

二、可实现随用户个人意愿收看电视节目的目标

传统电视节目的播出具有不可重复性，并受节目播出时间的限制，数字电视释放了频道资源，使有线电视开展按照用户意愿收看电视成为可能。目前有线电视实现随个人意愿播出节目的途径有三种。

（一）视频点播（VOD）

完全实现用户对电视节目的自由选择。但这种服务目前还存在一些技术难题。

（二）准视频点播（NVOD）

NVOD 不是真正的随个人需要的点播服务，播出系统可以将一个长度两个小时的节目，以半小时间隔在四个频道陆续播出，因此用户可以在该节目播出的任何时间里，在等待 30 分钟以内完整收看到这一节目，从而打破了电视节目的时间限制。理论上模拟电视只要有多余带宽也可以做到 NVOD，但在实务上因为带宽有限而不可行。数字化后会多出很多带宽，NVOD 变为可行。

（三）SVOD 服务

SVOD 服务指电视用户每个月付一定的费用后，可以利用播出系统所提供的数字录像机（Digital Video Recorder，DVR），按照用户要求随时录下所选择的电视节目，以实现电视用户可在任何时候收看按自己要求所录制的电视节目的目的。

而有线电视是否可以实现随用户个人意愿收看电视节目的目标，涉及电视业与电信业的竞争问题。由于宽带上网逐渐普及，利用互联网提供影音节目服务已不存在根本的技术障碍，传统电话业务趋向饱和的电信业对网络电视服务的提供十分热衷，IPTV 一度成为我国最为热门的行业之一。IPTV 与有线电视相比，最大的优势就在于可以进行点播和互动，而在带宽与节目内容方面则无法与电视业竞争。因此，如果有线电视业者一直不能提供视频点播服务，随着 IPTV 业务的开展，相当一部分年轻、高收入、高学识的电视观众群体存在流失的可能。

三、提供互动式的电视服务

数字化之后有线电视可以提供各种不同程度的互动电视信息服务，按照用户不同需求在电视屏幕上呈现所需要的不同信息，例如，实时交通信息、财经信息、生活信息、购物信息，甚至在线付费。当然，互动程度如何，会因为网络双向程度及回传信号的处理方式不同而有差异。这些新增信息服务项目有的是免费提供，以增加节目吸引力，有的可另收费，增加收入。

四、跨行业业务的开展

数字化之后，有线电视网络具有传送四五百个以上数字电视频道的能力，当然有线电视没有必要传送这么多节目，但可以留出 200 个频道左右的空间用于电视节目传送，剩余的带宽则可用于开展其他业务。除了以上所提到的点播、互动服务之外，有线电视还可利用多余的带宽提供宽带上网和电话服务。但这两项业务的开展面临着政策和网络整合的难题，政策阻碍来自行业外，而网络整合的阻碍则主要受行业内部地方利益的牵制。

4.2 我国数字电视内容规划与管理的整体思路

4.2.1 数字电视内容规划和管理的指导方针

数字科技是电视技术的又一项革命性进展，与"黑白到彩色""地面到有线、卫星"的变革相比，电视的数字革命对电视的影响更为深刻与广泛，而且数字汇流使电视业的发展不再只是广电行业内部的事情，而是整个国家信息化战略的重要组成部分。从我国广电业发展的现实来看，广电行业通过电视数字化须完成"数字化变革"与"数字化发展"的双重任务，同时，电视的数字化进程与我国构建和谐社会的历史发展进程密切相关，在这样的背景下我国数字电视内容规划与管理须遵循以下方针。

①积极开拓，保障电视在数字化时代的舆论引导能力；
②发挥维护国家认同，促进社会和谐的社会功能；
③革除广电弊端与数字化发展双管齐下；
④地面、有线、卫星电视统一、互补、协调发展；
⑤善用科学技术，不盲目、不保守；
⑥巩固传统电视节目内容制播的优势地位；
⑦拓展数字电视新型业务；
⑧积极开发跨行业业务。

4.2.2 数字电视内容规划管理的必要配套措施

一、设立公益服务性质的电视发展基金

"电视普遍服务基金"（或称为"数字电视发展基金"）是对我国广播电视事业科学规划与管理的基础，是数字电视健康快速发展的保障，也是电视公益性服务与产业发展共同推进、互相促进的重要前提。

（一）"基金"的用途
（1）支持公益性电视服务

包括公益性电视节目的制作播出、偏远落后地区的电视数字化建设、城市低收入群体的数字化推进等。

（2）发展数字电视的资金支持

数字电视虽然具有巨大的发展空间，但前期数字化基础设备的转换和建设需要巨大的资金投入。同时，数字电视的许多新型业务还处于开发试验阶段，也需要投入大量资金用于数字电视技术的研发与市场情况调研。"基金"可对这些基础性的建设研发项目进行资助。

（3）调整电视内容结构格局

我国的电视事业在改革开放后积极利用市场力量，带来了电视业的繁荣发展，缓解了国家财政压力，人民群众的文化需求也得到了较好的满足。但在电视荧屏更加丰富多彩的同时，也出现了一些电视过度商业化的倾向：大众化的娱乐节目泛滥，而具有公益服务性质的节目则较少被关注或质量低劣；广告资源丰富的经济发达地区电视节目频道数量不断扩张，而人口和地域占绝大多数的欠发达的农村地区则只能收到图像不清晰的寥寥几个电视频道；众多频道争夺有限的广告市场，而且缺乏合理的市场退出机制，使许多频道为了获得利润，播出迎合低级趣味或侵犯版权的电视节目，甚至播出虚假、不雅广告，大大影响了电视媒体在人民群众心目中的形象与公信力。

"基金"的设立可以在市场之外确定一个电视内容的影响因素，通过一定的物质和精神支持奖励制度使"基金"成为调控电视内容格局安排的一个有效手段，从而弥补电视市场化发展的不足。

（二）"基金"的来源

基金来源主要是非公益性电视服务盈利的固定比例上缴，另外还有政府拨款、商业机构、社会机构捐献等。

二、建立健全电视管理体系

电视进入数字化时代，频道数量急剧增加、服务形态也发生了很大的变化。以前模拟时代较为单一的、注重微观节目内容的人治化监管方式将不能适应电视发展的新情况，需要建立一个兼顾行业宏观发展与微观节目审查、人治化监督与法律规范相配合、政府管理者与电视消费者共同参与的数字电视管理体系。这一管理体系的建构需从以下三个方面入手。

（一）健全法律体系

法律具有引导性、前瞻性、公平性、强制性和惩戒性等特点，完善的法制能够提高管理的效率和水平。在数字化时代如果没有有效的数字电视管理法律，政府的管理不仅会耗费巨大的人力物力，同时也难以避免管理失控的危险。

市场作为资源配置的手段，本身是有利于整个电视事业的发展的，但前提是必须有必要的法律约束，这种约束不仅能够保障电视公信力和舆论影响力的发挥，而且法律法规的明确性也能够减少电视产业发展的不确定性，降低产业发展的风险度和成本。正因此，商业电视最发达的美国同时也是电视内容监管法律最为严密复杂的国家。

（二）建立电视服务内容分类发展与客观监管体系

数字电视频道和业务领域的爆炸性扩张，对电视内容以人治化为主的管理方式提出了严峻挑战。分类规划发展数字电视，为不同类的电视服务建立相应的分类指标与评价体系，是实现电视管理由主观向客观、由人治向法治进步的必要手段。而且对不同类电视服务制定不同的评价指标体系，对于电视服务提供者来说，可以使其发展目标更为明确，专注于自身在整个电视格局中的特定角色，再加上国家管理部门适当的宏观规划体征，最终从全局上实现高质量、多样化的电视服务内容格局。

（三）建立电视服务内容的公众监督体系

对数字电视内容的管理可充分利用广大人民群众的力量，建立较为完善的公众监管投诉系统，鼓励民众利用方便的申诉渠道对媒体内容提出批评建议。同时，管理部门应定期开展基于科学抽样的电视受众调查，作为电视机构宏观规划管理的依据。

4.2.3 实施数字电视"内容分类规划"策略

数字科技的进步与社会的不断发展使电视服务的内容与形式发生了极大的改变，相应的电视内容宏观规划成为电视业发展的重要课题，而电视内容的管理政策也需要相应的变化与调整。在频道资源、电视服务形式与服务领域急剧扩张的数字化时代，对电视的服务内容进行分类是数字电视发展和规划管理的基础。

一、数字时代电视内容分类的必要性

从传播学的角度，"电视内容提供""传输渠道""电视受众需求"是电视传播过程中三个相互关联的重要环节，为保证良好的传播效果，电视内容的提供需要随着"传输渠道"特点与"电视受众需求"的变化而发生改变。科技进步直接推动传输渠道的变化，而社会环境变化则影响社会群体的电视需求。

在我国电视业发展早期，由当时的社会环境所决定，社会群体之间的差异性较小，人们对电视的需求较为统一和单纯。而且电视主要依靠地面电波作为传输渠道，具有稀缺性和单一性特征，因此电视内容服务的特征是通过有限的传输渠道提供综合性电视节目，满足大众化的电视需求。在这种情况下，电视内容的规划和管理也相对较为单纯，主要集中于电视节目质量的监管方面。

随着电视技术的发展，有线和卫星电视成为电视信号传输的重要渠道；而改革开放使社会群体复杂性增加，电视传播过程中电视服务的"传输渠道"与"电视消费者需求"环节同时呈现多样化发展趋势。相应的电视内容提供也开始从"一个频道提供综合性大众化服务"向"多个频道分别提供专业化、小众化服务，整体达到多样化效果"的方向发展。

数字电视技术更是使电视服务的"传输渠道"环节呈现革命性的变化，不仅电视传统传输渠道的频道数量爆炸性增长，电视传输网络与电信网络、计算机网络呈现融合趋势，影音画面的传输渠道不再仅限于传统电视行业内部，电视的服务内容从形态到本质都发生了改变。在这种情况下，对电视服务内容进行合理分类，成为电视服务内容有效规划和管理的必要基础。从模拟到数字的电视传输模式与相应的管理形态变化如图4-1所示：

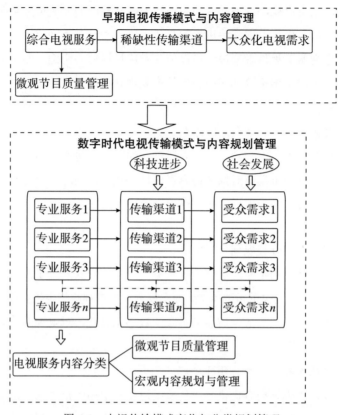

图 4-1　电视传输模式变化与分类规划管理

二、数字时代电视内容分类规划与管理的基本指标

对电视服务内容的分类规划与管理，所遵循的逻辑步骤可概括为：首先，从服务社会主义建设的角度对电视的功能发挥进行不同类别的"责、权、利认定"；然后，确立不同类电视服务的运作模式；最后，确立相应的管理原则。以上步骤包含的分类要素统一构成了数字电视内容分类规划和管理的指标体系，详见图4-2：

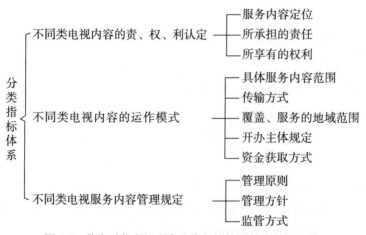

图 4-2　数字时代电视内容分类规划管理基本指标体系

4.2.4 数字时代电视服务内容的分类

综合考虑以上电视内容分类指标，可以将数字时代的电视服务内容分为"传统频道节目服务内容""扩展服务内容"和"增值服务内容"三大类。其中，"传统频道服务"又可分为"公共服务类频道"和"商业电视频道"两个类别，是广电业最具有资源优势和权威性的服务领域。"扩展服务内容"和"增值服务内容"属于广电业在数字化发展过程中需要拓展的新型业务，对于广电服务领域的扩展、产业结构的优化有着十分重大的意义。

一、传统频道节目服务

传统频道节目服务是指与模拟电视时代类似的、以电视频道为主要呈现形式的节目内容。其又可分为"公共服务类频道"和"非新闻类频道"。

（一）"公共服务类频道"的内容规划与管理

（1）责、权、利认定

"公共服务类频道"主要承担国家政令的传达、引导社会舆论、法律科学知识普及、教育、民族文化的弘扬、满足基本娱乐需求等公共服务的责任。具体可包括中央和省级的第1套综合频道及新闻、教育、法制、科学、文化艺术等专业频道。以承担宣传、教育、信息沟通、弘扬文化等社会责任为第一要务，须保证节目的高品质和文化涵养。

"公共服务类频道"是电视普遍服务的基础，在能够承担自己责任的前提下享有一定的政策支持和倾斜。有资格开办主体为经过审核的中央、省级的电视台，实行事业性质、企业化管理，颁发电视A类普遍服务电视执照。

（2）运营模式

可设立"电视普遍服务基金"（或在数字电视背景下的"数字电视发展基金"），基金来源包括电视台自身经营、政府拨款、社会捐助等，用于补贴教育、民族艺术等非大众类节目频道。节目通过地面、卫星、有线等多种传输方式混合覆盖全国，是未来地面数字电视平台的主要内容。地方电视转播系统有无偿转载的义务，特定节目内容各级电视台有转播的义务。可经营广告，广告收益有固定比例用于"电视公共服务基金"。广告时间有一定限制，有播出规定数量的公益广告等公益活动的义务。

（3）管理原则

从管理上来讲，须牢牢把握舆论导向，监督完成宣传任务。严格控制虚假广告、软广告、劣质广告行为。建立受众投诉和定期的受众调查机制，对受众投诉的电视内容和违规广告进行严厉的惩处，直至吊销执照，保证节目的质量和公信。

建立健全相应的评估体系和法律法规，从人治化管理逐步过渡到制度化、法制化管理。

（二）"非新闻类电视频道"的内容规划和管理

（1）责、权、利认定

"非新闻类频道"包括新闻与新闻专题类节目之外用以满足人民群众多样化娱乐休闲需求为主要目标的节目内容提供。在坚持正确舆论导向、遵守有关内容规定的基础上，以满足人民群众的娱乐休闲需求为基本出发点,在市场竞争环境中发展壮大并实施"走出去"战略,努力跻身于国际市场。开办主体基本限于现有电视台,其准入实行政治和经济的综合标准,颁发 B 类基础服务电视执照。

(2) 运营模式

拥有 B 类电视执照的电视机构的收入将有固定份额(比如 3%)纳入"电视公共(普遍)服务基金"(或"数字电视发展基金")。电视传输系统没有无偿转载的义务,电视播出机构根据自身情况选择覆盖范围,节目的传输需通过市场化手段与有线电视或卫星电视传输系统进行协商,达成相应的传输协议。可经营广告业务,广告播出时间不可超出规定,但限制小于 A 类电视频道。

(3) 管理原则

在管理上,对节目内容实行年龄分层制度,以保证荧屏的洁净,保护未成年人。严格控制虚假广告、软广告、劣质广告行为。通过节目内容提供部门的自我检查、管理部门的直接监看和受众投诉、定期受众调查的方式进行监督,对违规行为进行严厉惩处,直至吊销执照。

建立健全相应的评估体系和法律法规,从人治化管理逐步过渡到制度化、法制化管理。

二、数字电视扩展服务内容的规划与管理

(1) 责、权、利认定

数字电视"扩展服务内容"是指根据电视用户个性化需求而开发的专业数字付费频道、移动电视、数字多媒体广播、视频点播、信息服务、互动电视、电视网络游戏等服务。主要承担满足人民群众日益增长的文化需求、促进国家信息化建设、促进产业发展的责任。是广电业拓展业务领域的主要方向之一。

扩展内容又可分为三类,第一类是与传统电视节目形态比较接近的付费电视服务,所依赖的是频道资源增加的技术进步;① 第二类是无线多媒体服务,所依赖的是数字技术带来的多媒体信息的无线和移动接收功能扩展,目前,在技术和市场方面已经有了许多技术或商业化试验,因此,是现阶段数字电视发展的重点之一;第三类是依赖于数字化技术所提供的互动功能,与传统电视节目形态已经呈现出较大差异的数据信息服务和互动性电视服务,比如,电子节目单(Electronic Program Guide, EPG)②、视频点播(VOD)、电视网络游戏、数字录像机(DVR)③、Call-in 互动影音、电视互动商务(TV Commerce)等。

考虑到业务形态的特点,尤其是互动型电视服务,需要服务内容提供方与传输网络、技术设备提供方等进行较为紧密的技术与业务合作,同时,考虑到我国的电视事业特征,扩展型数

---

① 付费频道业务实际上与电视的数字化技术并无直接联系,在多数国家,付费频道业务在模拟时代就已经非常成熟。但在我国,受电视体制的制约一直没有得到良性发展,因此付费频道虽然从开展时间上与数字电视其他类扩展业务同步,但实际上与传统电视服务的关联性更大一些。然而,在我国付费电视作为一项新业务,在发展初期受到了许多鼓励性的政策支持,在开办主体、管理原则等方面又与"扩展类的电视业务"具有许多类似,因此,这里可以归于"扩展类服务当中去。
② 类似因特网上搜寻引擎、门户网站,可以让观众在数百个电视频道中搜索。
③ 可让观众利用数字电视机或数字机顶盒(STB)的硬盘录制正在进行或预约的节目。

字电视服务的开办主体应该是以电视台（集团）为中心的产业联合体（可设定广播影视单位控股额在51%以上），实行政治和经济的综合审核标准，颁发C类扩展电视服务执照。

（2）运营模式

移动电视服务依托地面数字电视平台，其未来盈利模式包括公共场所电视节目的广告收入、个性化影音和信息服务的收费。目前数字电视的扩展业务还处于试验阶段，前期的主要任务是模拟数字的转换和有线电视互动平台搭建等基础工作。未来的运营以开发广告之外的盈利途径为主，包括新增内容的服务收费（如付费电视、电视网络游戏、电子节目表、数字录像机等）、电视商务服务收费、依托互动网络平台的服务性收费（如传输费、银行代理服务费等）。

（3）管理原则

对那些与传统电视节目形态比较接近的付费电视与移动电视服务，坚持电视内容管理的一般性原则，杜绝非法节目内容，严格控制虚假广告、软广告、劣质广告行为，通过节目内容提供机构的自我检查、管理部门的直接监管和受众投诉、定期受众调查等方式进行监督，对违规行为进行严厉惩处，直至吊销执照。

由于扩展型电视服务有些已超出广电业的传统内容管理范围，须根据情况与公安、工商等部门协作，按照我国相关法律法规进行管理。

三、数字电视增值服务内容的规划与管理

（1）责、权、利认定

数字电视"增值服务内容"主要是指在电视数字化统合之后，电视行业与其他行业（以电信业为代表）的出现融合交叉的业务领域，主要包括互联网接入、网络电话（VOIP）、可视电话、带宽出租等基于有线电视网络的多功能服务内容。目前，这部分服务的开展受到基础硬件条件（有线网络的改造整合）与政策的限制，还没有大面积正式开展起来。但此类业务与数字电视转化、广电行业的发展前景密切相关，需要在政策与资金鼓励下进行积极的开发和探索。

数字压缩技术解放了电视传输渠道的频率限制，为电视开展增值服务提供了技术可能。我国拥有世界上最大的有线电视网络，增值业务具有巨大的发展空间，对有线网络的合理利用与开发可以为民众提供更为多样化、更加方便和廉价的信息服务选择，是国家信息化建设的重要组成部分。但目前的发展还面临有线电视网络的双向改造与整合以及传统行业之间的政策区隔瓶颈。

增值型业务基本不涉及电视节目内容的提供，主要的参与主体是有线电视网络与技术设备提供方等。增值型电视服务的开办主体应该是以有线电视网络（集团）为中心的产业联合体，主要实行技术和经济的综合审核标准，颁发D类增值电视服务执照或由相关部门所颁发的通信服务执照。

（2）运营模式

以收取信息传输费用、带宽出租收费等为主要收益模式。

（3）管理原则

以保证国家信息安全为基本准则，可参照通信行业相关管理原则进行管理。

以上电视服务内容和相应的管理原则总结如表 4-1 所示：

表 4-1 电视服务内容分类、规划与管理

分类	传统电视节目服务		扩展服务			增值服务
	A 类普遍服务	B 类基础服务	C 类扩展服务			D 类增值服务
	公共服务类	非新闻类	付费频道	移动多媒体服务	交互式多媒体服务	
内容安排	中央和省级的第 1 套综合节目频道、新闻、教育、法制、科学、文化艺术等专业频道	综艺娱乐、体育、音乐、影视剧等节目的电视频道	车载电视、手机电视、多媒体信息广播、数据广播等		电视网络游戏、EPG、VOD、NVOD、DVR、Call-in、电子商务等	互联网接入、网络电话、可视电话、带宽出租等
开办主体	经过审核的中央、省级的电视台，颁发电视 A 类电视执照	经过审核有实力的中央、省级、省会市、单列市电视台以及少量其他地市级的电视台，其准入实行政治和经济的综合标准，在保证电视台控股的情况下可适当吸纳外部资本。颁发 B 类电视执照	以电视台（集团）为中心的产业联合体，实行政治和经济的综合标准。颁发 C 类电视服务执照			以中央和省网络公司为主体的企业联合体。颁发 D 类电视服务执照或电信运营执照
运作方式	事业性质、企业化运作	电视台控股、企业化运作	国有控股、企业化运作			国有控股、企业化运作
承担责任	宣传、普遍服务	宣传、基本电视服务、产业发展、满足文化需求	产业发展、满足民众文化需求、国家信息化			产业发展、满足民众文化需求、国家信息化
传输方式与覆盖区域	地面、卫星、有线免费转载混合覆盖全国	以有线、卫星为主，根据情况依据市场原则选择覆盖区域	根据不同业务形态特征，依据市场原则选择相应的传输方式和覆盖区域			根据不同业务形态特征依据市场原则选择相应的传输方式和覆盖区域
资金获取方式	电视公共服务基金＋广告＋节目销售	广告＋节目销售等	广告、服务性收费等			服务性收费等
管理方式	直接监管＋法律法规＋受众反馈＋A 类评估体系	直接监管＋法律法规＋受众反馈＋B 类评估体系＋市场竞争	直接监管＋法律法规＋用户反馈＋市场竞争			直接监管＋法律法规＋用户反馈＋市场竞争

4.3 数字电视内容的协调规划布局

4.3.1 数字电视的整体布局安排

发展电视数字化须发挥地面、有线、卫星各自的优势，形成一个统一、协调、互补的发展格局，避免恶性竞争和重复建设所造成的资源浪费。

一、地面数字电视基本安排

发展地面数字电视主要包括三个方向。

（一）全国地面数字电视的分离与整合

"分离"是指地面数字电视的传输业务与电视内容提供业务相分离。另外，可考虑建立专门的数字电视频道或服务的整合、包装、营销机构，选择电视内容提供机构的整个电视频道、单一电视节目或数字电视服务等进入地面数字多频道播出平台。

"整合"是指按照"以条为主，以块为辅"的原则将全国的地面电视传输网络进行整合，建立国家整体意识形态与国家文化形象塑造的平台。

（二）建立多频道地面电视节目全国播出平台

以全国性的普通电视服务为主要目标，建立两个以上全国多频道广播电视平台，通过地面数字电视发射网络，为全国最广大民众提供普通电视服务。继续巩固发展数字时代的传统电视内容的提供能力，使电视业成为未来多媒体产业的第一内容驱动力。

（三）积极开发新型的数字电视业务

根据业务形态的特征，以电视台或地面电视传输网络公司为主体，利用地面电视多媒体广播频宽与内容等方面的技术优势进行新型业务的开发，如移动电视、手机电视、移动多媒体广播、数据广播服务等。积极拓展传统电视内容制播之外的业务领域，与未来通信市场的3G业务进行公平竞争。

总体来说，地面数字电视主要提供A类普遍服务与C类扩展服务中的"移动多媒体广播"等服务。

二、有线数字电视基本安排

建立数字有线电视分组付费体系，将公益性质的电视服务与增值服务进行区别，为有线电视付费频道和付费业务的开展打下基础。

（一）廉价的基本电视频道组合

基本电视频道组合是我国电视台和有线电视系统必须承担的公益性制播任务，履行舆论宣传职能，为民众提供最为基本的信息、娱乐、教育服务。基本组合包括地面数字电视平台所提供的普遍服务内容，是有线电视必须免费转载的最基本电视内容组合；同时，地方电视台与有线电视系统需提供满足地方舆论宣传需求、具有地域针对性的电视节目，与地面电视平台的节目一起作为基本的电视公共服务内容，用户对这部分电视节目的接收费用须维持在较低水平。

（二）付费频道和付费业务

电视台与有线电视系统在廉价的公共电视节目制播之外，可另外提供满足小众人群需求的、付费性质的扩展频道和扩展业务。如专业化付费频道、按次付费节目、视频点播服务、电视购物、电视商务、电视网络游戏等。

（三）跨行业业务

有线电视网络经过双向改造可提供宽带上网、电话、商务网络、可视电话、带宽出租等通信业务。数字电视的视频压缩技术释放了更多的带宽资源，为有线电视跨行业业务的开展创造了有利条件，虽然目前还面临政策与基础硬件建设方面的瓶颈，但从国际上来看，未来的发展前景十分广阔。

总体来说，有线电视的主要职责为转载和提供 A 类电视服务，提供 B 类基础服务、C 类基础服务中的付费频道和交互式多媒体服务，以及 D 类增值业务。

三、卫星电视基本安排

在家庭直接接收卫星信号还不具备现实普及性的情况下，卫星主要作用是与地面和有线电视系统展开全方位业务合作，辅助地面和有线电视各种业务的开展。同时利用卫星的优势，完成我国地形复杂地区和偏远地区的电视信号接收、远距离信号传输、全国覆盖等任务。

4.3.2 地面数字电视服务内容规划与管理

一、总体目标

搭建一个以普遍服务为首要目标、覆盖全国的、具有相对独立性的多频道地面数字电视平台。

首先，须建立统一的地面电视全国发射网，并在 CAS 接口方面实现统一，传输系统与机顶盒或数字电视机在全国各地都有共通的模式。使民众只要在全国各地市场上购买机顶盒或数字电视机，就可以收看到地面数字电视平台所提供的多样化的电视节目。

其次，在内容提供方面须充分利用数字科技，为全国民众（包括农村与城市地区）提供接受成本低廉、画面清晰、内容多样的多频道、移动影音、高清晰、数据广播等全方位数字电视服务。

二、建立地面数字电视平台的必要性

（一）发挥电视的舆论引导作用，宣传党的方针政策的必然要求

随着科学技术的进步，信息传播渠道呈现多元化的发展趋向，对舆论引导提出了严峻的挑战。电视作为最具影响力的大众媒体必须在数字化时代积极发展自身，才能在新的时代环境下继续占领舆论引导的高地。

地面电波的普遍覆盖、成本低廉等特征在发挥全国性的舆论引导作用方面具有先天的优势，而且数字化技术弥补了地面频道资源有限、信号易受干扰等缺陷，并提供了移动接收、数据广播等新型服务的技术可能，为地面电视更好地发挥舆论引导功能打下了良好的基础。

（二）弥合信息鸿沟与社会分化、维护国家认同、建构和谐社会的必然要求

在信息爆炸、传播渠道多样化的时代，在社会主义改革进入到攻坚阶段的社会大环境下，

整个社会呈现出多元、分化、碎片化发展的趋势。地面数字电视平台可利用普遍服务特性，为全国各族人民提供一个信息沟通、文化教育普及以及情感寄托交流的共通平台，因此地面数字电视平台在弥合社会分化、缓解社会矛盾、维护国家认同、促进社会和谐方面具有重要且无可取代的地位。

（三）提高全民族文化科学知识素养的必然要求

地面数字电视平台的普遍服务和廉价接收的特点，可以满足广大农村地区以及城市中无有线数字电视接收条件的低收入、外来人口的电视收看需求。同时，地面数字电视的内容提供呈现公益性与多样化的特点，追求节目的高品质与社会效应，对于提高我国人民的科学文化素质、建立法治化社会具有重要意义。

（四）实现电视数字化目标、推动电视数字化进程的必然要求

我国有 3/4 的广大人口还依赖地面电波收看电视，地面电视的数字化是国家电视数字化的重要组成部分。

而且，目前有线电视的数字化进程遇到了种种困境，地面数字电视平台的搭建对于推动有线电视的数字化进程也具有积极的作用。

1. 地面数字电视平台可以为电视用户提供有线数字电视之外的选择，可以缓解有线电视用户对于强硬数字化平移（不转换就看不了电视）的抵触情绪；

2. 地面数字电视可以缓解有线电视数字化后，对于家庭中第二台电视机的闲置问题，可增加有线电视用户的数字化转换意愿。

3. 地面数字平台的多频道、全方位数字电视服务作为普遍服务的内容，为有线数字电视的分组付费、开展付费电视服务、增加获利途径创造了条件。

（五）创造电视业的适度竞争环境，改变广电业小富则安、地域分割的不合理状况

有线电视网络整合的困境，凸显了广电业地域分割、小富则安的现状对广电业长远发展的阻碍。而且广大城市地区长期依赖有线电视作为公益服务的传输网，限制了有线电视数字化之后增值业务的开展，同时公益性电视服务也容易受到电视商业化的干扰。

地面电视在模拟时代受到频宽与电视信号质量的限制，发展受限，而数字时代地面电视的频道数量可以扩增 4～6 倍，并可提供移动接收、多媒体广播等扩展业务，足以形成一个独立于有线和卫星电视的多频道电视服务平台。地面电视的无线电波属于国家资产，而有线电视系统具有所有权独占问题，故传输网络容易被地方利益所分割，并很容易成为地方利益的保护伞。通过建立独立的、具有全国覆盖功能的地面数字电视平台，开展全方位的增值服务，对于刺激地方有线电视走出短期和局部利益的樊篱、集中力量进行有线电视的增值扩展业务有一定的积极作用。

（六）提供国家在战争、灾害发生时的必要传播通道

国家在出现危机状况时必须有一个普及、廉价、技术门槛较低的信息传输渠道，以传达关系到整个社会生死存亡的信息。地面数字电视网络在这方面具有先天的优势，因此也负有义不容辞的责任。

三、地面数字电视平台内容规划原则

（一）舆论导向原则

是地面数字电视内容规划的首要原则。频率分配需将满足宣传需要的频道定为优良频段的首选。

（二）普遍服务原则

内容提供至少满足一般民众最基本的电视需要，电视信号尽可能普及覆盖全国，不分贫富贵贱都能以低廉成本享受到基本的数字电视服务。

（三）多样性原则

在节目种类、目标收视群体上都要有多样层次的展现。但须注意是以总量节目照顾所有人需求，并非每一节目都要迎合所有人需求。

（四）高品质原则

无论何种类型节目，都须有研发创新与质量保证，以满足大众真正的电视需求而不是欲求。提供高品质的、观众喜闻乐见的、具有科学文化教育功能的电视服务。

（五）频率资源珍惜原则

虽然数字化大大提高了无线电波的使用效率，但无线电波毕竟是一种稀缺的不可再生的资源，因此每一个地面电视频道执照的发放都要以珍惜频率资源为原则，使有限的频率资源尽可能发挥最大效用。对一些占用频率较多但实际效用并不是很大的业务形态须持谨慎态度（比如，占用较多频率提供多角度节目观赏、准视频点播等服务）。

（六）善用科技原则

对数字电视科技进行合理的应用与研究开发，合理而不是盲目应用数字科技，同时，对科技的研发持开放而不是保守的态度。

重视研究开发新的数字电视增值服务、扩展业务范围，如代理传输业务、开展数据广播业务、3G传输渠道合作等，以此减轻国家在公益性电视事业中的财政负担，补助数字化设备转换、数字化节目内容开发的经费缺口。利用科技促进生产力，使电视能够更好地发挥舆论宣传效果、更好地满足民众的多样化信息需求。

四、地面数字电视具体内容规划的方针

对电视具体内容和频道的设置，须从内容服务方向、内容呈现形式、内容接受方式三个角度进行整体规划构想。

（一）内容服务方向

（1）舆论宣传方向

内容主要包括新闻、专题类节目。以满足全国总体的舆论宣传为主，以地方舆论宣传为辅。

（2）社会、生活服务方向

内容以关注老百姓身边的生活为主题的形式多样的节目，普及法律知识，促进法制社会建设是我国目前的重要内容之一。以全国性共同关注问题为主，以地方性话题为辅。

（3）大众文化娱乐方向

看电视是我国大部分人群的主要娱乐方式，作为全国的电视普遍服务平台，满足人们文化娱乐需求也是地面数字平台重要的服务方向。对于地面数字电视来说，目前可关注两大服务方向：

①大众化的娱乐休闲节目

②针对年轻人特点的流行娱乐节目

（4）公益性服务方向

可分为以下服务类别：

①科学普及

②民族文化传承（历史、文化、戏曲等）

③大众化的、普遍服务性质的体育节目

④促进儿童青少年身心健康成长的电视节目

⑤教育：又可分为辅助学历教育（弥补城市、农村的受教育差别等）、职业教育、成年人终身学习教育等

①农业科技、信息

②高雅、精英品位的艺术表演

（二）内容呈现形式

模拟时代电视节目的呈现形式较为单一，主要是以电视频道的形式进行点对面的单向播出。数字时代则为地面数字电视增加的新的内容呈现的可能：

①标准清晰度的影音节目形态

②数据广播

③高清晰电视节目

④互动、点播形式的电视节目

我国地面数字平台的节目内容呈现，在开播早期还是以与传统节目形态类似的标准清晰度的电视节目为主要内容呈现形式。

多媒体广播服务是地面电视所需高度关注的服务形态，应鼓励播出机构积极进行开发。

高清晰电视节目由于需要占用较多频宽，而且需要昂贵的终端接收设备，现阶段不符合地面电视普遍服务的原则，不宜在地面电视平台过多推出。

由于地面电视自身不具备回传通道，须借助外力作为互动功能发挥的回传通道（如电话、手机短信等），因此须视情况而定，不宜过多开展。

（三）接收方式

由于数字电视可实现信号的移动接受，使电视在传统的固定接收之外增加了移动接收方式。

（1）固定接收

又可分为家庭固定接收（接收终端为电视或电脑等）和商场、医院、候车室等公共场所的固定接收（接收终端为电视、电脑、大屏幕等）。

（2）移动接收

依据接收场所和接收终端的区别，又可分为公共交通工具和私人交通工具的移动接收，以及手机、PDA、笔记本电脑等终端的移动接收。

公共交通系统上的移动电视节目可将娱乐与生活、公益宣传结合为一体，扩大央视新闻联播的传播范围，使上下班的人群也有机会第一时间收看，并播送公益性节目，宣传文明礼仪、科普知识等，满足群众的多样化信息需求。

私家车上的移动电视可提供交通路况、新闻、娱乐或为用户量身订制的影视信息内容等，随着我国汽车行业的发展，可望成为私家车的标准配置。

现阶段地面电视还是以家庭固定接收电视节目为主体；对于其他形式的固定接收，节目内容与家庭固定接收基本重合，在充分可行性分析的前提下，也可适当进行针对性频道的开发；移动接收是地面数字电视的一项独特价值，可以使电视内容服务摆脱地点和时间的限制，具有良好的发展前景。而未来则可将通话业务、娱乐媒体业务与高速互联信息查询、获取等业务都统一到无线承载平台上，实现视频、语音和数据的三重业务融合。由移动接收环境、终端的特征所决定，须规划针对性的移动电视频道。

（四）播出机构

进入地面数字平台的播出机构可分为：

①中央级播出机构

②地方级播出机构

③电视台与相关产业组成的联合制播出机构

以我国现行法规为基础，对进入地面数字平台的播出机构须重新进行审核，所有进入全国地面数字播出平台的机构须受中央新闻管理机关的直接管理与领导。选择范围主要为现有模拟地面电视播出机构，有实力、符合普遍服务目标的电视机构可优先考虑进入地面数字平台。有实力的电视播出机构经过审核可以拥有多频道、综合业务开办的许可。

同时积极吸引掌握技术、资金优势的力量，通过与电视机构合作的形式组成联合播出机构（比如，广电集团、拥有电信业务执照或拥有资金的国有企业），以更好地开发新的数字电视服务。

（五）节目资金来源方式

（1）数字电视发展基金

设立专门的地面数字电视服务基金，作为公益性电视频道的资金来源之一。该基金还可用于地面数字设备转换、发射站点搭建、新型数字服务研发等。基金来源主要是大众电视频道广告收入的固定比例上缴，另外还有政府拨款、商业机构、社会机构捐献等。

（2）广告收入

大众化频道的主要收入来源。

（3）节目收视费

地面数字电视的锁码系统提供了电视频道付费播出的可能，一些高清晰电视频道、手机或私家车电视用户的专门频道可采用付费收看的方式。

（4）节目或频道销售

许多优质的电视频道和节目都具有国内和国际销售的可能，也是一项重要的收入来源。

五、地面数字电视频道规划建议

中央电视台的定位与地面数字电视平台定位最为接近，多年来有许多经验和资源积累，因此央视目前的节目频道是数字地面电视的重要组成部分。但同时也需要根据地面数字平台的新特点进行适当增加或调整。比如，模拟时代央视许多频道以卫星和有线为平台，节目设置以城市为重点，数字地面平台的节目需要较多关注广大的农村地区，需要增加服务农村地区的频道或调整节目方向。

另外，一些中央电视台不具备明显优势的频道执照发放，可适当引入具有资金和技术优势的播出机构与中央电视台进行竞标，缓解数字电视建设的庞大资金压力，避免单一播出机构的垄断，创造适度竞争环境，提升节目质量。

全国地面数字电视规划可以考虑建立两个以上"多频道电视网络"，以实现频道资源的优化组合，创造适度竞争环境，促进产业发展。

在数字电视发展的第一阶段，地面数字电视规划分为三部分。

（一）"中央多频道地面数字电视网络"

以中央电视台和中国教育电视台为基础（以下简称"中网"）。

（二）"全国多频道地面数字电视网络"

在现行法律法规的基础上，通过公平竞标的形式，引入第二个中央级地面数字电视制播机构（或者是专门的频道包装组合机构），其主体可以是多家机构合组的集团，建立与"中央多频道地面数字电视网络"形成互补的"全国多频道地面数字电视网络"（以下简称"国网"）。

两个多频道网络均由中央新闻机关直接管理与领导，所提供的节目可通过全国地面数字电视发射网覆盖全国。

两个多频道地面数字电视网络以普遍服务为主要任务，同时，可利用整合后的剩余频宽积极开发扩展型、融合型数字电视业务。"中网"以传统的电视服务为本；"国网"应将较多的频率和较多的精力用于扩展型和融合型电视业务的开发。

（三）省级的地面数字电视多频道网络

基本规划思路为：以转播全国地面数字电视频道为主，增加满足地方宣传需要（一般为省级电视台第1套节目）、适应地方独特的娱乐、文化、生活需求的电视频道。频道内容和播出机构以现有模拟地面电视节目和省级电视台为主。同时根据地方的具体情况开展扩展型与融合型电视服务。

（四）全国地面数字电视频道初步规划建议

具体内容如表4-2所示：

表 4-2 全国地面数字频道初步规划建议

"中央多频道地面数字电视网络"初步规划建议

序号	频道规划	频道定位	内容服务方向	呈现形式	接收方式	播出机构	资金来源	补充说明
1	综合频道-1	满足全国各地区、各民族最广大观众最普遍的收视需求；以综合性、权威性和精品性为原则	舆论宣传，党和政府的权威信息平台；大众文化娱乐；社会、生活服务；部分公益性服务	标准清晰度的影音节目形态	家庭固定接收；公共场所固定接收（部分节目资源可直接移动接收，如"新闻联播"）	中央电视台以CCTV-1（综合频道）为基础	广告；节目销售	随着地面数字电视频道的增多，可分担CCTV-1目前的部分任务，改变过于包罗万象的频道定位，走权威和精品路线
2	城市经济频道	面向城市地区的经济资讯频道	城市经济政策舆论引导；城市经济资讯	标准清晰度的影音节目形态	家庭固定接收；公共场所固定接收（部分节目资源可提供用于移动接收）	中央电视台以CCTV-2（经济频道）为基础	广告；节目销售	
3*	农业科技经贸频道	以面向农村地区为主的农业科技、农业经贸信息频道	农业经济政策舆论引导；农业科技经贸服务；建设社会主义新农村	标准清晰度的影音节目形态	家庭固定接收；公共场所固定接收	中央电视台或其他有经验、有实力的播出机构以CCTV-7（少儿·军事·农业频道）为基础	广告；数字电视基金；节目销售	由于地面数字电视面向广大农村地区，须在乡村节目上进行较大调整。3和4也可根据情况合并为一个农村综合频道。可采用竞标的形式选择合适的播出机构
4*	乡村生活娱乐综艺频道	面向乡村城市地区的综艺娱乐频道	乡村经济政策舆论引导；满足乡村乡镇地区文化生活需要；建设社会主义新农村	标准清晰度的影音节目形态	家庭固定接收；公共场所固定接收	中央电视台或其他有经验、有实力的播出机构	广告；节目销售	
5	体育频道-1	以国内、国际重大体育赛事、新闻资讯、体育专题节目为主要内容的频道	大众化的、普遍服务性质的体育服务	标准清晰度的影音节目形态	家庭固定接收；公共场所固定接收	中央电视台以CCTV-5（体育频道）为基础	广告；节目销售	

续表

序号	频道规划	频道定位	内容服务方向	呈现形式	接收方式	播出机构	资金来源	补充说明
6	影视频道	以优秀电影、电视剧以及影视剧主题节目为主要内容的频道	寓教于乐，贯彻党和政府的方针政策，娱乐休闲	标准清晰度的影音节目形态	家庭固定接收；公共场所固定接收	中央电视台 以 CCTV-6（电影频道）和 CCTV-8（电视剧频道）为基础	广告；节目销售	如果频道资源允许，根据情况可将电视剧与电影分为两个频道
7	科学教育频道	以提高国民素质为宗旨，以教科文素材为主要内容	贯彻科教兴国战略教科文普及服务	标准清晰度的影音节目形态	家庭固定接收；公共场所固定接收	中央电视台 以 CCTV-10（科学教育频道）为基础	广告；节目或频道销售；数字电视；基金	
8	戏曲频道	弘扬和发展我国优秀戏曲艺术	寓教于乐，贯彻党和政府的方针政策，弘扬民族文化	标准清晰度的影音节目形态	家庭固定接收；公共场所固定接收	中央电视台 以 CCTV-11（戏曲频道）为基础	广告；节目或频道销售；数字电视；基金	
9	社会与法频道	以社会、道德、法律等为主题，以建立法制、诚信社会，促进社会和谐为宗旨	贯彻"依法治国""以德治国"方略，建立"和谐社会"	标准清晰度的影音节目形态	家庭固定接收；公共场所固定接收	中央电视台 以 CCTV-12（社会与法频道）为基础	广告；数字电视；基金；节目或频道销售	
10	少儿频道	少儿节目	培养社会主义事业接班人；促进儿童少年身心健康成长	标准清晰度的影音节目形态	家庭固定接收；公共场所固定接收	中央电视台 以 CCTV-7 部分内容和 CCTV-少儿频道为基础	广告；节目或频道销售	
11	新闻频道	24小时新闻直播频道	舆论宣传，党和政府的权威信息平台	标准清晰度的影音节目形态	家庭固定接收；公共场所固定接收	中央电视台 以 CCTV-新闻频道为基础	广告；节目销售	
12	教育频道-1	以学历和职业教育为主	普及教育	标准清晰度的影音节目形态	家庭固定接收；公共场所固定接收	中国教育电视台 以 CETV 为基础	数字电视；基金；教育部基金支持；广告；节目或频道销售	视频率资源情况两个教育频道也可合并为一个全国教育频道

续表

序号	频道规划	频道定位	内容服务方向	呈现形式	接收方式	播出机构	资金来源	补充说明
13	教育频道-2	以终身教育为主	体高素养	标准清晰度的影音节目形态	家庭固定接收；公共场所固定接收	中国教育电视台或其他有实力、有经验的播出机构	数字电视；基金；广告；节目或频道销售	
"全国多频道地面数字电视网络"初步规划建议								
14*	综合频道-2	针对年轻人特点的健康向上的综合性频道，与综合频道-1形成互补，弥补在青年人当中的舆论宣传弱势	舆论宣传；大众文化娱乐；社会、生活服务；部分公益性服务	标准清晰度的影音节目形态	家庭固定接收；公共场所固定接收	中央电视台或电视台与相关产业组成的联合播出机构	广告；节目或频道销售	
15*	社会与生活频道	关注老百姓日常生活的实用性信息，社会公共话题的交流	舆论宣传，促进社会和谐；社会、生活服务	标准清晰度的影音节目形态	家庭固定接收；公共场所固定接收	中央电视台或电视台与相关产业组成的联合播出机构	广告；节目或频道销售	
16*	历史人文频道	以优质的国内外文化、历史、自然人文景观纪录片为主要内容	增进文化知识民族文化传承	标准清晰度的影音节目形态	家庭固定接收；公共场所固定接收	中央电视台或电视台与相关产业组成的联合播出机构	广告；数字电视；基金	
17*	体育频道-2	与体育频道-1形成互补	满足体育节目需求	标准清晰度的影音节目形态	家庭固定接收；公共场所固定接收；部分内容可直接用于移动接收	中央电视台或电视台与相关产业组成的联合播出机构	收视费；广告；节目或频道销售	可采用付费频道形式
18*	音乐娱乐频道	面向青少年的流行音乐、娱乐资讯频道	寓教于乐，满足青年人的娱乐需求	标准清晰度的影音节目形态	家庭固定接收；公共场所固定接收；部分内容可直接用于移动接收	中央电视台或电视台与相关产业组成的联合播出机构	收视费；广告；节目或频道销售	可采用付费频道形式

续表

序号	频道规划	频道定位	内容服务方向	呈现形式	接收方式	播出机构	资金来源	补充说明
			扩展型与融合型电视服务初步规划建议					
19*	互动频道	以娱乐、生活资讯为主要内容，以互动交流为主要形态的电视频道						
19*	高清晰影视剧频道	提供高清晰度的电影节目	满足电影娱乐需求	高清晰度的节目形态	家庭固定接收；公共场所固定接收	电视台与相关产业组成的联合播出机构	收视费；节目或频道销售	可采用付费频道形式
20*	个人移动电视频道	针对个人移动接收特点，提供专门用于全国范围内的私家车、笔记本电脑、手机、PDA等个人无线终端设备的电视节目	满足家庭收视之外的电视需求	标准清晰度的影音节目形态	私人移动终端接收	电视台与相关产业组成的联合播出机构	收视费；广告	可采用付费频道形式
21*	手机电视频道	服务于全国手机用户的专门电视频道	满足家庭收视之外的电视需求	视技术情况而定	手机、PDA为接收终端	电视台与相关产业组成的联合播出机构	收视费	可采用付费频道形式
22*	公交移动电视频道	服务于全国范围内（特别是没有开通地方公共交通移动电视服务地区）	信息、娱乐、生活，公益宣传为一体的综合性服务	标准清晰度的影音节目形态	公共交通上	电视台与相关产业组成的联合播出机构	广告	
23*	全国的数据广播服务	作为政府的信息平台，开发无线上网等服务	交通信息；多媒体远程教育信息服务		可服务于多种接收终端，包括家庭电视、手机电视	电视台与相关产业组成的联合播出机构		

4.3.3 有线数字电视服务内容规划与管理

一、我国目前的有线电视发展模式所存在的问题

（一）盈利模式与服务内容单一

我国的有线电视从发展初期就以公益性电视服务为基本原则，用户端没有机顶盒与密码锁定系统，所有用户都可无差别地免费收看到图像声音清晰、频道丰富的电视节目（仅需交纳低廉的频道维护费）。这种公益性质的有线电视发展策略在短期内很好地满足了民众的电视文化需求，同时，电视业廉价的电视内容的提供，也带动了我国相关电视设备制造业的繁荣发展，使电视机基本成为中国家庭的必需配置。

但从电视行业长远发展的角度来看，这种以地面电视播出模式为模版的有线电视服务模式，是频道资源短缺时代电视业发展思维的产物，有线电视传输网络被简单地视为单纯的电视信号传输渠道，使有线电视的服务内容长期以来仅限于免费电视频道的播出，缺乏对有线电视网络其他服务功能的开发，缺乏对有线电视的远期发展规划。

目前，我国大部分有线网络资源，或者是单纯用来播出免费电视节目，或者是闲置浪费，许多有线电视系统仅满足于转播电视节目收取网络维护费的单一业务，没有动力也没有资金实力进行电视网络的双向改造、网络整合，缺乏开展多种业务的积极性。

（二）单一盈利模式影响电视的喉舌功能发挥

单一的免费电视频道播出模式造成有线电视对广告收入的高度依赖，形成众多频道同时抢占有限广告市场的局面。而且，我国缺乏电视产业发展的良好生态环境，电视机构缺乏市场退出机制，条块分割，缺乏成熟的电视节目内容供给市场，资金投入又存在门槛，在这种情况下，缺乏实力的电视台往往是"活不好，也死不了"，频道越来越多，广告大饼被渐渐摊薄，但是节目整体质量却不断下降，暴力、色情、侵犯版权等违法电视节目的播出屡禁不止；随之带来的就是广告质量的下降，广告可以在节目中随意插播、广告时间占节目时间的比例越来越大，虚假广告、软广告、不雅广告堂而皇之地登上电视荧屏，极大地影响了电视作为党和政府的喉舌在群众心目中的权威性与公信力，威胁到电视舆论宣传效果的发挥。

反思有线电视数字化转换过程中民众的抵触情绪，即使是免费送出机顶盒、一再地承诺都无法消除民众认为机顶盒是个"圈套"的疑虑。虽然造成这种疑虑的原因很多，但也一定程度上反映了电视机构在民众心目中的公信力状况，试想一个可以播出虚假广告来欺骗观众的电视机构，又怎能让观众相信这个免费的机顶盒不会是骗人的陷阱？

（三）有线电视传统收视习惯制约数字电视的发展

目前的有线电视以多频道、低收费为显著特点，同时，由于缺乏产业发展的良好环境，电视节目整体质量的提高一直无法跟上节目数量的不断增长。多年来有线电视观众对电视节目质量不高、广告充斥现象虽然颇有怨言，但由于频道数量众多又不需交纳很高的收视费，而且也渐渐习惯用遥控器不断转换电视频道来跳过电视广告，因此对目前的有线电视模式已经形成了基本认可。

但这种收视习惯从长远来看，对收视用户和电视制播机构来说都是极其危险的，很容易陷入恶性循环：观众换台率越来越频繁—电视广告市场越来越萎缩，电视机构没有资金投入，节目质量越来越差—观众更加频繁换台—直到再也没有高质量的电视节目可选择而最终放弃电视，转而成为网络等其他媒体的用户。

习惯一旦形成，要想改变则要付出很大的成本。比如，我国大力推动的付费电视业务几年来一直困难重重，其中一个原因就是多年来观众对电视质量不高、价格低廉已经有了刻板印象，要重新培养起观众"花钱看电视"的习惯，必将付出相当高的推广成本。

电视数字化为有线电视提供了巨大的业务拓展空间，但这些业务的开展都需要面临改变用户传统电视收视习惯的难题，新型业务尤其是在发展早期需要支付相当大的市场培养和推销成本，从而制约了数字时代广电业的发展。

（四）有线电视产业结构落后、网络布局分散

从数量来看，我国可以说是拥有世界上最大的有线电视收视群体。从产业结构来看，有线电视的盈利模式高度依赖广告，与发达国家有线电视系统的盈利能力根本无法相提并论。2003年，拥有7 700万用户的美国有线电视业仅电话业务一项就获利达到9亿美元，到2004年有线电视产业的总产值更是达到了1 850亿美元。此外，我国看似庞大的有线电视网络存在网络质量不高、布局分散的问题，不同地区和不同层级之间的网络所有权结构复杂，网络整合十分困难。

有线电视新型业务的开展与数字化需要大量的前期资金投入，1996—2004年，美国的有线电视经营者共投资了850亿美元用于更新基础网络设施，平均每户的资金投入达到1 200美元，增加了网络带宽并进行了双向改造升级。而在我国，拘泥于有线电视低廉的网络维护费和广告收入的电视机构，很难有这样的资金实力与魄力投入如此巨大的资金进行基础硬件设施的建设。

（五）有线电视网络存在泡沫化危险

有线网络如果不能抓住数字化契机，利用有线电视的带宽和内容优势改进产业结构，而是继续局限于单一的电视服务内容提供，将面临来自多方面的威胁。首先，可能面临画面质量和频道数量得到极大改善的地面数字电视的威胁；其次，直播卫星在解决了接收安全性问题之后也将是有线电视的竞争者；更为严峻的则是来自互联网的挑战。内容丰富的互联网不仅已经通过文本信息、网络游戏等业务分流了相当一部分电视观众，而且从长远来看，一旦电信行业凭借雄厚的资金实力在网络硬件上发展到光纤到户（FTTH），同时互联网解决数据传输速度的先进技术不断得以开发应用，从而解决了带宽限制问题，使音视频节目能够在电信网络上自由传送，电视所面临的将不仅仅是用户的流失，整个有线电视网络都有泡沫化、边缘化的危险，这将是国家资源的极大浪费与损失。

二、有线电视分组付费体制

建立有线电视分组付费体制是改变有线电视现有弊端，以及未来有线数字电视良性发展的

基础和关键。分组付费的形式可以更好地服务于观众电视收看的需要，一方面，观众无须为自己不想看的频道付费；另一方面，也有利于纠正目前有线电视所存在的弊端，为有线电视优化产业结构、扩大产业规模创造有利条件。

（一）建立步骤

在我国，分组付费体制的建立不是一个可以一蹴而就的过程，需要分步骤分阶段推进，而且这一过程与地面和卫星电视的数字业务开展共同展开，共同促进我国电视业的产业结构调整。

（1）对现有电视播出机构进行整改

整改以节目品质为基本准则，鼓励原创性、能真正满足观众需求而不是欲求的优质电视节目。同时，严厉查处侵犯版权、涉及色情暴力的非法播出频道，进行处分或取消频道许可证；对播出虚假广告、软广告、不雅广告的电视频道进行严厉查处直至吊销频道许可证；对专业频道的专业电视节目播出时段和比例进行严格规定和定期调查，对那些名不副实的"专业频道"进行警告或取消频道许可证。

通过整改将那些节目质量低下的"垃圾频道"渐渐从电视银屏上撤出，不仅可以净化电视银屏、维护电视的权威性和公信力、减少资源的重复性浪费，而且可在不降低电视节目质量的前提下减少电视频道的绝对数量，使各地的有线电视频道数量控制在 30～40 个左右，改变电视观众简单注重电视频道数量的习惯（虽然有些频道很少收看），为有线电视数字化转换和分组付费体系的建立打下良好基础。

（2）积极推动新型业务开展

在对电视播出机构进行整改的同时双管齐下，鼓励有线付费频道业务的开展，鼓励有条件的有线电视系统开展交互式有线电视服务、高清晰数字电视服务，以及按次付费节目、视频点播服务、电视购物、电视商务、电视网络游戏等业务的试验。

除了积极推动有线电视本身的新型业务之外，地面与卫星数字电视节目内容扩展及新型服务开发也同时进行，对有线电视的产业结构调整也会产生激励与促进作用。

（3）借助有线电视数字化契机普及电视机顶盒

带有密码锁定系统的机顶盒不仅是一个数模转换工具，也是有线分组付费体系建立的基础工具。需要注意的是，机顶盒的普及不能仅限于电视数字化的目标，也要从有线电视长远发展的角度出发，因此机顶盒必须加装密码锁定系统，为分级付费体制打好基础。

（4）与地面数字电视相配合，初步建立起分组付费体系

将地面电视的数字化提上日程，并与有线电视的数字化相互配合，为面临数字化的电视用户提供更为多样化的数字转换选择。

付费分级体系建立初期应避免复杂化，让电视观众有一个适应的过程，因此，首先初步建立起与原来收视节目内容类似的频道组合，可考虑分为两个级别："数字普遍服务组合""数字基础服务组合"。前者频道数量控制在 20～30 个左右，收视费用基本维持在模拟时代的水平；"基础服务组合"除包括"普遍服务组合"内容之外再增加一些高品质频道，频道数量总

数控制在 30～50 个左右，与数字化之前、频道整改之后的频道数量基本相当，收视费可适当上调 20%～30%。另外，还可提供一些单独收费的付费频道。

（5）完善数字电视分组付费体系

在有线电视基本完成数字化转换、有线电视分组付费的观念已经在民众中形成一定共识的情况下，增加频道组合套餐，推出更为多样化的有线电视付费服务内容。

数字有线电视分组付费体系的建立步骤与电视产业结构调整的逻辑关系如图 4-3 所示：

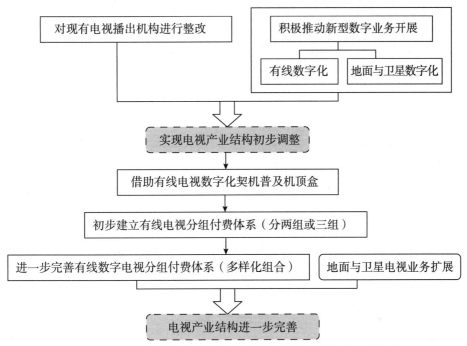

图 4-3　数字有线电视分组付费体系建立步骤与电视产业结构调整

（二）对未来数字有线电视的分组付费体系的设计

未来，纳入有线电视分组付费体系的服务可分为：不同的电视频道组合、单一付费频道、按次付费和视频点播节目以及交互式的购物、理财、游戏、电子邮件等付费服务。有线电视分组付费体系的初步规划如表 4-3 所示：

表 4-3　未来数字有线电视的分组付费体系

分组类型	内　容	费　用	机　顶　盒	说　明
普遍服务组合	转载地面数字电视平台的所有免费电视频道大约 20～30 个频道	维持当地原有有线电视收费水平	赠送基本型机顶盒	观众也可通过无线方式免费收看该组合的节目。但须在市场上购买数字地面电视机顶盒（价格应控制在 500 元以内）。家中的第二台电视机也可选择无线接收的方式，以免闲置

续表

分组类型	内　容	费　用	机 顶 盒	说　明
基本组合	除普遍组合之外，增加一些频道，频道数量在30～60个左右	在原有收费水平的基础上增加20%～30%费用	赠送基本型机顶盒	
超值组合	在基本组合的基础上增加一些高质量、具有一定大众化市场的、无电视广告的付费频道	根据所增加频道的成本核算收视费用 定价须经物价部门审核	赠送基本型机顶盒	
单独的付费频道	一些小众化、不播出广告的高品质电视节目	每个频道根据成本制订相应价格	赠送基本型机顶盒	
互动服务	购物、理财、游戏、电子邮件等	根据服务内容制订价格	用户可折价购买具有互动功能的机顶盒与配套设备	

结　语

我国数字电视的内容规划及管理政策研究是一项相当宏大的课题，本报告只能说是在有限的时间和篇幅里，对数字电视的内容发展和管理问题进行了宏观的勾勒。报告中的许多小标题都是非常值得进一步深入研究的课题，期待在今后的研究中继续进行探讨。

参 考 文 献

国家广播电影电视总局社会管理司：《广播电视行业管理手册（修订本）》，北京，中国广播电视出版社，2001。

国家广播电影电视总局社会管理司：《广播电视行业管理手册》，北京，中国广播电视出版社，1997。

广播电影电视部办公厅档案处、综合处编：《广播影视工作文件选编（1984—1992）》（上）（下），北京，中国广播电视出版社，1994。

广播电影电视部政策研究室《当代中国的广播电视》编辑部编选：《广播电视工作文件选编（1978—1980）》（上）《广播电视工作文件选编（1981—1983）》（下），北京，中国广播电视出版社，1988。

国家广播电影电视总局法规司编：《广播电影电视法规汇编》，北京，中国广播电视出版社，2001。

《广播电影电视法规章汇编（1949—1987）》，北京，中国广播电视出版社，1988。

国家广电总局人事教育司/法规司编：《广播电视法规选编》，北京，北京广播学院出版社，2003。

《中国广播电视年鉴》编辑部编：《中国广播电视年鉴》，北京，中国广播电视出版社、北京广播学院出版社，1986—2005。

陆地：《中国电视产业的危机与转机》，北京，中国人民大学出版社，2002。

曹璐：《卫星电视传播》，北京，北京广播学院出版社，1997。

陈犀禾：《当代美国电视》，上海，复旦大学出版社，1998。

陈富清：《马克思主义新闻观与广播电视业》，北京，中国广播电视出版社，2002。

郭镇之：《中外广播电视史》，上海，复旦大学出版社，2005。

黄升民、周艳、王薇：《中国有线数字电视试点现状报告》，北京，中国传媒大学出版社，2005。

黄升民、王兰柱、周艳：《中国数字电视报告》，北京，中国传媒大学出版社，2005。

卢官明、宗昉编：《数字电视原理》，北京，机械工业出版社，2004。

黄升民、张淼：《数字电视100问》，北京，北京出版社，2005。

刘文开、刘远航：《地面广播数字电视技术》，北京，人民邮电出版社，2003。

Arlen，G. H.，Prince，S. & Trost，M.. Tomorrow's TV. Washington，D.C：National Association of Broadcasters. 1987.

Boston，J.. DTV survival guide. New York：McGraw Hill.2000.

Creech，K.. ElectronicMedia Law and Regulation. Boston，MA：Focal Press. 2000.

DigiTAG. What is digital television？[Online] Available at http：//www. digitag.org/home/q&a/Q&A.htm

DigiTAG. Launch Days of Digitag Terrestrial Television. [Online] Available at http：//www.digitag.org/dttmaps/globdttmaps.htm

Elstein，David. The politics of digital TV in the UK. [Online] Available at http：//www.openDemocracy.net

FCC. Glossary of Telecommunications Terms. [Online] Available at http：// www.fcc.gov/glossary.html.

Galperin，Hernan. Can the US transition to digital TV be fixed？ Some lessons from two European Union cases，Telecommunications Policy 26（1-2）：3-2002a15.

Galperin，Hernan. A fuzzier picture：The politics of digital TV in the US. [Online] Available athttp：//www.openDemocracy.net7 August，2002b

Jakubowicz，Karol Rude awakening social and media change in Central and Eastern Europe，The public，8（4）：59-80.2001.

Kim，Pyungho. New media，old ideas：The organizing ideology of interactive TV，Journal of Communication Inquiry，25：1，72-88. 2001.

NAB.DTVUPDATE. [online] Available at http：//www.nab.org/ newsroom/pressrel/releases/6001.htm

Negroponte，N. Being Digital. New York：Alfred A. Knopf.1995.

Sherman，B. L. Telecommunications Management：Broadcasting/Cable and the New Technologies（2nd ed.）. New York：McGraw-Hill.1995.

广东省文化产业发展规划思路研究[①]

2006 年 7 月

[①] 2006 年广东省委宣传部委托研究。主持：熊澄宇。主要参与：范红、皇甫晓涛、靳一、章锐、张铮、何威、冯馨。

一、广东省文化产业发展位势分析

二、广东省文化产业发展的现状分析

三、广东省文化产业发展思路建议

广东省的文化产业经历了自改革开放以来的从无到有、从小到大，逐步成长为国民经济新的增长点的发展历程。特别从广东省委、省政府做出深化文化体制改革、加快文化大省建设的战略决策以来，文化产业取得了突飞猛进的发展速度和令人瞩目的成就。目前已经形成门类齐全、体系完善、主体鲜明的产业格局，拥有一批具有较强实力的文化产业竞争主体，实现了较好的社会效益和经济效益。

本建议以清华大学文化产业研究中心与广东省委宣传部文改办对广东省相关部门和地市的联合调研与访谈为基础，结合国际和国内其他地区发展文化产业的经验教训，从地域特点、产业结构、资本运作、行业管理等不同方面分析了广东省文化产业发展的现状及存在的问题；并就如何发挥广东省文化产业的优势、调整发展中的不足提出了思路建议，供有关决策部门参考。在我国文化产业发展中，总结和探索"广东模式"或"广东路径"是广东文化产业今后在发展与实践过程中需要进一步提炼的。

一、广东省文化产业发展位势分析

根据联合国教科文组织对于国际文化产业发展状况的调查，中国是国际文化市场上的后起之秀。当前中国与美国、英国、德国、法国共同成为世界五大文化产品进出口大国。五国文化产品的总进出口量在20世纪90年代末就已经分别占了全球各国文化产品总进出口量的53%和57%。广东省文化产业的特点从某种程度上说，恰巧与中国文化产业在全球化背景下国际文化产业的发展特点相吻合。目前，广东省的文化产业规模在国内名列前茅，在增加值和从业人数等方面居全国各省市之首。2005年，广东省文化产业增加值1 433.2亿元，占全省GDP的比重为6.4%，对GDP增长的贡献率为6.6%，拉动GDP增长0.9个百分点。2004—2005年，文化产业增加值年均增长15.0%，高于全省GDP同期年均增长率。此外，随着中国（深圳）国际文化产业博览交易会列入我国重点支持的文化会展和对数字内容及动漫产业的大力推进，广东既有的技术、人才和制造业有条件进一步发挥优势，建议广东省充分把握历史契机，深化文化体制改革，着力推进文化产业成长为支柱产业，为长远发展打下坚实的基础。

从文化产业的整体格局上讲，广东省的文化产业在全国层面上扮演的角色与我国在国际文化产业格局中所扮演的角色相似。在国际文化市场上，我国是文化产品加工大国，同时在近几年的发展中由于版权产业发展的滞后，开始在文化产业版权交易和文化产品内容生产方面显示出不足。广东省的文化产业发展恰恰体现了我国文化产业发展的突出特点，文化产品制造业成为广东文化产业结构中的绝对重心，成为其他省市无法比拟的优势。一方面，保持这一优势是广东省文化产业未来发展的坚实基础；另一方面，广东省文化产业核心层和外围层的相对薄弱与相关层的绝对总量优势形成了鲜明的对比。

广东省的文化产业发展与其他省市相比，既有共性也有个性，既有优势也有不足。例如，广东省在出版物分销、报业、音像制作与发行、影视节目制作、印刷业、光盘复制业等都处于全国绝对领先位置，而广东省提出的"文化大省"的建设目标是政策上的重大突破，成立的音像业等行业协会又成为对非营利组织参与行业管理的实践探索，广东省在配套经济政策和产业规划的制定上也走在全国前列；而广东省目前面临的主要问题是文化产业的结构调整，2004年，我国文化产业核心层、外围层和相关层的从业人员之比为31：17：52，增加值之比为38：20：42。与其他省市相比，北京的文化产业核心层增加值占整体的一半以上，上海的外围层则占增加值将近一半。与之相比，广东省目前的重要任务是提升文化产业的核心层和外围层的比重与活力。

此外，广东省的文化产业发展还有需要向其他省市借鉴的方面。例如，北京市根据人均生产总值达到4 300美元这一指标，提出为适应居民对文化消费的需求，激发文化产业的市场潜力，着力发展文化创意产业，这是北京市结合自身特色的思考；再如，江苏省对于图书出版业的发展重点扶植知识和版权密集型的城市及高校出版社，取得了良好的社会和经济效益；又如，上海市对已有的文化发展基金会进行革新和重新定位，让其承担评估、自主社会文化项目的职责等；还有云南省文化产业发展的"云南模式"等。这些都是值得广东省学习和借鉴的发展经验与参照案例。

本报告将具体总结广东省文化产业发展的优势和劣势，同时结合其他省市情况，针对性地提出意见和建议。

二、广东省文化产业发展的现状分析

文化产品在所有商品中是最具人文属性的，产品创造者所属的地域、文化历史传统，甚至所使用的文字和语言都直接关系到了他们的价值、审美观念的形成、对外来文化的态度、创造力的指向，等等。地域因素不仅直接关系到了本地生产的文化商品的特性，也关系到了当地文化产业结构的特点和发展趋势。

广东有着深厚的历史文化传统积淀，岭南文化、潮汕文化和客家文化等独具特色的地域文化在此交融、激荡，形成了广东延展千年的文化脉络。在广东发展文化产业的进程中，必须充分考虑广东的地域文化特征及其历史文化传统，继承发扬优良的文化传统并转化为产业资源。地处岭南的广东培育了广东人较强的商业意识，同时，具有明显的超前意识和创新精神。在改革开放逐渐深入和文化产业发展时期，正是这种宝贵品质让广东人深谙创新精神的重要作用。我们可以从广东省在文化市场建设、文化产品贸易、国有文化企业转制等工作中的大胆突破看到广东人的勇于创新、善于创新的探索精神，在今后的文化产业发展中要充分利用和发挥这种创新、创意精神，这也是文化产业的核心所在。

因此，只有在清醒地认识历史和现实的基础上，根据自身固有的文化特点和产业特色制订符合自身文化特点的文化产业发展策略才能给予广东省的文化产业发展更大的空间。

1. 文化产业起到示范作用，结构失衡问题值得关注

广东省的文化及相关产业的增加值和从业人数居各省市之首，并且已经在广东省国民经济中占重要地位。文化产业已经成为广东省的一个重要产业门类和国民经济新的增长点，在广东省的经济和社会发展中正发挥着越来越重要的作用。据2005年广东省经济普查资料显示，

2004年，广东省文化产业增加值占GDP的比重为6.6%。文化产业增加值对GDP增长的贡献率为7.7%，拉动GDP增长1.1个百分点。全省文化产业单位总数43 094个、从业人员177.29万人、实收资本1 379.35亿元、资产总额4 258.70亿元、营业收入5 943.29亿元（除营业收入外，其余均不含个体经济）。2004年，全省文化产业单位总数、文化单位资产总额及营业收入分别比上年增长12.4%、41.3%、36.3%，文化产业增加值1 205.43亿元，比上年增长16.9%，文化产业增加值占GDP的比重比上年提高0.1个百分点。其中，文化产品制造业增加值801.37亿元，文化产品批发零售业增加值177.32亿元，文化服务业增加值226.74亿元，分别占当年GDP的比重为：6.6%、4.4%、1.0%、1.2%。

改革开放以来，广东省文化产业在发展过程中不断拓展新领域，形成了文化服务业、文化产品贸易业和文化产品制造业三大产业门类，构成了新闻服务业、出版发行和版权服务业、广电服务业、文化艺术服务业、娱乐业、会展业、广告业、旅游业、电子信息业、文化产品制造业等比较齐全的文化产业体系。

这些数据与事实均说明广东省在文化产业方面的产业框架已经基本形成，而且在全国开始发挥先锋作用。

在广东省已经形成的文化产业体系中，以文化服务业为核心层、文化产品贸易业为外围层和文化产品制造业为相关层的三大产业门类分别占据三个产业层面的主体。其中，广东省作为我国的文化产品制造和出口大省，在文化产品制造业方面占有绝对的比重优势。例如，家用视听产品制造业2004年实现增加值282.41亿元，占广东省全部文化产业增加值的比重为23.4%；再如，印刷、工艺美术品制造、玩具制造、文化办公用机械制造、机制纸及纸板制造等行业均占相当大的比例，在全国也处于绝对领先地位。

同时，广东省也是传媒大省，新闻服务业和广播电视业发展迅速。2004年，广东全省公开发行的报纸有135种，总发行量43亿份；期刊有364种，总发行量4.55亿册；南方报业传媒集团、羊城晚报报业集团、广州日报报业集团等报业集团占全国总数的13%；期刊出版种数全国排第4位，期刊总印数和总印张均排在全国第1位；而多年来广东的广电行业始终处于全国领先地位，综合实力名列前茅，其中总资产、净资产、经营收入和有线电视用户数等主要经济指标连续5年排名全国第一，全省广播电视行业规模总量约占全国广电行业的1/10；另外，广东已成为我国出版发行业最活跃的地区之一，录音制品发行总量占全国的1/10，录像制品种数和发行量在全国排第1位，光盘生产能力和市场占有率占全国半壁河山，广东还是全国规模最大、实力最强的印刷基地。

从上述对广东省文化产业发展成就的一些简要描述已经能够看出，广东省的文化服务业、文化产品制造业和传媒业已经形成了相当的规模，也说明了广东省文化产业的发展有了坚实的基础和出发点。但是，在看到既有优势的同时更应该看到存在的不足和问题，当前，广东省的文化产业存在的最大问题是结构性失衡、产业主体增长缓慢。

从广东省文化产业发展的总量上看，目前已经排在全国的前列。目前，在文化产业从业人员数、年营业收入、年实现增加值等方面广东省都排在全国各个省市的第一位,在文化产业增加值占GDP的比重方面广东省仅次于北京市。2004年,广东省文化产业增加值占GDP的比重为6.6%,这个数字基本接近国际文化产业发达国家的水平——英国的文化产业总产值在近年都保持在600亿美元,占GDP的8%。但是,按照文化产业的核心层、外围层、相关层的分类方式,广东省在相关层上面的优势明显,但在核心层和外围层上的实力需要进一步挖掘。

按照2004年的数据,从核心层、外围层、相关层增加值的比例来看,北京市为57:29:14,上海市为23:47:30,而反观广东省,以家用视听设备制造、印刷、工艺美术品制造、玩具制造、文化办公用品机械制造等为代表的文化产品制造业在2003、2004和2005年创造的增加值占全省文化产业增加值的比重分别为60.69%、61.35%和62.94%。也就是说,相关层所占比例远大于核心层和外围层之和。这说明,虽然广东省有报业、出版发行、网络信息服务等成为核心层、外围层发展的亮点和排头兵,但是总量较低,形成一种结构性失衡。这种文化产业的失衡结构固然有广东省长久以来形成"三来一补"的工业传统渊源的原因,但是对于文化产业的可持续发展却是非常不利的。文化产品的生产制造是文化产业链条中最被动的一环,处于整个文化产业链条的中下游,在其上游受到文化产业创意层面瞬息万变的变革影响,在其下游受到文化市场波动带来的影响,同时,自身还受到技术更新换代、标准为国外掌握、人员培训成本高等一系列问题,因此成为文化产业中最不稳定的环节。从这个角度来看,创意层面的风险和市场的风险都要生产制造企业承担,以现有的广东文化产业结构难以形成持续上升的积极发展态势。

表2-1和表2-2分别显示了2004年6省市文化部门文化产业增加值情况和经营性文化产业增加值情况。从这两个表中我们也可以看出,在文化产业发展排在全国前列的6个省市中,广东省在文化部门文化产业增加值占总产出比重和经营性文化产业增加值占总产出比重两项数据上均居于6省市的倒数第二名,仅高于上海市。因为这两项统计针对的都是文化产业核心层和外围层的某一个侧面进行的,而考虑到上海市本身文化产业核心层和外围层的巨大总量和广东省自身的文化产业结构特点,可以说,广东省在这两个层面的发展情况上比表中显示的水平还要落后于其他几个省市。

表2-1 中国2004年6省市文化部门文化产业增加值情况统计 ①

地区	总产出(千元)	增加值(千元)	增加值所占比重(%)
北京	956 318	561 281	58.7
上海	2 123 064	1 051 692	49.5
山东	1 223 974	784 177	64.1
浙江	1 485 715	980 692	66.0
江苏	1 238 416	722 037	58.3
广东	1 760 584	998 579	56.7

---

① 数据来源:《中国文化文物统计年鉴2005》。

表 2-2　中国 2004 年 6 省市经营性文化产业机构增加值情况统计[①]

地区	总产出 / 千元	增加值 / 千元	增加值所占比重 / %
北京	402 384	190 710	47.4
上海	2 971 332	609 228	20.5
山东	1 216 659	574 444	47.2
浙江	2 986 935	1 070 787	35.9
江苏	1 954 618	859 554	44.0
广东	2 911 283	885 379	30.4

表 2-3 显示的另外一组数据也能说明广东省在文化产业发展上的结构问题。按照广东省文改办的综合调研报告，广东省成为我国出版发行最为活跃的地区之一，全省拥有图书出版社 21 家，图书出版的综合实力居于全国上游水平，出版物市场各项指标居全国前列，2003 年，全国图书销售总额为 461 亿元，广东省约占 12.5%。但是考虑到图书出版种数这一表明出版发行业质量的重要指标，广东省就没有体现应有的地位和优势。可见广东省出版发行的优势主要体现在音像领域，图书领域的领先地位需要进一步确立和加强。

表 2-3　广东与上海、江苏、浙江图书种数比较（单位：种）

年度 地区	1999	2000	增长 / %	2001	增长 / %	2002	增长 / %	2003	增长 / %
上海	11 373	12 683	1.1	14 000	10	14 537	3.8		
江苏	5 068	5 143	1.5	5 547	7.8	6 066	9.3	6 855	13
浙江	3 884	4 106	5.7	4 483	9.1	5 028	12		
广东	4 477	4 374	-2.3	4 952	13	4 705	-4.9	5 439	15.6

而广东省图书出版业相比其他省市的发展的滞后，也从某种程度上说明与版权产业不发达有关。如江苏省发展图书业的经验是，在做大做强国有出版发行业的同时，大力发展民营图书批零企业，同时重视城市和高校出版社的发展。由于对这两种知识和版权密集型出版社的扶植，江苏省在 2003 年出版的 6 855 种图书中，有 1/3 来自 6 家高校出版社和 3 家城市出版社。南京大学出版社销售码洋 2002 年突破 1 亿元，2003 年又有约 10% 以上的增长。所以说，进一步开发更具知识性和版权性的出版社，例如，高校出版社和城市出版社的潜力，能够进一步发挥出版业的优势。

当文化产品制造业的收益越来越小的时候，其失去的利润多转向了文化产品的内容创意行业。这也就是为什么在知识产权保护完善的国家，文化内容创意行业、为文化核心产业服务的行业，或者版权行业都能够成为文化产业中的中坚力量。例如，美国 2001 年仅版权产业的总

[①]　数据来源：《中国文化文物统计年鉴 2005》。

产值就占 GDP 的 7.55%。而广东省包括内容创意和版权交易在内的文化服务业发展相对滞后，统计显示，广东文化服务业所占比重低于全国平均水平；在国民经济中所起的作用也低于国际上文化产业发达国家的水平。

总体上看，广东省文化产业发展存在着结构性的失衡，核心层、外围层的产业主体增长速度慢于全国其他省市，这成为目前广东省文化产业发展的软肋，是未来发展的重要任务。

值得一提的是，在文化产业总体层面存在着结构性失衡，同时在文化产业的某一领域同样也存在着不平衡的情况。以文化服务业为例，广东省的文化服务业所占比重低于全国平均水平。根据广东省的统计，2004 年，全省文化服务业实现增加值 226.74 亿元，占文化产业增加值的比重仅为 18.8%，占 GDP 的比重仅为 1.2%，低于全国 1.5% 的平均水平。在文化服务业内部，报业明显处于领先地位，而诸如电影业因其改革力度趋于保守，体制创新不够，市场化步伐踌躇不前，严重制约了影视创作能力和生产经营的发展，陷入了前所未有的困境；再如，广电系统资源分散、有系无统、条块分割的局面仍然没有得到根本性解决，广电资源集中度偏低的局面仍然没有彻底打破；还有像曾经孕育了中国流行音乐的广东演艺业现在也进入了低谷，虽然近几年采取了一些文化院团体制改革的措施，但是其实施力度和最终效果却不甚理想，演艺市场份额多为外来演出占据。

2. 民营企业发展迅速；内容生产行业有待深入

目前，广东省已经形成核心层以国有文化企业为主力与外围层、相关层以港澳台地区投资和民营文化企业为主力的局面。根据广东省统计局的数据，对文化产业投资主要以国有经济、港澳台地区投资和民营经济为主，这三者的投资额分别占文化产业投资的 35.7%、27.7% 和 20.1%，其中以民营经济投资最积极，增长 18.5%。新闻服务业中的几大报业集团，广电系统的企业均是国有文化企业的成功范例，例如，2004 年广东省报纸出版种数、平均期印数、总印数、总印张在全国均排第 1 位。《广州日报》《羊城晚报》《南方都市报》《南方周末》4 种报纸发行量超百万份，广告收入超过 1 亿的报纸有 8 种，全省报纸广告收入达约 50 亿元；2004 年广东广电创造增加值 40 亿元，人均创造增加值 16 000 美元，是全省人均 GDP 的 6.4 倍。而近年来，民营资本在文化产业领域得到了迅速发展，已经成长为广东省经济成长的重要战略资源。在文化产业中，民营资本显示了生机和活力：根据省统计局数据，2003 年广东省民营文化企业单位数量 17 869 个、从业人数 24.72 万人、营业收入 5 173 260 万元、实收资本 2 123 516.7 万元、资产总额 4 440 720.4 万元，分别占全省文化企业总量的 46.61%、18.72%、13.67%、15.70%、14.73%。

在广东省全部文化产业单位中，民营已占 46.6%，国有仅占 12.56%；民营文化企业虽然发展迅猛，但是主要分布在产业结构中的文化产品制造业，并未形成有实力的大型、综合性文化产业集团，其经营范围主要局限在文化用品、设备及相关文化产品的制造、销售和一些相关文化服务领域，其数量虽然比国有多，但规模普遍偏小，平均每家仅有 19 人，平均资产总额

248.5万元，平均年营业收入289.51万元。民营文化企业不仅规模小、竞争力弱，不利于市场资源的有效利用和优化配置，而且法人治理结构不健全，管理模式落后，大部分中小企业未建立现代企业制度，多采取"家族式"管理，专业人才缺乏、市场信息灵敏度低、经营管理水平较差，投融资渠道不畅，企业资金短缺、融资困难，成长发育缓慢。

从广东省民营经济在文化产业各层面的参与程度看，在包括文化制造业在内的文化产业外围层的民营资本最为集中，相关层的零售业和一部分服务业，也有民营资本的参与，而核心层即内容产品的生产和开发则要薄弱很多，无论是绝对数量还是相对实力都与外围层和相关层相差甚远。

在国际文化产业的发展实践中，非国有资本一直是保证文化产业长期持续发展的重要经济基础；而一个国家文化产业化的程度则直接与民营资本参与文化产业的程度成正比，即民营资本参与越多的文化产业，产业化程度越高，盈利越丰厚。在很多西方国家，除了关乎国家形象以及重要历史人物的文化行业，如纪念馆和一些艺术馆，该国的文化产业中的支柱产业基本都是由民营资本控制的，而民营或私人资本之所以能够拥有强大的经济实力，主要是由于文化行业和资本市场的结合。

私营的文化企业和集团因为充分地与资本市场相结合，其经营管理得以充分市场化和产业化，产品已经形成多元文化产业链——从核心媒介产业到外围娱乐业、旅游业、信息服务业等，业务范围多种多样，发展比较成熟。因此，如果能够充分发挥民营文化企业的能量，将对文化产业的整体发展起到极其明显的带动作用。广东省民营文化企业的发展目前已初见端倪，如果能够使其充分发挥潜力，将在解决文化产业的资金投入、通过资本运用的规则规范文化产业运作、在微观上运用市场经济"看不见的手"来管理文化产业等方面起到非常重要的作用。同时，通过引导民营文化企业进入文化产业核心层，将对改善广东文化产业结构，实现可持续发展发挥重大作用。

3. 新兴文化行业得到大力发展；潜力尚有挖掘空间

改革开放以来，特别是近几年来，随着经济的高速增长和人民生活水平的提高，文化消费逐渐成为广东省城镇居民消费的热点，消费需求的不断扩大也推动了广东省文化市场的繁荣发展。以此为基础的许多新兴行业，如会展、艺术品投资、艺术培训、设计产业等，在广东省的不同区域都可以结合当地产业和文化的实际情况，有良好的发展空间。

广东省的文化休闲娱乐业的发展很有潜力。作为全国第三大演艺市场的广州，文化休闲娱乐服务成为产业和消费热点。据统计，2004年全省文化产业全年投资为177.24亿元，其中文化休闲娱乐服务投资37.50亿元，占文化产业投资的21%，仅次于文化用品、设备及相关产品生产的投资，居第二位。

广东省在与文化产业相关的硬件方面发展良好，这为发展新兴文化产业提供了较好的基础。广东省的网络信息服务业拥有以微波、光缆、卫星传输、宽带网络等为主体的通信网路，技术水准国内领先。以动画卡通、网络游戏、手机游戏、多媒体产品等为代表的动漫游戏产业成为文化产业的新兴力量。

广东省在动漫产业方面具有良好的市场基础和人才优势，已初步形成以广州为中心的网络游戏产品研发、人才培养、产品运营、产品展示、产品出口、电子竞技的产业链。广州拥有天河软件园这一国内软件产业聚集度最高、发展最成熟、规模最大的国家级网游动漫产业基地，2004年，该园在网络游戏方面的收入达到6.1亿元，约占国内网络游戏收入的1/4。

在国际文化产业发展的模式中，有一种是以日、韩为代表的借助新兴文化产业的发展成长为文化产业强国的模式。这些国家的文化产业化历史短，没有经历西方文化工业化长期的渐进历程，同时，这些国家在本国的文化属性上又根本地区别于欧美文化。近年来，以日韩为代表的这一类国家，分别在动漫和游戏制作等新兴文化产业等领域另辟蹊径，目前在世界文化产业中开始占有不可替代的地位。广东省的文化产业发展，可以从这两个国家的发展模式中得到启发。在现有动漫、设计、艺术品生产等行业初具规模的基础上，广东省可以大力加强对新兴文化行业的投入，发展出别具特色的文化产业。

4. 知名文化产业品牌已经显现；产业链发展有待完善

虽然目前广东省已有以几大报业集团和广电集团支持的文化核心产业，但是这些集团目前仍非跨行业、跨地域的综合性传媒集团；同样，尽管已经有像《南方周末》《广州日报》、俏佳人、大芬村等全国知名品牌，这些品牌并未发展成有上游和下游衍生产品的产业链。

另外，广东省虽然文化企业众多，但规模偏小，经济效益和产业集约化程度不高，总体上缺乏竞争力。2004年，全省文化产业法人单位达43 094个，但平均每个单位不足41人。从经营规模看，文化产业单位平均资产总额988.2万元，每天人均营业额不到800元。其中，文化服务业产业单位人均年营业收入只有23万元左右，每天人均营业额只有600多元。

以报业为例，广东省的大型国有文化集团有南方报业、广州日报集团等，但这些集团都是以报业和平面媒体为主营业务，经营品种相对大型传媒集团而言比较单一。广东报业集团目前的发展与新闻集团早期的发展模式非常相似，都是在报业领域不断地壮大，并且在一定程度上得到了政府政策上的支持。新闻集团从20世纪60年代开始的并购和扩张的过程，有值得广东报业借鉴和学习之处。同样，广东省自身的探索也有成功的范例，如佛山传媒集团是目前初步形成产业链的范例之一。佛山传媒集团是佛山市一家平面媒体与广播电视媒体一体化的传媒集团，下属媒体有《佛山日报》、佛山电台、佛山电视台、《珠江时报》、《珠江商报》、佛山期刊出版总社、《佛山侨报》、《佛山年鉴》、《珠江青少年报》和《佛山广播电视周报》。集团成立后，集团内部资源共享，优势互补，大大增强了影响力和竞争力。2005年1月，根据有关文件精神，全市整合文化、广电、新闻出版和网络资源，把佛山日报传媒集团更名为佛山传媒集团，将佛山电台、佛山电视台并入佛山传媒集团，建立了平面媒体与广播电视媒体一体化的传媒集团，并将佛山日报传媒集团有限公司更名注册为佛山珠江传媒集团有限公司，下辖佛山报业发展有限公司、佛山广播电视有限公司和佛山珠江传媒网络有限公司。如果其他报业集团可以借鉴佛山传媒集团的模式，广东省文化产业将在纵向发展上形成相当规模。同样，如深圳大芬村、作为广东省民间文化特点的梅州客家山歌剧、广东汉剧等文化产品目前尚处于单一产品经营状态，没有得到充分开发，以形成完整的产业链和规模效益。

在开发产业链上，美国迪斯尼公司与不同行业的合作和对相关文化产品的开发非常具有启发性。如早在1930年，罗伊·迪斯尼就与George Borgfeldt公司签署了委托其销售带有米老鼠系列标志产品的协议。从每件低于50美分的产品中，迪斯尼获得2.5%的版税，从多于50美分的产品中，获得5%版税。另外，迪斯尼的很多主题公园都利用现有资源来吸引美国其他大型商业集团参与经营，而迪斯尼通常不用付出任何投资就可以从中分享利润。如何在纵向和横向上扩大产品产业链的广度，是广东省大型文化企业应该关注的方向。

5. 政府推进作用明显；定位与职责需要明确

在广东省文化产业发展的进程中，广东省委、省政府的决策和管理水平得到了充分的体现，也对广东省文化产业的发展起到了大力推进作用。如2003年作出了《中共广东省委、广东省人民政府关于加快建设文化大省的决定》，同时制定了配套的相关重要文件；2004年编制并公布了《广东省社会资本投资文化产业指导目录》；2005年省人大通过了《广东省文化设施条例》。这些重大决定及法规的出台，有力地加快了文化大省建设的步伐。同时，正在制订的《广东省文化产业发展"十一五"规划》必将为广东省文化产业发展勾画更为具体的蓝图。同时，在政策制定上，广东省也采取了经济政策、法律法规、行政管理等配套制定和实施的方式，取得了良好的效果。

但是，我国历史形成的计划经济体制下的政府管理模式并未完全转换成为能够适应社会主义市场经济体制要求，适应文化产业发展要求的体制。政府到底应该扮演怎样的角色是目前存在于中国文化产业发展中的一个普遍问题。目前，我国政府的相关职能部门在文化产业中既是参与者又是执法者，即文化部门通过国有文化集团和企业在文化市场上参与竞争，分享利益；同时，政府文化部门又是文化市场游戏规则的制定者和监督者。这些相互矛盾的角色集于一身，就使得政府文化部门在文化产业中应起到怎样的作用变得难以明晰、政策制定的针对性和具体性有待加强、行政执法难以贯彻、有效。具体到实践中，这些问题首先使得原国有文化单位在文化体制改革的过程中难以厘清所属关系，以至于很多工作难以展开；同时，也直接导致了目前文化产业建设中出现了一些不太合理的现象。

而对于文化市场公平竞争的问题，目前主要表现在对于民营文化企业的政策扶植力度有待加强。目前，政府对于民营文化企业的管理仍主要是以限制为主，疏导为辅。这固然在市场的有序竞争尚未形成的前提下是必要的，但是当在某些行业的有序竞争已经形成的时候，政策管理则在规范市场的同时，应加大扶植和鼓励的力度。而政府文化部门执法不严在文化产业领域最突出的问题就是导致了知识产权保护的力度不足。广东省文化产业核心层的发展缓慢、盗版猖獗、打击力度不够是重要原因之一。如何明确打击盗版的执法权限，明确分工和责任，是政府层面在保护知识产权时可以进一步加强的。

6. 事业单位转制取得成果；改革进入攻坚阶段

广东省文化事业单位目前存在着结构不合理，亟待重新组合的问题。目前的文化事业单位编制结构和体系沿用的仍是20世纪60—70年代以来的事业编制。之后虽然略微有调整，但是却只见增加，不见减少。每个市都设有博物馆、歌舞团、文化馆、地方戏剧团、电影放映队等。这些文化事业单位虽然本应在建设公共文化服务体系中起重要作用，但是，就目前这些单位的现实经营情况看，它们已经很难承担这一责任。

在对粤西、粤北经济欠发达地区的访谈中我们发现，各地都有自己的歌舞团，有的市还有自己的地方戏剧团。但是这些剧团目前基本都处于难以只依靠政府财政拨款维持演出和日常开销的状况。造成这些剧团目前困境的原因来自内部的有：一、离、退休人员形成的人事负担重，消耗了大部分来自政府财政的资助；二、演出剧目亟待创新。来自外部的原因主要是当地居民总体消费水平低。歌舞演出在目前的文化市场已经不再是满足普通消费者的大众化的娱乐手段，而是在众多大众娱乐手段的竞争之下发展成了中高端的娱乐形式。所以，一个地域演出市场的活跃程度与当地的居民消费水平息息相关。

三、广东省文化产业发展思路建议

1. 巩固优势，拓展市场；优化结构，勇于创新

上文已经分析，广东省目前文化产业最大的优势是发达的、处于全国乃至世界领先地位的文化产品制造加工业，另外，这种优势在给广东带来了巨大的文化产业总量的同时，也造成广东文化产业结构失衡，以创意和服务为核心的核心层与外围层相对落后。在今后的文化产业发展中，巩固广东省发达的文化产品加工业和强大的商品流通市场的优势是必要的，也是继续保持良好的发展势头的需要。

在此基础上，广东省的文化产品加工业可以进一步在投资主体、产品种类上和产品市场上进行拓展。除了自筹资金以外，国有资金、港澳台地区投资和民营资本目前在文化产业领域形成主要力量，建议适当增加外资的比例。如果外资的比例适当增加，可以使广东省文化产品的种类紧跟国际市场的流行趋势，使广东文化产品加工业的业务范围更加符合国际市场的需要，同样，也可使广东省文化加工业的市场在更大范围扩大。除了拓宽国际市场以外，建议广东省建立跨省的文化产业加工产业链，与其他省份合作打造文化产品加工、贸易、制造产业链条。

在巩固优势的同时，建议着重调整广东省的文化产业结构。文化产业的核心层面是其最具有可持续发展空间和回报最为丰厚的产业类别，建议广东省着力发展广电、动漫、文化旅游、会展等创意层面产业；另外，广东省可以充分利用其悠久的历史文化资源发展具有原创性的文化产品。在这一方面，云南省文化产业的发展状况非常值得借鉴。云南省文化产业发展虽然在

几个支柱性行业，如广电传媒、出版发行以及广告等方面，尚处于全国较低发展水平，但是凭借其丰富多彩、独特多样的民族文化资源，使云南文化呈现出奇异多彩的光芒，形成了诸多文化产业品牌，如纳西古乐、《丽水金沙》《云南映象》等文化产品的出现都体现了将独特民族文化与产业的创新性结合。广东省有着各具特色的客家、潮汕、岭南等文化群，如果根据广东省在历史文化上的特点开辟出独特文化产品，那么广东省文化产业一定会有更多层面的发展。

优化产业结构，拓宽国际国内市场需要创新的思维和管理体制。建议广东省借鉴其改革开放以来经济发展的经验，探索文化产业发展的"广东路径"。目前广东省文化产业改革中的许多举措已经具有了这一特性，例如，2004年1月，广东省在全国率先成立了省级广电集团——南方广播影视传媒集团；同年10月，南方传媒控股有限公司挂牌。这一措施不仅使广东省广电业在当年创造出了40亿元的增加值，还使广东省在全国对国有传媒资源的整合和企业化改造中起到了先锋示范作用。此外，广东省的文化政策正在逐步重视民营资本的作用。国际文化产业的实践经验证明，文化产业建设中非国有经济力量的介入程度直接关系到了该国家或地区文化产业的发达程度。在《广东省文化产业和文化事业十一五规划》中就明确了要鼓励和支持民办文化服务机构发展，提出简化对民办文化机构或项目的登记审核程序，在土地使用、信贷、行业政策等方面给予民办文化与国办文化单位同等待遇。广东省的这两项措施，一方面，大力改革了国有传媒机构旧有的经营模式和所有制结构；另一方面，鼓励了非国有资本参与文化产业的经营，这就是结合中国实际情况与西方发展经验的有益尝试。

同样的创新理念也已经在广东省文化产业建设的其他领域有所体现。例如，《十一五规划》中已经初步体现了广东省对于文化产业建设中内容创新、文化人才体制、文化投融资体制改革等文化产业结构调整的重要方面的重视。这种开放的眼光和总体宏观规划对于文化产业的总体建设是极其重要的。由于文化产业在我国尚属新生事物，而文化的事业属性和经营属性也是近几年才充分明确的概念，如何从中央到地方贯彻和明晰对该双重属性的认识直接关系到了对文化产业建设的总体效果。

2. 大力发展会展业，带动相关产业

在文化产业外围层中，广东省已经初步建立了自身的优势，其中会展业的发展目前已经成为了广东省文化产业发展的一个亮点。中国（深圳）国际文化产业博览交易会、中国国际音像博览会、广州艺术博览会、广东艺术双年展、南国书香节等文化会展，已经逐步成长为在全国和国际颇具影响力的大型文化交流与经贸平台。在诸多文化会展中，深圳文博会被列入《国家"十一五"时期文化发展规划纲要》中重点支持的文化会展，成为广东文化产业发展的国家级平台。文博会的功能在于使各文化企业在这个平台上完成顺畅的交流，展示我国文化企业的实力和沟通国内外文化企业之间的联系。文博会是广东省文化产业发展的得天独厚的窗口，建议广东省将自身着力发展的文化产业借助这一国际化的平台与世界文化产业市场建立充分的联系。

会展业的强大作用已经在国际文化产业的实践中得到证明，会展产业以其低成本、高利润、无污染、拉动力强劲越来越为人们所关注。据英联邦展览业联合会调查，会展业是优于专业杂志、直接邮寄、推销员推销、公关、报纸及电视会议等诸手段的营销中介体，其利润率通常超过25%。有人做过这样一个比较，通过一般渠道找一个客户，需要成本219英镑，而通过展览会，成本仅为35英镑。同时，每增加1 000平方米的展览面积，就可以创造近百个就业机会。广东省会展业未来的发展前景可以从目前国际会展大国德国的实践中获得启示。德国的领土面积仅为广东省的两倍，但国际上150个左右的重要专业博览会中大约2/3在德国举办。其会展业的年平均营业额虽然只有23亿欧元左右，但是参展商和参观者为德国博览会支出85亿多欧元。在世界营业额最高的10大博览会中，在德国举办的占6家。在一个多世纪的历程中，德国的会展业已经发展成高度专业化、高科研化、覆盖全德的强势行业。这些展会的蓬勃发展同时带动了系统的会展产业链的发展。每年有近10万人从事与博览会有关的工作，综合经济效益达205亿欧元。为展览直接服务的设计业、电子展示产品、互联网、数码产品、音像制品的需求大大增加。同时，会展间还带来了酒店业、餐饮业和旅游业的发展。

要充分发挥广东省会展业的优势，可以首先在省内通过会展业加强珠三角和欠发达的粤北与粤西之间的联系，使经济欠发达地区的文化产品能够在更广阔的平台上得到市场的检验和关注。以此为目的，打破地区、部门的界限，充分发挥各地的优势，扬长避短，在各行业和流通渠道之间建立顺畅的联合就变得非常重要。同时，省际和国际的会展业交流可以充分发挥广东省融资能力强、市场运作灵活、文化消费水平高等优势，与文化产业资源丰富的其他省市和国家开展各种形式的合作。

3. 发挥非营利组织的作用，沟通政府与企业

政府对于文化产业的日常管理功能可以下放给行业协会，政府只在宏观和政策监督方面进行管理。这一点，德国的由行业协会管理的会展业就是很好的例子。成立于1970年的德国展览会与博览会经济委员会（AUMA）在会展业内部享有良好的信誉。它为整个会展业提供全方位的服务，为参展商组织展览，为参观商提供展览信息，帮助企业争取政府和非政府基金，进行会展研究，进行媒体宣传，甚至为行业内会员提供包括销售和会展市场方面的咨询服务。

作为文化产业相关层的AUMA，充分发挥为文化产业服务的特性。它不仅是会展业的行会组织，而且是综合性的跨行业行会。AUMA的会员由两个群体的企业和组织组成：一个是各种经济组织，即德国境内的全国性工业协会；另一个是各家展览公司。在AUMA的73家会员中，有36个经济组织会员、37个展览公司会员。AUMA是独立于政府的非营利组织，其运作资金的99%来自展览会组织者按展览面积上缴的管理费，另外1%来自会员会费。AUMA的全年收入除了支付日常开销，全部被用在机构运行上。

一个良好的文化建设生态应该是政府、文化领域非营利机构、市场三者之间相互依赖、互相制约补充、良性互动的发展格局。目前，广东省已经成立了音像分销业行业协会等组织，并在行业规范、行业准入、市场规范等方面起到了一定作用。这类组织形成企业与政府之间的桥

梁，并且在为了维护行业权益，特别是版权保护、维护经济权益、合作经营与竞争等方面为行业内成员提供了重要帮助。

4. 注重文化产品产权，打造文化服务平台与市场环境

各国文化产业发展经验证明了知识产权建设与文化服务建设的重要性，版权管理的混乱和版权市场的监管不严将会严重地影响文化市场的正常秩序。所以，有效保护知识产权是关系到文化产业生死存亡的重要问题。

在国际文化产业的发展中，有些国家就直接从版权产业的角度给文化产业定位。最为典型的就是美国和澳大利亚。在提倡版权产业的国家，直接获益的行业就是传媒业。在澳大利亚境内上市的文化产业公司基本都集中在"Media"类别之中，一共51家，其业务范围涵盖了传统意义上的传媒产业，并扩展到会展、旅游、娱乐、电信与新媒体服务等宽泛意义上的文化产业空间。所以，对于传媒业相对发达的广东省，版权产业的落后将成为发展文化产业的直接障碍。

为保障文化产品产权的文化创新，要在打击音像盗版执法力度的执行程序与执政机制建设上建立专门、专业的打击音像盗版与游商的文化监察队伍，探索建立专职文化公安队伍的路子。美国文化产业的发展，是以数百条知识产权法规法案为法制建设与产权市场发展基础的，而我们相关的国家法律法规空白太多，仅有十几条的法制内容，其执行薄弱环节又太多，不利于创意经济与创意产业的发展，因而要充分做好文化产业与文化制度改革的政策法规研究工作。

我国影视、动漫、音像产业发展的主要障碍除了知识产权保护的法制建设机制问题，还有制片人责任制的内容生产法制建设机制问题，比如，广东俏佳人音像产业化进一步发展的障碍、潮州宇航鼠动漫产业化做大做强的问题、珠影文化体制改革与市场机制建设问题，都涉及内容生产的制片人责任制法制建设机制与金融政策机制的文化产业体制创新问题，一方面，制片人知识产权保护的法制建设机制不完善、制片人问责制的相关经济法规法制建设机制不完善，导致文化产业内容创新与产权研发的投入不足，制片人随意性很大，积极性很小；另一方面，制片人投资的融资政策与文化产业金融机制不足，很难做项目产业化的融资与产业资本的投资，使相关的文化产业项目很难做大做强。

在文化服务业领域，广东省目前初具规模的会展业是发展文化服务业良好的起点。与会展业相似，产业园区、基地的建设也是文化产业服务理念的体现。正像诸多高新技术科技企业孵化园区一样，文化产业同样需要有规模、有计划的推动和孵化机制。会展给了企业展示、沟通、贸易的平台，而产业园区、基地则给了企业成长的空间。同样，企业的成长还需要有良好的市场环境作为保证。建议广东在有条件的中心城市或乡镇依托现有资源建立一系列的产业园区和基地，避免行政干预和指令性政策，采用引导、推介、优惠政策、产业文化等多种手段营造气氛，塑造文化服务平台。

5. 建立开放的、灵活的人才体系，鼓励多元投资主体

目前无论是文化产业企业还是事业部门都面临着人才学历低、掌握技能简单、知识结构陈

旧等问题。从报业的实际经验中可以看出，吸引高素质和高学历人才是发展内容产业的保证。文化产业核心层的发展是以有国际眼光和精通最新媒体技术、具备新颖创意才能的人才为核心的；要大力发展内容产业，如何建立、巩固完善而长效的奖励、激励人力资源招聘和管理体制，是在有效发展内容和创意产业过程中亟待解决的问题。

建议广东省利用高校的知识资源、文化创新优势和文化产业学科群与人才群的优势，建立文化产业专项研发基地、研究机构和人才培养基地，做好专项人才培养、专家队伍建设与文化生产力思想大解放工作，做好干部培训与充分的资源调研及文化运营工作。在人才培养的基础上，通过建立灵活、开放的人才体系，吸引省内外、国内外人才投身于广东省文化产业的发展，引得进、留得住、用得好，同时探索干部流动机制，将珠三角的先进理念和管理方式带到粤东、粤西和粤北等落后地区。

人才和资金是文化产业中的动态资源。在文化产业发展中，吸纳各方面资金投资才能使这一投资高、回报周期长的产业有持续的资金流。建议广东省制订明确政策，将各类社会资本投资文化产业进行清晰的界定，可以通过减免税率来吸引省外和国外的资金来投资广东省的文化产业，在文化园区、产业基地的土地使用、园区建设方面得到优惠，同时探索利用风险投资、商业担保等方式建立保证金体系为企业融资。

6. 调整政府职能，深化文化体制改革，创新体制机制

政府对于文化产业的管理可以集中在监督和在宏观上规范市场方面，而行业内部具体的管理，例如，行业规范、行业管理、行业内违规处罚、国际和省际间行业交流等工作，都可以交由行业协会管理。目前，广东省音像业行业协会的试点就是这方面较成功的例子。这样的管理模式，可以使政府文化管理机关解决工作人员短缺，提高文化产业管理的专业性和规范性。

在国有文化事业单位的改制过程中，应以经济体制改革为核心，建设好社保制度改革、医疗制度改革、教育制度改革、住房体制改革、科技体制改革的经济变革体系，注意与之对称的以文化体制改革为核心的政治体制改革、资源配置体置改革、环保体制改革、信息化体制改革、金融体制改革、法制建设体制改革、新闻体制改革等生产关系与上层建筑的变革体系，并与之形成新的思想大解放与生产力大解放，形成意识形态、上层建筑对经济基础大发展的促进作用，形成文化经济大潮的生产力促进作用。搞好科学发展的创新模式与和谐社会的建构模式，在全球化开局的国家创新体系中起到一个新的带头作用。

文化产业发展是深化文化体制改革的重要组成部分。文化体制改革是一个系统的工程，既包括文化产业的发展，也包括公共文化服务体系建构，更主要的是创新文化产业和公共文化服务体系的管理体制机制。广东省的探索对于本省乃至全国的文化体制改革都有重要的意义。

7. 运用资本运作手段，解决企业融资问题

广东省文化产业核心竞争力与全球博弈优势的形成，要有金融机制与文化交易政策，才能形成规模与实力。美国高新技术与文化产业的金融产品近2 000种，而中国还不到20种。比如，

广东的知识服务业物流与高新技术、文化产业的会展业较为发达，但形不成产业机制与规模优势的主要原因是物流与会展都没有最后形成文化交易、文化资本的核心竞争力及市场活力。其实，会展和物流的终端产品与市场形态是资本交易量与市场交易机制。这就使广东省文化经济的会展交易、物流交易、产权交易、文化贸易、服务贸易、资本交易、证券交易、资产交易、符号交易、期货交易停留在文化市场的前端不能深入到其文化再生产的终端，只是一个准产业的资源链、资本链与文化链，而不能形成产业优势的核心竞争力与博弈机制、规则。

为此，建议广东省应围绕自身的文化资源、发展优势、创新结构、产业特色在全国率先建立国家文化交易第一股的广东国际文化交易中心，启动文化资本的证券交易、文化资产的期货交易、文化服务的商品交易的文化证券化市场机制与政策机制，培育会展、物流、产权、文化、服务、资本、证券、资产、符号、期货的交易机制与产业资本。

8. 建立省内产业带，促进区域协调发展，形成多元增长方式

珠江三角洲地区是我国确立的三大文化产业带之一，在广东省内建立更为细分的产业带和区域经济体系对激活省内文化产业发展活力更为关键。目前，广东已经基本形成珠三角的广电、印刷、音像电子、动漫、影视制作等核心产业，建议广东省围绕珠三角将上述优势产业集群通过产业园区、基地建设拓展到沿海的粤东、粤西，在粤北等有鲜明的地域和民族文化特色地区建立文化产业资源建设园区，增强经济相对落后地区的造血能力，通过文化产业发展带动经济整体增长及人民致富。

文化产业是一个系统，其发展既需要规模化、集约化的经营，也需要中小文化企业作为补充和提升。广东省的文化产业企业也存在着增长方式转变和企业规模多样化的任务，建议广东省借鉴佛山市传媒集团的经验，通过联合、兼并、重组，重点培育和发展一批实力雄厚、具有较强竞争力和影响力的大型文化企业及企业集团；同时探索打破地域和行业界限，以组建跨地区、跨行业的大型集团方式，鼓励具备一定实力的文化企业进行跨行业经营和产业链培育。在关注"大"的同时也要关注中小文化企业的发展，给予扶持政策，成立中小企业文化创意转化平台，形成富有活力的企业群体。

9. 重点突破领域

广东省的文化产业发展在全国处于领先的位势，如何充分发挥优势，扬长避短是广东省面临的重要问题。在这个层面，广东省可以考虑利用自身的地域特点和产业特色寻求重点突破，本建议书特提出以下 4 点作为广东的重点突破领域。

● 寻求政策突破，建立媒体特区

广东省的媒体发展具有全国其他省市无法比拟的既有优势。在报业、广电、图书、期刊出版等方面都处于全国的前茅，在音像出版、音像制作、光盘复制、录音制品发行等方面更是全国领先。除了这些刚性的数据表明了广东的媒体产业实力之外，广东还具有发展媒体的软性优势：广东省是广播电视对外开放程度最大的省份，拥有较大的政策拓展空间；2003 年，广东

省成立了全国第一家省级影视节目制作行业协会；新媒体领域的动漫等产业也在广东省获得了良好的发展机遇。加上毗邻港澳地区的地理优势，广东省有条件在媒体领域寻求更大的政策空间，通过法律、行业协会、市场等手段规范媒体发展，力争建立全国层面的"媒体特区"。建议广东省采取分步骤、分批次、分地区、分行业的形式，先在意识形态性较弱的行业，如印刷、复制、音像发行等领域面向国际开放，同时通过政策调控并监管境外企业，并在推行进程中，逐步向报业、广电、出版等领域及内容生产领域拓展。

● 探索资本运作的新方式

广东省具有丰富的民营资本和外资使用经验，也有大批的民营企业和外资企业在广东投资经营，因此具有其他省市不具备的资金优势。民营资本和外资进入文化产业领域将成为文化产业发展的重要力量。

广东省可以借鉴多年来利用民营资本和外资的经验，建立科学、高效的管理体制和有效的保障机制，通过设立鼓励政策和规范措施引导外资与民营资本投资文化产业领域，并利用市场杠杆和法律手段进行规范管理，探索多种所有制共同存在的文化产业格局。

● 促进自主知识产权开发，建立产权交易平台

文化产业竞争的核心是内容的竞争。如何有效地开发、保护自主知识产权并促使其转化为核心竞争力是文化产业发展的第一步，而建立公平、公正、公开的知识产权交易平台是保证信息畅通、项目运作、投融资透明开放的必要手段。

如上海联合产权交易所建立的"知识产权交易服务平台"为全社会各类企业提供信息发布、项目融资、创业指导等多种配套服务，加速了技术资本化、资本人格化、投资多元化和分配要素化的进程，促进科技资源的有效整合，已经形成在全国有影响力的技术转移和孵化平台。

提高自主知识产权的拥有率是迅速提升文化产业核心竞争力的重要手段，广东省应利用自身优势积极探索，形成知识产权保护、开发、转化的良好态势。

● 健全文化市场，建设全国性文化物流中心

广东省是全国经济较为领先的地区，人民的生活和消费水平与全国其他省份相比有一定的优势，因此，在广东省最有条件完善各类文化市场。建议广东省首先利用自身经济优势，探索农村文化市场的建立方式，鼓励农村文化组织和个体工商户兴办特色文化与工艺项目，引导城乡居民文化消费习惯，充分利用已有的服务网络寻求"多种服务一张网"的服务体系，同时，关注移动电视、网络广播电视等新的技术市场。

广东省已经建成"流动图书馆"等公共文化服务流通体系，对于产业而言，该物流运作方式一样可以发挥巨大作用；另外，广东拥有较为发达的公路、铁路、航空、水运立体流通体系，有条件建立发达的物流配送体系。建议广东选取物流产业作为文化产业外围层的突破口，通过整合资源建立大型现代物流组织，建立向内由华南辐射全国、向外由港澳台地区服务海外的现代文化产品和服务物流体系，这样，既有利于广东发达的文化产品制造业将产品运往国际、国内市场，同时，对于文化产品和服务也可通过连锁网络进行管理和配送等。

北京市雍和园产业发展规划研究[①]

[①] 2007年北京市东城区政府委托课题。主持：熊澄宇。主要参与：雷建军、赵曙光、吕宇翔、张铮、何威、张蔷。

一、背景分析
（一）时空定位
（二）特色思考
（三）优势机遇
（四）劣势挑战

二、目标定位
（一）解读雍和园
（二）经济目标
（三）品牌规划

三、规划原则
（一）理顺关系
（二）整合要素
（三）建构链条
（四）和谐发展

四、产业结构
（一）群集概念
（二）四大群集
（三）发展模式

五、运行模式
（一）行政管理：园区管委会协调政府资源
（二）市场竞争：园区开发公司吸引市场资源
（三）智库支持：引导产业发展
（四）协会中介：推动产业聚集

六、重大项目建议
（一）版权国际交易中心
（二）晨钟暮鼓体验游
（三）国子监儒学讲堂
（四）中医健康硅谷
（五）数字娱乐盛典

七、保障措施
（一）政策创新
（二）人力资本培育
（三）环境优化
（四）资金支持
（五）品牌推广

一、背景分析

（一）时空定位

当前，文化创意产业已经成为我国发达地区赢得下一轮竞争的关键领域和重要的产业发展空间。根据国际发达国家的经验，恩格尔系数低于50%、人均GDP超过3 000美元时，文化消费在居民消费中所占的比例将达到20%左右。北京目前的人均GDP已经突破5 000美元，但目前城市居民消费支出构成中文化娱乐消费所占比重尚不足10%，但居民的文化需求不断增强，文化消费扩大已是必然趋势，具有十分广阔的市场前景。因此，根据不同经济发展时期重点发展产业的调整策略，文化创意产业将成为北京市未来发展的重点支柱产业。

雍和园作为首批"北京市文化创意产业集聚区"和"国家网络游戏动漫产业（北京）发展基地"，截至2006年，雍和园企业数量达到1 436家，营业收入达222.4亿元，总资产达462.1亿元，实现利润56亿元。整体上来看，雍和园的企业数量不到全区的1/10，总资产不到全区的2%，但是园区企业的营业收入占全区的8%，实现利润占全区的38%，园区基本面情况符合文化产业"两高两低"的特征：总资产低、污染低、实现利润高，投资回报率高。雍和园已经初步具有发展文化产业的基础，但是也必须直面其他园区蓄势待发的竞争压力。

从空间布局来看，雍和园位于北京市东城区，是唯一的二环路以内的园区，处于城市和各园区的中心地带。中关村德胜科技园区位于东城的西北方向，距离东城区约2公里；朝阳的CBD商务区位于东城的东部方向，距离东城区约1.5公里；2008年奥运会的主会场位于东城的正北方向，距离东城区2～3公里。崇文区的体育产业中心、宣武区的传媒中心位于雍和园的南边；雍和园处在上述几个中心组成的核心地带，是连接CBD与中关村的必经之地，也是高科技和现代商务之间距离最近的地带。雍和园的空间位置为各园区之建的互动和产业延伸提供了较好的条件。

（二）特色思考

与其他园区相比，雍和园目前还缺乏鲜明的特色，在投资者和普通公众的心目中还没有形成专属印象。截至2006年，园区内的高新技术产业和包括文化产业在内的现代服务业注册企业数量为707家，不到园区企业总量的一半，其中，高新技术企业只有12家，不到园区企业总量的1%。在现代服务业中，营业收入增速最快的是房地产业以及租赁和商务服务业，分别达到了309.6%和288.14%。整体上看，园区还没有形成鲜明的产业特色和产业优势。

在北京市获得认定的第一批文化创意产业集聚区中，中关村创意产业先导基地、怀柔影视基地、北京798艺术区、北京DRC工业设计创意产业基地、潘家园古玩艺术品交易园区、宋庄原创艺术与卡通产业集聚区和中关村软件园等园区已经基本形成了自己的产业基础和发展方向。雍和园的特色在于土地资源紧张、传统文化积淀深厚、现代商务区与四合院和平房区并存、区位经济优势不明显，结合这些实际情况和产业基础，雍和园应围绕文化创意产业重点发展版权交易、传统文化体验、数字内容等产业，推动文化与科技的结合，将其逐渐打造成为经济结构调整的强大引擎和区域科技创新基地。

（三）优势机遇

良好的区位条件和丰富的文化资源是雍和园最主要的优势。园区内的歌华大厦和雍和大厦，方便雍和园核心区与功能辐射区的人员、信息和知识的流动。交通网络较为发达，四面都是交通干线，东北边是北二环、东二环，西边是雍和宫大街，南边是东直门内大街，地铁环线、地铁五号线、城铁、机场高速路汇聚。同时，园区内有全国和市级文物单位13处，各类文物文化遗存20余处，挂牌四合院60余处，历史文化资源丰厚。同时，中国中医研究院、中国电子技术标准化研究所等具有国内领先水平的科技文化研究机构为文化产业与高科技手段的结合提供了良好的支撑条件。随着歌华大厦、雍和大厦、海运仓国际大厦、中青旅大厦和国华大厦等大型写字楼的交付使用，在这5栋写字楼注册和入驻的企业数量达到了272家，约占园区企业总量的20%。其中，科技开发业87户；旅游业14户；商业33户；信息服务业30户；广告业11户；文化艺术及网络业19户；传媒业5户；金融业4户。整体上来看，初步形成了一定的产业聚集趋势，为发展文化产业奠定了基础。

（四）劣势挑战

雍和园主要的劣势是产业基础相对薄弱，2006年，雍和园企业利润总额比上年下降了12.27%，三项税金合计下降了7.28%；同时，园区内创意产业相关企业数量少，尤其缺乏一定数量的龙头企业。少量创意企业处于各自为政的发展阶段，对园区内文化资源的开发、利用力度不够，远未形成产业链和规模效益。由于雍和园处于风貌保护区内，土地供给十分紧张，居住人口密集，道路狭窄，基础设施薄弱，整治难度大。园区内四合院较为破旧，四合院的开发利用难度很大。楼宇资源短缺且租金较高。文化创意产业聚集区形成的前提是人才聚集区，而雍和园在这方面还较为欠缺，2006年，雍和园年末从业人员数量下降了11.42%。园区创意产业人才十分缺乏，吸引和培养人才的任务艰巨。据了解，在美国纽约，从事创意产业的从业人员占到总就业人数的12%，伦敦、东京分别高达14%和15%。雍和园区内与创意产业相关的从业人员占东城区的比例仅为1.05%，远远低于国际平均水平。创意人才总量少、人才层次和人才结构不合理，也是制约雍和园创意产业发展的主要因素之一。

二、目标定位

（一）解读雍和园

基于上述对雍和园发展文化创意产业现实背景进行的分析，要进一步对雍和园进行文化创意视角下的新的解读。在"雍和园"这一称谓中，"雍"意味着和谐、和睦，"和"代表着协调、融洽。因此,"雍和园"这一名称即蕴含着它独特的创新与发展之道。在众多科技园或文化产业集聚区中,雍和园具有自身鲜明的特色——它并不是在一张白纸上的"垦荒式"发展,而是在既有厚重的历史文化积淀,又有难解的现实问题的老城区进行的"升级换代",所以,在考察雍和园当前实际情况和未来发展可能的时候,除了关注其自身的特色外,还应考虑到其具备的双重含义,因为其中任何一种都无法单独涵盖其特色和价值。

一重含义,雍和园是中关村科技园的一部分。2006年1月17日国务院正式批准中关村科技园规划调整,将雍和园区域纳入其中,这决定了雍和园发展高新科技是其题中应有之义。

另一重含义,雍和园是北京市文化创意产业集聚区之一。2006年12月14日,北京市委市政府正式公布了10家"北京市文化创意产业集聚区",雍和园位列其中,这决定了雍和园在发展高新科技产业的时候要着重发展与之相关的文化创意产业,形成二者的联动效应。

双重含义的存在给雍和园带来了创新和开拓的机遇,使它不仅有望在东城区的"二三六三"核心发展战略中发挥重要作用,而且有可能成为具备国际影响力的"科技·创意·文化"园区。

从长远来看,雍和园的潜在内涵是一种社会形态的实验。产业结构及规划只是这种社会形态实验的组成部分,探索高新科技与传统文化、流行时尚与历史遗存的融合互补、"硬实力"(产业经济)与"软实力"(思想文化)的平衡并重、企业(组织)与个人的和谐多赢的全新模式,构建"社会硅谷"、和谐社区,应当是雍和园长期专注的目标。雍和园要走差异化竞争、个性化成长、创造性模式的道路。

(二)经济目标

将长远目标定位在社会形态试验上的雍和园不仅要在发展模式和社会总体发展上进行探索,同时也要关注现实发展中的实质成果,这点集中体现在园区的经济发展上。

雍和园在经济目标上首先体现在自身实力的提升和经济结构的优化,即在园区管委会的政策引导下,通过园区开发公司的运营提高园区的经济总量,力争在5年内实现以下经济目标:

园区企业总资产达到300亿元,营业收入达到100亿元,实现利润15亿元,税收收入达到10亿元;

创意文化产业相关企业总资产、营业收入、实现利润和税收收入分别要占园区经济总量的30%,初步实现主导性产业结构和较为鲜明的产业特征;

园区内企业人均营业收入和人均利润贡献率实现较高增长,体现人才优势;

增强企业的运营实力,争取培育1~3家上市公司。

雍和园在经济目标上更为重要的是要实现对区域经济的拉动和对全国、全球经济的贡献与参与。当前,国内外诸多科技园区已经在经济全球化时代成为世界相关产业正常运转的链条中的关键环节,雍和园应该着重在版权交易、教育研究(国学)、中医药健康等产业群集进行突破,获得国际性的重要地位,并在文化创意、数字娱乐等产业群集实现引领国内相关产业发展的作用。

（三）品牌规划

在广大老百姓心目中，"中关村"三个字代表着信息产业、高科技、创业精神；"王府井"三个字则意味着商业街、老字号和老北京风貌等内涵，很少有人会将"雍和园"与"科技"概念相联系。

但是，这并非建构"雍和园"品牌与形象的障碍。相反，大众心目中对雍和园现有的直觉与其对"科技园"这三个字的印象之间的疏离，造就了更为自由的想象空间，更有利于雍和园的品牌规划和宣传营销，更有利于雍和园的管理者、建设者、参与者、投资者开拓性地共创这一空间区域和组织群集的未来。

在品牌规划中，要着力体现雍和园的诸多特色。例如，其"科技"与"文化创意产业"的双重含义，其区位地段，其高新科技、传统文化与流行时尚的并存互补，及其在儒学、佛教、老北京民俗等方面独有的文化资源。

"雍和园"完全有能力成为与"中关村""王府井"同样知名的品牌，通过园区品牌建设与产业发展的互动和良性循环，雍和园完全可以在知名度、美誉度、忠诚度等方面达到相当高的标准。

综上所述，雍和园应该实现经济与社会全面的、快速的、健康的发展，成为国内第一流的、国际有影响的创意园区。

三、规划原则

雍和园产业规划是为实现雍和园的经济与社会目标服务的，是为把雍和园建设成为国内第一流的、国际有影响的创意园区服务的，因此，雍和园产业规划既要立足现实，也要高屋建瓴；既要面向国内，也要关照国际，在此基础上，要遵循理顺关系、整合要素、建构链条、和谐发展四项主要原则。

（一）理顺关系

雍和园在进行产业规划的时候，应该处理好以下四种关系：

一是园区与城区的关系。从目前经济发展的角度而言，雍和园所在区域处于东城区的下游，依据短板理论，雍和园的整体提升会使整个东城区跃上一个新的台阶。因此东城区应该集中区内优势资源，从经济、社会、文化、品牌等各个方面帮助雍和园上大舞台、创大效益，而雍和园的整体提升也会让东城区成为更加完整、更加强大的社会经济体。

二是文化与科技的关系。作为创意园区，雍和园必须把文化与科技有机地整合在一起。相比较而言，雍和园的文化底蕴比较深厚，但科技优势并不明显，因此，雍和园的产业规划要想办法把文化优势转化为科技优势，利用文化吸引力，完成人才、技术等科技资源的快速集聚，通过文化与科技的互动，使二者相互转化，相互提升。

三是行业与企业的关系。雍和园的发展规划要在行业发展与企业发展之间做好平衡，以重点企业带动行业，以行业发展托举企业。规划应该围绕雍和园现有的优势企业，形成产业群集，整合上下游资源，使优势更加明显。同时，雍和园应该以带状规划为主，努力使同类企业形成产业带，让它们之间可以资源共享，共同发展，形成规模。

四是经济与社会的关系。雍和园的发展规划应该同时协调经济发展与社会发展，通过经济发展带动社会的整体发展，通过社会的进步提升经济发展的内涵与品质。在现阶段，雍和园所具有的历史、地理、文化等社会要素是经济发展的重要前提，而园内经济的快速增长，必然会为这个地区的社会发展带来新的动力、新的支持。

（二）整合要素

雍和园在进行产业规划的时候，要对影响园区发展的重点要素进行整合考量，发挥它们的综合优势。

在雍和园，空间不是一个单纯的物理空间，而是与时间交融的、包含了文化传承的历史、现实与未来的空间，它与现实物理空间的交通、建筑、布局等结合起来对园区的整体规划产生影响。雍和园的空间要素既包含历史性的国子监、孔庙等庙堂建筑，也有传统的四合院等老北京风貌，同时还包括歌华大厦等若干现代化的商务楼宇，这些贯穿时空的建筑与园区内的道路、基础设施等形成了产业规划最为重要的现实基础。

在进行产业布局的时候，一定要考虑到东二环一带的写字楼群，这里汇集了中国石油大厦、来福士广场、国华大厦、居然大厦、中青旅大厦、移动通信综合楼（北京移动）等，与纯粹的写字楼不同，在这些楼群中不少是像中石油、中青旅、北京移动、居然之家等国际国内知名企业的总部所在地，因此，这些写字楼群不仅可以利用东二环得天独厚的交通资源提供高档方便的办公场所，更可以配合这些企业总部吸纳类似石油系、旅游系、移动增值系的企业，形成产业带、产业集群，形成规模效应、口碑效应，从经济与口碑等多个方面为雍和园作出巨大贡献。

资本是现代经济的核心，对资本的吸引力，以及为资本运作所提供的条件，直接决定了一个创意园区的动力性与持久性。对于雍和园来说，资本的引入和运作对园区的发展具有重要的启动效应，要充分运用各类投融资渠道，尤其重视对于雍和园吸引文化创意类企业和个人工作室最为重要的风险投资、信贷资金、基金会等资本类型，推动中小型创意企业发展。

雍和园，首先应该为资本进入园区开辟方便的绿色通道，并在资本运行过程中，为投资方提供监测、担保、退出等系列服务，提高投资的成功率；雍和园，应该有组织地定时、不定时地安排各种投资方与创意企业的见面活动，为增强双方信任、缩短磨合期做好服务；雍和园，应该聘请投资管理顾问团，帮助企业很好地使用投资，为投资赢得良好的回报。总之，雍和园应该创造出科技文化园区资本服务新模式，使产业链中的各方达到共生共赢。

人才是创意经济的源泉，对人才的吸引力，以及为人才发挥作用所提供的条件，直接决定了一个创意园区的创造性与成长性。雍和园的产业规划应该将园区的发展与人才的引进和成长紧密联系起来，特别注重对高级文化创意产业管理经营人才、知名学者、文化名人和处于文化创意产业链前端的创意人才的吸引与培养。因此，雍和园一定要利用现有的历史人文优势，多方位地开拓渠道，广纳人才；雍和园一定要利用园区及辐射区的文化休闲特点，提高对人才的粘连度，留住人才；雍和园一定要利用园区及辐射区的居住特色，为高端人才的长期居住提供方便，从而使雍和园成为创意人才真正的家。总之，雍和园要利用各种方式克服现有的人才缺陷，为园区的腾飞提供长久的动力。

科技是创意经济的支柱，对科技的引进与创新，以及为科技发展所提供的条件，直接决定了一个创意园区的发展速度与先进性。雍和园作为中关村科技园的重要组成部分，确立高科技对于产业的推动作用至关重要。要充分认识新的科学技术作为生产力对于生产关系的决定作用，同时，积极调整园区运行模式、政策措施等生产关系，以进一步推动生产力的发展，将科学技术与文化创意产业结合的新兴文化产业作为园区发展的重点。雍和园可以成立制作公司，引进国际一流的制作设备，作为公共平台为所有的园区内创意企业提供服务，这样不但可以节约大量成本，而且可以保证科技支持的不断领先。雍和园应该努力吸引各种高新科技企业的设计研发部门落户园区，让"雍和创造"和"雍和设计"成为一种品牌。

综合空间提供对资本的吸引力，资本提供对人才的吸引力，人才运用科技创造出新的产品、科技，甚至制度、文化，并带动区域经济与社会的整体发展，从而进一步提供空间的吸引力，使各个要素之间形成良性互动的正向循环。雍和园的产业规划就应该使园区有能力整合各种要素，从而使园区的发展步入快速、健康的轨道。

（三）建构链条

雍和园在进行产业规划的时候，要注意从产业链的整体进行布局，形成上下游之间、不同产业之间的有机联系，从而最大地发挥空间优势。

人才是创意产业的源头。创意产业是人才依赖性很强的产业，人才决定了创意产业的成活，要想让进入园区的企业更好地成长，一定要为它们提供优秀的人才。同时，人才培养又是一种大有前途的、利国利民的产业，全世界围绕高校有很多成功的科技园区，包括著名的硅谷。但是雍和园，包括辐射地带除了中医科学院外再没有高校资源，而中医科学院已经展现了它作为区域经济龙头的特征，因此雍和园应该联合世界著名大学、智库、企业成立中国培训基地、实验室，在国子监周围形成创意人才培养带。同时，雍和园独特的历史人文与建筑特征对创意领域的个人工作室有很强的吸引力，园区要通过各种政策措施积极吸纳个人工作室进入园区，把创意大师、创意老人、创意新人相对集中在一起，形成个人工作室聚集带，形成真正的创意氛围，创造出真正的创意产品，成为多元的、国际一流的、源源不断的创意中心。

高新技术产品是创意产业的工具与结果。从好的创意到好的创意产品，中间往往依赖好的设备，尤其是数字内容的生产与消费对设备的依赖性更高。实际上，高科技设备的生产并不适合放在雍和园内，但这并不妨碍这些设备的设计、展销与体验环节进入园区，可以考虑在安定门内大街两侧设立数字创意设备设计、展销、体验为一体的数码旗舰综合店，它方便的、可以体验的营销区别于中关村的各种店铺，能够带来更多稳定的高端消费人群。因此，类似苹果、索尼、微软等这样世界级公司，以及国内的盛大、九城等都可能把它们的体验旗舰店放在一个有整体规划的、有文化特征的、世界级的园区内。同时，前面的方式所带来的人气、培养的学生、吸纳的个人工作室可以很好地利用这些创意工具，这两个创意带可以形成良好的互动，互相促进，互相成长。

创意产品是创意产业的核心卖点，是创意真正变成产业的体现。雍和园内应该有能力形成三四个以产品为表征的产业带，例如，歌华大厦附近的动漫游戏产业生产带、北京移动大厦附近的移动增值内容生产带、北锣鼓巷附近的数字音乐生产展示带，等等。在这些生产带中的主体是一系列有活力的中小企业与个人工作室，它们规模不大但产值不小，它们名气不大但影响不小，由于呈带状规划，可以使雍和园很快获得国际、国内的认可与口碑。

人们对创意的体验与沉浸是创意产业的结果所在，体现在产业上主要指展会、旅游、休闲、活动等软性产业。在雍和园及其辐射区，至少可以形成三四个主题展览区，比如，钟鼓楼附近的北京民俗展示体验带、歌华大厦附近的动漫游戏博物馆、体验馆、互联网博物馆等，俄罗斯大使馆附近的航空航天体验馆，239厂区内的后现代艺术、装置艺术展览体验馆；在雍和园区内还可以整合园区内所有的旅游资源，形成以晨钟开始，以暮鼓结束的老北京传统生活体验游，最后住在别具特色的五星级四合院中，享受周围五彩斑斓的夜生活；雍和园内的休闲可以形成中医科学院附近的中医保健健康休闲体验区、簋街饮食休闲区、北锣鼓巷音乐休闲区等使人沉浸其中的深度体验，同时，知名的个人工作室也会成为很多人心中梦想的圣地，从而形成立体的、多元的、有黏连度的、体验式的创意沉浸之旅。

综合以上几种形态，可以看出如果全盘考量产业链条的构建，集纳雍和园现有的优势，并进一步开拓创新，雍和园确实有潜力成为国内一流、国际有影响的创意园区，同时，各个创业带之间可以在运行的过程中不断整合，从而形成创意产业领域的巨型企业，为雍和园走向最终的成功迈出坚实的一步。

（四）和谐发展

理顺关系、整合要素、构建链条这三条原则，其核心出发点是和谐发展，是从战略的高度、长远的角度对园区内各种软性与硬性的资源进行宏观协调。

为了和谐发展，雍和园产业规划应该把短期收益与长期发展平衡考量，应该能够兼顾园区初创期的发展需求，上规模、上速度，同时又能为各项产业的长远发展打下坚实的基础，在长期目标与短期利益的平衡上能够主动地进行设计，形成一个科学的、合理的发展节奏。

为了和谐发展，雍和园产业规划应该将国内、国际的创意企业综合考虑，充分发挥地域优势，与国际一流的创意企业、创意团队联合运营，利用国际带活国内，从起点上让雍和园站在世界的高度来领跑中国。

为了和谐发展，雍和园应该在考虑企业发展的同时，把更多的目光投向具有极大创造性的个人工作室，为这些个人工作室提供办公平台、交易平台、政策制度等服务平台，使雍和园为成为真正有活力的创意园区、成为创意永不枯竭的创意园区，为雍和园走向最终的成功迈出坚实的一步。

四、产业结构

（一）群集概念

"群集理论"由哈佛商学院教授迈克尔·E. 波特于20世纪90年代提出，如今已被广泛认同。该理论认为，即使在经济全球化的时代，地理位置仍旧非常重要；在日益复杂、日益以知识为本的充满活力的经济环境中，主要以地理位置为依托的"群集"（cluster）对竞争产生越发重要的影响。

群集是某一领域内相互联系的公司和相关机构组织在相邻地区的集中分布，它们既有共性，又互为补充。群集不仅是单个产业的集中分布，还包括一系列相关行业和其他一些对竞争起重要作用的实体。它们中有供应商，有专业设施和服务提供者，也常常往下延伸到销售渠道或顾客；群集包括相关行业的互补性生产商和服务商；群集还可能包括政府机构和其他提供专业培训、教育、信息、研究和技术支持的组织机构（如大学、思想库、职业培训机构、标准设立机构），以及行业协会等组织机构。

传统的经济分析单位，包括企业、行业或产业等。而群集作为一个经济分析单位，能更好地体现竞争与合作的关系。群集比传统的行业概念更广，它包括了企业和行业在技术、技能、信息、营销、顾客需求方面的重要联系及其互补性。这对促进竞争和提高生产率，特别是对新企业的形成与确定企业创新方向和速度，都十分重要。绝大多数的群集参与者并非直接竞争对手，而是为产业链的不同部分服务，它们有共同的需要、机遇、限制和障碍。因此，群集带来更多相互协调合作的机会。用于改善群集环境的公共和私人投资将给群集内的很多企业带来利益。

相反，如果从更狭小的产业和行业视角出发来看，有可能发现政府扶持或者公共投资要花很大精力处理不同公司和产业间的平衡问题；在相对狭窄范围内形成的众多企业成为了直接的竞争对手，争夺同一市场，对彼此的生存构成直接威胁。而从群集出发来思考问题，重点则在于促进与支持竞争，形成群集的竞争优势。

（二）四大群集

基于其先天优势和特点，雍和园正在或有望形成的群集有四：版权群集、中医药群集、旅游休闲群集和教育研究群集。可以纳入群集的主体包括政府部门、企业、行业协会、教学科研机构、思想库和个人。

所谓版权群集，地理位置上将以中国版权保护与交易中心所在的雍和大厦为中心，以周边的歌华大厦乃至雍和园内位于东二环边的多座写字楼为支撑，辐射到周边的街道、胡同、四合院里围绕版权内容及贸易业务的相关中小企业。版权群集将整合出版、影视、互联网、电信、动漫游戏、软件、音乐等数字内容产业的制作、发行、播出、销售企业,进而延伸到相关的广告、新闻、营销、公关、会展等领域的企业。就雍和园的现状而言,版权群集的核心仍将围绕"版权贸易"来进行,这个概念比传统的"版权交易"概念更广,不仅局限于版权的转让,而且还吸纳了版权产品的开发与销售环节。而雍和园的版权产品开发,根据其自身特点,则将以出版、影视、电信、动漫游戏为重点。

这一群集可以向典型的"长尾"模式发展。正如"长尾"法则所揭示的,无数个小众市场的价值总和甚至要大于大众热门市场之和,以往被忽视的普通个体的个性需求,完全有可能成为创意经济未来利润的主要来源;另外,文化创意产业之"创意",本质上就是源自一个个单独个体,之后再经历对话、协商、互动、融合、汇聚,上升至产业层面,传统经济中个人位于价值链末端,属于顾客和消费者,但如今个人也被赋予更多生产和创造的能力。版权群集有机会逐渐将越来越庞大的创意个体包含进来,数字时代的他们既是版权产品的消费者同时也是生产者;"长尾"在汇聚了无数微内容、微版权和微利润后,将形成可观的规模。

所谓中医药群集,则围绕中国中医科学院来布局。中医药产业既体现了自主创新的知识产权,又与文化产业有丰富的交集。中国中医科学院是雍和园区内得天独厚的资源,在世界范围内也有相当的影响力,作为园区内唯一的国家级科研机构,它有望成为区域经济龙头之一。

中医药群集包括相关的教育、培训、研发、生产、营销机构及行业,也延伸到医疗、保健、养生、休闲、信息、咨询等行业。地理位置上,教育、培训行业可以围绕中医科学院的针灸大楼、培训基地等核心机构所在地;研发、生产行业,则以中医科学院的医学实验中心大楼、药厂和孵化器所在地为核心;信息、咨询行业,则围绕拥有中医药信息数据库的中国中医信息研究会所在地;保健、养生、休闲,则可结合待建设的"中医健康硅谷"来布局。如上述,中国中医科学院其实已经在许多方面付出努力、取得成就,使得群集的结构已初步成形,但仍需要进一步整合,使之融入雍和园区的大棋盘;另外,也需要积极引导,尤其是挂靠在中国中医科学院的多个行业协会、学会,要通过中医科学院的影响力引入更丰富多元的参与主体,在强势企业的带领下进一步繁荣市场。此群集将是中国乃至世界范围内独一无二的。

另外,除去产业经济价值外,中医药群集也可发挥其公共服务的功能。不论是对传统文化的弘扬,还是在周边建设"绿色/养生社区"的样板,都有望取得巨大社会效益。

所谓旅游休闲群集,则需充分发掘和整合雍和园区及其辐射区域得天独厚的历史人文资源。一栋现代化大厦在世界任何一个角落都可以建成,但是展现中国儒家文化精髓的孔庙和国子监是举世无双的,保留至今的胡同与北京四合院的民俗生活是弥足珍贵的,晨钟暮鼓的历史底蕴是博大幽远的,雍和宫、柏林寺的香火传承是源远流长的。雍和园拥有的这些优势是世界其他地方无法比拟、无法追赶、无法复制的。

在此区域内,既有儒学文化、民俗文化、皇城文化、佛教文化等深厚传统;现代时尚流行文化和休闲娱乐活动也已初具规模,如美食、演出、展会、酒吧、音乐,等等。开发旅游休闲群集,重在将"到此一游"转变为"深度体验"和"个性消费"。从地理位置上看,旅游休闲群集在雍和园区内的空间布局较为分散，既包括诸多传统景点，也包括胡同、四合院等民俗风貌，还包括簋街、锣鼓巷、地坛公园周边等现代餐饮娱乐场所，而前述中医药群集中的养生保健场所也能很好地与旅游休闲结合起来。另外，围绕中青旅大厦周边的大小旅行社和相关中介服务机构，也将是此群集重要组成部分。

此群集至少可发挥三方面重大作用：第一，它本身带来的经济收益不可忽视，伦敦就是极好的例子，境内外游客在伦敦仅艺术文化方面的花费，每年就超过60亿英镑。第二，这个群集也是打造雍和园形象、开展品牌营销极为重要的手段，从全国乃至世界各地源源而来的游客，将把对雍和园的认知和印象带向四面八方。第三，它对于吸引创意人才和专业人才的聚集，帮助他们形成人际网络，激发其灵感与创造欲望等方面也将发挥巨大作用。个人创意、人际交往、社会文化和经济将通过这一群集相连接。

所谓教育研究群集，重心之一在于围绕孔庙、国子监等儒学文化核心地带建构教育培训、人才培养基地，这既可以针对园区科技与创意人才需求自身造血，本身也属于朝阳产业之列。它还将与旅游休闲相结合，将文化体验和学习融入观光游览之中，如"国学传统修学游""国子监儒学讲堂"等可能开展的项目。同时，前述中医药群集中面向世界的针灸培训、中医教学等行业，以及围绕进驻歌华大厦的有关企业机构开展的动漫游戏教育培训，也都可进入教育研究群集。

另一重心则是引入实力雄厚的智库、咨询机构和产业研究机构，以传播思想、引导潮流来发挥影响力，为雍和园增添声誉和实力。目前，国内各文化产业、创意产业园区仍未出现成规模、有影响的文化创意产业研究群集，对创意产业格局、创意产业发展趋势、创意产业投资模式、创意产业的项目评估等各方面的研究都亟须开展。可以与有关高校、联合国、世界银行等国内外权威机构联合成立研究基地，定期发布相关研究报告，召开新闻发布会和主题论坛，引领创意产业发展，将雍和园打造成为创意产业的"风向标"。

上述四大群集，并非绝对泾渭分明地机械划分，而是各有核心和侧重，其边缘跨界融合，形成动态互补的格局。例如，中医药群集向保健休闲养生等领域延伸的部分，也可以自然地进入旅游休闲群集中。这并不是分类上的混乱，而是一种良好而多元的产业生态。

（三）发展模式

上述四大群集在雍和园已具备雏形，尤其是各自的核心行业，均已有所发展或正在成长。但客观看来，就雍和园现有资源状况、政策支持体系而言，想在短时间内迅速聚集大规模的科技与文化企业入驻有一定难度。如何强化优势、完善结构、优化组合？雍和园应打破传统科技园被动招商的做法，从自身优势出发，引入新的"活"的产业发展模式，以项目、活动、平台、政策、资金等牵头，拉动和催化相应行业成长，提升园区各项指标。

1. 项目牵头

以重点项目牵头，吸引企业进入园区。

例如，在动漫产业领域，联合雍和宫、中国佛教协会推出制作佛教故事系列动漫产品招标项目，联合国子监推出儒家人物故事系列动漫产品招标项目，北京民俗文化故事系类动漫产品招标项目，用项目吸引资金，用资金吸引全世界的动漫企业与个人工作室进入雍和园，再辅以各种优惠政策，通过项目来打造明星动漫企业、世界知名产业。

2. 活动牵头

通过活动来吸引全球的目光、资金与企业。

例如，联合孔子学院在国子监举办全球汉语大赛，吸引全球的人来国子监参访，可联合新东方等把全球汉语学习中心设在国子监，同时开展各类关于儒家产品的展销，带动周边的相关产业。可以申请关于动漫节、游戏节、移动增值内容比赛等活动，让它们永久落户雍和园，形成一年春、夏、秋、冬四个季节各有一次大型活动的整体节奏，成为世界创意企业、机构与个人交流互动的平台。

3. 平台牵头

通过打造平台来吸引资金与企业。

例如，联合中央电视台、北京电视台，以及一些地方台的动画播出机构，成立动画产品交易平台，结合产权交易平台等吸引动画制作企业进入园区；联合中国移动、中国联通、中国网通等成立移动增值业务交易平台，吸引相关渠道商、内容商进入园区；要在电子政务与电子商务上下功夫：成立以"和"为LOGO的整合网络平台，为园区内的企业和个人提供便捷的网上电子政务服务，帮助园区企业开展电子商务，提升园区对企业的吸引力。

4. 政策牵头

出台关于吸引个人工作室的一系列政策与配套措施，尝试同时服务于企业和个人的全新园区模式。这不仅符合创意产业的本质特征，能发挥数字时代和创意经济中"长尾"的巨大威力，而且可以使雍和园变成创新典范，带来世界级声誉。雍和园借此将在产值、税收、版权交易提成、房屋租赁、日常生活等领域得到全面提升。

5. 资金牵头

通过资本来吸引企业、人才、活动等进入园区。

积极吸引多种类型的资本进入园区，成立适合多种运行的方式与企业规模的资本运作体系。资本是现代经济的核心，以资本为卖点，它天生的吸引力会使好的人才、好的项目、好的平台追随资本进入园区，从而以资本为龙头，完成雍和园整体平台的搭建。

五、运行模式

园区运营模式很大程度上决定着雍和园的发展趋势，科学合理的运营模式将为雍和园的经营提供制度保障和长效机制。从长远来看，能否找到适合雍和园发展需要的运营模式并不断完善决定着雍和园能否有理想的未来，雍和园区作为成立时间较晚的中关村园区必须在运营模式上体现后发优势，更为合理有效地对各种生产要素进行整合，对各类资源进行合理配置。根据国内外科技园区的运营模式分析，可以发现科技园区已经从早期的政策提供者向市场经营者、中介服务者进行演变，少数园区开始通过产业研发和议程设置扮演产业引导者的角色（图5-1）。

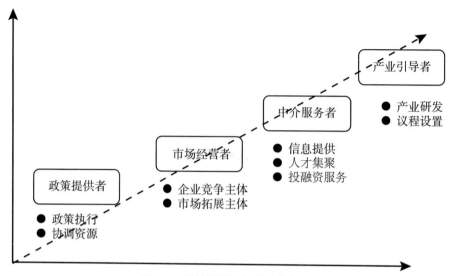

图5-1　科技园区运行的功能发挥

通过对国内外大量科技园区运行模式的深入分析，雍和园的运营模式应该建立在"官产协研"的基本架构之上，充分调动政府资源、市场资源、中介资源和智库资源，为雍和园健康、快速、稳定的发展提供体制保障（图5-2）。

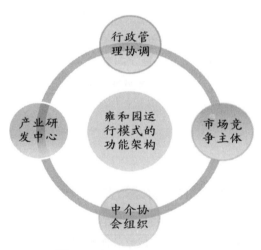

图5-2　雍和园运行模式建议

为实现"官产协研"一体化的架构，雍和园的运行模式需要一个功能对应一个或多个实体（图5-3）。雍和园管委会主要发挥行政管理的职能，协调政府资源推动园区建设，成立雍和园区开发公司，打造市场竞争主体。在政府与市场资源的基础上，引入各类行业协会和中介组织，调动非政府资源，同时建立和引进重要的智库和联合研发中心，使雍和园成为文化创意产业的研发重地和主要引导者，奠定雍和园的研发地位和品牌形象。

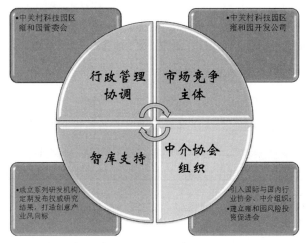

图 5-3　雍和园功能与实体的对应关系

（一）行政管理：园区管委会协调政府资源

管委会主要履行政府管理职能，争取政策资源，提高行政管理效率，保证园区按照既定的战略方向发展。贯彻执行国家、北京市、东城区有关高新技术产业园区和文化创意产业园区建设、管理的法律、法规及方针、政策，制订园区的总体发展规划和有关管理规定，并组织实施。经区政府委托，对园区实行统一规划、统一征地、统一开发、统一出让、统一管理，并组织、协调区内对外科技交流合作等事宜。负责进入园区项目准入初核，依据土地使用政策提出土地优惠价格的初核意见。编制年度园区招商引资计划，组织开展园区的招商引资工作，实行考核、评比、奖励的激励机制。参与园区内建设工程项目设计方案的联审，负责园区内的科技统计、知识产权、有关科技计划和科技基金的审核申报工作。负责政府投入园区的资金管理、使用。指导园区内企业及从事高新技术研究与开发机构业务工作。指导和协调推动园区开发公司、园区研发中心、园区协会中介组织的协调和配合。协调政府有关部门和有关企业管理区内环境建设、市政设施、广告发布、市容市貌等工作。受区政府委托，协调政府各有关部门解决园区建设和发展中的有关重大问题。

（二）市场竞争：园区开发公司吸引市场资源

目前，国内科技园区开发公司主要以开发者的身份扮演着地产商的角色。随着稀缺的土地资源逐渐耗尽，"张江高科"等部分园区开始优化业务结构，加快产业转型，实施向高科技投资公司转型的战略决策，转向房地产开发与高科技投资并举。

雍和园区开发公司要面向国内外资本市场，整合园区资源优势，充分发挥土地资本、金融资本、科技资本和智力资本相结合的优势，拓展多元化筹融资的方式，搭建风险投资平台，打通创业资本进退渠道，建立股权退出机制，将房地产开发、物业建设和高科技项目、文化创意产业项目有机结合，充分利用股权经营、政府回租、杠杆收购、增资扩股等金融工具和信息资源优势，促进园区公司的快速发展。同时，积极探索土地资产的股权化、证券化，将土地资本和金融资本相结合，将国内和国外资本市场相结合，将房产开发资源和高科技投资、文化创意产业资源相结合，使土地资源变为流通性能好、具有市场价值发现功能的高科技项目、文化创意产业项目股权，在取得高收益的同时，实现滚动投资的良性循环。

在公司资本结构上，雍和园区开发公司要注意吸收资本性质的多样化和投资方业务的多样化。在资本性质方面，选择具有战略资源的国有资本、境外资本、民营资本，在投资方业务方面，注意选择与园区发展定位关联度较高的投资方。通过产业资本整合战略资源，通过战略资源推动资本扩张。

雍和园开发公司的资本构成和业务架构，一方面要重视现金流的稳定性，确保能够带来可预期的收益；另一方面，要给投资者提供想象的空间，重视成长性，为企业IPO做好准备，争取5年内能够将雍和园开发公司打造成为上市公司。上海张江科技园区开发公司投资的"张江高科"于1996年4月在上交所挂牌上市，由张江开发公司联合上海久事公司作为共同发起人，采用公开募集方式设立。公司创建时总股本1亿元人民币，张江开发公司以土地入股，认购6 000万股发起人股；上海久事公司以现金入股，认购1 500万股发起人股；社会公开发行2 500万股，2006年"张江高科"的主营业务收入达到了5.7亿元人民币，实现净利润2.16亿元人民币，而投资收益也超过了1亿元人民币。这样成功的例子是雍和园开发公司可资借鉴的典范，同时也为雍和园开发公司的成立和运营提供了经验。

（三）智库支持：引导产业发展

雍和园不仅要成为文化创意产业的聚集区，也应当成为文化创意产业的研究中心，对创意产业格局、创意产业发展趋势、创意产业投资模式、创意产业的项目评估等方面内容进行深入的研究，打造雍和园的研发品牌形象。建议可以引入有关智库，与清华大学成立创意产业研究基地、与北京大学联合成立孔子研究基地、与中医研究院成立中医文化研究基地、与联合国、世界银行等国内外的权威机构联合成立研究基地，定期发布相关研究报告，召开新闻发布会和主题论坛，引领创意产业发展，将雍和园打造成为创意产业的"风向标"。

（四）协会中介：推动产业聚集

行业协会中介组织可以为市场主体提供信息咨询、培训、经纪、法律等各种服务，并且在各类市场主体，包括企业之间、政府与企业、个人与单位、国内与国外企业之间从事协调、评价、评估、检验、仲裁等活动。许多发达国家科技园区的发展经验表明，协会中介组织是园区行政管理与市场调节相结合中不可缺少的环节，具有政府和市场不可替代的作用，是产业聚集的重要推动因素之一。雍和园区可以利用北京市和东城区的区位优势，积极联系各国的商会、创意产业协会入驻园区，如美国信息产业机构北京办事处、德国工商总会等，重视各类风险投资机构、人力资源中介组织的入驻，通过协会中介组织引入战略资源，推动园区建设和品牌形象塑造。

六、重大项目建议

（一）版权国际交易中心

版权交易是文化创意产业发展的重要环节。按国际发展规律，版权产业在各国 GDP 中占大约 3%～6% 份额，是一块相当有发展前景的领域。目前，雍和园基础最好、最具可行性的项目即为"版权国际交易中心"项目。该项目自 2005 年启动以来，已取得多方面实质性的进展。

"版权国际交易中心"的建设目标为国际知名、国内第一的版权交易平台。其发展思路应当是以服务抓住大型版权代理机构；以平台吸引小型个体交易；以项目促进版权深度开发；以规范推动版权保护。争取在 3 年内实现交易额突破 10 亿元，利税 2 500 万元的规模效益。

具体建设过程中应注意：首先，现代版权交易已经不再局限于传统的图书、音像等几个方面，而拓展成为一个巨大的经济领域。雍和园版权国际交易中心应针对不同类型的版权交易提供多种形式的服务，如图书、音像、影视、软件、新闻、图片、音乐等重点领域的交易特点各有不同，交易中心的服务也应有所区别（2005 年各领域市场规模数据见表 6-1）。

表 6-1　版权交易各领域市场规模数据

类别	细　目	金额（亿元）	资　料　来　源
图书	总码洋（2005）	632.28	2005 年全国新闻出版业基本情况
音乐	数字音乐市场规模（2005）	35.2	《电子商务》2006 年 04 期
	彩铃市场规模（2005）	20	计世资讯
影视	广播电视总收入（2005）	931.5	国家广电总局
	电影票房（2005）	20	
	电影在电视上播映（2005）	11.5	
	国产电影海外票房（2005）	16.5	
动漫	总产值（2005）	180	中国投资咨询网
网游	市场规模（2006）	65.4	《经济日报》
软件	市场规模（2004）	206	IDG

其次，以往的版权交易往往由版权中介牵头，注重大规模的交易机构，而忽视了大量拥有版权的个体或小型组织。随着创意经济的到来，越来越多的小型版权个体介入到版权交易的现实之中（如个人制作出的手机彩铃、短信以及音乐、图片等）。建设中的版权交易中心应当充分认识到这一变化趋势，开发出为小型个体服务的版权认证与交易平台，力图为更广泛的版权

交易服务。当然这也符合创意经济"长尾理论"的特征。

再次,注意吸引各类行业协会、联盟、组织及大型中介公司进驻;通过举办各种会展、活动(如国际书展、动漫展、网游大赛等)来吸引相关企业入园交易;积极推动作者的著作权自愿登记,建设好版权中介服务平台,代理并保护相关著作权产品;与国家版权保护中心合作,打击各种形式的侵权行为。

最后,交易中心还可设立一定的基金,自主开发具有投资价值的版权产品(如投资影视剧,买断网游、音乐版权,招标动漫制作等),推动并形成版权交易机制的良性互动。

版权交易中心在建设过程中可能存在的问题有:管理部门多头,协调工作困难;园区写字楼资源有限,办公条件不易解决;相关资金支持与政策支持;以及竞争对手的威胁等。

(二)晨钟暮鼓体验游

雍和园拥有大量的传统文化旅游资源,坐拥雍和宫、国子监、钟鼓楼、柏林寺等国家级文物保护单位,还保留了大量的胡同、四合院、传统民居,以及浓郁的老北京民俗风情,以此为文章,通过整合民俗义化资源,可开发出"晨钟暮鼓体验游"等深度旅游项目。

本项目设计为沉浸式的深度体验游,区别于常见的到此一游模式,目标是游客在园区的停留时间超过一天,吃在雍和、玩在雍和、学在雍和、乐在雍和、体验在雍和。

项目可分为两个进行,一个重点开发园区的国学文化游,一个重点开发园内老北京民俗文化游。自钟楼晨曦中悠扬的钟声里开始一天的体验,至鼓楼落日余晖浑厚的鼓声中品味传统文化的精髓。

两个项目中,均可开发多项游客的体验活动,适当设计其进行的时段,吸引游客自行安排自己的行程,亲自参与各项活动,切身体验传统文化。

国学文化游分支可设置国学传统休学游,针对世界各地孔子学院的优秀学生,每年一到两次来国子监住学一到两周时间。学习期间,聘请著名专家学者讲习儒学文化,开展儒学知识竞赛,体验中国民俗生活,评选优秀学员等工作,推广、促进儒家文化在国际上的传播。

民俗文化游针对团队或散客开发相关旅游资料,介绍周边景点的典故由来,吸引游客在此多玩多住,了解中国的传统与中国的韵味。具体项目可设:国子监儒学课堂(每天定期讲课,游客自由参与)、儒家礼乐表演、国学博物馆、雅乐音乐会、祭孔仪式、冠礼体验、国学艺术展等国学项目,以及钟鼓楼民俗广场、民俗表演、民俗博物馆、四合院茶舍、传统美食一条街、晨钟暮鼓表演等民俗体验项目。利用周边民居配合开发一定数量类似青年旅社的接待机构,条件不一定非常高档,但能让入住者感受到浓郁的老北京传统。

可以订定一个旅游项目指导手册,确定每项活动和表演的具体时间,可以是一天一次、一天数次,也可以是几天一次或一周一次,以及每天的具体开始时间、持续时间,使游客可以自由地选择参观或参与哪些项目,制订各自的游览路线与时间表。

本项目可能存在的问题有:与国家文保单位的合作、园区胡同风貌整治、交通环境治理,以及各项目间的协调安排等。

(三) 国子监儒学讲堂

雍和园内的国子监，为明清时期国学的最高学府，又是国家最高学术机构的所在地，可以充分利用这一品牌，开办"国子监大讲堂"，与国内外著名的学术机构合作，聘请各方面的专家学者，举办多种形式的讲座和论坛，向各界群众宣扬科学文化知识。

"国子监大讲堂"的目标是成为国际权威学术机构的对话场所、国际级专家学者的演讲舞台，同时也是普及推广国学文化的圣地和丰富群众文化生活的课堂。

首先，"大讲堂"可以与中华国学研究会、中华孔子学会，以及相关研究机构和高校合作，吸引国内外儒学机构、国学研究组织入驻国子监地区，形成国学、儒学的研究中心。定期举办国际儒学、国学交流峰会；不定期举办各类专家讲座。

其次，"大讲堂"还可以吸引全球顶尖高校在此设立办公室，建立国际一流大学论坛，定期举办国际教育展和校长论坛。

最后，"大讲堂"不一定全都是国学知识，也可涉及现代高科技的专题讨论或科学普及。活动可以分为几个类别：面向普通大众，面向专业人士，或者面向高端人群。可以设立固定的主题（如儒学研究等），每周开讲；也可针对某一领域内的主题研究（如现代物理进展等），在一定的时间内集中讲解；还可以聘请国内外知名专家隆重开讲，营造热情、开放的良好学术氛围；同时也可设计不同形式的辩论与讨论活动，将更多的精英纳入大讲堂这一平台。

在活动的规划与编制中，至少应当做到每月有一场重要讲座，通过媒体手段大力宣传，吸引听众的参与；平时也尽量做到每周有两三个不同主题的讨论，完善和重塑国子监最高学术机构的形象。

此外，"国子监大讲堂"还可以与国家汉办（国家汉语国际推广领导小组办公室）联合，针对我国目前在世界上开设的100多家"孔子学院"的学生，开设全球范围内的汉语水平大赛。

本项目可能存在的问题有：与相关学术组织、机构协作关系的建立；国子监周边可用来吸引这些机构入驻房屋资源的开发；与国家文保单位的合作；周边交通环境的改善；讲座论坛的安排以及专家学者的协调等。

(四) 中医健康硅谷

在中医药现代化的背景下，其相关产业展现出巨大的市场前景和充沛的发展动力。在雍和园内，集中了中国中医科学院为首的全世界一流的中医药科研、临床、教学、学术出版、产业、研发、文化事业等各类机构，拥有最为丰富的中医药相关产业发展所需的资源。因此，雍和园发展中医药相关产业既契合当前绿色、生态的社会理念，又符合人与社会、人与自然和谐相处的公众认知，同时又包含了生命科学、现代医学等现代科技含量，建议将"中医健康硅谷"作为该重大项目的核心进行推进。

该项目实施目标为：形成高开放度、高标准、高增值能力、高科技含量、高产业关联度的中医药产业和健康产业集群，开拓国内国际市场，形成可持续发展的动力机制。

中医健康硅谷将涉及生命科学研究与开发、健康产业、医疗保健服务、健康休闲娱乐、健康产品与服务贸易、健康文化传播等各个领域，现阶段建议"中医健康硅谷"首先确立以下几个功能及建设工程：

● 建设中医药博物馆，整理中医药历史遗存，将中医药知识展示、文化传承、公众教育等功能进行整合，充分利用现代科技进行藏品展示和中医药原理说明。

● 设立中医药高科技研发基地，以中医药现代化为目标，借助和整合中医科学院等园区内现有各方面资源，形成中医药、生命科学领域一流的高科技研发队伍和学术力量。

● 建立中医预防养生保健康复中心，整合中医医疗资源，吸引和会聚北京乃至全国德高望重的中医药专家，进行中医治未病、残疾康复、运动康复、保健休闲等为一体的国际一流预防养生保健康复中心，同时通过组织活动吸引中高端消费群体，逐步形成"中医保健看雍和"的首选品牌。

● 成立中医药科技孵化中心，吸引中介机构、金融机构、大量中药企业、医药开发公司等构成中医药科技孵化中心，对项目或产品进行具体实施、宣传策划、联络销售等实行全方位服务。

本项目可能存在的问题包括：中医研究院与雍和园二者的合作缺乏可靠的组织保障和制度保障；中医健康硅谷的建立需要较长的时间，难以进行系统性规划；项目定位于"针对一切人的中医健康硅谷"，但难以消除人们心目中的观念障碍。

（五）数字娱乐盛典

会展及各种大型活动，将有助于雍和园品牌塑造和推广，以及产业经济提升。鉴于雍和园自身特色及资源，建议将"数字娱乐盛典"作为重大项目加以建设。

"数字娱乐盛典"将包括每年四季各一次的大型会展或评选活动，一项横跨数月的电子竞技赛事，以及常规性的沙龙、展览、表演、研讨等活动。

四次大型活动包括：以网络游戏动漫产业发展基地为依托开展的动漫节，包括动漫展映、交易、研讨、沙龙、cosplay等。游戏展，包括游戏软硬件展销、现场竞赛、互动活动等。与园区内的北京移动合作组织移动增值内容大赛，包括赛前的大众评选阶段和颁奖典礼阶段，努力办成"移动平台娱乐奥斯卡"，以及电子设备产品展。每次大型活动，现场可以持续三天到一周时间，事前可以安排较长时间的媒体推广与大众参与阶段，力求其规模化、体验化和品牌化。

争取同某项知名的国内或国际电子竞技赛事（如CEG、WCG等）达成合作，将部分或全部场次比赛挪至园区内进行。在现场售票的同时也整合园区内北京移动、光线传媒等多个企业，进行赛事内容及版权的多层次开发。

其余的定期或不定期的常规性活动，包括各种新媒体艺术展、装置艺术展、数字艺术与娱乐研讨会和沙龙等，点缀在上述大型活动、会展与赛事之间，达到全年时常活动不断，强化"数字娱乐"品牌的效果。

活动地点应根据不同活动不同需求选择，既可以是园区内各现代化大厦的发布厅和公共空间，也可以是韵味十足的四合院，还可以利用园区辐射区中239厂、地坛公园、"星光现场"等不同风格的场地。

"数字娱乐盛典"还应充分整合园区多种资源，吸纳不同机构合作。例如，北京移动、歌华集团等企业的合作，以及电视制播机构、广告营销机构的参与，国际版权交易中心对围绕版权的所有产业的开发和推动，行业协会、学术机构、智库对活动的策划、调查、组织、提升等。

可能存在的问题包括：资金筹措不到位；合作伙伴要价过高无法接受；园区环境无法吸引高端伙伴；活动的参与性不高等。最好能由专门的运营公司负责，与合作伙伴签订完整、清晰的合作协议，充分整合各方力量，利益共享，实现产业聚集与利润最大化。

七、保障措施

（一）政策创新

在雍和园的发展中，政府引导主要体现在园区管委会通过出台政策措施、制定发展规划、完善职能部门、建立示范试点、搭建转换平台、策划重大项目、设立专项资金等方式引导园区产业协调、快速发展。雍和园的发展应该在政策上从以下几个方面寻求突破：完善创新保障体制，建立鼓励和吸引高科技与文化创意产业的中小型企业和个人工作室等进驻园区的绿色通道，通过土地、财税、金融等政策吸引产业链上下游的企业实行"链式进驻"，成立面向社会的创意征集和转化机构，营造园区创新环境；培育和规范管理中介组织、行业协会、非营利机构和教育科研机构，强化第三部门在园区发展中的智力支持、联动集成和服务作用，提高技术创新的成功率和转化率；寻求"官、产、协、研"四者互动的良性发展模式，从政策优惠向制度创新转变。

在具体措施上，雍和园应确立"政府引导、企业主导、项目先导、科研向导、协会指导"的发展原则，通过"官、产、协、研"的共同作用，立足于支持区内文化创意产业企业，如通过管委会设立的创意征集、转化、引进机构对有意向进入园区和已经进入园区的企业进行公开测评并能够出具权威的报告，同时，对于符合"链式进驻"条件的中小企业群和个人工作室提供特别的政策优惠，并在其入驻初期提供定期的产业发展、企业管理咨询；由园区的信息服务部发布年度园区创意产业发展报告和产业发展规划建议；优先对园区产业规划中确立的重大项目和重点产业进行政策扶持，提供政府发展基金；从长期发展角度实现园区与周边区域的政策共享，尤其是东二环交通商务区、239厂区等重要的周边区域要纳入园区的政策体系并明确其发展地位。

（二）人力资本培育

文化创意产业是一种高文化含量、高科技含量的智能产业，需要高素质的人才，尤其是既懂文化又懂得经营管理的复合型人才。具体到雍和园的人才需求，要把握三个关键类型：其一是园区内科技、文化创意产业的高级管理与运营人才，要在现有文化创意产业管理队伍的基础上，通过培训与引进等方式提升人力资本，加大引进高层次优秀人才尤其是紧缺人才的力度，推行人才、技术、成果等要素参与收益分配的办法，以一次性奖励、税后利润提成、成果入股等多种形式实行高层次人才协议工资制，鼓励和支持文化企业采取高薪聘用、客座制等多种形式，面向国内外，引进一批高层次的文化产业专门人才；其二是出于文化创意产业链最上游的原创人才，政府要建立规范的人才管理体制，对这类人才进行特殊扶持，在户籍、职称、住房、收入分配、家属安置、子女入学等方面提供优惠政策，解决他们的后顾之忧；其三是文化名人、专家、学者和学科带头人，为他们在园区内从事文化艺术活动提供必要的优惠和便利条件，同时，利用国子监讲学活动与国内外知名学者建立联系，并形成园区发展的智库，形成园区发展的文化名片。

具体而言，园区管委会的人才架构需要能够实现面向产业发展的国际化团队；同时，要通过管委会开发创意人才测评系统，为入驻企业提供文化创意产业专门人才的认定与评估；在成立园区的智库上，园区要加强与高校文化产业研究机构的长期合作，形成园区发展的智囊团，并通过聚集一批国际级专家组建高端智库，形成园区在国际上的文化品牌。

（三）环境优化

雍和园的发展需要有良好的园区环境，这包括硬环境和软环境两个方面：

在硬环境方面，雍和园的当务之急是对园区内的土地和房屋资源进行清整，并将写字楼宇、四合院、平房院落、简易楼等多种房屋资源进行分类、分片地规划和设计，作为吸纳各类企业入驻的"引凤之巢"；此外，还需要对园区及周边的交通，尤其是停车场、步行线路进行设计建造，确保园区内企业贸易、物流与人员出行顺畅；另外，在硬环境方面要加强园区的信息化建设，要以园区社区网格化管理经验为基础，将园区内的老旧社区和平房院落在腾退清整的基础上进行信息化改造，使其能够适应现代企业的需求。硬环境是园区发展的基础，是园区发展的地理基础、物质保障和外在条件，也是园区发展最基础、较之其他科技园区相比，任务最重的一个环节。

在软环境方面，雍和园最为重要的是要营造重视创意的活跃的人文氛围和投资环境，对于雍和园来说，最为突出的特色是园区内具有厚重的历史文化资源和人文传统，但是中国传统文化注重传承，在这种文化背景影响下，雍和园地区的文化特色更多地体现在"继承"和"发展"上，可是文化创意产业应由活跃、多样的"革命性"创意为源头带动发展，因此雍和园要着力营造积极活跃的创意氛围，并进而引导投资，形成活跃的资本环境；另外，雍和园应在现有基础上发扬自身尊重知识、尊重人才的传统，并形成吸引优秀创意产业人才的良好氛围。

（四）资金支持

对于雍和园来说，资金支持主要体现在以下几个方面：其一是目前对创意、形象等无形资产的评估和认定尚不明确，而雍和园的发展必须确立对创意风险的分担和分散机制，因此在投融资机制方面，政府应通过对创意的评估认定和担保机制设立专项资金培育中小型自主创新企业，并引导信贷基金和风险投资支持小型企业和个人工作室；其二是要通过专项资金的方式对规划中已经确立的重大项目进行支持，如分期、分批、分类设立版权产业资金、中小企业入驻支持资金、中医药衍生企业支持资金等，对基金进行定期监管和控制，确保用到实处，打造企业忠诚度；同时，针对不同阶段的企业采取分类扶持办法；其三是为使文化创意产业这一投资高、持续时间长的产业有持续的资金流，必须吸纳各方面资金投资，建议雍和园制订明确政策，将各类社会资本投资文化创意产业进行清晰的界定，同时探索利用风险投资、商业担保等方式建立保证金体系为企业融资。

（五）品牌推广

雍和园的发展具有高知识、高科技、富文化的特性，因此形成园区独特的文化内涵和促进创新的软环境，有利于园区的可持续发展和内在潜力的不断激发。在确立"雍和园"品牌的过程中，雍和园要首先对自身的符号资源、形象资源、生态资源进行深入的文化测绘、文体规划与文化管理；出台相关的园区形象、品牌管理规定，规范园区企业和职能部门的使用，同时，充分认识雍和园这一品牌资源，确立对品牌开发和利用的前景与目标；积极利用新闻媒体、大型会展活动、高端论坛、教育研究对话等方式进行品牌建设与宣传，结合园区吸引文化名人、学者、专家和学科带头人的工作，将园区的文化名片通过各类媒体渠道和多样的手段进行宣传；利用园区重点打造的沉浸式旅游实现园区品牌的文化营销和塑造，将雍和园的"双重含义"利用园区外在形象和在人们心目中的内在形象进行表达与描绘。

我国网络文化管理思路研究[①]

---
① 2008年文化部委托课题,主持:熊澄宇。主要参与:吕宇翔、张铮、何威。

引言

一、网络文化的内涵及其特征

二、当前网络文化对社会文化的影响

三、我国网络文化管理的现状及其改革需求

四、对我国网络文化管理现状的案例分析

五、对我国网络文化管理思路的改革建议

六、结语

引　言

　　胡锦涛同志在中国共产党第十七次全国代表大会的报告中指出："和谐文化是全体人民团结进步的重要精神支撑……加强网络文化建设与管理，营造良好网络环境。"随着我国网民迅速攀升至世界第一位，目前互联网及其应用在中国呈现出大中城市普及、农村与低龄网民增长迅猛、网络应用娱乐化倾向明显、网民年龄结构向年轻化和性别结构向男性化倾斜的特征。在这样的背景下，网络文化已经成为我国社会文化的重要形态。可以说，社会文化的基本特征和发展趋向都鲜明地反映在网络文化上，而且越来越多的网络文化事件与网络文化现象正在成为构成公众舆论和当下社会文化的主要成分。

　　在这样的背景下，网络文化在社会生活中已经开始扮演非常重要的角色，而且表现出与以往不同的特征。例如，时下网络文化越来越体现出其广阔的覆盖面和强大的渗透力，网民关心的议题和社会现象会迅速成为覆盖所有媒体类型的媒体议程，并且成为所有人关注并且议论的公众议程，同时这些公众舆论反过来又会通过网络形成对网络文化的动态建构；再如，网络文化越来越体现出其对个体事件的放大作用，并且对社会价值体系产生巨大作用，仅2007年、2008年，就先后有"华南虎照片""香港明星不雅照""北师大教授博客骂人"等诸多社会事件以互联网为主要载体或者经过互联网的传播成为公众事件，这些事件会对全社会的精神文明建设和价值体系，尤其是青少年的人格塑造与心理健康产生重大的影响。面对这样的现实情境，我国对网络文化的管理亟须加强，因此本研究具有重要的理论与现实意义。

　　我国目前对于网络文化的管理方式是多部门分工齐抓共管，呈现疏导、监管、惩治多种举措共同实施的方式，尽管多年来已经取得明显效果，但是在现阶段已经体现出对网络文化管理上的不适应和盲点。本研究将结合公共管理学、文化社会学、心理学、行政学、政策学等多学科视角，整合其理论和方法，探索我国对网络文化管理的新思路。

　　在当前已经形成的"媒体社会"中，我们很容易从身边的各类媒体中看到或听到"有网友反映……""在网络上激起轩然大波……"一类的表述，在我国网民数量突破2亿、手机用户突破5亿的今天，以互联网为核心形成的各类新媒体应用形式已经成为社会生活的常态，由此改变了社会文化的生产方式、传播机制，并深刻地影响了社会文化的生态。在这样的背景下，本文将就网络文化的定义、特征、表现形态进行界定，并集中探讨网络文化对当前我国社会文化的影响及政府部门的管理思路演进路径。

一、网络文化的内涵及其特征

1. 网络文化的内涵

　　科幻小说家威廉·吉布森（William Gibson）1984年在小说《神经巫师》（*Neuromancer*）中创造"Cyberspace"（赛博空间）一词，意指先进的共享虚拟现实网络，成功地预言了电子时代的到来。自此，"Cyber-"这一词根被冠以在诸多名词之前，如赛博朋克（Cyberpunk）等，而网络文化（Cyberculture）就代表了伴随互联网应用产生的社会亚文化类型。

毫无疑问，在当前这一"不确定的世界"[①]，"今日的网络，不仅结合了科技，更连接了人类、组织和社会"[②]，国内外对于网络文化的定义莫衷一是，不同领域的学者根据各自的研究视角给出了自己的理解。

对于网络文化的研究可分为不同的阶段，这主要是两方面原因：一是随着网络文化赖以依存的物质基础的发展，以及随之带来的用户大量增长、使用日益普及，网络文化的规模也急剧扩大，形式日渐多样，并与传统意义上的文化产生了各种形式的互动，等等，导致网络文化不断出现新的问题；另一个原因是网络文化研究的研究者队伍不断扩大，从最开始的极少部分使用者到社会科学某一领域的专家学者，再到目前的政府机构、商业组织、各级高校，研究的方法和研究的领域越发完善。一般看来，对于网络文化的研究大概可分为以下三个阶段。[③]

● 描述性研究阶段：20世纪90年代初期。描述性地介绍网络文化的基本常识，对网络文化的形态、作用等认识模糊。这一阶段大多将网络文化与催生它的载体——互联网——的出现联结起来，认为"网络文化是以计算机技术和通信技术为基础，依靠网络产生、形成或者借助网络得以延伸发展的各种文化现象的综合"[④]，并且将"传播、娱乐、工作、商业"等现象都纳入考察（American Heritage Dictionary，2006）。

● 网络文化研究形成阶段：对网络文化的描述基本成型，认识到其复杂性。采取一分为二的态度，即看到其积极意义，也看到其弊端。多学科学者介入使研究视角得以延伸。这一阶段学者的研究将"文化"概念意指的"物质、精神、制度"三个层面引入网络文化的内涵阐述中，我国学者张革华、魏宏森和刘长洪等的定义都属于这一阶段。这一阶段对网络文化的界定揭示出网络文化产生的原因是由技术变革引发的社会各方面的变革，进而对人类本身的状态和发展产生影响，并形成了一种全新的文化形式。这里更多地强调技术、文化以及社会之间的互动关系。

● 综合性研究阶段：20世纪90年代末，学者们以更宽泛的视野研究网络文化的构成。把网络文化现象放到了更大的语境下，试图在这个环境中发掘更复杂和更有意义的东西，注重网络中所发生的社会、文化与经济的互动。研究者开始跳出描述性的阐述，如德里（Mark Dery）从网络文化的内涵与外延进行了说明，认为"网络文化是一个分布很广的、松散的、准合法的、选择性的、对立的亚文化复合体"[⑤]。

对于网络文化的研究经历了从本体研究到综合研究的过程。当前网络文化被看成是各因素纠合在一起的复杂文化现象，因此要全面考虑，否则无论是研究还是决策都会落后于事态发展，甚至顾此失彼。笔者认为，在当前的信息、传播、媒介逐渐融合的时代，当前的网络文化在物质载体层面已经超越了互联网，代表了由新媒体的大规模社会应用衍生的社会文化意涵。因此，

---

① [美]罗伯特·鲁宾：《在不确定的世界》，李晓岗、王荣军、张凡译，北京，中国社会科学出版社，2004。
② 唐·泰普斯科特：《数字化成长：网络时代的崛起》，56页，大连，东北财经大学出版社，1999。
③ 张峰：《论西方网络文化的特征》，载《北京理工大学学报（社会科学版）》，2008（1）：1。
④ David Porter. Internet Culture. Routledge, 1997: 21.
⑤ MarkDery, Cyberculture, .SAQ91（Summer1992）：509，引自王逢振等：《先锋译丛5——网络幽灵》，10页，天津，天津社会科学院出版社，2000。

网络文化牵涉到社会基础结构的变迁，由此带来人类生产、生活方式的深刻而永久的变革，并引起思维方式和观念变革。简言之，网络文化是社会文化在信息化时代产生的亚文化。

严格地说，"网络文化"的概念是不准确的。就像"文化"概念的纷繁复杂、多种多样一样，网络文化在"文化"这一概念的基础上增加了数字时代的新内涵，但是却无法明确表述"网络"是作为技术载体，还是描述亚文化的属性。在国际学术界，一般认为互联网包括网络技术和网上内容两个方面，"网络文化"更多地指后者。但是，在本课题中，网络文化的意涵比"网上内容"更为丰富和宽泛，具体应包括：

（1）网上内容：指以互联网载体进行传播的文本、音视频等形态的内容信息。

（2）网民的网上行为：文化方面包括人们的思想观念、行为方式、语言形态等。网民的网上行为体现了网络作为人们交互的平台形成的文化，例如，网络上语言的使用、社区的建构、人群的聚集、网络的表达方式等。

（3）网民行为与网上内容结合形成的中国特色的网络文化：对本课题而言，管理的对象是我国的网络文化，尽管网络是无国界的，但网民是有国籍的，网络信息是由网民建构的。因此，本研究所谈的网络文化是建立在中国特色文化的基础上，是由中国网民生产、传播的内容组成的，由中国网民在网络上的行为操作的亚文化，是浸染了中国网民作为中国人固有的思想态度、行为方式、处世哲学、价值观念的文化形态。

2. 当前网络文化的特征：生态视角

既有的研究对网络文化特征的研究大多从互联网技术带来的制度、精神层面入手，论述网络文化的开放性、互动性、虚拟性、个性化等。[①][②] 笔者认为，这类研究停留在网络文化的"技术性"，未能体现网络文化的"文化性"。从网络文化生产、传播、消亡的生态过程来看，当前网络文化的特征包括：

首先，在网络文化的生产上，当前的网络文化体现出强大的用户生产能力，即"使用者创造内容"（User Generated Content，UGC）。它是指由使用者创造的、面向公共开放的、多种媒介内容，包括数字视频、博客、播客、新闻、流言、研究、手机照片和维基等。这个概念是在 2005 年最早通过 BBC 的报道进入主流话语的，反映了新科技带来的媒介内容扩展。OECD（经济合作与发展组织）将 UGC 定义为：发表需求（Publication requirement）是给他人看，创作尝试（Creative effort）要加入自己的创作，同时不在体制内（Creation outside of professional routines and practices），即在职业创作和市场环境之外的个人表达。此外，它经常和开源、免费软件等相关概念一同出现。

当前在互联网上（这里的互联网包括各种新出现的互联网应用、移动互联网等），网站提供的服务包括为顾客提供交流产品或服务讨论机会、分享个人经历或照片、社交平台、顾客点评、

---

① 詹恂：《网络文化的主要特征研究》，载《社会科学研究》，2005（2）：183～184。
② 王奕生：《我国学界对网络文化及其影响研究综述》，载《河南师范大学学报》，2003，30（3）：124～127。

讨论社区、新闻、旅游计划、博客、游戏等都体现了"用户自创"的特性,这也成为当前社会文化最有生命力的生产方式。《Time》杂志评选的"2006年度人物"是"你",意指那些为Youtube和Wikipedia(维基百科)等各类用户自创内容网站作出贡献的草根用户。根据牛津互联网研究所发布的《互联网在英国:2007》报告,英国人使用网络的方式中"创造和生产"占61%,已经成为与"娱乐休闲""信息获取"等传统方式并驾齐驱的重要应用方式之一。在我们生活中的重大事件上,如"周老虎事件""范跑跑事件""问题奶粉事件""神七问天事件"等,网民的力量得到一次次的集中体现和强化。

其次,在网络文化的传播上,出现了人际传播和大众传播整合的趋势。这一点体现了网络文化对于社会交往的深刻影响。以社会性网络系统(Social Networking Services,简称SNS)为例,它是基于互联网所进行的一种人际关系拓展。SNS提供给每个用户的是建立自己和朋友在网上交流的服务。而每个用户都有自己的朋友,都可以利用SNS建立自己独特的"朋友圈",如此自然就形成了一个庞大的联系网络。SNS又是建立在人与人彼此了解的基础上,目的就是让用户通过SNS邀请其他用户组成自己的独立网络社会。

最后,在网络文化事件的"消亡"过程中,那些不再为我们熟悉或者不再"显著"的网络文化很多并没有离我们远去,而是逐渐被整合进入社会文化的主体,其"网络"标签已经消失不见。例如,曾经沸沸扬扬的"周老虎事件",自出现之日起就掀起网友的热烈讨论,吸引了其他大众媒体的集中报道,并逐渐形成对公众的"议程设置"。此后,这类网络文化事件往往成为某段时期社会文化的主要"议程"。在形态层面,网络文化的若干形态往往随着用户的选择优胜劣汰,不断改变网络文化的生态格局。例如,在互联网出现初期,新闻组这类应用有非常广泛的使用,随着技术和应用的发展,它的功能逐渐被其他应用方式取代,并退出了历史舞台。

3. 当前网络文化的特征:内容视角

上文从网络文化的生产、传播、销往的视角探讨了网络文化的特征,从内容层面来看,我国的网络文化体现了这样的特征:

(1)网络文化的参与者是建设社会的主力军,言论表达真实性较高

我国目前的网民主体是中青年(18～35岁)、受教育程度较高、收入水平一般、以企业和学生为主的群体,其中男女比例大约为6:4。[①]可以说,这部分群体大多数处于人生的上升期和奋斗期,步入社会不久,在生活、工作、学习等方面承受着较大的压力,遇到的现实困难也较多,他们不仅有话要说,而且有较强的表达能力和思考水平。网民在互联网上形成的文化特性较为真实地表达了民意,体现了社会主流文化的真实情况。

(2)网络文化关注社会重大事件,体现公众对自身权利的关注加强

我国网民关注的话题和议论的焦点主要围绕政治话题,这也构成了我国网络文化的重要特点。尤其在网络舆论的导向上,网民持续高度关注改革发展形势以及与百姓生活密切相关的话

---

① 根据CNNIC(中国互联网络信息中心)每年两次发布的报告总结。

题,主要涉及教育、医疗、住房、收入分配等,往往会形成"集群行为"。集群行为本指那些在相对自发的、无组织的和不稳定的情况下,因为某种普遍的影响和鼓舞而发生的行为。[①]这类的集群行为代表了在共同关注的事件的激发下,公众的思想和行为产生了巨大响应,体现了民主意志,代表了公众追求公平正义的永恒追求。

"在互联网环境中,公民获取信息的成本大大降低,所获得信息的丰裕程度和即时程度也都有了较大提高。随着知情能力和评论能力的提高,他们对社会生活和社会决策过程的介入程度越来越高,而这种介入程度的提高反过来又促进公民在这方面提出更高的要求。"[②]"公民社会与政府之间是相互制衡、相互影响的关系。是积极引导、整合公共领域,还是不闻不问任其自生自灭,这是两种截然不同的选择,必然带来截然不同的结果。"[③]网络文化在生产方式上的特征体现了公众自身权利配备了"互联网"这一力量强大的"武器",体现了民主化进程的不断前行。

(3) 网络文化的内容存在负面效应

互联网的信息杂陈让各类有害信息也有了存身之所,而且给监管带来了非常大的难度。网络文化内容中的信息失真、信息造假、错误信息的泛滥、有害信息的隐秘传播等都成为网络内容给社会带来负面影响的源头。

例如,网络舆论经常会成为各类意见和观点交流的"场"。在这样的情况下,在这里,"场"不仅是舆论形成的条件、空间,而且是推动舆论发展的契机,甚至制约着它的正负方向。[④]如果意见表达规则不能体现平衡和公正的原则,如果参与者身份不能体现与政策问题相关的社会结构关系,那么,"沉默的螺旋"很可能在"场"的刺激下旋转起来,使某种表面上占优势的话语在"趋同心理""从众心理""对孤独的恐惧心理"等作用下,改变人们对周围环境的认知,最终促成错误舆论的顷刻爆发,从而严重地影响社会舆论的整体氛围,带来负面影响。

(4) 网络文化已经对公共政策产生影响并引起我国政府的高度关注

2000年发生在辽宁的"刘涌案"和2003年的"孙志刚案",人们普遍认为,网上公众舆论发挥了至关重要的作用,并给了人们在网上掀起舆论可以产生实际作用的启发。这一点体现我国网络文化已经开始对公共政策的制订发挥了作用。同时,网络文化也已经得到我国政府的高度关注。从2003年防治"非典"开始,我国政府的高级领导人多次表达了对网络文化的重视和认可,从2005年开始,新华网等网站在"两会"期间都开设了"向总理提问"等选题,得到了网民的热烈响应,也切实地得到政府的呼应。

4. 网络文化的表现形态

可以看到,网络文化的特征很好地体现了它本源于互联网的开放、交互、平等和多样特性,

---

① 波普诺:《社会学(下册)》,566~567页,沈阳,辽宁人民出版社,1988。
② 熊澄宇:《信息社会4.0》,11页,长沙,湖南人民出版社,2002。
③ 熊澄宇:《信息社会4.0》,12页,长沙,湖南人民出版社,2002。
④ 刘建明:《舆论传播》,64页,北京,清华大学出版社,2001。

但又在匿名、实时、符号性上有了更新的变化。在常见的表现形态上，网络文化与普通用户的活动方式密切相关，笔者将其分为以下类型：

- 欣赏导向型：网络音乐、网络电影……
- 娱乐导向型：网络游戏……
- 参与导向型：网络社群、网络论坛……
- 建构导向型：博客、播客、网络文学……
- 公益导向型：濒危文化保护、人类遗产数字化……

这些网络文化的类型并不冲突或互斥，而是交融和相互转化的，其主体也并不都是用户个体，而包括所有级别的用户（包括政府、企业、组织等）。

二、当前网络文化对社会文化的影响

如上文所述，当前的网络文化已经成为社会文化的重要组成部分，其对社会文化的形成与演变产生显著的塑造作用。首先，在以互联网为载体的文化现象中，对社会文化影响最大、经常构成社会文化中的重要议程的是网络舆论；其次，网络文化为传统文化、民族文化的传承带来了机遇，也带来了挑战；最后，网络文化对于我国现在进行的社会主义核心价值体系的建构也产生了不可忽视的作用。

1. 网络文化对公众舆论的影响

（1）信息发布的可控性降低，社会舆论权力下放

互联网造就的人人参与大众传播将进一步改变舆论格局和新闻传播方式。"每一次媒介革命都使信息覆盖形式、参与程度、传播速度、驻留时间和传播过程发生重大变化，人们通过媒介进行的信息交流活动呈现出不同的特点。"[①] 互联网为人人参与传播奠定了技术基础和制度条件，改变了舆论的生成、传播机制。扁平化世界使各个角落的个人获得了力量，使他们参与全球的竞争与合作成为可能。在互联网上，大众传播资源从垄断的形式转变为"我们即媒体"[②]，话语权得到了下放和分解，权威不再，而且传统意义上的传播"把关人"成为更多地依靠传播者的自律和自我约束。

（2）传统媒体的角色转换，互联网舆论形成重要力量

传统媒体的所有权和使用权合一，媒体所有者可以决定媒体的内容。这使社会信息的多元化程度有限，媒体所有者通过传统媒体对于舆论起到决定性的作用。互联网的普及使话语权分散至每一个网民，打破了传统媒体的话语垄断，在某些问题上甚至对舆论起到决定性的影响。传统媒体依然发挥着不可替代的作用，但角色已经逐渐从决定者转变为参与者。

截止到 2007 年 3 月，全国取得登载新闻信息资质许可的网站共计 160 多家，其中包括我

---

① 曹劲松：《交往公利和谐——信息伦理引论》，67 页，南京，江苏人民出版社，2006。
② Dan Gillmor, We the Media: Grassroots Journalism by the people, for the people, O'Reilly, 2004.

国最有影响力的网站。据估测，上述160多家取得登载新闻信息资质许可的网站吸引了我国90%以上的互联网流量。这批网站是我国网络媒体的主体，我国网上新闻信息主要由它们提供，是形成网络舆论的重要力量。另外，美国学者施密特等人在《美国政府与政治》一书指出："若个人意见得到了公开发表，并且牵涉到公共问题，它就成了舆论。"① 我国的网上公众舆论不仅越来越强大，而且在整个社会舆论的形成过程中逐步起到主导作用，这已经成为新时期中国社会舆论环境的最鲜明特征，对政治、经济、文化和社会发展产生着不可估量的巨大影响。

（3）网络公众舆论形成了独特的传播规律

互联网恰好为公众舆论的形成提供了一个良好的技术平台，不同的观点、意见在网络上进行博弈、交锋、碰撞，塑造了民众的社会心理，影响了社会结构和社会观念的变化。网络亚文化背景下形成的网络舆论在当前社会中经常可以得到其他大众媒体的极大关注，通过沉默螺旋效应和议程设置功能得到放大或压制，这主要是由互联网的聚集放大和大众媒体的合力推动的关系。

首先，互联网对公众舆论起到了承载、聚集、放大的效应。互联网具备整合其他媒介的功能，可以方便地将事件信息进行充分整合，而数以万计的网民的信息搜集能力和整合技能又绝非传统大众媒体的编辑、记者所能及；这些信息经过网民加入自身意见，进行分析推理、互相辩论驳诘，会形成"观点的市场"，并进而通过自然选择产生"滚雪球"效应，形成放大，最后成为不可阻挡的社会舆论。

其次，当前的传统大众媒体，如报纸、电视、广播等也都将网络作为主要的信息来源和设置议程的工具，由此会产生共鸣效应。在社会事件发生后，传统媒体往往会去互联网上寻找公众对事件和处置的看法，这类网上网下的互动从侧面印证了网络公众舆论为社会接受和认可程度，但传统媒体的做法实际上促使网络公众舆论有了"话题"的继续可能和"二次爆发"的机会。

2. 网络文化对我国传统文化的影响

（1）网络文化的数字性特征对我国传统文化构成冲击

有学者认为，网络文化与传统文化是两种截然不同的文化类型，网络文化是一种彻底理性化的数字文化。对于电脑来说，任何信息只有以数字的形式出现它才能识别和处理。传统文化若想加盟网络文化，就必须改变自己的既有形态。鲍宗豪教授认为，对于正处于现代化进程中的文化来说，现在的关键不是要不要转变传统文化的问题，而是如何转变的问题。网络文化应该是扬弃传统文化的产物。

网络文化对中国传统文化的冲击主要表现在东方传统文化的历史优越性、承传的方式、自我完善与发展的过程（路径）上；网络文化浸透着现实世界西方主流价值观的强权，因而与中国现实文化有着必然的冲突；中国现实文化发展的作用力因素也表现出多元的特征，其文化评价的参照系将日益丰富。

---

① ［美］施密特等：《美国政府与政治》，梅然译，136页，北京，北京大学出版社，2005。

（2）网络文化的开放性促使我国传统文化的传承和发扬

在网络文化中，各国文化之间的相互影响无疑将迅速扩大。尤其是对于我国而言，在文化共通性和融合性不断加强的时代，西方文化，对我国传统文化的冲击不断加大，如何在新环境下传承和发扬中华传统文化，成为全新的课题。

李贤民教授认为，网络文化不应该也不可能是全球绝对统一的文化，超民族的网络文化是不存在的。具有民族国家内涵的网络文化才是真正的网络文化。我国需要密切思考的是如何在网络文化中继承数千年的传统文化，以迎接这场严峻的挑战。

（3）网络文化引导传统文化的发展方向

网络文化代表了当前社会文化的走向和取径，传统文化只有跟上网络文化的形态发展和内涵变迁，才能具有更强的生命力和时代活力。世界文化从来就是多元化的，网络文化也应该是由不同文化共同构筑的有机体。我国的传统文化从来就是具有顽强生命力的文化，具有与时俱进的特性。因此，在网络环境下赋予中国传统文化时代内涵，创新再生产、传播、扩散的机制是最为重要的方式。

3. 网络文化影响社会主义核心价值体系建设

（1）网络文化赋予社会主义核心价值体系更多样的表现形式

社会主义核心价值体系的建设并不是理论空谈，而是结合于社会文化建设的具体工作中，这一进程尤其通过各类大众媒体进行。网络文化在建设社会主义核心价值体系的进程中具有丰富的表现形式，可以通过多种方法进行制作、呈现、传播，由此体现社会主义核心价值体系的丰富内涵。网络的多媒体性能够使社会主义的核心价值体系摆脱空洞的说教和枯涩的宣传教育，成为可以与广大人民群众互动的鲜活内容，强化学习者的自主性，取得更好的效果。

（2）网络文化可以有效地吸引社会青少年群体

网络文化是具有时效性的文化，同时也是覆盖广泛的文化形态。塑造社会主义核心价值体系的关键在于对于青少年的教育。网络文化的用户主体是青少年，在我国青少年中有极高的覆盖率，通过网络文化传播的社会主义核心价值体系能够渗透到各个层次、各个领域的青少年群体。例如，2007年由中央文明办和信息产业部组织发起了手机短信文明公约征集活动，在全国各地征集了上万条手机用户撰写的短信文明公约，最终确定的内容为："拇指传情，礼貌互敬；健康活泼，语言洁净；杜绝骚扰，流言勿行；规范服务，诚信经营；和谐自律，传递文明。"这一短信公约就普通手机用户、信息服务提供商的行为都进行了自律规范，在塑造健康文明的短信文化上发挥了积极的作用。

（3）网络文化同时为社会主义核心价值体系建设带来了巨大挑战

目前，我们正处于一个思想活跃、观念碰撞、文化交融的时代，人们思想活动的独立性、选择性、多变性、差异性明显增强，网络文化的开放性决定了其必然受到文化糟粕的侵蚀，同时也会出现不正当的应用方式，产生不良后果。例如，网络游戏存在青少年沉迷成瘾、内容不健康、游戏设计导向低俗化、对玩家有不良诱导等问题；再如，网络色情不但表现为各类媒体形式的淫秽色情信息，同时还表现为门户网站的社会新闻格调低下，以及通过交友网站传播的色情表演等。

由以上分析我们可以看出，网络文化对当前社会文化有明确而重要的影响，对网络文化的管理需要根据当前网络文化的特征及其对社会文化产生的影响进行及时的调整和改革。

三、我国网络文化管理的现状及其改革需求

1. 我国当前对网络文化进行管理的基本思路

按照上文对本研究中网络文化的解读，对网络文化的管理涉及三方面的内容，即对网络的内容进行管理、对网络上网民行为的管理、对二者结合后对社会产生的效果进行管理。

从"管理"的内涵来看，我国现行的网络文化管理思路包含两个层面：

其一，网络文化管理的第一要素是建设，这一点我国各个与网络文化相关的各个部门都可以较好地开展工作，相互之间少有磕碰。网络文化的建设主要包括内容建设，即对网上内容的生产；环境的营造，如对网上内容的生产、对功能的完善、对行为的引导等，这里尽管也涉及不同部门的分工，但总体上各个部门都可以各司其职。因此，从发展的角度来看，网络文化的建设是各个部门工作中衔接较为顺畅、运行较为合理的部分。

其二，网络文化管理必然包含对网络文化的规制。首先是对内容的规制，我国在这方面的规章和规定都较多；其次是对网民网上行为的规制，这部分包含对网民发表言论、信息传播、内容生产等方面的管理规定；最后是对内容与网民行为结合产生的社会效果的规制，这部分是与我国的传统文化、行为习惯、道德观念、思想意识等紧密相关，是具有中国特色的管理思路。

综合这两方面来看，我国目前有现行的管理方案对各个部门的职责进行了说明；但是，这种分工是承认现状前提下的定义，而并不是科学的、发展的定义，又因为网络文化的复杂程度，因此这些分工必然造成交叉和空白的同时存在。关于互联网的各类法律法规，据不完全统计，前后共出台大约200多个，牵涉部门仅仅部级单位就有18个之多。这从侧面说明了我国网络文化管理的现状。

从改革的角度来看，对网络文化的管理分为服务型管理和管制型管理。对网络文化的管理首先是跨国界的，要依靠国际通行的规范和准则，其次是依靠技术协议进行管理的，最后是依据我国自身情况出台的管理制度。因此，我国的网络文化管理思路首先要在国际公认的互联网治理框架下进行，其次要参考其他国家的做法，最后要根据我国的国情审慎处理。

我国现行的互联网管理思路存在的问题主要是：对内容直接管制较多，对于那些可以依靠技术手段进行管理的手段有所削弱，这就要求我们要研发一系列的技术管理手段；因为在现实生活中，工作状态下的各部门分工不能与互联网上的情形一一对应，对网上行为的管理存在交叉和空白，这里又涉及对管理机构的重新定位和划分，同时最为重要的是需要设立机构，进行

国家层面的协调与安排。

2. 我国网络文化管理思路的改革需求

互联网是需要约束的公共环境。自由从来不是绝对的,任何自由都是相对的,自由本身就是相互妥协的结果,绝对的自由也是无法存在的。我国《宪法》非常重视保护公民的基本权利,但这些基本权利的行使是有边际的,即《宪法》第51条规定的"中华人民共和国公民在行使自由和权利时,不得损害国家的、社会的、集体的利益和其他公民的合法自由和权利"。互联网构建了新的社会形态,而且不断处于动态发展中。因此我国对互联网各个方面的管理也都在摸索中。我国对互联网的基本方针是积极发展、加强管理、趋利避害、为我所用。管理的基本原则是法规约束、政府监管、行业自律、技术保证相结合。

在我国,文化政策决策涉及的部门主要包括中央机关的国务院、中宣部、文化部、广电总局、新闻出版总署、教育部、国家版权局、文物局等,同时还涉及文化领域的各个行业主管和监管部门,等等。我国的网络文化管理思路沿袭着"行政手段,齐抓共管"的思路,在当前体现出诸多不适应现实要求的情况。例如,网络文化的多样性导致同一问题划归不同部门,如对网络游戏实行管理的部门就包括文化部、信息产业部、新闻出版总署等。这样的情况往往导致管理分散、存在盲区和交叉、容易导致混乱等问题。

以我国出台的"建站牌照资质"制度为例,我国对互联网站的设立和相关业务的开展设立了若干"许可证"制度,大体包含:

● 信息产业部 ICP 备案:主要是针对非经营性网站,任何一个在国内的网站都要备案。审批机构:信息产业部。

● 增值电信业务经营许可证(ICP):主要是针对经营性互联网信息服务网站,注册资金要求100万~1 000万元以上,经营范围为互联网信息服务业务,经营性互联网信息服务(信部政函〔2002〕180号)是指通过互联网向上网用户有偿提供信息或者网页制作等服务的活动,包括利用互联网站向用户有偿提供特定信息内容、网上广告、制作网页以及其他网上应用服务等。经营性互联网信息服务是以盈利为目的的商业活动。

● 非经营性互联网信息服务(信部政函〔2002〕180号),是指通过互联网向上网用户无偿提供具有公开性、共享性信息的服务活动。目前主要包括各级政府部门的网站;新闻机构的电子版报刊;企业、事业单位、教育、科研机构等的各类公益性网站和对本单位产品或业务进行自我宣传的网站等。这些网站不向上网用户收取费用,也不利用互联网站直接进行以盈利为目的的商业活动。审批机构:信息产业部及各省通信管理局。

● 电子公告服务电信业务审批:主要是针对设有电子公告服务(bbs)的论坛网站。审批机构:各省通信管理局。

● 经营性网站备案:是指经营性网站向工商行政管理机关申请备案,工商行政管理机关在网站的首页上加贴经营性网站备案电子标识,并将备案信息向社会公开。审批机构:各省工商行政管理局。

● 增值电信业务经营许可证（移动网信息服务业务 SP）：主要是针对提供移动网无线增值信息服务业务需要办理的。审批机构：信息产业部及各省通信管理局。

● 互联网新闻信息服务许可证：主要针对从事登载新闻业务的网站。审批机构：国务院新闻办。

● 网络文化经营许可证：主要针对经营互联网文化产品和提供互联网文化产品及其服务的网站，主要包括：音像制品、游戏产品、演出剧（节）目、动画等其他文化产品。审批机构：文化部。

● 互联网药品信息服务资格证书：主要针对经营互联网药品信息服务的网站。审批机构：国家食品药品监督管理局。

● 互联网出版许可证：主要针对经营互联网出版类电子商务业务的网站。审批机构：新闻出版总署。

● 网络视听节目传播许可证：《信息网络视听节目许可证》由广电总局按照信息网络传播视听节目的业务类别、接收终端、传输网络等项目分类核发。审批机构：广播电影电视总局。

● 互联网卫生信息服务管理：主要针对经营互联网卫生信息服务业务的网站。审批机构：卫生部。

● 电子支付牌照：主要是对电子支付企业实行牌照制度，审批机构：中国人民银行。

由此可以看出，网络文化会涉及几乎当前所有的互联网应用形式，与之相应的是，这些内容也分属于我国不同的政府职能部门负责与管理。例如，网络新闻由国务院新闻办主管；网络论坛则归属工业和信息化部（原信息产业部）主管，网络文明建设则牵涉到文化部、团中央、教育部、国务院新闻办、全国青联、全国少工委、中国青少年网络协会等多个部门。附录一列表简要说明各个网络文化相关规章制度的决策机构及其基本职能。总体来说，对网络文化的管理制度分为国家制度，包括法律性文件、行政法规、部门规章、规范性文件；行业制度，包括公约、自律等；企业制度，包括生产流程、管理规则等。在附录二中，研究者简单列举了我国现行的涉及网络文化管理的规章制度，从中可以看出我国面临"网络文化"这一新兴的亚文化类型的管理处于不断地调整和摸索中，存在很多亟待解决的问题。对网络文化进行管理并不是单一部门的工作，而是系统工程，是由不同部门通力合作、协调配合实现的。这需要我国对此进行深入的研究与实践。

四、对我国网络文化管理现状的案例分析

对网络文化的管理主要包含建设和规制两个方面。在这一部分，本研究将以网络公众舆论、网络违法与不良信息和网络游戏这三个方面的重要的案例为切入点，分析我国对网络文化管理的现行思路及改革的必要性。

1. 案例分析：网络公众舆论

网络文化管理的第一要素是建设，即以发展的观点看待网络文化中的新形态、新现象，并以保护、支持的态度进行建设。我国对网络公众舆论的管理就经历了一个认识、认可、发展的历程，这里体现了我国对舆论管理思路的调整和转变。

舆论作为国家生活中最重要的公民资源，其概念主要是指见解体系，即意见。互联网恰好为公众舆论的形成提供了一个良好的技术平台，不同的观点、意见在网络上进行博弈、交锋、碰撞，塑造了民众的社会心理，影响了社会结构和社会观念的变化。网络公众舆论特指借助互联网平台，普通网民通过邮件、论坛帖、个人博客等形式就某个社会公共事件表达个人观点而形成的网络舆论。例如，在黑龙江"宝马撞人案"中，新浪网转载消息后，从当日上午11时至晚上20时的9个小时内，网民跟帖就突破1万条，到1月10日的7天时间内网民留言总量高达22万条，新浪、搜狐、网易三家网站的相关帖文超过了60万条，"天涯社区""凯迪网络"等网站论坛中的帖文突破50万条。这样的网上现象被俗称为"网声"，即指网络公众舆论。

当前，我国的网络公众舆论已经形成了显著的规模并产生巨大的社会效应。对比世界各地的互联网，中国网上的论坛数量首屈一指，粗略估计达130多万个，参与群体非常庞大。以西陆社区、西祠胡同、天涯社区、凯迪网络等为代表的专业网络论坛有大量的网民同时在线并上传信息；另外，由以新浪社区、搜狐社区、新华网"发展论坛"、人民网"强国论坛"为代表的综合性网站的论坛也有相当大的网民访问量和发帖量。这表明，论坛性网站和综合性网站论坛这一公共大平台已成为网民自由言论的重要集散地，也是网上公众舆论形成的主要场所之一。

我国的互联网公众舆论目前成为影响社会公共领域的主要手段。总结起来，呈现出以下几个特征：（1）网络公众舆论的参与者同时也是建设社会的主力军，言论表达真实性较高。我国目前的网民主体大多数处于人生的上升期和奋斗期，步入社会不久，在生活、工作、学习等方面承受着较大的压力，遇到的现实困难也较多，他们不仅有话要说，而且有较强的表达能力和思考水平。（2）网络公众舆论关注社会与时政类重大事件。在网络公众舆论的导向上，追求公平公正是其核心要素。网民持续高度关注改革发展形势以及与百姓生活密切相关的话题，主要涉及教育、医疗、住房、收入分配等，这类话题占80%以上。这证明了一个判断，"舆论涉及最多的是关于人们切身利害的问题，人们的议论范围和议论内容同厉害程度成正比"[①]。对事关人们切身利益的话题，网民的言论既有对党和政府的赞美，也有对一些地方和部门工作的批评，不乏积极的建议和良好的愿望。这既是我国公民自主意识、民主意识、参政意识不断增强的反映，又是人们对一些社会问题产生惯性思维之后，公开表达出来的潜在情绪，是特定条件下潜舆论向显舆论的转化。（3）网络公众舆论已经对公共政策产生影响，并引起我国政府的高度关注。2000年的"刘涌案"、2003年的"孙志刚案"被人们普遍认为，"刘涌案"能够被最高人民法院直接提审，"孙志刚案"引起中央的高度重视，网上公众舆论发挥了至关

---

① 刘建明：《天理民心：当代中国的社会舆论问题》，126页，北京，当代中国出版社，1998。

重要的作用，并给了人们在网上掀起舆论可以产生实际作用的启发。网络公众舆论已经得到我国政府的高度关注。从2003年防治"非典"开始，我国政府的高层领导人多次表达了对网络公众舆论的重视和认可，从2005年开始，新华网等网站在"两会"期间都开设了"向总理提问"等选题，得到了网民的热烈响应，也切实地得到政府的呼应。

从上文可以看出，我国政府在面对互联网带来的新变化时，也经历了认识、认可到建设的过程。我国一直以来把媒体作为党和政府的喉舌，实行党管媒体的原则，基本上是封闭式的管理。在把握舆论导向的方法上，是采用召开内部会议、下发内部文件、通过内部打招呼等渠道把党和政府的意志贯彻到媒体。这种方式是国情决定的，是可行的，因为媒体都是党和政府直接主办或政府领导的机构主办的，难以受到外部因素的干扰。但是，对互联网的管理完全不同于传统媒体，在社会办媒体、人人办媒体的情况下，对互联网的管理不再是内部事务，而是公共事务，对公共事务的管理就必须依法进行，这既是依法治国的必然要求，也是管理互联网这一公众场所的客观要求。

中国政府对互联网的基本方针是，"积极发展、加强管理、趋利避害、为我所用"。党的十六届四中全会提出："高度重视互联网等新型传媒对社会舆论的影响，加快建立法律规范、行政监管、行业自律、技术保障相结合的管理体制，加强互联网宣传队伍建设，形成网上正面舆论的强势。"胡锦涛同志在2007年1月主持中共中央政治局集体学习时发表讲话指出：我国网络文化的快速发展，为传播信息、学习知识、宣传党的理论和方针政策发挥了积极作用，同时也给我国社会主义文化建设提出了新的课题；要加强网上思想舆论阵地建设，掌握网上舆论主导权，提高网上引导水平，讲求引导艺术，积极运用新技术，加大正面宣传力度，形成积极向上的主流舆论。

在对网络舆论的管理中，国务院新闻办和信息产业部2005年9月25日发布了《互联网站从事登载新闻业务管理暂行规定》、新闻出版总署和信息产业部2002年7月22日发布了《互联网出版管理暂行规定》、教育部2000年6月29日发布了《教育网站和网校暂行管理办法》、信息产业部2000年11月7日发布了《互联网电子公告服务管理规定》。对哪些内容不得在我国境内的互联网上传播，《全国人大常委会关于维护互联网安全的决定》中做了明确规定，主要是九方面的内容，即：违反宪法所确定的基本原则；危害国家安全，泄露国家秘密，煽动颠覆国家政权，破坏国家统一；损害国家的荣誉和利益；煽动民族仇恨、民族歧视，破坏民族团结；破坏国家宗教政策，宣扬邪教，宣扬封建迷信；散布谣言，编造和传播假新闻，扰乱社会秩序，破坏社会稳定；散布淫秽、色情、赌博、暴力、恐怖或者教唆犯罪；侮辱或者诽谤他人，侵害他人合法权益；法律法规禁止的其他内容。这些法律法规明确了在网络舆论环境中哪些是"不可为"的，从而为网络公众舆论建设明确了边界，促进了网络公众舆论沿着正确的路径发展下去。

"发展是第一要务"，对网络公众舆论的管理需要"建构"新的发展框架，"建构"新的思维模式和管理模式，后文将具体论述对网络公众舆论管理思路的改革建议。

2. 案例分析：网络不良信息

在上文中，本研究阐述了网络文化的三个方面，即网络的内容、网上用户的行为、由网民行为和网络内容结合产生的社会效果。可以说，网上的信息是构成网络文化的主体，用户的行为和社会效果往往通过网上内容体现出来。但是，互联网是一个各类信息杂陈的海洋。在网络上往往会滋生色情、暴力、反动等危害社会稳定和精神文明建设的内容，这些不良信息对于广大网民，特别对网民主体中的青少年群体产生了极大的负面影响；另外，互联网的信息传播成本极低，往往会造成垃圾信息的泛滥，这也成为困扰广大网民的重要的网络负效应。针对网络的不良信息，我国政府采用多种规制策略进行管理。

我国政府对网络色情信息的打击是对网络不良信息进行管理的集中体现。在网络不良信息中，网络色情信息是其中社会危害最为严重、对青少年影响非常恶劣的类型之一，被称为网络文化中的毒瘤。我国政府一贯对网络色情持坚决打击的态度，但是由于网络的传播特性，网络色情往往带有界限模糊、技术监管难度大、传播手段多变等特点。当前，普遍认为网络上的各类色情淫秽信息，包含色情表演、格调低下的社会新闻等都是网络色情的一部分。这也是我国"扫黄打非"的重点对象。近两年我国对网络色情新出台的管理政策及相关机构工作情况如下：

● 2007年，全国扫黄打非工作小组办公室、新闻出版总署《关于严厉查处网络淫秽色情小说的紧急通知》和《登载淫秽色情小说的境内网站名单》，违反了国家法律和《出版管理条例》《互联网信息服务管理办法》等有关规定。

● 2008年7月，国务院下发了《关于印发〈国家新闻出版总署（国家版权局）主要职责内设机构和人员编制规定〉的通知》，将"扫黄打非"的职能统一到新闻出版行政部门（含地方）。

● 全国"扫黄打非"小组办公室成员单位：中国中央宣传部、国务院办公厅、中央政法委、中央编办、教育部、公安部、铁道部、交通部、信息产业部、文化部、海关总署、国家工商行政管理总局、民用航空总局、广电总局、新闻出版总署、民政部、财政部、建设部、监察部、北京市人民政府、解放军总政宣传部。

● 全国"扫黄打非"办负责同志介绍，在针对网络色情的专项查处行动中，各地"扫黄打非"工作领导小组办公室要协调有关部门，按照属地管理和"谁主管、谁负责"的原则，对照本通知公布的《四十部淫秽色情网络小说名单》和《登载淫秽色情小说的境内网站名单》，责令辖区内有关网站立即删除名单中所列淫秽色情小说，禁止任何网站登载、链接、传播相关信息。通知要求各地新闻出版行政部门要加强对本辖区内互联网出版内容的监管，对未按要求执行的网站要依据《出版管理条例》《互联网出版管理暂行规定》等给予行政处罚，对变更地址逃避监管的网站，一经发现要依法从严查处，必要时将由辖区内公安网监、电信管理部门对网站进行依法关闭。此外，对登载淫秽色情小说、传播淫秽色情信息涉嫌犯罪的案件，各地有关部门将按规定移交公安机关，触犯法律的将依法追究其刑事责任。

● 与此对应，我国的福建省、安徽省、贵州省等省市都出台了针对"禁止网上色情传播"

的法律，或者制定了相关的立法规划。

● 2007年，我国各地"扫黄打非"办共过滤网上有害信息2亿多条，封堵网上淫秽色情信息4 000多条，封堵、查禁淫秽电子书刊、手机小说、网络游戏150多部（种）。

在应对网络色情的工作中，国务院新闻办的重要职责就是提供一定支持，同时，与公安部等部门建立信息沟通和协查机制，打击有害信息；推进新闻网站自查自纠；对全社会开展网络道德教育，社会监督。信息产业部的职责是本着"谁主管、谁负责；谁经营、谁负责；谁接入、谁负责"的原则监管接入服务、域名注册，完善追究制度；新闻出版总署的职责是针对互联网出版物（互联网文学、互联网教育读物、互联网期刊、互联网图书、互联网游戏、互联网音像、互联网电子出版、互联网手机出版）的不良信息进行查处和把关；文化部的职责是针对互联网文化经营单位的不良记录吊销其《网络文化经营许可证》；广电总局的职责是针对互联网视听节目传播，由信息视听节目传播监管中心投入专门力量对色情影片下载、点播、色情聊天、色情表演等网络色情经营服务，以及视频网站传播色情短片等网上淫秽色情音视频信息进行查找；公安部的职责是对涉及违法的事件和人员进行侦办公诉，同时设置报警岗亭、虚拟警察；电信部门主要把握源头，对不良记录网站关闭业务端口，对其下线所有业务关机拔线；金融机构通过采取协议约束、建立专门联系机制、建立网上支付预警系统等多种措施，切断淫秽色情网站利用银行结算的渠道。

同时，为了杜绝网络色情这类网络违法与不良信息的传播，2004年6月，由中国互联网协会互联网新闻信息服务工作委员会主办的"违法和不良信息举报中心"网站（net.china.cn）开通，并在网民中引起强烈反响。该网站的宗旨是"举报违法信息，维护公共利益"，为公众监督互联网信息传播提供了直接渠道；被举报内容将直接通知被举报网站（不包括举报人的任何资料）。互联网新闻信息服务工作委员会将及时检查被举报内容的处理情况，对不及时处理的，将予以曝光；有的举报内容将直接曝光。对拒不处理的，将通知国家执法机关依法查处。

在2008年年初的"艳照门"事件中，有关部门依照2007年建立的多部门、跨系统、打击网络淫秽色情专项行动机制，及时采取有力措施，指导和协调网络媒体加大不良信息清理清查力度，积极引导网民话语，推动网站严格自律，有效遏制了"艳照门"事件对网络道德文明的恶劣影响。另外，这一套管理思路也存在管制程度难以把握、"事件驱动"的应急制缺乏长效机制等问题。从上文分析可以看出，我国目前对网络色情的管理会牵涉到非常多的部门，其间的合作、信息沟通存在较大难度，行政成本也较高。这也说明了有必要对我国网络文化的管理思路进行新的探索。

事实表明，我国政府采取的发动广大网民监督举报、促进互联网行业自律并举的方式，在净化网络环境、营造良好氛围、推动网络文化建设方面取得了良好的社会效益，并为探索健全社会监督机制，完善网络不良信息管理的长效机制方面提供了有益的探索。在此基础上，2007年9月7日，受工业和信息化部（原信息产业部）委托，中国互联网协会成立"12321网络不良与垃圾信息举报受理中心"。该中心的成立进一步扩大了对不良信息的受理范围，承担关于互联网、移动电话网、固定电话网等各种形式信息通信网络及电信业务中不良与垃圾信息内容（包括电信企业向用户发送的虚假宣传信息）的举报受理、调查分析以及查处工作，并且拓展了接受举报的方式，普通用户可以通过电话、手机短信、电子邮件、网站、WAP网站、客户端软件等多种方式对有害信息进行举报。2008年7月，"中国互联网协会反垃圾短信息联盟"成立。

3. 案例分析：网络游戏

网络游戏是通过信息网络传播和实现的互动娱乐形式，是一种网络与文化相结合的产业（2005年文化部、信息产业部《关于网络游戏发展和管理的若干意见》）。当前，在我国网络游戏发展中网络文化层面存在的主要问题在于容易诱导青少年沉迷成瘾、游戏中存在不健康内容、游戏设计导向低俗化等。我国对网络游戏的基本管理政策及相关机构工作情况如下：

● 市场准入：新闻出版总署是国务院唯一归口管理电子和互联网游戏出版物的行政部门，并依法对出版境外著作权人授权的引进版电子和互联网游戏出版物实行审批。

● 运营监管：文化部（网络文化主管部门）和国新办下发的《2008经营性互联网文化活动监管通知单》。

● 防沉迷系统：2007年4月9日，新闻出版总署等八部委联合下发《关于保护未成年人身心健康 实施网络游戏防沉迷系统的通知》，要求国内各网游运营商在7月16日起正式在网络游戏（包括各种休闲游戏）中使用防沉迷系统。这是中国政府管理部门首创的技术保护措施。

● 健康上网倡议：2003年9月起新闻出版总署要求游戏开始前在显著位置全文登载《健康游戏忠告》。

● 内容审查：文化部"绿色网游"。新闻出版总署音像司成立游戏审读专家委员会，对网络游戏中的所有细节乃至虚拟物品都进行检查，确保引进中国的网络游戏没有危害未成年人健康的色情和暴力内容。文化部成立了网络游戏内容审查专家委员会，中国青少年网络协会和中国出版工作者协会游戏工作委员会正在酝酿推出网络游戏分级制度。据称，中消协和软件协会也联合成立了一个为游戏软件分级的工作小组。

● 盗版、外挂：国家版权局、公安部、工业和信息化部印发《2008年打击网络侵权盗版专项行动实施方案》，2008年成立"打击网络侵权盗版专项行动办公室"。

● 通信管理部门：应版权和公安执法部门的要求，提供查处案件涉及的网站信息，并根据执法部门认定的网站违法情况，依法配合实施停止接入、关闭网站等的行政处理。

2008年7月，国务院最新通过的决议：原由新闻出版总署负责的动漫和网游的日常监管与规划将被划归文化部管理。2004年前，网游由新闻出版总署、文化部、信息产业部三家共管，2004年后统一由新闻出版总署管理。在国务院的"三定方案"中，明确界定了总署与相关部门的分工，其完整表述如下：国家新闻出版总署负责在出版环节对动漫进行管理，对游戏出版物的网上出版发行进行前置审批，负责对出版境外著作权人授权的互联网游戏作品进行审批。文化部负责对动漫和网络游戏相关产业规划、产业基地、项目建设、会展交易和市场监管。由此看来，网络游戏管理中的"职能交叉"看似得以明确，其实在对网络游戏的管理中，尤其是与"网络文化"关系最为密切的内容审查的工作中,仍然需要多个部门的协调与合作,牵涉到多个部门的工作和权力分工。如何进一步明确对网络游戏的管理职责、形成新的管理思路,仍然是有必要进行研究的选题。

五、对我国网络文化管理思路的改革建议

1. 我国对网络文化管理思路决策的基础依据

(1) 政治、经济基础

毛泽东在论述政治、经济、文化三者之间的关系时指出:"一定的文化(当作观念形态的文化)是一定社会的政治和经济的反映,又给予伟大影响和作用于一定社会的政治和经济;而经济是基础,政治则是经济的集中表现。"政治、经济的这种发展状况要求建立与之相适应的社会文化。作为我国当代社会文化的有机组成部分,对网络文化的管理思路要符合当前我国的政治、经济基础等代表社会发展水平的重要指标,由此产生的政策和措施才能适应生产力发展的需要,才能推动政治的进步和社会的发展。

(2) 文化发展的内在规律

文化的发展是由人民群众的文化生产性和人民群众对文化需要之间的矛盾推动的。文化的生产性决定文化的需求性,生产什么文化,就占有什么文化;生产多少文化,就占有多少文化;而文化的需求性对文化生产性具有反作用,影响和刺激文化生产的发展。现阶段的文化已经不再仅仅是"生产关系和上层建筑",而且已经具备了"生产力"的属性,体现了社会生产力发展的方向和水平。网络文化在社会文化中是最活跃、最具探索性的部分,对网络文化的管理要充分考虑其特点及其内在的发展规律。

(3) 党的文化发展指导思想

我国的文化政策首先是中国共产党集体智慧的结晶。这一点体现在我国文化政策历来都有具备一定程度稳定性的指导思想,是中国共产党通过对现实经验教训的总结提炼出来的原则和纲领。中国共产党构建新的文化政策体系,用以指导和统一人们的思想,以解决思想混乱的状况,巩固和加强执政的文化合法性。对网络文化的管理要体现中国共产党既定的路线、方针、政策,服务于党的现阶段社会总体发展目标,并遵循党的社会发展指导思想的引领和指导。

(4) 国际环境的驱动

国际环境是相对于国内环境而言的,是指政策在运行时所依据的客观存在的国际条件、状况以及影响政策过程的各种国际因素的综合。① 国际环境在驱动文化政策变动方面也起了重大的作用。在网络时代,这一点体现得尤为突出,互联网环境下的世界是一体化的世界,正所谓

---

① 刘斌、王春福:《政策科学研究》,167页,北京,人民出版社,2000。

"世界是平的",在这样的条件下制订关于网络文化的管理政策,不能"关起门来"解决问题,而要以开放的心态和思路分析问题,以敞开的胸怀和视野充分交流,这样才能形成行之有效、符合我国改革开放格局的网络文化管理思路。

纵观我国文化政策的发展历史,可以看到文化作为社会主义建设的一个组成部分,离不开社会的总体发展现状和现实水平。每当党的指导思想正确的时候,就会有科学的文化政策出台,就会带来文化建设的繁荣。因此,文化政策的制订要充分考虑文化的复杂性。从文化自身的结构上来讲,它包含着知识体系、价值体系和意识形态体系的区别。就知识体系而言,它是人类共同的精神财富;就价值体系而言,其中既有阶级性的内容,又有对人类所面临的某些共同问题的探讨;就意识形态体系而言,它与阶级利益和现实政治斗争的联系较为密切。忽视甚至认识不到文化自身结构的这种复杂性,便很容易导致文化建设过程中的泛意识形态化、泛政治化倾向。当然,就某些具体的文化产品而言,其政治立场、价值取向与知识系统往往是纠结在一起的,并非泾渭分明地分成三个部分,这就特别需要有一种客观而科学的提取、剥离与扬弃的态度和方法。①

因此,我们必须在总结历史、研究现状、学习外国的基础上,把建设具有中国特色的社会主义先进文化、先进科学、先进教育的指导思想、方针、政策、方法写成带有法规性的条例,指导实践,增强自觉性,减少盲目性,避免重犯过去已经犯过的错误。② 我国在改革网络文化管理政策和思路的时候要处理好指导思想的一元化和文化形态多样性的辩证统一关系;要适应政治、经济发展的水平;要确立文化政策的法制保障;要符合广大人民群众的切身利益;要体现我国未来文化发展的基本取径。网络文化的管理思路要能够体现政策设置的系统性和全局性,有效地实现文化政策的科学性和可持续性。

2. 国际对网络文化管理思路给予我国的借鉴意义

研究者针对国际主要国家对网络文化的管理思路进行了梳理和总结。研究发现,在网络文化领域,世界各国和我国一样,都是在近年来逐渐兴起;尽管由于政治制度的不同和思想观念的差异,在具体的操作层面会有所不同,但世界各国也都在不断地摸索适应网络时代文化管理的新思路和新方法。总体来看,可资我国借鉴的思路有如下几点:

(1) 严格区分成年人和未成年人接触网络文化的内容

以美国为例,在对色情信息的处理上,网络服务商对其提供的网络不良内容和服务并不承担责任,政府不能以宣传不良内容为由查禁网站;但是,美国的联邦最高法院力求将控制未成年人接触色情等不良信息的责任放在家庭内,即放在未成年人的父母身上。联邦立法的《1996年正当通讯法》(简称CDA,又译为《通讯内容端正法》,后成为《电讯传播法案》的一部分),其主要立法目的是保护未成年人不受色情信息的影响。《正当通讯法》规定以下行为构成犯罪:任何人在对外的或州际的商业活动中,或通过因特网,为销售或分发淫秽资料而故意传送该资

---

① 杨凤城:《1956—1966年党的文化政策及其演变》,载《教学与研究》,1999(7):24~29。
② 厦杏珍:《试论20世纪六七十年代两次文化政策的调整》,载《当代中国史研究》,2002,9(6):66~74。

料。该法中,有一独立的条款规定:故意向不足 18 岁的人散布上述材料,无论行为人是否实际拨打了电话或发出了信息,都是犯罪。① 尽管该法的制定引发了一场"违宪"之争,但法律出台本身却表明了政府对网络淫秽内容的明确立场。此后,美国 1998 年出台的《儿童在线隐私保护法》(COPA: Child online Protection Act),范围包括了由服务提供者和电子商务网站提供者从事的在线传输活动。该法规定商业性的色情网站不得对 17 岁以下的未成年人提供"缺乏严肃文学、艺术、政治、科学价值的裸体与性行为影像及文字"等有害身心的网页内容,而色情网站经营者必须通过信用卡付款及账号密码等方式,对于未满 18 岁的青少年实行必要的限制进入措施,以防止其浏览成人网站。

(2)通过技术手段过滤不良信息,加强媒介素养教育以提高网民意识

美国于 2000 年出台的《儿童互联网保护法》(Child online Protection Act),要求全国的公共图书馆为联网计算机安装色情过滤系统,否则图书馆将无法获得政府提供的技术补助资金。其他国家,如日本、韩国、法国等也都通过技术手段对网络上的有害信息进行过滤,防止不适合的人群接触这类信息。

在美国,大部分中小学已开设媒体素养课程。美国媒体素养教育自 20 世纪 50 年代兴起以来,经过 50 多年的努力,使得媒介素养教育在全美得以迅速发展成熟起来。譬如:蒙大拿州采取课程融于艺术课、建康保健课、图书馆媒体学、文学课、阅读课、科学、社会学习、技术、世界语、写作课等。同时积极探索媒介素养课程标准。2001 年,蒙大拿州公共教育办公室(OPI)公布了 K12 媒体素养课程标准。韩国、日本也都在中小学阶段开设了相关课程,一方面,培养学生具备网络时代鉴别不良信息的能力;另一方面,也从小培养公民的版权意识、正当舆论意识等,培育适应时代需要的网民群体。

(3)形成内容分级制度

美国的游戏分级组织"娱乐软件定级委员会"(Entertainment Software Rating Board,简称 ESRB)成立于 1994 年,主要是对游戏软件、网络游戏、网站等进行审核,根据游戏的内容决定其适合的年龄群体,要求电子、电脑游戏软件包装盒正面要有分级标志,以供父母甄别其中的内容是否适合自己的家庭成员使用。经过 ESRB 审查的游戏产品在软件包装盒的正面有 ESRB 的等级标志,这一标志说明了该游戏所适合的年龄段。

该分级组织将网络游戏分为 7 级(2005)②,包括详细的内容描述,围绕着酒精、血腥、幽默、暴力、侮辱、性、药品、赌博和烟草 9 个主题进行分类,共有 32 种,用特定的词组描述游戏画面所涉及的内容,如暴力、血腥、饮酒、赌博以及游戏中人物对话是否粗俗等。如对暴力,具体描述是卡通暴力、性暴力、幻想暴力或强烈暴力,因为卡通暴力和性暴力在内容对未成年人的刺激程度上来说,明显属于两个范畴。以方便家长进行选择,让儿童远离不适合其年龄的游戏。

---

① 赵丽梅:《网络黄毒治理与未成年人保护》,载《青少年犯罪问题》,2002(6):17~22。
② 出台国家级游戏分级制度成迫切之举,http://www.itjj.net/net/game/20080530/299727.html,2008-5-30。

（4）网络时代的文化政策走向"文化规划"

以英国、法国为代表的欧洲国家将文化领域的政策制订扩大范围，原本只是文化部门用以推进国家/地区艺术文化发展的文化政策开始有了传统部门以外的其他部门（议会政府、规划部门等）的介入和参与，变成了政府借以推动经济复兴的政策工具。①

在文化政策中，政府的角色一般是从上至下的指令角色，决策的主体是专家精英或者权力部门，对文化发展的目标设置在有形的文化发展上；在文化规划中，文化体现为一种普通百姓的生活方式，政府的角色调整为从下而上的管治角色，强调公众参与，系统整合所有相关部门工作，其目标在于无形的文化发展，文化的多元和谐，经济、社会、文化、生态的共同进步。②我国可以借鉴这一思路"更好地确立网络文化管理政策"的新思路，并纳入政府各部门与网络时代相关的发展思路和既定规划，形成共同发展的整合推力。

3. 我国网络文化管理思路改革的基本原则

从媒介控制的角度来说，互联网第一次使政府对媒介的管治出现了缺口。传统的广播、电视、报纸、期刊等媒介，管理者都可以从入口（媒介机构的准入制度）和出口（对媒介内容的审查）两方面牢牢控制媒介的运行，并可以形成一定地域的封闭空间来进行管理；而互联网的出现，这几方面的情况都发生了变化，打破了原有的平衡，这就要求新的规范制度出现，或对旧制度进行改进。如果还按照此前的管理思路进行，从互联网传输的基础设施上进行"入口"管理，会显得过于粗暴，产生的结果必然扼杀了网络的多元性。

本文所指的"管理"，既指政府的"治理"（governance），又包括服务提供者内部的"管理"（administration），还包括行业内部的"自律"（self-regulating）和企业的"管理"（management）等内容。一般来说，对于网络文化的管理，主要有四种模式：政府立法管理；技术手段控制；网络行业、用户等自律；市场规律的自行调节。③本研究的主要目的是从政府视角出发，探寻对我国网络文化进行管理的改革思路。政府对互联网治理的事宜分为五大类：基础设施和标准化、法律、经济、发展、社会文化。④这是我国在对网络文化的管理思路进行改革时需要参照的五个维度。

新制度主义经济学认为：制度是人类创造的约束条件，它们为政治、经济和社会交往提供了结构，这就是"制度结构"。这种结构分为两类；一类是正式的制度或规则；另一类是非正式的规则。正式的制度，包括了宪法、法律、财产权利等规制，有相应的机构，例如法院和警察来监督相应的社会契约条款的执行，或者有诸如黑帮和外国机构这类其他"第三方"利益独立的监督者负责执行这些社会契约条款。非正式制度，包括禁忌、习俗、传统以及社会谴责和

---

① 引自李祎、吴义士、王红扬：《从"文化政策"到"文化规划"——西方文化规划进展与编制方法研究》，载《国际城市规划》，2007，22（5）：75～80。
② 根据 MCPP 会议报告 Beyond Garrets and Silos: Concepts, Trends and Developments in Cultural Planning 第14页表格有所更改，www.creativecity.ca。
③ 燕道成：《国外网络舆论管理及启示》，载《南通大学学报》，2007（2）。
④ [塞]Jovan Kurbalija、[英]Eduardo Gelbstein：《互联网治理：问题、角色、分歧》，23页，北京，人民邮电出版社，2005。

行为规范,比如,依照惯例的衣着打扮、社交礼仪、洒扫进退、待人接物,等等。

正式制度有明文规定,较容易获取,也比较容易分析其所规范的对象、规范的内容、保护了谁的利益、损害了谁的利益、制度由谁制订、由谁执行,以及制度执行和监督的效果,也可以从制度制订时的社会环境(政治、经济、思想)来分析制度的行动者,并进一步分析他们参与博弈的状况。而非正式制度则比较难把握,因为互联网这种传播形态的出现较晚,各方力量对其的关注也不一致,很多方面至今仍未形成正式制度,只有一些约定俗成的"潜规则"或者网络上的社区、博客等形态下通行的"虚拟规则"。

在改革网络文化管理的基本思路时,需要注意的是不仅要关注能够形成规定的正式制度,同时还要关注道德观念、思想态度等非正式制度,只有将二者结合起来,才能构成合理的网络文化管理格局。(如下图所示)

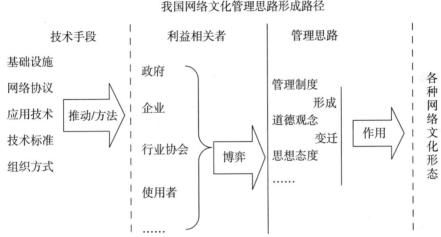

我国网络文化管理思路形成路径

在舆论学中,学界一般认为舆论与政策之间的关联存在以下模式:

共享模式(sharing model):这一点集中于分析政治代表和选民之间的联系,即决策者与选举他们的选民观点一致,分享完全的政治目标。①

角色扮演模式(role-playing model):决策者、官员或选民代表等"角色"具有一整套区别于一般民众的权利、义务和行为模式,选民的期待与决策者的自我认知之间存在着双向传播的互动关系。

引爆模式(igniting model):舆论影响政策的引爆模式是指舆论的量度和强度在短时间内迅速增大,形成足以影响政府决策的"舆论边际效应"②。它的形成机制在于:重大突发性舆论事件在舆论量度和舆论强度两个维度上都达到巅峰状态,决策者不能视而不见。"议题显著性和舆论强度是衡量公众意志的重要尺度,政府官员必须以此作为引导多数人和少数人的态度

---

① Robert S. Erikson and Norman R. Luttbeg, American public opinion: Its Origins, Content, and Impact, New York: Wiley, 1973, p. 297.
② 舆论边际效应是指舆论的从众人数与舆论强度的乘积,又称舆论指数。参见刘建明:《社会舆论原理》,50~51页,北京,华夏出版社,2002。

或观点的参照。"①

渐进模式（incremental model）：舆论影响政策的渐进模式，是指公众意见通过规范化、日常化的表达渠道进入决策者的视野，平缓地影响政策决定。

参照舆论学的"四模式说"，很明显，当前我国网络文化对政府决策的影响主要是"就事论事"或者"急就章"的方式，目前需要设定将代表社会思潮的网络文化与公共政策制定之间进行关联的理想模式。在现阶段就是向渐进模式演化，重视网络文化的日常状况，针对网络文化的特点探求具备弹性、可持续性的管理机制，促使我国政府形成对网络文化"了解、理解、疏解"的日趋科学的模式。下文将从多个角度出发，针对我国网络文化管理中存在的问题提出具体的改革建议。

4. 我国网络文化管理思路改革的具体建议

本研究对我国现行网络文化管理中的问题进行了提炼，并对国外的管理思路进行了梳理，基于上文对我国网络文化管理思路改革的基本原则，本研究对我国网络文化管理思路具体提出以下建议：

（1）引入舆论管理思路，对我国网络舆论进行科学管理

舆论管理是美国社会历史机缘与现实需求流变共同作用的结果。在某种意义上，舆论管理是指政府官员如何驾驭舆论，引导舆论的走向，为消除社会冲突、实现首脑设置的意识形态框架而形成一呼百应的舆论声势。对于中国而言，舆论管理还是一个新鲜的概念。尽管"管理"一词的内涵在中美不同语境下存在着巨大的差异，但至少舆论管理的理念、手段、方法及制度，既影响某一具体舆论的传播方式和发展水平，也决定着某一时期的舆论主导形态。

在西方语境下，舆论管理主要是指运用传播策略，在"观点的市场上"积极主动地反映和塑造舆论。②一般来说，舆论管理是指某一组织在特定环境下对其所拥有的舆论资源进行有效的整合、引导、塑造和控制，以实现其舆论目标。政府的舆论管理由权力支撑，在广义上是一种行政管理，但它不能压制舆论歧见或直接干预舆论内容，却可以运用权力策略和技巧，达到树立权威意见并影响公众意识的目的。我国的行政管理体制在基础上与西方有根本的差别，但是，其操作层面的内容与目的是一致的。

舆论管理是政府实施整个社会管理的组成部分，具有行政管理的规范性、强制性和权威性，因而在广义上是一种规则管理。之所以把政府的"舆论管理"理解为一种政府规则管理，意在指出这种管理的权力特征，强调对舆论"自在性"的尊重。遵循公众意愿而不是少数人的意志，按照舆论规则和法治边界疏导社会意见，是舆论规则管理的主要目标。

如上文所述，我国的网络公众舆论具有自发性、复杂性、随意性和多样性的特点，代表了普通公民意见的集合。在政府应对重大事件的时候，网络公众舆论更加呈现出泥沙俱下的态势，

---

① Leila Sussaman, [book review] The Health of Nation: Public Opinion and the Making of American and British Health Policy Contemporary Sociology, Vol. 4, No. 2. (Mar., 1975), p. 122.
② 纪忠慧：《美国政治框架下的舆论策动与操纵——美国政府舆论管理评析》，清华大学博士学位论文，2007。

因此有必要将对网络公众舆论的管理纳入政府管理的范畴。

实际上，公民直接参与的舆论行为，是一种未经过滤的人民的声音。它尽管不完美，但却具有孕育和发现真理的属性。对这种不完美的容忍和保护，正是民主国家中言论和出版自由的目的所在。尽管如此，我们仍可以看到对网络公众舆论进行管理的必要。如美国学者卡普斯（Cupps）所说："越来越多的统计资料也表明并支持了以下观点，即那些自发的、无意识的、不加限制的、没有充分考虑相关规则的公民参与运动，对于政治和行政体系可能带来功能失调和危险。"[①] 因此，无论网络公众舆论的性质如何，都有必要对其进行管理，充分发挥舆论的正性功能，推动社会的发展。

（2）促进互联网法制环境建设，培育积极健康的网络文化

对网络的立法建设主要包括网络运行管理和网上行为管理两方面，这也是各国政府都在思考的新课题。网上行为会涉及公共利益，可能会有不正当的、甚至危害社会的网络文化现象产生，这要求政府立法对这类网络行为（如上载、传播谣言、有害信息等）予以约束和规制。

立法规制网络行为是世界各国普遍采用的方法，如上文提到的美国就在几年时间内出台了若干针对未成年人使用网络的法律，有效地防止了有害信息侵染未成年人。我国对网络文化进行相关立法尽管存在诸多的难点，如网络设备提供商、内容发布者、网络接入服务提供商、内容服务提供商各方的责任界定，对不同网络形态的监管困难，网络的无疆界性导致司法管辖难以确定，对不正当行为的效果难以衡量，等等。但是促进互联网法制建设仍是必要的，这可以有效地培育健康、积极的网络公众舆论，保护绝大多数网民的利益。

（3）推行网络素养教育，提升网民的自律能力

完善网络传播主体的自律。创建社会性的文明公约，促使网络用户进行伦理道德、社会责任的自律。这一部分需要协调全社会，尤其是家庭和学校的功能，加强对青少年网络使用道德的教育。

我国目前已经是世界网民人口总数第一大国，但总体普及率仍有较大提升空间。随着我国网络的普及率逐年增加，新增的网民人口很大比例上会是目前的未成年人。因此，又必须要从现在起在基础教育阶段加强对未成年人的网络素养教育，以提高他们认识、运用、建设、评判互联网及网上内容的能力，形成正确的网络意识和认知。

另外，在人人传播的情况下，网上信息内容的质量和导向与每一个公民素质的关联程度都在提高。从这个意义上讲，公民整体素质决定了网络文化环境。因此，要培育网民的自律，促使其对自身上网行为进行自我约束和规范，对有害信息进行坚决抵制，不制作、不相信、不传播、不扩散；同时，对于网站而言，要针对承载的网络文化内容进行监督，恪守法律法规和职业道德，同时重视政府的指导。

（4）探索网络游戏和网络视听节目分级制度

国外的实践证明，对电影、电视节目、网络游戏等进行分级具有较强的操作性，也取得了

---

① D. Stephen Cupps, Emerging Problem of Citizen Participation, Public Administration Review, Vol. 37, No. 5 (Sep., 1977), pp. 478-487.

良好的社会效益。美国的网络游戏将用户年龄分为3岁、6岁、10岁、17岁、成年人等几个关键点,具有明显的指导和规范意义。日本也推行网络游戏的行业自律和分级审查,由"网络共同体特别委员会"完成。这个委员会针对日益加剧的网络游戏伦理,以及青少年迷恋网络游戏问题,该协会又派生出相对独立的"电脑娱乐评价机构",对网络游戏进行分级审查,将其分成适应各种年龄对象的游戏软件。

数字技术的发展使网络上的文化信息和内容可以从技术上较容易地实现添加属性,同时,对网上信息的内容分析也可以通过技术手段辅助实现,这为探索网络游戏和网络音视频等节目的分级制度奠定了基础。建议我国通过以政府主导的方式扩大游戏审读专家委员会的权力范围,成立网络内容分级委员会,尤其对网络游戏、网络音视频节目、SNS网站等进行分级管理,给予广大网民,特别是未成年人家长具体的指导。

(5)寻求以技术手段监控网络内容的新方法,加大对网络文化的准确把握能力

2003年6月23日,美国最高法院通过投票决定,允许国会要求全国的公共图书馆为联网计算机安装色情过滤系统,否则图书馆将无法获得政府提供的技术补助资金。韩国政府和日本政府目前也都在研发相关软件,对网络上的有害信息进行监控,并且正在研发追踪发布不良信息责任人的软件技术。

在网络时代,我国的技术发展丝毫不逊于世界发达国家,"网络游戏防沉迷系统"的研发就是我国的独创技术。建议我国在这一基础上继续投入研发力量和资金,重点针对网络有害信息的监管和盗版信息的散布,加大对网络信息的监控;另外,建议针对我国网络公众舆论的高涨和复杂情况研发网络舆情监测系统,实时掌握公众的社会心理动向,寻求舆论和公共政策之间的共享模式。

(6)保障公众的基本文化权益,有效引导网络文化导向

在对网络文化进行管理的同时,需要认识到管理的目的不是"压制"和"堵塞",而是"规范"和"引导"。在这样的前提下,需要建立有效地保障公众利用互联网、接受网络文化的基本权益。事实证明,不合理、不恰当的应对网络文化的管理手段往往会带来更大的负面作用,甚至波及其他社会实体。

例如,在"非典"和"问题奶粉"这类公共卫生危机事件处理中,二者都是地方政府提前就得知了相关的问题信息,但未能及时进行通报和信息发布,也未能就处置此类事件采取有效公开的措施,因而都引起严重的后果。在这一过程中,网络公众舆论对事件进行铺陈,产生了激烈的情绪,待到政府进行管理和应对的时候已经陷入被动。

因此,"公众对信息获取的增加导致了公众有更多的权利(与'权威'相对),这又导致了信息的更多获取"[①]。公民社会与政府之间是相互制衡、相互影响的关系。社会越开放、信息渠道越多、自主意识越强,公民对自身权益的主张要求也会越高。政府要有效地利用所掌

---

① [美]约书亚·梅罗维茨:《消失的地域:电子媒介对社会行为的影响》,肖志军译,157页,北京,清华大学出版社,2002。

的大众传播媒体,就公众的议程进行"设置"并引导网络文化的走向。其一是充分利用不同大众媒体之间的共鸣效果,利用政府可以控制的报纸、电视台等媒体设置议程,促成网络公众的关注。其二是促成政府和公众之间的议题互动,政府在日常管理中会产生大量需要与公众进行沟通的信息,政府要注意利用网络媒体直接与网络公众进行互动。政府人员可以到网络媒体进行访谈,直接回答网民关心的问题,还可以通过进行网络调查的方式征求公众的意见,以展示尊重民意的形象。其三,利用网络舆论领袖和公众进行互动,政府与网络上具有较高威望的网民建立合作,也可以利用为广大网络公众信服的舆论领袖进行对社会文化的引导。

(7)增强网上中华文化传承及独立性建设,保护中华文化的活力与信心

在网络时代非常重要的是保持中华文化的传承性和独立性,在对外来文化兼收并蓄的同时要注意去粗取精,传承我国五千年传统文化的信心与活力,对外来文化保持反思和批判。只有这样,才能够在信息时代构建积极、健康的网络文化,促进和谐的社会文化的形成。

中华文化历来是具有相当大的活力和生命力的,尽管目前的网络文化中西方文化占据强势地位,但这并不意味着中华文明没有机会。相反,正如前文所述,中华传统文化在互联网上可以依靠自身的再创造和时代化寻求到新的历史坐标,在网络文化版图中占据更为重要的位势。

(8)将网络文化政策调整为推进社会形态发展的有机组成部分

在确立了文化生产力属性的今天,文化政策属于生产关系范畴。如果文化政策适应了文化生产力的发展方向,就是成功的文化政策,就会推动文化生产力的发展;反之,就是落后的文化政策,就会阻碍文化生产力的发展。文化政策对于社会发展具有重大的推动作用。

1988年,联合国教科文组织在斯德哥尔摩召开的"文化政策促进发展"政府间会议指出:"文化政策是发展政策的基本组成部分。"而1998年召开的"文化政策促进发展"政府间会议则进一步指出:文化的繁荣是社会发展的最高目标,未来世界的竞争将是文化生产力的竞争,文化政策已经成为一个国家发展政策的基本组成部分。当今世界,文化对经济、政治和社会发展的推动作用越来越明显。建设廉洁高效的政务环境、民主公正的法治环境、公平诚信的市场环境、安全稳定的社会环境、舒适便利的生活环境、健康向上的人文环境、可持续发展的生态环境等,都与文化建设息息相关。在实现中华民族伟大复兴的进程中,先进的文化政策对弘扬和培育民族精神,增强民族凝聚力,使全民族保持良好的精神状态,具有十分重要的作用。在这一进程中,对网络文化政策的调整并不仅仅是文化领域的问题,而是牵涉到我国和谐社会建设的全局性问题。顺应网络文化发展的管理思路能够实现对网络文化的良好引导和建设,可以有效地推进社会精神文明的提升和健康文化的传播,可以确保中华民族传统文化的传承和发扬,可以切实地推动社会、政治、经济的全面发展。

六、结语

在新媒体时代,对网络文化的管理考验政府的执政能力和行政管理水平。"如果管理者在公众参与之前就掌握公众对特定问题看法的性质,或者预先勾勒出公民意见的大致轮廓,那么,

他们对如何实现公民参与的选择,就变得容易得多了。"① 网络文化在现实社会一定程度上代表了普通百姓的选择、意见和社会文化的走向,代表了当前社会思潮的趋势和意识形态层面的认同。网络文化是公众思维的反映,也是思想动态和观点的集合,政府必须对其重视并选择合适的管理思路。

  通过本研究的分析可以看出,我国当前对网络文化的管理呈现出制度性不足、灵活性缺失等问题,难以适应网络文化的飞速传播和信息杂芜的特性,因此,需要改革对网络文化的管理思路。但是,"互联网治理并不是一件简单的事情,我们不能用数字世界的二元逻辑来讨论互联网治理问题"。据此,本研究提出的若干改革建议可以说是对这一领域的有益探索,为探讨和解决问题提出使用的框架和思路。对网络文化的管理要综合运用法律、行政、经济、技术、思想教育和行业自律等多种手段,这将是一个持续下去的重大课题,需要我们不断地关注和投入。我们必须以积极的态度、创新的精神对网络文化进行科学地管理,营造良好的网络环境,只有这样,才能推进社会文明程度的提升与和谐文化的建设,进而实现我国软实力的提升。

---

① Victor H.Vroom,Phillip W.Yetton,Leadership and Decision Making,Pittsburegh: University of Pittsburgh Press,1973,pp. 29-30.

中国广播影视发展专项资金策划案[1]

---
[1] 2009年广电总局委托课题。主持：熊澄宇。参与：靳一。

一、基本信息

二、业务范围

三、资金管理

四、组织机构、部门设置及功能

五、其他注意事项

策划说明：海外广播影视类资金现状研究

参考文献

一、基本信息

- 拟定名称：中国广播影视发展专项资金
- 业务单位：中国广播影视专项资金管理机构
- 隶属部门：广电总局
- 性质：

官办民助型，允许接受特定捐款。

- 资金设立宗旨

a）配合推进中国"广播影视'走出去'工程"，提高我国广播影视的国外影响力。

b）突破当前中国影视发展瓶颈，支持国内影视人才培养，支持国内外影视文化交流，指导民间信托资金，发挥杠杆效应，支持相关企业发展，促进广播影视的产业化。

二、业务范围

根据资金使用目的，将资金划分为固定专项资金项目和事业资金项目两部分实施管理。固定专项资金项目包括：广播影视作品创作专项资金、广播影视推广发展专项资金、广播影视领域学术调研专项资金、广播影视人才培养专项资金。

1. 广播影视作品创作专项资金

- 目的：全部用于支持本土广播影视作品创作。
- 作用：在资金使用上起到指导作用，突破影视创作的瓶颈。
- 支持对象范围：

a）本土创作团队作品，尤其是中低成本的艺术片、纪录片、动画片等非商业片。

b）经国家批准的、中外方联合制作的作品。

c）有投资前途的商业片

- 资金来源：

a）政府拨款。

b）电视台、广播电台、地方文化产业基地等的捐款。

c）其他特定组织和个人捐款。

d）部分资金的投资增值。

- 方式：

对于以上三类题材，创作专项基金应该每年有固定比例投入，浮动较小。

a）资金提供方式：

◇ 直接的资金支持，每年资助固定数量的不同类型的作品。

◇ 贷款，通过物权担保、版权担保，向提出申请的制作商提供一定时间、一定额度的贷款，不同的担保方式，利率不同。

◇ 将有指定用途的捐款列入该专项资金中的分支。

◇ 帮助将审查好的、有海外推广性的影视作品申请海外相关项目的资金支持。

b）执行机构：

◇ 专门的审查委员会（10～15人），每年11—12月由业务单位组织成立。成员包括国内外影视界权威人士，至少一名专业会计人才，一名专业的金融人才，对下一年的申请作品进行审查。

◇ 专门的评估委员会，每年11—12月由业务单位组织成立，对上年11月—当年11月的各项目进行评估。评估委员会的组成下文详述。评估与审查分开，人员不得重合。

2. 广播影视推广发展专项资金

● 目的和作用：

与创作资金配套，推动影视作品的国际发行、版权保护、档案保存。此外，重点支持影视产品营销企业，加强建设海外营销网络建设。

● 支持对象范围：

a）本土广播影视企业，尤其是网络方面的广播影视营销公司。

b）获得广播影视创作资金所支持的影视作品，如果要进行国际化推广，可以申请同步配套一定比例的国际推广资金，或者授权减免其在我国海外落地频道的发行费用。

c）举办相关论坛、电影节等交流活动的主办单位，加大中国举办的相关国际活动在国际上的影响。

d）保护广播影视遗产（填补我国空白）

● 资金来源：政府拨款。

● 方式：

a）提供资金支持欲从事海外内容产业营销的本土企业。

b）打造中国影视作品的互联网发行网络（填补我国空白）

c）主导成立中国影视资料库。

d）支持中国影视作品的海外发行，尤其是获得影视创作资金支持的影视作品。

e）支持本国组织或个人主办的国际论坛或影展，或者以专项资金名义举办相关活动。

● 执行：

a）提供资金支持欲从事海外内容产业营销的本土企业。由专项资金办公室下属的影视保护推广小组执行，成立项目审查组和评估组。

b）在互联网发行网络、国际论坛影展等的打造上，加强与其他政府部门的合作参与。

3. 广播影视领域学术调研专项资金

● 目的：

关注我国影视业"走出去"工程实施情况，提出前瞻性的问题和解决方案，同时，发布权威报告，对公共政策产生积极的影响，以学术性、务实性提高本专项资金的权威性。

- 支持对象范围：

a）各类年度报告和建议书，例如《年度国外影视环境报告》《"走出去"工程年度进展报告》。

b）本资金相关资助项目的前期调研。

c）官方委托调研。

- 资金来源：政府拨款。
- 方式：

a）业务单位应该自组力量打造品牌调研项目，为"走出去"工程以及国内影视单位企业提供及时、迅速的信息，为政策的修改、完善提供建议。

b）建议每年年初根据政策以及专家顾问的意见定下本年的2～3个调研主题。

4. 影视人才培养专项资金

- 目的：

为振兴本土影视培养人才，为大电影产业提供人才，建立企业与影视教育界的互动以及中西方影视界的交流。

- 支持范围：

a）青年影视制作人，尤其是第一次拍摄影视作品的导演。

b）有重点地偏向纪录片、动画片、西部农村影视人才的培养

c）大专院校影视方向的学生

d）影视营销界人才

e）来自海外的优秀在华影视创作人士

- 资金来源：政府拨款。
- 方式：

设立各种奖励项目。

5. 事业资金项目

在民间资金指导委员会下，成立一个旨在促进影视产业发展的信托基金。

除此之外，剩余资金以及无指定用途的捐赠收入可以由业务单位提出使用意见用于其他固定项目中，也可放入以上各笔固定专项资金中。

三、资金管理

- 资金来源：

a）政府拨款。

b）特定组织、企业和个人的捐赠。

c）受资助影视作品的收入回馈。

d）信托资金的收益分配。

e）其他合法来源。

● 资金的使用原则：

（设计前提：专项资金每年以固定数目在固定时间由国家拨付。）

a）每年资金使用总额必须达到资金来源总额的 70% 以上。

b）受赠捐款建立明晰的出入账制度，受赠物资折款入账，建立出入库制度。

c）实行预决算管理，规范审批程序，明确管理权限。

d）设立财务审计处，参与项目审查与评估及项目跟踪；建立财会人员岗位责任制，定期编制会计报表，提交阶段性财务工作报告。

e）要妥善保管捐赠资料和会计档案。

● 资金的乘数效应：

a）成立民间信托资金指导委员会，建立信托基金。将专项资金的一定比例拿出来建立一个信托基金，积极引导、指导投资影视的大小风投和各式基金，与其合作投资，为其提供系统专业的指导、管理和服务。业务单位可以从获得的利润按一定比例返到专项资金中，用于其他项目。

b）贷款返还款。从广播影视创作资金项目中获得贷款的影视作品，如果产业化成功，除了还款，还需将收入按所贷款项的一定比例返还到该笔专项资金中。

c）发挥杠杆效应。在开展业务时尽量与第三方合作，如海外资金，既可减少资金支出，又可以扩大项目的影响力。

● 资金的监督：

a）资金使用情况公开。

b）坚持独立公开的会计、审计制度（与驻广电总局审计局密切合作）。

c）有关合作计划的资金使用以及私募股权基金会的相关事宜，应该聘请第三方审计。

四、组织机构、部门设置及功能

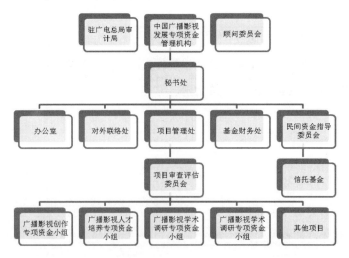

- 管理机构：

a）基本资格：

对中国广播影视了解深刻、懂得文化产业之运营，或者在影视界享有威望，有独到建树，有管理能力或强大人脉。

b）组成：

建议由影视界权威人士、企业界人士和上级业务单位指派人士组成。

c）主要职责：

◇ 决定聘任或解聘下属部门主要负责人。

◇ 听取和审议年度工作报告或重大项目报告。

◇ 决定重大业务活动；促进与第三方合作。

◇ 管理处的决议采取负责制，如决策不当，须承担责任。

- 顾问：

国内外影视界（最好多聘请外方人士）、金融界人士（指导私募股权的运作）、学术界人士等。

- 秘书处：

a）组成：

建议由3～4人组成，负责常务管理工作，资质要求与管理机构相同或稍低。

b）职责：

◇ 主持日常工作，拟订资金的筹集、管理和使用计划，制订年度报告。

◇ 提议聘任或解聘副秘书长以及其他高级管理人员，由理事会决定。

◇ 聘任或解聘下属部门主要负责人及其他工作人员。

◇ 建立、发展管理层确定的与第三方的合作关系。

◇ 选择独立的会计师事务所进行部分业务的年度财务报表审计。

◇ 向管理层定期汇报。

- 驻广电总局审计局相关小组：

a）组成：

建议驻广电总局审计局专门成立小组审查广播影视发展专项资金。

b）职责：

◇ 检查基金会财务和会计资料。

◇ 有权向管理层提出质询和建议，并向上级业务单位以及税务、会计主管部门反映情况。

◇ 监督并适度控制财务执行过程。

- 财务处：

a）组成：

配备具有专业资格的会计人员。

b）职责：

◇ 只负责与专项资金业务相关的财务工作，不负责管理委员会的行政财务。

◇ 定期编制各专项收支情况和项目执行结果的会计报表，提交财务工作报告，并保证其真实和准确；要妥善保管捐赠资料和会计档案，及时向捐赠方或合作方通报，同时向社会公布。

◇ 与项目审查委员会合作，在项目申请季，参与到项目筛选中。

◇ 在项目执行时，参与到每一个项目小组中，为每一个项目做中期财务评估和终期财务评估。

◇ 在年度资金财务审计中，全力配合审计局和其他第三方审计机构。

● 项目管理处：

a）组成：

工作人员要求具有项目管理背景，并且对影视行业非常了解。

b）职责：

◇ 在申请季与其他部门参与到申请委员会筛选项目中。

◇ 项目确定后参与到每一个项目小组中，成为项目官员。

◇ 项目期间负责期中报告和现场观察，项目完结负责终期报告，负责决定是否续资。

● 民间资金指导委员会：

a）组成：

该委员会的管理直接隶属于管理处，项目活动与项目管理处分开、资金使用与项目管理处的资金使用剥离，薪水体系在行政制度上考虑采用效用激励制度。

建议成立一个具有官方背景的信托基金，撬动民间资金流入广播影视产业发展领域中来；建议聘请专业基金经理，薪水体系采用效用激励制度。

聘请或选用相关专业人士成立委员会，指导该信托基金的运作，并为民间资金提供指导。委员会成员的薪水与选用则与行政人员相同。

建议考察日本、韩国等国的相关机构设置。

b）职责：

◇ 委员会应掌握国内广播影视产业融资状况，吸收、借鉴国内外相关经验，为我国制订完善的融资规则和政策，为民间资金进行指导，撬动民间资金，为建立一个良好的广播影视产业的融资环境打好基础。

◇ 每年从广播影视发展专项资金中剥离出一定比例的资金投入信托基金中，投资范围包括影视作品投资、国债等风险较小的金融产品，以实现增值。

◇ 通过私募股权的形式引导第三方投资机构参与到多样化的影视作品投资中来，并实现盈利。

◇ 作为以收益为目的的投资部门，其资金来源必须与其他专项资金严格分离，每年年初进行严格的审计和预算，提出明确的财务目标，采取经理负责制。

◇ 信托基金每年的利润拿出一定比例返回到广播影视发展专项资金中。

◇ 委员会对信托基金进行监督，由第三方中介进行财务审计和监督。

● 对外联络处：

a）组成：

专职工作人员，外联能力强。

b）职责：

◇ 负责搜集海外相关活动信息，尽量从海外引进合作项目，并以管理处的身份搭桥。

◇ 举办各种促进"走出去"的活动。

● 办公室：

a）组成：

行政人员。

b）职责：

负责接待、管理处行政财务、联络等。

五、其他注意事项

本专项资金要实现各项宗旨还应注意以下方面：

● 打造项目品牌和专项资金自身的品牌

a）在项目中，可与第三方（例如民间基金会，海外相关项目等）合作，既减轻自己的资金负担，也可以提高可信度，同时，还可以获得第三方关系网、传播渠道和影响力。

b）每一笔资金应当包括项目评估、传播、战略沟通和社会性推广的预算，第三方权威机构的评估可以提高基金会本身的公信力。

● 保证灵活性和建设性

a）专项资金所资助的项目或者调研结果可能是被决策者视为政策蓝本的模式，应该通过资助有意识地推动政策的制订。

b）避免出现官僚机构在专业性和信息掌握上惯有的劣势，保持资金的灵活性。

● 尽量保持信托基金的营运能力

策 划 说 明

海外广播影视类资金现状研究

研 究 说 明

"广播影视发展专项资金"是由国家拨付，为促进我国广播影视业产业化发展以及推进"走出去"工程的一项专款。其性质属于政府行为。本研究目的是为"广播影视发展专项资金"设计一套管理和使用方案。

目前，我国广播影视产业尚处初级阶段，在资本市场上没有成熟的融资环境，民间资本（比如风投、基金等）投资机制还未建立；部分优秀低成本作品和部分类型作品在纯商业渠道上无法获得支持，导致作品类型不够多样化；新技术、新媒体条件下广播影视产业的新发展无明确计划；此外，在人才培养、产业链打造上都亟须完善。

根据对我国影视产业的了解，以及对"广播影视发展专项资金"的性质和目的理解，可知我们的设计方案应该达到两个效果：

（1）通过政府资金支持、示范效应、政策引导，推动我国广播影视业发展。

（2）在以上基础上，推动我国广播影视产业的海外发展。

针对以上分析，根据广播影视产业发展程度，在世界范围内挑选美国、北欧、英国、日韩作为研究对象，剔除了市场化的、纯民间的影视类资金使用状况，重点关注研究对象在广播影视产业发展中的"非营利性影视类资金"使用状况，尤其是其政府行为，进行梳理和分析，对值得借鉴之处，结合中国情况，提出"移植效法"之道。

一、政府主导型基金——官方广播影视类资金的普遍注入方向

综合来看，海外广播影视资金的实施领域包括广播影视事业的方方面面。既有硬件设施的投资建设，又有广播影视节目的制作、推广与评选，还有人才培养以及广播影视事业社会影响的扩展，等等。

然而，广播影视事业是高投资、高回报、高风险的事业，以拨款形式出现的政府资金无法完成产业化和市场化的任务；政府资金的流向不具备充足的灵活性，往往不能够反映广播影视业不断变化的需求；政府力量在贸易、法律法规、政策方面更容易体现。

研究发现，在这些因素的考量下，欧美、日韩的政府广播影视资金往往倾向以基金的形式存在。其表现形式有两种：

一种是政府直接设立并全额拨款的基金，例如，日本文化艺术振兴基金、奥地利电视基金、新西兰电影基金、俄罗斯人文基金等。

另一种是政府和民间、企业界、行业组织共同发起组织的基金，例如，南非"企业艺术基金会"、德国"巴伐利亚电影基金会"、法国国家电影中心（CNC）、美国艺术基金会等。

在这些国家，基金项目已经成了广播影视作品创作重要的融资来源。以欧洲为例，如果没有各种基金资助，是不可能实现电影的发展的。

这两种基金都是政府主导型的，它们往往内外兼修，面向国内，可以保护创作者、制片人的积极性和热情，促使更多的人投入影视创作领域，并且对于具有本土文化传承和特色的影视作品往往具有较好的支持作用；面向国外，对于推动国内影视文化产品的海外推广、交易，促进国与国、地区与地区之间的交流，增强本国文化的传播能力起到重要的作用。在效果上往往具有共同的特点。

1. 投资具有巨大的杠杆效应

具体表现在以下三方面：

（1）部分固定财政收入的定向再投入

指政府为某些具有固定来源的政府收入规定固定去向，一个典型的例子是北欧、英国、欧美国家通过税费对公共广播事业的支持。政府允许相关基金会收取广播影视用户"收视费"或称"执照费"，但是这笔资金定向给该国的公共广播电视机构。

（2）政府一次性投入作为启动资金成立基金会，并且监督其管理和经营

政府一次性投入一笔较大的资金作为启动资金或者基础资金，基金会有专门的部门对这笔资金进行管理和经营，确保资金的保值增值，并利用收益每年进行固定的资助；在政府拨款的示范作用下，往往基金的资产组合会很快包括民间资金，进而产生广播影视事业投资收益、资金本身利息或投资收入、资金在广播影视事业之外的投资收益。

基础建设和硬件投资是大额投资，例如，院线建设、互联网发行渠道、数据库的建设等，也是产业化的前提条件。对于一些政府主导的专项或广播影视基金会，政府需要每年给予一定的投入，这部分纳入财政预算，其主要职能也会偏重在基础设施建设、硬件投资等方面，其收益也会根据严格的规定进入基金的再度运行周期中。此类典型是俄罗斯的人文基金、加拿大的文化产业基金和电视基金等。

（3）与市场合作紧密（共同设立基金会或信托基金）

这种情况下，政府的身份仅仅是合作方，其资金投入并不是太多，资金来源更多是依靠企业捐款。具有较强的目的性，与商业市场最为贴近。典型例子如南非的企业艺术基金会、德国的贝塔斯曼基金会、意大利的斯卡拉歌剧院基金会等。

2. 政府公信力提升了监管的有效性

（1）配套的法律法规

对于各类政府在初期进行了较大投资的基金来说，政府往往会通过法律法规的方式对基金的保值增值进行严格的规定，不允许进行高风险的投资活动。

（2）设立监管机构，或与监管机构密切合作

在由政府机构主导（即政府资金占很大比例）的广播影视基金的使用中（比如政府设立的基金会），一般都有监管机构，接受相关机构的监督和审查。例如，加利福尼亚公共广播基金的监管机构是加利福尼亚州公共广播委员会。加利福尼亚公共广播委员会与广播、电视及广播影视指导委员会建立并维护年度审查的标准和条件，对基金的具体分配及使用进行监督。由民间机构发起成立的广播影视基金的监管由各民间机构或其委派的机构进行监管。

3. 配套政策具有强激励性

配套政策能够形成良好的社会氛围。

（1）鼓励民间资金注入

美国设立有利于捐助的优惠税收政策和相关法律法规，鼓励州、企业及全社会各种资金以捐赠和基金会的方式注入影视创作。

企业捐赠也同样受到公共政策决定的影响。自1936年始，支持文艺事业的企业可以享受税减政策；与个人捐赠一样，企业捐赠给文艺界的数额越大，得到相关的税收利益越多。

（2）重视人才培养

大学是政府支持影视的主要渠道。美国联邦与州政府会以学校为平台给有创作力的艺术家提供职业，大约24所大学受到政府的委托去促进影视艺术的发展。比如，加利福尼亚洛杉矶大学（一所州立大学）等影视学校有意培养未来大导演的做法，也让好莱坞的人才储备库资源充足。

同时，在政府的支持下，美国大学还运营着包括影视艺术在内的700多所艺术博物馆。

爱尔兰语广播基金（Irish Language Broadcast Fund）2005年成立之时，就包括一个人才培训计划，提供15名受训人员以便完成每年的爱尔兰语广播工作。

（3）从贸易、外交上为本国的影视产业发展打造国际环境

国际普遍认为，政府在支持艺术上的作用主要不在于提供直接的资金支持，而在于充分利用其国际政治经济优势来支持其文化商品占领国际市场。

二、关于基金的简介

1. 基金会的概念界定

"基金"是指用于特定目的的一笔资金或者财产组合。而"基金会"则是管理资金的组织。现代的基金会观念和制度产生于美国，基本内涵即指非政府、非营利、自有资金并自设董事会管理工作规划的组织，支持或援助教育、社会或其他活动以服务于公共福利，可以自己进行资助，也可以委托他人进行资助。其事业规划由独立的受托人或董事管理。在政府主导型基金中，政府的资金为全资或主导资金。

2. 基金会的创立目的

需要指出的是，大多数国家的立法把基金会限为公益目的，而德国、瑞典、丹麦、荷兰等允许任何合法的目的，芬兰称其可以满足有用的目的，这些国家都允许创立有限制的私人目的的基金会，即基金会的主要目的是公益，但是也可以为一定限度的个人目的或商业目的。

3. 基金会的资金来源及类型

基金会的资金来源，一方面，是政府拨款、接受捐赠和遗赠；另一方面，一般会用其资产投资或委托投资，以实现资金的保值增值并将其投资收益用于公益活动。但其创造的利润一般而言不能分配给其董事、经理等管理人员和工作人员，所有收益留于机构内部，用于支持其从

事与章程规定相符合的业务。

依据基金会资金来源的不同，基金会大致可以分为政府特批的基金会、公司或个人发起的基金会以及官方、企业、个人等合办的基金会。

政府主导的基金会即公立基金会的设立由当地议会批准，主要承担政府分派的任务、董事会里至少要有一名来自政府的代表，以监督政府利益的落实情况；监事会由政府有关人员、金融家组成。

私立基金会负责人由自己选出，与政府无关。私立基金会在进行项目筹资时，自己要承担一定比例的资金，同时也接受捐赠和遗赠。私立基金会一般聘请专业人士来管理，董事会由具有代表性的人士组成（捐赠人或捐赠家族代表、相关领域的专业人士，以及将来对基金会有贡献的人）。如果董事会或理事会由家族或个人把持，则这种私立基金会则被称为家族基金会。

4. 基金会的创立及构成

一般情况下，财团法人基金会的完成创立程序是：拟定捐助章程—组织理事会（董事会）—募集资金—向主管部门提出申请—到有关机构办理法人登记。

基金会的主体由理事会（董事会）、管理层、监事会构成。

第一届理事会可以由捐助人即创立人推选。长期以来，基金会理事的工作大都是自愿无偿的，美国 74.8% 的基金会没有付给理事报酬。

管理层由总裁、理事会秘书、财务总管以及其他高级管理人才构成。理事会与管理层之间为代理关系，总裁一般会出任理事会理事。

5. 基金会的监管

第一层是宏观层面的法律规定与税收政策。以美国为例，美国政府对基金会在立法、审查等方面进行监督，保持其独立地位和服务于公共事业的特性。基金会无权签订贸易合同，每年支出不得少于资金的 5%，不许资助竞选活动，在企业中的股份不得超过 20%，基金会的活动要公开。根据税法非营利机构可以享受以下税收优惠：（1）免交所得税，因此可以积累大量财富；（2）免交地方财产税，因此可以拥有可观的房地产；（3）私人或公司对非营利机构的捐赠可以从他们应交的所得税额中扣除。

美国政府要对每个基金会的诚信度进行检查。通过立法规定任何人都有权监督非营利组织的活动与财务状况，有权查阅任何一笔捐款的使用并对认为有不正当行为的非营利组织提出检举投诉。一旦有人投诉，政府将对该组织进行全面审查。

第二层监管是行业协会监管及包括法律责任、协商责任、裁量责任、预见责任在内的自身问责机制。

对于非营利基金而言，监管这一部分是最为重要的部分，需要强调的是，其监管的重点是会计信息的披露。因为非营利基金会不以营利为目的的特征，决定了其强烈的"资源依赖性"，即基金会资金绝大部分来自政府拨款、企业赞助和公众的捐赠财物。因此，良好的社会公信度是非营利基金会获取稳定资金来源的重要前提。捐赠者、会员等作为契约的缔结方，与非营利基金会的管理层之间存在委托代理关系，为了防止组织内部"偷懒"和"贪污"等行为的发生，外界的资金提供者在与管理层达成的协议中要求其披露财务信息，尽管这种信息不以净收益等指标为重点。[①] 同时，需要更进一步指出的是，因为不同缔约方的信息偏好不同，很难达成一致的协议，即使可行，也会因谈判成本太高而不符合成本效益原则，因此，以准则的形式来规范能满足大多数外部信息需求的通用财务报告便成为必要。非营利基金会的利益相关者可能因更具有社会使命感而使他们的监督意识更强，也更主动，但也会因为成本因素和其他的障碍而大大削弱监督的力度，在这种条件下，降低他们的监督成本有助于调动他们的积极性，信息披露可以满足这一要求，因而对非营利基金会信息披露的研究也显得更具有价值。

6. 基金的运营和管理

海外广播影视基金是独立存在的机构，并不从属于某个政府部门。其一般设有董事会，并根据具体业务分设业务部门。基金的具体使用由广播影视基金的决策机构——董事会决定。例如，我国台湾的广播影视基金设立董事会和监事会，由这二者决定资金的具体使用。其下设公共电视制播组、辅导组、视听资料组、秘书组、财务组5个部门，负责不同的广播影视业务和自身运营。

通常来说，基金都有周期。广播影视基金的情况比较特殊，有的并没有期限，比如，加利福尼亚公共广播基金、加拿大广播影视基金、奥地利电视基金等，在成立时并没有规定基金的年限，这意味着可以长期存在下去；有的则有期限，例如，奥地利电视基金成立时根据欧盟的规定，其有效期为6年；某些国家或地区的法律法规对广播影视基金有规定，其期限也随着这种规定而变更，例如，我国台湾广播影视基金1985年根据法律而成立，2008年7月解散。

基金的运营一般都有专业的机构负责，如德国的巴伐利亚电影基金会，基金授予管理委员会由14名专家组成，每年5次审核会议，对申请项目进行筛选。电影剧作者向电影基金会递交剧本大纲，审核通过后，可以得到基金会的资助，用来解决基本生活需要。制片人前期筹备资金也是通过这种方式向基金会索取。电影基金会会以专门公司做代理的形式发放基金。再如，新西兰电影基金会是一个由4名成员（全部为新西兰人）组成的委员会进行管理。委员会成员分两类：一类是新西兰电影委员会委员或提名委员，另一类是由新西兰电影委员会依据各种知识、技能和经验（包括金融，法律和银行的技能、知识与经验，以及本国和国际电影业的相关经验）选定的独立人士。电影委员会授权电影基金会的委员会决定对哪些项目进行投资、投资数目、性质，以及该投资的商业条件和附加文件的形式等，并有权制订有关的政策要求。

一般而言，由政府机构主导的广播影视基金都有监管机构，并接受相关机构的监督和审查。例如，加利福尼亚公共广播基金的监管机构是加利福尼亚州公共广播委员会。加利福尼亚公共

---

① 为了防止外界资金提供者与基金会管理层有 moral hazard，应该设立第三方独立机构专门负责为全社会的慈善资金进行统一登记。

广播委员会与广播、电视及广播影视指导委员会建立并维护年度审查的标准和条件，对基金的具体分配及使用进行监督。由民间机构发起成立的广播影视基金的监管由各民间机构或其委派的机构进行监管。

对于各类政府在初期进行了较大投资的基金来说，政府往往会通过法律法规的方式对基金的保值增值进行严格的规定，不允许进行高风险的投资活动。

三、国外广播影视基金的案例分析

1. 美国以多种形式的基金支持影视创作的具体做法

美国的影视产业在全球具有绝对领先的地位，这与美国通过多种形式的基金支持影视创作具有密切关系，在这方面的做法也最为成熟。

（1）基金投资主体多样。美国不设文化部，1965年美国通过了《国家艺术及人文事业基金法》，依据此法，美国创立了致力于艺术与人文事业发展的机构：国家艺术基金会与国家人文基金会。联邦政府主要通过国家艺术基金会、国家人文基金会和博物馆学会对文化艺术业给予资助，州和市镇政府以及联邦政府某些部门在文化方面也提供资助。而美国文化艺术团体得到的主要社会资助则来自公司、基金会和个人的捐助等，其数额远远高于各级政府的资助。在美国，私人影视创作和非营利文艺组织平均获得的政府直接援助不足总开支预算的5%，大部分资金来自社会及个人资金及各种基金会的捐助和支持。以2003年为例，美国最大的支持艺术创作的政府基金国家艺术基金会National Endowment for the Arts（NEA）全年提供的政府直接资助是1.15亿美元，而来自社会的各种资金赞助则高达120亿美元。

在对影视制作的资助和捐助过程中，美国基金会的力量非常强大。美国的基金会有着庞大的规模，在2003年时总资产约达4 000亿美元左右。每年最大的25家基金会捐款总额约占艺术事业所获捐赠总额的40%，其余则由许多小型基金会，如家庭基金和遗产基金等提供。在所有的基金会里，格蒂基金会（Getty Foundation）堪称最大，每年它都会向文艺领域提供2.5亿美元的资助，并在洛杉矶建立了艺术博物馆与艺术研究中心。此外，福特（Ford）、卡内基（Carnegie）与梅隆（Mellon）基金会等也赞助了很多高级文化企业及影视项目等。除了这些比较大的主体机构外，私人或家庭式基金会也给影视创作相当大数额的资金捐助。

（2）美国设立有利于捐助的优惠税收政策和相关法律法规，鼓励州、企业及全社会各种资金以捐赠和基金会的方式注入影视创作。美国从1917年开始实施的税收政策鼓励向艺术事业捐赠。该政策规定，只要是向免税非营利机构的捐赠都可以抵税，一般而言，每捐赠1美元，可抵税28～40美分。大部分艺术机构都是非营利机构。著名的快餐大王麦当劳（McDonald's hamburger chain）创始人的遗孀Joan Kroc，在2003年去世之前，给国家公共广播NPR留下了高达2亿美元的捐赠，而成千上万的听众则通过购买"会员"（"memberships"），给地方电台、电视台送上捐赠支持，一般一位会员费低于100美元。

企业捐赠也同样受到公共政策决定的影响。自 1936 年始，支持文艺事业的企业可以享受税减政策；与个人捐赠一样，企业捐赠给文艺界的数额越大，得到相关的税收利益越多。

（3）美国对影视制作的支持。关注 Corporation for Public Broadcasting（CPB）公共广播电视公司，CPB 是 1967 年由美国国会创立的一家私立非营利性公司，依据法律，其董事会成员由总统指定，10 个成员中不能超过 6 个属于同一个政党。其宗旨由《1967 公共广播影视法案》（*Public Broadcasting Act in* 1967）所界定。CPB 致力于支持非商业性广播电视节目。

2006 年，由美国联邦政府、各种项目给广播电视的基金共 4.6 亿美金，这些资金 15% 来自联邦，30% 来自州、地方财政和公共大学，其余来自观众的会员费、订户费、私营企业和基金。这些资金主要用于在公共电视、公共广播上扶持推广文化艺术类节目。CPB 提供基金给地方性的公共电视和广播，如 NPR（国家公共广播）、PRI（公共广播国际），也直接提供基金给内容制作人和发行人。依据法律规定，CPB 3/4 的基金要直接给地方广播影视，如给三地的 PBS（波士顿、纽约、华盛顿）2006 年共 3.96 亿美元；28% 的项目给来自不同地区的节目制作方，如此扶持了像《芝麻街》这样的优秀作品。

（4）大学也是政府支持影视的主要渠道。美国联邦与州政府会以学校为平台给有创作力的艺术家提供职业，大约 24 所大学受到政府的委托去促进影视艺术的发展。比如，加利福尼亚洛杉矶大学（一所州立大学）等影视学校有意培养未来大导演的做法让好莱坞的人才储备库资源充足。同时，在政府的支持下，美国大学还运营着包括影视艺术在内的 700 多所艺术博物馆。

（5）美国对影视制作上的赞助。美国的影视制作赞助是一个企业主动、慈善基金资助和政府代理相结合的复杂体系。公共与私人方面的支持不断注入其中；其传送方式混合了慈善捐助与企业家的创想力；援助对象涉及艺术家、影院、制作公司等；援助的范围从新艺术的创作到旧作的保存，从培育儿童基本技能到提供艺术大师所需的资源……资助网络是多样性的。美国现有的对影视领域的资助多为综合性基金会对独立制片、艺术电影等领域的资助，如 20 世纪前半叶福特基金会对公共电视等领域的资助。而对于大多数的影视制片领域而言，其资金来源多为公司自己的资金及金融市场的投资。

（6）美国基金会运作的社会效果及评价。美国政府在支持艺术上的作用主要不在于提供直接的资金支持，而在于充分利用其国际政治经济优势来支持美国的文化商品占领国际市场。美国政府在国际上积极推动包括文化商品在内的贸易和投资领域自由化，为其文化商品输出提供保障。在中国加入世贸组织的双边谈判中，美国坚决要求中国开放文化市场，要求中国在视听服务行业允许设立外资企业，让外资企业从事视听产品的制作和发行，并强烈要求中国取消进口配额，接纳美国各类影视制品。美国在与欧盟就影视业进行的谈判中，同样强烈坚持影视业应和其他产业一样实行贸易自由化和公开竞争，并受多边规则监督。

2. 欧洲国家及社会资金支持影视制作的做法

欧洲电影电视市场的最大对手是好莱坞，在欧洲，大部分市场被好莱坞占据，因为好莱坞有比较成熟的工业化生产，所以其电影公司大多是用自己的资金。但对于欧洲电影而言，如果没有各种基金会的资助，是不可能实现电影的发展的。欧洲的电影融资一般来自几方：制片人自己的钱；电影发行公司预先支付部分费用；电视台；电影基金会——其中来自电影基金会的资金一般占到70%~80%。这些基金会的资金来源大致分为政府全资、政府与民间出资相结合，以及私募股权基金三种类型。

（1）德国

对于德国来说，由于很多电影制作公司是只有两个人的手工作坊，为了保证影片的精良，80%的公司每年只生产一部电影。德国共有4 800座电影院，每年上映影片400部。其中德国本土影片占25%，而且此类影片的海外市场非常弱。下面分别从政府与民间联合建立的基金以及单纯的政府主导基金这两种基本类型来举例说明。

德国巴伐利亚电影基金会

这是一个政府与民间联合成立的电影基金会。

管理构成：基金授予管理委员会由14名专家组成，每年5次审核会议，由于提出申请的基金总额比真正可以发放的资金额要多很多，所以要对申请项目进行筛选。在筛选的标准上，影片的商业价值绝对不是得到资助的前提，是否得到资助还是取决于剧本内容。在德国，一部影片是否成功，不仅仅是取决于票房，尤其对于投资少的影片，基本上在评审的时候不看上座率。电影剧作者向电影基金会递交剧本大纲，审核通过后，可以得到基金会的资助，用来解决基本生活需要。制片人前期筹备资金也是通过这种方式向基金会索取。电影基金会的基金发放会以专门公司做代理的形式。

资金来源：资金56%来自政府，另外的百分比主要来自国家或私人的电视台。

投资回报：票房非常成功的商业片，会将一部分资金返还到基金会，这一部分资金将优先用于该制作公司，下次再申请则不必再进行筛选。如果票房不好，得到的资助基金则不一定要返还。

资助内容：资助电影制作环节，资助新生代导演、毕业生作品以及电影发行和影院。除违法、色情、暴力影片之外，资助影片不分类型；商业片、艺术片、儿童片、喜剧片、联合拍片也在资助范围之内，但合拍片要求至少有一方是德国。

资金分配：2004年巴伐利亚影视基金会的资金分配情况为：总共支出数目为2 900多万欧元，其中48%资助常规的影院电影，28%资助电视电影，12%资助院线发行。

德国联邦电影基金会（DFFF）

德国政府几年来辛苦营造了一个基于地区性基金会和德国联邦政府电影基金会组成的基金网络。DFFF是德国政府创办的电影基金，由德国联邦电影局（FFA）掌握，是德国最大的电影基金，每年的预算高达8 810万美元。

宗旨：对于在欧洲日益扩张的好莱坞的反击。DFFF的潜台词就是：和电影工业密切合作，并且想要加强德国电影制片人的地位，吸引国际制片方来德拍片，把好莱坞从德国电影市场上掠走的钱再拿回来。

资金来源： 全部为国家财政拨款。

资助方式： 电影局承诺，只要保证在德国本土拍摄，进入这个基金计划的电影，每花1个欧元，DFFF将返还20美分，最高会承担一部电影80%的制作费用。在第一年的运作中，DFFF用8 730万美元支持了99部长故事片和纪录片，而它们在德国花的钱却达到5.88亿美元。

如2007年从DFFF受益最大的项目之一是沃卓斯基兄弟自《黑客帝国》三部曲之后的第一部长片《疾速车手》，这部电影从2008年3月到9月在德国的老牌制片厂贝尔贝斯格制片厂拍摄，共从DFFF拿到了1 320万美元。第二大资助项目是德国导演汤姆·提克威的新片，由克利弗·欧文和娜奥米·沃兹主演的美国片《国际组织》，该片得到了860万美元的德国资金。此外还有凯特·温丝莱特主演的《阅读者》、周润发参演的电影《黄石的孩子》，等等。

效果影响： 受联邦电影基金的成功范例影响，德国地方政府也成立基金支持在本地拍片。柏林-布兰登堡地区就成立了电影基金MBB，该基金会的主管之一克尔斯滕·内胡斯说，该基金能产生450%的杠杆效应，也就是说他们每投入1.5美元，电影制作人们就会在这里花6.7美元。《窃听风暴》导演弗罗里安·亨克尔在奥斯卡领奖词中提到的巴伐利亚州，现在就提供基金资助在该州拍片，每年的预算达到3 720万美元。黑森州（Hessen）也有类似基金，每年的预算是3 000万美元。北莱茵州去年资助在该区域拍摄、租用该区域公司设备、使用该区域人才或者后期制作设备的影视节目的资金达到5 000万美元。

现存问题： 政府基金2007年收成很好，自2008年初始却危机初现。一方面，因为美国编剧罢工耽误了3个月，很多大片计划被推迟或搁置；另一方面，是因为美元的持续贬值，去年1月1欧元兑换1.32美元，但现在这个数已经上升到1.46到1.48美元了。

解决方式： 改变过于依赖鼓励国外制片方来德拍片的资助侧重，加强扶持自己的大片导演。DFFF支持了汤姆·提克威的《香水》等一批新人新作，除了被考拉斯·艾德认为帮助德国电影重返国际影坛而进入德国电影博物馆的《罗拉快跑》，还有曾以《勇往直前》获得过2004年柏林金熊奖的费斯·阿金，2007年，他的反映德国人与土耳其移民冲突的《天堂之翼》在戛纳电影节上得到了最佳编剧奖，并被选为代表德国冲击奥斯卡的电影。

（2）法国

法国是影视生产大国，法国政府通过国家电影中心（CNC）对电影业进行政策指导、法律监督、行政管理和财政资助。

法国国家电影中心既是文化部直属机构，又是电影行业的协调组织。它具有法人资格和财政自主权。为了促进和保护本国电影业的发展，提高国产影片的竞争力，法国从1948年便颁布了政府令，规定国家对电影业的生产、发行和放映等各个环节给予扶持性资助。政府对电影的扶持资金均由国家电影中心管理和提供。CNC每年约4.5亿欧元的运营资金主要来自三个方式：电视台营业税收的5.5%，电影院票房税收的11%和音像销售税收的2%。电视台是这笔资金的主要投资方，每年约3.3亿欧元投入支持各类影视创作。1998年，共提供了26.3亿法郎的资助，其中24.25亿法郎来自本行业的各种税收，2.05亿法郎来自国家的拨款。国家用于资助电影的资金主要来自以下几方面：门票税、电视播放税、录像带税、对色情和一般暴力影片征收特别税，以及其他收入，包括企业和个人的赞助、保险公司赔款等。法国的电影制作、发行和放映公司均可获得政府资助。

政府从每张电影票（35法郎左右）中提取11%的税金，以及独立制片和发行商的资助，形成两个主要资助基金：自动资金和选择资金，前者自动返回制作者，跟票房直接挂钩；后者主要是票房预付款制度，另外还有对剧本、合拍片、外语片、短片等的资助。

法国政府还以经济政策等法律法规，大力扶持独立影视制作业以保持影视产品的文化多样性，规定电视台60%的电视节目时间须交由台外独立制作公司完成，电视台每年5.5%的营业税通过CNC投入电影的制作、发行，公营电视台法国电视台68%的年度预算、商营电视台TF1 78%的预算用于通过市场招标的方式选择联合或独立制作，电视台由此获得节目的各轮首播版权。多元竞争的参与逐渐形成专业市场分工，电视台自20世纪80年代末开始从制作、传输、播出一体的角色逐步变为今天集中进行节目管理和频道品牌经营，集中加强节目编排和设置管理，而将制作交给了更广泛的制作公司。多元竞争者并存使市场活跃，2002年法国79家主要电视公司的总营业收入为100亿欧元，电视总收视时间提高到每周213分钟，广告总量逾163亿欧元，仅略次于德国，位居欧洲第二，特别是为1997年开始的数字电视运营业务铺垫了良好的基础，法国2004年的数字电视总营业收入为2.4亿欧元，仅次于英国，位居欧洲第二。

法国影视制作的资金主要不是来自政府，而是来自产业市场，通过重新调配依旧回到产业市场。CNC、影视专项投资公司（SofiCa）、电影与文化工业融资局（IFCIC）作为市场的资金运营管理机构，分别负责税收基金的再分配、风险投资管理和以信用担保为影视制作提供贷款融资等；法国国际电视节目交流协会（TVFI）负责帮助各种小型影视制作公司进行电视节目版权的国际销售。随着法国影视传媒业自身的壮大，CNC的年度总预算增加到2005年的4.909 6亿欧元。

法国影视市场还不断借鉴金融资本市场的经验，扩大影视产业的投融资机制，作为CNC仅针对业内资金调配体系的平衡。1985年，法国开始实行用减免税政策吸引私入和社会资本进入影视产业，创建管理风险基金的影视专项投资公司，2003年SofiCa吸引风险基金参与61部本国影片的拍摄，总投资额达3 900万欧元。电影与文化工业融资局负责以提供贷款信用保证方式，对影视制作提供贷款融资。CNC重新进行资金调控的原则有两个，一个是因循市场规律，另一个是文化原则。绝大多数的欧洲国家采用的只是文化原则，即通过选择性资助遴选符合文化要求的影视剧本，给予制作资金资助。而CNC在2005年的预算报告中此项投入是1.5亿欧元，仅占年度预算的30%，另外将近70%的资金投入自动性资助，这在欧洲国家是首屈一指的。如果说遵循文化原则的选择性资助是支持有才华的青年导演开始他的艺术处女作，那么自动性资助则是从制片、发行和放映三个环节帮助制作人完成自身造血，上一部影片在影院发行、电视播映、音像市场所产生的收入将由CNC设立专款账户，根据特定条件分配和偿还给该导演的下一部作品，以保证其在影视市场上的可持续发展。2005年投入电影市场的自动性资助预算为2.5438亿欧元，投入电视及其他视听创作的自动性资助为1.6103亿欧元。

"即便是选择性资助，也要按照贷款原则，而且对一部作品的资助不能超过总成本的50%。CNC与绝大多数欧洲国家不同的是，我们不仅支持艺术性作品，也支持有商业价值的作品，还通过扶持帮助有潜质的艺术创作培育市场。"

法国影视产业的目标显然是支持符合文化多样性原则的原创作品，其模式的独特性在于文化扶持与经济调控的结合，如果没有符合商业规律的经济手段，将永远不会有下一部作品的投资。"对下一部作品的支持"，是保持法国文化在国际舞台的源源生命力的原因。

（3）英国

英国电影委员会2007年5月10日公布了从2007年4月到2010年3月扶持电影发展的新增基金，以下为其4个主要基金。

1. 英国电影节基金：每年150万英镑，用于举办电影节，使英国公众能更好地了解世界电影的多样性。

2. 英国电影数字档案保存基金：每年100万英镑，使人们将来能够了解英国庞大的电影遗产。

3. 合资风险基金：每年100万英镑，吸引新的基金合伙人来共同开拓商业电影市场，初期优先支持的内容有媒体文化及电影教育；对小型影院的投资；影院推广和节目多样性计划；2012年伦敦奥运会相关电影计划。

4. 数字化及市场开发基金：每年200万英镑，该基金在现有的拷贝和广告基金的基础上，额外投资支持英国影片和特种影片（国产、外语、艺术等非好莱坞主流影片）在更大范围内的影院发行和网上发行。

此外，英国以强制性版权税政策支持广播电视事业。英国政府还通过发行国家彩票，为文化事业创造了大笔经费，有力地推动了英国文化事业的发展。

在英国，纳税人被要求交纳广播电视版权税，有力地支持了本国广播电视业的发展。同时，英国国家彩票作为一项特殊的文化产业，取得了良好的经济效益。其经营方式是，彩票收入的50.7%作为奖金，28%用作文化公益事业，12%上缴经营税，5%作为公司利润，3.3%为管理开支，1%为印花税及附加税。如此分成使41%的彩票销售额以不同名目成为国家财政收入。一批重大文化项目依赖彩票资金得以实现。

彩票收入的分配由英国文化新闻体育部按一定比例分配、划拨到全国11个地区、行业文化公益事业主管部门；所有希望得到彩票资助的机构和个人均可向这11个部门提出申请，由它们审定拨款额度。这样，由行政体制和拨款类别共同构成了一套行之有效的彩票收入拨款机制。英国国家彩票由于经营得法，管理有效，自发行以来逐年发展，获得了巨大的经济效益。尽管社会上批评的意见不少，但英国政府出于经济考虑，将会坚持推行下去。

（4）意大利

意大利在戏剧演出市场的改革取得了显著的效果，虽然它不属于影视基金的范畴，但是为同属文化创意产业的影视领域的发展提供了很好的借鉴,因此这一部分将意大利剧院系统基金会的发展作如下简单介绍。

基金会成立背景:1996年之前,意大利各地大大小小的剧院、演出机构多是由国家拨款并经营的公有制机构,在几十年旧体制的运作下,剧院设施落后、剧目陈旧、人员冗余、赤字惊人、观众群萎缩,意大利政府对戏剧的载体——歌剧院进行全面彻底的改革。1996年,意大利总统签署了剧院改制的法令,即"1996/367号法"。法令规定,全部国有剧院管理机构转型为私有制基金会,剧院的决策单位必须限期表决同意转型并发布转型报告,该报告内容必须包含基金会章程、机构名称及要求转型的声明以及今后3年的财政计划等内容。

人员构成与资本构成:基金会的主席由该会所在地的市长兼任,并设经营管理委员会、账目审核小组及财务主管。基金会的资本构成包括国家、大区省市政府以及私人资本。为鼓励私有资本进入剧院演出市场,法令第15条第1款规定,基金会无须任何人的批准即可接受私人捐款和遗产馈赠,私人资本在基金会建立时投入的资金可以享受税收优惠,为基金会持续注入资金3年以上的私人机构可获减税,其所属商业和附属业务的营利可免除所得税。

为避免国有资产的流失,更好地划拨和利用国家对剧院演出市场的资金扶持,法令第6条第2款规定,国家设立的文化扶助基金会要按照私有资本注入的数量划拨等额资金;第24款规定,国家投入资金的分配标准由政府决定,经财政部审批,并召开国家、地区政府会议充分听取各方意见;对于地区各级政府的资金投入,法令只要求它们向国家通报资金投入情况;同时,各级审计部门有权对基金会的资金运作进行核查。该令试图将非营利事业与现代企业管理理念相结合,赋予管理阶层更大的权限和管理空间,在资金使用上则要求剧院及附属商业部门遵守企业经营规范并重视效率和效益原则。

赞助模式:从广义来讲,各剧院基金会成员其实就是剧院最主要的赞助商,它们的投入被视为资本而不是赞助费,同时寻求更多、更稳定、更灵活的社会赞助。意大利三大剧院的赞助模式,大致可分成如下几种:

A. 长期赞助。以圣卡罗歌剧院为例,投资超过25万欧元的实体可以成为基金会成员并选派理事参与管理。而投资超过5万欧元的实体则被称为赞助会员,通过自愿结合的方式,这些赞助会员可以共同推举代表参与理事会的决策。这种赞助会员一般是具有一定实力的企业集团,它们虽然不具备大财团的实力进入基金会的最高决策层,但由于长期稳定地赞助剧院并具有良好信誉和长期友好关系,因此依然能够以合力的方式参与剧院管理,可谓长期赞助商。院团如果能够在每个3年期限内确定数量稳定的长期赞助商,那无疑会极大缓解院团的财政压力,此类赞助犹如细水长流,对于剧院的长期建设与经营意义不言而喻。

B. 阶段赞助或演出季赞助。这种赞助者一般只赞助某个演出季的节目,而在一个演出季中,剧院一般也只与一个赞助商签署赞助合同。例如,斯卡拉歌剧院2004年至2005年歌剧、芭蕾舞演出季的指定赞助商是意大利联合银行,而罗马歌剧院2005年演出季的指定赞助商是意大利能源巨头国家炭化氢公司(ENI)。这种少而精的赞助方式既能通过竞标来抬高赞助费得到足够的演出补贴，又能极大凸显和宣传企业标志，抬高企业声望，从而增加企业赞助的积极性。

C. 票位预定赞助。剧院演出的票房收入是衡量收支的重要指数，在一个演出季，如果一个剧院能够在演出前甚至节目排演前将一部分票卖给固定观众，那么这无疑将极大缓解票房的压力。而票位预定赞助就是在演出季开始前赞助商就预定了剧院所有演出的部分座位，成为剧院票房的铁杆支持者。因此这种基于艺术认同又有实际利益的赞助方式受到了剧院和某些中小企业的欢迎。在2004年至2005年演出季，斯卡拉歌剧院就有多达36个票位预定赞助商，它们多是实力不强的中小企业。因此这种赞助方式即能保证一部分票房的稳定收入，又能最广泛地扩大剧院的赞助者名单。

D. 技术赞助。随着剧院演出形式和管理现代化的发展，越来越多的高科技因素被应用于剧场的演出和管理，对管理者来说，高科技与人才的应用更新无疑占据了演出经营成本的很大部分，找到技术既能带来新技术设备和人才，又能够降低对这部分预算的投入，可谓一举两得。例如，斯卡拉歌剧院，其技术支持名单上就有12个企业，涵盖了电力、电脑、软件、网络、电气、影音等多种门类。而对于此类科技企业，能够作为国际知名剧院的技术赞助者，这无疑是向公众证明自己企业拥有领先科技实力的最好广告。在这种情况下，剧院和企业均找到了自己的利益，可谓双赢。

E. 特别项目赞助。对于历史悠久、机构庞大的国际知名院团来说，场舍的建筑与维护、乐器和影音设备的更新等总会发生一些正常经营开支以外的专项费用，此类费用开支必定给正常的预算带来很大压力，进而影响到剧院的收支平衡。如果院团能够找到愿意赞助此类专项活动的公私实体，则会在一定程度上缓解院团基金会的财政负担。2002年，在斯卡拉歌剧院进行百年大修前，剧院基金会就已经成功找到了20个愿意赞助大修的特别赞助商，其中包括三菱电气等国际著名企业。斯卡拉歌剧院的大修耗资约5 600万美元，历时2年8个月。在大修期间，剧院转战各地，票房并不稳定，其他赞助收入也减少了，在此情况下，如果基金会没有找到足够的专项赞助资金，其后斯卡拉歌剧院的复兴和繁荣就不会到来得如此迅速。

斯卡拉歌剧院基金会

其是从国有剧院管理机构转变为私人性质的基金会，非营利性文化机构。

宗旨：借助歌剧院的实力和影响在意大利境内外推广音乐文化。基金会的工作目标包括：为剧院事业广泛吸收赞助资金；加强意大利境内外音乐文化的推广；推动音乐艺术研究；培训音乐人才，加强相关音乐技术教育；评估和维护剧院现有的艺术类和专业技术类文物。

管理构成：基金会成员共20名，包括意大利政府、伦巴底大区政府、米兰省政府、米兰市政府以及意大利众多著名企业，如意大利商业工业手工业者协会、国家炭化氢公司（ENI）、国家电力公司、意大利邮政公司、全国保险协会、倍耐力集团、联合银行、PRADA公司、晚邮报等。

基金会设立董事会作为管理决策部门，监事会作为监督部门，并任命剧院主管、音乐总监和艺术总监。在基金会框架下，剧院的主要资本由基金会成员提供和募集，重大事务由董事会提议、表决，并受监事会监督，剧院行政、演出和排练等日常事务由剧院主管、音乐总监和艺术总监负责。这种各司其职、透明高效的管理方式极大地扩充了剧院的运作资金，提高了工作效率，并将以前各自为政、组织松散的众多相关部门整合为一个统一高效的以剧院为核心的文化制作演出集团。

资助成果：在改制不久，斯卡拉歌剧院就进行了一系列卓有成效的工作，包括对歌剧院和博物馆等基础设施进行大修、设立斯卡拉书店并出售斯卡拉相关出版物、投资演艺学院培养艺术人才和文化管理人才等。

2004年12月7日，历时2年8个月的修复工作正式结束，斯卡拉歌剧院重新开放，当晚进行了修复后的首演，演出1778年8月3日该剧院建成时的首演剧目《被承认的欧罗巴》。此后，斯卡拉歌剧院涅槃重生。

圣卡罗歌剧院基金会

1999年成立的那布勒斯圣卡罗歌剧院基金会，其成员包括帕尼亚大区政府、那布勒斯省、市政府以及众多知名企业。基金会章程规定，进入基金会的成员投资不能少于25万欧元，每家基金会成员任命1名董事进入基金会的决策机构——董事会。

2002年，圣卡罗歌院演出收入达到了5 100万欧元（合6 069.67万美元），不仅偿还了800万欧元（合951.893万美元）的历史债务，还实现了51万欧元（合60.683万美元）的收支盈余，观众数量特别是青年观众大幅度增加。

罗马歌剧院基金会

1997年进行了投资管理机构的改革，吸纳了其他两家国有剧院，即国家剧院和卡拉大浴场遗址剧场（露天），成立了罗马歌剧院基金会。基金会成员涵盖意大利政府、拉齐奥大区政府、罗马省政府、罗马市政府以及意大利电信等知名企业，其中意大利政府、拉齐奥大区政府和罗马市政府为法定会员。基金会下设董事会和监事并任命剧院主管、音乐总监和艺术总监，其中董事会主席由罗马市长沃尔特·瓦托尼担任。剧院主管、音乐总监和艺术总监负责剧院行政、演出排练等日常事务，剧院的重大事务和大额资金运作由董事会决定并受监事会监督。

（5）奥地利

奥地利电视基金会于2004年1月1日由奥地利广播影视局（RTR）发起成立。该电视基金会的目的是提高电视节目的质量和扩大奥地利电影产业的规模，同时加强奥地利传媒产业的地位和确保文化的多样性。基金会也有意帮助加强欧洲视听领域事业的发展。

这个基金会有750万欧元资金来自奥地利广播影视费法案。这些资金以前均在联邦预算内，该电视基金会负责监督资金并且支配资金为推动电视节目生产服务。由国家拨给的经费最多可以达到整个基金整体生产成本的20%。该电视基金会在资金使用上，会因所投广播影视项目不同而在数量上有所差别。比如，电视剧每集12万欧元，电视影片70万欧元，电视纪录片20万欧元。这些资金并不需要偿还（non-repayable subsidies），从这个意义上说，这种资金是一种津贴。因此，具有适当专业资格的独立广播影视制作商、制作公司，以及符合条件的独立制作人,都可以申请这种资金。

(6) 北欧四国

北欧四国的广播电视管理基金主要来源于政府所征收的"电视执照费"(Television Licence Fee)或称作"电视费"(Television Fee)。北欧四国采用的这种以国有广播电视公司为中心、以执照费为主要收入来源的广播电视运营模式,可简称为"电视执照费模式"(Television License Fee Model);其中执照费是根据电视收看情况,以户为单位征收的。

这种"电视执照费模式"基本模仿了英国的公共广播电视管理模式。在北欧四国中,瑞典电视公司(Sveriges Television, SVT)、芬兰广播公司(Yleisradio Oy, YLE)、挪威公共电视台(Norsk Rikskring Kasting, NRK)和丹麦国家广播电视台(Danish Broadcasting Corporation, DR)都是类似于英国BBC的公共广播电视台,其运营活动由"电视执照费"收入所形成的基金所资助;同时,这些机构也承担向社会提供公共广播电视节目的责任。

欧洲作为公共广播电视的发源地,其传媒体系管理的主流思想认为,政府垄断广播电视能够更好地保证电视服务的质量和信息的多样性。这一思想对北欧国家的影响非常明显。在瑞典和芬兰,20世纪90年代之前,公共广播电视完全垄断了广播影视市场;90年代以后,随着卫星电视的落地和其他商业电视台的进入,公共电视的独统局面有所改善,但是公共广播电台在广播影视市场中的领导地位仍然不可动摇。

在运营模式上,北欧四国的公共广播电视公司由以执照费为来源的广播电视基金所资助,由独立的理事会/董事会/或政府委托机构管理日常运营,严格控制接受广告和商业赞助的幅度,力求提供保证质量、保障多元化和公正、平衡的节目内容。

不过,近年来社会各界对通过征收电视执照费资助公共广播电视的模式提出了很多的批评,特别是对一些公共电视台一方面独家垄断高额的执照费收入,一方面又搞商业经营的状况愤愤不平。很多人提出希望成立一个公共电视基金会,使所有的电视台都能分享执照费收入。但是,虽然有这样的提议,目前来讲,操作上的困难还很大。主张公共服务角度的学者也认为公共广播电视模式在保障社会声音多元化和节目内容的公正性上有很多可取之处。所以,至今为止,北欧四国的"电视执照费模式"还未有明显的改变。

在电影方面,瑞典、芬兰、挪威等国均相继成立国家电影基金会,由其负责国家资助的分配。在北欧,故事长片如果没有国家的支持,电影的成功是不可能的。下面将分别对北欧各国的广播电视管理和电视执照费、电影基金会运行情况进行介绍。

瑞典

瑞典是北欧四国中最大的国家。2005年瑞典的广播覆盖率为74%,电视覆盖率为86%。广播市场中瑞典广播电台(Sveriges Radio)是国家所有的公共广播电台;Sveriges Radio拥有3个全国性频道和25个地区频道,占有60%的市场份额。瑞典的广播覆盖率在近年下降很快,主要原因之一是MP3的扩散。在这种下降趋势下,私营广播公司面临非常大的商业压力,目前,大部分处于无法持续盈利的状况。所以,公共广播电台由于有"电视执照费"基金的资助在竞争面前优势明显。电视费的征收是强制性，以户为基准，以电视为单位收集的。不缴纳电视费的公民，其在国家税务和金融体系中的信用都将会受到影响；对于在若干次提醒和警告以后仍不缴纳的，政府法律规定可以对该公民处于刑罚。

与此同时，在瑞典，电视的收看时间在逐年增加，但增加的速度有限，和其他欧洲国家，特别是南欧国家相比，瑞典人观看电视的时间仍然不算长。瑞典的公共电视台是瑞典电视公司；目前，最重要的商业电视台是TV4，占有23.2%的市场份额。参与电视市场竞争的还有五大卫星电视频道，其中最大的是TV3，占有10.5%的市场份额；Kanal 5占有9.2%的市场份额；最小的是ZTV、TV6和TV8，分别占有一成左右的市场份额。与其他欧洲国家相比，瑞典商业电视的发展相对较慢。20世纪80年代后期以后经营商业广告的商业电视频道才开始在瑞典出现。由于瑞典计划在2008年年底之前完成向数字电视的过渡，所以数字电视的出现使电视和广播受众都出现了很大程度的分化。

在瑞典，电视执照费制度（瑞典语称为TV-avgift）是由国会（Riksdag）所制定的。执照费制度的设立是便于国家广播电视公司提供公共服务性质的教育、信息和娱乐内容，而不受商业广告的干扰。目前，电视执照费主要资助3家广播电视公司：瑞典电视公司[①]、瑞典广播公司（Sveriges Radio）[②]和瑞典教育广播电视公司（Sveriges Utbildningsradio）中的5个电视频道及16个广播频道。除此之外，电视执照费还负担基律纳广播服务公司（Radiotjänst i Kiruna）的运营。

Radiotjänst i Kiruna成立于1988年，其主要任务是征收电视执照费。根据瑞典法律，每一户拥有电视机的公民都必须每年支付2 032瑞典克朗的电视执照费（以2008年费率为例）。这笔费用由基律纳广播服务公司（Radiotjänst i Kiruna）征收，由瑞典政府的国家债务办公室（Riksgäldskontoret）负责管理。在国家债务办公室，这笔费用有专门的名目被称为"广播电视运作费"（rundradiokontot）。这笔费用每年按照国会核准的额度下拨到3家广播电视公司和基律纳广播服务公司。在基律纳服务公司有100多名常设工作人员，负责有关电视费的征收政策推广、宣传和具体征收工作。同时，基律纳广播服务公司还在全国范围内聘请了很多不固定的巡查人员，不定期地入户检查广播电视费的缴纳情况。

丹麦

在丹麦，类似的电视执照费被称为"传媒执照费"（media licence fee）。这一收费适用于所有传统电视观众和通过Internet网收看电视及利用其他方式收看电视节目的受众。2007年以前，丹麦还有黑白电视执照费等，目前已经被废除。从这个意义上来讲，如果通过手机观看电视也需要支付"传媒执照费"，但实际操作中，通过新媒体收看电视节目是否需要付执照费仍是近年来不断争议和未决的一个话题。以上这些费用大部分用来资助丹麦的国家广播电视台，

---

① 瑞典最大的电视网。自1956年起垄断瑞典电视，1979年从SR分离，1992年被商业TV4打破垄断地位，播出内容除了重大体育赛事的赞助外不允许有广告。
② 由Sweden Parliament批license fee, no ads permitted。1925年设立，1957年立名，1993年解体，剩下RR& LRAB。

同时还有一部分用来资助丹麦的 TV2 的地区服务。

目前，丹麦的主要广播电视公司为丹麦广播电视台。DR 运营 3 个国家调频电台和 9 个区域性电台，占有 68% 的广播市场份额。商业电台在 2003 年开始出现，虽然有大约 100 家地方和区域电台，但总体实力仍然很弱。在电视市场中，DR 和另一个国有电视台 TV2 在市场中占有优势位置。它们的观众份额是 69%。另外，有线和卫星电台的覆盖率只有大概 50%。近年来，虽然公共电视和商业电视之间的竞争越来越激烈，导致了观众和广告商的分化，但是广播电视市场的主要格局并没有变化。

芬兰

芬兰的电视费近年来由于向数字电视转换过程中的调整，费率不断有所变化。该费用的支付也是强制性的，主要资助芬兰国家广播电视公司。向数字电视的过渡使芬兰支付"电视费"的家庭数量急剧下降。其中的原因还不是非常明晰。有分析认为，这是因为政府强制人们购买数字电视机顶盒，因此，一部分人将不支付电视费作为一种回应手段。由于数字电视的机顶盒是可以设定密码的，所以 YLE 正在考虑通过设定密码的方式强制人们支付电视费。

YLE（全称：芬兰广播电视公司，英语：Finnish Broadcasting Corporation；芬兰语：Yleisradio Oy；瑞典语：Rundradion Ab）成立于 1926 年，是芬兰的国家电视公司，在相当大的程度上 YLE 复制了 BBC 的模式。目前，YLE 负责运营 4 个国家电视台，13 个国家广播电台和 25 个地区广播电台。芬兰是一个双语国家，约 5.5% 的居民的母语为瑞典语。YLE 通过 Svenska YLE 提供瑞典语的广播电视节目。在引入国外节目时，YLE 一般制作翻译字幕，但是儿童卡通节目一般不进行翻译。与商业频道相比，YLE 在市场占有和竞争方面有着明显优势。

挪威

挪威的传媒市场非常稳定。国家主要的公共电视台（Norsk RikskringKasting，NRK）在 1933 年建立。NRK 一直是挪威最主要的广播电视提供商。在挪威，直到 1992 年之前，在电视上播放广告是被禁止的。在广播里播放广告在 1988 年之前是被禁止的。1992 年之后，商业电视频道在挪威开始出现。目前，挪威的广播影视市场包括公共服务广播电视公司和商业广播电视公司。NRK 拥有 3 个广播频道和 2 个电视频道；而另一个参与者 Telenor 是电信垄断运营商，其资产 50% 为政府所拥有。Telenor 拥有两个大的有线电视台和一个卫星频道。

挪威的电视执照费是挪威 NRK 的主要收入。电视执照费是由议会决定征收的，每 4 年一次议定征收标准。执照费以基金的形式管理，并发放给公共电视公司作为其主要的运营费用。

此外，挪威的电影基金会在北欧国家也是非常典型的：挪威电影的生产与放映是建立在国家基金资助和市立影院的基础之上。在如此小的语言区里，私人资本投资和收益的潜力有限。如果没有公共支持，电影工业将无法生存。电影基金会对于挪威国家电影生产基金的发放、保护挪威的影视产品生产、提供公共服务、资助国内影片的国外推广等起到了重要的作用。

此外，北欧还有一个面向北欧各国的"北欧国家影视基金（NFTF）"，其申请作品必须适合在电影院或电视台播放。电影作品要至少获得北欧两个国家的放映许可，以及一家基金会的合作电视台的放映许可。

3. 加拿大文化产业基金与电视基金（CTF）的运作及其管理情况

（1）加拿大文化产业发展基金情况①

加拿大的文化产业发展基金（简称 CIDF）创办于 1991 年，由加拿大遗产部赞助拨款和指导，由加拿大商业发展银行进行管理。其宗旨是扶持加拿大文化产业发展和繁荣，通过在资金上帮助文化产业的企业来保护与丰富加拿大的文化遗产。

该基金由加拿大遗产部注资 3 300 万加元，为期 5 年，是加拿大政府向文化产业各领域的可行性项目提供财政资助和咨询的唯一基金。它是为扶持和促进加拿大文化产业发展的一种灵活便捷的手段和工具。其主要支持对象是加拿大人拥有的并具有活力的文化企业，这些企业须具有相当大的市场成功潜力，同时有意改进它们在市场中所占有的份额。该基金所提供的资助贷款额从 2 万加元到 25 万加元不等，可用作文化企业发展的流动资金、扩建项目资金以及其他各种适于长期发展和具有生命力的开发项目。而由加拿大商业发展银行提供的咨询服务有助于文化企业家建立长远的企业发展计划，帮助他们改善管理，增加企业的盈利。

该基金创办以来，贷款方向已逐渐扩大到各个文化部门。其中以图书出版、电影及录像生产、录音和多媒体及杂志业居多。基金运作的情况表明，除了政府的直接拨款之外，利用金融这一杠杆也可以有效地帮助文化产业发展，刺激经济在该领域中的发展。加拿大遗产部还宣布，为了兑现其对支持加拿大文化产业发展的承诺，将努力寻求建立一个永久性的文化产业发展基金。

（2）加拿大电视基金（CTF）

电视事业在加拿大的文化生活中扮演了重要角色，创造和展示加拿大的发展成为加拿大广播政策的一个根本原则。1994 年，加拿大广播影视委员会（CRTC）提议建立集中用于促进优质加拿大电视节目生产和广播并在收视高峰期间播出的电视节目的基金。它的收支是来自播放发行单位收支的某一百分比。1995 年，CRTC 建立有线电视项目基金（CPF）。其目标是，在收视高峰期间，促进优质加拿大电视节目的生产和播出。1996 年，加拿大文化部邀请 CPF 加入加拿大广播影视发展项目基金，CPF 改名为加拿大电视项目基金（CTCPF）。1997 年，CTCPF 管理框架变动，CTCPF 在 1998 年改名为加拿大电视基金（CTF）。②

CTF 架构包括董事会、委员会、提名委员会、工作组。其中 CTF 的董事会包括 21 位董事，董事会主席由董事会从董事中选举产生。CTF 的成员包括代表加拿大生产和传播公司、加拿大光缆和提供卫星传输的组织，并且还包括加拿大文化部。成员们每年至少开一次会来选举董事、审核财务和挑选监督者。③董事会主席和至少其他 4 位董事必须是独立的，以符合 CTF 指导政策的要求。这项政策设置了相关的测试供董事会决定一个董事是否独立。这个测试要求一位独立董事必须独立于 CTF 的日常管理活动和在各项目中的经济利益。这个政策同时帮助董

---

① 文成：《加拿大为文化产业建基金》载《人民日报》，1999-01-29。
② 本文资料全部来源于 CTF 官方网站（http：//www.ctf-fct.ca/ctf_home_en.html）。
③ CTF 官方网站上提供的数据加起来是 20 名董事，比 21 名少一位。

事会做出最后的决定。独立董事组成一个固定的独立委员会负责监督 CTF 的日常活动和对于各种利益的纷争。董事会章程明确了董事会的权力，在 CTF 的战略发展上担负领导角色，确保 CTF 的日常管理活动符合 CTF 的章程。董事会章程明确了董事会的责任和处理委员会及委员会议的责任、方法以及各自的委员会委员的责任。董事会采取要求双重多数选举的表决方式。采用这种方式的决定包括：关于 CTF 指导方针的决定，以及每年经营计划和财政决算的决定。这意味着必须由董事的大多数和独立董事的多数批准决定。①

依据 CTF 的章程，其设置了三个常务委员会：执行委员会、财务和审计委员会及独立委员会。委员会宪章包括关于这些委员会的其他信息。执行委员会包括主席、副主席、财务官，以及董事会选择的其他委员。执行委员会执行 CTF 的日常活动并监督董事长的行为。财务和审计委员会必须包括至少五位委员。所有财务和审计委员会的委员一定要具备财务知识，并且至少一名委员必须具有丰富的财务经验。财务和审计委员会的委员大多数必须是独立委员。财务和审计委员会的责任包括：审核季度财政决算、审计年度财务报表、审核每年经营计划和预算、审核 CTF 的风险管理策略和实践、审核 CTF 的投资和储备政策。独立委员会包括所有独立董事。独立委员会的责任包括：监督 CTF 的管理政策和实践，并对这些政策和实践提出意见和建议；处理各种有关利益和指导方针的冲突；确保各项计划符合 CTF 的政策；准备 CTF 的年度报告；监督各位董事的行为。提名委员会，负责主席的选举；确立选举董事的原则、提出对委员会的建议。董事会创建了一定数量的工作组讨论和提出关于具体问题的建议。工作组的讨论在董事会会议之外。这些工作组通常包括董事会董事和 CTF 职员。董事会并不会被工作组的意见所束缚。工作组的管理和操作流程由工作组章程规定。

CTF 提出了广播发展计划、财务发展计划、原始语言（aboriginal-language）计划、魁北克地区外的法语计划、剧本协助计划、生产促进计划、数字媒体促进计划等项目。2008 年 4 月，CTF 将大量基金的资助方向定为广播影视硬件设备方面的资助，称作广播影视计划（BPE），被列入 CTF2008—2009 财政年资助计划。这些资金将被分配到符合 CTF 资助条件的计划中。加拿大广播影视委员会及其附属的公司将得到 37% 的可支配资金。

在 CTF 的支持下，加拿大的电视节目取得了良好的效果，受到绝大多数加拿大观众的欢迎，而且在世界各地播出，在国内外获得了重大的影响。一大批节目销售到欧洲、美国、亚洲等多个国家，目前覆盖英语、法语区超过 100 个国家。

与此同时，在加拿大影视文化产业的发展过程中，全社会的参与和支持功不可没。社会参与分成三大类：私人企业、民间组织和志愿者。许多大型公司、私人企业越来越把文化产业视作一种新的投资场所，据联邦统计局发表的数字，私人对影视业的投资在 1991—1995 年增长了 33%，达 4.25 亿加元。他们认为这种投资所获得的回报是双重的，其无形的好处是直接利润所无法与之相媲美的。一部成功之作（影视、音像、图书等）可以通过发行、版权等获得丰

---

① 至于双重多数选举表决方式在实际运营中如何操作，CTF 网站没有提供更多的可以参考的信息。按照上下文来理解，"双重"应该指的是独立董事和董事两种，采用少数服从多数的决策方式。

厚的利润，同时也通过其内容传播了加拿大的价值观和加拿大的文化，获得极佳的社会效益，有助于塑造企业形象。

民间组织则出于各自的需要经办文化艺术活动，如社区团体为了发展民族传统文化，学术团体为了研究和交流，慈善机构为了募捐等。属于非营利目的的这类活动还可以申请获得各级政府的资助。正是这些活动，使文化市场的关系和结构不断发生变化，促进了文化产品的多样化。另外，由公共和私人集资、加拿大慈善中心发起的"创意项目"，遗产部创立的"文化志愿者"和"受益者项目"等，也长期以来一直鼓励人们积极投身到文化志愿者行列，为加拿大文化的发展添砖加瓦。

4. 东欧：俄罗斯

作为传统上的欧洲国家，俄罗斯也通过政府资助的方式成立了俄罗斯唯一一个专门资助人文领域的国家基金——俄罗斯人文基金会[①]

初始目的：

1994年9月8日，俄联邦政府成立人文社会科学基金会。政府令明确规定，基金会的宗旨是对发展人文科学、普及人文科学知识、弘扬俄罗斯人文科学传统提供国家支持。

管理运作：

作为政府下属机构，其理事会主席和会长由政府总理直接任免，任期4年。理事会主席和会长主要负责抓大的政策方针的落实以及与其他政府部门的协调等工作。基金会设1个最高专家委员会和11个专科专家委员会。最高专家委员会主要由各学科的带头人、科学院院士组成，专科专家委员会的成员和评审委员由1 300多名具有博士学位的各学科著名学者、专家组成，他们来自30多个学术机构，代表了俄联邦的30多个地区。评委实行独立鉴定，政府或基金会领导不能使用行政命令的手段参与立项的决定。每个课题由两个以上专家进行评审，各自独立做出鉴定结论。基金会在具体的工作运作上享有充分的自主权。在选择立项课题时，实行自由竞争的原则。基金会的资助分为联邦、地区和国际合作三种类型。

资助成果：

在1994—2005年的11年间，有45 262个方案参与了基金会资助项目的竞争。1995—2005年的10年间，有20 758个项目获得资助。3 422本科学著作获资助出版，以及学术考察、野外调查、建立信息系统、参加国外学术论坛、发展科学研究物质基础等。

基金会成立以来，平均每天有1本人文学科著作得到基金资助而出版。近年来，获得国家奖和总统奖的人文学科书籍几乎都是基金支持的项目。基金会向全国101所图书馆赠送了总数约15万册的图书，在普及人文学科知识、继承和弘扬传统、鼓励创新、推动人文学科发展的事业中，基金会占据了不可替代的位置。

---

① 黄立茀、王丹：《俄罗斯人文基金会及其运作》，载《中国社会科学院院报》，2007-11-06。

5. 亚洲：韩国和日本

（1）韩国

韩国是公认的影视文化出口大国，其中，有政府支持的韩国广播影视发展基金（BDF）起了很大的助推作用。韩国文化产业在经济发展中的核心作用不是偶然的，而是基于政府对其战略意义的共识。1998年金大中任总统后的韩国发展战略，已经认定文化是21世纪最重要的产业之一；遭遇1998年金融危机之后，韩国政府许多部门都在裁减，只有文化部门不减反增。除增加预算外，1999年韩国国会还通过"文化产业促进法"，给予文化、娱乐等产业以推进协助。1997年，设立"文化产业基金"，提供新创文化企业贷款。在组织推进上，2001年又成立文化产业振兴院，该院每年可得到政府5 000万美元的资助。为了促进文化产品的出口，政府还特别成立影音分轨公司，对韩文译为外语和制作费用几乎给予全额补助。

韩国传播委员会（前身为广播影视委员会）每年向无线及卫星广播影视业者征收广告收入6%以内的特别税，例如，广告收入的5.25%须拨付韩国广播影视委员会（KBC）所属的广播影视发展基金（Broadcasting Development Fund），用于广播影视事业发展及艺文活动的推广。除了无线与卫星广播影视业者之外，韩国广播影视发展基金的经费来源也包括节目供应商，因此，韩国广播影视委员会也向播出广告的频道业者如电视购物频道征收盈余的15%以内的特别税。同时KBC也向有线广播电视业者征收营业收入6%以内的相关费用。以2004年为例，一年的基金收入即达1.3亿美金。

韩国电影基金会

2000年韩国政府设立韩国电影基金会，基金会由韩国电影协会、韩国商务产业和能源部、韩国文化观光部，以及其他若干个政府组织机构（如社会性组织"中小企业发展公司"等）联合支持，由韩国电影振兴委员会（KOFIC）成立。

资金来源：大部分是政府的投资；主流电影发行商；因特网基金，以及10多种各种各样的基金。政府保证投资者能得到2.5%的回报。当基金成熟以后，投资者将获得17.5%的回报保证。

资助内容：拥有5 550万美元的资金，有4 160万美元将分配给中小成本电影，其中的340万美元将拨给独立电影，另外340万美元拨给国际合作电影，以多样化的投资方式避免风险。其运营方式为：向电影制作商提供为期两年，不高于10亿韩元（800万人民币）的专项贷款，利率因借贷方提供的担保方式不同而变化。如提供物权担保，年利率为4%；提供版权担保，年利率为1.4%。在电影制作商（者）提供物权担保的情况下，融资金额应不超过电影制作费用的60%，或者是场租、设备费用的30%，或是调查研究费用的10%。

基金会今年计划为10个新导演的处女作提供每部20.8万美元的资助及后期制作的帮助，还计划为10部电影提供每部6.93万美元的资助。并且还打算资助纪录片以刺激制片生产。

配套措施：与此基金相配套的措施还有KOFIC针对下载（download）、DVD和纪录片（Documentary）建立一个"3D"市场。其中110万美元建立互联网发行网络，在线提供VOD

点播电影服务；69万美元加强在线版权保护，提供100万美元发展DVD发行并支持韩国电影的DVD市场。这一计划将促进电影制作者与发行商之间的合作。

现存问题：由于所有的投资基金都设定期限为5年（有的还规定为7年），很多投资者停止了向基金注入热钱。这也导致政府和基金运营人开始收紧政策。现在不仅是政府需要承担失败的电影项目带来的损失，所有的投资人也要根据投资份额，而公平地分担这份痛苦。

姜宇锡电影基金会

2005年，韩国国内认为电影处于危机的边缘，一年有100部电影制作完成，但是小投资的优秀电影没上映就在市场里夭折。电影服务公司和CJ电影公司等大公司也不例外，虽然具备了优秀剧本和制作团队，但就是因投资资本问题不能开机。

2006年9月25日姜宇锡电影基金会成立，高达500亿韩元，以曾执导过电影《实尾岛》《公共之敌》《韩半岛》的姜宇锡导演的名字命名。首席审查委员由誉为韩国电影产业奠基石、现2.0工作室的代表金承范担任，张润贤等5位年轻的专业人员任审查委员。

资金来源：姜宇锡导演与信保创投社注资。姜宇锡导演之前也陆续收到了来自韩国国内创投社及投资社提交的电影基金会构成提案，选择了运作条件最自由和资金规模最大的提案提交者——信保创投，短期内应对了公然暴突的"韩国电影危机论"。

（2）日本

日本文化产业的发展主要得益于政府的各项财政、基金扶持以及灵活的投资体制。公司、基金会和个人的商业性赞助及公益性的捐助是文化艺术团体经费的主要来源，其数额是高于各级政府的资助和拨款的。政府对文化事业及相关产业给予了不同的财政支持：一是中央政府直接提供赞助、补助和奖金等；二是地方政府都设立支持文化事业发展的财政预算；三是政府通过文化登记制度、税收减免制度等扶持措施，鼓励企业对文化产业的投入。

日本最为突出的基金是日本艺术文化振兴基金，该基金由日本政府1989年设立，政府出资541亿日元，民间团体征集112亿日元，由日本艺术文化振兴会主管运行。振兴会主要对600多亿日元资金进行运作和经营，依靠基础资金的盈利资助团体每年从这笔钱赚的钱中拿出18个亿日元资助，主要面向各类艺术节。在基金设立初期，主要依靠600多亿日元资金存款利息，大概有30多亿日元投入资助；目前由于利息较低，每年降低到18亿日元。按照规定不能进行高风险的投资，例如，不可能买股票等，总之，其原则是本金600多亿日元不能缩水。现在的增值方式主要是购买国外的国债、储蓄等，此前还只能储蓄，现在可以购买国外国债。

该基金每年11月份面向全国征集资助项目，必须是团体、协会才能申请此项基金，到次年3月份确定。一般而言基金提供每年所需要的钱的一半，在整个活动完成之后，由振兴会审查项目运行情况良好的再拨付后期资金。对基金的管理上，振兴会内部有监察、自查制度，也有审计事务所进行审计。在运行的时候都是由专门的部门运营，每年设计并选定运营方案，另外文部科学省也有管理方案，总之就是内部、外部管理方案都有。

目前，日本没有支持企业进行国际交流的基金，只有资助国内的文化发展的。2007年还有资助在日本国内进行的国际交流活动的（不支持在海外进行的活动），主要用于资助请国外的人来在国内演出的活动，不支持国内企业、团体去国外的活动。2008年就没有此类活动了。

基金的运行取得了良好的社会反响，各个民间文艺团体都希望自己的活动能够取得基金的支持，虽然资助的额度可能并不高，但会成为一分荣誉，能够得到很好的社会认同和声誉。

6. 大洋洲：澳大利亚、新西兰

（1）新西兰

新西兰电影产业近年来发展十分迅速，这与新西兰电影委员会近年来采取的一系列支持措施密不可分，就电影基金领域而言，新西兰电影委员会针对电影产业的不同环节设立了不同的基金进行相应的资助，下面以"新西兰电影基金"为例，对其进行介绍。

"新西兰电影基金"由新西兰电影委员会（NZFC）于2006年7月成立，用来对大预算的新西兰电影进行投资并管理。

初始目的：

a）支持有经验的、成功的新西兰电影人，使他们能够制作出比那些通常能够得到NZFC支持的规模更大的故事片。

b）帮助新西兰电影人才发展以期赢得国际商业投资者的未来资助。

c）吸引其他资金对新西兰电影产业进行资助，包括海外资金。

d）留住国内成功的制片人、导演、作家、演员和剧组，以防止他们被迫寻找海外机会。

管理构成：

新西兰电影基金会由一个由4名成员（全部为新西兰人）组成的委员会进行管理。委员会成员分两类：一类是新西兰电影委员会委员或提名委员；另一类是由新西兰电影委员会依据各种知识、技能和经验（包括金融、法律和银行的技能、知识与经验，以及本国和国际电影业的相关经验）选定的独立人士。

电影委员会授权电影基金会决定对哪些项目进行投资、投资数目、性质，以及该投资的商业条件和附加文件的形式等，并有权制订有关的政策要求。

资金来源：

电影基金的前身是新西兰电影制作基金，该基金于2000年6月作为信托基金成立，共获得新西兰政府拨款2 200万美元（包括消费税）。新西兰电影制作基金共投资7部故事片。实际每年能获得的具体资助数目由电影基金与新西兰电影委员会协商决定。

（2）澳大利亚

与新西兰类似，澳大利亚政府新近成立的Screen Australia下辖的发展基金（Development Funding）和制作投资（Production Investment）对电影制作进行资助。发展基金延续了其前身澳大利亚电影委员会对戏剧、纪录片、动画、电视、跨平台数字媒体等多个项目提供财政支持。具体的项目有：支持从业者计划（Practitioner Support）、商业风险计划（Screen Business

Venture Program)、本土计划（Indigenous Programs）等。制作投资根据确定的指导方针（另附）投资于各种各样的澳大利亚电影和电视节目，如故事片、成人电视连续剧（短剧和电视电影）、儿童电视剧（短剧和电视电影）、纪录片（国内和国际）等。

1991年3月，澳政府出台了文化组织登记制度，任务单位和个人向这些已登记的文化组织（目前已有将近1 000个）提供赞助便可免纳相应数额的收入所得税。同时，澳政府设立了专门机构（澳大利亚人文基金会）为企业和文化机构双方牵线搭桥，提供咨询；出版期刊宣传和指导；实施有关减免税政策。为了加强文化机构与商业企业之间的合作，达到互惠互利的目的，澳政府还设立了商业艺术基金。这些措施大大激发了企业和个人向文化机构提供无偿捐赠或商业赞助的积极性。

在过去几年中，澳文化产业之所以向前发展、文化市场日益繁荣，商业赞助起到了至关重要的作用。通过赞助形式表现出来的商业参与文化活动，正成为一个重要的筹集资金的方式，同时，文化产业也显示出与其他行业竞争赞助的能力。

在政策指导下，政府通过直接拨款、文化组织登记制度、税收减免等扶持措施来鼓励大家对文化产业的投入。和其他国家一样，澳大利亚文化产业从政府得到的资助也不可能满足其需要，但政府的作用主要是为其创造良好的产业发展环境，使其得到各方面的资助。

7. 非洲：南非

南非是非洲大陆文化产业最发达的国家，在世界范围内也是独树一帜。其文化产业之所以能够得到良性循环的发展，在某种程度上得益于南非三大文艺基金会：国家艺术委员会、南非文化艺术信托基金会和南非企业艺术基金会。其中，"南非企业艺术基金会"（Business&Arts of South Africa）最为突出。与意大利歌剧院基金会一样，该基金会也不是专为影视领域而设立的基金会，但其模式推动了南非文艺的发展。

"南非企业艺术基金会"于1997年2月3日由文艺科技部（2004年4月文艺部和科技部分成两个部门）和企业界共同发起成立。调动企业界和全社会对文化产业资金投入的积极性，建立企业与文艺团体互利互惠伙伴关系，企业资助某文艺团体，该文艺团体通过宣传和演出来提升该企业产品和服务的知名度。

宗旨：向会员企业提供文艺信息和赞助咨询，组织大型文艺活动的筹款等。基金会指导企业会员赞助文艺单位的某一项目，并根据该项目的规模提供自己的相应资助，但基金会所提供的资金数额不会超过企业本身资助该项目的资金总数。

管理构成：姆贝基总统为该基金会的赞助人，姆贝基夫人受聘为董事。基金会设立了审计、执行和人才3个委员会，定期向董事会提出评估与建议。其职责分别如下：

1) 审计委员会。该部门由4人组成，其中设审计主任1名。每年审计委员会成员集中两次，制订出财政年度中期和末期审计报告，供董事会成员决策参考。2003年6月24日由董事会讨论通过了该基金会的《审计章程》。审计委员会的人员在南非《公共财政管理法》《财务条例》和《公司法》的框架内履行其职责。

2）执行委员会。该部门有8名成员，设执行主任和副主任各1名。执行委员会主要负责和管理基金会的日常工作。每个财政年度召集6次会议，邀请基金会所有的主管负责人出席会议，以便及时沟通信息，做出正确的决策。

3）人才委员会。该部门人员编制为4人，但正、副职主任由执行委员会主任和副主任兼任。该部门负责管理基金会日常工作人员的工资、培训、医疗等费用，但无加班费、房贴费和其他津贴。

此外，基金会还在开普敦、伊丽莎白港和德班3个城市设有代表，分别协调基金会在这3个地区的工作。这3个代表的职责是：（1）在当地更广泛地宣传该基金会；（2）吸纳当地基金会成员；（3）鼓励当地企业与艺术界建立合作关系；（4）协助当地艺术团体向基金会申请文艺项目赞助；（5）向基金会总部及时通报当地企业与艺术界合作的信息和进程；（6）完成基金会在当地的项目或计划。

资金来源：自基金会成立之日起，文艺部每年向该基金会拨款200万兰特（美元与兰特之间的比价约为1∶6），作为促成企业赞助文艺项目的启动资金，拨款数量逐年递增。2003年和2004年分别为300万和350万兰特，约占基金会所筹经费总数351.2万（2003年）的85.4%和421.8万（2004年）的82.9%。2005年，文艺部的拨款为410万兰特。尽管文艺部的拨款数量占基金会集资数量的大部分，但文艺部并不干涉基金会的日常工作。

基金会采用团体会员制，现已有100多家企业团体会员，每年按企业雇员人数收集会费，其中企业会员交纳会费的标准为：1 000个职员以上的企业会费为12 500兰特；200～1 000人的企业为6 000兰特；50～199人的企业为3 000兰特；1～49人的企业为1 250兰特。2003年和2004年所集基金会成员费金额分别为41.9万和54万兰特，分别占基金会经费总数的14.6%和17.1%。基金会作为审核和拨款机构，一般不直接与文艺单位接触，而是鼓励和支持当地企业与文艺单位联系资助具体文艺项目的事宜。

资助流程：经基金会审核、同意后，基金会给受助文艺单位拨出一小部分象征性资金，绝大部分文艺项目赞助金是由赞助企业提供。前者的金额数在基金会的年度报告和相关网站上公布；而后者的赞助金总额不对外公布，具体赞助金额数量的多少主要靠赞助企业和受助文艺单位之间友好协商与合作的程度而定。

文艺单位和相关企业之间进行协商，共同填写《赞助计划》，并且至少在文艺项目实施8周前递交给基金会审核。为了提高每个资助过程的可操作性和透明度，该基金会将在其网站（www.basa.co.za）上登出相关文件、资料和信息，包括《赞助计划》在内的所有申请材料都可以直接从网站上下载。该材料中详细注明了双方的权利和义务，一旦双方协商成功，即可填写该计划中的所有栏目。

基金会的执行委员会每6～8周召集一次审核会议，讨论评估每份《赞助计划》的实施可行性。执行委员会有权审定单项费用为50万兰特以下的资助计划，若超过该资金数目的申请计划时，则需递交基金董事会讨论通过。若《赞助计划》获得批准，基金会按期将自己赞助的资金转入受资助文艺单位的银行账号，赞助企业也相应地给文艺单位提供商定的资助款。文艺单位则在收到两笔资金后，在规定的时间、地点，实施《赞助计划》中具体规定的文艺项目。受助文艺单位在演出或开展文艺活动过程中，为赞助企业履行宣传、扩大影响的义务。

在上述一整套的审核与拨款程序下，基金会资助的文艺单位范围涵盖了南非表演艺术和视觉艺术的方方面面，有演出、展览、文学创作、民间和现代艺术、青少年艺术教育，等等。同时，自1997年基金会成立之日起，为了鼓励资助企业和文艺单位建立富有成效的合作关系，基金会每年公开评选和奖励一部分成功开展合作项目的资助单位。其奖励分为以下11个类别：

（1）新艺术最佳资助使用奖。奖励资助新的原创艺术，如表演、视觉和文学等方面的资助企业，且受助文艺单位有效地利用了资助的资金。

（2）首次资助奖。奖励第一次资助文艺项目的企业，不管其企业的大小或预算的多少。

（3）传播艺术奖。奖励积极向残疾人或在城市和农村很少有机会接触艺术作品的人群宣传艺术的企业。

（4）国际资助奖。奖励把国际先进艺术项目引进南非或资助南非艺术走出国门的企业。

（5）长期发展奖。奖励资助一个3年或更长时间进行文艺开发或扩大项目的企业。

（6）媒体资助奖。奖励一贯支持文艺单位发展的新闻、印刷媒体部门。

（7）单项资助奖。奖励给予一个文艺组织巨大资助或系列项目资助的企业。

（8）小企业资助奖。奖励给予文艺单位重要资助的小企业，其职员人数为200人以内，且年产值低于1 000万兰特。

（9）慈善援助奖。奖励给予文艺单位非财政资助的企业。

（10）战略资助奖。奖励最佳地利用一个资助项目（有3～4个分项目）作为资助企业总体市场运作的一个有机组成部分。

（11）资助青年奖。奖励资助有青年艺术家或青年观众参与的、具有寓教于乐的文艺项目的企业。

资助成果：自南非企业艺术基金会成立以来，已累计赞助了约800个文艺项目，平均每年资助约100个项目。该基金会妥善地利用一小部分政府拨款，调动了巨大的社会资金来支持基层文艺单位进行文艺项目的开发、利用和宣传。

四、区别于非营利性基金会的私募股权基金管理分析

私募股权基金（Private Equity Fund，PE）是以私募方式筹集资金，长期投资于企业股权或项目权益的集合投资。但因其营利目的而在很大程度上被排斥在传统意义的非营利性基金会的研究视野之外，但是，其在融资环节越来越重要的作用，值得我们对其进行研究与关注。

由于私募股权基金具有高风险与高回报的特性，而电影项目正具备这种特征，加上其运作周期也非常适合于私募股权基金的投资周期，因此，最近几年来，电影越来越受到私募股权基金的青睐，在好莱坞，行业外资金投资电影大约占到了电影总投资的50%，这些行业外投资很

大部分是以私募股权基金的方式运作的。在好莱坞，PE 逐渐成为电影投资的一个重要资金来源，即便是八大电影公司投拍的电影，也有差不多一半左右资金来自 PE。

1. 私募基金募集方式

通常是由私募基金以高收益债、低收益债和优先股等不同品种的金融产品吸引风险承受能力不同的投资者而完成，其具体融资方式如下：

（1）股权融资。融资时间通常在 5～7 年之间，片商一般会和投资方协议在特定的时期内回购融资方的股份，既保全影片版权的完整，又保证投资方良好的退出通道。

（2）夹层融资（Mezzanine Financing）。一般采取次级贷款的形式，也可采取可转换票据或优先股的形式。夹层次级贷款期限较短，一般为几个月。投资方要求片商找一个权威性的销售代理商，评估未完工影片可能的未来收入，核定贷款额度，同时有专门的保险公司（completion bond company）承保，为银行提供完工保证（completion bond），制作公司将制作费的 2%～6% 支付给保险公司。

（3）优先级债务贷款。制片商把地区发行权卖给指定地区发行商时得到"保底发行金"，这相当于发行商的预支。优先贷款实际上是以预售发行权合约为担保，以保底发行金为还款来源。

（4）发行 AAA 级债券。一般由投资银行以影片的 DVD 销售收入和票房收入为基础资产，向投资者发行证券化产品。

2. 投资方式

基金的管理者往往具有相当丰富的电影从业经验，同时又具备金融背景。其投资内容不同于投资单个电影的游资，会对影片全程进行监督，帮助制片、发行、推广部门合理调配资金，避免资金滥用。管理人善于运用合理的投资方法和恰当的金融工具规避电影项目的高风险，保证其稳定的回报，具体包括：

（1）发行权预售

在美国，电影融资最重要的抵押物就是预售合同。在拍片之前，制片人或发行人通常会以演员阵容和剧本作为基础，进行全球发行预售，制片人由此可获得一份发行预售合同，收取一定数量的定金；同时，这份预售合同也可用于向银行或其他金融机构获得贷款。

（2）运用完成保险（completion bond）等金融工具控制风险

在好莱坞，每一部电影都必须购买这份保险，以避免突发事件风险，确保影片的顺利完成。

（3）用组合投资的方式分散风险

由于电影产业运作的特殊性，电影的成功很大程度上依赖于制片人对市场、剧本、导演、演员等的把握，因此，单片投资的回报不可避免地存在较大不确定性。而电影私募股权基金的管理人采取多元投资方式，运用科学的投资模型设计投资组合并合理安排投资资金，从而最大限度地保证了投资的稳定回报。

（4）规范的项目管理和财务制度

一部电影的回报期少则两年，多则三五年。这个特性，决定了私募股权基金投资电影首先关心的不是短期利润，而是资金安全，因此，电影私募股权基金的管理者给电影带来的不仅仅是资金，更是娱乐行业最缺少的规范管理和财务制度。

3. 与传统基金会的区别

同样是基金管理机构的基金会与私募股权投资基金管理公司差别在于以下几点：

（1）组织形式不同。传统意义上的基金会是非营利组织，不以盈利为目的。私人股权的基金管理公司是以盈利为目的的组织。

（2）所有权关系不同。基金会基金的建立基于捐赠关系，所有权发生转移；而私募股权投资基金其形成则是投资行为，所有权归投资人。具体而言，传统意义的非营利基金会其财产所有权不再属于捐赠人，不能收回，捐赠人不再享有财产的占有、使用、支配和收益权，财产的转移不可逆。而私募股权投资基金的投资者可以投入一定的货币资金来购买对应份额的基金，也可以随时出售或赎回。即投资者可以随时变现收回资金，并享有投资期间的增值收益。

（3）基金设立目的不同。基金会设立基金，目的是通过合理使用，服务于社会公益事业，谋求社会公共福利的增加和社会效益的最大化。而更广泛的私募股权基金则属于金融产品，目的是为投资者的资金提供保值增值服务，其目标是获取利润。

（4）基金的管理方式不同。由于所有权关系和追求目标的区别，两种基金在管理方式上有很大区别。私募股权基金管理机构接受投资人委托，将基金投资于制片市场或其他影视基金，在管理中受投资者意愿的影响，在收益性、风险性、安全性三者之间，更强调收益性。而传统意义上的基金会基金由于具有社会公共财产的属性，管理上主要强调安全性，收益是次要的。

（5）传统意义上的基金会虽然运营支出全部来源于基金及其增值，但基金会作为管理者并没有自己的利益，基金会的任何收入都不能用于分配。而私募股权基金的管理公司可以获取管理费用，形成利润，这部分利润可用于管理者分配。

4. 私募股权基金案例分析

目前亚洲市场上活跃的私募股权投资管理公司有如下几个：

（1）亚洲电影基金（Asian Cinema Fund，ACF）

2007年11月，韦恩斯坦兄弟（Weinstein Company）投资2.85亿美元，建立亚洲电影基金。韦恩斯坦兄弟是《指环王》《英国病人》等片的制片人，也是米拉麦克斯公司的创始人及经营者。曾出色发行张艺谋的《英雄》并在北美创造了票房奇迹。此后，韦恩斯坦公司又发行过《龙虎门》等多部华语片，非常了解中国市场的巨大潜力。

资金来源：由Comerica银行牵头和组织的银行财团将提供优先级债务融资。大陆娱乐资产公司（Continental Entertainment Capital）和总部设在纽约的以色列贴现银行还将参与优先级债务设施建设。股权融资将由渣打全球营销公司和PMA资本管理公司代表由其管理的投资基金提供。

投资内容：未来6年以亚洲人为主题的电影的开发、制作、采购、营销和发行。

超过50%的资金将投资给21部中国影片。包括各种各样的剧情片和电视电影（Direct-to-Video），此类影片将大多在亚洲拍摄，探索亚洲地区独一无二的文化内涵。在这一基金的有效期内，韦恩斯坦影业公司将参与制作或购买21部剧情片和10部电视电影。

除了开辟亚洲电影市场外，韦恩斯坦影业公司还将保留在全世界发行影片和DVD版权的业务，即拥有影片的发行权，由其专门发行亚洲电影的子公司龙朝公司进行发行。

（2）"铁池"电影私募基金

由原来在哥伦比亚、华纳兄弟等美国电影公司担任高级管理职位的数名华人经理人联合组建，是美国一家专门投资电影的私人股权投资基金，规模数十亿美元。

资金来源：主要是美国Endgame，这是美国一家专门投资电影的私人股权投资基金，规模数十亿美元。

投资内容：投资中国电影，计划在未来5年内投资拍摄20～30部中国元素的电影。也有部分投放到欧洲电影市场。

（3）中国传媒基金

由美国国际数据集团（IDG）中国媒体基金与中影集团合作建立，规模达5 000万美元，引进好莱坞对影视媒体资金的管理模式。IDG董事长麦戈文认为对比2004年的75亿美元，到2014年整个影视市场的份额将增长到600亿美元，平均增长为21.2%。而影响最重要的是第三屏幕，即电视以及电影屏幕之外的通过无线宽带通信移动终端以及IP电视来进行传播的屏幕。

资金来源：海外有媒体背景的公司。

投资内容：投资国内电影与电视内容制作商为3G用户拍摄短片。

扶持中国青年导演。中影得到投资后，将会在一年内投资15部电影，其中绝大多数都是第一次拍电影的青年导演作品。

（4）韩国的私募股权基金

韩国本土电影在2004年之前已获得接近60%的市场份额，并且电影收入每年都在创造新纪录，人们比以往更看好本土电影行业。2005年1月1日，政府开始对私人风险投资基金进入电影行业放开。与此同时，韩国政府也适时开辟了多个投资基金管理机构，比如韩国电影委员会等，为林林总总投资电影的大小风险投资基金提供系统专业的指导、管理和服务。有3 000亿之多的韩元被注入韩国各种各样的基金当中，这些多种基金对韩国电影市场有着直接的综合效用，为韩国电影业发展打造了雄厚的物质基础。

资金来源：纯粹的独立公司联合体组成投资基金。如新近的620亿韩元的电影新基金主要的5个资金来源为：I-Venture投资合股公司的200亿韩元；Cowel娱乐投资合股公司的110亿韩元；ISU娱乐投资合股公司的110亿韩元；Century-On多媒体投资合股公司的100亿韩元；以及Knowledge and Creation投资公司的100亿韩元。

电影《太极旗飘扬》（*Taegukgi*）是第一部使用这类基金而非常规电影基金拍摄的电影。

投资方式：一次只投拍一部电影，投资额占到电影成本的50%～60%。

优缺点分析：通过联合，这些公司可以有效避免自己被重大失误所伤害。一次只投拍一部电影，能够将所有的注意力都集中到该项目上。其相对于一般的电影基金同时投资好多部电影的好处在于：会明显知晓投出去的钱是不是成功。

但是由于它是若干公司的联合体，如果投资的电影获得收益，那么投资者要面临两重税收：第一重是对电影的税收；第二重是对基金公司收益的税收。

（5）日本的电影制作基金

日本也是以金融机构联合个人投资者组成的电影基金为主，政府成立相关服务机构提供管理与服务。

日本的电影通常能获得由金融机构（包括银行与证券公司）联合个人投资者成立的电影制作基金。这些基金面向比较大的电影制作公司投放。松竹基金允许个人单笔投资低至10万日元（900美元），乐天电影制作基金允许个人投资者的最低投资额低至460美元。

如果观众个人投资于基金，基金则会根据电影票房按照一定比率作出回馈。实际上，这种服务同时为电影提供了免费的宣传与营销。

参 考 文 献

The Nordicom, the information centre on media and media research at Göteborg University regularly publishes analyses of media developments in Sweden（http：//www.nordicom.gu.se）.

The SOM Institute, at the Göteborg University, annually publishes Swedish Trends, presenting data on media and public opinion in Sweden based an surveys（http：//www.som.gu.se）.

Radio och TV-verket（The Government agency for radio and television publishes a yearbook presenting statistics and current trends for the broadcasting area, including satellite and cable）（http：//www.rtvv.se）.

瑞典广播电视委员会网站：http：//www.radiotjanst.se/

TNS Gallup： http：//www2.tns-gallup.dk/.

The Ministry of Culture：http：//www.kum.dk.

The Media Secretariat：http：//www.mediesekretariatet.dk/.

Nordicom：http：//www.nordicom.gu.se/.

DR – The Danish Broadcasting Company： http：//www.dr.dk/.

TV 2 Danmark：http：//tv2.dk/.

The Danish Union of Journalists：http：//www.journalistforbundet.dk/sw921.asp.

Aslama, Minna, Sonck, Fredrik, and Wallenius, Jaana（2006）Finnish Television Programming 2005. Publications of the Ministry of Transport and Communications, 40/2006.（English Summary）http：//www.mintc.fi/oliver/upl327-Julkaisuja%2040_2006.pdf.

Picard, Robert, G.（2003）Media Economics, Content, and Diversity： Primary Results from a Finnish Study. In： Hovi-Wasastjerna, P.（Ed.），Media Culture Research Programme. Helsinki： Academy of Finland, Ilmari Publications, University of Arts and Design, pp. 107-120.

Jyrkiäinen, Jyrki, 2004. Finnish Media： Outlets increase, audiences diversify. The Ministry for Foreign Affairs of Finland, August 2004. http：//virtual.finland.fi/netcomm/news/showarticle.asp?intNWSAID=27113.

http：//www.finnpanel.fi（Television and Radio Audience Measurement）.

http：//www.finlex.fi/en/ （The database of Finnish acts and decrees and legislation）.

http：//tilastokeskus.fi/til/jvie/index_en.html （Media statistics Finland）.

http：//www.radioliitto.fi/asp/system/empty.asp?P=130&VID=default&SID=819276750720767&S=0&C=24716 （Information on commercial radio stations in Finland）.

http：//www.uta.fi/viesverk/fmcs/ （Overview on Finnish Media System）.

http：//www.jsn.fi/english/ （Council for Mass Media in Finland）.

Ministry of Transport and Communications：http：//www.mintc.fi/scripts/cgiip.exe/WService=lvm/cm/pub/showdoc.p?docid=2200&menuid=235.

NORDICOM - Nordic Information Centre for Media and Communication Research. Nordicom http：//www.nordicom.gu.se/?portal=mt&main=natstatpubl.php&me=5.

Nordic Media Trends：http：//www.nordicom.gu.se/. Updated information is available at Nordicom：http：//www.ij.no/omij/aboutij.htm.

MedieNorge provides statistical information about important aspects of Norwegian media. From 2006 the most important information is available in English：http：//medienorge.uib.no/english.

Statistics Norway：http：//www.ssb.no/english/subjects/.

北京市海淀区文化大发展大繁荣纲要研究[①]

[①] 2008年海淀区政府委托课题。主持：熊澄宇。参与：吕宇翔、张铮、王武彬、陈兰芳。

一、海淀文化发展的核心内涵、指导思想
（一）核心内涵
（二）指导思想

二、海淀区文化发展的目标和基本原则
（一）发展目标
（二）基本原则

三、建设社会主义核心价值体系
（一）结合实际，加强理论引导
（二）深化群众性精神文明活动
（三）弘扬民族精神和时代精神

四、大力推进公共文化服务体系建设
（一）增强供给能力，创新服务方式
（二）完善公共文化服务网络
（三）加强文化遗产的保护和利用

五、促进文化创意产业平稳快速发展
（一）重点发展的文化创意产业
（二）健全现代文化市场体系
（三）打造文化创意产业投融资平台

六、推进区域文化创新和文化体制改革
（一）促进区域文化资源的整合与利用
（二）推动文化内容和传播手段创新
（三）创新文化体制机制，推动海淀文化"走出去"

七、建设文化发展保障体系
（一）提高政府服务能力
（二）人力资本保障
（三）文化创意产业经费保障
（四）市场投资环境保障
（五）公共文化服务体系保障

文化是一个国家和民族得以维系的精神纽带，是人类社会存在和发展的灵魂。随着时代的进步，文化越来越成为民族凝聚力和创造力的重要源泉，成为国家软实力和区域竞争力的重要保障，丰富的精神文化生活也越来越成为人民群众的热切愿望。

党的十七大从推进中国特色社会主义伟大事业的战略全局出发，强调加强文化建设、提高国家文化软实力的重要性，明确提出要推动社会主义文化大发展大繁荣，深化文化体制改革，完善扶持公益性文化事业，大力发展文化创意产业，鼓励文化创新政策，繁荣文化市场，增强国际竞争力，掀起社会主义文化建设新高潮。

作为国家的政治文化中心，北京市近年来在文化创意产业和公共文化服务体系方面取得了显著的成果，2005年12月市委九届十一次全会做出大力发展文化创意产业的战略决策，在市委、市政府和市文化创意产业领导小组的领导下，推出了一系列有力举措，文化创意产业持续健康快速发展，经济比重进一步提高，产业支柱地位更加稳固，取得了良好经济效益和社会效益。

公共文化方面，北京市也已经形成了两条主线（政府指导主线、业务指导主线）和四级网络（市、区、街（乡）、社区（村））的服务体系。市财政逐年加大投入，保证了群众文化场所和文化设施的建设，同时大力加强文化产品的供给能力，组织丰富多彩的群众性文化活动，初步实现了公共文化服务的均等化，在国际性群众文化交流、重点群众文化活动、非物质文化遗产保护、群众文艺团体建设、农村文化服务网络等方面取得了显著成绩。

海淀区作为北京城市功能拓展区和国际知名的高等教育与科研机构聚集区，近年来的文化发展也走在了前列。改革开放以来，特别是党的十六大以来，海淀区的经济社会发展取得了令人瞩目的成就，充分展现了包括文化在内的综合实力的作用和影响。2004年海淀文化大会召开后，各级党委、政府以及广大群众推进文化建设的自觉性不断提高，公共文化服务体系建设不断推进，文化创意产业的发展也不断加快，充分展现了社会主义先进文化的凝聚力。

但同时，对照党的十七大以及社会发展的新要求，现阶段海淀文化的发展与经济社会发展、教育科技发展还不完全适应，与人民群众日益增长的精神文化需求还存在一定的距离，公共文化服务能力和水平有待进一步提高，海淀题材的原创文化精品也有待进一步加强，文化创意产业涉及领域亦可以进一步拓宽，文化产品丰富程度和服务出口能力还可以进一步增强。

面对新形势、新任务，海淀区党委和区政府已经充分意识到推动文化繁荣发展的紧迫感、责任感和使命感。要在社会主义文化建设方面迈出新的步伐，取得新的进展，首先必须统一思想，明确目标。为使全区干部群众在新的起点上准确把握文化发展的重要战略机遇，以更深刻的认识、更开阔的思路、更有效的政策、更得力的措施、更积极的热情，掀起文化大区建设的新高潮，真正推动海淀区文化的大发展大繁荣，特制定本《纲要》。

一、海淀文化发展的核心内涵、指导思想

（一）核心内涵

文化具有鲜明的时代和地域特征，不同的历史时期都会创造出属于自己的时代文化，不同的地区也会形成不同的文化氛围。当前的海淀，正处于文化发展战略上的关键点，面对新时代、新课题、新使命，对照海淀区"十一五"发展规划所提出的"新跨越、新海淀"的战略目标，必须打造海淀的"新文化"，推动区域的新发展，并将"新文化"明确为海淀区文化大发展大繁荣的核心内涵。

文化是引领经济社会发展的先导和旗帜，是引导社会发展的决定性因素，是国家、民族、社会精神的最深层次的内涵和风貌，也是社会制度形式和社会行为的表现方式。海淀的"新文化"可以体现为：新内涵、新业态、新体制、新发展。

新内涵：海淀文化要在继承中华民族传统文化精髓的基础上，广泛吸纳世界文化的最新潮流，推进文化的现代化、国际化。海淀的文化发展必须立足海淀，面向世界，走向世界。通过吸纳世界最新的文化理念，不断充实、丰富海淀文化的内涵，做到不落伍、立潮头。

新业态：海淀文化的新业态包括两个方面的内容，一是利用区内高新技术的发展优势，积极推动文化创意产业的新业态，形成一批在国内外有影响的自主知识产权文化产品，并积极拓展上下游产业链，形成完整的产业体系；二是积极完善公共文化服务体系，为人民群众创造更加丰富的业余文化生活方式，形成文化事业和公共文化服务的新形式。

新体制：在推动公共文化服务与文化创意产业健康发展的过程中，政府部门首先应当是一个服务者，其次还应当扮演引导者与协调者的角色。要打破以往块块分割、行业自立的局面，促进区域文化资源的整合、利用，推动海淀文化体制改革，形成充满活力的创新机制，加快金融要素市场建设，搭建海淀框架下的文化创意产业的投融资平台，吸引国内外产业的聚集。

新发展：当前，以互联网络为代表的信息传播技术在很大程度上改变了人们的生活面貌。海淀要充分利用区内科技和教育优势，积极推动信息产业与文化产业的融合，改造传统文化生产和传播模式，开拓新型文化产业和文化服务，提升文化创意产业的整体技术水平和竞争实力，并努力推动海淀文化的"走出去"战略。海淀文化的新发展可体现在创新性文化产品、公共文化服务基础设施、人民群众的精神面貌，以及国内国际文化竞争力等诸多方面。

（二）指导思想

海淀区文化大发展大繁荣要在十七大精神的指引下，以邓小平理论和"三个代表"重要思想为指导，全面落实科学发展观，牢牢把握先进文化的前进方向，遵循社会主义精神文明建设的特点和规律，适应社会主义市场经济发展的要求，以解放思想、更新观念为先导，以保障人民群众的基本文化权利、满足人民群众日益增长的精神文化需求为目标，以体制机制创新为动力，以优势产业和公共文化服务为重点，以重大文化基础设施和活动项目为抓手，以建设高素

质文化人才队伍为保证,以政府决策为引导,以促进海淀和谐社会建设为目标,解放和发展文化生产力,大力推动文化艺术创作,繁荣文化事业,提升文化产业,不断提高海淀区的国内国际竞争力和人才吸引力,在文化发展上形成与海淀教育、科技相呼应的"文化大区"。

二、海淀区文化发展的目标和基本原则

（一）发展目标

通过3～5年的努力,基本实现《海淀区国民经济与社会发展第十一个五年规划纲要》《海淀区"十一五"文化发展规划》和《海淀区发展文化创意产业行动计划》中所提出的目标任务,在产业方面,力争2010年区文化创意产业收入占全区GDP的30%左右,重点发展软件与信息服务、动漫游戏、新闻出版、影视音像、设计服务、文化教育培训、以及艺术、旅游和休闲娱乐等产业领域;在公共文化服务方面,集中对重点文化项目进行建设,并建立专项资金对各个乡镇和街道的公共文化服务中心给予支持和投入,构建结构合理、发展平衡、网络健全、运营高效、服务优质的文化网络覆盖全社会,使文化发展水平与海淀区的科技、教育、社会经济发展水平逐步适应,实现海淀科技、教育、文化的三足鼎立。并努力做到:社会主义核心价值体系深入人心,公共文化服务体系更加完备,文化创意产业发展充满活力多重关系的高度协调。

海淀区文化大发展大繁荣的中期目标在于:建设与海淀区经济社会发展水平相适应、基本满足人民群众基本文化需求的文化格局,实现管理体制通畅,运行机制有活力,文艺创作繁荣,文化活动多样,文化创意产业达到北京市领先规模,文化设施功能配套,文化人才活跃、年龄结构合理,文化市场开放有序,社会精神风貌积极健康向上。通过不懈努力使海淀区真正成为首善之区、示范之区、文明之区、和谐之区。

长远来看,文化建设的主动性会带来社会文明程度和社会形态的改变。将海淀区的文化发展视为一个社会形态变化的过程,即可探索高新科技与传统文化、流行时尚与历史遗存的融合互补,"硬实力"（产业经济）与"软实力"（思想文化）的平衡并重,企业（组织）与个人和谐多赢的全新模式,最终实现历史与现代、自然与人文、坚守与开放的包容与平衡,构建全面发展、科学发展的社会主义和谐社会。

（二）基本原则

充分体现社会主义核心价值体系。以社会主义核心价值体系为根本,使之成为海淀区文化大发展大繁荣的行动指南。坚持为人民服务、为社会主义服务的方向,大力发展先进文化,支持健康有益的文化,努力改造落后文化,坚决抵制腐朽文化。

以公共文化服务体系的建设为重点。着力保障和实现人民群众的基本文化权益,不断提高海淀区的公共文化服务能力,使广大人民群众共享文化发展成果。注重发挥文化的教育引导功能,努力提高人民群众的文明素质,促进人的全面发展和社会全面进步。

努力实现社会效益和经济效益的最佳结合。在大力推动适合海淀区发展的文化产业时，要始终坚持把社会效益放在首位，在保证社会效益的前提下进行区域文化产业的规划与扶持。

把文化创新作为文化发展的基点和动力。充分调动海淀区的科技、教育力量，激发全社会的文化创造力，推进文化与经济、科技的融合发展，不断推出文化创新成果，切实增强文化软实力和区域竞争力，推进文化体制改革与机制创新，为文化发展提供强劲活力。

继承和发扬中华传统文化。加强对海淀传统文化的保护和挖掘，体现传统文化的民族性和时代性；加强优秀文化传统教育，推动文化产品和服务出口，加强对外文化交流，不断增强中华文化的国际影响力。

全面推进，重点发展。从海淀区经济社会发展全局出发，着眼长远，立足当前，针对文化建设的薄弱环节，既注重统一部署、整体推进，又注重突出重点、突破难点、形成亮点，力争在重点工作、关键环节上取得实质性进展，带动海淀区文化的全面繁荣。

三、建设社会主义核心价值体系

（一）结合实际，加强理论引导

推进重大理论和现实问题研究。结合海淀实际，以重大现实问题研究为主要方向，研究和回答干部群众普遍关心的热点问题。深入开展"中国特色社会主义在海淀的实践"研究，回答海淀区政治、经济、文化、社会建设所面临的各种问题，努力形成一系列基础理论研究成果，推进哲学社会科学的繁荣发展。

重点支持文化方面的优势学科和重点研究基地建设。利用海淀教育大区的有利条件，充分利用名校聚集的优势和权威文化研究机构的影响，大力推进文化研究工程。加大对基础研究和应用对策研究的投入，坚持以项目为纽带，以首席专家为龙头，加大对人才和精品的激励力度，建立健全富有活力的运行机制，形成一批有较高学术价值和社会效益的研究成果。成立海淀区文化发展专家咨询委员会，时刻为海淀区文化的发展方向把关诊脉。

构建和谐向上的社会舆论环境。投入力量加强海淀新闻中心的建设，争取用一段时间打造出海淀自身的媒体品牌，利用已有的海淀有线电视频道和中关村动漫基地的有利资源，制作多种形式的文化娱乐产品，在服务大众的同时加强主流声音。同时，有效利用海淀高科技发展优势，探索理论学习和宣传的有效形式，积极研究运用互联网、手机等新的信息和文化服务手段，努力构建科学有效的舆论引导机制。建设样板工程，促进文化产品的数字化、网络化传播，积极配合实施国家重点网络文化工程项目，构建和谐向上的主流舆论，形成一批具有海淀特色的网络文化品牌。

（二）深化群众性精神文明活动

深化文明单位创建活动。2003年以来，海淀区大力开展了文明社区、文明单位、文明村镇、文明街道的创建与评审工作。几年来，已有多家单位、社区获得全国文明单位的称号，今后，海淀区将更大力度地深化文明单位的创建活动，力争在全区范围内实现人与人、人与环境、人与社会的全面和谐发展。

加强农村精神文明建设。海淀区的北部地区，约占全区总面积的52%左右，有62个行政村落，6万左右的农业人口。近年来，随着党和国家新农村建设的不断投入，农村精神文明成果也不断出现，已有四季青镇门头村和苏家坨镇车耳营村等7个和谐村镇样板和海北绿园等60个和谐村镇示范点。今后要继续加强各村镇的公共文化服务体系建设，在引导农民共同致富、倡导文明向上生活方式、加强科学文化知识培训、强化法制教育等方面，进一步提高农村精神文明建设水平，不断扩大建设成果。

组织形式多样的群众文化活动。海淀区近年来持续开展"文化下乡""农民艺术节""五月的鲜花""夏日文化广场""文化服务下基层"等全区性群众文化活动，取得了较好的社会效益。今后，区政府将以更大的投入力度支持各类群众文化艺术活动，使各种公共文化服务资源向最广泛的人群延伸，满足广大人民群众日益增长的精神文化生活需要。

（三）弘扬民族精神和时代精神

坚持理想信念与爱国主义的统一。弘扬民族精神，最重要的就是坚持和发扬中华民族的爱国主义传统。海淀区要以重大纪念日、民族传统节日、重要节庆活动、重大事件等为契机，开展丰富多彩的爱国主义宣传教育活动；还要切实加强思想道德建设，建立与社会主义市场经济体系相适应、与社会主义法律法规相协调、与中华民族传统美德相承接的社会主义思想道德体系。

坚持继承与创新的统一。海淀区既有以三山五园为代表的文化底蕴，又有以创新为核心的中关村精神，要坚持继承与创新的统一，适应时代发展的要求，与时俱进地丰富和发展海淀精神。同时，要努力探索典型宣传的新形式、新载体，大力宣传海淀文化发展的新风貌，丰富和发展民族精神的内涵。

坚持民族性与时代性的统一。按照十七大的全面部署，文化建设是增强民族凝聚力和提高国家文化软实力的重要手段。作为首都经济发展大区，海淀要充分利用各种资源，在全社会牢固树立共同的理想信念和精神支柱，把民族精神升华为建设中国特色社会主义的共同理想信念；要坚持文化建设为人民服务、为社会主义服务的方向和百花齐放、百家争鸣的方针，不断增强中国特色社会主义文化的吸引力和感召力。

四、大力推进公共文化服务体系建设

（一）增强供给能力，创新服务方式

增强公共文化服务供给。强调"以人为本"的基本原则，把保障和维护海淀区城乡居民的

文化权益，满足海淀区城乡居民的文化需求作为海淀区公共文化服务的出发点。针对海淀区人群分化明显的特点，进行广泛深入的调研，摸清海淀区居民的文化需求，不断提高公共文化产品的规模、质量和水平。加强面向基层、面向群众的精神文化产品创作生产；广泛开展群众性文化活动，鼓励和支持特色文艺团队的建设；增加送书下乡、流动电影放映等活动的覆盖范围和提供数量；继续举办"海淀区文化节""中关村文化艺术节"等丰富多彩的群众文化活动；树立海淀文化服务的品牌，在公共文化产品和服务的生产供给上，要关注民生、反映民情、符合民意。

建立公共文化服务多元供给体系。在继续扩大财政投入力度的同时，探索公共文化社会办的路子，加快政府职能转变，由过去既管文化又办文化向引导、监管、服务转变，做到有所为有所不为。把文化创意产业推向市场，综合运用各种投融资工具、财税优惠政策和激励机制，促使各类民间资本和生产要素向公共文化服务领域合理流动；结合政府权威型供给、市场商业型供给、第三方部门志愿型供给和居民自发型供给，形成政府主导、社会参与、市场运作、多方投资的公共文化发展格局。

创新公共文化服务方式。成立海淀区公共文化服务创新小组，负责调研、考查、收集、论证公共文化服务创新的各种建议以及设想的可行性，以促进公共文化服务和产品的不断"更新换代"，满足各层面居民不断提高的文化需求；健全公共文化设施服务公示制度，建立公共文化服务信息平台，编印海淀区公共文化服务地图和指南；结合定点服务与流动服务，推动公共文化服务向社区和农村延伸；发挥政府在公共文化服务中的主导作用，采用依据需求定制、招标选择供应方、提供菜单式服务、及时免费配送的方式，向基层、低收入和特殊群体提供免费文化服务。

（二）完善公共文化服务网络

加强公共文化基础设施建设。按照高起点、高标准和适度超前的要求，集中力量改建和新建一批具有海淀特色的公共文化服务设施，逐步形成与海淀经济、科技、教育发展相适应，能够满足人民群众需求的大型文化设施体系，解决长期以来困扰海淀图书馆、文化馆、博物馆、影剧院、艺术馆的发展问题。厘清管理机制，明确相关公益性事业单位性质，剥离经营性产业，保障人员配备，加大财政投入，加强社区文化中心、村文化活动室等基层文化阵地建设。

充分发挥现有文化设施作用。通过加强媒体宣传、提供便民措施等办法，提高图书馆、博物馆、文化馆、艺术馆的群众认知度，增加到馆率和资源利用率。完善管理，增强活力，努力增加活动内容，变换活动形式，增强活动吸引力，鼓励区域企事业单位利用文化场馆举办各级各类文化活动。建立健全绩效考评办法，对各公共文化服务组织机构进行定期考核评估，完善监督与激励机制，杜绝空壳化和闲置浪费现象。

健全公共文化服务网络，实现公共文化服务均等化。海淀区人群分化明显，既有高学历、高收入的城市白领阶层，也有北部地区以农业生产为主的较贫困人群；既有世代居住于此的老北京，也有因工作原因新近入住的年轻一代，还有大量来京务工的外来人员，因此需要因地制宜，统筹规划，以满足区内群众多元性差异化的文化需求。在都市地区，要不断适应新的文化发展趋势，创新文化产品和服务内容，满足人们对精神产品的不懈追求；农村地区则要加强农村乡镇文化站和村文化室的建设，保证区域内居民能够便捷地参与公共文化活动。要让公共文化服务深入区域内的每一个角落，惠及全民，确保海淀区居民有机会、有能力、有权利接近与公民基本权利有关的公共文化服务项目。

引导居民积极参与到公共文化建设中来。根据海淀区的具体情况，加强基层社区和农村的公益性文化阵地建设，组织多种形式的文艺团体和民间文化社团，挖掘和开发区域内相关企业、机关和学校中的人力、智力资源，组织泛社区的文化活动团队，开展文艺汇演、秧歌大赛、合唱大赛等各种类型的文化活动；推动群众间的文化交流，实施街道、乡镇基层文化活动互动工程，可采取汇演、调演、比赛、"结对子"帮扶、群众文化折子工程等多种形式，加大街道、乡镇之间的文化交流，促进区域文化平衡，积极营造活跃、健康向上的文化氛围；加强与国内外其他地区的文化交流活动，打造多元融合的文化新气象。

（三）加强文化遗产的保护和利用

加强历史文物的保护和利用。海淀区拥有颐和园、圆明园等多处著名历史文化遗迹，还有散落在区内各处的文物古籍，因而要增强文物保护意识，拓展、利用区内的历史文物资源；保证专项资金投入，恢复和维持重点文物保护单位及重要文化遗产的历史原貌，避免出现文化遗产和周边环境相冲突的"孤岛"现象。除旅游业外，可从教育功能、会展功能、休闲功能等角度对历史文物进行合理开发，利用海淀高科技资源集中的优势，开发虚拟环境的颐和园、圆明园景观建设，以及文物展示工程，整合资源，树立品牌，发掘和弘扬"海淀文化"。

加强非物质文化遗产的保护和传承。努力契合"保护为主、抢救第一、合理利用、传承发展"的指导方针，综合采取多种措施；根据2006年已经完成的海淀区非物质文化遗产项目普查登记，对区内非物质文化遗产深入挖掘整理，采用新的技术手段进行完整地记录，有选择、有重点地优先保护高濒危的非物质文化遗产项目；加大资金支持力度，设立非物质文化遗产保护基金，用于表彰和鼓励对非物质文化遗产保护、继承和发扬做出特殊贡献的单位和个人；保护非物质文化遗产的项目传承人，建立传承机制，组织培训、教学和展示；对适合产业化的非物质文化遗产项目，可以考虑出台相关政策和措施，铺设发展平台，把这些宝贵的文化资源转变为现实的文化经济，打造文化品牌，以市场化推进对文化遗产的保护和继承、发扬，增进海淀区的文化内涵和文化竞争力。

五、促进文化创意产业平稳快速发展

（一）重点发展的文化创意产业

动漫游戏。动漫游戏业是文化创意产业的新增长点。要依托中关村创意先导基地、北太平庄地区影视制作产业集聚区，加速产业集聚，发挥产业集群效应，形成合理的专业分工和配套，巩固数字动漫游戏在技术创新、开发、运营等领域的竞争优势，重点扶持引擎开发动漫游戏设计、制作、网络运营和增值服务；借助资本运作，以形象和品牌为载体，大力推动和扶持图书期刊、音像制品、玩具文具、少儿服装、主题公园、娱乐设施等与动漫关联的衍生品的开发、生产和经营。

设计服务。要把提升设计力作为海淀实现产业转型，发展创新经济，增强创新能力的重要引擎。依托集聚于海淀区的大量国家级城市和建筑设计院、设计单位，以及一批具有很强竞争力从事产品设计、IC设计等服务活动的民营设计公司，重点发展集成电路设计服务业；加快发展工业设计服务业、产品设计服务业、城市规划设计、工业和民用建筑设计以及城市景观设计服务业，形成完整的产业链条，创造高附加值产品，形成强大的品牌优势。

网络出版。海淀区要巩固传统新闻媒体在策划、营销、发行、发布等方面的优势，发挥驻区出版单位的积极性，使海淀区成为全国的网络出版中心，新闻发布和传播中心，图书报刊出版、发行和经营中心。要抓住数字技术和互联网技术带来的产业融合的机遇，加快打造国内新媒体基地，培育骨干企业，逐步形成完整的产业链，使海淀区成为我国数字传媒和网络出版技术研究开发中心、版权交易服务中心。要抓住数字技术和互联网技术带来的产业融合机遇，加快数字内容生成、版权管理、网络流媒体等数字媒体技术的研究和开发。

信息服务。优化文化创意产业软硬件环境，充分发挥区域创新资源优势，做大做强海淀区的信息服务业。要全面提高企业技术研发能力、自主创新能力和产品竞争力；重点发展具有自主知识产权的产品，大力扶持市场美誉度高的重点企业；提高企业研究开发、市场拓展、过程管理、质量管理的水平和能力，推进企业国际化进程，形成一批在全国乃至世界上具有较强实力和竞争力的大型软件和软件外包企业，在汉语世界占有主流地位的网络媒体企业，以及具有国际竞争水平的信息服务平台。

影视音像。借助电影资料馆、影视资源库、北京电影学院、中央电视台、北京电视台等资源优势，鼓励发展影视节目策划制作发行、影视剧策划制作、影视广告制作、影视作品营销等相关产业。在中央电视台、北京电视台东迁后，继续鼓励内容产业在海淀的制作与交易，提供良好的服务与氛围。组建数字电影、数字电视和数字音乐的产业联盟，形成上、中、下游产业各环节的良好互动，真正形成一条从内容制作到终端交易及消费的有效衔接的完整产业链。

教育培训。海淀区是我国教育培训中心，这里集聚了全国最著名的高等院校和师资资源，汇聚了一批民办教育机构。要充分发挥海淀教育资源，加快多层次的教育培训体系建设，促进教育培训产业的发展；充分利用通信网络基础设施，提高课件开发能力，加快远程培训、远程教育等数字学习产业的发展；要将海淀建设成全市乃至全国创意产业人才培训的中心，吸引并培训全市乃至全国的各类创意人才。

艺术品交易。艺术品交易是随着我国经济发展逐渐兴起的一个颇具活力的产业类型。随着人民生活水平的提高，对艺术品的需求会逐渐显现出来，海淀应抓住这一契机，充分利用自身优势，吸引国内外顶级艺术品交易公司进驻，并与海淀高科技发展相结合，搭建艺术品交易平台，吸引多种类型、不同档次的艺术品由此进入市场，服务于广大人民，提升群众的艺术品位。

演出和休闲娱乐。演出和休闲娱乐是文化消费的主要形式。海淀区汇集众多国家级艺术院校和专业剧团，可充分利用这些资源打造海淀艺术联盟，不定期推出专业精品演出剧目，与城乡群众文化活动相呼应，丰富群众业余文化生活，拓展海淀演出市场。另外，要发挥海淀区博物馆、艺术馆、文化馆、图书馆密集的优势，为群众提供多种形式的休闲娱乐文化产品。

高科技会展服务。广告和会展业是经济社会发展的晴雨表，代表着经济实力和竞争水平，也是文化创意产业的重要组成部分。海淀区可充分利用现有的高科技优势，在山后地区建设文化科技主题园区，定期举办各种以高科技为主题的会展服务，通过高科技产品的展示和交易，推动经济的发展；也可以通过创新数字展示技术，为各类产品提供全新的现实或虚拟体验，形成新的行业增长点。会展业还可以联动其他相关产业，如旅游、餐饮、物流等，集约形成区域发展的新动力。

旅游文化服务。海淀具有丰富的文化旅游资源，这里有以明清皇家园林为代表的古代文化积淀；也有以清华、北大为代表的教育人文景观；还有以创新精神为先导的中关村科技园区，以及以北部山水湿地景观为代表的自然风光。海淀要充分利用这些资源，打造文化、科教特色旅游，发展旅游和休闲娱乐文化产品。另外，要加快旅游区建设，积极发展西山旅游带，净化周边旅游环境，完善配套设施，树立海淀旅游和休闲度假品牌，把海淀区建设成为世界一流的特色旅游区和休闲度假中心。

（二）健全现代文化市场体系

充分发挥市场的资源配置作用。发挥国有文化资本的控制力、影响力和带动力，完善文化市场所有制结构，积极鼓励和支持民营、个体等非公有制经济参与文化市场建设；合理规划产业布局，提高文化产业规模化、集约化、专业化水平，规划建设一批有特色的文化产业集聚区，吸纳和引领文化创意企业的进驻和长效发展；对区内文化创意企业的发展提供指导，建立现代企业制度和市场运行机制，推动各方资本向市场前景好、综合实力强、社会效益高的领域集中。

推动文化市场的制度创新和科技创新。深入研究文化市场的建设与管理问题，建立健全文化市场监管体系，推动监管工作的科学化、制度化、规范化和信息化；解决文化市场中的体制、结构、资本和人才瓶颈等制约因素，突破行业、部门和地区壁垒，培育特色突出、优势互补的区域文化市场，维护公平竞争的市场环境；调整市场准入政策，大力推动文化企业规模化、连锁化、品牌化发展战略，优化市场结构和产业布局；同时，努力推动科技与文化的融合，把现代科学技术成果引入文化市场的各个环节，培育新的文化业态，构建传输快捷、覆盖广泛的文化传播体系，不断拓展文化市场发展新空间。

（三）打造文化创意产业投融资平台

抓好文化创意产业投融资平台建设。文化创意产业存在着投入周期比较长、投入比较大，而且固定资产比较小、价值评估不够确定等因素，投融资已经成为制约其发展的主要瓶颈。海淀区政府要在未来几年中，每年拿出一定比例的财政收入作为文化创意产业发展繁荣的保障，设立文化创意产业发展基金，为那些市场发展前景好、科技含量高、带动作用强的中小文化创意企业提供贷款担保，使其在创业初期拥有足够的资金来迅速进入高速成长期；同时，引入风险投资资本、商业担保和其他投融资渠道，吸引海外、民间资本进入，制订详细的章程，建立有效的退出机制，对文化创意企业进行投资，扶持有发展前途的企业做大做强，实现政府、企业、资本的三方共赢。

实施重大项目带动战略。积极实施文化创意产业促进工程，确定一批重大文化创意产业项目，整合文化资源，形成发展优势，带动文化创意产业发展。结合北京市和海淀区已经制定的国民经济与社会发展、文化发展等相关政策、规划，在详细调研与科学论证的基础上，支持建设一批重大项目，如国家排演中心、国家版权贸易基地、海淀文化科技主题园，以及一系列大型文化品牌活动等，并以此带动区域文化的整体发展与社会变革。通过文化创意产业投融资平台加大对重点项目和重点企业的扶持力度，从基础设施建设、人力资源开发、资本运作等方面给予重点支持，发挥文化创意产业对转变经济发展方式的带动作用，强化区域文化创意产业品牌意识，实施品牌战略，打造海淀区文化精品，培育海淀区文化品牌。

六、推进区域文化创新和文化体制改革

（一）促进区域文化资源的整合与利用

合理配置区属文化资源，探索事业、产业双重发展路径。海淀区的文化资源呈现典型的"首都特色"，驻区的中央机关、大专院校、科研院所以及部队大院等拥有大量的文化资源和文化经营企业，但是在现实的文化发展中，因为这些事业或者企业的隶属关系复杂，利益关系交织，缺乏有效的沟通协调机制和横向联合的工作机制。对于区属文化资源，要按照深化文化体制改革的要求，对国有资产进行资产评估和产权登记，将事业和产业资源进行剥离。产业部分，通过政策引导，促使国有文化资本向市场前景好、综合实力强、社会效益高的领域集中；事业部分，通过加大政府投入，理顺人员关系，将其纳入公共文化服务体系之中。同时，海淀区还可以依靠区属文化资源的整合，形成资源优势，壮大规模和提高体量，以此形成强有力的文化产品生产能力和文化服务能力，吸引非区属文化资源参与整合和统筹规划。

充分调动高校和科研院所文化资源参与整合。海淀区高校和科研院所文化资源是驻区文化资源的重要组成部分。以图书馆为例，海淀区内的相关资源有80%以上都来自高校和科研机构，同时，高校和科研机构还有礼堂、操场、小剧场等丰富的文体活动场所。可以更多地利用这些教育机构的分布广泛、有寒暑假等优势，探索其与社区联动的服务机制，考虑通过教育机构的师资、图书、文体活动场所等为普通百姓提供公共文化服务，为社区文艺团体和文化活动提供场地支持。政府在这一探索的过程中可依靠资金补偿、政策倾斜、资源轮换、无偿提供基础设

施等机制激发教育机构的积极性，让这些高校和科研院所真正成为百姓能够接触的知识中心和文化源泉。

有效利用中央国家机关和军队文化资源。中央民族歌舞团、中国电影乐团、总政歌舞团、解放军军乐团等都是驻地在海淀区的中央和军队文艺团体，其演出水平在国内乃至国际都享有巨大声誉，并在人才、剧目和演出场馆方面居国内领先位置，但这部分文化资源大多服务于自身系统，具有较强的封闭性。各方可以在充分沟通、协调的基础上创建"海淀艺术联盟"，遵循"共存、共责、共建、共赢"的理念，推动区域文化资源的整合与利用，这将极大地提升区域公共文化服务水平和区域文化艺术形象。

（二）推动文化内容和传播手段创新

加强文化精品的创作生产。深入实施文化精品工程，精心组织主题创作活动，打造一批体现优秀历史文化、反映时代精神、具有一流水准的文化精品力作。建立健全精品创作生产的组织化和市场化机制，形成一批文学、戏剧、影视、动漫、音乐、美术等各个门类的文艺精品，加大精品创作的扶持和激励力度，充分调动作家、艺术家的积极性和创造性。可以在全国范围内征集以海淀为背景或题材的小说、影视剧原创作品，并以市场运作手段大力推广其在各类媒体上的播发，激发群众对海淀的热情，使没来过海淀的人"心向往之"，来到海淀的人"流连忘返"，海淀的居民"安居乐业"。

提高文化内容创作生产能力。发挥海淀高科技企业林立、整体教育水平高、民营经济蓬勃发展的优势，支持和鼓励中小型企业发展文化内容服务业。发挥市场在配置文化资源中的基础性作用，逐步形成一批以提供文化信息、影视、演艺、文化资讯等内容为主，具有较强实力的内容提供商，发挥文化创意在内容生产中的作用，促进文化内容创作生产的繁荣。

创新文化业态。充分利用海淀的科技优势，利用先进技术和现代生产方式改造传统的文化生产和传播模式，积极发展电子书、数字电视、手机报刊、网络出版、信息服务、高科技会展服务以及现代物流技术等新兴文化业态，提升文化产业整体技术水平和竞争实力。鼓励创作和研发具有自主知识产权的网络文化产品与增值业务；鼓励公民以知识产权出资，依法创办中小创新型文化企业；支持社会力量建立风险投资和担保公司，为中小创新型文化企业发展提供服务。

（三）创新文化体制机制，推动海淀文化"走出去"

推进公益性和经营性文化单位改革。深化文化事业单位内部改革，根据海淀区现有文化事业单位的性质、功能、行业、地区等要素，以区别对待、分类指导、循序渐进的策略，通过矩阵分析的方式明确不同的改革要求和改革路径。推进人事、收入分配和社会保障制度改革，改进服务方式，提高服务水平。推动已转制的文化创意企业继续深化改革，完善法人治理结构，建立现代企业制度。推动有条件的转制企业加快产权制度改革，实行投资主体多元化，打造文化领域的战略投资者，扶持若干主业突出、核心竞争力强的文化创意公司上市。

完善文化管理体制。为适应文化发展形势要求，逐步建立党委领导、政府管理、行业自律、企事业单位依法运营的文化管理体制。进一步完善文化市场综合执法改革，深化区文化行政管理部门机构改革，推进政企分开、政资分开、政事分开、政府与市场中介组织分开，强化政策调节、市场监管、社会管理和公共服务职能。

广泛开展对内对外文化交流。实施引进来和走出去相结合的开放战略，将海淀文化打造成在北京、全国，甚至国际均有一定影响的文化品牌，形成良好的文化发展氛围。积极拓展对内对外文化交流的领域和渠道，努力形成政府推动、企业主导、社会参与、市场运作相结合的对内对外文化交流格局。积极支持企业开拓海外市场，促进动漫游戏、电子图书等产品占领国内主导地位，参与国际竞争；大力发展文化产品的外包服务，提升企业和产品在国内外市场的竞争力，提高海淀区文化创意产品在国际市场的品牌知名度和美誉度。

促进文化产品和服务出口。发挥海淀区教育大区的优势，引进和培养高素质文化创意专业人才和经营管理人才队伍，挖掘和整合海淀丰富的文化资源，培育一批具有海淀特色的对外文化精品项目，参与国内外文化市场竞争，扩大对外交易。培育一批设计、出版、会展、影视、演艺、信息服务、旅游等领域的外向型骨干文化创意企业；吸引和发展一批文化中介机构，加强文化产品的营销，开展国内国际市场调研、咨询和服务，提升海淀文化的品牌价值。

七、建设文化发展保障体系

（一）提高政府服务能力

强化政府政策调节、市场监管、社会管理和公共服务职能。在海淀区的文化发展中，政府作为主体通过出台政策措施、制定发展规划、完善职能部门、建立示范试点、搭建金融平台、策划重大项目、设立专项基金等方式引导产业协调、快速发展，服务于广大群众与文化创意产业。具体而言，政府要成立专门的领导机构，对海淀区文化发展形成有效的组织保障；要建立吸引文化创意产业中小企业和个人工作室进入海淀的绿色通道；完善创新保障体制，通过土地、财税、金融等政策吸引产业链上下游的企业实行"链式进驻"，培育和规范管理中介组织、行业协会、非营利机构和教育科研机构，强化第三部门在发展中的智力支持、联动集成和服务作用，寻求"官、产、协、研"四者互动的良性发展模式，从政策优惠向制度创新转变。

（二）人力资本保障

文化创意产业是一种高知识含量、高科技含量的智能产业，需要高素质的人才，尤其是既懂文化又懂得经营管理的复合型人才。具体到海淀区的人才需求，要把握三个关键类型：其一是区内科技、文化创意产业的高级管理与运营人才；其二是处于文化创意产业链最上游的原创人才；其三是文化名人、专家、学者和学科带头人。政府要建立规范的人才管理体制，对这三类人才进行特殊扶持，在户籍、职称、住房、收入分配、家属安置、子女入学等方面提供优惠政策，解决他们的后顾之忧；同时，要加大培养和引进高层次优秀人才的力度，利用海淀区的教育优势，积极探索文化领域专门人才的培养机制，推行人才、技术、成果等要素参与收益分配的办法，吸引紧缺人才的加入；还需要充分利用区内高校的文化研究机构，形成文化发展智囊团，聚集一批国际级专家，组建高端智库，形成在国际上的文化品牌。

（三）文化创意产业经费保障

文化创意产业政策的核心是投融资政策。在政府的专项资金带动下，要积极吸引和鼓励海外资本、民间资本的进入，海淀区可以通过建立各种类型的文化产业发展基金会、文化产业投资控股公司，形成多元化投资主体格局。

政府逐年加大对文化创意产业的投入力度，设立了"海淀文化创意产业基金""海淀文化创意产业投资基金""海淀文化创意企业孵化基金"等多种专项基金，以不同的方式，介入文化创意产业的项目投资。可以采用专家评审的方式，确定对具有良好发展前景、带动性强的文化产业项目进行不计回报的投入，带动资本向具有良好社会效益、经济效益的行业投入；这些评审过的项目也可以通过中介组织推介给社会资本，由社会资本决定项目投资的规模；还可以由政府和社会资本共同出资，为企业等投资主体分担风险。

此外，也可以采用专项基金的方式，如文化旅游业振兴基金、信息化促进基金、影视创作鼓励基金等，优先扶持相关产业发展。还可以利用税收、信贷等经济杠杆，实行多种优惠政策，来保障文化创意产业发展的经费支持。

在保障经费投入力度的同时，还要制订完善的资金管理与使用规则，制订详细的项目评审流程，以确保政府资金投入得到有效的监管，也保障社会资本应得的权益。

（四）市场投资环境保障

推进市场准入制度改革。要结合《行政许可法》以及相关法律法规的实施，明确审批时限，提高审批时效，从简化程序、降低投资人成本的角度，进一步完善符合海淀区文化市场准入特点的登记注册规则，优化市场准入环境。

推进企业信用信息系统建设。利用资本手段，完善市场主体信用约束机制；以海淀区文化创意产业投融资平台建设为契机，完善企业信用数据库，提高信用信息数据的准确性和完整性，同时，加强政务信息公开的程度，保障市场投资环境的健康发展。

（五）公共文化服务体系保障

公共文化服务体系的保障。需要建立健全公共服务规章制度，提高文化服务的透明度；建立满意度调查等绩效考评制度，为遍布城乡社区的公共文化服务设施评级打分，并给予相应的奖惩。

设立"海淀区文化事业发展基金"。随着经济的发展和区财政收入的增长，逐年加大对文化事业的投入，大力加强基层社区的文化设施和文化活动场所建设，加强对文物的保护和维修，并以专项资金的形式，鼓励开展多种形式的文化娱乐活动，激发群众自身文化建设的积极性和主动性；通过调研了解普通群众的文化消费需求，着力开展订单式的培训，并加强培训的专业化、系统化水平；形成文化援助机制，对外来务工人员的孩子、西山后农村地区少年儿童等进行对口的帮扶；采取政府采购、补贴等措施，开辟服务渠道，丰富服务内容，保障和满足低收入群体、残疾人、老年人和农民工的业余文化生活需求。

北京市"人文东城"行动计划研究[①]
（2011—2015）

[①] 2010 年东城区政府委托课题。主持：熊澄宇。主要参与：雷建军、吕宇翔、张铮、何威、庞云黠、薛钊、蒋亚隆、李寅飞、彭菲。

一、行动计划总则
　（一）规划背景
　（二）指导思想
　（三）建设目标

二、新区融合与文化认同
　（一）提炼新区文化特质
　（二）提升政府服务能力
　（三）增强民众新区认同
　（四）保护崇文文化符号
　（五）注重新东城区品牌推广

三、文明建设与文化服务
　（一）推进价值体系建设
　（二）提高市民文明素质
　（三）丰富社区文化活动
　（四）打造特色标志体系
　（五）完善公共文化服务

四、风貌保护与文化传承
　（一）营造胡同肌理
　（二）重振传统工艺
　（三）推动老字号创新
　（四）搭建中医药平台
　（五）建成"国学首善区"
　（六）重建会馆文化生态

五、创意拓展与特色提升
　（一）建设创意城区
　（二）发展体育产业
　（三）拓展演艺文化
　（四）打造商业名片
　（五）开发古都旅游
　（六）营造特色餐饮

六、制度创新与机制保障
　（一）机制创新，保障落实
　（二）政府引导，公众参与
　（三）资金投入，人才激励
　（四）产业促进，业态更新
　（五）氛围营造，主题营销

为了配合《人文北京行动计划》的实施和深入贯彻落实科学发展观，践行"人文北京"发展理念，按照北京市关于首都功能核心区的战略部署，进一步加强人文东城建设，在科学分析国际国内形势和东城区自身所处位势的基础上，结合新东城规划等相关政策文件，特编制《人文东城行动计划2011—2015》（下简称《行动计划》）。东城区将努力探索区别于北京其他城区的发展路径，争取成为国家"文化改革试验区"，以"人文东城"建设统领各项工作，推动全区经济社会文化全面发展。

一、行动计划总则

（一）规划背景

大力加强社会主义文化建设，把东城区建设成为体现首都文化中心区功能、具有鲜明特色的文化强区，是贯彻落实科学发展观和党的十七大精神、构建和谐社会首善之区的迫切需要，也是增强东城区文化发展活力、提高城市综合竞争力的重要途径。

首都核心区区划的调整，对于调整后的新东城区是一次难得的历史发展机遇，在区域上实现了文化发展上的南北融通，文化内涵上的地理延伸，文化魅力上的特色彰显。东城区的下一步发展必须站在更新更高的起点上，充分挖掘新东城的丰富的历史文化资源，进一步发挥非物质文化遗产的作用，坚持政策支持、资金扶持与机制创新的发展思路，以文化为切入点，以改革为手段，推动东城区社会经济全面发展。

（二）指导思想

深入贯彻落实科学发展观，牢固树立"文化强区"理念，坚持以人为本、以文化人，科学凝练"东城精神"，大力弘扬人文精神，持续改善保障民生，不断繁荣发展文化，构建文明和谐环境，显著提高东城区的人文向心力、文化竞争力和文明感召力，不断增强"人文东城"的凝聚力和影响力，为建设首都文化中心区、世界城市窗口区，建成国际化、现代化新东城奠定坚实的基础。

（三）建设目标

"人文东城"建设的远景目标是：到2030年，把东城区基本建成具有鲜明特色的"首都文化中心区，世界城市窗口区"，成为"古都文化特色鲜明，公共服务优质高效，文化事业繁荣发展，文创产业实力强劲，人居环境低碳和谐的国际化、现代化新城区"。

"人文东城"建设的近期目标是：到2015年，围绕"新区融合与文化认同提升、价值体系与公共服务创新、历史风貌与传统文化保护、产业发展与创意城区打造"四大工程，把"人文东城"建设提高到新的水平，构建起"首都文化中心区，世界城市窗口区"基本建设框架，成为在全球具有一定影响力的"文化名区"。

二、新区融合与文化认同

（一）提炼新区文化特质

凝练和弘扬"东城精神"。在深入挖掘东城区文化内涵和人文特色并广泛征求社会各界意见的基础上，凝练总结"东城精神"。"东城精神"要对东城区的文化传统与时代价值进行高度凝练，要体现东城区广大干部群众和住区居民生活中的新理念、新风尚、新精神。

两区文化融合。新东城建设的首要任务是促进两区在政务、文化等方面的融合，因此，文化融合工程本身就是东城区人文建设的内在要求。两区融合考虑了原东城区和原崇文区在地域、文化等方面的衔接，以及在经济、文化、政务建设的共同方面，这是两区融合建设必须首先考虑的要素，做好这一工作将大力推动首都功能核心区的文化建设。

在人文行动过程中，首先要对原两区共同特征加以整合，以更好促进两区融合发展。从对城区的定位上看，在《北京市城市总体规划（2004—2020）》中，把东城区定位于首都功能核心区，要求东城区集中体现北京作为我国政治与文化中心功能、集中展现古都特色，并把东城区作为首都功能及"四个服务"的主要载体。在两区合并之后，北京市对新东城区的定位是"首都文化中心区，世界城市窗口区"，这是对原东城区和原崇文区特点的梳理与把握之后的重新定位。

这一定位是东城两区融合的共同方面和两区融合建设的根本目标。"首都文化中心区，世界城市窗口区"符合新东城区的区域特点，应当成为原东城区和原崇文区合并之后资源整合的着眼点。遵循新东城整体规划的相关精神思路如下：

1. 历史文化展示与皇城文脉传承。历史文化与皇城文脉在两区融合后得到更加完整的展示和衔接。原东城区是皇城文化遗存的主体，合并之后的新东城区，这一主体地位得到了加强，需要对新东城区的历史文脉进行系统的整理和整体规划，最终使新东城区成为人文北京建设的示范区。

2. 文化资源优势互补共建首都文化中心区。原东城区是全国性文化机构聚集地之一、传统文化重要旅游地区、国内知名的商业中心；原崇文区是北京体育产业聚集区、都市商业区、传统文化旅游和娱乐集中地区。两区合并之后，不仅打通了南北的"文脉"和"商脉"，也可以让新东城区居民享受到更加均衡与优质的公共服务资源。新东城区未来的人文建设要更好地兼顾二者的资源优势，互相促进互相补充而协调发展。

3. 对"一轴两带五区"核心框架的强调。按照新东城区规划中的"一轴两带五区"的空间布局，对历史文化保护区为中心的旧城要进行整体规划，根据不同区域资源条件及现实基础，确定不同的功能定位与发展方向。同时，注重优化地上空间布局、积极拓展地下发展空间，提高土地集约化利用水平和产出效率，将新东城区建设成为首都政务服务重要承载区、历史文化传承发展示范区、北京高端服务业重要集聚区、宜居宜业文明城区，向世界城市窗口目标推进。

（二）提升政府服务能力

加快服务型政府建设步伐，不断提升区域公共服务水平。整合新东城区在文化、教育、卫生、体育等方面的公共服务资源，巩固并创新网格化管理体制。

1. 新东城区政府的政务融合。本计划中所涉及的政务融合，其立足点主要是文化创新和产业发展以及相关的机制体制创新。在新的领导班子和政务系统整合的基础上，不仅要强调如何协调经济发展，也要不断提高政府服务能力。因此各部门要抓住这一时机，做好文化繁荣发展的全面部署工作，利用多种途径，采纳多方意见，为人文建设服务。

2. 新东城区管理体制创新。充分吸收在城市建设和管理上以文化为核心内涵的工作模式，加快体制机制创新、加强政府服务能力建设，把新东城区的管理体制创新贯穿到各项改革和发展的实际工作中去。加强政府投资领域监管，健全完善项目决策机制，强化项目建设和投资监管，改进项目验收管理办法，重视项目绩效评价，开创政府在服务文化经济和人文建设工作上的新局面。

3. 建设新东城区服务高效机制。建设服务型政府，需要构建优质高效的公共服务机制作支撑。在管理的过程上，强化原因导向的预见式管理；在管理的目标上，转变成以人为本的目标体系与绩效评估标准。加快政务公开，深化服务型政府建设，促进政府职能转变，提升公共服务水平。

（三）增强民众新区认同

群众对新区的文化认同是加强两区融合的关键方面，融合工程的任何工作都要以群众为着眼点，群众对新区的文化认同是两区融合工程的体现。加快政务公开，深化服务型政府建设，使东城区居民享受到更多、更优质的社会公共服务，切身感受到行政区划调整带来的实惠和变化，从而进一步增强对新区的归属感和认同感。

以文脉传承来获得群众认同。文脉传承也会形成一个区域的典型特征，这是新东城区用于区分其他区的重要部分。这些特征不仅是历史文化的生动展示，也已成为东城区文化经济的巨大财富，成为东城区文化创意产业的动力。

以提高公共服务来获取认同。提高公共服务是获取群众认同的根本途径。要着力推进产业发展高端化、公共服务优质化、城市运行智能化和区域发展均衡化，其中，加强区域发展均衡化，可以让所有东城区百姓都享受到均衡、优质的公共服务资源。针对群众关心的教育、医疗等问题，要把优质的资源流动起来，发挥学科带头人、教师骨干等的带动作用，建立共享机制，提升区域公共服务水平。

以拓展城市品牌来获取认同。城市品牌形象的构建要充分反映城市内部公众与外部目标公众的心理需求及价值取向，使公众在感知城市各方面要素和传播信息的接触中，逐渐形成对城市品牌形象的认知与支持。主要包括：长期形成的城市观念、行为和表达方式、城市符号、城市名片等，城市品牌的构建即是要在追求发展推动作用最大化的同时，从观念、行为和表现方式上寻求与公众的共鸣。

（四）保护崇文文化符号

提炼、融合原崇文、东城两区的多元文化符号，加大保护传承力度，分析梳理有形与无形的文化资源，找到文化符号传承与文化发展的衔接点。

1. 原崇文区文化符号保护

要通过物化的载体对文化资源和遗产予以保存，把遗产遗迹之地应尽可能保存原来的文化符号。原崇文区文化符号和文化资源资产与新东城区建设具有较强的内在一致性，对于这些文化符号的留存应给予及时保护，发动多方面力量积极配合，在崇文文化遗产博物馆和工艺博物馆建设的基础上，把物质载体与符号载体结合起来，打造"崇文印象"系列，采用数字、摄影、影像、信息库等手段，把崇文原有地名、风貌、遗存、生态等相关符号保存下来。

2. 文化符号保护措施

在新东城区发展与融合中，还应适当保存崇文区的历史文物的物化符号。第一，崇文区的特色地名应该予以保留。把物质载体与符号载体结合起来，采用摄影、影像、信息库等手段，把原有地名、风貌、遗存、生态等相关符号保存下来。对地名、机构、建筑等场所与空间，按照历史遗存保护文化脉络。第二，通过建立"崇文博物馆"保存城市记忆，展示文化遗产。设置崇文历史博物馆，恢复崇文门在清朝时期的著名标志物镇海崇文铁龟，展示崇文门的历史演变。第三，编写地方志。地方志是记载地方变迁的重要史料，除了崇文区的相关地理、历史以外，具有崇文特色的民俗、活动等也应记录在案。第四，编写"新东城历史文化系列丛书"，拍摄"崇文印象"影像志，展示新区深厚文化底蕴，传承文化脉络。邀请知名摄影艺术家拍摄与崇文相关的系列图片，留下生动的影像资料。

（五）注重新东城区品牌推广

1. 注重城区形象与品牌

强调区域文化融合特点。区域文化的融合既是新东城人文建设的内涵，也是在塑造新东城城区对外形象和品牌时必须重点考虑的方面。资源整合发展需要建立在对城市新的规划之上，对东城区城市形象进行准确定位，以城区品牌形象建设推动经济发展模式的推荐。

突出个性并强调市场。调查研究东城区的优势特征，找到与其他城区形象不同的优势特征，定位形象系统构建，避免雷同，突出区域个性，有效强化认知，提升城区品牌知名度。在市场导向上，城区品牌构建要能够体现整体战略发展方向和建设目标，从而引导内部公众与外部目标的关注、感知本城区形象个性与优势，在心目中形成良好的心理预期，并对个体行为起到规范引导作用，推动城市健康发展。

2. 加强品牌推广与辐射

设计新东城区标志体系，在建立统一的城市形象基础上，应通过加强对外品牌辐射力度来增强和确认东城区作为"世界城市窗口区"的地位。主要策略包括：

突出重点。侧重对东城区范围内的皇城、胡同、餐饮、商铺、老字号进行宣传，在东城区旅游网站版本、各种外文的宣传资料中提供更为详细、专业、具有特色的介绍。针对外来游客的整体化演出进行专业设计，将饮食文化、宗教文化、皇城文化、商业文化等加以结合，拓展国内外游客的消费空间。

精品路线。结合旅游中的"国学、国医游"部分，着力开发东城区的高层国际会议市场，逐步实现胡同的选址、改造与建设，在会议中应当适度推荐东城区的私房菜、老字号等。

整体包装。针对外来游客的整体化演出进行专业设计，演出的核心内容是介绍北京的特色文化，考虑将饮食文化、宗教文化、皇城根儿文化、商业文化等加以结合，拓展国际、国内游客的消费空间。

三、文明建设与文化服务

（一）推进价值体系建设

1. 价值体系目标。在新形势下，人文东城建设的一个重要突破点是在经济和文化的生态系统中去实践积极的世界观、人生观、价值观。伴随着逐渐完善的社会经济结构，社会的价值体系和文明建设必将与时俱进，从言行举止方面对每个人提出高要求。力求民众的思想道德素质、科学文化素质、身心健康素质得到显著提高，在公共行为、公共秩序、社会风尚等方面文明程度得到进一步提升。

2. 新型价值倡导。站在国际化、现代化新东城的高度，人文东城计划将在社会主义价值观的指导下，开辟全新路径让民众在现代文明中展现新时代的道德风尚、生活理念和生活方式。人文东城的机理在于细节也在于高度，要树立正确的消费理念和时尚风向标，倡导绿色与生态、环保和低碳、宽容与和谐、健康与乐观等，大力宣传新时代的公民素质要求。

3. 模范示范引领。积极开展宣传教育活动，通过动员群众学习和推荐身边榜样，发挥各类道德模范的示范引领作用，积极参与首都精神文明建设，培育知荣辱、讲正气、树新风、促和谐的文明社会风尚，促进良好社会风气的形成和发展。依托劳动模范、服务明星、商品专家、技术能手等进行品牌培育，并将其由服务品牌向商品品牌延伸、转化，使品牌不仅成为职业道德的示范，同时还成为创造经济效益的源泉。

4. 职业道德深化。在强调市场和经济效益最大化的同时，对职业道德的重视将成为价值体系导向工作的重要方面。要建立新时期的道德要求与规范，以一定的形式在社区中进行宣传和教育。强调德、诚、信，把职业道德建设拓展到文化建设和社会文明建设，强调"服务真诚、创立品牌、发展文化"。做好职业模范宣传，增强模范教化力量，发挥引领作用的有效途径，去引导全社会认同，使道德模范成为引领社会风尚的旗帜。

（二）提高市民文明素质

1. 提高全国文明城区建设水平。健全"全国文明城区""全国双拥模范城"建设长效机制，不断提升城市文明程度和市民文明素质。深入开展文明单位、文明街道、文明社区和双拥共建等群众性精神文明创建活动，建设一批公共文明示范街区。以礼仪、环境、秩序、服务、观赏、网络六大文明引导行动为载体，推进社会志愿服务，弘扬志愿服务精神。

2. 开展未成年人的思想道德教育。不断完善"蓝天工程"项目流程，健全学校、家庭、社会"三结合"教育网络；让儿童能够积极了解北京文化、东城文化，让未成年人自主选择，融入社会；积极开拓青少年参加各种文化活动的途径，开发结合传统文化资源的校本课程，在了解东城文化的同时热爱东城文化，以文化涵养道德，培育青少年高雅的道德情操。

3. 推进市民思想道德建设。开展诚信意识教育，增强市民诚信意识。加强社会公德、职业道德、家庭美德、个人品德教育，开展"来京务工人员与文明东城行"系列活动，维护来京务工人员的基本权益，重视外来务工人员精神生活，增强他们对北京、对东城区的认同感、归属感和责任感。

4. 倡导低碳生活并推进文明时尚。践履低碳理念是人文东城建设不可缺少的内容之一。倡导低碳生活，成立低碳社区领导小组，建设低碳社区，开展低碳生活和绿色出行的宣传与讲座，免费发放低碳指标行为手册。利用东城区的产业结构优势，把东城区打造成低碳示范园。提倡节约用水、节约用电的文明意识，切实提高市民环保意识，有效推进居民垃圾分类、减量，以绿色东城为口号和行动指标要求市民，最终使低碳指标成为未来东城区核心竞争力体现之一。

（三）丰富社区文化活动

1. 丰富市民精神文化生活。巩固和完善地坛文化庙会、龙潭庙会、新年音乐会、文化艺术节、戏剧节、周末相声俱乐部、奥林匹克体育文化节、金鱼池社区文化节、明城墙文化体育节等传统品牌活动；广泛开展"我们的节日"传统文化活动，利用春节、清明、端午、中秋、重阳等传统节日，开展庙会、清明诗会、端午论坛、重阳文化节等各具特色的文化活动，丰富广大市民的精神文化生活。

2. 积极引导和鼓励街道、社区及驻区单位利用区域优势和自身特点开展各类丰富多彩的文化活动，建设一批各具特色的文化型社区。加强社区体育生活化建设，推动群众性体育活动深入开展。加强基层文化人才引进、培养工作，积极鼓励扶持民间文化艺术团体发展，培育特色文化细胞，使广大人民群众共享文化发展成果。

3. 打造政府搭建平台、百姓积极参与、商业活动适当引进的模式，拓展文化消费渠道，增强对东城文化的体认。积极做好宣传工作，充分利用街道社区的公共空间与居民组织，区级政府做好统筹与支持。社区节庆活动重在对传统文化的推广与传承，旨在凝聚社区居民，创建和谐社区。统一规划，开展大型节庆活动，将节庆活动与东城区的其他文化资源相结合，借助餐饮、娱乐、旅游、演艺等行业资源丰富各类文化活动内容，根据不同的需求进行不同内容形式的策划和设计。

（四）打造特色标志体系

1. 确立标识符号。东城区的城市标识符号系统设计就是把代表东城形象特色的元素对其进行概括，借助可感知的视觉图形外化为视觉符号系统，使它们在视觉上更加给人以冲击力和新鲜感，增强识别度，统一体现东城区的文化品质，降低城市营销的成本，整合各形态的文化资源。

2. 统一标识符号。该行动计划所涉及的标识符号系统包括：饮食文化符号系统、建筑风貌符号系统，民俗文化符号系统等。标识符号系统的基本要素包括：名称、标志、标准字体、标准色彩、象征图案、标语等。

3. 推广标识符号。在标识识别系统基本确立之后，首先，要对公共空间进行视觉系统改造，对现有不符合标识体系的牌匾进行整改；其次，结合东城区的节庆活动，在活动中实际进行使用推广；最后，运用媒体宣传渠道，强化对标识系统的认知。

（五）完善公共文化服务

1. 重点建设社区公共文化服务体系。完善社区文化中心、文化馆、图书馆建设，提高文化基础设施的使用率；以社区为单位组织各种免费的文艺演出；加强社区体育生活化建设，开展胡同运动会；推广小型多样的运动项目，为市民提供更为便捷、丰富的群众文化生活场所与服务，包括影院、博物馆、收藏场所交易、低价甚至免费的公园游览等。

2. 提高公共文化的供给和服务能力。充分了解市民的公共文化需求，对东城区的公共文化服务资源进行定量统计，合理调动和分配公共文化服务资源；提高东城区公共文化服务体系的现代化、数字化、信息化水平；采取购买、项目补贴等公共文化服务提供方式；完善"政府出资、委托发布、项目管理、社会组织承接、市民受益、第三方评估"的政府采购模式，通过政府贴息的方式，扶持现有的文化服务企业发展。

3. 支持提供公共文化服务性的企业。政府向文化企业提供低价或免费的活动场地，用以支持企业为市民提供相应的文化服务。对为公共文化作出贡献的企业，政府每年给予适当的资金补助；对于向社会提供公共文化服务的企业，政府在社会网络、人才等多方面提供支持，使文化企业可以有渠道同学校、教堂等机构建立联系，先提供免费文化服务，进一步提供付费的增值服务等形式。

4. 文化服务行动工程的必要资金保障。切实保障实施重大公共文化工程、购买重要公共文化产品、开展重要公共文化活动所必需的资金；进一步完善支持公共文化服务的相关经济政策，吸引和鼓励社会力量投资兴办公共文化实体，确立资金的使用去向，倡导软硬件资源的充分利用，建立与公众的通畅信息渠道。形成以政府投入为主、社会力量积极参与的稳定的公共文化服务投入机制。

四、风貌保护与文化传承

（一）营造胡同肌理

在保留胡同人文风貌的基础上，改善胡同地区的基础设施，使传统风貌与现代基础设施相结合，提升胡同生活的舒适度及卫生度，在行动计划的五年内完成整改。在发展胡同商业的同时，注意原住居民的居住生态保留，对胡同进行科学规划与保护改造。采用统一路牌与标识，在人文旅游杂志、都市报纸以及互联网上对胡同故事与文化进行传播，通过多媒体的立体营销方式宣传东城的胡同特色资源。

1. 南锣鼓巷

不断充实文化业态，依托原有产业优势和影响力，衔接玉河街区的利用，建成集民俗文化体验、创意设计、文化演艺、休闲娱乐等业态于一体的辐射周边的文化街区。

着手制订相应的措施保护此地创意文化生态，由政府确立该地区引入商户的基本标准。适当控制餐饮业，加强文化创意产业。鼓励中小创意企业成为其特色产业，引进工作室型创意店铺。鼓励店主对已有的四合院及胡同空间进行创意性利用，充分吸收世界和现代的文化元素。

尝试政府主导的"创意产业公益基金"，通过项目投标竞争的参与方式遴选具有前景的文化项目，以无偿贷款贴息的方式进行扶持，降低优势项目的经营成本。

2. 五道营

确立以市场调节为主的发展方式，打造商业与文化融合的"国际文化交流平台"，以精品的小众带动消费的大众。保留该地区的市场原生开发状态，给业主们充分创意的空间，在对该地区的外在环境整治中，尊重大多数业主意见，强化政府投入。

第一，改造硬件设施。尽快完成垃圾处理、公厕卫生等设施建设以及统一的媒体宣传与活动推广，为后续产业发展提供良好的环境支持。第二，和国子监国学生态产业区有好的衔接与交融，引入高端智库和设计机构入驻。第三，引导该地区业主引入国际元素，将五道营打造成为国际文化风情展示地。

3. 钟鼓楼

采用"生态博物馆"模式，以钟楼、鼓楼的历史文化底蕴为基础，合理规划钟鼓楼广场的公共空间，将其打造成为东城区文化展示与交流的窗口。恢复钟鼓楼晨钟暮鼓的仪式功能，适当辅以现代元素，与百姓的日常生活结合，让外地游客可以切身感受老北京文化氛围，对钟鼓楼周边的四合院开发需要慎重，进行适度引导和规范。

4. 名人故居

抢救腾退修缮区内的名人故居，挖掘历史资料，开展普及宣传，出版东城名人故居录、名人故事集，增强名人故居承载的历史文化内涵。对名人故居实施保护性利用，建立利用改造的示范点，创新利用形式，提升利用水平，建设一批名人故居博物馆。开发名人故居的教育、旅游功能，设计开发"北京名人故居游"旅游线路，开展有针对性的旅游线路营销。配合中小学教学，策划"北京名人故居现场课"，运用多种形式创造名人故居利用的新途径。

（二）重振传统工艺

1. 对新东城区的工艺美术和手工艺文化遗产做系统的整理，全面收集资料，对原东城区和原崇文区各自的材料进行汇编，并重新进行全区调研，编写东城区工艺美术资料，以提炼出新工程工艺美术发展的新格局。

2. 严格执行相关条例。为促进传统工艺美术事业的繁荣与发展，根据国务院《传统工艺美术保护条例》和《北京市传统工艺美术保护办法》，结合本区实际情况，制订相关保护与发展办法，并及时落实。

3. 做好宣传体验活动，让大众了解这些文化沉淀载体，了解其艺术特征和制造工艺全过程。提升百工坊的展示体验形式，增强其内容展示，通过大型工艺美术展示服务平台，汇集国家级大师展示、推广其技艺和作品，拓展品牌，拓宽渠道，不断推出精品。

4. 鼓励工艺企业发展。工艺美术企业大多是中小型企业，更需要政府资金和政策的支持，以扩展生产和经营，鼓励企业建立自己的品牌。加强知识产权保护，加强企业的研发与经营，促成企业成长为集研发、制作、商贸、旅游为一体的文化创意企业，并做大做强。

（三）推动老字号创新

1. 吸收现代设计理念。将老字号的经典文化符号引入现代设计体系，使其具有推陈出新的功能。将老字号的标志符号体系整合进入东城区的标志符号系统设计，引入年轻化的创作人才或与外部设计团队合作。

2. 融入定制精品化理念。老字号的卖点更多的是文化积淀，应走精品化、定制化路线，先做精再做强，并与东城区的各类政务商务会议活动相结合。

3. 全新营销观念。营销是将老字号推向市场的关键，广聚老字号品牌企业，采用4P（产品、价值、渠道、推广）营销理念，推动老字号的市场升级。

（四）搭建中医药平台

1. 项目定位。中医是中华博大精深的民族思想体现。东城区是目前国家两个中医药改革综合发展实验区之一，历史上有太医院、现在有协和（现代太医院）、老中医诊所、中医研究院等，应充分利用其优势，把文化软实力转变为经济上的硬实力。

2. 行动方案。第一，中医药产业的发展思路是"一区多点三大平台"，包括国家中医药博物馆、"传统＋现代"的商业元素、"体验＋销售"的盈利模式、鼓楼老中医、新太仓、同仁堂的养生和药膳。三大平台包括：中医药的传播平台、中医药的健康平台、中医药的产业平台、中医药产业链。第二，推进精品医药产业环节，进一步推进同仁堂等中医药老字号品牌，以及现代制药工业、零售医药商业和医疗服务三大板块，通过全面提升同仁堂现有的生产经营及管理水平，实现中医药现代化发展的新格局。第三，要特别注重与多种资源整合。将中医药与旅游资源融合，开发中医养生游项目，与饮食文化整合，在簋街开展"药膳滋补节"，与商业结合，开发中医保健会所。

（五）建成"国学首善区"

1. 五大定位

第一，国学文化权威中心。通过开展年度性的祭孔仪式，将其打造成为国学文化答疑解惑的最高解释中心、中国乃至世界国学文化的权威中心。第二，国学教育学习中心。秉承国子监街区教育学习的历史传统，开展国学经典诵读与专家讲坛，打造围绕国子监、孔庙的国学仪式性学习中心。第三，国学传播推广中心。针对不同媒介制作国学文化传播产品，把国子监地区打造成国学文化的传播聚集区。第四，国学文化交流中心。向海外推广国学讲座，在孔子诞辰及中国传统节日里开展周期国学高层论坛，把该地区打造成国学朝圣、国际交流的汇聚地。第五，国学人才聚集区。以人才优势形成"国学文化首善区"，注重利用中小学平台，激发学生对国学的兴趣和参与热情。

2. 行动步骤

第一，完成对国子监地区的整顿治理，完善基础设施的布局，引入以国学文化为主题的书店与笔墨纸砚相关的商铺，建成北京的中国历史文化名街。第二，开展国学讲堂，与东城区各所中小学合作，从中小学生开始，逐步让国学学习走入平常人的业余生活。第三，开展一年一度的大型祭孔仪式，宣传推广国学文化，塑造国子监的国学权威中心形象，带动文化交流。第四，开展国学讲座、国学朝圣、国际交流项目，重塑孔庙的国学中心地位。

（六）重建会馆文化生态

会馆如同四合院、胡同一样，都是老北京的文化符号，是北京独特的人文景观之一。崇文区会馆资源丰富，要对原崇文区目前共留存的32座明清时期及以后建成的会馆进行完整的资料汇编，以及图纸、照片、碑刻、史料汇总。利用会馆不能仅局限于办公、开旅店等，应实现会馆文化经济。着手修建中国第一批会馆中的福建会馆、南昌会馆、芜湖会馆、浮梁会馆等，与平阳会馆、台湾会馆形成会馆集聚区。

深入挖掘以台湾会馆及诸多会馆遗址为代表的中国会馆文化内涵，对区域内会馆资源进行完整的资料汇总、汇编，重现会馆文化生态。充分利用百余处会馆遗址，集中修建形成会馆集聚区，呈现"会馆文化历史风貌保护区"。充分利用会馆所具有的包容性和以高端社交为主要特征的优势，规划建设博物馆、商务、休闲和文艺演出等文化场所，举办代表中华传统文化及北京历史文化特色的精品文化展览，形成集中反映古都文化特色的会馆形式的高端博物馆群体。

五、创意拓展与特色提升

（一）建设创意城区

1. 建设创意之城

建设创意之城定位。作为首都核心城区，应集中发展文化创意产业的核心流通环节，建立健全国际化要素市场，形成"交易+展示"平台的新模式；积极拓展国际版权交易中心的业务与规模；通过政府政策支持以及骨干企业的带动，吸引大量具有文化内涵的创意企业入驻东城区；在南锣鼓巷等地区形成创意产业集聚区，利用东城区的四合院资源，组织开展小型高层商务会议，形成东城区独有的高层商务文化氛围。

推进国学国医工程。"国字计划"是建设创意之城的具体项目体现。国学计划包括建成国子监的"国学文化一条街"；国医计划依托东城区作为国家两个中医药改革综合发展实验区之一的优势，发挥东城区已有的中医资源，以健康管理理念推动新东城区城市公共卫生服务体系建设。"国字计划"以旅游为起点，伴随文化产品消费，以住宿、服务、文化交流、扩大影响力为链条，形成东城区文化创意产业发展的核心竞争力，扩大东城区文化的影响力和消费力。

探索新的创意企业模式。摆脱以往不断依靠税收减免吸引企业的老模式，通过资金返还等多种政策和骨干企业的带动，将企业吸引进来；提高政府与企业的合作能力与服务水平，为企业提供一个良好的资源整合平台；利用已有的投融资平台优势，在资源整合中为企业提供资金支持。

2. 开发精品生活形态

利用"人文东城"建设机遇，充分整合东城区的饮食、居住、休闲、国学、国医、戏剧、商业等不同形态的文化资源，利用各类媒体及活动来进行城市品牌营销，将东城区的生活方式解读为若干可供不同群体消费、体验、追求和向往的生活形态。

在对不同资源的整合上，根据"人文东城"及城市各项建设的推进步骤，面向北京市居民及国内外游客推出结合日常生活和旅游度假的生活方式组合。着力打造"听钟鼓楼、读国子监、游雍和宫"的"旅游文化"组合及"买老字号、串胡同市集、秀知名品牌"的"购物文化"组合；"游紫禁城、品私房菜、住四合院"的"度假文化"组合，及"逛王府井、吃传统小吃、看小剧场话剧"的"休闲文化"组合；"国医、国学、国药"的"养生文化"组合。

（二）发展体育产业

1. 体育中心区建设

依托东单体育场广泛的群众体育锻炼基础和龙潭湖地区已有的体育资源优势，逐步在东城区建成聚集体育产业的高端之地、体育研发创意基地、体育信息交流中心、体育运动休闲中心、体育用品集散中心等综合性体育产业园区。

首先，大力发展体育馆本身的场地和设施建设，为参与锻炼的民众提供更好的硬件设施。重视开发和拓展自身的公共文化服务功能，以体育场或体育园区为中心向外辐射，为附近社区居民提供方便，定期举办特色体育联谊活动，使体育设施成为北京市民体验体育与科技的新场所。面向北京市民，提供新的体育文化熏陶与体验，形成全面健身的社会氛围。体育事业的发展可引领北京体育资源公共文化服务的开发与利用，开辟旅游文化的新视野，成为新东城区旅游资源开发的一个新亮点。

2. 龙潭湖体育产业园

龙潭湖体育产业园，依托已有的体育资源优势，定位于逐步聚集体育产业建设，汇集体育产业总部基地、体育研发创意基地、体育信息交流中心、体育运动休闲中心的综合性体育产业园区，形成全国乃至亚太地区重要的高端体育产业聚集区。

在产业引领与开发之外，园区应着力重视开发和拓展自身的公共文化服务新功能：第一，建设社区居民文化休闲新去处，惠及当地社区居民，让周围居民受益，形成园区与社区之间的良性互动，举办社区体育文化节。第二，建设青少年文化体育活动新中心，开发好园区中的青少年活动中心，为青少年强身健体提供最优良的环境与基础设施。

（三）拓展演艺文化

新东城区的演艺文化资源得天独厚，要丰富创作演出团体、不同承接能力和风貌的剧场，以满足不同群体需求。

1. 丰富内容。依托丰富的剧场和演出团队资源，推出内容、形式、风格各异的演出活动，开发位于前门大街的广和戏院，使这栋最早的戏楼能够重新投付使用；进一步发展刘老根大舞台和周末相声俱乐部的演出活动。演艺文化活动力争做到演出场所覆盖大舞台、小剧场、四合院，演出内容传统与现代并存，本土与西方相融的局面，以满足不同群体的文化需求。

2. 扩大平台。推出相应政策，搭建更为广阔的演艺文化发展平台。通过举办比赛增进院团之间的交流与竞争，促进优秀作品的生产与创作，提高演员的艺术水准。在了解演出市场和院团水平的前提下进行有针对性、差异性的扶持，同时为区域内剧场提供合作机会。在剧目扶持上，要本着文化多样性的原则，把反映时代特征的新作和整理传统内容的作品并重发展。

3. 打造品牌。围绕演出依托大量的品牌活动提高行业与社会影响力。与东城胡同文化相结合，开展"胡同戏剧节"，利用胡同或四合院的传统空间，以及已经存在的胡同剧场，赋予戏剧节新鲜感。抑或在久负盛名的地坛或龙潭湖庙会上，依托大型节日或活动，来集中展示民间传统技艺。

4. 产品开发。要注重戏剧周边产品的开发，在今后的戏剧节中，可与剧组合作，进一步解决版权问题，对每年戏剧节的作品进行文字和影像整理、发行，探索戏剧的跨媒体经营。除音像制品外，还应重视与剧作、演出相关的产品开发、配套手工艺品内容生产。

5. 项目运作。实施演艺活动社区与校园项目。鼓励并推行工作者担任社区文化活动志愿者，把经典戏剧、民俗演出引入社区，培育戏剧欣赏与消费群体，带动社区文化的多样性；同时，与高校内的相关社团进行广泛合作，把各类演出活动引入校园，并与高校学生演员进行交流，提升艺术的文化内涵。

（四）打造商业名片

1. 王府井

王府井是北京最知名的商业品牌，考虑到王府井已经具备的地理、商业、历史优势，王府井应以国际品牌的精品化发展为主，同时适当考虑低端形态。设计专属的文化标识与符号，注重整体形象的打造与开发，举办多种商业活动，开辟场地承接时尚品牌发布活动，自办国际品牌节等；加强国际品牌的合作，引进和建设品牌的旗舰店等；政府在其中应做好引导和规范地摊、小吃等丰富低端的特色消费，提升其质量和服务。

2. 前门

前门是老北京最为繁华的商业地段，考虑到其蕴含的古都风韵，前门地区的发展规划应定位于彰显古都风貌、发展文化创意、文化旅游等方面，在今后发展中建设成为古都特色鲜明、皇城风格浓郁、商贸文化繁荣的文化创意产业集聚区。

在建筑风格和整体布局上突出古都的特色风貌，在街区和店面的设计安排上突出传统文化符号和元素，同时，注重老字号与传统工艺名品的引入，打造"广聚天下中华老字号"的"中华第一商业街"品牌，使前门大街成为老字号聚集、传统工艺美术大师创作、交流、展示、传播的平台；定期举办以"中华传统"为核心的各类商业活动，如针对不同传统节日的文化属性举办不同主题的庙会等形式，打出"天街"的文化品牌。在开发过程中，要更深层次地挖掘前门地区风貌恢复与保护城市记忆的关系，做到城市发展与文化保护传承的双赢。

3. 永外商贸区

永外现代商贸区应突出其现代化的商业运作模式和高端化、精品化的特点，积极推动传统商贸业转型升级，发展服装、文化用品等特色产品的展示，使其成为集商务办公、时尚设计、展示与贸易为一体的大型综合性现代商贸集聚区。

通过相关的政策优化，重点发展服装和手工艺产业，吸引大型商贸服务企业、时尚设计机构、国际高端品牌、大型服装贸易企业等入驻,重点发展服装设计,并推出大型品牌交易会、服装展示会、时装设计周等活动,使永外成为国际时装聚集区。同时,在建设过程中应打造具有世界竞争力的民族服饰品牌,使永外成为一个展示民族文化和设计新品的世界性舞台,并以服装为核心,辐射到工艺品、文化用品等其他商品类型,带动周边餐饮、文化、交通等事业的发展。

(五)开发古都旅游

北京作为数代都城的所在地,是古都旅游的精华所在。北京独有的壮美景观就由这条中轴线产生,南北引申,一贯到底,这也是北京气魄雄伟之所在,因此,坐落在中轴线上的钟鼓楼、紫禁城和天坛等几大地标性建筑及其周边区域将成为这条线路重点开发与规划的对象。

1. 钟鼓楼

模式定位。采用"生态博物馆"模式,以钟楼、鼓楼的历史文化底蕴为基础,合理规划钟鼓楼广场的公共空间,将其打造成为东城区文化展示与交流的窗口。

创意生态。恢复钟鼓楼晨钟暮鼓的仪式性功能,适当辅以现代元素,与百姓的日常生活结合,让外地游客可以切身感受到老北京的文化氛围,对钟鼓楼周边的四合院的开发需要慎重,应进行适度引导和规范。

2. 正阳门

模式定位。"皇城文化"的核心地带,采用体味皇家气象与皇城子民生活方式的模式,重点开发其中的"皇城遗韵"。

创意生态。皇城文化的集中展示区,一方面,要注意与故宫博物院的沟通和协作,彰显皇家建筑的雄伟瑰丽;同时,还要注意皇城周边街区风格的统一和文化价值的开发,开设与皇家、皇城相关的各类博物馆,修缮周边街道,使其风格与故宫相协调统一,发展"仿膳"等餐饮项目。

3. 天坛

模式定位。天坛是当今保存下来的最大规模的古代祭祀建筑群,是民族传统文化最高形态的物质载体,以"祭祀仪式原景重现"和"礼乐文化体系重建"为指导思想,以天坛为标志,以祭天为载体,体现中华民族的礼乐文化和"天人合一"的朴素文化思想。

创意生态。在"天坛文化圈"的基础上弘扬"天人合一"的文化内涵,完善每年春节期间的祭天活动,在展现古代仪式特征的同时,对古代的礼仪文化和其中传统思想进行讲解,以对当今社会产生引导作用。同时,作为北京中轴线路的终点,应大力发展"北京礼物旗舰店"的品牌效应,引入北京著名的手工艺品牌,产生集聚效应,同时提炼属于京城,尤其是皇城的文化符号,打造京城特有的手工艺纪念品。

（六）营造特色餐饮

1. 东城小吃文化

东城区有悠久的小吃文化，但存在室外空间匮乏、品种单一、质量参差不齐等问题，影响了作为饮食文化生命力最为顽强的小吃的发展。小吃文化行动方案以隆福寺小吃街和皇城小吃街为工作重点。

隆福寺是老北京饮食文化的代表之一，可定位于"北京特色小吃"以彰显老北京饮食文化的魅力及民俗风情。皇城小吃街包含东华门夜市与王府井小吃街，它们区别于隆福寺的主要特点是打造八方美食汇聚地，为全国各地小吃提供展示与消费平台。

2. 饮食品牌拓展

以簋街为代表的餐饮品牌当前已初成规模，在其已有的影响力基础上，保持已有品质，引入新的特色，如药膳，加强精品推广。注重"簋街"品牌的统一打造及人气聚集，使其成为北京大众消费和商务消费的目的地。

原崇文区具有皇家文化渊源的老字号饮食品牌：全聚德、便宜坊烤鸭、一条龙涮羊肉、都一处烧麦等体现了原崇文区丰富的饮食文化及特色，应该重视在拓展商业市场的同时，挖掘自己的文化内涵，学会讲品牌背后的"故事"。

3. 私房菜方案

方案定位。私房菜不仅讲究精致、格调和品位，更是一种文化积淀，东城区地处京城黄金地段，有四合院等人文景观映衬，私房菜可走文化消费之路。

行动方案。掌握本区内的餐厅基本状况，引导其实现差异化发展。面向国际客户群体和国内商务客户，结合四合院建筑风格，引导私房菜的精致化发展，植入多元文化要素，体现东城区特色与精品特质，以实现借助这一平台的文化输出。

六、制度创新与机制保障

实施该行动计划，要以改革创新为指导精神，加强区委、区政府的领导，充分发挥广大驻区居民的主体作用，调动各社会团体、宗教机构、志愿者组织的积极性和参与热情，以体制机制建设为保障，采取多种措施，确保各方力量形成整合力量，促进"人文东城"各项工作的顺利开展。

（一）机制创新，保障落实

建立"人文东城"行动计划的思想统一机制、实施协调机制、绩效评估机制，解放思想，加强政府组织和机构的管理创新。由区委宣传部牵头，以政策宣讲、专家授课、联席会议、项目通报、部门协作等方式组织所涉及单位贯彻落实本计划，切实把实施"人文东城"行动计划与常规性的工作结合起来。

按照"人文东城"行动计划的目标与任务设计，以北京人文示范城区为目标，编制人文北京试验区详细规划方案，对本计划进行细化分解，制订具体的实施细则，以工程、项目、活动等为抓手，明确各部门的职责与阶段性任务，统筹规划、重点推进，将各项建设任务落实到人；根据任务分解和责任落实安排，制订"人文东城"行动计划的绩效考评机制，对各单位推进情况进行定期考核，并形成奖惩制度，确保实现本计划的既定目标。

（二）政府引导，公众参与

积极发挥政府的推动作用、企业的主体作用、协会的桥梁作用、媒介的引导作用、广大居民的参与作用，提高管理水平，转变经营机制。政府的功能就是加强引导，小政府、大服务，这样才能实现资源的最佳配置。在区政府对"人文东城"建设的引导下，通过制定政策措施、建立相关机构、组织协调等方式，带动全区群众参与到人文东城的实施过程中去。

充分尊重全体公众的意愿，在"人文东城"的建设中强化信息公开、透明，广泛听取社会各阶层居民对未来城市建设的意愿和建议。在实施过程中，发挥各类社会组织和团体的作用，通过志愿者组织、行业协会、民间组织、宗教团体、群众自发团体等发挥驻区居民的参与热情与建设能力，实现公众参与的目标。

（三）资金投入，人才激励

在资金方面，集聚各方财力，吸引社会资本，组织专家委员会，采取政府支持下的市场化融资方式。在2011—2012年，确保"人文东城"建设所需政府资金的比例，以政府设立每年不少于1亿元的专项资金为带动，利用东城区既有的文化创意产业投融资平台，通过国有资产重组等途径落实公益性较强项目的资金需求，吸引社会资金参与公益性项目建设；对于市场化程度较高的项目，通过战略伙伴引进、企业债券、信用担保、保险等手段拓宽融资渠道。

"人文东城"的建设需要各方面的人才，要充分落实东城区发展文化创意产业的人才战略，吸引文物保护、古城规划、非物质文化遗产保护、演艺演出等专业人才落户东城，通过东城区的社会组织、社会团体来实现所需各类专业人才的聚集效应；通过四合院改造等项目融汇全球高端智库在东城区落地，并通过公共文化服务体系的完善来扶持民间文艺积极分子的文艺活动，激发普通群众的智慧资源。

（四）产业促进，业态更新

在"人文东城"行动计划的实施过程中，要在民生工程、公共文化服务等之外特别注重推动文化创意产业的发展。在文化创意产业的发展中，以雍和园为龙头充分发挥东城区在版权交易、文化旅游、数字科技、演艺娱乐等方面的既有优势，通过人口转移安置和四合院资源清整腾退等基础性工作为文化创意产业发展提供人力资本和土地资源的新空间。

重点面向新兴产业形态和交易模式，集中发展智库聚集、戏剧演艺、文化旅游、精品文化消费等产业形态，重点扶持文化科技、文化金融服务等新兴交易模式的文化创意企业，引导驻区企业实现跨区域、跨行业、跨领域发展；制订特色商业区和新型商业区发展规划，形成从摆摊经营到奢侈品店多元化的商业布局，增加多样性的文化消费场所。

（五）氛围营造，主题营销

树立东城区作为"首都人文中心区"的城市品牌，需要有明确的城市营销策略和氛围营造手段，除了通过可视化视觉标识、城市风貌、市民风尚等方式加以具象化之外，还需要通过媒体营造良好的舆论氛围，以多样化的传播手段向驻区市民、北京、全国乃至世界传播"人文东城"建设的基本理念。

在城市风貌、社会风尚、符号系统等具体项目工作中，要充分利用东城区组织的节庆活动、公共文化活动、团体组织的群体活动等对"人文东城"的理念进行系统化的宣传推广，使人文精神深入人心；通过城市推介活动、博览会、交易会等将东城区的文化项目和文化氛围进行推广和传播，形成良好的舆论氛围和对外传播态势，打造"人文东城"的国际形象。

芜湖市鸠江区文化创意产业规划编制说明[①]

[①] 2010年7月芜湖市鸠江区政府委托项目。主持：熊澄宇。参与：吕宇翔、张铮、陈红玉、赵建国、何威、庞云黠、李寅飞、彭菲。

一、规划简介

二、规划附件概述

三、芜湖市文化创意产业发展的基础

四、鸠江区文化创意产业发展的驱动力

五、鸠江区文化创意产业发展的基本战略

六、鸠江区传统文化资源可转移目系

七、鸠江区文化创意产业规划近期项目

八、鸠江区文化创意产业园区规划重点园区建设

一、规划简介

《芜湖市鸠江区文化创意产业规划》（以下简称《规划》），是为了积极响应国务院《文化产业振兴规划》和深入贯彻《皖江城市带承接产业转移示范区规划》，在全面分析芜湖本地资源和鸠江区自身条件的基础上，提出的鸠江区未来5~10年文化创意产业发展的纲领性文件。

《规划》以安徽"建设文化强省"的发展思路为指导，以芜湖市鸠江区委、区政府确定的"工业强区、三产兴区、东向发展、城市化"四大战略和"一主两翼"发展目标为依托，根据城东新区建设、芜湖经济技术开发区建设等芜湖城市整体规划相关文件，以当地文化资源和现代文化资源转移相结合为线索，促进鸠江区文化资源工程建设，大力发展鸠江区文化创意产业，从传统产业模式转变成创意经济模式，配合区域产业承接转移工程，促使鸠江区成为皖江城市带中文化创意产业先行先试的示范区。

《规划》的基本思路是，依托芜湖市城市整体规划、文化整体规划以及鸠江区区情来定位和设计鸠江区文化创意产业发展重点与布局；按照国家文化资源共享工程战略部署，结合鸠江区作为城市的建设新区，对其文化创意产业发展采取量身定做的地方文化资源转移项目、传统文化资源和现代文化资源利用双轨并进。

《规划》根据国内外文化创意产业发展态势，在分析了芜湖市及周边文化消费环境和鸠江区文化休闲的未来消费市场潜力的基础上，将鸠江区文化创意产业的模式和特质定位于：以现代制造业、服务业为背景的，融科技、商务、政务、消费、休闲、娱乐、社区、生态为一体的区域现代时尚休闲文化中心。

《规划》指出鸠江区文化创意产业的主要任务和项目分别是：地方文化资源转移项目、品牌文化产业拓展项目、文化主题公园建设项目、鸠江区文化创意产业园项目、鸠江区文化创意生态园项目、鸠江区现代设计试验园项目、旅游文化资源整合项目。在规划落实层面，每个项目设计都是一个独立系统，均可规划成若干个具体实施性项目加以实施，同时，各个项目之间也是相互融合的。

《规划》还提出，在配套政策与保障方面，《规划》从体制结构、资金支持、园区开发、人才培养、市场拓展等几方面提出了一系列措施，以确保文化创意产业快速发展，并成为当地支柱产业之一。同时，在文化创意产业建设过程中，通过完善公共文化服务体系、鼓励创新精神、倡导时尚休闲的现代文明风尚培育驻区居民的文化消费习惯，激发外来游客的文化消费能力。在有效文化创意产业建设过程中，解放和发展文化生产力，推动文化体制改革，促进鸠江区和芜湖市经济社会全面协调可持续发展。

二、规划附件概述

《芜湖鸠江区文化创意产业规划》是芜湖市鸠江区文化创意产业发展的指导性文件。规划旨在指导芜湖市鸠江区文化创意产业的总体发展，明确芜湖市鸠江区文化创意产业的发展目标，整合芜湖市鸠江区文化创意产业的有效资源，形成芜湖市鸠江区文化创意产业的合理布局，完善芜湖市鸠江区文化创意产业的措施保障。

本规划在对鸠江区的地域文化环境和产业态势分析的基础上，依据芜湖市整体发展的战略目标和规划，规划以 2010—2012 年作为近期目标，使鸠江区成为芜湖市文化创意产业发展核心区域；以 2013—2015 年作为中期目标，文化创意产业在区域经济中异军突起，成为支柱产业；以 2016—2020 年作为远期目标，文化创意产业对国民经济的贡献率进一步提高，对其他产业的拉动效应更加明显，推动鸠江区进入创意经济时代。

本规划由《规划》文本和附件两部分组成。《规划》文本是主体，说明书与规划图为附件。批准后的《规划》文本和《规划》附件具有同等法律效力。

本文是《芜湖鸠江区文化创意产业规划》的规划说明书。规划说明书主要对《规划》文本进行补充与说明。

三、芜湖市文化创意产业发展的基础

1. 历史文化底蕴深厚

芜湖是一座历史文化底蕴厚重的城市。在南唐时就有"楼台森列""烟火万家"之称。宋代冶炼走向鼎盛，史称"铁到芜湖自成钢"；明代时成为全国的印染中心，宋应星所著《天工开物》中就有"织造尚淞江，浆染尚芜湖"之说，形成号称"芜湖巨店"的大型浆染工场；至清代，芜湖又形成了庞大的米业市场，居"四大米市"之首而名闻天下。芜湖是长江下游内外贸易的主要商埠和港口，也成了安徽近代工业的发祥地，被誉为"长江巨埠，皖之中坚"。

2. 地理和区位交通

芜湖市位于安徽省东南部，地处长江下游，属亚热带湿润季风气候，气候温和，雨量充沛，四季分明。芜湖市下辖芜湖、繁昌、南陵三县和镜湖、弋江、三山、鸠江四区。芜湖交通便利，是华东第二通道的重要枢纽，芜湖是沿江公路网络的重要枢纽，芜湖港是长江溯江而上的最后一个深水港，与长江三角洲和苏南杭嘉湖地区相沟通；芜湖市已列入"长三角"经济圈城市规划群之中。

3. 经济地位逐步确立

芜湖市是皖南经济、文化、交通的中心，在历史上被称为"皖之中坚"，当前，在国家区域产业规划中已经成为皖江产业承接转移的双核城市之一。芜湖市已列入"长三角"经济圈城市规划群之中，与"长三角"城市之间可以形成产业集群。现已塑造一批具有国际竞争力和规模化经营的芜湖制造产品，形成了一批先进制造业的企业集群。

2007 年 3 月发布的中国城市竞争力排序中，芜湖市在"制度竞争力"和"企业管理竞争力"两项指标上均排在第九位，成为提升城市竞争力的 11 个最佳案例城市之一。芜湖市已拥有国家级开发区 2 个，省级经济开发区 6 个，各类特色经济园区 10 多个。建立了以经济技术开发区、特色工业园为基地的块状经济体系，并建设沿江经济带，初步确立芜湖市作为长江三角洲地区先进制造业基地的地位。

4. 生产性服务业发展基础

"十一五"期间，芜湖市紧紧抓住国家和安徽省实施"中部崛起""东向发展"的战略契机，以打造先进制造业基地为切入点，全力推进工业发展目标。建有 4 个国家级工程研究中心和"奇瑞""方特"等全国著名品牌。制造业基础是文化产业链成熟和快速完善的有利条件。

芜湖市交通运输业、物流业、信息服务业、金融服务业、商务服务业等生产性服务比较发达，民间融资较为活跃；芜湖市建成并投入运营的专业化市场已超过 10 多家，其中汽车零部件市场、纺织服装城、建材大市场、旅游商品大市场、茶叶大市场等在国内具有较高的知名度；芜湖市已建成较为完善的中介服务体系，已注册成立的广告设计、企业策划、会计事务、资产评估、设备租赁、项目评价、品牌设计、产品设计、产权交易、物流、咨询等专业性服务机构 600 多家，以芜湖市为中心的皖南区域物流信息中心即将形成。

5. 文化创意产业受到高度重视

2005 年，芜湖市撤销文化局、广电局建制，成立文化委员会，统一行使行政管理与执法职能，加强政策、调节、市场监管、社会管理和公共服务职能。芜湖市在确保每年对文化事业经常性投入增幅高于经常性财政支出增幅的同时，文化事业发展费全部用于政府采购、项目补贴和以奖代补。

四、鸠江区文化创意产业发展的驱动力

1. 经济快速增长的内在需求

芜湖市作为一个经济快速发展的中等城市，既是重要的制造业基地和华东地区的交通枢纽，又具有丰富的自然和人文景观。随着产业结构的升级和城市规模的扩大，发展文化创意产业、建立突显城市个性化的区域文化中心、全面提高芜湖市文化软实力，已成为芜湖市发展的内在需求。

同时，随着芜湖市经济的高速发展，居民的收入快速提升，精神文化需求的增长十分迅速，精神文化消费进入了实质性的启动和发展阶段。这样的需求为芜湖市的文化创意产业发展提供了深厚的社会基础和广阔的市场空间。

2. 地方会展业的蓬勃发展

根据市贸促会有关负责人对"十一五"期间芜湖市会展经济发展目标的分析，"十一五"期间，芜湖市会展经济总量翻两番，年展会标准展位 2 万个，将创造出一个名副其实的国际性展会，为芜湖市第三产业带来直接经济效益达 4 亿元，间接效益达 30 亿，同时也提供了相当多的就业岗位。

芜湖市会展活动萌发于 20 世纪 80 年代，之后很快将会展作为一种经济行业有意识地加以培育，2000 年开始先后成功举办"旅博会""茶博会""建博会""人才交流大会""高咨会"等品牌会展，2002 年以后又相继开发了"医博会""科博会""汽博会""青博会"等展会。各项会展的蓬勃发展，促进了金融、旅游、物流、宾馆服务等第三产业的发展，品牌会展的树立还提高了芜湖的知名度，扩大了城市辐射力。按照会展经济的规律和态势，会展业的发展为芜湖发展文化产业提供了良好的基础。

3. 文化创新与文化消费的互动

芜湖市的文化创新不仅激活了传统的演艺演出、影视传媒和文化旅游等产业，而且数字动漫、创意设计等新兴产业业态突飞猛进。芜湖市借助成为国家动漫产业基地的机遇，通过制定实施完善的政策和每年 1 000 万元专项资金扶持、建设孵化平台和国内一流水平的公共技术平台，聚集了大批动漫企业、创意项目。最让外界瞩目的是，亚洲规模最大的第四代主题公园方特欢乐世界在芜湖建成，开园以来入园游客已突破 200 万人次，门票收入 2.2 亿元。已开工建设的方特梦幻王国主题公园建成后，每年可接待游客 300 万人次，生产 2 万分钟动漫片和 5 部以出口为主的数码电影。

4. 文化产业相关政策的陆续出台

芜湖市扶持动漫产业发展的政策措施有：《芜湖市关于鼓励扶持动漫产业发展暂行规定》《芜湖市动漫产业发展专项资金管理暂行办法》等政策，并不断完善。

设立每年 1 000 万元的动漫产业专项发展资金，采取贴息、补助、奖励等方式，支持动漫产业加快发展；对企业实施财政补助奖励政策，引导创业型动漫企业入驻孵化中心；对拥有自主知识产权、有望形成爆发性增长的、具有龙头带动作用的重大项目，在土地规划、财政补助方面实行一事一议、特事特办。

5. 芜湖市承接产业转移的挑战和机遇

无论从芜湖市的地理位置来看，还是从国家近期区域规划层面上来看，芜湖市都面临着巨大的机遇和挑战。

承接产业转移，必须强调创新环境。在创意环境上，芜湖市有一定的基础。科创中心中建立了可供 60 家企业入驻发展的动漫产业孵化中心；承办第二届中国国际动漫创意产业交易会，搭建中国最有影响、最具规模的动漫创意产权交易平台；本地高校设立动漫系、动漫专业，大力培养动漫人才，还将创办动漫学院，建立动漫人才高地；大力引进优秀动漫人才；对获得重要国际奖项和国家、省级评奖奖励的原创动漫作品，按所获奖励标准给予奖励。芜湖市现有的产业环境迎接这种机遇，仍然具有很大的挑战性，迎合产业承接的自主创新理念必须发展创意产业。

五、鸠江区文化创意产业发展的基本战略

1. 着眼于芜湖的地理位置

芜湖市鸠江区文化产业的开发成败之一在于从整体上对休闲娱乐业和旅游业的定位。这个定位要放在长三角区域联动的基点上去考虑，同时也要考虑激烈竞争下的长远目标和优势资源。

途径是："以一带动全局"的战略。可以利用一两个重大项目带动休闲娱乐业和旅游业，比如说，发挥既有主题公园的人气聚集效应，进一步开发新的主题公园。

2. 着眼于鸠江区制造业的雄厚基础

在福特主义即传统经济模式时代，制造业发达理所当然地占绝对优势，但是在后福特主义即创意经济模式时代，创意经济将占据绝对优势。芜湖市未来产业经济的亮点必然是建立在制造业基础上的创意经济模式。

途径是：与传统制造业紧密结合的文化产业链的扩展和延伸，建设创意设计服务业基地。

3. 着眼于文化产业的未来定位

根据芜湖市近代以来的经济地位和当前发展状况以及未来整体规划，芜湖市鸠江区未来文化产业的发展定位和基调是：融科技、商务、休闲、消费为一体的现代时尚休闲文化。

途径是：以重大项目形成品牌，引领休闲时尚。

4. 着眼于当前文化发展整体概况

按照芜湖市当前文化产业发展态势和芜湖城市文化资源，芜湖市文化产业规划策略可整体上立足于文化资源可转移系统工程。其包括两个方面：传统文化资源的转移和现代文化资源的转移。

途径是：其一，保护和开发地方文化资源（如利用地方文化元素）；其二，引进和植入现代文化资源。现代性被演绎成为时尚，现代性发展在西方已经有几百年的历史，世界不断有新的时尚。

5. 着眼于鸠江区未来发展战略

在制造业和包括城区东扩战略在内的芜湖未来整体规划的基础上，一个新型城市能否在文化产业的发展上可以融入更多的规划和植入因素，文化产业的发展是否到位也将成为未来经济和社会文化发展的重中之重。

途径是：文化产业带动其他产业。

六、鸠江区传统文化资源可转移目系

1. 徽商文化重镇

近代芜湖不仅是中国四大米市之一，也是中国工商业的一个重镇。在中国近代史上富有

影响的徽商，就是从芜湖走向全国的。芜湖所汇聚的大量财富，成就了一个典型的徽派建筑和徽商文化之城，被称为"东迎吴越风韵、南接徽州筋脉"。一些传统风格的街区如芜湖南门湾等，以前店后宅、中开天井、青砖黑瓦、回廊照壁的特点，而成为典型的徽派建筑街巷。

2. 传统工艺一绝

芜湖拥有著名的"芜湖三画"：铁画、堆漆画和通草画。芜湖铁画以锤为笔，以锻铁为画，通过锻打成型，技艺高超，绵延340多年。经过汤天池、肖云从等几代艺人的探索和积累，芜湖铁画锻制技艺逐渐完善和趋于精妙，成为国家级非物质文化遗产。中国漆画历史悠久，芜湖民间艺人吴思才等发展了芜湖堆漆画；谢醴泉等于1956年在吸收苏州通草画的技艺基础上，创制了芜湖通草画。这两者都具有鲜明的地方特色和艺术风格。

3. 唐宋文化遗产

唐宋时期，芜湖是激发许多文人创作灵感的文化名胜。唐代大诗人李白多次到芜湖游历，留下了《望天门山》等著名诗篇，他的"天门中断楚江开，碧水东流至此回。两岸青山相对出，孤帆一片日边来"成为千古名句。宋代大文豪苏东坡在芜湖写下《湖阴曲》七言古律一首。宋代书法家黄庭坚寓居芜湖二年。南宋词人张孝祥盛赞芜湖"日照山如画，云浓水似烟"。

4. 地方特色戏曲

芜湖的地方戏曲种类繁多，主要有梨簧戏、南陵目连戏等。梨簧戏旧名泥簧，已有200多年的历史。泥簧戏起源于江苏，进入芜湖后，融合了芜湖方言、音调和民间音乐，并汲取二黄、柳子腔和昆曲等剧种唱腔与音律，形成具有浓郁的江南风味的板腔体。泥簧戏在鼎盛时期，形成不同流派，剧目多达300多个。滩簧起源于民歌，脱胎于昆曲，声腔独特，也是具有芜湖特色的地方戏曲。

5. 民间文化传承

芜湖民歌历史悠久，曲调优美，乡土风味浓郁，包括节奏强烈的劳动号子、抒情的山歌和秧歌灯、流畅的里巷小调。芜湖民歌的歌词反映民俗民情，随时代的发展而不断更新。其中，尤以作为安徽省非物质文化遗产的繁昌民歌最为著名。同时，芜湖在园林、家具、建筑、钱币、服饰、工艺品、古籍、文具等方面，也具有民间收藏的悠久传统。

七、鸠江区文化创意产业规划近期项目

1. 从传统文化资源发掘的项目

依托地方文物、典籍、图像、民俗、符号，还有精神层面，可做皖江文化园、皖江曲艺历史馆、皖江饮食城、皖江变迁与宗教馆、徽文化博物馆、徽派建筑特色社区、皖江名戏团演、皖江服饰馆、芜湖名人馆、民俗馆、芜湖美食文化街、铁画博物馆、米文化博物馆、少儿文化体验馆等。

2. 从现代文化资源拓展的项目

对动漫文化休闲的拓展，依托华强方特，做好休闲产业的产品和特色开发活动，在新型技术和材料科学基础上，除动漫产品之外，建立文化产品研发基地。对传统工艺进行现代设计创新，开发新的旅游产品。对城东新区以及周边休闲区进行强化宣传和设计，以及组织演艺活动，使人们的日常生活和休闲丰富多彩。

3. 从时尚文化资源移植的项目

现代文化资源包括工业文明、科技先导、数字化、城市化、速度、金融等，其核心精神是现代性和时尚的传递。在以电影院线、数字电视、文化出版、创意设计为主线的文化项目基础上，建立现代文化信息工程数据库和区域文化传播传媒中心。具体项目有现代时尚流行色、汽车文化主题公园、动漫文化休闲体验等。

4. 本地文化创意产业基础项目

（1）城东新区文化设施建设。包括现代剧院、电影院、艺术馆、博物馆项目。这些项目的建设依托于东新区的发展，可提前做好相关项目规划。（2）兼顾扁担河绿化带建设。配套的未来市政中央公园绿化和景观带设计要与湖市整体文化氛围结合起来，不仅体现传统的文化元素，更重要的是体现时尚之感。

5. 旅游文化资源整合项目

鸠江区的旅游文化资源具有多种层次，既有自然生态类型，也有人文传承类型，还有在我国城市旅游中稀缺的工业旅游资源。因此，对鸠江区文化旅游产业发展的基本思路是将鸠江区打造成为长江中下游滨江现代娱乐休闲中心。即依托四褐山、曹姑洲、方特未来世界、神山、梦湖、扁担河等一批风格各异的旅游资源，发展较高层次的现代娱乐休闲旅游、度假休闲旅游和滨江观光运动休闲旅游，带动娱乐、休闲、观光、购物、会务、美食消费，建设融传统文化和现代文明、青山碧水和时尚风貌于一体的滨江旅游城市。重点打造：现代主题公园娱乐文化旅游区；梦湖、扁担河生态休闲旅游区；四褐山、裕溪口"山—江—洲"旅游区；红色文化教育旅游区。

6. 品牌文化产业拓展项目

目前，在文化创意产业领域，鸠江区拥有以华强方特为代表的高科技文化主题公园品牌，这一品牌具有的特质包括文化科技、动画漫画、衍生品生产、主题公园等要素，在业界和消费者心目中都具有较强的认知度，也在国内外不断开拓市场。同时，以奇瑞为代表的我国民族汽车品牌也在全国范围内具有较强的感召力和影响力。

八、鸠江区文化创意产业园区规划重点园区建设

1. 文化主题公园建设项目

未来，鸠江区有条件利用较为成熟的主题公园招商、建设、管理、运营、推广的既有模式，积累已有的消费者认知、市场环境、旅游线路成熟的基础条件，采用错位竞争的办法，选取新型的主题乐园，可以考虑打造面向3～14岁青少年的童话主题体验乐园或动漫主题乐园。

在面向青少年的主题公园建设项目上，要重点选择具有较强的娱乐性和体验性的活动内容，例如，各类职业角色扮演游戏、休闲体育项目、动植物接触游戏、手工艺制作活动、亲子共同参与的娱乐活动等，融合高新科技游戏与青少年体力、智力开发；通过脑力训练营进行创意与发现培训，培养青少年的创意思维与动手能力；结合美术馆、博物馆、图书馆、演播厅、影城等展览展示空间，培养青少年的艺术鉴赏能力，提升欣赏水平。该项目应充分考虑到青少年与家长、朋友的共同体验性，融合科技与艺术，将沉浸的感官体验、愉悦的身心感受、丰富的体验内容、有益的教育理念加以结合，使之成为鸠江区具有广阔发展前景和现实操作抓手的主题公园项目。

2. 鸠江区文化创意产业园项目

本项目拟选址在安徽工程大学附近，一方面，可作为依托高校的产、学、研转化平台；另一方面，可结合鸠江区"东向发展"的基本战略，靠近方特二期等鸠江区未来文化创意产业发展的龙头。

在建筑形态上，该园区以现代楼宇为主，结合商务办公、时尚展示、铺面商户、餐饮娱乐等功能；在业态选取上，除了配套的消费类产业形态之外，在文化创意产业内部要特别注重吸纳动漫创意与制作、影视策划制作、创意设计、软件外包等产业类型；同时，运用园区运营公司的孵化功能，对于产、学、研结合的项目进行特别支持，培育中小企业。

主要功能包括：创意办公室、会务展示、文化艺术主题、特色展示、创意孵化基地、配套服务、经营管理七大类。

3. 鸠江区文化创意生态园项目

鸠江区的文化创意生态园不仅是文化企业的集聚地带，也要成为芜湖传统文化资源转移工程的载体。园区从建设到营销，以艺术消费、时尚休闲型为基本导向。

鸠江区文化创意生态园业态范围包括影视制作、动漫网游、软件开发、文化休闲、文化艺术展示交易、文房四宝、文化金融等。按照业态定位确定了主要功能包括：创意办公室、儿童成长体验、会务展示、文化艺术主题、特色展示、创意孵化基地、配套服务、经营管理八大类。

文化创意功能具体涵盖多个领域，其中包括传统文化类的民族美术工艺、时尚创意类设计、影视文化类、艺术设计类、建筑美术类、文化休闲类等。同时，该园导入具有地方文化特色和时尚风格的与非物质文化遗产相关的企业、艺术家、作品与展示等，帮助企业、作品与艺术家

实现最优资源配置，并与一线城市或国际市场接轨，从而实现传统文化艺术的推广与增值。

4. 鸠江区现代设计实验园项目

芜湖市作为未来皖江产业承接产业转移的双核之一，可以建设以现代设计为基础的创意实体和创意服务体系，把芜湖市塑造成皖江现代工业设计中心，不仅服务于本地的设计业，也可以服务区域设计需要。

设计业应该成为本地创意产业的龙头。英国是创意产业之父，而其创意产业成就的主题来自创意设计的功劳。国内北京、上海设计业比较发达已是事实。同等可比城市中有无锡等城市，芜湖市和无锡市一样拥有制造业基础，但却甚有差距，除地理等原因外，设计业发展滞后也是其中一个原因。无锡市已建成第一个国家级工业设计园，芜湖市可以借鉴其成功经验，结合本地实情做相应发展。

鸠江区具有较强的工业发展基础，同时，在当前芜湖市的发展部署中，处于以工业带动城市化发展的历史阶段；鸠江区的城市人口在芜湖市处于人均收入较高的层次，同时，芜湖市也是皖江城市带发展中的双核之一；鸠江区还是安徽工程大学的所在地，具有良好的教育资源和设计人才储备。在这样的基础上，鸠江区具备了发展设计服务业的基本条件。

鸠江区的设计服务业要立足于设计服务业中的工业设计、工程管理服务、工程勘察设计等产业类型，并拓展环境设计、家装设计、建筑设计、服装设计、市场调查、社会经济咨询、知识产权服务等业态，从设计服务业入手，占领皖江城市带建设的制高点，形成辐射全省，乃至全国的设计服务能力。

该试验园定位于产业孵化型。位置可以在安徽工程科技学院附近，将时尚、消费、设计、服务、体验等要素加以结合，同时，可以实现土地资源的整合开发利用。可与文化创意产业园区或文化创意生态园相融合或者呼应。初步形成工业设计研发设计孵化中心，建立设计大师工作室，并积极吸引国内外创意设计大师和专家，开展与国内外工业设计机构合作。除汽车、电子、机械、服饰以外，积极拓展创意设计领域。举办各类论坛、大奖赛活动，营造工业设计环境，依托鸠江区经济技术开发区一期工程，在二期工程发展之际，创建工业设计孵化基地。

鸠江区现代设计实验园重点建设涵盖创意设计、动漫游戏、影视制作、音像制作、艺术创作、工艺美术、文化旅游、传媒印刷等文化创意产业的孵化和培育中心，形成一批具有一定规模的特色文化创意产业集聚区，平均产值规模达到国内先进水平。

5. 远期汽车文化园论证

20 世纪在一定意义上可以说是汽车发展的历史，汽车是现代工业文明的集中代表，在消费时代，汽车更加成为人们炫耀性消费或者自我现代性表达的途径，汽车不仅是财富的象征，也是时尚的宠儿，同时也是未来绿色能源的引领者。不论是有车族还是无车族，对汽车文化和历史的了解与消费都将成为热点。经相关访谈和数据采集，人们对以汽车文化为主题的消费是未来工薪阶层消费的重要支出方面，而在国内缺少这样的项目建设。

近年来，我国自主品牌汽车的业绩上升迅速，民族汽车在市场中逐渐占取更大的份额，民族汽车的品牌发展和建设成绩卓著，以奇瑞、吉利等为代表，不仅在销售上取得成绩，在文化和品牌上也逐渐成熟。这预示着我国汽车文化方面的意识逐渐增强，文化意识的增强必然导致汽车文化类消费成为时尚话题。

芜湖鸠江区境内已有我国第一个自主汽车开发的品牌奇瑞轿车，有相关方面的基础，包括品牌文化和产业链方面的。同时，由于芜湖特殊的地理位置，可以承东接西，在吸引消费群体上比西部或者北部有产业发展、衔接和融资以及旅游等方面优势。

皖江承接产业转移城市带的国家相关规划明确提出汽车是皖江未来产业承接转移的重点项目，汽车产业在皖江的集聚将为芜湖发展汽车文化主题消费的产业提供更广阔的环境。

杭州市打造"全国文化创意中心"的对策与思路[①]

[①] 2011年杭州市办公厅委托课题。主持：熊澄宇。参与：吕宇翔、张铮、薛钊、李寅飞、彭菲、郭静、朱艳婷、朱少军、时雪。

一、序言

二、对杭州市打造"全国文化创意中心"的解读

三、创意环境：搭建打造"文创中心"的多元平台

四、创意生产力：构筑"文创中心"的产业硬实力

五、创意辐射力：推动"文创中心"的成果转化和模式输出

六、创意活力之人才：建设"文创中心"的人才基地

七、创意活力之创意空间：营造"文创中心"的社会氛围

一、序言

在国务院 2007 年批复的《杭州市城市总体规划（2001—2020 年）》（国函〔2007〕19 号）中，对杭州市城市性质有明确的描述：

杭州市是浙江省省会和经济、文化、科教中心，长江三角洲中心城市之一，国家历史文化名城和重要的风景旅游城市。要以科学发展观为指导，坚持经济、社会、人口、环境和资源相协调的可持续发展战略，统筹做好杭州市城市规划、建设和管理的各项工作。大力推进经济增长方式的转变，积极调整产业结构和布局，优先发展高新技术产业和第三产业，不断完善城市功能，逐步把杭州市建设成为经济繁荣、社会和谐、设施完善、生态良好，具有地方特色的现代化城市。

在这一基础上，杭州市委、市人民政府在 2008 年 1 月 8 日出台了《中共杭州市委、杭州市人民政府关于打造全国文化创意产业中心的若干意见》（市委〔2008〕4 号）。在这份文件中，深入分析了杭州市打造全国文化创意产业中心的基本形势，确立了指导思想和截至 2010 年的具体目标，并将信息服务业、动漫游戏业、设计服务业、现代传媒业、艺术品业、教育培训业、文化休闲旅游业、文化会展业八大行业作为杭州未来重点发展的文化创意产业门类，选取了西湖创意谷等十大园区作为重点打造的产业区块，并提出了推动杭州市文化创意产业发展的政策举措。

2010 年，在国务院批复的《长江三角洲地区区域规划》（国函〔2010〕38 号）中明确提出："完善区域性中心城市功能""进一步提升南京、杭州等区域性中心城市的综合承载能力和服务功能，错位发展，扩大辐射半径，带动区域整体发展。"

——杭州。充分发挥科技优势和历史文化、山水旅游资源，建设高技术产业基地和国际重要的旅游休闲中心、全国文化创意中心、电子商务中心、区域性金融服务中心。建设杭州都市圈。

在这份文件中正式提出了杭州市的"一基地四中心"的战略部署。其中，国际重要的旅游休闲中心、电子商务中心和区域性金融服务中心，在杭州市既有的优势产业基础上提出，可以说是题中应有之义；而"全国文化创意中心"的定位则在杭州市既定的"全国文化创意产业中心"基础上作出了拓展和深化，全国文化创意中心的打造需要从杭州市现有的"全国文化创意产业中心"基础出发，充分分析杭州市的地域特征、区域经济地位、文化传统、产业基础、市民素质与文化水平、创意阶层与创意人口发育状况等要素，提出发展的目标与具体路径，并设计其打造对策与思路。

二、对杭州市打造"全国文化创意中心"的解读

1. 文化创意中心城市的功能和特征

创意的重要性随着经济发展水平的提高而不断增加；全球一体化速度加快，创意可以在短

时间迅速转化为产品；创意能够有效吸引人们的注意，品牌脱颖而出；创意增加产品的附加值；创意对经济的发展起着助燃剂的作用。Florida（2002）将人类社会发展划分为农业经济时代、工业经济时代、服务经济时代和创意经济时代。近年来，创意经济、创意产业、文化创意产业等不同概念不但成为学界研究的热点问题，也成为各国政府确立的产业发展政策框架。

在创意产业发展的进程中，以城市为单元的发展模式得到了不断的强化，这既符合当前城市化的历史进程，也体现了作为人类高级聚落形态的基本规律。英国作为创意产业概念的发源地，伦敦作为英国的首都，首先提出要成为世界级创意城市，在 2003 年提出要维护和增强伦敦作为"世界卓越的创意和文化中心"的声誉。新加坡提出希望将城市打造为"新亚洲创意中心"和"全球文化和设计行业中心"。

（1）创意城市的特征、类型、构成要素及评价

全国文化创意中心的打造首先是形成"创意城市"。英国创意城市研究机构 Comedia 的创始者 Landry（2005）认为：创意城市的打造是城市的整体创新，而其中的关键在于城市的创意基础、创意环境和文化因素。因此，任何城市都可以成为创意城市，或者在某一方面具有创意。

可以说，"文化创意中心城市"首先必然是创意城市。在前人的研究中，可以称得上"创意城市"的都具有以下共同特征：该城市是所处时代的重要城市；处于急剧的经济和社会变革之中；是富足的、大型的贸易城市；是世界性的，能够吸引四面八方的天才的城市；其城市环境必须是社会和意识形态变化的中心；城市政策像磁石一般吸引着天才的移民和财富的创造者，等等。因此，总体上讲，创意城市不是高度保守和极其稳定的城市，而是旧有观念和秩序正在接受挑战和不断被替代的城市。

创意城市具有多种类型，与之类似，"文化创意中心城市"也应呈现多种类型。对于杭州来说，打造"全国文化创意中心城市"也应以自身的特色和资源为基础，选取适当的类型。总体来说，创意城市可以分为：技术创新型城市（Technological-Innovative Cities，例如著名的美国硅谷和英国剑桥）、文化智力型城市（Cultural-Intellectual Cities，例如法国巴黎或英国伦敦）、文化技术型城市（Cultural-Technological Cities，例如荷兰的阿姆斯特丹）和技术组织型城市（Technological-Organizational Cities，例如荷兰的鹿特丹）。

在创意城市构成要素的理论上，Hospers 认为，集中性（centrality）、多样性（diversity）和非稳定状态（instability）三个要素能够增加城市创意形成的机会。其中，集中度能够带来人们信息交流和社会交互所必需的集聚效应，使得城市中创意的可能性大大增加；多样性不仅是城市居民的个体差异，还包括他们的不同知识、技能和行为方式，甚至扩展到城市不同的意象和建筑；非稳定性则体现在城市思潮的多样和变化趋势。此外，Florida 认为技术、人才和包容度是创意城市的关键要素。Landry 则认为，创意城市的基础是人员品质、意志与领导素质、人力的多样性和各种人才的发展机会、组织文化、地方认同、都市空间与设施、网络动力关系七大要素，这些要素共同构成了创意环境（the creative milieu）。

在创意城市的评价上，一般认可的是三个维度：

创意能力。Florida（2002）指出，经济增长的关键不仅仅在于吸引创意阶层的能力，还有将潜在的优势转化为以新观点、高新科技商业为形式的创意经济的产出和区域增长。这些能力可以称之为创意能力。Nancy K. Napier 等对创意能力下了一个更明确的定义：通过创意人才的行动和创意的集体过程创造出新的、合适的、有价值的事物的能力，它是竞争优势的来源。

创意环境。创意需要在特定的城市文脉中通过生产、工作和社会生活之间关系的交织综合才能有机地形成。创意环境由硬件设施——激发城市创意的前提和软件设施——城市创意能力的"培育基"，共同构成。其中，城市中硬件设施的数量、质量、多样性和可获得性知识是创意城市发展的基础条件。软件设施，如开放的社会政治环境、市民对城市强烈的地方归属感以及城市的历史、组织能力等则是创意城市发展的基本保证。

创意活力。创意活力包括活动程度、使用程度、互动程度、沟通程度和再现程度等。

（2）全国文化创意中心的特征

综合看来，全国文化创意中心较之创意城市而言，首先，该城市要可以称为"创意城市"，其次是其具有其他同类型创意城市不具备的在全国层面的引领性和辐射力，同时，能够带动其他创意城市的发展，这样才能称为是"全国文化创意中心"。

因此，在本研究中，如果说一个城市能够称为"全国文化创意中心"，那么它在全国层面的作用包括：

- 空间与时间的引领性：交通发达，多方枢纽，交通程度高，地理位置重要；在历史上就是重要的中心城市；
- 对产业（重点产业）和事业（服务职能的辐射）的辐射作用；
- 在文化创意人才生产、聚集和输出方面，在文化创意产业要素配置方面的核心地位；
- 在相关政策的产出、智力的输出和生产方面具有全国领先地位和区域的龙头地位；
- 能够产生发展模式的输出。

对于杭州来说，全国文化创意中心的定位不仅是对杭州的文化创意产业发展的要求，更是对于杭州市经济、社会全面发展提出的战略部署。在这一背景下，杭州的中心定位要成为创意人才集散地、创意思想培育地、创意产品生产地、创意生活体验地。

2. 杭州市打造"全国文化创意中心"的重点关系

在杭州市打造"全国文化创意中心"的进程中，重点需要明确以下原则，并理清若干关系：

（1）中心性和领先性的关系：我国的文化创意产业发展具有多种模式，杭州市在打造文创中心方面，需要明确其中心性和唯一性的关系：在"文创中心"这一层面，杭州市应该成为全国若干中心之一；在文创中心的若干职能方面，杭州市理应成为某些职能的全国领先地位，而并非追求在所有的领域都达到全国领先水平。

（2）全国性与地区性的关系：作为全国文化创意中心城市，理应在地区具有突出的领先地位，在一定区域内具有引领和辐射能力；同时，在全国具有一定的带动作用，并且可以成为面向全国的龙头城市之一。

（3）文化与创意的关系：文化与创意是"全国文化创意中心"这一理念中的一对辩证概念关系。文化遗产和文化资源是前人创意的结晶，尊重文化资源、营造文化氛围是城市创意产生的土壤，创意能够提升城市文化资源利用的质量，为城市文化的有机更新作出贡献。

（4）重点与全局的关系："全国中心"并不是说杭州市要在所有与文化创意相关的领域或者行业都处于全国领先地位，甚至在各个产业门类和发展阶段都能够具有全国性的影响力与辐射力；与之相对，杭州市在打造"全国文化创意中心"的过程中需要明确重点行业，找准自身特色及定位，以重点行业和重点领域作为突破点，在具有优势地位和巨大潜力的地方下大力量，以点带面。

（5）产业与事业的关系：文化创意中心的发展不仅具有鲜明的产业特性，即文化创意产业在全国要处于领先地位，同时在某些产业上具有较强的实力；另外，这一中心的打造要求城市具有较强的服务能力，在社会事业——特别是文化事业的发展上也能够成为全国具有影响力的城市，即可以通过社会事业的发展鼓励创新，形成创意土壤，使其具有鼓励创意形成的社会形态和社会氛围。

（6）包容与稳定的关系：在学者的研究中，往往在社会动荡时期，会成为社会创新旺盛、思想创造活跃的时期，例如，我国的春秋战国时期和五四运动时期，欧洲的文艺复兴时期等都是典型代表；而推动创意发展的重要土壤包含社会的包容度。因此，在杭州市打造"全国文化创意中心"的过程中，要良好地把握社会稳定和包容度的关系，既要推动创意的发展，鼓励创新，宽容失败，包容多元，又要与此同时关注不良社会思潮的出现，及时关注并调整。

3. 杭州市打造"全国文化创意中心"的维度设计

作为全国文化创意中心，杭州市应拥有广大的人才库、大批以创新为导向的企业、成为全国重要的研究中心、拥有有助于冒险的商业和社会风气。具体来说：

首先，杭州市要拥有人才的先导性，人才是文化创意的重点，也是成为"中心"的核心因素。

其次，杭州市要具有文化的阵地性，杭州市已经形成鲜明的文化特质，在此基础上要明确城市的文化品格，形成具有杭州特色的文化阵地，并具备面向地区、全国，乃至世界的辐射能力。

再次，杭州市要具有产业的引领性。在重点文化创意产业类型方面，杭州市能够在全国具有引领作用。

最后，杭州市要具有创意环境的泛在性。即在全市范围内通过创意活动、城市综合体、创意空间的打造，推动全体市民参与创意活动，激发创意灵感，形成良好的创意土壤。

表1阐明了杭州市打造全国文化创意中心的维度设计。

表 1　杭州市打造"全国文化创意中心"的维度设计

一级指标	二级指标	具体指标	说明（杭州当前情况）
创意环境	生态环境	中心城区重工业化率、绿化面积、人均公园数量	已有很好基础，在全国居领先水平
	人文环境	图书馆、电影院等各类文化艺术设施数量；文化多元性；人口平均受教育程度；知识产权保护体系的完善性	在长三角地区，乃至全国都有较好条件
	社会环境	信息化程度（可以用互联网普及率）、人均道路面积、海陆空通达率；城乡居民的人均可支配收入；闲暇时间与闲暇活动类型；文化娱乐支出占总支出的比例	此类指标在全国处于较高水平，能够为杭州市创意软环境打造提供支撑
	政策环境	领导干部平均受教育程度、领导干部意识先进性、政策的及时性、政策的效用评估	良好的政策环境保障是打造"中心"的必要条件
创意生产力	文化创意产业（狭义，按照杭州的统计体系）	从事创意产业的人员占全体劳动力的比例	在发展中需要选取重点行业，特别是在全国具有领先水平的行业门类
		创意产业占GDP比重	
		文化创意产业产值占全国的比重（分行业）	
		创意产业各行业年度产值的增加值及增长率	
	创意集聚与生产	城市高科技产出量占全国高科技产出量的比例	重点关注数字内容产业、研发产业、设计产业等智力密集型产业在杭州的发展态势
		城市（地区）高科技经济占全国高科技经济的比例	
		大学、学院、研究机构的数量及在国内的水平	
		用于创意研发支出占重要行业支出的比重（可以考虑用各行业龙头企业来代表）	
		每百万人拥有的专利数/著作权	
		智库、咨询公司和研究机构在全国的水平和影响力	
		设计与研发类企业的数量及影响力（平面、建筑、服装、工业等设计行业的发展状况，研发指高新科技、思想理论和基础科学领域）	
创意辐射力	对外成果转化	孵化器数量、产权交易数量、股权转让数量、风险投资额度（达到"重镇"或者"区域核心"，不能期待杭州在这些方面都成为全国的核心）；促进对外成果转化的相关保障的完善性（例如投融资平台等）	企业培育能力、金融支持力、政策扶持能力
	产业辐射与模式输出	拥有对外投资的园区、进行跨行业跨领域跨地区经营的企业	文化创意产业发展模式输出
	文化创意走出去	文化产品进出口、文化活动走出去	国际文化交流反映一个城市的文化影响力
创意活力	创意人才吸引力	人才的吸引政策与待遇水平；每年新就业人口中从事创意产业的比率；高校就业率（相关创意专业人才就业率）；知名创意人士（科学家、艺术家、理论家）的数量及增长率	智力资源聚集能力和利用开发能力
	创意活动与空间	具有国际影响力的文化活动（国际会议、高端演出、国际/国家级展会）数量；城市创意空间丰富；拥有多元的社会创意社团（creative communities）；每千人拥有艺术家和专业手工业者的数量	创意活动与空间层次丰富、形式多样

表 2 杭州与全国其他重点文化创意城市相关维度对比

指 标	杭 州	北 京	上 海	深 圳
从事创意产业的人员占全体劳动力方的比例		2009年从业人员114.9万人		
创意产业占GDP比重	2009年全市文化创意产业增加值为642.43亿元,占全市GDP比重达12.6%,居十大门类服务业之首	2009年北京市文化创意产业实现增加值1 489.9亿元,占全市地区生产总值的比重为12.3%;2010年,文化创意产业实现增加值1 692.2亿元,比上年增长13.6%,占当地生产总值的比重为12.3%,与上年持平(全年GDP值13 777.9亿元),比2005年提高2.6个百分点	2009年创意产业增加值为1 148.98亿元,占GDP比重的7.71%。2009年,上海文化创意产业总产出3 900亿元,增加值占GDP比重达到9.31%。(上海经济和信息化委员会副主任邵志清)	2009年,深圳市文化产业增加值达到531.3亿元,占全市GDP的6.48%
文化创意产业产值占全国的比重(分行业)	这一指标由于全国文化产业(文创产业)的统计口径不尽相同,因此不具备可比价值			
创意产业各行业年度产值的增加值及增长率	八大重点行业,教育培训业、信息服务业、设计服务业遥遥领先,合计增加值达182.02亿元。相比之下,文化会展业和文化旅游业增加值16.51亿元,只占八大行业增加值比重的4%。从发展速度来看,信息服务业遥遥领先,增速达41.2%	"十一五"期间,北京市各类文物艺术品拍卖总成交额达394亿元,居全国首位;2010年北京地区电影票房达11.8亿元,连续4年获全国票房冠军。"十一五"期间北京市出版业增加值增长率保持在10%左右,年出版图书、期刊、报纸、音像制品、电子出版物的品种均居全国首位	2009年,五大重点行业研发设计、建筑设计、文化传媒、咨询策划、时尚消费的产业规模分别达到了566.91亿元、157.69亿元、54.56亿元、290.72亿元和79.11亿元。其中,研发设计和咨询策划的增加值比重超过70%,年均增长率也高于其他产业门类。2010年2月,加入"设计之都"	网络信息产业发展居于全国前列。"文化+科技"代表企业:腾讯、深圳华强文化科技集团。2008年,加入设计之都
研发支出在国内生产总值中所占的百分比(2010年末数据)		全年研究与试验发展(R&D)经费支出758亿元,比上年增长13.4%;相当于地区生产总值的5.5%,与上年持平,比2005年提高0.05个百分点	全年用于研究与试验发展的(R&D)经费支出477亿元,相当于全市生产总值的比例为2.83%	

续表

指 标	杭 州	北 京	上 海	深 圳
每百万人拥有的专利数	全市专利申请量达到29 745件,专利授权量26 484件,分别比上年增长14.1%和70.8%	全市研究与试验发展（R&D）活动人员26万人,比上年增长2.8‰。专利申请量与授权量分别为5.7万件和3.4万件,增长14.1%和46.2%；其中,发明专利申请量与授权量分别为3.3万件和1.1万件,分别增长14.1%和22.4%（截至2009年年底,北京市人口总量1972万）	全年受理专利申请量7.12万件,比上年增长14.4%。其中,发明专利2.62万件,增长18.9%。全年专利授权量4.82万件,增长38.1%。其中,发明专利6 867件,增长14.5%（至2009年年末,上海全市常住人口1 921.32万人）	
城市（地区）高科技经济占全国高科技经济的比例	全年新增高新技术企业594家,累计达到3 776家;累计培育认定研发中心637家,其中省级228家;企业技术中心501家,其中,国家级18家,省级136家。年内新增10个中国驰名商标,累计已达88个	2010年,高技术产业实现增加值866.5亿元,增长11.3%；占地区生产总值总值的比重为6.3%,比上年下降0.1个百分点,比2005年下降0.9个百分点	至2010年年末,全市共有42家国家级企业技术中心和分中心。全年新认定市级企业技术中心323家。全年新认定高新技术企业629家。至2010年年末,全市共认定高新技术企业总数3 129家,全年共认定高新技术成果转化项目634项。其中,电子信息、生物医药、新材料等重点领域的项目占84.1%,拥有自主知识产权的项目占100%	
大学、学院、研究机构的数量及在国内的水平（2010年年末统计数据）	普通高等院校37所,在校学生43.48万人。其中,在校研究生3.9万人,比上年分别增长1.2%和9.3%	全市共有52所普通高校和118个科研机构培养研究生,全年研究生教育招生8万人,在学研究生22.5万人,毕业生5.9万人。全市89所普通高等院校校全年招收本科学生15.5万人,在校生57.8万人,毕业生15万人	全市共有普通高等学校（含独立学院）66所;共有54家机构培养研究生。全年研究生教育共招生3.86万人,在学研究生11.17万人,毕业生2.82万人	
智库、咨询公司和研究机构在全国的水平和影响力	这方面北京和上海在全国占据明显的优势,特别是北京,因其集中了相当大数量的重点高等院校,因此具有显著的优势	同上		
设计与研发企业的数量及影响力（平面、建筑、服装、工业等设计行业的发展状况,研发指高新科技、思想理论和基础科学领域）				

下文将根据上述几个方面，从杭州市的现有特质及潜力分析入手，探讨杭州市打造"全国文化创意中心"的对策和思路。

4. 杭州市打造"全国文化创意中心"的目标

利用3～5年的时间，实现文化创意产业的整体实力快速提升，培育一批具有全国影响力和国际竞争力的文化创意产业企业，文创产业在总体经济规模中占据30%的比重；搭建中国文化元素融合、转化与创意平台，以及中国创意人才库数字平台和区域性文化创意产业公共技术服务平台；形成配套良好的政策体系，对于国内文创企业和人才具有较强吸引力，逐渐形成具有杭州市特色的政策组团、产业组团和人才组团；初步达到与北京、上海、广州等国家级中心城市媲美的创意人才吸纳与集散能力，成为中国文化走向世界、对外传播、内涵展示的重要中心与桥梁；市民创意生活氛围逐渐浓厚，具有良好的培育与参与创意的社会风气和氛围，在创意生活与创意消费领域达到全国领先地位。

第一阶段的具体目标如下：

——产业实力加快提升。5年内把文化创意产业打造成为杭州市的新兴主导产业，产业增加值以年均20%以上的速度递增。

——产业特色鲜明，在全国处于引领地位。依托杭州市的产业基础与资源禀赋优势，信息服务业、动漫游戏业、设计服务业、现代传媒业、艺术品业、教育培训业、文化休闲旅游业、文化会展业八大行业优势进一步突出，形成势力强劲、具有国际竞争力和具有区域特色的现代产业集群。

——创意环境不断优化，创意社会氛围逐渐形成。自然环境美化，政策环境保障有力，文化创意公共服务平台运行平稳；"和谐创业"理念得到大力弘扬，依托社区、学校、企事业单位等机构的创意氛围逐渐形成。

——创意能力不断增强。对于原有城市文化特质的研究和梳理水平要不断提升，使杭州市原创的文化、文艺作品呈现全国影响力，技术原创能力不断提高，推出一批具有全国和国际影响的作品、产品，成为华东地区技术研发、专利申报、作品原创的龙头。

——人才资源吸纳与输出能力突出。吸引多层次人才来杭创业，除了文化创意领域的领军人物和创业团队，特别汇聚包括国际国内具有较强影响力的研发团队、咨询团队和智库，文创产业就业总人数以年均10%的速度递增；创意人才培育模式不断创新，形成"杭州培育"的创意人才品牌。

三、创意环境：搭建打造"文创中心"的多元平台

1. 杭州市目前创意环境现状综述

从生态环境、人文环境、社会环境和政策环境综合角度考虑，杭州市在创意环境方面已经具有非常好的基础。

从生态环境来看，杭州市是浙江省省会，是浙江省政治、经济、文化、科教中心，也是中国最著名的风景旅游城市之一，其水路、陆路、空中交通发达。"上有天堂、下有苏杭"，表达了古往今来的人们对于这座美丽城市的由衷赞美。有着 2 200 年悠久历史的杭州还是我国七大古都之一。京杭大运河和钱塘江穿杭城而过，杭州素有"鱼米之乡""丝绸之府""人间天堂"之美誉。

从人文环境来看，杭州拥有丰厚的历史文化传统，有丰富的公共文化资源和艺术设施；杭州西湖刚刚申报世界文化景观遗产成功，同时，杭州拥有两个国家级风景名胜区，一个国家级旅游度假区（之江国家级旅游度假区）和全国首个国家级湿地（西溪国家湿地公园）；杭州全市拥有公共图书馆 13 个，总藏量 903 万册，文化馆 14 个，博物（纪念）馆 51 个（国家级博物馆 9 个），剧场 16 个，群艺馆 3 个，音乐厅 2 个，杭州市还有全国重点文物保护单位 25 个；2010 年，杭州接待中外游客超过 6 580 万人次，旅游总收入突破 1 000 亿元，全杭州旅游直接从业人员有 40 万，旅游业的带动效应为 1∶5 或 1∶7。全市拥有年接待 1 万人次以上的各类旅游景区、景点 120 余处。

从社会环境来看，杭州市的常住人口为 870.04 万人，其中具有大学（指大专及以上）文化程度的人口为 164.27 万人；杭州市多年来被评为"中国最佳旅游城市""中国最具幸福感城市""中国（大陆）国际形象最佳城市"；杭州市拥有公办本科及以上院校 15 所。2009 年，杭州市专利申请量达 26 075 件，专利授权量 15 507 件，分别比上年增长 40.6% 和 57.7%；企业技术中心 454 家，其中国家级 14 家，省级 132 家；作为国家信息化试点城市、电子商务试点城市、电子政务试点城市、数字电视试点城市和国家软件产业化基地、集成电路设计产业化基地，杭州致力于打造"滨江天堂硅谷"，具有优质的社会信息化水平。

在经济实力方面，2010 年杭州市实现生产总值 5 945.82 亿元，经济总量稳居全国大中城市第八、副省级城市第三和省会城市第二位。按常住人口计算，杭州市户籍人口和常住人口人均 GDP 双双突破 1 万美元，标志着步入"上中等"发达国家水平，经济总体实力再上新台阶。2010 年城镇人均收入达到 45 025 元，农村为 23 678 元，位居全国前列。据抽样调查，市区城镇居民及农村居民恩格尔系数不断下降。

从政策环境来看，杭州市近三年来着力推动文化创意产业发展和创新型城市建设，市委、市政府和市文化体制改革工作领导小组及其成员单位在调查研究基础上，相继制定下发了《关于打造全国文化创意产业中心的若干意见》《关于统筹财税政策扶持文化创意产业发展的意见》《杭州市非公有资本投资文化创意产业指导目录》《关于做好文化创意产业统计调查工作的通知》《关于命名杭州市文化创意产业园的决定》《中共杭州市委 杭州市人民政府关于推进创新型城市建设的若干意见》等文件，构筑了较为完善的政策体系。

从杭州市创意环境的现状来看，主要呈现的不足在于，对于"全国文化创意中心"要求的创意环境来说，在推动创意培育、创意辐射和创意氛围营造的社会环境和政策环境方面有所欠缺，这是未来创意环境打造的重点所在。

2. 杭州市打造"全国文创中心"创意环境的对策与思路

综合来看，杭州市在生态环境、人文环境等方面已经处于全国领先地位，对于"文创中心"所需的创意环境打造来说，更需要在社会环境和政策环境上下功夫。

（1）搭建平台，拓展全国服务能力

作为"全国文化创意中心"，杭州市应首先着力打造三大平台，通过基础设施平台的建设实现文创中心的全国服务能力。这三个平台是：创意人才库、数字创意网络、公共服务平台。

文创中心强化的是头脑与智力的聚集。围绕打造"文化人的天堂"这一目标，搭建创意人才库。特别对于原创型人才和创意运营管理人才，以共建共享"生活品质之城"为动力，充分发挥杭州市场体制完善、民营资本活跃、居住环境一流、智力资源密集、文化底蕴深厚、产业基础良好等综合优势，在全国率先成为一流创意人才和运营管理人才的集聚地，才能率先催化出一批一流的创意企业，催生出一批一流的创意产品，进而率先抢占文化创意产业发展的制高点。

数字创意网络是指利用现代数字技术，搭建面向全社会具有文化底蕴和创意开发价值的思维闪光点的数据库。这一平台要面向全国开放，以服务全国为目标，以杭州市本地的重点发展行业为突破，将全国文化创意为我所用，形成具有全国影响力的个体创意项目库。

公共服务平台是指搭建一个服务于全国的文化创意各要素的"磁场"。公共服务平台包括面向数字文化产业的公共技术平台、嫁接金融机构和文创企业的投融资平台、协调政府界和企业界的中介服务平台、对接企业与市民、联结生产与消费的交流展示平台。在下一步发展中，杭州市应充分利用浙江民营资本充足活跃的特点，优先搭建投融资平台，逐步加强天使投资和风险投资的介入，扩大私人企业股本资源。同时，在文创投资基金和企业之间建立更大规模的网络化计划，促进天使投资基金与企业之间的合作，以及产业专业知识的传播和中介交易机构的介入。

（2）创新体制，强化政策引导能力

坚持市区（部门）联动，加强对打造全国文化创意中心的领导。调整杭州市文化创意产业指导委员会职能，除负责产业发展战略及重大事项的决策之外，同时负责统筹全市文创中心打造工作。

要通过深化改革，创新体制，充分发挥政府主导力、企业主体力、市场配置力"三力合一"的作用。通过落实机构、编制规划、制订政策，切实解决发展文化创意产业"有人、有钱、有章"的问题，充分发挥政府主导力；通过优化产业发展环境，降低创业成本，鼓励社会力量参与文化创意园区和企业的建设及发展，支持文化创意企业成立行业协会，加强产业合作和行业自律，充分发挥企业主体力的作用；通过推进区域市场化进程，加快形成竞争机制，引导人才、资金等要素资源自由流动，促进文化创意企业做大做强，充分发挥市场配置力的作用。

建立杭州市创意指数和文化创意产业园的评价体系。加强创意理论研究工作，吸引全国文化创意理论研究人员来杭考察研究，为杭州市发展提供智力支持；每年编写《杭州打造"全国文化创意中心"发展报告》。

（3）营造氛围，创建"杭州创意"品牌

广泛传播文化发展理念，统一干部群众思想。重新认识文化理念，改变过去的宣传文化思想，明确文化所包含的物质层面的符号体系、精神层面的价值体系、行为层面的制度体系，确保各级政府部门、执行机构、企事业单位对文化发展的正确认识；不定期举办各级各类讲座，使人们认识到文化发展对杭州市经济、社会发展的重要性，以及对提升民族、国家凝聚力和综合竞争力的巨大推动力；制作多种形式的杭州形象宣传节目，通过各种渠道广泛传播，增加本地群众对杭州文化的认同感；引导群众积极参与到"创意杭州"的建设中来。

打响"杭州创意"整体品牌，使之成为打造"生活品质之城"城市品牌的重要依托。加强品牌的宣传和推广工作，实施品牌拓展计划，鼓励与支持有实力的企业与项目实施"走出去"战略，依托品牌，输出管理，连锁经营，拓展市场。

进一步弘扬"精致和谐、大气开放"的新时代人文精神与"和谐创业"理念，发挥文化人在实践"和谐创业"中的引领作用，使"和谐创业"模式真正成为杭州发展的内在动力。

（4）树立标杆，形成区域智力黑洞

进一步构建文化力转化为生产力的通道，搭建知识界、文化界和经济界的交流平台，提升创意的文化价值和层次。加大对创意者的宣传力度，引导现代发展理念，挖掘创意成功典型，传播创意精神，弘扬鼓励创新、勇于探索、崇尚成功、宽容失败的创新创意文化。

在杭州市搭建"文化人的天堂"计划中，树立文化人落户杭州、立足杭州的标杆。特别针对思想界、科技界，鼓励社会思想的交锋与碰撞，产生推动社会进步的科技成果与人文成果；吸纳两院院士、具有国际影响力的社科研究学者、文学艺术界领军人物来杭讲座，创造条件吸引国际、国内知名智库及咨询机构来杭建立分支机构，举办具有国际影响力的论坛，将杭州市打造为全国重要的科技产地和思想产地。

营造市民创意生活。支持市民的创意发展，加大力量继续支持办好"创意市集"等市民创意活动，提供更多市民与创意接触的机会，使人们可以享受创意生活，培养市民的创意理念；举办各类公益性文化艺术活动，吸引世界级、国家级艺术团体来杭演出，提升最大多数人的生活品质，使他们参与城市的各项文化艺术活动，塑造社会创意氛围。

四、创意生产力：构筑"文创中心"的产业硬实力

1. 杭州市创意生产力发展现状综述

创意生产力区别于传统生产力形态，突出体现在生产力水平的构成要素具有高知识性和高文化性的新内涵，创意产品具有高附加价值。在衡量地区创意生产力发展状况时，可考虑以下几个方面：创意产业发展；创意人才；高新科技产出情况和保障平台建设。

Florida（2002）指出，经济增长的关键不仅在于吸引创意阶层的能力，还有将潜在的优势转化为新观点、高新科技商业为形式的创意经济的产出和区域增长。这种转化能力正是创意生产力的体现。本质上，生产力是一种能力结构而非一种实体结构。创意生产力是通过创意人才的行动和创意的集体过程，创造出新的、有价值的文化、艺术、心理、娱乐等精神产品的能力，这种新生产力形态的产生和发展得益于信息技术等高科技手段的支撑和知识产权的保障。

杭州市委、市政府于2007年提出了打造全国文化创意产业中心的战略目标。2010年，国务院正式批准实施了《长江三角洲地区区域规划》，将"建设全国文化创意中心"列为杭州市发展功能定位的重要内容，为杭州市加快发展文化创意产业提供了更有力的政策空间和外部环境。

（1）产业发展势头良好，产值增长迅速

2010年杭州市文化创意增加值达到702亿元，比2006年增加350亿元，年均增长17.9%，占全市GDP比重达11.8%，比2006年提高1.6个百分点。2010年上半年，八大重点行业（限额以上）实现收入603.68亿元，同比增长29.5%，占文创产业全部收入的67.7%，比上年同期提高1.5个百分点。2010年年末，全市文化创意产业限额以上企业资产总计1 914.89亿元，增长24.9%。文化创意产业已成为杭州市的重要支柱产业和经济发展的新引擎。

（2）园区建设稳步推进，集聚效应逐步提升

"西湖创意谷"等十大文化创意产业园区已成为杭州市文创产业集聚主平台，推动全市文化创意产业实现集群发展。据初步统计，到2010年年底，全市十大文创园区建成面积为124.4万平方米，同比增加57.16万平方米，增幅达到85.01%，全市市级文创园总数达16家。园区企业数量为1 437家，就业人数为23 074人，实现营业收入为42亿元，同比增加8.44亿元，增幅达25.15%。

（3）部分行业优势明显

杭州市目前已基本形成门类较齐全、具有区域特色的文化创意产业业态。八大重点行业中，部分行业在全国处于领先地位。信息服务业在龙头企业阿里巴巴集团的引领下，发展速度加快，2009年实现利税总额114.4亿元，比上年增长21.43%。西泠印社2010春拍总成交额达6.52亿元，进一步巩固了其"江南第一拍"的地位。表3对杭州市八大重点发展文创产业现状及其在全国的地位作出了评析。

（4）创意人才队伍壮大

杭州引进了一批全国顶尖的文化创意人才，并实现了园区入驻。通过"青年文艺家发现计划"为本土人才的培育提供了平台。培育认定3家大学生创业孵化基地和6家实训基地，实训人数达3 000人以上，创意人才储备不断加强。

表 3　杭州市八大重点发展文创产业情况

行业	年度产值及增长率（2009 年）		在全国的地位及评析
信息服务业	主营业务收入 484.18 亿元，比上年增长 21.85%；实现利税总额 114.4 亿元，比上年增长 23.55%，实现利润 79.51 亿元，比上年增长 21.43%；软件出口额 4.85 亿美元，比上年下降 8.72%；从业人员人数 82 289 人，比上年净增 23 558 人；电子商务服务收入 70.1 亿元，比上年增长 75.13%		13 家软件企业入选 2009 年度中国软件百强；2 家软件企业入选 2009 年度中国自主品牌软件产品前十强；14 家企业被认定为国家规划布局内重点软件企业 信息服务业的软件行业有条件成为全国的龙头；特别是与数字电视等新兴媒体产业相关联的硬件和软件产业具有显著发展潜力
动漫游戏业	动漫企业营业收入共计 4.38 亿元，比上年增长 19.6%，利润总额达 8 163 万元人民币。动漫企业营业收入 4.38 亿元，比上年增长 19.6%，利润总额 8 163 万元		杭州原创动画产量共计 35 部，1 477 集，27 409 分钟，占全国总产量 16%，位列全国各大城市第一位；杭州获国家推荐的优秀动画片共计 8 部，占全国总数的 24%，同样位列全国各大城市第一位是非常稳定的优势产业
现代传媒业	现有市、县两级电视台 8 家，2009 年年底市、县两级广播电视（含华数公司）创收 15.15 亿元，与 2008 年相比增幅为 7.7%。全市电影院线票房收入合计 17 524 万元，比上年增长 40%		现代传媒业是杭州市下一阶段发展的重点之一，特别是围绕现代传媒业发展的内容产业是杭州市文创产业发展的潜在增长点
艺术品业	2008 年上半年，实现增加值 10.35 亿元，占全市文化创意产业增加值的比重为 4%		存在的问题：企业规模偏小、布局较为分散；西泠印社已经形成"江南第一拍"的品牌效应
教育培训业	2009 年，全市共有民办培训类教育机构 387 个，在学人数 36 万余人。2008 年上半年，实现增加值 53.45 亿元，占全市文化创意产业增加值的比重为 20.8%		杭州市的高校和科研机构数目少，对于教育培训业的支撑作用有待提升
文化休闲旅游业	2008 年上半年，实现增加值 5.47 亿元，占全市文化创意产业增加值的比重为 2.1%		现有的品牌在国内已经树立，但是在国际范围内仍缺少以西湖为代表的杭州旅游品牌
文化会展业	2008 年上半年，实现增加值 3.89 亿元，占全市文化创意产业增加值的比重为 1.5%		结合文化休闲旅游业的发展，同时，思考如何与上海、南京等周边城市竞争
设计服务业	2008 年上半年，实现增加值 55.3 亿元，同比增长 31.7%，占全市文化创意产业增加值的比重为 11.8%	工业设计	设计服务业的发展需要与第二产业有较为密切的联系
		建筑景观设计	
		广告业	

参照表 2 对国内若干城市的横向比较，可以看出杭州市的文创产业已成为支柱产业，走在全国前列。但突出问题在于占据全国领导地位的文化创意领域少，创意资本、人才集中度不够高，原创能力和技术研发能力优势不明显，"创意杭州"品牌尚未形成。

2. 杭州市发展创意生产力的对策及思路

创意生产力是建设全国文化创意中心的基础和助推器。杭州市打造全国文化创意中心，在创意生产力上的内涵应包括：

- 在 1～3 个文化创意领域占据全国性的领导地位；
- 具有比较完备的文化创意产业门类和比较完整的产业链条；
- 文化创意资本、人才、企业集中程度较高；
- 具有强大的原创能力和技术研发能力；
- 文创产业必须成为城市经济的重要支柱产业；
- 文化创意产品和服务具有全国乃至全球性的影响力。

从现阶段杭州市文创产业发展态势看来，杭州市的文创产业已经成为支柱产业，走在全国前列；但是距离中心地位还有较大距离，传统的文化旅游业进入发展瓶颈期，增速缓慢；同时，由于高校数目较少、研究机构少、影响了创意阶层的兴起和原始创意的产、学、研转化；创意产业园区尚在发展阶段中，集聚效应不够凸显，产业链尚未形成。

如果按照创意产业 3.0 演进（表 4）来看，杭州处在 1.0 到 2.0 之间，尚在发展的初级阶段，有巨大的潜力。

表 4　创意产业的 3.0 演进

产业升级阶段	1.0	2.0	3.0
特征	创意产出	创意投入	创意溢出
形态	创意产业	创意经济	创意社会
产业	重点产业	融合型产业	产业品牌符号
政策目标	促进创意产出	促进更广泛的创新	促进各类创意社群的建设
政策重点	培育创意源头	营造创意转化和投入的软环境	重构教育、消费、体质等系统

因此，对于杭州市而言，发展创意生产力的举措包括：

（1）进一步推动重点行业发展，打造全国文创企业龙头

在杭州市文创产业核心层八大重点行业中，从总量规模来看，教育培训业、信息服务业和设计服务业产业增加值排在前列，从行业增速来看，排在前列的是信息服务业、文化休闲旅游业和文化会展业。阿里巴巴、浙大网新、西泠印社、中南卡通等龙头企业的出现带动了杭州市信息服务业、艺术品业、动漫业的发展。

但就全国范围来看，杭州市走在全国领先地位的文创企业仍然较少。

杭州市打造全国文化创意中心，在继续推进已有优势行业的同时，要加大对其他行业的税收、人才扶持力度，特别是信息服务业、设计服务业和艺术品业的发展。

信息服务业：较于北京、上海等市，杭州市最大的优势在于中小企业丰富、人力资本低、营商条件成熟。这为信息服务业的发展提供了较好的运营环境和客户资源。在发挥龙头企业带动作用的同时，进一步加强市校合作，孵化具有潜力的高新技术企业。

艺术品业：尽管西泠印社在全国艺术品拍卖行业中已位居前茅，但整体上规模经营的龙头骨干企业较少，缺少可持续发展的经营活动。大多数是民间资本或艺术品爱好者自发形成或自

娱自乐形成的业态。布局较为分散，缺乏整体规划，导致各企业、门店单兵作战现象较为普遍。这与杭州市本身拥有的良好的历史、人文基础并不相符，艺术品行业发展的巨大潜力尚未充分发挥。导致这种局面出现的一个核心问题在于缺少将艺术品进入市场的中介机构，多是小作坊业态，艺术创作者在创作作品的同时担任经营者。未来艺术品行业在发展中应该建立艺术基金会，在政府引导下由企业或者NGO进行运作，签约创造者，将创意产品推向市场。

设计服务业：重点发展工业设计业、建筑景观设计业和广告业。设计服务业的发展应与信息服务业、先进装备制造业的发展形成合力，加强项目引导平台建设，推进行业间的共生发展。

（2）强化综合性交流平台，促进文创产品交易

建设杭州市文化创意中心权威网站，发布企业、园区信息，吸引创意人才，推动文创企业之间的互动交易，构建对外展示平台，进一步打造"创意杭州"品牌。

推动建立文化创意产业协会，充分发挥行业协会的力量；编排发行杭州市文创产业专业杂志，打造杭州市的文化创意地图，及时传播杭州最新的文化创意展览展会信息；进一步发挥现有文创节展的功能，丰富服务职能，通过园区建设等方式将现有文创节庆固化，形成全国性的文创产品交易平台。

（3）推动园区精品化建设，丰富园区投资主体

文创产业集聚区的形成过程是从"文化创意企业在空间上简单集聚"到"企业之间建立业务协作关系，打造创意产业链"，再到"形成具有创新能力和竞争优势的产业集聚区"的过程。文创产业集聚区的发展也是政府、企业、高校、中介机构、网络媒体以及创意人群从分散行动到相互间协同合作、专业分工逐步加深的过程，具有长期性和复杂性。

杭州市目前绝大部分的文创产业园区已经完成了企业集聚，但内部产业链尚未形成，能够发挥带动引领效应的龙头企业、行业领军人物较少。下一阶段的园区建设应该着眼于向园区精品化、特色化方向发展，打通创意产业链，实现真正的集聚效应。

园区企业孵化器建设投资主体可以更加多元化，除了政府给予直接和间接的投资外，鼓励各种非营利机构与组织、经济开发团体、各类地区性开发计划、发展基金、私营企业以及社会团体对孵化器建设进行投资。

（4）搭建国际化平台，引导企业跨行业、跨领域发展

较于北京、上海等国内城市，杭州的城市国际化程度相对较低，国际化优质项目缺乏。在未来发展中，政府、高校、企业应该进一步努力拓展国际交流机会，加强与国际互动交流，提高文博会等展会的国际化程度，为企业走出去提供平台。政府引导激励中小企业采用组团的方式拓展国际市场，加快创意产品输出。

设立相关政府扶持基金，积极推动杭州市文创企业外向型、跨行业、跨领域发展，对于取得国际影响力的文化产品创意企业给予奖励，对于具有引领行业发展潜力的文创企业进行专项扶持，推动行业快速健康发展。

五、创意辐射力：推动"文创中心"的成果转化和模式输出

1. 杭州市创意辐射力现状综述

作为"全国文化创意中心"，杭州市在创意生产的基础上，更要突出城市的创意辐射力，这种辐射力体现在多个方面，既包括文化创意产业园区的集群发展和模式提炼、人才智力的输出，也包括具有全国服务能力的文化创意产业类型的发展，例如，版权服务、企业孵化器、版权交易与投融资贸易等，更包括文化创意的走出去和对外贸易等外向型发展。

综合来看，当前，杭州市的创意辐射力发展现状呈现出园区带动、优势行业跟进、国际化发展不足的态势。从园区发展来看，杭州市的运河天地文化创意园、下沙大学科技园、白马湖生态创意城等园区已经产生了较大的影响力，推动了杭州的文化创意产业集群发展；其中，依托中国美术学院、以旧厂房改造的下沙科技园，依托农居改造的白马湖创意园等园区已经形成了较强的示范意义，成为全国园区发展的模板。

在优势产业层面，杭州市的艺术品行业具有得天独厚的优势，以中国美术学院、浙江大学和西泠印社为主体的美术教育研究力量，为杭州发展艺术品业提供了强大学术和人才支撑；浙江画院、杭州画院等众多艺术单位和众多艺术家，形成了强大的艺术品创作和生产力量；杭州已成为仅次于北京、上海的国内第三大艺术品交易中心；西泠印社集团已经形成了以艺术品原创、出版、展览、鉴赏、拍卖为主的"产业链"。在设计服务业，杭州在女装设计、建筑设计、园林设计、工业设计等领域已经形成一定基础，特别在女装设计领域，"杭派女装"已经成长为具有相当影响力的地域品牌。在动漫游戏业，杭州率先在全国提出打造"动漫之都"目标，建立了国家动画产业园、国家动画教研基地、国家数字娱乐产业示范基地等5个国家级基地和杭州市动漫游戏科技创新服务平台，中国国际动漫节以其"国际化、品牌化、专业化、顶级化"水平成为中国动漫热潮的第一会展品牌。在文化旅游业，杭州更是以突出的旅游文化资源成为我国重要的旅游目的地，制作出诸多旅游产品和旅游纪念品。在信息服务业方面，以阿里巴巴为代表的电子商务企业成为亚洲龙头，数字电视产业的发展也已经形成"杭州模式"。

综合来看，杭州在创意辐射力方面已经形成了具有国家级、国际级辐射能力的品牌与企业，从存在的不足来看，杭州在创意辐射力方面主要体现在：缺少模式输出与文化产权输出和交易的基本模式；面向全国的企业孵化和产权交易能力不足；文化产品和文化活动的出口能力相对较弱；优质文化旅游资源的国际认知度较差，等等。

2. 杭州市发展创意辐射力的对策与思路

（1）谋求文化创意领域发展的"杭州模式"的输出

对于杭州市目前具有既有优势的行业和若干龙头企业，通过政策引导着力推动其外向型发展，提升其在全国乃至世界上的影响力。在文化创意产业发展和文化事业发展方面，积极探寻、提炼杭州模式，特别关注文化遗产保护、文化资源开发、文化创意产业园区建设、公共文化服

务、文化创意氛围营造、文化创意人才培育与引进等领域的杭州模式。

在信息服务业方面，深入研究"阿里巴巴现象"，推广"阿里巴巴经验"，充分发挥"阿里巴巴"的龙头带动作用，培育庞大的"网商集群"，把杭州打造成名副其实的"中国电子商务之都"；同时，努力在三网融合的国家战略下走出一条杭州特色的打造"数字城市""数字家庭""数字生活"的新路子，力争使杭州成为世界上第一座能向广大市民和企业提供无线、有线宽带服务的城市。

在动漫游戏业方面，巩固既有的"动漫之都"地位，强化国际动漫节的人气聚集与产业平台作用；鼓励杭州的高校开展动漫游戏专项技术与设计领域的研发与人才培养，形成面向全国的"杭州动漫"人才品牌和技术品牌；利用国家动画产业园、国家动画教研基地等国家级基地和杭州市动漫游戏科技创新服务平台，形成能够服务于长三角地区的公共服务平台，并力求创立能够覆盖全国的基地运行模式和政策扶持机制。

在艺术品业，杭州完全有条件、有优势打造全国一流、世界知名的艺术品创作和交易中心。聚集全国范围内的知名艺术品创作者，整合经纪人、画廊、美术馆、基金、拍卖行等要素，形成艺术品"产业链"；依托西泠印社集团和中国美术学院、浙江大学等高校，建立杭州（国际）工艺美术中心，加快培养艺术品鉴定师、艺术品评估师、艺术品经纪人、艺术品评论家等专业技术人才；发挥杭州民营经济发达的优势，依托专业机构，培养一大批高素质的艺术品收藏家；坚决打击制假售假行为，建立艺术品经营企业诚信制度，在全国范围内公开评审、推介和保障有信誉的艺术品经营单位，形成规范的艺术品交易市场，把杭州打造成艺术品创作和交易的"天堂"。

在设计服务业，加大政策扶持力度，办好"创意杭州"工业设计大赛，努力扩大这一赛事在全国的影响力与号召力，把杭州打造成国内设计服务业的重要基地；特别要以实施"中国杰出女装设计师发现计划"为抓手，培养一批国际一流的女装设计师，加快打造"中国女装之都"；杭州具有发展建筑、景观设计业的良好基础，要依托现有基础，充分发挥在杭建筑类、艺术类高等院校的作用，加快发展建筑、景观类设计业，打响"杭州设计"品牌。

在文化休闲旅游业方面，积极挖掘杭州旅游的文化内涵，着力打造旅游文化演艺产品，扩大杭州旅游产品在国际的影响力；面向国际游客，积极挖掘杭州具有传统中华文化特色的资源与国际游客兴趣需求对接的旅游产品解读；抓住西湖申报世界文化景观遗产成功的契机，探索文化景观保护与面向公众开放、产业开发与品牌运营、资源整合与公共服务等方面的新模式，在全国众多的世界遗产地中走出一条"西湖道路"，成为具有国际影响力和全国带动力的世界遗产地。

在文化会展业方面，杭州会展业已经得到了快速发展，初步形成了创意策划、场馆管理、会展传播、招商代理、广告代理、布展设计、设备租赁等相配套的"产业链"，形成了动漫节和休博会两大会展品牌。后续杭州要着力深化各大会展品牌的文化内涵，扩大其国际影响力，打造一批以杭州地域文化为内涵、特色产业为依托的国际性和全国性会展品牌。

（2）发挥杭州市既有行业基地的平台支撑作用和全国示范作用

杭州拥有国家专利工作试点城市、国家信息化综合试点城市、国家电子商务试点城市、国家电子政务试点城市、高清晰数字电视试点城市、科技企业孵化器体系建设试点城市、杭州国家软件产业基地、杭州生物产业国家高技术产业基地、杭州信息产业国家高技术产业基地、国家集成电路设计产业化（杭州）基地、国家动画产业基地、国家动画教研基地、国家数字娱乐产业示范基地、中国服务外包基地城市、国家医药出口基地等10多个国家试点城市和产业基地，其中绝大多数都与发展文化创意产业密切相关。要切实抓好这些国家级试点城市和产业基地建设，充分发挥它们在推动文化创意产业发展中的支撑作用；同时对于具有先发优势和行业领先地位的行业基地，主动寻求模式输出和基地在外地设立分园区的模式，强化在国内的示范作用，并探索园区开发公司的对外投资机制。

（3）加快文化创意"走出去"步伐

开放是杭州打造"全国文创中心"的必由之路。要坚持"开放带动"战略，加强区域合作，推进国际交流，坚持市区联动、点面结合，充分利用中国国际动漫节、西博会以及全国各地举办的经贸洽谈、旅游促销等活动，有针对性地帮助杭州本地的文化创意"走出去"。

在文化"走出去"战略深化和内涵丰富的同时，创新文化"走出去"的目标。以打造具有自主知识产权的优秀文化产品和知名文化品牌为主攻方向，以专业化、标准化、国际化为主要目标，全面提升文化走出去的效率和水平。围绕重要传统节日举办重大品牌文化活动的契机，加强与国内外文化机构的联络与杭州的对外宣传。在主动开展对外交流、文化贸易，发展外向型文化企业的同时，还应充分挖掘渠道资源，不断拓展文化信息的接触点，如利用互联网平台开展对外文化宣传、文化交流等活动，并借助网络开展对外文化产品与服务贸易等。建立杭州市文化创意"走出去"专项基金，鼓励杭州乃至全国的文化创意企业、文化活动、艺术家等机构和个人的国际化发展。

六、创意活力之人才：建设"文创中心"的人才基地

1. 杭州市文创人才现状综述

劳动力是商品生产过程中的一个重要投入要素，文化创意产业需要有创意天赋的高素质劳动力资源的输入。有创意是文化创意产业发展的前提条件，这就意味着文化创意产业必然在高素质人才集中的地方蓬勃发展。

杭州政府为人才、劳动力的流动提供较大的便利，为经营、融资、择业、转产等提供较大的自由和支持，为创业者提供一流的服务，营造了良好的创业环境，吸引有志于发展创意产业的人士来杭投资创业。杭州高校林立，据统计2008年杭州高等学校有36所，在校学生409 559人，专职教师24 017人。

同时，省教育厅对高校进行整体规划，开辟了杭州下沙高教园区、杭州滨江高教园区、杭州小和山高教园区、萧山高教园区。这些高教园区和高校师生是文化创意产业的后盾，通过教学、科研、实践等活动的融合，为文化创意产业提供高素质人才。2010年"中国美术学院国家大学科技园"牌子授予园区，标志着全国第一个以艺术创意为特色的国家级大学科技园正式落成。长城影视、华策影视、南广影视、金球影业等企业的总部都坐落于此。

设计师专业教育背景多数为视觉设计、建筑设计、环境艺术设计、室内装饰设计、服装设计、产品设计、多媒体设计及其他设计。根据员工职业生涯发展的调查与访问，建筑、园林、环境艺术与室内装饰设计类的设计师一般具有3～8年及以上的工作年资，动漫游戏设计师、广告设计师有1～5年的工作年资。具有5～10年以上的设计师大多数聚集在建筑、环境艺术、室内装饰设计行业。在设计师的教育程度上，十大文化创意产业园区的设计师整体素质较高，大多数设计师接受过专业院校高等教育，当地的浙江大学、中国美术学院、浙江理工大学、浙江工业大学、浙江传媒学院、浙江工商大学、杭州电子科技大学、杭州师范大学等多所高校成了文化创意产业的"人才库"，十大文化创意产业园区的设计人员大多有这几所学校的背景。

2. 杭州市推动创意人才培育、聚集的思路和对策

（1）加强园区建设，集聚创意人才

通过创意产业园区建设创意城市，刻意营造适宜创意产业发展的社会环境，出台各种优惠政策来集聚创意人才，这已成为发达创意城市建设的主要政策举措。

例如，美国纽约的SOHO区，曾是一个被废弃的工厂，因有大量闲置房屋且租金极其低廉，被一些从欧洲移居纽约的艺术家看中，发展成一个艺术家高度聚集区。20世纪50年代，为促进创意园区发展，纽约市政府出台法规，规定非艺术家不得入驻。全盛时期，面积不足纽约市区1%的SOHO区内，居住了全纽约30%以上的艺术家。韩国为集聚创意人才，大力兴建创意园区。截至2005年，韩国先后建成大田尖端影像及多媒体园区、春川动漫业园区、富川电影漫画业园区、光州工艺设计及卡通业园区、全州数码影像及音像业园区，以及清州学习游戏业园区等7大园区。到2010年，韩国将建成10个现代文化产业园区、10个传统文化产业园区、1～2个综合文化产业园区。

2008年，杭州确定将西湖创意谷、之江文化创意园、西湖数字娱乐产业园、运河天地文化创意园、杭州创新创业新天地、创意良渚基地、西溪创意产业园、湘湖文化创意产业园、下沙大学科技园、白马湖生态创意城十大园区作为主平台，推动全市文化创意产业实现集群发展。在园区发展和人才引进过程中，应基于园区自身定位、园区规模、建设情况和周边的区位优势进行差异化发展，避免同质化发展倾向，着力突出各自的品牌特色和园区特色，力争成为某一行业门类的龙头园区，从而吸引该领域的杰出人才及其工作团队进驻园区，通过领军人物的入驻扩大园区影响力，以便创意人才在园区内人们很容易找到合作商进行创意点子的交流，并且可以在资金设备、人力资源、技术产品上展开合作，发挥出创意产业集群和集聚创意人才的作

用。在创意人才的价值得到承认和充分体现的前提下逐步放大园区的示范作用，以吸引更多创意人才的汇集，进而又会产生更多的创意产品，形成良性循环。

（2）构建合理层次，丰富创意人才

创意人才的范围非常广泛，其不仅仅指能够进行艺术创意和相关创作的人才，而是指具有文化创意产业领域所需的艺术、技术、经营、管理等职业素质的人才，可以概括为艺术人才、设计策划人才、技术人才和经营管理人才四大类。从我国几个大的城市对创意人才的需求来看，它们对人才的要求主要有：一是大量的复合型人才，即受过三个学科以上复合教育的人才；二是在企业内、行业内、创意产业园区内配置不同的专业人才，形成多种创意人才的互补聚合优势；三是管理人、广告人、媒介工作者等。

目前杭州缺乏相应的专业化人才供应，要加强对文化创意产业人才特别是高端人才、专业内容文化创意人才、复合型人才、营销人才的培养。政府通过研究机构或论坛，沟通高校与企业的人才供求信息，协调人才培养的特色方向和规模，利用文化体制改革等契机，尽快实施发展文化产业的人才工程，加大文化创意产业人才的引进和培养的力度，并通过人才引进等方式，会聚具有国际视野的高端创意人才和既懂文化规律又懂文化经营的管理人才。保证创意人才、管理人才和支撑人员的合理比例。这三类人才在创作的境界上是相通的，从而使文化与经济、艺术与技术、人文与科学、形而上与形而下的事物在发生冲突、较量时不断碰撞与融合，进而快速提升各自的创意能力和创意产品的层次。创意产业园区有助于创意人才的培育和成长，有助于创意人才的集聚。

（3）搭建项目平台，发现创意人才

2002年，日本开始实施21世纪卓越研究基地计划，日本文部科学省每年选择50所大学的100多项重点科研项目进行资助，每个项目资助时间为5年，每年1亿到5亿日元不等。这个计划的目的就是要使日本的大学不仅成为培养一流人才的基地，让一批批国际顶尖人才从这里脱颖而出，而且要使科研项目更具竞争性，在国际上取得领先地位。

又以新加坡政府为例，新加坡政府高度重视创意城市的建设，为了激发国民对创意的更高需求，与社区合作开展了"创意市镇"项目。这个项目旨在通过将设计、文化、商业、艺术、技术等与社区发展规划相结合，释放个人的创造才能和创造热情。随着项目的不断完善，政府把试点模式推广到其他社区，从而使整个新加坡变得更加富有创意，使其社会关系变得更加融洽。诸如"艺术百分几"计划、创业培训项目、创意思维课程、文化艺术活动和艺术节等也都纳入了"创意市镇"项目。这些国家通过项目的研发，培养了国民的创意才能，激发了国民对创意的更高需求，激活了创意人才的创意激情，为建设创意城市奠定了良好的基础。

在杭州市的建设过程中，一方面，通过十大创意园区内大型项目的开展，吸引社会各界的资本注入，并依托相关政策扶持，通过重点项目吸引创意界的领军人才和杰出团队进驻，达到项目品质得到保证和参与人员价值得到充分体现的双赢效果；另一方面，政府也应该通过建立行业协会拓宽项目储备，通过搭建网络平台、接收社会投稿等多种渠道，为创意阶层创意人才和企业之间搭建广泛交流的平台，并对各类创意信息、创意人才和创意项目进行分类管理，为从事文化创意产业的企业提供更加广阔的选择空间，并且从中筛选出具有发展潜力的创意项目，使其规模化、产业化发展。

（4）依托本地大学，培育创意人才

大学是创意产业技术研究与推广应用的核心力量，是创意产业的人才培养基地，也是创意的主要来源和创意产业最主要的内容提供者。国外发达城市高度重视地方大学的发展，不仅让大学吸引和培养人才，而且利用这些人才吸引企业进驻城市投资，以此共同推动创意产业和创意城市建设。

美国学者 Florida 曾按创意指数对人口 100 万以上的美国大城市圈进行排名，旧金山、奥斯汀、波士顿居前 3 名，纽约、洛杉矶、芝加哥分别在第 10、13 和 16 位。这些创意城市都有一批著名的大学，如波士顿拥有哈佛大学和麻省理工学院，纽约拥有哥伦比亚大学和纽约大学，芝加哥拥有芝加哥大学和伊利诺伊大学，洛杉矶拥有加州大学洛杉矶分校和南加州大学。纽约一直就是高等艺术教育的研究中心，无论是茱莉亚学院、纽约大学的帝势艺术学院、帕洛特研究中心，还是帕森设计学校等，都为纽约市培养了大批舞蹈家、音乐家、演艺人员和设计人员，不仅为纽约的城市经济、文化发展做出巨大的贡献，更引领了国际艺术、时尚的潮流，作用相当惊人。

就杭州市而言，应充分利用杭州市创意型院校全国领先的先天条件，特别是要加强政府、园区、企业与中国美院、浙大、浙江传媒三大国家动画教研基地和浙江理工等特色明显院校的深层次全面合作，以市场为导向，以企业为主体，以资源配置为重点，建立人才培训、评估、实习、就业的合作网络，大力推进市校合作、校企合作，推动以创业带动就业，以创业发现人才。

在浙江大学、中国美术学院、浙江工业大学、浙江理工大学、浙江传媒学院、杭州电子科技大学等高校开设专门的课程或专业，等条件成熟以后可设立创意学院，以培养创意人才和开展创意研究，同时也可在各类高职院校开设相关课程，培养各类动手能力强的基层人才。

首先，在高校培养中，不在大学期间过早地分学科、分专业进行教育，打好学生的人文基础，重视学生的创意教育；有针对性地开展各类专业培训，实施创意产业人才能力开发计划，开发出相关创意培训课程，形成创意人才在创作、策划、设计、制作、测试、产品、推广、营销各专业上的合理分布。加强对创意学的学科建设力度，吸引更多的专家研究创意学、创意人才学，鼓励开设创意学专业的高校以及其他全国重点高校和部分优势企业联合举办高层次的学历教育和培训。

其次，要完善教育体系加强创意人才的职业培训，形成比较完整的职业教育和终身教育体系。可借鉴韩国的产业振兴学院、法国的专业技术学校以及中国台湾地区流动的、弹性的专业教师任用等先进经验，设立有针对性的教育培训机构、专业的设置，配合市场对人才的需求弹性。建立包括财政资金、社会资金和外资等在内的、多元化的创意人才培训投入机制。

最后，杭州市应该继续大力推进"天堂任君来驰骋"工程，加大人才引进工作力度，促进人才合理流动，实施创意产业"专才计划"，不断引进国外或境外专家。充分发挥中国美术学院、浙江传媒学院的专业优势，依托浙江大学、浙江工业大学等知名强校的科技优势，加强与创意产业各个领域中海内外顶尖学校和研究机构的交流与合作，培养具有中国特色和杭州特点的高层次、全方位的创意产业设计、策划、营销和制作人才；借鉴国外一些国家和地区创意产业发展的经验，将创新性思维意识培养融入各个阶段的教育中，注重培育杭城全体市民的创意能力；进一步培育杭州"大气开放"的城市性格，吸引具有世界影响力的非凡创作者、高端设计人才和工作室入驻杭城；大力提高教育的对外开放水平，加强与海外相关高校和研究机构的合作与交流，培养具有高层次和高素质的创意设计、策划和制作等知识密集型的高端人才从而构筑城市创新人才高地，形成密集的城市创意阶层，推进我国创意中心城市建设进程。

（5）完善版权环境，留住创意人才

考虑到文化创意人才和文化创意产业对创业环境的特殊性要求，下一步应首先把加强知识产权保护工作摆上更加重要的位置，并作为新形势下进一步提升优化杭州市创业环境的重要突破口。其次，要以成功争创"全国版权保护示范城市"为契机，积极借鉴国内外有益经验，抓紧在全国率先探索建立集立法、交易、保护、展示、服务等功能为一体，有形与无形互兼容的版权保护管理服务系统，同时加强盗版打击和市场净化的力度，加快规范化、制度化建设步伐，推动尽快建立一个健全、完善、功能完备的知识产权评估体系，加强知识产权资产评估管理规范知识产权的评估行为，有效保护知识产权权利人的利益，增强市场主体知识产权运用能力，提高实施知识产权战略的绩效。

再次，应该继续健全和完善知识产权保护的法律体系，加大处罚力度，增加侵权者的侵权成本，简化相应的司法程序，降低个人、企业的知识产权开发和保护成本，同时还应该注意宣传相关法律法规，在全社会形成自觉保护他人知识产权的法律意识。

最后，可以仿效国内外部分国家和地区的做法，加快建立、完善创意信息数据库、创意类知识产权价值评估体系与商务平台培育发展创意产业经纪人及行业协会的步伐，促进创意基本知识的有效共享和创意成果的合法转让，避免重复投入和研发造成的资源浪费。为创意人才来杭创新创业创造一个规范、健康、有序的良好环境，使得创意人才的创新能力和创造力得到有效保护，赢得更多的国内外创意人才汇聚杭城。

（6）加强政策扶持，激励创意人才

由于文化创意企业普遍规模偏小、资金投入较大、资金回报周期长、价值评估难于确定，创意项目很难取得银行贷款，文化创意企业在起步阶段较为困难，尤其是对于年轻创业者而言，往往无法使自己的创意得以实施而热情消退。政府应促成良好的融资环境，首先，制订支持文化创意产业发展的税收优惠政策，加大对中小型文化创意企业贷款的政策性支持；其次，鼓励银行开展知识产权等无形资产方式质押贷款业务；最后，建立健全有效的中小企业信用担保体系，单纯依靠政府的投入很难满足担保的需要，要多渠道筹集信用担保资金，建立适合中小型文化创意企业特点的信用评级体系。

文化创意产业从业人员的特殊性工作亦是一种人生价值实现，它应当得到必要的肯定。这种肯定对于推进文化创意产业的发展来说是十分重要的。只有这一新兴产业的从业人员的价值实现得到政府导向下的社会认同后，才会有更多的人才和资金被吸引入该产业链中，文化创意产业才能真正实现勃兴。在现有"杭州市文化创意产业十大风云人物"和"杭州青年文艺家发现计划"等评选活动基础上，政府应该进一步设置各种奖项和计划，创建具有地区性、全国性乃至世界性的平台，对杰出的文化创意人才授予荣誉，加强地位认可，吸引更多的创意人才集聚，激励创意人才的创新。

在杭州市吸引和留住高素质人才的过程中，也应从多方面着手为创意人才提供良好的发展环境，实施有效的企业奖励机制，大力实施诸如"女装设计师发现计划"等创意人才发现计划，以领办创意中心、设计室、工作室、研发机构等为载体，实行引智力与引项目并举，引领军人物与引创意团队并举，按不同的类型、不同的层次给予不一样的公共服务类政策支持，按不同的成果、不同的表现给予不一样的以奖代拨式奖励。

（7）推动地区合作，注重梯度人才

针对不同类型的人才，分别采用相应的、系统的培养方式。形成创意人才、创意引导人才、创意管理人才的人才链。办理国际文化创意人才养成班及协同文化创意高阶管理人才训练班，聘请国内外师资授课；办理国际文化创意产业研习活动，邀请国内外知名专家来杭州参加相关研习活动。联合政府、高校和企业机构，成立杭州市文化创意产业研究院，对高端复合型人才进行培养。同时，加强长三角联盟互动，政府、高校之间加强人才共建，资源共享。

七、创意活力之创意空间：营造"文创中心"的社会氛围

1. 杭州市创意发展空间与 v 活动的现状综述

在创意发展的园区空间方面，2008 年，杭州市确定将西湖创意谷、之江文化创意园、西湖数字娱乐产业园、运河天地文化创意园、杭州创新创业新天地、创意良渚基地、西溪创意产业园、湘湖文化创意产业园、下沙大学科技园、白马湖生态创意城十大园区作为主平台，推动全市文化创意产业实现集群发展。截至 2009 年年底，杭州市十大文化创意产业园区中已建分园区 19 个，在建的分园区 17 个。入驻企业共 440 余家，从业人员总数为 7 478 余人；其中，设计企业和公司共 195 家，各类设计师 3 650 余人；设计类企业占十大园区企业的 44.3%，设计师占所有员工的 48.7%。

在创意活动方面，杭州市已经形成"上半年游动漫展，下半年逛文博会"的格局。已连续举办三届中国杭州文化创意产业博览会，2010 年首届杭州创意生活节也登场亮相。其中包括"2010 首届国际纹样创意设计论坛""中国（杭州）艺术品收藏与鉴赏高峰论坛""第三届中国城市会展业高峰论坛""文化产业园区建设高峰论坛"等。首届国际纹样创意设计论坛又包含以下内容：创意生活·热波音乐节、陶瓷设计艺术精品展、"西溪杯"首届创意家居设计大赛、"杭州创意生活体验活动""世界电子竞技大赛（WEM）""第二届中国青年数字电

影大赛""杭州中小学生创意市集"等。

杭州市作为"中国最具影响力节庆城市"和"中国最佳品牌展会合作城市",每年定期举办 10 个以上参与人次为 10 万人以上的大型品牌文化活动。2010 年共举办各类文化节庆活动 180 多个。表 5 提炼了杭州市相关创意活动。

表 5　杭州市相关创意活动列表:

活 动 名 称	概　况
世界休闲产业博览会	2006 年第九届世界休闲大会,是世界休闲组织有史以来第一次登陆中国的国际性会议,2006 年,世界休闲大会首次以博览的方式面向全球,并将世界休闲博览会永久落户杭州。2011 年 9 月 17 日杭州将迎来第二届世界休闲博览会,以"休闲——提升生活品质"为主题,以杭州为主会场,杭州萧山区湘湖、滨江区白马湖、淳安千岛湖为主园区,在杭州各区县(市)及都市经济圈和长三角地区的有关城市与区域设立若干分会场。将邀请 80 座以上国内城市以及 50 家以上国内外休闲企业参展,举办一个休闲主题展览和休闲领域的八大产业展,形成"两馆、九展、一百个展示项"的展览展示格局
国际动漫节	目前已经成功举办 7 届,第七届中国国际动漫节 2011 年 5 月 3 日在杭州休博园落幕。本届动漫节共吸引了 200 余万人次、54 个国家和地区、300 多家中外企业参展,签约项目近 50 个,涉及金额 106 亿,现场成交 22 亿元人民币,总金额达到 128 亿元。其中国际动画片交易大会最终达成意向的动画片共计 14.5 万多分钟,其中境外发行机构达成意向 6.1 万分钟,占总量的 42%,成为中国动画片交易第一平台和境外机构采购中国动画片的最佳平台
西湖国际博览会	1929 年 6 月 6 日至 10 月 20 日举办的西湖国际博览会,开了中国展会业的先河。此后,由于历史的原因,西湖国际博览会停办了 70 年。2000 年 10 月 20 日第二届西湖国际博览会开幕,至 2010 年为第十二届。第十二届西博会成功举办了 100 多个会展活动项目,吸引了 1 350 万人次的市民和中外游客参与,已实现贸易成交额 162.1 亿元,协议引进外资 10.88 亿美元,协议引进内资 164.7 亿元
中国杭州文化创意产业博览会	2010 年第四届文博会突出了"创意生活,创意城市"的概念。根据文化创意产业内的行业分类、发展方向、不同地域以及不同功能,共分为 4 个主题展馆、一个配套馆和 18 个展区。除了打造主会场亮点之外,更提出了"创意生活节"的概念,把杭州的各个城区都纳入了范围之内,并设置 30 余处"杭州创意生活体验点",把各种活动有效地进行串联,让更多的杭州市民体验到文化创意的魅力
中国工艺美术大师作品暨工艺美术精品博览会	连续举办 10 届,2009 年的第十届博览会规模已达到近 600 个国际标准展位,其中特装面积达 1 400 平方米。全国 23 个省、自治区、直辖市的 330 家企业近 3 000 人前来参展,也吸引了周边一些国家和地区的展商参展。各界参观人数达 13 万人次,其中专业商家 4.5 万人次。展会期间直接销售额近亿元,意向销售额超过 1.65 亿元
杭州创意生活节	文博会重点项目,2010 年首次推出,设置了 10 项主题活动和近 40 个文化创意体验点,包括"杭州创意生活体验活动""世界电子竞技大赛""第二届中国青年数字电影大赛""杭州中小学生创意市集"等
中国民间艺人节	艺术节期间举办中国民间工艺精品展、中国旅游工艺品推介汇展、中国民间艺术高层论坛、中国民间收藏品交流、中国当代民间工艺精品拍卖会。全国 32 个省市、自治区的 100 名工艺大师奉上 60 多个门类、2 000 余件民间手工艺精品力作。是国内首个落户杭州的"国字号"民间艺术展示活动,国内民间工艺界规模最大、规格最高、门类最齐的国家级文化盛事之一

2. 杭州市创意活动与空间发展对策及思路

（1）开拓创意活动人群，使创意活动更加生活化

延续西湖创意市集活动的创办理念，完善西湖创意市集等活动：三次全国性创意团队交流及两次杭州大学生创意创业论坛，使杭州成为西湖创意市集、创意设计产业化平台服务中心和创意魔盒连锁销售平台；西湖创意市集已逐步成为国内优秀设计师进行作品发布、设计展示、设计交流、创意创业和市场销售渠道建设的一个重要场所，并已经发展成为目前国内规模最大、参与团队最多、影响力最强的创意市集活动，逐步形成了自己的品牌。

这样的情况说明，创意人才不仅仅集聚在十大创意产业园中，有很多个体的设计者，或者有其他工作的业余设计师同样拥有很好的创意。在这种发展情况下，应逐步考虑把西湖创意市集变为一个更加周期化乃至日常化的活动，并且逐步把这种"平民创意"的理念推广至整个杭州。通过政府的大力倡导，各类行业协会的积极配合，一方面为创意人群的日常交流和创作活动提供相应场地，另一方面开辟更多固定的场所，为设计者提供更为长期的展示发布空间，也为投资者提供更多了解创意产品的机会，并且通过有关部门的协调达成更多洽谈和投资的可能，逐步打造成为"不落幕的创意市集"，同时，逐步开发户外车载集市等相关的形式。

（2）丰富创意活动功能，使创意活动更加多元化

当前杭州的活动主要以会展形式为主，一些大型的博览会也确实吸引了大量的受众参与，并且积累了较为丰富的经验。然而，纵观全年的180个活动内容，"创意元素"的体现仍显不足，在题材的选择上，一些杭州的特有文化元素体现仍不够突出，缺少可以代表行业最新动态乃至可以带动该产业发展的相关活动。在活动的传播也更多地局限于内容的单向性传播，缺少和参与者的交流互动。

故而在今后创意活动的发展过程中，应更多融入与受众进行互动的内容，使受众的参与程度更高，参与兴趣更浓，摆脱单纯展览性质的活动，打造出"能够体现杭州特色文化，能够贴近百姓日常生活，能够满足不同受众需要，能够带动整个行业发展"的系列活动，同时着力完善会展活动的功能，促成更多集创意展示、团队交流、高端论坛、商务洽谈、产品销售、版权交易、物流服务等为一体的活动平台，涵盖产业链中的各个环节，拓展会展的功能，从而提高其影响力。

（3）提高创意活动品质，使创意活动更加精品化

在杭州全年180余个会展活动中选取能够代表杭州特色并具备地域优势的项目，如依托西湖特色开展的"印象西湖"设计大赛、"西湖音乐节"等，展示杭州丝绸艺术的"天堂丝绸"杭州（国际）丝绸旅游文化节等，着力提高其文化品位、创意特色，使其辐射范围逐步从杭州市向省内和全国传播。

通过政府引导、媒体协作、行业协会推进、吸引社会资金等手段，逐步提高杭州特色创意活动，尤其是以"创意"为核心的各类比赛的品质，逐步规范参与作品水平、参与人数规模、参与单位范围、评审人员级别、活动条件设施、奖项公信能力等指标。在3～5年内，力争除

国际动漫节之外，打造一到两个在国内有较高知名度和影响力的活动。

（4）打造创意活动名片 使创意活动更加品牌化

通过一些国内外大型活动的首创性扩大杭州相关创意产业的国内外影响力，推动杭州创意产业的国际化和市场化进程。对于杭州具有相对优势或者较好发展环境的创意产业行业，则可以通过活动的经常化、系列化、制度化，使其展会长驻杭州。

第一步是内向型国际化阶段：一方面，吸收国外的资金、技术和先进的管理经验；另一方面，邀请国际化的团队或个人参与，与国内外战略合作伙伴共同努力提升杭州休博会、西湖博览会和中国动漫节的国际国内知晓率与公众参与度；吸引中国金鸡百花奖电影、中国戏剧节梅花奖、中国主持人电视大赛、中国出境旅游交易会等国内相关行业顶级盛会以杭州为"中心展示区"或"奖项唯一发布城市"；形成诸如中国安全监控软件博览会、中国古代建筑艺术文化保护与发展论坛、中国头脑风暴俱乐部、中国年度最畅销书展示会等新的展会品牌。

第二步是外向型国际化阶段：主要是向其他国家和地区移植杭州已经形成的上述知名展会，进一步提高它们的国际声誉，带动相关创意产业链条国际化，在全球范围内抢占本行业的制高点，使杭州最终形成创意氛围浓郁、创意人才聚集、创意产品丰富、创意企业兴旺、创意产业繁荣的国际创意产业发展新中心。

（5）细分创意活动受众，使创意活动更加层次化

在创意活动的设计和开展中，也应面对不同的参与人群、不同的受众需求，开发出不同规模不同模式的创意活动，使随文博会推出的"创意生活节"中创意生活的理念更加深入人心。

在着力打造杭州市的创意活动影响力和辐射力的同时，市内各级文化部门、图书馆、电影院、书店等文化场所以及各街道社区等单位也应相互协调，突出行政区域、街道社区的特色，为当地民众开发参与成本较低、活动范围较小的平民化创意活动，如社区内举办的书画比赛、由书店或图书馆组织的读书会等。

对于一些刚刚起步的设计人才和设计企业而言，也应举办规模和档次与企业能力相符合的交流活动及推介活动，推动企业发展和交流，如一些中小型企业的定期招商会等。

对大量慕名来到杭州观光旅游的游客而言，政府可考虑和旅游管理部门及旅游单位、当地企业进行广泛合作，推出体现杭州旅游文化特色的创意活动，如西湖夜骑、西泠印社学治印、自己设计独一无二的旗袍图案等，让外地旅游人员更多地感受到杭州的创意氛围，进一步扩大创意中心的国内影响力。

总之，营造出"为专业高端人士搭建辐射平台，为创业企业个人提供提升机会，为旅游观光游客传达创意理念，为当地常住居民营造和谐生活"的复合型创意活动。

闽台（福州）文化产业园战略规划研究暨建设思路[①]

[①] 2013年福州市宣传部委托课题。主持：熊澄宇。参与：吕宇翔、张铮、董鸿英、孔少华、李寅飞、向丹。

第一章　发展背景
　（一）基础与现状
　（二）面临的机遇
　（三）问题与挑战

第二章　总体思路
　（一）指导思想
　（二）战略定位
　（三）建设目标

第三章　产业集群
　（一）闽都文化展示集群
　（二）文化科技融合集群
　（三）现代传媒拓展集群
　（四）创意设计集聚集群

第四章　重点任务
　（一）产业集团培育工程
　（二）公共平台建设工程
　（三）城市品牌打造工程
　（四）榕台交流深化工程
　（五）文化科技融合工程
　（六）传统文化激活工程

第五章　先行先试
　（一）创新合作
　（二）政策突破
　（三）完善服务
　（四）智力建设
　（五）区域联动

第一章 发展背景

（一）基础与现状

1. 城市状况分析

（1）区位条件

滨海之便得天独厚。福州市素有"东南都会"之称，地处滨海之便，北接长江三角洲，南临珠江三角洲，东望"宝岛"台湾，西连中部内陆地区，与台港澳地区来往密切，历来在经济、文化交融中具有先发优势。东汉以来，福州港就是闽东南地区货物朝贡转运的要道，也是我国对外贸易的重要口岸。在我国沿海城市中，福州市处在中国海岸线中心点和环南北太平洋两个经济圈的交叉点，拥有全国少有的外海深水港，是谓"海上丝绸之路"的重要门户。

台海地缘优势突出。福州市与台湾地区一水之隔，是距离台湾最近的省会城市，也是大陆对台优惠政策覆盖面最广、两岸合作交流最活跃的地区之一。福州江阴港与台湾台中港相距仅100海里，距基隆港仅149海里，榕台两地空中直航时间仅25分钟。作为海峡西岸经济区4省20城市中唯一的省会城市，福州拥有对台交流的地理优势、引领海峡西岸的区位优势、对接平潭的战略优势，以及区域中心城市的独特竞争力。

高铁带动区位跃升。东南沿海客运专线（杭州至深圳）、向莆铁路已建成通车，合（肥）福（州）高铁即将建成，福州"一纵二横"的高速铁路网已然成形。福州市的经济区位也在发生着巨大的改变，从过去全国铁路网的末梢，一跃成为连接长三角、珠三角和中西部地区的高速铁路枢纽，以福州市为中心，形成了2小时海峡西岸城市群和6小时（上海、广州）东南沿海城市群，构成了中国经济最具活力的"黄金投资带"。

（2）文化特色

闽都文化资源丰厚。福州市是国家历史文化名城，拥有2 200余年的建城史，历史上长期作为福建的政治文化中心，闽都文化底蕴深厚、源远流长。这里孕育出以昙石山文化、船政文化、三坊七巷文化、寿山石文化四大文化为代表的文化品牌；拥有闽剧、寿山石雕、脱胎漆器、软木画等13项国家级非物质文化遗产、48项省级非物质文化遗产；福州素有"院士之乡"的美誉，近现代更是涌现出林则徐、严复、林觉民等大批对中国民族复兴历程产生重要影响的人物。人文荟萃、名人辈出，名胜古迹交相辉映，古都福州具备丰厚的可供挖掘的文化资源。

闽台文化水乳交融。福州具有显著的沿海外向型城市特点，明清以来，更成为东西方文化交流的汇集地和重要通道。尤其在海峡两岸交流中，福州凭借"五缘"优势，形成了浓厚的闽台文化融合发展特色。福州是我国著名的台胞祖籍地，约80余万台湾乡亲祖籍福州，闽台文化同根同源，两岸人民有着很多相同的审美情趣、生活习惯、民俗活动和宗教信仰。

生态人文和谐发展。福州市也是全国著名的"宜居城市""温泉之都"，发展出独具特色的"福文化"与"温泉文化"，曾被评为世界特色魅力城市200强、市民最满意城市。福州素有"榕城"

之称，市内三山鼎峙、一水长流，遍植榕树，城市意象鲜明，饶具韵味。目前，全市正着力朝着"学有所教、行有所便、劳有所得、住有所居、老有所养、病有所医"的和谐社会发展，并持续巩固"国家卫生城市""中国优秀旅游城市""国家园林城市""国家环保模范城市"成果。

（3）经济发展

实力突出态势良好。福州市是福建省最大的工业城市，也是中国开放层次最多、功能最齐的地区，是两岸三通的先行口岸。近年来，福州市相继获得中国制造业十大最具竞争力城市、中国投资环境银牌城市、中国最具投资价值金融生态城市等殊荣。从经济总量来看，2013年，福州市实现地区生产总值4 678.5亿元，其中第三产业2 142.63亿元，同比增长10.8%；现代产业体系初步形成，三次产业在地区生产总值的占比分别为8.6%、45.6%、45.8%；全市完成财政总收入689.12亿元，同比增长15.4%。2013年，福州市人均GDP已超过1万美元，达到中等发达水平，经济发展也进入一个新的阶段，将加快由工业为主向服务业为主、生产为主向消费为主、劳动密集型向知识密集型的转变，近年来居民文化消费水平的逐年上升也表现出这一趋势。

外向型经济支撑有力。福州是大陆对台贸易的桥头堡，改革开放以来，福州相继被国家指定为海峡两岸的直航试点口岸、农业合作试验区、台胞落地签证口岸，拥有台商投资区等国家级对台产业合作基地，享有中央赋予的"与金马台澎地区开展直接经贸往来"等灵活政策。截至2013年，全市实有台资企业666家，投资总额12.44亿美元，注册资本8.06亿美元，彰显出榕台交融发展的雄厚基础。此外，福州市在国际经贸领域的发展也同样出彩，"十一五"期间世界500强企业有86家在福州投资或设立机构，目前，全市实有外商投资企业4 559户，投资总额为247.28亿美元。

新兴优势产业前景看好。福州市在现代电子技术、信息技术、通信技术方面走在全国前列，并且拥有实力突出的动漫与软件产业，在这些领域涌现出多家国内外知名的龙头企业。近年来，福州市大力实施"科教兴市"战略，不断增强自主创新能力，连续九届获得"全国科技进步先进市"称号，并相继获得"国家创新型试点城市""中国城市综合创新力50强""国家科技兴贸出口创新基地""信息产业国家高技术产业基地""国家知识产权工作示范城市"等荣誉。"十二五"期间，福州市还将加快发展高新技术产业和新兴产业，积极促进信息化与工业化的深度融合，打造在全国具有竞争力的海峡西岸先进制造业基地和两岸产业合作示范基地。

2. 文化产业现状

（1）产业规模

近年来，福州市文化产业规模与实力显著提升，2007—2012年，福州市文化产业增加值年均增长近30%，高于同期GDP和第三产业增长水平。2012年，全市文化产业增加值（含个体）达227.99亿元，占全市地区生产总值的比重为5.4%。至2013年9月底，全市文化产业从业人员24.92万人，同比增长45.78%（表1）。目前，福州市文化产业已经形成工艺美术、文化旅游、动漫游戏、设计创意、现代传媒、文化会展、广告创意七大重点产业。文化产业作为福州市经济发展新的增长点，在助推全市经济跨越发展的进程中发挥着越来越重要的作用。

表1 福州市近年文化产业增长情况

	2010年	2011年	2012年	2013年1—9月
文化产业增加值（亿元）	142.17	181.99	227.99	168.16
文化产业增长率	29.85%	28.01%	25.28%	22.89%
增加值占全市GDP比重	4.6%	4.9%	5.4%	—

（2）市场主体

随着近年来文化体制改革的不断深入与文化产业的快速发展，福州市文化产业市场主体不断扩展，形成国有企业实力强健，民营企业活力突出，多种所有制协同发展的产业格局。先后组建了福建日报报业集团、福建省广播影视集团、海峡出版发行集团、福州文化旅游投资集团等十多家大型国有文化产业集团；同时，在政策引导下，非公资本进入文化产业发展迅速，如动漫游戏、软件开发、数字出版等领域涌现出网龙网络有限公司、神画时代数码动画有限公司、时代华奥动漫有限公司、福昕软件开发有限公司、瑞芯微电子有限公司等一大批民营骨干文化科技融合企业。

（3）业态发展

一方面，突出本地特色；另一方面，注重科技创新。福州市文化产业形成了传统优势产业、高成长性产业和新兴业态共同发展的良好局面。立足于本地文化特色，福州市在传统工艺的产业升级、市场拓展等方面持续发力，形成了以三坊七巷为代表的历史文化街区，以生态温泉为代表的文化旅游度假板块，以数字内容为核心的文化科技融合产业集聚。同时，依托省会城市、区域文化中心的地位和两岸文化交流的优势，福州市文化产业在新闻出版、广告会展等领域也独具特色、增长稳健。

（4）集聚水平

文化产业具有集群发展的特质，集聚水平是衡量一个城市文化产业发展水平和发展阶段的重要标志。经过多年培育，福州市文化产业集聚发展态势逐步显现，培植了三坊七巷、福州市软件园、闽台A.D.广告园等一批创意产业园区。截至2013年7月，福州市已建成1个国家级文化产业试验园区，1个国家影视动漫实验园，1个海峡国家数字出版产业基地，2个国家级文化产业示范基地，以及20个省级文化产业示范基地，集聚区产业门类、产业链条、公共服务体系正加速形成和完善，对福州经济发展发挥了有效的集聚、辐射和区域带动功能。

（5）两岸交流

文化产业对接已成为闽台合作的新亮点，福州市充分发挥海峡西岸经济区的区位优势以及先行先试的政策优势，精心抓好各类交流平台建设，推动两岸文化交流从互动往来走向产业链的整合开发。在两岸产、学、研各界的积极努力下，闽台文化产业互动交流活动丰富多彩，海峡两岸文化博览会、海峡版权创意精品博览交易会、旅游博览会等会展和海峡两岸民俗文化节、福州海峡创意设计周等活动为两岸文化产业交流合作提供了更多契机。目前，两岸文化产业合作已逐步拓展到表演艺术、新闻出版、印刷发行、网络动漫、文化旅游、文化会展等多个领域，闽台文化产业界正在实现全方位、多层次对接。

（二）面临的机遇

1. 文化产业战略意义提升的政策机遇

文化产业逐步成为引领国家产业创新和经济社会转型发展的重要力量，我国政府对文化产业的重视与日俱增。2011年十七届六中全会提出推动"文化产业成为国民经济支柱性产业"。2013年，十八届三中全会进一步提出推进文化体制机制创新，完善文化管理体制，建立健全现代文化市场体系，提高文化开放水平的指引方向。

国家鼓励东部地区率先发展，2009年国务院出台《关于支持福建省加快建设海峡西岸经济区的若干意见》，相关先行先试政策、专项资金扶持，为福州市文化产业的发展提供了良好的外部环境。依托独特的区位条件，福州市在国家文化产业创新与对外开放布局中的战略地位大大提升，全市文化产业的发展正迎来历史性的机遇。

2. 闽台文化产业深度融合的市场机遇

随着两岸交流的扩大和加深，大陆文化产业积极发展对台合作，台湾文创产业也正在积极开拓大陆市场。台湾2010年通过《文化创意产业发展法》以来，文创产业已发展成为岛内六大重点产业之一，取得了丰硕成果，并逐步在世界华人地区树立了典范。随着国家文化产业发展的战略推动，两岸文化产业合作也迎来了新的契机。福州作为与台湾有着"五缘"关系的大陆省会中心城市，在两岸文化产业合作上具有先天的优势，是承接台湾文化产业转移，推动闽台文化产业深度融合的重要基地，也是积极探索产业合作模式创新，推动两岸文化交流政策突破的核心区。强化闽台融合发展特色，积极创造两岸合作"溢出效应"，将有力推动福州文化产业的创新发展。

3. 福州城市转型升级关键期的历史机遇

"十一五""十二五"期间，福州市按照"疏解老城、开发南台、拉开框架、发展新城"的思路，大力推进城市东扩南进、沿江向海的发展战略，依托区域中心和省会城市的战略优势，积极构筑海峡西岸经济区首位度城市。在旧城改造与新城建设进程中，文化产业在生产更新、景观重建、城市空间结构的重新配置、新型城镇化建设当中扮演了重要角色。随着福州市朱紫坊、上下杭、烟台山等旧城改造项目和东部新城、马尾新城、闽江口"金三角"经济圈等新城建设项目的推出，以及福州"大城市圈"的加快推进，福州市众多农业生产空间、工业生产空间将迅速向文化消费空间转变，福州文化产业的发展将迎来重要的发展契机。

（三）问题与挑战

1. 产业价值链较松散，集聚方式需要提升

作为产业发展的重要抓手，各类园区、集聚区在推动福州市文化产业快速发展的过程中发挥了显著作用。但现有的文化产业园区、集聚区普遍存在着同质竞争、集聚度不够、区域发展不平衡、协同联动效应不足、保障系统不健全、政策有效性不强等问题。针对这些问题和国内外文化产业的发展趋势，福州市文化产业需要从园区"空间集聚"的发展模式进一步上升到"要素集聚"的整合发展模式，紧紧围绕"资源配置"这一产业经济核心问题，将产业的空间布局、体系设计和产业链协调、政策保障与公共服务平台更恰当地结合起来，有效避免产业发展过程中不必要的资源损耗和同质竞争。

2. 偏重静态园区建设，动态整体运营不足

文化产业具有很强的外部性和渗透性，福州市需要进一步将文化产业的建设发展放到城市品牌的整体提升与经济结构转型升级的战略思考上来。目前，福州市文化产业的发展主要着眼于静态的园区内部基础设施建设、企业招商、产业链打造等环节，而对如何整合全市资源，通过动态化的论坛、展示、节庆活动、精神文明创建等形式对外输出品牌、提升城市影响力方面的考虑则明显不足，一些既有的会展活动也未能有效整合各类园区的产业资源与现有平台。在未来的建设发展中，福州市既要注重将闽台（福州）文化产业园等重点园区的建设作为重要抓手，也需要着眼于福州市文化产业的整体设计和资源梳理，着力改变过去文化产业园区的建设和产业整体发展有所脱节的问题，进一步使文化产业与全市经济社会的转型发展深度融合。

3. 闽都文化创新不足，业态有待升级改造

闽都文化是福州独有的文化特质，也是福州市文化产业发展的重要立足点。寿山石雕、脱胎漆器、木根雕、软木画、漆画等闽都传统艺术是福州独特而宝贵的文化品牌和文化遗产，但是令国内外初级消费者、资深收藏者信赖的产品和经营品牌仍然稀缺。整体来看，闽都文化的物化产品创意创新明显不足，产业体系的创新经营与品牌开发也相对落后，在产业化发展进程中，对闽都文化特质的提炼和彰显仍有较大的提升空间。福州市应把握传统产业升级的时代要求和发展理念，对这些优势传统文化进行产业链梳理和重构，以现代科技手段推动传统工艺的传承与创新，实施经营品牌的包装和产业化的运作，让闽都文化更好地融入现代人的生活。

4. 园区特色不够鲜明，需与厦门形成差异

福州、厦门同为福建省及海峡西岸经济区的标杆城市，在福建省海峡西岸经济区文化产业的发展中均发挥着重要的带动和辐射作用。闽台（福州）文化产业园与闽台（厦门）文化产业园是闽台文化产业园的两个有机组成部分，它们之间的关系需要进一步明晰，以形成差异化发展格局。福州是省会，厦门是特区，福州市要着力发挥省会城市带头、带动、示范、辐射、集聚的优势，展现更为丰厚的历史文化底蕴。闽台（福州）文化产业园立足自身发展模式，需要

找到与厦门产业园的区隔度与协同性，着力形成两者呼应和互补、竞争与融合的良性互动。

第二章 总体思路

（一）指导思想

以十八届三中全会深化文化体制改革、加快完善文化管理体制和文化生产经营机制、建立健全现代文化市场体系精神为指导，以增强福州市文化软实力与综合竞争力、推动两岸文化产业互动交流为中心，以满足人民群众多样化、多层次、全方位的精神文化需求和两岸文化产业互相促进、共同繁荣为出发点，按照国家《海峡西岸经济区发展规划》和《"十二五"时期福建省文化改革发展专项规划》要求，以闽台（福州）文化产业园的建设带动福州市文化产业重点领域突破、体制机制创新、两岸文化产业的深度合作，发挥福州市海峡西岸经济区中心城市的文化引领功能，进一步突出市场在资源配置中的决定性作用，促进台湾文化产业及高新技术向大陆的发展转移，构建具有较强国际竞争力的先进文化产业体系，为闽台文化产业的快速健康可持续发展注入新的活力。

（二）战略定位

闽台（福州）文化产业园要充分利用文化产业发展的历史机遇，发挥海峡西岸经济区"对台窗口""先行先试"的战略优势，促进海峡两岸文化交流与产业共进，进一步推动两岸融合发展，引领带动福州经济结构的全面转型升级，成为推进两岸文化产业交流合作、促进城市经济结构转型、弘扬传承福州传统文化、提升人民文化生活品质的先行区。

1. 两岸文化交流试验区

作为海峡西岸经济区中唯一的省会城市，福州要充分发挥对台文化交流的独特优势与工作基础。以闽台（福州）文化产业园的建设为突破，通过政策的先行先试，以及人员的互动往来、项目的深度对接，在全面振兴和提升福州市文化产业的同时，探索两岸文化产业互动交流的新模式，实现两岸继经贸往来、农产品互惠后在文化领域合作的创新和突破，努力构筑两岸文化产业交流合作的前沿平台，切实推动两岸的文化产业互动向更广范围、更大规模、更高层次迈进。

2. 区域经济转型先行区

近年来，福州市的经济建设取得了长足的发展，按国际经验，当人均生产总值超过 10 000 美元时，城市功能将由生产型向服务型转变，产业结构开始进入以现代服务业为主导的阶段。闽台（福州）文化产业园的规划建设，以文化科技融合推动创新，以文化金融融合提供支持，以现代文化市场体系作为保障，将以福州市为中心，带动区域经济结构的整体转型和产业布局的进一步优化，在打造福州市文化品牌和推动城市发展的同时，带动区域经济社会的全面可持续发展。

3. 闽都文化传承核心区

在悠久的历史发展中，福州以其负陆面海、山海兼备的自然地理环境和源远流长的历史文化积淀形成了以闽都文化为代表的独特人文特质，孕育出船政文化、闽商文化、寿山石文化等具有鲜明地域特征的特色文化，创造出软木画、脱胎漆器等非物质文化遗产，并以三坊七巷、温泉之都、两江四岸等人文自然风光吸引了大量海内外游客。在闽台（福州）文化产业园的建设中，要充分利用现代科技手段，以品牌活动塑造、创意环境营造、传统工艺现代化等方式，传承和发扬闽都文化特质，打造福州的城市品牌形象。

4. 百姓创意生活体验区

闽台（福州）文化产业园的功能并不局限于园区的经济效益提升，更要注重其外部社会效益，将创意生活与普通百姓的衣食住行结合起来，以丰富的精神文化产品和服务提升人民的生活品质。通过推进文化创意和设计服务等新型、高端服务业与相关产业的融合发展，积极发挥文创产业催生新业态、带动就业、推动产业转型升级的作用。引入台湾创意生活类文化产品的设计与生产，加强创意人才合作培养，开发自主品牌的创意产品，形成良性的文化市场体系和良好的文化消费氛围，真正将文化创意产业与人们的日常生活结合起来，形成园区带动、全城联动、影响两岸、辐射全国的创意生活体验区。

（三）建设目标

近期目标：2014—2018 年

整合福州市现有的重点文化产业园区，完成闽台（福州）文化产业园的整体布局和重点项目基础建设，基本形成差异发展、互为支撑、布局合理的园区格局；通过文化投资集团的资本带动，重点培养一批文化产业骨干企业，同时发挥现有重点文化产业企业的引领作用，以市场机制推动企业做大做强；形成较为完善的现代文化产业市场体系，以政策带动闽台文化产业的互动交流与合作，推动两岸文化交流的创新与突破；深入发掘"闽都文化"特质，以科技手段推动传统工艺的传承与创新，结合福州的自然生态与人文风貌，通过现代传播体系提升福州市的城市品牌形象。

力争到 2018 年，园区文化产业增加值在全市文化产业的占比达到 40% 以上，实现福州市文化产业增加值年均增长 25%，力争使福州市文化产业年增加值占全市 GDP 的比重达 10%。

远期目标：2019—2025 年

以闽台（福州）文化产业园带动两岸文化交流不断深入，文化产业规模不断扩大，使福州基本建成文化市场发达、管理体制明晰、具有时代精神和地方特色的文化强市；以文化产业园区、闽台合作项目和平台发展带动福州产业经济的提升、经济结构的转型和增长方式的转换，形成数个效益明显、运行有序、机理清晰的文化产业集群；推动福州成为两岸高端文化交流的中心城市、带动海峡西岸经济区对台文化产业交流与贸易的枢纽，并逐步建成具有国际知名度、全球影响力、鲜明文化形象和众多文化品牌的地区中心城市。

力争到 2025 年，园区文化产业增加值在全市文化产业中的占比达到 50% 以上，实现福州市文化产业增加值年均增长 20%，力争使福州市文化产业年增加值占全市 GDP 的比重达 15%。

第三章　产业集群

闽台（福州）文化产业园建设遵循"以园区为载体、以项目做抓手、以活动塑品牌"的建设思路，通过产业布局优化、科技融合、创意提升、服务规范，促进福州市文化产业的加快发展与业态提升。园区不以"空间"的集聚为旨要，而是强调空间、产业链、组织协调、内生发展动力这些要素的集合。在政府调控下，充分发挥市场对要素资源配置的基础性作用，形成既有一定的空间关联，又有明显产业关联的"政策空间"。

在园区规划中，突破原有以行业为规划单位的思路，按照不同行业对传统文化、高新科技、市场空间、人才储备等方面需求的异同，以"资源整合、优势突出、集群发展"的理念重点打造福州市文化产业"四大产业集群"：闽都文化展示集群、文化科技融合集群、现代传媒拓展集群和创意设计集聚集群。其目的在于通过产业集群的形式推动行业协同发展，整合相关行业的生产、展示、体验、贸易、物流、交易等功能环节，积极构建"资源集约、运转有效、效率领先、竞争有序"的产业体系。

（一）闽都文化展示集群

闽都文化展示集群以三坊七巷为核心，整合朱紫坊、上下杭、烟台山、马尾船政等历史文化特色区域，通过对福州传统工艺美术与现代科技相结合的创新研发，以体验、休闲、活动、演艺、展示等方法促进在地文化品牌的打造与福州城市形象的整体提升，全面构建福州文化旅游产品体系，大力推进海峡旅游业发展。

1. 打造历史文化街区

历史文化街区是集中展示福州历史文化的窗口，也是福州市文化产业中具有浓郁本土特色的重点领域。在历史发展中，福州的街市建筑将内陆儒家文化与沿海外来文化进行了创造性的融合，形成了独特的文化风貌。未来规划发展中，在以三坊七巷历史文化街区为内容核心载体的基础上，以朱紫坊、上下杭、烟台山等周边历史文化街区作为有效补充和辅助载体，打造福州中心城区历史文化"展示带"，形成历史街区统筹管理、联动发展的良好局面。

历史文化街区要在保留原有古老建筑风貌的基础上进行修缮，重点发展文化旅游、工艺美术、休闲体验、特色商业和创意展览等业态，通过传统风貌保护、历史遗产开发、名人故居文化普及、民俗饮食文化体验、传统工艺精品展示、闽都文化科技提升等功能与环节设计，将展览、传承、教育、销售、休闲、娱乐功能与历史街区融于一体，以全新理念实现旧城改造和业态升级。

三坊七巷历史文化街区。围绕三坊七巷历史文化街区特色风貌，充分挖掘其作为"近代名人聚居地"的文化内涵,建设闽台名人故居文化普及区、闽台民俗文化体验区、闽台特色文化展示中心和文化艺术品集散中心,打造两岸民俗文化品牌节会活动。与周边朱紫坊、于山、乌山、文庙、鳌峰书院等风景名胜区相结合,开辟安泰河滨水休闲风情带及水上游项目,构建景观景点丰富、旅游产品多样化的旅游线路。

朱紫坊历史文化街区。以居住、商业、旅游、文化等复合功能为主,将朱紫坊历史文化街区建设成具有浓厚的福州传统建筑特色和典型的福州传统社区文化的特色街区。建设津泰路商业休闲区、安泰河休闲旅游带、南街商业带、坊巷口商业区,将传统商业体验区、创意街区、文化展示区、文化会所区、教育传承区和旅游服务区进行有机融合、有序发展。

上下杭历史文化街区。以上下杭历史文化街区为中心,南部划定苍霞为历史地段与上下杭进行协同保护,北部拓展缓冲区至太平汀州地区的南禅山。建设下杭片商业休闲区和三捷河休闲旅游带,恢复三捷河传统风貌;依托名人故居、会馆、商贸会址等资源,建设上下杭核心功能区和上杭路商贸会所区;结合龙岭顶民俗休闲区、传统商业体验区、创意街区,使上下杭历史文化遗产创造性地融入现代生活。

烟台山历史文化街区。在烟台山历史文化街区规划拓展"观光—休闲—体验"的多元化文化产业,重点打造"七区、三轴、三节点"的功能结构,"七区"包括商业服务功能区、居住功能区、创意产业功能区、体育功能区、文化休闲服务区、传统宗教及绿化休闲功能区;"三轴"包括滨江文化休闲功能轴、商业服务功能轴、综合功能轴;"三节点"包括特色商业节点、绿化节点、商业服务节点。

马尾中国船政文化城。充分利用现存历史遗迹,启动马江古渡保护性修复、船政衙门及前后学堂复建、船政文化创意园的规划建设等工作;在保留中国船政文化博物馆、马江海战纪念馆、罗星塔公园、古街区、中坡炮台、1号船坞、天后宫等实体景点的基础上,借鉴各地对旧有厂房、厂区进行改造的先进经验,对在地文化遗产进行保护性开发利用;编排推出一部"船政大戏",积极推动船政文化的影响力和知名度。

2. 激活传统工艺美术

福州市的工艺美术业在全国均处于领先地位,寿山石雕、脱胎漆艺、软木画被列入中国非物质文化遗产保护名录,福州市也获得了"中国寿山石文化之都""中国脱胎漆艺之都"等称号。2012年福州市工艺美术行业规模以上企业年产值达101亿元,同比增长18.8%;从事工艺美术业的企业超过1万家,涉及工艺美术教育、培训、设计、制作、分销、策展等各个环节。

在闽台(福州)文化产业园的建设过程中,要进一步运用新技术、新工艺、新材料、新设备对传统工艺品进行技术改造和研发创新,打造传统工艺数字化平台,研发传统工艺美术产品防伪保真溯源追踪体系,设立传统工艺数字博物馆,通过现代科技手段推进传统工艺与创新设计融合。着力提升传统工艺美术产品中的创意含量和时尚元素,探索传统工艺与流行时尚艺术的结合,突破既有的传统创作题材。

进一步拓展工艺美术产品研发、生产、销售的完整产业链条。整合艺术家、艺术工作室、行业协会、艺术品经纪人、美术馆及画廊、艺术基金、拍卖行、艺术市场研究机构和咨询公司等各方面资源；培育高规格、专业化、影响大的交易市场、拍卖公司、龙头企业；加强与台湾优秀设计企业和手工艺大师的合作交流，引进台湾知名工艺企业、工艺精品和大师工作室入驻园区；通过会展、讲座、体验、节庆活动等一系列途径，使福州传统工艺美术能够与群众生活结合得更为紧密，实现传统工艺的活化。在未来5年内，实现工艺美术业年增速超过25%，成为海峡西岸工艺美术强市。

3. 构建旅游产品体系

福州旅游业近年来发展态势良好，2012年旅游接待总人数3 192.55万人次，同比增15.8%；旅游总收入550.12亿元，同比增长21.3%。

闽台（福州）文化产业园在文化旅游业发展中，亟待建立旅游产品和旅游服务的配套体系。加强旅游线路设计中文化元素的含量，建立整体旅游形象识别系统；推出系列化旅游产品、旅游宣传片、旅游品牌标识；挖掘福州闽都、闽商、海洋、茶、温泉等历史人文自然资源，以三坊七巷、船政文化、朱紫坊文化旅游区为中心，以"中国温泉之都"为特色品牌，以茉莉花茶为文化纽带，将旅游休闲与文化推广有机结合，推动旅游业与演艺业、餐饮业等相关产业融合发展；建设不同体量、不同特色的文化旅游综合体、历史文化特色街、民俗文化特色村、生态温泉旅游区、茶文化产业园等文化旅游消费场所；推出"印象海峡西岸""闽都千古情"等特色精品演艺内容；充分发挥与台湾地区地缘相近、血缘相亲、文缘相承、商缘相连、法缘相循的"五缘"优势，利用"海峡号"与台中、台北通航契机，争取临时来榕外地居民在福州落地办证，深度拓展"两马"旅游，举办符合两岸文化共同信仰的特色节庆活动，大力推进海峡旅游业发展。

（二）文化科技融合集群

文化科技融合集群以海峡西岸高新技术产业园、福州软件园、海峡西岸创意谷为基础，大力促进以信息技术为主的关键性技术研发与应用，促进文化产业科技创新、市场机制创新，突出绿色和节能环保导向，加强两岸文化科技交流合作，显著提升文化产业核心竞争力，带动福州以及区域文化产业的快速发展。

1. 巩固动漫游戏产业优势

截至2012年，全市动漫游戏企业已逾100家，闽台（福州）文化产业园入驻动漫游戏企业54家，拥有一个国家级影视动漫实验园、两家动漫游戏企业获评国家级文化产业示范基地，有8家动漫企业被评为国家级动漫企业；2012年，全市原创动画14 866分钟，居全国第四位，闽台（福州）文化产业园动漫基地的原创动画分钟数在全国24家动画基地中居第三位，动漫游戏业总产值21亿，重点企业包括网龙集团、福建神画时代动画公司、福州天之谷网络公司、金豹动漫文化创意产业机构、天狼星动漫公司等。

闽台（福州）文化产业园动漫游戏业发展要重视原创内容的生产和科技含量的提升，进一步完善动漫游戏产业基地和海峡西岸创意谷的建设，强化动漫内容设计研发、动漫技术平台搭建、动漫产品展示体验、动漫衍生品制作销售、动漫人才培养等不同环节间的有机联系。重点发展以中国文化为背景、拥有自主知识产权、寓教于乐的数字内容产品，尤其是符合两岸民众共同的审美情趣和文化诉求的动漫内容。

提升现有公共技术平台服务水平，建设海峡西岸一流的集技术支持、科研开发、教育培训、展示交流为一体的综合性公共技术服务平台。发展网络游戏、手机游戏、手机动漫出版、3D动画电影等多种产品形态，并以动漫内容为核心开发周边产品。通过"福州动漫游戏展"等展会活动，一方面，展示福州动漫产业最新成果、促进行业内部交流、发掘优秀动漫人才、打造展会的公信力；另一方面，吸引海峡两岸和境外动漫企业与人才参与其中，积极推动榕台合作，利用台湾动漫产业技术人才优势，承接台湾动漫公司的外包服务。在未来5年内，实现动画作品年生产量3万分钟以上，涌现5家全国领先的动漫企业，力争培育1～2家上市企业。

2. 提升文化科技融合水平

福州市利用信息产业较为发达的基础优势，已探索出一条数字科技与文化产业融合发展模式，涌现了一批懂科技会创新的龙头文化企业。2012年，全市文化与科技融合的重点企业共有67家，实现增加值51.93亿元，占全市文化产业增加值的比重为22.78%，占全市GDP的比重为1.23%。全市文化产业与高新技术产业融合显著，主要集中在集成电路设计、视频渲染软件研发等促进文化用品生产领域以及以信息技术为核心技术的文化产品开发、储存、传播领域。在平面显示、互联网分发、多媒体应用终端等多个新兴文化产业领域，突破了一批共性关键技术，催生了一批新兴文化业态。

在闽台（福州）文化产业园的建设过程中，应通过实施六大文化产业科技创新工程：上游关键共性技术研发与应用工程、数字出版与传媒技术集成创新及应用工程、动漫游戏研发与应用工程、闽都文化科技提升工程、广告会展技术开发与应用工程、工业设计技术研发与推广应用工程，大力研发文化产业共性技术，以科技形态推进传统文化的转型升级，并积极培育文化科技融合新兴业态。

同时，打造一批专业公共技术平台、金融交易平台和公共服务平台，并通过专业的文化科技企业孵化器平台，为文化科技融合企业提供优质的服务和保障。这些平台包括：视频渲染服务平台、集成电路设计服务平台、海峡出版资源基础数据服务平台、云计算数据中心大容量虚拟交换平台、造型辅助设计服务平台、动漫游戏公共服务平台、家庭影音云终端平台、福州市行业技术创新中心、科技中介服务平台、科技信息数字资源共享平台、电子商务平台、产权交易平台、投资融资平台等。以这些平台建设为契机，加快各类文化创新要素集聚融合，大力实施科技创新和文化创新双轮驱动战略，着力将福州打造为具有区域示范带动作用和国际影响力的文化科技融合创新型城市。

3. 实现榕台合作深度突破

目前，福州有台商投资文化科技企业百余家，涉及动漫游戏、工业设计、广告传媒、电子商务、文化旅游等领域。2012年，闽台（福州）文化产业园入驻68家台资文化创意企业，产值超过37亿元。依托海峡两岸电子商务展示对接会、台湾大仁科技大学、冠宇生科技股份有限公司、喜登宝科技有限公司等台企，与福州100多家商务企业在电子商务、移动商务、物联网等方面开展合作。

闽台（福州）文化产业园的建设，要深入挖掘两岸文化科技合作的新思路，充分利用现代信息科技手段，实现对台文化科技融合发展的深度突破。

继续依托海峡两岸电子商务展示对接会等平台，开拓电子商务应用合作途径，共同促进海峡两岸移动电子商务、物联网、物流商务和商务"云"服务等方面合作，实现两岸移动电子商务合作方面的新突破；同时，利用云计算、网络数字技术和智能交互技术等，通过数字内容资源的弹性化定制、自动化部署和高性能计算，利用榕台地域优势建立应用示范，探索媒体传播新模式，实现两岸数字内容与服务交流的突破；完善台湾人才来榕通行、居留、就业、创业、参与社会管理等政策，试行台湾人才福州市民待遇，支持文化科技企业招聘台湾优秀人才，探索榕台学历、职称、执业资格等互认办法，实现两岸合作办学、联合研发攻关、产业人才对接的突破；依托在榕高校与海峡两岸文化创意产业高校联盟等平台，开设闽台文化科技融合研究院，加强两岸文化科技融合的政策、法规、产业基础以及市场模式等研究，推动双方产业互动协作发展，形成海峡两岸文化科技产业市场一体化，实现两岸文化科技学术交流的突破。

（三）现代传媒拓展集群

现代传媒拓展集群依托在地省市国有传媒集团，带动新闻、出版、广告、影视、会展等上下游产业的整体发展，以海峡国家数字出版产业基地、闽台AD广告园、福建日报·海峡传媒港、长乐海西广告创意园、福州影视文化创意园、凯歌影视城等园区的建设为契机，加强两岸传媒领域的深度合作，共同拓展市场并形成完整的产业链条。

1. 发挥国有传媒集团引领作用

充分利用省会城市的属地优势，支持省属文化产业集团做大做强，鼓励福建日报报业集团、福建广电集团、海峡出版发行集团等龙头企业深化体制改革，有效整合资源，带动福州传媒及周边产业的整体发展，以全媒体融合、数字出版为特色，积极构建现代传媒产业链。

支持建设全媒体运营平台，加强舆论引导能力，积极培育一批有影响力的报刊品牌、广播电视频率频道和专业网站，增强市级报刊、电台、电视台和重点新闻网站的公信力、影响力与亲和力，构建定位准确、特色鲜明、功能互补、覆盖广泛的舆论引导新格局。顺应信息时代新媒体环境的变革潮流，提高重点媒体采编播能力和突发事件的快速报道能力。

实施数字出版工程，依托福州国家海峡版权交易中心和海峡国家数字出版产业基地，大力推进传统出版产业的数字化转变，拓宽数字内容的传播方式，建设集版权、发行、支付和服务于一体的品牌化、专业化、数字化出版体系。整合两岸数字出版产业资源，以两岸共同投资的海峡书局股份有限公司为突破，探索两岸出版领域合作的新模式，搭建两岸出版企业深度合作的有效平台，推动数字图书、数字报刊、数据库出版、手机出版等出版产业门类的全方位对接。建立和完善数字版权登记服务平台，构建发达的版权贸易和服务体系，推动版权输出和出版物进口，在世界华文数字出版市场形成一定的影响力。

加强在地媒体的国际国内传播能力，有效利用各种平台宣传推广福州特色文化，塑造福州城市品牌形象。加强传媒人才队伍建设，整合传媒领域上下游产业链条，打造海峡两岸信息传媒中心，提升福州传媒的国际竞争力。积极发挥侨刊乡讯在对外对台传播方面的作用，创办有影响力的品牌活动，形成具有福州特色的文化凝聚力。

2. 扶持影视广告非公企业发展

福州市广告设计业近两年取得了较为长足的发展，截至2012年，福州市从事广告创意、广告制作、广告经营、广告设备制造、广告器材销售等相关企业5 998户，注册资本达237.4亿元，从业人员3.96万人，业务范围涉及展台、电视、广播、报纸、杂志、电子屏、楼宇电视、移动电视、可视电话、网络、影视、策划、活动等各个领域，经营额近80亿元。

福州市广告产业的发展，要充分利用非公资本，鼓励中小企业的灵活发展，大力开拓新兴广告市场，以园区建设集聚产业要素资源，以市场手段协调上下游产业衔接，引导形成产业的内生发展动力和合理化的产业布局。在市中心的闽台AD广告园打造大型广告集团总部基地、中小型广告企业创意中心、广告交易展示中心、数字动漫广告研究中心；在福建日报·海峡传媒港和锦绣广告制造园，专注于广告产业新媒体、新设备、新技术、新工艺研发，形成广告传媒基地和广告生产制作基地；在长乐海西广告创意园打造广告产业衍生实验基地，形成各具特色、功能互补的产业集聚。同时，大力加强广告创意人才的引进与培养，推动两岸广告人才、广告项目的交流与合作，合作提升福州广告创意的国际化水平，形成海峡西岸地区有影响力的广告创意设计制作中心。

借力于福州影视文化创意产业园和凯歌影视城的立项建设，配合现代影音制作技术的研发和推广应用，福州影视产业要深入实施文化精品工程，加大对原创精品节目的扶持和激励力度。重点鼓励展现福州本地文化特色、表现两岸文化纽带的原创内容生产，结合现代影视技术，不断提高节目的生产制作水平。以一流的创作体现福州独有的文化韵味，以高品质的制作展现福州的科技水平，以市场化的手段进行全方位的宣传推广，形成集创作、传播、交易、服务、消费一体化的影视制作传播服务体系，打造海峡西岸一流的影视制作基地。

3. 培育海峡西岸高端文化会展品牌

近年来，福州市的会展产业发展迅猛，形成了一大批具有较高知名度的本土品牌展会，如海交会、住交会、车交会、家博会、年货会以及海峡电子商务博览会等，覆盖了衣、食、住、行等各个领域。2010年5月，总面积达38万平方米的"福州海峡国际会展中心"建成使用，加快了福州文化会展业的发展步伐，截至2012年年底，全市共成功举办各类展会1 000多场，累计接待海内外参展参会代表3 000多万人次，实现内外贸易成交额700多亿元。福州市还相继制定了《福州市展会管理办法》《福州市展会发展专项资金管理办法》等专项措施，统一协调、部署各类会展活动，促进产业的健康发展。

未来福州市会展产业的发展，要继续坚持国际化、专业化、规范化、特色化、品牌化的目标，设计引进一批具有国际影响力的品牌展会，形成规模效益和品牌效益。要充分利用海峡国际会展中心的核心带动作用，完善策划创意、管理运营、布展设计、服务代理等环节，努力培育一批具有较强竞争力的会展领军企业。同时与各类品牌活动相结合，满足多方面的功能需求，策划创办不同规模、不同层次、不同形式的展览、展示、会议、活动，形成错位发展、特色鲜明的会展体系。不断提升海峡两岸经贸交易会、中国·福建项目成果交易会、福州海峡版权（创意）产业精品博览交易会、海峡两岸老字号暨福建名牌产品博览会、中国（福州）国际农产品贸易对接会、海峡青年节、海峡广告节、寿山文化节、海峡两岸民俗文化节等展览会议活动的组织水平，扩大其影响力和知名度。依托福州区域中心城市位势，设计培育海峡西岸地区高端文化会展品牌，形成与厦门文博会错位发展的产业格局，带动文化产业与地区经济的全面发展。

（四）创意设计集聚集群

创意设计集聚集群充分吸取福州本地文化特色，借鉴台湾创意生活品类开发，从工业设计、时尚设计、创意生活、建筑设计等不同领域出发，以市场为主导，鼓励创意、设计类企业成长，引导民间资本投资文化创意、设计服务领域，设立创意中心、设计中心。以福州（红坊）海峡创意产业园、春伦茉莉花茶文化创意产业园、福州工艺美术创意产业园、福州工业设计创意产业园、福州建筑创意设计产业园为载体，形成特色鲜明、差异互补的创意设计产业集群。

1. 加快工业设计与先进制造业融合

福州是中国船政文化的发祥地和近代海军的摇篮，也是中国近代造船工业的先驱，在大力发展船政旅游产业的同时，应继承船政文化在先进工业设计、科技创新领域的优良传统，结合马尾作为国家级经济技术开发区、保税区、台商投资区、高科技园区的功能资源，积极拓展马尾在先进船舶设计制造、材料工业设计领域的品牌知名度，提升福州在文化科技融合领域的创新型、外向型特色与实力。

近年来，福州在工业设计领域逐步形成独特的产业优势，培育了一批有实力的市场竞争主体，包括福州盛世天工工业产品设计有限公司、福州艾迪尔工业设计有限公司、福州考克三维工业设计有限公司等。未来，福州应充分利用这一优势，进一步加强工业设计与先进制造业的创新融合，加快工业造型设计中三维数字化设计、快速测量及反求技术、快速成型技术、快速制模技术、激光雕刻技术、首板加工技术等专业技术的研发，大力推广五轴联动加工中心、车削复合加工中心、SLA 快速成型机、彩色三维打印机及系列激光加工、数控加工等工业设计领域先进设备在文化产业发展中的应用。解决制造企业普遍关注的快速开发及快速制造问题，提高工业创意设计企业的快速产品开发和制造能力。

依托福州海峡工业设计创意园，建设造型辅助设计服务平台，围绕工业设计的产业化对接和市场开拓，加紧建设和提升造型设计辅助中心、培训中心、信息中心、展示与交易中心、专利技术服务中心、数码图文处理中心等一系列中介机构和平台，为工业创意设计企业降低开发与制造成本，加快产品的更新换代，加速创意文化产品与市场接轨，增强文化企业的综合竞争能力。

2. 利用时尚设计引领创意生活潮流

福建省近年来已发展成为我国重要的服装鞋履生产制造基地，形成了数十个国内知名品牌，拥有内资、外资企业数千家，截至 2012 年，仅福州市就有服装企业 600 多家，从业人数 12 万人，服装工业总产值 120 多亿元。

服装鞋履产业的迅速崛起，带动了时尚设计领域的快速发展。闽台（福州）文化产业园的建设，应当充分利用这一机遇，立足省会优势，推动"福州制造"向"福州设计"的跨越式发展，将海峡西岸精品制造与世界流行时尚有机融合，紧跟时尚规律，把握时代特征，打造福州时尚设计品牌，服务于海峡西岸时尚产业的同时，确立自身的市场地位。

同时，充分借鉴台湾创意生活品类开发经验，依托海峡创意产业园、春伦茉莉花茶文化创意产业园等园区建设，加强福州时尚设计领域与台湾创意生活产业的合作交流。通过高端人才或机构的引进、项目合作开发、两岸文创精品展等互动活动，积极培养青年设计师群体，将福州传统文化与现代生活紧密结合起来，设计开发具有福州特色的生活用品，将精致生活理念贯穿其中，引领百姓对美好事物的精神追求，不断提升人们的生活品质。

3. 探索建筑设计传承福州地域文化

福州在长期的历史发展过程中形成了独特的建筑艺术。其沿袭唐宋遗风的三坊七巷白墙瓦屋、曲线山墙，布局严谨、匠心独运，素有"江南明清建筑博物馆""城市里坊制度的活化石"之称，于 2009 年入选中国十大历史文化名街。福州的特色人居在世界范围内独树一帜，为本市建筑艺术的发展提供了优良的传统和基础。建筑设计是文化创意附加值较高的行业，涵盖建筑设计、景观设计、园林设计、室内设计等多个领域，是福州市有待进一步提升的新型产业。

福州市应着力从福州传统建筑风貌中汲取营养，结合现代、后现代的建筑设计理念，提升建筑设计的文化与科技含量。以福州建筑创意设计产业园的开发建设为契机，整合现有建筑设计企业和人才资源，创设福州建筑设计基地，放开建筑设计领域外资准入限制，进一步打造福州建筑设计的知名度和影响力。积极培育青年设计师群体，通过项目合作、互派人员交流等形式，推动两岸建筑设计领域的常态性、深层次交流。加大力度资助有潜力的建筑设计人才在国内外深造进修，举办各种形式的建筑设计沙龙、青年建筑设计论坛等活动，吸引两岸及海峡西岸地区优秀建筑设计团队加入，形成集聚效应，引领并创造更大的经济效益与社会效益。

第四章 重点任务

（一）产业集团培育工程

充分发挥福州文投集团作用。充分利用福州文化旅游投资集团的资本力量，运用金融杠杆发挥政府的引导作用，从促进产业集群健康可持续发展的战略需要出发，以资本为纽带，合理配置国有文化资源，适时引入台湾及其他地区战略投资者，采用投资入股、项目合作、管理输出等多种形式，着力推动重点文化产业项目建设、创业企业孵化扶持、重点企业做大做强，快速形成福州文化产业创新发展的新格局。

重点培育龙头企业。加大对福州市重点文化产业企业的培育力度，在政府专项资金和社会资本的支持下，以市场运作方式推动重点优势企业跨地区、跨行业经营，拓宽产业链条，提升核心竞争力；以深化文化体制改革为契机，鼓励非公资本进入文化产业领域，通过强强联合、多元融资、资产重组、产权交易等方式，推动企业做大做强；鼓励现有龙头企业如网龙网络、福昕电子、神画时代等参与国际竞争，提升企业的国际影响力，并以健全的文化市场体系保障企业的应得利益。

打造国有文化上市企业。加强省地联动，充分发挥在榕省级文化产业企业集团优势，联合福州本地资源，重点扶持报业集团、广电集团、出版发行集团、演艺集团等国有文化集团（企业），打造全国或区域性文化产业知名品牌；有效利用资本平台，加强国有文化创意产业投资资金对社会资本的引导作用，培育文化创意产业的战略投资者，鼓励文化企业上市融资，利用资本市场做大做强，引导各类投资资金加大向文化创意产业核心领域、新兴文化创意产业的投资力度。

（二）公共平台建设工程

中小企业孵化平台。打通文化产业各功能区块之间的地域和行业限制，为文化产业园区内中小企业提供孵化器支持，对孵化器内部的企业提供税收减免、资金扶持、融资担保等支持，以及员工培训、专家顾问指导等服务；加强对台湾青年在榕创业的支持和孵化力度，针对不同发展阶段的企业提供不同的帮扶措施，为处于预孵化阶段的企业（即未注册为法人公司的项目组）提供公共办公空间、会议室、办公设备和展示空间，为处于孵化期的企业提供一对一跟踪式服务，提供咨询、公关、法律、申报项目等一系列专业服务，对盈利企业提供股权投资和项目重组服务等。

公共技术服务平台。如针对动漫游戏产业的视频渲染服务平台，针对文化传播环节的海峡出版资源基础数据服务平台、云计算数据中心虚拟交换平台，针对文化表现效果需要的造型辅助设计服务平台、家庭影音云终端平台等；充分利用这些公共技术服务平台资源，为文化创意产业企业提供专业化、低成本、高质量的研发设备和环境，为企业的服务信息化和产品信息化提供有效的技术支撑，同时，形成企业之间资源共享、优势互补、创新合作的纽带和桥梁。

公共资源服务平台。发挥政府和行业协会的力量，搭建一批文化产业公共资源服务平台，定期发布福州文化产业发展报告，通报文化产业项目招标、工程进展与资金申报、评审动态，分析不同行业的产业发展状况与国内外产业信息等，为文化产业企业提供技术、管理咨询服务等；发挥海峡文化产权交易所的重要作用，为新闻出版物、广播影视作品、文化艺术产品及创意设计、网络文化、数字软件、动漫网络游戏的产品等各类文化产权、版权提供交易信息服务，为企事业单位的文化产权、股权交易及资产并购重组提供信息服务；借助福建海峡文化产业投资基金和福州市文化产业专项资金，采取股权投资方式，实行市场化运作，重点投资符合国家产业政策、具有良好成长性的企业和项目，推动文化企业跨地域、跨行业改制重组和并购，以及文化资源的整合与结构调整。

（三）城市品牌打造工程

历史文化特色街区。借鉴三坊七巷的保护开发模式，在政府统一规划及引导下，逐步展开对朱紫坊、上下杭等福州历史文化保护街区的修缮和开发，在保留当地民众生活机理的基础上，整理完善原有建筑特色及环境特点，形成福州市独有的文化名片；在实现观光旅游、历史遗迹展示功能的同时，适当引入茶馆、主题餐饮、创意门店等形式，并通过举办设计展览、创意集市等活动，使这些街区成为游客了解福州的窗口，同时也是福州本地居民进行文化消费的首选之地乃至日常生活的特色地带。

海峡西岸生态旅游之都。福州温泉资源丰富、分布广、开采历史悠久，具有储量大、水温高、水质纯净等特点，将福州的温泉资源与其文化特质结合起来，着力打造温泉文化旅游品牌；同时，大力实施文化旅游项目带动战略，结合福州依山面海的自然生态与三江六岸的水系资源，着力打造闽江游、内河游、生态游品牌，积极推动一大批大型文化旅游综合项目的开发建设。

设计推广城市形象。分析提炼福州的文化内涵与文化特质，并在此基础上设计福州的城市标识、城市吉祥物、城市精神等符号体系，通过现代传媒体系进行广泛的宣传推广；拍摄不同版本的福州形象宣传片，推介福州的历史文化、民间小吃、民俗活动和城市面貌，通过不同渠道的播出吸引各方关注；创办有影响力的品牌活动，以国际会议、大型赛事、高端论坛、国际展览等形式带动世界对福州的崭新认识；创作高水平的艺术作品，以电影、电视剧、实景演出等手段引领人们探寻福州，以传统工艺、现代艺术吸引人们消费福州。

（四）榕台交流深化工程

常态化两岸文创产业论坛。将"两岸文创汇"办为两岸文化创意产业交流互动的常设性高端品牌活动，下设两岸文创产业论坛、两岸文创精品展、两岸文创产业园区交流、两岸青年设计大赛等环节，并发布"海峡创意指数"、《海峡文化产业发展报告》等研究成果；邀请大陆、台湾和国际文化产业管理部门、学术研究机构和民间智库、业界专家、重点园区、企业、从业人员，以及法律界、金融界人士共同参与，增进两岸文化产业学界、业界的互动交流，扩大两岸在文化创意产业方面的合作与共识，实现两岸在文化产业政策方面的沟通与合作，共同推动产业管理方式的新转变，开创两岸文化交流的新局面。

举办两岸影视业交流活动。充分发挥闽台（福州）文化产业园的特色，在园区内举办多种形式的两岸交流活动。不定期举办海峡两岸影视制作研讨会、高峰论坛等活动，举办常态化的、具有影响力的海峡两岸影视制作大赛、海峡两岸微电影展播、两岸优秀影视作品展播等多种类型的比赛和活动，鼓励海峡两岸联合创作影视作品，集中展示、交流、传播影视制作业的最新成果，使福州成为海峡两岸影视制作业的交流中心。

设计"两岸创意生活节"。设计举办两岸创意生活节（表2），聚焦于与日常生活紧密联系的创意生活品类，邀请两岸知名文创企业和青年共同参与，内容涵盖音乐制作、平面设计、工业设计、摄影摄像、戏剧演艺等年轻人更加关注的领域，提供作品及创意展示、文艺演出、个人与企业签约等空间，邀请两岸著名演艺团体参与助阵，将节庆与比赛相结合，设立专业评委会，举办海峡两岸中华文化设计大赛、海峡两岸青年动漫大赛、创意产品设计大赛等，集中展示、交流、传播两岸文创青年的最新成果，并由国家级行业协会颁发认证证书。

表2　两岸创意生活节

活动名称	主要内容
两岸文创汇	两岸高端文化产业论坛、"海峡创意指数"和"海峡文化产业发展报告"发布
寿山文化节	寿山石精品展示、文化影像展、雕刻互动、精品拍卖、衍生品展卖、爱好者集市
创意设计周	台湾设计精品展、福州传统工艺精品展示、"设计融入生活"设计商品展售、两岸青年设计大赛
版权博览会	版权精品展览、版权论坛、版权服务推广及现场办公、版权交易大集
两岸影视高峰论坛	集中讨论两岸影视产业发展中共同关注的话题，展示、交流、传播影视制作业的最新成果
福州动漫展	动漫最新成果展示、周边衍生产品销售、电子竞技大赛、Cosplay大赛、海峡两岸青年动漫大赛、合作商贸协议签署

（五）文化科技融合工程

打造动漫游戏基地。进一步优化动漫产业扶持政策，不断提高以神画时代、育港动漫、华宏动画为代表的原创动画企业的原创能力和开发能力，带动中小企业协同发展，形成创意、制作、营销、输出、版权交易、衍生品开发的完整产业链和盈利模式；充分利用台湾动漫游戏业的技术人才优势，积极推动榕台合作交流，鼓励承接台湾动漫游戏的外包服务，开展动漫游戏的生产合作；依托完善的移动通信、互联网、院线平台，推动动漫游戏与网络软件、移动通信、影视相结合，大力发展网络游戏、手机游戏、3D/4D电影，丰富产品种类，提高产品的创意附加值；大力扶持题材新颖、市场前景好的原创精品，鼓励制作以海峡两岸文化为连接点题材的动漫游戏作品，特别鼓励与榕城传统文化相结合的特色作品，打造民族特色、国际化的动漫形象和品牌。

建设数字影音制作基地。利用数字技术开展互联网影视音频服务技术的研发，创新视频服务商业模式，丰富广播电视节目、影视剧、纪录片的创作生产，鼓励网络剧、微电影等视听内容创作模式；引进先进后期渲染设备，建设公共技术服务平台，提高基地视频、特效制作能力，在影视制作产业链的研发、创作、传播、衍生等环节上实现文化与科技融合的新突破，建成一批数字化和本土化的影视制作知名品牌；鼓励依据两岸文化为创作主题的影视作品，促进发展"长乐流行音乐演艺中心"，增加海滩音乐季、数字音乐周、动漫音乐开发、数字音乐网等具体实施项目。

推出跨媒体数字出版基地。依托国家级文化科技融合项目"基于云计算的跨媒体数字出版平台"，开展数字内容开发创作、多元发布、版权保护等共性关键技术的研发，建立开放的数字内容发行控制体系及以移动终端为载体的新型数字内容投送体系，实现出版发行业的转型、升级和换代；支持有条件的报刊出版单位建设报刊数字出版基地，努力提高出版发行产业龙头企业的知名度，加强政策引导，充分调动企业的积极性和创造性，培育一批善策划、会运作、服务优的具有国际竞争力的出版发行产业公司；吸收借鉴国际数字出版发行基地的先进经验，加强与台湾出版业的沟通交流，在高校培养数字出版发行的专门人才，并培训出版业内人士，尽快实现数字出版发行基地的人才配套。

（六）传统文化激活工程

加快特色文化产业基地建设。结合福州历史文化资源和独有的文化特质，推动寿山石文化城、软木画生产基地、脱胎漆器创意中心、木根雕展示交易中心等特色文化产业基地建设；通过大师精品创作展示、互动交流体验式传承、非物质文化遗产走进生活、福州文化走出去等多种形式，提高福州特色文化产品的国际认可度；打造传统工艺数字化平台，研发传统工艺美术产品防伪保真溯源追踪体系，设立传统工艺数字博物馆，通过计算机相关技术手段及网络应用，推进传统工艺与创新设计相融合；利用生产加工数字化、传播手段现代化、营销方式网络化等方法，借助虚拟现实、3D打印技术等新型数字化表现形式，大力推进福州传统工艺产业的现代化升级改造。

构建艺术品授权体系。利用传统工艺数字化平台，建设完善的艺术品知识产权授权体系，搭建艺术工作者、设计企业和制作厂商之间的合作平台，实现艺术品的二次开发及多方受益；通过广泛征集创意设计、多种形式产品呈现、培育知名授权品牌等方式，使福州传统工艺产品摆脱单一、同质的刻板印象；根据不同的授权方式，明确其管理部门、销售渠道、管理力度、产品的产权归属与标识，规范文化产品的共同开发路径。

第五章 先行先试

（一）创新合作

1. 产权交易合作

利用海峡文化产权交易所的平台，积极吸纳两岸文化产品进入该平台进行产权交易，推进产、学、研、用相结合，活跃知识产权交易，以文化物权、债权、股权、版权等各类文化产权为交易对象，依法开展政策咨询、信息发布、产权交易、项目推介、投资引导、项目融资、权益评估、并购策划等服务；加强创意、设计知识产权保护，为保护和鼓励创新、更好实现创意和设计成果价值营造良好环境；以产权交易带动文化产业领域的投融资服务、文化企业孵化、文化产业信息交流，推动福州成为两岸文化产权交易的首要市场和对接平台。

2. 园区深度互动

在国家政策法规允许的前提下，鼓励台商在特定区域内自主管理和运营台湾文化产业园，台商可在文化产业园区内设立管理机构、开发公司进行建设和管理，或与当地共同组建园区开发运营主体，共同投资、共同建设、共同受惠；同时，适时扶持福州有影响力的投资集团、文化企业赴台开设文化产业园区，在两岸服务贸易协议的框架内与台资企业开展多种形式的合作，推动福州文化产品进入台湾市场。

3. 产品通关便利

充分利用平潭优惠政策，简化对台小额文化产品贸易的通关手续，放宽台湾文化商品的免税范围，通过推行网上审批、扩大授权、快速审核等措施，最大限度地简化审批流程。积极推进两岸开展"监管互认、执法互助、信息互换"的海关合作，参考两岸经济合作协议的开放条款，推动两岸文化创意产业界的"经认证的经营者"（AEO）互认，加大两岸对文化创意产品的相互开放程度。

（二）政策突破

1. 准入政策

在闽台（福州）文化产业园内，探索对台商投资文化产业实行准入前国民待遇加负面清单管理模式，建设法制化营商环境。放宽台湾资本进入印刷出版业、广播电影电视业、文化艺术服务业、教育业等领域的准入条件和出资方式；允许台湾企业或个人以合资、独资的形式投资设立和经营广播电视节目制作公司，新建、改建和经营电影院，设立影视、动画制作公司，经营演出场所、拍卖企业、演出经纪机构、广告会展机构等。

2. 金融政策

完善相关扶持政策和金融服务，利用台湾彰化商业银行、合作金库商业银行、华南银行在福州设立分行的契机，开展人民币与新台币现汇双向兑换试点，允许闽台（福州）文化产业园区内的文化类企业与台湾地区企业在企业内部开展人民币借贷业务；支持金融机构通过知识产权质押、股权质押、供应链融资、出口信用保险融资等方式，拓展文化企业融资渠道；同时，针对文化产业企业以中小微企业为主、有形资本较少的特点，用好文化产业发展专项资金，为园区企业提供融资担保等服务；引导台资企业协会或台资企业联合组建互助型信用担保机制，支持符合条件的台资中小型文化企业申请专项授信。

3. 财税政策

积极推进"文化保税区"建设，在特定区域内实施优惠的保税、免税、退税政策；支持福州积极承接台湾及境外文化产业的离岸经济、外包业务，打造以数字内容产业和信息服务业为先导，以文化经贸代理、信息咨询、行业中介为特色服务的现代文化产业体系；对符合福州市文化产业发展定位的文化创意产品、服务和项目，采取贷款贴息、项目补贴、政府重点采购、后期赎买和后期奖励等方式，予以资助和扶持；建立福州市文化创意产业自主创新产品和服务认证制度，在获得认定的产品和服务范围内，确定政府采购目录。

（三）完善服务

1. 发挥协会功能

充分发挥福建省海峡文化创意产业协会的职能，引导建立福州市文化产业协会、各行业协会、在榕台资文化产业企业协会等行业组织，定期发布文化产业市场研究报告，分析市场走势；发挥各类协会的组织协调功能，与台湾文化创意协会、表演艺术联盟、画廊协会、视觉艺术协会、电影文化协会、中华数字文化创意发展协会、亚太文化创意产业协会等相关服务机构、行业组织加强交流，开展政策辅导、信息共享、咨询评估、教育培训、销路拓展等方面的合作，推动闽台两地文创企业、文化产品、从业人员的相互进入；实现两岸专业技术人员资质的互相认证，争取国家在人员福利等方面的优惠政策。

2. 完善配套服务

加快闽台（福州）文化产业园的产业集群建设，通过完善基础配套设施、优化园区环境、提高公共技术服务平台品质等方法，加强园区孵化器的管理和运行，为园区入驻企业尤其是青年创业群体提供良好的基础工作环境和技术支撑，解决企业的后顾之忧；优化企业入园、项目落地的审批流程，简化审批环节，加快审批速度，为入园企业提供"一站式"行政审批服务；放宽对台资企业的前置审批要求，符合条件的，试行"先照后证"承诺登记制。

（四）智力建设

1. 人才队伍培养

制订文化创意产业人才国际交流计划，每年甄选一批文化创意产业青年人才，由政府与业界共同资助其出国研修，以培养文化创意产业的新生领军人物；实施文化创意和设计服务人才扶持计划，支持学历教育与职业培训并举、创意设计与经营管理结合的人才培养新模式，让更多人才脱颖而出；联合两岸知名学术团体，不定期推出国际创意人才培训、文化产业高级管理人才研修等课程，聘请国内外顶级师资辅导，并与园区企业形成有效对接；允许和鼓励文化创意人才在企业、高校、科研院所之间双向兼职；开展非公领域文化创意人员职称评定制度改革，建立文化创意人员资格认证制度，打通文化创意人才的双向流动通道。

2. 高端人才引进

经认定的文化产业优秀人才进入闽台（福州）文化产业园进行创业，在工资、住房、医疗、子女上学等方面给予一定的优惠待遇和一定面积的经营场地租金减免，并可获得创业扶持资金的股权投资支持；支持文化企业实施股权、期权激励，设立股权激励代持专项资金，对符合股权激励条件的团队和个人给予股权认购、代持及股权取得阶段个人所得税代垫等资金支持；产业领军人才以其拥有的专利、专有技术等科研成果作价出资入股的，作价金额占注册资本的比例可不受限制；对认定的台湾文化产业专业人才，可适当延长台胞证的签发期限，在条件成熟时，可考虑签发长期居住证。

（五）区域联动

1. 差异发展

在闽台（福州）文化产业园的建设过程中，要加强与闽台（厦门）文化产业园之间的信息共享和产业协作，形成差异发展、互为支撑的产业格局，并共同关注海峡西岸经济区内的文化产业发展动态，实现产业园区的合作联动，共同打造海峡西岸文化特色品牌，形成跨地域、跨园区的两岸文化交流大格局，共同筑造两岸文化交流重要基地。

2. 借力平潭

充分考虑平潭的战略功能并借势于其所拥有的政策优势，有效利用财政部、国家税务总局、国家质检总局、国家工商总局和海关总署为平潭推出的各级各类优惠政策，在文化企业设立、文化产品交易、国际文化贸易等方面积极与平潭寻求合作，鼓励福州文化企业在平潭注册或与平潭当地企业合作，探索建立常态化、制度化的交流合作机制，形成两地双赢的联动效应。

3. 示范引领

闽台（福州）文化产业园区的发展不仅仅是两岸文化产业交流互动的桥梁，也应成为海峡西岸经济区乃至全国文化产业园区的典范；充分利用福州对接两岸、连通长三角与珠三角的地理优势，带动周边及邻省地区文化产业发展，形成合理的现代文化市场体系，并推动地区经济结构的转型升级和区域城市群的健康发展。

杭州（2017）

义乌（2017）

杭州（2017）

敦煌（2017）

江西靖安（2018）

江西靖安（2018）

北京通州（2017）

又一届毕业（2018）

上海调研（2017）

北京朝阳（2017）

宁夏文化厅（2014）

南昌湾里（2018）

北京通州规划（2017）

成都天府新区（2019）

策划解读（2018）

南昌湾里走访（2018）

宁波(2017)

南昌湾里（2018）

南昌湾里（2018）

熊澄宇 著

熊澄宇策划规划集

策划集 下

清华大学出版社
北京

版权所有，侵权必究。举报：010-62782989，beiqinquan@tup.tsinghua.edu.cn。

图书在版编目（CIP）数据

熊澄宇策划规划集/熊澄宇著．—北京：清华大学出版社，2022.7
ISBN 978-7-302-59499-4

Ⅰ.①熊⋯ Ⅱ.①熊⋯ Ⅲ.①文化产业－策划－案例－汇编－中国 Ⅳ.① G124

中国版本图书馆 CIP 数据核字 (2021) 第 231682 号

责任编辑：纪海虹
装帧设计：刘　派
责任校对：王荣静
责任印制：杨　艳

出版发行：清华大学出版社
　　　　网　　　址：http://www.tup.com.cn，http://www.wqbook.com
　　　　地　　　址：北京清华大学学研大厦 A 座　　　邮　　编：100084
　　　　社 总 机：010-83470000　　　　　　　　　　　邮　　购：010-62786544
　　　　投稿与读者服务：010-62776969，c-service@tup.tsinghua.edu.cn
　　　　质 量 反 馈：010-62772015，zhiliang@tup.tsinghua.edu.cn
印 装 者：三河市东方印刷有限公司
经　　销：全国新华书店
开　　本：185mm×260mm　　印　张：71.75　　插　页：18　　字　数：1644千字
版　　次：2022年9月第1版　　　　　　　印　次：2022年9月第1次印刷
定　　价：388.00元（全三册）

产品编号：088637-01

目 录

北京文化创意产业 2013 /397

北京文化创意产业 2013 英文版（Beijing Cultural and Creative Industry 2013） /409

北京市文化创意产业白皮书研究报告（2013） /425

北京市文化创意产业功能区综合评价指标体系 /555

关于完善我国文化产业顶层设计的思考 /583

南昌市扬子洲产业发展思路研究 /609

北京市通州区文化创意产业发展研究 /643

杭州市文化创意产业功能区建设思路研究 /727

北京文化创意产业2013[①]

[①] 2013年北京市文资办委托课题。主持：熊澄宇。参与：张铮、吕宇翔、董鸿英、孔少华。

一、发展现状

二、主要措施

三、发展思路

在北京市委、市政府文化发展战略的指导下，北京文化创意产业取得了长足发展，产业规模持续上升，产业结构进一步优化，龙头企业不断涌现，文化消费日趋活跃，国际竞争力稳步提高。北京不但成为全国文化产业发展的领先地区，而且已经成为国际上具有较强影响力的文化创意城市。

本报告旨在通过截至 2012 年年底的数据与事实，全面反映北京文化创意产业发展的基本情状，明确下一步发展的主要思路。

一、发展现状

1. 发展历程

1996 年，北京市组织召开首都文化发展战略研讨会，制定出台《关于加快北京市文化发展的若干意见》，正式提出北京发展文化产业的概念、思路和举措，在我国率先启动文化领域基于社会主义市场经济体制的改革创新。

"十五"期间，北京市出台一系列政策措施，积极推动文化体制改革，文化创意产业实现快速发展。2004 年，北京市制定《北京市文化产业发展规划（2004 年—2008 年）》。2005 年，在国务院批复同意的《北京城市总体规划（2004 年—2020 年）》中第一次明确提出"大力发展文化创意产业"。经过各方面的积极努力，北京形成了文艺演出、新闻出版、广播影视、文化会展、古玩艺术品交易等优势行业；2005 年全市文化创意产业实现增加值 700.4 亿元，占全市生产总值的 10.2%。

"十一五"期间，北京市进一步推动文化创意产业领域的体制机制创新，进一步将文化创意产业发展推向更高水平。2006 年 4 月，北京市文化创意产业领导小组成立，发布《北京市文化创意产业分类》；同年，制定出台《北京市促进文化创意产业发展的若干政策》，组织认定了第一批 11 个市级文化创意产业集聚区。"十一五"期间，北京市文化创意产业增加值年均增长 20.3%，2009 年完成了文化创意产业增加值占地区生产总值 12% 的目标，文化创意产业成为北京市重要的支柱产业。

进入"十二五"时期，北京市继续深化文化体制改革，构筑完善的政策体系。2011 年 12 月，北京市委发布《中共北京市委关于发挥文化中心作用加快建设中国特色社会主义先进文化之都的意见》（下称《意见》），提出扎实推进"文化科技双轮驱动"战略和九大文化工程（文化精品工程、文化惠民工程、历史文化名城保护和利用工程、文化创新工程、文化创意产业提升工程、文化科技融合工程、网络文明引导工程、文化名家领军工程、文化走出去工程），构建"1+X"政策体系（"1"即指上述《意见》，"X"是指围绕《意见》研究制定的相关配套政策），为北京市文化创意产业的繁荣发展确立了新的目标任务和发展思路。2011 年，北京市文化创意产业收入突破 9 000 亿元，实现增加值 1 938.6 亿元，占全市地区生产总值比重为 12.1%，为北京进一步转变经济发展方式作出了贡献。

2. 总体态势

2012年，北京市文化创意产业继续呈现平稳发展态势，全市文化创意产业总收入突破万亿元大关，产业增加值达到2 189.2亿元，占地区生产总值12.3%，是第三产业中仅次于金融业、批发和零售业的第三大支柱产业；增加值同比增长10.8%，增速虽有所回落，但依然高于地区生产总值增速0.8个百分点。2012年全市文化创意产业从业人员数量152.9万人，就业率达到13.8%，为北京稳定就业作出了重要贡献。

按照国家统计局2012年颁布的《文化及其相关产业分类（2012）》，2012年，北京市文化产业法人单位增加值为1 474.9亿元，比上年增长14.8%（按现价计算），高于同期地区生产总值现价增速4.8个百分点，占全市地区生产总值比重为8.2%，全市文化产业占地区生产总值比重在全国各省区市中居于首位。

2012年，北京市文化创意产业龙头企业作用明显，全市规模以上文化创意产业活动单位数为8 334个，收入达9 285.8亿元，从业人员为104.3万人；其中，非公有制及混合所有制企业单位数6 912个，收入达7 355.9亿元，从业人员83.4万人。2012年，北京市新增A股上市文化创意公司11家，北京地区已上市文化创意企业达到51家；截至2012年12月，北京地区已经在境外上市的文化创意企业15家，其中软件、网络及计算机服务业11家，广播、电视、电影业4家。在文化龙头企业的引领下，占企业总数90%以上的中小微企业发展活跃，多种所有制企业共同发展。

3. 重点行业

2006年，北京市发布《北京市文化创意产业分类标准》，其主要包括九大行业：一是文化艺术；二是新闻出版；三是广播电视电影；四是软件、网络及计算机服务；五是广告会展；六是艺术品交易；七是设计服务；八是旅游、休闲娱乐；九是其他辅助服务。2012年，在北京市文化创意产业的九大行业中，除了"其他辅助服务行业"之外，增加值均实现了稳步提升。

文化艺术业增速明显，转企改制步伐不断加快

2012年，北京市文化艺术业实现增加值76亿元，增长率为11.8%。其中演出票房收入共计15.3亿元，创历史新高。113家营业性演出场所共演出2 1716场，观众总人数达到1 100万人次。通过战略合作、连锁经营等方式，北京大力发展剧院院线及剧院联盟，已形成保利院线联盟、中国北方剧院联盟、国家大剧院联盟、中国儿童剧院联盟、中国木偶剧院联盟5个院线联盟。其中，北京保利剧院管理有限公司率先在全国实行"院线制"演出经营模式，用9年时间在全国打造了28家剧场院线。

北京的东城、西城首都功能核心区和朝阳、海淀、丰台、石景山等城市功能拓展区在文化艺术行业发展良好，特别是东城区提出的"文化戏剧之城"建设。目前，全区拥有剧场超过60座，年观看演出的观众人数近300万人次，演出场次占北京市总体的1/3。

广播影视业创造力全国领先，国际影响显著提升

2012 年，北京广播、电视、电影业实现增加值 154 亿元，增长率达 15.3%。其中电影票房达 16.1 亿元，居全国城市榜首；影院总数达 135 家，银幕总数达 726 块，人均银幕数居全国首位；全年共放映电影 119.9 万场，同比增长 23.2%；观众观影次数达 3 752.6 万人次，同比增长 17%。2012 年，北京市的各类电视剧制作企业共制作电视剧累计 76 部 2 585 集、电视动画片 19 部 583 集 8 030 分钟。作为国内最大的广播影视播出市场和制作中心，2012 年，北京拥有广播影视节目制作持证单位 1 579 家，占全国四分之一强。2012 年举办第二届北京国际电影节期间，有 54 个国家及地区的 260 部优秀影片在北京展映活动中与中外嘉宾和北京观众见面；200 多个国家和地区的 640 多家企业参加洽商活动，有 21 个项目签约，成交总额达 52.7 亿元，与首届北京国际电影节相比洽商交易额增长 88.7%。

目前，北京市广播影视业主要分布在怀柔、大兴等区。2012 年，怀柔影视产业实现营业收入 20 亿元，形成了集影视创意、拍摄、后期制作、影视教育、影视体验、旅游观光、休闲娱乐等功能为一体的国家中影数字制作基地，发展成为中国最大的影视拍摄和后期制作中心；大兴区国家新媒体产业基地也吸引了一批影视制作企业落户。

新闻出版业综合实力国内领先，新兴业态快速发展

2012 年，北京新闻出版业总收入 883 亿元，同比增长 16.9%，行业从业人员达 15.6 万人，同比增长 3.2%，资产总额达到 1 514.6 亿元，同比增长 20.2%，实力全国居首；出版的报纸、期刊和图书分别达 257 种、3 064 种和 18 万种。在文化与科技融合的大趋势下，网络出版、手机出版以及云出版等一批新兴出版业态呈现快速发展势头，手机订阅、电子书等用户消费群体不断增长，过去 5 年，全市数字出版业收入年均增速保持在 20% 左右，2012 年全市 74 家重点数字出版单位收入同比增长近 20%，北京市知名的电子图书运营公司包括中文在线、北大方正、书生公司、超星公司等，占据了全国电子书市场 90% 的份额。

新闻出版业的空间布局主要分布在朝阳、大兴、海淀、石景山等区。其中，朝阳区 2012 年传媒产业实现收入占全区文化创意产业总收入的 54.7%；石景山区形成了网络游戏、移动互联为主的数字出版产业格局，并建立了北京数字娱乐产业示范基地。另外，西城区的中国北京出版创意产业园不断完善整合出版业的上下游产业链条；通州区依托台湖出版物会展贸易中心进一步突出出版产业对地区发展的贡献；平谷区紧紧抓住音乐产业，统筹各种资源，努力打造"中国乐谷"。

艺术品交易业市场繁荣，交易平台百花齐放

2012 年，北京艺术品交易业总收入达 705.6 亿元，同比增长 43.4%；行业增加值达 59.2 亿元，占全市文化创意产业增加值的比重为 2.7%；行业从业人员从 2006 年的 1 万人快速增长到 2012 年的 2.8 万人，增长了 180%。目前，北京艺术品交易额居全国之首，并成为继英国伦敦、美国纽约、中国香港之后的第四大中国文物艺术品交易中心。目前，全市共有文物商店 64 家，主要集中在朝阳、东城、西城等区，其中朝阳区 47 家、东城区 8 家、西城区 7 家；共有拍卖企业120家，其中，朝阳区57家、东城区34家、西城区19家。全市文物艺术品交易平台呈现百花齐放的态势，为北京艺术品交易业的发展带来了勃勃生机。

广告会展业发展迅速，基础设施不断增强

2012年，北京广告会展业实现总收入1 256.8亿元，同比增长8.9%，占北京文化创意产业总收入的12.2%。其中，广告业年收入超过千亿元，居全球城市首位。2012年，北京广告会展业从业人员12.5万人，同比增长8.7%，占文化创意产业总体从业人数的8%，接待会议27.8万个，其中国际会议7 403个，接待国际会议人次达73.7万；举办展览1 059个，其中国际展览281个。

北京市会展场馆面积逐年增长，基础设施建设不断加强，主要集中在交通、物流、仓储便利的顺义区的国展产业园，以及拥有高水平会展场馆的朝阳和自然风光秀丽的昌平、怀柔等区。国家会议中心与北京国际会议中心、北京会议中心等单位成为北京接待大型、高端会议的重要场所；多层次的体育场馆、文化中心、公园或博物馆通过形式多样、颇具特色的会展活动，成为举办大型活动、文艺演出的理想场所。

设计服务业顶尖机构汇集，发展潜力巨大

2012年，北京设计服务业总收入达到443亿元，占整个北京文化创意产业总收入的4.3%，从业人员11.9万人。随着北京加入联合国教科文组织创意城市网络成为第12个全球"设计之都"，设计服务业已经成为北京文化创意产业中最具潜力的行业。目前，北京拥有中国建筑设计研究院、中国城市规划设计研究院等国内顶尖的建筑、规划设计机构，中央美院、清华大学美术学院等高端创作、设计人才培养基地，设计企业遍及建筑工程设计、工业设计、城市规划设计、室内装饰设计、平面设计、时尚设计等众多设计行业。2012年年末，中国设计交易市场正式在北京落成开业，成为汇集我国设计公司、院所、企业、个人原创公司等设计服务从业者的重要平台。

北京设计服务业主要分布在西城、顺义、海淀、石景山等区。其中，西城区拥有的DRC工业设计创意产业基地是集设计创意、设计服务、设计技术平台和设计交易于一体的特色鲜明的设计企业孵化基地；顺义区已初步形成汽车工业设计企业群、机电工业设计企业群、都市工业设计企业群、新型建材工业设计企业群、信息软件工业设计企业群等。

软件、网络及计算机服务业支柱地位明显，实力世界瞩目

2012年，北京软件、网络及计算机服务业增加值达1 042.2亿元，增长率为14.2%，总收入达到3 888.1亿元，比上年增长1 190.3亿元，从业人员达到69.8万人，一直保持强劲增长趋势和北京文化创意产业第一支柱的地位，增加值、就业人数、资产总量和总收入均居文化创意产业各行业之首，显示出旺盛的生命力。软件、网络和计算机服务业推动了北京市的国民经济和社会信息化建设，带动了传统产业改造升级，催生了一批高附加值、绿色低碳的新兴产业，为加快经济发展方式转变和产业结构调整，提高整个城市的国际竞争力作出了重要贡献。

北京软件网络业主要集中在海淀、朝阳、石景山、东城等科技企业集中的市内各区，其中海淀区2012年文化创意产业收入达到3 914亿元，在文化创意产业总收入中软件、网络及计算机服务业占比达到 2/3，中关村国家级自主创新示范区入选首批国家级文化和科技融合示范基地。

旅游休闲业快速增长，区域一体化辐射作用明显

2012 年，北京旅游休闲娱乐业的总收入达 849 亿元，增长率高达 20%，收入占整个文化创意产业总收入的 8.2%。2012 年北京旅游总人数达 2.3 亿人次，同比增长 8.1%，以"休闲"为目的的旅游已经成为北京市民新的生活方式，北京的旅游休闲业也随着人们生活观念、生活方式的变化而得以迅速发展，成为北京重要的支柱产业。2012 年年底，国家旅游局正式批复北京市作为首个省一级"全国旅游综合改革试点城市"，为北京旅游休闲业带来新的发展契机，一个逐步完善的区域一体化的首都旅游圈正在蓬勃发展。

旅游休闲业在北京各区县都有分布，主要依托东城、西城、海淀等区的历史文化旅游资源，以及房山、密云、延庆等区县的生态、休闲、长城文化等特色资源。

其他辅助行业服务能力不断提升

作为全国文化行业的引领者，北京其他辅助服务行业的规模占全国首位。2012 年，北京市其他辅助服务行业实现总收入 1 370 亿元，占北京市文化创意产业总收入的 13.3%，从业人员 16 万人，服务能力不断提升。

4. 社会影响

作为我国政治、文化和国际交往中心，北京市凭借丰富的文化创意资源，以及云集的国际团体与国际机构、众多的教育科研机构，为文化创意产业的发展提供了持续不断的智力资源与产业动力；同时，北京也是我国参与全球文化和文化产业竞争的基地与窗口，是中国对外文化交流的中心。

2012 年，北京出版图书种类占全国的 43.4%，图书总印数占全国的 28.4%，期刊总印数占全国的 31.1%，报纸总印数占全国的 18.6%，新闻出版业在国内处在绝对的主导地位。在演艺业方面，2012 年北京在艺术演出场次、观众人数、演出收入等方面也远高于国内其他省、区、市；2012 年，北京城市院线电影票房收入占全国总票房收入的 9.4%，在省级行政区划中排名第二，在全国城市中连续 6 年排名第一；在数字娱乐业方面，2012 年北京动漫游戏产业总产值达到 167.6 亿元，约占全国的 22%，排在全国第一位；影视动画生产总量为 34 492 分钟，约占全国总量的 7.1%；网络游戏规模以上企业总产值达到 156 亿元，占全国游戏总产值的 25.9%；2012 年北京地区计算机软件著作权登记量达 36 800 件，占全国总登记量的 28%。

当前，北京市文化创意产业持续发展，设施水平和产业实力接近世界发达城市。在与纽约、伦敦、巴黎和东京等世界城市的比较中，北京拥有博物馆 165 家，仅次于伦敦的 173 家；世界文化遗产数量 6 家，是世界上拥有世界文化遗产最多的城市；电影银幕数 726 块，仅次于巴黎；图书出版排名第二，仅次于纽约。

2012 年，一批北京文化企业继续加大走出去的步伐，成为中国文化企业走向世界市场的主体。文化企业将中国文化、北京精神传播到世界各地，不断提升北京的城市文化形象，塑造北京的城市品牌。2012年，北京组建成立北京文创国际集团，成为国内首家融大文化资源于一体的国际化高端平台；华韵尚德、四达时代、小马奔腾、完美世界、华江文化、万达集团等一批优秀的民营企业在海外文化市场表现抢眼；以北京出版集团为代表的国有文化企业也积极参与到国际竞争中。四达时代先后在非洲21个国家注册公司或成立公司，在其中11个国家开展数字电视运营，用户数量近400万人；完美世界已向世界100多个国家推出了10余款自主研发的游戏产品，并已成功将旗下游戏授权至亚洲、拉丁美洲、非洲等多个国家的主要游戏运营商，在中国内地之外的网游市场已经拥有4 700万用户，来自海外的运营收入和授权收入已经占至整体收入的25%～30%，连续5年位居中国网游企业海外营收第一。

2012年，北京着力打造高端国际品牌，北京国际电影节、北京文化创意产业博览会、北京国际设计周、中国艺术品产业博览会等平台交易取得丰硕成果，文化进出口贸易成绩突出。2012年，北京市文化贸易出口总额达到15.1亿美元。北京制作生产的电视节目在海外备受青睐，电视节目进出口总顺差额为3 097.8万元。2012年，北京市举办海外文化活动百余场，北京的文化品牌在海外引起强烈反响。

二、主要措施

1. 创新体制机制，构筑政策体系

2012年，北京市继续深化文化体制改革，促进产业结构调整，努力将首都的文化优势转化为现实文化生产力。2012年6月，按照管人、管事、管资产、管导向相结合的要求，在全国率先成立北京市国有文化资产监督管理办公室，统筹规划和实施文化改革发展相关工作，负责文化投资、资本运作、国有文化企事业单位资产管理及文化创意产业园区重大文化项目、重点文化工程的规划立项和组织实施。2012年7月，北京向中国评剧院、北京市河北梆子剧团、北京市曲剧团3家剧团分别注资5 000万元，推动转企改制。文化体制改革转企改制的领域从新闻出版扩展到文艺演出、设计业等多个行业，转企改制的目标转向加快建立现代企业制度、完善法人治理结构、引进战略投资者、创新决策运行机制和经营管理机制。

在构筑扶持文化创意产业发展的政策体系方面，2011年年末，北京市委十届十次全会审议通过了《中共北京市委关于发挥文化中心作用加快建设中国特色社会主义先进文化之都的意见》（下称《意见》），成为北京建设中国特色社会主义先进文化之都的"路线图"。围绕该《意见》，北京市积极承接国家上位政策，并调整和出台符合北京市文化创意产业发展的政策措施。以市委、市政府名义和市委办公厅、市委宣传部、市文化创意产业领导小组办公室、市发改委、市工业促进局、市财政局、市知识产权局、市文化局、市工商局等部门名义制定出台了数十项支持文化创意产业发展的政策，涉及财政、金融、税收、文化市场、人才、土地等多个方面，围绕《意见》的"1+X"政策体系逐步形成，构筑了推动文化创意产业发展的良好政策环境。

2. 文化科技融合，金融助力发展

2012年，北京把文化创新、科技创新"双轮驱动"作为发展的总体战略，积极推动"文化科技融合"。数字技术、新媒体技术、网络技术在新闻出版、广播电视等行业间渗透应用，文化创意产业中与新技术应用有关的领域快速发展。以中关村国家级自主创新示范区为依托，北京已经初步形成四大新兴文化创意产业群：数字内容产业群、智能终端产业群、信息媒体产业群及应用服务产业群，新兴文化业态欣欣向荣。文化科技资源富集的海淀区2012年认定了8个文化科技融合园区，集中扶持一批品牌文化科技企业，推动产、学、研结合，加大关键技术的攻关力度，促进科技成果的转化运用。

在金融支持文化产业发展的战略指导下，北京市努力搭建文化投融资平台，进一步扩大文化创意产业投融资规模，创新金融支持文化产业的手段与模式。2012年，全市完成文化创意产业投资256.3亿元，同比增长40.7%，占全社会投资比重为4.4%，比上年同期提高1个百分点；旅游休闲、软件网络、文化艺术三大领域投资增长迅猛，三大领域投资额合计占文化创意投资总额的88.1%；截至2012年12月末，北京市中资银行文化创意产业人民币贷款额为536亿元，同比增长20.6%；年内累计发放贷款535.6亿元，同比增长28.5%。

2012年，北京市国有文化资产监督管理办公室与国家开发银行北京分行等12家银行签订了文化金融创新发展合作协议，每年为首都文化创意产业发展提供1 200亿元授信额度。市文资办面向社会进行公开征集项目，通过9亿元的政府投入带动社会资本160多亿元，并最终通过项目补贴、贷款贴息、资金奖励等办法，支持了330个公开征集项目，在社会上引起了良好反响。为降低文化创意产业中小企业的融资门槛，石景山区率先组织发行了"石景山区文化创意企业集合票据"和"石景山区中小企业集合信托"。

3. 重大项目带动，龙头企业引领

在北京市"十二五"规划中提出文化创意产业以演出、新闻出版、广播影视、动漫游戏、数字内容等产业为重点，实施重大文化创意产业项目带动战略。2012年，北京市各区县投资总额超过1亿元以上的文化创意产业重点投资项目达172个，投资总额约5 596亿元。

2012年，北京国家音乐产业基地正式挂牌，成为我国三大国家级音乐产业基地之一；部市合作重点项目北京国家广告产业园区正式开园；国家对外文化贸易基地获得海关支持，开始进入快速建设时期；同时，北京各区县重点推进中影数字电影制作基地、北京国家音乐文化产业基地、国家时尚创意中心、中国北京出版创意产业园、北京CBD国际传媒产业走廊、首都核心演艺区等重大文化创意产业项目建设。

2012年，保利文化集团股份有限公司、北京演艺集团有限责任公司、完美世界（北京）网络技术有限公司3家企业位列第四届全国"文化企业30强"名单；另有中国出版集团公司、中国对外文化集团公司、中国国际电视总公司、中国电影集团公司等入围企业总部设在北京。北京演艺集团作为北京市属国有文化企业，旗下共有15家企事业单位，拥有众多舞台艺术精品。2012年，万达文化产业集团在北京注册，成为中国最大的文化企业，并已进入电影院线、影视制作、舞台演艺、电影科技娱乐、主题公园、艺术品收藏、文化旅游等多个行业；此外，总部设在北京的光线传媒是目前中国最大的民营传媒娱乐集团，该公司2012年实现营业收入10.3亿元，比上年同期增长48.1%。

4. 发挥园区优势，促进产业集聚

目前，北京共有30个市级文化创意产业集聚区。各集聚区收入规模以及增长速度表现良好，专业化趋势越来越明显，国内外影响力持续提高。

30个集聚区分布在北京16个区县：朝阳区8个，海淀区3个，东城区、西城区、丰台区、石景山区、通州区各2个，其余区县各1个。其中，北京798艺术区已成为展示中国当代艺术发展的形象窗口，北京奥林匹克公园在2008年北京奥运会之后成为北京的新地标。北京CBD国际传媒产业集聚区2012年收入达1 400亿元，成为全国首个年产值超1 000亿元的文化传媒产业园区，2012年该区又吸引了中联百花影视投资有限公司、中服文化传媒有限公司等100余家龙头传媒企业落户，已聚集了5 700多家文化创意产业企业。

按照土地集约、产业集聚、功能集中的原则，以文化创意产业集聚区为重要载体，以重点企业和重大项目为引领，以政策体系和服务平台为保障，北京市计划将30个市级文创产业集聚区整合成20个文化创意产业功能区，进一步加大针对功能区的政策扶持，促进文化资源的优化重组，推动产业要素的科学配置，完善产业链、供应链和服务链，优化调整全市文化创意产业总体布局。

三、发展思路

1. 完善文化管理体制

紧紧围绕"发挥文化中心作用 加快建设中国特色社会主义先进文化之都"的战略目标，全面深化北京文化管理体制改革。正确处理文化管理中政府与市场的关系，健全党委和政府监管国有文化资产的管理体制，探索完善管人、管事、管资产、管导向相统一的机制，研究制订文化企业国有资产监督管理办法，建立健全综合效益考核体系，确保国有文化资产保值增值；充分发挥市文资办在国有文化资产监督管理中的作用，促进多种所有制文化企业共同成长，完善文化创意产业公共服务平台建设，努力推动北京文化创意产业的大发展和大繁荣。

用好文化创意产业投资基金，引导具有前瞻性、服务于产业发展总体战略的重大文化项目落地北京，发挥重大项目的支撑作用。发挥文化资本桥梁的重要作用，吸引民营资本投资文化创意产业。

建好市区两级政策平台，系统梳理和修订文化创意产业政策，促进政策发布、咨询、落地有机衔接。搭建文化企业、科研机构、高校之间的协同创新平台，打通产、学、研创新链条，

探索有效的文化科技融合模式。继续办好北京文化创意产业投融资项目推介会,进一步丰富投融资方式,加强文化与金融深入融合。继续完善文化创意产业投融资服务平台建设,推动文化创意企业数据库建设和文化创意企业投融资电子服务网络建设,完善文化创意产业信息公共服务平台,以信息的流动推动各生产要素的快速结合。

2. 健全文化市场体系

发挥文化市场的重要作用,使市场在文化资源配置中起决定作用,依据市场规则、市场价格、市场竞争等方式实现资源配置效益最大化和效率最优化。明确政府在文化资源配置中的作用,加强政府的宏观管理职能,推动政府部门由办文化向管文化转变;加强政策引导,推动文化市场平稳发展、加强文化市场监督,在推动市场作用的同时,发挥政府在弥补市场失灵上的重要作用;完善文化市场准入与退出机制,鼓励各类市场主体公平竞争,优胜劣汰;允许非公文化企业参与对外出版、网络出版,允许以控股形式参与国有影视制作机构、文艺院团改制经营。

营造公平、公开、公正的市场环境,保证文化创意市场的健康发展;加强知识产权保护,保证文化创意市场的创新活力;继续推动国有经营性文化单位转企改制,提高国有资本运行效率,释放中小文化企业的创新活力与增长潜力。

清除市场壁垒,提高文化资源的配置效率和公平性,保证文化企业的自主经营、消费者的自由选择、文化产品和要素的自由流动与平等交换;推进信息公开制度,提升文化市场规则的透明度,进一步强化依法治理文化市场环境;实行统一监管,反对地方保护和不正当竞争,在对文化经营者违法、违规的处罚上一视同仁。

提升知识产权认识,针对普通大众深入宣传知识产权保护的法律知识,针对政府、企业开展知识产权法律知识的宣传培训,提高全市的知识产权保护水平。加强知识产权保护力度,形成长效机制,推进全市知识产权体系的完善,大力实施"正版工程""远航工程""护航工程""科技维权工程";加大资金投入力度,建立和完善出版基金、版权交易平台等,引导社会资本投入,打造原创精品工程。贯彻《视听表演北京条约》,打造世界表演者集聚的舞台,广泛吸纳全世界的表演人才会集北京,促进北京文化市场的大繁荣。

3. 增强产业竞争能力

培育国有龙头企业。推进转企改制与兼并重组,进军新兴行业,培养一批大而强、大而优、有核心竞争力的文化企业,确保国有文化资本在涉及国家安全和文化民生的重点领域、关键环节发挥控制力、影响力和带动力。

壮大优势行业。研究编制文化创意产业指导目录,重点支持文艺演出、新闻出版、广播影视、文物艺术品交易、新媒体等优势行业;发展要素市场,搭建综合性文化产权交易平台,建设好国家对外文化贸易基地。

进一步推动各级文化投资集团发挥首都文化投融资平台及重大文化项目实施运作主体的作

用，推动文化企业跨地区、跨行业、跨所有制兼并重组，提高文化创意产业规模化、集约化、专业化水平；发挥中介机构、行业组织的作用，降低社会资本进入门槛，支持各种形式小微文化企业发展。

以北京惠民文化消费季为平台，通过发放北京文化惠民卡，为文化企业提供更好的市场舞台，吸引更多的企业与市民参与到惠民文化消费季，拉动文化消费，研究出台一系列促进文化消费的政策，进一步完善服务措施，将惠民文化消费季打造成知名品牌。

4. 提高文化开放水平

坚持"政府主导、企业主体、市场运作、社会参与"的原则，不断提高北京文化开放水平。发挥政府作用，推动全球文化战略；培育企业主体，开拓全球文化市场；吸引社会力量，推出标志性文化交流项目。

制订全球文化传播战略，加强政策引导和扶持，加大文化产品海外推广营销体系建设，主动培育国际市场；搭建多元文化载体和平台，积极吸收、借鉴国外优秀文化成果，引进有利于我国文化发展的人才、技术、经营管理经验，提升文化创新能力；吸引国际一流文化项目，让国际更多的艺术节、颁奖典礼等落户北京。

充分发挥北京全国文化中心优势，统筹国内、国际文化资源，大力开拓国际市场，输出优秀的中华文化产品和品牌，搭建全球文化产业投融资高端平台，融资金、资源、人才、创意为一体，增强中华文化的全球影响力；打造一批具有一定国际影响的文化出口企业，为文化企业和文化产品"走出去"积极开拓渠道，鼓励文化企业通过多种形式在境外兴办文化实体或设立分支机构，实现北京文化企业在境外的落地经营；继续推动北京"老字号"创新，依托"老字号"传统文化载体，打造中华文化创意优势品牌。

全力打造一批标志性文化交流项目，向世界展示首都文化魅力。进一步扩大北京国际电影节影响力，打造东方影视之都，继续办好北京新年音乐会、北京国际音乐节、北京国际戏剧·舞蹈演出季等品牌文化活动，打造东方演艺之都；鼓励社会组织、中资机构等承担人文交流项目，带动对外文化交流蓬勃发展。

北京市文化创意产业的发展，将在新的历史起点上全面深化改革，加大开放水平，激发文化创造活力，增强首都文化的特色与吸引力，提高文化生产力与辐射力，为首都发展发挥更大的作用。

北京文化创意产业 2013 英文版
Beijing Cultural and Creative Industry 2013[①]

[①] 2013年北京市文资办委托课题。主持：熊澄宇。参与：张铮、吕宇翔、董鸿英、孔少华。

I. Current Situation
A. Development History
B. Overall Trend
C. Major Sectors
D. Social Impact

II. Main Measures
A. Innovate Institutional Function and Establish Policy-making Process
B. Finance the Development and Integrate Culture and Technology
C. Major Projects Drive and Forefront Enterprises Lead
D. Take Advantage of Industry Parks and Promote Industrial Agglomeration

III. Development Strategies
A. Improving the Cultural Administrative System
B. Construct a Sound Cultural Market Structure
C. Increase Industrial Competitive Capacity
D. Increase the Level of Cultural Opening-up

Under the guidance of the CPCCC of Beijing and the People's Government of Beijing Municipality with their strategies for cultural development, Beijing's cultural and creative industries (hereafter known as CCI) have made tremendous progress. With continuous growth, the structure of the industry has further optimized to have higher consumption and international competitiveness induced by the emergence of leading enterprises. Beijing has not only become a leader in China's CCI, but also a strong influence in the international community as a cultural and creative city.

The purpose of this report is to reflect the basic situation of the overall industry of Beijing and determine the direction for further development, using facts and data as of the end of 2012.

I. Current Situation

A. Development History

In 1996, a symposium on the cultural development strategy of the capital was held by the Beijing Municipal Organization. The talks formulated "Several Suggestions Accelerating the Development of Beijing's Culture," formally proposing the concept, outlook, and initiatives in developing Beijing's CCI, becoming the first in China to reform and innovate the cultural industry in a socialist-market economic system.

During the "10th Five-Year Plan," Beijing introduced a series of policies and measures to actively reform the associated systems, achieving rapid development in CCI. In 2004, Beijing enacted the "Beijing Cultural Industry Development Plan (2004-2008)." Then in 2005, the State Council approved the "Beijing Municipality Master Plan(2004-2020)" clearly urging "to develop the cultural and creative industries" for the first time.

Through progressive efforts in all aspects, Beijing obtained an advantage in the sectors of artistic performances, press, publishing, radio, film, television, cultural exhibitions, and antique exchanges. In the same year, the city's CCI added a value of 70.04 billion Yuan, accounting for 10.2% of the city's GDP.

During the "11th Five Year Plan," Beijing further promoted the innovation of related systems and mechanisms to push CCI to a higher level. Established in April 2006, the Beijing Cultural and Creative Industry Leaders published the "Classification of Beijing Cultural and Creative Industry" as guidance. In that same year, the city also formulated "Multiple Strategies in Promoting the Development of Cultural and Creative Industries," and the organization identified the first batch of 11 municipal CCI zones. During this period of time, Beijing's CCI grew 20.3% annually and constituted for 12% of GDP in 2009, becoming an important pillar industry for the city.

Now, in the "12th Five Year Plan," Beijing continues to further its reform, and restructure its administrative culture and policy system. In December 2011, the Beijing Municipal Committee released the "Suggestions on Utilizing Culture as a Central Role in Accelerating the Construction of an Advanced Cultural City with Chinese Socialistic Characteristics," proposing solid progress in the "Concurrent Development of Culture and Technology" strategy and the nine Cultural Projects (Cultural Boutique Project, Benefitting-People Cultural Project, Protection of Historical and Cultural City Project, Cultural Innovation Project, Cultural and Creative Industry Development Project, Culture and Technology Integration Project, Refined Network Guide Project, Cultural Leaders Project, and Culture Propagation Project) to build a "1 + X" system ("1" refers to the "Suggestions," while "X" is the supporting policies related and formulated surrounding the "Suggestions"), so to establish the objectives, tasks, and new ideas for developing prosperous growth in Beijing's CCI. In 2011, the industry earned more than 900 billion Yuan, added 193.86 billion Yuan in value, and constituted 12.1% of the city's GDP, greatly contributing to the transformation of economic growth of Beijing.

B. Overall Trend

In 2012, Beijing's CCI continued to show steady growth with the industry's total revenue exceeding 1 trillion Yuan, adding an industrial value of 218.92 billion Yuan, accounting for 12.3% of the GDP, behind the financial industry and wholesale and retail industry, and becoming the third pillar industry of the city. The value-added grew by 10.8%, even though the rate dropped slightly, it was still higher than the GDP growth rate by 0.8 percentage points. In addition in 2012, the industry employed 1.529 million people, adding 13.8% to the employment rate, a major stabilizing factor of Beijing's job market.

According to "Cultural and Related Industries Classification (2012)" published by National Bureau of Statistics, the industry's value-added of corporate units increased to 147.49 billion Yuan, up by 14.8% over the previous year, and 4.8 percentage points higher than the GDP growth rate at current price in the same period. It constituted 8.2% of the city's GDP, the highest of its kind compared to any other region of China.

In 2012, the enterprises in Beijing played an obvious leading role in the industry among the nation, with a total of 8,334 municipal-level operating units, reaching 928.58 billion Yuan in revenue and employing 1.043 million people, of which 6912 are non-public and mixed ownership enterprises with a revenue of 735.59 billion Yuan and employment of 834000 people. In addition, 11 cultural and creative firms of Beijing became listed on A-shares in 2012, increasing the total listed Beijing firms to 51. As of December 2012, 15 of those companies are listed overseas as well, including 11 software and networking enterprises, and four radio, television, and film companies. Under the guidance of these top enterprises, the medium, small, and micro- enterprises, which account for 90% of the total number of firms, develop robustly and concurrently with enterprises of various ownerships.

C. Major Sectors

In 2006, Beijing issued the "Beijing Cultural and Creative Industry Classification Standard," which included nine sectors: the arts; press and publications; radio, television, and film; software, network, and computer services; advertisement and exhibitions; art trade; design services; tourism, leisure, and entertainment; and auxiliary services. In 2012, these sectors continue to increase steadily in value except for the "auxiliary services."

Significant Culture and Arts Sector Growth with Accelerated Pace in Reforming Enterprises

In 2012, Beijing's culture and arts sector added 7.6 billion Yuan in value, a growth rate of 11.8%. Theater box offices grossed a record total of 1.53 billion Yuan with 113 performance venues holding 21,716 performances, drawing in around 11 million guests. Through strategic partnerships, franchises, etc., cinemas and theaters in Beijing developed into 5 main alliances, which are the Beijing Poly Theatre, Northern China Theaters, National Centre for the Performing Arts, China National Theatre for Children, and China Puppet Theatre Alliance. Among them, the Beijing Poly Theatre Management Co., Ltd. was at the forefront in implementing a "theater" performance business model, building 28 theaters around the country in nine years.

Dongcheng and Xicheng core capital districts of Beijing, and Chaoyang, Haidian, Fengtai, and Shijingshan expanding urban districts have had excellent arts and culture sector development, especially the proposed construction of the "Cultural Theatre City" in Dongcheng District. This district currently has more than 60 theaters with an annual attendance of 3 million people in nearly 300 performances, accounting for a third of the overall performances in Beijing.

Radio, TV, and Film Sector is the Most Creative in China with Increasing International Influence

In 2012, Beijing's radio, TV, and film sector added a 15.4 billion Yuan increase in value with a growth rate of 15.3%. Movie box offices made 1.61 billion Yuan, ranking number one in screens per capita among the nation with a total of 726 screens in 135 cinemas. There are 1.199 million film screenings annually, an increase of 23.2% in year-on-year growth, having 37.526 million viewers, an increase of 17%. In addition, various television production companies in Beijing filmed 2,585 episode productions in 76 TV series, and 583 episodes in 19 cartoon series, totaling 8,030 minutes. As the nation's largest broadcasting market and production center, accounting for a quarter of the nation's total, Beijing has 1,579 licensed radio and television program production companies. During the second Beijing International Film Festival, 260 of the top films from 54 countries and regions were screened to Chinese and foreign guests. Furthermore, over 640 companies from more than 200 countries and regions engaged in negotiations, signing 21 business contracts with a transaction amount of 5.27 billion Yuan, an 88.7% increase in trading volume compared to the first session of the film festival.

Currently, Beijing radio and television owners are mainly located in Huairou and Daxing Districts. The Huairou film industry earned 2 billion Yuan in operating income in 2012, forming an all-inclusive digital production base with film creativity, filming, post-production, film education, film and television experience, tourism, entertainment, and other functions, becoming China's largest film shooting and post-production center. The National New Media Base of Daxing District has also attracted a number of film and television production companies.

The Press and Publication Sector, a Leading Force with Rapid Development of the New Emerging Segments

In 2012, Beijing's press and publication sector earned 88.3 billion Yuan in total revenue, a year-on-year growth increase of 16.9%, employing 156,000 people, a year-on-year growth of 3.2% with 151.46 billion Yuan in total assets, an increase of 20.2%, ranking first in the nation. A total of 257 different newspapers, 3,064 periodicals, and 180,000 books were published. As culture and technology merges, web publishing, mobile publishing, and cloud publishing are developed at a rapid pace with mobile phone subscriptions, e-books, and other consumer groups continuously growing. Over the past five years, the annual average revenue growth rate of digital publishing remained around 20% over the past five years, and in 2012 the revenue of 74 major digital publishing companies of Beijing grew nearly 20%. Well-known e-book libraries of Beijing include ChineseAll.com, Founder Group, Beijing Sursen Company, and Chaoxing Company, accounting for 90% of the nation's e-book market share.

The spatial layout of the press and publishing sector are mainly located in Chaoyang, Daxing, Haidian, and Shijingshan. In 2012, the media industry of Chaoyang District accounted for 54.7% of total revenue of the district's CCI, while Shijingshan District formed an internet game and mobile-based digital publishing industry cluster, and established a Digital Entertainment Industry Demonstration Base. The China Beijing Publishing Creative Industry Park of Xicheng District constantly improves the link between upstream and downstream industries. Tongzhou District relies on the Taihu Publication Exhibition Trade Center to further highlight the contribution of the industry to regional development. While in Pinggu District, it firmly holds on to the music industry, arranging for various resources to create "China's Music Valley."

Boom in Art Trade Sector with Flourishing Exchange Platforms

In 2012, Beijing's art trade sector reached 70.56 billion Yuan in total revenue, an increase of 43.4%, with a value-added amount of 5.92 billion Yuan, accounting for 2.7% of the city's CCI GDP. With only 10,000 in the workforce for 2006, the number grew to 28,000 in 2012, an increase of 180%. Currently, Beijing's art trade transaction amount ranks first in China, also becoming the fourth largest Chinese Cultural Relic Exchange Center after London, New York, and Hong Kong. At this time, there are 64 antique shops around Beijing with 47 in Chaoyang, eight in Dongcheng, and six in Xicheng, and 120 auction enterprises with 57 in Chaoyang, 34 in Dongcheng, and 19 in Xicheng District. The art exchange platform is in a flourishing trend, bringing vibrancy to the industry.

Advertising Exhibition Sector Develops Rapidly and Infrastructure Continues to Strengthen

In 2012, Beijing's advertising exhibition sector earned 125.68 billion Yuan in total revenue, an increase of 8.9%, accounting for 12.2% of total revenue of the city's CCI. Advertising revenue was over 100 billion Yuan, first in the world. In addition, 125,000 were employed in the field, an increase of 8.7%, accounting for 8% of the total number of employees in CCI. They catered to 278,000 conferences, of which 7,403 were international conferences that welcomed 737,000 people in 2012. 1,059 exhibitions were held, of which 281 were international.

The area of Beijing exhibition venues grow yearly with improvements in the facilities as well. The main location is at the China International Exhibition Center Industry Park of Shunyi District because of its convenient transportation, logistics, and storage, but also in high-quality venues in Chaoyang District and beautiful natural settings of Changping and Huairou District. The National Convention Center, Beijing International Convention Center, Beijing Conference Center, and others have become important venues where large events and high-end meetings are held. Multi-level stadiums, cultural centers, parks, or museums have become an ideal place to hold large events and theatrical performances because of the multi-purpose design with their own distinctive features.

Bringing Together Top Design Services Organizations to Create Great Development Potential

In 2012, Beijing's design services sector brought in 44.3 billion Yuan in total revenue, accounting for 4.3% of the city's CCI in total revenue and employing 119,000 people. With Beijing joining the UNESCO Creative Cities Network, the city became the twelfth "City of Design." The industry has become one of the most promising fields for Beijing's CCI. Currently, Beijing has the China Architecture Design & Research Group, China Academy of Urban Planning and Design, and other top architecture, planning and design agencies. The city also has the Central Academy of Fine Arts, Tsinghua University Academy of Arts & Design, and other designer training bases for cutting-edge creations, firm design, construction design, industrial design, urban planning design, interior design, graphic design, fashion design, and others. At the end of 2012, the Chinese design market officially launched in Beijing, pooling design companies, institutions, enterprises, entrepreneurs, and others to form an important platform.

Beijing design services are mainly located in Xicheng, Shunyi, Haidian, and Shijingshan District. Xicheng District has the DRC industrial design and creative industry base, a place that gathers design creativity, services, technological platforms, and exchanges into one distinctive base. Shunyi District began an auto industrial design group, electrical and mechanical industrial design group, urban industrial design group, new building materials industrial design group, and information software industrial design group.

Clear Pillar Position for the Software, Network, and Computer Services Sector, Grabbing the World's Attention

In 2012, Beijing's software, network, and computer services sector added 104.22 billion Yuan in value, a growth rate of 14.2%, reaching 388.81 billion Yuan in total revenue, an increase of 119.03 billion Yuan over the previous year, and employing 698,000 people. Having maintained a strong growth trend and served as the most important pillar for Beijing's CCI, value added, employment, total assets, and total revenue ranked first for the city's CCI. This sector made important contributions in promoting economic and social informatization in Beijing, triggering the evolution of traditional industries and spawning new, green industries with high value in order to accelerate the transformation of economic development and structural adjustments to the sectors, so to improve international competitiveness of the entire city.

Beijing's software and network industries are mostly located in Haidian, Chaoyang, Shijingshan, and Dongcheng Districts. For Haidian District in 2012, the CCI revenue reached 391.4 billion Yuan in 2012 and two thirds came from the software, network, and computer services sector. The Zhongguancun National Innovation Demonstration Zone was selected as one of the first national culture-technology integration demonstration bases.

Rapid Growth of Tourism and Leisure Sector Triggering Significant Effect on Regional Integration

In 2012, Beijing's tourism and leisure sector earned 84.9 billion Yuan in total revenue, a growth rate of 20%, accounting for 8.2% of the total revenue of the city's CCI. Beijing had 231 million travelers in 2012, an increase of 8.1%. With "leisure" travel becoming a new way of life for Beijing residents, this sector grows rapidly here as the concept of travel changes, turning into an important pillar industry for the city. By the end of 2012, the National Tourism Administration officially approved Beijing as the first provincial-level "National Comprehensive Tourism Reform Pilot City," bringing in opportunity for "leisure" travel in Beijing and gradually integrating the regions surrounding the city to form a tourism circle.

Tourism and leisure sector is distributed throughout Beijing, mainly relying on the historical and cultural tourist destinations of Dongcheng, Xicheng, and Haidian Districts, as well as the ecological, recreational, cultural, and other characteristics of Fangshan, Miyun, and Yanqing Counties and the Great Wall.

Auxiliary Services Sector Continually Improves

As a national CCI leader, the scale of Beijing's auxiliary services sector tops the country. In 2012, this sector earned 137 billion Yuan in total revenue, accounting for 13.3% of total revenue in the city's

CCI with 160,000 people employed in the field, and a continually improving service capacity.

D. Social Impact

As China's political, cultural, and international exchange center, Beijing congregates a wealth of cultural and creative resources, international groups and organizations, and many educational research institutions to provide constant intellectual resources and industrial support for the development of CCI. Furthermore, Beijing is China's center for culture and communication, being the base and window for the country to participate in the global culture industries and compete with foreign enterprises.

In 2012, Beijing's published books, periodicals, and newspapers accounted for 43.4% of China's total, while printed books constituted 28.4%, printed periodicals accounted for 31.3%, and printed newspaper totaled 18.6%. Beijing's news publishing industry is the clear number one of the country. For the entertainment industry, Beijing's art performances, attendance, and performance revenue were far higher than any other province or city of China in 2012, while, Beijing's movie box office earned 9.4% of China's total revenue, ranking second at provincial-level, but first in cities in China for six consecutive years. In the digital entertainment industry, the animation and game industry of Beijing in 2012 reached a value of 16.76 billion Yuan, accounting for 22% of the nation and ranking first as well. A total of 34,492 minutes were produced, accounting for 7.1% of the national total, while online game enterprises' gross output reached 15.6 billion Yuan, accounting for 25.9% of the nation's total. In addition, in 2012, 36,800 copyright registrations were filed in Beijing, accounting for 28% of the total registered amount.

Currently, the sustainable development, facility quality, and industrial strength of Beijing's CCI are as good as the world's most developed cities. Compared with New York, London, Paris, Tokyo and other cities, Beijing has 165 museums, second only to the 173 of London, six world heritage sites, the most in the world, 726 movie screens, second only after Paris, and second only to New York in book publishing.

In 2012, a group of Beijing's cultural enterprises continue to up their effort to internationalize themselves and enter the global markets. These cultural enterprises have been spreading the Chinese culture and Beijing spirit around the world, continually improving and shaping Beijing's cultural image and branding. In addition, the city established the Beijing International Creative Industry Corporation, who is China's first international high-end platform in integrating all cultural resources. Huayunshangde, StarTimes, Beijing Galloping Horse Media, Perfect World, Honav, Wanda Group, and a number of outstanding private enterprises performed well in overseas markets. State-owned Cultural Enterprises represented by the Beijing Publishing Group was also actively participating in international competition. StarTimes has registered or set up companies in 21 African countries, in which 11 countries are digital TV operators with more than 4 million subscribers. Perfect World has launched 10 independently-developed gaming products in more than 100 countries around the world, and has received gaming authorization for Asia, Latin America, Africa, and many countries as the main game service operator. They have 47 million users outside of Mainland China, contributing 25%-30% of the total revenue from overseas operation and licensing fees, the top overseas revenue of Chinese online game companies for five consecutive years.

Resorting to create high-end international brands, the Beijing International Film Festival, the Beijing CCI Expo, Beijing International Design Week, Chinese Arts Industry Exhibition, and other successful platforms, Beijing achieved substantial results through successful cultural import and export trade in 2012. In addition, the total cultural trade exports in 2012 reached US$1.51 billion. Beijing-made television programs are also becoming popular overseas with a total import and export surplus of 30.978 million Yuan. Furthermore in 2012, Beijing hosted hundreds of international cultural events in which Beijing's cultural brand has garnered favorable response from around the world.

II. Main Measures

A. Innovate Institutional Function and Establish Policy–making Process

In 2012, Beijing continued to deepen its cultural administration systems reform to restructure the industrial make up, trying to convert its cultural advantage into real productivity. In order to integrate personnel, work, and assets into a single coordinating management system, Beijing was the first city in China to establish the State-owned Cultural Assets Supervision and Administration Office of the People's Government of Beijing Municipality in June 2012. The goal is to plan, coordinate, and carry out the tasks related to culture reform and development, taking care of the cultural investments, capital operations, state-owned cultural institution assets and CCI parks management, major cultural projects, and key cultural projects' planning, approval, organization, and execution. Then in July 2012, Beijing's government injected 50 million Yuan to three city troupes, the Beijing Chinese Opera Theater, Hebei Bangzi Opera Troupe of Beijing, and the Beijing Quju Troupe to accelerate enterprise transformation. The administrative structure reform and enterprise transformation has extended from the field of news publishing into theatrical performances, design, and many other industries with the goal of reforming the government administration and enterprises. This will accelerate the establishment of modern enterprise systems, improve corporate governance structures, entice strategic investors, and innovate decision-making operation mechanisms and operation management systems.

In the process of policy-making for CCI development, as of the end of 2011, the Beijing Municipal Committee of the Tenth Plenary Session adopted the "Suggestions by the CPCCC of

Beijing on the Role as a Cultural Center in Accelerating the Construction of the Nation's Capital with Advanced Socialistic Culture and Chinese Characteristics," which has become the "road map" for Beijing. With these "suggestions," Beijing actively undertakes these preferential policies of China, introducing and modifying several policies and measures to meet the demands and be aligned with the development of Beijing's CCI. Led by the CPCCC of Beijing and the People's Government of Beijing Municipality accompanied with the Office of the CPCCC of Beijing, the Publicity Department of the Beijing Municipal Committee, Beijing Cultural and Creative Industry Leaders Organization, Beijing Municipal Commission of Development and Reform, Beijing Municipal Bureau of Industry Development, Beijing Municipal Bureau of Finance, Beijing Intellectual Property Office, Beijing Municipal Bureau of Culture, and Beijing Administration for Industry and Commerce have already formulated dozens of policies for CCI, involving many aspects of finance, banking, taxation, cultural market, talent, real estate property, and others based on the "1 + X" policy related to the "Suggestions," gradually building up an excellent environment favorable for the development of CCI.

B. Finance the Development and Integrate Culture and Technology

In 2012, Beijing adopted a "concurrent development" strategy, actively promoting this new "culture-technology integration" model, which initiated a rapid growth of cutting edge technology in the field of digital technology, new media technology, network press and publishing technology, and reciprocal applications between broadcasting and televising industries in 2012. Employing Zhongguancun National Innovation Demonstration Zone as the model, Beijing has formed four emerging CCI groups: the digital content sector, the intelligent terminal sector, the information media sector, and the services sector, which are all thriving well. With abundant cultural and technological resources, Haidian District funded eight culture-technology integration Industrial Parks in 2012, concentrating on helping a number of brand enterprises of culture, science, and technology to promote the cooperation between enterprises and schools, and fortify the ability to overcome bottlenecks in order to turn scientific and technological research achievements into real life applications.

Under the strategic guidance of financing CCI's development, Beijing strives to build financing and investing platforms to further expand the size of them, creating new methods to financially support the industry. In 2012, the city invested 25.63 billion Yuan in the industry, a 40.7% increase in year-on-year growth, 4.4% of total investment, and up 1 percentage point over the previous year. Investments grew rapidly in tourism and leisure, software and networks, and arts and culture, accounting for 88.1% of the total investment of CCI. As of the end of December 2012, the loan balance of CCI from Chinese-funded banks in Beijing was 53.6 billion Yuan, a 20.6% increase in year-on-year growth. Moreover, the cumulative total in issued loans for the year was 53.56 billion Yuan, an increase of 28.5%.

In 2012, Beijing State-owned Cultural Assets Supervision and Administration Office together with the Beijing Branch of China Development Bank and 12 other banks signed a culture and finance innovation and development cooperation agreement, providing a 120 billion Yuan credit line to Beijing's CCI annually. The office released their projects to the public and invested 900 million Yuan to mobilize more than 16 billion Yuan from private investors and eventually helped 330 projects through project grants, subsidized loans, financial incentives, and other measures that are highly approved by the public. In order to reduce the threshold for financing the small and medium-sized businesses in CCI, Shijingshan District took the lead in issuing a "Shijingshan District Cultural and Creative Industries Collection Bill" and a "Shijingshan District Small and Medium-sized Enterprise Collective Trust."

C. Major Projects Drive and Forefront Enterprises Lead

Proposed in Beijing's "12th Five-Year Plan,"CCI concentrates on performances, news, publishing, broadcasting, radio, TV, film, animation, games, digital content, etc., taking on the strategy of letting major projects drive the industry. In 2012, various Beijing districts and counties invested more than 100 million Yuan each into 172 major projects of CCI, totaling 559.6 billion Yuan.

In 2012, Beijing National Music Industry Park was formally founded, becoming one of three such industry parks in China; the Ministry-City collaboration project, the Beijing National Advertising Industrial Park was officially opened; a national foreign culture trade base has entered a fast-track construction phase with the support from the Customs Office. Meanwhile, many districts and counties of Beijing have constructed significant projects such as a National Digital Film Production Base, National Music Culture Industry Base, National Fashion Center, China Publishing Creative Industry Park of Beijing, Beijing CBD International Media Industry Corridor, the Capital's Core Arts Performance Zone, and others.

In 2012, Poly Culture Group Co., Ltd., Beijing Performance & Arts Group Co., Ltd., and Perfect World (Beijing) Network Technology Co., Ltd., were listed on the fourth session of the "Top 30 Culture Enterprises" list of China. There were also the China Publishing Group Corp, China Arts and Entertainment Group, China International Television Corporation, China Film Group Corporation, and other short-listed companies headquartered in Beijing. Beijing Performing Arts Group, a state-owned cultural enterprise, has 15 branches in total and held many fine performances. In 2012, Wanda Culture Industry Group of Beijing became China's largest culture enterprise, covering cinema, filming, and television production, stage performances, film technology and entertainment, theme parks, art collections, culture-oriented tourism, and related industries. In addition, Enlight Media Group, China's largest private media and entertainment company headquartered in Beijing, achieved operating income of 1.03 billion Yuan in 2012, which was a 48.1% increase over the previous year.

D. Take Advantage of Industry Parks and Promote Industrial Agglomeration

Currently, Beijing has a total of 30 municipal CCI zones. The income scale and growth rate of each is performing well with a clear trend of specialization and having an increasing influence around the world.

There are 30 zones distributed around 16 different counties of Beijing, eight in Chaoyang, three in Haidian, two each in Dongcheng, Xicheng, Fengtai, Shijingshan, and Tongzhou, and one each in the remaining counties and districts. Among them, Beijing 798 Art Zone showcases contemporary Chinese arts, and Beijing Olympic Park has become a new landmark since after the 2008 Olympics. The revenue for Beijing CBD International Media Industrial District reached 140 billion Yuan in 2012, becoming the country's first media industrial park with an annual output value over 100 billion Yuan. In 2012, the area attracted Vanda Flowers Film Investment Co., Ltd. and more than 100 other top media enterprises to settle here, bringing together more than 5,700 CCI enterprises.

In accordance with the principle of land consolidation, industry clustering, and function specialization, using CCI cluster zones as important carriers, key enterprises and major projects as the leading forces, and the policy system and service platforms as protection, Beijing plans to consolidate these 30 into 20 CCI function zones. These zones with favorable policies will facilitate the optimization and reorganization of culture resources, promote scientific distribution of industrial factors, improve the industrial chain, supply chain and service chain, and optimize the overall layout of the city's CCI.

III. Development Strategies

A. Improving the Cultural Administrative System

A system-wide reform in Beijing's cultural management will be done accordingly on the strategic objectives of "Accelerating the Construction of the Capital with Advanced Socialistic Culture and Chinese Characteristics with Culture as the Central Role." There will need to be proper management in the relationship between the government and market by improving the administrative systems of the Party Committee and government to regulate state-owned cultural assets while searching for a sound, unified method to manage related personnel, operations, and assets. In addition, it also requires further inspection into regulations in supervising and managing the state-owned cultural enterprises and assets and establishing a comprehensive benefits evaluation system to ensure or increase their values. This way the State-owned Cultural Assets Supervision and Administration Office of Beijing Municipality can come into full play in promoting common growth of cultural enterprises, improving public services for CCI, and persistently encouraging the development and prosperity of the industry.

With ample investment funds, forward-looking leadership, services, and overall development strategies, playing as a major supportive role in large projects, Beijing will attract private capitals to come and invest in CCI.

Beijing plans to formulate a two-level policy platform for CCI subject to systematic review and revision to facilitate new policy-making, consultation, and smooth adjustments after securing investments. The city is setting up enterprises, research institutions, and platforms for collaborative innovation between universities, which will open new academic research channels in search for effective models that combine culture with technology. The city will continuously hold investment and fundraise through conferences to increase the available resources, while tightening up the relationship between culture and finance. Persistently improving CCI investment and financing service platform to promote the cultural and creative enterprise database construction, and investment and financing electronic service network construction. Beijing will also upgrade CCI public information service platform to promote the integration of information flow and production factors.

B. Construct a Sound Cultural Market Structure

Making good use of the cultural market can allow it to play a decisive part in cultural resources allocation, following market rules, prices, and competition to maximize efficiency. With a clearly defined role of the government in cultural resources allocation, it will need stronger functions in macro-management and a shift in position from a supporting role to a major one. Consolidating policy guidance and surveillance will help stabilize the development of the cultural market, but intervention from the government is also needed when the market fails. In addition, an improved enter and exit market mechanism is also needed to promote a fair market, screening out the unfit entities. Furthermore, private businesses will be allowed to participate in publishing, web publishing, and become shareholders of state-owned film and television production agencies and theatrical troupes' reorganizations.

Create a fair, open, and impartial market to ensure the healthy development of CCI. Enforce intellectual property protection regulations to secure the vitality of CCI's market. Continue to push forward of state-owned cultural institution reforms and efficiently use state-owned capital to unleash innovation and growth potential of small and medium-sized businesses.

Remove market barriers to improve the efficiency and fairness of cultural resources allocation, and guarantee enterprises operating independently and consumers having freedom of choice with the free flow and equal transactions of cultural products. Encourage information disclosure system to increase the transparency of it, and further strengthen the market environment governance laws. Unifying supervision against local safeguard and unfair competition will allow for enforced penalties with equal treatment on violators or illegal operations.

Improving comprehension of intellectual property, specifically promulgating consciousness of intellectual property protection to the general public and offer training programs to government and businesses will raise awareness of intellectual property protection regulations among the people of Beijing. Enhance legal protection on intellectual property rights to form a long-term mechanism while also improve the IP protection system. Complete "genuine project," "voyage project," "escort project" and "technology rights project" with great effort. By increasing available capital for investment, establishing copyright trading platforms and improving publishing funds, Beijing invites all private capital to invest, while also create a project to encourage "original inventions." In order to build a stage for performers around the world and extensively attract talented performers worldwide to gather in Beijing, the "Pact on Audiovisual and Art Performances of Beijing" is implemented for a prosperous cultural market.

C. Increase Industrial Competitive Capacity

The tasks include developing top-notch state-owned enterprises by encouraging them to transform, merge, restructure, or enter new emerging industries. This will create a number of large, robust, excellent, yet highly competitive cultural enterprises to ensure that the state-owned cultural capital is a driving force, influential yet in control of the key areas related to national security, culture, and people's livelihood.

Strengthen the industry by coming up with a CCI guidance directory, particularly focusing on theatrical performances, press, publishing, radio, film, antiques and artworks trades, news media, and other sectors. In addition, there is also the need to develop resource markets, form a cultural property rights exchange platform, and build a sound foreign cultural trade base for China.

Further entice investment groups of all levels to carry out the function of the nation's capital on investment and financing platforms, and the implementation and operations of major projects. Moreover, promote the trans-regional, cross-industry, cross-ownership mergers and acquisitions, and increase the scale, intensive management and professional level of CCI. In addition, take advantage of intermediary organizations or business associations to lower the barriers for private capital to enter, and assist various small and micro- enterprises to thrive.

Using the Beijing Consumer-Benefitting Sale Season as a platform with relevant issued cards and providing a better marketplace for cultural enterprises will attract more businesses and citizens to participate in this sale, boosting cultural products consumption. Then discover a series of policies to induce even more consumption and further improve service measures to make this sale of Beijing a well-known brand.

D. Increase the Level of Cultural Opening–up

Adhering to the principle of "government-led, enterprise-oriented, market-operated, and private-sector involved," this continuously improves the level of opening-up of Beijing. The government is playing a vital role in carrying out this strategy to foster entities, explore global cultural markets, attract social forces, and launch iconic cultural exchange projects.

Formulate strategies for global culture communication while strengthening policy guidance and support, and increasingly build up the overseas marketing system for cultural products to expand into international markets. Build multi-culture carriers and platforms through actively studying outstanding achievements abroad while bringing in talents, technology, and management experiences that are conducive to China's own development. Furthermore, attract world-class cultural projects so that more international festivals and awards ceremonies will be held in Beijing.

Take advantage of Beijing being the Chinese cultural center and coordinate with both domestic and international resources. Vigorously expand international markets, export high quality Chinese cultural products and brands, build high-end global cultural industry investment and financing platforms, and integrate capital, resources, talents, and creativity together as a whole to increase Chinese culture influence around the world. Create a set of exporters with certain international influence to actively open the channels for cultural enterprises and products to "Going Abroad," and encourage cultural enterprises to set up business entities or establish branches overseas through various measures. Continue to encourage innovation to "old name brands" of Beijing, relying on them as carriers of traditional culture to promote excellent Chinese brands.

Build a number of iconic cultural exchange projects to display the charms of China's capital city to the world. Further expand the influence of the Beijing International Film Festival to make Beijing the Capital of Oriental Film and Television, while continue improving the Beijing New Year's Concert, Beijing International Music Festival, Beijing International Theatre & Dance Performance Season, and other brand name activities so that Beijing will truly become the center of Oriental Arts. Encourage social organizations and Chinese-funded institutions to undertake the cultural projects to further cultural exchanges with other countries.

The development of Beijing's CCI is a new historical beginning for China's further reforms, which will increase the level of opening-up, inspire cultural creativity, raise the city's cultural traits and attractions, and improve the productivity and emanative impact of the industry so that they can play a greater role in the capital's development.

北京市文化创意产业白皮书研究报告(2013)[①]

[①] 2013年北京市文资办委托课题。主持:熊澄宇。参与:张铮、吕宇翔、董鸿英、孔少华。

发展篇

第 1 章 北京文化创意产业总体发展情况

1.1 北京文化创意产业的发展基础

1.2 北京文化创意产业 2012 年经济运行情况

第 2 章 2012 年北京市文化创意产业各要素情况

2.1 教育体系不断完善、创意人才质量不断提高

2.2 科技创新市场活跃、科技融合趋势明显

2.3 总部企业经济的发展概况及不足

2.4 文化消费异常活跃

2.5 文化资金市场

2.6 文化产品和文化服务进出口

第 3 章 2012 年北京文化创意产业各行业发展情况

3.1 九大行业总体情况分析

3.2 文化艺术业增速明显、转企改制步伐不断加快

3.3 广播影视业创造力全国领先，国际影响显著提升

3.4 新闻出版业综合实力国内领先、新兴业态快速发展

3.5 艺术品交易业市场繁荣、交易平台百花齐放

3.6 广告会展业基础设施不断增强、成为北京绿色经济增长点

3.7 设计服务业顶尖机构汇集、发展潜力巨大

3.8 软件网络业支柱地位明显、国际影响世界瞩目

3.9 旅游休闲业快速增长、区域一体化辐射作用明显

第 4 章 北京文化创意产业各区县 2012 年发展概况

4.1 总体经济运行

4.2 落实各项政策、完善公共服务平台

4.3 接洽龙头企业，显品牌效应

4.4 深挖特色文化资源，形成区域文化创意集聚区发展模式

4.5 典型案例

第 5 章 北京文化创意产业园区发展概况

5.1 集聚区规划

5.2 集聚区的建设历程

5.3 北京市文化创意产业集聚区发展模式分析

5.4 整合资源、错位发展推动 20 个功能区整合

第 6 章 北京文化创意政策保障

6.1 推动文化改革发展，逐步完善"1+X"政策体系

6.2 强化国有文化资产监督，在全国率先成立省级文资办

6.3 加强统筹规划，落实重大项目带动战略

6.4 促进文化与科技持续深入融合，新兴文化业态迅速成长

6.5 金融市场扶持力度不断加大，文化要素市场体系日益完善

6.6 积极参与国际竞争，加强国际合作与交流

比较篇

第 7 章 北京文创产业与国内主要省市的比较

7.1 总体情况分析

7.2 新闻出版业
7.3 广播影视
7.4 动漫业
7.5 网游业
7.6 旅游休闲业

第8章 北京文化创意产业发展的国际比较

8.1. 文创产业的分类比较
8.2 典型文创产业管理模式
8.3 主要城市文化产业发展案例

对策篇

第9章 明确未来发展思路

9.1 完善文化管理体制
9.2 健全文化市场体系
9.3 增强产业竞争能力
9.4 提高文化开放水平

第10章 推动文化创新研究院建设

10.1 建设文化创新研究院的必要性
10.2 文化创新研究院的模式选择
10.3 文化创新研究院需要解决的关键问题

第11章 推动文化中关村特区建设

11.1 文化创新的中关村模式
11.2 文化中关村的核心是文化科技的高度融合
11.3 文化中关村发展的关键要素

第12章 推动跨学科文化创意人才战略

12.1 北京文化创意产业呼唤领军人才
12.2 实施高端文创人才培养战略

第13章 推动文化创意产业标准的国际对接

13.1 现有国际统计机构与分类标准
13.2 文化创意产业国际比较的技术路线

第14章 推动文创产业信息可视化平台建设

发 展 篇

第1章 北京文化创意产业总体发展情况

1.1 北京文化创意产业的发展基础

1.1.1 北京文化创意产业的发展历程

北京是世界闻名的历史文化名城,是现代中国的政治、文化和国际交往中心。从2000年国家正式启用文化产业概念伊始,北京文化创意产业不断成熟、壮大,成为北京市重要的战略支柱产业。从发展历程来看,北京文化创意产业大致经历了从萌芽到发展,再到成熟的发展过程。

(1) 萌芽阶段 (2000—2005年)

在国家文化产业概念的基础上,北京城市总体规划将文化产业作为第三产业的重要组成部分,提出了"充分发挥首都优势,促进文化产业快速发展,增强文化的总体实力,提高国际影响力"的要求。2005年1月27日国务院批复同意的《北京城市总体规划(2004年—2020年)》中第一次明确提出"大力发展文化创意产业",总体规划将文艺演出、出版发行和版权贸易、影视节目制作及交易、文化会展、古玩艺术品交易、动漫和网络游戏制作交易作为重点。

随着艺术创作及其产品交易型园区的自发兴起,北京开始关注传统型和艺术型的文化产业园区及基地建设。"十五"期间,北京经济持续高速的增长,财力状况的进一步改善,为北京文化产业发展提供了有利的外部经济环境,这期间对文化的投入明显增加。根据国家统计局《文化及相关产业分类》的统计,到2005年年底,北京文化产业资产总计达3 004.5亿元,从业人员达55.2万人,业务收入达1 867.6亿元,利润总额为56亿元,上缴税金达72.1亿元,创造增加值388.4亿元,占北京GDP的5.6%(表1-1)。

表1-1 北京市文化产业统计概况(2005年)

项 目	从业人员(万人)	资产总计(亿元)	增加值(亿元)	业务收入(亿元)	利润总额(亿元)	税金总额(亿元)
合计	55.2	3 004.5	388.4	1 867.6	56.0	72.1
文化服务	43.0	2 459.2	344.4	1 329.5	57.3	59.2
新闻服务	0.6	62.8	8.2	21.4		
出版发行和版权服务	14.9	633.6	107.5	379.1	24.2	27.4
广播、电视、电影服务	3.5	589.3	77.9	230.5	12.1	5.5
文化艺术服务	4.9	186.8	31.4	62.5	-0.5	0.4
网络文化服务	3.0	207.0	36.3	94.7	9.4	5.3
文化休闲娱乐服务	6.5	335.1	28.7	212.0	-1.9	3.6
其他文化服务	9.6	444.5	54.4	329.3	14.0	17.0

续表

项　　目	从业人员（万人）	资产总计（亿元）	增加值（亿元）	业务收入（亿元）	利润总额（亿元）	税金总额（亿元）
相关文化服务	12.2	545.3	44.1	538.1	-1.3	13.0
文化用品、设备及相关文化产品的生产	6.1	204.4	24.2	98.2	-1.2	2.4
文化用品、设备及相关文化产品的销售	6.1	340.9	19.8	439.9	-0.1	10.5

（2）快速成长阶段（2006—2010年）

经过"十五"期间的改革发展，北京市对文化产业有了更加深刻的认识和把握，根据首都的资源优势和发展特色，2006年，北京市统计局、国家统计局北京调查总队联合制定了《北京市文化创意产业分类》，与国家统计局发布的《文化及相关产业分类》（国统字[2004]24号）相比，北京文化创意产业范围既包括文化产业的全部内容，也包括软件、计算机服务、专业设计等文化科技创新活动，它更加关注技术发展对文化经济活动的影响，更能体现北京文化创意产业的发展特色。

在"十五"期间，借鉴科技产业发展经验，北京市密集推出了一系列有效措施：加大财政投入，引导各类资本投资文化产业；破解发展难题，推动文化产业健康、协调发展；重视发展文化产业园区；加强配套服务，营造促进产业发展的服务型和包容性的环境；推动体制改革，发展文化产业，培育文化市场。

2006—2010年是北京文化创意产业快速成长的阶段。北京文化创意产业增加值从2006年的8 117.8亿元增长到2010年的14 113.6亿元，增长了73.9%，年均增长率达到20.55%（表1-2）。

表1-2　北京文创产业增加值增长率与地区生产总值增长率比较（2006—2010年）

年　　份	2006	2007	2008	2009	2010
文创产业增加值增长率（%）	22.12	22.49	33.53	10.66	13.95
地区生产总值增长率（%）	13.00	14.50	9.10	10.20	10.30

文化创意产业的增长速度远高于地区生产总值增长速度，从2006年到2010年，文创产业增加值增长率分别高于地区生产总值增长率9.1、7.8、24、0.5、3.6个百分点。受国际整体经济形势的影响，北京文化创意产业2009年增速有所放慢，但是以《国家文化产业振兴规划》为契机，北京文化创意产业逆势上扬，为北京市经济发展作出了重要贡献。

2006—2010年，北京文创产业规模不断提升，收入和资产总额不断增加，产值贡献和就业不断加大，增加值占北京市GDP的比重不断提升，2010年，北京文化创意产业成为第三产业中仅次于批发零售业、金融业的第三大产业（表1-3）。

表 1-3 北京第三产业增加值排前 5 位的行业（2010 年）

第三产业	批发与零售业	金融业	文化创意产业	房地产业	租赁和商务服务业
增加值	1 888.5	1 863.6	1 697.7	1 006.5	953.2

从 2006 年到 2010 年，北京文化创意产业收入平均增速 22.9%，总收入从 3 614.8 亿元增长为 7 442.3 亿元，收入翻了一番。

2006—2010 年文化创意产业从业人数从 89.5 万人增加到 122.9 万人，对北京就业作出了巨大贡献，文化创意产业从业人数占北京从业人数的比率不断提升，2008 年、2009 年、2010 年分别占北京市从业人数的 13.18%、13.97 和 14.2%。

（3）成熟阶段（2011— ）

在"十一五"期间，北京市文化创意产业依托科技资源优势，形成了良好的发展格局。为进一步推动文创产业发展，特别是支持中小文化企业发展，北京市出台了《发挥文化中心作用加快建设中国特色社会主义先进文化之都的意见》（下称《意见》）。北京围绕《意见》，分行业、产业推出一系列配套政策（即 1+X 政策），重点扶持民营中小文化企业发展。

尽管国际、国内经济形势相对疲软，但在北京市政府大力支持下，北京文化创意产业在"十二五"开局的两年中却表现出了良好的发展势头。在北京地区生产总值增长缓慢的情况下，文化创意产业依然保持了较高的增长速度。2011 年北京文化创意产业增长率高过北京市 GDP 9 个百分点，2012 年北京文化创意产业增长率高过北京市 GDP 3 个百分点（表 1-4）。

表 1-4　2011—2012 年北京市文化创意产业增长情况　　　　　　　　（单位：亿元）

年　　份	2011	2012
文化创意产业增加值	1 989.90	2 205.18
文化创意产业增长率（%）	17.21	10.82
文化创意产业 GDP 增长率（%）	8.10	7.70

在"十二五"开局的两年中，北京文化创意产业更加成熟，发展也更具主动性。北京不断加强对文化创意产业的政策力度，不断推动文化产业投融资政策，推动文化与金融的高度融合，实现了从借鉴科技发展经验推动文化创意产业发展到依据文化创意产业自身特点推动文化创意产业发展的转变。同时，随着北京文化创意产业的不断成熟，北京文化创意产业的辐射作用和引领作用日趋重要。

1.1.2　北京文化创意产业总体发展环境

2012 年北京经济总体运行情况

2012 年北京实现地区生产总值 17 801 亿元，按可比价格计算，比上年增长 7.7%，增幅比上年略低 0.4 个百分点。其中，一季度经济增长 7%，比上年增长 7.2%，1—3 季度增长 7.5%，呈逐季温和回升态势。从产业看，第一产业实现增加值 150.3 亿元，增长 3.2%；第二产业实现增加值 4 058.3 亿元，增长 7.5%，其中工业实现增加值 3 294.3 亿元，增长 7%；第三产业实现增加值 13 592.4 亿元，增长 7.8%。2012 年年末，北京常住人口 2 069.3 万人，比上年末增加 50.7 万人。其中，在京居住半年以上外来人口 773.8 万人，增加 31.6 万人。按常住人口计算，北京人均地区生产总值为 87 091 元（按年平均汇率折合 13 797 美元）。

● 第三产业稳步增长，企业利润增速提高

2012 年，全年第三产业增加值按可比价格计算，比上年增长 7.8%，增幅低于上年 0.9 个百分点。从增加值占比较大的行业看，金融业、批发和零售业分别增长 14.4% 和 5.9%；信息传输、计算机服务和软件业，租赁和商务服务业分别增长 6.2% 和 7.2%；房地产业，科学研究、技术服务和地质勘查业分别增长 13.7% 和 5.8%。1—11 月，规模以上第三产业企业实现利润 12 092 亿元，增长 13.5%，增幅比 1—8 月提高 3.3 个百分点。从利润占比较大的行业看，金融业利润增长 22.3%，租赁和商务服务业利润增长 2.8%，信息传输、软件和信息技术服务业利润增长 99.2%，批发和零售业利润下降 33.3%。

● 投资结构有所优化，商品房销售由降转升

2012 年，北京完成全社会固定资产投资 6 462.8 亿元，比上年增长 9.3%。其中，完成基础设施投资 1 789.2 亿元，增长 27.8%；完成房地产开发投资 3 153.4 亿元，增长 3.9%；完成民间投资 2 087.1 亿元，增长 4.9%。从产业看，第一产业完成投资 145.4 亿元，增长 2.1 倍；第二产业完成投资 719.8 亿元，下降 5.6%，其中工业投资 707.8 亿元，下降 5.9%；第三产业完成投资 5 597.5 亿元，增长 9.7%。重点行业投资较快增长，医药制造业投资增长 41.9%，文化、体育和娱乐业投资增长 77%，信息传输、软件和信息技术服务业投资增长 46.5%，科学研究和技术服务业投资增长 44.6%，投资结构有所优化。全年销售商品房 1 943.7 万平方米，比上年增长 35%；其中销售商品住宅 1 483.4 万平方米，增长 43.3%。

● 消费者市场运行较稳，网上销售快速增长

2012 年，北京实现社会消费零售额 7 702.8 亿元，比上年增长 11.6%，增幅高于上年 0.8 个百分点，年内增势缓中趋稳。其中，网上销售快速增长，限额以上批发零售企业实现网上零售额 596.8 亿元，比上年增长近 1 倍。同时，与居民消费结构升级相关的商品销售增长较快，通信器材类零售额增长 57.9%，书报杂志类零售额增长 26%。

● 出口低速增长，利用外资增长较快

2012 年，北京地区进出口总值为 4 079.2 亿美元，比上年增长 4.7%。其中，出口达 596.5 亿美元，增长 1.1%；进口达 3 482.7 亿美元，增长 5.3%。全年实际利用外资达 80.4 亿美元，比上年增长 14%，增幅比上年提高 3.1 个百分点。

● 消费价格涨幅有所回落，工业生产价格由升转降

2012 年，北京居民消费价格比上年上涨 3.3%，涨幅较上年回落 2.3 个百分点；其中，消费品价格上涨 2.7%，服务项目价格上涨 4.2%。在八大类商品和服务中，食品类、居住类仍是带动价格上涨的主要因素；其中，食品类价格上涨 6.6%，居住类价格上涨 3.9%，共拉动总指

数上涨 2.8 个百分点。从价格月度同比涨幅变动看，呈现先降后升态势，8 月份以来受服务项目价格较快上涨影响，涨幅有所扩大，12 月份居民消费价格比上年同月上涨 3.5%。2012 年，北京工业生产者出厂和购进价格比上年分别下降 1.6% 和 1.3%（2011 年分别上涨 2.3%、8.4%）。

● 财政收入、城乡居民收入稳步增加

2012 年，北京完成地方公共财政预算收入 3 314.9 亿元，比上年增长 10.3%。其中，增值税增长 32.1%，营业税增长 7.6%，企业所得税增长 10.1%，个人所得税增长 3.1%。2012 年，北京城镇居民人均可支配收入为 36 469 元，比上年增长 10.8%，扣除价格因素后，实际增长 7.3%，增幅高于上年 0.1 个百分点。农村居民人均纯收入为 16 476 元，比上年增长 11.8%，扣除价格因素后，实际增长 8.2%，增幅高于上年 0.6 个百分点。

1.2 北京文化创意产业 2012 年经济运行情况

1.2.1 文化创意产业总体发展平稳

2012 年，面对复杂严峻的国际经济形势和国内改革发展稳定的繁重任务，北京上下一心，以"稳中求进"的总基调为指引，认真落实"稳增长"政策，扎实推进调转结构方式，经济增速虽较上年略有回调，但年内呈现温和回升态势，总体运行基本平稳，文化创意产业同样呈现出平稳发展的态势。

根据北京市统计局的数据（2013 统计年鉴），从 2004 年到 2012 年，北京文化创意产业年复合增长率达到 18.3%，超过同期 GDP14.5% 的增速，实现了高速发展，北京文化创意产业为北京地区的经济持续稳定增长作出了重大贡献。

2012 年，北京文化创意产业总收入已经突破万亿元大关，产业增加值达到 2 205.2 亿元，同比增长 9.7%（10%），占 GDP 比重 12.3%，是第三产业中仅次于金融业、批发和零售业的第三大支柱产业。

与此同时，文化创意产业已经成为北京吸纳就业人员的重要渠道。从 2006 年到 2012 年，北京文化创意产业从业人员数量从 89.5 万人增加到 152.9 万人，就业贡献率从 9.7% 提升到 13.8%；同期，人均增加值从 2006 年的 9.1 万元增长到 2012 年的 14.4 万元。北京市文创产业已经走上人均效益不断提升、产业增长快速平稳的轨道，为解决北京就业问题作出了重要贡献。

2008—2012 年，北京文化创意产业总资产从 8 275.1 亿元增加到 15 575.2 亿元，5 年间固定资产投资增长了 88%，实现了到 1 亿元和 1.5 亿元的两次突破。

2008—2012 年，北京文化创意产业创收不断提升，从 5 439.6 亿元增加到 10 313.6 亿元，5 年间总收入增长了 1 倍。

1.2.2 九大行业平稳发展但增幅放缓

2012 年，在北京文化创意产业九大行业中，除了其他辅助服务业之外，增加值均实现了稳步提升，其中，文化艺术、广播影视以及软件、网络及计算机服务业增长速度较快，实现了两位数的增长，文化艺术增加值76亿元，增长率为11.76%；广播、电视、电影增加值177.6亿元，增长率15.32%；软件、网络及计算机服务增加值1 190.3亿元，增长率为14.21%（表1-5）。

表1-5 2012年北京文创产业增加值及其增长率 （单位：亿元）

项目	2011年	2012年	增幅（%）
文化创意产业	1 989.9	2 205.2	10.82
文化艺术	68.0	76.0	11.76
新闻出版	191.9	208.3	8.55
广播、电视、电影	154.0	177.6	15.32
软件、网络及计算机服务	1 042.2	1 190.3	14.21
广告会展	159.0	168.6	6.04
艺术品交易	56.4	59.2	4.96
设计服务	90.6	97.4	7.51
旅游、休闲娱乐	78.6	83.4	6.11%
其他辅助服务	149.2	144.4	-3.22

2012年，复杂严峻的国际经济形势对文化创意产业的发展造成了很大的影响，文化创意产业九大行业增加值除了广播影视外，增速均放缓。其中，文化艺术业、广告会展业、艺术品交易业受整体经济的影响较大，增幅分别比上年降低14.87、18.76、26.20个百分点（表1-6）。

表1-6 2011年与2012年增加值增幅变化情况

项目	2011年增幅（%）	2012年增幅（%）	增幅变化（%）
文化创意产业	10.82	17.21	-6.39
文化艺术	11.76	26.63	14.87
新闻出版	8.55	11.70	-3.15
广播、电视、电影	15.32	11.11	4.21
软件、网络及计算机服务	14.21	23.03	-8.82
广告会展	6.04	24.80	18.76
艺术品交易	4.96	31.16	-26.20
设计服务	7.51	7.60	-0.10
旅游、休闲娱乐	6.11	13.09	-6.99
其他辅助服务	-3.22	-8.13	4.91

1.2.3 生态涵养区成为文化创意重要的增长点

2012年，16个区县规模以上企业实现收入9 285.8亿元，增幅14.52%，实现了较高的增长速度，但增幅较2011年降低了3.71个百分点。城市发展新区规模以上企业收入对总收入的影响较大，规模以上企业收入增幅降低了13.27个百分点。生态涵养区文化创意产业规模以上企业的增幅较大，实现了59.10%的增长速度，较2011年提高了40.56个百分点。北京市生态涵养区的文化创意产业将成为文化创意产业新的增长点（表1-7）。

表1-7 2012年与2011年北京市四大功能区规模以上企业收入及增幅变化情况　　（单位：亿元）

区　县	2012收入	2012年增幅（%）	2011年增幅（%）	增幅变化（%）
全市	92 858 253	14.52	18.23	-3.71
首都功能核心区	20 919 779	21.27	22.39	-1.12
城市功能拓展区	65 515 913	13.72	17.79	-4.07
城市发展新区	5 527 505	-2.34	10.94	-13.28
生态涵养发展区	895 056	59.10	18.54	40.56

从16个区县规模以上企业收入来看，东城、怀柔、平谷、大兴、顺义增长速度较快，保持了20%以上的增长速度，怀柔增幅最大，实现了207.78%。从增幅比较来看，怀柔、顺义的增幅进一步提升，比上年增幅分别高172和44个百分点（表1-8）。

表1-8　16区县规模以上企业收入及增幅变化情况　　（单位：亿元）

区县	2012收入	2012年增幅（%）	2011年增幅（%）	增幅变化（%）
东城区	13 317 155	27.02	16.62	10.40
西城区	7 602 624	12.35	32.57	-20.22
朝阳区	21 190 395	8.34	20.32	-11.98
丰台区	2 863 753	9.61	1.65	7.96
石景山区	2 317 399	12.92	23.64	-10.72
海淀区	39 144 367	17.24	17.45	-0.21
房山区	873 280	-44.29	19.33	-63.63
通州区	927 425	0.14	18.71	-18.57
顺义区	939 370	23.23	-20.77	44.00
昌平区	1 028 180	15.09	21.77	-6.68
大兴区	560 859	26.19	13.16	13.03
门头沟区	95 137	19.62	85.34	-65.72
怀柔区	408 019	207.78	34.95	172.82
平谷区	120 767	27.31	23.66	3.65
密云县	147 661	6.58	-9.53	16.11
延庆县	123 473	5.46	13.02	-7.56

第2章　2012年北京市文化创意产业各要素情况

2.1　教育体系不断完善、创意人才质量不断提高

北京市会集大量优秀人才，为文创产业发展提供了人才保证。北京云集清华大学、北京大学等大量国内顶尖高校，会集大量的高学历人才。同时，北京地区拥有众多优秀的文化产业研究机构，2006年文化部命名清华大学为国家文化产业研究中心。北京地区先后成立了北京文

化产业研究院，人民大学文化产业研究院等机构，北京地区的文化产业研究能力和创新能力全国领先。

2.1.1 创意人才教育体系不断完善

2012年，北京教委公布《北京市"十二五"时期教育改革和发展规划》"以服务求支持、以贡献求发展，紧紧围绕首都产业结构调整和优化升级，加快人才培养体制改革，全面提升教育现代化水平，为首都转变经济发展方式提供更有力的人才保障和知识贡献"。为增强城市竞争力和影响力"积极、有力、创造性地落实教育优先发展的战略地位，突出首都教育特色，构筑首都教育发展新优势，在拔尖创新人才、专门人才和高素质劳动者培养上取得新的进展，继续发挥首都教育对全国教育发展的引领作用，成为展示中国教育发展与改革最新成果的示范窗口"。

- 全面推进素质教育

以音乐、美术等课程教学为突破点，健全艺术教育教学体系，提高艺术课教学质量，培养学生艺术欣赏能力。继续加强金帆艺术团等高水平艺术社团建设。

- 完善现代职业教育体系结构

2012年教育系统实施职业教育服务"北京创造"，助力"北京服务"，服务战略性新兴产业发展、都市型现代农业发展、创新型企业发展和重点区域发展专项行动。针对首都经济社会发展涌现的新产业、新业态、新职业，不断加大职业教育新专业开发与建设力度。实施高技能人才培养工程，开展中高职衔接和本专科一体化培养试验、职业教育分级制度改革试验，拓展职业院校服务功能。深化职业教育国际合作，打造高水平、国际化、现代化的首都职业教育。

- 创新人才培养模式、提高人才培养质量

开展"研究生创新活动计划"和"优博评促计划"，提升研究生科研创新能力。支持高校逐步完善学分制和弹性学制，鼓励高校建立学分互认机制，试点跨专业、跨学科、跨学校选课制度；加强创新创业教育和就业指导服务，完善创业教育课程体系；积极推动大学生自主创新项目，提高学生竞争意识和能力，加强学生职业规划教育与就业服务；加大对家庭经济困难等特殊群体毕业生的帮扶，支持30项左右毕业生就业、创业指导特色工作项目。

- 发挥文化传承职能

推动大学文化建设，发挥文化育人作用。积极参与首都文化中心建设，加强中华优秀传统文化研究，加大对文、史、哲等传统学科的支持力度，使学校成为先进文化的传承者和创新者；加强高校哲学社会科学研究基地建设，鼓励高等院校发挥思想库智囊团作用，为国家和北京经济社会发展提供决策参考与咨询服务；探索文化创新激励新机制，使高校成为先进文化策源地。

- 优化高等教育空间布局

按照《北京城市总体规划（2004—2020年）》要求，结合区县功能定位和产业结构调整，优化完善"一心三区"首都高等教育空间布局。推动中关村大学聚集核心区和中关村国家自主创新示范区建设发展的高度融合,共建产学研一体化的人才培养基地;结合中关村科学城、未来科技城建设和城南行动计划的实施,完成沙河和良乡高教园区及相关高校新校区建设;结合CBD东扩和通州区国际新城建设,发挥东部高校聚集区学科专业优势,为发展高端商务、现代物流和文化创意产业提供人才与智力支撑。

2.1.2 艺术教育和人才培养情况

2012年,北京高等教育博士毕业生为12 292人,其中艺术类195人;普通教育硕士为54 146人,其中艺术类1 734人;本科毕业生为111 532人,其中艺术类8 375人;中等职业毕业生为58 915人,其中,艺术类3 654人(表2-1)。

表2-1 2012年北京高等教育和职业教育艺术类毕业生人数

	2012总计	艺术类2012
高等教育博士生毕业生	12 292	195
普通教育硕士毕业生	54 146	1 734
普通教育本科生毕业生	111 532	8 375
中等职业毕业生	58 915	3 654

从艺术教育师资来看,普通本科艺术类在校教师5 478人,平均艺术类每7.2个学生有1名专职教师,低于普通本科生学生教师比的7.8人。中等职业艺术类学生教师比是25,低于中等职业教育的26.2(表2-2)。

表2-2 2012年北京市高等教育和职业教育艺术类专职教师情况

	总数	艺术类
普通本科在校生	473 531	39 545
普通教育专职教师	60 004	5 478
高等本科学生与教师比	7.891 657 223	7.2
中等职业教育在校生	189 740	20 343
中等职业教育专职教师	7 254	814
中等职业学生与教师比	26.156 603 25	25

2.2 科技创新市场活跃、科技融合趋势明显

2.2.1 科技创新市场活跃

北京科技创新市场异常活跃,全国领先,为北京文化创意产业创新发展打下了良好基础。2012年,北京共有研究与科技人员322 417人,比2011年新增25 427人,同比增长8.6%。2012年科研人员本科学历以上人员有218 303,占科研总人数的67.7%,比2011年略低(表2-3)。

表2-3 2012年试验与研发人员情况

	研究与实验人员数		本科及以上学历	
	2012年	2011年	2012年	2011年
合 计	322 417	296 990	218 303	203 362
按行业门类分				
#制造业	70 458	62 418	25 925	25 481
信息传输、软件和信息技术服务业	30 944	29 180	12 173	11 620
科学研究和技术服务业	121 502	110 630	105 082	96 469
教育	69 951	65 282	64 493	59 267

2012年，北京共有文化、体育和娱乐业课题项目5 737个，与2011年相比新增2 097个，增长了36.6%；文化、体育和娱乐业项目经费达（内部支持）3.5亿元，比2011年多1.2亿元，同比增长54.7%（表2-4）。

表2-4 2012年文化相关研究与实验项目

项 目	项目（课题）数		项目（课题）人员折合全时当量		项目（课题）经费内部支出	
	（项）		（人）		（万元）	
	2012年	2011年	2012年	2011年	2012年	2011年
文化、体育和娱乐业	5 737	3 640	4 611	1 562	35 154	22 719

技术交易59 969项，新增6 417项，同比增长12%，其中流向外省32 433项，占总数的54.1%；技术出口1 272项，占总数的2%，技术出口较少。技术合同成交额达2 458.5亿元，同比增长30%，良好的科技创新能力为北京文化创意产业注入了无限活力。本市交易额达655.6亿元，同比增长39%，技术流向外省成交额达1 385亿元，同比增长1倍多，成为重要的增长点，北京科技成果外地转化趋势明显，但是，受到国际大环境的影响，北京技术合同交易出口额减少了365亿元，同比减少46.6%（表2-5）。

表2-5 2012年技术合同成交情况

项 目	合同数（项）		成交额（万元）	
	2012年	2011年	2012年	2011年
合计	59 969	53 552	24 585 033.6	18 902 752.0
按技术流向分类				
流向本市	26 264	23 814	6 556 372.1	4 712 657.5
流向外省市	32 433	28 627	13 850 055.3	6 359 413.3
技术出口	1 272	1 111	4 178 606.2	7 830 681.3

根据北京统计局相关数据，2012年，北京地区专利申请受理数为92 305件，同比增长18.1%，申请授权数50 511件，同比增长23.5%（表2-6）。

表2-6　2012年专利申请和授权

	申　请　量		授　权　量	
	2012年	2011年	2012年	2011年
合　　计	92 305	77 955	50 511	40 888
按种类分				
发　　明	52 720	45 057	20 140	15 880
实用新型	32 609	26 615	24 672	19 628
外观设计	6 976	6 283	5 699	5 380

2.2.2　文化融合科技态势明显

科技创新与文化创新的互动是近代文明演进的主旋律，目前，文化产业已成为知识经济的重要组成部分，科技也已经交融渗透到文化产品创作、生产、传播、消费的各个层面和关键环节。文化创意产业概念的提出，是基于北京市对科技重要性以及北京文化产业发展特殊规律的深刻理解；文化创意产业的发展，离不开以科技创新支撑文化创新，以文化创新助推科技创新的协同发展。

2012年，北京充分发挥文化与科技融合发展优势，促进数字技术、新媒体技术、网络技术在新闻出版、广播电视等行业间的渗透应用。在文化创意产业中，与新技术应用有关的领域快速发展。互联网信息服务行业实现收入515.7亿元，同比增长26.8%；北京74家重点数字出版（互联网出版）单位实现收入202.6亿元，同比增长19.1%；无线广播电视传输服务行业实现收入27.2亿元，同比增长16.1%；卫星传输服务行业实现收入9.7亿元，同比增长27.4%；北广传媒数字电视、北广传媒城市电视收入增速均超过30%。文化科技深度融合，新兴文化业态欣欣向荣。

2.3　总部企业经济的发展概况及不足

2.3.1　北京总部企业经济特点

北京不仅仅集中了国内很多大企业集团总部，也是全球第二大世界500强总部之都。2012年《财富》世界500强排行榜显示，北京入选世界500强的总部企业达44家，已经超过纽约和巴黎，仅次于东京的49家，成为全球第二大世界500强总部之都。从隶属关系看，2011年，北京有大型中央企业总部222家，实现增加值3 013.2亿元，占北京总部经济的40.9%，实现利润占北京总部经济的66.2%。

跨国公司地区总部数量明显增长，业务领域不断扩大。2012年，北京共认定跨国公司地区总部127家，其中世界500强企业84家，占在京投资世界500强企业的30.2%（共有278

家世界 500 强企业在京投资）。随着政策投资环境的日益完善，跨国公司地区总部在京的业务范围不断扩展，从原有的投资决策、资金运作、财务管理、技术支持与研究开发，逐渐向进出口及国内分销、物流配送、服务外包等业务扩展。

行业集中度高，第三产业是吸纳总部企业、服务北京经济的主体。从总部企业的行业构成看，主要集中在商务服务、信息服务、金融、批发零售、制造业和建筑业，这六大行业聚集了北京 1 014 家总部企业，占总数的 78.7%，实现增加值占北京总部企业的 69.5%，吸纳就业占北京总部企业的 61.7%。总部企业对所在行业的支撑带动作用突出，如金融业中总部企业实现增加值占金融行业的 70.2%，租赁和商务服务业中总部企业实现增加值占该行业的 47%。

总部企业空间集聚特征明显，CBD、金融街等特色总部聚集区发展迅速。在北京 1 288 家总部企业中，分布在海淀、朝阳、西城和东城四个城区的就有 978 家，占总部企业总数的 75.9%，实现增加值 5 410.8 亿元，占北京总部企业增加值的 73.5%。同时，金融街、CBD、中关村等一批特色总部聚集区快速形成，成为北京总部经济的重要空间载体。

2.3.2 北京集聚众多文化创意产业龙头企业

北京作为首都，吸引了大量的文化创意产业龙头企业，这些企业无论是在经济实力还是国际影响力方面，都遥遥领先。2001 年，北京歌华有线电视网络股份有限公司上市融资 12.05 亿元，成为中国文化企业上市第一股；2004 年，北青传媒股份有限公司在香港主板上市融资 11 亿元，成为中国内地传媒企业境外上市第一股。根据中国证监会统计数据，2012 年新增文化创意产业 A 股上市公司 11 家。其中，广播、电视、电影 1 家，软件、网络及计算机服务业 10 家；国内 A 股主板上市 1 家，中小板 2 家，创业板 7 家，美国纳斯达克 1 家。

国内上市的 77 家文化企业中，北京占据绝大部分。截至 2012 年 12 月，北京地区已经在国内上市的文化创意企业 54 家。按行业划分，软件、网络及计算机服务业 42 家，广播、电视、电影业 7 家，旅游、休闲娱乐业 3 家，新闻出版业 2 家。软件、网络及计算机服务业占比最高，为 77.78%。截至 2012 年 12 月，北京地区已经在境外上市的文化创意企业 15 家。按行业划分，软件、网络及计算机服务业 11 家，广播、电视、电影业 4 家。软件、网络及计算机服务业占比最高，为 73.33%。

2012 年，我国电信、广播电视和卫星传输上市企业共 15 家，总部在北京的有 5 家，其他 10 家分属于重庆、长沙、深圳、杭州、贵阳、广州、上海、成都、长春和海口（表 2-7）。

表 2-7 2012 年电信、广播电视和卫星传输服务上市企业名单

	企　业	总部所在地
电信、广播电视和卫星传输服务	中信国安	北京
	ST 星美	重庆
	电广传媒	长沙
	北纬通信	北京
	天威视讯	深圳

续表

	企业	总部所在地
电信、广播电视和卫星传输服务	华星创业	杭州
	朗玛信息	贵阳
	宜通世纪	广州
	歌华有线	北京
	中国联通	北京
	百视通	上海
	鹏博士	成都
	广电网络	北京
	吉视传媒	长春
	海虹控股	海口

2012年，国内上市的互联网公司10家，总部在北京的有4家，其次是上海和南京，分别有两家（表2-8）。

表2-8　2012年互联网和相关服务上市公司名单

	企业	总部所在地
互联网和相关服务	生意宝	杭州
	焦点科技	南京
	启明星辰	北京
	二六三	北京
	东方财富	上海
	乐视网	北京
	顺网科技	杭州
	上海钢联	上海
	三六五网	南京
	人民网	北京

文化娱乐上市公司23家，总部在北京的有5家，其次是上海和杭州分别有4家和3家（表2-9）。

表2-9　2012年文化娱乐上市企业名单

		企业	总部所在地
文化、体育和娱乐业（R）	新闻和出版业	ST传媒	北京
		大地传媒	北京
		华闻传媒	海口
		天舟文化	长沙
		中文传媒	南昌
		时代出版	上海
		浙报传媒	杭州
		长江传媒	武汉
		新华传媒	上海

续表

		企　业	总部所在地
文化、体育和娱乐业（R）	新闻和出版业	博瑞传播	成都
		中南传媒	长沙
		皖新传媒	合肥
		凤凰传媒	南京
		出版传媒	沈阳
	广播、电视、电影和影视录音制作业	华数传媒	杭州
		湖北广电	武汉
		华谊兄弟	北京
		华策影视	杭州
		光线传媒	北京
		华录百纳	北京
		新文化	上海
文化、体育和娱乐业（R）	广播、电视、电影和影视录音制作业	中视传媒	上海
	文化艺术业	美盛文化	绍兴

2.3.3　与国际发达城市相比还有很多不足

然而，体现世界城市产业特征的金融保险、商务服务和文化创意企业总部较少。与纽约、伦敦等世界城市的花旗银行、时代华纳、路透社等知名企业相比，北京具有较强竞争力的总部企业主要集中在能源、金融、工程建筑等领域，体现世界城市产业特征的高技术企业总部和文化创意企业总部不多。如计算机及电子设备制造排名第一的联想2010年全球销售收入仅215.9亿美元，远落后于惠普公司（1 260.3亿美元）、戴尔公司（614.9亿美元）。北京文化、科技资源丰富，但跨行业经营文化创意、高技术等新兴行业的企业较少，尚未形成一批具有世界影响力的大企业、大集团。

目前，上海、广州、深圳等许多城市，都将总部企业经济作为经济发展的重要战略，纷纷出台了鼓励国内外总部企业入驻的优惠政策。与上海相比，北京在国内大型央企总部方面优势明显，但跨国公司地区总部数量远低于上海（380家），入选2011年中国民营500强的企业仅10家，比上海少13家。近年来也有一些跨国公司如福特、卡夫等将地区总部从北京搬到上海。同时，深圳、南京、杭州等许多城市，以及天津、河北等周边地区也加大对总部企业的吸引力度，比如，河北实施"双百工程"（吸引一百家央企进河北、吸引一百所科研院校进河北），各城市对总部资源的争夺日益激烈，对北京的总部企业经济发展带来严峻挑战。

促进总部企业聚集的政策环境尚需进一步优化。北京虽实施了《关于鼓励跨国公司在京设立地区总部的若干规定》等相关政策，但现行的总部政策仅局限于跨国公司地区总部，缺乏针对国内企业特别是民营企业在京设立总部、区域性总部的相关政策，难以满足当前形势下国有企业、民营企业在京设立总部、二级总部和职能总部的客观要求，促进总部经济发展的政策体系有待进一步完善。

2.3.4 打造世界高端总部企业经济之都的对策建议

重点围绕金融、文化创意、高技术和战略新兴产业等优势领域，打造几大特色总部企业集群，促进城市国际影响力的提升。一是以建设具有国际影响力的金融中心城市为目标，支持本土金融机构加速跨国经营，着力聚集一批外资银行、保险等跨国金融机构地区总部和国内大型基金、租赁、私募、期货等新兴金融企业总部，全面提升北京金融业国际化水平。二是充分释放首都文化资源效能，以新闻出版、文化传媒等领域为重点，打造一批引领中国、影响世界的文化航母型总部企业，提升首都文化产业影响力，促进世界文化中心建设。三是围绕电子信息、新能源等战略性新兴产业领域，加快一批国内外知名企业总部聚集，鼓励本土大型企业以总部经济模式"走出去"，跨区域、跨国经营，壮大战略性新兴产业总部集群规模，抢占新一轮科技革命战略制高点。

创新总部企业聚集区开发管理机制，提升总部承载力和持续发展活力。与国外典型总部聚集区相比，CBD、金融街等区域的经济产出能力和集约化水平仍需进一步提升。加快高端企业总部聚集，应积极探索总部聚集区开发模式与管理体制的创新，提高总部企业承载力与发展活力。一是加强与国内外知名商务地产综合运营与服务集成商的合作，争取其在京投资总部经济重点项目，承担总部楼宇建设、管理运营、增值服务、产业培育等主要功能。二是建立总部企业引入与开发企业、楼宇业主收益相挂钩的激励机制，鼓励引入符合北京产业方向的优质总部企业，凡成功引入在京注册纳税的总部企业，给予开发商或楼宇业主一次性奖励。三是对已入驻总部楼宇的企业尤其是冠名总部大楼的企业，加强对其经营业务和办公用房的监督与管理，建立不达标企业退出机制，保证总部楼宇真正用于总部企业发展。

建立区域协调联动机制，以"总部—制造基地"链条增强总部之都辐射力。借鉴"首钢搬迁"模式，探索建立北京与其他城市产业布局调整机制，适时适度地将不适合在京发展的制造基地向周边转移，留下并吸引更多总部和研发、营销等职能总部聚集，构建合理的"总部—制造基地"分工合作链条。由北京及其他城市政府相关部门共同协商，对企业外迁生产基地、在京设立总部和职能总部所面临的土地供给、利益分配、政策落实、项目审批、基础设施配套等问题进行统筹协调与解决。与其他城市共建一些跨区域的特色产业园区或基地，配套建立不同区域之间的利益共享机制和长期诚信合作机制，实现北京高端企业总部之都和周边中小城市生产制造基地的有效对接。

2.4 文化消费异常活跃

随着北京文化商品交易市场的不断发展，随着北京文艺演出、电影放映硬件环境的改善，以及演出、放映内容的丰富多彩，文化市场呈现出繁荣发展局面，文化对消费的拉动作用增强，文化消费能力不断提高。

2012年，北京城镇居民人均文化娱乐服务支出为1 658元，比上一年增长31.5%，但是人均文化娱乐用品支出 824 元，有所回落，为 2011 年的 94.2%（表 2-10）。

表 2-10　2012 年北京城镇居民家庭平均文化娱乐支出　　　　　　　　（单位：元）

项　　目	支出	2012 年为 2011 年 %
文化娱乐用品	824	94.2
文化娱乐服务	1 658	131.5

2012 年，北京共有商品交易市场 835 个，消费市场潜力巨大。在文化市场方面，日用品及文化用品市场 14 个，黄金、珠宝、玉器等首饰市场 13 个，旧货市场 14 个，其中古玩、古董、字画市场 5 个（表 2-11）。

表 2-11　2012 年北京文化消费市场情况

项　　目	全市
商品交易市场总数	835
日用品及文化用品市场	14
小商品市场	6
箱包市场	
玩具市场	
文具市场	1
图书、报纸杂志市场	1
音像制品及电子出版物市场	1
体育用品市场	
其他日用品及文化用品市场	5
黄金、珠宝、玉器等首饰市场	13
旧货市场	14
古玩、古董、字画市场	5
邮票、硬币市场	1
其他旧货市场	8

2012 年，北京商品市场交易总额 3 173.7 亿元，其中日用品及文化用品市场交易额 49 亿元，占总数的 1.54%，黄金、珠宝、玉器等首饰市场交易额 27.9 亿元，占总数的 0.88%，旧货市场交易额 5.6 亿元，占总数的 0.18%，其中古玩、古董、字画市场交易额 1.3 亿元，占总数的 0.04%（表 2-12）。

表 2-12　2012 年北京市文化消费交易总额

项　　目	（万元）	占总商品交易市场百分比（%）
商品交易市场总计	31 737 204	100.00
日用品及文化用品市场	489 604	1.54

续表

项 目	（万元）	占总商品交易市场百分比（%）
小商品市场	301 200	0.95
箱包市场		
玩具市场		
文具市场	159 300	0.50
图书、报纸杂志市场	18 823	0.06
音像制品及电子出版物市场	3 597	0.01
体育用品市场		
其他日用品及文化用品市场	6 684	0.02
黄金、珠宝、玉器等首饰市场		0.88
旧货市场	55 774	0.18
古玩、古董、字画市场	12 990	0.04
邮票、硬币市场	11 235	0.04
其他旧货市场	31 549	0.10

2012年，北京舞台演出市场形势喜人，据北京演出行业协会统计，2011年北京演出收入共计15.27亿元，创下历史新高，精品力作不断涌现，如大型情景音舞诗画《天安门》、原创民族歌剧《运河谣》、人艺原创话剧《甲子园》等。2012年北京113家营业性演出场所共演出21 716场，观众总人数达1 100万人次。全年月均演出1 809场、日均演出59场。

2.5 文化资金市场

2.5.1 总体情况

2012年以来，北京进一步扩大文化创意产业投融资规模，加强文化与金融的深度融合，文化投融资力度进一步加大。1—11月，北京完成文化创意产业投资256.3亿元，同比增长40.7%，占全社会投资比重为4.4%，比上年同期提高1个百分点；旅游休闲、软件网络、文化艺术三大领域投资增长迅猛，三大领域投资额合计占文化创意投资总额的88.1%。

投资额不断增长，2012年，文化、体育和娱乐业领域投资为97.3亿元，中央投资38.7亿，占39.7%。新闻出版业和广播影视业中央投资占较大比例，分别占总投资额的82.9%和93.2%，文化艺术业和信息传输、软件和信息技术服务业主要靠地方投资，地方投资分别占79.3%和79.8%（表2-13）。

表2-13　2012年北京市部分文化创意行业投资情况

行 业	投资额（万元）			新增固定资产（万元）		
	合计	中央	地方	合计	中央	地方
文化、体育和娱乐业	972 924	387 192	585 732	658 577	403 634	254 943
新闻出版业	85 055	70 551	14 504	13 329	13 329	
广播、电视、电影和音像业	108 300	100 941	7 359	4 603	2 474	2 129

续表

行　　业	投资额（万元）			新增固定资产（万元）		
	合计	中央	地方	合计	中央	地方
文化艺术业	479 512	99 377	380 135	465 632	273 604	192 028
体育	36 974	2 696	34 278	22 485	600	21 885
娱乐业	263 083	113 627	149 456	152 528	113 627	38 901
造纸及纸制品业	11 318		11 318	17 871		17 871
印刷和记录媒介复制业	73 673	13 260	60 413	47 049	24 272	22 777
文教、工美、体育和娱乐用品制造业	3 395		3 395	1 650		1 650
信息传输、软件和信息技术服务业	1 654 024	333 613	1 320 411	1 495 288	153 151	1 342 137
电信、广播电视和卫星传输服务业	1 024 287	247 543	776 744	882 876	144 160	738 716
互联网和相关服务业	151 640		151 640	79 037		79 037
软件和信息技术服务业	478 097	86 070	392 027	533 375	8 991	524 384

2012年，北京不断加大对文化创意产业的投融资力度，推动文化创意产业的发展。其中，北京奥林匹克水上公园赛后开发利用项目融资高达7亿元，北京文化硅谷项目融资高达59.78亿元（表2-14）。

表2-14　2012年北京市部分文创产业重点投资项目

编号	项　目　名　称	融资金额（万元）
1	奥林匹克水上公园赛后开发利用项目	70 000
2	繁星戏剧村项目	1 000
3	开发创意文化之旅，吸引外国人入境旅游项目	3 000
4	大型风情功夫剧《什刹海》品牌推广与市场运营项目	800
5	利用3D技术制作电影《猪八戒变形记》项目	600
6	昌平新城东区文化创意新区项目	
7	北京文化硅谷项目	597 800
8	转型铸造品牌文化创意广告互动公共服务平台项目	
9	国内原创儿童漫画产业平台项目	
10	国家大剧院表演艺术衍生品公共服务平台项目	
11	京彩瓷项目	
12	DRC设计成果转化平台项目	
13	中国（怀柔）影视基地专业技术制作服务园区整体开发项目	100 000
14	中国（怀柔）影视基地服装道具制景园区整体开发项目	100 000
15	中国（怀柔）影视基地棚内摄影录制园区整体开发项目	100 000
16	中国（怀柔）影视基地设备租赁服务园区整体开发项目	100 000
17	益田·奥斯卡城好莱坞风情商业街	120 000
18	制片人总部基地	200 000
19	中国（怀柔）影视基地动漫基地项目	50 000
20	大栅栏文保区杨梅竹斜街保护修缮项目	
21	"印象中国"·宜兴紫砂国博馆大展	5 000
22	福壶系列	2 000

2.5.2 金融政策

金融是现代经济的核心，文化产业投融资体系的发展和成熟是文化创意产业发展壮大的重要支撑。随着文化创意产业的发展，文化创意产业融资需求不断扩大，文化企业融资难题成为文创产业进一步壮大的瓶颈。

2012 年 7 月，市金融工作局和市委宣传部制定出台了《关于金融促进首都文化创意产业发展的意见》（下称《意见》），进一步促进首都文化与金融全面对接。《意见》将通过信贷支持、财政统筹资金、支持企业上市等方式促进北京文化创意产业的发展，争取在"十二五"末，北京新增文化创意上市公司 50 家。《意见》同时表示，将完善现有财政资金的投资方式，建立北京文化创新发展专项资金，在整合资源的基础上，北京将在 2012—2015 年 4 年中，每年统筹资金 100 亿元，用于支持北京文化发展。支持的方式包括专项奖励、贷款贴息、风险补偿、专项补贴等，引导金融机构扶持重点文化产业园区等具有示范性、导向性的文化产业项目，支持国有经营性文化事业单位转企改制，提升金融机构服务中小文化企业的积极性。创新融资模式，拓展融资渠道，吸引更多的社会资本投入文化创意产业，形成多元化融资格局。

截至 2012 年 12 月末，北京市中资银行文化创意产业人民币贷款额 536 亿元，同比增长 20.6%；年内累计发放贷款 535.6 亿元，较 2011 年增长 28.5%。

2.6 文化产品和文化服务进出口

据北京海关最新发布的统计数据显示，2012 年，北京地区文化产品进出口 6 亿美元，较 2011 年增长 6.3%；其中，进口 4.5 亿美元，较 2011 年增长 13.1%，增速较整体进口增速高出 7.8 个百分点。从全国范围来看，北京地区文化产品进口规模在全国各省（市）当中排名首位，占同期全国文化产品进口规模的 30.7%。文化贸易进出口总额达到 30.54 亿美元，较 2011 年增长 15.55%。其中，出口 15.05 亿美元，较 2011 年增长 10.34%；进口 15.49 亿美元，较 2011 年增长 21.11%。

2.6.1 文化产品进出口

2012 年，艺术品、收藏品及古物进出口额快速上升，据统计，2012 年 1—12 月，北京艺术品、收藏品及古物出口额 3 391.62 万美元，同比增长 52.78%，进口额 2 460.72 万美元，同比增长 26.76%（表 2-15）。

表 2-15 2012 年 1—12 月北京艺术品、收藏品及古物进出口情况

	进出口合计	出口	进口
总额（万美元）	3 391.62	930.90	2 460.72
同比增长（%）	52.78	233.95	26.76

2.6.2 文化服务进出口

2012 年，北京文化服务贸易总额 1 000.2 亿美元，比 2011 年增长 11.7%，其中旅游业、电影音像业的贸易总额提高速度较快，分别高于平均值 2.5 个和 32.7 个百分点，电影音像服务贸易额不断提升（具体数据见表 2-16）。

表 2-16　2011 年、2012 年北京部分文化服务贸易情况　　　　　　　　　　（单位：亿美元）

项　　目	服务贸易总额		外汇收入		外汇支出		顺（逆）差	
	2012 年	2011 年	2012 年	2011 年	2012 年	2011 年	2012 年	2011 年
合计	1 000.20	895.40	445.11	415.00	555.09	480.40	-109.98	-65.40
运输	223.21	196.30	57.22	53.90	165.99	142.50	-108.76	-88.60
旅游	155.48	136.10	51.49	54.20	103.99	81.90	-52.50	-27.70
通信服务	26.15	21.50	13.56	12.90	12.59	8.70	0.97	4.20
建筑服务	85.23	92.40	64.80	72.40	20.43	20.00	44.36	52.40
保险服务	132.14	133.10	19.71	16.50	112.43	116.50	-92.72	-100.0
金融服务	22.16	11.70	4.63	7.10	17.53	4.60	-12.90	2.50
计算机和信息服务	60.19	52.00	49.08	41.00	11.11	11.00	37.97	30.00
专利使用费和特许费	28.40	22.60	5.73	2.90	22.66	19.70	-16.93	-16.80
咨询	116.36	99.10	88.71	75.10	27.65	24.00	61.06	51.10
广告、宣传	19.61	17.80	12.73	11.60	6.88	6.20	5.86	5.40
电影、音像	4.91	3.40	0.76	0.70	4.15	2.70	-3.38	-2.00
其他商业服务	126.36	109.50	76.68	66.80	49.68	42.60	26.99	24.20

第 3 章　2012 年北京文化创意产业各行业发展情况

3.1　九大行业总体情况分析

2012 年，北京文化创意产业收入平均增长速度 14.4%，在文创九大行业中，有六大领域收入增长率超过平均值，实现了 15% 以上的增长速度。其中，软件网络业、艺术品交易、旅游休闲、新闻出版、广播影视五个领域分别拉动文化创意产业收入增长 5.3、2.1、1.4、1.24 和 1.23 个百分点，是带动北京文化创意产业稳步增长的主要动力。

2012 年，北京文化创意九大行业不仅保持了良好的发展势头，而且产业结构也不断优化升级，展现出传统行业平稳增长、新兴行业发展势头迅猛的局面。2012 年，新闻出版业、旅游休闲、广播影视业等传统行业依然发展稳健，收入分别为 883 亿元、849 亿元和 680.3 亿元，分别占总收入的 8.6%、8.2% 和 6.6%。艺术品交易、广告会展等新兴行业成绩优异，收入迅猛发展，2012 年艺术品交易业收入 705.6 亿元，实现了 43.4% 的高增长率，超出平均增长率 29 个百分点；广告会展业务收入 1 256.8 亿元，增长 8.8 个百分点，是仅次于软件网络业的第二大行业。作为与科技最为密切的创意行业，软件网络业继续保持高增长、高占有的发展态势，实现科技与文化的深度融合。2012 年，北京软件、网络与计算机业总收入 3 888.1 亿元，增长 16.3%，占总收入的 37.7%，成为支撑北京文创发展、体现北京双轮驱动战略的核心产业。

3.1.1 九大行业收入情况

从收入比例来看，软件、网络与计算机服务行业收入最高，收入达 3 888.1 亿元，占文化创意产业总收入的 37.7%；其次是广告会展业，收入 1 256.8 亿元，占文化创意产业总收入的 12.2%；新闻出版业排在第三，收入 883.0 亿元，收入占文化创意产业总收入的 8.6%（表 3-1）。

从收入结构来看，北京文化创意产业的收入结构进一步优化，其他辅助服务业收入进一步降低，比 2011 年低 2.5 个百分点。艺术品交易行业所占比率不断提升，收入比率比 2011 年提高了 1.4 个百分点。

表 3-1 文创九大行业收入情况（2011—2012 年）

项　目	收入合计（亿元）		占产业总收入比率（%）		收入比率变化（%）
	2012 年	2011 年	2012 年	2011 年	
合　计	10 313.6	9 012.2			
文化艺术	237.0	217.0	2.3	2.4	-0.1
新闻出版	883.0	755.6	8.6	8.4	0.2
广播、电视、电影	680.3	553.5	6.6	6.1	0.5
软件、网络及计算机服务	3 888.1	3 342.5	37.7	37.1	0.6
广告会展	1 256.8	1 154.9	12.2	12.8	-0.6
艺术品交易	705.6	492.2	6.8	5.5	1.4
设计服务	443.0	369.9	4.3	4.1	0.2
旅游、休闲娱乐	849.0	706.6	8.2	7.8	0.4
其他辅助服务	1 370.8	1 420.0	13.3	15.8	-2.5

3.1.2 九大行业从业人数情况

从从业人口来看，软件、网络与计算机行业从业人数比率较高，约占文化创意产业总从业人数的 45.7%；其次是新闻出版，占 10.2%；广告会展业占 8.2%，排名第三。

2012 年从业人口结构较 2011 年有一定变化，软件、网络与计算机服务业从业人口比率上升了 2.2 个百分点，其他辅助行业从业人口比率下降了 1.5 个百分点（表 3-2）。

表 3-2 文创九大行业从业人口变化（2011—2012 年）

项　目	（万人）		从业人口占产业从业人数的比率（%）		从业人数比率变化
	2012 年	2011 年	2012 年	2011 年	
合计	152.9	140.9			

续表

项 目	（万人）		从业人口占产业从业人数的比率（%）		从业人数比率变化
	2012年	2011年	2012年	2011年	
文化艺术	7.2	7.4	4.7	5.3	-0.5
新闻出版	15.6	15.1	10.2	10.7	-0.5
广播、电视、电影	6.0	5.5	3.9	3.9	0.0
软件、网络及计算机服务	69.8	61.3	45.7	43.5	2.2
广告会展	12.5	11.5	8.2	8.2	0.0
艺术品交易	2.8	2.5	1.8	1.8	0.1
设计服务	11.9	10.1	7.8	7.2	0.6
旅游、休闲娱乐	11.1	10.6	7.3	7.5	-0.2
其他辅助服务	16.0	16.9	10.5	12.0	-1.5

3.1.3 九大行业资产情况

九大行业中，软件与网络服务业、广播影视业和新闻出版业所占文化创意产业总资产的比率较高，分别是41.9%、10.1%和9.7%。

2012年，文创九大行业资产结构进一步优化，其他辅助行业资产比率减少1.1个百分点，艺术品交易行业固定资产比例上升了1.7个百分点（表3-3）。

表3-3 文创九大行业资产变化情况（2011—2012年）

	资产总计（亿元）		占总资产比率（%）		比率变化（%）
	2012年	2011年	2012年	2011年	
合计	15 575.2	12 942.6			
文化艺术	551.2	470.8	3.5	3.6	-0.1
新闻出版	1 514.6	1 260.4	9.7	9.7	0.0
广播、电视、电影	1 570.7	1 326.0	10.1	10.2	-0.2
软件、网络及计算机服务	6 529.0	5 436.5	41.9	42.0	-0.1
广告会展	1 050.0	1 002.2	6.7	7.7	-1.0
艺术品交易	817.5	464.4	5.2	3.6	1.7
设计服务	1 163.7	920.0	7.5	7.1	0.4
旅游、休闲娱乐	934.5	713.9	6.0	5.5	0.5
其他辅助服务	1 444.0	1 348.4	9.3	10.4	-1.1

总体来看，文化创意产业收入、资产以及就业结构不断优化，核心产业所占比率不断提升，辅助服务业所占比率不断下降。软件、网络及计算机服务和新闻出版业是北京的核心优势产业。广告会展也在收入和就业人口方面贡献较大，广播影视固定资产的增速较快。

3.2 文化艺术业增速明显、转企改制步伐不断加快

3.2.1 总体情况

2008年到2012年，5年间北京的文化艺术行业总收入从124.7亿元增长至237.0亿元，资产总额从299.2亿元增长到551.2亿元，从业人员从4.8万人增长到7.2万人，是北京市九大文化创意产业增长最明显的一个行业。

从收入情况来看，2012年，文化艺术产业收入237亿元，同比增长9.2%，增速较高，但是增速明显回落。从整体来看，文化艺术行业收入并不稳定，2008年到2010年，3年连续下降，在2011年大幅度上升后又于2012年回落。

就从业人数来看，2012年，文化创意产业从业人数152.9万人，同比增长了8.5%，受到整体经济的影响，增速有所回落，但是从整体来看，从业人数增长率依然高于近5年的平均值。

从总资产来看，2012年，北京文化艺术业总资产551.2亿元，比前一年增长了17.1%，虽然增速有所回落，但是依然保持着较高的增长速度。

3.2.2 转企改制步伐加快

北京近年来逐渐加快各类国有演出机构"转企改制"步伐，通过战略合作、连锁经营等方式发展剧院院线及剧院联盟。目前，北京已有保利院线联盟、中国北方剧院联盟、国家大剧院联盟、中国儿童剧院联盟、中国木偶剧院联盟5个院线联盟。其中，保利剧院管理有限公司率先在全国实行"院线制"演出经营模式，用9年时间在全国打造了28家剧场院线，实现了剧场从单一经营到行业经营的转变。

2012年5月，为了推动民营美术馆事业的发展，为了充分发挥民营美术馆的公共文化服务功能，提升民营美术馆的文化影响和社会贡献，进一步满足人民群众的精神文化生活需求，繁荣首都文化艺术事业，促进民营美术馆健康发展，结合北京实际，北京市文化局制定了《北京市促进民营美术馆发展的实施办法（试行）》。北京市鼓励民营美术馆开展展览展示、艺术教育和推广、社会服务、学术交流等活动，弘扬社会主义核心价值观。由市文化创意产业发展专项资金安排专项，支持民营美术馆发展。民营美术馆所申报项目获得银行贷款，符合《北京市文化创意产业贷款贴息管理办法（试行）》（京文创办发〔2008〕5号）规定的，经评审给予贴息支持；民营美术馆申报项目需要提供担保的，参照《北京市文化创意产业担保资金管理办法（试行）》（京文创办发〔2009〕3号）执行。

3.2.3 文艺演出市场繁荣

2012年，北京113家营业性演出场所共演出21 716场，比去年同期（21 075场）增长3.1%。其中，外国艺术团体在京演出932场，占全年总场次的4.3%，比2011年同期（1 474场）下降36%。港、台地区艺术团体及个人在京演出82场，占全年总场次的0.4%，比2011年同期（348场）下降76%。

2012年，北京113家营业性演出场所观众总人数达1 100万人次，比2011年同期（1 026万人次）增长7.2%。其中，音乐类观众221.8万人；舞蹈类观众52.3万人；京剧类观众40.6万人；话剧类观众205.9万人；地方戏类观众17.3万人；杂技类观众136.7万人；曲艺类观众46.2万人；儿童剧类观众165万人；综艺类观众36.9万人；其他类型演出及各种小剧场演出观众177.9万人。2012年，北京113家营业性演出场所共计演出总收入达15.27亿元，比2011年同期（14.05亿元）增长8.68%。北京16家以旅游演出为主的剧场2012年共演出5 379场，占全年总场次的25%；观众人数262.6万人次；总收入2亿元，比2011年增加7391万元。

3.2.4 文化企业情况

目前，北京共有演出经营机构1 722家，主要集中在朝阳、东城和海淀。朝阳718家，占了41.7%，朝阳、东城、海淀3个区的演出经营机构超过总数的70%以上。北京目前有经营性互联网文化单位669家，主要集中在海淀和朝阳，分别占总数的39.6%和23.8%，两个区的经营性互联网文化单位约占总数的64%。目前北京拥有美术馆35家，主要集中在朝阳区，朝阳区美术馆约占总数的50%；艺术馆53家，主要集中在朝阳，朝阳区艺术馆数约占北京总数的67%；画廊113家，也主要集中在朝阳，约占总数的85%（表3-4）。

表3-4 北京各区县部分文化机构分布情况

地区	演出经营机构数	经营性互联网文化单位	美术馆	艺术馆	画廊
北京	1 722	669	35	53	113
东城	276	44	3	2	6
西城	132	35	3		5
海淀	260	265	4	4	
朝阳	718	159	17	32	96
丰台	104	49		1	
石景山	31	63		1	
门头沟	10	1			
房山	13	3			
通州区	53	16	6	8	5
顺义	15	2	1	2	1
大兴	29	14	1	1	
昌平	21	5		1	
平谷	23	4			
怀柔	28	7		1	
密云	8	2			
延庆	1	0			

3.3 广播影视业创造力全国领先,国际影响显著提升

3.3.1 总体情况

2012年,北京广播影视业发展势头良好,增加值为177.6亿元,比2011年多23.6亿元,同比增长15.3%,保持了较高的增长速度。从收入来看,2012年北京广播影视业收入680.3亿元,同比增长22.9%,保持了较高的增长率。从整体来看,北京广播影视增长率不断提高,从2009年开始,增长率不断提升,展现出良好的发展势头。

从就业情况来看,2012年就业人口为15.6万人,同比增长了3.1%,广播影视业就业人口在2010年经历了低谷后,总人数和增速正不断提升,展现出较好的发展势头。

2012年,北京广播影视资产1 570.7亿元,同比增长18.5%,保持了较快的增速,在经历了连续4年的增速降低后,北京广播影视资产增速实现了逆势上扬。

3.3.2 广播影视创造力全国领先

2012年,北京电影票房达16.12亿元,较2011年增加2.62亿元,较2011年增长18.6%,居全国城市榜首。新建影院17家、总数达135家,新增银幕109块、总数达726块,人均银幕数居全国首位。全年共放映电影119.9万场,较2011年增长23.2%;观众达3 752.6万人次,较2011年增长17%。2012年,共制作电视剧累计76部2 585集、电视动画片19部583集8 030分钟,审查国产影片221部。作为国内最大的广播影视播出市场和制造中心,2012年北京拥有广播影视节目制作持证单位1 579家,占全国1/4。

2012年1—11月,广播影视累计创收收入同比增长27.7%,截止到11月份,北京市广播影视累计创收总收入为173.05亿元,比2011年同期增加37.55亿元,同比增长27.7%。其中,广告收入为71.97亿元,占创收总收入的41.6%,比2011年同期增加8.84亿元,同比增长14%;有线电视收视费收入8.97亿元,占创收总收入的5.2%,比2011年同期增加0.23亿元,同比增长2.6%;电影票房收入为13.33亿元,占创收总收入的7.7%,比2011年同期增加1.76亿元,同比增长15.2%(表3-5)。

表3-5 2012年北京市广播影视创收收入情况

项目	1—11月累计创收收入(亿元)			占实际创收比率(%)	
	2012年	2011年	增速(%)	2012年	2011年
实际创收收入	173.05	135.50	27.71	100.00	100.00
广告总收入	71.97	63.13	14.00	41.59	46.59
广播广告	10.10	11.05	-8.60	5.84	8.15
电视广告	35.86	37.38	-4.07	20.72	27.59
有线广播电视收视费收入	8.97	8.74	2.63	5.18	6.45
付费数字电视收入	0.56	0.39	43.59	0.32	0.29
电影票房收入	13.33	11.57	15.21	7.70	8.54
其他	78.22	51.67	51.38	45.20	38.13

北京广播影视业不仅在数量上交出了较好的成绩,并且努力提升影视作品的质量。由北京光线影业有限公司[中国]北京影艺通影视文化传媒有限公司[中国]北京真乐道文化传播有限公司[中国],北京光线影业有限公司[中国]中影数字电影发展(北京)有限公司[中国]华夏电影发行有限责任公司[中国]发行的喜剧电影《人再囧途之泰囧》于2012年12月12日公映,被赞为"年度最好笑喜剧",上映5天票房突破3亿元,创造华语片首周票房纪录,上映一个月票房达到12亿元。最终以12.66亿元、观影人次超过3900万人成为中国电影市场华语片票房冠军,以及观影人次第一名。8月10日,北京其欣然影视文化传播有限公司联合苏广电总台优漫卡通卫视等单位联合出品的动画电影《神秘世界历险记》在全国上映,票房火爆,好评如潮,上映3天全国票房即突破千万,为广大少年儿童送去了欢乐,也给国产动画和全国观众带来了惊喜,截至9月底,国内票房已经突破2200万元人民币,国外市场的发行和版权也进展可喜。

3.3.3 不断加强国内外交流,提升北京影响力

越来越多的北京广播影视机构加快"走出去"步伐,显著提升了北京广播影视业在全球的知名度和影响力。2012年,第二届北京国际电影节有54个国家及地区的260部优秀影片在北京展映活动中与中外嘉宾和北京观众见面;200多个国家和地区的640多家企业参加本届电影节电影洽商活动,有21个项目签约,成交总额高达52.73亿元,与2011年相比洽商交易额增长88.7%。

5月28日下午,市委宣传部与市广电局联合举办了2012年青少年题材影视作品推介会,集中向公众和媒体推介了2011—2012年创作生产的《小小升旗手》《三峡人家》《船长!巨人起航》等21部青少年题材影视作品。剧作主创人员、影视制作机构、北京主要院线和新闻媒体、网络媒体150余人参加了推介会。

10月11日,由电影频道、中国电影导演协会、江苏同里共同主办的"2012电影类型短片创投季"活动启动仪式在京举行。"2012电影类型短片创投季"是一项旨在通过类型短片的创作、投资、拍摄,提升视频短片专业品质,发现和扶持国产类型电影创作人才,助推中国电影产业发展的电影活动,以此开拓观众喜闻乐见的电影题材和类型资源,为中国电影的产业发展助力。电影频道将联合电影网、优酷网、爱奇艺、土豆网、新浪网、腾讯网、搜狐等七大网站进行剧本征集,与中国电影导演协会组成评委会进行剧本甄选,对立项作品的摄制进行资金扶持,在导演协会知名导演指导下完成12部类型电影短片。短片完成后将在CCTV6和七大网站同步上线。

3.3.4 龙头企业带动作用明显

2012年8月23日,北京中影博圣科技有限公司揭牌庆典仪式在京举行。在中国电影产业化和数字化快速发展的黄金机遇期,中国电影器材有限责任公司和中国电影科学技术研究所强强联合,共同打造了"北京中影博圣科技有限公司"。双方整合人才和资源优势,实施体制机

制创新，努力打造迄今国内影院系统工程领域集"产、学、研、用"高度契合的高新技术企业，使之成为影院建设领域规模大、可持续发展、能力强的科技服务型公司，旨在推进国内影院综合系统产业链实现可持续、跨越式发展。11月4日，小马奔腾与美国著名特效公司美国数字王国、印度信实集团就组建合资公司，将全球顶尖的影视特效技术引入中国、落户北京进行签约。北京市委领导在签约前会见各方代表及电影界人士，对小马奔腾联合印度信实集团收购美国数字王国，将全球顶尖的影视特效技术引入中国、落户北京表示祝贺。北京将积极支持中外影视企业强强联合，大力发展影视文化产业，为发挥首都全国文化中心示范作用贡献力量。

3.4 新闻出版业综合实力国内领先、新兴业态快速发展

3.4.1 总体情况

2012年，北京新闻出版业总收入883亿元，较2011年增长16.9%，行业从业人员达到15.6万人，资产总额达到1514.6亿元，较2011年增长20.2%。出版的报纸、期刊和图书分别达257种、3 064种和18万种，在全国保持较高的占有率，北京新闻出版业在全国的实力遥遥领先。2012年，北京新闻出版业收入883亿元，较2011年增长16.9%，虽然比2011年增速有所下降，但依然保持了较快的增长速度。

2012年，新闻出版业从业人数受整体就业形势的影响，出现了负增长，但是从总体来看，从业人口依然保持着较高的数量。

从总资产来看，2012年北京新闻出版总资产1 514.6亿元，较2011年增长20.2%，从2009年开始，新闻出版总资产已经保持连续4年不断上涨的趋势。

2012年，北京力推原创，精品佳作不断涌现，组织策划出版了一批精品力作，分别入选第十二届精神文明建设"五个一工程"奖；中宣部"社会主义核心价值体系出版工程"；新闻出版总署社会主义核心价值体系建设"双百"出版工程；国家出版基金资助项目、向全国青少年推荐百种优秀图书等重点项目。同时，加强与文学期刊的合作，不断拓宽征集作品渠道，发挥首都出版发行联盟优势，创新开展"三个一百"重点出版项目评选活动，并组织专家评审北京地区音像电子出版单位申报的1万余项选题，评选精品项目入选北京市出版工程。

同时，在文化与科技融合的大趋势下，网络出版、手机出版以及云出版等一批新兴出版业态呈现快速发展势头，手机订阅、电子书等用户消费群体不断增长，过去5年北京数字出版收入年均增速保持在20%左右，涌现出了清华同方知网、万方数据、方正阿帕比、书生、超星等国内领先的数字出版企业，成为国内数字出版和电子书产业的主要集聚区。

3.4.2 广泛开展出版交流活动

北京于2012年5月举办第十届北京国际图书节，这是经新闻出版总署批准的、我国大陆首次举办的"国际图书节"。邀请了法国、意大利等7国驻华使馆以及天津、河北、内蒙古、

山西 4 省市相关部门参加，开展 300 余项文化活动，接待读者 80 余万人，创历届参与人数与销售实洋之最，取得了良好的社会效益和经济效益。作为首个主宾城市，北京市组织北京出版集团及出版园区企业参加第十九届 BIBF，举办了包括创中国出版版权记录的"100 种中国图书走出去签约仪式"等 20 余项文化活动。北京出版集团在香港地区举办了"京港两地出版论坛暨精品书展"，对外转让图书版权 40 种。北京发行集团发行业务覆盖全国，并拓展到美国、加拿大等 15 个国家。组团参加第二十二届全国图书交易博览会、第七届中国北京国际文化创意产业博览会、第八届深圳文化创意产业博览会。

3.4.3 加强版权保护，打造版权之都

2012 年，北京市积极推动《北京市出版条例》（下称《条例》）的立法工作，召开立法论证会，邀请新闻出版总署、中国人民大学等多方专家以及出版企业代表，充分论证条例中的重点条款，已修改、形成比较成熟的《条例（草案）》。目前，正在积极与市人大、市政府法制办等部门协商，争取将《条例》列为市人大立法实施项目。

王岐山、刘淇、郭金龙等中央和北京市领导多次接见世界知识产权组织代表并出席相关活动。经过与会代表 7 天的磋商，正式签署了《视听表演北京条约》。作为新中国成立以来我国举办的第一个涉及条约缔结的国际外交会议，共有 154 个世界知识产权组织成员国和 48 个国际组织、202 个代表团、721 名代表参加会议。该条约的签订对保护视听表演者权利、提升北京的国际形象和建设版权之都都具有重要意义。

2012 年，北京市深入开展版权保护工作，完成了版权之都建设方案研究论证工作。整合资源，强化对出版发行、影视制作、动漫游戏等重点文化创意领域版权的专项保护。建立对各类作品网络传播进行版权监管的长效机制，开展打击网络侵权盗版的专项行动，并推进北京正版示范体系建设，完成了 33 家市属企业软件正版化工作。北京市著作权调解工作联席会议和北京著作权调解中心的筹备工作已完成，受理调解 16 起案件，已结案 6 起，社会反应良好。

3.5 艺术品交易业市场繁荣、交易平台百花齐放

3.5.1 总体情况

自 2006 年以来，北京地区的文物艺术品市场呈现出繁荣发展的局面，成交规模大幅放大，2011 年，全年共举办各类文物艺术品拍卖会 239 场，总成交额达 514.8 亿元，占全国文物艺术品交易额的 80% 以上。2012 年，艺术品交易总收入达 705.6 亿元，较 2011 年增长 43.4%；行业增加值达 59.2 亿元，较 2006 年增长 5.9 倍，占北京文化创意产业增加值的比重为 2.7%；行业从业人员从 2006 年的 1 万人快速增长到 2011 年的 2.8 万人，增长了 180%。目前，北京已经成为全国文物艺术品拍卖中心，并成为继英国伦敦、美国纽约、中国香港之后的世界中国文物艺术品交易中心之一。艺术品交易收入一直保持较高的增长速度。

从资产来看，2012 年，北京艺术品交易行业资产达 817.5 亿元，较 2011 年增长 76%，保持了较高的增长速度。

3.5.2 文化创意产业交流活动成果显著

2012 年，北京博物馆相继策划推出了一系列展览及文化活动，如首都博物馆的《明清文物精品展》《假如这样——真假文物对比展》《北京的胡同四合院展》，孔庙和国子监博物馆的"第三届孔庙和国子监文化节"，北京艺术博物馆的《时空穿越——红山文化出土玉器精品展》等。北京博物馆以中华传统节日为契机，举办了丰富多彩的活动，如春节期间，以"文化大拜年"为主题举办了 70 余项民俗传统特色文化展览和活动，接待观众 103 万人次；"清明节"期间，京城 8 家名人故居纪念馆举办了"清明时节缅怀名人走进故居"系列文化活动，接待观众 49 万人次；"端午节"期间，共有近 30 家博物馆新推出了 50 余项展览和文化活动，接待观众约 40 万人次。这些展览及文化活动拉近了观众与博物馆的距离，促进了博物馆服务意识、服务水平的进一步提升。

2012 年 4 月，市文物局组织首都博物馆等 9 家单位参加 2012 海峡两岸文化创意产业展，实现交易额 300 万元人民币。5 月，第八届中国（深圳）文化产业博览交易会，市文物局推介的"首都博物馆文化衍生产品开发"以及"国际古董艺术品网上交易平台"两个项目，签约金额分别达到 300 万元和 2 亿元人民币，成为北京展区的一大亮点。6 月，组织北京古玩城、北京市文物公司等单位赴欧洲开展文化创意产业调研。10 月，"2012 博物馆及相关产品与技术博览会"成功举办，内容涵盖博物馆文化创意产品设计开发、文物修复等几十个门类。12 月，"2012 北京·中国文物国际博览会"顺利举办，展会期间场内累计现场和意向成交额达到 3.8 亿元，客流量达 5 万余人次，均创造了新的纪录。

2012 年举办的"北京·中国文物国际博览会"以"历史传承文化，收藏贤聚北京"为主题，共吸引来自全国各地、港澳台地区及欧美的 83 家收藏机构、行业协会以及海内外的 120 余家古玩商参会。展会期间还吸引了大批中外藏家及古玩艺术爱好者，接待观众达 5 万余人次。博览会承办方之一，北京市文物公司诚邀全国各地 34 家国有文物商店前来参展。仅国有文物商店成交金额就达 1 000 多万元人民币。文物国际博览会的举办，进一步引导和提升了公众对高端文物的收藏与鉴赏能力，促进了收藏市场的健康发展。

3.5.3 拍卖市场繁荣发展

● 加强文物流通和艺术品拍卖市场管理

为推动文物艺术品市场持续发展，认真落实文化创意产业相关政策，努力促进文物艺术品市场繁荣发展，2012 年文物艺术品市场进入调整期，北京拍卖企业共举办 215 场拍卖会，依法审核文物拍卖标的 17 万件（套），确定国家一级珍贵文物 29 件，撤拍禁止拍卖类文物 318 件，实现交易额近 220 亿元。全年共有 15 家企业新增文物拍卖经营资质，6 家拍卖企业晋升一类文物拍卖资质。目前，北京具有一类文物拍卖资质的拍卖企业为 42 家，占到全国一类文物拍卖企业总数的 37%，完成北京市 2010—2011 年度《文物拍卖许可证》年审的初审工作。

● 2012 年，翰海四级拍卖会取得了可喜的成绩

5 月 27 日，翰海 2012 春拍结束 18 个专场的拍卖，圆满落下帷幕，2 400 余件拍品共成交 9.4 亿元，成交率 66%。重要古董书画夜场，流传有序、具有重要文物及学术价值的"西周窃曲瓦纹簋"以 1 069.5 万元成交；著录于《石渠宝笈》的邹一桂《花卉》八开册以 2 300 万元成交，张大千《红叶白鸠》以 1 667.5 万元成交。铜镜专场，镜体硕大、铜质精良的极美品"海兽葡萄镜"以 1 495 万元成交；紫砂专场，顾景舟精心设计、反复修改、历经 20 年才得以完成的紫砂极品"提璧壶"以 1 288 万元成交。翰海四季第 78 期拍卖会于 9 月 25—28 日在北京亮马河饭店举行。此次拍卖会推出近现代书画、当代书画、玉器、家具、金铜佛像、古董珍玩等专场，共计 1 900 余件拍品，总成交 6 164 万元，成交率 68%。

12 月 9 日，翰海 2012 秋季拍卖会在北京朝阳悠唐皇冠假日酒店圆满收槌。此次秋拍共推出中国书画、古籍善本、油画雕塑、玉器、金铜佛像、古董珍玩、珠宝翡翠、紫砂工艺、铜镜等 17 个专场，2 700 余件拍品，总成交 5.4 亿元，成交率约 60%。

北京翰海拍卖有限公司 2012 年四季拍卖会（第 75 期），于 2012 年 3 月 20 日至 23 日在北京亮马河饭店举办，并于 3 月 23 日圆满落槌。本次拍卖会共 6 个专场，包括中国书画、古籍、家具、瓷杂等 1 394 件拍品，现场成交 1 084 件，成交额 8 694.7 万元，成交率 78%。

目前，北京市共有文物拍卖企业 124 家，其中，朝阳 63 家，占总数的二分之一强，其次是东城和西城，分别是 32 家和 19 家。海淀、丰台和石景山分别有 7 家、2 家和 1 家。北京拥有文物商店 66 家，47 家集中在朝阳，东城 10 家，西城 7 家，海淀和延庆各 1 家。从分布来看，朝阳区在艺术品交易行业的地位具有绝对优势。

3.6 广告会展业基础设施不断增强、成为北京绿色经济增长点

3.6.1 总体情况

经过改扩建和新建，北京市会展场馆面积逐年增长，基础设施建设不断加强。截至 2011 年，北京有专业展览场馆 9 座，室内展厅面积 39.4 万平方米，有可出租的会议室 5 780 个，最大会议室可容纳 6 000 人。国家会议中心与北京国际会议中心、北京会议中心、九华山庄等单位成为北京接待大型、高端会议的重要场所。散布在北京各区县的规模不等、各具特色的宾馆酒店、休闲度假场所和企事业单位的设施也为举办各类会议提供了基础保障。此外，"鸟巢""水立方"、国家体育馆、首都体育馆、朝阳公园、劳动文化宫及其他一些体育场馆、文化中心、公园或博物馆通过形式多样、颇具特色的会展活动，成为举办大型活动、文艺演出的理想场所。

2012 年，北京广告会展业实现总收入 1 256.8 亿元，较 2011 年增长 8.8%，占北京文创产业的 12.2%，是仅次于软件网络业、辅助服务业的第三大行业，其中，广告业收入超过千亿元，

居全球首位。2012年北京广告会展业从业人员12.5万人，较2011年增长8.7%，占文创产业从业人数的8%，接待会议27.75万个，其中国际会议7 403个，接待国际会议人次73.7万个；举办展览1 059个，其中国际展览281个。2012年，北京广告会展业发展跃上新的台阶，已成为北京重要的绿色经济增长点。

从收入来看，广告会展业2012年收入1 256.8亿元，同比增长8.8%，从2010年开始，广告会展业增速开始连续下降，广告会展业需要新的增长点来拉动增长速度。

从从业人口来看，2012年从业人数69.8万人，同比增长13.9%，增速较快，但是与往年比，2012年的从业人口增长速度有所下降。

2012年，北京广告会展业资产1 050亿元，较2011年上升4.8%，因受经济影响，会展业固定资产增速为5年来最低。

3.6.2 广告会展业面临机遇和挑战

2012年，北京广告会展业充满了机遇和挑战，北京建设"中国特色世界城市""亚洲会展之都"目标为广告会展业提供了良好的机遇。"十二五"时期，北京将努力打造"国际活动聚集之都、世界高端企业总部聚集之都、世界高端人才聚集之都、中国特色社会主义先进文化之都、和谐宜居之都"，而会展业自身所具有的经济辐射功能、政治传播功能、文化教育功能、信息传递功能、宣传营销功能使北京成为迈向中国特色世界城市目标的一个重要推手；"亚洲会展之都"建设目标的确立，为北京会展业的整体提升发展指明了方向，北京市会展业将迎来前所未有的重要战略机遇期和新的快速增长期。

大型会议、论坛、展览不仅是展示最新技术和发布行业最新发展的重要平台，也是传播新视角、新导向的"风向标"。"十二五"期间北京市将重点发展信息、生物医药、节能环保、新能源、纯电动汽车、新材料、航空航天等战略性新兴产业；同时，大力推动首都功能核心区文化发展，建设文化功能街区，发展公共文化事业和创意文化产业。这些重大举措将为这些领域的专业品牌会展的培育和进一步提升提供了极为重要的产业支撑和经济基础。

环渤海地区是我国最大的工业密集区和重化工业基地，近年来，高新技术产业和先进制造业规模化发展，成为北京会展经济发展重要的产业支撑。同时，以北京为中心的"四横四纵"高速铁路专线网的建设、京津冀地区主要城市"2小时交通圈"的形成，将进一步增强北京作为国内三大会展城市的吸引力和竞争力。伴随环渤海区域一体化的不断深化以及京津同城化效应的不断显现，区内各城市之间的经济联系将日益密切。作为区域内会展业的龙头城市，北京会展业的发展将更多获益于整个区域以及国家经济和产业的平稳增长。

然而，国内外的严峻形势也给会展业发展带来了挑战，北京会展业2012年在收入、就业、资产三个指标增速上都严重下降。国际金融危机影响深远，世界经济增速减缓、人民币汇率升值、重大突发事件常态化、北京城市资源环境与人口交通的巨大压力，对北京会展业整体竞争力的提升带来难以预料的影响。同时，国内不少地方政府越来越重视会展业的发展，纷纷出台扶持政策，采取有力措施，一批新兴会展城市和会展项目不断涌现，区域和城市之间的竞争格局日益激烈。"十一五"期间，有29个省区市把会展业列入本地经济发展规划之中，40多个城市设立了会展办、会展协会组织；300多个展览场馆中，绝大部分是由各级政府直接投资或通过土地置换投资。会展行业自身项目并购步伐的加快、外资会展企业的不断加盟，也对北京会展业管理和服务水平的提高提出了更高要求。

尽管北京会展业"十一五"时期取得了跨越式的发展，但与国外会展业发达城市以及北京建设"中国特色世界城市"的目标要求相比，在会展业的规范发展、国际竞争力以及体制、管理、环境、服务等方面还存在较大差距，即：管理体制仍未理顺，会展行业行政主管机构仍不明确，多头管理；现有展览场馆在规模和设施条件上难以满足大型国际品牌展会的需求；会展产业集聚发展不足，综合配套与服务不够完善，业态较单一；会展业促进体系有待完善，政策支持力度明显偏弱，会展人才缺乏，会展信息咨询和发布系统有待完善。

3.6.3 为广告会展业不断加大政策力度

面对严峻的国内外经济形势，北京市不断加强对广告会展业的支持力度，努力助推广告会展业快速发展。2012年10月，北京市工商行政管理局印发《支持文化产业创新发展的工作意见》，提出：支持文化企业集团化发展，提升首都文化企业竞争力，加快文化企业集团化进程，积极推进文化企业登记注册为集团；支持成长性好、竞争力强的文化企业以资本为纽带强强联合，做大做强优势文化企业；加强对集团化文化企业名称保护；支持文化企业集团发展连锁企业；集团全资直营连锁企业经营书籍、报刊、音像制品等文化类产品业务的，由集团连锁企业总部向审批机关申请办理有关许可证，总部取得许可证后，连锁门店不再办理相应许可证；支持文化事业单位改制重组，放宽设立文化企业的出资方式；支持文化事业单位以全部净资产出资改制重组为企业；支持文化事业单位以股权出资组建公司，支持文化事业单位以债权出资组建公司；加强服务，积极支持各类文化市场主体发展，支持文化股份有限公司上市；鼓励发展新兴文化业态和经营形式；鼓励发展数字出版、移动多媒体、动漫设计、艺术创作等科技与文化融合的新兴业态，在企业名称和经营范围中体现行业特点，允许使用体现文化企业特点的各类新兴行业作为行业用语表述；支持文化企业实施股权激励；支持文化基金企业发展；支持社会资本投资设立各类文化产业企业；实施广告战略，促进广告业发展；支持设立广告行业发展专项资金，提高广告行业的技术创新能力和综合竞争能力，加强广告公共服务体系建设，指导北京国家广告产业园发展；支持文化品牌建设，保护文化企业驰名商标，支持企业商标品牌建设；支持历史传承悠久、民族特色鲜明、文化底蕴深厚的"老字号"企业和知名文化企业、事业单位的发展；支持名家名人推出名家名人品牌；支持大专院校保护院校名称；积极保护历史上已经形成品牌的文化事业单位的名称及其简称；支持北京特色旅游文化项目，加强对公共历史文化资源的保护，引导文化中介专业经营，规范有形文化市场发展，支持文化经纪企业专营发展；支持文物艺术品拍卖企业专营发展；制订并引导展览展销会各方使用有关合同示范文本签订合同；支持展览展销行业组织制订行业服务规范，建立展览评估体系，充分发挥服务、维权和组织协调作用，推动展览展销相关经营主体诚信经营，规范经营行为，提高行业水平；鼓励文化产品市场的开办，促进书画、工艺品、文体用品等有形文化产品市场的发展，充分发挥职能作用，做好准入前的服务工作，研究制订文化市场行业行为自律规则，促进该类企业的规范发展。

2012年5月，北京市商务委员会、北京市财政局联合发布《关于促进北京商业会展业发展的通知》，提出将加大工作力度，不断提升北京展会业专业化、国际化程度，培育具有核心竞争力的首都品牌展会，将北京打造为国际会展聚集之都。提出：引进国际大型展会，鼓励引进具有国际影响力的展会，对新引进的国际展会，并满足下列条件、在京办展的前三届，每届给予主办方不超过50%的场租费用支持、最高不超过500万元；培育品牌展会，依托北京市优越的政治、经济、科技及文化等条件，培育一批规模较大、国际影响力较强、符合北京产业发展政策的首都品牌展会。商务部门结合北京产业发展现状，定期发布《北京市引导支持品牌展会名录》（以下简称《名录》，支持、引导展会项目的征集、评审等有关事宜另行通知），对《名录》中的品牌展会，并满足下列条件的，每届给予主办方不超过100万元奖励资金。引导具有发展潜力的同类同质展会进行整合，合理配置展会资源，扩大展会的规模和提升品牌效应。支持建设北京市会展公共信息服务平台，为会展企业、参展商与采购商搭建真实、优质、畅通、高效的信息渠道，给予北京市会展公共信息服务平台建设单位不超过50%的费用支持、总额最高不超过300万元；每年在国际知名展会上以政府推介等形式对北京会展环境进行整体宣传推介，投入费用总额不超过500万元。优化会展环境，改造提升大型展馆配套设施，提高承接国际大型会展的能力。加强会展业人才队伍建设，市商务部门遴选具备会展专业培训资质的培训机构，对会展企业在这些培训机构中进行的员工业务培训给予必要的资金支持；引进国内外高素质会展专业人才，为北京市会展业发展提供人才保证。

3.6.4 发布品牌展会名录，引导北京会展业品牌化发展

按照《北京市商务委员会、北京市财政局关于促进北京商业会展业发展通知》（京商贸发字〔2012〕55号）、《北京市商务委员会、北京市财政局关于本市商业会展业发展项目申报有关事项的通知》（京商务商服字〔2013〕1号）和《北京市商务委员会关于公开征集北京市引导支持品牌展会名录的通知》（京商务商服字〔2013〕2号）要求，经会展企业自主申报，组织专家评审，网上公示，市商务委发布了2012年引导支持品牌展会《名录》，对带动效应好、规模影响大、行业特点鲜明的中国汽车用品暨改装汽车展览会等25个展会和中国（北京）国际工程机械、建材机械及矿山机械展览与技术交流会等31个展会分别列入2012年度《名录》（表3-6）。发布《北京市引导支持品牌展会名录》，是市商务委着眼北京市会展业发展阶段特征，引导北京市会展业向品牌化、规模化、国际化发展的重要措施，将为北京市会展业发展带来新的动力。

表 3-6　2012 年度《北京市引导支持品牌展会名录》

序号	展会名称	申请单位	展会地点	举办周期	已举办届次
1	中国汽车用品暨改装汽车展览会	北京雅森国际展览有限公司	国展新馆	每年一届	12
2	中国国际服装服饰博览会	北京时尚博展国际展览公司	国展新馆	每年一届	20
3	第十一届国际铸造博览会	中国铸造协会	国展新馆	两年一届	11
4	第二十三届国际制冷、空调、供暖、通风、及食品冷冻加工展览会	中国国际贸易促进委员会北京市分会	国展新馆	每年一届	23
5	2012 中国（北京）国际石油石化技术装备展览会及中国国际管道防爆电气自动化展览会	北京振威展览有限公司	国展新馆	每年一届	12
6	北京国际广播电影电视设备展览会	中国广播电视国际经济技术合作总公司	国展老馆	每年一届	22
7	北京国际图书博览会	中国图书进出口（集团）总公司	国展新馆	每年一届	18
8	中国国际纺织面料及辅料（春夏）博览会	中国国际贸易促进委员会纺织行业分会	国展老馆	每年一届	17
9	2012 北京国际风能大会暨展览会	北京赛迪会展有限公司	国展新馆	每年一届	4
10	第二十五届中国国际眼镜业展览会	中国眼镜协会	国展老馆	每年一届	25
11	中国国际医药（工业）展览会暨技术交流会	中国医药国际交流中心	国家会议中心	每两年在京举办一届（双年）	17
12	第八届亚洲运动用品及时尚展	慕尼黑展览（上海）有限公司北京分公司（筹）	国家会议中心	每年一届	8
13	中国国际交通技术与设备展览会	中国国际贸易促进委员会北京市分会	北京展览馆	两年一届	11
14	中国国际裘皮革皮制品交易会	三利广告展览公司	国家会议中心	每年一届	38
15	北京种子大会	北京泰达正业科技发展中心	丰台体育中心、大成路 9 号宾馆	每年一届	20
16	中国国际版权博览会	北京国际版权交易中心	国贸	每年一届	4
17	国际医疗仪器设备展览会	中国国际贸易中心股份有限公司	北京国家会议中心	每年一届	24
18	中国国际高尔夫球博览会	北京励展光合展览有限公司	国家会议中心	每年一届	10

续表

序号	展会名称	申请单位	展会地点	举办周期	已举办届次
19	第十五届京正•北京孕婴童产品博览会、京正•童装博览会	北京京正国际展览有限公司	国展老馆	每年一届	15
20	中国国际照相机械影像器材与技术博览会	中国文化办公设备制造行业协会	国家会议中心	每年一届	15
21	2012中国（北京）国际妇女儿童博览会	国家会议中心	国家会议中心	每年一届	34
22	第十一届中国国际住宅产业博览会	中国建筑文化中心	国家会议中心	每年一届	11
23	北京国际创意礼品及工艺品展览会	北京思恒展览策划有限公司	国贸中心	每年一届	6
24	北京国际包装博览会	中国包装联合会	国展新馆	两年一届	2
25	第十七届北京•埃森焊接与切割展览会	中国机械工程学会	国展新馆	北京（双年）	16

3.7 设计服务业顶尖机构汇集、发展潜力巨大

3.7.1 总体情况

依托良好的资源条件和产业发展基础，北京设计服务业成为了工业设计、建筑设计等优势领域，在全国具有明显的竞争优势。北京的设计服务业从2008年到2012年分别增长了52.8亿元、76.4亿元、84.2亿元、90.6亿元、97.4亿元，呈明显的加速度趋势。2012年，整个行业总收入已达到443亿元，占整个北京文创产业总收入的4.3%，从业人员11.9万人。2012年6月，北京正式加入联合国教科文组织创意城市网络，以科技创新、文化创新的鲜明特色成为继柏林、蒙特利尔、名古屋和中国上海、深圳等城市之后的第12个全球"设计之都"，奠定了北京设计在全球设计领域的领先地位，设计服务行业进入快速发展阶段。

科技教育资源优势凸显。截至2012年年底，北京地区拥有全国1/3的国家级重点实验室、工程（技术）研究中心和企业技术中心，坐拥清华美术学院、中央美术学院等一批在国际上有重要影响力的高等院校。北京科技活动人员约60万人，聚集了一批国际级设计大师和国内设计行业领军人才。在北京112所设有设计专业的高校和设计机构中，每年毕业生人数近万名。

设计产业发展卓有成效。北京设计公司和设计院所聚集，拥有北京DRC工业设计创意产业基地、中国设计交易市场、751时尚设计广场、798艺术区、国家新媒体产业基地等一批特色产业园区。3D扫描、渲染、逆向工程、快速成型等一批共性技术平台为设计创新提供了强大支撑。2010年，北京出台《北京市促进设计产业发展的指导意见》，进一步优化了设计之都的建设环境。2012年，北京设计产业收入超过1 000亿元，设计产业从业人员近20万人。设计产业正成为北京经济发展的新动力和城市发展的重要引擎。

国际化水平不断提升。2012 年共召开国际会议 7 403 个，国际展览 281 个。2012 年成功举办北京国际设计周、设计之旅、北京服装周等 400 余场设计活动，吸引了来自近百个国家的设计师齐聚北京，惠普、波音、英特尔、宝洁等 20 余家国际企业在京设立了研发设计中心。中国设计红星奖、北京国际设计周等品牌活动有效提升了"北京设计"的国际影响力。

2012 年，北京设计服务业总收入 443 亿元，较 2011 年增长 19.8%，增速明显提升，为文化创意产业发展做出了重要贡献。

2012 年，设计服务业从业人数 2.8 万人，较 2011 年增长 12%，但是受宏观经济的影响，增长率持续下降。

2012 年，北京设计服务业资产 1 163.7 亿元，较 2011 年增长 26.5%，在经历连续 3 年增长率下降后逆势上扬，为北京文创产业的发展提供了动力。

3.7.2 "设计之都"建设发展规划纲要助推设计业迅猛发展

2012 年，北京正式加入联合国教科文组织（UNESCO）创办的全球创意城市网络，成为"设计之都"。为进一步落实申都承诺，推进设计之都建设，依据市委、市政府《关于深化科技体制改革加快首都创新体系建设的意见》《中共北京市委关于发挥文化中心作用加快建设中国特色社会主义先进文化之都的意见》《"十二五"时期科技北京发展建设规划》等文件精神，制定了设计业规划纲要。

● 纲要为设计发展提出了发展目标

到 2015 年，初步形成国际设计资源聚集、设计产业加快发展、"北京设计"品牌魅力提升、设计有效增进民生福祉、设计人才荟萃京城的良好局面，国际影响力进一步提升；创建北京 UNESCO 设计创新产业中心等国际化设计机构，吸引 50 家以上国际著名设计机构和研发设计中心落户北京；设计产业实现快速发展；培育设计企业 100 强以及一批优秀中小型设计企业，建设 20 ~ 30 个"设计之都"示范基地；设计产业收入实现 1 400 亿元，年均增长率不低于 15%，从业人员达到 35 万人；设计品牌认知度和创新能力进一步增强，推出 40 个知名设计品牌和一批优秀设计成果；"设计之旅"挂牌站点达 100 家以上；北京外观设计专利授权量年均增长率超过 2%，达到 7 000 件；设计单位输出技术合同成交额从 2011 年的 123 亿元增至 300 亿元，设计提升城市品质的作用更加明显；完成重点地区公共空间环境、公共基础设施以及城市景观和城市标识系统优化，首都人居环境和人民生活质量明显改观，人才队伍建设卓有成效；引进 50 位以上设计拔尖人才，支持本土设计人才的国际化发展，培养一批复合型设计人才，形成一支规模可观、素质优良、结构合理的设计人才队伍。

到 2020 年，北京将基本建成全国设计核心引领区和具有全球影响力的设计创新中心，"设计之都"成为首都世界城市的重要标志。"北京设计"的国际影响力大幅提升，设计产业年收入突破 2 000 亿元，设计品牌认知度和创新能力明显增强，设计提升城市品质的作用凸显，设计人才队伍建设成效显著。

- 规划为设计之都建设提出了具体任务

实施国际化工程，融入全球创新设计网络，推动北京设计走向世界，全面接轨创意城市网络；加强亚太地区设计合作，参与 UNESCO 发展非洲和推动文化多样性活动，推进中非战略合作，加快北京—内罗毕创意设计研究中心建设，开办训练营、工作坊和论坛，设立 UNESCO 非洲设计创新奖；鼓励企业加入全球分工体系，参与创意城市网络"设计之都"活动等国外各类重大展览和设计活动，承接国际订单，参与国际标准制定，在全球范围内开展联合研发与交流合作；集聚国际优秀设计资源推动建立北京 UNESCO 设计创新产业中心，吸引国际知名设计机构；引入国际知名品牌活动，吸引国际知名的创意设计活动和商业活动在京举办；吸引德国红点奖、IF 奖以及美国 IDEA 大奖等一批奖项在京举办颁奖、获奖产品展示等活动。

- 实施产业振兴工程，推动创新型经济发展

（1）实施设计提升产业计划，支持企业提升设计创新能力，实施设计振兴贸易计划。实施设计产业创新计划，提升重点设计行业创新能力，支持龙头设计企业做大做强，扶持中小微设计企业做专做精，搭建设计产业创新服务平台，促进设计产业集聚发展，打造"设计之都"核心区。（2）依托中关村德胜科技园，聚集一批国际设计组织和著名设计机构等高端资源，将德胜科技园打造成为"设计之都"核心区，使之成为"设计之都"的显著标志。（3）建设"设计之都"示范区，重点推进通州区"国家创意设计与艺术品交易功能区"建设，建立"设计之都"示范基地认定标准，认定一批"设计之都"示范基地，加强基地专业服务能力建设，聚集一批创新设计机构，培育一批品牌设计企业，对区域经济发展形成示范和带动效应。（4）培育新的设计产业集聚区。在工业文化遗产的保护和再利用中，结合设计产业的培育与发展，利用老工业厂房改造和新型企业集聚区，引导和创建一批新的设计产业集聚区。

- 实施品牌塑造工程，提高"北京设计"认知度

打造品牌设计奖项，提高红星奖国际影响力，设立"设计之都"贡献奖，推广"北京设计"品牌，扩大品牌知名度，提升品牌美誉度，强化品牌普及度。

- 实施人才助推工程，构建多层次人才梯队

（1）推出设计拔尖人才，建立相关评审制度。推出一批具有国际影响力的设计行业拔尖人才，鼓励其参与国际交流活动，开展国际合作项目，加入国际行业组织。（2）培养实用型设计人才，实施实用型设计人才培养计划。支持重点高等院校开展设计实践项目，促进人才跨界交流，集聚国内外科技、文化、设计人才资源，举办设计沙龙、设计讲座、成果发布会、论坛等各种活动，促进设计行业、制造业、服务业等跨行业人才合作，通过开展不同领域、不同学科间思想交流，活跃创新思维，增进跨界设计创新合作。

3.7.3 政策机制为设计之都建设保驾护航

成立由市长为主任的北京"设计之都"建设协调推进委员会，由市政府相关部门组成，办

公室设在市科委,全面协调统筹各项工作。加强北京各部门间的分工协作与沟通机制,建立定期沟通和委员会会议制度。建立北京内部评估机制,按照UNESCO相关要求,每两年对"设计之都"建设进展进行评估,确保各项工作顺利推进。

发挥财政资金引导作用,带动社会资本投入设计产业。加大研发费用加计扣除等税收优惠或减免政策的落实力度。构建信贷资金、产业基金、风险资金、私募股权基金等构成的多元化投融资体系,为设计企业提供投融资服务。建立和完善设计人才评价体系,在相关专业技术职称体系中增设设计专业门类,按照专业技术职务评审办法进行评审和资格认证。对设计产业发展亟须的高层次专业技术人才,依据现有人才政策给予适当倾斜。研究出台促进设计产业发展的相关配套措施和实施细则。

健全知识产权保护体系,加大知识产权的保护和宣传力度。组织设计企业和设计师进行知识产权等相关法律法规的学习培训,增强知识产权保护能力。尊重原创性设计成果,有效保护设计成果所有人的权利。

建立设计产业统计分类标准,制订北京市设计产业统计制度,完善统计调查方法和指标体系。编制《北京设计产业年度报告》,构建完善相关统计指标,进行年度跟踪和分析,研究设计产业对经济发展的作用和影响。

充分利用各种媒体宣传渠道,推广普及设计创新相关理念和优秀成果。加强"设计之都"建设的经验交流与案例总结,充分开发"设计之都"品牌内涵,扩大公众认知度与社会影响力。

3.8 软件网络业支柱地位明显、国际影响世界瞩目

3.8.1 总体情况

北京软件、网络及计算机服务业一直保持强劲增长趋势,2008年到2012年,每年总收入分别增长703.1亿元、710.5亿元、847.1亿元、1 042.2亿元、1 190.3亿元,2012年整个行业总收入达到3 888.1亿元,从业人员达到69.8万人,保持着文化创意产业第一支柱的地位,增加值、就业、资产总计和收入均居文化创意产业各行业之首,显示出旺盛的生命力。

北京市的软件、网络和计算机服务业推动了国民经济和社会信息化建设,带动了传统产业改造升级,催生了一批高附加值、绿色低碳的新兴产业,为加快经济发展方式的转变和产业结构调整,提高整个城市的国际竞争力做出了重大贡献。以中关村为依托,北京拥有国内层次最高、密度最大的人力资源和国际上最前沿的产业业态和商业模式。经过多年的发展,作为"中国软件之都"的北京,软件产业在中国已经位居引领地位,并且已经受到了全世界的瞩目。

2012年,北京软件网络业总收入3 888.1亿元,较2011年增长16.3%,2010年到2012年,每年收入增长均保持在500多亿元,由于总收入基数不断变大,北京软件业进入平稳发展阶段。

从资产方面来看,2012年北京软件网络业资产6 529亿元,较2011年增长20.1%,与收入一样,北京软件网络业资产进入平稳增长阶段。

3.8.2 加强交流，积极推动产业走出去

为落实《北京市软件和信息服务业"十二五"发展规划》关于增强面向全球市场服务能力的部署，支持在京软件企业开拓国际市场，北京软件行业协会、比特网于 2012 年共同举办了 2012 北京软件产品出口论坛。此次论坛邀请了国际知名的软件分销渠道平台 Avangate 网站亚太地区销售副总裁 Andy.Tung 董家昌、神州图骥地名信息技术股份有限公司副总裁魏钊、中国软件网 CEO 曹开彬。

由北京软件行业协会、中关村云计算产业联盟组织的北京软件代表团于 6 月赴美国硅谷考察。代表团成员包括了用友、腾讯、乐视、中金数据、浪潮、赛尔、奥鹏教育等国内知名软件企业。代表团重点拜访了 Facebook、IBM、Google 等公司，与硅谷企业代表团组织座谈会就技术、安全、管理与合作等问题进行深入交流，并参加了在硅谷中心城市圣荷西（San Jose）举行的"第三届北京云计算国际高层论坛"。代表团团长、北京软件行业协会会长、用友公司董事长王文京在论坛上就云计算的转型与创新作了主题发言。此次考察活动极具意义，成果丰硕。硅谷企业的创新文化，以及以技术和产品为核心的工程师文化对国内软件企业谋求可持续发展有很大的启示。国内企业与硅谷互联网及云计算优秀企业建立了联系，为今后企业间人才、技术、项目合作奠定了良好的基础。

3.8.3 依托石景山动漫基地，游戏动漫产业迅速发展

2012 年，北京的动漫产业继续保持了良好的增长态势。通过打造品牌活动，如动漫北京、文博会动漫游戏展区，以及动漫文化嘉年华，包括 2012 年举行的动漫游戏论坛，吸纳了十几万人次参观。经过统计 2011 年北京动漫游戏总产值达到 167.57 亿元，相比 2011 年的 130 亿元增长了 29%，出口初步统计 15.6 亿元，增长了 30%。

石景山动漫产业是发展动漫的重要基地，区委区政府给予高度重视，从政策、环境、人才、产业扶持角度大力支持和发展动漫产业，动漫游戏企业从中关村流向石景山，这也是产业链驱动，是正常的行业流动。动漫游戏产业国际论坛作为品牌项目，到现在为止已经办了六届。

2012 年，石景山动漫游戏产值达 86 亿元，发展特色数字娱乐产业、保护文化创意知识产权，搜狐畅游的《天龙八部》《鹿鼎记》《战地风云》，漫游谷的《争霸天下》《功夫西游》，科影国际的《西游新传》（第二部）等这些让人痴迷的游戏已进驻石景山区，成为区文化创意产业发展的重要组成部分。

作为以网络游戏的研发及运营为主营业务的公司，游艺春秋网络科技（北京）有限公司 2007 年注册在石景山区。2012 年，公司实现收入 3 550 万元，税收 179 万元，平均年度收入增长率达到 70% 以上。截止到 2012 年 3 月，公司旗下 Iccgame 游戏平台注册用户已超过 4 000 万。但是，由于游戏外挂的侵权影响，公司游戏用户大量流失，合法权益长期受到侵害。去年 8 月，公司就游戏产品受外挂侵权向石景山区公安分局报案。对此事，石景山区政府高度重视，并立即让公安部门展开了调查。在区科委园区积极配合协助下，犯罪嫌疑人最终被抓捕，

公司的大量财产损失被挽回。目前，全国排名前十的网络游戏企业总部或分支机构均落户石景山区。从传统工业到现代服务业，石景山区抓住了全球文化创意产业蓬勃发展的趋势，将文化创意产业纳入区域转型发展大格局，以信息网络为平台，以数字化技术为工具，以知识文化为资源，以创意为动力。石景山区重点发展以数字娱乐为代表的文化创意产业，推动产业特色集群化发展，产业集聚效应日益凸显，品牌影响力逐步扩大，取得了显著成效。现在，3 000多家文创企业汇聚石景山区。2012 年在石景山区注册的动漫游戏企业总产值约占北京市动漫游戏产业总产值的 51.3%，达到 86 亿元。网络游戏规模以上企业总产值约为 85.5 亿元，约占北京市游戏总产值的 54.8%，约占全国游戏总产值的 14.2%。中国动漫游戏城、北京市数字娱乐产业示范基地等集聚区快速发展，中国动漫集团、中国华录集团、搜狐畅游、完美时空、千橡网景、暴风网际、盛大无线、巨人征途、蓝港在线、久游炫耀、趣游科技、电玩巴士、手机大头、音乐梦工场、三浦灵狐、银河长兴等企业齐聚石景山区。石景山区的文化创意产业，在"引进来"的同时更注重"走出去"。华海基业今年在美国硅谷首家通过置业方式成立了"中关村石景山园硅谷基地"，作为石景山区动漫游戏产业海外基地，对于该区实施"文化走出去"战略具有重要意义。此外，区内的文化创意产业还在沪深两市上市，在外地不断开设分公司，在亚洲、欧洲增设分支机构。

3.9 旅游休闲业快速增长、区域一体化辐射作用明显

3.9.1 总体情况

2012 年，北京旅游休闲业收入 849 亿元，较 2011 年增长 20.2%，尽管增速较 2011 年有所回落，但依然保持了良好的发展势头。

2012 年，北京旅游休闲从业人员 11.9 亿元，较 2011 年增长 18%，在经历了连续 3 个月增速不断下滑后，旅游业从业人员增速快速上涨，成为拉动就业的重要成长点。

2012 年，北京旅游休闲业资产 934.5 亿元，较 2011 年增长 30.9%，从资产来看，旅游业资产增长速度已经经历了连续 4 年的不断提升。

3.9.2 旅游业政策扶持力度不断增强

旅游业的发展离不开政策的支持，2012 年，北京旅游委发布《北京市会奖旅游奖励资金管理办法（试行）》《北京旅游商品扶持资金管理办法（试行）》，加大旅游业奖励和资金扶持政策，助推旅游业快速发展。

《北京市会奖旅游奖励资金管理办法（试行）》提出对专业买家、媒体来京交流、采访与开展合作的奖励条件及标准：根据活动的规模、重要性、实际效果以及对北京会奖旅游业发展的作用，通过第三方评审择优奖励；申报单位须提供护照与出入境签证、电子机票确认单、住宿发票等材料的复印件与活动报告书等。积极推动海外促销，根据活动的规模、重要性、实际

效果以及对北京会奖旅游业发展的作用等，通过第三方评审择优奖励；申报单位须提供护照与出入境签证、电子机票确认单、住宿发票、参展或参会通知、场地费与交通费单据等材料的复印件与活动报告书、活动现场照片等材料。积极推动申办和举办国际会议的奖励条件及标准，每年选择不超过 20 个重要国际会议，对申办成功的项目根据第三方评审结果择优奖励；申报单位须提供护照与出入境签证、电子机票确认单、境外会议及活动花费与交通费单据等材料的复印件与活动报告书、活动现场照片等材料。推动加入国际知名会奖旅游组织，通过第三方评审择优对加入国际知名会奖旅游组织的企业予以奖励。积极吸引国际会奖旅游公司、协会机构等落户北京，对国际知名会奖旅游专业公司、协会机构等在京新设分支机构，通过第三方评审择优给予一次性奖励。对于年营业收入总额、纳税总额、雇用（长期）员工数、年增长幅度等指标综合排名前 10 的企业进行奖励。对整合本市会奖旅游资源，提升本市会奖旅游目的地竞争力与影响力的项目，依据创新性、影响力、规模以及对财政的贡献率、消费额、可持续性等因素，通过第三方评审择优给予一次性奖励。对开展会奖旅游专业教育、培训、科研的机构，根据创新性、影响力、社会贡献度及可持续性等通过第三方评审择优奖励。

《北京旅游商品扶持资金管理办法（试行）》提出支持旅游商品研发设计生产，鼓励旅游商品研发设计生产企业，根据北京特色与元素，深入挖掘北京丰富的文化资源、自然资源和传统工艺，重点开发"北京礼物"四大特色旅游商品系列。包括：（1）北京特色的书画制品；（2）结合民族文化与首都景区景点等地域特点的旅游纪念品；（3）北京特色的工艺美术品；（4）北京特色的、适合旅游者购买的都市工业品。推动"北京礼物"旅游商品营销体系建设，鼓励商业企业在北京主要旅游景区、高星级饭店、特色商业街、各大商场、中心城区主要干道、北京旅游咨询中心、交通枢纽等设立"北京礼物"旅游商品店；支持在全国主要城市设立"北京礼物"旅游商品店；推动"北京礼物"物流体系的专业化建设。鼓励各类相应产品向旅游商品转化，每年在北京市旅游发展委员会旅游商品大赛中获奖的商品将被直接认证为"北京礼物"，可免费参加当年的"北京礼物"旅游商品展，并获重点宣传。鼓励现有相应的居民生活用品（包括科技产品、工业品、农产品）、食品、艺术品、文物复制品、医疗保健品等都市工业产品向适宜旅游购物的方向转化；其转化成功并获得良好社会、经济效益的，组织专家评审后，授予"北京礼物"品牌称号，并根据该产品的具体销售额（不得低于 100 万元），给予销售总额 20% 的政府奖励资金，奖励资金最高不超过 100 万元。对开发生产"北京礼物"旅游商品加大信贷投入的企业，给予一次性贴息扶持，贴息时间为 1 年，贴息资金最高不超过 50 万元。扶持旅游商品孵化基地发展，积极引导北京旅游商品孵化机构向专业化、市场化发展，对聚集一定数量的旅游商品在孵企业、具备较强专业服务能力并取得较好孵化效果的机构，组织专家评审，评定"北京礼物"旅游商品孵化基地。对认定的北京市"北京礼物"旅游商品孵化基地，根据基地规模、在孵企业数量等指标给予一次性 100 万～300 万元的奖励资金，用于在孵企业房租补贴。构建旅游商品宣传平台，政府出资运用公共宣传媒体资源有计划地对优秀"北京礼物"旅游商品的信息进行推广宣传，全方位、多角度、长时间地推广"北京礼物"等相关旅游商品。

3.9.3 旅游市场

2012年,北京市旅游总收入3 626.6亿元人民币,较2011年增长12.8%。旅游总人数2.31亿人次,较2011年增长8.1%。旅游购物和餐饮零售额1 880.9亿元,较2011年增长10.5%,占北京社会消费品零售额比重24.4%。旅游特征产业完成投资额681亿元,较2011年增长26.8%,占全社会固定资产投资比重的10.5%。旅游增加值1 336.2亿元,较2011年增长12.2%,占北京GDP比重7.5%。

北京的旅游客源市场分为入境旅游、国内来京旅游和市民在京旅游3个板块。2012年,北京共接待入境旅游者500.9万人,较2011年减少3.8%。其中,接待外国人434.4万人,较2011年减少2.9%;香港同胞37.6万人,较2011年减少13.5%;澳门同胞1.4万人,较2011年增长11.4%;台湾同胞27.4万人,较2011年减少3%。按洲际区域分,亚洲游客(含港澳台地区)237.8万人,占入境来京旅游总人数的47.5%,较2011年减少7.8%;欧洲游客130.7万人,占总人数的26.1%,较2011年增长1.5%;美洲游客101.5万人,占总人数的20.3%,较2011年减少3.6%;大洋洲游客19.8万人,占总人数的4%,较2011年增长11.4%;非洲游客8.6万人,占总人数的1.7%,较2011年增长25.5%。2012年,旅游外汇收入51.49亿美元(合人民币325.2亿元),较2011年下降4.9%。入境旅游者在京旅游人均花费1 028美元,较2011年减少1.2%,人均每天花费243美元,平均停留4.23天。花费构成中,长途交通占28%,购物占23.5%,住宿占16.5%,餐饮占7.4%,娱乐占5.4%,景区游览占5%,邮电通信占2.2%,市内交通占3.5%,其他占8.5%。2012年,接待国内其他省市来京旅游者13 620万人次,较2011年增长6.3%,旅游收入3 019.7亿元,较2011年增长15.3%,人均花费2 217元/人次,较2011年增长8.5%,平均停留时间5.01天。人均每天花费442元,比2011年增长9.7%。国内旅游收入3 301.3亿元,较2011年增长15.3%。花费构成中,长途交通占15.5%,购物占32.1%,住宿占19.8%,餐饮占21.4%,娱乐占0.7%,景区游览占6.1%,邮电通信占0.2%,市内交通占4%,其他占0.1%。2012年、本市居民在京旅游人数9 014万人次,较2011年增长11.7%,旅游消费281.6亿元,较2011年增长14.7%,人均花费312元/人次,较2011年增长2.7%。

3.9.4 旅游资源基本情况

截止到2012年年底,北京共有星级饭店612家,其中五星级62家,四星级130家,三星级207家,二星级191家,一星级22家。北京星级饭店平均出租率60%,平均房价523.2元/间•天。2012年,北京星级饭店营业收入299.2亿元,比2011年增长5.8%。截止到2012年年底,北京市共有旅行社1 315家。其中,有特许经营中国公民出境业务的旅行社289家,外商投资旅行社27家。北京有导游证的人员38 560人,其中,普通话导游26 000人,英语导游8 437人;特级导游2人、高级导游186人、中级导游2 145人、初级导游36 227人。出境领队13 289人。

2012年,北京旅行社接待入境旅游者168.4万人次,较2011年减少0.1%;接待国内旅游人数350.7万人次,较2011年减少8.6%。实现营业收入总额451.1亿元,较2011年增长

19.5%，利润总额 2.5 亿元，较 2011 年增长 10.6%。北京市特许经营中国公民出境游业务的旅行社组织出境旅游（首站）人数 272.5 万人次，较 2011 年增长 47.9%。截止到 2012 年年底，北京共有评 A 的旅游景区（点）206 个，其中 5A 级 8 个、4A 级 63 个、3A 级 87 个、2A 级 36 个、1A 级 12 个。2012 年，北京 A 级景区（点）及其他重点景区（点）共接待游客 2.4 亿人次（含年月票人数），较 2011 年增长 0.1%；营业收入 58.6 亿元，较 2011 年增长 6.2%。

据北京市统计局、国家统计局北京调查总队统计：截至 2012 年年底，乡村旅游接待户 1.6 万户，较 2011 年增加 519 户，从业人员 6.8 万人，较 2011 年增长 5.2%。接待乡村旅游人数 3 635.7 万人次，较 2011 年增长 3.5%；乡村旅游收入 35.9 亿元，较 2011 年增长 18.2%。北京市旅游发展委员会认定市级民俗村 207 个，共 9 970 户。2012 年，北京住宿业、旅行社、旅游景点和乡村旅游接待四大行业直接从业人员 38.2 万人，较 2011 年增长 7.3%。

3.9.5 北京区县旅游业基本情况

从区县来看，旅游业收入最高的四个区县分别是朝阳、东城、海淀和西城，占旅游业收入的 27%、21.7%、15.3% 和 14%，为旅游业做出了重要贡献，从分布来看，旅游业收入较高的区县主要集中在首都功能核心区和城市功能拓展区。但是从增长率来看，顺义、平谷、昌平和通州区增长较快，增长率分别是 17.2%、15%、14.3% 和 14.1%。增长率增长较快主要集中在城市发展新区和城市生态涵养区。

表 3-7　2012 年北京区县旅游业综合收入情况　　　　　　　　　　　（单位：亿元）

	2012 年	2011 年	增长（%）
区县合计	2 680.6	2 377.4	12.8
东城	582.3	514.5	13.2
西城	376.3	335.2	12.3
朝阳	728.8	643.6	13.2
丰台	144.0	127.1	13.3
石景山	34.5	31.3	10.2
海淀	409.6	369.4	10.9
门头沟	16.8	14.6	15.0
房山	34.8	32.7	6.5
通州区	24.0	21.0	14.1
顺义	47.7	40.7	17.2
昌平	89.0	77.9	14.3
大兴	42.8	37.6	13.8
怀柔	41.5	36.6	13.6
平谷	24.4	21.2	15.0
密云	36.5	32.2	13.5
延庆	47.4	41.9	13.0

第4章 北京文化创意产业各区县2012年发展概况

4.1 总体经济运行

4.1.1 收入比较

2012年,北京16个区县中除房山、通州区以外,文化创意产业收入都保持了较高的增长速度,怀柔区增长速度达207.8%。

从收入增幅比较来看,东城、顺义、怀柔和密云4区增速大幅提升,分别提高了10.4、44、172.8和16.1个百分点,增速提高较快的区主要集中在城市发展新区和生态涵养发展区,城市发展新区和生态涵养发展区呈现出强劲的增长势头(表4-1)。

表4-1 16区县文创产业收入变化(2011—2012年)

区县	收入合计(万元)		增幅变化(%)
	2012年增幅(%)	2011年增幅(%)	
全市	14.52	18.23	-3.71
东城区	27.02	16.62	10.40
西城区	12.35	32.57	-20.22
朝阳区	8.34	20.32	-11.98
丰台区	9.61	1.65	7.96
石景山区	12.92	23.64	-10.72
海淀区	17.24	17.45	-0.21
房山区	-44.29	19.33	-63.63
通州区	0.14	18.71	-18.57
顺义区	23.23	-20.77	44.00
昌平区	15.09	21.77	-6.68
大兴区	16.48	15.10	1.38
门头沟区	19.62	85.34	-65.72
怀柔区	207.78	34.95	172.82
平谷区	27.31	23.66	3.65
密云县	6.58	-9.53	16.11
延庆县	5.46	13.02	-7.56

从各区县文创产业收入占北京文创产业收入的比率来看,海淀、朝阳、东城和西城所占比率较大,分别为42.2%、22.8%、14.3%和8.2%。北京文创产业依然是集中在首都核心功能区和城市功能拓展区。

除东城区所占比率提升了1.4个百分点、朝阳区降低了1.3个百分点外,其他区县的收入所占比率变化不大，从四大功能区来看，首都功能核心区收入比率上升幅度较大，而城市发展新区下降幅度较大（表4-2）。

表4-2　16区县文创产业收入占市总收入比率变化情况

	2012收入占比（%）	2011收入占比（%）	收入比例变化
首都功能核心区	22.53	21.28	1.25
东城区	14.34	12.93	1.41
西城区	8.19	8.35	-0.16
城市功能拓展区	70.55	71.05	-0.50
朝阳区	22.82	24.12	-1.30
丰台区	3.08	3.22	-0.14
石景山区	2.50	2.53	-0.04
海淀区	42.15	41.18	0.98
城市发展新区	5.95	6.98	-1.03
房山区	0.94	1.93	-0.99
通州区	1.00	1.14	-0.14
顺义区	1.01	0.94	0.07
昌平区	1.11	1.10	0.01
大兴区	1.89	1.86	0.03
生态涵养发展区	0.96	0.69	0.27
门头沟区	0.10	0.10	0.00
怀柔区	0.44	0.16	0.28
平谷区	0.13	0.12	0.01
密云县	0.16	0.17	-0.01
延庆县	0.13	0.14	-0.01

4.1.2　利润比较

2012年文创产业利润较高的区县是海淀、西城、朝阳和东城，分别占北京文创产业总利润的58.2%、10.2%、10%和9.3%。海淀区成为利润贡献最大的区，为文创产业作出了巨大贡献。

2012年利润增速明显下滑。2012年，北京市文创产业利润增长率下滑达18.62%，首都功能核心区和城市功能拓展区中，东城、西城、朝阳降幅较大，约降低15.2、31.2和74.8个百分点（表4-3）。

表4-3　16区县文创产业利润变化（2011—2012年）

区县	利润总额（万元）		2012增长率（%）	2011增长率（%）	增长率变化
	2012	2011			
全市	7 217 976	6 661 563	8.35	26.97	-18.62
东城区	670 139	707 544	-5.29	9.93	-15.21
西城区	734 045	684 928	7.17	38.41	-31.24

续表

区县	利润总额（万元）		2012 增长率（%）	2011 增长率(%)	增长率变化
	2012	2011			
朝阳区	723 248	956 190	-24.36	50.45	-74.81
丰台区	230 699	249 069	-7.38	-6.05	-1.33
石景山区	345 601	295 101	17.11	15.25	1.86
海淀区	4 203 840	3 428 530	22.61	26.41	-3.79
房山区	30 955	9 516	225.30	-35.97	261.27
通州区	16 907	24 054	-29.71	3.39	-33.10
顺义区	73 269	78 845	-7.07	355.31	-362.38
昌平区	75 963	102 041	-25.56	43.20	-68.76
大兴区	13 831	99 063	-86.04	-10.26	-75.77
门头沟区	3 758	1 680	123.66	-57.90	181.56
怀柔区	72 626	-1 290	5 728.64	87.75	5 640.89
平谷区	11 290	10 802	4.52	171.59	-167.07
密云县	5 832	11 255	-48.19	121.38	-169.57
延庆县	5 974	4 235	41.06	965.66	-924.60

4.1.3 从业人数

从从业人数增长率来看，北京 16 个区县呈现 6 高 5 平 4 降的趋势，平谷、怀柔、门头沟等 6 个区县从业人数增速较高，超过了 10% 的增长率，而密云县、通州区、房山区和丰台区从业人数出现了负增长。

从从业人数所占比率来看，海淀、朝阳、西城和东城 4 区依然占较高比率，分别占北京市总数的 46.7%、21.2%、8.5% 和 8.2%，依然是吸纳就业人员的主力军。

从从业人数增长率来看，首都功能核心区和城市功能拓展区增速整体下滑，但是城市发展新区、生态涵养发展区从业人数增长率则有较大提高，除房山区、通州区、门头沟区增长率有所下降外，其他区县从业人口增长率有较大幅度提高（表 4-4）。

表 4-4　16 区县文创产业从业人数增长率变化（2011—2012 年）

	2012 增长率（%）	2011 增长率（%）	增长率变化（%）
全市	9.2	12.2	-3.0
东城区	5.0	12.8	-7.7
西城区	1.4	3.4	-2.0
朝阳区	13.3	15.9	-2.6
丰台区	-0.4	10.0	-10.4
石景山区	15.1	24.6	-9.5
海淀区	12.1	16.3	-4.2

续表

	2012 增长率（%）	2011 增长率（%）	增长率变化（%）
房山区	-29.2	112.9	-142.1
通州区	-4.2	-3.4	-0.8
顺义区	5.7	-32.9	38.6
昌平区	0.3	-3.8	4.2
大兴区	4.5	0.7	3.9
门头沟区	18.4	26.9	-8.6
怀柔区	35.6	15.1	20.4
平谷区	39.7	-12.4	52.1
密云县	-14.9	-17.5	2.6
延庆县	4.2	-15.7	19.9

4.1.4 特点分析

● 总体发展情况良好但收入增速有所放缓

2012 年，北京各区县文创产业发展总体情况良好，除房山区以外，北京文化创意产业各区县都保持了较高的增长趋势，怀柔区 2012 年文化创意产业规模以上企业收入增长率高达 200%，带动了整个生态涵养发展区的文化创意产业发展。但是从增速来看，北京规模以上企业收入总体放缓，与 2011 年比，总体增速降低了 3.7 个百分点。

● 利润增长率整体下滑

2012 年利润增速明显下滑。2012 年北京利润增长率下滑达 18.62%，首都功能核心区和城市拓展功能区中，东城区、西城区、朝阳区降幅较大，约降低 15.2、31.2 和 74.8 个百分点。

● 区县发展不均衡

无论是从收入比率还是利润比率来看，东城、西城、海淀和朝阳依然占较大比率，并且比率不断提升，2012 年首都功能核心区收入占北京市文创产业总收入的比率提升了 1.25 个百分点，而城市发展新区则降低了 1.03 个百分点，区县不均衡趋势进一步拉大。

● 城市发展新区和生态涵养发展区潜力较大

在整体就业形势下滑的情况下城市发展新区和生态涵养发展区创意产业从业人数不断提升，且增速全线提高，为稳定首都就业作出了贡献。

4.2 落实各项政策、完善公共服务平台

2012 年，面对复杂严峻的国际经济形势和国内改革发展稳定的繁重任务，北京上下以"稳中求进"的总基调为指引，认真落实"稳增长"政策，扎实推进结构调转方式。各区县根据自身的发展特色进一步落实各项政策，确保文化创意产业稳步发展。

4.2.1 根据自身特色积极制定、落实各项政策，优化文创产业发展环境

东城区：依据《东城区关于促进文化创意产业发展的办法》及其实施细则，开展了2012年东城区文化创意产业扶持项目申报及审核工作。通过网络申报、逻辑初审、专家组审核、部门联审，59家企业86个项目符合政策规定，其中，人才基地2个，兑现金额40万元；示范基地4个，兑现金额133.9万元，总计涉及金额2 020万元。

西城区：根据自身在工艺美术行业的优势，开展关于促进工艺美术行业发展的调查研究并提出初步思路，开展关于产业发展环境的调查研究，制定了《关于西城区文化创意产业发展环境的研究报告》。在出台《西城区关于促进文化创意产业发展的若干措施》基础上，积极借鉴北京市和兄弟区县有关政策，推动《西城区文化创意产业发展指导目录（试行）》《西城区文化创意产业集聚区认定和管理办法（试行）》《西城区文化创意产业发展专项资金项目管理办法（试行）》等系列政策的制定工作，着力构建符合首都功能核心区产业发展特征的政策体系，推动文化、科技、金融的融合，提高产业的规模化、集约化、专业化水平。

朝阳区：强化规划引导，促进产业科学发展。参与编制出台《加快建设文化朝阳十大行动计划（2012—2015）》，明确了未来一个时期内朝阳区文化发展的目标和任务；编制并实施了《朝阳区文化创意产业三年行动计划（2012—2014）》；基本编制完成了《北京CBD—定福庄国际传媒产业走廊空间规划》。结合朝阳区文化创意产业发展特点重新修订《朝阳区文化创意产业发展引导资金管理办法》，进一步优化、调整、创新、规范引导资金使用管理，投入区级文创专项资金4 760万元，支持71个重点项目；为72个项目争取市文化创新资金14 348万元。出台了《朝阳区促进广告产业发展加速北京国家广告产业园区建设的办法（试行）》，区级财政投入广告产业引导资金近5 000万元，争取财政部支持资金2 000万元；《朝阳区关于加快CBD-定福庄国际传媒产业走廊建设的意见》基本编制完毕。

海淀区：2012年1月海淀区制定了《关于率先形成文化大发展大繁荣新格局的实施意见》，编制《海淀文化创意产业年度报告（2012）》白皮书、《海淀区文化和科技融合发展（2012）》蓝皮书，计划近期出台《推动海淀区文化和科技融合发展行动计划（2012—2015）》。

丰台区：推进规划出台。制定《中国戏曲文化中心可行性研究报告及规划》《卢沟桥文化创意产业集聚区发展规划》等集聚区专项规划，完善政策内容。根据《丰台区促进经济发展综合政策的意见》，研究专项资金使用细则和设立设计行业引导基金办法等，完善政策体系，充分发挥政策撬动社会资本的作用。健全工作体系。充分发挥领导小组成员单位作用，在规划制订、政策完善、项目推进、基地建设等方面共同谋划、协作推进。开展工作对接。积极与市有关部门、业务主管部门沟通，努力争取把卢沟桥文化创意产业集聚区、大红门服装服饰文化创意产业集聚区内重大项目、园博园文化创意产业园、城市自行车步行道等十个重点项目纳入新三年城南行动计划和丰台区西部地区转型发展规划，建立丰台区文化创意产业重点行业引导基金，将其成功纳入北京文化创意产业引导基金体系。

石景山区：制定、修订政策，完善促进措施，推动文创产业创新发展。制定了《关于推动石景山区文化繁荣发展的行动方案》（下称《方案》），《方案》提出了石景山区推动文化发展繁荣的总体思路、发展目标和主要举措，在着力推进文化创意产业发展方面，重点实施集群化发展战略、差异化发展战略、文化创新战略和服务提升战略，为石景山区文化创意产业发展指明了方向。同时，根据产业发展需要调整政策，制定、修订20多项政策措施，其中，产业促进类政策包括《石景山区促进文化创意产业发展的试行办法》《石景山区促进设计产业发展暂行办法》《关于促进中关村科技园区石景山园产业集聚和企业发展办法》等；创新发展类政策包括《石景山区重点实验室与创意工作室认定与管理暂行办法》《关于促进北京青年创业园石景山园发展暂行办法》《关于鼓励海外高层次人才来我区（石景山）创意和工作暂行办法》等；服务提升类政策包括《石景山区鼓励企业上市暂行办法》《石景山区服务重点企业办法》《石景山区创意投资引导基金管理办法》等，上述政策措施的出台，对于促进区域产业集聚、优化创意环境、推动区域经济发展起到了积极作用。

房山区：为强化规划引导，构建合理产业布局，深入推进集聚区建设，房山区在抓好落实《房山区扶持产业发展的实施意见》《房山区"十二五"时期文化创意产业发展规划》的同时，委托北京投资顾问有限公司和房山区城乡规划所共同编制《北京房山历史文化旅游功能区产业发展规划》，旨在打造以提升文化休闲旅游消费为核心的产业集群，超前谋划科技创意产业，制定土地供应计划，拓宽产业用地领域，进一步完善路网等基础设施建设，强化公共服务配套体系，为文化创意产业项目落地提供有力保障。

通州区：积极研究、制定通州区文化创意产业发展政策体系，撰写了《通州区文化创意产业发展专项资金管理办法（试行）》《通州区文化创意人才引进、使用与管理办法（试行）》等文件，并对通州区文化改革发展领导小组组建方式进行了建议。组织研究并修改完成《中共北京市通州区委员会 通州区政府关于提升文化软实力 加快首都城市副中心文化大发展大繁荣的实施意见（审议稿）》。

顺义区：出台《顺义区文化创意产业政策汇编》。依据《顺义区促进文化创意产业发展的若干意见（试行）》，在原有实施细则及配套政策的基础上，先后制定了《顺义区文化创意产业发展专项资金管理办法（试行）》《顺义区文化创意产业发展专项资金支持项目审计验收工作规范》等政策。汇集国家级、市级以及区级文创相关政策，编印了《顺义区文化创意产业政策汇编》，为顺义文化创意产业的健康快速发展和产业促进工作提供了有力的政策依据。积极研究探索投融资服务政策。为用足、用好区级文化创意产业发展专项资金，更好地发挥专项资金的杠杆作用，组织投融资座谈会，通过与企业、银行及担保公司等金融机构交流，开展投融资服务政策研究与探索，为下一步引导和鼓励具备条件的区内文化创意企业向驻区金融担保机构申办文化创意类贷款及担保资金提供政策保障。

昌平区：进一步落实资金扶持政策，做好项目储备和资金扶持工作。储备项目70余个，其中符合资金申报条件项目33个。最终，11个项目共获得1 705万元市级资金扶持，金额比前3年有大幅度提升。13家中小企业和4家艺术家集聚区与服务平台获得了区级资金支持。

大兴区：根据《中共北京市委关于发挥文化中心作用加快建设中国特色社会主义先进文化之都的意见》文件精神，结合新区实际，区委、区政府就加快建设首都南部文化新区，推进新区"一体化、高端化、国际化"发展，提出《关于促进新区文化大发展大繁荣的意见》（下称《意见》），重点打造以南海子为核心的传统历史文化，以永定河、凤河流域现代都市农业资源为特色的绿色生态文化，以国家新媒体产业基地、星光影视园及影视大乐园为代表的高端创意文化，以高技术制造业和战略性新兴产业为依托的现代工业文化，以新机场和新航城建设为抓手的国际航城文化。该《意见》将指导新区文化创意产业快速集聚，逐步成为新区的重要支柱产业。加强政策对接，深层次构建政策体系。2012年，新区设立每年3 000万元的文创产业发展专项基金，并组织编写《新区促进文化创意产业发展的实施办法》，旨在从金融支持、项目补贴、产业集聚、人才支持等各个方面对文创产业进行扶持。通过这些举措，着力整合新区优势资源，形成政策合力，有效提升政策的统一性、连贯性、系统性和实效性，科学构建区域文创产业政策服务体系，助力区域文创产业高速发展。

门头沟区：重视规划，科学引领产业发展。2012年，与世贸集团和知识银行合作，开展对主导产业——旅游文化休闲产业的发展战略规划研究，与中国社科院专家合作研讨，完成《门头沟区文化创意产业发展战略研究报告》，确保产业规划的前瞻性、科学性、有效性。

怀柔区：完善工作机制，研究政策促进招商。8月份整合影管中心、产业办成立区文促中心，加强影视产业推进力量，更加科学统筹影视产业和全区文化创意产业发展。积极研究《〈促进影视产业发展政策（试行）〉（草案）》，主要从专项资金、财政支持、土地供给、包装项目、绿色通道等方面加大对影视核心环节重点企业和项目的支持力度，并加强与工商银行等金融机构的合作，推出影视特色金融产品。

平谷区：按照最新的人员调动及工作分工，文创办更新了平谷区文化创意产业领导小组成员名单，调整了领导机构，完善了工作机制，落实了具体职责。积极谋划出台中小型文创企业政策措施。积极响应国家及北京市文化大发展大繁荣号召，研究出台适合平谷区中小型及微型文创企业发展的政策措施。通过调查摸底平谷区文创发展情况，联合多家单位研究讨论，咨询文创专家意见，借鉴文创产业发展较快、较好地区的先进经验，准备出台区级中小型文创政策。

密云县：认真贯彻执行《密云县文化创意产业"十二五"发展规划》，落到实处，取得了良好的效果。加强对基层企业的服务和指导工作，多次深入基层对全县文化创意产业重点项目进行摸排走访，共确定32个重点企业。圆满完成密云县2012年度北京市文化创新发展专项资金申报项目的初审工作。

延庆县：进一步完善政策体系。2011年，延庆县出台了《延庆县文化创意产业发展专项资金及体育产业发展引导资金管理办法》，县财政每年设立1 000万元专项资金，用于文化和体育产业发展。2012年制定了该办法的实施细则，对专项资金管理使用进行了明确规定。此外，针对市级文化创新专项资金制定了《延庆县市级文化创新发展专项资金管理使用办法》，对市级专项资金拨付使用和绩效考评明确了要求。

4.2.2 搭建服务平台，积极推进国内外交流

东城区：联合银行、保险等金融机构，推出著作权交易保证保险、著作权质押贷款服务、文化私募基金服务等文化金融创新服务产品，其中，著作权质押贷款服务已经服务20多家影视企业，贷款超过4亿元。在雍和园管委会、区产业和投资促进局（金融办）发起下，做强"雍和园文创企业集合信托"品牌，已成功发行三期，累计为10余家文化创意企业融资8 000多万元。2013年第四期信托产品也已发行，资金规模达1 000万元。第五期也已在筹备中。

西城区：努力搭建宣传推介平台，支持和服务企业参加第十六届京港洽谈会，与市文资办联合举办了首届京港论坛。组织企业参加科博会和京交会等活动，获得较好推介效果。积极利用第七届中国北京国际文化创意产业博览会平台，展示西城区文化创意产业发展成果，宣传推介重点创意企业和项目。随着产业环境的进一步优化，西城区对于创意企业和项目的感召力不断增强，自启动天桥演艺区建设以来，更是吸引了众多企业和国内外知名导演、经纪人、艺术家、演出团体前来考察、洽谈，目前已接待了DMG娱乐传媒集团、美国尼德伦环球娱乐公司、芬兰音乐出版协会等企业和机构，以及张艺谋、谭盾等专业人士。

朝阳区：完善公共服务，提升区域软实力。成功举办第三届中国特色世界城市论坛分论坛——"2012中国文化产业资本论坛"，以"创新金融服务体系，助推文化产业发展"为主题，探讨金融支持文化产业的模式和趋势创新，以及多层次金融服务体系建设，拓宽业内决策领导层的融资渠道和资本运作创新意识；成功举办2012年朝阳区文化创意产业高级经营管理人才培训班、2012年朝阳区拟上市文化创意企业资本运营高级培训班，受到了企业的积极响应和高度评价；成功举办被誉为中国文化产业界的"达沃斯论坛"的中国文化产业30人高端峰会；成功举办第三届北京朝阳文化创意产业精英榜评选活动，评选出10位精英人物和5位新锐人物，同时，成立朝阳文化创意产业精英俱乐部；以"高端引领，创新驱动"为主题，以"北京朝阳—中国文化产业创新发展示范区"为口号，精心组织百余个精品文化创意产业项目和品牌企业参展第七届北京文博会，全面展示了朝阳区"十一五"时期文化创意产业发展成就及"十二五"时期发展规划，达成投资意向签约78亿元；指导798艺术区管委会成功举办798艺术节等系列活动，完善监管机制和服务体系，引导文化发展方向，确保艺术区文化安全。

海淀区：成功举办"2012文化和科技融合发展高峰论坛""中国文化产业新年论坛"等多项文化交流活动，并在海峡两岸文创交流会、深圳文博会、京港洽谈会，以及北京文博会等展示交流活动中宣传推介海淀区文化创意产业。通过中央电视台、北京电视台、《人民日报》《北京日报》《参考消息》等重要媒体对海淀区文化创意产业发展成果进行集中宣传。

丰台区：召开年度文化创意产业项目推介会，全面推介辖区重点地块、重点项目，搭建社会资本与具体项目对接的桥梁。充分了解企业需求。通过企业家联盟座谈会、项目需求对接会，充分了解企业用地、办公场地、政策支持的需求，建立企业需求动态表，跟踪企业发展需要，

适时解决企业遇到的问题、难题。建立公共信息平台。完成集政策发布、信息交流、集聚区建设、企业服务、投融资服务等于一体的文化创意产业网站的设计，形成政府与企业、企业与企业之间双向沟通、资源共享，保证信息沟通渠道畅通。加紧筹建企业孵化器。初步完成孵化器的运营方式设计，形成企业引进、创业辅导、政策使用、上市辅导与境外发展指导等功能于一体的办公平台；积极引进企业，完成华流文化投资集团、数影科技有限公司的落户，累计注册资金5001万元。推动文化企业走出去。加强对企业"走出去"工作流程、政策运用的指导工作。设立文化创意产业行业基金，整合金融机构、社会投资单位资源，解决企业融资难问题，为企业走出去提供资金保障。

石景山区：不断完善产业服务体系建设。加大协同创新，以中关村石景山园为龙头，促进产业服务资源的跨层级整合和多部门联动，启动"石景山创新平台"建设，为产业创新发展提供重要支撑。打造"石景山服务"品牌，建立健全"特色产业＋知识产权＋人才发展＋创新激励"四位一体的服务政策体系。针对企业不同发展阶段，实施"金种子计划""小巨人计划"，推进"金桥工程"等，培育创新型企业迅速成长。与工商、税务、金融、司法相关部门共建企业入园绿色通道与联合司法保障机制，推动产业快速发展。

房山区：高规格举办现代生态休闲新城论坛。2012年，"第九届中国文化产业新年论坛暨房山现代生态休闲新城论坛"于2012年1月7日至8日在北京大学举办。论坛规格高端，内容丰富，会议成果丰硕。本次论坛受到新华社、中央电视台等80多家媒体的广泛关注，深度报道了这次高水平、高规格的文化盛会。举行了"传石经文化·筑云居盛景"房山云居寺文化景区环境工程竣工暨云居文化宫开工仪式，在仪式上"房山石经及云居寺文化研究中心"正式成立；参加了京港洽谈会和第七届北京国际文化创意产业博览会，宣传推介房山区文化创意产业发展和重点项目建设，积极搭建招商引资平台，进一步扩大产业发展的影响力；同时，集聚区范围内各乡镇还举办了国际长走大会、花田音乐节、北京市第三届长沟镇葵花节暨北京世界葵花游园嘉年华、登山节和首届"天开花海"观光季等活动。通过高端品牌文化活动的成功举办，进一步打造了房山文化品牌，扩大了房山的知名度和影响力。

通州区：举办首届中国艺术品产业博览会，策划了多项展览及论坛，组织了艺术品拍卖、知名企业走进"艺博会"等主题活动，项目签约超过600亿元；依托北京现代音乐学院的音乐教育平台和原创优势力量，汇聚九棵树地区优质音乐资源，连续3年成功举行"九棵树数字音乐节"。

顺义区：建立健全文化创意产业公共服务平台。积极为区内文化创意企业建立多种服务渠道。开设"顺义文化创意网"，为区内文化创意企业搭建了良好的信息平台。组织开展企业联谊活动。开展了顺义区"华江杯"首届文化创意企业羽毛球邀请赛、"十佳文化创意企业"座谈会及区内重点企业座谈会，启动了"顺诚杯"文化创意摄影大赛，有效地促进了文化创意企业间的联系，加强了企业彼此之间的了解。筹建顺义区文化创意产业联盟。我办牵头成立"顺义区文化创意产业联盟"，目前已有30余家区内文化创意企业申请入会。

昌平区：努力搭建文创服务平台，圆满完成"第七届世界草莓大会艺术精品展"。组织上苑艺术家联合会成员高水准参展，以草莓为主题，在长约300米的展示区域中，展出了包括雕塑、油画、书画、摄影等各种艺术品。整合资源搭建平台，成立博展创新基地。8月，由中国博物馆协会纪念馆专业委员会、北京天图设计工程有限公司等16家单位共同发起的北京博展创意产业联盟在沙河地区成立。目前已吸引了10家企业以及近20家工作室入驻，对推动文化创意、科技创新、成果转化、效益提升和促进文化产业发展，将释放出更大的文化价值能量。加大宣传推介力度，积极组织企业和单位参加文博会、科博会、动漫节、京港洽谈会等，策划开展长城国际旅游民歌节、热波音乐节等创意活动，利用网站、报刊、电视等媒介，加大对"创意昌平"的宣传。

大兴区：整合新媒体动漫技术公共服务平台。结合华商改造，新媒体基地将原有的平台设备迁入，并着力打造"全媒体数字内容版权运营服务平台""中国（大兴）工业设计产业创新综合服务平台"等新平台，整合后的新媒体动漫技术公共服务平台将成为新区乃至京南最大的文创公共服务平台，对区域文创产业公共平台服务能力的提升和推动产业发展将发挥重大作用。积极参与各项宣传活动，提升区域文创品牌形象。积极组织参加科博会、京港洽谈会、文博会、工业设计展会等各类宣传活动，邀请重点文创企业参与，展示企业新形象，展示大兴区良好的投资环境，扩大宣传影响力和招商引资吸引力。

门头沟区：开展战略合作，寻求智力支持及融资平台。与北京国宏文化产业发展研究院签订了门头沟区文化创意产业发展战略合作协议，以共同成立"促进门头沟区文化创意产业发展专家团"等方式，对门头沟经济发展、产业升级等方面提供智力支持。参加第七届文博会组委会、北京市文化创意产业促进中心联合主办的北京文化创意产业投融资项目推介会，对门头沟文化创意产业发展情况、发展环境及重点项目进行了推介。会上，区委宣传部与工商银行北京市分行门头沟支行签订战略合作协议，与文化创意产业项目捆绑授信共计10亿元，助推门头沟文化创意产业项目发展。

怀柔区：该区主办的2012年春秋两届首都电视节目推介会取得成功。秋季活动规模又有扩大，共有350家制播机构1 200人参加，推出电视剧450部、17 000多集，超过全国全年产量一半；会上还联合工商银行推出影视特色金融产品4种。成功参展第七届北京文博会，突出"中国影都"主题，增设360度动景体验、原创手工艺品现场表演、原创文化艺术展示等内容，共接待参观者万余人，获得组委会颁发的最佳展示、最佳组织两大奖项。此外，受北京国际电影节组委会邀请，以参展商形式参加了第二届北京国际电影节·电影洽商会；配合第八届北京青少年公益电影节组委会举办了该活动重要单元——第二届国际青少年"演电影·拍电影"夏令营。

平谷区：围绕中国乐谷活动板块，整体高端宣传中国乐谷。围绕中国乐谷建设，先后策划组织了多项大型文化活动，全面提高了中国乐谷的知名度，扩大了影响力。中国乐谷·北京国际流行音乐季持续创新，再创辉煌。5月18日至5月20日，为期3天的2012中国乐谷·北京国际流行音乐季在中国乐谷草地音乐公园成功举办。活动期间，传奇乐队吉瑟斯和玛丽琴、英国天后乔丝·史东以及许巍、范晓萱等16组国际国内顶尖艺人轮番登台，实现了3天不间断的演出,吸引了近8万名歌迷热情参与,阵容之强大、场面之震撼,全国空前。中国乐谷京剧名家演唱会大牌云集,广受好评。5月12日,举办了中国乐谷京剧名家演唱会,京剧名家李维康、耿其昌等10余位著名京剧表演艺术家首次走进中国乐谷,500多名京剧爱好者观看了本场演出的36个京剧曲目,尽享了京剧艺术的独特魅力。此次演唱会会集名家最多、知名度最高、经典剧目最全,在《刺王僚》《霸王别姬》《打龙袍》《四郎探母》等京剧曲目中将全场观众引入欢快激昂的氛围中,赢得观众阵阵掌声。成功举办乐谷首届音乐夏令营。中国乐谷首届青少年音乐夏令营于2012年8月5日至10日,在"全国最有魅力休闲乡村"——北京平谷挂甲峪成功举办,来自全国多个省市的350多名爱好音乐的青少年驻营在青山绿水中,学音乐、秀才艺,共同创吉尼斯纪录。为建立"中国乐谷青少年音乐素质培养基地"打下基础。

密云县:密云"创意礼物"亮相香港,成功签约6亿元大单。11月5日在香港会展中心举办的第十六届京港洽谈会上,市级非物质文化遗产"瞎掰"、民间传统小吃"密云三烧"、张裕顶级红酒、薰衣草精油化妆品等密云特色创意礼品悉数亮相,充分展示了密云文化创意与旅游业充分融合的成果。参加12月19日至21日在北京举办的第七届中国北京国际文化创意产业博览会,此次文博会我们参加了礼品展览展示、项目推介和文化创意产业发展论坛等几大主题板块,宣传展示密云县文化创意产业的发展成果,提升了密云的国际知名度与影响力。

延庆县:立足长城之声艺术园区,以长城历史文化为依托,成功举办了三届长城之声森林音乐节,成功打造出"休闲延庆-音乐生活"高端户外音乐品牌。依托县域内较为完善的骑游设施和自然环境,连续举办国际自行车骑游大会、环北京职业公路自行车赛,使"休闲延庆—骑乐无穷"旅游品牌影响越来越广泛。以举办世界葡萄大会为契机,大力培育葡萄及葡萄酒文化,组织举办丰富多彩的国际葡萄文化节,为"休闲延庆—乐享葡园"的品牌打造奠定了坚实基础。利用康西草原和延庆独特的马文化资源,连续举办四届国际马球公开赛,逐步确立了"休闲延庆—策马康西"旅游品牌。目前,"休闲延庆"已经成为北京市文化旅游最具影响力和竞争力的创意品牌。

4.3 接洽龙头企业,显品牌效应

东城区:通过规划引领和政策扶持,东城区聚集了一大批在文化创意产业内各行业领域的大型企业,并在行业内起到龙头示范作用。在广告会展业中,全国10大广告公司中包括奥美、电通、盛世长城、智威汤逊4家落户在东城;在新闻出版业中,东城聚集了商务印书馆、科学出版社、《光明日报》《北京日报》等行业内最有影响力的一批大型出版企业;在艺术品交易行业中,作为全国艺术品交易拍卖统计依据的8家拍卖行中,保利、嘉德和中贸圣佳3家坐落在东城。在2012年5月评选出的全国第四届"文化企业30强"中,北京有8家企业入选,其中,保利文化集团、中国对外文化集团、北京演艺集团、中国出版集团4家在东城区。这些文化创意企业总部在东城区落户,不仅带动了其上下游企业的聚集发展,更为东城区发展文化创意产业创造了良好的产业氛围。

朝阳区：借助国家广告产业园区，联动文化、阿里巴巴广告公司等20余家知名广告和新媒体企业入驻。三间房国家动画产业基地引进动漫类企业达83家。京城电通时代创意产业园（一期）投入使用，引入人人网等企业入驻。文化部9月份正式公布第五批国家文化产业示范基地名单，北京市共有6家，其中，朝阳中国木偶艺术剧院、北京万豪天际文化传播有限公司和北京通惠坊投资有限公司3家入选。

丰台区：辖区依文集团、俏佳人传媒股份有限公司、时代华语、龙之脊在打造品牌产品的同时，潜心开展海外市场的开拓，致力于文化走出去。俏佳人传媒股份有限公司成功并购美国国际卫视、美国大纽约侨生广播电台；北京时代华语图书股份有限公司在美国纽约曼哈顿投资成立了全资出版公司——中国时代出版公司（CN TIMES INC）；龙之脊运营的对外数字化汉语网络，目前拥有2万多海外用户；依文时装秀，在英国首次对外开放的商务官邸兰卡斯特宫举行。

石景山区：通过整合区级资源，与区相关部门共同搭建企业服务平台，提供"绿色通道"服务，制定个性化服务方案，提供"绿色通道"服务，新引进企业400家。新媒体基地已全部竣工，释放产业载体面积26万平方米。积极打造设计产业基地，成功主办北京设计产业高端论坛，与歌华创意产业中心、丽贝亚建筑装饰工程公司签订共建"北京设计产业示范基地公共服务平台"战略合作协议，区内首个"工业设计快速成型实验室"投入使用。积极推进常青藤高端人才集聚区建设，与集聚区内相关载体进行对接，启动中关村高端人才创业大厦建设。

昌平区：积极与有投资意向的国内外大型企业和机构洽谈沟通。在领导的大力支持下，成功举办了世界魔术大会，国家马戏院落户昌平，使得"四位一体"发展模式更加完备。全区共新引进文创企业62家，注册资本达1.8亿元。先后接触了华谊兄弟、新城文创东区开发、世界武术大会、展地语言文化传播集团以及热波音乐节等一批重大文创项目，并积极与有关方面进行了沟通、洽谈，以切实推进项目落地。在对已落户项目和民营企业的服务上，主动了解并帮助企业解决发展中的问题，培育和帮助其做大做强。4月，侯君舒书记连续两天调研了昌平7家文创企业。课题组一年累计走访企业70余家，整理出在工商局注册登记的经营范围内涉及文化创意的企业5 000多家。

大兴区：依托功能区汇集大量龙头企业，其中新华网是我国最有影响力的国家重点新闻网站，行业综合排名一直位于国内新闻网站之首。近年来，公司经营规模不断扩大，收入及盈利水平显著提升。目前，公司正在争取尽快实现发行上市，是落实中央战略部署、进一步提升新华网在国内外影响力的重要举措。注册资金15 570.880 8万元，2012年公司总收入达2.7亿元。盘古搜索由新华社和中国移动联手打造的国家级搜索引擎，于2011年2月22日正式上线开通，2011年12月28日正式入驻新媒体产业基地。注册资金2亿元。星光拓诚公司是星光影视园运营单位，负责园区平台搭建，服务提供，是新媒体基地内文创企业孵化器的代表，对文创企业的集聚发挥着重大作用。2012年，总收入达1.3亿元。央广购物是国家媒体中央人民广播电台下属全资子公司，租用新媒体基地星光影视园新媒体大厦物业资源，是中央人民广播电台倾力打造的专业居家购物公司，以电视购物频道为主体，辅助于广播、网络、手机电视、型录的全媒体无店铺购物运营平台，注册资金 1 000 万元，2012 年总收入达 1.3 亿元。卡酷传媒是国家广电总局批准的专业动画卫星频道，也是国内目前播出时间最长的专业动画频道，2012 年总收入 3 829 万元。

4.4 深挖特色文化资源，形成区域文化创意集聚区发展模式

东城区结合中心城区发展特点，深入挖掘区内深厚的文化底蕴，充分利用现有的老旧厂房资源，通过改造提升，将"胡同创意工厂"的文化创意产业聚集区建设模式深入推进。2012 年 8 月，由人民美术印刷厂老厂区改造而成的人民美术园正式开园；2012 年 9 月，由原方家胡同小学国学分校改造而成的东方戏剧中心建设完成，林兆华工作室等著名戏剧工作室入驻。截至目前，东城已改造了 17 处胡同里的旧厂房、院落，以"胡同里的创意工厂"为依托，新增产业建筑面积 22 万平方米，聚集了 1 600 家附加值高、成长新高的文化创意企业，其中包括诺基亚中国、光线传媒、盛世骄阳、卡巴斯基等一批国内外知名的文化创意企业。"胡同里的创意工厂"已成为东城文化创意集聚发展特有的"符号"。此外，东城还和北京市旅游委合作，整合东城区胡同里的创意工厂资源，建设完善"胡同里的创意工厂游"项目，一期建设工程已在 2012 年年底竣工。

西城区：全力推进天桥演艺区建设，推动琉璃厂大栅栏集聚区建设，依托金融界全力推进文化金融创新中心建设。2012 年，天桥演艺区起步区重点项目建设陆续启动。占地 1.65 公顷，建筑面积 7 万平方米的北京天桥艺术中心于 2012 年 3 月开工，预计将于 2015 年竣工，建成后将成为现代与传统相融合的综合剧场群；建筑面积 4.74 万平方米的北京天桥艺术大厦改造方案通过论证并进入实施阶段，预计将于 2013 年 6 月竣工，成为首都演艺产业基地和公共服务平台。与硬件建设同步推动演艺的内容生产储备，6 月 12 日，天桥演艺区与中国对外文化集团公司、国家大剧院等 21 家单位签署了"聚合首都优势艺术资源，协力推动天桥演艺区"建设发展战略合作意向。积极探索对历史街区保护更新的有效方式，引入集群设计的创新理念，保存胡同肌理，保护历史古迹，织补历史风貌，构建"北京坊"，打造国货精品商业街区。启动劝业场全面修缮和"劝业场文化艺术中心"项目建设。推进杨梅竹斜街改造项目，实现大栅栏和琉璃厂的贯通，改造提升街区环境，实施业态升级和产业置换，打通街区文脉、商脉。贯彻市第十一次党代会"加快建设国家文化金融创新中心"要求，与北京市国有文化资产监督管理办公室协商合作建设国家文化金融创新中心。发挥西城区金融企业总部集聚的产业优势，通过构建政策体系、服务体系和创新体系，为文化创意企业拓宽融资途径，积极促进知识产权的资产化，探索构建文化企业信用体系，大力推动文化金融服务方式创新。大力支持和推动中国北京出版创意产业园、中国设计交易市场、DRC 等集聚区建设，促成国内首个以 3D 影视制作为主的 3D 产业园区落户西城区。

朝阳区：2012 年，北京国家广告产业园区（一期）正式开园，三间房国家动画产业基地正式挂牌，国家音乐产业基地（一期）建成投入使用；凤凰国际传媒中心主体工程竣工，北京懋隆文化产业创意园（一期）已正式开园；北京国际版权交易中心成功举办中国国际版权博

览会；八里庄文化创意产业园项目建设进展顺利，将吸引电影、动漫、传媒等类型企业入驻；751时尚设计广场设计师大楼主体竣工，京城电通时代创意产业园（一期）全部投入使用；恒通国际创新园民生现代美术馆、蓝色光标总部大楼建设等项目进展顺利。

丰台区：深化推进中国戏曲文化中心建设。落实产业规划、引进重大项目、对接社会资本、细化运营方案；全面启动、完成卢沟桥文化创意产业集聚区产业发展规划工作，形成发展思路与重点产业、空间布局，初步完成重大项目引进；促进国家北斗卫星文化商务应用创新项目选址完成、资金筹措和运作方案；有力推进国家数字出版基地项目选址落户、挂牌事宜。

石景山区：中国动漫游戏城建设取得积极进展。自组织召开关于研究中国动漫游戏城项目建设工作会议后，市发改委就动漫游戏城土地一级开发立项进行批复，项目建设正在积极推进。石景山正在全面对接优惠政策，确保中国动漫游戏城入城企业全部享受石景山区现有政策；按照市领导指示精神，由石景山区正在联合有关部门开展中国动漫游戏城产业发展规划编制工作；按照高端化、品牌化的定位，石景山区与首钢总公司加快中国动漫游戏城招商引资工作，开展联合招商；加快建设"中国动漫游戏城二期改造工程""国家动漫游戏综合服务平台"等项目；继续对中国动漫集团等单位给予房租补贴支持，对先期入驻周边载体的动漫游戏企业加大支持力度。北京数字娱乐产业示范基地不断创新。通过整合区级资源，提供"绿色通道"服务，制定个性化服务方案，新引进企业400家。新媒体基地已全部竣工，释放产业载体面积26万平方米。积极打造设计产业基地，成功主办北京设计产业高端论坛，与歌华创意产业中心、丽贝亚建筑装饰工程公司签订共建"北京设计产业示范基地公共服务平台"战略合作协议，区内首个"工业设计快速成型实验室"投入使用。积极推进常青藤高端人才集聚区建设，与集聚区内相关载体进行对接，启动中关村高端人才创业大厦建设。北京西山八大处文化景区建设顺利推进。目前，景区建设被列为北京市重点建设项目。为了顺利推进项目建设，石景山区成立了西山八大处文化景区建设领导小组，后又成立了西山八大处文化景区管理委员会，为区政府正处级派出机构。石景山区已委托北京市城市规划设计研究院总体规划所进行总体规划设计，最终目标是将西山八大处文化景区建成北京标志性文化景区、中国文化旅游胜地。首钢工业旅游区建设成功启动。该项目位于首钢主厂区内，占地1.9平方公里。包括首钢群明湖国际灯光艺术广场、大型激光水幕电影、灯光音乐喷泉、魔幻剧场、北京（首钢）文化创意产业园、永定河亲水游乐区等项目，是集主题游乐、工业景观及主题文化活动于一体的主题公园。

海淀区，通过调研、走访，召开专项协调会、专题沙龙等方式，推进三山五园历史文化景区、中国艺交所、中央新影、人大文化科技园、铸钢厂创意车间等项目的建设实施。成立了三山五园历史文化景区建设指挥部，初步完成《三山五园历史文化景区战略规划研究》，提出"三轴两核九重心"的规划框架，开展《清代三山五园史事编年》的编撰工作，积极推进梦幻圆明园、数字圆明园、国家清史馆、中国美协创作基地等项目规划落地，成功举办曹雪芹文化艺术节、圆明园文化遗产德国巡展等重大活动。中间艺术街区、中央新影纪录影视产业园、中国艺交所等项目取得重大进展，包括剧场、美术馆等设施的中间艺术街区于2012年正式落成，总面积超过30万平方米，中国艺术品大厦将于2013年3月投入使用，建筑面积5万平方米。

房山区：总体规划格局是"一体、两翼、两园"（即大型文化旅游综合体、周口店远古文化发展翼、云居寺佛教文化发展翼、原始森林养生园和中华石雕创意园），引进云居寺文化景区和北京文化硅谷项目后，积极协调、全力配合，加快推进项目建设，使重点项目早开工、早建设、早见效。北京文化硅谷项目开工建设。规划占地160公顷，总建筑面积176万平方米，总投资137亿元。一期两岸文化交流基地项目，于2012年3月15日开工建设，文化硅谷一期项目的文化金融中心已经封顶，中国文化传媒中心和神州百戏演艺中心正在加紧施工建设，全部项目计划于2014年5月投入试运营。云居寺文化景区全面启动。项目总占地面积4 800亩，建筑面积90万平方米，总投资86亿元，项目于2010年12月开工建设，一期碑林广场、二期云居寺文化景区环境整治工程已完工，再现了"深山藏古刹，清泉绕寺流"的景象；云居文化宫项目5月28日举行了开工奠基仪式，正在进行地基勘探和基础平整。一期起步区控规调整方案编制完成已上报市规委审核。周口店世界文化传承示范区有序推进。规划占地330公顷、计划投资100亿元。目前，各项工作正有序推进。一期建设占地近600亩，目前正进行现场勘查和详规设计。

通州区：国家文化创意设计园区选址已初步确定在通州区宋庄镇，规划总面积28平方公里，起步区为2.44平方公里，重点引进10家高校设计学院和百家知名企业等入驻；万达文化旅游城，项目投资方——北京万达文化产业集团已经成立并落户通州区，项目建设选址在文化旅游区，占地90公顷，总投资230亿元，目前已着手开始拆迁工作；国家时尚创意产业园，由恒天时尚创意投资发展有限公司建设，位于宋庄文化创意产业集聚区内，项目总投资300余亿元，项目总体规划已初步完成。

顺义区：2012年，文化创意产业总投资过亿的在建重大项目共6个，累计投资65.7亿元，建设面积84.8万平方米。国家对外文化贸易基地项目。总投资超过50亿元，建筑面积51万平方米。新华图书联合物流中心项目。总占地面积340亩，建筑面积约20万平方米。胡萝卜文化艺术产业中心项目（寺上美术馆）。占地约48亩，建筑面积约1.3万平方米，总投资8 000万元。华江工美产业园项目。由北京华江文化发展有限公司投资兴建，计划共分三期建设，占地约45亩，总投资1.2亿。目前完成一期6 230平方米的物流兼办公楼独栋，二、三期设计方案还在调整过程中，计划2013年年底建成。雅昌艺术中心项目。总占地75亩，总投资1.5亿元，建筑面积3.3万平方米，包括生产车间、设计中心、办公楼等。北京文采文化创意产业园项目。由北京毕胜得公司投资兴建，总投资3亿元，集展馆、会所、办公、创作室等为一体的综合建筑群，总建筑面积6.5万平方米。

昌平区：2012年充分借助自身资源优势，重点推进五大功能区建设，完成了明十三陵环陵路建设，实现了定陵景区的封闭管理。升级改造旅游基础服务设施。十三陵文化创意产业研发基地建设已经启动，推进古镇核心区城市设计规划、中心组团控规方案等编制工作，完成了土地开发成本测算，挖掘小汤山镇温泉文化历史文脉，开展"汤泉古镇"基础数据调查工作。

昌平新城文化创意产业新区正在进行土地整理工作，其中，四期、五期已取得市政府征地批复，正在进行人员安置。项目引进、落地等工作也在进行中。京北数码港土地一级开发已完成，二级正在准备上市交易（移动互联网产业园建设已启动建设，首期拟拿出6 000平方米空间吸引8～10家移动互联网企业进驻。正在募集北青科创投资基金，首期拟募资5亿元，全面支持青年在移动互联网产业园创业），郑各庄主题创意村庄，9月举办了"温都水城古玩艺术品收藏文化节"。水城国际文化广场初步确定与庞大集团合作，将水城国际文化广场建设成"北京国际汽车博览中心"。

大兴区：依托专业集群建设，文创产业发展质量和速度上新台阶。目前，新区文化创意产业整体处于从培育期向成长期转型提升的关键阶段。2012年，两个基础性文创项目（国家新媒体产业基地文化体验提升项目、北京新媒体产业内容制作和交易中心项目）正在快速推进。在重点产业项目中，中国影视大乐园项目顺利完工并投入运营；对南海子公园二期、星光影视园二期、CDD创意港、北普陀改造等项目密切跟踪，积极帮助项目单位解决项目建设中存在的问题，加快项目建设进度；储备了北京新媒体产业园、北京星牌·龙熙文化体育休闲度假区、联东U谷等一批优质项目。另外，有效利用重大项目影响力，吸引更多的大型项目和世界500强企业进驻大兴，带动文化创意相关产业上下游集聚发展。

门头沟区：斋堂古村落古道文化旅游产业集聚区是门头沟区唯一的市级集聚区，位于斋堂镇，地处西部深山区，永定河畔，涉及6条沟峪及9个景区，规划总面积392.4平方公里。该集聚区重点建设集文化观光、文化休闲、文化创意、主题会议及养生度假等多功能于一体的文化旅游产业区。集聚区总体框架概括为一个核心区辐射6条沟域中9支不同的文化创意产业。

怀柔区：2012年，怀柔区认真落实项目责任制，加强项目督查，重点针对中影基地二期项目耕地占补平衡指标、征地和制片人总部基地项目高压线迁移、市政移交、租赁房开工建设等方面，全力开展协调服务。制片人总部基地项目住宅一期工程进展顺利，1万平方米公租房和3万平方米商品房已封顶，分别预计于2013年9月和11月竣工交房；金第公司已启动项目产业用地的设计报批工作，力争2013年5月开工建设；中影基地二期项目已完成土地预审和市规委项目占地面积确认工作；已取得区发改委项目备案通知书，备案内容为摄影棚改建和设备购置，剩余项目占地、建筑方面，待市政府最终确定土地出让方式后再进行备案工作；已成立由11个政府职能部门、庙城镇及中影项目团队组成的区级项目建设协调小组；中影已聘请加拿大公司开始园区设计；影人酒店项目已于2012年7月8日正式开业，二期正在建设；辉煌百代数码影城项目正在办理项目立项，旧办公楼已改造为剧组吃住用房；艺汇家手工村项目已完成立项，正在申办农村集体土地所有权证。

平谷区：平谷区围绕乐谷重点项目板块，全力推动中国乐谷建设。一是直接联系协调中国乐谷门户网站建设；二是设计制作中国乐谷形象标志LOGO；三是包装乐谷活动项目资金，包装了以2011乐谷音乐季为主的文化创意产业专项资金支持项目；四是包装乐谷重点项目资金，围绕露天剧场、展示中心、草地音乐公园等重点项目，高水准编写项目资金报告，向市委宣传部申请资金；五是积极策划乐谷展示中心落成仪式；六是积极参加第十六届北京香港经济研讨洽谈会。

密云县：密云县与中国科学院古脊椎动物与古人类研究所、通用地产有限公司政府签约，共同打造"中国恐龙谷"项目。项目总投资 6 亿元，总占地面积 150 亩。将建设一个中国恐龙文化创意产业园、一个国家古脊椎动物化石标本库、一个国家古脊椎动物与古人类学科研与科学传播中心，以及一个古生物学国际学术交流中心，还包括一系列的博物馆、动漫、模型等与恐龙相关的文化创意产品。该项目将推动密云文化创意旅游产业的优化升级，促进密云文化软实力的跨越，充分展示密云文化创意与旅游业充分融合的成果。

延庆县：依托重点园区建设，有效培育"休闲延庆"旅游品牌。八达岭长城文化旅游产业集聚区是文化和生态旅游休闲功能区的重要组成部分，集聚区总面积约 55 平方公里，长城文化主题公园、长城之声艺术园区、长城文化艺术中心、北京国际马球中心等项目先后落地。长城之声艺术园区是由北京探戈坞旅游开发有限公司投资建设，总投资 43 亿元人民币，园区位于八达岭长城脚下，主要建设项目包括：森林温泉酒店、森林大剧院、高端企业会所、国际音乐展览中心和探戈坞乐府等。长城文化主题公园项目位于八达岭镇岔道古城，已经初步确定了项目总体设计思路，拟开发长城演艺灯光秀、岔道古城等项目。长城文化艺术中心项目是由八达岭旅游总公司和歌华文化集团共同打造的文创项目，目前，建设方案已初步确定，相关手续基本办理完毕，一期工程已经申报并获批了去年的市级文化创意产业专项资金。

4.5 典型案例

4.5.1 西城区：金融文化融合开辟文创新天地

（1）金融优势凸显

西城是北京建城、建都的肇始之地以及皇家文化荟萃之地和宣南文化发祥地，同时也是国家重要的政务中心、具有国际影响力的金融中心、传统与现代融合发展的文化中心、国内外知名的商业中心和旅游地区、和谐宜居的首都功能核心区。西城区在金融产业和文化创意产业领域具有突出优势，正努力打造全国金融文化中心，引领全国文化创意产业发展。

作为国内第一个定向开发的金融产业功能区，北京金融街于 1992 年正式开工建设，核心区 2.59 平方公里，区域内共有各类金融机构 1 200 多家，其中，法人机构 490 多家，包括"一行三会"等国家金融管理机关、中国银行业协会等 12 家全国性金融行业协会、工商银行等国内前 5 大金融机构、国家电网等 18 家入围世界 500 强企业总部，以及安盛、摩根大通、瑞银等世界 500 强的外资金融机构在华法人机构和地区总部，金融从业人员 18.9 万人。此外，总部不在北京的全国性金融机构，如浦发银行、招商银行等，大多将其主要业务条线和研发机构设在金融街。目前，金融街已建设成为集决策监管、资产管理、支付结算、信息交流、标准制订为一体的国家金融中心。

"十一五"以来，西城金融机构资产规模年均增长 30.6%，金融业实现增加值年均增长

17.7%，2012 年达到 1 071.4 亿元，占全区 GDP 的 41.6%，占北京金融业增加值的 41.3%。2012 年一季度，区域内金融机构资产规模达 62.4 万亿元，占全国金融机构资产规模的近一半；金融街共实现三级税收 339.4 亿元，占全区三级税收的 62.1%；实现区级税收 31.6 亿元，占全区区级税收的 38.5%。

值得一提的是，伴随着西城"金融强区"发展战略的深入实施，新兴金融机构的加速聚集如今已经成为金融街发展的又一大亮点。2012 年一季度，金融街地区新增金融机构 27 家，注册资本金 126.5 亿元，其中，近半数来自新兴业态。统计显示，在 2012 年新增的 27 家机构中，货币金融服务类 9 家，资本市场服务类 12 家，保险业 6 家。其中，股权投资、产业投资、市场服务类新兴业态占据了新增机构数量的半壁江山，北京昆融投资中心和中证资本市场发展监测中心是规模最大的两家新兴金融机构。

金融业是一个集聚发展特征非常明显的业态，金融街的快速发展对资金、技术和人才等资源要素形成了强大的集聚能力，为新兴金融机构发展提供了丰富的信息资源、业务资源和平台资源。2012 年，金融街地区新增金融机构 70 家，包括国际上颇具影响力的瑞士银行和芝加哥商品交易所在中国设立的法人银行和咨询服务机构，还包括中国移动集团财务公司、中合中小企业融资担保公司等诸多新兴金融机构。

根据金融企业的发展需求和北京市关于北京金融街发展的战略部署，未来金融街将以 2.59 平方公里核心区为基础，构建"一核心、四街区、两配套"面积约 8 平方公里的北京金融中心区，基本形成以具有行业领导力的金融机构为骨干，多种金融机构协同发展的多元化金融机构体系，适合国内外投资者共同参与、服务全国、辐射全球的以信贷资产交易、场外交易为主的金融市场体系，种类齐全、功能强大、方便快捷的金融信息和金融服务支持体系，进一步确立金融街在人民币资金配置、资产交易、清算和定价等方面的中心地位。

（2）引领文化科技融合

西城是古都北京的发祥地，3058 年的建城史和 860 年的建都史赋予了辖区丰富的文化资源。据统计，在西城 50.7 平方公里的辖区内，现有各级文物保护单位 184 处、文物普查登记单位 177 个、挂牌院落 243 个，以及 10 大类 134 个三级非物质文化遗产保护项目，汇聚了一大批优秀的"非遗"传承人、手工艺人以及老字号企业。同时，西城还拥有国家大剧院、新首都电影院、国家京剧院、中国出版集团、中国印刷集团、新华社等众多高品质的现代文化资源，辖区内分布着营业性演出场所 27 家、电影放映场所 16 家、文艺演出团体 43 家、博物馆和纪念馆 27 家、出版物零售企业 697 家、印刷企业 80 家以及一批中央和市属新闻媒体。

与此同时，西城以金融资源为代表的潜在产业资本优势明显。位于西二环核心地段的北京金融街，是集决策监管、资产管理、支付结算、信息交流、标准制定为一体的国家金融管理中心和具有国际影响力的金融中心，集聚了全国近一半的金融资产，掌控着全国 90% 以上的信贷资金、65% 的保费资金，具有无可比拟的金融创新能力和发展潜力。

结合这些优势资源禀赋，西城谋划了"一带、一线、多板块"的文化创意产业发展格局，积极引导金融业与文化创意产业融合发展，加快建设国家文化金融创新中心。"一带"，即以什刹海、大栅栏、琉璃厂、天桥等地区为重点的北京中轴线西翼文化带；"一线"，即东至景山东街、西至阜成门，横贯西城、东西走向的阜景文化街沿线；"多板块"，指的是支撑"一带、一线"发展的多个集聚区，即天桥演艺区、中国北京出版创意产业园区、北京 DRC 工业设计创意产业基地、琉璃厂艺术品交易中心区等。

按照这一规划，"十二五"期间，西城将以文化创新为驱动，扶持和引进支持网络出版、数字出版、电子商务等的技术企业和项目，强化科技对文化创意产业的支撑作用，积极利用高新技术改造传统文化产业，催生新的业态。同时，坚持将文化创意产业作为区域发展的支柱产业，统筹规划文化功能街区建设，依托丰富的历史文化资源和现代产业资源，形成以文化演艺、新闻出版、艺术品交易、文化旅游、设计服务五大产业为重点，多个集聚区为支撑的文化创意产业发展体系，构建文化金融服务、文化产权交易、文化产品电子商务、文化产品交易展示四大服务平台，将西城建设成为国家级新闻出版产业核心区、首都文化演艺集聚核心区、首都艺术品展示交易核心区、京味文化旅游体验核心区、世界设计之都核心区。

目前，在金融与文化的双轮驱动下，西城文化金融代表性的集聚区——"新华1949"文化金融创新中心正在抓紧建设，未来将成为北京文化金融产业对外展示、交流、合作的重要窗口。北京新华印刷厂成立于1949年4月24日，其前身是原正中书局北平印刷厂，长期承担着党中央、国务院、全国人大和全国政协等国家重点图书和文件的印制工作。2012年年初，有着辉煌履历的北京新华印刷厂将主业迁往亦庄经济技术开发区，并对位于车公庄的老厂区进行开发改造。资源与政策的合拍很快碰撞出合作的火花，在2011年11月9日召开的第六届中国北京国际文化创意产业博览会上，西城与中国印刷集团签订了战略合作协议，将北京新华印刷厂老厂区改造为"新华1949"文化金融创新中心，构建文化创意产业、金融支撑服务、商务配套支持为一体的"产""融""商"品牌和平台。

如今，"新华1949"文化金融创新中心经过筹备、规划和施工，规模已达4.5公顷，总建筑面积5.5万平方米，平坦的硬质路面两边是规划齐整的建筑，中心内没有推倒重建的建筑，保证旧屋新用、高效环保。截至目前，园区内已有包括百老汇国际音乐会工厂（Musical Theater Works International）、西城原创音乐剧基地等多家机构和企业入驻。其中，西城原创音乐剧基地是国内第一个集原创音乐剧生产、服务和孵化功能为一体的多功能全产业链平台，它的成立将填补国内这一空白。

4.5.2 海淀区：文化科技融合助推文创提速

作为首个国家自主创新示范区核心区，海淀区文化创意产业探索出了一条文化和科技融合发展的道路，产业规模和竞争力在北京及全国保持领先地位。2012年，海淀区被授予首批国家级文化和科技融合示范基地之一。以此为契机，海淀文化创意产业发展的蓝图越来越清晰。未来海淀将大力实施文化和科技融合"七项工程"，力争到2015年文化创意产业总收入超过

5 000亿元，基本建设成为同步全球、领航全国的文化和科技融合示范基地。

(1) 初具"三区一城一基地"格局

2012年1月17日，海淀区委召开十一届二次全会，在北京市十六区县中率先制定了《关于率先形成文化大发展大繁荣新格局的实施意见》。5月18日，以海淀园为核心，中关村被授予了首批国家级文化和科技融合示范基地之一。海淀区文化发展"三区一城一基地"（全国文明城区、国家公共文化服务体系示范区、三山五园历史文化景区、中关村艺术城、国家级文化和科技融合示范基地）的总体布局初步成型，形成了软件网络及计算机服务、广播电视电影、文化辅助服务和广告会展四大支柱行业为主导的发展格局，文化创意产业的发展动力更加强劲，发展势头更为迅猛。

海淀区作为北京市文化、科技资源最密集的区域，作为2012年首批命名的"北京中关村国家级文化和科技融合示范基地"的核心，在推进文化和科技融合发展中具有诸多优势，并进行了积极探索。

在文化资源方面，海淀区集聚了总政歌舞团、解放军军乐团、国家图书馆等一批国内顶尖文化单位，以及香山、颐和园、圆明园为代表的"三山五园"皇家园林区；在科技创新方面，海淀作为中关村的所在地，聚集了中科院等250多家科研机构，1.6万余家高新技术企业，承担着到2020年建设成为全球有影响力的科技创新中心的重任。在人才资源方面，集聚了拥有以北大、清华、人大为代表的一流高校，高端人才密集，全区47%的人口接受过高等教育。

(2) 全面启动"三山五园"建设

在海淀区委区政府的大力扶持下，逐渐成长起了一批龙头领军企业和特色产业园区。海淀区拥有百度、新浪、搜狐等互联网领军企业，拥有水晶石、金山、完美世界等全国知名数字内容企业，拥有中科大洋、新奥特、数码视讯、永新视博等数字装备杰出企业；同时培育了中关村软件园、清华科技园、768创意产业园、中央新影纪录影视产业园等一批优秀产业集聚区。

2012年，北京市第十一次党代会明确将"三山五园历史文化景区建设"列为重点文化工程，海淀区建设"三山五园"历史文化景区的工作全面启动。

"三山五园"历史文化景区规划面积为68.5平方公里，分东部、中部和西部3个板块：东部围绕北京大学和清华大学规划为文化创新区；中部将颐和园和圆明园周边区域规划为中华传统文化核心发展区；西部以香山为重点规划为文化旅游休闲区。

未来，全长40公里的皇家园林绿道将串联起香山、颐和园等三山五园景区。颐和园北宫门地区将恢复青龙桥古镇风貌；圆明园大宫门西侧将建国际一流的博物馆；香山中心地区将恢复买卖街、煤厂街历史风貌。三山五园历史文化景区建设将使这一历史文化遗产绽放光芒。

(3) 借中关村优势建设数字内容第一区

海淀区在文化科技融合方面走在全国最前列。依托中关村的科技资源，海淀区涌现出了一大批以软件、网络和计算机服务为制作和传播手段，以提供文化产品和文化信息服务为经营内容的数字文化内容产业。

这些是现代科技催生的新兴文化业态，是海淀区文化创意产业的最重要组成部分和最显著的区域特点，也是海淀区科技文化融合的最显著成果和最具发展潜力的文化创意产业门类。海淀区将依托上述产业优势，积极改造、升级传统文化产业，建设中国数字内容与文化装备第一区。

海淀区在网络传媒业、数字出版业、动漫游戏业、数字影视业、创意设计业和文化装备业具有明显的优势。在网络传媒业，海淀区拥有百度、新浪、搜狐、乐视、优酷、新浪微博、开心网等为代表的龙头企业群，当之无愧地具备全国最强发展实力；在数字出版业，海淀区拥有国内外领先的文字识别技术、激光照排技术和网络出版系统；在动漫游戏业，建成了全国领先的中海动漫游戏孵化器；在数字影视业，北太平庄地区聚集了北京电影学院、CCTV-6及中影、华夏两家进口片发行机构，聚集了每日视界、视点特艺等一批数字制作的行业领先企业；在创意设计业，海淀区产值占北京的1/3，拥有四个聚集片区；在文化装备业，拥有国内一流的高清解码和立体视频等技术。

（4）出台《三年行动计划》，力推文化科技融合

2012年12月，海淀区委常委会审议通过《区委区政府推动文化和科技融合发展行动计划（2012—2015）》（下称《计划》）。海淀区制定此计划旨在深入贯彻党的十八大、全国科技创新大会和北京市第十一次党代会精神，落实《国家文化科技创新工程纲要》《中共北京市海淀区委关于率先形成文化大发展大繁荣新格局的实施意见》和《海淀区委区政府关于加快核心区自主创新和产业发展的若干意见》决策部署，实施海淀文化创新、科技创新"双轮驱动"战略，促进文化科技融合发展。根据《计划》，从2012年开始，海淀区将充分发挥海淀区文化和科技资源优势，力争到2015年，在文化技术引领、新兴文化产业发展、跨界人才聚集、公共文化服务提升等方面取得重大突破，将海淀区建成同步全球、领航全国的文化和科技融合示范基地。

未来3年，海淀区将力争在文化技术方面取得重大突破，攻克和推广一批文化科技领域的核心技术，形成10项以上具有较大市场规模和较强产业影响力的文化科技自主创新成果；海淀区将在文化科技产业方面快速发展，大力发展数字内容和文化装备等优势产业，建成4～5家细分行业专业园区，培育出10家大型龙头企业，打造一批国内外知名的园区品牌、企业品牌和产品品牌，实现文化创意产业总收入超过5 000亿元；在公共数字文化服务体系方面，海淀区将提高公共文化数字化、网络化服务水平，实现对公众文化产品的普惠和精准投放，搭建全区公共文化服务信息集成发布平台，基本建成技术先进、服务便捷、覆盖城乡的数字公共文化服务网络；在文化科技人才方面，海淀区将发挥中关村人才特区优势，引进和培养若干行业领军人才，培育一批具有创新精神和创新能力的文化科技领域新锐英才。

第5章 北京文化创意产业园区发展概况

5.1 集聚区规划

2007年9月，经北京市委、市政府批准，《北京市"十一五"时期文化创意产业发展规划》

（以下简称《规划》）正式发布。《规划》在重点工作第三条就提到了"调整产业结构，盘活存量、优化增量，建设功能完备、布局合理的文化创意产业集聚区"，确立了未来文化创意产业集聚区的发展目标。文化创意产业将在广播影视领域重点建设以中央电视台、北京人民广播电台、北京电视台为主的 CBD 广播影视产业集聚区。

在艺术品交易领域重点建设北京古玩城、潘家园旧货市场，加快建设潘家园古玩艺术品交易区。以琉璃厂大街、南新华街为主体，建设琉璃厂文化产业园区。以小堡村为核心，规划建设宋庄原创艺术集聚区。继续推进崇文区传统工艺美术基地、红桥市场等集聚区建设。扶持现代艺术品业发展，鼓励兴办艺术品经营企业，建立健全当代艺术品市场。支持在王府井、西单、前门等繁华街区设立艺术品销售展示区。支持利用闲置厂房规划建设艺术集聚区，吸引国内外艺术家、收藏家和文化机构入驻。促进艺术品销售与家居装饰、文化旅游的结合，开拓艺术品新的消费市场。建立健全艺术品市场规范，规划市场交易行为，加强营销和税收管理。积极支持工艺美术品生产、销售和出口。

在设计创造业领域重点建设北京 DRC 工业设计创意产业基地、北京软件产业基地、集成电路设计园、北京时尚设计广场、百工坊工艺美术设计创意产业基地等产业集聚区，促进一批有影响力的设计企业和机构聚集，引进和培育一批具有国际影响力的知名设计大师。

培育新型文化旅游集聚区。充分利用传统民居民俗等非物质文化遗产资源，开发完善什刹海、南锣鼓巷、南新仓、三里屯等一批体现保护历史文化与实现城市发展相结合的民俗文化旅游休闲区，并在此基础上开发"社会旅游"等文化旅游产品。规划建设 798 艺术区、宋庄画家村等新型文化旅游区。培育文化创意产业集聚区的旅游功能，使之成为北京新兴文化旅游项目。

规划建设体育产业集聚区，形成南北有大型体育主题公园、东西有特色体育健身园区的基本格局。重点扶持建设奥林匹克中心区、龙潭湖体育产业园、潮白河水上休闲运动集聚区、五棵松球类健身运动集聚区、十三陵户外休闲运动集聚区、八大处网络体育集聚区。

规划和建设一批市级文化创意产业集聚区，提高北京文化创意产业的竞争力。重点支持中关村创意产业先导基地、北京数字娱乐产业示范基地、国家新媒体产业基地、中关村科技园区雍和园、中国（怀柔）影视基地、北京 798 艺术区、北京 DRC 工业设计创意产业基地、北京潘家园古玩艺术品交易园区、宋庄原创艺术与卡通产业集聚区、中关村软件园等经市文化创意产业领导小组认定的集聚区，做好集聚区基础设施和公共服务平台建设。到 2010 年，北京市级重点文化创意产业集聚区力争达到 30 个。充分调动区县积极性，积极引导区县建设一批各具特色的文化创意产业集聚区，使集聚区成为北京文化创意产业发展的重要载体。

积极支持产业集聚区的建设。市政府设立文化创意产业集聚区基础设施专项资金，资金规模 5 亿元，分 3 年投入。经认定的文化创意产业集聚区环境整治、基础设施和公共服务平台建设等公共设施工程，市政府在文化创意产业集聚区基础设施专项资金中安排资金予以支持。鼓励和引导区县结合各自区域功能定位，发展各具特色的文化创意产业集聚区，充分调动区县积极性，形成市区共建的文化创意产业集聚区管理体制和工作机制。

5.2 集聚区的建设历程

5.2.1 第一批市级文化创意产业集聚区

2006年12月14日,"北京市第一批文化创意产业集聚区"授牌仪式在首届文博会闭幕式上举行。首批10个集聚区是：中关村创意产业先导基地、北京数字娱乐产业示范基地、国家新媒体产业基地、中关村科技园区雍和园、中国（怀柔）影视基地、北京798艺术区、北京DRC工业设计创意产业基地、北京潘家园古玩艺术品交易园区、宋庄原创艺术与卡通产业集聚区和中关村软件园。

此次认定，不仅可以规范集聚区的建设、发展标准，而且明确了政府支持的重点。北京市政府决定设立文化创意产业集聚区基础设施专项资金,3年投入5亿元,支持集聚区的基础设施、环境整治和公共服务平台建设。

为带动文化创意企业形成集聚规模，促进北京文化创意产业又快又好地发展，北京出台了文化创意产业集聚区认定和管理办法。集聚区的认定条件是：有科学的规划、鲜明的产业特色和定位、相当的产业规模、先进的产业形态、合理规范的管理机构和运营机制、较完善的基础设施和公共服务支撑体系以及良好的产业发展前景。认定工作实行标准公开、自主申报，专业评审后经市文化创意产业领导小组审定。

目前，第一批文化产业集聚区发展良好，表5-1是2013年对各集聚区的调查结果。

表5-1 第一批文化创意产业集聚区建设情况（2013年）

集聚区名称	所属区县	批准规划面积（平方米）	已建成面积（平方米）	企业总数（家）	文化企业占比(%)	园区上市公司数量	园区文化产业上市公司数量
北京798艺术区	朝阳	300 000	230 000	500	95%		
中国（怀柔）影视基地集聚区	怀柔	5 600 000	3 000 000	1 500	19%		
北京潘家园古玩艺术品交易园区	朝阳			12			
北京数字娱乐产业示范基地	石景山	13 320 000	3 000 000	3 700		12	5
北京DRC工业设计创意产业基地	西城	8 000	8 000	200	90%	1	1
中关村创意产业先导基地	海淀	70 000	300 000				
中关村软件园	海淀	2 060 000		281		30	30
宋庄文化创意产业集聚区	通州区	14 600 000		350	70%		
国家新媒体产业基地	大兴			1 547	20%	1	
中关村科技园区雍和园	东城	6 030 000	5 550 000	12 651			

5.2.2 第二批市级文化创意产业集聚区

2008年4月15日,北京市文化创意产业领导小组宣布,北京市文化创意产业集聚区再添

11个，总数达到了21个。新认定的第二批文化创意产业集聚区是：北京CBD国际传媒产业集聚区，顺义国展产业园、琉璃厂历史文化创意产业园区、清华科技园、惠通时代广场（新址）、北京时尚设计广场、前门传统文化产业集聚区、北京出版发行物流中心、北京欢乐谷生态文化园、北京大红门服装服饰文化创意产业集聚区、北京（房山）历史文化旅游集聚区。第二批文化创意产业集聚区在分布上提高了在区县的覆盖率，并向南城（原崇文、原宣武、丰台）和新城（顺义）倾斜（表5-2）。

表5-2 第二批文化创意产业集聚区建设情况（2013年）

集聚区名称	所属区县	批准时间	批准规划面积（平方米）	已建成面积（平方米）	企业总数（家）	文化企业占比（%）
北京CBD国际传媒产业集聚区	朝阳	2008年	3 990 000	3 990 000	31 892	25.80
北京时尚设计广场	朝阳	2008年	211 346.15	211 346.15	80	90
北京大红门服装服饰文化创意产业集聚区	丰台	2008年	50 000	35 000	18	
北京（房山）历史文化旅游集聚区	房山	2008年	70 000 000	70 000 000	3 942	15.90
北京欢乐谷生态文化园	朝阳	2008年	64 950	49 701		
惠通时代广场（新址）	朝阳	2008年	270 000	60 000	2	85
琉璃厂历史文化创意产业集聚区	西城	2008年			386	
顺义国展产业园	顺义	2008年			160	13
清华科技园	海淀	2008年				
北京出版发行物流中心	通州区	2008年	280 000	250 000		43
前门传统文化产业集聚区（前门历史文化展示区）	东城	2008年	400 000	230 000	128	65

北京CBD国际传媒产业集聚区位于朝阳区CBD核心区及周边辐射区，主要以影视内容与传播、新闻出版、广告会展、发行和传媒版权交易为主导产业；

顺义国展产业园会展面积超过北京现有会展面积总和；

琉璃厂历史文化创意产业园区以书画艺术和古玩艺术品交易为主导产业，目前有上百家骨干企业和老字号企业；

清华科技园以软件、网络及计算机服务、设计服务、出版发行、新媒体、动漫网游等产业为主；

惠通时代广场以平面媒体、网络新媒体、电视节目制作、原创音乐制作等产业为主；

北京时尚设计广场位于朝阳区酒仙桥路，以服装设计、时尚产品交易、艺术展示、艺术培训等产业为主导；

前门传统文化产业集聚区有同仁堂、全聚德、百工坊等诸多百年老字号，整修改造后，前门浓厚的历史文化底蕴将得到更好的弘扬；

北京出版发行物流中心位于通州区台湖产业园区,致力于打造北京最大的出版物集散中心和交易市场;

北京欢乐谷生态文化园弥补了文化演出类产业在集聚区中的空白;

北京大红门服装服饰创意产业集聚区以服装交易、设计展示、面料研发为主要内容;

北京(房山)历史文化旅游集聚区以房山区丰富的文化旅游资源为依托,汇聚周口店风景区、上方山风景区、云居寺风景区等著名旅游资源。

5.2.3 第三批市级文化创意产业集聚区

继2006年、2008年本市认定两批共21个文化创意产业集聚区之后,2011年1月,市文化创意产业领导小组审议并通过首钢二通厂中国动漫游戏城和北京奥林匹克公园为市级文化创意产业集聚区。至此,北京市文化创意产业集聚区数量已达23家(表5-3)。

表5-3 第三批文化创意产业集聚区建设情况(2013年)

集聚区名称	所属区县	运营管理机构	批准部门(单位)	批准时间	批准规划面积(平方米)	已建成面积(家)	企业总数	文化企业占比(%)
北京奥林匹克公园	朝阳	北京奥林匹克公园管理委员会	北京市文化创意产业领导小组办公室	2011年	5 057 600	2 163 500	21	43
中国动漫游戏城	石景山	首钢二通实验区管委会	文化部、北京市政府	2011年	22 460 000	25 000	2	

首钢二通厂中国动漫游戏城是文化部和北京市政府共建的国家级动漫产业基地,其核心区为首钢旗下北京第二通用机械厂原厂区。总规划面积约1 200亩,建成后建筑面积将超过120万平方米,总投资将超过100亿元,初步形成集原创、生产、展示、交易于一体,产业链完整的国家级、高水平的重点文化产业园区。该项目的规划建设不仅探索了首钢工业厂区产业转型的新途径,而且是北京市承接中央大型文化项目,落实国务院《文化产业振兴规划》的重大举措。

奥林匹克公园集聚区作为第29届夏季奥运会和残奥会的主要场馆群所在地和重大活动举办地,是目前世界上最大的综合性奥林匹克文化展示区。奥林匹克公园重点发展旅游、文化、体育、会展和商务服务等现代服务业,力争成为集体育竞赛、会议展览和文化娱乐于一体的综合性城市功能区,成为首都重要的文化交流展示平台、国家交往平台、特色产业园区和休闲体验基地。

5.2.4 第四批市级文化创意产业集聚区

继2006年开始,先后3次认定23个文化创意产业集聚区后,2011年11月19日,北京文化创意产业集聚区再添7个新成员。北京市市级文化创意产业集聚区数量已达30家,覆盖了北京市全部区县,八大重点行业,圆满实现了《北京市"十一五"时期文化创意产业发展规划》中提出的"到2010年市级文化创意产业集聚区力争达到30个"的工作目标。

文化创意产业集聚区的国内外影响力持续提高。798艺术区已成为展示中国当代艺术发展的形象窗口,入驻艺术区的400多家文化创意产业类机构来自至少16个国家和地区,国际要员纷纷造访,国内外游客数量平均达数百万人次。奥林匹克公园已成为北京的新地标,除奥运会、残运会外,中网等系列赛事及系列演出活动影响广泛。CBD传媒产业集聚区聚集了80%以上的驻京海外新闻机构,中国最具权威性的国家级报纸、中国最有影响力的电视台、中国国内的因特网门户网站均落户于此。中关村软件园高新技术企业输出技术合同成交额占北京市的一半以上,占全国近1/3,园区着力建设具有全球影响力的科技创新中心。

本批认定的7个文化创意产业集聚区分别是八达岭长城文化旅游产业集聚区、北京古北口国际旅游休闲谷产业集聚区、斋堂古村落古道文化旅游产业集聚区、中国乐谷－首都音乐文化创意产业集聚区、卢沟桥文化创意产业集聚区、北京音乐创意产业园、明十三陵文化创意产业集聚区（表5-4）。

表5-4 第四批文化创意产业集聚区建设情况（2013年）

集聚区名称	所属区县	运营管理机构	批准部门（单位）	批准时间	批准规划面积（平方千米）	已建成面积(平方千米)	企业总数（家）	文化企业占比（%）
北京八达岭长城文化旅游产业集聚区	延庆	延庆县八达岭特区办事处	延庆县人民政府	2011年	70.1		30	100
北京古北口国际旅游休闲谷产业集聚区	密云	古北口镇政府	北京市文化创意产业领导小组办公室	2011年	9.8	6	13	100
北京音乐创意产业园	朝阳	北京市商业储运公司	北京市文化创意产业领导小组办公室	2011年	0.52			
卢沟桥文化创意产业集聚区	丰台	卢沟桥文化旅游区办事处	市委宣传部	2011年	14	6.13	20	70
明十三陵文化创意产业集聚区	昌平			2011年	120		47	
中国乐谷－首都音乐文化创意产业集聚区	平谷	北京平谷国家音乐产业基地管理委员会	市编办	2011年	10	0.3	100	30
斋堂古村落古道文化旅游产业集聚区	门头沟	斋堂镇古村落古道文化旅游集散区管委会	北京市文化创意产业领导小组办公室、北京市文化创意产业促进中心	2011年	392.4		2333	30

5.3 北京市文化创意产业集聚区发展模式分析

北京市文化创意产业集聚区虽然各具特色,但这些集聚区在形成、发展过程中具有一些共同的特点和规律,北京文化创意产业集聚区的答题分为四种发展模式:

5.3.1 文化趋同型集聚

"文化趋同型集"聚是指创意产业的集聚源于共同的文化背景、价值观念或制度环境,这不但使集聚区内的企业成员具有较强的归属感,而且使彼此之间有较好的信任关系,易于信息的沟通与交流及产品的创作和交易。文化趋同是产业集聚形成和稳定发展的黏合剂,对于文化创意产业尤其如此。

以北京798艺术区的形成和发展为例,最初中央美术学院雕塑系在1995年租用位于酒仙桥4号718联合厂的仓库作为雕塑车间,制作卢沟桥抗日战争纪念群雕,从2002年开始,大量注重历史文化底蕴、创意想象空间及个性文化张扬的艺术家开始进驻这里,并根据他们对工作和生活方式的理解创造性地改造原有闲置厂房,使之成为富有特色的艺术创作和艺术展示与创作空间,逐渐形成了具有国际化特色的"SOHO艺术区"和"LOFT生活方式",这种独特的艺术氛围吸引了来自世界不同国家的378家艺术机构,使798地区因此成为北京乃至全国的一张"艺术名片"。

5.3.2 区位因素型集聚

"区位因素型集聚"是指创意产业的集聚源于特定的地理区位,或靠近特殊的创意群体、或靠近目标消费群体、或靠近交易市场,这种特定的地理区位促进了创意产业集聚的形成和发展。

国家新媒体产业基地利用星光集团原有的制造基地和节目制作演播室等资源,充分整合区域内北普陀影视基地以及榆垡万亩森林公园的环境优势,从影视设备生产制造向影视节目制作、传输发行、展览交易等方向拓展,目前已有北京卡酷卫星频道有限责任公司等60余家文化创意企业相继入驻,形成北京重要的影视产业集聚区。

中关村创意产业先导基地则是利用原来的海淀图书城,在其中加入创意元素和高科技手段,打造了一个全新的主题文化广场,并向周边文化创意产业带辐射。目前,已有软件、游戏、动漫画、音乐、出版等领域200余家创意企业签约进驻,2007年,基地文化创意产业产值超过了50亿元。

依托原有资源提升模式的一个基本条件是,在集聚区里原本就有一些标志性的资源,如数字娱乐产业示范基地的石景山游乐园、国家新媒体产业基地的星光集团、中关村科技园区雍和园里的歌华有线、中关村创意产业先导基地的海淀图书城等。而集聚区建设要取得成功则需要依托这些标志性资源,拓展与之相关的、具有广阔市场前景的新兴文化创意产业,改造提升原有产业,形成新兴主导行业,以推动集聚区的建设与发展。

5.3.3 垂直关联型集聚

"垂直关联型集聚"是指在多层次产业集聚中,上、下游企业间存在着原材料供应、成品或半成品生产和成品销售的投入产出联系的复合型产业群体。这种类型在创意产业中的影视行业尤为常见。

例如,中央电视台和北京电视台新址的建设将带动几千家上、下游企业,如电视制作、广告代理、出版、印刷、广告、动漫、网游等相关文化产业公司纷纷迁往 CBD 或其周边地带，从而带动节目制作、大型活动策划、广告传媒、教育培训、影视经纪人等各类相关行业的发展，形成以影视、传媒服务为主要特色、庞大的文化创意产业链条。

若以企业组织和关联结构分类，则 CBD 传媒创意产业集聚又可以归为轮轴式。该区域以中央电视台为核心，在其周围形成许多与核心企业上、下游相关联的配套企业集聚，沿着价值链上、下游以及水平方向多方面展开合作关系。

5.3.4 水平关联型集聚

"水平关联型集聚"实质上是同一产业群体，这种产业群体的最大特点就是集聚区企业生产或经营的产品大致相同，面对共同的市场和用户，企业仅以提供差异化的产品来避免同质竞争。

中关村软件园区在不足 300 平方公里的区域内，集聚着近 20 000 家软件型企业，并以中小企业为主。这些中小企业大多经营软件、电子信息等产品，彼此之间存在激烈的竞争。这些企业主要体现为水平型关联。

5.4 整合资源、错位发展推动 20 个功能区整合

文化创意集聚区已经成为北京市文化创意产业发展的强大引擎。但是，各区县文化创意产业集聚区竞争激烈，暴露了不少问题。例如，一些集聚区的新媒体、动漫等项目未经市场调研，一哄而上。许多集聚区发展类型相似、政策趋同，这也催生了不少不研究市场、只关心政策的"候鸟式"文化创意企业频繁在各集聚区出现。为避免文化创意产业集聚区同质化竞争加剧，北京将通过规划，把区县的定位、特色与功能区建设结合起来，实现错位发展。按照市委市政府的统一部署，北京将着力规划建设 20 个文化创意产业功能区。将以文化创意产业集聚区为重要载体，以重点企业和重大项目为引领，以政策体系和服务平台为保障，结合区县功能定位、发展基础和资源禀赋，进一步加强规划布局，完善产业链、供应链、服务链，提高北京文创产业规模化、集约化、专业化水平。

功能区规划框架体系包含 20 个功能区，形成"两条主线带动，七大板块支撑"的产业发展体系。

两条主线：文化科技融合主线、文化金融融合主线。文化科技融合主线包括文化科技融合示范功能区、动漫网游及数字内容功能区；文化金融融合主线包括文化金融融合功能区。

七大板块：文化艺术、传媒影视、出版发行、设计服务、文化交易、会展活动、文化休闲七个产业板块。

第 6 章 北京文化创意政策保障

6.1 推动文化改革发展，逐步完善"1+X"政策体系

2011 年底，市委十届十次全会审议通过了《中共北京市委关于发挥文化中心作用加快建

设中国特色社会主义先进文化之都的意见》，成为北京建设中国特色社会主义先进文化之都的"路线图"。同时，市工商局等五部门联合发布了《关于促进北京市广告业发展的意见》。2012年3月，中国人民银行营业管理部出台《关于做好文化金融工作 支持北京建设中国特色社会主义先进文化之都的意见》，并组织开展"文化金融服务年"活动。10月，市工商局也发布了23条支持文化产业创新发展的政策，"1+X"政策体系逐步形成。据统计，近五年，北京市先后共出台了39部文化创意产业促进政策，扶持力度全国领先。

在金融政策支持方面，北京更是引领全国。自2012年起，北京市设立每年100亿元的文化创新发展专项资金。2012年7月，市金融工作局和市委宣传部制定出台了《关于金融促进首都文化创意产业发展的意见》构建金融服务体系，实现文化产业与资本北京场的全面对接。北京银行、交通银行、工商银行等金融机构积极支持文化企业发展，提供了诸如贷款贴息、担保等多种金融支持服务。以政府资金为引导，金融资本、社会资本积极参与的文化创意产业投融资服务体系日趋完善。

6.2 强化国有文化资产监督，在全国率先成立省级文资办

成立文资办，是北京市创新文化管理体制机制改革的又一重大举措。市文资办为正局级单位，列入北京市政府直属机构序列。市文资办党委书记由张慧光担任；主任由周茂非担任。成立仪式上，北京市文资办与国家开发银行北京分行等10家银行签订了文化金融创新发展合作协议，为首都文化产业发展提供1 000亿元授信额度。另外，北京市文资办还与11家文化企业签订了文化创意发展合作协议，一批重大文化项目在北京落地，网络游戏、旅游产品开发、儿童动画精品创作等新业态项目也参与进来，文化与科技、旅游等产业实现融合发展。2012年，文资办拿出了9亿元面向社会进行公开征集项目，带动了社会资本约几十亿元的投入。2012年9月26号开始，通过预审、初审，再经过专家的评审，北京文资办在短短3个月的时间内征集到949个项目，通过项目补贴、贷款贴息、资金奖励等办法，支持了这338个项目，在社会上引起了良好反响。

6.3 加强统筹规划，落实重大项目带动战略

按照北京"十二五"规划，文化创意产业将以演出、新闻出版、广播影视、动漫游戏、数字内容等产业为重点，实施重大文化创意产业项目带动战略。重点推进中国动漫游戏城、中影数字电影制作基地、国家动画产业基地、北京国家音乐文化产业基地、中国北京出版创意产业园、中国北京星光电视节目制作基地、中华文化主题公园、西山创意大道、CBD—定福庄走廊、平谷中国乐谷、中国艺术品交易中心、天桥演艺文化区、卢沟桥文化创意产业集聚区、云居寺历史文化风景区、大山子艺术和设计产业功能区等重大文化创意产业项目。2012年，北京国家音乐产业基地正式挂牌，成为全国三大国家级音乐产业基地之一。2012年5月，部市合作重点项目北京国家广告产业园区正式开园，有望建成为北京首个广告产业链条全覆盖的国家级

重点产业集聚区。引进大连万达集团在京成立万达文化产业集团公司，打造引领全国、影响世界的文化航母。与澳门新濠集团在798艺术区合作建设"北京新濠国际文化艺术中心"项目，围绕"水舞间"驻场演艺中心建设相关联文化产业板块，总投资额将超过500亿元人民币。争取海关支持，创新机制体制，建设大山子文化保税中心。推进文化类固定资产投资工作，各区县投资总额超过1亿元以上的文化创意产业重点投资项目172个，投资总额约5596亿元。

6.4 促进文化与科技持续深入融合，新兴文化业态迅速成长

新兴文化业态迅速成长，数字技术、新媒体技术、网络技术在新闻出版、广播电视等行业广泛应用。2012年，北京74家重点数字出版单位收入同比增长近20%，互联网信息服务、卫星传输服务业收入增长近30%，文化和科技融合展现出旺盛的活力。

2012年5月，中关村国家自主创新示范区被认定为首批国家级文化和科技融合示范基地。以中关村为依托，北京文化产业已经初步形成四大新兴文化产业群：数字内容产业群、智能终端产业群、信息媒体产业群及应用服务产业群，形成移动互联网时代完整业务链发展的生态体系内容。

● 数字内容产业群蓬勃发展

中关村企业中文在线、磨铁图书、书生公司等数字出版企业已将畅销图书、杂志数字化，使电子阅读呈现爆发式增长；完美世界、昆仑万维、游戏谷等游戏企业均已打开欧美及东南亚市场，国际化进程加快；华娱无线、随手互动移动游戏用户数量的增长速度加快；优酷、乐视、爱奇艺等视频网站伴随智能手机、平板电脑等移动智能终端的普及，播放量快速增长；中关村在数字广告、在线音乐等数字内容领域也处于国内领先水平。

● 智能终端产业群不断拓展

从智能手机到平板电脑，再到智能电视、云电视，在终端市场正在形成三块智能化的终端屏幕发展格局，成为数字内容发展的关键承载平台。伴随云平台的发展，借助云计算，三块智能终端屏幕的应用空间也在日益丰富。联想、小米科技、纽曼开发的智能手机、平板电脑、个人电脑、智能电视等智能终端加速普及，成为阅读和即时通信的重要屏幕，数字智能家庭已经具备了应用的条件。

● 信息媒体产业群加速扩张

基于互联网和移动互联网的信息传媒正加速扩张发展。人人网、新浪微博已成为继报刊、广播、电视之后全球第四大网络服务媒体；飞信、米聊等即时通信的使用群体越来越广泛；百度、搜狗已将其传统优势移植到移动搜索领域；维旺明科技整合内容资源，建立智能终端出版传播平台；在国际科技公司与影视制作公司达成了流媒体视频服务协议的大背景下，视频企业顺应趋势加速整合，乐视网与网易联合共同打造视频服务平台。

● 应用服务产业群加速发展

应用服务产业群加速发展，电子支付服务、智能手机应用服务下载、程序开发、移动商务、位置服务领域企业层出不穷。易宝支付、拉卡拉、联动优势等电子支付企业处于高成长状态；

木瓜移动、多米音乐、涂鸦移动等专注于开发手机应用程序的企业汇聚中关村；北大方正、用友、数字天堂等移动商务服务企业均处于国内领先水平；图搜天下、街旁网等基于位置服务的企业受到企业和个人用户的欢迎。

6.5 金融市场扶持力度不断加大，文化要素市场体系日益完善

● 北京金融机构不断强化对文创领域的信贷支持与服务

北京市开展信贷产品创新，对文创产业的扶持力度逐年加大。北京银行推出了包括"创意贷""满陇桂雨""优优贷"和"团团贷"等特色产品在内的文化创意产业金融产品，并将"创意贷"细分为9大类文化创意行业和文化创意集聚区10项子产品。市金融局联合中国银行间市场交易商协会，推出中小企业集合票据解决中小企业融资问题。截至2011年8月底，北京共有包括文化创意企业在内的27家中小企业发行了集合票据，发行集合票据的中小企业数量约占全国总数的1/4，位居全国第一。

● 产业基金成为推动产业发展的重要推手

目前，北京文化创意产业专业股权投资基金接近10支，总募集金额超过100亿元。其中，有中国文化产业投资集团和玺萌资产控股等5家公司共同筹资15亿元在京成立的中玺影视产业基金。2011年，北京文化创意产业领域共发生19起投资，投资总额达到12.9亿元人民币，同比分别增长72.7%和65.4%，占全国股权投资支持文化创意产业交易笔数和投资总额的41.3%和31.7%，两项指标均居全国第一位。

● 文化要素市场体系日益完善

国际版权交易中心充分发挥市场中介作用，创新中小文化创意企业融资模式，在版权投融资业务领域推出了影视贷项目，并通过发行"北京中小·雍和园文化创意中小企业发展集合资金信托计划"，为商业地产、珠宝设计及纪念品设计行业提供信托贷款；通过与国华文创担保公司合作，为影视行业企业提供融资服务；推动开发了国内第一个著作权保险产品——著作权交易保证保险、著作权确权责任险。此外，国际版权交易中心还积极开展文化创意领域基金的筹备、募集与发行工作，预计募资总额10亿元，涉及影视改编权、数字电影版权、艺术品牌授权、新媒体版权等诸多领域。

6.6 积极参与国际竞争，加强国际合作与交流

● 国际贸易活跃，招商引资成果喜人

近年来，北京图书、影视等领域的产品出口规模日益扩大，文化服务贸易发展迅速。2011年，北京文化服务贸易额达到21.12亿美元，占北京服务贸易总额的2.4%，其中，出口12.24亿美元，占北京服务贸易出口额的2.9%。2012年，文化贸易出口总额达到15.05亿美元。同时，文化创意产业也成为北京市吸引利用外商投资的重要领域。2011年，北京文化创意产业外商投资项目合计392个，实际利用外资额14.98亿美元，占北京实际利用外资总额的21.2%。

● 文化走出去硕果累累

在扩大服务贸易规模的同时，北京文化创意企业积极实施文化企业走出去战略，通过自主知识产权产品出口、成立海外分支机构、合资合作等方式积极拓展国际业务，形成了一批具有国际影响力的大型文化企业集团。如在2012年组建成立的北京文创国际集团，作为北京文化"走出去，请进来"战略的执行机构，成为国内首家融大文化资源于一体的国际化高端平台。

着力打造高端国际品牌，电影节、文博会、设计周、艺术品产业博览会等平台交易取得丰硕成果。每年举办海外文化活动百余场，"中国三大男高音"、京剧"唱响之旅"、"魅力北京"图片展、图书走出去等文化品牌在海外引起强烈反响。俏佳人、小马奔腾、万达集团等一批优秀的民营企业在海外文化市场表现抢眼。

2012年4月，在台北主办2012海峡两岸文化创意产业展，组织市、区有关主管部门及50多家文化创意企业和集聚区的140余位代表赴台湾地区参加展览、论坛及考察交流活动。文创展销售总额创历史新高，达24 387.3万元人民币，是前三届总和的两倍。

7月，赴英国举办"伦敦北京文化周"文创企业签约及推广活动，9家北京文化创意企业的10个项目走进伦敦投资。11月，在香港地区举办2012京港文化创意产业项目推介洽谈会。创造了三个"首次"：北京文创推介团首次在香港地区举办的京港洽谈会上集体亮相；北京文化创意产业投资指南首次在香港地区发布；北京文创企业首次在香港地区举办的京港洽谈会会上会下开展商业对接。16个项目签约，签约总额137.2亿元人民币。44家北京文创企业与香港文创企业进行了现场洽谈；发布了13个区县的62个重点文创项目，项目总投资800多亿元人民币。

比 较 篇

第7章 北京文创产业与国内主要省市的比较

7.1 总体情况分析

7.1.1 文化产业规模国内名列前茅

——文化创意产业总量国内领先

北京市文化创业产业在国内一直处在举足轻重的地位，引领全国文化产业发展。从文化创意产业经济总量上来看，2012年，北京文化创意产业实现增加值2 189.2亿元，略低于广东省。但是，北京文化创意产业占北京市GDP比重12.3%，远高于国内其他省份，北京文化创意产业发展平均增速20.5%，在全国处在领先水平。根据2012年、2013年中国文化产业发展指数报告，在与全国各大省份的比较中，北京文化产业指数两年均排在全国第一位。

——文化产业多个行业处在国内顶尖地位

作为我国的政治、经济和文化中心，凭借异常丰富的文化创意资源，北京市出版业、演艺业、影视业、数字娱乐业等不断壮大，处于全国的顶尖地位。国家统计局、北京新闻出版局等机构的数据表明，2011年，北京地区新出版图书96 689种，接近全国的1/2，图书总印数23亿册，超过全国的1/4；期刊总印数10亿册，接近全国的1/3；报纸总印数83亿，占全国的17.78%，北京市新闻出版业在国内处在绝对的主导地位。

在演艺业方面，北京艺术表演团体2011年共在国内演出1.61万余场，观众人次1 671多万；北京地区艺术表演场馆共安排艺术演出1.77万场，占全国的12.70%，接待观众823.19万人次，高于国内其他省份和直辖市。

根据北京市广电总局相关数据，2012年，北京城市院线累计放映电影119.87万场，比上年增加22.56万场，增长23.2%；观影人次3 752.61万，比上年增加546.5万人次，增长17.1%；电影票房收入16.12亿元，比上年增加2.62亿元，增长19.4%，占全国总票房收入170.73亿元的9.4%。全国省、自治区、直辖市票房排名第二，连续6年居全国城市第一。

在数字娱乐方面，2012年，北京动漫游戏产业总产值达到167.57亿元，约占全国的22%，排在全国第一位。动漫产业出口15.6亿元，影视动画生产总量为34 492分钟，约占全国总量的7.1%。2012年，北京市网络游戏规模以上企业总产值达到156亿元，占全国游戏总产值的25.9%。

7.1.2 文化创意资源优势明显

——会集大量优秀人才

北京云集清华大学、北京大学等大量国内顶尖高校，会集大量的高学历人才。按照国家统计局相关数据，北京具有大专学历以上人口617.8万人，占北京总人口的31.5%，比例远远高于其他省、自治区和直辖市。

同时，北京还具备大量的技术创意人才，与全国其他省、自治区、直辖市相比，目前，北京的创新资源占绝对优势地位。根据《首都科技创新发展报告2012》，以2010年数据为例，北京"万名就业人员中R&D（科研与开发）人员数""R&D经费内部支出占地区生产总值的比重""企业R&D人员占其从业人员比重"等指标均遥遥领先于全国水平。例如，2010年，北京的万名就业人口中从事研发人员的数量不仅排名全国第一，而且是全国数量的6倍多。在创新人才方面，企业研发人员数占其从业人员比重呈稳步增长态势，从2005年的3.52%增加到了2010年的3.92%。

——拥有诸多顶尖创意机构

北京地区拥有众多优秀的文化产业研究机构，2006年，文化部命名清华大学为国家文化产业研究中心。北京地区先后成立了北京文化产业研究院、人民大学文化产业研究院等机构。北京地区的文化产业研发能力和创新能力全国领先。

国家统计局数据表明，2011年，在全国447家出版社中，有164家在北京，占全国出版社总量的36.69%，由于北京拥有全国最集中的作者资源、媒体宣传资源和市场影响力，近年来，全国各地出版发行集团都纷纷北上，在北京建立分支机构，相当一批外地的民营图书公司，也将企业总部迁往北京或在北京开展业务。

此外，北京拥有丰富的文化艺术资源和表演资源，文化底蕴丰富，历史悠久，聚集了一批优秀的文化艺术企业。中国木偶艺术剧院、北京交响乐团、国家京剧院、开心麻花剧团等享誉内外。

——科技创新市场活跃

北京科技创新市场异常活跃，全国领先，为北京文化创意产业创新发展提供了良好基础。根据国家统计局相关数据，2011年，北京地区专利申请受理数为77 955，占全国的5.18%，申请授权数40 888，占全国的4.63%；技术市场交易额1 890亿元，占全国技术市场交易额的40%。

7.1.3 汇集创意龙头企业总部，经济效果明显

北京作为首都，吸引了大量的文化创意产业龙头企业，这些企业无论是在经济实力还是国际影响力上，都遥遥领先。2001年，北京歌华有线电视网络股份有限公司上市，融资12.05亿元，成为中国文化企业上市第一股；2004年北青传媒股份有限公司在香港主板上市，融资11亿元，成为中国内地传媒企业境外上市第一股。根据中国证监会统计数据，2012年新增文化创意产业A股上市公司11家。其中，广播、电视、电影1家，软件、网络及计算机服务业10家；国内A股主板上市1家，中小板2家，创业板7家，美国纳斯达克1家。

国内上市的77家文化企业中，北京占据绝大部分。截至2012年12月，北京地区已经在国内上市的文化创意企业54家。按行业划分，软件、网络及计算机服务业42家，广播、电视、电影业7家，旅游、休闲娱乐业3家，新闻出版业2家。软件、网络及计算机服务业占比最高，为77.78%。截至2012年12月，北京地区已经在境外上市的文化创意企业15家。按行业划分，软件、网络及计算机服务业11家，广播、电视、电影业4家。软件、网络及计算机服务业占比最高，为73.33%。

7.1.4 文化消费市场繁荣发展

随着文艺演出、电影放映硬件环境的改善，演出、放映内容的丰富多彩，文化市场呈现繁荣发展局面，文化对消费的拉动作用增强。

文化消费能力不断提高。2012年，北京城镇居民人均文化娱乐服务支出为1 658元，比上一年增长31.5%。其中，人均团体旅游花费支出占64.4%，比上一年增长31.9%；参观游览花费支出占8.5%，比上一年增长9.3%。

据北京海关最新发布的统计数据显示，2012年，北京地区文化产品进出口6亿美元，比上一年增长6.3%；其中，进口4.5亿美元，比上一年增长13.1%，增速较北京地区进口增速高出7.8个百分点。从全国范围来看，北京地区文化产品进口规模在全国各省（市）当中排名首位，占同期全国文化产品进口规模的30.7%。文化贸易进出口总额达到30.54亿美元，比上一年增长15.55%。其中，出口15.05亿美元，比上一年增长10.34%，进口15.49亿美元，比上一年增长21.11%。

7.1.5 文化产业园区影响力巨大

目前,北京共有 30 个市级文化创意产业集聚区,这些产业园无论是收入规模还是经济效益增长速度都表现优异,国内外影响力持续提高。文化创意产业集聚区的 798 艺术区已成为展示中国当代艺术发展的形象窗口,入驻艺术区的 400 多家文化创意产业类机构来自至少 16 个国家和地区,国际要员纷纷造访,国内外游客数量达数百万人次。奥林匹克公园已成为北京的新地标,除奥运会、残运会外,中网等系列赛事及系列演出活动影响广泛。CBD 传媒产业集聚区聚集了 80% 以上的驻京海外新闻机构,中国最具权威性的国家级报纸、中国最有影响力的电视台、中国国内的因特网门户网站均落户于此。中关村软件园高新技术企业输出技术合同成交额占北京市的一半以上,占全国近 1/3,园区着力建设具有全球影响力的科技创新中心。

7.2 新闻出版业

7.2.1 各地区总体经济规模综合评价

选取营业收入、增加值、总产出、资产总额、所有者权益(净资产)、利润总额、纳税总额 7 项经济规模指标,采用主成分分析方法对全国 31 个省(自治区、直辖市)与新疆生产建设兵团新闻出版业(未包括数字出版)2012 年的总体经济规模进行综合评价。广东、北京、浙江、江苏、上海、山东、河北、四川、安徽、福建依次位居全国前 10 位(表 7-1)。

表 7-1 各地区新闻业总体经济规模综合评价(前 10 位)

综合排名	地区	2012 年排名变化	综合评价得分
1	广东	0	2.596 5
2	北京	0	2.231 0
3	浙江	0	2.082 3
4	江苏	0	1.816 7
5	上海	0	1.190 5
6	山东	0	1.031 7
7	河北	0	0.377 5
8	四川	2	0.231 6
9	安徽	0	0.210 5
10	福建	-2	0.207 2

7.2.2 出版传媒集团经济规模综合评价

● 图书出版集团

2012 年图书出版集团总体经济规模前 10 位的依次为:江苏凤凰出版传媒集团有限公司、湖南出版投资控股集团有限公司、中国教育出版传媒集团有限公司、山东出版集团有限公司、安徽出版集团有限责任公司、浙江出版联合集团有限公司、江西省出版集团公司、河北出版传媒集团有限责任公司、中国出版集团公司和广东省出版集团有限公司。北京地区中国教育出版传媒集团有限公司、中国出版集团公司分别排名第 3 和第 9，中国出版集团公司较 2011 年排名有所下降（表 7-2）。

表 7-2　图书出版集团总体经济规模综合排名（前 10 位）

综合排名	集　团	综合评价得分	2011 年排名	2012 年排名变化
1	江苏凤凰出版传媒集团有限公司	3.409 7	1	0
2	湖南出版投资控股集团有限公司	1.987 4	2	0
3	中国教育出版传媒集团有限公司	1.427 9	3	0
4	山东出版集团有限公司	1.086 9	7	3
5	安徽出版集团有限责任公司	0.956 2	4	−1
6	浙江出版联合集团有限公司	0.859 6	5	−1
7	江西省出版集团公司	0.818 5	6	−1
8	河北出版传媒集团有限责任公司	0.589 8	10	2
9	中国出版集团公司	0.531 0	8	−1
10	广东省出版集团有限公司	0.289 8	9	−1

● 报刊出版集团

2012 年报刊出版集团总体经济规模前 10 名的依次为：成都传媒集团、广州日报报业集团、解放日报报业集团、北京日报报业集团、文汇新民联合报业集团、山东大众报业（集团）有限公司、浙江日报报业集团、南方报业传媒集团、河南日报报业集团有限公司和杭州日报报业集团有限公司。北京地区，北京日报报业集团排名第 4（表 7-3）。

表 7-3　报刊出版集团总体经济规模综合排名（前 10 位）

综合排名	集　团	综合评价得分	2011 年排名	2012 年排名变化
1	成都传媒集团	3.839 8	1	0
2	广州日报报业集团	2.373 8	2	0
3	解放日报报业集团	2.110 4	3	0
4	北京日报报业集团	1.775 9	4	0
5	文汇新民联合报业集团	1.326 7	6	1
6	山东大众报业（集团）有限公司	1.290 1	5	−1
7	浙江日报报业集团	1.150 6	15	8
8	南方报业传媒集团	0.636 4	7	−1
9	河南日报报业集团有限公司	0.581 4	11	2
10	杭州日报报业集团有限公司	0.508 8	8	−2

● 发行集团

2012 年发行集团总体经济规模前 10 名的依次为：四川新华发行集团有限公司、安徽新华发行（集团）控股有限公司、湖南新华书店有限责任公司、浙江省新华书店集团有限公司、上海新华发行集团有限公司、江西新华发行集团有限公司、河南省新华书店发行集团有限公司、河北省新华书店有限责任公司、重庆新华书店集团公司和云南新华书店集团有限公司。北京在发行方面没有进入前10名的集团（表7-4）。

表7-4　发行集团总体经济规模综合排名（前10位）

综合排名	集　　团	综合评价得分	2011年排名	2012年排名变化
1	四川新华发行集团有限公司	2.677 8	1	0
2	安徽新华发行（集团）控股有限公司	2.533 89	2	0
3	湖南新华书店有限责任公司	1.246 91	6	3
4	浙江省新华书店集团有限公司	1.108 73	4	0
5	上海新华发行集团有限公司	1.058 4	3	−2
6	江西新华发行集团有限公司	0.741 2	8	2
7	河南省新华书店发行集团有限公司	0.502 73	9	2
8	河北省新华书店有限责任公司	0.365 53	7	−1
9	重庆新华书店集团公司	0.126 37	10	1
10	云南新华书店集团有限公司	−0.062 47	15	5

● 印刷集团

2012年印刷集团总体经济规模的前10名依次为：中国印刷集团公司、湖南天闻新华印务有限公司、辽宁新闻印刷集团有限公司、上海印刷（集团）有限公司、江西新华印刷集团有限公司、上海印刷新技术（集团）有限公司、浙江印刷集团有限公司、河南新华印刷集团有限公司、北京印刷集团有限责任公司和北京隆达印刷包装集团有限公司。北京地区有3家印刷集团入榜，分别是中国印刷集团公司、北京印刷集团有限责任公司、北京隆达印刷包装集团有限公司分别排名第1、第9和第10（表7-5）。

表7-5　印刷集团总体经济规模综合排名（前10位）

综合排名	集　　团	综合评价得分	2011年排名	2012年排名变化
1	中国印刷集团公司	1.787 1	1	0
2	湖南天闻新华印务有限公司	1.655 7	3	1
3	辽宁新闻印刷集团有限公司	0.763 0	8	5
4	上海印刷（集团）有限公司	0.220 7	2	−2
5	江西新华印刷集团有限公司	−0.001 8	6	1
6	上海印刷新技术（集团）有限公司	−0.089 8	5	−1
7	浙江印刷集团有限公司	−0.123 5	7	0
8	河南新华印刷集团有限公司	−0.380 7	9	1
9	北京印刷集团有限责任公司	−0.569 5	4	−5
10	北京隆达印刷包装集团有限公司	−0.817 5	11	1

7.2.3 出版发行和印刷上市公司规模分析

● 在境内外上市的出版发行和印刷企业流通市值排名

以 2012 年 12 月 31 日收盘价计算，32 家出版发行和印刷上市公司股市流通市值合计 903.1 亿元人民币，较 2011 年同期增加 67.7 亿元，增长 8.1%；前 10 位降序依次为华闻传媒投资集团股份有限公司、北京康得新复合材料股份有限公司、深圳劲嘉彩印集团股份有限公司、上海新华传媒股份有限公司、上海紫江企业集团股份有限公司、江苏凤凰出版传媒股份有限公司、成都博瑞传播股份有限公司、广东广弘控股股份有限公司、四川新华文轩出版传媒股份有限公司、珠海中富实业股份有限公司。其中，印刷企业 4 家、书报刊出版企业 3 家、发行企业 3 家，除四川新华文轩出版传媒股份有限公司在香港联交所上市以外，其他 9 家全部在中国内地上市。北京康得新复合材料股份有限公司以 84.08 亿人民币的流动市值位居第 2（表 7-6）。

表 7-6 出版发行和印刷上市公司流通市值排名（前 10 位）　　　（单位：亿元人民币）

排名	上市公司	股票简称	业务类型	上市地点	流通市值
1	华闻传媒投资集团股份有限公司	华闻传媒	书报刊出版	深证 A 股	90.17
2	北京康得新复合材料股份有限公司	康得新	印刷	深证 A 股	84.08
3	深圳劲嘉彩印集团股份有限公司	劲嘉股份	印刷	深证 A 股	58.42
4	上海新华传媒股份有限公司	新华传媒	发行	上证 A 股	50.65
5	上海紫江企业集团股份有限公司	紫江企业	印刷	上证 A 股	50.54
6	江苏凤凰出版传媒股份有限公司	凤凰传媒	书报刊出版	上证 A 股	44.68
7	成都博瑞传播股份有限公司	博瑞传播	书报刊出版	上证 A 股	39.91
8	广东广弘控股股份有限公司	广弘控股	发行	深证 A 股	38.49
9	四川新华文轩出版传媒股份有限公司	新华文轩	发行	香港联交所	37.81
10	珠海中富实业股份有限公司	珠海中富	印刷	深证 A 股	35.6

其中，15 家书报刊出版上市公司股市流通市值合计 397.6 亿元人民币，较 2011 年同期增加 12.1 亿元，增长 3.1%，占全体出版发行和印刷上市公司的 44.0%，降低 2.1 个百分点。15 家书报刊出版上市公司的流通市值大小，降序依次为华闻传媒投资集团股份有限公司、江苏凤凰出版传媒股份有限公司、成都博瑞传播股份有限公司、中南出版传媒集团股份有限公司、北方联合出版传媒（集团）股份有限公司、中文天地出版传媒股份有限公司、长江出版传媒股份有限公司、浙报传媒集团股份有限公司、时代出版传媒股份有限公司、广东九州阳光传媒股份有限公司、北京赛迪传媒投资股份有限公司、现代传播控股有限公司、中原大地传媒股份有限公司、北青传媒股份有限公司、财讯传媒集团有限公司。其中，北京赛迪传媒投资股份有限公司、北青传媒股份有限公司、财讯传媒集团有限公司（总部在北京）分别以市值 16.24 亿元、8.02 亿元和 3.1 亿元分别排名第 11、第 14 和第 15（表 7-7）。

表7-7 书报刊出版上市公司流通市值排名　　　　　　　　（单位：亿元人民币）

排名	上市公司	股票简称	上市地点	流通市值
1	华闻传媒投资集团股份有限公司	华闻传媒	深证A股	90.17
2	江苏凤凰出版传媒股份有限公司	凤凰传媒	上证A股	44.68
3	成都博瑞传播股份有限公司	博瑞传播	上证A股	39.91
4	中南出版传媒集团股份有限公司	中南传媒	上证A股	35.58
5	北方联合出版传媒（集团）股份有限公司	出版传媒	上证A股	34.44
6	中文天地出版传媒股份有限公司	中文传媒	上证A股	26.81
7	长江出版传媒股份有限公司	长江传媒	上证A股	21.53
8	浙报传媒集团股份有限公司	浙报传媒	上证A股	20.52
9	时代出版传媒股份有限公司	时代出版	上证A股	20.51
10	广东九州阳光传媒股份有限公司	粤传媒	深证A股	18.73
11	北京赛迪传媒投资股份有限公司	ST传媒	深证A股	16.24
12	现代传播控股有限公司	现代传播	香港联交所	9.06
13	中原大地传媒股份有限公司	大地传媒	深证A股	8.25
14	北青传媒股份有限公司	北青传媒	香港联交所	8.02
15	财讯传媒集团有限公司	财讯传媒	香港联交所	3.10
—	合计	—	—	397.55

其中，6家发行上市公司股市流通市值合计168.6亿元人民币，较2011年同期增加34.9亿元，增长26.1%，占全体出版发行和印刷上市公司的18.7%，提高2.7个百分点。6家发行上市公司的流通市值大小，降序依次为上海新华传媒股份有限公司、广东广弘控股股份有限公司、四川新华文轩出版传媒股份有限公司、安徽新华传媒股份有限公司、中国当当网公司、湖南天舟科教文化股份有限公司。中国当当网公司（北京总部）以14.35亿元市值排名第5（表7-8）。

表7-8 发行上市公司流通市值排名　　　　　　　　（单位：亿元人民币）

排名	上市公司	股票简称	上市地点	流通市值
1	上海新华传媒股份有限公司	新华传媒	上证A股	50.65
2	广东广弘控股股份有限公司	广弘控股	深证A股	38.49
3	四川新华文轩出版传媒股份有限公司	新华文轩	香港联交所	37.81
4	安徽新华传媒股份有限公司	皖新传媒	上证A股	22.21
5	中国当当网公司	当当网	美国纳斯达克	14.35
6	湖南天舟科教文化股份有限公司	天舟文化	深圳创业板	5.11
—	合计	—	—	168.62

其中，11家印刷上市公司股市流通市值合计337.0亿元人民币，较2011年同期增加20.8亿元，增长6.6%，占全体出版发行和印刷上市公司的37.3%，降低0.6个百分点。11家印刷上

市公司的流通市值大小,降序依次为北京康得新复合材料股份有限公司、深圳劲嘉彩印集团股份有限公司、上海紫江企业集团股份有限公司、珠海中富实业股份有限公司、黄山永新股份有限公司、上海界龙实业集团股份有限公司、东港安全印刷股份有限公司、陕西金叶科教集团股份有限公司、福建鸿博印刷股份有限公司、北人印刷机械股份有限公司、北京盛通印刷股份有限公司。北京康得新复合材料股份有限公司、北人印刷机械股份有限公司、北京盛通印刷股份有限公司分别排名第1、第10和第11(表7-9)。

表7-9 印刷上市公司流通市值排名 (单位:亿元人民币)

排名	上市公司	股票简称	上市地点	流通市值
1	北京康得新复合材料股份有限公司	康得新	深证A股	84.08
2	深圳劲嘉彩印集团股份有限公司	劲嘉股份	深证A股	58.42
3	上海紫江企业集团股份有限公司	紫江企业	上证A股	50.54
4	珠海中富实业股份有限公司	珠海中富	深证A股	35.6
5	黄山永新股份有限公司	永新股份	深证A股	27.72
6	上海界龙实业集团股份有限公司	界龙实业	上证A股	21.23
7	东港安全印刷股份有限公司	东港股份	深证A股	18.25
8	陕西金叶科教集团股份有限公司	陕西金叶	深证A股	18.01
9	福建鸿博印刷股份有限公司	鸿博股份	深证A股	10.42
10	北人印刷机械股份有限公司	北人印刷	香港联交所	8.83
11	北京盛通印刷股份有限公司	盛通股份	深证A股	3.87
—	合计	—	—	336.97

● 在上海和深圳上市的出版发行与印刷企业总市值排名

以2012年12月31日收盘价计算,在上海和深圳上市的26家出版发行与印刷上市公司股市总市值合计1 501.8亿元,较2011年同期减少23.1亿元,降低1.5%;前10名降序依次为江苏凤凰出版传媒股份有限公司、中南出版传媒集团股份有限公司、北京康得新复合材料股份有限公司、安徽新华传媒股份有限公司、华闻传媒投资集团股份有限公司、中文天地出版传媒股份有限公司、长江出版传媒股份有限公司、成都博瑞传播股份有限公司、广东九州阳光传媒股份有限公司、深圳劲嘉彩印集团股份有限公司。其中,印刷企业2家、书报刊出版企业7家、发行企业1家。北京地区只有北京康得新复合材料股份有限公司进入前10名,排名第3(表7-10)。

表7-10 在上海和深圳上市的出版发行和印刷公司总市值排名(前10位) (单位:亿元人民币)

排名	上市公司	股票简称	业务类型	上市地点	总市值
1	江苏凤凰出版传媒股份有限公司	凤凰传媒	书报刊出版	上证A股	172.21
2	中南出版传媒集团股份有限公司	中南传媒	书报刊出版	上证A股	160.92
3	北京康得新复合材料股份有限公司	康得新	印刷	深证A股	151.15

续表

排名	上市公司	股票简称	业务类型	上市地点	总市值
4	安徽新华传媒股份有限公司	皖新传媒	发行	上证A股	94.46
5	华闻传媒投资集团股份有限公司	华闻传媒	书报刊出版	深证A股	90.17
6	中文天地出版传媒股份有限公司	中文传媒	书报刊出版	上证A股	80.85
7	长江出版传媒股份有限公司	长江传媒	书报刊出版	上证A股	63.96
8	成都博瑞传播股份有限公司	博瑞传播	书报刊出版	上证A股	60.54
9	广东九州阳光传媒股份有限公司	粤传媒	书报刊出版	深证A股	59.44
10	深圳劲嘉彩印集团股份有限公司	劲嘉股份	印刷	深证A股	58.42

其中，12家书报刊出版上市公司股市总市值合计886.0亿元，较2011年同期减少56.1亿元，降低6.0%，占全体出版发行和印刷上市公司的59.0%，降低2.8个百分点。12家书报刊出版上市公司的总市值大小，降序依次为江苏凤凰出版传媒股份有限公司、中南出版传媒集团股份有限公司、华闻传媒投资集团股份有限公司、中文天地出版传媒股份有限公司、长江出版传媒股份有限公司、成都博瑞传播股份有限公司、广东九州阳光传媒股份有限公司、浙报传媒集团股份有限公司、时代出版传媒股份有限公司、中原大地传媒股份有限公司、北方联合出版传媒（集团）股份有限公司、北京赛迪传媒投资股份有限公司。北京赛迪传媒投资股份有限公司位列第12（表7-11）。

表7-11 在上海和深圳上市的书报刊出版公司总市值排名 （单位：亿元人民币）

排名	上市公司	股票简称	上市地点	总市值
1	江苏凤凰出版传媒股份有限公司	凤凰传媒	上证A股	172.21
2	中南出版传媒集团股份有限公司	中南传媒	上证A股	160.92
3	华闻传媒投资集团股份有限公司	华闻传媒	深证A股	90.17
4	中文天地出版传媒股份有限公司	中文传媒	上证A股	80.85
5	长江出版传媒股份有限公司	长江传媒	上证A股	63.96
6	成都博瑞传播股份有限公司	博瑞传播	上证A股	60.54
7	广东九州阳光传媒股份有限公司	粤传媒	深证A股	59.44
8	浙报传媒集团股份有限公司	浙报传媒	上证A股	58.05
9	时代出版传媒股份有限公司	时代出版	上证A股	47.82
10	中原大地传媒股份有限公司	大地传媒	深证A股	41.27
11	北方联合出版传媒（集团）股份有限公司	出版传媒	上证A股	34.44
12	北京赛迪传媒投资股份有限公司	ST传媒	深证A股	16.35
—	合计	—	—	886.02

其中，4家发行上市公司股市总市值合计199.9亿元人民币，较2011年同期减少19.7亿元，降低9.0%，占全体出版发行和印刷上市公司的13.3%，降低1.1个百分点。4家发行上市公司的总市值大小，降序依次为安徽新华传媒股份有限公司、上海新华传媒股份有限公司、广东广弘控股股份有限公司、湖南天舟科教文化股份有限公司（表7-12）。

表7-12 在上海和深圳上市的发行公司总市值排名　　　　　　　（单位：亿元人民币）

排名	上市公司	股票简称	上市地点	总市值
1	安徽新华传媒股份有限公司	皖新传媒	上证A股	94.46
2	上海新华传媒股份有限公司	新华传媒	上证A股	50.65
3	广东广弘控股股份有限公司	广弘控股	深证A股	39.71
4	湖南天舟科教文化股份有限公司	天舟文化	深圳创业板	15.1
—	合计	—	—	199.92

10家印刷上市公司股市总市值合计415.9亿元人民币，较2011年同期增加52.7亿元，增长14.5%，占全体出版发行和印刷上市公司的27.7%，提高3.9个百分点。

10家印刷上市公司的总市值大小，降序依次为北京康得新复合材料股份有限公司、深圳劲嘉彩印集团股份有限公司、上海紫江企业集团股份有限公司、珠海中富实业股份有限公司、黄山永新股份有限公司、上海界龙实业集团股份有限公司、东港安全印刷股份有限公司、陕西金叶科教集团股份有限公司、福建鸿博印刷股份有限公司、北京盛通印刷股份有限公司。北京康得新复合材料股份有限公司和北京盛通印刷股份有限公司进入前10名（表7-13）。

表7-13 在上海和深圳上市的印刷公司总市值排名　　　　　　　（单位：亿元人民币）

排名	上市公司	股票简称	上市地点	总市值
1	北京康得新复合材料股份有限公司	康得新	深证A股	151.15
2	深圳劲嘉彩印集团股份有限公司	劲嘉股份	深证A股	58.42
3	上海紫江企业集团股份有限公司	紫江企业	上证A股	50.54
4	珠海中富实业股份有限公司	珠海中富	深证A股	35.6
5	黄山永新股份有限公司	永新股份	深证A股	32.86
6	上海界龙实业集团股份有限公司	界龙实业	上证A股	21.23
7	东港安全印刷股份有限公司	东港股份	深证A股	18.54
8	陕西金叶科教集团股份有限公司	陕西金叶	深证A股	18.01
9	福建鸿博印刷股份有限公司	鸿博股份	深证A股	17.34
10	北京盛通印刷股份有限公司	盛通股份	深证A股	12.17
—	合计	—	—	415.86

7.2.4 产业基地（园区）情况分析

● 经济总量规模

依据15家国家新闻出版产业基地（园区）报送的数据汇总，上述基地（园区）2012年共实现营业收入 777.2 亿元，资产总额 793.6 亿元，利润总额 86.8 亿元。

在 15 家产业基地（园区）中，营业收入超过 200 亿元的有 1 家，即上海张江国家数字出版基地。在 100 亿～200 亿元之间的有 2 家，即广东国家数字出版基地、江苏国家数字出版基地。在 50 亿～100 亿元之间的有 4 家，降序依次为杭州国家数字出版基地、上海国家音乐创意产业园、中国北京出版创意产业园区和湖南中南国家数字传媒内容基地。

● 营业收入

在 9 家国家数字出版基地（园区）中，营业收入降序依次为上海张江国家数字出版基地、广东国家数字出版基地、江苏国家数字出版基地、杭州国家数字出版基地、湖南中南国家数字传媒内容基地、西安国家数字出版基地、重庆北部新区国家数字出版基地、天津国家数字出版基地、湖北华中国家数字出版基地。其中营业收入超过 200 亿元的有 1 家，即上海张江国家数字出版基地；在 100 亿～200 亿元之间的有 2 家，即广东国家数字出版基地、江苏国家数字出版基地；在 50 亿～100 亿元之间的有 6 家（表 7-14）。

表 7-14 国家数字出版基地（园区）的营业收入

排名	基地（园区）名称	营业收入（亿元人民币）	在全体中所占比重（%）	
			比重（%）	累计比重（%）
1	上海张江国家数字出版基地	200.00	32.01	32.01
2	广东国家数字出版基地	130.00	20.81	52.82
3	江苏国家数字出版基地	128.24	20.53	73.35
4	杭州国家数字出版基地	68.76	11.01	84.35
5	湖南中南国家数字传媒内容基地	56.22	9.00	93.35
6	西安国家数字出版基地	30.17	4.83	98.18
7	重庆北部新区国家数字出版基地	7.23	1.16	99.34
8	天津国家数字出版基地	3.42	0.55	99.89
9	湖北华中国家数字出版基地	0.68	0.11	100.00
—	合计	624.72	100.00	—
—	平均	69.41	—	—

● 资产总额

在 9 家国家数字出版基地（园区）中，资产总额降序依次为上海张江国家数字出版基地、湖南中南国家数字传媒内容基地、杭州国家数字出版基地、西安国家数字出版基地、江苏国家数字出版基地、重庆北部新区国家数字出版基地、天津国家数字出版基地、广东国家数字出版基地和湖北华中国家数字出版基地。其中，资产总额超过 100 亿元的有 1 家，即上海张江国家数字出版基地，在 50 亿～100 亿元之间的有 4 家，其余 4 家均少于 10 亿元（表 7-15）。

表 7-15　国家数字出版基地（园区）的资产总额

排名	基地（园区）	资产总额（亿元人民币）	在全体中所占比重（%）	
			比重（%）	累计比重（%）
1	上海张江国家数字出版基地	134.00	32.45	32.45
2	湖南中南国家数字传媒内容基地	77.27	18.71	51.16
3	杭州国家数字出版基地	68.09	16.49	67.65
4	西安国家数字出版基地	63.12	15.29	82.94
5	江苏国家数字出版基地	52.36	12.68	95.62
6	重庆北部新区国家数字出版基地	6.51	1.58	97.2
7	天津国家数字出版基地	5.70	1.38	98.58
8	广东国家数字出版基地	4.30	1.04	99.62
9	湖北华中国家数字出版基地	1.55	0.38	100.00
—	合计	412.90	100.00	—
—	平均	45.88	—	—

● 利润总额

在 9 家国家数字出版基地（园区）中，利润总额降序依次为上海张江国家数字出版基地、广东国家数字出版基地、杭州国家数字出版基地、西安国家数字出版基地、江苏国家数字出版基地、湖南中南国家数字传媒内容基地、重庆北部新区国家数字出版基地、天津国家数字出版基地、湖北华中国家数字出版基地。其中利润总额超过 10 亿元的有 3 家，即上海张江国家数字出版基地、广东国家数字出版基地和杭州国家数字出版基地（表 7-16）。

表 7-16　国家数字出版基地（园区）的利润总额

排名	基地（园区）	利润总额（亿元人民币）	在全体中所占比重（%）	
			比重（%）	累计比重（%）
1	上海张江国家数字出版基地	40.00	47.00	47.00
2	广东国家数字出版基地	15.00	17.63	64.63
3	杭州国家数字出版基地	10.70	12.57	77.2
4	西安国家数字出版基地	9.17	10.78	87.98
5	江苏国家数字出版基地	6.31	7.41	95.39
6	湖南中南国家数字传媒内容基地	2.07	2.43	97.82
7	重庆北部新区国家数字出版基地	1.13	1.33	99.15
8	天津国家数字出版基地	0.46	0.54	99.69
9	湖北华中国家数字出版基地	0.27	0.31	100.00
—	合计	85.10	100.00	—
—	平均	9.46	—	—

7.3 广播影视

7.3.1 票房收入地区比较

2012年，北京电影票房收入161 160万元，占全国票房的0.95%，在全国范围内排名第2，仅次于广东省（表7-17）。

表7-17 2012年票房收入前10名地区　　　　　　　　　　　　　　（单位：万元）

序号	地区	票房收入
1	广东	237 120
2	北京	161 160
3	江苏	156 348
4	浙江	137 511
5	上海	134 865
6	四川	87 232
7	湖北	81 265
8	辽宁	65 747
9	山东	57 476
10	重庆	55 420

7.3.2 影片影响力比较

2012年，北京电影创造力全国领先，北京地区光线影业出品的《人在囧途之泰囧》，华谊兄弟传媒股份有限公司的《一九四二》，北京光线影业有限公司、华夏电影发行有限责任公司、中影数字电影发展（北京）有限公司出版发行的电影《四大名捕》取得了骄人的票房成绩（表7-18）。

表7-18 2012年票房收入前10名国产影片　　　　　　　　　　　　（单位：万元）

序号	国　产　片	票房收入
1	《人再囧途之泰囧（北京）》	100 461
2	《画皮 II》	70 451
3	《十二生肖》	53 533
4	《一九四二（北京）》	37 200
5	《寒战》	25 361
6	《听风者》	23 374
7	《四大名捕（北京）》	19 217
8	《大魔术师（北京）》	17 412
9	《搜索》	17 354
10	《喜羊羊与灰太狼之开心闯龙年》	16 595

7.3.3 院线公司比较

2012年,北京电影院线公司票房收入进入全国前10名的有两家,分别是中影星美电影院线有限公司(北京)、北京新影联影业有限责任公司(北京),以162 024万元和82 596万元的票房收入分别排名第3和第7(表7-19)。

表7-19 2012年票房收入前10名电影院线公司   (单位:万元)

序号	院 线 名 称	2012年票房收入
1	万达电影院线股份有限公司	245 600
2	上海联和电影院线有限责任公司	165 035
3	中影星美电影院线有限公司(北京)	162 024
4	深圳中影南方新干线有限责任公司	132 629
5	广州金逸珠江电影院线有限公司	117 513
6	广东大地电影院线有限公司	110 538
7	北京新影联影业有限责任公司(北京)	82 596
8	浙江时代电影大世界有限公司	71 613
9	四川太平洋电影院线有限公司	60 315
10	浙江横店电影院线公司	56 768

7.3.4 电影院影响力比较

2012年,北京电影院影响力全国第一,在全国票房前10的电影院中,北京有5家。分别是北京耀莱成龙国际影城(北京),票房收入8 169万元,全国排名第1;首都华融电影院(北京),票房收入7 700万元,全国排名第3;北京UME华星国际影城(北京),票房收入6 703万元,全国排名第5;北京UME国际影城双井店(北京),票房收入6 384万元,全国排名第6;北京万达国际电影城CBD店(北京),票房收入6 326万元,全国排名第8(表7-20)。

表7-20 2012年票房收入前10名电影院   (单位:万元)

序号	地 区	票房收入
1	北京耀莱成龙国际影城(北京)	8 169
2	深圳嘉禾影城	7 786
3	首都华融电影院(北京)	7 700
4	上海万达国际电影城五角场店	7 404
5	北京UME华星国际影城(北京)	6 703
6	北京UME国际影城双井店(北京)	6 384
7	上海永华电影城	6 369
8	北京万达国际电影城CBD店(北京)	6 326
9	广州万达影城白云店	6 142
10	广州飞扬影城正佳店	6 000

7.4 动漫业

据统计，2012年全国制作完成的国产电视动画片共395部222 938分钟。全国共有24个省份以及中直有关单位生产制作了国产电视动画完成片。其中，全国动画片创作生产数量排在前5位的省份是广东省、江苏省、浙江省、福建省、安徽省，北京以9 952分钟创作生产量排在全国第6位（见表7-21）。

表7-21 2012年全国各省国产电视动画片生产情况

排序	省别	部数	分钟数
1	广东	57	48 542
2	江苏	85	47 923
3	浙江	46	26 375
4	福建	44	23 464
5	安徽	39	18 585
6	北京	23	9 952
7	河南	14	8 995
8	辽宁	12	7 227
9	内蒙古	4	4 930
10	天津	8	4 576
11	上海	11	3 824
12	湖北	11	3 369
13	山东	8	3 006
14	重庆	4	2 398
15	江西	6	1 641
16	吉林	3	1 572
17	湖南	3	902
18	陕西	4	901
19	黑龙江	2	850
20	河北	2	654
21	宁夏	2	639
22	四川	1	520
23	云南	1	364
24	山西	1	96

按国产动画片生产数量，我国原创动画片制作生产十大机构是：东莞水木动画衍生品发展有限公司、福建神画时代数码动画有限公司、深圳华强数字动漫有限公司、宁波水木动画设计

有限公司、无锡亿唐动画设计有限公司、浙江中南集团卡通影视有限公司、苏州卡酷影视动画科技有限公司、安徽同人文化传播有限公司、广州奥飞文化传播有限公司、大连卡秀数字科技有限公司（表7-22）。

表7-22 2012年全国原创电视动画片生产企业前十位

排序	生 产 单 位	部数	分钟数
1	东莞水木动画衍生品发展有限公司	5	13 740
2	福建神画时代数码动画有限公司	15	10 942
3	深圳华强数字动漫有限公司	10	7 534
4	宁波水木动画设计有限公司	9	7 286
5	无锡亿唐动画设计有限公司	9	7 185
6	浙江中南集团卡通影视有限公司	11	6 136
7	苏州卡酷影视动画科技有限公司	6	5 550
8	安徽同人文化传播有限公司	9	5 164
9	广州奥飞文化传播有限公司	7	4 860
10	大连卡秀数字科技有限公司	2	3 920

2012年，各地政府出台的国产动漫产业优惠扶持政策收效显著，一些主要城市动画片生产积极性持续增长。国产动画片创作生产数量位居前列的十大城市分别是：苏州、广州、东莞、福州、杭州、合肥、无锡、深圳、宁波、北京（表7-23）。

表7-23 2012年全国原创电视动画片生产十大城市

排序	城市	部数	分钟数
1	苏州	47	24 737
2	广州	29	20 471
3	东莞	8	15 214
4	福州	27	14 866
5	杭州	25	13 371
6	合肥	29	12 845
7	无锡	19	12 092
8	深圳	18	11 957
9	宁波	17	11 652
10	北京	23	9 950

2012年度，国家动画产业基地自主制作完成国产动画片210部，123 715分钟，约占全国总产量的55%。生产数量排在全国前列的国家动画产业基地是：南方动画节目联合制作中心、苏州工业园区动漫产业园、福州动漫产业基地、深圳市动画制作中心、无锡国家动画产业基地。北京市文化创意产业集聚区以7部、3 433分钟的生产量位居全国第11（表7-24）。

表7-24　2012年国家动画产业基地国产电视动画片生产情况

排序	基地	部数	分钟数
1	南方动画节目联合制作中心	29	20 471
2	苏州工业园区动漫产业园	31	16 945
3	福州动漫产业基地	27	14 866
4	深圳市动画制作中心	18	11 957
5	无锡国家动画产业基地	14	10 346
6	杭州高新技术开发区动画产业园	19	10 324
7	天津滨海新区国家影视网络动漫实验园	8	4 576
8	张家港（动漫）产业园	9	4 540
9	大连高新技术产业园区动画产业园	3	4 272
10	厦门软件园影视动画产业区	10	4 256
11	北京市文化创意产业集聚区	7	3 433

我国动画产业经过前一阶段的高速发展，丰富了我国各级电视频道的节目源，为我国动画企业探索市场、创立品牌，完成资金、人才、技术和经验的积累提供了坚实的基础。国产动画企业市场意识、品牌意识进一步提升，动画片创作水平、艺术质量不断提高，一些优秀国产动画片受到观众的热烈欢迎。2012年度，新闻出版总局共向全国电视播出机构推荐播出81部优秀国产动画片。其中，浙江动画制作机构15部，江苏动画制作机构14部，北京12部，广东动画制作机构10部，福建动画制作机构7部，河南动画制作机构5部，安徽、上海、辽宁动画制作机构各3部，天津、江西、湖北动画制作机构各2部，黑龙江、湖南、重庆动画制作机构各1部（表7-25）。

表7-25　2012年度全国推荐播出优秀动画片目录

省份	部数	片目
浙江	15	《锋速战警（3D）》《狩猎季节》《秦时明月肆万里长城》《无敌优优》《洛宝贝听故事》《少年师爷之智慧快乐侠》《中国熊猫》《故事中国》《爵士兔之奇幻之旅》《笨笨》《嗷嗷龙》《小精灵，变变变》《木木村的淘气虫虫》《杰米熊之甜心集结号》《梦幻镇（3D）》
江苏	14	《水木娃娃探索宇宙之谜》《小豆派派来了》《豆芽农场》《神奇的大运河》《星猫漫游记之三金村》《云彩面包》《奇境历险气模城》《如意岛上的小精灵》《唐宋风韵之唐系列》《米粒木匠（二）》《面具战士》《怪物山》《企鹅家园》《百吉学堂——幸福方程式》
北京	12	《蓝加》《猫眼小子包达达》《大耳朵爷爷历险记》《小弯儿成长日记》《建木传奇》《萌萌的晴天》《生日梦精灵》《侠岚》《小喇叭之抱抱熊365晚安故事》《天天好孩子》《七彩乐园（第一部）》《飞越五千年》
广东	10	《欢乐之城》《鹏鹏环游记》《功夫龙——小戏班大智慧》《雷速登之翼飞冲天》《开心宝贝之开心大冒险》《宝贝女儿好妈妈之快乐的家庭》《喜羊羊与灰太狼之开心日记》《百里熊之美丽的大森林》《小刺猬蓝豆豆》《甜心格格》

续表

省份	部数	片目
福建	7	《魔力星星狐》《抗战奇兵》《永春白鹤拳之五色羽传奇》《风云奇队》《爱画画的嘟噜瓜》《小瑞与大魔王之快乐擂台》《多彩人生之和谐社区》
河南	5	《乐乐熊生存大冒险》《二兔等着瞧》《开心果的绿色家园之哈哈森林》《龙归之龙行天下》《神探包星星（第一部）》
安徽	3	《橡树餐厅》《楚汉风云》《十二生肖之龙行天下》
上海	3	《赛尔号》《逍遥游世界》《非常小子马鸣加》
辽宁	3	《幸福在身边——当代雷锋郭明义的故事1》《淘》《三字经外传》
天津	2	《快乐梦多多》《蓝猫典典环游记》
江西	2	《汉字大作战》《天工开物—开心岛》
湖北	2	《家有浆糊》《木灵宝贝——重回帆智谷》
湖南	1	《孟姜女》
黑龙江	1	《甜甜圈宝贝之飞行乐园》
重庆	1	《东方少年》

7.5 网游业

7.5.1 北京网游企业发展情况

以2012年网络游戏业务营收为标准，中国网络游戏企业可以分为三个梯队（以下企业排名不分先后）：第一梯队是2012年网络游戏业务营收在20亿元以上的企业，这部分企业包括深圳腾讯、广州网易、搜狐畅游、盛大游戏、完美世界和巨人网络。这6家企业是行业内的龙头企业，产品类型丰富，运营实力较强，研发团队经验丰富，资金充足。这部分企业通常对客户端游戏、网页游戏和移动网游戏领域均有涉及。这6大企业中，两个位于北京、两个位于广东、两个位于上海。位于石景山区的搜狐畅游，位于北京市海淀区上地的完美世界（北京）网络技术有限公司为北京网游产业发展做出了巨大贡献。

第二梯队是2012年网络游戏业务营收在2亿元至20亿元之间的企业，这部分企业主要有两类：第一类是二线的客户端游戏运营企业，如光宇华夏（北京）、金山软件（北京）、网龙网络（福建）、世纪天成（上海）、蓝港在线（北京）等；第二类是主要专注于网页游戏运营的企业，如昆仑万维（北京）、北京趣游（北京）、厦门游家（福建）、广州海岩（广东）、淘米网（上海）、奇虎360（北京）等。在第二梯队企业中，北京占据了半壁江山。

第三梯队是2012年新增网络游戏企业，仍然以北京、广东、上海和浙江等地为主。但浙江所占比重较2011年下降了6个百分点，湖北等省份的比重有所上升。未来几年，网络游戏企业仍然会呈现出地区集聚的特点，但中部省份的网络游戏企业数量增长速度将会加快。

7.5.2 区域消费规模比较

在区域网络游戏用户消费规模中,广东、江苏、四川和浙江等经济较为发达的省份位居前4位,这4个省份总共占据了总体消费规模的41%,较2011年上升了0.7个百分点。排名前10的省市还有上海、山东、北京、辽宁、河北和河南,前10个省市总共占据了75.1%的市场份额。

7.5.3 区域产品规模比较

● 互联网游戏区域规模

在国内分区域互联网游戏用户消费规模中,广东为所占比重最大的省份,占10.9%,江苏、四川、浙江分别居2～4位。北京、上海等省市的份额较2011年略微下降。

● 移动网游戏规模区域结构

在移动网游戏用户消费规模中,广东占比达14.3%。江苏、上海、北京等地的比重较2011年略微上升。

7.5.4 行业融资

2012年,网络游戏行业共有4家企业进行上市融资。其中,北京1家,广东3家。2012年1月12日,北京掌趣科技股份有限公司在深圳证券交易所创业板股票上市。北京掌趣科技股份有限公司成立于2004年8月,注册于中关村科技园,是国家高新技术企业和双软认证企业。公司业务包括移动终端游戏、互联网页面游戏及其周边产品的开发、发行、推广和运营维护。2012年4月3日,广东胜思网络获加拿大证交所上市批准,胜思上市采用的方式为反向并购,被并购企业为天才世界投资有限公司。2012年9月25日,第一视频集团旗下中国手游娱乐集团在美国纳斯达克交易所正式上市,股票代码为"CMGE",成为今年以来登录该交易所的第一个中国股。2012年11月21日,广州多玩信息技术有限公司正式登陆纳斯达克,股票代码为"YY"。广州多玩信息技术有限公司成立于2005年11月,主营团队语音通信平台(yy)和多玩游戏网,是一家涉及语音软件研发、语音平台运营和互联网游戏业务的综合互联网公司。

7.6 旅游休闲业

7.6.1 入境旅游接待与收入比较

2012年,全国各省、自治区、直辖市接待入境过夜游客总计为11 626.56万人次,比上年增长8.9%。其中,接待量超过100万人次的有广东、浙江、江苏、上海、北京、福建、辽宁、山东、云南、广西、陕西、安徽、湖北、四川、湖南、重庆、黑龙江、河南、山西、内蒙古、江西、河北和吉林23个省(区、市)。广东省接待入境过夜游客3 489.43万人次,继续居全国第一位,北京排名第5。

2012年，国际旅游（外汇）收入超过1亿美元的有广东、江苏、上海、浙江、北京、福建、辽宁、山东、天津、云南、陕西、安徽、广西、湖北、重庆、湖南、黑龙江、四川、内蒙古、山西、河南、新疆、河北、吉林、江西、海南、贵州和西藏28个省（区、市）。广东省旅游（外汇）收入达156.11亿美元，继续居全国第一位，北京排名第5（表7-26）。

表7-26 按国际旅游（外汇）收入排列，31个省、自治区、直辖市的具体情况

序号	地区	国际旅游收入(亿美元)	与上年比较(%)	接待入境过夜游客(万人)	与上年比较(%)
1	广东	156.11	12.3	3 489.43	4.7
2	江苏	63	11.4	791.54	7.4
3	上海	54.93	-4.5	651.23	-2.6
4	浙江	51.52	13.4	865.93	11.9
5	北京	51.49	-4.9	500.86	-3.8
6	福建	42.26	16.3	493.67	15.5
7	辽宁	32.64	20.3	473.13	16.7
8	山东	29.24	14.6	469.91	10.8
9	天津	22.26	26.8	73.75	0.9
10	云南	19.47	21	457.84	15.8
11	陕西	15.97	23.4	335.24	24
12	安徽	15.63	32.5	331.47	26.1
13	广西	12.79	21.6	350.27	15.7
14	湖北	12.03	28	264.72	24
15	重庆	11.68	20.7	224.28	20.3
16	湖南	9.28	-8.5	224.55	-1.8
17	黑龙江	8.35	-9	207.62	0.5
18	四川	7.98	26.5	227.34	25.1
19	内蒙古	7.72	15.1	159.17	5
20	山西	7.2	27	189.18	21.8
21	河南	6.11	11.4	190.77	13.4
22	新疆	5.51	18.4	62.49	13.1
23	河北	5.45	21.7	129.32	13.3
24	吉林	4.95	28.4	118.27	19.1
25	江西	4.85	16.8	156.18	15
26	海南	3.48	-7.5	81.58	0.2
27	贵州	1.69	25.1	70.5	20.5
28	西藏	1.06	-18.	19.49	-28
29	青海	0.24	-8.5	4.73	-8.6
30	甘肃	0.22	28.5	10.2	12
31	宁夏	0.05	-12	1.9	-2.5

7.6.2 入境旅游接待与收入情况

2012 年，接待包括港澳台的入境过夜游客人数超过 20 万人次的城市有深圳、广州、上海、北京、杭州、珠海、苏州、重庆、厦门、桂林、南京、黄山、成都、武汉、大连、青岛、宁波、西安、昆明、无锡、泉州、福州、沈阳、天津、长沙、洛阳、温州、中山、延边、烟台、三亚、威海、南通、太原、郑州、合肥、乌鲁木齐、长春、承德、漳州、济南、南宁、九江、秦皇岛、大同和哈尔滨 46 个，与上年持平。北京排名第 4。

2012 年，接待外国入境过夜游客人数超过 20 万人次的城市有上海、北京、广州、杭州、苏州、深圳、重庆、成都、武汉、大连、桂林、南京、西安、黄山、青岛、昆明、厦门、无锡、天津、宁波、沈阳、珠海、延边、福州、洛阳、温州、威海、烟台、南通、三亚、乌鲁木齐、太原、长沙、长春、合肥、承德、秦皇岛、郑州、大同、南宁和济南 41 个，比上年增加 3 个。北京排名第 2。

2012 年，国际旅游（外汇）收入超过 1 亿美元的城市有上海、北京、广州、深圳、天津、杭州、苏州、厦门、南京、福州、珠海、泉州、大连、武汉、青岛、西安、桂林、宁波、无锡、沈阳、成都、重庆、黄山、烟台、南通、昆明、温州、长沙、三亚、威海、太原、合肥、漳州、长春、中山、乌鲁木齐、秦皇岛、延边、洛阳、济南、郑州、连云港、承德、哈尔滨、南宁和大同 46 个。上海市的国际旅游（外汇）收入达 54.93 亿美元，居全国城市第一位，北京排名第 2。

第 8 章 北京文化创意产业发展的国际比较

8.1 文创产业的分类比较

8.1.1 文化产业概念的诞生

文化产业是以技术为基础，以消费为目的，在全球范围内兴起的新兴产业。文化产业的出现并为大众所认识源于法兰克福学派对大众文化和"文化工业"的批判。一般认为，文化产业概念的出现与 20 世纪 30—40 年代西方的大众文化相关。而"大众文化"概念则是在"西方马克思主义"批判资本主义意识形态的过程中出现的概念，具有否定性的实时意蕴。国外文化产业发展的理论源头是法兰克福学派对大众文化批判而产生的"文化工业"（Cultural Industry）理论。法兰克福学派形成于 20 世纪二三十年代，创始人主要是法兰克福大学社会研究的一群德国知识分子，代表人物包括霍克海默、阿多诺等人。霍克海默等一批马克思主义理论家认为，大众文化一旦进入民众的生活领地，就会造成人们对大众文化的过度依赖。法兰克福学派对大众文化的批判成为了后来人们对文化工业进行深入思考和重新审视的重要思想源头。

在充满批判的时代背景下，20 世纪 40 年代，法兰克福学派的阿多诺和霍克海默首先使用了"文化工业"一词。他们在 1947 年出版的《启蒙的辩证法》一书中首次提出了"文化工业"的概念，从艺术和哲学价值评判的双重角度对文化工业进行了否定性的批判。阿多诺和霍克海默认为，文化产品在工厂中凭借现代科学技术手段，以标准化、规格化的方式被大量生产出来，并通过电影、电视、广播、报纸、杂志等大众传播媒介传递给消费者，最终使文化不再扮演激发"否定意识"的角色，反而成为统治者营造满足现实社会的控制工具。1963年，晚年的阿多诺在《文化工业的再思考》一文中总结道："我们之所以用'文化工业'取代'大众文化'，是为了从一开始就排除与它的鼓吹者相一致的那种解释：这里有点像从大众本身自发地产生的文化问题，即现代大众艺术形式的问题。文化工业必定与后者有别。"法兰克福学派的"文化工业"理论对后来的文化产业理论的发展产生了不可估量的影响。但是，随着世界范围内文化产业的迅猛发展，"文化工业"理论的局限性凸显，已不能再满足文化产业丰富的实践需要。

1980年初，欧洲议会所属的文化合作委员会首次组织专门会议，召集学者、企业家、政府官员共同探讨"文化产业"的含义、政治与经济背景及其对社会与公众的影响等问题，文化产业作为专用名词从此正式与其母体脱离，成为一种泛化意义上的"文化—经济"类型。随着历史车轮的推进，"文化工业"最初的语义已经被新的语义所代替，其逐渐从一个含有批判意蕴的词语发展成为一个中性的概念，也就是今天为大家普遍使用的"文化产业"概念。

8.1.2 不同国家学者对文化产业的概念理解

国外对文化产业的内涵有着较大的争议，而且称谓也不尽相同，如有"创意产业""内容产业""版权产业"之说。至今，"文化产业"的定义也没有形成比较统一和权威的解释。

英国学者贾斯廷·奥康纳认为，文化产业是"以经营符号性商品为主的那些活动"。他界定了16类传统的文化产业：广播、电视、出版、唱片、设计、建筑、新媒体、传统艺术、视觉艺术、手工艺、剧院、音乐厅、音乐会、演出、博物馆和画廊。英国伦敦经济和政治学院学者安迪·C.普拉特认为，文化产业与以文化形式出现的材料生产中所涉及的各种活动有联系，在全球化时代构成一个巨大的产业链，包括内容的创意、生产输入、再生产和交易四个链环。英国学者尼古拉斯·加纳姆认为，文化产业"运用了特有的生产方式和行业法人组织来生产和传播符号"。文化部门包括报纸、期刊和书籍的出版部门、影像公司、音乐出版部门、商业性体育机构，等等。英国学者大卫·赫斯蒙德夫认为，文化产业的本质在于创造、生产和流通文本，文化产业分为核心的文化产业和边缘的文化产业。

美国学者斯科特认为，文化产业是指基于娱乐、教育和信息等目的的服务产出。英国的大卫·赫斯蒙德夫认为，"文化产业"通常指的是与社会意义的生产最直接相关的机构。因此，几乎所有关于文化产业的定义都应该包括电视、无线电广播、电影、书报刊出版、音乐的录音与出版产业、广告以及表演艺术等。

日本学者日下公人认为，文化产业的目的就是创造一种文化符号，然后销售这种文化和文化符号。

各国学者从不同的角度和背景对文化产业的概念与内涵进行了界定，学者们对文化产业的定义虽然众说纷纭，但都表达了文化产业的一些核心内涵，如文化产业的内容要素、文化产业的商业价值、文化产业的产业属性等，这给予我们对文化产业的一个基本认识。大体说来，西方文化产业的概念主要是指为社会提供文化产品和服务的活动的集合，强调创意、知识产权等因素的作用。

8.1.3 创意产业、内容产业、版权产业

英国创意专责小组先后于 1998 年和 2001 年分别两次发表研究报告，分析英国创意产业的现状并提出发展战略，并于 1998 年正式定义了"创意产业"，即"源于个人的创造力与技能及才华、通过知识产权的生成与利用、具有创造财富并增加就业潜力的产业。"英国的创意产业被正名后，在短短几年便快速地被许多国家和地区借鉴采用。哈佛大学经济学家理查德·凯夫斯对创意产业的定义是"创意产业是那些提供与文化的、艺术的、娱乐的附加价值相联系的商品与服务的产业"。理查德·凯夫斯认为创意产业包括：书籍与杂志的出版发行；视觉艺术（绘画与雕塑）；表演艺术（戏剧与戏曲、音乐与舞蹈）；音响艺术产品；电影与电视艺术；服装、玩具和游戏等。约翰·霍金斯认为创意产业实际上应包括四大类：所有版权、所有专利、所有商标及设计行业，每一类都有自己的法律实体和管理机构，每一类都产生于保护不同种类的创造性产品的愿望。金元浦认为，创意产业的基本经济特点可以从创意需求、创意产品、创意人员三方面来探索。其包括需求的不确定性与产业的风险；创意为王与创意产业的精神特质；创意产品的多样性与差异性；纵向区别与横向区别。总体来看，创意产业的核心要素是创意，创意产业不再简单地囿于过去的传统文化产业，它是一种超越行业界限的新经济形态。

内容产业是 1995 年"西方七国信息会议"上以"数字内容产业"的名称第一次出现的。欧盟在《信息社会 2000 计划》中对其给出了明确的定义，即"内容产业"是"制造、开发、包装和销售信息产品及其服务的产业"，其产品范围包括各种媒介的印刷品（书报杂志等），电子出版物（联机数据库、音像服务、光盘服务和游戏软件等）和音像传播（影视、录像和广播等）。1998 年，经合组织的《作为新增长产业的内容》专题报告把内容产业界定为"由主要生产内容的信息和娱乐业所提供的新型服务产业"，具体包括出版和印刷、音乐和电影、广播和影视传播等产业部门。国内有学者认为，内容产业实质上是信息的数字化，一些学者还直接提出了"数字内容产业"的理念。综合各学者的观点可以发现，内容产业与数字化是紧密联系的，有数字内容产业之称，因此多强调信息产品的制造、生产和传播。因此，相比较文化产业而言，内容产业的涵盖面相对较小，大部分内容产业是文化产业中一部分版权产业的概念，主要为美国所使用。

美国国际知识产权联盟将"全部版权产业"分为四大部分："核心版权产业"是指那些主要目的是创造、生产、发行或展示版权产品的产业，包括报纸、图书、期刊、电影、唱片（录音带）、音乐出版、广播电视播放以及计算机软件（包括商业性软件和娱乐软件）等；"部分版权产业"是指那些有部分产品应受到版权保护的产业，包括纺织品以及珠宝、家具、玩具，甚至游戏等；"边缘版权产业"，包括将版权产品和非版权产品发行给商家和消费者的产业，

比如运输业、电信业以及批发零售业等;"有关版权产业",是指那些生产、制造和销售其功能主要是为了促进有版权作品的创造、生产或使用的设备的产业,包括制造业、CD播放器批发商和零售商、电视机、录像机、个人电脑,以及所使用的空白刻录材料和特种纸张等独立产品。美国的版权产业与我国所提的文化产业在内容上基本趋同,在范围上有一些细小的差别。

8.1.4 不同地区的文化产业范围与分类

● 联合国教科文组织文化产业范围与分类

联合国教科文组织对文化产业的定义:"结合创造、生产与商品化等方式,运用本质是无形的文化内容。这些内容基本上受到著作权的保障,其形式可以是货品或服务。"并把文化产业的定义解释为"按照工业标准生产、再生产、储存以及分配文化产品和服务的一系列活动"。以这一定义为基础,联合国教科文组织认为文化产业包括了以下内容行业范畴:印刷、出版和多媒体,视听、唱片和电影的生产,以及工艺和设计。

联合国教科文组织为了便于收集各国文化统计数据,在 1986 年专门制定了文化产业的统计框架,在 1993 年又做了进一步的修正。联合国教科文组织将文化产业分为十大类别。具体包括:文化遗产、出版印刷业和著作文献、音乐、表演艺术、视觉艺术、音频媒体、视听媒体、社会文化活动、体育和游戏、环境和自然 10 大类。联合国教科文组织的定义和分类在国际范围内形成了一个较为统一的认知标准,为各国文化产业数据的统计奠定了基础。尽管如此,由于国情的不同,各国在文化产业解释和统计范围划分上仍旧保持着本国的独特性。

在联合国教科文组织的解释和分类基础上,各国根据本国文化产业的实情也建立了各自的统计范围。在世界范围内,主要分为创意产业、文化产业、版权产业等类别。

● 美国"版权产业"

1990 年,美国国际知识产权联盟(简称 IIPA)开始用"版权产业"概念来计算创意产业对美国整体经济的贡献。为了与国际标准相一致,IIPA 采用世界知识产权组织(WIPO)界定的四种版权产业分类法:核心版权产业、交叉产业、部分版权产业、边缘支撑产业。按此方法,创意产业几乎全部列入美国版权产业,所以在美国,版权产业就是创意产业、文化产业。美国虽是文化产业强国,但是其并没有总体一致的有关文化产业的提法,而存在多种不同提法共存的现象,比如版权产业、创新(创意)产业、内容产业、信息产业、艺术产业、休闲娱乐产业等。版权产业则是最为广泛地被美国政府和学界所使用的,可以认为版权产业集中地代表了美国对文化产业的理解。所谓"版权产业",是指与知识密切相关的行业,主要包括出版、商业软件、音像录制、电影及电影发行等方面。版权产业又可分为四类:(一)"核心版权产业",主要包括广播影视业、录音录像业、图书、报刊出版业、戏剧创作业、广告业、计算机软件和数据处理业等,其基本特征是研制、生产和传播享有版权的作品或受版权保护的产品;(二)"部分产权产业",产业内的部分物品享有版权保护,较典型的如纺织、玩具制造和建筑业等;

（三）"发行类版权产业"，主要是以批发和零售方式向消费者传输和发行有版权的作品，如书店、音像制品连锁店、图书馆、电影院线和相关的运输服务业等；（四）"版权关联产业"，其所生产和发行的产品完全或主要与版权物品配合使用，如计算机、收音机、电视机、录像机、游戏机和音响设备等产业。

● 英国"创意产业"

英国20世纪80年代曾使用文化产业的概念，1998年，英国政府又提出发展创意产业而取代文化产业的概念。英国文体部和创意产业特别工作组定义创意产业为：源于个体创意、技巧及才干，通过知识产权的生成与利用，而有潜力创造财富和就业机会的产业。其范围包括广告、建筑、艺术与古董市场、工艺、设计、流行设计与时尚、电影与录像带、休闲软件游戏、音乐、表演艺术、出版、软件与计算机服务业、电视与广播13个行业。

● 韩国文化产业标准

1999年2月韩国发布的《文化产业振兴基本法》将文化产业界定为与文化商品的生产、流通、消费有关的产业，具体的行业种类有：影视、广播、音像、游戏、动画、卡通形象、演出、文物、美术、广告、出版印刷、创意性设计、传统工艺品、传统服装、传统食品、多媒体影像软件、网络以及与其相关的产业。此外，还有根据国家总统令指定的产业。2001年，韩国成立了发展文化产业并支持国际合作的专门机构——文化内容振兴院。目前，韩国把文化产业称作"文化内容产业"，主要是指与内容有关的经济活动（如创意、生产、制作、流通等），这些活动的内容源自任何类型的知识、信息及与之相关的文化资源。韩国统计厅的文化产业统计指标包括：出版印刷、音像、游戏、电影、广播、演出及其他文化产业（建筑、摄影、创意性设计、广告、新闻、图书馆、博物馆、工艺品及民族服装、艺术文化教育等）。

● 日本文化产业标准

日本官方文化产业概念主要包括音乐、戏剧、电影、展览等文化艺术业，电视、网络等信息传播业，体育、博彩和观光旅游等，统计口径较宽。另外，其他国家也对本国的文化产业作出了规定和解释，各国在文化产业的范围上都存在着一定的差异，但主体内容却大致相当（表8-1）。

表8-1 文化产业的不同定义

定义	国家/地区	分类
创意产业	英国	13类：广告、建造、艺术品和古董交易市场、手工艺品、（工业）设计、时装设计、电影和录像、互动性娱乐软件、音乐、表演艺术、出版、电脑软件和电脑游戏、广播电视
文化产业	中国国家标准	9类：新闻出版、广播影视、文化艺术、文化信息传输、文化创意和设计、文化休闲、工艺美术、文化产品辅助生产、文化用品生产
	联合国教科文组织	6类：印刷、出版、多媒体、视听产品、影视产品、工艺设计
	韩国	17类：影视、广播、音像、游戏、动画、卡通、演出、文物市场、美术、广告、出版印刷、创意性设计、传统工艺品、传统复制、传统食品、多媒体影像、网络

续表

定义	国家/地区	分类
文化创意产业	北京	9类：新闻出版、广播影视、文化艺术、艺术品交易、广告会展、设计服务、计算机网络、旅游休闲、其他辅助
	台湾地区	13类：视觉艺术、音乐与表演艺术、文化展演设施、工艺、电影、广播电视、出版、广告、设计、品牌时尚设计、建筑设计、创意生活、数字休闲娱乐
版权产业	美国	4类：核心版权产业、交叉产业、部分版权产业、边缘支撑产业
内容产业	日本	3类：内容产业、休闲产业、时尚产业

8.2 典型文创产业管理模式

根据各国政府和区域市场在推进文化产业发展过程中的相互关系，可以将文化产业发展模式划分为政府推动模式、市场发展模式和混合发展模式三种类型。

"政府推动模式"是指在促进文化产业发展的诸要素中，政府战略规划以及相关的政策措施是最重要的资源，是矛盾的主要方面。在政府主导下，文化产业领域实现了要素汇聚和力量裂变，走上了快速发展的轨道。这一模式体现为，政府在文化产业发展过程中全面介入，市场体制尽管起到了重要的作用，但在文化产业发展过程中不具有决定性的影响。国家通过政府行政力量如政策、法律、税收、公共财政等强有力的手段推动文化产业发展。

"市场发展模式"是指在"政府—市场"的二元格局中，市场在国家文化产业发展过程中具有核心和决定性的影响与作用。与政府推动模式相对应，市场发展模式更强调市场在文化产业发展过程中资源配置的基础性作用，政府除宏观政策调节和少量公共资助外，基本不介入文化产业领域的运作过程，在文化产业发展过程中，国家政府行政力量如政策、法律、税收、公共财政等具有重要影响但并不具有决定性的作用，主要由文化市场中的生产商、销售商、运营商等市场主体来主导文化产业的发展过程。这一模式在形态上体现为以政府与市场保持"一臂之距"为基础的市场自由发展模式。

"混合型发展模式"是指在"政府—市场"的二元格局中，政府与市场在国家文化产业发展过程中都具有重要的影响和作用。在一定时期和一定阶段上，尽管两者的作用和影响力不是绝对均等，但差异并不明显。可能在不同的文化产业领域如动漫产业，政府的影响力较为明显，但对于国家文化产业的整体而言，两者的影响实难分伯仲，故称之为"混合型发展模式"。

8.2.1 政府主导的伦敦发展模式

（1）良好的发展基础

伦敦本身作为老牌发达城市，有其自身特色的基础，为文化创意产业的发展提供了优秀的资源。

● 创意人才与教育

伦敦是英国学生数量最多的城市，拥有数量众多的大学、学院、学校及学术研究机构。伦敦大学是英国及欧洲规模最大的大学，拥有12.5万名学生，并由19个学院组成。其中较著名的有：伦敦大学学院、伦敦大学政治经济学院、伦敦大学国王学院、伦敦大学皇家贺洛唯学院、伦敦大学玛丽王后学院、伦敦大学凯弗学院、伦敦大学亚非学院、伦敦大学金匠学院、伦敦大学商学院、伦敦大学伯贝克学院、英国皇家音乐学院、伦敦帝国学院、伦敦艺术大学、建筑联盟学院、伦敦城市大学等。

● 体育与艺术

伦敦分别于1908年、1948年和2012年3次成功举办奥林匹克运动会。1934年，伦敦还曾举办过大英帝国运动会，而在1966年，英国亦举行世界杯；30年后，也举行欧洲国家杯。伦敦拥有5个专业的交响乐团：伦敦交响乐团、伦敦爱乐管弦乐团、皇家爱乐管弦乐团、爱乐管弦乐团以及BBC交响乐团。伦敦还拥有举世闻名的皇家大剧院、英国国家剧院和皇家节日厅。伦敦拥有数十家剧院，主要集中在西区。其中包括国家剧场、伦敦帕拉斯剧院、阿尔梅迪亚剧院和专门上演莎士比亚戏剧的环球剧场等。伦敦也有许多画廊，如国家美术馆、国家肖像馆、泰特艺术馆和多维茨画廊。伦敦最著名的博物馆就要属大英博物馆了，此外还有维多利亚与阿尔伯特博物馆、英国自然历史博物馆、科学博物馆等。

● 新兴创意产业

伦敦是全球重要的传媒中心，包括英国广播公司在内的多家电视及广播媒体都在伦敦设立总部，另外还有ITV、第四频道（Channel 4）和第五频道（Five）等。

伦敦是全球最著名的四大时尚城市之一（另有巴黎、纽约、米兰），世界闻名的哈洛德百货公司就坐落在城中。

旅游业是英国最大的产业之一，而伦敦是全球最繁忙的旅游城市之一，2003年，旅游业为伦敦提供了35万个就业机会。其著名的旅游景点大多分布在市内，主要有：大本钟、伦敦眼、伦敦塔桥、大英博物馆、白金汉宫、海德公园、圣保罗大教堂、威斯敏斯特教堂（Westminster Abbey）、伦敦塔、国家美术馆、特拉法加广场、杜莎夫人蜡像馆、皇家骑兵卫队阅兵场（Horse Guards Parade）、威斯敏斯特宫、莱斯特广场、泰德艺廊、维多利亚与亚伯特博物馆、自然史博物馆、伦敦水族馆（London Aquarium）、伦敦动物园、查令十字、中国城、科芬园、唐宁街与唐宁街10号官邸、哈洛德百货公司与骑士桥商店区、贝尔法斯特号博物馆、肯辛顿宫、伦敦地牢、伦敦大火纪念碑、皮卡迪利圆环与摄政街、科学博物馆、温布利球场。

伦敦的创意产业总产值在2001年就达到了210亿英镑，2012年，其文化创意产业的产值将突破300亿英镑。据统计，当今英国有接近1/3的设计公司坐落于伦敦，其创意产品产出量占到全国总量的50%；伦敦的音乐业产出量超过15亿英镑，集中了全国90%的音乐商业活动；伦敦汇聚了占全国70%的影视活动，拥有超过50%的广播电视从业人员，人数达2.5万之多；伦敦的出版业几乎占英国出版业总产出的36%，每年营业收入高达34亿英镑。另外，伦敦本身也是个热衷文化消费的大都市,有将近一半的伦敦人一年中至少参观过一次博物馆或美术馆,并且,伦敦还是最受欢迎的旅游之地,每年大约有1 500万外国游客纷至沓来。伦敦拥有雄厚的文化创意产业基础,顶尖的创意人才团队,再加上政府部门的大力支持,创意产业的发展颇具规模,已经跻身于全球领先的创意之都。

(2)国家层面的重视

伦敦文化创意产业的发展离不开股价层面对文化创意产业的重视。英国非常重视文化创意产业的发展,1997年,布莱尔组织成立了"创意产业特别工作组"(Creative Industries Task Force,CITF)并亲自任主席。英国创意产业特别工作组于1998年首次对创意产业进行了描述,"那些通过个人对知识产权的开发和合理运用而产生的创造,并能带来财富和就业潜力的活动"统属创意产业。

英国政府广泛参与到创意产业发展的各个环节,对创意产业的发展起到积极的推动作用。其具体表现在:

第一,重视宏观上的政策引导与支持。为推动文化创意产业的发展,政府为其制定了一系列的制度支持和政策导向,如加强制度建设、规划创意产业发展方向等政策。

第二,采用多种融资手段为文化创意产业提供资金支持。英国政府每年都会向公益性文化艺术领域投入大量拨款,为创意文化的快速发展提供资金保障。

第三,重视创意产业园区建设。英国政府通过建设创意文化产业园区这种文化组织与发展平台,并为文化创意产业提供一系列相关的服务和支持,帮助中小企业发展成长。例如,伍尔夫汉普顿文化园区、伦敦西区、谢菲尔德文化产业园区、曼彻斯特北部园区、布里斯托尔电视与数字媒体产业园区等。

第四,积极拓展海外市场,参与国际合作与交流。英国政府重视本国创意产业在国际之间的合作与交流,积极遵守平等互利的原则拓展国际市场,英国政府认为,消除贸易壁垒有利于创意产业者的交流,从而产生互补的效果,有利于文化创意产业的发展。

国家层面对文化创意产业的重视为伦敦提供了良好的环境,使得伦敦文化创意产业不断发展进步,并跻身世界前列,获得了"创意产业之都"的称号。

(3)政府模式的优点

● 有利于政府宏观调控创意产业的发展局面

由政府成立的"创意伦敦"工作协调小组、伦敦创意产业工作组等机构,广泛地收集与文化创意产业有关的各种建议,向政府提出了很多具有针对性的建议和时效性很强的研究,为政府制订有效政策并掌控文化创意产业的发展提供了有效的保证。一方面,在国家内部既采取一系列措施鼓励创意产业领域的市场竞争,又制定相应的政策和投入大量的资金扶持,促进创意产业的发展;另一个方面,在国际市场竞争中,伦敦政府利用国家力量积极推动创意产业的多方合作,来塑造其良好的国际形象。如2003年4月以来,英国举办的"创意英国(Think UK)"系列活动,从商业、艺术等各方面塑造了现代英国形象。

- 更快推动伦敦文化创意产业"国际化"

伦敦政府致力于将创意产业"国际化",本着互利共赢的原则,积极开展国际间创意产业的交流活动。为拓展国际交流合作的空间,2003 年起,"创意伦敦"工作协调小组与伦敦发展署共同发起了伦敦设计节(London Design Festival),并在 2010 年的 9 天内举办活动超过 200 场,参与人员达到 35 万人,范围覆盖全球所有主要国家。除此之外,2002 年开始举办的创意集群(Creative clusters)年会,也成为推动伦敦文化创意产业国际化的举措。

- 解决中小企业资金问题

"创意伦敦"工作协调小组通过一系列项目对中小企业提供资金支持。为鼓励中小企业的创新活动,2005 年成立伦敦科技基金,促进伦敦高技术产业的发展等。并通过设立"创意之都基金",为伦敦创意产业中有才华的企业家或商人提供财政资金支持,并对创意产业从业人员进行技能培训。这些措施促进了英国创意产业的发展。

- 培养了大量创意人才

创意产业蕴含以人为本精神,是一种人本化的现代知识服务业,它以人的创造性思维为最重要经济资源。随着伦敦创意产业的迅速发展,创意产业人群也在不断扩大。根据伦敦官方统计的数据,2009 年伦敦创意产业产值约占英国 GDP 的 8%,在全球则占到 GDP 的 7%。伦敦创意产业就业人数超过 50 万,其中有 10 万人从事电影和传媒业。

(4)伦敦文化创意产业对北京的借鉴意义

北京和伦敦作为两国的经济政治中心,无论是在历史文化底蕴还是在经济发展模式上都有着很多相似之处。伦敦和北京在文化创意产业发展模式上也存在着很多相似之处:伦敦是典型的政府主导型发展模式,而北京是市场政府混合主导型发展模式。伦敦作为文化创意产业发展的成功典范,其很多经验都值得我们参考与借鉴。因此,对于伦敦文化创意产业发展模式比较研究能进一步探索出一条适合北京特色的文化创意产业之路,有助于北京国际城市的建设。

伦敦文化创意产业的快速发展使得世界各国、地区争相研究、借鉴伦敦模式。北京和伦敦都是作为首都城市、又都具有深厚的历史和文化底蕴,随着北京经济的快速发展以及文化创意产业的兴起,伦敦模式对北京文化创意产业发展提供了一系列的启示和借鉴。

文化创意产业的发展需要政府的全方位推动。伦敦模式最主要的特点就是政府的大力支持。虽然北京市政府也制定了一系列相关扶持文化创意发展的政策,如 2007 年在《北京市"十一五"时期文化创意产业发展规划》中提出了文化创意产业发展的指导思想和工作目标。2012 年,北京市出台了《发挥文化中心作用加快建设中国特色社会主义先进文化之都的意见》,推出系列配套政策,重点扶持民营中小文化企业发展。但由于政府职能的转变尚未完全到位,市场配置资源的基础性作用未得到充分发挥,部分行业市场化程度不高。如新闻出版、广播影视等领域,非公有制经济发展相对薄弱,渠道垄断、资源垄断等问题比较突出,在一定程度上影响了资源配置的效率和产业发展的活力。

加大文化创意产业集聚区建设。文化创意产业集聚区的建设是引领文化创意产业发展的关键。伦敦政府对东区、西区、SOHO 区等集聚区都大力加强文化创意产业园区建设，形成各个特色鲜明的创业园。虽然北京通过政府的规划引导和政策扶持，形成了一批特色鲜明的文化创意产业集聚区，但制度建设相对落后、创意产业准入门槛较高，并缺乏有效的制度促进创意产业化的发展，龙头企业效应不明显，集聚区辐射能力尚待进一步发挥。因此，如何采取更有效的措施促进集聚区的健康发展，需要政府部门不断的努力。

加强知识产权保护。伦敦文化创意产业的蓬勃发展与知识产权的法律保护密不可分。20 世纪 90 年代，英国先后颁布了新的《广播电视法》《电影法》《著作权法》《英国艺术组织的戏剧政策》等一系列法律和法规。为伦敦文化创意产业的发展提供了一个良好的市场环境和公平的竞争格局，确保了文化市场的持续繁荣。当前，北京市在推动文化创意产业发展的过程中，必须通过扎实有效的工作来促使本地形成尊重和保护知识产权的良好的法制环境。文化创意产业是以商标权、著作权、专利权等知识产权为核心资产的产业门类，它的发展是要依托知识产权法规来保护其创新成果的。因此，北京市政府在推动文化创意产业发展中的关键是大力推行知识产权保护，防止出现文化创意产业被任意仿制、复制而损失惨重的局面。

营造良好的创意氛围。创意氛围是发展文化创意产业的外部保证。伦敦发展署通过教育培训推介、支持公民的创意生活，并为公民提供很多接触创意的机会，如免费开放博物馆和数字化的数据档案等。此外，伦敦创意工作组组织设立的伦敦电影节、时装节、设计节、游戏节四大文化节日，为文化创意产业创造了浓浓的创意氛围，是伦敦文化创意产业发展模式的亮点之一。伦敦市政府还非常重视保持伦敦文化的多元化发展。伦敦囊括了来自世界各地的时尚、艺术、音乐等，涵盖了 300 多种语言，其中包括 100 多种非洲语言，人口在 1 万人以上的少数族群社区有 50 多个，真正成为了多元文化的汇聚之地，多元文化的交流、互动为伦敦增添了创意氛围，巩固了伦敦全球文化创意中心的地位。北京市在大力发展文化创意产业时，应当以包容的态度对待外来文化，使得具有不同文化背景和生活习惯的人们在本市能够和谐相处，共同推动本地文化创意产业的发展。此外，北京市还应当着力营造包括酒吧、咖啡店、小剧场、书店等在内的小规模的人文街区环境，进一步增强本市对文化创意人才或文化创意阶层的吸引力。

8.2.2 市场主导的纽约发展模式

（1）良好的发展基础

纽约是一个仅仅只有 300 多年历史的城市，但凭借其自身的努力以及不可多得的机遇，从一个普通的港口城市发展成为今天的国际大都市，其经济和文化影响力已经遍及全球，成为享誉全球的世界级城市。20 世纪 70 年代，纽约面临了一次重大转型，当时支撑纽约城市发展的金融业面临国际上其他国家的挑战，提供更多就业岗位的手工制造业日趋衰弱，导致失业人口剧增以及经济增长乏力。面对这一危机，当时的纽约市市长成立了一个文化政策方面的委员会，旨在开发文化资产和发展文化产业，从而使城市经济复苏和经济转型。

纽约不仅是全球的金融中心和商业中心，更是在世界上赫赫有名的文化之都和美国的文化创意产业中心。尽管纽约在金融领域具有无可比拟的优势，任何一个城市也无法撼动其在全球金融的霸主地位，但是纽约在城市经济建设方面没有过分依赖金融产业的发展，而是更加注重文化在城市经济增长和提升城市竞争力中的作用，并通过各种措施保护和促进文化创意产业的发展。

纽约市政府专门设置文化事务部，主管非营利性文化艺术事业；设置公园与娱乐休闲部，管理社区文化发展事业；市长办公室则专门负责文化产业的扶持与发展。这些部门从不同角度促进文化的发展与繁荣，充分体现了文化的经济效益与社会效益并重的理念，更重要的一点是这些部门直接分属于3个纽约市副市长分管，能够有效地保证政策和措施的落实。经过几十年的稳健发展，纽约的文化之都美名不但享誉全球，更是带来了经济和社会效益的双赢局面。2002年，在纽约艺术联盟披露的研究报告《文化资本：纽约经济与社会保健的投资》中提出文化产业是城市的核心资产，是纽约最宝贵的财富。报告中披露文化产业的效应在城市经济发展方面不仅直接带来了57亿美元的经济利润，并且每年至少吸引100多万的游客参观和游览文化之都；在就业市场方面，文化产业创造了13万个就业机会，并吸引和留住了大量的创意人才；在城市人文方面，文化产业提供丰富的艺术与文化活动，提升了纽约市民的文化素养。文化产业在城市经济、城市就业以及城市居民三个方面的巨大效应，为纽约城市建设创造出宽松的经济、就业以及人文环境，从而极大地促进了城市社区的和谐稳定。从这个报告可以看出，文化产业对纽约的城市发展已经不局限于经济层面，而是深刻地影响到社会、人文以及社区安全等各个方面，从而形成一个良好及整体的综合效应。纽约的文化产业对城市发展的综合效应是与传统产业经济形式的一个重要区别，能够促进城市竞争力的有效提升。

● 新闻出版

纽约为全球电视、广告、音乐、报纸和图书出版业的重镇，亦是北美最大的媒体市场（其次为洛杉矶和多伦多）。知名的媒体企业包括时代华纳、新闻集团、赫斯特国际集团和维亚康姆，全球前八大广告媒体有七个在纽约市设立总部。此外，全球的前四大音乐唱片公司（EMI、新力博德曼、华纳、环球）之中有三个同时在纽约市和洛杉矶设立据点。

在纽约出版的《纽约时报》和《华尔街日报》是美国两大全国性的报纸，其他小报则包括《每日新闻》和《纽约邮报》。当地的《乡村之音》报纸也相当有名，专门报道时事评论以及特色主题。

● 广播影视

1/3的美国独立电影在纽约制作，超过200种报纸和350种杂志也在此地设立办公室，光是图书出版业就带动了2.5万名就业人群。

电视产业对于纽约来说是相当重要的经济命脉，四大广播公司，包括美国广播公司、哥伦比亚广播公司、福克斯广播公司和国家广播公司，都在纽约设立总部。此外，一些如音乐电视网、HBO、福克斯新闻频道等的有线电视频道也在此设点。2005年的资料统计显示，有超过100个电视节目在纽约拍摄。

除了商业媒体之外，纽约也是非商业媒体的中心。1971年创立的曼哈顿公共电视网是美国历史最悠久的公共频道。纽约最大的公共电视台WNET是全国公共电视网的主要节目提供者，WNYC是全美最多听众收听的电台。

纽约市政府也经营了一个公共广播频道NYCTV，制作出许多"艾美奖"得奖的节目，节目内容大多涵盖纽约市内的音乐、文化，以及政府相关活动。

● 娱乐与表演艺术

纽约市也是美国电影工业的重地，早期的前卫电影《Manhatta》（1920年）就是于此地拍摄的。今日，纽约市是美国第二大的电影中心，有2 000个以上的艺术文化组织以及500个以上艺廊，市政府对艺术的资助远超过美国艺术基金会（National Endowment for the Arts）。19世纪富有的企业家曾建立一个文化组织沟通网络，如卡内基大厅和大都会博物馆。之后，电子照明的使用让戏院蓬勃发展，20世纪80年代，百老汇和42街的戏院开始演出一种新的舞台表演，也就是音乐剧。

由于移民者的影响，舞台剧经常会使用叙事性的歌曲，反映希望与抱负，而今日这些戏剧仍然是纽约剧院的主要表演。纽约著名的百老汇是由市内最大的30间戏院（500个座位以上）组成的。

林肯中心是全美最大的表演艺术中心，有12个不同的艺术表演组织，如大都会歌剧院、纽约爱乐、纽约芭蕾等。另一个表演景点——中央公园夏日舞台提供免费的戏剧和音乐演出和1 200个免费演唱会与舞会，在全纽约市各个行政区举办。

● 旅游观光

观光业是纽约相当重要的经济来源，每年大约有4 700万美国与外国观光客造访。自由女神像不仅是纽约的一大景点，也是美国的象征和世界著名的地标。帝国大厦与埃利斯岛、百老汇、博物馆（如大都会艺术博物馆）、中央公园、华盛顿广场公园、洛克菲勒中心、时代广场、布朗克斯动物园、纽约植物园都是著名的观光景点，麦迪逊大道与第五大道两旁的精品店则是游客购物的中心。特别庆典有格林尼治村的纽约万圣节游行、特里贝卡电影节和中央公园免费的夏日舞台。

● 创新人才培养

纽约市的公立学校体系是由纽约市教育局管理，为全美最大的学校体系，约有110万名学生在超过1 200间的中小学校就读，而纽约州教育机构（University of the State of New York）则掌管整个纽约州的公立中小学校。至于高等教育，纽约市立大学是该市的公立大学体系，除此之外还有许多知名的私立大学，如历史最悠久的纽约大学（NYU），天主教学校福坦莫大学和常春藤联盟的哥伦比亚大学。美国陆军创立的西点军校位于纽约市北方，哈德逊河旁。纽约公共图书馆为全美藏书量最多的公立图书馆，主要对曼哈顿、布朗克斯和斯塔滕岛的居民开放，图书馆下辖许多研究型分馆。皇后图书馆服务皇后区的民众，布鲁克林公共图书馆则服务布鲁克林地区。

（2）纽约文化产业发展的特色模式

纽约文化产业的发展与科学技术的进步密切相关，文化企业在不断的并购重组潮流中实力越来越强大，资本运作和海外扩张使得文化企业最早占领全球文化市场。文化的多元性和开放性为文化产业发展提供了丰富的素材，技术创新与文化创意成为推动文化产业发展的最重要动力。倡导"新自由主义"的政府经济政策为文化产业的发展提供了强有力的支持。

● 以技术进步为基础

工业革命的成果和科学技术的发展带来了文化产业的重要变革，依托这些先进技术平台，文化产品的更新换代愈加频繁。只有在文化产品中不断融入新的科技成果，才能满足消费者不断增长的需求，进而使这一产业的发展具有持续动力。文化产业的发展经历了由传统行业向现代产业的历史过渡，从最初的电台、报纸、电视、电影到后来的数字电视、互联网、无线通信网络，文化产品本身和文化传播的载体越来越智能化、多功能化、互动化。除了发行新的文化产品之外，技术进步也使得很多传统文化产品焕发出崭新的光彩与魅力。美国电影能够占领全球市场的秘密武器除了好莱坞云集的巨星之外，最重要的还是其将大量高科技运用于电影拍摄和后期制作过程中，使电影艺术更显魅力，高科技对视像效果的创新，创造了一次又一次的电影奇观，更是为美国的电影企业带来了巨额利润。美国软件行业的快速发展为美国经济的增长注入了强劲动力，针对软件行业的电子版权立法为软件行业的发展提供了法律制度保障，这也鼓励着众多的软件企业不断创新技术和产品，以技术优势赢得市场竞争，以理念更新引领行业变革。最新的数字化技术就是技术创新的成果，文化产品的数字化使得美国文化产品的传播速度获得爆炸式提升，在瞬间就能渗透到世界各地。

● 大规模商业化运作

美国基础文化设施规模庞大，美国文化公司现代化的公司治理结构、组织文化及其价值体系都为文化企业的大规模商业化运作提供了条件。20世纪80年代后期，美国的文化巨鳄面向全球市场，通过不断的收购、合并，形成了大型的文化产业集团，例如，美国的时代华纳、迪斯尼、维亚康姆等公司。美国电影生产商凭借好莱坞这一影视基地占领了全球电影市场的主导权，除了在国内设立发行公司来控制电影的全球发行之外，还在其他国家控制了大量的发行公司来统一规划美国影片在全球的发行上映。现代信息技术的迅猛发展推动了美国文化产业运作的规模化，各种生产要素的规模越来越大，在全球范围内的自由流动和资源配置的速度越来越快。美国的图书出版业、音像唱片业和影视业在全世界已经建立了庞大而细密的销售网络，这一网络能够使美国的文化产品在制作完成后以最快的速度在全球同步发行。其大规模的商业运作除了需要雄厚的资金实力、金融市场强有力的支撑之外，也离不开专业化的管理运营团队和政府各种政策支持。

● 多元化和开放化的创新能力

文化产业的创新发展迸发出无穷的生命力。美国在文化产业发展过程中居于主导地位的文化创新能力具有多元化、开放化的特点。作为一个移民国家，美国没有灿烂辉煌的历史文化遗产，缺少传统文化资源，然而不同文化背景的人们在这片土地上不断彼此融合，形成了一种高度杂交的文化。美国文化中尊重差异性、尊重创新的优良传统使得美国文化产业从一开始就具有了多元性和开放性。好莱坞作为一座明星梦工厂，吸引了海内外大量人才和资金涌入美国的这座小镇，很多来自世界各地的演员和导演都在这里实现了梦想，创造了无数票房神话。很多外国投资机构和个人来此将资金投入高回报率的美国电影产业当中，他们认识到电影产业的巨大潜力，通过大成本制作的眼球效应，获得了高出成本达七至九倍的回报。美国百老汇的很多经典剧目都来自其他国家，好莱坞拍摄了大量以外国文化或者典型人物形象为题材的大片。可见，不仅美国文化产业的文化内涵来源于世界，其文化产业创新力也源自多元化世界，因而其生产的文化产品多是以全球市场为目标市场，善于迎合全球消费者的需求，实用主义倾向明显。

（3）纽约对北京文化创意产业发展的启示

与其他国家的城市相比，纽约的文化产业发展程度最高，文化产业所涵盖的各个行业都已发展到成熟阶段，在全球市场上具备强劲的竞争优势。纽约文化产业的高度发展并不是偶然的结果，纽约人正是认准了文化产业在经济发展中的重要作用，才不断创造条件，大量投入人力物力，提供最大的政策法规支持来扶持纽约文化产业的发展。通过总结归纳，促进纽约文化产业发展的因素主要包括政策法律、融资模式、经营模式和人才培养这几个方面。

● 良好的政策法律环境

纽约非常注重发挥法律、政策、社会组织及市场机制的综合作用，通过各方力量的有效合作来构建一个公平有序的市场竞争环境。知识产权制度是现代文化产业发展的基础法律制度，文化产品的价值核心就是知识产权，现代知识产权法律制度的完善对于出版行业、影视行业、计算机软件行业等都具有非常重要的意义。美国的知识产权法律保护制度历史悠久、发展完善、体系严密，为纽约文化产业的发展奠定了强大的制度基础。美国联邦《宪法》第一条就规定，对于作者或发明者对其著作或发明在一定期限内享有的专属权利，国会有权保障，该条款旨在促进科学与实用艺术的发展进步。1971年的《美国宪法第一修正案》中规定了公民的言论和出版自由，以此来保障公民开拓发展文化生活空间的自由。版权是知识产权的重要组成部分，1976年美国颁布了《版权法》，确立了版权保护的基本规则。1998年的《版权保护期延长法》，把自然人的版权期限延长到70年，把公司的版权期限则延长至95年。1982年，美国通过了《反盗版和假冒修正案》，以强硬的姿态打击针对电影、录音制品的侵权行为。为了加强对数字版权的保护，美国国会先后在1997年通过了《反电子盗版法》，在1998年通过了《跨世纪数字版权法》，首次对网络媒体内容侵权问题做出了系统的规定，维护了软件开发者和音乐作品著作权人的合法权益。在一系列版权立法之外，相继出台的还有《商标法》《专利法》和《反不正当竞争法》等法律，一并构成了美国知识产权法律保护体系。完善的知识产权法律制度体系是美国文化产业获得辉煌发展成果的重要前提条件，文化产品因此具有了受到法律保护的价值，并且作为一种商品进入市场流通，为知识产权所有者带来了真实的经济效益，而且在规模化经营之后，文化产业已经成为纽约经济增长的有力支撑。除国内立法之外，美国还大力推动知识产权保护的国际化立法进程，旨在帮助美国文化企业快速占领国际文化产品市场。1986年，美国利用《关税与贸易总协定》乌拉圭回合谈判的契机，大力推动建立国际贸易项下的国际版权保护体制。1988年，美国通过了《伯尔尼公约》实施法，从此提高了对公约成员国版权保护的水平。1994年的《TRIPS协议》，则大大提高了国际版权保护的水平，还建立起针对国际版权纠纷的争端解决机制，由此为日渐强大的纽约文化产业建立健全了更普遍且有效的国际保护机制。

● 多元化的融资模式

纽约文化产业的快速发展不仅得益于纽约政府所创造的良好外部环境，而且受益于其完善的融资体制。多样化的融资方式、多元化的融资渠道等都为纽约文化产业的发展强大提供了源源不断的资金保障。纽约文化产业的投资主体主要包括政府、财团、社会团体和个人等。政府的投资是有限的，而且主要投资于非营利性的艺术领域，通过政府的资金支持文化传承，资助方式多采用多元混合形式。由于美国政府对文化艺术的资助一般不能超过该项目所需资金的20%，因此除了直接的现金资助外，政府还积极引导配套的社会资金和产业资金来同时资助这些项目。由政府出面投资公益性文化领域，一方面，为文化产业的发展提供了资金支持；另一方面，也实现了政府在艺术文化领域的政策目标。纽约政府非常重视通过法律法规和政策杠杆来鼓励全社会对文化产业的赞助和支持，例如，通过法律规定各州需要拨出相应的地方财政经费来作为文化产业发展的专项资金，在税法中明确规定对资助文化产业的企业及个人减免税额，对非营利性文化团体及机构免征所得税等，这些政策将鼓励和引导基金会、大公司及个人将资金投入文化产业。另外，财团资助也是纽约文化产业发展的重要资金来源，纽约的主流媒体大多都是由各大财团控股，而且很多财团出于多元化经营的需要，下设或者投资于很多文化企业。纽约金融制度的不断创新为其文化产业的发展提供了有力的资金支持。例如，使用私募基金投资电影，从2005年至2006年的数据来看，在适当的财务杠杆之下，私募基金投资电影的平均回报率超过20%，受宏观经济、股市的影响较小，因此吸引了很多私募基金投资电影。电影投资基金一般是由私募基金以低收益债、高收益债和优先股等金融产品组合吸引具有不同风险承受能力的投资者而筹集成的。为了防止文化产业国际竞争的国际化，维持纽约文化产业较高的利润率，纽约实施了贸易保护主义政策来限制外国文化产品的进口或者对外国进口的文化产品征收高额税，因此外国资本要进入纽约文化市场只能采取直接投资的形式。近年来，美国好莱坞电影的制作成本越来越高，因此就必须依靠强有力的金融市场来提供资金支持。《泰坦尼克号》的制作成本高达2亿美元，而其全球票房却高达18亿美元，超高的回报率使得越来越多的资本涌入电影等文化产业领域。

● 以市场为导向的灵活经营模式

文化产业的发展需要一个自由竞争的市场环境，通过商业运作，催生好的文化产品，带来高额的投资收益。美国政府在20世纪90年代以来就开始扶持文化企业的海外扩张，通过不断地兼并、收购来实现资源配置、突出优势产能，因此美国文化产业最早在国际市场上占据了优势地位。1996年美国颁布了《电信法案》，放松了对文化产业的管制，使文化产品的生产和经营由市场经济自动调节,放任文化产业的自由化发展,鼓励文化产业推陈出新,实现飞跃式发展。现代文化产业市场的竞争已不再是纯粹的产品或者技术的竞争,而是已经演变成渠道和营销的竞争,所以美国的各家大型文化企业都制定了品牌战略,注重企业的发展规划和内部管理,不断提升自身的竞争实力。美国文化企业营销策略的成熟不仅体现在开拓海外市场上,更体现在它们对市场调研的重视,对客户需求的重视,任何一个项目的投产都需要经过严格的市场分析和专业论证。美国文化产业之所以始终能保持发展活力,有一个重要原因是在美国的市场经济体制之下,能够产生一系列由创业青年始创的小型文化工作室或者文化公司。它们依靠其独特的科学技术、创意思维或者运营模式,逐步发展成实力强大的文化企业。这样的案例在互联网行业尤其常见,例如谷歌、FACEBOOK,等等。它们能够在文化产业快速发展的过程中,适应文化市场日益显现出的多样化需求。与此同时,美国也十分重视对文化产业所涵盖的各个下属产业的全面发展,以市场需求为导向,及时根据市场需求的变化来调整生产策略,淘汰竞争力薄弱的文化产业分支或者对其进行改造、合并、重组,使先进产能吸收落后产能。

● 重视专业人才培养和科技创新

人才是文化产业创新发展的主体,美国非常重视文化科技领域的人才挖掘与培养。美国成功的高等教育体制和实力强大的科研基础吸引了大批的外国人才去美国学习先进科学技术和管理理念。他们当中许多人学成后留在美国工作,成为美国创新型文化产业发展最有力的支持。"二战"后,美国从世界各地网罗了大量顶尖的科技及文化人才,给美国文化产业的发展输入了新鲜血液,使得之后的几十年里美国文化产业始终走在国际社会前列。例如,好莱坞就引入了很多世界各国的知名演员、导演和制片人,才创作出了很多荧幕经典之作。根据文化产业发展的需要,美国同样十分重视国内人才的培养,在教育中十分重视与文化产业相关的学科建设。全美有超过30所高校设置了艺术管理学、文化管理学等专业,旨在培养高质量、高能力的文化管理人才。为了解决网游专业人才缺乏的问题,近年来,越来越多的大学开设与网游有关的数字媒体专业,以便为网游等数字媒体行业输送更多优秀人才。文化产业的发展是现代科技与创新文化理念相互渗透的结晶。科学技术是第一生产力,美国文化产业发展的一个重要特征就是科技含量高,文化产品的附加值高,在国际市场上具有很强的竞争优势。美国十分重视在科学技术上的投入,在培养科技人才的同时,也研发了一系列应用于文化产业领域的高科技。例如,在大众传媒领域,电子显像、录音录像、信息科技、通信卫星、数字化传媒等高科技的诞生和应用给美国文化产业带来了跨越式变革,新的文化产品交替涌现,不仅引导了消费者全新的生活理念,还能激发出更多的新的文化消费需求。如今百老汇、迪斯尼、好莱坞都应用上了各种科技创新成果,网络和数字化技术的发展革新了人们的思想观念,展开了一幅新的文化产业发展宏图。美国文化产业不仅重视科技创新,更注重文化内容和文化形式的创新,鼓励文化精英们在吸收与借鉴其他国家和民族优秀文化的同时,突破传统思想和固有模式的局限,大胆追求创新,以适应日新月异的市场需求。

8.3 主要城市文化产业发展案例

8.3.1 百老汇造就纽约文化之都的美名

美国纽约之所以能够成为世界的文化之都，很大程度上要归功于"百老汇"这个富有魅力的名称，它是纽约通向世界的一张文化名片。"百老汇"是一个充满魅力和吸引力的名字，它在音乐剧和戏剧界的地位就如同"好莱坞"在电影界一样，代表着巅峰与成功。百老汇作为演艺产业的文化创意集聚区，对纽约的城市建设和经济增长起到不可估量的作用。百老汇在历史发展过程中逐渐形成了三个部分：内百老汇、外百老汇、外外百老汇。通常人们所说的传统意义上的百老汇是指内百老汇，内百老汇是百老汇演艺区的核心部分，主要区域分布在百老汇大街 44 街至 53 街街区的剧院。内百老汇是最先发展起来的演艺区，拥有规模最大的剧院，主要上演经典和热门剧目，并处于百老汇演艺区的顶端。然而，许多人认为内百老汇过分注重商业价值与商业运作，浓重的商业气息不利于戏剧的发展和创新。在这种背景之下，外百老汇在 20 世纪初应运而生，其主要分布在内百老汇外围的百老汇大街第 41 至 56 街区的剧院。外百老汇曾经是为年轻又富有才华的戏剧家提供大显身手的好地方，但是 20 世纪 60 年代以后，外百老汇的演艺团队和组织开始逐步被商业化、功利化与资本化，走上了高成本制作、高运营收入的道路。如今，内百老汇和外百老汇的界限已经模糊了，很难详细区分出来。外外百老汇产生于 20 世纪末，其形成的原因与外百老汇当初的形成原因类似，它主要分布于外百老汇外围的一些零散或集聚的街区。从百老汇到外百老汇再到外外百老汇，三者之间最重要的区分在于经营理念和表演艺术风格的不同，而并不是它们所坐落的地理位置。百老汇的发展历程体现了美国戏剧和歌舞剧事业在纽约城市得到的繁荣发展，它从另一个侧面展示出纽约在文化创意领域的多样性和开放性。

8.3.2 伦敦奥运会的机遇与考验

2005 年 7 月 6 日，国际奥委会在新加坡举行的第 117 次国际奥委会会议上宣布，由英国伦敦主办此次奥运会，这是伦敦第 3 次主办夏季奥运会。伦敦奥运会既为伦敦的文化创意产业带来了契机，同时也对其文化创意产业提出了考验，结果显示，伦敦的文化创意产业发展模式经受住了这次考研。以创意为核心、无处不在的创意经济，点亮了伦敦奥运会。

- "伦敦碗"环保又盈利

绰号"伦敦碗"的奥运会主体育场——奥林匹克体育场，最大的特点是低碳环保。据了解，"伦敦碗"相比于其他体育场馆，钢铁的使用量减少了 75%；而工业废弃物的再利用，使碳排放量减少 40% 以上。同时，为了保证场馆的赛后有效利用，设计人员在建设过程中采用了可拆卸的设计：全场 8 万个座椅中只有 2.5 万个是固定座位，场馆外围架设可拆卸的轻质铁架作为看台，配备的 5.5 万个座椅可以及时拆除。奥运会结束后，"伦敦碗"将缩小 2/3，变成可举办足球赛事的中型体育场。"伦敦碗"在设计中，最有创意的部分是由一种纺织品做成的遮阳棚。纺织品上印有图画、马赛克及与奥运会有关的图像。奥运会后，这些遮阳棚将被拆下做成袋子出售，又是一笔可观的收入。

● 纪念品带来 10 亿英镑收入

从吉祥物"独眼小怪"文洛克和曼德维尔的诞生开始，伦敦奥运会的纪念商品就十分引人关注。现在，近 900 种纪念商品覆盖了服装、吉祥物、家居商品、收藏品、玩具礼品五大类别。这些纪念品英国特色浓郁，细微之处的创意更让人爱不释手。

一个名为"2012 伦敦不锈钢运动员"的纪念品集奥运特色、可手工操作以及环保概念于一身，很具有代表性。这个售价 15 英镑的纪念品粗看只是一张普通的金属小卡片，但是当你把卡片上的每一个细小部件组装起来之后，一个个运动员形象便会呈现在你面前——举重、射击和用手滑动自行车前行的残奥会选手。这个纪念品利用回收的不锈钢材料制成，包括螺母、螺丝等组装零件。

有了这样的创意，伦敦奥运会组委会的纪念品销售金额超过 10 亿英镑、利润 8 600 万多万英镑。

● LED 手带照亮奥运赛场

在伦敦奥运会赛场夜晚的观众席上，五颜六色的"LED 人浪"渲染着比赛气氛。这是一条条戴在观众手腕上的手表状的发光手带所营造出来的效果。

这种手带内置芯片、接收器和 LED 灯，有红、绿、蓝等 6 种颜色。观众戴上后，赛事主办方通过操作后台控制器发射信号，观众席特定区域内的 LED 手带就会在指定时间发出特定颜色的光，"LED 人浪"就形成了。

神奇的奥运 LED 手带产自中国宁波鄞州一家民企手中。6 月底，宁波劲威绞盘有限公司完成了奥运订单，累计发往英国的手带有 200 万条，产值达几千万元，小小手带也能带来无限商机。

● 冠军命名地铁站 一份地图 3.99 英镑

3 月底，伦敦交通局发布了一款"奥运传奇地图"。在奥运会期间，伦敦地铁线路的 361 个站点都以奥运明星运动员命名，其中有刘翔、伏明霞、王军霞等 13 名中国选手。

在这份特殊的奥运地铁图中，伦敦地铁线路变身"足球线路""径赛线路""田赛线路""格斗线路""自行车线路"等。"林丹站"和"张宁站"相隔不远，而"杨威站"则处在"体操线路"上，"乔丹站"与"科比站"也相邻。

地图的制作者之一艾利克斯·特里科特表示，这些奥运冠军是按他们自身项目在奥运历史上的地位选定的。他们希望把同项目选手放在一起，方便游客记忆；但还是把一些特殊的选手留给了伦敦标志性地名，比如，北京奥运会"八金王"菲尔普斯的名字取代了伦敦奥运主赛场的站名。这种颇有纪念意义的地图在伦敦交通局的网站上售卖，每份地图售价 3.99 英镑。

8.3.3 东京动漫之都建设

东京是日本政治、经济和文化中心，也是许多学者公认的三大世界城市之一。从 1457 年构筑的江户城到"明治维新"时期更名为东京,再到如今的世界城市,这座城市经历了从封建社会小城堡向现代资本主义大都市的转型过程。伴随着城市的变革与转型,城市经济也经历一系列的结构调整和产业升级,最终发展成为以金融产业和动漫产业享誉全球的世界城市。20世纪90年代初,东京在房地产和金融行业低迷的背景下,将文化产业作为推动城市经济增长的重要动力,并强调文化产业对于东京形象的重塑以及传播日本文化的巨大作用。1994年,东京市政府颁布《东京都国际政策推进大纲》,强调文化产业是开发人力资源的重要途径,是走向国际和体现东京城市影响力的重要手段,同时,也是对东京市民成为地球村村民的重要举措。1995年,日本政府发布关于文化和文化产业的重要报告《新文化立国:关于振兴文化的几个重要策略》,报告明确了日本"文化立国"的战略方针,并提出将动漫、影视等特色文化产业作为发展的重中之重。凭借着这两个政策的有效落实,东京的文化产业迎来了一番新的发展高潮,从而摆脱了经济发展最困难时期的窘境,并为东京的动漫之都建设奠定了雄厚的基础。日本政府一直致力于通过发展漫画和动漫产业来推销日本文化、树立国家形象,博取各国的认同,进而提升日本的软实力。动漫产业是东京文化产业当中最重要的一环,对东京的城市经济增长和国际化进程起到不可估量的作用。日本共有430多家动漫公司,其中61.4%的动漫公司在东京;东京主要的动漫企业集中在练马区和杉并区2个行政区,分别有77家和70家动漫企业;另外,东京还有日本最大的动漫制作公司东映动画(Tod Animation),占到了日本整个市场10%的营业额。2007年,日本动漫产业成为国内第6大产业,它在国际市场上占据了全球动漫市场62%的份额,全球播放的动漫作品超过6成是来自日本的,从中可以计算出东京制作的动漫作品已经占到世界动漫市场将近一半的份额。东京通过动漫产业的影响力增强其在全球范围内的知名度。它不仅大力发展"动漫外交",支持东京的动漫产品进入国际市场,而且搭建了动漫传播的平台——东京国际动漫展(TFA)。东京国际动漫展于2002年开始举办,已经成为全球规模最大的动漫主题展会,每年吸引大量的动漫爱好者参观和动漫企业入驻,为东京的城市发展注入了新的发展契机。东京作为后发的国际大都市,凭借动漫产业的兴起与繁荣获得了全球的高度认可。东京的动漫协会是有严格自律性的组织,在协会的指导下,动漫产业链的生存模式是产销分离,由市场的淘汰筛选机制来规避动漫产业的风险,最终形成了动漫产业工序的一系列流程。该流程可分为筹备策划、动画绘制及后期制作3个阶段,产业链条上的动漫企业分工细腻,环环相扣,极大地促进了东京动漫产业的发展。

8.3.4 首尔会展之都建设

自进入21世纪以来,凭着快速的发展势头,韩国已经稳步地发展成为东北亚重要的会展活动举办地之一。韩国会展业的发展,极大地推动了该国国际经济与旅游业的发展,并成为中国会展业强劲的竞争对手。韩国会展业的发展始于1988年汉城奥运会。2002年韩日世界杯、2005年釜山APEC会议,进一步使韩国成为集会议、奖励旅游、展览、大型体育比赛与节事活动的重要举办地。

(1) 特色会展模式

会议与奖励旅游是首尔会展业的两驾马车。韩国政府视"国际会议业"为单独的产业。首尔举办过众多知名会议,如首尔G20峰会等。韩国是国际会议举办增长率世界最高的国家之一。根据ICCAS2012年的统计报告,首尔举办会议的数量是100次,在亚洲国家中排名第4。

奖励旅游是首尔会展业的生力军,它为旅游经济的发展做出了重要贡献。

当前,首尔正致力于整合会议与旅游资源,为打造全球会奖旅游目的地城市而努力。首尔已拥有国际一流的会议中心与商务度假酒店。来自世界各地的会议参加者不仅能够在韩国享受到专业的会议服务,还能够坐在韩国传统宫廷建筑中享受晚宴,参加整容旅游,体验丰富多彩的韩国文化。

强大的工商业实力为展会的举办提供了强大后盾支持。知名展会包括韩国国际海事技术展、韩国电子展览会、韩国纤维交易展、首尔国际动漫展、大邱国际光学展等。在承办展览的同时,这些展览还同时推动各类学术会议、国际技术研讨会、主题演讲会、贸易洽谈会及产业颁奖仪式等活动的举办,为参展商和观众提供最新的行业信息与全方位的服务。

(2) 会展业快速发展的原因

首尔会展业的快速发展,源于政府与民间的共同努力:目标明确、步调一致。韩国首脑一向重视会展业发展,态度务实且步伐稳健。2000年韩国提出"振兴会展产业"口号。2001年,金大中总统高调亮相柏林国际旅游博览会,为宣传韩国旅游出力。经济学出身的韩国总统李明博,在上台后不久即强调:为了争取花费高的海外高级游客,韩国应当加强培育医疗、国际会议、展览和韩流旅游等花费较高的旅游市场。韩国政府非常鼓励会展业发展。为了培育国际知名展会、降低国内同行业竞争,除了参与制定统一的会议与展览规则,它还积极联络各级政府组建韩国会展局联盟。与此同时,韩国地方政府也在多途径地开发海外市场。它们不仅积极谋求开辟国内外直飞航线,还巧妙借用Facebook等名网站进行对外宣传。2010年,首尔市政府与会展局代表一道,先后赴布鲁塞尔、伦敦宣传。此次巡回活动收获颇丰,仅在伦敦便成功邀请到250多名英国政商界代表出席宣讲会。韩国重视中国市场,韩国旅游发展局与中青旅会展的合作,不仅利用中青旅的企业资源推介本国商务会奖活动,还开辟了境外会展局与该公司合作的先河。

韩国会展业的快速发展与企业密不可分。一方面,韩国本土企业不断增强凝聚力。相比中国来说,韩国不仅拥有全国统一的会展行业类协会,如韩国会议协会、韩国会议服务社、韩国展览业振兴会,还拥有为会展业发展提供服务的专业展会。另一方面,韩国本土企业也积极谋求与海外会展业巨头、品牌展会组织合作,以创造品牌效应。

韩国相当重视会展人才的培养与发展。韩国会展高等教育主要集中于旅游型城市,学科紧跟旅游发展趋势,比较著名的有庆熙大学、京畿大学、济州观光大学、高丽大学等。在专业设置上,韩国会展教育偏向于会议与节事管理。例如,南首尔大学开设国际会议引资合作、活动庆典理论与商品开发等课程,京畿大学旅游学院设有节事管理专业等。庆熙大学开设的会议管理专业,学科体系在韩国最为齐全。

对 策 篇

第9章 明确未来发展思路

9.1 完善文化管理体制

紧紧围绕"发挥文化中心作用,加快建设中国特色社会主义先进文化之都"的战略目标,全面深化北京文化管理体制改革。正确处理文化管理中政府与市场的关系,健全党委和政府监管国有文化资产的管理体制,探索完善管人、管事、管资产、管导向相统一的机制,研究制订文化企业国有资产监督管理办法,建立健全综合效益考核体系,确保国有文化资产保值增值;充分发挥市文资办在国有文化资产监督管理中的作用,促进多种所有制文化企业共同成长,完善文化创意产业公共服务平台建设,努力推动北京文化创意产业的大发展和大繁荣。

用好文化创意产业投资基金,引导前瞻性、服务于产业发展总体战略的重大文化项目落地北京,发挥重大项目的支撑作用。发挥文化资本桥梁的重要作用,吸引民营资本投资文化创意产业。

建好市区两级政策平台,系统梳理和修订文化创意产业政策,促进政策发布、咨询、落地的有机衔接。搭建文化企业、科研机构、高校之间的协同创新平台,打通产学研创新链条,探索有效的文化科技融合模式。继续办好北京文化创意产业投融资项目推介会,进一步丰富投融资方式,加强文化与金融深入融合。继续完善文化创意产业投融资服务平台建设,推动文化创意企业数据库建设和文化创意企业投融资电子服务网络建设,完善文化创意产业信息公共服务平台,以信息的流动推动各生产要素的快速结合。

9.2 健全文化市场体系

发挥文化市场的重要作用,使市场在文化资源配置中起决定性作用,依据市场规则、市场价格、市场竞争等方式实现资源配置效益最大化和效率最优化。明确政府在文化资源配置中的作用,加强政府的宏观管理职能,推动政府部门由办文化向管文化转变;加强政策引导,推动文化市场平稳发展、加强文化市场监督,在推动市场作用的同时,发挥政府在弥补市场失灵的重要作用;完善文化市场准入与退出机制,鼓励各类市场主体公平竞争,优胜劣汰;允许非公文化企业参与对外出版、网络出版,允许以控股形式参与国有影视制作机构、文艺院团改制经营。

营造公平、公开、公正的市场环境,保证文化创意市场的健康发展;加强知识产权保护,保证文化创意市场的创新活力;继续推动国有经营性文化单位转企改制,提高国有资本运行效率,释放中小文化企业的创新活力与增长潜力。

清除市场壁垒,提高文化资源的配置效率和公平性,保证文化企业的自主经营、消费者的自由选择、文化产品和要素的自由流动与平等交换;推进信息公开制度,提升文化市场规则的透明度,进一步强化依法治理文化市场环境;实行统一监管,反对地方保护和不正当竞争,在对文化经营者违法、违规的处罚上，一视同仁。

提升知识产权认识，针对普通大众深入宣传知识产权保护的法律知识，针对政府、企业开展知识产权法律知识的宣传培训，提高北京的知识产权保护水平；加强知识产权保护力度，形成长效机制，推进北京知识产权体系的完善，大力实施"正版工程""远航工程""护航工程""科技维权工程"；加大资金投入力度，建立和完善出版基金、版权交易平台等，引导社会资本投入，打造原创精品工程；贯彻《视听表演北京条约》，打造世界表演者集聚的舞台，广泛吸纳全世界的表演人才会集北京，促进北京文化市场的大繁荣。

9.3 增强产业竞争能力

培育国有龙头企业。推进转企改制与兼并重组，进军新兴行业，培养一批大而强、大而优、有核心竞争力的文化企业，确保国有文化资本在涉及国家安全和文化民生的重点领域、关键环节发挥控制力、影响力和带动力。

壮大优势行业。研究编制文化创意产业指导目录，重点支持文艺演出、新闻出版、广播影视、文物艺术品交易、新媒体等优势行业；发展要素市场，搭建综合性文化产权交易平台，建设好国家对外文化贸易基地。

进一步推动各级文化投资集团发挥首都文化投融资平台及重大文化项目实施运作主体的作用，推动文化企业跨地区、跨行业、跨所有制兼并重组，提高文化创意产业规模化、集约化、专业化水平；发挥中介机构、行业组织的作用，降低社会资本进入门槛，支持各种形式小微文化企业发展。

以北京惠民文化消费季为平台，通过发放北京文化惠民卡，为文化企业提供更好的市场舞台，吸引更多的企业与市民参与到惠民文化消费季，拉动文化消费，研究出台一系列促进文化消费的政策，进一步完善服务措施，将惠民文化消费季打造成知名品牌。

9.4 提高文化开放水平

坚持"政府主导、企业主体、市场运作、社会参与"的原则，不断提高北京文化开放水平。发挥政府作用，推动全球文化战略；培育企业主体，开拓全球文化市场；吸引社会力量，推出标志性文化交流项目；制订全球文化传播战略，加强政策引导和扶持，加大文化产品海外推广营销体系建设，主动培育国际市场；搭建多元文化载体和平台，积极吸收、借鉴国外优秀文化成果，引进有利于我国文化发展的人才、技术、经营管理经验，提升文化创新能力；吸引国际一流文化项目，让国际更多的艺术节、颁奖典礼等落户北京。

充分发挥北京全国文化中心优势，统筹国内、国际文化资源，大力开拓国际市场，输出优秀中华文化产品和品牌，搭建全球文化产业投融资高端平台，融资金、资源、人才、创意为一体，增强中华文化的全球影响力；打造一批具有一定国际影响的文化出口企业，为文化企业和文化产品"走出去"积极开拓渠道，鼓励文化企业通过多种形式在境外兴办文化实体或设立分支机构，实现北京文化企业在境外的落地经营；继续推动北京"老字号"创新，依托"老字号"传统文化载体，推进中华文化创意优势品牌。全力打造一批标志性文化交流项目，向世界展示首都文化魅力；进一步扩大北京国际电影节影响力，打造东方影视之都，继续办好北京新年音乐会、北京国际音乐节、北京国际戏剧·舞蹈演出季等品牌文化活动，打造东方演艺之都；鼓励社会组织、中资机构等承担人文交流项目，带动对外文化交流蓬勃发展。

北京文化创意产业的发展将在新的历史起点上全面深化改革，加大开放水平，激发文化创造活力，增强首都文化的特色与吸引力，提高文化生产力与辐射力，为首都发展发挥更大的作用。

第 10 章　推动文化创新研究院建设

10.1　建设文化创新研究院的必要性

北京文化创意产业在经历了高度发展期后，逐渐进入了平稳发展期。目前，虽然北京市文化创意产业已经取得了很大的成绩，但是与世界发达城市相比仍然有一定距离。原始创新力不足仍然是文化创意产业发展的"软肋"。文化创新离不开研究机构、企业、政府的共同努力。我国当前产、学、研协同创新体系已经取得很好的成绩，但是在文化创新领域仍然是一种各自为战的局面。文化创新研究是一个跨学科的研究领域。文化创新离不开科技创新，文化创新需要借鉴科技创新的经验，同时，文化创新研究需要整合多个学科的资源，只有将多种学科的人才、知识汇集在一起，才能充分实现文化创新的目标。

文化创新研究院的建立将加速科技与文化的深度融合，文化创新研究院一方面将借鉴科技创新的经验，服务于文化创意产业发展，同时，文化创新研究院还将进一步推动科技创新。北京文化创新产业目前正面临着高端文化人才的紧缺，文化创新研究院将进一步集聚高端人才、汇集原创思想，为北京文化创意产业的发展提供动力。文化创新研究院的建立有助于营造一种创意氛围，通过文化创新研究院的建立，可以引导文化创新的方向，实现创新人才、创意、产业的动态最佳平衡，为创新者提供跨学科自由、宽松的学术思想交流、碰撞，以及竞争和合作兼容的环境。

10.2　文化创新研究院的模式选择

（1）政府主导的文化研究院模式

政府主导的文化创新研究院以国家文化产业发展为主要目标，文化创新研究院的主要功能是文化创意产业的规划、政策及项目。在这种模式下，重大项目、重大规划是文化创新的主要动力。政府主导的文化创新研究院有以下功能：

资源配置功能。通过重大文化产业发展规划，规划重大战略导向项目、前沿项目、基础项目、研究基地与实验室项目、成果转化与推广项目。引导政府的投资，引导社会资本的流动，通过重大项目带动文化创意产业大发展。

人才集聚功能。通过文化创新研究院服务平台，吸引国际、国内高端文化人才，实现文化人才的多学科、多领域融合。

国际协作功能。建立与国际文化产业发达城市、著名文化研究机构的合作关系，通过国际合作共同促进北京文化创意产业发展。

协同创新功能。以文化创新研究院为平台，以政府为主导，实现企业、科研机构、政府的有机合作，协同创新。

（2）企业主导的产、学、研文化创新联盟

外部性理论认为，产业联盟是产业共性问题内部化的组织。市场上存在大量的产业共性问题，产业联盟是外部性内部化的一种方式。产业联盟是企业主导、市场导向组织，政府通过支持产业联盟来解决外部性问题往往比直接干预生产活动更加有效。产业联盟是介于企业和市场之间的一种资源配置手段。在某些情况下，产业联盟既可以减少市场的交易费用，也可以节省企业组织费用。组织学习理论认为，产业联盟是企业共同学习的平台。由于企业外部环境的不确定性越来越高，企业必须不断学习，才能获得生存和发展的机会。企业通过学习掌握新的知识和技能，以谋求竞争优势。在全球化背景下，国际竞争日益激烈，一国之内的企业在外部压力下开始寻求合作以提高竞争力。企业参加产业联盟的一个重要动因就是学习，包括联盟企业间的互相学习和联盟企业共同学习国外先进技术。

文化创新产业联盟是创新中常用的企业间组织，其目标是解决文化产业共性研究问题，具体作用是：①减低文化创新成本、分担创新研究风险。文化创新研究的投入越来越高、不确定性越来越大，单个企业难以单独承担研究的成本和风险。②文化创新资源互补。文化科技的融合趋势和企业的专业化趋势要求产、学、研之间加强文化科技创新合作，通过资源互补共同完成创新。③共同学习。文化创新需要多学科的融合，需要产、学、研的彼此合作，联盟成员间可以相互学习彼此特长两个方面。④缩短产业化。文化竞争的全球化要求企业不断缩短创新的周期，通过创意先发获得市场先机，研发联盟集中产业力量加快成员企业进入市场的速度。

（3）创意领军人物主导的文化创新智库模式

文化创新研究的核心是文化创意人才，文化创新研究集聚的核心是人才与智力的集聚，文化创新产业研究院通过对各类文化创意高端人才的集聚，能够实现创意在企业、科研机构之间的快速流动。一方面，创意高端人才可以找到发挥作用的平台；另一方面，多种类型的创意人才可以相互学习、取长补短形成战略合作。同时，人才的集聚也为企业寻求创意、加速文化创意的产业化提供便利。

可以吸引一批国内外从事文化创新研究的专家学者，在相关政府部门支持下成立文化创新研究院。文化创新研究院的基本职能是整合各种文化创新要素，传播文化创新理念和创新方法，推动文化创新发展和促进投资活动。这类模式的文化创新研究院可以有以下几种定位：

①发展成世界级的文化创新研究和文化创新战略咨询机构，提供的服务包括：独立的、高质量的、有影响力的战略咨询、产业规划、重大课题研究。②建立一个整合各类优势创新要素

的合作平台，提供的服务包括：构建创新服务体系、推动产学研结合、促进国际交流合作。③创办国际孵化器，提供的服务包括：培育和扶持创新型企业和领军型人才、解决企业创新发展瓶颈、促进国际间孵化器的合作交流。

10.3 文化创新研究院需要解决的关键问题

目前，科研院所的相关规定对高校科研人员服务社会、服务企业形成了一定的阻碍。文化创新研究院可以作为一种"文化人才特区"，在这个特区实行特殊的人才管理政策，聚集大量的国内外优秀文化人才，为文化产业的发展作出贡献。

客座研究员：可参考的政策有《国家发展改革委 科技部印发关于加快推进民营企业研发机构建设的实施意见的通知》（2011），该文件中提到："探索推进在高等学校和科研机构设立面向民营企业研发机构的客座研究员岗位。支持民营企业研发机构为高等学校和职业院校建立学生实习、实训基地。推进有实力的民营企业建立博士后科研工作站、院士工作站，吸引院士、优秀博士到企业研发机构从事科技成果转化和科技创新活动。制订和实施针对民营企业吸引国内优秀创新人才、优秀留学人才和海外科技人才的计划，采取团队引进、核心人才带动等多种方式引进国内外优秀人才参与民营企业研发机构的建设。"

兼职、资助、特事特办：《关于中关村国家自主创新示范区建设人才特区的若干意见》（2011），其中提到："特殊政策、特殊机制、特事特办""兼职，人才特区内高校教师、科研院所研究人员可以创办企业或到企业兼职，开展科研项目转化的研究攻关，享受股权激励政策；在项目转化周期内，个人身份和职称保持不变。企业专业技术人员可以到高校兼职，从事专业教学或开展科研课题研究""资助。为入选'千人计划''海聚工程'等高层次人才提供100万元人民币的一次性奖励。为高层次人才创办的企业优先提供融资担保、贷款贴息等支持政策。对承担国家科技重大专项和北京市重大科技成果产业化项目的高层次人才，由北京市政府科技重大专项及产业化项目统筹资金给予支持。"

职务入股：《中关村国家自主创新示范区条例》（2010）第三十八条，示范区内的高等院校、科研院所和企业按照国家和本市有关规定，可以采取职务科技成果入股、科技成果折股、股权奖励、股权出售、股票期权、科技成果收益分成等方式，对作出贡献的科技人员和经营管理人员进行股权和分红激励。《中共北京市委 北京市人民政府关于建设中关村国家自主创新示范区的若干意见》提出开展先行先试的体制机制创新试点。在高等院校、科研院所中，开展对职务科技成果完成人进行科技成果转化收益奖励的试点。

第 11 章　推动文化中关村特区建设

11.1. 文化创新的中关村模式

中关村是国家自主创新示范区，即中国高科技产业中心，起源于 20 世纪 80 年代初的"中关村电子一条街"；1988年5月，国务院批准成立北京市高新技术产业开发试验区，它就是中关村科技园区的前身。中关村是中国第一个国家级高新技术产业开发区，第一个国家自主创新示范区，第一个"国家级"人才特区，是我国体制机制创新的试验田。

在文化创新领域，需要借鉴中关村的发展模式，在充分认识文化创新规律的基础上，取长补短，推动文化中关村的建设。借助中关村模式推动文化创新，促进首都文化发展，是新时代的重大命题。文化中关村理念源于20世纪90年代，它最初的含义是像发展科技产业那样发展文化产业。1996年，市委市政府出台《关于加快北京市文化发展的若干意见》，把文化产业摆上经济社会发展的重要议程。这一时期，以中关村为主要平台的科技产业构成首都经济的核心，文化产业作为朝阳产业引起人们的关注。21世纪第二个十年，北京经济面临新的结构调整，工业企业迁出城市中心区，需要寻找替代型产业，文化产业作为支柱产业引起关注。2011年市委十届十次全会通过《中共北京市委关于发挥文化中心作用加快建设中国特色社会主义先进文化之都的意见》，提出率先建成现代文化产业体系。

文化中关村有助于增强科技产业发展的活力，有利于文化发展更好地分享科技产业卓有成效的创新文化、创业精神，从而更好地发挥其在推动产业结构调整和加快经济发展方式转变中的作用。中关村是我国实现科技跨越式发展的成功范式，是科技领域现行先试的区域。

目前，我国文化领域的创新政策依然不足，还处在摸索阶段，虽然学界和业界也在不断探索文化产业的创新发展模式。文化创意产业集聚区模式已经取得了巨大进展，然而完全照搬科技发展的模式去引导文化领域的创新无法满足文化产业发展的需求，尤其在文化产业发展到一定阶段后，这种矛盾日趋明显。文化中关村的建设，将成为国家文化创新的试点领域，可弥补我国创新政策在文化领域的不足，将为文化创新注入新的活力。

11.2　文化中关村的核心是文化科技的高度融合

文化、科技融合是一个相互吸引的过程。从文化角度，文化中关村要为内容的创造、存储、传播、分享提供更加便利的条件；从科技角度，文化中关村要为科技的创新及其运用（主要是文化传播渠道与各类支撑和服务于内容呈现的终端产品）提供更加丰富、更有意义的内容。文化科技融合的革命性价值在于，它以体验为导向、以内容为核心、以科技为支撑，打破传统文化行业之间的界限，整合文化生产体系，依托不断革新的内容传播、展示和运用的新载体、新样式，使文化内容资源的跨界集成创新和有效利用成为可能，从而极大地解放了文化生产力。文化、科技的深度融合，革新了生产方式，提高了生产效能，优化了文化产品和服务，拓展了新的文化发展空间，从而创造出新的价值。

文化与科技互相借势、协同推进，形成共生发展。从文化对科技的期待看，至少有三个战略性节点，即利用新技术改造传统文化产业，提升传统文化业态的科技含量和技术水平；指导和支持推广运用新技术，壮大新兴文化业态的规模和量级；加大对文化技术的研发投入，在文化制造、文化展示和文化传播技术上实现重大突破。从科技对文化的期待看，也有三个战略性节点，即萃取中国文化精华，提高科技创新的整体水平；改善文化发展的质量和水平，增强科技发展的市场空间和创造活力；传播和便捷获取文化内容产品与服务，激励文化技术的创新和运用。

11.3 文化中关村发展的关键要素

文化中关村的成功取决于人才、资本、艺术和技术的有机结合。加强顶层设计，实现四者的配合，才能充分发挥文化中关村的作用。艺术要素是文化中关村的主要特色。人才和艺术的结合，将进一步发挥人才的创造力；科技与艺术的结合，将推动科技创新的跨越式发展。北京发挥首都全国文化中心示范作用，需要从政策层面推动人才、资本、艺术和技术四要素的有机结合，创造一个有利于创新和创业的良好文化环境。文化中关村的战略价值，是实现文化产业与科技产业的追赶。文化中关村是"新北京"建设的一个容器，在构建创新驱动的发展模式中，它应当成为北京建设新型世界城市的一面旗帜。

第 12 章 推动跨学科文化创意人才战略

12.1 北京文化创意产业呼唤领军人才

北京非常重视吸引和集聚各类文化创意产业人才工作，凭借首都优势，通过完善相关人才引进和培养政策，积极优化产业环境，着力培育适应文化创意产业生根发展的土壤，营造文化创意人才集聚的良好产业生态，目前，北京已经集聚了大量的优秀文化创意产业人才。然而，随着文化创意产业的发展和成熟，北京文化创意产业对高端文化人才、文化领军人物的需求不断增强。文化产业领军人物必须是"复合型人才"，既要懂文化又要懂经营，既能洞察社会又能深谙经济，既要掌握国内需求又要了解国际市场。文化产业领军人物的成长既要在市场中历练，也需要全社会的关心和帮助。文化创意产业领军人物的成长过程复杂、成长周期较长，因而，高端人才总是相对稀缺，如何吸引领军人才、如何培养更多的文化创意产业高端人才，成为北京文化创意产业做大做强，走向世界所要解决的重要问题。当前，北京文化创意产业人才战略面临诸多问题，其主要表现在以下几个方面：

（1）缺乏对文化创意人才专门的科学认定机制

当前，对文化创意产业人才的评价标准落后，多是照搬科技人才引进的标准执行，文化创意人才是一种复合型人才，文化创意人才的认定有其特殊性，需要探索建立对创意产业人才专业能力、工作业绩、性格特征、身体健康状况等较为全面的、系统的评价指标体系。当前，北京对文化创意人才的标准研究较少，科学有效的认定标准更是稀缺，文化创意人才的认定标准对于北京用有限的资源吸引和培养更多的高度文化创意人才至关重要。

（2）缺乏权威的文化创意产业人才评价机构

在文化创意产业人才认定中，无权威认定机构，社会公共招聘测评服务缺乏，尽管一些企业内部人力资源管理部门陆续形成人才评价一系列的规章制度，但专业程度低。目前，业内出现一些专业机构组织开展文化创意产业人才认定工作，但普遍存在缺乏独立性与权威性的现象，文化创意产业人才认定方面未能建立社会化独立性权威评价认证机构，造成企业引入的文化创意产业人才竞争力较弱。

总而言之，在北京文化创意产业人才认定过程中，评价方式的主观性、评价标准的随意性与权威认定机构的缺失，导致目前对文化创意产业人才评定的有效性与规范性不足。

（3）缺乏完善系统的培养机制

在我国人才培养和选拔机制中，长期存在重理轻文的现象，人才培养体系不健全，培养模式单一，缺乏创新型，缺乏对跨学科融合性人才的培养。

人才培养体系不健全。文化创意产业人才的培养不能够仅仅依靠科研机构或高校，完善的文化创意人才培养体系既要包括科研机构和高校，又要能够容纳企业的培养机制。为了能够输出和培养更多的文化创意人才，需要政府、企业、高校及科研院所共同合作、协同创新。

（4）长效生活保障机制

文化创意人才的培养是一个长期复杂的过程，充满了不确定性和风险性。北京的生活成本较高，成为影响文化创意人才发展，培养高端慢热型人才的主要障碍。虽然北京正在逐步改善各种人才环境，但是还有很多需要解决的问题，如医疗服务、社会保险和公积金、住（租）房、子女就近入学等。

12.2　实施高端文创人才培养战略

坚持人才兴文，建设一支门类齐全、结构合理、梯次分明、素质优良的首都宣传思想文化人才队伍。设立市级荣誉制度，对在文化发展领域取得卓越成就的文化工作者授予荣誉称号。研究制订人文北京名家大师培养造就工程实施方案，继续实施北京市宣传文化系统"411"高层次人才培养工程和"百人工程"人才培养计划。加强基层群众文化组织员队伍建设，落实市政府关于鼓励和吸引海内外优秀文化人才的优惠政策，加大高端文化人才引进力度，引进一批熟悉国内外文化创意产业运作的优秀人才和创业团队，培养一批跨行业复合型人才，巩固扩大北京文化人才资源优势。建立健全宣传思想文化人才特别是高级人才的培养、选拔、考核、激励机制，打破所有制、区域界限，汇集体制内外、区域内外的智力资源，为各类文化人才在首都发挥才智创造良好的条件和氛围。

实施人才助推工程，构建多层次人才梯队。建立相关评审制度，推出一批具有国际影响力的文化创意拔尖人才，鼓励其参与国际交流活动、开展国际合作项目、加入国际行业组织。开展"文化创意产业杰出人才"年度人物评选，推出十大优秀人才，推荐优秀高端文化人才参与"千人计划""海聚工程""文化领军人才培养工程"等评选。

实施实用型文化人才培养计划。搭建高校文创人才实践平台，支持企业与高等院校、职业技术学校共建文化创意中心，调动学生广泛参与企业实践，输送符合企业需求的多层次实用型文化创意人才，完善人才的继续教育机制。

造就高层次领军人物和高素质文化人才队伍。遵循文化发展规律和人才成长规律，建立和完善有利于优秀人才健康成长和脱颖而出的体制机制，加快构建一支门类齐全、结构合理、梯次分明、素质优良的宣传思想文化工作者队伍。继续实施"四个一批"人才培养工程和文化名家工程，建立重大文化项目首席专家制度，造就一批人民喜爱、有国际影响的名家大师和民族文化代表人物。加强专业文化工作队伍、文化企业家队伍建设，扶持资助优秀中青年文化人才主持重大课题、领衔重点项目，抓紧培养善于开拓文化新领域的拔尖创新人才、掌握现代传媒技术的专门人才、懂经营善管理的复合型人才、适应文化走出去需要的国际化人才。完善相关政策措施，多渠道吸引海外优秀文化人才。积极支持高层次人才创办文化企业，完善实施知识产权作为资本参股的措施，实施扶持创业优惠政策。落实国家荣誉制度，抓紧设立国家级文化荣誉称号，表彰奖励成就卓著的文化工作者。

建立完善文化人才培训机制。建立健全分类培训的宣传思想文化人才培训体制机制，制订实施各类人才培训计划。创新人才培养模式，实施高端紧缺文化人才培养计划，搭建文化人才终身学习平台。依托党校、行政学院、干部学院、高等学校、职业院校、定点大型企业，发挥人民团体作用，加强文化人才政治素养和道德素质教育，开展任职培训、岗位培训、业务培训、技能培训。完善人才挂职锻炼、调研采风、国情考察制度。完善人才培养开发、评价发现、选拔任用、流动配置、激励保障机制，深化职称评审改革，为优秀人才脱颖而出、施展才干创造有利的制度环境。重视发现和培养社会文化人才。对非公有制文化单位人员评定职称、参与培训、申报项目、表彰奖励同等对待，纳入相应人才培养工程。建立完善文化领域职业资格制度。

第13章 推动文化创意产业标准的国际对接

当前，文化创意产业标准不一是一个突出问题，北京的地方标准与国家标准、北京标准与国际标准都有一定的差异，影响着横向比较，从而影响着政府管理的科学决策。如何又能体现北京特色，又能实现横向的可比性，从而实现科学的决策是一个亟待解决的问题。

北京文化创意产业的分类标准制订可以按照双向路径：一方面，要尊重地方标准，尊重地方发展特色，走符合北京发展的文化创意产业发展道路；另一方面，要积极与世界标准对接，加快对标准的研究工作，制订各种标准的比对表，以比对表为依据，借助先进的信息化技术手段，实现北京统计标准与国际标准的无缝对接。

13.1 现有国际统计机构与分类标准

（1）国际统计机构

当前与统计相关的国际机构主要有以下几个（表13-1）：

表 13-1　统计相关的国际机构

	名　称	网　址
1	国际结算银行（BIS）	bis.org/
2	亚太平洋经济社会委员会统计司（ESCAP Statistics Division）	unescap.org/stat/data/
3	欧洲联盟统计局（Eurostat）	epp.eurostat.ec.europa.eu
4	联合国欧盟经济局（UNECE）	unece.org
5	国际货币基金组织（IMF）	imf.org
6	经济合作及发展组织（OECD）	oecd.org
7	联合国统计司（UNSD）	unstats.un.org
8	世界银行（WBG）	worldbank.org
9	世界旅游组织（WTO）	unwto.org
10	世界贸易组织（WTO）	wto.org

（2）行业分类体系

当前，国际上较为著名的行业分类体系主要有：国际标准产业分类体系（ISIC）、欧盟产业分类体系（NACE）、北美产业分类体系（NAICS）、日本标准工业分类体系（JSIC）等。

国际标准产业分类体系（International Standard Industrial Classification of All Economic Activities，英文缩写为"ISIC"）从诞生至今，已历经半个多世纪，经过多次修订，目前已成为世界上对经济活动进行分类的最成熟、最权威、最有影响力的国际标准之一。基于经济活动的工业分类国际标准体系（International Standard Industrial Classification of All Economic Activities）由美国国家统计局（Statistics Division of United Nations）的经济和社会事务办公室（Department of Economic and Social Affairs）发布，是基于经济、生产活动的，供国际参考的标准体系。ISIC 的目标是对经济活动进行分类并提供统计数据，为政府、企业及其他社会机构把握经济形势、进行决策和更深入的分析研究提供数据基础。该标准体系的第一版发布于 1948 年，至今已经发布了四个版本。

北美产业分类体系是美国预算和管理办公室（OMB）与加拿大和墨西哥合作开发的。它的目标是揭示新兴经济活动中统计数据最深刻的变化。NAICS 的开发采用生产为导向的概念框架，根据各机构、单位、行业中主要从事的活动进行划分。将使用类似的机构单位原材料投入，类似的资本设备，以及类似的劳工的类别归并为同一行业。换句话说，该机构把使用类似的方式做类似的事情的单位归类在一起。

北美产业分类制度提供了一种新工具，确保经济统计数据能够反映国家的经济转型。然而，改进统计结果将导致时间序列的中断。分类体系需要对每一个新的经济部门进行调整和重新定义，比如，一种结合通信、出版、电影、录音和网上服务的新的信息部门；在以信息为基础的经济中，制造业重组而形成的高新技术产业等。新的服务部门和服务行业将不断地被总结和确认，添加到新的分类体系中去。

13.2 文化创意产业国际比较的技术路线

国际比较技术路线

图 13-1 显示了在进行国际文化创意产业行业比较时所采用的技术路线图。

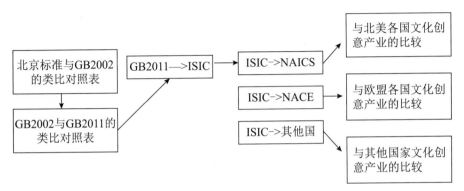

图 13-1 北京文化创意产业的国际比较路径

在与国家文化产业标准比对后，可以区分出北京文化创意产业的特色部分（表 13-2）。

表 13-2 北京文化创意产业特色部分

编号	北京文化创意产业类别名称	国民经济行业代码（2002）
1	计算机系统服务	6110
2	规划管理	7673
3	旅行社	7480
4	城市绿化管理	8120
5	休闲健身娱乐活动	9230
6	教学用模型及教具制造	2413
7	其他文化用品制造	2419
8	其他文化、办公用机械制造*	4159

第 14 章 推动文创产业信息可视化平台建设

城市文化创意产业的发展，离不开对城市文化创意产业的总体把握，在制定城市文化创意产业发展战略时，需要科学的数据支持。当前，各城市文化创意产业数据分散，标准不一，使得横向比较有些困难，这也带来了政府决策的困境。当前，亟须一套行之有效的信息整合机制，通过整合信息实现科学的分析，实现即时的行业监测。

（1）三个中心的定位

文化创意城市发展数据库是为北京文创产业发展的科学决策提供客观依据，力争成为"三个中心"。

权威信息汇聚中心：汇集世界各大城市文化创意产业的发展动态，全面实时地对各类信息进行分类整理，为政府、企业和研究机构提供重要所需的信息。

重要的领导决策支持中心：为市领导的重大文化产业决策提供辅助支撑，为重大专项、重大项目立项，以及其他相关职能部门文化产业推动工作提供决策依据，服务首都文化产业的发展大局。

创意成果产业化中心：向产业化相关的社会各界，如创新主体、投资主体、中介服务机构等提供专业、权威服务，推动各种创意的产业化。

（2）平台需求分析

以政府决策需求、研究人员研究需求以及企业需求为依据，确定数据分析平台的相关功能。主要实现三类用户（政府、企业、科研单位）的可视化数据分析（统计分析、发展趋势分析）、数据检索、数据导出三个方面的需求。

基于对数据来源的分析，构建底层数据库；以三类用户的需求为依据，确定数据分析方案，构建视图逻辑层，也即数据挖掘逻辑层。

以分析数据为基础，利用 Google Chart API 实现对数据的可视化展示。另外，根据应用需求（如数据嵌入、移动访问），构建相应的应用程序（如提供 API）。

（3）系统架构

数据层：主要按照统计的基本格式构建法人单位表、产业活动单位表、企业情况表、非企业情况表等。

逻辑分析层：主要是按照不同的维度对底层数据进行归类汇总，除了对底层数据的分析汇总之外，也包括一些二手分析数据。

展示层：展示层主要分为三大类功能，一个是检索和查询功能，一个是数据分析及表格导出功能，第三类是对数据分析结果的可视化呈现。

用户层：本平台主要针对三类用户，一类是政府决策者，一类是科研人员，一类是企业用户。

北京市文化创意产业功能区综合评价指标体系[①]

[①] 2013年北京市文资办委托课题。主持：熊澄宇。参与：吕宇翔、张铮、董鸿英、孔少华。

北京市文化创意产业功能区综合评价指标体系

一、评价体系的思路及原则
（一）总体思路
（二）基本原则

二、功能区考核评价体系
（一）评价对象
（二）评价指标体系设计
（三）考核评价方法

三、考核评价体系的保障措施
（一）组织保障
（二）实施步骤
（三）激励机制

附一：指标解释及指标来源

附二：国内外文化创意指数评价体系研究成果

一、国外代表性创意指数
（一）美国创意指数
（二）欧洲创意指数

二、国内代表性创意指数
（一）香港创意指数
（二）台湾创意指数
（三）上海创意指数
（四）北京文化创意指数

三、其他相关指数研究
（一）中国"城市创意指数"体系
（二）"北京创意指数指标体系"（BEHCS 模型）
（三）文化创意产业景气指数
（四）其他相关研究

四、各指标体系的归纳分析

北京市文化创意产业功能区综合评价指标体系

根据中共北京市委《关于发挥文化中心作用加快建设中国特色社会主义先进文化之都的意见》精神，北京市委宣传部、市国有文化资产监督管理办公室提出建设文化创意产业功能区（以下简称"功能区"），作为落实文化创意产业政策、优化产业结构的重大战略举措。为引导和促进功能区的合理建设与健康发展，依据文化创意产业的形态与特点，特研究制定了一套导向明确、指标健全、简便易用的功能区综合评价指标体系。该体系旨在通过考核评价机制的建立，完善功能区动态数据收集的基础工作，积极推进功能区效益测评与目标把控，促进各功能区不断实现创新与突破，加快形成"主导产业鲜明、发展效率领先、区域竞争有序"的产业发展格局。

一、评价体系的思路及原则

（一）总体思路

坚持科学发展观指导，按照建设中国特色世界城市的总体部署，深刻认识和把握各功能区发展的阶段特征和现实需求，总揽全局、统筹协调，进一步强化宏观调控政策的指导作用。

强化功能区影响力提升、特色差异化发展、全市统筹协调等评价导向，强化发展质量效益、主导功能建设、产业特色集聚等评价内容，强化运用量化评价、差异评价、激励评价等科学评价方法，构建一套导向明确、指标健全、简便实用的全市文化创意产业功能区综合评价体系。

该体系要切实体现对功能区发展质量与效益的评价引导，支持功能区创新发展模式，提升发展质量、发展效益与竞争力，促进功能区有序、高效发展，推动功能区建设目标的达成，以最终实现文化创意产业对首都经济社会可持续发展的支撑和引领作用。

（二）基本原则

发展导向原则。站在建设中国特色先进文化之都的高度审视北京市文化创意产业发展的使命与要求，统筹考虑对各功能区产业发展、特色集聚、功能配套等方面的综合评价，借鉴世界先进功能区发展经验，衔接国际公认标准，结合本市区县功能考核的相关要求，体现一定的导向性和前瞻性。

差异评价原则。既要关注功能区发展的经济规模、经济效益、政府服务、投资环境等共性指标，实现各功能区之间发展质量效益与水平的横向比较，又要聚焦各功能区主导产业、特色资源集聚度等个性化指标，实现对功能区发展的差异化、特色化引导。

稳步推进原则。充分考虑各功能区在统计体系、发展基础方面的差异情况，按照"成熟一个，推出一个"的原则，以比较成熟的功能区为先行先试，先逐步探索试点功能区的实施效果，再最终构建出能够全面反映全市功能区发展情况的完整考核评价指标体系。根据功能区的发展，对考核评价体系进行动态调整，发挥考核评价机制的激励作用。

注重实效原则。发挥政府政策规划的引导作用及市场配置资源的基础性作用，考评内容要充分考虑对功能区实际工作推动的效果，真正做到"以考评促发展，以发展落实评价导向"，不适用的指标可及时调整；指标选取要考虑科学性、可比性、可得性和稳定性，以保证考核评价工作的长期有效实施。

二、功能区考核评价体系

功能区综合评价指标体系以北京市"十二五"发展规划纲要《北京城市总体规划（2004—2020年）》以及《关于发挥文化中心作用加快建设中国特色社会主义先进文化之都的意见》等政策为主要依据，结合各功能区实际情况和差异性进行研究和设计，主要包括评价对象、评价指标体系设计、评价方法确定三个部分。

（一）评价对象

结合各功能区具体管理模式，选择不同管理主体作为考核评价对象。对于文化科技融合示范功能区中关村科技园等市级派出机构，以及将要设立管委会的功能区，直接考核功能区管委会；对于金融街等没有明确管委会行政机构的功能区，以功能区开发建设管理主体或区级直接主管部门为考核对象。

具体设计如下表：

北京市文化创意产业功能区综合考核评价对象表

板 块	序号	功 能 区	考核评价对象
文化科技融合主线	1	文化科技融合示范功能区	中关村科技园区管理委员会（海淀园、石景山园）
	2	动漫网游及数字内容功能区	中关村科技园区管理委员会（石景山园、雍和园）、中国动漫游戏城、三间房动漫产业园
文化金融融合主线	3	文化金融融合功能区	西城区／金融街管理机构 雍和园（国家版权贸易基地）
文化艺术板块	4	天坛—天桥核心演艺功能区	东城区
	5	戏曲文化艺术功能区	丰台区
	6	798时尚创意功能区	798艺术区管理机构
	7	音乐产业功能区	国家音乐产业基地
传媒影视板块	8	CBD——定福庄国际传媒产业走廊功能区	朝阳区／传媒产业走廊管理机构
	9	影视产业功能区	怀柔区／怀柔影视基地、中央新影集团
	10	新媒体产业功能区	国家新媒体产业基地、北京数字电视产业园

续表

板 块	序号	功 能 区	考核评价对象
出版发行板块	11	出版发行功能区	功能区开发建设管理机构
设计服务板块	12	创意设计服务功能区	功能区开发建设管理机构
文化交易板块	13	天竺文化保税功能区	天竺文化保税区管理委员会
	14	文化艺术品交易功能区	功能区开发建设管理机构
会展活动板块	15	会展服务功能区	功能区开发建设管理机构
	16	奥林匹克公园文化体育融合功能区	亚奥区域管理机构
文化休闲板块	17	北京老字号品牌文化推广功能区	功能区开发建设管理机构
	18	未来文化城功能区	功能区开发建设管理机构
	19	主题公园功能区	功能区开发建设管理机构
	20	历史文化和生态旅游功能区	功能区开发建设管理机构

(二)评价指标体系设计

功能区评价指标体系设计

综合考虑北京市文化创意产业功能区的发展目标以及不同细分领域的发展特征,综合评价体系的框架主要包括目标层、维度层、指标层三个层次。

"目标层"的设计主要围绕产业发展、产业集聚、产业创新、产业培育、公共服务、区域融合六个方面展开。

"维度层"是对目标层的进一步分解,根据不同的发展定位和考评目标,每个目标层设置2～3个方面的维度层。

"指标层"是维度层的进一步细化,每个维度层可选取若干个最具代表性和导向性的指标组成指标层,并对各指标赋予一定的权重,用于实际监测和评价。

具体设计如下表:

北京市文化创意产业功能区综合评价指标体系总体框架

目标层	维度层	指标层描述
产业发展	经济指数	通过功能区文化创意产业经济总量、增长速度、对全市的经济贡献率等指标考察其经济规模和发展成果
	效益指数	通过资源利用、要素产出、利润率、地均税收额等指标,反映功能区内涵式发展水平
产业集聚	主业指数	反映主导产业对该区域经济发展的贡献,可用主导产业收入、利润的区位熵等指标来体现
	集中度指数	反映资源要素集聚程度、企业集中度,可用区域内主导产业收入前50名企业占主导产业总收入的比重等指标来体现
	竞争力指数	反映主导产业在全市、全国的竞争力以及重点企业和品牌的影响力,可用旗舰企业数、境内外上市公司数、知名品牌数等指标来体现

续表

目标层	维度层	指标层描述
产业创新	人才指数	人才是文化创意产业的核心和关键要素，人才指数通过文化创意从业人员的数量与占比，高校培养相关人才的数量等指标来考察功能区的人才资本，通过外籍从业人员的占比来考察该区域文化产业的多元化、国际化情况
	技术指数	衡量功能区的自主创新能力，主要从研发投入、专利产出、标准创制、科技成果产出及其产业化、原创比率等指标来考核
产业培育	商务指数	主要反映功能区招商引资和企业入驻情况，可用招商项目总投资增长率、产业政策落地、项目审批、入区企业总数增长率、落地开工项目投资额等指标进行反映
	投资指数	综合考察投资增长速度及土地集约化利用水平，可以用全社会固定资产投资总额、基础设施投资额增长率、土地投资强度等指标进行反映
公共服务	公共平台	公共平台是提升产业聚集的资源集约性和运转有效性的重要保障，通过平台数量、平台投入、平台规模、服务配套性等指标来考察功能区公共平台的发展情况
	中介组织	考察功能区产业、行业中介组织的专业化发展情况，可通过中介机构经济规模、专业程度等指标来反映
	产业联盟	通过行业协会、产业联盟的数量以及企业成员的规模和数量等指标来反映
区域融合	产业融合	考察功能区的产业联动与区域产业融合与协调发展情况，包括对功能区内部文化创意产业之间的融合、功能区与周边区域、所在区县经济融合发展的评价
	区域带动	考察功能区对周边区域、所在区县以及本市经济的带动作用，通过拉动就业人数、旅游人数等指标来考察
	社会效益	考评功能区对促进当地社会发展、文化发展的贡献，可通过区域内社会公益性文化活动参与总人次、企业社会捐助等指标来体现
附加：奖惩项	奖项	对功能区落地或实施的具有全国乃至国际影响的重大项目、品牌活动、重大突破性政策试点及成效进行奖励
	惩项	对影响功能区健康发展、损害品牌价值的重大社会事件、影响社会稳定事件、重大责任事故等给予减分

根据以上对功能区综合评价体系的整体考虑，对评价体系的具体指标设计如下：

北京文化创意产业功能区综合评价指标体系

目标层	维度层	指标层	单位	权重
A1 产业发展	B1 经济指数	C1 功能区文化创意产业收入总额	亿元	20%
		C2 功能区文化创意产业年增长额对全市经济增长的贡献率	%	
		C3 文化创意产业（产品或服务）出口贸易总额	亿元	
	B2 效益指数	C4 功能区文化产业总收入年增长率	%	
		C5 功能区文化创意产业人均年产值	万元	
		C6 功能区产值利税率	%	
		C7 功能区地均税收额	亿元/KM²	

续表

目标层	维度层	指标层		单位	权重
A2 产业集聚	B3 主业指数	C8	主导产业收入总额	亿元	20%
		C9	主导产业利润总额	亿元	
	B4 集中度指数	C10	主导产业收入区位熵	%	
		C11	主导产业收入前50名企业占主导产业收入的百分比	%	
	B5 竞争力指数	C12	区域内规模以上文化创意企业数	家	
		C13	区域内上市文化创意企业数	家	
		C14	区域内知名文化创意品牌数	个	
A3 产业创新	B6 人才指数	C15	区域内高等教育中文化创意人才培养的百分比	%	20%
		C16	区域内文化创意从业人员占总就业人口的百分比	%	
		C17	区域内外籍从业人员在总从业人员中的百分比	%	
	B7 创新指数	C18	研究与开发（R&D）经费支出占区域文化创意产业总产值的百分比	%	
		C19	每百万人拥有发明专利授权数	个	
		C20	专利产业转化的产出金额/内容版权交易金额	万元	
		C21	行业专家对该区域的创新性评价（主观项）	分	
A4 产业培育	B8 商务环境	C22	文化创意招商项目总投资年增长率	%	10%
		C23	当年在孵企业数	家	
		C24	入驻企业满意度（主观项）	分	
	B9 投资水平	C25	年度新增固定资产投资总额	亿元	
		C26	区域内文化创意建设项目土地投资强度	万元/亩	
		C27	区域内文化创意企业年融资总金额	亿元	
A5 公共服务	B10 公共平台	C28	区域内公共技术（服务）平台建设投入总额	亿元	15%
		C29	区域内公共技术（服务）平台从业人数	人	
		C30	公共服务平台年度总收入（经营收入+补贴收入）	亿元	
	B11 产业联盟	C31	区域内产业联盟/行业协会的数量	个	15%
		C32	区域内产业联盟/行业协会企业成员的产值规模	亿元	
A6 区域融合	B12 产业融合	C33	区域内文化创意主导产业关联服务企业总产值	亿元	10%
		C34	区域内文化创意产业与其他产业的合作项目总金额	亿元	
	B13 区域带动	C35	本地文化创意产业从业人数	人	
		C36	外来旅游人次	万人次	
	B14 社会效益	C37	区域内社会公益性文化活动参与总人次	万人次	
		C38	文化创意企业在营业税许可下的社会捐赠总金额	亿元	
附加：A7 奖惩项	B15 奖项	C39	国家级重大政策试点及成效、重大品牌活动等	分	5%
	B16 惩项	C40	损害区域品牌价值的重大责任事故等	分	

(三)考核评价方法

1. 指标数据获取

建立统一的数据统计口径和定性评价标准,根据考核评价指标属性将具体指标数据分为三类:一类是常规性统计指标,如产业总收入、出口创汇总额、企业数等指标数据,可由市统计局、功能区统计机构或市相关职能部门提供;第二类是行业性专业性指标,如自主创新性、内容原创性,可由功能区管理机构聘请市场专业机构开展实际调查和测评获得;第三类是定性的综合类评价指标,如政务环境、商务环境等综合指标数据,可通过向功能区内代表性企业、社会机构发放调查问卷等方式获取。

2. 统计评价方法

从参考系角度,功能区评价主要有基期法、目标值法、横向对比法等,综合考虑数据可得性、目标可比性等因素,这里我们选取"指数基期法"进行评价,按照"指标标准化—指标赋权—指标数据合成"三个步骤展开,最终合成符合各功能区客观发展实际的分指数和总指数,并在此基础上进行分析评价。

第一步:指标标准化

由于各个指标反映功能区发展的不同层面,重要程度、计量单位以及方向性不尽一致,在综合时不能直接相加,所以在进行综合评价之前需要对数据进行标准化处理,消除指标数据量纲的差异,使不可直接比较与综合指标可以进行比较和综合。本体系选取"定基指数法"进行指标标准化处理,并选取2012年为基准报告期。

第二步:指标赋权

在多指标综合分析中,各个指标对于分析问题的重要程度不一样,即每个指标在评价指标体系中的权重是不一样的,权重的设置是否合理直接关系到综合评价的准确性。指标赋权主要分主观赋权法(专家评估法、层次分析法、集值统计迭代法)和客观赋权法(变异系数法、熵值法、复相关系数法、主成分和因子分析法)两大类。本体系选取"层次分析法"对各评价指标体系赋权。层次分析法是通过邀请专家对考评指标体系进行打分计算得出指标权重。专家成员可由园区集聚区领导、政府综合经济部门和相关研究机构人员组成。

第三步:指标数据合成

指标数据合成主要分加法合成法、乘法合成法等,这里我们选择"加法合成法"对全部估值指标标准化值进行加权汇总,得到各级分指数和总指数。

具体计算方法:

设:功能区指数得分为X

$X = A_1 \times 20\% + A_2 \times 20\% + A_3 \times 20\% + A_4 \times 10\% + A_5 \times 15\% + A_6 \times 10\% + A_7 \times 5\%$

其中:

$$A1=\sum\left(\frac{C1'}{C1}\sim\frac{C7'}{C7}\right)/7\times100$$

$$A2=\sum\left(\frac{C8'}{C8}\sim\frac{C14'}{C14}\right)/7\times100$$

$$A3=\sum\left(\frac{C15'}{C15}\sim\frac{C21'}{C21}\right)/7\times100$$

$$A4=\sum\left(\frac{C22'}{C22}\sim\frac{C27'}{C27}\right)/6\times100$$

$$A5=\sum\left(\frac{C28'}{C28}\sim\frac{C32'}{C32}\right)/5\times100$$

$$A6=\sum\left(\frac{C33'}{C33}\sim\frac{C38'}{C38}\right)/6\times100$$

$$A7=C39-C40$$

（注：C 为 2012 年基期数值，C′为报告期当年数值。）

三、考核评价体系的保障措施

（一）组织保障

功能区考评由"北京市文化创意产业功能区建设与发展领导小组"统筹组织，具体工作由领导小组办公室会同市统计局、市财政局等相关单位共同开展。指标体系解释权归北京市国有文化资产监督管理办公室。

（二）实施步骤

首先，形成定期（建议以年度为主）的各功能区评价分析报告，向市委市政府、相关部门和区县提供各功能区总体发展情况的汇报，使评价体系成为政府了解功能区发展建设的重要渠道和决策参考；

其次，逐步与相关部门、区县和功能区考核挂钩，起到督促和激励作用；

最后，可逐步向社会定期发布评价结果，如与权威媒体合作建立信息发布机制，结合各功能区发展建设取得的重大进展定期发布有关功能区发展的重要数据信息和评价结果。

（三）激励机制

建立科学合理的功能区考核评价激励机制，对得分较高的功能区可探索建立专项扶持基金、加大市级税收返还、市级固定资产投资或重大项目支持资金优先到位等方面的支持力度；对于考核得分较低的功能区，限期要求进行整改。考评机制完善后，考评结果经市委组织部审核后纳入区县领导班子考核等相关考核体系，以加大激励力度。

附一：指标解释及指标来源

指　　　标	指标说明／计算方法	数据来源（牵头单位）
C1　功能区文化创意产业收入总额	报告期内功能区文化创意九大门类所生产出的全部最终产品和劳务价值，反映该区域文创产业的总体经济规模和发展状况，以企业营业收入来计算	市统计局
C2　功能区文化创意产业年增长额对全市经济增长的贡献率	功能区文化创意产业生产总值增量／全市国内生产总值增量，反映该区域文化创意产业经济增长对全市经济增长的贡献程度	市统计局
C3　文化创意产业（产品或服务）出口贸易总额	功能区文化创意产业（产品或服务）出口创汇总额，反映区域服务贸易规模和国际商务水平	市统计局 市外经贸局
C4　功能区文化创意产业总收入年增长率	功能区当年文化创意产业总收入／上一年度文化创意产业总收入×100%，反映该区域文化创意产业整体发展态势	市统计局
C5　功能区文化创意产业人均年产值	功能区当年文化创意产业生产总值／该区域文化创意产业从业人员平均人数×100%，用以反映区域文化创意产业的劳动生产率	市统计局 市人力资源局
C6　功能区产值利税率	区域内文化创意产业实缴税收／文化创意产业总产值，这里，实缴税收包括企事业单位实缴的国税、地税总额	市统计局、税务局
C7　功能区地均税收额	报告期内企事业单位实缴税收总额与区域产业用地面积的比值，反映区域单位面积土地创收的水平及土地集约利用效率	市税务局
C8　主导产业收入总额	符合功能区发展定位的主导产业营业总收入	市统计局
C9　主导产业利润总额	功能区文化创意主导产业的利润总额，反映区域内主导产业的经济效益水平	市统计局
C10　主导产业收入区位熵	主导产业总营业收入／区域内文化创意产业收入总额×100%	市统计局
C11　主导产业收入前50名企业占主导产业收入的百分比	主导产业收入前50名的企业总营业收入／主导产业总营业收入×100%	市统计局、文资办
C12　区域内规模以上文化创意企业数	区域内当年产品或服务销售收入500万元以上（含）的文化创意企业数量	市统计局
C13　区域内上市文化创意企业数	报告期内区域内属于境内外上市企业的文化创意企业数，用以反映区域内企业的竞争力	市证监会
C14　区域内知名文化创意品牌数	报告期内区域内文化创意产业领域市级以上著名商标数，用以反映区域内品牌的竞争力和影响力	市工商局
C15　区域内高等教育中文化创意人才培养百分比	报告期内区域内高等教育中文化创意相关专业培养人数／高等教育总培养人数	市教育局
C16　区域内文化创意从业人员占总就业人口的百分比	报告期内文化创意平均从业人数／区域内总就业人口×100%	市人力资源局
C17　区域内外籍从业人员在总从业人员中的百分比	报告期内外籍从业人员／区域内文化创意产业总从业人员×100%	市人力资源局 市外专局

续表

指 标	指标说明/计算方法	数据来源（牵头单位）
C18 研究与开发（R&D）经费支出占区域文化创意产业总产值的百分比	区域内文化创意企业研究与开发经费支出/区域内文化创意产业总产值×100%	市统计局
C19 每百万人拥有发明专利授权数	报告期内区域内专利授权数/区域内总常住人口	市专利局 市统计局
C20 专利产业转化的产出金额/内容版权交易金额	报告期内发明专利进行产业转化的产出金额或内容版权交易金额（含文学、影视、动漫等）	市统计局 市专利局
C21 行业专家对该区域的创新性评价（主观项）	行业专家对该区域的创新能力、创新潜力、创新成果的评价（满分10分）	市文资办调研
C22 文化创意招商项目总投资年增长率	报告期内招商项目总投资额/上一年度招商项目总投资额×100%	功能区管委会 招商办
C23 当年在孵企业数	指区域内的孵化器，包括大学科技园、专业孵化器、留学生创业园及创新工场等各类孵化器、年度内在孵企业数量，用来反映功能区创业孵化能力	功能区管委会
C24 入驻企业满意度（主观项）	区域内入驻企业对政府服务的满意程度，反映区域政务环境，可通过开展区域入驻企业满意度调查获得（满分10分）	市文资办调查
C25 年度新增固定资产投资总额	报告期内当年固定资产投资总额（包括厂房、设备、地价款等）	功能区管委会
C26 区域内文化创意建设项目土地投资强度	区域内文化创意产业固定资产投资额（包括厂房、设备和地价款）/土地面积（亩），用以衡量土地利用率和开发强度	功能区管委会
C27 区域内文化创意企业年融资总金额	区域内文化创意企业融资总金额，含银行贷款、股权融资	功能区管委会
C28 区域内公共技术（服务）平台建设投入总额	区域内公共技术（服务）平台建设投入总额，含土地、设备采购、运营经费等	功能区管委会
C29 区域内公共技术（服务）平台从业人数	区域内公共技术（服务）平台从业人数	功能区管委会
C30 公共服务平台年度总收入（总收入+补贴收入）	区域内公共服务平台年度总收入（经营收入+补贴收入），用以衡量功能区公共平台的运营资金规模	功能区管委会
C31 区域内产业联盟/行业协会的数量	区域内产业联盟、行业协会的数量	功能区管委会
C32 区域内产业联盟/行业协会企业成员的产值规模	区域内产业联盟、行业协会企业成员的总产值	功能区管委会
C33 区域内文化创意主导产业关联服务企业总产值	区域内文化创意主导产业关联服务企业总产值	市统计局
C34 区域内文化创意产业与其他产业的合作项目总金额	区域内文化创意产业与其他产业的合作项目总金额	功能区管委会
C35 吸纳本地文化创意产业就业人数	指区域内企业吸纳当地就业人口数。这里，吸纳当地就业人口包括具有本地户籍的就业人口和居住在当地的就业人口。该指标用来反映区域业城融合水平	市社会保障和人力资源局

续表

指　　标	指标说明 / 计算方法	数据来源（牵头单位）
C36　外来旅游人数	报告期内区域内外来旅游人数（含外省市及外籍旅游者）	市旅游局
C37　区域内社会公益性文化活动参与总人次	区域内公益性文化活动，包括演出、会展等的参与人次	市文化局
C38　文化创意企业在营业税许可下的社会捐赠总金额	企业上报，以捐赠收据、免税证明等为凭	市文资办
C39　国家级重大政策试点及成效、重大品牌活动等	报告期内区域内重大政策试点、举办的具有重大影响力的品牌活动及其实施成效（满分 5 分）	市文资办评估
C40　损害区域品牌价值的重大责任事故等	报告期内区域内影响功能区健康发展、损害区域品牌价值的重大社会事件、影响社会稳定事件等（负满分 -5 分）	市文资办评估

附二：国内外文化创意指数评价体系研究成果

近年来，文化创意产业指数评价成为国际流行的衡量一国或一地综合实力的一种文化评判标准。在全球范围内，由于产业基础、学术称谓等的不同，文化创意产业范畴有着不同的命名词汇，例如，版权产业（美国）、文化产业（欧盟、韩国）、内容产业（日本）、创意产业（英国、澳大利亚）等，尽管命名有所不同，各国对于文化创意产业的评价模型值得北京市文化创意产业功能区在指标体系构建中予以借鉴。

一、国外代表性创意指数

（一）美国创意指数

即"3Ts"模型，被称为世界上第一个创意产业指数，由美国理查德·佛罗里达（Richard Florida）教授在其《创意阶层的崛起》（又译《创意新贵》）一书中提出（见下表）。该指数模型主要由创意经济的三个关键因素构成——技术(Technology)、人才(Talent)和宽容度(Tolerance)。

美国 3Ts 创意指数

一级指标	二级指标	衡　量　依　据
技术指数	高科技指数	依据米肯研究院的 TECH-POLE 指数，对地区的技术相关产业规模和集中度进行衡量（如软件业、电子业、生物医学产品和工程服务）
	创新指数	根据年均专利增长状况编制，反映人均申请专利数
人才指数	创意阶层	创意产业从业人员所占总就业人口的比例，依据劳工统计局的职业和就业调查
	人力资源	一个地区拥有学士及以上学历人数占总人口的百分比
宽容指数（综合多样性）	同性恋指数	同性恋人口比例
	波希米亚指数	艺术家、音乐家和艺人的相对集中程度
	熔炉指数	即人口混杂指数：外国移民在总人数中的比例

(二) 欧洲创意指数

欧洲创意指数（ECI）是目前全球范围内最具影响力的创意指数，由西方学者在3Ts模型架构上发展而来，[①] 包括欧洲人才指数、欧洲科技指数、欧洲包容指数三部分（见下表）。该指数的核心理念在于一个国家的竞争力取决于其吸引、保留和发展创意人口的能力。

欧洲创意指数（ECI）

一级指标	二级指标	衡 量 依 据
欧洲人才指数	创意阶层	创意从业人数占全部就业人数的百分比
	人力资本	25～64岁人群中拥有学士或以上学位的人数比例
	科技人才	每千人所拥有的从事研究性工作的科学家与工程师的数量
欧洲技术指数	创意指数	每百万人拥有的专利申请量
	高科技创新指数	每百万人拥有的在生物技术、信息技术、制药以及航空等高科技领域的专利数
	研发指数	研发支出占GDP比重
欧洲宽容度指数	态度指数	对少数族群持包容态度的人数占总人数的比例
	价值观指数	一个国家将传统视为反现代或世俗价值观的程度（问卷调查，包括对上帝、宗教、民族、权威、家庭、妇女权利、离婚、堕胎等的态度）
	自我表达指数	一个民族对个人权利和自我表达的重视程度问卷调查，包括对自我表达、生活质量、民主、科技、休闲、环境、信任、政治异议、同性恋、移民等问题的态度

二、国内代表性创意指数

（一）香港创意指数

中国关于创意指数的研究，以香港地区为先。香港在2004年提出香港创意指数，该指数借鉴了理查德·佛罗里达教授的3Ts（模型）架构，沿用了创意阶层、人力资本、研发支出等关键指标，形成了自身独特的5C模型，[②] 即创意的成果、结构及制度资本、人力资本、社会资本和文化资本五大一级指标（见下页图），共计88项细分指标（见下页表）。这套指数体系中，大部分指标是可以量化的，而有些指标需要考虑到创意业或创意产品的非量化特征，进行适当的定性分析。

[①] 理查德·佛罗里达和艾琳·泰内格莉在《创意时代的欧洲》（*Europe in the Creative Age*，2004）一书中提出。
[②] 2004年，香港特区政府委托香港大学文化政策研究中心设计，相关成果以《香港创意指数研究》发表。

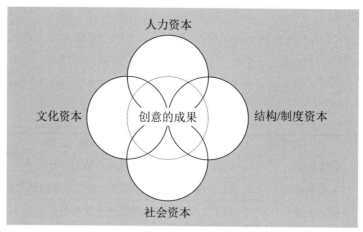

5C：创意成果和四种资本

香港创意指数（5C）指标体系

一级指标	二级指标	三 级 指 标
创意的成果	创意的经济贡献	1. 香港创意产业总值占本地生产总值的百分比
		2. 投身创意产业人口占就业人数的百分比
		3. 创意产业产品贸易相对整体出口贸易的分布
		4. 创意产业服务贸易相对整体进口贸易的分布
		5. 通过电子媒介的产品、服务和资讯销售的商业收入所占的百分比（指标将量度电子商务的革新活动）
	经济层面富创意的活动	6. 本地企业在国际市场出售有品牌产品的能力
		7. 本地企业掌握新科技的能力
		8. 人均专利申请总数
		9. 源自本地的专利申请相对专利申请总数的百分比
	创意活动其他成果	10. 报纸每日的人均数量
		11. 新注册书目和期刊的人均总数
		12. 音乐作品的人均出现总数
		13. 歌词创作的人均出现总数
		14. 电影人均制作总数
		15. 由政府文化服务提供的电影放映人均总数
		16. 由政府文化服务提供的表演艺术节目的人均总数
		17. 新建筑楼面面积的人均总数
结构／制度资本	司法制度的独立性	1. 关于香港司法制度独立性的统计数据
	对贪污的感觉	2. 贪污感觉指数的百分比得分
	表达意见的自由	3. 新闻自由的百分比得分
		4. 言论自由的百分比得分

续表

一级指标	二级指标	三级指标
结构/制度资本	资讯及通信科技的基础情况	5. 公司使用个人电脑的百分比
		6. 公司使用互联网的百分比
		7. 公司推有网页/网站的百分比
		8. 家庭使用私人电脑的百分比
		9. 家庭使用互联网的百分比
		10. 人均手提电话用户
	社会及文化基础建设的动力	11. 非政府组织的人均总数量
		12. 公共图书馆使用者的注册人均数字
		13. 借用公共图书的人均数量
		14. 政府文化服务提供的艺术表演场地座位的人均总数量
		15. 法定古迹的市均数量
		16. 博物馆的市均数量
	社区设施的可用性	17. 社区会堂和社区中心的人均数量
		18. 文娱中心的人均数量
	金融基础	19. 上市公司的人均数字
		20. 股票市场资本的年度增长（本地货币）占本地生产总值的百分比
		21. 该地管理下风险资本的增长比率（本地货币）占本地生产总值的百分比
	企业管理的动力	22. 中小企业占总体公司总数的百分比
		23. 劳工生产指数（总经济）的百分比
人力资本	研究及发展的支出与教育的支出	1. 研发支出占本地GDP的比重（商业层面）
		2. 研发支出占本地GDP的比重（高等教育）
		3. 研发支出占本地GDP的比重（政府）
		4. 政府对教育支出占本地GDP的比重
	知识劳动人口	5. 15岁或以上取得大专以上教育程度的人口分布（非学位）
		6. 15岁或以上取得大专以上教育程度的人口分布（学位）
		7. 研发人员占总劳动人口的百分比
	人力资本的移动	8. 访港旅客人均总数
		9. 本地居民离境人均总数
		10. 移居本地的估计人均数
		11. 领有工作签证的劳动人口占劳动人口的百分比
社会资本	社会资本发展	1. 在营业税许可下的慈善捐款数额（本地货币）占本地生产总值的百分比
		2. 在所得税许可下的慈善款数额（本地货币）占本地生产总值的百分比
		3. 社会福利开支占总公共开支的百分比

续表

一级指标	二级指标	三级指标
社会资本	量度网络素质：从世界价值调查得出的习惯与价值	4. 对基本信任的指标
		5. 对制度信任的指标
		6. 对互惠的指标
		7. 对效能知觉的指标（对于掌握生命而言）
		8. 对合作的指标
		9. 对多元化态度的指标
		10. 对接受多元化的指标
		11. 对人权态度的指标
		12. 对外地移民对与错的态度的指标
		13. 对外地移民生活方式态度的指标
		14. 对传统与现代价值相对的指标
		15. 对个人表达与求存相对的指标
	量度网络素质：从世界价值调查得出的社区事务的参与	16. 对公共事务的兴趣
		17. 参与社会组织
		18. 与朋友的社会接触
		19. 与社区的社会接触
		20. 对效能知觉的指标（对于曾参与的活动而言）
		21. 义务工作者的人均总数
文化资本	文化支出	1. 艺术与文化在整体公共开支所占的百分比
		2. 用于文化产品及服务的家庭开支占整体家庭开支的比重
	量度网络素质：对艺术、文化和创意活动的态度	3. 对创意活动的价值
		4. 对学童的创意活动的价值
		5. 对艺术及文化活动的价值
		6. 对学童的艺术和文化活动的价值
		7. 社区领导大力提倡本地的文化艺术发展
	文化与创意活动的环境因素	8. 社会环境鼓励创意活动的评价
		9. 社会环境鼓励文化事务参与的评价
		10. 对购买盗版和假冒产品的道德价值
	量度网络素质：文化事务的参与	11. 年度借用图书馆书本的人均数
		12. 向收取版权费的机构按人口缴付的版权费（不包括海外收入）（本地货币）
		13. 每168小时花于上网以作个人使用的平均时间百分比
		14. 参观政府文化服务提供的博物馆的人均数字
		15. 出席由政府文化服务提供的演出的人均数字
		16. 出席由政府文化服务提供的电影及录像艺术的人均数字

（二）台湾创意指数

2006年，台湾中华经济研究院在台北市文化指标研究的基础上，对照香港创意指数体系收集了台北的数据资料，东吴大学的研究团队整理了上述研究成果，列出了数据对比表，用以描绘台湾创意指数体系的轮廓。

台湾创意指数套用了香港创意指数体系（5C模型）的基本架构，同时考虑到台湾与香港在社会经济与文化方面的差异，在个别指标上有所调整。例如：

在经济效益指标层面的创意活动中，台湾只选取了专利方面的指标，而舍弃了其他指标；

在结构/制度资本指标中，台湾只选取了度量司法制度独立性的指标，舍弃了对"贪污的感觉""表达意见的自由""金融基础""企业管理的能力"等指标；

在社会资本的指标选取上，台湾只选取了部分志工（志愿者）的指标作为社会参与指标，舍弃了合作与社区事务参与的指标；

在文化资本的架构方面，台湾选取的指标与香港类似，但是比香港的指标更详细一些，在考察文化支出方面，台湾选取了行政管理机构在文化方面的支出，台北市市民的捐赠及转移支出，以及台北市市民在语言学习、音乐学习等方面的支出等多个指标。

总体而言，台湾创意指数可以认为是香港创意指数在台湾的一种应用。

（三）上海创意指数

2006年，上海市市政府在借鉴了美国、欧洲和香港创意指数体系的基础上，结合本土特色和实情，建立了以促进工业化、城市化和现代化为主要特征的城市创意指数体系。该指标体系较充分地融合了国内外专家学者意见，被视为内地首个具有综合性、可比性且国际化的创意产业指标体系。该体系确定了五项与创意效益相关的重要指标及其权重，分别是产业规模（30%）、科技研发（20%）、文化环境（20%）、人力资源（15%）和社会环境（15%），共涉及33个分指标（见下表）。上海创意指数体系数据来源上取自统计局公布数据，为使指数具有纵向可比性，在计算中，将2004年作为基准年。

上海城市创意指数

一级指标	二级指标	计量单位	指标权重
产业规模指数	创意产业的增加值占全市增加值的百分比	%	30%
	人均GDP（按常住人口计算）	万元	
科技研发指数	研究与发展经费支出占本地GDP的比重	%	20%
	高技术产业拥有自主知识产权产品实现产值占本地GDP的比重	%	
	高技术产业自主知识产权拥有率	%	
	每十万人发明专利申请数（按常住人口计算）	件	
	每十万人专利授权数（按常住人口计算）	件	
	市级以上企业技术中心数	个	

续表

一级指标	二级指标	计量单位	指标权重
文化环境指数	家庭文化消费占全部消费的百分比	%	20%
	公共图书馆每百万人拥有数（按常住人口计算）	个	
	艺术表演场所每百万人拥有数（按常住人口计算）	个	
	博物馆、纪念馆每百万人拥有数（按常住人口计算）	个	
	人均报纸数量（按常住人口计算）	份	
	人均期刊数量（按常住人口数量）	册	
	人均借阅图书馆图书的数量（按常住人口计算）	册	
	人均参观博物馆的次数（按常住人口计算）	次	
	举办国际展览会项目	项	
人力资源指数	新增劳动力人均受教育年限	年	15%
	高等教育毛入学率	%	
	每万人高等学校在校学生数（按常住人口计算）	人	
	户籍人口与常住人口比例	%	
	国际旅游入境人次	万人次	
	因私出境人数	万人	
	外省市来沪旅游人次	万人次	
社会环境指数	全社会劳动生产率（按常住人口计算）	元/人	15%
	社会安全指数	—	
	人均城市基础设施建设投资额（按常住人口计算）	元	
	每千人国际互联网用户数（按常住人口计算）	户	
	宽带接入用户数	万户	
	每千人移动电话用户数（按常住人口计算）	户	
	环保投入占GDP百分比	%	
	人均公共绿地面积	平方米	
	每百万人拥有的实行免费开放公园数（按常住人口计算）	个	

（四）北京文化创意指数

2007年起，北京市统计局、国家统计局北京调查总队开始了关于"北京市文化创意产业统计研究"的课题，并通过该课题的研究，制定了北京市文化创意产业分类标准，架构了北京市文化创意产业统计指标体系和"北京文化创意指数"。"北京文化创意指数"的指标体系也分为五大部分：贡献指数、成果指数、环境指数、投入指数、人才指数，下设17个衡量指标（见下表）。

北京文化创意指数

分类指数	衡量指标	权重
文化创意贡献指数	文化创意产业增加值占本地 GDP 的比重	20.73%
	文化创意产业从业人员占全市从业人员的百分比	
文化创意成果指数	每万人专利申请数	22.47%
	每万人技术合同成交额	
	每万人新书出版总数	
	网民数量占全市人口数量的百分比	
文化创意环境指数	公共设施的每百万人占有量（包括群众艺术馆、文化馆数量、公共图书馆数量、艺术表演场所数量、电影院数量、博物馆数量、旅游景区数量 / 常住人口数量）	18.80%
	文化服务的每万人占有量（包括图书馆可借阅图书数量、电影放映场次、文艺表演场次 / 常住人口数量）	
	文化娱乐场所的每百万人占有量（包括网吧数量、歌舞娱乐场所数量、电子游艺场所数量 / 常住人口数量）	
文化创意投入指数	人均教育、文化娱乐服务支出百分比（包括人均教育文化娱乐服务支出额、人均消费支出额）	18.13%
	研究与试验发展经费支出占本地 GDP 的比重	
	政府科学技术支出占本地 GDP 的比重	
	政府教育支出占本地 GDP 的比重	
文化创意人才指数	高学历人员占文化创意企业从业人员的比重	19.87%
	中高级技术职称人员占文化创意产业从业人员的比重	
	科技活动人员占全市从业人员的百分比	
	高等教育文化创意人才培养百分比（包括高等教育文化创意学生人数、全市高等教育学生人数）	

三、其他相关指数研究

除以上国内外最具代表性的创意指数外，我国学者、研究人员还提出多个相关文化创意评价指标体系。

（一）中国"城市创意指数"体系

北京师范大学艺术与传媒学院肖永亮教授、姜振宇博士于 2010 年提出中国"城市创意指数"体系。[①] 该指标体系由创意集群（Creative Cluster）、创意人力资本（Creative Workforce）、创意区域资本（Creative Community）、文化资本（Cultural Capital）、科技创新资本（Technological Innovation Capital Index）、生活质量（Life Quality Index）6 个一级指标、22 个二级指标和 152 个三级指标组成（见下表）。

---

① 姜振宇、肖永亮：《城市创意指数指标体系研究》，载《文化产业导刊》，2010（4）：61～69。

城市创意指数体系

一级指标	二级指标	三级指标	
A1 创意集群指数	B1 产业规模	C1	创意产业增加值较上一年度的增长率
		C2	创意产业增加值占全市GDP的比重
		C3	优势行业增加值占创意产业增加值的百分比
		C4	创意产业资金利税率
		C5	文化创意产业产品贸易相对整体出口贸易的百分比
		C6	文化创意产业服务贸易相对整体进口贸易的百分比
	B2 产业特色	C7	信息服务业增加值占创意产业增加值比重
		C8	电子商务增加值较上一年度的增长率
		C9	动漫游戏业增加值占创意产业增加值的比重
		C10	设计服务业增加值占创意产业增加值的比重
		C11	女装设计增加值较上一年度的增长率
		C12	现代传媒业增加值占创意产业增加值的比重
		C13	艺术品业增加值占创意产业增加值的比重
		C14	教育培训业增加值占创意产业增加值的比重
		C15	文化休闲旅游业增加值占创意产业增加值的比重
		C16	文化会展业增加值占创意产业增加值的比重
	B3 产业集聚	C17	创意产业集聚区或园区趋同系数
		C18	省级创意产业园区个数
		C19	特色创意产业集聚区（带或区域）数量
		C20	创意产业企业数较上一年度增加的百分比
	B4 产业品牌效应	C21	年营业额500万元以上的企业个数
		C22	在国际市场上销售品牌产品的企业个数
A2 创意人力资本指数	B5 教育投入	C23	政府对创意产业教育支出占全市GDP的比重
	B6 创意人才	C24	创意产业从业人数占全市总就业人数的百分比
		C25	研发人员数量占全市总就业人数的百分比
		C26	国家级知名创意人才数
		C27	大专及以上学历的人数占创意产业总就业人数的比例（非学位）
		C28	大专及以上学历的人数占创意产业总就业人数的比例（学位）
	B7 人力资本	C29	外来旅游人口较上一年度增加的百分比
		C30	移居本地人口较上一年度增加的百分比
		C31	外国人来本市工作的人数较上一年度增加的百分比
		C32	外地人来本市工作的人数较上一年度增加的百分比
A3 创意区域资本指数	B8 文化环境	略	
	B9 社会环境	略	
	B10 政府效能	略	
	B11 政策制度	略	
	B12 金融结构	略	
	B13 城市品牌	略	

续表

一级指标	二级指标	三级指标	
A4 文化资本指数	B14 文化开支	C82	政府用于文化休闲旅游开支占公共总开支的百分比
		C83	家庭文化消费占家庭总消费的百分比
		C84	家庭休闲旅游消费占家庭总消费的百分比
	B15 文化参与	C85	人均购买杂志数量
		C86	人均购买图书数量
		C87	人均借阅图书馆图书的数量
		C88	人均参观博物馆、纪念馆的次数
		C89	人均观看电影、歌剧的次数
		C90	人均每周用于私人上网（除工作和娱乐）的小时数
		C91	人均年旅游次数
	B16 文化多样性	C92	常设国际展览会项目个数
		C93	各种文化节庆活动年举办次数（展览、庙会等）
A5 科技创新资本指数	B17 研发投入	C94	研发投入较上一年度的增长率
		C95	研发投入占全市 GDP 的比重
		C96	政府研发投入占全市 GDP 的比重
		C97	高校研发投入占全市 GDP 的比重
		C98	民间资本研发投入占全市 GDP 的比重
		C99	企业研发投入中来自公共基金的投入百分比
		C100	企业对大学的研发投入占大学研发经费的百分比
	B18 创新能力	C101	每十万人专利申请数（按常住人口计算）
		C102	每十万人专利授权数（按常住人口计算）
		C103	每十万人商标注册数（按常住人口计算）
		C104	版权交易数
		C105	技术市场成交额
		C106	市级以上企业技术中心数
		C107	自主创新的中小企业占全部创意企业的百分比
		C108	合作创新的中小企业占全部创意企业的百分比
		C109	企业与高校间的合作研究和技术转移程度
	B19 高科技创新能力	C110	高科技自主知识产权拥有率
		C111	高科技产业拥有自主知识产权产品实现产值占全市 GDP 的比重
		C112	高科技产品出口额占工业制成品出口额的比例

续表

一级指标	二级指标	三级指标	
A6 生活质量指数	B20 生活条件	C113	空气质量指数
		C114	水质综合合格率
		C115	人居舒适感指数
		C116	人均可支配收入（按常住人口计算）
		C117	创意产业从业人员人均收入相对全市人均总收入的比率
		C118	恩格尔系数
		C119	人均文化消费额
		C120	消费价格指数年均变化
		C121	人均闲暇时间
	B21 生活满意度	C122	生态环境满意度
		C123	居住满意度
		C124	居住保障（强制性搬迁比例，符合建筑规范的住房比例）
		C125	交通便利性及满意度
		C126	通信便利性及满意度
		C127	居民安全感指数（失业率；犯罪率；市民受疾病困扰程度；市民对性别平等的接受程度；社会融合以支持弱势群体）
		C128	就业满意度（就业难易程度；工作满意度；自我实现率）
		C129	商业区域分布及其便利性
		C130	文化娱乐设施分布及其方便性
		C131	政策满意度（公开化程度；公平性程度）
		C132	社会保障满意度（医疗保险、养老保险）
		C133	教育满意度
		C134	居民友好文明度评价
		C135	选择不同生活方式的自由度
		C136	对社会民主自由的满足程度
		C137	对个人价值实现的自我感受
	B22 生活价值观	C138	对购买盗版、非法下载、仿制的价值态度
		C139	对创意活动的重视程度
		C140	对鼓励参与创意活动的环境的重视程度
		C141	对"精致和谐、大气开放"城市文化氛围的评价
		C142	对"和谐创业"理念的认可支持度
		C143	对城市历史文化传统的态度
		C144	享有休闲娱乐时间的充分程度评价
		C145	对外来人口的接纳程度
		C146	对地方公共事务的关注与参与程度
		C147	每年参加公益活动、志愿者活动的次数
		C148	社区志愿者组织的数量
		C149	对社区生活的感受
		C150	对诚信的重视程度
		C151	对不同生活风格的理解程度
		C152	城市归属感、优越感和社区精神

（二）"北京创意指数指标体系"（BEHCS模型）

2010年，东华理工大学长江学院经济管理系讲师黄娟及南昌大学经济与管理学院讲师王玉帅提出"北京创意指数指标体系"（BEHCS模型）（见下表），[①] 遵循现实基础（Base）→动力引擎（Engine）→发展源泉（Headspring）→有效载体（Carrier）→强大支柱（Support）的构建思路，从文化创意产业的数量与规模、人力资源状况、创意产业研发力度、社会文化环境以及公众支持状况5个方面进行总体构架。

"北京创意指数指标体系"

指标分类	下级指标
创意产业的现实基础：文化创意产业的数量与规模子系统	1. 文化创意产业增加值
	2. 文化创意产业就业总人数
	3. 文化创意产业企业数
	4. 文化创意产业利润和税收总额
	5. 电子商务的增加值
	6. 文化创意产业增加值占全市GDP的比重
	7. 文化创意产业利润和税收总额占全市利润和税收总额的百分比
	8. 文化创意产业就业人数占全市就业人数的百分比
	9. 文化创意产业企业数比上一年增加的百分比
	10. 电子商务增加值比上一年增加的百分比
创意产业的动力引擎：文化创意产业的人力资源子系统	1. 就业人口中大学专科以上学历人数占就业人数的百分比
	2. 北京市文化创意产业的就业人数占总人数的百分比
	3. 文化创意产业中大专及以上学历的人数占总就业人数的百分比
	4. 参加各种培训的在职人员人数增加百分比
	5. 外国人来京人数增加的百分比
	6. 外地来京务工人员（非本地常住居民）增加的百分比
	7. 出国留学回国人员、外国移民人数增加的百分比
	8. 外来旅游人口增加的百分比
	9. 外地移居来京人数增加的百分比
	10. 高等教育毛入学率；科技人员总数、科技人员中科学家和工程师的百分比
创意产业的发展源泉：文化创意产业的研发力度子系统	1. 政府科技研发投入总额
	2. 政府科技研发投入总额占全市GDP的比重
	3. 北京市总科技研发投入增加的百分比
	4. 企业科技研发投入总额
	5. 企业科技研发投入总额占企业全部销售收入的百分比
	6. 专利申请数比上年增加的百分比

[①] 黄娟、王玉帅：《北京创意指数指标体系构建探析》，载《特区经济》，2010（9）：66～68.

续表

指 标 分 类	下 级 指 标
创意产业的发展源泉：文化创意产业的研发力度子系统	7. 每百万人口发明专利的批准数
	8. 每百万人口技术成果成交额
	9. 高技术产业增加值
	10. 新产品销售收入占全部产品销售收入的百分比
	11. 高技术产品出口额占工业制成品出口额的百分比
	12. 高科技自主知识产权产品投入的现实产值
	1. 政府对文化创意产业投资额增加的百分比
	2. 政府对文化创意事业投资额增加的百分比
创意产业的有效载体：创意产业发展的社会文化环境子系统	1. 城市基础设施建设投资额
	2. 城市基础设施建设投资额较上一年增加的百分比
	3. 政府用于环保的支出额
	4. 政府用于环保的支出额占全市GDP的比重
	5. 社会劳动生产率
	6. 居民参与社区活动的人次（周／人次）
	7. 居民安全感指数
	8. 政府用于社会福利的支出额
	9. 政府用于社会福利的支出额较上一年增加的百分比
	10. 个人以及企业慈善捐赠总额较上一年增加的百分比
	11. 全市书籍报刊出售量、人均报纸期刊拥有量
	12. 电影院、剧院等表演场所电影放映场数和文艺演出场数增加的百分比
	13. 政府用于文化体育设施投资的增加值
	14. 全市各种会展活动的增加值
	15. 每百万人拥有公共图书馆的数量以及人均借阅图书的数量
	16. 每百万人艺术表演场所的拥有量
	17. 每百万人博物馆、纪念馆的拥有量
	18. 互联网用户数、互联网用户增加百分比
	19. 北京市手机用户数、手机用户增加百分比
	20. 公园和绿地平均每人拥有的面积
创意产业的强大支柱：文化创意产业的公众支持状况子系统	1. 人均购买图书数量
	2. 人均购买报纸、期刊数量
	3. 居民平均文化体育方面支出的增加值
	4. 家庭文化消费占全部消费的百分比
	5. 居民家庭平均文化消费额
	6. 居民家庭平均文化消费额占全部消费的百分比

续表

指 标 分 类	下 级 指 标
创意产业的强大支柱：文化创意产业的公众支持状况子系统	7. 居民家庭平均旅游消费额
	8. 居民家庭平均旅游消费额占全部消费的百分比
	9. 居民家庭平均拥有电脑数
	10. 居民家庭平均拥有电话机（含手机）数
	11. 参与志愿者工作的总人数
	17. 居民每年参与文化活动的次数
	18. 访问博物馆的人数占总人口的百分比
	19. 参加表演的人数占总人口的百分比
	20. 观看电影和录像艺术的人数占总人口的百分比

（三）文化创意产业景气指数

2010年4月，清华大学国家文化产业研究中心提出"文化创意产业景气指数"（以上海张江为考察样本）。该指数由综合景气指数、行业发展指数和信心满意度指数三大类指数构成（见下表），是客观的景气分析指数和主观的景气调查指数的结合。客观指标主要针对企业和园区两方面的数据，指标设计按照投入、产出、效益三个层面进行收集；主观指标主要是对企业展开信心与满意度调查，包括行业信心指数、企业信心指数和园区满意度指数。

文化创意产业景气指数

指数分类	一 级 指 标	二 级 指 标
综合景气指数		由行业发展指数综合而来
行业发展指数	公共服务指数	1. 公共服务平台从业人数
		2. 版权服务类平台指标（版权登记数、版权挂牌数、版权签约数、版权签约金额）
		3. 投融资服务平台指标（投资总额、担保总额）
		4. 公共服务平台总成本（设备成本、人力成本）
		5. 公共服务平台占地/租赁面积
		6. 公共服务平台总收入（总收入、补贴收入）
		7. 会展/活动/培训类平台指标（参观人数、参与活动人数、培训人数）
		8. 公共服务平台共性指标（服务企业数、服务个人数）
		9. 公共服务平台总注册资金
		10. 公共服务平台创新能力（专利/版权数、省部级以上奖项/课题）
		11. 技术服务及其他类平台指标（公共服务量—服务人数/工时）

指数分类	一级指标	二级指标
行业发展指数	六大分行业指数：创意·设计、网络游戏、动漫、数字出版、广电·出版、其他	1. 园区文化产业产值占全部产业产值的比率
		2. 园区文化产业产值
		3. 园区文化产业总利润
		4. 园区文化产业总税收（营业税、所得税）
		5. 园区文化产业总注册资金
		6. 园区文化产业总从业人数（总从业人数、专业技术人员比例）
		7. 园区文化产业占地/租赁面积
		8. 文化产品产量（影视剧分钟数、动漫分钟数、印刷物册数）
		9. 文化产业影响人数（互联网企业用户数、参观或培训人数）
		10. 文化产业创新能力（专利/版权数、省部级以上奖项/课题）
		11. 文化产业发展投资情况（政府扶持/奖励资金、银行贷款）
信心与满意度指数	行业信心指数	1. 园区内企业家对所在行业经济发展的看法与信心
	企业信心指数	1. 园区内企业家对当前企业经济状况及未来变化的预期
	园区满意度指数	1. 园区总体满意度
		2. 综合配套服务
		3. 产业政策
		4. 产业发展氛围

（四）其他相关研究

2011年，浙江树人大学现代服务业学院硕士研究生倪蔚颖提出"文化创意产业集聚水平评价指标体系"，该指标体系由基础保障指标、规模指标、效益共12个二级指标构成（见下表）：

文化创意产业集聚水平评价指标体系

指标分类	一级指标	二级指标
基础保障指标	文化环境	1. 家庭文化消费支出
		2. 人均文化消费支出
	政府投入	3. 创意产业财政补助
		4. 创意产业基建投资额
规模指标	产值	5. 园区总产值
		6. 园区产值增长率
	从业人员	7. 园区从业人员占该地区文化创意产业从业人员的百分比
		8. 园区从业人员增幅
效益指标	投资效益	9. 园区投资效果系数
		10. 园区税收相对于文化创意产业增加值的百分比
	就业贡献	11. 园区劳动生产率
		12. 园区对新增就业的贡献率

此外，2008 年，中国社会科学院欧洲问题研究中心李博婵博士提出"中国创意城市评价指标体系"[①]，该指标体系包括产业结构、居民生活质量、科技创意能力、文化创意能力、自然环境、文化环境、社会环境 7 个指标层和 36 个变量层。

华侨大学工商管理学院吕庆华教授根据所承担的教育部社会科学规划 2012 年度项目"我国创意城市评价研究"[②]（12YJA790095）的研究成果，提出"创意城市评价指标体系"。该体系以创意产业成果指数、社会制度指数、市民生活质量指数、社会保险指数、文化指数、科技指数 6 个物理层指标 21 个数据层指标来反映一个城市的创意水平。

四、各指标体系的归纳分析

从上述国内外相关文化创意评价指标体系的梳理可以发现：它们虽各有侧重，有的倾向于从创意产业的生产要素进行考查，如欧洲 ECI 模型，有的倾向从创意产业的成果表现进行考查，如香港 5C 模型，但它们都具有一定的共通性，人力资源、技术创新和文化环境始终是其中三个关键要素，从一定程度上来讲，后来的各项创意指数可以视为是对美国 Florida 教授最早提出的 3Ts 模型的丰富和发展。首先，欧洲创意指数（ECI）是在 3Ts 的基础上发展而来的，而香港 5C 模型仍然是考查借鉴了前两者，上海创意指数、北京创意指数等体系中仍包含着香港创意指数的成果。

上述指标基本是用于评价一国或一个城市的文化创意产业发展程度与竞争力水平。北京市"功能区"综合评价指标体系旨在考察一个城市内相同的大文化环境下不同文化创意功能区的发展状况。因此，国内外现有的文化创意指标体系对于"功能区"的评价指标体系在大的范畴内有可资借鉴之处，而在某些具体方面则有不同的侧重。

就大的范畴而言，北京市"功能区"同样需要强调文化创意的本质性考查指标，其中最基本的仍然是 Florida 教授的 3Ts 模型。即技术、人才、宽容度三因素。创意产业作为智力密集型产业，人力资本是最为重要的要素之一。而理查德认为创意群体偏爱具有"多样性、包容性和对新兴概念具开放性"的区域，在这样的区域"必将有较高的创新、高科技产业阵容与就业机会以及经济增长"。

综上，在把握文化创意产业的本质和关键要素的基础上，考察了美国 3Ts 指数、欧洲 ECI 指数、香港 5C 创意指数、北京文化创意指数、清华大学文化创意产业景气指数等国内外相关体系之后，本研究对北京市文化创意产业功能区的综合评价指标体系做出如正文中所作的设计。

[①] 李博婵：《中国创意城市评价指标体系研究》，载《城市问题》，2008（8）：95～99。
[②] 吕庆华、廖颖川：《创意城市评价指标体系建构与实证——以东南沿海 11 市为样本》，载《泉州师范学院学报》，2013（6）：100～107。

关于完善我国文化产业顶层设计的思考[①]

[①] 2017年文化部产业司委托课题。主持：熊澄宇。参与：张铮、吴福仲、庞雨薇、张学骞。

一、产业定位
1. 产业发展现状
2. 顶层设计原则

二、问题与挑战
1. 保障体系尚不完备
2. 管理手段交叉繁复
3. 产业深层问题凸显

三、完善思考
1. 加强产业法制建设
2. 聚焦产业结构主体
3. 重构产业管理模式
4. 健全产业评估机制
5. 激活产业创新供给

一、产业定位

1. 产业发展现状

改革开放以来,文化产业对国民经济结构性调整的积极作用、对于促进世界文明交流互鉴以及全人类文化财富积累的积极意义,已经成为不争的事实。中国的文化产业,从理论认识到政策实施,从进入主流到快速发展,在短短的十几年间完成了产值规模、企业数量、产业结构、国际影响力等诸多方面"质"与"量"的双重提升。这些发展成果为充分理解文化产业作为我国社会经济结构中重要的组成部分、为进一步完善我国文化产业的顶层设计提供了坚实而深厚的实践基础,而其具体的发展成果可以被总结为以下6个方面。

(1) 产业地位战略升级

2006年,中共中央国务院发布《关于深化文化体制改革的若干意见》,正式拉开了以体制机制创新推动文化产业发展的序幕。2009年,《文化产业振兴规划》出台,首次将文化体制改革和大力发展文化产业从局部的经济战略和文化战略上升到全局性的国家战略。2010年,《关于金融支持文化产业振兴和发展繁荣的指导意见》出台,开启了金融与文化产业之间深度合作的进程。至此,文化产业的战略升级已经得到了国家的全方位规划与鼎力支持。自十八大以来,我国出台了一系列更为具体的文化产业扶持政策,进一步巩固了文化产业的国家战略地位。仅以近3年为例,国务院印发了《文化体制改革中经营性文化事业单位转制为企业和进一步支持文化企业发展的两个规定的通知》《关于加快文化对外贸易的意见》与《关于推进文化创意和设计服务与相关产业融合发展的若干意见》,文化部、工信部和财政部发布了《关于大力支持小微文化企业发展的实施意见》,2016年国务院印发了《"十三五"国家战略性新兴产业发展规划》,国务院办公厅印发了《关于推动文化文物单位文化创意产品开发若干意见》,文化部、财政部印发了《关于开展引导城乡居民扩大文化消费试点工作的通知》,2017年,《电影产业促进法》及《公共文化服务保障法》正式施行,从法律、政策等为文化产业的国家战略布局提供了多层次、多角度的支持,并为文化产业与其他行业的深度融合提供了保障。

(2) 产业规模快速增长

随着文化产业在国家层面的战略升级以及相关政策的接连出台与落实,我国文化产业的规模取得了突飞猛进的增长。从行业来看,2017年年初,除广播电视电影服务业外,9个行业的营业收入均保持增长。其中,实现两位数以上增长的4个行业分别是:以"互联网+"为主要形式的文化信息传输服务业,营业收入达1 506亿元,比上一年增长29.4%;文化休闲娱乐服务业营业收入达276亿元、比上一年增长16.8%;文化艺术服务业营业收入达76亿元、比上一年增长15.8%;文化用品的生产收入达7 733亿元,比上一年增长13.0%。从区域看,截至2017年1季度,东部地区规模以上文化及相关产业企业实现营业收入14 831亿元,占全国收入的74.4%;中部、西部和东北地区分别为3 333亿元、1 531亿元和232亿元,分别占全国收入的16.7%、7.7%和1.2%。从增长速度看,西部地区增长14.2%,中部地区增长11.8%,均高于东部地区11.0%的增速，而东北地区继续下降，降幅为11.5%。可见，从目前产业存量来看，东部地区依然占据绝对主导地位，但是从长远来看，中部地区与西部地区正在逐渐形成我国文化产业下一步布局的发展热点与潜力地带。

（3）产业贡献日益突出

随着我国文化产业的体量扩增，增长速度加快，文化产业作为国民经济的支柱性产业的地位愈发凸显。2016年，全国规模以上文化及相关产业有5万家企业实现营业收入80 314亿元，比上年增长7.5%；2017年1季度营业收入为19 926亿元，比上年同期增长11.0%，增速提高2.4个百分点，实现较快增长。尤其是2008年金融危机之后，中国乃至全世界实体经济陷入普遍衰退，虚拟经济泡沫化风险日益突出，而文化产业在此背景下却逆势增长，成为中国与世界经济增长的亮点。文化产业轻资产、创意密集、高附加值、高融合度等产业优势逐渐彰显。2016年，我国文化产业增加值为30 254亿元，首次突破3万亿元，占GDP的比重为4.07%，首次突破4%，文化产业发展活力凸显，已成为当前经济增长的亮点之一。

（4）满足文化消费需求

随着文化产业发展在中国的深度推进，各个细分行业都出现了一批适应社会经济发展、充满创造性和竞争力的文化产业主体，为文化消费市场带来了供给侧活力，充分满足了人民群众日益增长的文化需求。2011年至2014年，我国城乡居民人均文化娱乐消费支出平均增长率在12%以上。2014年，全国居民人均消费支出比上一年增长9.6%，其中，人均文化娱乐消费支出增长16.4%，远高于人均消费支出，城乡文化消费人均值由1994年的88.46元增长至2014年的1 093元。随着我国城乡居民家庭人均收入在未来10年里将继续保持稳定增长的势头，且恩格尔系数平均每年将下降0.5～0.7个百分点，与此同时，文化产业供给侧改革将不断深入推进，文化生产结构与布局将不断优化。据测算，到2020年，我国农村文教娱乐用品及服务人均支出预计在750元左右，占消费性支出的28%；城镇文化娱乐用品及服务支出预计在1 480元左右，占消费性支出的20%，人们文化消费的水平与能力将接近发达国家水平（30%）。

（5）分类结构基本稳定

近20年来，我国在对文化产业战略地位的认知上经历了从模糊到清晰的过程，而在其结构分类的认识上，更是经历了从无到有的跨越。2004年，国家统计局颁布《文化及相关产业分类》标准，第一次确定了文化产业的统计范围、层次、内涵和外延。2012年，为了与国际文化产业标准对接并标识新兴文化业态的涌现，国家统计局参考联合国教科文组织发布的《文化统计框架2009》，发布了修订版的《文化及相关产业分类2012》。该分类将文化及相关产业概念定义为：为社会公众提供文化产品和文化相关产品的生产活动的集合。根据该定义，我国文化及相关产业的范围包括：①以文化为核心内容，为直接满足人们的精神需要而进行的创作、制造、传播、展示等文化产品（包括货物和服务）的生产活动；②为实现文化产品生产所必需的辅助生产活动；③作为文化产品实物载体或制作（使用、传播、展示）工具的文化用品的生产活动（包括制造和销售）；④为实现文化产品生产所需专用设备的生产活动（包括制造和销售）。

新修订的分类标准不再保留2004年核心层、外延层和相关服务层的划分，细分了行业小类，减少了不符合文化产业的活动类别，从文化产品的生产活动和文化相关产品的生产活动出发，形成了较为适应文化产业发展的新统计规范。

（6）积极拓展国际市场

在我国文化产业国内布局的同时，我国文化企业也开始努力开拓海外市场。我国政府开始积极组织参与多边文化贸易协商与文化贸易展销，中国形象、中国优势、中国自信正在国际文化市场中逐渐确立，其成果也是斐然的。根据联合国2016年发布的《文化贸易全球化：文化消费的转变——2004年—2013年文化产品与服务的国际流动》，中国自2010年起就已经是世界最大的文化产品出口国。中国2013年的文化出口产品（包括设计、视觉艺术、工艺品、图书、视听艺术等）的出口总量为全球第一位，达到601亿美元；第二名美国的文化产品出口量为279亿美元，优势明显。此外，"一带一路"倡议也为文化产业开拓了新的发展空间。据测算，截至2013年年底，全球文化创意产业市场规模将达到2.25万亿美元，其中，规模增长最快的亚太地区将达到7 430亿美元，拉丁美洲和加勒比海地区将达到1 240亿美元，非洲和中东地区将达到580亿美元。另外，中国、俄罗斯、新加坡、马来西亚、印度尼西亚、印度、泰国、土耳其、巴西、南非等国恰恰是"一带一路"沿线的重要国家，庞大而潜在的海外市场也将为我国文化产业进一步走向全球奠定了坚实的基础。

2. 顶层设计原则

当下，对文化产业的顶层设计就其意义来说，是为了回应近半个世纪以来，中国乃至全世界文化的传播范围、形态特征与发展模式的深刻变革以及随之而产生的新问题与新思路，因此，做出了具有必要性与紧迫性的宏观战略布局。而该变革可以被归纳为三个方面：文化传播全球化、文化形态数字化以及文化发展产业化。这三个方面既是我国文化产业发展的时代背景，又是问题困境的根本来源，更是转型升级的难得机遇。因此，为了完善文化产业的顶层设计，我们既需基于上述我国文化产业已有的发展现状，更要面向时代、面向世界、面向未来，从以下六条原则出发，寻求文化产业的本土境况与时代趋势的视野融合。

（1）微观刺激与宏观调控相统一

完善文化产业的顶层设计，既要结合文化资源的具体情况、尊重文化生产的独特规律、着力文化人才的培养与聚集、建立富有效率的微观运行机制，也要以制度创新为重点、以法制建设为依托、以重塑市场为主体、以转变政府职能为关键环节，努力形成科学有效的宏观管理体制。总之，宏观调控侧重于间接性的规范与引导，而微观刺激则侧重于直接性的协助与鼓励，前者更针对国家政府层面，后者则更针对具体的文化生产机制，两种手段需要明确主体、划定界限、相互配合，否则就会有管理失度、运营失控的危险。

（2）经济效益与社会效益相统一

虽然文化产业在本质上是产业性的，但是这并不说明文化产业可以一味追求经济效益而置社会效益于不顾。因为文化天生具有价值属性与意识形态属性，所以文化产业具有超越自身产业范畴的社会影响及其相应的社会责任，因此，我国文化产业的发展必须要建立在社会主义文化的繁荣与中华民族伟大复兴的历史前提之下，同时，要努力引导其"两个效益"从互为掣肘转变为协调平衡，并最终使二者互为动力、互为基底，以期在"两个效益"的良性循环中实现文化产业的双重价值。

（3）对内布局与对外战略相统一

要充分意识到国内与国际的市场环境已经密切交融、息息相关，要从世界文明互鉴交流与全球产业整合流通的视野进一步完善文化产业的整体布局。首先，要真正面向海外市场、立足海外环境，鼓励企业在海外自主创业、自力更生。政府要不断提高文化市场的自由度水平，不断提高文化企业的竞争性，真正让市场力量在生产要素的配置中发挥决定性作用；同时，要积极参与和构建与国际文化贸易或行业标准制定有关的多边协商机制，在与世界文化产业整体基调保持一致的前提下争取独立话语与利益空间。其次，要切实从文化商品输出向知识产权输出转变，争取在文化产业上游占据一席之地。在国际"互联网＋文化"的领域中，企业和政府要发出"中国声音"，推动中国文化传播与自主科技研发向纵深融合，实现在"互联网＋文化"的国际技术水平上我国由跟跑、并跑向领跑的跨越，推动国内的文化产品硬件乃至技术标准可以更好地走向世界。

（4）集约化打造与小微式培育相统一

首先，要努力提高有条件的文化企业的规模化与集约化水平。要打造文化产业的战略投资者，增强集约化资本在全国乃至全世界文化产业的控制力、影响力，使之成为文化市场竞争的主导者和文化产业格局的构造者。同时，也要积极指导中小微文化企业以丰富人民多层次、多样化文化需求为导向，以版权创新为驱动，在开展特色经营、特色产品和特色服务以及提升科技含量和原创水平等方面形成竞争优势。因此，我们既不能忽视集约化对文化产业所产生的集聚效应、融合效应与品牌效应，也不能一味追求文化产业的规模扩张，忽视中小型文化企业在"专、精、特、新"方面独具的优势；要在以公有制文化企业为主体的前提下，鼓励多种经济成分创办发展文化企业；要走集约化文化企业与小微文化企业协作配套发展的道路，实事求是、科学规划、谨慎评估、量体裁衣，防止"大而无当"地整合或过度投资导致企业文化生命力的流失。

（5）政策动态性与法律强制性相统一

文化产业的业态是在文化生产对技术和非技术劳动力需求等因素及关系的制约中形成的，这些因素随着产业形态的不断发展、产业结构的不断调整而为其运行机制奠定了动态的基础。随着媒介技术的迅速进步和市场需求的不断变化，更加使文化产业组织和文化产品生产方式的多样性必须在一种动态管理中才能实现。所以，我们对文化产业的体制改革与宏观调控不是一劳永逸的，文化产业的政策导向与管理方式要保持对行业动态与发展趋势的敏感及应变能力。但是在相对较长的一段时间内，我们依然要探索、确立并坚持一些导向性原则，这些原则相对于灵活的政策是稳固而不可侵犯的，其中包括：上层建筑为经济基础服务原则、国家治理现代化原则、行为规范法治化原则、创意核心版权化原则，等等。这些原则需要通过制度架构与法律条例的双重保障，形成对文化产业在长时间内的规制作用，只有这样更加灵活的政策引导与管理运营才能在此基础上更富有成效地回应动态发展过程可能出现的新问题与新现象。

（6）渠道多元化与内容高品质相统一

凭借数字媒介时代背景下新兴媒体的不断涌现以及"文化+"背景下行业间的持续整合，对于文化传播渠道的创制与获取越来越成为文化产业获取生存优势的根本之道。因此，要想促使我国文化产业格局的优化升级，必须要从开辟优质渠道、抢占传播机制制高点的角度寻找抓手，充分理解渠道日益多元化的传播格局。但如果，忽视了产品内容或服务的高品质，任何强势的渠道都将丧失持久生存的可能。在文化产业的顶层设计中，我们既要关注渠道拓展对文化生产的承载作用与开拓作用，同时也要关注内容制作在文化竞争中的核心地位。因此，我们既要激发资本驱动与技术驱动对渠道的整合性扩展，也要激发版权驱动与人才驱动对内容的多维度创新。最终在资本、技术、版权与人才的四位一体的驱动框架中推动文化产业"渠道取胜"与"内容为王"的互助式发展。

二、问题与挑战

1. 保障体系尚不完备

国家层面的法律不健全，地方性、行业性法规不完善，严重阻碍了我国文化产业的长期、稳定、有序发展，导致许多产业乱象和非理性、跃进式的盲目投资，这既是对资源的浪费，也严重威胁了文化产业的良性生态构建。首先，我国尚没有指导文化产业发展的基本法，而针对具体文化行业的促进法、规范法或保障法也基本处于缺失状态，文化产业相关法律体系相当不完善。这一问题也进而导致地方在文化立法上受到限制，增加了地方文化产业法治化管理的难度，延缓了地方结合自身特殊情况进一步立法立规的进度。同时，由于法律法规覆盖不全、规定不明晰不细致，特别是程序法空缺过多，这些都将使许多法律法规的模糊空间过大、操作性不强，进而导致不同地区或同一地区不同执法人员之间在执法尺度上的差异，不利于公正执法。

因此，我国文化产业相关立法工作是文化产业顶层设计的重中之重，是其他各项完善措施顺利实施的规范化保障。针对这些问题，我国亟须推动文化产业立法进度，健全完善相关法律法规体系，把各种纷繁复杂的行政法规与产业政策尽快法律化。其具体存在以下4个问题。

（1）行政管理强于法制管理

目前，国家出台的文化领域的行政法规已多达51份，各地各部门出台的政策、规划与指导意见更是数不胜数，与此相对的是，文化领域的正式法律截至2016年年底只有《公共文化服务保障法》与《电影产业促进法》两部。可见我国文化产业宏观管理与规划方式主要依靠的还是行政法规与政策指导，但是，这二者不具备法律所具有的最高级别的强制性与长效稳定性。因此，我国文化产业管理在结构上是行政色彩大于法制色彩，这会导致各级政府对文化产业的管理规范性不足且政策落实执行力不够，无法保障国家对文化产业的顶层设计有效推行。

（2）限禁措施多于鼓励措施

依据国外经验，文化产业的立法基本立足于为已有文化产业振兴规划提供有效的法律保障。其形式在于规范行为，其目的在于鼓励发展。现今我国并不缺乏从宏观到微观、从中央到地方的文化产业发展规划，但是规划的实施与落地缺乏鼓励性与强制性的合力；而且，在现有文化产业行政管理条例中，限定、禁止产业行为的范围与方式的条款居多、维护政府管理权力的条款居多，而约束政府管理范围的条款缺乏、维护产业经营权益的条款缺乏，这种限定性与鼓励性的结构失衡必将阻碍一个健康有序、充满活力的文化产业市场环境的建立。

（3）国际规则对接不到位

我国在文化产业相关立法的过程中，尤其当涉及对外文化贸易规范化时，国内与国外在贸易规则、行政和司法制度等方面的有效衔接尚不充分。尤其在版权方面，我国更是缺乏成熟的、立足于实践经验并且与国际接轨的法律保护体系。而唯有以版权的维护、打造与输出为基础，中国文化产业的国际化发展才能获得坚实的基础。据2012年海关统计，我国核心版权产业服务出口99亿美元，仅占当年服务业出口总额的5.17%；2012年度全国版权相关产业出口总额2 960.03亿美元，规模不可谓不庞大，不过我国拥有核心版权产业的出口只有41亿美元左右，占1.39%。可见，虽然我国文化产业的出口已经颇具规模，但是版权竞争的整体乏力制约了该战略向核心竞争力的获取迈进，而更具全球视野、版权意识的立法建设将成为突破这一困局的关键抓手。

（4）无序执法操作非专业

由于文化生产行为与物质生产等行为的疏异性，对于文化产业的法律纠纷，其裁度方式、解决方式具有其他行为所不具备的专业性、模糊性与灵活性。这就更加需要创新针对文化产业的行业性执法组织、便捷化司法程序与非诉讼式解决机制；而在这些方面，我国的相关法律基本忽视这些方面的建设与创新，而不具备专业权威、烦琐的申诉程序，以及可操作性低的解决方案，这必将严重减损文化产业的法治常态化进程。此外，由于我国文化产业管理过度依赖政策、指导意见及行政法规，也导致管理原则的模糊、权责界定的混乱，这些不仅造成了各地执法管理部门在操作上的困难，也因市场准入条件和管理尺度的弹性加大了文化市场投资的政策风险，这对市场的健康稳定产生了一定的负面影响。

2. 管理手段交叉繁复

（1）政府部门管理分散

从中央层面来看，我国文化产业的管理涉及中宣部、国务院、文化部、新闻出版广电总局、工信部等众多部委，过于分散的权力阻碍了国家对文化产业战略布局的统一调度以及对文化产业规划的有效落实。在地方层面,多数地区尚未建立统一高效的文化产业管理体制,两办(新闻、网信)、广电、出版、旅游等相关部门各自为政,管理分散,文化市场多头执法,在相关项目规划与政策制定上也没有统筹安排,协同组织。以建设文化产业园为例,该类项目往往需要由文化部门牵头,但是如果该部门没有充分与住建、财政、科技、税务、国土、知识产权、规划等部门沟通合作,就会导致该项目与其他政策或项目之间缺乏融合性与关联性,由此产业园区会在没有详细的统筹运营下单方面匆匆上马。这极易造成对园区投资者利益的损害,或致使园区无法在更为宏观的规划中获得全方位的政策优势或区位优势,园区企业间也可能无法建立有效的产业衔接与配合。这样的产业园最终会使该地区丧失文化产业有机整合、增效提质的机会。

(2)转企改制成效有限

由于国有事业单位改革不到位,国有文化资产管理体制和运营机制尚未建立或健全,一些更名改制的集团仍然在某种程度上保持着事业性质,甚至有地市出现了改制企业的机制倒退。由于受上级主管部门的干预较多,或对政府、政策依赖过重、再或者过分强调自身意识形态性与文化事业性,致使其市场主体地位不明确、缺乏活力,严重阻碍了部分文化产业核心竞争力的提高。例如,自2009年起,广州对26家国有经营性文化单位和8家文艺院团进行了企业化改制。从形式上看,这些单位的企业化改制已经完成,不再保有事业单位编制,但是从性质上看,时至今日它们依然不能完全脱离行政体制,它们在争取财政支持方面一直具有民营企业不具备的优势,而且某些行业依然具有垄断性质,这也许会维系它们短期的生存发展,却从长远角度丧失了在市场中培育自主生存能力的机会。

(3)制度壁垒遏制活力

文化企业区域间和部门间的条块分割问题严重,生产的集中程度和专业化分工程度低,由此导致了文化企业生产能力分散,难以形成高效、集约的现代化产业格局。在这种情况下,文化企业很难做大做强,不同部门、不同行业、不同渠道、不同内容难以向同一方向协同发力,致使文化的创新驱动力受规模效应的制约、文化供给侧优化升级面临困境。比如,本属于国家和人民的各省传媒出版集团,因为各自"占山为王"、区域思维严重,造成了各省文化资源难以进一步整合,从而形成更具影响力的传媒产业。再比如,各省市广播电视单位,由于受到"块"与"条"的双重制约,过于强调对当地政府负责、对广电总局负责,从而难以利用自身优势资源向市场衍生、向多领域突破,难以打造多维渠道、多元内容的文化产业综合体。此外,由于文化产业天然具有意识形态属性,我国对文化产业经营单位的设立实行较为严格的审批与管理。其中,很多既没有实质性必要,也缺乏专业评估体系,从而在无形中制约了内容产业的深度开掘。

(4)产业分类主体模糊

结构清晰、主体明确的产业描述,是政策制定的可靠基础,而产业分类则体现了这一描述的基本框架。但是,从目前国家统计口径来看,我国文化产业的分类标准存在着主体模糊、分类混乱、过于宽泛、重点不突出等问题,无法对国家产业政策的制定形成有效的助推作用。2012年,国家统计局颁布新修订的《文化及相关产业分类(2012)》(以下简称《分类》)。

虽然《分类》明确将第一类归于"文化产品的生产",并将其他三类归于"文化相关产品的生产",但是第一类作为文化产业的主体功能依然没能充分得到清晰的界定与突出。

第一,"生产"作为单一环节已不再适合描述作为文化产业链一系列统一体的行业格局;第二,在第一类内部被划分的六大行业中,《分类》对每个行业的核心文化创意行为,有的标识得过于笼统,与非核心要素混着并置,比如"广播电视服务""互联网信息服务"都没有对相关核心创意要素作出描述,还有的则压根就没有去标识,比如"新闻出版发行服务",整个类别内部都没有提及相关核心内容的制作;第三,第一类内部许多子类别,比如"新闻出版""艺术文化服务"等,带有明显的事业属性,应当与企业性质的文化行为作出区分;第四,第一类内部许多子类别,比如,"广播电视传输服务""工艺美术品的销售"等,本身并不具备文化创意成分,因此不应该与创意要素归于同一类。

《分类》没能意识到:第一,随着数字媒介时代不同领域的不同传播模式已经逐渐融合,文化产品的出版、发行、传播、制作等概念其意义已然变化,强行地将这些不同层次与环节并列铺开或是将某一层归于另一层之下,必将导致文化产业结构的混乱并落后于时代的步伐;第二,随着"文化+"时代文化创意行为向其他行业领域的深度渗透,所谓"文化相关产品生产"早已不再局限于《分类》所列举的三类,这些行业领域到底是文化产业自我衍生的结果,还是向外渗透的结果,这亟待进一步甄别。比如,"文化用品的生产活动"与"专用设备的生产活动",虽然与文化活动相关,但不仅与文化创意的核心活动没有关系,而且也不能将其草率地内嵌于文化产业的自身格局之中,而更应该将其理解为文化产业向制造业渗透的产物。

3. 产业深层问题凸显

经过十余年的高速增长,我国的文化产业既取得了巨大成就,也凸显出一些深层次的问题,影响着文化产业发展的质量和规模。

文化产业是内容产业,其核心是基于人的智力资源的创意。文化产品与一般产品不同,好的文化产品不仅仅是技术密集、资金密集的产物,根本上是创意密集的结果。但在当前的文化产业发展中,很多文化产品没有好的内容支撑,缺乏创意,特别是差异化、原创性的内容不足,存在部分低俗、庸俗、媚俗现象。这也直接导致了我国文化产业在面对国外文化产业竞争时疲软乏力:虽然从 2010 年到 2014 年我国文化贸易总额增长 34.1%,但是 5 个主要文化产品的贸易逆差增加 29.6%,我国对外文化贸易依然处于逆差状态,甚至呈现出不断上升趋势。我国文化产业目前过于依赖对资本、渠道与营销的经营,缺乏对真正吸引消费者、发掘市场潜力的创意内容的开掘,从而在体量的增长中生产了太多的劣质供给、无效供给。中国文化产业真正缺乏的不是体量,也不是增长速度,而是面向文化消费需求的有效供给。

另外,当前我国文化产业中影视业、娱乐业与旅游业的市场进出门槛相对较低甚至过低,大量资本无节制地跟风式涌入,导致若干行业发展过热、鱼龙混杂,而对具有潜力的作品、具有独特性的创意的经营反而大量被人抛诸脑后。而在新闻、出版、音像和演艺行业中,私人资本和外资只能有限进入这些行业的发行等下游环节，而且投资比例也受到严格限制。

(1) 产业创新能力不足

与国外较为成熟的模式相比，我国的创意产业则尚处于起步阶段，整体格局存在明显缺陷。各地方对文化产业的规划模式主要以运动式推进、园区式聚合、粗放式开发为主要特征。在这个过程中没有注意对每一个文化行业产业链条的立体式构建。这导致了我国文化产业链条构建不完整，上、中、下游行业之间未形成良性循环，仍处于各自为战的状态，资源分散，没有形成合力，这最终会造成大量文化企业在单一环节内陷入没有鲜明特色的同质化竞争中。因此，各地在产业发展上急功近利、盲目跟风，不考虑自身的特点和优势，造成同质化低水平恶性竞争。以动漫行业为例，我国目前有 4 600 多家动漫企业，但总体上还处在小、散、弱的状况。多数的动漫公司为节约成本，其生产主业均集中在承接境内外动漫作品制作的中间环节，即简单的加工绘制阶段，前期创作与后期合成的力量都比较弱，形成了两头小、中间大的不合理产业结构。这一结构将国内动漫制作长期困在外包产业链下游，原创能力无法被开掘，使其难以形成由作品获取认同感、由网络传播与衍生品获取高额附加利润的良性发展模式。

(2) 两类资源流通不畅

文化资源总共可以分为两个层次：一个是历史传统积淀的社会资源；一个是当下人才孕育的创意资源。前者是文化个体向文化共同体长期聚合的结果，后者则是文化共同体进一步衍生新的文化个体的结果。一个健康的创意开发模式，将是这两类资源积极地、长期地互为反馈、循环流通的结果。而为这一反馈流通构建平台的，必须要有媒介作为融合力、科技作为革新力、资本作为推动力、市场作为驱动力、政策作为引导力、制度作为规范力、法律作为保障力的综合参与、协同发力才能最终完成。但是，这些因素在我国要么是没有充分形成，要么是相互之间缺乏呼应与配合，从而使文化社会资源与创意资源长期处于近乎隔绝的状态。于是，历史社会资源无法从个体创意资源中摄取创造性活力，而个体创意资源也无法从历史社会资源中获取文化的认同感与感召力。这将使我国文化产业无法在创造性与认同性之间形成合力，最终遏制了其品牌打造、品牌运营的升级进程。

(3) 产业投资冷热不均

文化产业的发展离不开资金投入的保障，近年来，随着国家对文化产业的扶持与鼓励，越来越多的资金涌入文化产业，给予文化产业发展很大的助力，但也显露出偏离理性的冲动投资与投资方式不合理的问题。无论是地方政府还是企业对文化产业的把握不够精准、界定也不够深入准确。由于缺失对文化产业发展的细致调研和理性分析，特别是对地区差异性的重视程度不够，导致在文化产业规划与建设中忽视落地所在区域的政治经济和社会基础。这种对文化产业的"泛化"理解和"统一"发展，导致了文化产业蜂拥而起的非理性发展，全国各地文化产业园区建设大潮"过热"，一哄而上、盲目建设、低层次发展、同质化竞争的现象屡屡出现，最终盲目投资造成了文化产业较低的投资回报率也严重侵蚀了其持续发展的经济基础。另外，一些文化产业的关键行业受困于制度约束或市场化转化能力的限制，鲜有投资者青睐，出现冷热不均的情况。

因此,在政府重视形成热点、企业跟进形成热流、需求增长形成热潮的大环境下,文化产业的结构优化将面临挑战,泡沫危机逐渐浮现。首先是市场判断的泡沫性。人民群众对文化消费的需求是实质性的,但由于过分夸大某些文化消费的市场需求,则导致对某些行业发展前景的盲目乐观。其次是投资的泡沫性。我国文化产业领域投资金额近年来增长比率保持两位数以上,2015已高达28 898亿元人民币。这反映了其他行业投资渠道收缩、投资项目减少,而文化产业作为新型概念则过度吸引投资,造成了短期内投资过剩和重复建设。最后是规模规划的泡沫性。由于各级政府依然无法摆脱GDP至上的情结,所以在文化产业招商引资时一味追求大规模、大项目,许多耗资巨大的文化产业项目未经谨慎考察便仓促落地、层出不穷。2015年,中国文化旅游投资额已超过10 000亿元人民币,仅全国主题公园就已经建设超过2 500个,但是,由于既缺乏前期谨慎的评估规划、也缺乏后期科学的设计运营,致使其中大部分千篇一律,难以形成持久鲜明的文化特色。因此这些耗资巨大的主体公园总体上七成亏损、两成持平,仅一成盈利。可见,一旦陷入盲目投资的陷阱,即便有大规模的产业建设也只能是浪费人力、物力、财力,无法形成真正有效的文化供给。

(4) 产业发展评估失据

文化产业化的重要标志就是产业资产、信用、绩效、风险的可衡量性,对这些指数的准确测定与理性分析是成熟稳健的产业发展格局的可靠基础。当下我国文化产业化道路中所出现的很多问题,比如,盲目规划、企业过热投资、中小文化企业贷款困难,这些或多或少都与我国文化产业评估体系不完善有关。不可否认,文化产业资产很大程度上的无形性有别于物质财富的确定性,因此对其评估天然具有特殊的困难。但是在现代评估技术的发展前提下,对文化产业无形资产的尽可能的理性评估依然是可以做到的。比如,在技术上建立可靠的评估指标体系,以及在组织上建立具有公信力的评估单位和具有权威参考价值的行业协会。不过这些在我国都是十分欠缺的。

第一,我国没有在官方层面正式出台与文化产业相关的版权、商标、设计等具体知识产权的评估指导意见,学术界对相关的学理性研究也不够充分,以致不同评估组织、不同地区,标准不一、思路不同,难以形成统一的衡量系统。第二,由于我国评估市场不完善、行政干预较多,导致产业评估的专业能力有限、专业信誉不足。同时,也由于缺乏有效的监督机制与信用评级机制,导致整体评估市场鱼龙混杂、难以对文化产业的各个环节形成可靠的、理性化的规制力量。第三,由于面向文化产业的评估力量欠缺,导致我国文化产业规划者、投资者与创业者都在观念上缺乏对各类评估必要性的重视,从而陷入了非理性发展的恶性循环。第四,由于我国文化行业协会的组织力与公信力的缺乏,使其没有充分参与到与本行业相关的指标评估过程之中,导致文化产业的具体评估缺乏就某一行业的针对性。第五,大数据作为一种发展理念和科技方式,代表着当下这个科技时代的新特征,当文化产业身处大数据时代,必将产生各方面的蜕变,除了对它的生产方式、传播方式、发展方式的深刻影响,评估方式也将面临着重组和重塑。一方面，文化产业的高风险性在大数据的运用和支撑中或许能够得到很好的规避；另一方面，在数字文化产业蓬勃发展的今天，传统的评估方式已然难以适用，而通过网络数字技术"以彼之道，还施彼身"，是解决这个问题的必由之径。但是目前，我国文化产业的发展还缺乏权威、完整、可靠的文化产业大数据支撑，通过数字技术重建文化产业评估体系更是任重道远。

三、完善思考

1. 加强产业法制建设

（1）明确文化立法方向

依据前文的原则表述，相较于政策，法律则更加具有规范性、强制性，法律促进应该和政策促进形成常态与动态、根本依据与应变措施之间互补、互释、互助的关系。因此，只有通过为文化立法、为文化产业促进规划提供法律依据这一方式，才能真正从宏观层面调整与优化文化产业的管理生态与运营生态。以美国为例，美国的文化产业在全球处于支配地位，然而美国并没有制订文化产业政策，主要借助法律实现对文化产业的管理。具体包括为一切法律制定的基础和依据——《宪法》，针对文化产业领域的行业性法律，以及"与文化产业发展息息相关，但并非专门针对文化产业的一些法律"，如《美国联邦税法》《合同法等》。

就现阶段而言，建立文化产业法治规范将是一个全方位、逐条解决的艰巨工作，而整个工作最终应该至少完成以下八项具体任务。

第一，以尊重文化特性为根。要在立法过程中充分考虑文化创作、文化传播与文化经营与其他行业的本质疏异性，要在保障主体权益、推动产业发展、规范管理行为等立法诉求中将对文化独特的历史因素、精神因素与不稳定因素的考虑贯穿其中，尤其要充分尊重文化艺术活动者的自主性以及文化艺术产品与需求的多样性。

第二，以促进行业发展为本。法律对于文化产业的促进，主要可以从两个方面入手：一是在规范性层面，通过在合法与不合法之间、政府、企业的权限与责任之间划定清晰的界线，标识出文化企业能够自由活动的范围；二是在鼓励性层面，通过法律的强制性与权威性监督与引导各级政府制订、落实各项文化产业促进政策。文化产业的法制建设需要在鼓励性法规与规范性法规之间寻求平衡，以全面发挥法律在产业生态建设中的根本作用。

第三，预防政府过度干预。用法律手段确保文化产业的健康有序发展，其主要的目的之一就在于防止人为化行政过度干预、越界干预的可能。在现今文化产业行政管理中，有许多制度其本身就具有上述倾向，比如，审查制度、行政许可制度、文化企业事业化管理、政策红利分配不均等，这些都在很大程度上遏制了我国文化产业的发展活力与积极性。同时，如何让政府行为从以管理为主向以保障为主、以服务为主深刻转变，也是事关国家治理现代化的全局问题。这些，都需要首先从法律的设置、执行与监督层层切入，通过法制建设推动制度建设，进而通过制度建设带动产业的生态建设。

第四，为政策落实保驾护航。目前，我国各部门、各地方有关文化产业发展的规划、政策、意见乃至管理条例并不缺乏，但是这些指导性文件既缺乏直指体制层面的穿透力，更缺乏有效推行的执行力，最终仅仅成为一种政治表态、沦为一纸文书。因此，每一个谨慎规划并具有全局意义的促进方案都需要配对相应的法律予以保障和监督，这是与文化产业相关的促进法的意义所在。

第五，划清公益与私权的范围。半个世纪以降，无论是电信产业的美国模式与英法模式之争，还是文化贸易WTO框架与UNESCO框架之争，其争议核心都在于：作为公共权益的文化欣赏、交流与传播，是否应该向私人化、垄断式运营开放。中国文化产业同样也面临这一问题，而相关立法也应该对此做出明确的界定与说明。例如，法律应该明确，因为版权是私人财产的一种形式，所以先天具有垄断特征，但是，是否意味着传播版权的渠道本身可以为私人所有，而拥有版权与垄断渠道之间的界限又在哪里？法律应该在二者之间标识明确的界线，并建立相应的审查与监督机制，限制或禁止任何私人组织以版权保护、专利保护为名，对各类传播渠道过度把控，从而侵害了公民信息获取与交流的基本权利。

第六，强化专项执法能力。在完善我国文化产业相关法律体系的同时，也应该全面布局专门面向文化产业领域的司法机构、执法机构、市场监督机制与纠纷调解机制，并配备相应的专业执法与监督人员。我国在这方面已经做了一些局部尝试，但是还应该突破局部、立足长远，真正做到用常效的法制手段解决文化产业的管理问题。

第七，紧密结合新兴业态。当下数字媒介正在从根本上改变文化产业的每一个生成环节，比如，在网络环境中，传统版权概念已经不能再衡量一些增值服务或附加服务的价值，较为固化的创作组织也趋于弹性化、临时化，而创意者的身份也逐渐从个体转向集体，等等。立法者与执法者不能不考虑到这些文化产业新业态对法律裁决与管理方式提出的新问题与新挑战。因此，从文化产业的立法建设到执法建设，都应该具有针对性地回应这些潜在而深刻的变革。

第八，建立国际化利益协调机制。经前文原则所述，中国只有在一定程度上将国内法规与国际文化贸易法规形成对接，才能保证我国与世界文化市场之间的流通互动。而在利用国际规则走向世界的同时，我国也不能忽视利用"文化例外"原则对本国文化产业的民族性与自主性的维护。尤其在文化帝国主义体系依旧坚牢的背景下，更需要国家从法律高度面向文化多样性公约，建立多边协商机制，最终制订出面向世界文明交流互鉴，同时又符合本国利益、具有本土特征的文化产业对外发展规范。

（2）健全产业法律体系

与其他成熟产业相比，文化产业配套法律法规处于严重缺失的状态，而各类产业政策和制度却五花八门，这不但不利于文化产业的长期健康有序发展，而且会滋生"权力寻租"的空间，无形中增加了文化产业运营的成本、负担与风险。可见，虽然把文化产业发展成为我国国民经济支柱产业的远期目标早已确立，社会共识也已达成，但文化产业相关法律法规的立法进度却相对滞后。纵观国际，日韩虽然是文化产业方面的后起之秀，却凭着对文化产业的重视强势崛起。韩国和日本对于文化产业有明确立法，最早为文化产业立法的是韩国。1999年，韩国颁布了《文化产业振兴基本法》，确定了文化产业对于韩国经济的重要意义。日本在 2004 年颁发了《内容产业促进法》，其包括发展振兴电影、音乐、戏剧、诗歌、小说、戏曲、漫画、游戏产业等内容。韩国和日本对文化产业进行国家立法，为文化产业的发展提供坚实的法律保障，体现了政府对于文化产业的重视和扶持。

接下来本文将对文化产业的法律法规的立法规划做一个相对完整的设想：

首先是建立行业促进法系统。文化产业涵盖领域较多，且都具有自身的特点和属性，我国应在建立文化产业基本法的同时，根据文化产业各个细分领域的特点和规律，制订相应的行业法规，用文化产业基本法引导行业各领域的总体发展，用行业法规规范产业各领域的具体流程、目标和发展方式，最终构建起完整的行业促进法体系。

1. 基本法：《文化产业促进法》。作为文化产业的基本法，《文化产业促进法》要以法律的形式将如下内容赋予更加广泛与稳定的效用：第一，经过实践检验的、对文化产业发展有裨益的政策措施，包括产业集群、信息平台与融资平台的建设措施，以及财政激励与行为规范措施等；第二，该法案要在企业管理制度上致力于打破长期遏制文化市场活力的行业壁垒、区域壁垒与体制壁垒的设置；第三，该法案要在文化产业行政管理制度上致力于解决部门间各自为政、分头执法、效率低下、利益分割的问题。

2. 行业法：《数字内容产业促进法》《行业融合促进法》《电影产业促进法》（已出）、《广播影视发行法》《新闻出版发行法》《游戏法》《演艺市场管理法》《工艺品、美术及设计法》，等等。行业法是在《文化产业促进法》的总体指导意见下，面向不同行业情况的各有侧重的或鼓励性、或规范性法案。其中，《数字内容产业促进法》《行业融合促进法》《电影产业促进法》以鼓励性法案为主，《广播影视发行法》《新闻出版发行法》《游戏法》《演艺市场管理条例》《工艺品、美术及设计法》以规范性为主。同时，各类促进法要超越各项管理条例或政策的局限，以去行政化为引导，以激活市场为手段，以维护行业主体利益为目标，用法律手段清晰划定行政管理与企业经营各自行为的界限。

其次是建立文化资本法系统。严格完善的文化资本法体系是优化文化产业运作环境的根本保障。对各类具有高度文化认同力的产业品牌、个人品牌或管理品牌的认证与保护，都应充分考虑到文化资本的特殊价值而出台相应的法规，以保护这一文化产业向纵深发展的动力源泉。

1. 基本法：《版权保护法》。要突出版权保护在文发展战略中的核心地位，建立相应的版权流通规则与文化资本市场机制。要加强专门面向文化产业的保护制度建设，完善面向文化产业的行政执法、司法保护、版权纠纷解决等机制建设。建立成熟的行业自律与自治组织，鼓励专业人员与行业力量参与版权维护，提高版权管理和维权水平。

2. 子法：《网络版权法》《艺术家权利法》《著作权法》（已出）。《网络版权法》要结合去中心化的大数据库技术，创新版权保护、认定、裁决的方式，重新厘清网络环境下的复制权、传播权与创作权归属问题，保障网络版权的自由流通与公平交易。《艺术家权利法》旨在保障版权生成与流转的过程中创作者对版权的拥有、解释、获利与修改的主导地位，防止文化组织或艺术机构对艺术家创作自主性与应得利益的侵害。此外，要规范艺术家行业协会的组织与运作，努力将行业协会的专业威信赋予法律效力，使其在版权纠纷、规划制定、行业评估等文化产业具体事务中参与管理、扩大影响范围。同时，要在福利保障方面努力缩小体制内与体制外艺术家之间的差异，鼓励更多艺术家投身于文化产业的社会化大生产，促成更加适合创意生产的弹性工作机制的建立。

最后是其他法律，包括区域性文化产业法和政策相关法。所谓区域性文化产业法，即地方可以以省级或市级为单位，以当地的文化产业振兴规划为依据，突出地区优势，解决专项问题，进行更具针对性的立法措施。而政策法则是以国家出台的与文化产业相关的政策为导向，就每一个具有宏观建设意义的指导意见配备相应的立法保障，强化其推广与落实的效力。比如，对应《关于加快构建现代公共文化服务体系的意见》，已经颁布《公共文化服务保障法》，对应《关于积极推进"互联网"行动的指导意见》可以设立《互联网传播行为法》，对应《关于加快发展对外文化贸易的意见》，可以设立《对外文化贸易法》等。

2. 聚焦产业结构主体

（1）界定主体双重属性

一个清晰而全面的文化产业分类，需要一个清晰而全面的文化产业主体。目前，在文化产业的表述中，除了"文化产业"，还存在"版权产业""创意产业""内容产业"等表达方式。在各个国家对文化产业的理解框架中，有两套较为成熟的概念系统被分别设定为文化产业的主体：一个是以美国为代表的"版权产业"；一个是以英国为代表的"创意产业"。

美国的文化产业以版权产业为核心。权威机构美国国际知识产权联盟（International Intellectual Property Alliance，简称IIPA）在1990年提出将美国版权产业分为四个部分：核心版权产业、部分版权产业、分配性版权产业和相关性版权产业。在2004年后，按照世界知识产权的标准重新将版权产业分为核心版权产业、交叉版权产业、部分版权产业和边缘版权产业四类，与国际标准统一。可以说，美国的"文化产业"在其语境里主要指以版权产业为核心的相关产业。以"版权"代替"文化"二字，有利于进一步界定产业包括的具体内容。以上述分类为例，从与版权的远近关系界定版权产业，在宏观理解上更为直观，在实际操作上更为便利。从制度层面来看，美国文化产业的发展依赖于知识产权制度，特别是版权制度；从产业层面来看，版权产业是文化产业的核心部分。文化产业之所以能成为美国最具国际竞争力的重要产业，与版权制度对文化产业的保护作用密不可分。

创意产业由英国创意产业特别工作组在1998年提出，即"源于个人创造力、技能和智能，并通过知识产权的开发生产可创造出潜在的财富和就业机会的活动。"创意产业的核心是创意，与传统的文化产业有所区别，创意产业不是对文化产品的简单复制，更强调创造性的体现。

可以说，前者强调的是一个文化活动的经济属性与法律属性，后者强调的是个体的创造性。从范围上说，创意产业概念标示了文化产业活动中最为核心的区域，而版权产业则涵盖了包括创意产业在内更为完整的文化产业领域。考虑到管理与规划的清晰性，对顶层设计而言，文化产业的结构应该以版权概念为主体，因此，文化产业就是对版权进行生产、传播、销售并提供相关服务的行业总和。于是，我国文化产业结构就将建立于"版权+行业"这一复合主体之上，凡与该主体相关的，我们才将其纳入文化产业的管理与规划范围。

由此，文化产业的主体就将涉及一种双重属性，它将既具有版权的生成属性，又具有行业的固有属性，任何一个文化产业的具体类别，都应该是生成属性与固有属性双重定位的结果。比如说图书业，就其固有属性而言，它有其专门的内容生产对象，这也是它能够成为一个行业的原因。此外，该行业之所以能够生存发展，同时也在于它形成了一个完整的产业链条，其中包括了内容制作、传播、宣传、销售等诸多环节。于是文化产业在纵向环节被划分出的不同行业都需要在横向环节中进一步依据版权生成的动态过程被进一步地划分。这一双重属性表明，文化产业的融合本质上并非指行业间的合并，而是指在版权生成这个动态的过程中传播层面的媒介融合或服务层面的营销融合。

（2）去除产品外围生产

根据上文的论证，关于文化相关设备是否应该算入文化产业分类的问题，本文认为：第一，文化产业相关设备的制造过程所涉及的是专利，而不是版权。在美国 2016 年发布的《知识产权与美国经济》的报告中，就明确将知识产权划分为版权、商标与专利这三大类。可见，版权不是专利，所以对文化相关产品的生产就不具有版权性质，它与工艺美术品的制造以及商品的设计是截然不同的两个过程，因此就其生产而言，不应将其看作文化产业的一个行业。第二，文化相关设备又的确真实地参与了文化产品与服务的价值链过程，这个参与的重点并不在于我们制造了它们，而是销售、出租或创造性地使用了它们，就像我们在拍电影时常会用到汽车或飞机，但汽车、飞机的制造不可能被认为是文化产业的一个行业。因此，制造这些设备不能算是文化产业的一个行业，但是专门面向文化产品制作或传播的相关设备的销售、出租与使用却是文化产业版权生成过程中必不可少的环节。综上，本文建议在"文化相关产品的生产"中，服务性质强的环节保留于文化产业，生产性质强的环节则归于制造业，从该文化产业结构中删除，其中包括"文化用品的生产"以及"文化专用设备的生产"。

（3）关注行业核心圈层

虽然在文化产业产、传、销一体化的今日文化产业所有行业的每个环节都不能保证能以创意为核心，创意与非创意环节、文化与非文化行业已经逐渐交融，难以被彻底地划分开来，但是文化产业所涉及的制作环节及传播环节已然较为清晰地标识出该核心区域。在过去，创意行为主要聚焦于制作层这一环节，但是随着新媒体的发展，传播层同样也成为创意发生的密集区域，而在此之外的服务层即使具有创意成分——比如科技设备、营销策略等，也不能被认为是与文化创意密切相关的。于是，所谓"以文化为核心内容，为直接满足人们的精神需要而进行的创作、制造、传播、展示等文化产品（包括货物和服务）的生产活动"就将在文化产业的创作环节与传播环节中较为清晰地标识出来。因此本文建议，凡是属于这两个环节的版权生成行业，都应该标示为"核心创意产业"。这样将简化原有复杂的统计口径，避免"什么都可以往文化产业里放"的乱象出现，有利于更加客观真实地反映我国文化产业实力和状态，有利于更精确地掌握真实的文化产业发展水平，从而使分类体系能够体现出文化产业真正的核心竞争力所在的部门、产业、范围、行业、企业的真实水平和客观状态。

此外，在原分类中与上述核心创意混同的，还有大量具有事业属性的公共文化服务，这些服务固然会具有文化创意的成分，但是并不能算是产业，因为它们的版权生成与流转机制是以政府为主导的，这部分文化事业应当从本分类中删除，其包括"新闻服务""群众文化服务""文化研究和社团服务"以及"广播电视传输服务"这四类，如此，核心创意产业的轮廓将在整个分类结构得到更加清晰的标示。

3. 重构产业管理模式

（1）宏观层：施行文化事务分类管理

为了避免对文化产业在行政管理和干预、调控上的一概而论、一把抓及一刀切的粗放管理模式，为了使文化产业领域的行政管理更加精细化、有针对性和有效率，建议细分行政干预和管理模式，推行文化行政管理"多轨制"。而该模式又存在"双轨制"与"大部制"两种备选方案。

所谓"双轨制"，即文化事业与文化产业，一松一紧，区别对待。一方面，要适度放松对意识形态色彩不浓重、市场属性较强的文化产业领域的行政管理，特别是大力简化、减少行政审批，让文化产业回归市场属性，让文化企业降低企业运营管理成本和交易成本，为文化企业发展营造良好宽松的条件、政策和社会环境。由此，国家要把现今分散在国家各部委的、针对相关行业的行政管理部门抽取整合，共同组建成"文化产业部"进行管理，以将市场与消费因素更多地纳入考虑，从激发文化企业活力、鼓励企业家精神发挥、激励文化创新的角度出发，采取相对宽松和灵活的管理策略。另一方面，对文化产业领域意识形态强的产业内容进一步加强管控，确保社会主义核心价值观在文化产业领域的主体地位，保障文化产业的健康发展，确保我国文化安全。由此，可以把意识形态强的产业从政府管理体制内剥离，单独划归中央宣传部直管，加强对这部分行业的管理、监控，从促进社会主义核心价值观的角度出发，稳固涉及主流意识形态的文化产业的主体地位，最终保障我国文化安全。

所谓"大部制"，就是设立一个综合性文化管理部门，在该部门下不同属性的文化运作将得到既统一又具有独立性的管理。英国的文化管理实行"大文化"概念，1992年以前主要由"教育和科学部"主管，1997年更名为"文化、新闻和体育部"（Department for Culture, Media and Sport，DCMS），是统领全国文化、新闻、体育事业的中央人民政府文化行政主管部门，负责制定和监督实施文化政策，并管理全国文化经费的统一划拨。考虑到文化管理本身在意识形态属性、市场属性与公共服务属性三者之间难以分离，国家将涉及文化行政管理的三类部门进一步整合为大文化部，在该大部下，可以进一步设立中宣部、文化事业部与文化产业部这三个部门，分别专项管理并促进文化宣传工作、公共文化服务工作以及文化产业发展工作，并在需要时在更高层次进行协调整合，以便在同一管理问题中涉及多重属性问题时各部门间可以即时沟通、协商处理。

（2）中观层：确立文化产业行政职责

综上可见，无论是"双轨制"还是"大部制"，改革的重心都离不开一个独立的、综合的"文化产业部"的设立。文化产业部之所以区别于传统文化行政管理模式，缘于三个根本转变：第一，从管理型向服务型转变；第二，从分散管理向统一管理转变；第三，从事企混淆向事企分离转变。进而，该部门的具体职责将至少包括以下内容：

第一，规范文化市场运行机制，下一节将予以详述；

第二，为全国与各地文化产业发展规划提供指导，为小微企业的孵化、大型企业兼并收购以及产业园区的建设提供相关便利条件，如信息平台建设、土地优惠政策、税收优惠政策、受惠企业名单编录等；

第三，推动行业内部自治，引导建立更具有独立性、权威性、专业性的文化产业自治组织，使其作为外在于政府调控与市场运行的第三方力量，成为文化产业管理的积极参与者；

第四，就文化产业与科技业、公共文化事业、旅游、体育产业、地产业等行业深度融合问题，与相关政府部门沟通协调；

第五，就文化产业突破区域壁垒与行业壁垒问题，以文化产业部权力统合为依据，与所归属相关地方管理部门或相关行业管理部门沟通协调；

第六，就鼓励"国有民营"、鼓励社会资本参与文化事业以及鼓励社会资本捐赠或赞助文化事业等事项，与文化事业部沟通协调；

除此之外，在涉及企业权责划定、市场准入、行业秩序、产权纠纷等问题时，应该弱化行政权力的介入，以法律作为判定原则，让执法机构作为管理方，由此真正厘清文化产业领域法律管理与行政管理之间的界限。

（3）基础层：规范文化市场运行机制

在从宏观与中观两个层面明确了政府管理的权责界限之后，由此国家需要在文化产业的基础层确立市场机制作为资源配置的主导方式，与政府部门形成基层运行与宏观引导的功能互补。需要强调的是，任何健全的市场机制都不是完全放任自流的结果，而是国家作为强制推动力与保障力的作用结果，因此在构建更加完善、更加有序、更加富有活力的文化产业市场机制的过程中，国家要以文化产业部牵头，并会同相关部门，利用相关法规，积极为文化产业发展构建现代化的市场运营规范，其主要任务包括：

第一，优化市场准入机制。在行业准入方面，政府要尽量减少行政审批对影视生产等行业的干预作用，同时也要制订相应的市场准入负面清单，通过法律手段形成统一标准；在资本准入方面，政府要准确评估资本对不同领域的不同影响，通过法律、行政与政策等诸多手段进行调控，既要对投资过热的领域"疏导降温"，也要对缺乏资金投入的文化行业或小微企业"引导升温";在市场退出方面,要明确将优胜劣汰与底线触犯作为市场退出的基本原则,分别建立程序化、透明化的退出机制,并就微信公众号、微博账号等具体情况制订相应的管理模式,确保其退出过程公开、公平、公正。

第二,协调产业功能分配。一个兼容并蓄的文化市场格局需要包括以公共服务功能为导向的国有企业、以创新功能为导向的小微企业、以融合功能为导向的大型私有企业、以整合功能为导向的混合所有制企业。国家要明确上述不同类型的文化企业对市场繁荣的不同作用,并以此为依据对其分别引导。同时,在迈向国际化的过程中,要充分发挥大型私有企业与混合所有制企业的规模优势、渠道优势和资本优势,同时要淡化国有企业的主导色彩,从而可以与国际市场运行规则更好地对接。

第三,建立产权保护制度。文化产业的资产,除了传统意义上的动产与不动产,还包括品牌、创意、IP、社会影响力等无形资产,这些同样需要予以规范统计、切实保障,以形成归属清晰、权责明确、保护严格、流转顺畅的现代文化产权制度,为文化产业市场运行奠定所有制基础。

第四,拓宽金融投资渠道。在建立高效、积极、稳健的文化产业融资机制的过程中,政府要扮演好如下三个角色:一、担保者。建立由官方资质认证为保障的,以融资机构、产权评估机构与信用保障机构为主体的中介服务综合体系。二、启动者。设立文化产业综合类或专项投资基金,政府投出初始资金,并以此带动社会资本跟进,通过专业化运营,打造"官、企、民"三方一体的文化风险投资机构。三、监管者。政府要在加强监管的前提下,允许具备条件的民间资本依法发起设立文化产业投资机构,促进金融业对文化产业全行业的开放。

4. 健全产业评估机制

对文化产业涉及的产品和服务,很难按照传统产业的评估体系衡量,文化产业产品难以量化、风险难以控制等特点使其亟须统一而完善的评估体系和权威的评估机构。由于我国文化产业评估起步较晚,基础理论的研究较少,评估没有形成统一标准,宏观上没有形成权威具有公信力的评估机制。

(1) 创新产业评估体系

对于文化产业的评估,建立单一的评估体系是不够的。文化产品种类的繁多、牵涉的领域众多,决定评估不能只依赖于某一体系。进行评估首先要明确评估目的,明确评估的立场和出发点,从不同角度出发得到的评估结论可能是不同的。比如,对文化产业中非物质文化遗产的评估,如果从经济效益的角度出发,结论可能是非物质文化遗产的消逝。因此,评估体系的设立要从多角度制订多项评估指标,实现评估结果的客观性和全面性。产业评估要坚持客观、科学,要具有可操作性和可比性。

鉴于文化产业难以量化的特性,在建立评估体系时要注重创新,注重实际操作中的灵活性。以日本为例,当下对版权评估采取的是"形式看版权价值融资,实质看文化企业经营状况"的独特模式,不以直接的版权价值为唯一评估标准,而是综合考虑到企业的经营状况、盈利模式和发展前景等因素。针对城市文化产业的评估，有学者提出"3T"理论，即技术（Technology）、人才（Talent）和包容（Tolerance），并用"人才指数""技术指数""包容性指数"作为衡量文化产业的指标。由此可见，文化产业具备的无形性特点使其评估机制可以从多方面入手，如何选取衡量标准成为评估关键。

建议以知识产权或消费需求作为评估标准的出发点。知识产权作为文化产业的核心，涉及评估体系的大部分评估指标，包括资源、技术等，是文化产业竞争力的决定因素，是文化产业的核心竞争力。而从消费需求出发，可以基于目标人群和市场，从需求角度确定文化产品价值。

（2）建立权威评估机构

文化产业的评估不仅需要完善的评估体系，更需要权威的评估机构来适时评价文化产业发展状况，有效引导和适时调整文化产业发展方向。文化产业发达的国家，通常从优化评估机构体系入手建立和发展评估机构，为文化产品的评估、融资等环节提供依据。

目前，在国内缺乏专业、具有权威性的关于文化产业的评估机构。文化产业评估困难直接导致了文化产业的融资难，中小型文化创意产业的活力不足。国外经验表明，专业的评估公司或者事务所承担着对版权价值等无形资产进行正确、合理评估的职责，根据客观的标准出具权威的评估结果。专业评估公司的存在可以减少银行等金融机构对文化产业投资的风险担忧，为文化企业顺利实现融资提供机会。

建议由国家部门牵头，发起对版权等无形资产权威评估体系的建立，重要的是要引入银行、保险等第三方机构，联合相关领域的机构和学者建立一个权威、有效、合理的评估体系。鼓励建立商业性评估机构，借鉴国外经验，发动市场的力量来解决这一难题。

（3）打造产业大数据库

运用大数据、云计算等先进科技手段，发挥互联网技术优势，在中央层面建立文化产业大数据库，鼓励文化产业智库等非营利性机构的设立，定期发布文化产业相关动态、趋势、分析报告等，为各级政府、各类企业提供决策的宏观权威数据分析，同时，利用文化产业大数据手段发挥好顶层宏观掌控作用。

互联网收集了许多文化产业相关的用户数据资源，这些数据为文化创意指明了发展方向，开拓了新思路。大数据通过对文化产业消费用户的信息提取，可以获取群体消费用户的整体偏好，为文化创意提供科学的数据支持。

在大数据时代背景下，对文化产业的评估应在传统评估模式的基础上充分了解大数据等技术应用的普及和创新，了解文化产业结构与行业发展的商业运作与思维模式，优化评估分析方法。

5. 激活产业创新供给

（1）整合战略：开创条块整合新格局

文化产业的整合战略，既是我国文化企业管理摆脱条块分割的束缚的必然选择，也是建立现代化产业集群的必由之径。它将通过提升文化产业结构竞争力，促进核心创意竞争力的提升。国家要为这一面向未来的产业格局提供充分的制度创新与模式创新，推动社会对已有文化资源与其他资源重新调配、整合，为文化产业结构性调整奠定基础，其中具体包括以下五类可选整合模式。

第一，空间整合：通过文化产业园或文化创意街区的建设，形成文化产业聚集效应。该选项将有利于促进资源流动，同时，有助于形成由空间品牌效应所带来的文化附加值。

第二，平台整合：通过数字化信息平台，提供信息、创意、资源、人才、资金的无障碍流通。该选项将有利于打破时空障碍，降低沟通成本，形成网络化、去中心化、弹性化文化产业合作组织。

第三，行业整合：借助媒介融合的整体趋势，彻底打破文化企业行业分割与区域分割，鼓励文化企业实行跨地区、跨行业经营，形成规模优势。此外，文化企业还可以向地产、科技、金融、制造业等其他产业延伸，为产业融合发展创造空间。

第四，产业链整合：采取政府积极引导与鼓励下的市场主导模式，提高各类文化企业的相关度和集中度，以形成优势互补、利益相关的文化产业链。以行业上中下游产业相互配合，协调发展为目标，补短板、去存量，从整体提升我国文化产业的行业竞争力。

第五，"产、官、学、研"整合：要致力于打造"产、官、学、研"一体化链条，为实现文化产业化提供制度化、常效化的创意积累与知识积累，从而在政府、企业、创造者与研究者之间形成最优价值共同体。

在此基础上，本文建议：首先，空间整合与平台整合可以形成"实"与"虚"的互补。前者能将文化园区建设与旧城区、旧村、旧工业区改造工程以及文化遗产保护工作结合，并且充分利用文化的物质积淀与历史积淀，充分发掘其文化效应与商业潜能。而后者的本质在于信息整合，它能将信息的流通性优势与可塑性优势最大化，并且可以紧密结合数字技术发展趋势，随时调整产业协作形态。

其次，行业整合与产业链整合可以形成"纵"与"深"的互补。前者若要真正做到在各整合要素间形成发展合力，就需要后者的方向性指导。因为产业链整合以构建文化产业诸环节间有机配合为目标，这可以保证行业整合始终坚持效率优先、优化重组的原则，避免吸收劣质资产与无关联资产，从而导致"以小凑大"的无机整合出现。

进而本文认为：空间整合与平台整合可以形成文化产业景观特色与信息交互的合力，由此应当作为配套方案共同实施。由于该方案具有较强的开放性与多元包容的基础，因此应该作为促进众多小微文化企业共同孵化成长的首选方案；而行业整合与产业链整合则可以形成现实"路径"与"目标"引导的合力，由此应当作为配套方案共同实施；由于该方案最终会形成一个紧密而统一的组织，因此更加趋向于促成大型文化企业的形成。而"产、官、学、研"整合则作为具有最广视野的观察、协调与规划机制，可以积极地参与到上述每一个整合环节中，为其提供相应的经济、政策、知识或创意保障。综上可见，恰恰是基于五类整合方案各具优势、互为配合，我国才能更加合理、生态地构建一个"小微"与"航母"并行、效益与规模同生的文化产业的新格局。

(2) 融合战略：发掘深度融合新方向

文化产业的整合战略为融合战略提供了可靠的组织基础，为多元行业、多元价值充分提供了碰撞与激发的物质环境。为了保障新格局的整合优势切实转化为新产品的融合优势，我国应该以文化产业部为主导，会同相关部门，就文化产业的深度融合战略制订明确的规划方向与指导意见。我国要在"大文化产业"概念引导下拓展文化产业边界，鼓励开放包容、融合跨界发展，让文化产业与其他产业相互促进，提升文化产业发展空间。政府要鼓励文化企业运用科技手段、市场机制使文化要素与社会各领域更广范围、更深程度、更高层次地创新融合，推动业态裂变，提升产业发展内在生命力。接下来本文将提供两类创新融合的战略选择。

第一，与科技深度融合。历史表明，文化创新与科技创新向来互为表里、互为形质，是人类文明不可分割的核心推动力。随着当今科技突飞猛进，人类的行为、感知，甚至思维模式都正在被潜在地移置，而文化具体的生产与运营模式如不能与之充分协调、呼应，就会面临被市场抛弃的危险。因此，政府应该积极在科研机构与文创机构间搭建桥梁，打造科技文化融合的项目孵化基地，进而在科技企业与文化企业间搭建桥梁，打造科技文化融合的项目运营组织，促使文化产业不断借助科技力量开辟新的发展空间。

首先，要充分利用在3D打印技术与顾客个性化需求之间的高耦合度，使智能化科技成为品质化与个性化文化产品的可靠保障。文化企业要从最初的手工作坊、半机械化生产中走出来，逐渐转型为现代化生产模式，用高度自动化、智能化的生产技术，替代传统的生产环节；其次，要充分利用大数据技术与现代物流体系之间的高耦合度，建立以原型设计、个性化加工、透明化端到端链接和库存自动规划为核心的文化商品全球供应链，让文化产业有能力把全球的文化生产及设计理念和每一个消费者联系起来；最后，要充分利用虚拟现实、增强现实、混合现实技术与景区、商店、演艺场所等文化现实体验之间的高耦合度，既要做好、做精线上虚拟信息的获取、消费与欣赏体验，也要将实体空间布局为数字化空间，通过手机、电子屏幕、平板电脑等终端实现"现实体验＋数字服务"的综合效果。

第二，与生活方式深度融合。目前，整个文化产业还是一个割裂的状态，文化产业各个分支之间本可以形成多角度、全方位产业融合体，但现在还都是各自为战。文化产业与其他领域的融合，无论有多少方向，最终都要回归于同一主体，即"生活"。早在20世纪70年代，法国哲学家列斐伏尔曾提出"让文化走向经验，让日常生活成为艺术品"的理念，就已经预示了这一融合方向。现今的文化产业不仅包括出版、影视、表演等传统领域，还包括与消费者生活方式有关的所有内容。因此，政府需要在"文化生活"这个主导理念下对文化产业的发展结构进行重组式规划，引导各个企业在打造"文化空间，创意生活"的共同目标下要么相互间协调呼应，要么直接合作，进行产品的联合开发和统一营销。例如，汽车和手表对于很多消费者来说都是时尚的标志，因为现在很多人买车已经超越了功能追求的阶段，而具有更多的象征意义，因此，汽车的营销就可以和手表的时尚品牌结合起来。此外，如家电设计与家具设计之间、服饰设计与日用品设计之间，都具有共享生活理念、共创文化品牌的合作空间，所以国家应该在前文所述的五类产业整合模式中，择其适者为此融合发展提供组织化平台。

（3）品牌战略：打造品牌运营共同体

制约我国文化产业供给匮乏的重要原因之一就是文化产品的品牌力度不足。这需要建立能够打造具有全国乃至世界影响力的文化品牌运营共同体，从而将历史性文化传统资源与现时性文化创意资源二者高度融合，形成具有高度认同感与号召力的文化标识。在这个过程中，政府可以发挥牵头作用，并大胆设想、谨慎研究，精确定位具有品牌潜力的文化资源，其大致被分为：文化事件、文化商标、文化形象与文化空间四种类型。进而国家可以以竞争招标的方式，会聚共识者，充分面向社会，吸纳成熟的运营者与优质的投资者，签约组建某一文化品牌运营共同体。

该组织要充分发挥统筹规划、集中资源、协同发力的结构优势与视野宽度，从任何一类文化资源切入，建构品牌化事件、品牌化商标、品牌化形象与品牌化空间四位一体的综合运营模式，从而将某一局限的文化资源真正拓展为具有社会认同感与传播亲和力的文化品牌，最终使品牌化事件、品牌化商标、品牌化形象与品牌化空间充分交融、相互映衬，形成聚合效应。

在这个过程中，要明确文化品牌运作中的主体多维性。在扩大品牌影响力的传播活动中，需要依靠传媒平台的运作；在增加品牌经济收益的营销活动中，需要依靠商业平台的运作；在激活品牌文化内涵的创作活动中，需要依靠文创平台的运作；在确认品牌的版权特征或商标特征的赋权活动中，需要依靠公证平台的运作。所以，文化品牌运营共同体是一个多维主体，它不能仅仅依赖投资方或创作方、私有或国有某一单向角色，而是必须形成一种兼顾多方利益、平衡多元主体、发挥多维效能的协同组织。它将致力于打造一种公众、创作者、资本与国家在博弈论基础上的利益共同体，从而将文化资源的社会影响力与市场生存能力高度统一、共同价值最大化，真正实现封闭式文化资源向开放式文化资本源源不断地转化，最终为人民群众打造更具吸引力的文化消费市场，为国家塑造更具感召力的民族文化形象。

（4）消费战略：激发文化消费驱动力

除了通过多方位措施激发文化产业在供给侧的创造活力，如何在消费侧对文化生产形成有力的市场反馈依然是必不可少的战略要素。近年来，我国居民人均文化娱乐消费支出虽然已经大幅提高，但是在整体消费结构中依然占比不足，这需要政府立足长远，综合布局，在全社会形成积极健康、稳健有序的文化消费氛围，具体措施包括以下三个方面。

第一，推动文化基础教育走进校园、走进社区。国家要从长远角度、从孩子抓起，重视文化消费的相关基础培育工作。在学校层面，首先要通过语文、思想政治及各类艺术课程的设置，以激发兴趣为主要目的、以培育主流价值观为基础、以公共文化服务为起点、以文化产业消费为终点，引导学生自发接受各类文化领域的熏陶，提升他们的媒介素养；在社区层面，要以让人民群众机会均等地享受文化消费为目的，加大各类文化设施建设，设置并落实专项文化消费津贴制度，充实青少年文化艺术活动，充实老年人、残疾人文化艺术活动，充实偏远地区文化艺术活动，在基层培育上基于本土风俗、当地条件的文化生活新风尚，形成文化消费的社会氛围。最终在文化欣赏的基础性与消费性、公共性与产业性、大众参与与个性选择之间形成完整的过渡与紧密的配合。

第二，提倡文化生活全民参与、全民共创。要通过提高全民创意水平和创意意识，让人们认识到自己既是文化创意的消费者，也是文化创意的发起者。政府要充分利用网络时代的传播便利，基于公共创意空间与数字化分享平台的通力合作共同引导，为"文化生活"提供全民参与、全民共创的有利条件，由此真正使该理念从单纯的消费实践升级为无处不在、无人不享的社会实践，最终保证文化消费能够作为这一实践系统中不可或缺的因素。政府可以从创意培训、扶持个人创意、提倡创意生活等方面研究如何帮助公民形成及享受创意，同时，提供更多档案资料并予以数字化开放，为公民提供更多接触创意的机会，使民众参与文化生活从单向度的消费模式深化为全方位的参与模式，最终为文化产业的发展奠定稳固的社会生态基础。

第三，把消费作为文化产业发展评估的首要指标。要从中央部署、层层贯彻、明确要求各级地方政府在评估当地文化产业发展的水平与绩效时，将文化消费作为首要评估指标。目前，各级政府对本地文化产业的发展评估依然主要以文化生产总值为主要指标，外带各类官方评定的荣誉奖项，但是，高产值往往只意味着高投资，并不意味消费市场就能够充分消化这些产品。而文化产业的可持续发展必须要依赖供给与消费的双向拉动。因此，在各级政府的绩效考核中，既要把供给输出是否充分被市场吸收并带来实际收益作为当地文化产业发展水平的首要标准，也要把居民文化消费水平是否切实提高作为衡量当地民生工程、惠民工程建设程度的重要指标。只有这样，才能有效敦促并监督各级政府将文化消费纳入文化产业提振战略的版图中，使它们以提升文化消费为目标，切实制订相关政策与鼓励措施。

南昌市扬子洲产业发展思路研究[①]

[①] 南昌市东湖区发改委委托课题。主持：熊澄宇。主要参与：吕宇翔、张学骞。

第一章　总则
第一节　研究性质
第二节　研究依据
第三节　规划时限

第二章　规划背景
第一节　宏观背景
第二节　产业基础
第三节　扬子洲发展优势
第四节　面临挑战

第三章　案例对接
第一节　可选发展模式及契合度
第二节　案例详析
第三节　经验借鉴

第四章　总体思路
第一节　规划原则
第二节　总体目标

第三节　战略定位

第五章　规划布局
第一节　产业布局
第二节　空间布局
第三节　联动策略

第六章　主要任务
第一节　绿色经济领航计划
第二节　高端服务引智计划
第三节　跨界联动融创计划
第四节　城市更新应用计划
第五节　集群生态跃升计划
第六节　产业政策聚力计划

第七章　保障措施
第一节　基础设施
第二节　组织领导

第一章 总则

第一节 研究性质

本研究是就南昌市东湖区扬子洲区域产业发展的战略思考方案。

第二节 研究依据

中国共产党第十九次全国代表大会：《决胜全面建成小康社会，夺取新时代中国特色社会主义伟大胜利》

中共中央、国务院：《国家新型城镇化规划（2014—2020年）》

中共中央委员会：《长江经济带发展规划纲要》

国务院：《"十三五"国家战略性新兴产业发展规划》

国务院：《关于推进文化创意和设计服务与相关产业融合发展的若干意见》

中央全面深化改革领导小组：《国家生态文明试验区（江西）实施方案》

国家发展和改革委员会、科技部、工业和信息化部：《长江经济带创新驱动产业转型升级方案》

生态环境部：《全国生态保护"十三五"规划纲要》

工业和信息化部：《关于进一步促进产业集群发展的指导意见》

工业和信息化部：《高端智能再制造行动计划（2018—2020年）》

工业和信息化部：《关于加快推进环保装备制造业发展的指导意见》

江西省政府：《江西省城镇体系规划（2015—2030年）》

江西省人民政府：《关于贯彻落实〈中国制造2025〉的实施意见》

江西省人民政府：《江西省"十三五"大健康产业发展规划》

江西省人民政府办公厅：《关于加快众创空间发展服务实体经济转型升级的实施意见》

江西省人民政府办公厅：《江西省促进科技成果转移转化行动方案（2017—2020年）》

江西省人民政府办公厅：《关于加快推进人工智能和智能制造发展的若干措施》

江西省人民政府办公厅：《关于推进农村一二三产业融合发展的实施意见》

南昌市人民代表大会常务委员会：《关于加强扬子洲地区和南新乡部分地区规划建设管理的决议》

南昌市人民政府：《南昌市城市总体规划（2001—2020年）》

南昌市发展和改革委员会：《南昌市十三五规划》

南昌市东湖区"十三五"规划编制工作领导小组办公室：《东湖区国民经济和社会发展第十三个五年规划纲要》

第三节 规划时限

本规划时限为：2017—2032年。

第二章 规划背景

第一节 宏观背景

一、国际环境

自 2008 年金融危机以来,各种逆全球化潮流兴起,进而深刻地改变了我国经济发展的全球环境。发达国家以国家利益优先为名、以贸易保护主义为实,推动高端制造业从世界各地回流本土。以美国政府为例,它一方面对以本土市场为主的海外制造企业和基地设在外国的美国公司征收高达 35%~45% 的关税,以挤压产业外溢的效益空间;另一方面,对本土企业公司所得税 35% 下调至 20%,且本土公司带回海外利润税率由 35% 下调至 10% 或 5%,以鼓励美国企业为国家贡献更多产业价值。与此同时,随着我国人口红利消退,美国的中低端制造业逐渐从中国撤出,转向劳动力、土地、资源价格更为低廉的发展中国家。由此,发达国家对高端产业的分流与发展中国家对中低端产业的分流同时发生,对我国产业结构形成"双向挤压"的严峻挑战。严峻的外部经济环境促使国民经济体系的优化调整与国家产业战略的推陈出新势在必行。

二、国内转型

除了国际经济环境的变化,国内经济结构也在需求侧与供给侧两方面出现变动。在需求侧,国民需求结构更多元,需求层次更高,持续多年的以"吃"为主导的需求结构正呈现多样性、个性化趋向。在供给侧问题更为突出:国内企业各方面创新能力依然不强,缺少核心技术。例如 2016 年,我国集成电路进口额高达 2 271 亿美元,连续 4 年超过同期原油进口额成为我国第一大进口商品,且其中有接近 50% 的集成电路来自美国。经济产品质量效益不佳,出口商品长期被国外通报,召回问题产品数量居首位。制造业每年直接质量损失超过 2 000 亿元,间接损失超过万亿元。品牌影响力不够,在 2016 年国际机构评出的全球品牌 100 强中,我国上榜品牌只有华为和联想,分别排在第 72 位和第 99 位,而美国上榜品牌数高达 52 个,占了半壁江山。此外,资本盲目投资导致产能过剩,资源盲目开采导致环境污染,也进一步威胁着国民经济的可持续发展。另外,新一轮科技革命引发的产业变革也推动着需求侧与供给侧的结构转型。随着互联网、人工智能、云计算、3D 打印技术的发展,小批量定制化生产成为可能,从而满足消费者多样性、个性化的需求,进而催生了分享经济、创意经济、数字经济等新兴业态,由此促成了生产制造自动化、商业服务柔性化、基础建设信息化等产业生态的潜在变革。

三、国家战略

为了应对新的历史时期国内、国外两个环境的深刻变化,党的十九大报告明确指出:在需求侧，"我国社会主要矛盾转化为人民日益增长的美好生活需要和不平衡不充分的发展之间的矛盾"；在供给侧，"我国经济已由高速增长阶段转向高质量发展阶段"。为此，必须坚持质量第一、效益优先，以供给侧结构性改革为主线，推动经济发展质量变革、效率变革、动力变革，提高全要素生产率，着力加快建设实体经济、科技创新、现代金融、人力资源协同发展的产业体系。为此，国家开始多层次、多角度地部署战略，推动"人类命运共同体"的利益聚合，以及现代化经济体系的产业建构。在国际层面，"一带一路"倡议扎实推进，稳步布局亚非欧乃至全世界，搭建起人类文明在基础设施建设、产业合作、国防安全、文化交流等全方位的沟通机制与互鉴平台。在国内层面，党中央、国务院先后颁布《中国制造2025》《"十三五"国家战略性新兴产业发展规划》《国家创新驱动发展战略纲要》《关于强化实施创新驱动发展战略进一步推进大众创业万众创新深入发展的意见》等一系列重要文件。力图以科技研发为源头、产业更迭为载体、万众创新为动力，为建设现代化经济体系提供强有力的技术支撑、产业支撑与人才支撑。

第二节　产业基础

一、智慧中国

随着国际经济环境的深刻变化、新一轮科技革命的悄然发生以及国内经济发展步入改革的深水区、转型的攻坚区，党中央、国务院分别从横向拓展与纵向更新两个维度为国民经济"稳增长""促改革""调结构""惠民生"提供了新的发展空间与发展动力。在横向扩展层，我国战略性新兴产业实现平稳增长，2016年，27个重点监测战略性新兴产业行业规模以上企业实现收入和利润分别增长11.32%和13.96%。"互联网+"行动和国家大数据战略深入推进，人工智能、虚拟现实、基因工程等新技术加速兴起，促使平台经济、共享经济、协同经济、创意经济、智慧经济等新业态不断涌现。2017年1—7月，我国战略性新兴产业重点行业营业收入达到11.6万亿元，同比增长13.8%，增速较去年同期提高2.3%。2017年上半年，战略性新兴产业上市公司营收总额达1.69万亿元，同比增长19.8%，比上年同期提升1.7%。工业机器人、集成电路、卫星应用、通用航空、生物等新产业快速发展。2016年，《"十三五"国家战略性新兴产业发展规划》（下称《规划》）正式颁布。《规划》指出，到2020年，形成新一代信息技术、高端制造、生物、绿色低碳、数字创意5个产值规模10万亿元级的新支柱产业，同时，以全球视野前瞻布局前沿技术研发，不断催生新产业，重点在空天海洋、信息网络、生命科学、核技术4大领域取得突破。此外，《规划》要求，"十三五"期间我国战略性新兴产业增加值占国内生产总值比重达到15%，平均每年带动新增就业人数100万人以上，发明专利拥有量年均增速达到15%以上。到2030年，战略性新兴产业将发展成为推动我国经济持续健康发展的主导力量，使我国成为世界战略性新兴产业重要的制造中心和创新中心，由此形成一批具有全球影响力和主导地位的创新型领军企业。

在纵向更新层，我国现代服务业创新发展稳步推进，初步解决了我国第三产业的内在层次较低，生产性服务业中的研发、设计以及现代服务业中的文化产业与老百姓生活有关的大健康服务业占比较低等一系列问题。"十二五"期间，我国服务业服务品种日益丰富，新业态、新模式竞相涌现，有力支撑了经济发展、就业扩大和民生改善：2011年成为吸纳就业最多的产业，2012年增加值超过第二产业，2015年增加值占国内生产总值（GDP）的比重超过50%。2016年，第三产业占国内生产总值比重51.6%再创新高的背景下，我国继续加快发展生产性服务业、高端服务业、生活性服务业等服务业关键领域，逐步放宽服务业行业市场准入，预计2017年第三产业占国内生产总值比重将达到52.2%。国家发改委2017年颁布的《服务业创新发展大纲（2017—2025年）》指出，进入"十三五"时期，我国服务业要向高端迈进，推动服务产业发展环境全面优化、有效供给持续扩大、质量效益显著改善、创新能力大幅提升、国际竞争力明显增强。在优化结构、提高质量、提升效率基础上，实现服务业增加值"十年倍增"，力求产业增加值占GDP比重提高到60%，就业人口占全社会就业人口比率提高到55%。

二、开放江西

截至2016年，江西省规模以上工业增加值7 803.6亿元，增长9%，其中高新技术产业增加值增长10.8%，占规模以上工业增加值的比重达30.1%；服务业增加值占GDP比重突破40%，第三产业结构进一步优化。在此背景下，在提升开放程度方面，江西省实际利用外资总额增长率连续5年超过10%，规模以上工业增加值增长率连续5年超过9%，国家级开发区17个，位列中部地区首位；在提升创新能力方面，江西省建立了创新型省份建设"1+N"政策体系，设立省"双创"投资引导基金支持创业创新，搭建创业孵化基地等平台221个，新增国家级创新平台和载体19个、高新技术企业376家。加大技术改造和设备更新力度，积极培育壮大战略性新兴产业，航空、新型电子产业主营业务收入分别增长20%、25%。R&D经费支出增加25亿元，占GDP比重1.1%。专利申请总量增长65.9%，增幅居全国第一，专利授权量增长30.3%，增幅是全国平均水平的近3倍；在促进业态更新方面，江西省积极推动互联网与各行业加速融合，电子商务交易额增长40%以上。大众创业、万众创新蓬勃开展，新登记市场主体增长17.7%。新技术、新产业、新业态、新模式不断涌现，逐步成为经济增长的新引擎。

习近平总书记还强调，绿色生态是江西最大财富、最大优势、最大品牌，一定要保护好，做好治山理水、显山露水的文章，走出一条经济发展和生态文明水平提高相辅相成、相得益彰的路子，打造美丽中国的"江西样板"。在总书记的方针引导下，江西省将全力打造"国家生态文明试验区"，而环鄱阳湖经济圈作为中部地区重要的制造业中心、江南著名的优质农产品集散中心和国内外著名的生态旅游休闲胜地，将在"山水林田湖草综合治理样板区""中部地区绿色崛起先行区"等框架下获得大量在绿色产业、现代农业等方面的发展机遇。

三、活力南昌

作为江西省省会、长江中游地区重要的中心城市、国家历史文化名城，南昌一手抓战略性新兴产业的培育发展,一手抓传统优势产业的改造提升,着力打造电子信息、汽车及零部件、食品、新材料4个千亿产业和生物医药、航空制造、纺织服装、新能源、机电制造5个500亿产业,以赣江新区、南昌经济技术开发区、南昌小蓝经济技术开发区为增长极,南昌新兴产业集群正继续发力,集群外溢效益更加凸显。目前,全市9个省重点产业集群中,新兴产业集群占61.5%,高于全省45.4个百分点。南昌市又通过运用大数据、物联网、智能制造、智慧物流、现代农业等技术,改造提升食品、纺织服装等传统产业。2017年,全市预计完成工业投资1 800亿元,预计完成第三产业投资3 235亿元。此外,近年来南昌市进一步大力培育电子信息产业、都市现代农业、VR产业等新兴产业,"南昌光谷""南昌绿谷"、中国(南昌)VR产业基地相继投入建设,为传统产业注入了新鲜血液。

作为中部地区唯一的国家开放型经济新体制综合试点城市,同时,借助国家"一带一路"倡议、长江中游城市群国家战略、鄱阳湖生态经济圈区域战略、"昌九一体化"区域战略等区域合作平台,南昌还建立了多层次、多维度的区域发展联动机制,在交通互联、民生共享、环境同治等方面取得实质性进展。这也为该地区进一步融入国家产业创新发展的前沿阵地、共建国家现代化经济体系奠定了坚实的平台基础。

第三节 扬子洲发展优势

一、战略优势

2009年9月,南昌市人大常委会以决议形式对扬子洲地区实行10年控制储备,随着控储时间即将结束,扬子洲即将迎来产业化与城镇化的新生,而上位规划予以的高度重视更是为此提供了有力保障。2014年9月,扬子洲镇整个建制划归东湖管辖,为实现扬子洲日后与中心城区融合发展提供了重要的平台。东湖区在"十三五"规划中更是专辟一章,重点勾勒扬子洲的发展蓝图,明确提出"充分发挥扬子洲的潜能,做好扬子洲地区'转型'文章",这些都使扬子洲在南昌未来产城发展版图中的位置越来越特殊而关键。

在东湖区"十三五"规划中,扬子洲未来的区域功能与规划层级已经获得了较为精准的定位,东湖区将沿着"生态优先、文化内涵、产城融合、智慧活力"的方向,重启扬子洲的发展进程,致力于将其打造成"扬子洲头•赣江之星"的世界级城市品牌。各级领导的重视与关心、高端的区域定位以及科学的战略规划将形成合力,为扬子洲未来的发展带来充分的上位支持,其特殊的战略地位将为市级乃至省级的鼓励性引导政策、针对性保障政策的不断跟进提供重要的依据。

二、区位优势

第一,扬子洲地处赣江中心,是南昌"以赣江为主轴,一江两岸,南北两城"发展布局的中间地带,在未来可以发挥其面向两岸中转、交流、衔接的平台作用。第二,扬子洲分别与旧城中心区、红谷滩中心区、赣江新区隔江相望,而其中旧城中心区具有完善的产业体系与深厚的历史底蕴，红谷滩片区已经成长为南昌现代化新城的中心区。此外，扬子洲地处赣江新区南端，南昌市中心、昌北组团、临空组团三地交会之处。紧邻上述区域，使扬子洲处于南昌多片产业布局的重叠地带，这将为扬子洲的产业发展提供优质的合作对象、丰富的对接资源。第三，扬子洲内有赣江南桥贯通南昌中心市区，有赣江北桥连接南昌昌北开发区，成熟的交通系统将为扬子洲与周边区域的协同发展奠定坚实的基础。

三、资源优势

第一，农业资源。扬子洲镇共有耕地面积 12 892 亩，耕地保护面积 4 070.4 亩，优质蔬菜面积 1 万余亩，是南昌市最大的商品蔬菜生产基地、京九沿线农业科技开发示范点，全年水稻种植面积 4 214 余亩，花卉苗木种植面积 1 100 余亩，这些将为该地区转变农业发展模式、打造绿色产业基地提供可资凭借的产业基础。第二，外资环境。据统计，2017 年上半年东湖区在南昌各区中利用外资实际到位资金增幅位列第二，实际到位资金目标完成比位列第二，可见东湖区整体具有良好的外资环境，这可以为扬子洲加快产业引入提供便利的条件。第三，生态资源。扬子洲为赣江环绕，是京九铁路沿线著名的水上绿洲。据统计，从 2008 年开始至今，全镇共栽种各种乔木近 34 万株、灌木 80 余万株，绿化道路 15 条，总长 46.8 公里，实施森林村庄建设 21 个，绿化总面积达余 2 700 亩。因此，作为中心城区唯一未被开发的"处女地"，扬子洲在吸引产业落地、坚持绿色发展之路、寻求经济建设与生态文明协调共处方面具有得天独厚的环境优势。

第四节 面临挑战

一、高新产业基础薄弱

受扬子洲地区十年控储政策影响，当地产业主要以种植业为主，虽然在此过程中形成了良好的农业生态环境，但是缺乏具有较强带动作用的"高精尖"技术企业或科研机构。据统计，镇内现仅有工业企业 7 家，餐饮和商店 5 家，规模小、水平低，距离形成产业聚集的增长十分遥远，进而导致资本、人才两大相关要素无力跟进，致使该地区缺乏战略新兴产业体系赖以建构的引导力与驱动力。此外，受四面环江的客观区位条件影响，扬子洲产业发展所需要的大交通、大物流限制依然存在。

二、设施服务水平落后

在硬件设施方面，至 2014 年年底，扬子洲镇累计欠区财政资金 4 458 万元，每年镇政府日常运转缺口在 800 万元左右；15 个村累计欠债 3 360 万元。沉重的债务严重制约了当地社会事业的服务与保障水平，致使基础设施匮乏，医疗卫生基础薄弱，基础教育投入不足，镇内平均受教育程度仅为初中水平。软性条件方面，扬子洲镇共有住户 8 869 户，其中住房困难户 968 户，占全镇总户数 11%；危房户 469 户，占全镇总户数 5%。2014 年扬子洲镇农村居民可支配收入 1.17 万元，低于同期市、区发展水平。上述问题将导致当地短期内难以具备优质的创业环境、就业水平与消费能力，由此形成的产业生态将对全镇全面招商引资、深度产城融合带来巨大的挑战。

三、行政管理结构松散

从过去来看，扬子洲在违章建筑控制、生态保护坚守与村民自我管理等长效机制方面投入严重不足，致使十年控储期内扬子洲的行政机制无法对当地形成整体的监督与有效管控。从长远来看，无论是南昌市还是东湖区都尚未组建具有一定行政级别的专门面向扬子洲产城融合、全面复兴的领导机构，以求科学引导、协调部门、整合资源。因此，以目前扬子洲的行政管理结构尚无法为当地经济、社会全面发展提供可靠的制度保障与组织保障。

第三章 案例对接

第一节 可选发展模式及契合度

基于扬子洲的现实情况，在考察了国内外产城融合的规划案例的基础上，表 3-1 总结了扬子洲可资参考的四种发展模式，即生态岛开发模式、科技园开发模式、新城发展模式与老城转型模式，并分别阐述了这些模式的实施区域、发展目标、主导力量、典型代表，最终基于此评估了这些模式与扬子洲规划背景的契合程度。

表 3-1 产城融合发展模式案例

发展模式	生态岛开发模式	科技园开发模式	新城发展模式	老城转型模式
实施区域	沿海岛屿或江心洲等原生态区域	工业高度集中地区及其周围区域	首都等大城市周边地区	老旧工业区等非传统创新区域
发展目标	在保护自然环境的基础上，通过制度创新打造经济发展的"飞地"	建立科学化、学院化、国际化的产业、人才与科研高地	疏解大城市的人口与功能，平衡区域发展	产业转型升级，提升区域发展新动力
主导力量	政府主导	政府与市场并重	政府主导	政府与市场并重
典型代表	南京江心洲 珠海横琴岛 加拿大爱德华王子岛	印度班加罗尔软件科技园 台湾新竹科学工业园 武汉东湖高新区	上海张江科学城 英国米尔顿·凯恩斯 日本筑波科学城	法国索菲亚科技园 德国鲁尔区
历史传承性	历史传承 依赖性弱	历史传承 依赖性中等	历史传承 依赖性弱	历史传承 依赖性中等
与扬子洲契合度	高	高	高	中

通过表 3-1 分析，文本认为，生态岛开发模式、科技园开发模式与新城发展模式都与扬子洲具有不同面向的高契合度，因此都具有可资借鉴的发展经验，下文就以这三个模式为框架，

介绍相关典型案例及其发展经验。

第二节 案例详析

一、生态岛开发模式

（1）南京江心洲。南京江心洲镇位于南京城西南长江之中，距市中心6.5公里，面积15平方公里，盛产各类水果和蔬菜。岛屿依托秀美的田园风光，实现农业经济与田园旅游联合发展。除建成了千亩葡萄园、千亩虾池、千亩蔬菜园、精品果园和千亩韭菜园等农业园区外，还打造了汽渡市民广场、紫光田园、大自然度假村、农趣馆、奇根馆、望江楼公园等旅游休闲项目。通过建设这些既不破坏田园绿野又凸显种饲农耕、民俗风情、休假消遣生活情趣的景点，进一步丰富和优化旅游业态。

南京江心洲的核心特色有四点：第一，定位农业旅游。依托全岛原有的田园环境，打造农业观光和田园休闲类项目。第二，立足大众游客。主打长三角短途休闲市场，以原生态的田园休闲项目满足周边城市居民短暂回归田园的需要。第三，岛上度假住宿类项目。以民居改建而成的农家乐为主，极具乡野田园特色。第四，兼具城市公园的功能。建有市民广场和城市公园，是居民户外休闲的良好去处。

（2）珠海横琴岛。横琴岛属中国广东省珠海市香洲区横琴镇，东邻澳门地区，为珠海市最大岛屿。从20世纪90年代开始，珠海市兴建了通往横琴岛的高等级公路、横琴大桥，开辟了珠海与澳门之间的第二条陆路通道。2004年，广东省委、省政府将其确定为泛珠三角经济合作区。2009年8月14日，国务院正式批准实施《横琴总体发展规划》，将横琴纳入珠海经济特区范围，要逐步把横琴建设成为"一国两制"下探索粤港澳合作新模式的示范区。

经过10～15年的努力，横琴岛已经建设成为连通港澳区域共建的"开放岛"，经济繁荣、宜居宜业的"活力岛"，知识密集、信息发达的"智能岛"，资源节约、环境友好的"生态岛"。其主要特色有：第一，加强粤港澳在金融服务、产业政策、投融资改革等方面合作，积极探索通关模式，建立多渠道、多形式的交流合作体系；第二，以全面实施CEPA框架协议为突破口，打造服务业发展的新优势，建设以高端服务业为主导的现代产业体系；第三，以科技创新为核心，培育一批以实用技术和重大产品开发为主业的高技术企业，建设开放型的区域创新体系；第四，以跨界交通基础设施建设为重点，推进粤港澳交通一体化发展，构建开放通达的交通运输体系；第五，完善信息网络基础设施，构建便捷高效的信息网络体系，以信息化推动现代服务业和高新技术产业的发展；第六，完善公共服务和社会保障，创造适宜自主创新、自主创业的综合城市环境，建设优质共享的社会服务体系；第七，加强山林、海洋和湿地保护，修复近岸海域生态系统，建设多功能、复合型的自然生态体系；第八，加强资源综合利用，全面推行清洁生产，形成低投入、低消耗、低排放和高效率的经济发展方式，建设节能减排的循环经济体系。

二、科技园开发模式

（1）印度班加罗尔软件科技园。班加罗尔软件科技园核心区面积1.5平方公里，是印度软件技术园区的代表。从发展历程来看，1985—1995年，园区以软件组件与维修服务为主要业务；1995—2000年以电子商务、ERP为主要业务；2001—2004年以系统整合、软件外包、BPO（商务流程外包）为主要业务，近年来转向以IT顾问、IT委外服务为主，业务范围、客户数量与内容深度不断扩大。专注于软件产业，是世界主要软件外包出口基地。班加罗尔由软件园和硬件园组成，其中，软件产业占园区产值的80%以上。

班加罗尔软件产值占全印度的一半左右，主要为美国、欧洲、日本以及中国的企业编写程序、设计IT芯片、提供计算机维护、金融服务等。2004—2005年度，班加罗尔所在卡纳塔克邦的软件出口总额2 760亿卢比（约62.7亿美元），比2003年增长了52%，其中大部分软件出口来自班加罗尔。以中小企业为主，同时聚集了一批国内外知名软件企业。园区还集聚了印度本土三大软件企业Infosys、Wipro和Tata咨询公司以及一批世界著名的跨国公司，如国际商用机器公司、美国电报电话公司、摩托罗拉公司、朗讯科技公司、微软公司、日本索尼公司、东芝公司、德国西门子公司、荷兰飞利浦公司等。

（2）武汉东湖高新区。1988年，武汉建立东湖新技术开发区，1991年，被国务院批准为国家级高新技术开发区；2000年，被科技部、外交部批准为APEC科技工业园区；2001年，被原国家计委、科技部批准为国家光电子产业基地，即"武汉·中国光谷"。2010年，国务院同意支持东湖新技术产业开发区建设国家自主创新示范区。"武汉·中国光谷"位于武汉市东南部的三湖六山之间。关东光电子产业园、关南生物医药产业园、汤逊湖大学科技园、光谷软件园、佛祖岭产业园、机电产业园等园各具特色，2 000家高新技术企业分类聚集，以光电子信息产业为主导，能源环保、生物工程与新医药、机电一体化和高科技农业竞相发展。

"武汉·中国光谷"建成了国内最大的光纤光缆、光电器件生产基地，最大的光通信技术研发基地，最大的激光产业基地。光纤光缆的生产规模居全球第二，国内市场占有率达50%，国际市场占有率12%；光电器件、激光产品的国内市场占有率40%，在全球产业分工中占有一席之地。"武汉·中国光谷"已成为我国在光电子信息领域参与国际竞争的标志性品牌。

三、新城发展模式

（1）日本筑波科学城。日本筑波科学城位于东京东北约50公里处，北依筑波山，东临日本第二大湖霞浦湖，距成田国际机场40公里。交通发达，有完善的公路和铁路网络。筑波交通发达，是日本最大的科学研究中心，科技资源的集聚区。筑波科学城面积284平方公里；其中，包括周边开发区257平方公里，以及研究园区27平方公里。该地现有人口22.7万人，规划2030年达到35万人。另外，约有1.3万多名研究人员、专家和后勤人员，再加上附属人员，从事科学研究的总人数达2.2万人。城内国家研究和教育机构有文教类7个、建设类7个、理工类 19 个和生物类 16 个，共计 49 家，占全国国立试验研究机构的 50% 以上，其研究领域包括了教育、建筑、物理科学、生物、农业、环境、安全等，培养出了 6 位诺贝尔奖获得者；目前，筑波集聚约 300 家企业，并设立研究所和学术教育机构，高新技术企业的数量超过了 200 家（包含 20 多家外资企业）。

筑波科学城的建设源于疏解人口与科研技术提升的需求，从聚焦科研到世博会带动快速崛起，再到创新转型，是筑波经历的典型发展模式。在创立期，筑波设立了世界上层次最高的新技术园区管理机构，制定了研究教育机构的迁建工作计划、成立了筑波大学，以及设立了首个国家级无机材料研究所。在发展期，吸引聚集科研、技术开发、教育机构入驻，成为筑波科学城发展的中心内容；同时，筑波国际科技博览也让筑波科学城进入了国际视野，基础设施的配套也得以完善。到了调整期，"新筑波计划" 开启了对科学城的参与主体、运行机制等调整的进程，使之从作为基础研究基地的机制设计，到实现基础研究向应用性开发乃至企业化生产的机制转变。它提出了"面向未来推进全球化创新"构建产、学、研合作的新平台和新模式，重点发展"新一代癌症治疗技术""生活支援机器人的实用化""打造世界级纳米技术基地""新药品和医疗技术研发" 及 "打造机器人医疗器械和技术的生产基地" 5 大领域。

（2）英国米尔顿·凯恩斯。英国米尔顿·凯恩斯（以下简称 MK）东南距离伦敦 72 公里，西北距离伯明翰 100 公里；位于伦敦与伯明翰的中间、大伦敦边缘，东西相邻牛津和剑桥。MK 从 1967 年提出规划，到 2017 年，人口从大约 6 万发展到大约 26 万，是英国发展最快也是最年轻的城市。MK 是反磁力城市典范，区位优势显著，通过就业与服务等方面实现社会平衡。当地产业的 1/3 来自知识密集型产业，高于英国全国平均水平，并且这个城市拥有的创业公司数量在英国排在前三。40 多年来，5 000 多家外来企业在此投资，美日等大型外企占比 20%；服务业从业人员占比 80%。由此 MK 形成了 4 大产业特色：知识密集型产业特色、服务业主导特色、外来总部经济特色以及创业活跃特色。

追溯 MK 的产业发展轨迹，它以金融、现代物流等强关联服务业为切入点，将金融和现代物流作为 MK 的主导产业，大力发展与其周边强关联的服务性产业。进而以总部经济为抓手快速崛起，包括英国铁路网公司、亚马逊英国物流中心、西门子、梅赛德斯奔驰、可口可乐英国工厂、零售公司 John Lewis、Argos 及西班牙国际银行 Santander 等，都将它们的英国总部或中心选址在 MK。现今，MK 以智慧城市作为未来产业发展布局方向，设立智慧城市龙头项目，抢先布局未来产业机会。新一轮的城市增长将基于创新驱动，MK 致力于在智慧城市领域抢占先机，设立龙头项目带动其产业发展。由英格兰高等教育基金委员会成立 "MK 智慧" 合作机构，公开大学主导，探索 MK 可持续发展的新方案。与此同时，年轻化就业人口也为 MK 带来就业和创新活力，为长远发展奠定了基础。经济活力有效集聚了其周边城镇人口来此就业，一小时通勤半径内约有 800 万人口；2000 年前后，MK 有约 3/4 就业人口从事于各类服务业。2013 年，MK 人口数量达到 255 700 人，成为英国人口高增长地区；在 2004 年至 2013 年间，MK 就业增长了 18.2%，是英国 64 个城镇中就业增长最高的城市。17 万就业人口，失业率仅 1.7%。

第三节　经验借鉴

一、生态岛发展模式经验总结

（1）法规建设是生态区域发展的保障。建立生态区域是一个长期的战略目标，要保障生态区域建设的连续性和稳定性，须研究制订生态城市建设相关的政策、法规和标准，将生态区域建设行动纲领法律化。爱德华王子岛、长岛、济州岛的建设过程体现了国外生态区域建设成功的法治化经验。

（2）发展清洁高效智能的现代工业体系。积极开展绿色生态农业，利用生物能源以及可再生能源，增加产品的科技内涵。爱德华王子岛的生态岛建设与先进技术和现代工业体系密不可分。如利用残茬管理措施，提高马铃薯种植的经济效益，同时解决了土壤污染问题。在水资源利用方面，该岛拥有先进的水资源管理系统，该岛的废水分离和管理系统使废水再利用率达到65%。对于过期或没用的药物、轮胎等特殊物品也可以通过科学技术实现转化再利用。该岛的生态实践充分证明了先进的技术是实现经济、社会和生态、环境和谐相处的关键。

（3）突出现代服务业的引领带动作用。把发展现代服务业放在更加突出的位置，以生态旅游业、生态商务业、商贸服务业和要素市场培育为重点，进一步扩大产业规模，形成具有强拉动、广辐射功能的主动性产业，促进生态岛产业结构调整优化。遵循"将旅游资源与环境及消费者为中心的服务联系在一起"的开发战略，重点开发旅游、会展和高新技术三大产业，并着力打造尖端科学技术园区项目，建立产、学、研一体的科研基地，从而形成了生态旅游、生态商务和生态服务的成功范例。

二、科技园发展模式经验总结

（1）明晰产业定位，培育壮大支柱产业集群。明确主导产业，培植核心企业，构建主导产业集群，是提升发展竞争力的关键。根据现有的产业基础和未来的发展态势，选择最有希望的产业成为主导产业。紧紧围绕主导产业的培育和壮大，有针对性地搞好规划、进行产业培育、项目招商和展开各个方面的基础设施建设，给予主导产业更大的发展空间，形成产业集群的规模效应。同时，不断加强软环境建设，如建立科技研发体系，促进技术水平和产业科技含量的提高；建立人才培训基地、信息平台、公共技术平台等。

（2）立足知识产业前沿，促使高端要素集聚。进一步深入研究国内外等知识经济发展的软硬件环境，推动地区的创新教育与培训、金融服务、"超级研究群"等知识产业要素集聚。借鉴西安、深圳高新区集聚产业做法，移植国内外高端知识产业要素，策划形成世界著名教育认证机构中国总部或区域总部聚集区，将教育与城市休闲功能相结合，使知识城成为培训白领、金领和企业中层以上管理人员及出国留学人员机构的集聚区。

（3）促进抢位发展，争夺未来发展主动权。"抢位发展"就是要争夺新一轮发展的主动权，重点在战略性新兴产业发展方面抢占先机，实现新一轮发展。积极对接国家和省、市战略性新兴产业发展计划，大力发展新能源、节能环保、新材料等与绿色经济紧密相关的战略性新兴产业领域，来抢占未来经济科技制高点，构建循环经济产业基础的关键，形成相关产业的集聚和比较完整的产业链条，最终发展成若干战略性新兴产业科技园区。

三、新城发展模式经验总结

（1）产业组织：把握机遇趋势，构建可持续发展的前沿、新兴产业生态集群。一是要打造可持续高、精、尖科技产业集群。科学灵活筛选，抢抓新兴产业新技术、新业态、新模式发展机遇。二是要构建"高端引领、协同创新"的产业生态体系。以高、精、尖龙头项目带动构建"创新源头高地"，辅助以完备的孵化和公共研发服务平台，构建完备的"基础研究—成果转化—中试小试—市场推广"的技术创新链，以及"孵化—加速—总部—国际化"的产业培育链的创新生态。

（2）体制机制：谋划统一管理平台，为政府引导、市场力量参与、体制机制突破提供重要抓手。一是要实现强有力的政策聚焦。打造聚焦战略，实现政策财力人力的聚焦优势，承接试点示范提供先行先试发展契机。二是要实现体制机制大胆创新。搭建统一管理统筹平台，区级领导挂帅，实现对示范区的"统一规划、统一管理、统一政策"的协同发展模式，整合组建社会一流资本参与的开发管理公司，推动土地规划、大项目建设、招商引税、平台搭建的整体统筹。三是要实现资源职能的统筹协同。开展镇管联动的改革创新，突出园区的经济职能、镇域的社会管理职能，实现各自的轻装上阵，统筹发展。

（3）基础设施：以产城融合为引导，推动园区与社区在配套服务方面的智慧化、标准化及统一化。一是要完善园区城镇基础设施建设，加大对园区公租房等保障性住房的支持力度，集中建设新型社区，完善生产生活配套设施，进一步加快完善服务于产业发展和园区建设所需要的交通、物流、生产、生活、教育、娱乐、卫生等城镇公共服务设施，进一步提高配套服务功能。二是要加强产业园区与城市基础设施的无缝对接，加快园区内道路和城际公共交通、天然气、管道燃气和供气系统工程建设，建立社区医院、公共住房，完善休闲、娱乐、购物、学校、银行等生活配套设施，将产业园区打造成集生产、生活、娱乐于一体的新型社区。

第四章 总体思路

第一节 规划原则

一、宜产宜居，统筹发展

为了解决我国20世纪末以来新城建设中产城分离、职住分离、工农分离、经济建设与生态保护分离的诸多问题，党中央和国务院在《国家新型城镇化规划（2014—2020年）》中提出：要"统筹生产区、办公区、生活区、商业区等功能区规划建设，推进功能混合和产城融合，在集聚产业的同时集聚人口，防止新城新区空心化"，这为21世纪的城市改造规划了更加科学而合理的蓝图。坚持产城融合，就是坚持产业园区建设与小城镇承载力提升相结合、坚持产业集中与小城镇人口集聚相结合，最终将城市建设为宜产宜居、内生活力的现代化社区。因此，产城融合将是扬子洲发展的主导原则，在此原则的指导之下，全镇将在经济、自然与人口之间，在生产、生态与生活之间，营造经济建设、基础建设和社会福利事业建设相互促进、共生共荣的统筹机制。

二、模式融合，多维发展

城市改造有很多可供参考的模式，它们各有对应的现实条件，也有各自所具备的特殊优势，扬子洲应该结合自身实际发展情况，同时立足长远定位，融合不同模式，提炼多重优势，形成模式间多维共创的发展格局。而其中可供融合的模式有以下四种：（1）点轴模式。在产业布局过程中，重点加强主要交通干道建设，依托现有条件，形成以带提点、以点促面、点面融合、互动发展的新格局。（2）同城模式。相关县城或重点镇依托中心城市，积极融入中心城市建设，以中心城市为发展带动力，共同形成一个"大经济圈"。（3）新区模式。以重点产业和城市特色功能布局为核心，以行政先导或产业先导为集聚力，以服务业为主的现代服务业为重点，打造形成城镇建设和产业发展新的增长极。（4）龙头模式。大力引进投资规模大、带动能力强、产业互动融合度高、科技含量高、市场前景好、产业特色强的高新技术型项目落户。这些模式都含有与扬子洲发展诉求对接的独特优势，因此值得进一步提炼融合，以求打造专属扬子洲的全新发展样板。

三、高端引领，创新发展

当前，经济增长主要通过技术创新来实现，每一次行业红利的涌现，都源于技术创新对产业结构、市场结构乃至社会结构的改变。所以技术进步快的产业能够大幅提高生产率，降低成本，节约资源，提高产品质量并在一段时期内实现快速持续增长。因此，扬子洲赖以发展的主导产业必须符合以下四个条件：（1）基础性条件。所选产业必须是处于世界科技前沿领域，具有生产、制造、服务一流水平的"高、精、尖"产业。（2）进步性条件。这个产业应当具有较大的进步空间，对它的不断探索可以在未来20～30年内具有主导人类相关领域发展的巨大影响。（3）衍生性条件。在具备上述两个条件基础之上，该产业最好能够具有强大的跨界融合、吸纳其他技术的能力，从而将扬子洲从产业的"一枝独秀"转变为产业的"百花齐放"，树立主心骨。（4）不可替代性条件。该产业不但能够带来地区经济规模的扩增，更应该带来整个城市深层创新能力的生长。这将促使扬子洲不仅成为产业生产的聚集区，更是产业创新、创造的策源区，从而维系产城一体的持久繁荣。

四、生态优先，绿色发展

无论从产城融合对宜产宜居的要求出发，还是以扬子洲具有优势的自然资源出发，生态优先、绿色发展都应当成为各方面规划措施的最大前提。2016年11月，国务院通过《"十三五"生态环境保护规划》进一步确定了生态文明建设的重要地位。产业型城区须积极改善城市风貌，修复城区以往被破坏的生态环境，加强环境治理能力。2017年10月《国家生态文明试验区（江西）实施方案》更是要求：以机制创新、制度供给、模式探索为重点，积极探索大湖流域生态文明建设新模式，培育绿色发展新动能，开辟绿色富省、绿色惠民新路径，构建生态文明领域治理体系和治理能力现代化新格局。在此原则指导下，扬子洲将推动生态保护与产业发展的有机统一，将生态环境从保护之升级为优化之，与此同时，产业发展也从不破坏绿色升级为创造绿色，从而为打造美丽中国的"江西样本"做出更为积极的贡献。

第二节　总体目标

一、近期目标（2018—2022年）

第一，扬子洲产城融合建设框架全面拉开，基础配套设施基本完善，公共服务体系基本健全，负责管理调度、规范引导的高效、统一的政府管理机构基本建成；第二，生态环境良好，依托扬子洲生态基底，以景观化、宜居化为目标，全面优化改造绿地、滩涂及农业用地；第三，产业发展初具雏形，在人工智能、数字创意、生物医药、节能环保等方面引进4～5家行业内龙头企业，引进1～2家行业内知名研究机构，形成一定的产业聚集力；第四，快速提升科技创新服务体系建设水平，推进镇域各项科技创新指标实现几何级增长，到2022年，全镇研发经费支出占GDP比重排名进入全市前五，源头创新和协同创新效应呈现，引进国家千人计划专家达到10人，打造落地1～2家国家级科研机构平台，市级科研机构平台增加到10家左右。

二、中期目标（2023—2027年）

第一，产业化和规模经济水平显著提升，在打造若干产业链的基础上形成2～3个较大规模的现代化产业集群。体制机制创新取得明显进展，市场化与服务化水平稳步提升。第二，生态环境彻底改善，形成领先南昌乃至江西的优美、优质的人居环境与创业环境。为吸引高端人群聚集与现代服务业升级奠定基础。第三，以产业兴隆为基础，以生态优化为前提，扬子洲的基础设施与公共服务水平进一步提升，基本在产与城、产与人、产与自然之间形成融合、交互的局面，整体联动、共生共荣。第四，产业创新载体进一步升级，培育3～5家国家级产业公共平台，引进一批知名众创空间和专业园区运营品牌商。

三、远期目标（2028—2032年）

第一，彻底从生产性产业集群向创新性产业集群转变，园区发展的驱动力从产品销售、政策优惠向知识创造和孕育创新转变。进而以产业集群不可替代性的提升为基础，园区产业国际化和参与全球竞争的能力显著提升，涌现若干具有全球影响力的创新型企业，集聚更多跨国公司研发总部及研发中心，培育一批国际知名品牌，同时拥有大量国际有效专利。第二，构建产城融合生态圈，完全形成产业发展与城市建设之间的良性循环。以多核心布局为架构，打造全镇生产、休闲、商务、居住半小时生活圈。通过将城市产业培育与内生发展动力培育充分结合，最终将扬子洲建设成国际知名、国内一流的宜产宜居之城。第三，加快科技创新产业的培育和聚集，镇域各项科技创新指标实现指数级增长，到2032年，镇域科技创新主导产业形成规模，高新技术企业数量达到200家，其中龙头级平台公司达到5家以上；科技创新产业产值达400亿元左右（按2018年人民币汇率核算），相关就业人口达到5万人左右。

第三节 战略定位

一、产城融合示范区

我国开启产城融合的进程已历数年，扬子洲应当从中吸收可资借鉴的经验，并汲取应当避免的教训，在此基础上走出特色、创出成绩、打出品牌，将自身打造成国家级产城融合示范区。为此，扬子洲应当在三个层面深入推进产城融合进程。（1）在结构层面，产城融合的实质是职住的融合。要运用"多规合一"的规划思想，将产业规划、城市规划、生态环境规划与土地利用规划有机统一。在注重产业发展的同时，要合理分配用地比例，平衡布局生产用地与居住用地，完善城市生活配套，改善以往的"鬼城""空城"现象。（2）在功能层面，要推动产业发展与城市化配套功能的融合。当前，单一功能的传统工业园区在规模和效益上已逐渐达到顶峰，只有通过植入城市化功能，完善各类公共服务配套，才能使工业园区成为产业新城，从而带动产业转型升级，从低端向高端发展。（3）在指标层面，要达到完成园区产业规模及效率指标与生活配套和生态环境指标的融合。其中，前者包括每平方公里招商实际到位资金、每平方公里主营业务收入、每平方公里利税总额、每平方公里从业人员，等等；后者则包括酒店、餐饮、大中小超市数量，银行、医院、加油站、幼儿园、中小学数量、交通便利水平、空气质量优良天数比例，等等。

二、创新性产业集群示范区

党的十九大报告明确指出，为了深化供给侧结构性改革，为了"促进我国产业迈向全球价值链中高端，要培育若干世界级先进制造业集群"。可见，超越传统低利润、高能耗的生产性产业集群，打造高利润、低能耗的创新性产业集群，既符合扬子洲自身的发展定位，更符合时代所向、国家所需。为了打造创新性产业集群示范区，扬子洲要加大人力资本投资力度，形成吸引高技术人才的环境。建立以创新性产业集群所需的高技术人才培训基地，加大科技服务、工业设计、信息咨询等方面的平台建设、社区建设。要推动制造业服务化转型，加大生产性服务业投资力度。依托现有的加工环节优势，加强信息、设计、研发、采购、储存、物流、营销、融资和技术支持服务等环节参与，延长产业链。此外，要依托"互联网+"，改造升级传统制造业。通过大数据、云计算、物联网、移动互联网等信息技术,改造传统产业向智能化、服务化、定制化、绿色化方向发展,为经济转型升级提供支撑。

三、生态文明建设示范区

党的十九大报告指出,建设生态文明是"中华民族永续发展的千年大计""功在当代、利在千秋"。因此,扬子洲应当既充分利用自身生态环境的良好基底,同时也借助江西绿色产业发展的积极势头,打造江西乃至全国的生态文明建设示范区。扬子洲应当对标《全国生态保护"十三五"规划纲要》的具体工作要求,把生态系统整体保护作为基本理念,把保障国家生态安全作为根本目标,把加强生物多样性保护作为工作主线,把加强生态统一监管作为主要手段。扬子洲要将生态文明建设示范区打造为一个有效的制度载体、稳定的法律载体与多元的政策载体,为扬子洲坚持产城融合、绿色发展,提供最为坚实而全面的保障体系。

第五章　规划布局

第一节　产业布局

一、生物医药及大健康产业

生物医药与健康服务是整个医药产业中最具潜力的领域。首先,全球生物制药产业年销售额连续 8 年增长速度保持在 15%～20%,成为发展最快的高技术产业。在我国,在大健康产业保持高增长的总体上升态势下,生物医药和健康服务已成为其中发展最快、活力最强和技术含量最高的领域之一。2016 年,我国生物医药市场规模达 3.8 万亿元,占 GDP 的比重约 5%,年均复合增长率接近 22%。作为全球药品消费增速最快的地区之一,我国有望在 2020 年以前成为仅次于美国的全球第二大药品市场,根据卫生部发布的《健康中国 2020 战略研究报告》,到 2020 年度,我国卫生总费用占 GDP 的比重预计将达到 6.5%～7%,我国医药产业的市场空间依然广阔,预期未来仍将继续保持快速发展的趋势。

其次,随着党的十八届五中全会做出了推进"健康中国"建设的战略部署,编制出台了《"健康中国 2030"规划纲要》,我国大健康产业发展也迎来了难得的历史机遇。据初步统计,目前我国健康产业占 GDP 的比重为 6% 左右,在江西省仅占 5.8% 左右,而在美国健康产业占 GDP 的比重为 17.6%,德国和日本分别占 11.3% 和 10%,均为其国家的支柱产业,因此,我国及江西省的健康产业依然具有十分广阔的发展空间。此外,随着互联网和大数据的普及、人工智能的兴起,精准健康管理领域已成为投资新看点。天然药物(以中草药为主)的开发迅速崛起,中医药成为研究热点。在化学新药物开发难度加大、生物技术药物短期内难有导向性产品的情况下,天然药物有望成为新药研发的重点。

我国目前发展比较成熟的生物医药及大健康产业主要分布于环渤海、长三角、珠三角三大区域。其中，长三角以上海为核心，以江苏、浙江为两翼的生物医药产业园区是我国研发和成果转化中心。江苏则是生物医药产业成长性最好、最活跃的地区，生物医药产值位居全国之首。珠三角以广州和深圳为龙头，国际化环境好，跨国企业投资力度大，生物医疗产业设备优势突出，集聚了一批自主创新能力强的生物医药企业。此外，生物医药产业在江西省及中部地区也具有相对良好的产业基础，是江西省第七个主营业务收入超过1 000亿的产业。江西省政府先后发布《江西省生物医药产业发展行动计划（2016—2020年）》《江西省"十三五"大健康产业发展规划》，力争在未来5年生物医药与大健康产业总规模突破10 000亿元，年均增长17%左右。同时，在南昌打造高新区生物医药产业集群、小蓝医药产业集群、中国中医药科创城等相关产业高地。

扬子洲应当依托自身优良的自然条件与区位优势，一方面，充分对接江西省在生物医药及大健康领域的政策红利与产业资源；另一方面，向东、向西寻求与长三角、珠三角相关企业的技术合作，同时，注意与南昌市其他生物医药产业集群形成错位发展、联动发展，为将扬子洲打造为南昌的"绿谷"提供支柱型产业。此外，东湖区具有南昌市最为丰厚的医疗资源，扬子洲可以利用这一基础，对其予以信息化、数字化、平台化的整合与升级，推动南昌市乃至江西省健康医疗服务的智慧化发展进程。

二、现代农业

2016年，《中央一号文件》特别强调大力推进农业现代化，强调积极构建现代农业产业体系、生产体系、经营体系。现代农业是一种知识密集型的生产体系，是农业发展的新型模式集成，它将会成为21世纪世界农业的主导力量，它的生产模式、产业价值与产品理念已经得到了广大消费者、政府和经营企业的一致认可，成为解决我国人口、资源、环境之间矛盾，实现经济效益、生态效益和社会效益统一的有效途径和必然选择。在生产模式上，现代农业的生态技术、生物技术、机械化技术将会为具体的农业生产降低成本、提高产出和提升品质。我国农业总产值在10万亿元，那么在此基础上的增产、降成本和提升品质每年可以有约10%的增值空间，由此可以形成数千亿元近万亿元的市场规模。在经营模式上，我国农产品每年有数万亿元左右的交易额（2016年约5万亿元），农产品电商的渗透率在3%左右，预计未来5年，农产品电商的市场可以达到5 000亿元的规模。

江西省自然生态环境良好，具有深厚的现代农业产业基础。2016年3月，江西省被农业部列为首个全国绿色有机农产品示范基地试点省。截至2016年6月，江西全省已创建11个国家级、66个省级现代农业示范区，超过全省农业增加值的80%，吸纳农民就业106万人。同时，江西省已经基本完成一个云终端、两个中心、三个平台的建设，全省建成益农信息社300多家，农产品电子商务交易额达190亿元，同比增长180%。此外，政府的政策引导也在不断深入。江西省政府、农业厅先后颁布《中共江西省委江西省人民政府关于加快转变农业发展方式建设现代农业强省的意见》《江西现代农业强省建设规划（2015—2025年）》，提出以"做优一产、做强二产、做大三产"为途径，调整优化产业结构，延伸产业链、打造供应链、形成全产业链，建设绿色有机农产品生产基地，建设绿色有机农产品加工基地，培育农业服务新业态。南昌市政府先后印发《关于以"南昌绿谷"建设为引领加速农业农村现代化进程的实施意见》《绿色生态农业十大行动试点工作方案》，大力培育和发展农业产业化龙头。

基于上述条件，扬子洲可以充分利用自身既有农业生产条件，在物质多层利用模式、生物互利共生模式、资源开发利用与环境治理模式、观光休闲模式等方面积极探索、转型升级。同时借助"生态鄱阳湖"的区域品牌，助力"美丽中国"江西模板的打造，成为"南昌绿谷"产业版图中不可或缺的组成部分。

三、节能环保产业

党的十九大报告提出："建设生态文明是中华民族永续发展的千年大计。"在生态环境治理与经济结构转型的双重驱动力之下，我国节能环保产业发展迅速、市场前景广阔，将成为"十三五"乃至更长时期国民经济发展的新动能。节能环保产业本身具有很强的政策驱动性和技术引领性，是环境污染防治、改善生态环境质量的重要支撑力量。2015年以来，"大气十条""水十条""土十条"《"十三五"生态环境保护规划》《"十三五"国家战略性新兴产业发展规划》《"十三五"节能环保产业发展规划》相继颁布实施，为节能环保产业的发展创造了新的机遇。据统计，"十二五"期间，节能环保产业以年15%～20%的速度增长，约为同期GDP目标增速的2～3倍，2015年，我国节能环保产业总产值已达到4.5万亿元。"十三五"期间，我国环保产业的增速有望达GDP增速2倍以上，环保行业投资规模有望超过17万亿元，环保产业产值年均增长率将达15%以上。到2020年，我国节能环保产业产值预计将达到8.3万亿元，成为国民经济又一支柱产业，过百亿的环保企业将超过50家。从产业聚集水平看，我国环保产业总体分布特征呈现"一带一轴"的格局，即北起大连南至珠三角的环保产业"沿海产业带"，以及东起长三角西至重庆的环保产业"沿江发展轴"。

在江西，节能环保产业已位列省十大战略性新兴产业之一，全省已有节能环保企业1 500家，其中南昌市在环保锅炉、半导体照明、水污染治理设备等方面形成了全省研发和服务的核心聚集区。根据江西省工信委印发的《江西省加快节能环保产业发展行动计划（2016—2020）》，江西将围绕三大产业集群建设十大节能环保产业基地，打造一批龙头骨干企业，突破一批节能环保产业关键技术，壮大节能环保技术服务产业。到2020年，基本形成较为完善的涵盖装备制造、技术、产品和服务的节能环保产业体系。南昌将在节能锅炉、窑炉、高效电机及拖动设备等领域形成产业优势，成为全省节能环保装备制造的核心增长极。

扬子洲可以利用江西乃至南昌的产业势能，利用自身土地资源、水资源、生态资源，设立节能环保研发机构，突破农村水污染治理、大气雾霾治理、土壤重金属污染治理、资源综合利用等方面的关键技术，与南昌其他地区形成环保产业与节能产业互补、联动的发展格局。同时，培育、引进、壮大节能环保服务产业，鼓励环保服务总承包和环境治理特许经营（BOT），做大做强环境影响评价、第三方污染检测等专业技术服务机构。

四、设计产业

2014年,国务院发布《关于推进文化创意和设计服务与相关产业融合发展的若干意见》,明确提出通过文化创意与设计服务的价值加成,实现塑造制造业新优势、加快数字内容产业发展、提升人居环境质量、提升旅游发展文化内涵、挖掘特色农业发展潜力等多方面产业路径升级。其中,在新型城镇化进程的助推下,我国的城市规划和城镇建筑设计开始进入中国特色阶段,而在新一轮以信息、智能、能源、材料、生物等技术为主导的技术变革的带动下,研发设计将成为驱动这些变革走向更为广阔的产业领域的决定性环节。

此外,目前我国工业设计也处于规模化高速增长阶段,预计2018年工业设计市场规模将达到1 556亿元,在建筑设计方面,2016年,全国建筑装修装饰行业完成工程总产值3.66万亿元,比2015年增加了2 550亿元,增长幅度为7.5%,增长速度比2015年提升了0.5个百分点,比宏观经济增长速度提高了0.8个百分点。总体而言,设计产业以其高知识性、高增值性和低能耗、低污染属性,成为国民经济催生新兴业态、满足多样化消费需求、提高绿色GDP的重要途径。具体而言,设计产业的落地模式总共有三种:第一是政府支持设计机构,比如,中国工业设计协会、北京工业设计促进中心等;第二是专业的工业设计公司,如北京旭启工业设计公司、上海广辰工业设计公司等;第三是院校和企业设计部门模式,主要从事本部门的科技转化。目前,以上三类模式在广东、上海、北京、深圳等地已经形成了一定的规模,由此形成了设计人才、设计服务、设计产品在上述地区的聚集,并且有向全国各地发展的趋势。

为了更好地吸引设计产业落地江西,江西省服务业发展领导小组在《新服务经济2017年重点工作计划》中就明确指出,要在2017年引进国家级工业设计中心1家以上、认定省级工业设计中心15家,指导督促南昌市加快推进江铃汽车工业设计中心项目建设,推动国家级工业设计中心洛可可集团启动建设"洛克"总部项目,打造全省工业设计龙头。同时,推进江西工艺美术馆改建江西省工业设计中心项目建设,打造全省设计发展平台。

扬子洲可以在借助上述产业势能的基础上充分对接省级规划方向,充分利用自身优质的生态条件与亲水的自然环境,同时,借助自身区位优势积极寻求与周边地区的高精尖产业、数字创意产业、建筑业、基础设施建设等行业合作,以扬子洲为核心,向南昌及江西辐射,打造设计服务提升产业价值的多维应用场景。

五、数字创意产业

2015年,中国数字创意产业已经集聚了36 948家企业,比上一年增长13.8%;从业人员384万,比上一年增长13.1%;产业规模达5 939.85亿元,比上一年增长22.9%。其中,VR增幅最大,达267.5%。七大细分领域中,网络文学是IP源头,增速快;动漫的衍生市场潜力大;影视受众广泛,爆发强劲;游戏规模1 424亿元,电竞、VR是新增长点;VR规模15.4亿元,处于起步阶段,潜力旺盛;在线教育结合语音识别、AI等技术将有更多应用。2016年,国务院印发的《"十三五"国家战略性新兴产业发展规划》中首次将数字创意产业纳入国家战略性新兴产业发展规划,并成为与新一代信息技术、生物、高端制造、绿色低碳产业并列的五大新支柱,计划到 2020 年,数字创意产业相关行业产值规模达到 8 万亿元,增长空间依然巨大。2016 年至 2017 年上半年,我国数字创意产业投资额高达 659.3 亿人民币,占投资市场总额的 9.8%。其中,在行业上以数字创意内容制作领域、数字设计服务领域与数字创意技术和产品研发领域发展速度最快,而在地域上又以北京、上海、深圳最为集中。数字创意产业的发展是科学技术与文化艺术相交融,科技促进文化产生新样式、新产品、新服务,而文化则不断赋予科技人文内涵的互动过程,它将在内容创意、设备创新两个方面呈软硬兼备、纵横驰骋的趋向。

江西省政府发布的《关于加快推进人工智能和智能制造发展若干措施》文件中提出"十三五"期间支持打造南昌世界级 VR 中心,在江西打造 10 个产业基地,并由省级财政对每个基地安排 1 000 万元用于公共平台建设。扬子洲地处南昌中心地带,既可以利用江西省层面的政策支持,也可以利用南昌市的 VR 产业基础,并以此为基点,努力将数字创意的新业态向本地区设计产业、生态旅游、公共服务等领域延伸、互动,打造富有扬子洲竞争优势的数字创意产业集群。

六、高端服务业

高端服务业正在日益成为国家政策的关注领域、市场有效供给的生成之道、产业转型升级的必由之路,而其中近年来兴起的新型智库产业正在成为我国服务业从传统形态迈向高端格局的有机组成部分。据统计,目前全球大约有 6 800 家智库,欧美智库数量相对稳定,而金砖国家、中东与北非地区、撒哈拉沙漠以南地区和拉丁美洲的智库正在以前所未有的速度增长。2013 年 4 月,习近平首次提出建设"中国特色新型智库"的目标,2015 年中共中央办公厅与国务院办公厅联合印发《关于加强中国特色新型智库建设的意见》,统筹推进党政部门、社科院、党校行政学院、高校、军队、科研院所和企业、社会智库协调发展,形成定位明晰、特色鲜明、规模适度、布局合理的中国特色新型智库体系。与国家一样,江西省同样面临传统服务业的功能定位、运营机制与产出模式如何全面转型,以更好地适应新国际、新经济、新技术的社会变局的问题。而南昌市则拥有全省数量第一的如南昌大学、江西财大等 57 所高等院校,是江西省高端人才会聚、交流的中心,同时"洪城计划""海鸥计划"等人才引进战略深入实施,这些因素都为将南昌市建设成为江西省乃至中部地区高端服务的产业高地与密集区域提供了动力支持。

为此,扬子洲可以充分利用南昌市在智力资源方面的人才势能与政策势能,同时,依托自身环境优势与区位优势,借助"一带一路"倡议平台,充分发挥高端服务业在国际交流中咨询、规划、预测、评估、分析等方面的特殊作用。要在扬子洲建构更加灵活的人才引入机制、更加市场化的治理模式、更加数字化的信息支撑、更加优惠的政策条件、更加通畅的决策对接通道,吸引国内外大型高端服务机构在本地建立分支,同时,吸引国内外大型企业在本地建立专业化、特色化研究智库,将自身打造为功能互补、层次分明、良性竞争、富有活力的全省高端服务产业先行示范区。

第二节 空间布局

结合案例对接与规划思路，本方案将扬子洲产城融合所需要的功能空间划分为四类：中心聚集区、特色资源区、综合过渡区、生态保护区。首先，中心聚集区将立足于科技要素的聚集、服务要素的建设与成本要素的提供，通过高端企业引领、创新社群构建，最终形成辐射全市、全省乃至全国的科技强核与创新高地。该区域适宜引进的产业有数字信息、创意设计与科技研发等。第二，特色资源区将立足于政策要素的引导，尤其是立足于本地及周边地区优势产业、生态资源的已有基础，进行智能化、服务化、创意化、信息化的升级改造与衍生拓展，最终形成以"绿色扬子洲"为标签的区域品牌特色，并围绕该特色大力发展新材料、生物医药、生态农业等一系列低碳产业。第三，综合过渡区要立足于服务要素与市场要素，以城市整体生活质量、生产环境协调共进为目标，建立多元化、分散化、网络型的基础设施体系及服务性产业。其中，具体可以分为生活性、生产性与完善性三类，其具体包括不同层级的教育设施、医疗场所、文体休闲场所、商业集中区、市政配套设施、网络化的交通体系、数字化的信息平台，等等。第四，生态人文区要立足于生态要素与人文要素，重新梳理产城融合区域周边自然环境与人文环境的关系。采取塑造整体景观风貌、改造重要地段建筑立面、改良设计农业用地、修复受破坏的生态景观等不同方式，打造优美的城乡一体化风貌。

进而本方案将结合扬子洲产业建设用地规划，对四类功能区的空间分布做出初步设想，力图实现多种功能区之间有机整合与科学配置。其中心聚集区将分布于扬子洲远期控制发展用地中间区域，即在近期建设区域的南侧与赣江南支北岸之间，以及扬子洲东北角与南新乡接壤的地带，建设两个集数字创意产业、设计产业、高端服务业于一区的"创新之核"；特色资源区以扬子洲中期建设区域的北端为起点，向南分别向远期发展控制用地的东西两侧延伸，形成特色资源产业发展的"两翼"，其中，"西翼"发展生物医药与健康产业，"东翼"发展环保产业与现代农业；综合过渡区则以原有公共服务片区、居住片区、文教片区为基础，同时向中心聚集区与特色资源区多点渗透、网络化分布，形成商业繁荣、事业繁荣与产业繁荣的穿插交错；生态保护区以整体中、远、近规划建设用地的外围为载体，打造覆盖扬子洲南北两侧的江岸景观带与农业景观带，同时，可以延道路向腹地延伸，力图以此提振全域的自然风貌与环境品质。由此，四大功能区将在扬子洲内形成"两片""两翼""多点""多带"的分布样态，从而实现扬子洲产业发展与城市建设的真正融合、物质文明与生态文明的交相辉映。（见说明表与说明图）

说　明　表

	1. 中心聚集区	2. 特色资源区	3. 综合过渡区	4. 生态保护区
建设原则	创新引领 区域强核	强化优势 塑造特色	分散服务 共享活力	优化环境 宜产宜居
要素支持	科技 服务 成本	区位 政策 生态	服务 市场	生态 人文

续表

	1. 中心聚集区	2. 特色资源区	3. 综合过渡区	4. 生态保护区
项目配置	数字创意 设计产业 高端服务	生物医药 环保产业 现代农业	购物餐饮 文化消费 市政配套设施	景观建设 生态保育 休闲观光
形态	一核	双翼	多点	多片
战略定位对接	产城融合示范区 创新性产业集群示范区	产城融合示范区 创新性产业集群示范区 生态文明建设示范区	产城融合示范区	生态文明建设示范区

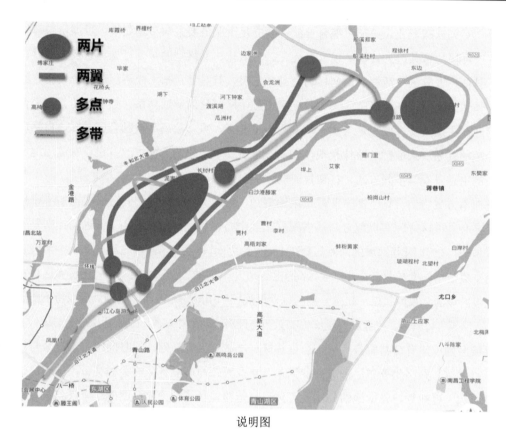

说明图

第三节 联动策略

一、内生联动

所谓内生联动，是指扬子洲内部不同领域、区域的产业通过某些平台或互动机制进行产业间的横向聚合、高频互动、边界融合，从而碰撞出新的技术成果与发展机遇。就目前规划的产业内容而言，扬子洲产业间内生联动的空间和可能是非常丰富的，现列举（不限于）如下：

（1）信息技术—新材料。信息技术的发展进程历来与新材料的研发进程之间具有天然耦合性，信息技术可以推动新材料的智能化、数字化的广泛应用，而新材料也可以改变数字媒介的传播形态，这些联动的前景将促使二者持续地且活跃地相互观照、相互渗透。（2）信息技术—文化消费。新兴的数字产业必将重塑文化产业的业态乃至生态，因此，扬子洲要积极借助当地信息技术的发展成果，打造文化产业新形态体验区与新生态的前瞻区。（3）创意设计—休闲观光。在对扬子洲整体城市环境、生态景观优化过程中，要积极借助当地创意设计的发展动能，打破创意产业与创意城市的界线，形成需求互补、成效共享的局面。（4）生物医药—生态农业。生物医药的高端制造可以为当地农产品种植、加工提供更加绿色健康、更加科学高效的技术支持，从而由内而外地推动当地农业从粗放生产向集约生产转变的进程。

二、互利联动

如前所述，扬子洲地处多重产业布局交会之处，因此，可以就近交流的技术平台是便利的，可以直接对接的产业资源是丰富的，可以跨界合作的共创项目更是多维的。所以，扬子洲要想快速发展，必须要与周边地区的优势产业、特色产业积极联动，这既包括对某些先进产业的直接引进或延伸落地，也包括与相关产业展开多种形式的合作，形成近水楼台、便于互利之势。这些周边产业包括如下：（1）东湖区：总部（楼宇）经济、文化创意旅游业、健康养老服务业。（2）高新区：国家级医药国际创新园落户高新区、半导体照明（LED）产业、第二产业中附加值较高的上游研发设计和下游的营销与结算（包括总部经济），以及由此衍生的会展、电子商务、培训等产业、生物医药、电子信息及应用软件制造。（3）昌北组团：新材料及节能环保、外向型工业。（4）临空组团：生物医药、电子信息产业，总部经济。（5）经开区：医药食品产业，电子信息产业，新材料产业，南昌国家生物医药产业基地、江西省光电产业基地。

三、错位联动

所谓"错位联动"，既考虑到扬子洲的自身定位，更是为了避免无谓的竞争与资源浪费，因而有必要避开某些周边地区已然充分发展、优先发展而自身暂时无力发展或无必要发展的产业。对这些产业只可接收其辐射或与之在某些层面展开合作，而不能与周边地区并行地将其选择为本地区主导产业，这些产业包括：（1）东湖区：现代商贸商务业、金融服务业、互联网产业。（2）高新区：服务外包产业、太阳能光伏产业。（3）昌北组团：汽车及零部件制造、新能源、高端装备制造业。（4）临空组团：航空物流、高端制造。（5）经开区：汽车机电产业、家电产业、装备制造业。

四、宏观联动

加强与长三角、泛珠三角的产业与科技对接。进一步推动扬子洲创新性产业集群与中关村、东湖、张江、深圳等国家自主创新示范区之间的合作交流。推动与中部和长江经济带各高新区建立更为紧密的战略合作关系，在创新合作模式、招商引资、品牌输出、产业转移等方面加强衔接合作。以长江中游区域经济一体化为纽带、以基础设施一体化为先导，以环鄱阳湖经济圈为基点,推动扬子洲建设与长株潭城市群、武汉城市圈、江淮城市群融合发展,构建特色突出、错位发展、互补互促、布局优化的区域产业格局,形成合力、合作共赢,为全国转变经济发展方式、实现创新驱动发展探索新路。

第六章 主要任务

第一节 绿色经济领航计划

第一,将发展生物产业作为扬子洲产业落地的突破口,于纵向层面打造由生物医药向健康服务延伸的生物产业体系,同时在横向层面,每一个领域都要兼顾发展技术研发、产品制造、会展交易、服务定制等各个环节。要充分挖掘区域市场需求及发展潜力,聚焦生物产业高端领域,力求在5年内引进2~3家10亿级以上的大中型现代生物企业,10年内,在扬州培育5~6家1亿级以上小微生物企业,最终在15年内,打造一个研发成果先进、市场营销健全、技术服务到位的"育、繁、推一体化"现代生物产业集群。

第二,在扬子洲打造中国(南昌)中医药科创城延伸区,建设融合开放、要素聚集、功能完善的中医药创新综合体。重点建设创新研发、展示交易、金融服务、智库服务成果转化等功能区块,成为中国中医药领域创意资源密集、创新要素齐备、创新能力活跃、创新成果丰富的地区。

第三,推动扬子洲现代农业成为"南昌绿谷"的重要产业支撑。当地应当充分发挥作为南昌蔬菜生产基地的产业优势,加强规划引导和市场开发,加大基础设施投入,打造技术密集型农业生产模式。建设和改造当地水稻、蔬菜、花卉等农业生产模式,培育和扶持一批农产品深加工、保鲜、贮藏、运输示范企业,建设和改善一批农产品市场的冷链系统、质量追溯体系、信息系统等设施,推广应用智能温室、钢架大棚、喷滴灌技术。推动移动互联网、物联网、云计算、大数据、3S等技术在农业生产、经营、管理和服务等各领域的应用,提升农业生产智能化水平,健全农业信息监测预警体系。在此基础上,扬子洲可以推进绿色食品精深加工和深度开发,以农业标准化生产、质量安全体系建设、科技进步与项目支持、核心品牌整体宣传、发展外向型农业为重点,在扬子洲创建绿色有机农产品和食、药两用特色产品示范基地。

第四,强化绿色经济的区域品牌建设。围绕生物科技、特色中药、特色果蔬、非转基因稻米等产业优势产品,实施以"生态赣江、健康食材"为主题的品牌建设战略,将产品品牌建设与区域品牌建设并举,企业主体功能与政府引导功能并举,整合现有资源,大力发展药材、农产品电子商务,完善宣传、销售、配送及综合服务网络,借助新媒体平台打造具有省内乃至国内影响力的扬子洲绿色产品品牌。

第五,以满足南昌乃至江西环境治理和节能系统升级为切入点,在扬子洲打造国内领先的环保产业集群。重点发展环保技术与装备研发及应用,从研发做起,推进高性能、低成本的污水、烟气、固体废物防治成套技术和装备研发,推进环境监测仪器设备的研发,推进高效膜材料及组件、生物环保技术与工艺、控制温室气体排放技术及其相关新材料与药剂的研发，力图在5年内建成2～3个省级节能科技研发机构。在此基础上，强化适用新技术集成应用，提高环保产业的整体技术水平和配套能力，在10年内吸引2～3家环保龙头企业落地，跟进5家以上中小型环保企业落地，同时在15年内，孵化新兴环保企业5家以上，最终在扬子洲建成以"功能综合、水准高端、服务导向"为特色的环保产业集群。

第二节 高端服务引智计划

扬子洲应当以设计促进产城融合为主线，着力开放合作，打造卓越品牌，在扬子洲建成具有全省引领作用的开放性高端服务业试点，具体工作包括以下五个产业方向：第一，完善健康服务生态圈。首先，扬子洲可以与当地生物医药产业发展不同，设立生物医药研发中心，致力于突破抗体药物、生物育种等医药技术，大力发展重大疾病防治的医药服务，着力开发新型疫苗、新型制剂、现代中药等创新医药产品，同时，加快中药保健品领域的关键产品和技术研发。在扎实推进生物医药研发、生产进程的同时，扬子洲可以围绕"虚实并济，双管齐下"的思路，在扬子洲建立南昌市民健康服务后台中心，推动全市医疗保险信息、医疗资源、病历档案等信息的数字化管理、一站式通览，进而基于这一平台积极引进社会资本，完善信息系统，向市民提供体检预约、掌上诊断、智能化健康管理、个性化保健方案等更为丰富的健康服务内容。基于此，在条件允许的情况下，可以利用扬子洲的环境基础与产业基础，推动健康服务业向养老地产、养老金融、托管托养服务延伸，最终整合为集"医药—健康—养老"三位于一体的"大健康"产业生态。

第二，构建设计产业交流圈。吸引全国、全省工业制造、信息技术、工艺美术等领域的龙头企业在扬子洲设立专业化设计工作室，同时借鉴"设计小镇"的众创孵化模式，扶持并打造工业设计、软件设计、建筑设计、艺术品设计、集成电路设计等"小、专、精"设计工作室集群。为此，扬子洲应当建立设计产业创新服务平台，建立设计资源共享平台，同步、双向建立健全设计版权保护机制与设计版权交易市场。此外，扬子洲还可以立足省级高度、国家视野，借助"一带一路"倡议平台，鼓励扬子洲优秀设计企业加入全球分工体系，全面接轨创意城市网络，全面对标联合国教科文组织对"设计之都"的要求设置，包括：成熟的设计产业、设计驱动的文化版图和建筑版图，并有设计学校和设计研究中心，可持续地为创作者和设计师提供相应的实践活动；具有举办设计相关博览会、比赛和展览的经验；为设计师和城市规划者提供基于外部发展的环境；具有设计驱动的创意产业等。在此基础上，鼓励当地设计企业参与创意城市网络"设计之都"活动等国外各类重大展览和设计活动，承接国际订单，在全球范围内开展联合研发与交流合作。

第三，打造数字创意增长圈。扬子洲可以依托南昌及江西深厚的文化底蕴，充分开拓文化与科技融合所产生的创新空间，在扬子洲建立集文化内容创新与产品创新于一体的数字创意产业集群。首先，该集群可以依托扬子洲在VR、AR、传感器等交互性媒介方面的技术优势，面向全国文物保护单位、文化团体和企业，将丰富的带有中国特色的艺术品文物、非物质文化遗产以及地方特色风物予以多样形式、多种体验的文化资源转换，集成世界各地的技术元素、人本元素、艺术元素、文化元素，在扬子洲建立综合性的、全国性的数字博物馆、数字美术馆、智慧文化遗产的后台基地。其次，要把握行业发展趋势，重点引进具有综合运用各类识别、传感、连接和云服务等交互及储存技术的研发机构与企业，同时与移动终端生产公司、人工智能科技公司、互联网信息服务公司等展开合作，围绕能够实现用户互动交互、生活娱乐、人体监测、信息获取等功能的裸眼 3D、AR、VR、MR、智能手环、智能耳环、智能手套、智能眼镜等产品，共建集研发、生产、销售于一体的数字创新平台、数字技术体验空间与数字产品展销中心。

第四，发展新型智库综合圈。扬子洲要以引进高端研究人才为关键抓手，以开放管理机制为基本聚合力，以专业化、特色化发展为核心导向，依托本地良好的生态环境与土地资源，在 10 年内引进 2～3 家省属、部属智库的分支机构、2～3 家南昌高校智库总部、5～6 家民营智库总部或分支机构落地扬子洲，最终形成市场运作与公共管理互补、战略性与实操性互补、综合性与专业性互补的新型智库产业生产业体系，为南昌市乃至江西省在新形势下的创新发展提供公正、客观、独立、科学的、特殊的智力资源。为此，扬子洲的智库产业可以拓宽聘请国外专家来华交流和研究的渠道，简化研究人才引进审批手续，通过提高扬子洲智库的开放程度实现深化研究水平的前沿性与专业性。鼓励科研机构专家学者、企业研究人员、政府部门资深工作人员相互兼职；鼓励青年研究人员到智库从事专门研究工作，要让智库工作经历成为研究人员从事其他工作的宝贵财富，从而带动更多青年研究人员参与智库研究工作。进而可以以政府为纽带搭建智库产业联盟，力求在 5 年内共建江西省省情数据库，共创江西省发展战略咨询平台。

第三节　跨界联动融创计划

落地于扬子洲的各类产业集群还需要紧密回应当下生产模式的技术变革以及市场需求的动态发展，这些变革与发展不仅存在于某一具体的行业之内，而且贯穿于各个行业之间，如生产性服务理念、"设计+"理念、柔性化定制理念等，这些新兴动态将作为纽带促进各个行业突破各自边界，形成融合创新的产业势能，以下即扬子洲产业规划图景中可能发生并有需要鼓励的联动与融创模式。

第一，数字创意与当地健康服务业融创计划。聚焦数字创意产业对于互联网信息技术、新材料技术、智能制造技术的整合应用，在健康服务领域催生新兴产业动能。在技术领域，重点突破能够影响智能穿戴设备发展的关键技术，如柔性屏幕材料研发、MEMS 传感器，基于语音识别、图像识别、眼球识别、姿势识别的人机交互界面等，以此为技术依托，在应用领域关注目前市场需求日益扩增的数字医疗设备、数字保健设备、数字健身设备、健康信息管理等产品的研发，由此进一步突破健康云处理、健康智能家居等健康服务新形态，在全环境、全视野层面实现健康服务与数字创意产业的充分对接。

第二，数字创意与当地设计产业融创计划。首先，要充分利用数字产业由文化创新、产品创新、技术创新形成的产业驱动力，推动设计企业数字化、数字创意企业设计化，有效推动文化产业链及文化产业多业态的发展；其次，可穿戴设备企业要与当地设计服务企业充分对接，加强智能穿戴产品在设计层面的个性化、时尚化、生活化乃至定制化，发展信息技术"设计＋"合作模式，推动技术研发与市场需求的有效互动。

第三，现代农业与当地生物医药融创计划。在扬子洲现代农业产业上游的研发领域，要充分利用当地规划发展的生物研发与生物制造技术优势，在农业育种、绿色农业产品地等方面提供技术支持，推进农业生物制造关键技术的开发、示范与应用。

第四，现代农业与当地设计产业融创计划。在现代农业产业下游的延伸领域，推动科技、人文等元素以创意设计为媒介融入农业，发展农田艺术景观、阳台农艺等创意农业，积极探索农产品个性化定制服务、会展农业等新兴业态，由此带动当地休闲、旅游、度假、地产等行业的进一步发展。

第五，生物医药与周边智能制造业联动计划。在扬子洲的中医药科创城打造1～2个智能制造示范车间。加快人机智能交互技术、工业机器人技术在医药生产过程中的深度应用，支持企业建设中成药、原材药、化学制剂的智能生产车间，实现生产过程的自动化与智能化，在此基础上努力实现生物医药的私人订制服务，利用柔性化产业模式将医药市场细分至个人，推动行业从传统批量生产模式中彻底转型。

第六，设计产业与周边制造业联动计划。要充分发挥设计业对制造业、信息产业融合增值的潜能，紧密结合扬子洲乃至南昌现有及规划产业格局，在高端装备制造、电子信息、新能源汽车、生物医药、航空航天等扬子洲或南昌重点行业开展一批工业设计，提升产业的示范项目，积极推动扬子洲设计企业与南昌乃至江西全域制造企业对接，通过设计提升相关产业发展，吸引有条件的龙头骨干企业在扬子洲建立设计创新中心，对符合条件的设计创新中心予以认定，引导社会资金加大设计投入，促进制造业企业面向用户需求提高设计创新水平。

第四节 城市更新应用计划

所谓城市更新，既指扬子洲内部的镇域改造，也指整个东湖区的城市建设，扬子洲应该从区级层面制订规则，对于在扬子洲落地发展的高新企业，在城市更新过程中基础设施、公共服务的升级优化工程，以政府招标、服务外包、PPP等多种模式优先应用它们的技术，开辟产业发展与城市更新互为场景、互为动力的合作空间，具体计划如下：

第一，设计产业优化城镇环境。围绕扬子洲产城融合的规划方针，充分发挥环境设计在提升城市品质、优化人居环境方面的智力支撑作用，完成扬子洲重点地区公共空间环境、公共基础设施以及城市景观和城市标识系统优化。选取典型街道和社区，整合设计和商业运营资源，建立服务设计公共平台，开展小区改造、空间优化、废旧物再利用等"设计改变生活"应用示范项目，提升当地居民生活品质。在此基础上，该计划可以将实践的覆盖面推及全区乃至全市，以进一步发挥扬子洲设计产业在南昌市广泛开展的城市老旧空间改造、城市存量空间再生等领域的作用。同时，扬子洲的设计企业也可以与当地节能环保企业强强联手，强化"低碳生态、以人为本"的设计理念,在江西省推行低碳城市生态系统、海绵城市环境系统,将环境设计与南昌市新材料、新能源、新工艺的推广应用紧密结合,营造绿色人居环境。

第二,健康服务业整合医疗资源。扬子洲应该充分利用东湖区现有丰富的医疗资源,进一步寻求平台整合、渠道拓展、服务创新,打造江西省健康信息服务中心,将个体器械机构整合为一个整体,将病患人员、医务人员、保险公司、研究人员等紧密联系起来,实现业务协同,增加社会、机构、个人的三重效益。在纵向层面,建设省、市、县三级健康信息平台,搭建以公共卫生、计划生育、医疗服务、医疗保障、药品供应、综合管理为主要业务,以医疗云数据中心、医疗城域网、医疗园区网、医疗云采集点为组成部分的健康信息服务基础框架。推动全省居民健康"一卡通"工程、健康管理服务集约化管理工程,在扬子洲加快建成开放、统一、优质、高效的江西省"健康云"。

第三,环保产业推动绿色江西建设。扬子洲应当将自身建设为南昌市乃至江西省环保产业公共化应用"试验田",引导各类环保技术既要对合理利用农业自然资源、防止农业污染、保护农业生态平衡等方面作出贡献,也要对维系城市地下水位、城市洪涝控制、城市资源回用、城市水污染治理等方面提供智力支持,将南昌打造为河清、水畅、景美的海绵城市,在适应环境变化和应对自然灾害等方面具有良好"弹性"。

第四,智库产业参与政府治理。江西省各级政府应当通过具体的规范条款构建智库"谋"、政府"断"的合理分工模式,使智库咨询成为城市建设过程中决策生成和决策评估的必备环节。同时,政府还应重视民营智库作为政府与公众理性沟通的重要渠道,发挥智库在多元利益表达机制中的独特作用。为此,政府要加大财政资金购买智库服务的力度,充分发挥社会智库思想性、创新性、独立性强的特点,鼓励开展决策咨询服务和对政府决策结果进行中后期评估,改变过度依赖部门内研究机构的现状,避免政府公信力的缺失和思想产品的蜕化。

第五节 集群生态跃升计划

依据国内外产业集群发展经验,产业创新往往产生于产业聚集的区域,但是单纯空间上的产业聚集未必带来真正的产业创新,因此,扬子洲在培育发展多元化的产业集群时,应当注意通过在培育模式上从过去以生产配套为主的生产集群路径转变为以合作互动为主的创新集群路径。要通过模式创新,在长期的正式合作和非正式互动的基础上,建立依靠扬子洲优势要素和特色资源的创新生态系统,着力将基于地理临近、政策优惠、成本低廉而形成的产业集群分阶段逐步升级为以"两区、两心、两平台"为整合框架的创新型产业生态圈层,其中包括一个园区、一个社区、一个孵化平台、一个产业互动平台、一个公共服务中心、一个推广展示中心六个组成部分。

"一个园区"是指通过一定的优惠政策吸引国内外某一产业的相关企业入驻园区,通过产业链诸环节间的地理临近、共享配套设施从而降低生产成本、沟通成本与贸易成本,以形成聚集效应;"一个社区"是指将企业间的聚集方式从单纯的专业化、生产性聚集转向以频繁而活跃的社会化互动、非贸易合作、跨边界融合以及生产、生活与生态的"三生"融合为目的的聚集，从而使产业的聚集效应从简单的由政策、劳动力、地理临近所形成的成本优势转化为无形而富有自身创新特色的知识溢出优势，产业化聚集由此转型为社区化聚集，从而避免一旦失去成本优势各企业即"人去楼空"的现象发生。力争在5年内吸引创业者1500名，资产规模达15亿元，10年内吸引创业者5000名，资产规模达50亿元；

"一个孵化平台"，是指通过园区内企业之间的社区化联结，形成创业要素的高效聚集，其中包括创业政策引导、龙头企业带动、天使基金跟进等关键环节，进而激发强有力的创新项目。同时，借助孵化平台的打造，促使集群从以政府为主体转变为以企业为主体，从房租收益为主转变为股东收益为主，从税源培育为主转变为创新主体培育为主，从量的扩张转变为质的提升，力争在10年内孵化创业项目500个，孵化新三板挂牌企业3家。聚集投资机构100余家，聚集资本200亿元；

"一个产业互动平台"，是指打造一批由企业牵头的产业技术创新战略平台。围绕重点领域，促进行业龙头企业或骨干创新型企业与高等学校、科研院所及相关中介服务机构，在生物医药、数字创意、工业设计等领域，共同构建若干集"产、学、研"于一体的融创社交空间，在扬子洲形成"有核无边，辐射带动"的创业氛围。充分运用市场机制，支持平台内各主体开展协同创新，探索完善彼此间合作的信用机制、责任机制和利益机制，进而实现优势互补、利益共享、风险共担。

"一个公共服务中心"是指通过面向高新技术领域企业，提升放宽住所要求、放宽冠名限制、核名自助查询、网络远程审批、五证合一等公共服务效能，进而在科技咨询、专利版权保护、检验检测认证、政策指导、创业指导等各方面打造一体化、一站式创业者咨询中心，全面降低入驻企业创业的资金成本、时间成本与精力成本；

"一个推广展示中心"是指以国际视野为引导，推动集群内企业与集群外企业、市场、研发机构对接，举办产业发展高端论坛、专题讲座和研讨会，以及高端新兴产品推介会、发布会、展览会，或具有知识普及色彩的体验乐园，以此提升扬子洲产业集群的品牌知名度、社会影响力与行业号召力。

第六节 产业政策聚力计划

第一，财政金融鼓励政策。在财政鼓励方面，高新企业分红个人股东缴纳的个人所得税，按其实际地方财政贡献的60%给予返还奖励。进镇的生产性外商投资企业及经认定的高新技术企业按照国家政策可享受15%的所得税税率，并免征3%的地方所得税；经营期在10年以上的，从开始获利年度起，可享受二免三减半的优惠，经评审认定的科技型创业企业自投产经营年度起，缴纳的营业税和企业所得税地方留成部分，按第1年100%、第2年50%、第3年30%的标准奖励用于研发或扩大生产。对单位或个人从事技术转让、技术开发业务和与之相关的技术咨询、技术服务业务取得的收入，免征营业税。在金融鼓励方面，加大投融资模式创新,财政投资先导,社会资本跟进,最终带动多层次产业基金的形成,其中包括2 000万元天使启动基金、5 000万元天使引导基金、1亿元创业引导基金、1亿元创业贷款风险池,最终达到政策直接投入变间接投入,无偿投入变有偿投入,低效投入变高效投入。鼓励金融机构创新金融产品和服务方式,探索拓宽扬子洲产业贷款抵押担保范围,在风险可控、商业可持续的前提下加大对产业的信贷支持力度。支持符合条件的企业上市融资、发行各类企业债券和组建财务公司,利用多层次资本市场进行融资。创新利用外资方式积极争取境外直接投资、国际组织和外国政府优惠贷款、国际商业贷款等。

第二,研发补助政策。设有研发机构、具有明确的企业发展战略的企业,对年销售收入1亿~10亿元、上年收入增速40%以上的,予以研发经费最高20%的支持,每年不超过200万元;经认定的拥有发明专利或者核心知识产权的重点自主创新产品,自认定之日起2年内,该产品新增利润形成地方财力部分、新增增值税形成地方财力50%的,由区财政予以研发资助;对获得国家孵化载体认定的,区科技研发予以最高50万元配套资助,优先保障孵化载体建设用房、用地需求。此外,开发科技创新券使用规范,该券用于鼓励扬子洲小微企业及创业团队在开展创新项目过程中购买高等学校、科研院所的科技服务。当地政府向企业发放创新券,企业用创新券向研发机构、研发人员购买科技成果或研发、设计、检测等科技服务,或者购买研发设备。然后,科研服务机构和科研服务人员到政府财政部门兑现创新券。

第三,人才引进政策。对于与本规划产业相关的企业、产业平台、组织社团内在职的领军人才、高管人才、外籍人才、特需人才等,实施全套人才引进政策。对全职引进的国内外顶尖人才、"千人计划"专家、国家级智库研究领域带头人、"海聚工程"等领军型科技创新人才,对柔性引进的市级顶尖、杰出和领军的高精尖企业带头人,经评估对我区科技创新或经济发展有重大贡献的,给予500万元科研经费补贴和最高100万元的资助奖励。对高管、技术骨干所在企业的股权、期权、知识产权成果所得形成个人所得税的地方分享部分,给予50%分期奖励。给予引进的中国科学院院士、中国工程院院士、国外科学院院士、国外工程院院士原则上不少于300万元科研成果产业化配套资金,并给予100万元安家补贴。对于进入上市辅导期的科技企业,给予企业主要经营者一次性奖励5万元;对在海内外上市公开发行股票的科技企业,再给予企业主要经营者一次性奖励50万元。对引入的高层次人才3年内免费提供不低于100平方米的生活自住房;高层次人才自行租用区域范围内的自住用房给予房租补贴,补贴标准不超过3000/月;高层次人才的配偶办理随调;高层次人才子女入学可由教育行政部门和主管部门就近提供优质办公教育资源,需要自主择校的,给予一次性择校补贴2万元。

第四,企业引进政策。在扬子洲镇内注册的投资、建设、运营的企业或作为产业引资引智平台的企业应当符合如下"高、精、尖"的标准:"高"指年资本投入、研发费用、营业收入、市场规模等综合加权平均增长率在15%以上;"精"指净资产收益率在10%以上,能源消耗占经营收入的比率在5%以下;"尖"指在行业内综合实力排名前10的企业,或具有不可替代的知识产业、专有技术、管理经验的企业,或已在国内外上市的企业或总部企业。对于建设期、培育期较长的企业或引资引智平台型企业,结合企业实际,采取更具个性化的衡量指标体系。对于符合上述标准的扬子洲入驻企业,如果进一步满足以下条件之一的企业:(1)注册资本金在50亿元人民币以上;(2)《财富》世界500强企业或与《财富》世界500强企业合资合作;(3)年营业收入在50亿元人民币以上;(4)年缴纳各类政府税费在2亿元以上;(5)解决就业岗位在1 000人以上,则享受"一企一策"的待遇,由企业和本区政府共同协商,量身定制出个性化的支持措施。

第五,土地及房产优惠政策。首先,对于符合"高精尖"标准的产业用地,政府加大一级开发投入力度,政府负责投资达到"七通一平"标准。合法合规设置门槛,鼓励"高精尖"文化旅游企业,特别是符合"一企一策"标准的企业优先获得产业用地,并在供地价格、土地出让金交付期限等方面兼顾政府收益与对产业发展的支持。对符合"高精尖"标准的企业减免3年的土地使用税,对于符合"一企一策"标准的企业减免6年土地使用税。其次,对符合"高精尖"标准的企业投资自建房产减征30%城市基础设施建设费,"一企一策"企业减征50%;减免设计、监理、施工、采购招标交易服务费;减免建设期排污费,或采取企业缴纳后,由区政府以环保奖励资金形式返还企业,专项用于企业的环保建设。

第七章 保障措施

第一节 基础设施

扬子洲要以促进产城融合为核心框架,以城乡一体化发展为重要引导,以产业就地应用为关键途径,以优化人居条件为根本目的,实现基础设施建设的跨越式发展。当地主管部门要在扬子洲发展过程中动态定位基础设施建设的意义与作用:在起步阶段,它作为产业建设的物质性条件,是保障产业顺利布局的重要前提;在上升阶段,它作为产业进一步发展的平台化条件,是保障产业提质增量的重要支撑;在成熟阶段,它作为产业自身衍生、应用的有机组成部分,是保障产业与当地社会互动、交融的重要载体,由此在扬子洲形成以生态为前提、以智慧为路径、以幸福为根本目标的基础设施建设思路。

第一,加强扬子洲生态建设。遵循落后区域变整洁,整洁区域变优美,优美地区变风景的思路,全面提质,不留死角。强化滩涂生态圈层及蔬菜种植基地的生态系统保护,推动生态旅游发展,推行垃圾分类处理,倡导绿色出行,做好水系生态修复和治理。对区域内脏乱差地区进行重点整治,坚决不给扬子洲的产业引进拖后腿。

第二,加强扬子洲信息化建设。构建全覆盖感知网络,加快建设全覆盖多维度的感知网络系统,统一扬子洲视频感知网络标准,规范城市公共场所摄像监控网络管理,为公安、交通、应急和城管等多个领域提供全面的视频感知服务。在智慧服务方面,建设智慧扬子洲社会云平台,建设以基础设施层、系统平台层、应用平台层为框架结构,多个系统应用为支撑的社会云平台,实现面向区域用户需求的云计算服务,为社区智慧教育、智慧健康、智慧社区和智慧生活服务提供强大的信息技术支撑。

第三，加强扬子洲民生工程建设。在教育方面，加快教育基础设施建设，合理布局中小学、幼儿园，缓解因人才流入带来的子女入学（园）难问题；在医疗卫生及养老方面，逐步完善由综合医院、大型专科医院、社区医院、保健站等组成的多层次医疗体系，到2020年，实现医疗资源全覆盖，让全镇人民成为社会共建共享发展的主体，将扬子洲打造成为安居乐业、幸福和谐的宜居家园。

第二节　组织领导

第一，推进机制创新。成立由区发展改革委员会牵头的扬子洲产城融合发展领导小组，构建协调机制，形成合力，统筹推进各项工作。区政府各有关部门、镇人民政府要根据规划要求制订实施方案和具体落实措施，加大支持力度，加快将战略性新兴产业培育成为扬子洲的先导产业和支柱产业。领导小组要研究协调产业发展中的重大问题，指导推动本规划的组织实施。领导小组办公室设在区发改委，负责日常工作。区有关部门要按领导小组部署，加快编制重点领域行动计划，确保各项工作扎实有序推进。要切实把新兴产业发展纳入扬子洲乃至东湖区经济社会发展的重要议程，结合本地实际制订具体实施方案，建立健全工作机制，推动本规划各项任务落到实处。

第二，加强统计监测。确定战略性新兴产业统计范围，规范产业统计口径，建立相关领域产业企业名录库，形成符合扬子洲实际、遵循统计学规律的统计方法和统计指标体系，逐步建立科学合理的产业统计制度。逐步建设扬子洲大数据中心，建设行政权力库、法人信息库、项目信息库、宏观经济数据库，充分整合各类政务信息资源，推进大数据仓库的建设和整合应用。在此基础上，加强对各类新兴产业发展的运行监测和统计分析，及时、准确、客观地反映发展状况，为扬子洲经济社会发展的宏观调控和科学决策提供可靠依据。

第三，完善社会管理。扬子洲要针对目前行政管理结构松散、行动效率低下的问题，依据党的十九大报告提出的"打造共建共治共享的社会治理格局"目标，加强社会治理制度建设，完善党委领导、政府负责、社会协同、公众参与、法治保障的社会治理体系，提高社会治理社会化、法治化、智能化、专业化水平。扬子洲要按照"管理方式便捷化、权责界定清晰化"的思路，明确小区、农村与产业园等不同社区的管理性质，综合考量户籍人口、流动人口、区域位置等情况，在辖区内统一建立多层次、网络化的管理服务体系，形成发现、上报、处置、反馈四个环节高效衔接、有效互动的工作链条。此外，扬子洲要充分发挥基层社会组织的服务管理功能，促进基层社会组织与政府部门形成合力，强化宣传教育，增强群众参与性。同时，要整合有效资源，加大经费投入，加强治理队伍建设，为提升服务效能奠定人才基础。

北京市通州区文化创意产业发展研究[①]

[①] 2018年通州区政府委托课题。主持：熊澄宇。参与：吕宇翔、胡琦、张虹、张学骞、张苑馨、刘瑞华、吴福仲。

第一部分　基础研究

第一章　文化创意产业发展宏观环境分析
第一节　经济转型
第二节　产业变革
第三节　国家战略
第四节　区域定位

第二章　文化创意产业发展基础与问题
第一节　产业基础
第二节　产业优势
第三节　问题挑战

第三章　重点项目对标案例分析

引领项目对标案例
第一节　大运河文化创意产业发展带对标案例
第二节　通州设计之都示范区对标案例
第三节　宋庄特色小镇对标案例

提升项目对标案例
第一节　台湖小剧场原创小镇对标案例
第二节　会展产业项目对标案例
第三节　体育产业项目对标案例

发展项目对标案例
第一节　工业大院改造项目对标案例
第二节　民俗文化产业化对标案例
第三节　文化产品和服务对标案例

第二部分　定位研究

第四章　文化创意产业定位
第一节　产业目标定位
第二节　产业战略定位
第三节　产业配套体系建设方向定位

第五章　文化创意产业发展的主要任务
第一节　激活文化经济
第二节　重塑产业生态
第三节　增进创意集成
第四节　融贯全局发展

第六章　文化创意产业分析及重点产业规划
第一节　发展思路
第二节　重点项目
第三节　空间布局

第三部分　路径研究

第七章　文化创意产业发展路径
第一节　引领项目实施路径
第二节　提升项目实施路径
第三节　发展项目实施路径

第八章　文化创意产业保障措施
第一节　组织保障
第二节　资金保障
第三节　人才保障
第四节　平台保障

第九章　文化创意产业招商方向及策略
第一节　招商方向
第二节　招商方案与策略

第一部分 基础研究

第一章 文化创意产业发展宏观环境分析

第一节 经济转型

自 2008 年金融危机以来，全球化经济格局产生深刻变革，对我国宏观经济环境形成重要影响。一方面，发达国家以国家利益优先为名、以贸易保护主义为实，推动高端制造业从世界各地回流本土；另一方面，随着我国人口红利消退，中低端制造业逐渐从中国撤出，转向劳动力、土地、资源价格更为低廉的国家。由此，发达国家对高端产业的分流与发展中国家对中低端产业的分流同时发生，对我国产业发展形成"双向抽空"。严峻的外部经济环境促使国民经济体系的调整重心势必向具有自主性、高附加值、广阔市场空间的新兴产业倾斜，而文化产业无疑是其中重要的组成部分。

除了国际经济环境的变化，国内经济结构也在需求侧与供给侧两方面发生变化。在需求侧，国民需求结构更加多元、层次更高，持续多年的以"吃"为主导的需求结构正呈现精神化、个性化趋向；在供给侧，国内企业各方面创新能力依然不强，缺少具有核心竞争力、品牌影响力的产品。此外，粗放式生产模式导致的产能过剩与环境污染，也进一步威胁国民经济的可持续发展。国家需要积极打造更具创新性、集约性的经济发展模式，以应对上述新环境、新问题的出现。

为此，党的十九大报告明确指出：在需求侧，"我国社会主要矛盾转化为人民日益增长的美好生活需要和不平衡不充分的发展之间的矛盾"；在供给侧，"我国经济已由高速增长阶段转向高质量发展阶段"，在此方向的指引下，我国要加快构建现代化经济体系。一方面，战略性新兴产业稳步推进。"互联网+"行动和国家大数据战略的实施以及人工智能、虚拟现实等新技术兴起，促进了平台经济、数字经济、创意经济等新业态不断涌现，2017 年 1—7 月，我国战略性新兴产业重点行业营业收入达到 11.6 万亿元，同比增长 13.8%，增速较去年同期提高 2.3%。2017 年上半年，战略性新兴产业上市公司营收总额达 1.69 万亿元，同比增长 19.8%，比上年同期提升 1.7%。另一方面，我国现代服务业创新发展成效显著。2017 年，我国第三产业增加值为 427 032 亿元，比上年增长 8.0%，增速位居三产第一，第三产业增加值占 GDP 的比重为 51.6%，已成为国民经济位居主导的产业形态，并在此基础上初步解决了我国第三产业内在层次较低、满足人民多样化消费需求的服务占比较低等问题。而文化创意产业恰恰处于新兴产业与高端服务业的交叠地带，因此在未来，上述两大产业领域的发展势能必然能成为文化产业注入产业变革的强劲驱动。

第二节 产业变革

我国宏观经济结构的转型正在为文化产业、创意经济的发展积蓄充足的能量，开辟广阔的空间。根据《2017年国民经济和社会发展统计公报》，2017年，我国全年社会消费品零售总额 366 262 亿元，比上年增长 10.2%，其中文化办公用品类增长 9.8%；全年全社会固定资产投资 641 238 亿元，比上年增长 7.0%。其中文化、体育和娱乐业固定资产投资达到 8 732 亿元，比上年增长 12.9%。国民消费与投资向文化产业领域倾斜推动了文化市场环境扩张、资本环境升级，由此将推动我国文化产业持续地振兴与繁荣。据统计，2016 年我国文化产业实现增加值 30 254 亿元，比 2012 年增长 67.4%，占当年 GDP 比重首次突破 4%，距离国民经济支柱性产业仅一步之遥（占比 5%），比 GDP 增速高 5.4 个百分点。2017 年，我国文化及相关产业企业营业收入 91 950 亿元，比上年增长 10.8%，增速提高 3.3 个百分点，继续保持较快增长。文化产业对于优化国民经济结构，坚持创新、协调、绿色、开放、共享的发展理念，正发挥着越来越重要且不可替代的作用。

文化创意产业与其他产业融合发展是当前世界经济发展的重要趋势。新媒体、云计算、物联网等新技术、新知识和新渠道的快速发展，不断催生新兴文化业态、产品内容和全社会的创业热情，大幅拓展了"文化+"概念的产业内涵。这一更新方向足以成为通州区突破旧有经济结构的关键抓手以及产业转型路径选择的重要依据。首先是"文化+旅游"。据统计，2017 年国内游客 50 亿人次，比上年增长 12.8%；国内旅游收入 45 661 亿元，增长 15.9%，旅游市场持续升温。随着 2009 年国家颁布《促进文化与旅游结合发展的指导意见》，旅游业和文化创意产业融合发展的趋势开始日益凸显。创意不仅能融入现有的旅游要素之中，使现有旅游产品品质得到提升，也能作为核心资源，并整合资本、科技等其他要素，形成新的文化旅游主题区。

其次是"文化+设计"。2014 年，国务院颁布《关于推进文化创意和设计服务与相关产业融合发展的若干意见》，明确创意设计的高知识性、高增值性和低能耗、低污染等特征，强调了推进文化创意和设计服务等新型、高端服务业发展，对于促进经济结构调整和发展方式转变、推动生产模式与服务模式创新、带动万众创业、大众创新、满足多样化消费需求、提高人民生活质量的重要意义；

最后是"文化+科技"。2016 年，国务院印发《"十三五"国家战略性新兴产业发展规划》，明确将数字创意产业列为国家战略性新兴产业。预计"十三五"末，全国数字创意产业相关行业产值规模将达到 8 万亿元。数字媒体技术作为一个跨自然科学、社会科学和人文科学的综合型新兴专业方向将带动数字创意产业迅速崛起，集成世界各地的技术元素、人本元素、艺术元素、文化元素和商业模式，从而整合形成创新产业链。上述新兴业态的涌现，既契合了当今产业发展数字化、创意化、融合化的变革趋势，同时也得到了国家顶层设计的有力支持，因此可以作为具有巨大发展潜力的扶植对象，为北京乃至通州构建现代化经济体系提供有效途径与多维活力。

第三节　国家战略

面对经济环境与产业格局的双重变革，国家战略的及时调整将成为保障民族复兴之路的核心驱动,而在此过程中,京津冀一体化战略与文化产业振兴战略无疑对通州的发展具有深远的意义。第一,随着 2015 年《京津冀协同发展规划纲要》的发布,京津冀的区域协同发展上升为一项重大的国家战略。由此,京津冀不同城市、不同区域之间在北京非首都功能疏解、基础设施建设一体化、生态环境保护、产业互通合作等重点领域具有深远的发展前景。2016 年,《"十三五"时期京津冀国民经济和社会发展规划》发布,明确提出,到 2020 年,京津冀地区的整体实力将进一步提升,经济保持中高速增长,结构调整取得重要进展;协同发展取得阶段性成效,首都"大城市病"问题得到缓解,生产方式和生活方式的低碳水平上升;人民生活水平和质量普遍提高,城乡居民收入较快增长,基本公共服务均等化水平稳步提高。在此格局中,通州区向西衔接首都中心城区,向东衔接"北三县",正日益成为区域沟通的关键枢纽、整体规划的重要节点,由此它也将逐渐成为京津冀协同发展的率先突破区、战略引领区。

第二,2009 年《文化产业振兴规划》出台,国家首次将文化体制改革和大力发展文化产业从局部的经济战略和文化战略上升到全局性的国家战略。自十八大以来,我国出台了一系列更为具体的文化产业扶持政策,进一步巩固了文化产业的国家战略地位。2017 年,为推动文化产业成为国民经济支柱性产业、加速文化产业转型升级,国家相关部门出台了《国家"十三五"时期文化发展改革规划纲要》《文化部"十三五"时期文化发展改革规划》《中华人民共和国电影产业促进法》等多个政策文件,力图通过文化立法、体制改革、鼓励新兴业态等方式在增量与提质两个维度上不断寻求突破。在 2018 年第十三届全国人大一次会议的《政府工作报告》中进一步提出,要培育新型文化业态,深化中外人文交流,以中国特色社会主义文化的繁荣兴盛凝聚起实现民族复兴的强大精神力量。通州的发展规划,既需要在空间延伸层面充分借助京、津、冀协同发展的广阔平台,也需要在产业延伸层面,积极引入文化产业振兴所带来的资本活力、创新活力与市场活力,由此将自身发展繁荣的路径打造成国家战略的落实典范、时代潮流的鲜活注脚。

第四节 区域定位

首先,习近平总书记对北京的发展和管理工作提出了"世界眼光、国际标准、中国特色、高点定位"四项要求。在此方向指引下,2017 年 9 月正式颁布的《北京城市总体规划(2016 年—2035 年)》明确指出,北京需要明确城市战略定位,坚持和强化首都全国政治中心、文化中心、国际交往中心、科技创新中心的核心功能,深入实施人文北京、科技北京、绿色北京战略,努力把北京建设成为国际一流的和谐宜居之都。为了达到这一目标,北京正在逐步实施调整疏解非首都核心功能、优化三次产业结构、促进区域均衡发展、提升城市建设特别是基础设施建设质量、健全城市管理体制、加大大气污染治理力度等方面的重大举措。

在上述发展方向上,北京作为文化中心的建设离不开文化创意产业的发展,而全国政治中心、国际交往中心与科技创新中心的建设同样需要文化产业的助力与参与,但在这些发展举措中,文化产业的创新效应、融合效应、赋值效应无疑是优化三次产业结构的关键途径。通州区作为北京发展规划的战略要地，需要积极引进、全面升级文化创意产业形态与生态，充分利用北京深厚的文脉底蕴和密集的文化资源，将自身打造为沟通传统与现代的重要桥梁、联系本土与世界的关键纽带、融合精神文明与物质文明的独特载体。

其次，2012年，在北京市第十一次党代会上，北京市委、市政府明确提出"聚焦通州战略，打造功能完备的城市副中心"的构想，是通州首都副中心成为推动首都科学发展的一个重大战略决策。2016年5月27日，中共中央政治局召开会议，强调："坚持世界眼光、国际标准、中国特色、高点定位，以创造历史、追求艺术的精神进行北京城市副中心的规划设计建设。"2017年2月，习近平总书记考察北京城市副中心时指出："站在当前这个时间节点建设北京城市副中心，要有21世纪的眼光。"同年9月，《北京城市总体规划（2016年—2035年）》提出，到2020年北京城市副中心规划区主要基础设施建设框架基本形成，主要功能节点初具规模，到2035年初步建成国际一流的和谐宜居现代化城区。

综上所述，从党中央、国务院到北京市委、市政府，都对通州立足于北京城市副中心的建设给予了高度重视与大力支持，通州的发展由此迎来历史最佳时机。在定位上，通州将建设成为国际一流的和谐宜居之都示范区，带动非首都功能疏解；建设成为新型城镇化示范区，带动周边地区城镇化；建设成为京津冀区域协同发展示范区，带动区域协同发展。在城市建设上，通州将以最高的标准、最先进的理念、最好的质量，形成配套完善的城市综合体，为该地区文化创意产业的聚集和发展提供优质的产业与政策环境，也能够为该地区的文化消费奠定深厚而可持续的市场基础。在产业发展上，通州将与雄安新区成为北京发展的"双翼"，凸显行政办公、商务服务、文化旅游产业的主导功能，同时以科技创新产业、文化创意产业为动力，形成"3+2"产业格局，建构在京、津、冀地区具有引领作用的转型升级典范。

第二章　文化创意产业发展基础与问题

第一节　产业基础

1. 我国文化产业发展现状

2017年，我国文化创意产业增加值为3.45万亿元，占GDP 4.4%，距离成为国民经济支柱性产业仅一步之遥（占比5%）。全国规模以上文化及相关产业5.5万家，企业实现营业收入91 950亿元，比上年增长10.8%，增速提高3.3个百分点。文化及相关产业10个行业的营业收入均实现增长。其中，实现两位数增长的行业有4个，分别是：以"互联网+"为主要形式的文化信息传输服务业，营业收入7 990亿元，比上年增长34.6%；文化艺术服务业，营业收入434亿元，比上年增长17.1%；文化休闲娱乐服务业，营业收入1 545亿元，比上年增长14.7%；文化用品的生产达33 665亿元，比上年增长11.4%（图2-1）。

图 2-1 中国文化产业市场规模与其占 GDP 比重（RMB）

数据来源：根据 2017 年国民经济和社会发展统计公报；中华人民共和国中央人民政府网

2. 北京文化创意产业发展现状

2017 年，北京市规模以上文化创意产业总收入为 16 196.3 亿元，比上年增长 10.8%。2017 年，北京市规模以上文化创意产业总从业人数为 125.1 万人，比上年增长 0.3%。其中，设计服务业比上年增长 20.9%、软件和信息服务业比上年增长 16.7%、文化艺术服务业比上年增长 11.1%，是发展最为迅猛的三个行业。从业人数方面，设计服务业比上年增长 21.7%，增速远超其他行业。可见，借助当选世界"设计之都"的"东风"，设计服务产业正在北京快速崛起，成为北京文化创意产业发展格局的新亮点、行动力（表 2-1）。

表 2-1 2017 年北京市规模以上文化创意产业情况

项 目	收入合计（万元）		从业人数（万人）	
	2017 年	比上年增长(%)	2017 年	比上年增长(%)
合计	16 196.3	10.8	125.1	0.3
文化艺术服务	323.4	11.1	5.7	0.6
新闻出版及发行服务	853.2	8.2	7.7	−1
广播电视电影服务	867.2	3.9	5.5	−0.8
软件和信息技术服务	7 015.8	16.7	68.1	0
广告和会展服务	1 998.1	8.1	6.5	−5.6
艺术品生产与销售服务	1 249.2	2.1	1.9	1.3
设计服务	335.6	20.9	9.3	21.7
文化休闲娱乐服务	1 051.6	1.0	8.4	−2.3
文化用品设备生产销售及其他辅助	2 502.2	6.7	12.0	5.6

注：各领域数据按 2011 年国民经济行业分类（GB/T 4754-2011）标准汇总。
数据及资料来源：北京市统计局网站、北京统计年鉴

3. 通州区文化创意产业发展现状

- 统计范围

营业收入 1 000 万元及以上（工业企业指年主营业务收入 2 000 万元及以上，文化、体育和娱乐业年营业收入 500 万元及以上）的文化创意产业法人单位或年末从业人员 50 人及以上的服务业文化创意产业法人单位。

- 采集渠道

所有符合统计范围的单位按照《服务业统计报表制度》《批发和零售业、住宿和餐饮业统计报表制度》《工业统计报表制度》的要求通过统计数据集中采集平台上报统计数据。

- 主要统计指标解释

收入合计：指单位取得的各类收入合计，包括企业的营业收入和行政、事业单位收入、民间非营利组织的收入。"企业营业收入"指企业经营主要业务和其他业务所确认的收入总额，包括主营业务收入和其他业务收入；"行政、事业单位收入合计"指从各种渠道获得的收入，包括财政拨款、行政单位预算外资金、上级补助收入、事业收入、事业单位经营收入、附属单位上缴收入和其他收入；"民间非营利组织收入"指从各种渠道获得的收入，包括捐赠收入、会费收入、提供服务收入、商品销售收入、政府补助收入、投资收益和其他收入。

从业人员：指在报告期内（年度、季度、月度）平均拥有的从业人员数，包括在岗职工、使用的劳务派遣人员及其他从业人员。季度或年度平均人数按单位实际月平均人数计算。

从 2012 年到 2016 年，通州区文化创意产业单位个数从 93 个增加到 106 个，增长 14%；从业人员人数从 16 266 人减少至 12 243 人，减少 24.7%；资产总计从 921 516 万元增长至 1 409 651 万元，增加 53%；收入合计从 927 425 万元增加至 1 550 126 万元，增长 67%（表 2-2）。可见，通州区的文创产业虽然体量不大，但是整体依然呈发展态势。从产业结构上看，通州区文化产业九大领域发展较不均衡。2017 年，通州区规模以上文化创意企业中，文化艺术服务收入合计为 9 306 万元，文化用品设备生产销售及其他辅助"一枝独秀"，收入合计为 1 341 226 万元，其占通州区规模以上文化创意企业总收入的比重为 75.3%（表 2-3）。可见，通州区文化创意产业的主导产业为文化艺术服务和文化用品设备生产销售及其他辅助。

表 2-2 通州区文化创意产业主要经济指标（2012—2016 年） 单位：万元

文化创意产业	2012	2013	2014	2015	2016
单位个数（个）	93	98	95	89	106
从业人员平均人数（人）	16 266	15 277	13 571	13 189	12 243
资产总计	921 516	956 957	1 025 329	1 137 253	1 409 651
收入合计	927 425	1 000 702	1 146 572	1 358 866	1 550 126
利润总额	16 907	9 835	16 670	5 319	70 083
税金合计	29 993	29 805	28 816	29 180	48 344

表2-3　通州区规模以上文化创意产业基本情况（2017年）

项　目	收入合计（万元）		从业人数（万人）	
	2017年	比上年增长(%)	2017年	比上年增长(%)
合计	1 781 754	15.2	11 619	-4.3
文化艺术服务	9 306	30.6	187	14.7
新闻出版及发行服务	103 952	-9.0	1 260	8.8
广播电视电影服务	24 105	10.3	404	5.2
软件和信息技术服务	50 950	-13.3	573	-19.4
广告和会展服务	198 174	-17.7	985	-6.6
艺术品生产与销售服务	12 174	-9.4	142	-6.0
设计服务	7 128	12.4	122	-41.3
文化休闲娱乐服务	34 739	-19.7	400	-7.6
文化用品设备生产销售及其他辅助	1 341 226	28.8	7 546	-4.2

注：

第二节　产业优势

1. 政策聚焦

2015年7月，北京市委审议通过了《中共北京市委北京市人民政府关于贯彻〈京津冀协同发展规划纲要〉的意见》，将通州置于京津冀协同发展的更大平台中加以谋划。2016年6月，北京市政府印发《"十三五"时期加强全国文化中心建设规划》，提出在北京城市副中心加快布局一批特色鲜明、服务完善、运营规范、效益显著的文化创意产业示范园区，增强示范园区在京津冀地区的辐射力和影响力。2017年2月，国家发改委、住建部联合印发的《关于进一步做好重大市政工程领域政府和社会资本合作（PPP）创新工作的通知》中公布了开展PPP创新工作的43个重点城市，其中通州区成为北京唯一入选的地区。此外，《北京城市副中心行动计划》《关于推进北京国际医疗服务区试点工作的若干意见》《通武廊战略合作发展框架协议》等支持通州"一核五区"建设的政策文件，也将促使通州在京津冀协同发展战略中的地位更加突出，政策支持更加全面，发展方向更加明确。

政策优势所带动的将是社会资源的进一步聚合，随着北京城市副中心在通州区"155"核心范围内的初步建成，北京市"四套班子"将率先入驻。通州区将集中力量，在服务市级机关搬迁、主要功能节点建设、路网完善、水系园林治理等方面加快落实，以形成蓝绿交织、清新明亮、水城共融、多组团集约紧凑发展的生态城市布局。另外，与"四套班子"随之而来的将是大量公务服务机构、研究机构与国有企业，这一搬迁浪潮带来的将是数以百万计的城市中高端产业人口，为了保障新增人口的全方位生活需求，文化、教育、医疗、交通等优质资源将向通州不断聚拢。在文化方面，全球最大规模的环球影城将于2019年建成，大运河文化旅游休闲带蓬勃待起；在教育方面，北京二中、北京五中、景山学校、人大附中等15所优质学校将入驻通州；在医疗方面，规划建设的国际医疗服务区将成为世界顶尖的医疗产业集群；在交通方面，未来将有10条地铁通向通州，轨道交通密度将超过中心城区。

此外，为了落实通州区高端商务的功能定位，通州区将于运河源头五河交汇处建立运河商务区，预计总投资将达到800亿元、商务楼宇面积将突破700万平方米，未来将成为北京的国际商务新中心。上述多维社会资源的汇集将共同把通州打造为具有优质社会环境、市场环境、资本环境的政务新城、产业新城、宜居新城，并在此基础上，从软件与硬件两个方面助力通州进一步发展为立足传统、放眼世界的人文新城、创意新城。

2. 京东枢纽

通州区地处北京东大门，距天安门20公里，紧邻中央商务区，距离首都机场10公里，距规划中的第二机场40公里。此外，通州区紧邻天津武清、河北廊坊等地，距天津塘沽港100公里。作为京津冀三地交汇之腹地、环渤海经济圈之枢纽，通州区境内便利的交通条件也将进一步巩固并凸显其独一无二的区位优势。在公路交通方面，通州区境内拥有密集而便捷的公路路网与轨道交通。京哈、京沈、京津塘等5条高速公路穿境而过，首都环线高速公路与京秦高速公路即将建成，公路路网总里程达到2 484公里，路网密度达到3.54公里/平方公里。在轨道交通方面，地铁八通线、M6、亦庄线和规划建设的S6、7号线、17号线等10余条轨道交通线路贯穿通州全境。与建成的六环路共同形成5条连接北京中心城区的干线通道，现代都市"一小时交通圈"呼之欲出。此外，首都机场与新机场分处通州区南北，遥相呼应，新北京东站确定落户通州区，京唐城际铁路始发站也确定为北京城市副中心站（潞城镇）。打通内部网络、分流内外交通、建立相对独立的交通体系，立体式交通网络正在将通州区与首都城区、京津冀、全国乃至世界连接为一体。

同样值得关注的是，通州区境内一马平川，分布有19条河流，总长234公里，素有"京东明珠，九河下梢"之美誉。在通州运河核心区，有大运河、温榆河、通惠河、运潮减河、小中河5条河流交汇，成为世界在一平方公里范围内运河最为密集的区域。虽然如今这些运河已经基本不再具有水运交通的功能，但是它们将通州营造成为中国北方多河富水的城区提供了弥足珍贵的景观资源与环境资源。首先，作为通州源起的大运河，将在两岸分布绵延42公里的集蓝道、绿道、休闲步道、运动跑道、骑行道于一体的运河五线谱，把全区产城融合的水平推向新的高度。其次，通州依托大运河建成了1万余亩的大运河森林公园，形成了生态大氧吧，进而将基于大运河水网、绿网、蓄水断面的改造优化，构筑独具特色的"北方湿地""海绵城市"，在通州形成生态交织的空间环境，进而激发城市永续发展的活力。最后，除了京杭运河以外，潮白河、北运河等13条河流穿区而过，也为文化产业的创意发展提供了灵动分布的亲水空间。除了现有的延芳淀湿地公园、永乐生态公园、大运河森林公园等点状分布，通州区还将立足于与周边地区的整体联动，以点带线、以线带面，着力打造环首都国家公园环与环渤海高端湿地公园，促使通州区在创新人文与优化环境之间形成良性的互动与持久的交融。

3. 业态优化

2016年，通州区经济保持中高速增长，地区生产总值突破1 000亿元，一般公共预算收入突破100亿元。通州区积极响应中央指示、国家定位，坚持走质量提升、内涵发展之路。在调整经济结构方面，一方面，坚决调整退出低端产业，累计清退各类低端企业2 000余家，完成234家市级上账工业企业的调整退出；另一方面，实施以商务服务、文化旅游带动三产，以高科技、创新型企业带动二产，以园区农业、数字农业带动一产的产业优化调整措施。大力吸引与功能定位相适应的高、精、尖产业，推动发展方式实现深度转变，内生动力不断增强，成为首都经济发展新的增长极。到2017上半年，通州地区生产总值实现290亿元，同比增长8.4%，高于全市1.6个百分点，城市副中心建设对投资增长拉动明显。社会消费品零售总额达到181.2亿元，同比增长8.3%，高于全市2.7个百分点，居民消费能力显著提升。良好的经济环境支持，通州一方面持续完善城市综合服务功能，使其初步建成满足群众需求、适应首都发展和京津冀协同发展需要的公共服务新高地，另一方面，持续增进人民福祉、促进人的全面发展，城乡居民人均可支配收入年均增长8%以上。

在文化产业发展方面，放眼全市，2017年，北京市文化创意产业实现增加值3 570亿元，占全市GDP比重达14.3%，文化产业综合发展指数全国第一。北京市文化创意产业融合化、集群化、引领性发展态势日益明显，进一步夯实了建设新型产业空间载体的新基础。目前，北京市文化信息、传媒产业等已经初具集群发展态势，极大地带动了传统产业升级和城市功能的更新与扩散，这些都将对通州发展文化产业形成良好而强劲的示范作用、带动作用与辐射作用。

截至2016年12月31日，全区文化创意产业的市场主体共计1 7667户，新增5 142户，比上年增长41.05%。截至2017年7月份，通州区规模以上（年收入1 000万元以上）文化创意产业法人单位88家，收入合计为84.44亿元，同比增长14.9%，吸纳从业人员11 442人。其中，北京环球主题公园及度假区、宋庄文化创意产业集聚区和台湖原创演艺小镇的建设，初步形成了辐射全国的影响力与覆盖全区的产业主导力，大运河文化产业带、北京设计之都示范区也在酝酿建设之中，它们将在未来进一步为通州区文化产业的全局发展提供坚实的发展基础与广阔的延伸平台。

此外，通州部分地区的制造业与农业也在绿色发展的大势所趋中具备"文化+"的升级潜能，苏宁集团等总部型项目加速聚集，保罗生物、春正立达、中际联合等高科技企业实现上市或挂牌（新三板），集农业科、教、研、产、销一体的国家级项目国际种业科技园成为科技农业、园区农业发展的龙头。西集镇的樱桃种植业、潞县的健康产业，以及马驹桥镇的科技产业，都可以在与文化产业的融合中构建更具市场竞争力的发展模式。值得关注的是，通州在一产、二产整体转型升级的过程中会腾退大量土地、楼宇、厂房，同时也有大量足以深度开发、利用的农田、绿地，这些空间资源都有潜力在日后承载众创工坊、农业休闲、会展节庆等文化产业种类丰富的延伸项目。

4. 历史积淀

通州具有悠久的建制历史，也积淀了丰富的文化遗存。其中最令世人瞩目的就是潞县故城遗址与大运河遗址。二者共同印证了通州的发展具有千年底蕴、深远脉络，这也使通州在历史传统层面获取了宝贵的差异性标识，从而与新时代的现代化定位交相呼应，为北京城市副中心的建设作为一项"千年大计"提供了鲜亮的底色与深远的脉络。

通州区境自古便扼守着北京城的东大门，是通往渤海湾、东北大平原，以及辽宁西部和蒙古高原的重要通道。史学家考证，早在20万年前，生活在今房山区周口店龙骨山的"北京人"就与远在近千公里的今辽宁省营口市、本溪市、朝阳市的原始人类有了往来。"北京人"开辟了一条经今通州区至今燕山山脉东端山海关，上古时称榆塞孔道的"京榆路"。有关资料显示，西周时期"京榆路"就已经开辟成绿茵遮蔽的车马大道。春秋战国时代，今通州地属燕国。燕昭王（公元前335年至公元前279年）开拓北疆，置上谷、渔阳、右北平、辽西、辽东五郡，那时渔阳郡就辖及通州地域。相传秦始皇东巡至汉高祖十二年（公元前195年），渔阳郡内依"京榆路"沿线设置路县，东汉时期将路县的"路"改为"潞"，县从水（潞河）名，即今通州地区，通州2200多年的建制史由此开始。

《汉书·地理志》《水经注》记载有汉代路县，但一直不能确指其具体所在，直至2016年路县城址发掘，才确认城址是两汉时期路（潞）县的治所，以城址为中心，在2公里半径范围内，考古人员清理了战国至明清时期墓葬1146座，这也成为当年中国考古十大发现之一。如今，北京市政府正式批准对路县故城城址进行原址保护，建立遗址公园，并配套设立博物馆，路县故城城址将成为北京地区首个以汉代城址为主体建立的遗址公园。

通州之名始自1151年，大运河贯通，漕运兴起，粮仓于张家湾一带聚集，有验粮楼遗存至今。金中都自1153年始，通州成为消灭北宋的前方指挥部。到了元代，存粮酿酒蔚然成风，宰相马扎尔台在此地酿酒置业，大、中、小三条烧酒巷保留至今。明朝时建造北京城所用的大批石料、木材、南方出产的商品货物，大都是由大运河水路经张家湾皇木厂运往北京。所以民间才有"先有张家湾，后有北京城"的说法。文学名著《红楼梦》中描写的十里街花枝巷的原型也出自张家湾。北起通州的京杭大运河，南抵杭州，全长1700公里，沟通了中国的海河、黄河、长江、淮河和钱塘江五大流域，是中国古代人民的伟大创举，是世界之最，历史上对北京的建设与发展、南北物资的交流、中外文化的沟通，都起过极大作用。

2014年6月第38届世界遗产大会宣布，中国大运河项目成功入选世界文化遗产名录。北京拥有大运河遗址40处，其中分布在通州的就达17处之多。其中河道1处，为通惠河通州一段故道；永通桥遗址、通运桥、张家湾码头遗址、里二泗码头遗址等8处桥梁码头；通州大运中仓遗址、通州西仓遗址2处仓库；通州城北垣遗址、皇木厂遗址（包括古槐）等古遗址5处；古建筑燃灯佛舍利塔1处，形成了"一河、一塔、一庙、一桥"灿烂的运河文化。2017年，习近平总书记两次对大运河文化作出重要指示，提出要统筹保护、传承、利用好大运河；要古为今用，深入挖掘以大运河为核心的历史文化资源。由此，涉及沿线35

个城市的大运河文化产业带正在逐步被打造为跨区域、跨部门的国家战略构想。通州作为运河北端重要节点城区，应当充分利用这一文化资源及其蕴含的发展契机，以遗址发掘、生态保护为基础，以整体规划、协调合作为路径，以功能拓展、业态环绕为切入点，通过融入、建设、升级大运河文化产业带，展现通州联结古今的文化气度与沟通南北的时代气魄。

第三节 问题挑战

1. 基础薄弱

通州区文化产业基础薄弱主要体现在两个方面：从外部条件看，文化产业的发展往往基于当地转型升级的现代制造业与较为发达的现代服务业，它们可以为文化产业提供深厚的经济基础、广阔的融合空间以及成熟的市场环境。但是这两方面在通州区发展得依然不充分，第一产业和第二产业占比相对较高，第三产业占比较低。此外，全区公共服务资源供需矛盾突出、生态承载能力不足、工业大院量大面广等问题都使全区经济转型升级任重道远，从而在产业结构和总体发展基础的层面上限制了文化创意产业的发展。

首先，通州区文化创意产业在产业结构与规模等方面还存在诸多不足。2017年，北京市规模以上文化创意企业收入合计为16 196.3亿元，比上年增长10.8%；通州区规模以上文化创意企业收入合计为178.2亿元，收入仅为全市的1.1%；北京规模以上文化创意企业的从业人数为125.1万人，比上年增长0.3%，通州区规模以上文化创意企业的从业人数近1.2万人，比上年下降4.3%。这些都表明通州区文化产业的发展起点低、底子薄，具有国际竞争力的企业较少，具有国际影响力、体现"通州创造、通州服务"的产品还不够丰富，依然有巨大的提升空间。究其原因，首先，在于文化创意产业与区域经济发展的黏性不够，文化创意产业与其他相关产业的关联度还不够强、融合度不高、带动优势不明显。以宋庄为例，会集上万艺术家的小堡画家村其原创艺术的产出能力堪称全国之最，但无论从作品创作、展览、交易，还是延伸各个环节，都存在整合困难、统计困难、产业化困难的问题，从而使该地区有文化，但无文化产业，即便有产业概念，也无产业内容，对地区经济社会发展之贡献少之又少。文化创意产业的主要生产要素是人力、知识、信息等无形的生产要素，本应当从全方位、多维度上促进区域内经济、社会、文化、科技等协调发展，如何做好"文化+"文章，运用文化创意产业全域化思路来拓展和带动设计、生产、营销及消费等上下游产业链，将文化"软实力"转变为经济上的"硬实力"，这都是进一步提升通州文化创意产业发展层级的关键所在。

其次，从产业结构上看，通州区文化产业九大领域发展较为不均衡。2017年，通州区规模以上文化创意企业中，文化艺术服务收入合计为9 306万元，比上一年增长30.6%；文化用品设备生产销售及其他辅助"一枝独秀"，收入合计为1 341 226万元，比上一年增长28.8%，通州区规模以上文化创意企业总收入的比重为75.3%；设计服务（收入合计7 128万元）和广播电视电影服务（收入合计24 105万元）比上一年分别增长12.4%和10.3%；另外五大领域的发展呈现倒退的趋势，新闻出版及发行服务（收入合计 103 952 万元）、艺术品生产与销售服务（收入合计 12 174 万元）、软件和信息技术服务（收入合计 50 950 万元）、广告和会展服务（收入合计 198 174 万元）、文化休闲娱乐服务（收入合计 34 739 万元）比上一年分别增长 -9.0%、-9.4%、-13.3%、-17.7%、-19.7%，收入合计分别约占总体的 5.8%、0.7%、2.9%、11.1% 和 1.9%。可见，通州区文化产业总体结构过度向低端倾斜，在创意核心领域缺乏强劲的驱动力，致使产业整体在价值生产方面活力匮乏、后劲不足。

还值得注意的是，通州一些负责镇域管理的领导对于在辖区发展文化产业的重视不足、积极性不强，其归根结底在于没有充分认识到文化产业的发展在当今时代已经突破了某一具体的文化生产领域，并以其纵横驰骋、软硬兼备的融合特性，能够对大量传统产业起到转型升级的强心剂、跨界发展的黏合剂的作用。对此，有必要对当地各级管理者提高这方面的认识，以更加开放的心态、灵活的思维利用好文化产业的创新势能。

2. 创新乏力

虽然目前全市对于文创推动产业发展的认识已经大有提升，但是文创理念对于产业的推动以及文化产业本身的发展，有一个投入大收效慢的过程，而且也需要有一个完整的运营体系，通州区目前整体经济结构处于转型阵痛期，整体生活节奏偏慢、消费水平偏低，难以刺激企业颠覆传统的经营模式去改变原有的状态。现有企业大多遵循传统模式经营它们的产业，以至于创新氛围不浓厚、创业热情以及创造意识都不及主城区浓郁。这具体表现在如下三个方面。

第一，通州区形态丰富、历史悠久的文化资源未能有效激活和充分利用。运河文化、古城文化、宋庄文化等过于散落，产业化发展、提升、改造尚有巨大的提升空间。文化产业的创意源泉可以分为两个层次：一是文化传统积淀的历史资源，二是当下社会孕育的时代资源，前者是文化个体向文化共同体长期聚合的结果，后者则是文化共同体进一步衍生新的文化个体的结果。健康的创意开发模式必将是这两类资源积极地、长期地互为反馈、循环流通的结果，而衔接二者的就是一整套文化更新的运作模式，它包括：通过技术手段赋予传统物质文化以新的复现空间，通过产业化赋予传统非物质文化以新的运作方式，通过创意设计赋予历史文化标识以新的传播载体，通过品牌打造赋予历史文化精神以新的价值意涵。而通州正是因为缺乏上述四个方面的意识、路径，导致当地历史文化资源与时代创意资源长期处于近乎隔绝的状态。同时，也由于通州现存大量历史遗迹尚未得到全面、深入、系统地开发与整合，这也使创意资源对通州历史文化资源的利用处于停滞状态，无法从中提炼具有"通州味儿"的文化认同感与感召力。

第二，通州区文创产业发展平台的档次还不高，产业集聚还不明显，转型升级需求迫切。现代化文化产业的发展往往需要现代化产业平台作为基础的承载力、专业的助推力、高效的整合力，这些在通州区的实践并不成熟。2017 年 12 月，文化部在长沙召开了推进文化产业园区建设和企业发展工作会议，明确提出把文化产业园区作为推动中国文化产业发展的重要抓手。当前，通州区现有文化产业的整合模式基本还以最为基础的房东式园区为主，如弘祥1979、大稿国际艺术区、国防艺术区等，它们的平台作用尚停留于为园区企业提供空间以获取房租的层面，即便有些具有一定服务功能，但是对于入驻企业内在竞争力、拓展力的提升，全产业链的要素聚集、项目聚集，并没起到实在的帮扶作用，而且与周边社会生活、产业生态的融合程度也明显偏低。立足长远发展的文化产业园区对于企业的聚合，将不再基于廉价的房租、地理的便利，而是全套服务的完善、创新能力的整合，而前述园区一旦面临土地价格上升的境况，其凝聚力也将面临消解的危险。而且，通州地标性文化设施依然相对匮乏，一些具有较大影响力和较高知名度的文创基础设施还要加大投入，地区文化优势转化为地区品牌优势的能力有待进一步激发。

第三，高端创意人才和复合型人才短缺。产业创新的核心是人才，通州区文创领域的高端人才还不够多，人才激励机制还不健全，对人才吸引力还不够强。创意人才是发展创意产业的前提和关键，人才的缺乏会从根本上制约创意产业的发展。由于产业环境、资金、政策等多方面原因，造成激励措施不到位，引人、育人、留人手段缺乏，高级文创人才来通州区创业、就业较少，这直接导致通州区目前从事文创产业的高学历、高素质人才比重偏低，从业人员的总量不足、专业化程度不高，与全区在未来文创产业发展中对人才的需求错位脱节。这一问题将从根源上遏制、阻碍产业高附加值环节，如研发、设计、营销、会展等项目难以在通州区落地生根，进而造成通州文创企业整体集约化程度低、运作能力弱、自我研发能力匮乏，严重影响通州区文创产业的后续发展。

3. 形态松散

通州区文化产业从整体布局方面表现出结构松散的问题。该问题可以具体表现为三个方面：

第一，通州区现有文创企业大多呈"低""小""散"的特征，由此导致难以形成文化、创意、产业"三位一体"的整体发展格局。例如，宋庄艺术区聚集了一大批享誉全国的文化名人和艺术家，但这些创意主体之间既没有形成功能完整、高效配合的产业链条，也没有化"聚集"为"聚合"，共同打造具有"场所精神"的文化空间，由此导致当地大量宝贵的原创性艺术资源尚未有效地转化为产业资源，因此也无法对当地产生实质的产业增长与税收贡献。产业化是途径，激活文化繁荣、造福当地才是目标，将文化创意予以产业化改造，其要点并非在于一味地商业化，而是利用资本与市场的激活能力与调配能力，引导文化创意资源在一个协同、互联的空间中进入良性发展循环。而一个产业主体之间有效配合、协同发力的产业空间，将有利于文化产品供应市场和销售市场的便利化整合，促使文化创意生产者能够更加便利地了解创意生产、技术和产品的信息，以此有效地降低文化创意者与供应商或销售商之间市场信息或生产信息不对称的程度。而一旦文创主体之间缺乏了这种协同合作，就会出现产品生产同质化、资源与信息孤岛化和上中下游产业呼应困难等问题。

第二，通州区缺乏文创领域的龙头企业、拳头产品和特色品牌，由此导致缺乏具有引领作用、向心作用的文创发展的聚合极、增长极。如果通州能够引进或孵化3~5家具有"高、精、尖"级别的文创企业，即年综合增长率在15%以上、在行业内综合排名前五、或具有不可替代的知识产权、经营模式的企业或总部企业,则可以在短时间内围绕项目树立一个覆盖全区、影响全行业、辐射全产业链的发展核心,由此引导处于分散状态的"低""小""散"文创企业向该核心协同分工、互联共融。

第三,通州区作为一个整体,尚未在北京文化产业格局中形成具有差异性、标志性与号召性的发展导向,从而导致通州区对于各类文化企业缺乏足够的吸引力,削弱了自身发展文化产业的竞争优势。综观北京各区,但凡文化产业发展水平较高的区域,都有某些独具特色的发展导向。例如,东城区、西城区以皇城文化、传统文化的更新、再造为重点,朝阳区以现代化的文化贸易为先导,海淀区以科技创新为优势,怀柔区以影视创作为突破口,而通州区虽然在"3+2"的产业定位中提出了文化旅游与创意设计这两类文化产业优先发展领域,但是它尚未通过针对性政策、龙头企业入驻、特色平台打造、区域品牌塑造等方式将这些定位真正强化为通州区在北京市文化产业格局中某方面不可替代的位置。

4. 机制缺位

在文化产业发展的规划、保障、管理等层面,通州区存在机制建设不足的问题,该问题具体表现为如下四个方面的缺位:

一是统筹规划缺位。在文化产业的规划层面,通州区每一个镇目前都已设立了一系列较为明确的发展方向,但是这对于通州全域的产业发展是不够的。鉴于通州产业整体基础薄弱,很多镇仅凭一己之力难以开启有效建设,这就需要将各自规划纳入全区发展版图之中,在更高的位势上评估、指引并扶植各个片区的产业发展。此外,无论是环球影城聚集区,还是运河文化产业带,通州文化产业的发展是一个系统工程,所以要完善统筹规划、建立协调管理机制,打破各片区"各自为战"的局面,相互协同、明确分工,只有这样,才能在业态上将分散的区域真正串联起来,从而真正形成要素聚集、功能延伸的现代化文化产业发展格局。

二是政策引导缺位。由于通州区目前整体产业不高端、文化不先进、创新不引领、基础过于薄弱,因此一整套富有特色的引智政策、引商政策、引资政策就显得尤为重要,它将成为激活全局的重要抓手。而通州区目前缺乏在文化产业方面具有针对性、吸引力的政策引导,在这方面有必要迅速跟进,以求鼓励、推动更多的文创企业与项目在通州落地,进而在京津冀区域协同发展格局中形成特色鲜明的文化产业集群。

三是融资平台缺位。文化产业属于新兴产业,社会化的金融机构对此缺乏足够认识,加之文化产品需求的不确定性所带来的风险、投资回报周期过长等问题,也使各类投融资机构普遍对文创企业望而却步,这对于它们的起步与成长是十分不利的,尤其对于急需资金的中小型文创企业更是一个制约其发展的根本因素。此外,通州区传统企业转型普遍存在资金短缺问题,而由于相似原因,极大地抑制了其转型动力和创新活力。为数不少的企业由于资金问题被迫中断转型,或者只好将改进的想法束之高阁或搬迁至别处。因此,通州区应当通过设立资金池、专项基金等方式,以财政资金带动社会资金,搭建PPP式文化产业融资平台,有效支持当地文创企业发展，而这些目前都处于缺位状态。

四是土地政策缺位。通州区现存大量用地性质单一——以 M1 类工业用地为主，而与文化产业匹配的 M4 用地或 A 类、B 类用地却明显不足，致使相关产业招商项目审批难以通过，无法落地。这成为当地在清退"散、乱、污"型企业后进一步升级置换的最大门槛。此外，现有农业集体用地、宅基地流转模式也难以对文化旅游、创意农业、会展业等文化融合型产业形成有效的用地支撑。因此，统筹盘活闲置土地资源，解决存量用地不足、闲置土地和储备土地新增不到位的问题，将是夯实通州区文化创意产业发展基底的关键因素。

第三章　重点项目对标案例分析

引领项目对标案例

第一节　大运河文化创意产业发展带对标案例

1. 京杭大运河

● 京杭大运河及沿线基本概况

京杭大运河是世界上里程最长、工程最大的古代运河，也是最古老的运河之一，是中国古代劳动人民创造的一项伟大工程，是中国文化地位的象征之一。春秋吴国为伐齐国而开凿，隋朝大幅度扩修并贯通至都城洛阳且连涿郡，元朝翻修时弃洛阳而取直至北京，现今已有 2500 多年的历史。大运河南起余杭（今杭州），北到涿郡（今北京），途经今浙江、江苏、山东、河北四省及天津、北京两市，贯通海河、黄河、淮河、长江、钱塘江五大水系，全长约 1 794 千米。2002 年，大运河被纳入了"南水北调"东线工程。2014 年 6 月 22 日，第 38 届世界遗产大会宣布，中国大运河项目成功入选世界文化遗产名录，成为中国第 46 个世界遗产项目，此次申遗共包括河道遗产 27 段，以及运河相关遗产 58 处（表 3-1）。

表 3-1　京杭大运河沿线遗产要素与类型

序号	组成部分名称	遗产要素	大类	小类
1	含嘉仓 160 号仓窑遗址	1. 含嘉仓 160 号仓窑遗址	运河附属遗存	配套设施
2	回洛仓遗址	2. 含嘉仓 160 号仓窑遗址	运河附属遗存	配套设施
3	通济渠郑州段	3. 通济渠郑州段	运河水工遗存	河道
4	通济渠商丘南关段	4. 通济渠商丘南关段	运河水工遗存	河道
5	通济渠商丘夏邑段	5. 通济渠商丘夏邑段	运河水工遗存	河道
6	柳孜运河遗址	6. 通济渠柳孜段	运河水工遗存	河道
		7. 柳孜运河桥梁遗址	运河水工遗存	水工设施
7	通济渠泗县段	8. 通济渠泗县段	运河水工遗存	河道
8	卫河（永济渠）滑县浚县段	9. 卫河（永济渠）滑县浚县段	运河水工遗存	河道
9	黎阳仓遗址	10. 黎阳仓遗址	运河附属遗存	水工设施

续表

序号	组成部分名称	遗产要素	大类	小类
10	清口枢纽	11. 淮扬运河淮安段	运河水工遗存	河道
		12. 清口枢纽	综合遗存	河道、水工设施、相关古建筑群
		13. 双金闸	运河水工遗存	水工设施
		14. 清江大闸	运河水工遗存	水工设施
		15. 洪泽湖大堤	运河附属遗存	水工设施
11	总督漕运公署遗址	16. 总督漕运公署遗址	运河附属遗存	管理设施
12	淮扬运河扬州段	17. 淮扬运河扬州段	运河水工遗存	河道
		18. 刘堡减水闸	运河水工遗存	水工设施
		19. 盂城驿	运河附属遗存	配套设施
		20. 邵伯古堤	运河水工遗存	水工设施
		21. 邵伯码头	运河水工遗存	水工设施
		22. 瘦西湖	运河水工遗存	湖泊
		23. 天宁寺行宫	运河相关遗产	相关古建筑群
		24. 个园	运河相关遗产	相关古建筑群
		25. 汪鲁门宅	运河相关遗产	相关古建筑群
		26. 盐宗庙	运河相关遗产	相关古建筑群
		27. 卢绍绪宅	运河相关遗产	相关古建筑群
13	江南运河常州城区段	28. 江南运河常州城区段	运河水工遗存	河道
14	江南运河无锡城区段	29. 江南运河无锡城区段	运河水工遗存	河道
		30. 清名桥历史文化街区	运河相关遗产	历史文化街区
		31. 江南运河苏州段	运河相关遗产	河道
		32. 盘门	运河水工遗存	水工设施
		33. 宝带桥	运河水工遗存	水工设施
		34. 山塘河历史文化街区（含虎丘云岩寺塔）	运河相关遗产	历史文化街区
		35. 平江历史文化街区（含全晋会馆）	运河相关遗产	历史文化街区
15	江南运河南浔段	36. 吴江古纤道	运河水工遗存	水工设施
		37. 江南运河嘉兴—杭州段	运河水工遗存	河道
		38. 长安闸	运河水工遗存	水工设施
		39. 杭州凤山水城门遗址	运河水工遗存	水工设施
		40. 杭州富义仓	运河附属遗存	配套设施
		41. 长虹桥	运河水工遗存	水工设施
		42. 拱宸桥	运河水工遗存	水工设施
		43. 广济桥	运河水工遗存	水工设施
		44. 杭州桥西历史文化街区	运河相关遗产	历史文化街区
		45. 江南运河南浔段（頔塘故道）	运河相关遗产	河道
		46. 南浔镇历史文化街区	运河水工遗存	历史文化街区

续表

序号	组成部分名称	遗产要素	大 类	小 类
16	浙东运河杭州萧山—绍兴段	47. 浙东运河杭州萧山—绍兴段	运河水工遗存	河道
		48. 西兴过塘行码头	运河水工遗存	水工设施
		49. 八字桥	运河水工遗存	水工设施
		50. 八字桥历史文化街区	运河相关遗产	历史文化街区
		51. 古纤道	运河水工遗存	水工设施
17	浙东运河上虞—余姚段	52. 浙东运河上虞—余姚段（虞余运河）	运河水工遗存	河道
18.	浙东运河宁波段	53. 浙东运河宁波段	运河水工遗存	河道
19	宁波三江口	54. 宁波庆安会馆	运河附属遗存	管理设施
20	通惠河北京旧城段	55. 通惠河北京旧城段（玉河故道）	运河水工遗存	河道
		56. 澄清上闸	运河水工遗存	水工设施
		57. 澄清中闸	运河水工遗存	水工设施
		58. 什刹海	运河水工遗存	湖泊
21	通惠河通州段	59. 通惠河通州段	运河水工遗存	河道
22	北、南运河天津三岔口段	60. 北、南运河天津三岔口段	运河水工遗存	河道
23	南运河沧州—衡水—德州段	61. 南运河沧州—衡水—德州段	运河水工遗存	河道
		62. 连镇谢家坝	运河水工遗存	水工设施
		63. 华家口夯土险工	运河水工遗存	水工设施
24	会通河临清段	64. 会通河临清段	运河水工遗存	河道
		65. 临清运河钞关	运河附属遗存	管理设施
25	会通河阳谷段	66. 会通河阳谷段	运河水工遗存	河道
		67. 阿城下闸	运河水工遗存	水工设施
		68. 阿城上闸	运河水工遗存	水工设施
		69. 荆门下闸	运河水工遗存	水工设施
		70. 荆门上闸	运河水工遗存	水工设施
26	南旺枢纽	71. 会通河南旺枢纽段	运河水工遗存	河道
		72. 小汶河	运河水工遗存	河道
		73. 戴村坝	运河水工遗存	水工设施
		74. 十里闸	运河水工遗存	水工设施
		75. 邢通斗门遗址	运河水工遗存	水工设施
		76. 徐建口斗门遗址	运河水工遗存	水工设施
		77. 运河砖砌河堤	运河水工遗存	水工设施
		78. 柳林闸	运河水工遗存	水工设施

续表

序号	组成部分名称	遗产要素	大类	小类
26	南旺枢纽	79. 南旺分水龙王庙遗址	运河相关遗产	相关古建筑群
		80. 寺前铺闸	运河水工遗存	水工设施
27	会通河微山段	81. 会通河微山段	运河水工遗存	河道
		82. 利建闸	运河水工遗存	水工设施
28	中河台儿庄段	83. 中河台儿庄段（台儿庄月河）	运河水工遗存	河道
29	中河宿迁段	84. 中河宿迁段	运河水工遗存	河道
		85. 龙王庙行宫	运河附属遗存	管理设施

资料来源：大运河遗产要素类型表、相关文献资料整理、文博会考察。

从表 3-1 可以看出，作为世界文化遗产，大运河拥有特征鲜明、内涵丰富、遗产厚积的线性文化。

● 京杭大运河对通州文化创意产业的借鉴意义

实际上，京杭大运河对中国南北地区之间的经济、文化发展与交流，特别是对沿线地区工农业经济的发展起了巨大作用。一方面，在历史上起到了加强南北交通，加强对江南地区的经济建设，方便南粮北运，巩固对全国的统治的作用；另一方面，京杭大运河沿线丰富的历史文化遗存是南北文化交融、中原文化与南方文化相融合的典范。2017 年，习近平总书记两次对大运河文化做出重要指示：要统筹保护、传承、利用好大运河；要古为今用，深入挖掘以大运河为核心的历史文化资源。大运河自西北向东南通过通州全域，串联城市副中心和若干小镇，是通州区清新明亮特色风貌的关键性空间廊道。因此，要提炼运河的历史文化元素，通过数字创意展示通州的运河遗迹、古城遗址、传统民俗文化，以运河文化凝聚对通州历史文脉的认同感。

2. 曼彻斯特运河

● 曼彻斯特运河的基本概况

曼彻斯特运河于 1887 年开始修凿，1894 年通航，是一条连接英国赤郡的伊斯特姆与曼彻斯特市的水道。此运河使大型远洋轮可以进入曼彻斯特，河长 58 千米，宽 14～24 米，深约 9 米，有 5 道船闸，由默西河和伊尔韦尔河供水，是英格兰中部的主要港口之一。①

● 曼彻斯特运河对通州文化创意产业的借鉴意义

对曼彻斯特运河的改造和再利用，是城市更生最重要的线索，政府为此把运河分成若干段，按照各自的客观条件进行开发，沿运河主要发展住宅、办公和部分商业文化设施。在其重工业和制造业衰落后进入转型期，曼彻斯特沿河两岸的再利用，体现在保留了昔日的金融业和法律业的同时，大力发展工程、电子和其他高科技产业；它们与服务业、体育和教育组成曼城（曼

---

① 戴锦辉：《曼彻斯特城市更生——曼城水系的再利用》，载《城市建筑》，2005（3）：76～80。

彻斯特城）的主要经济命脉，同时注重挖掘工业文化内涵，融入艺术、创意等元素，提升运河的文化魅力和旅游吸附力。[①]Salfodr Quay 是曼彻斯特曾经最重要的码头区，是最早进行大规模重建的区域之一，它的直建是在平地上进行的。昔日的货运码头彻底改头换面，变成了文化和生活色彩浓厚的新城区。这种选择城市边缘空地进行重建的做法可以把成本、难度和风险降到最低，而且对市中心的影响也相对比较小。

曼城的城市更生很大程度上是对运河进行分段保护、改造和重建进而辐射整段运河、整个城市。城市更生活动大多集中在对运河的再利用及其沿岸的改造。虽然很大一段运河的交通功能已经丧失，但设计师利用水的特性和水与人的亲密关系作为城市更生的重要元素，通过运河的再利用，改造沿河区域进而辐射整个城市。此外，曼彻斯特运河同样十分重视对于沿岸重要工业遗址的空间改造与业态更新，从而使这些厂房以崭新的面貌与功能定位促发周边环境的变化，最终激发了城市的活力。而在通州境内运河两岸同样分布了大量腾退厂房，如何利用这些空间资源，并使其与运河的发展形成互为驱动之势，曼彻斯特运河的经验具有很高的借鉴意义（表 3-2）。

表 3-2　曼彻斯特运河沿线景点分布

序号	景点名称	景点介绍
1	艾伯特广场	地处曼彻斯特城的核心区域，为纪念女王丈夫而命以同名。这里的哥特式建筑被作为曼彻斯特的名片。从这里出发，可以方便地前往丁斯盖特街和莫斯利大街，访问曼彻斯特的博物馆等历史纪念地
2	北角	地处曼城市中心的北部外缘，布满了奇思妙想的先锋演出场所、俱乐部、酒吧、独立唱片店，还有工艺艺术中心、中国艺术中心，以及大批操办小型文化生意的办公室和工作室
3	约翰·赖兰德图书馆	曼彻斯特大学的图书馆之一，它拥有维多利亚哥特式建筑。该馆是 18 世纪为纪念棉纺大亨约翰·赖兰德而建。图书馆收藏的早期印刷版藏书中包括古腾堡圣经、一些卡克斯顿印刷的书籍和公元前 2000 年的手稿
4	人民历史博物馆	修建在一个旧工厂的厂房之中，陈列着许多有关于普通人历史的物品与文字展板
5	曼彻斯特大学	曼彻斯特大学在英国乃至全球都享有极高的声誉：2016/17QS 世界大学排名全球第 29 位（英国第 7 位），是一所门类齐全、科系众多的综合性大学
6	圣彼得广场	位于艾伯特广场南面
7	布里奇沃特音乐大厅	以布里奇沃特公爵命名，1993 年开始建造，1996 年竣工，提供近 2 400 个座位，现时每年举行超过 250 场表演。音乐厅拥有出色的防震技术，故被英国声响研究所前主席卓科确斯评为世界十大音响效果最佳的音乐厅
8	雅邦塔楼	是曼彻斯特的标志物，上面有一个时尚的 Le Mont 餐厅以及一个现代城市生活博物馆，站在最高顶可俯瞰曼彻斯特全景
9	洛利艺术中心	内有剧院、画廊、展厅、商店、餐馆和酒吧，是现代人对工业建筑的致意
10	Quarry Bank 纺纱厂	一座 18 世纪的纺纱厂，现在仍生产布匹，以便让参观者认识水车生动力驱动纺纱机的原理

[①] 戴锦辉：《曼彻斯特城市更生——曼城水系的再利用》，载《城市建筑》，2005（3）：76～80。

续表

序号	景点名称	景 点 介 绍
11	凯瑟菲尔德城市遗址公园	建于公元79年的罗马城堡,至今仍保留着破旧的高架铁路、锈迹斑斑的铁桥和巨型仓库,到了20世纪80年代,这里被改建成现在的城市遗址公园,科学和工业博物馆是凯瑟菲尔德的一大特点,那里有完好的蒸汽机和纺纱机,还保留了1830年代的火车站
12	劳瑞中心	位于萨尔福特码头的一个大型综合艺术中心,里面有两个剧院、画廊和商店,还有可以看到海景的酒吧和餐厅,同时,还收藏有大量英国最著名的工人画家劳瑞的作品
13	角屋	曼城的艺术电影及视觉艺术的中心
14	娱乐休闲项目	跳舞俱乐部、老特拉福德球场、唐人街、酒馆等

资料来源:相关文献资料整理、文博会考察。

3. 苏伊士新运河

● 苏伊士运河的基本概况

苏伊士运河全长约169千米,连同引航道共约194千米,于1869年通航,是亚洲与非洲间的分界线,其开通使地中海与红海相连,从而连接大西洋和印度洋以及太平洋,缩短了亚洲与欧洲之间的航程8 000～10 000千米。因此,苏伊士运河是一条极其重要的国际航运水道。其过河费每年大约50亿美元,与旅游、侨汇和石油并列为埃及的四大经济支柱;此外,该运河还促进了埃及对外贸易,同时也助推了旅游事业的发展,因此埃及人将苏伊士运河称为"埃及繁荣的大动脉"。①

● 苏伊士新运河对通州文化创意产业的借鉴意义

为扩大通航能力进而拉动国内经济发展,埃及政府2014年8月宣布在苏伊士运河东侧开凿一条72千米长的新运河,即新苏伊士运河。就苏伊士新运河典型的文化创意产品而言,1954年11月4日,埃及发行图案为运河地区飘扬的埃及国旗的邮票;1956年发行运河地图背景下的轮船邮票,寓意运河回归祖国怀抱。此后,在运河收回5周年、10周年、15周年之际,埃及都发行了相关邮票。②

此外,新苏伊士运河和中国"一带一路"倡议的有效对接,使埃及政府提升苏伊士运河通航能力的工程和我国21世纪海上丝绸之路的倡议不谋而合。对于亚欧航线而言,新苏伊士运河的开通是继苏伊士运河开通之后的第二次重大事件,使得该河段航运能力有了质的提升,从而能再次增强亚、非、欧之间的经贸往来。③

新苏伊士运河周边主要的旅游区有沙姆沙伊赫、赫嘎达、阿里什、穆罕默德角等,这些地区以闪光的沙滩、美丽的珊瑚海、丰富的海洋生物及一流的酒店等闻名于世,这里是世界上最适宜潜水和垂钓的海域之一,也是水上运动者的天堂(表3-3)。另外,红海上的特色港口是

---

① 万光:《苏伊士运河》,北京,世界知识出版社,1985。
② 朱军:《苏伊士运河》,载《集邮博览》,2008(7):65～67。
③ 万光:《苏伊士运河》,北京,世界知识出版社,1985。

萨法贾,拥有盐量很高的海水和黑泥沙滩,可以治疗风湿症和皮肤病,是世界上最适合疗养度假的胜地之一。因此,运河周边所具有的独特的人文风景、自然资源、城市特色将成为文化创意产业发展过程中的基础。

表3-3 苏伊士运河沿线景点分布

序号	景点名称	景点介绍
1	沙姆沙伊赫	位于红海沿岸,有细软的沙滩、温热的海水和常年充足的日照,有200多种珊瑚礁和活珊瑚,建有星级饭店和高档度假村,每年都接待近200万世界各国的旅游者
2	赫嘎达	位于红海沿岸,码头观光、潜水体验、特色民居、沙漠之旅(骆驼骑行、贝都因人村落观光、美食体验)
3	阿里什	位于地中海海滨,以其完美无瑕的海滩和一排排风姿摇曳的棕榈树而闻名于世,一侧傍海,另一侧是沙漠,是一座景色秀丽的古城
4	穆罕默德角	穆罕默德角国家公园坐落在埃及沙姆沙伊赫西部大约20公里处,有世界上最壮观的珊瑚礁生态系统,包括200多种的硬体珊瑚虫与120多种软体珊瑚虫,是世界上最棒的潜水区域之一,大概包含20个潜浮点,其中最壮观的珊瑚礁群是鲨鱼礁和月蓝达礁

资料来源:相关文献资料整理、文博会考察。

苏伊士运河有效利用运河两岸的自然环境、生态资源,同时充分结合自身人文风貌特征,在运河发展与生态保护之间建构了良性的循环与互促关系,这对于通州如何利用运河深度打造水城共融、蓝绿交织的城市生态体系具有重要的借鉴价值。

4. 巴拿马运河

- 巴拿马运河的基本概况

巴拿马运河位于拉丁美洲的巴拿马,横穿巴拿马地峡,由美国建造完成,1914年竣工,1915年通航。现由巴拿马共和国拥有和管理,属于水闸式运河,每年大约有1.2万至1.5万艘来自世界各地的船舶经过这条运河,巴拿马运河的GDP占全国GDP的60%左右。总长65千米,宽的地方达304米,最窄的地方也有152米,连接太平洋和大西洋,在太平洋一侧有两座船闸,在大西洋一侧有一座船闸。2016年6月26日,巴拿马运河拓宽工程(新运河)举行竣工启用仪式,能满足更大的船舶通过需求(表3-4)。

表3-4 巴拿马运河沿线的文化旅游景点

序号	景点名称	景点介绍
1	巴拿马维乔城	这座古城至今仍然是一片废墟,现在已被称作巴拿马维乔城或"老巴拿马"。在这个历史悠久的城区,可以尽情欣赏美丽的风景,倾听历史的回音,享受购物的乐趣
2	卡斯科-韦霍城区	加勒比风格、艺术装饰风格、法国风格以及殖民地时期的风格交会在这个古城区的艺术气息中,多样建筑风格精彩纷呈

续表

序号	景点名称	景点介绍
3	加通船闸	欣赏加通水闸景观
4	米拉弗洛雷斯船闸	游客可乘船渡过神奇的船闸,充分感受巴拿马运河的巨大魅力,并可观看船闸是如何控制水上交通和保证河道"咽喉"处畅通的,在游艇上享受轻松的午餐时光,在水闸游客中心观赏3D博物馆
5	巴拿马运河铁路	乘坐世界上第一列横跨大陆的火车,仿佛穿梭于时空之间。这是一条于1855年完工的铁路线,可以尽情欣赏沿途的巴拿马雨林景色,重温加州淘金热全盛时期的历史故事
6	空中缆车和莎柏兰尼亚国家公园	在广阔的莎柏兰尼亚国家公园中,空中缆车带领游客"飞翔"甘博阿热带雨林上空。这是一个热带雨林天堂,有着复杂的生态系统和众多令人惊奇的野生动植物
7	加通湖	泛舟于热带雨林,穿行于茂密的森林之中,邂逅奇特的野生动植物,这条重要的河道是巴拿马运河精细生态系统的组成部分,河道两岸的自然风光可谓美不胜收
8	安比拉印第安人	可以欣赏当地安比拉印第安人的传统舞蹈,探秘这片原始土地,惊叹于精湛的手工技艺

资料来源:相关文献资料整理、文博会考察。

● 巴拿马运河对通州文化创意产业的借鉴意义

巴拿马运河是沟通大西洋与太平洋的重要航运水道,连接了太平洋与大西洋,它的开通大大缩短了两洋之间的航程,改变了世界版图,是两洋咽喉、两洲通道,有很深远的战略意义。对于世界而言,巴拿马运河极大地促进了世界海运业的发展,远洋航程不必绕行;对内而言,成为了巴拿马的经济支柱,旅游业开发带动了沿岸经济发展。运河扩建工程完成之后,全球96%的船只可以在这里通行,预计每年货物吞吐量将从目前的3亿吨上升到6亿吨,船运每年将给巴拿马带来10亿美元收入。运河扩建后,巴拿马当局期望,收入可在10年内增长3倍。

对于通州大运河的保护与利用,巴拿马运河的经营与发展可以提供三个方面的经验借鉴:第一,营造良好而优质的生态环境,助力运河景观与自然景观外在互为呼应、内在互为渗透,构建水、木、土相生相克的生命共同体,协同推动通州生态"绿芯"拓展为"绿色辐射带""绿色伸展带",为运河两岸衍生产业的进一步发展奠定坚实的基础;第二,充分利用运河两岸物质与非物质文化遗产,以运河作为空间整合、串联的重要纽带,结合时代的新风尚、技术新形态、市场新需求,从事业与产业两个层面加以业态的拓展,通过遗址复原、工艺展示、场景体验、休闲餐饮、创意集市等多元形式,激发通州运河沿岸张家湾古镇、潞县故城等文化资源的活力与影响力,同时通过运河历史积淀唤醒通州城市记忆,形成具有高度共识力与认同感的通州文化形象;第三,可以设立以运河为主题的博物馆,设置观看运河观景平台、运河历史3D电影院以及轮船通过运河的模拟驾驶室等趣味项目,集中展示运河历史,引导游客深度体验运河文化。

5. 约塔运河

● 约塔运河的基本概况

约塔运河是瑞典风景最美的一条运河，被誉为"漂浮在瑞典国土上的蓝色缎带"，每年都有 200 多万人到约塔运河来旅游观光，旅游业颇为发达（表3-5）。

表 3-5 约塔运河沿岸文化旅游景点概况

序号	景 点 名 称	景 点 介 绍
1	私人游艇观光休闲	可随意在游艇港湾停靠，约塔运河与大海相通，所以来自挪威、丹麦、德国的游艇也不少
2	河边自行车骑行	既是代步工具也是运动器材，可欣赏运河沿岸风光
3	独木舟、皮划艇、露营	约塔运河是独木舟和皮划艇运动的圣地，来自瑞典和欧洲各地的皮划艇爱好者在这里享受着水上运动和景色优美的露营，同时提供可租售的皮划艇和独木舟
4	河边高尔夫练习场	小型高尔夫运动休闲体验场地
5	露天咖啡馆	瑞典的夏天很短，所以人们很珍惜夏天的阳光，于是有大量可供人们休闲放松的露天咖啡馆
6	休闲步道、木栈道	为市民及游客提供散步、慢跑、休闲的场所

资料来源：相关文献资料整理、文博会考察。

● 约塔运河对通州文化创意产业的借鉴意义

约塔运河和苏伊士运河、巴拿马运河一样，在世界著名土木工程中占有很高的地位；河流大部分穿越许多湖泊，为哥特堡到斯德哥尔摩间提供了内河航运，这条黄金水道对促进瑞典国内贸易的发展起到了巨大作用。约塔运河于 1832 年正式启用，流经众多工业城镇，促进了经济发展，缩短了东西航运距离。如今约塔运河的运输作用下降，不过，依托运河沿岸风景如画，主要用途已转型为休闲场所与文化旅游。

通州可以在约塔运河如何发展文化旅游方面获得借鉴意义。要完善运河旅游供给体系，除历史文化、人文景观外，要加快建设以"休闲"为核心的旅游基础设施，以沿河道路交通、旅游服务中心、河道生态走廊、水上观光项目、水上运动项目、休闲步道、木栈道、自行车道总体布局为突波口，逐步积攒人气、逐步确立品牌，进而发展星级酒店、特色购物街、演艺娱乐场所等升级项目，形成"吃、住、行、游、购、娱"一条龙的运河休闲产业综合体，让中外游客住得下、玩得好、留得住，为扩大运河旅游多层次消费提供原动力。同时还要建立长效管理服务机制，以将运河打造成世界级旅游产品为目标，推动运河旅游目的地制度化、规范化、专业化建设，引导旅游企业守规则、强管理、重服务，促进运河旅游持续健康发展。

6. 伊利运河

伊利运河全长为 584 千米，整条运河宽为 12 米、深 1.2 米，于 1825 年 10 月 25 日通航。总共有 83 个水闸，伊利运河是第一条连接美国东海岸与西部内陆之间的快速运输通路。伊利运河不只加快了运输的速度,也将沿岸地区与内陆地区的运输成本减少了95%。快捷的运河交通使得人们更便于到达纽约州的西部,因此也带来了中西部人口的快速增长(表3-6)。

表3-6 伊利运河沿岸文化旅游景点概况

类别	活动内容	代表区域
遗产旅游	餐馆文化景观、历史场所、自然资源和文化机构	哈德逊河谷国家遗产区域; 纽约风景道系统
水体休闲	冬季滑冰、夏季划船、游泳、钓鱼等	纽约州运河系统; 纤道时期运河; 卡普兰湖; 手指湖
慢行休闲	骑自行车、散步、滚轴溜冰、骑马等	伊利运河遗产慢行道; 手指湖游憩道; 尼亚加拉绿道; 布法罗郊野滨水步道
野外休闲	远足、野营、观鸟、狩猎等	莫雷纳州立公园; 三角洲湖州立公园
冬季休闲	越野滑雪、滑冰、冰上钓鱼、雪地摩托等	奥斯维戈休闲慢行道

资料来源:相关文献资料整理、文博会考察。

● 伊利运河对通州文化创意产业的借鉴意义

伊利运河将北美五大湖串联起来,使得以纽约为代表的商业重镇和西部传统农业地域的直接运输时间和成本大为缩减,再利用纽约天然良港的优势,打通了美国东西部,并借助与世界相连的水上通道,使得美国农产品畅销世界。当时比费城和波士顿小得多的纽约,迅速发展成为全国最大的港口和城市。纽约地位的确立,间接导致了华尔街地位的逐渐确立。

通州对于伊利运河发展可以借鉴的经验有两个方面:一是打造运河运动休闲精品线路。围绕水体休闲与户外休闲两大主题,完善基础设施建设,引进专业运营团队,发挥市场机制作用,加强品牌宣传力度,同时利用与五大湖地区相似的气候条件,提升项目档次,在冬季打造运河冰雪主题公园,在夏季增设运河亲水主题活动,形成运动休闲的特色引领。二是打造运河遗产观光精品路线,要做精一日游项目。通过运河观光游船有序移动,将博物馆、历史遗存、文创基地等作为游览节点相互连接,推动传统戏曲、国医国药、手工技艺、地方民俗、漕运历史等要素融入体验内容,实现动态性水景观光与静态性遗址观光有机结合。要抓住大运河申遗契机,深度发掘运河历史文化资源,丰富运河旅游产品体系,通过科学规划整体环境,巧妙串联运河文脉节点,打造沿岸遗址观光精品项目。

7. 基尔运河

基尔运河,又名北海—波罗的海运河,横贯日德兰半岛,是连接北海与波罗的海的重要航道。1907年开始对河床进行拓宽和加深工程,于1914年第一次世界大战爆发前几周完成。河道全长 99 千米，平均深度为 11 米，最宽河道宽度为 162 米，最窄河道宽度为 102.5 米。如今，每年通过运河的舰船约 6.5 万艘，其中 60%属德国。基尔运河是通过船只最多的国际运河，运输货物以煤、石油、矿石、钢铁为主，现在这条运河仍是波罗的海航运的重要路线（表 3-7）。

表 3-7 基尔运河沿岸文化旅游景点概况

序号	景 点 名 称	景 点 介 绍
1	尼古拉教堂	建于 13 世纪
2	"勇士之魂"雕塑	立于尼古拉教堂之前，恩斯特·巴拉赫（表现主义雕刻家、戏剧家）所作
3	城堡废墟	一座建于 6 世纪的城堡废墟，"二战"后未重建
4	基尔新市政厅	建于 1911 年，钟楼尖塔高达 106 米
5	基尔海滩	旅游度假
6	施尔克湖	自然和文化、帆船和游泳、热闹和安静，一切皆有。最值得一去的地方是奥林匹亚中心和陡峭的海岸
7	拉博小镇	位于基尔北面 20 公里，有德国海军博物馆和潜艇博物馆
8	"基尔周"航海赛事	全世界最大的航海赛事之一，是德国历史悠久的传统节日，每年 6 月第二周的星期六举行，为期 8 天，不局限于帆船，各国公务船、军用舰艇也会应邀前来，逐步形成国际性综合交流艺术周，节日期间还有各式各样的文艺活动

资料来源：相关文献资料整理、文博会考察。

● 基尔运河对通州文化创意产业的借鉴意义

基尔运河的开通极大地缩短了北海与波罗的海之间的航程，比绕道厄勒海峡—卡特加特海峡—斯卡格拉克海峡减少了 370 海里，是北欧及东欧等波罗的海沿岸国家通往大西洋的海上捷径。在商业上，现为北海与波罗的海之间最安全、最便捷和最经济的水道。

基尔运河周边的文化创意活动以"基尔周"的航海赛事为典型代表，是基尔运河依托其独特的自然基础而进行的国际赛事打造。就通州区发展大型国际赛事而言，首先具有地理性的自然优势；其次，具有支撑大型赛事举办的相关配套设施（交通、酒店、政策支持等）；最后，大型国际赛事的举办也将为通州区文化创意产业的衍生拓展、消费需求与人数的提升、影响面的扩展提供助推作用。对此，通州同样可以学习基尔运河经验，以打造特色国际水上运动赛事作为关键突破口，细化市场、确立品牌、塑造精品，在此基础上以点带面，进一步打造立体化、多元化的旅览体验形式，激活通州文创与旅游全局。

第二节 通州设计之都示范区对标案例

1. 德国柏林

● 德国柏林变革"创意之都"之路

德国柏林 2005 年被联合国教科文组织认定为"设计城市"（City of Design），成为欧洲第一座加入联合国全球"创意城市联盟"的城市。

"一战"结束,德国魏玛建筑大师瓦尔特·格罗皮乌斯在政府的协助下,合并了两所学院,创办包豪斯学校。这所集艺术、手艺与技术为一体的现代化建筑学校是世界现代设计的发源地。它将社会生产与市场经济、城市建设与文化创意相结合,此番设计风潮席卷德国各地。

包豪斯设计博物馆、新国家美术馆、柯布西耶联合住宅体等,这些新派建筑与菩提树下大街、勃兰登堡门、历史悠久的洪堡大学、柏林大学等众多柏林著名旅游景点,为这所城市营造了文化创意的大环境。①

柏林无限度地包容了各种文化艺术的发展与沿承,产生了多元化的文化与艺术境地。柏林城的历史遗迹、地域特色、民族传统与文化创意等城市资源,都是世界各地的艺术家、设计师、创意者们争先前往的原因。在这种开放的氛围下,柏林作为"创意之都"建立了许多艺术、文化交流的平台,设计行业已然成为柏林的核心创意产业。这些有形的、无形的、新与旧的文化碎片构筑成属于柏林城特有的图像集群。柏林的地标与建筑、文化与艺术,这些泛化的图像符号逐渐形成"创意之都"独特的城市形象系统。

● 德国柏林设计产业发展与借鉴

柏林以发展国际文化之都、购物时尚之都、派对之都为目标。柏林的设计产业涵盖了设计机构、设计工作室、工业设计、时尚设计、设计节以及设计产品商店在内的1 300多家设计商贸机构,是欧洲新兴的设计产业集聚地,为其实现设计之都发展目标奠定了基础。②

柏林的设计传统和当代创意影响到了整个国家和国际相关领域的运作。以设计为核心的文化创意产业已经成为城市的支柱产业,拉动了相关经济。据统计,2005年,柏林的文化创意产业创造了97.72亿美元的经济收入,约占整个城市GDP的11%。在柏林,设计企业高度聚集,6 700家设计公司,约11 700人在时尚、产品及家具设计、建筑、摄影以及视觉艺术等领域工作。柏林每天都有超过1 500个文化活动或事件,如"设计5月""柏林电影节""时尚漫步""柏林造型设计""跨媒体电子艺术音乐""国际流行音乐及娱乐展"等,都是柏林一年一度的重大文化创意活动。

柏林设计产业发展迅速,至2006年,柏林的创意企业数量已达22 933个,5%的柏林市民供职于创意设计企业;截至2010年,柏林约有6 700家专业设计公司,2 400多家与设计相关的公司,专业设计工作者约1.17万人,创造了约15亿欧元的年产值,约占柏林市GDP的13%。设计产业逐渐发展成柏林的支柱产业。③

另外,柏林为创意活动的开展提供了卓越的基础设施和活动空间,较低的居住成本、便捷的网络和公共交流平台吸引了大量的设计人才。目前,约有来自世界各地的5 000名学生在柏林学习与设计相关的专业,在欧洲几乎没有任何一个其他城市能为学生提供那么多设计方面的

---

① 孙琬淑:《从"世界之都"到"创意之都"——德国柏林文化创意设计的考察与启示》,载《大众文艺》,2015(21):47~48。
② 邹琳、褚劲风:《柏林城市文脉与设计之都创意化道路》,载《世界地理研究》,2013(2):131~139。
③ 邹琳、褚劲风:《柏林城市文脉与设计之都创意化道路》,载《世界地理研究》,2013(2):131~139。

学习选择。

● 德国柏林设计之都发展借鉴意义

柏林设计之都的创意化道路发展的主要原因在于：来自政府、私营部门以及非营利组织的支持；实虚结合的创意服务平台；节庆及集市活动的开展；大量年轻创意人才的集聚；文化多样性的发展成为世界文化创意的大熔炉；城市的旅游文化建设。其中，政府的支持、完善的平台服务、节事活动的举办以及人才的培养等显得尤为重要。

2. 加拿大蒙特利尔

● 加拿大蒙特利尔设计产业规模及特色

加拿大的蒙特利尔是世界上少数实行设计产业引导经济发展策略的城市。蒙特利尔于2006年被联合国教科文组织授予"设计之都"称号，成为北美洲第一个加入文化多样性全球联盟创意城市网络的城市。设计业每年为蒙特利尔带来超过7.5亿美元的经济收益，每年为整个魁北克省带来的经济收益约11.8亿美元，是全省文化产业中最大的一部分。[①]

蒙特利尔有2万多名设计师，聚集了魁北克省65.3%的设计师；有20所学院、4所大学，其中与设计相关的系或专业有6个。蒙特利尔大学还有3个与设计相关的研究席位，蒙特利尔魁北克大学也有2个相关席位，同时，蒙特利尔还有11个专业协会，6大设计研究机构。[②]

蒙特利尔有11项与艺术相关的重要活动，其中包括沙龙、国际电影艺术节和各种展览，如蒙特利尔艺术博物馆的艺术展、蒙特利尔国际国内艺术展、蒙特利尔时装周、设计月和商业设计蒙特利尔等。另外还有9个组织机构，包括艺术与技术协会（SAT）和蒙特利尔遗产局等。[③]

● 加拿大蒙特利尔设计战略及其实践

市政府将设计作为战略核心，推出包括"商业设计蒙特利尔"在内的一系列市政计划。设计产业的渐进，推进蒙特利尔作为一个设计城市的形象出现在国际舞台，源于之前20多年的持续发展。自1986年，设计产业就被确定为蒙特利尔城市经济发展的战略行业、地区经济发展的7个支柱行业之一；1991年，蒙特利尔成立了专门指导设计产业发展和提高的部门；2001年起，蒙特利尔市政府投入了数百万美元；2002年蒙特利尔特地召开市政会议，提出了相关的城市规划方案；2005年，蒙特利尔正式提出"想象—建设2025蒙特利尔"规划方案的设想，其核心理念是力图将蒙特利尔建设成为更宜居的城市；2006年，联合国教科文组织授予蒙特利尔"设计之都"称号；2007年10月，蒙特利尔举办城市设计研讨会，进一步推进蒙特利尔作为联合国教科文组织设计之都的影响力和地位。市政府设置了诸多设计赛事，给设计师以有力支撑和鼓励。如"蒙特利尔联合国设计城市倡议"，以推广设计之都的整体形象并为城市设计师提供展示平台和机遇，特别强调设计成果的"蒙特利尔制造"品牌形象。[④]

---

① 马士辉：《蒙特利尔：国际化战略下的设计之都》，载《宁波经济（财经视点）》，2014（10）：48～49。
② 堵锡忠：《加拿大时尚之都：蒙特利尔》，载《城市管理与科技》，2011，13（5）：40～41。
③ 蒋莉莉：《蒙特利尔"设计之都"建设的经验分析》，载《上海文化》，2013（12）：108～113。
④ 崔国：《蒙特利尔：如何打造国际化的设计之都》，载《中国房地产业》，2014（10）：50～53。

● 加拿大蒙特利尔"设计之城"借鉴意义

蒙特利尔设计城市的发展，缘于市政当局对城市发展战略的明确定位，同时以开创性的策略引导和支持设计产业的发展壮大，对于我国创意城市的发展具有参考价值。

第三节 宋庄特色小镇对标案例

1. 美国纽约市格林威治艺术村

● 纽约格林威治艺术村区域特色

美国纽约市格林威治村是位于纽约中心城市曼哈顿区的一个富于历史、文化传统的社区，它与周边的小意大利和苏荷区构成纽约市最具时尚和艺术风格的社区。

格林威治村因为其特殊的地理位置和历史文化背景，是一个在历史上和文化上被神话化为先锋派活动领域的地方。格林威治村代表着另外一种生活方式，是美国的反文化，同时也成为战后美国现代思想的重要来源。在历史上，格林威治村是国际上著名的波希米亚之都，具有讽刺意义的是，这一社区最初吸引人的特征却最终导致了其"绅士化"和商业化。

作为纽约中心城市老城区的一部分，因其地理位置和历史文化的特殊性，格林威治村的历史和现实见证了纽约社会与文化的变迁。第一阶段，纽约改善了交通及与内陆地区的多渠道联系，积累实力，蓄势待发；第二阶段则成为其发展的黄金时期。格林威治村从城市近郊的村落到成为城市的一部分，再到它的繁荣发展，也大体发生在这两个时间段。①

● 纽约政府策略的借鉴：从"旧工厂区"到艺术村

格林威治艺术村 1910 年建立后，当时虽然纽约战后取代巴黎成为西方前卫艺术中心，却没有巴黎悠久的文化艺术传统。20 世纪 60 年代的苏荷还荒凉无比，存在了上百年的轻工业区，因战后经济社会变化而没落，整个区域缺乏活跃氛围。而当时就在这个生死未卜的关键时刻，一群寻找廉价艺术工作空间的艺术家、流浪汉开始利用这些空无一人的厂房工作、生活。虽然当时法律并不允许在工业区居住，但每日 100 多美元的房租即可租到 5 万平方英尺的高大空间对于贫困艺术家来说十分具有吸引力，因此格林威治地段渐渐引起艺术界注意。政府本想放弃这一区域，改造公路，出现这一现象后决定改写都市区域法，规定艺术家可以在此居住创作，接着政府又为行政方便，套用伦敦真正的 SOHO 区，将这片位于好斯顿街以南的二十几个街段，取名"好斯顿之南"，从此"苏荷"出现于地图上。②

不信奉英国国教的作家、艺术家、文学家等知识分子开始会聚此地，经 1910—1960 年 50 年的积累，成为美国现代艺术中心，其中，绘画、音乐、设计等为特色产业集群。后政府设立独立网页（包括吃、住、行、游、购、娱）进行宣传，致使商业化突出、艺术家流失，因此开始进行"格林威治－苏活区－东村"的转移战略。

---

① 王朝晖：《格林威治村与纽约城市文化》，上海、纽约都市文化国际学术研讨会，2008。
② 叶永青：《城市的再生》，载《新华航空》，2010（2）。

● 纽约格林威治艺术村发展过程的借鉴与意义

苏荷成功地带动了一个潮流,一个时代。20世纪90年代,苏荷地租价格飞涨,10年后,60年代的苏荷工业区,已经开拓成纽约最新的艺术阵地。大批昂贵的时尚名品连锁店入驻此地,把苏荷变成了一个高级商业消费观光区、纽约一日游的重要观光点。苏荷作为一个城市艺术社区的神话和活样板,90年代世界各国许多城市纷纷摒弃大兴土木造新区的做法,兴起了在城市闲置空间基础上以创意为产业,进行再利用的再生策略风潮。

美国纽约市格林威治艺术村在多方面极具借鉴意义,同样,也体现在宣传方式与力度上。格林威治观光部门建立网页进行宣传,覆盖旅游环节广泛,例如,网页介绍中包括正在举办的各类文艺活动信息、个性商店、游船导览、住宿设施等;在"产、学、研"的良性互动上,"格林威治村历史遗产保护学会"与"哥伦比亚大学""纽约大学"合作,于20世纪90年代初期在当地博物馆开设艺术讲座;格林威治艺术村的发展使得生活形态发生改变,如艺术生活化、生活艺术化;艺术村线上与线下融合给经济注入活力,如苏活区(Soho)内的所有街区、小店、小吃摊均可在网站上查询预览等。

2. 韩国 Heyri 艺术村

● 韩国 Heyri 艺术村:创意社区发展机制研究

韩国 Heyri 艺术村的规划发展过程具有独特性,因为它是由社区成员自行规划并设计的,是一个兼具居住、创作及商业的未来城市模型,是一个具有文化导向的微型城市。Heyri 艺术村由成员为营建创意环境而生成。成员具有村庄所有权,并以社区利益为己任而协作共进。因此,社区的生成及运营过程均具有独特性,是具有创意特性的微缩城市的典范。

1994年,韩国政府欲以印刷产业为始端,随后,许多艺术家加入社区建设。社区成员首先向政府购买建设用地,并以"Heyri"命名这个区域。Heyri 来源于统一东山区的传统农作歌曲《Heyri 之声》,它契合艺术及文化的艺术村气质,并预示着披荆斩棘的新社区建设。社区成员热忱邀请建筑及规划专家传授建造知识,协助他们建设理想社区。截至2002年,共有370多名艺术家在 Heyri 艺术村生活、工作,并为村庄建设贡献资金。[①]

Heyri 艺术村的组织机构包括行政委员会、秘书处、村协会、管理政策及建筑与环境委员会等,分工明确,各司其职。社区委员会每月一次例会,讨论包括钦文趣事、村庄文化等多种话题,并筹划社区文化活动及节日。在 Heyri 艺术村,成员通过例会交流问题,分享、体验并处理大小事宜。这种社区协作机制充分调动了社区成员的积极性,在社区建设初期便塑造出强大的社区精神。有效的社区协作也确保了 Heyri 艺术村文化艺术活动的独特性。Heyri 艺术村持续筹办文化艺术活动与节日庆典,维持活力并增强影响力。例如,社区建设破土时,Heyri 艺术村举办"Heyri 演出"庆典,宣布韩国最具代表性的艺术及文化社区的诞生。社区成员的

---

① 金道沿、翟宇琦:《关于创意社区的发展机制研究——以韩国 Heyri 艺术村为例》,载《上海城市规划》,2015,6(6):44~60。

体系化协作相互激发潜力,高质量的文化与艺术活动给予社区以源源不断的魅力,Heyri 艺术村稳定而蓬勃发展。

● 韩国 Heyri 艺术村:运行机制借鉴及意义

Heyri 艺术村的成功首先依赖于明确的社区定位、成员及环境的基本属性。其社区内涵与众不同,在社区成员上,他们担任构建者与使用者的角色。他们以自然与历史为基底,起初只有 20 人共商社区计划。在 1998 年"书画村"初建期间,有 58 名成员,当年后半年增至 83 人。1999 年社区土地交易完成时,有 197 名成员。2002 年 4 月成员招募工作完成时,Heyri 艺术村共有 310 名成员。

其次是社区环境。Heyri 艺术村从零开始构建社区环境,社区环境在建筑、规划及景观专家的协同帮助下,选取新潮建筑和景观风格。这种构建理念与构建方式造就了 Heyri 艺术村独特的社区环境基底。

最后是创意活动。Heyri 艺术村分别在春季和秋季举办 Heyri 潘节和 Heyri 乐团音乐会,并在全年不断推出私人展览及音乐演出。除此之外,还有艺术家工作坊、文化课程、艺术产品展销会、博物馆和画廊的展览等活动。创意活动通常由社区组织审核并统筹承办,为 Heyri 艺术村吸引源源不断的游客。①

创意社区这一独特的社会现象,依赖集体灵感激励社会经济政策改革。创意活动激发社会活力与经济增长,在现代社会扮演日益重要的角色。Heyri 艺术村作为稳定且可持续的创意社区,其社区建设模式、"社区建设"理论借鉴意义很大。"社区建设"理论揭示创意社区的社会价值,指出创意社区营建机制的核心要素及作用机制。如韩国 Heyri 艺术村的生成机制、运行机制,社区成员及社区环境两个核心要素在社区营建过程中的相互作用和其内在发展机制,这些都值得借鉴。

● 韩国 Heyri 艺术村:与宋庄对比

在宋宪庭指导的"宋庄及周边艺术家群落田野调查手记"中显示,在宋庄艺术市场中,占最大比例的是艺术政治波普、艳俗、玩世艺术(图 3-1)。一方面,宋庄艺术趋势对"现代艺术"缺乏正确理解;另一方面,宋庄艺术社区过于迎合市场,因此韩国 Heyri 艺术村在多方面具借鉴意义。

Heyri 艺术村关注生态,使得建筑、人文与自然的和谐统一以及整体艺术创作氛围较好。另外,其组织形式的高度自觉与民主,同样提高了艺术家们对艺术品质的把控与觉醒;再有,Heyri 艺术村形成文化呈现、文化制造、文化消费的完整链条并形成"社区精神",即构建艺术与文化乌托邦;以地区品牌带动文化消费。此外,韩国 Heyri 艺术村以建筑与自然之间建立起的和谐平衡关系控制未来发展的多边性、灵活性为规划理念;以成为艺术家们共同的创作基地(艺术家的工作与居住地)孕育、展示和传播文化艺术,使 60% 的面积用于展览、演出等公益活动为宗旨与目标。

---

① 金道沿、翟宇琦:《关于创意社区的发展机制研究——以韩国 Heyri 艺术村为例》,载《上海城市规划》,2015,6(6):44~60。

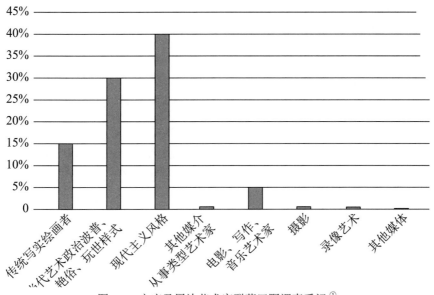

图 3-1　宋庄及周边艺术家群落田野调查手记①

提升项目对标案例

第一节　台湖小剧场原创小镇对标案例

1. 伦敦西区戏剧产业

● 伦敦西区表演艺术产业规模与特色

伦敦西区是与纽约百老汇齐名的世界两大戏剧中心之一，享誉世界的皇家歌剧院、英格兰国家歌剧院、皇家国家剧院以及莎士比亚环球剧院等均坐落于此。西区已经成为伦敦一个重要的文化创意产业聚集区，对英国产生了较大的经济社会贡献。

在戏剧历史悠久的英国，人们看戏的传统与热情经久不衰，这也成为这一产业旺盛发展的源泉。英国戏剧业的精粹汇聚伦敦西区，它是与纽约百老汇齐肩的世界两大戏剧中心之一。在伦敦西区不足 1 平方公里范围内，形成了一个戏剧产业聚集区，汇聚于此的剧院共 49 家，平均每晚约 3 万人前来观演，经济连锁效益显著，有些经典剧目在一些固定剧院连演几十年，成为西区的经典和象征。②

● 伦敦西区表演艺术产业经济贡献

英国戏剧在世界上具有举足轻重的地位，而伦敦西区又是英国戏剧发展的核心所在。20 世纪末以来，作为戏剧中心和娱乐中心，又融合了信息化时代的新元素，西区已经成为一个重要的文化创意产业区，对伦敦的经济贡献率很大。其主要表现在三个方面。

---

① 陈炯：《中韩艺术区规划建设比较——以 Heyri 艺术区与北京宋庄为例》，载《新美术》，2011，32（1）：34～38。
② 高睿霞：《伦敦西区文化创意产业聚集区之成功经验》，载《青春岁月》，2015（19）。

首先,伦敦西区表演艺术产业拉动了内部经济。西区众多剧院依靠票房收入以及与观赏戏剧相关的各种消费,如用餐、住宿、交通和购买节目单、纪念品等这些相互关联和相互依存的集群形式,产生了可观的经济收益。

其次,伦敦西区表演艺术产业推动了贸易经济。伦敦西区的主要外汇收入来自海外游客和出口剧目。根据伦敦旅游局统计,剧院是游客游览伦敦的一项重要内容。海外游客消费占西区消费的近 1/3。

最后,西区的经济效益还表现为创造就业岗位。据统计,包括剧院演职人员、售票代理人员和道具服装制作等从业人员大约有 2.7 万人,占整个伦敦文化娱乐业从业人数的 12%,还有 1.4 万人就职于与剧院相关的行业,如戏剧出版业、唱片销售业等。另外,因剧院集聚带来的各类消费行业,如餐饮、旅店、交通等兴盛不衰,又进一步提升了西区的人文环境,促进了西区剧院经济的发展。①

● 伦敦西区表演艺术产业模式借鉴与意义

伦敦西区产业聚集特点为:部分剧院受到政府资助、剧院错层发展、注重受众体的培育。其对中国有很大的借鉴意义。

首先,体现在"一臂之距"文化政策上的创新。伦敦西区在发展的过程中,得到了政府的大力扶持和社会的热情支持。直接或通过半官方机构与民间机构,以项目的形式资助园区内的文化艺术创作,是欧美政府对此类园区最常见的支持方式。英国和加拿大的"一臂之距"文化管理模式在这方面已经非常成熟。所谓"一臂之距"模式,这是指政府不直接干预文化产业各公司和组织的运行,而是通过建立不属于官方的中间组织,由一些中立的艺术或文化事业方面的专家为政府提供指导意见并负责文化经费的具体划拨,其监管主要依靠各种行业委员会和完善的法律体系。这种文化管理模式有助于保证创意产业园区的自主性,保持文化的延续性。

其次,群聚效应,经济正向关联的引擎。西区的戏剧产业分布格局类似纽约百老汇,高密度地聚集在一条街和附近街区。密集的剧院群不仅为周边地区形成完整的配套产业,而且增强了自身的核心竞争力。它们不会因为聚集,导致恶性竞争或同质退化,反而形成了良性的表演艺术生态和区域性的文化繁荣,剧院的平均上座率高达 70% 以上。同时,也便于产品的宣传和售卖。这种聚集所形成的文化品牌效应,大大增加了一个城市和一个国家的文化软实力。

最后,经营创新、艺术和商业的共赢,以制作端来看,从创作源头、剧目选择到舞台技术等,皆有精细的专业分工,这样就保证了产品生产的每一环节都得到最好的资源配置。在西区,职业经理人多由职业艺术家组成,它们能更好地深入市场,进行有效的市场调研、受众分析、剧场效果评估等。为了保障票房率,在演员的选取上,常请回当红的影视明星。它们在集合大量资金的基础上,通过分散投资保证了成功率,通过经典剧目和创新剧目的"混搭"投资,保证稳定的现金流。融资渠道的延伸和投资人范围的扩大,加快了产业创新,使它不再单纯依赖

---

① 高睿霞:《伦敦西区文化创意产业聚集区之成功经验》,载《青春岁月》,2015(19)。

于天才的诞生。①

2. 密苏里州布兰森

● 布兰森小镇表演艺术产业、旅游业规模及特色

布兰森位于密苏里州西南部,南邻阿肯色州,地处欧扎克山（Ozark Mountain）腹地,被欧扎克湖环绕。除欧扎克湖区外,布兰森周围还有三大湖,故有"三湖之家"的美称。布兰森现有剧院49家,座位约64 057个,演出节目100余台,旅馆200多家,餐馆300多家,高尔夫球场9个,直销商店200多家,是排名在纽约、拉斯维加斯之后的美国第三大演艺中心,还被誉为"纯净的拉斯维加斯"。因为这个小镇没有色情场所、没有赌博和暴力行为,是家庭和学生们理想的娱乐和休假场所。近年来,布兰森逐渐成为一个传统、健康和不断发展中的旅游胜地。它也是全美演出场所最集中的城镇,有"世界舞台音乐之都"之称。②

布兰森小镇的历史可追溯到19世纪初,而它的旅游业始于20世纪初。欧扎克湖边有个溶洞,洞里面是个银矿。1907年,著名作家Harold Bell Wright把欧扎克的牧羊人发现银矿的传奇故事写成一本小说,取名为《山岗上的牧羊人》（*The Shepherd of the Hills*）,这本书即刻成为美国畅销书。随后,成千上万的读者慕名而来寻找牧羊人的足迹,布兰森的名字随着这部小说名扬四方。自此,布兰森的旅游业也就慢慢发展壮大,继而形成今天的规模和现状。

赫驰德家族对山洞内进行了现代化改造,引入电力和水泥楼梯。1960年,他们又投资银元城主题公园,并在其中上演表现海特菲尔德和麦考伊两个家族世仇的舞台剧,从此布兰森的旅游和演艺业态正式形成。1960年,布兰森第一部戏剧《山中牧羊人》露天剧开始上演,至今仍在演出。1991年12月8日,美国哥伦比亚广播公司的王牌节目《60分钟》播出了布兰森专题,称这个城市为"世界现场音乐之都"。从此,借助这个节目的播出,布兰森进一步确立了在演艺市场中的地位。

● 布兰森小镇表演艺术产业经营

布兰森由1991年的22家剧院发展到今天的50家剧院,夏季旺季时每天有超过130场演出在进行。《60分钟》节目将布兰森带入到了一个高速发展的新时代,因具备各种旅游业态,但没有赌博、色情等成分,布兰森成了美国中部的家庭旅游胜地,也被称为"纯净的拉斯维加斯"。

著名的银元城（silver dollar city）,这座19世纪80年代就开放的主题公园被《今日娱乐》（*Amusement Today*）杂志评选为世界前十的游乐园之一。在这里,过去的探险与现代高科技惊险刺激完美结合。园内拥有40多个游乐设施和景点,其中包括一块家庭友好的区域,即2015年新设的Fireman's Landing。这里还有60家独特的商店、12家餐厅、40场每日直播节目,以及100多名本土手工艺者和工匠展示美国传统工艺品。布兰森拥有众多全国闻名的高尔夫球场。到2019年,大雪松度假地（Big Cedar Lodge）的巨石之顶（Top of the Rock）球场将成为美巡赛

---

① 应小敏:《伦敦西区剧院的繁盛对中国戏剧产业的启示》,载《戏剧（中央戏剧学院学报）》,2015（2）: 46～56。
② 布兰森官方经营网站。

（PGA Tour）年度高尔夫传奇锦标赛（Legends of Golf）和冠军巡回锦标赛的指定比赛地点。①

- 音乐之乡布兰森对台湖小剧场的借鉴意义

布兰森在整体定位与实施上，体现了强大的统一性与和谐度。布兰森被称为音乐之乡，这个极为普通的小镇人口不过 1 万左右，却拥有 50 多家剧院，64 057 个座位，常年上演 100 多台节目，是排名在纽约、拉斯维加斯之后的美国第三大演艺中心。这座城市本身就是一个超级巨大的游乐场，小镇主要街道两旁出现最多的是形形色色的歌剧院和艺术馆，每一座楼宇都有自己独特的建筑风格和装潢样式，体现了美国人无限的创造力和想象力，这与其整体定位与设计脱不开关系。

布兰森有着明确的客户群目标。布兰森对于音乐演绎的定位、管理与经营及没有赌博、色情等成分体现了明确的客户群，是家庭、音乐爱好者的旅游胜地。

布兰森利用其地理优势，围绕统一定位与历史相关性，打造银元城的策略同样值得借鉴。

第二节　会展产业项目对标案例

1. 德国"政府推动型"会展产业

- 德国会展产业规模及历史

德国以其高数量、高质量的博览会以及在行业内的知名度而成为世界第一会展强国，世界十大会展城市中有 6 座来自德国，全球著名的国际性、专业性贸易展览会有 2/3 在德国举办，2011 年全球最大的 5 大展览中心，德国占了 3 家。

德国会展产业的发展，可以追溯到 13 世纪，它是由人们聚集在一起进行贸易活动的单个集市发展起来的。1895 年春，在莱比锡举办了第一次样品博览会，由展出可以订购的样品取代单纯的出售商品，从而正式拉开了世界博览会的帷幕。发展至今，已经形成规模巨大、包罗万象的各种博览会以及展览会，每年都吸引着成千上万来自世界各地的参观者。其中，汉诺威博览会以其 451 260 平方米的面积以及每年举办的规模巨大的办公设施、信息与通信技术博览会 CeBIT 稳居世界博览会之首。会展形式的多样化、会展企业的专业化，使德国的会展产业呈现出不同于其他产业的特点。

- 德国会展产业呈"政府推动型"特征

德国会展产业特点体现为：政府推动、大型会展企业起主导、中小会展企业广泛参与，以此增加社会经济效益，带动科技、旅游业发展。

其中，政府全力支持，将会展业作为支柱产业，直接提供财政支持；提供一流的配套服务，集会议、餐饮、住宿、展览于一体；品牌化经营、推行全球化战略；重视培养会展专业人才；会展产业链功能完备；会展专业化、国际化，德国每年举办大约 150 个专业会展，几乎涵盖了所有工业产品领域和服务行业，会展机构和人员也更加专业化；德国会展产业实现联动，会展

---

① 布兰森官方经营网站。

业从业人员达 23 万人，每年营业额 30 亿欧元，创造直接经济效益约 120 亿欧元，间接经济效益约 235 亿欧元，高度发达的会展业为德国带来了庞大的社会经济效益，对德国的科技发展和旅游业都形成强有力的带动作用。

● 德国会展产业对我国的借鉴

会展业是德国服务性经济的重要产业。德国之所以能确立起展览王国的地位，有其政策、经济、地理和人员等多方面原因值得学习借鉴。

德国设有国家级的展览管理机构——德国展览委员会 AUMA，其总部设在柏林，代表参展商、参观者和展览会组织者三方利益，具有很强的协调、监督和管理能力，其职责具有唯一性、全国性和权威性的特点。为了维持会展市场的有序竞争，AUMA 还对世界各地的展会类型、展期、展会地点等方面进行协调，从而保证了参展商、参观者和展会组织有着良好的合作，有效避免了展览会的重复举办，有利于展会的长期举办。同时还对世界各地展会进行考察，写成报告，为本国企业出国参展提供建议和参考。博览会和展览会数据资源审核公司 FKM 是另一重要的展览管理机构，它受 AUMA 的管辖，由独立的核查人员对该机构举办的展览会进行参展人数、参展面积等数据的审查并发布年度报告。此外，诸如博览会和展览会专业联合会（FAMA）、展览会承建专业协会 FAMAB 等也使德国展览会机构的管理更加完善。①

另外，德国政府全力支持会展产业发展。在德国，展馆这一展览会所需要的重要基础设施是由政府统一投资和经营管理的，政府可以借此对展会市场进行有效的市场调控。为了扶持会展业，德国政府首先会有针对性地实行补贴、再投资等资助措施；其次，德国会展业具有一流的基础设施和完善的配套设施，提供国际领先的全方位的展览服务。德国对于展览服务相当重视，具有一套成熟的展览服务运作模式，将提供周到满意的展览服务贯穿于整个展览会，包括提供展品运输、仓储、展台搭建等专业服务，以及交通、住宿、餐饮等配套服务，重视展览的品牌化。德国的展览会注重对各自的优势行业和服务理念进行准确的定位，实施品牌化发展战略，努力寻求在展览业界确立自身的品牌优势。品牌展览会能使参展者及时了解相关行业的最新资讯和技术，吸引大批专业人士前来参展或参观，也给展览组织者带来了稳定的客源和较高的利润。②

2. 美国"企业推动型"会展产业

● 美国会展产业规模及特色

美国是世界会展业的后起之秀，每年举办的展览会近万个，观众近 7 500 万人，知名展馆包括美国拉斯维加斯会议中心、纽约贾维茨会展、奥兰多橘城会展中心、芝加哥麦考密克展览中心。

美国会展产业特点体现为较强的民间性，政府间接支持，带动住宿、餐饮、交通等服务产业发展，主要依靠行业自律，属于企业推动型的管理模式。以企业自愿参加为特点，没有专门的政府部门通过行政手段来直接管理会展业，会展项目基本不需审批。当政企发生矛盾时，行业协

---

① 张燕：《德国会展业发展对中国的启示》，载《全国商情：经济理论研究》，2008（1）：25～26。
② 李志华：《德国会展业给我国会展业的启迪》，载《北方经贸》，2007（2）：41～43。

会将寻求议会的支持与介入，按照长期以来美国人所推崇的对立制衡原则处理政府与行业协会的关系。美国政府对会展业提供间接支持，体现在对展览会的质量和组展水平进行认证与监督。

美国会展业对其他产业具有很大的拉动作用。2013年美国会展业相关直接消费超过2 800亿美元，其中1 500亿美元（54%）的直接消费用于会展成本、策划以及场地租赁等，同时约1 300亿美元（46%）直接消费用于住宿、餐饮和交通等方面。①

● 美国会展产业模式借鉴

美国发达的会展业得益于其独特的市场化运作模式。目前，美国已经形成了自己独特的办展模式。即展览中心公有、行业协会协助、专业管理公司经营、立足于美国国内的市场化运作模式。在运营过程中各种类型的展览中心都会有专业的管理公司在各种权威行业协会协助下公平参与市场竞争，重视提高服务质量，进行自由的市场化运作。美国国内有巨大的市场容量，这种市场化的运作模式是以长、短期展览相结合，保证展览企业的能力以规模较大的展览中心完善配套服务设施，以立足本地、立足美国、立足专业产品的市场理念和谨慎的经营合作态度求发展。

美国走向国际的跨国展览公司十分有限，其主要立足的是本国市场，也不盲目国际化。美国自身有个十分庞大的国内市场，各行业间的交流与购买就可以形成各种展览会，促进经济的发展。

另外，美国的各个领域都有专业的全国性协会。行业协会主要为企业提供技术与信息服务，协调政府、企业、消费者之间的关系，是一种"水平式的行业管理体制"。

此外，美国政府的运作职能，仅限于美国联邦和州政府在会展业发展中拟订总的会展业发展规划来进行宏观方向上的引导。制订相应的政策法规规范会展业市场秩序，进行行业经济效益、社会效益等方面的宏观统计，以编制产业规划。另外，提供相应的基础设施建设和配套服务。其余都是各企业之间以合同为前提的互动发展。②

美国十分重视会展教育，据统计，全球有150多所大学提供与会展管理相关的教育，美国大约占了一半，目前已形成了相对完善的教育体系。在课程设置、教材编写、教师配备方面，美国也很有优势，且已成为重要的会展理论知识输出国之一。

第三节　体育产业项目对标案例

1. 加拿大威兰体育旅游

● 加拿大威兰体育产业资源再利用

加拿大威兰成立不足200年，小城因修建连接安大略湖和伊利湖的运河而兴起，正是运河与铁路汇集的红利让这座小城逐渐生长出了一批以钢铁为核心产业的公司，成为了尼亚加拉地区的工业和制造业中心。"二战"后，随着全球经济的复苏以及对于钢铁及传统工业的强烈需求，威兰迎来了它的黄金年代。20世纪70年代，加拿大威兰传统产业如钢铁及制造企业逐渐

---

① 刘顾：《美国展览业增长创8年来新高》，载《中国会展》，2015（17）：28～28。
② 冯玮、杨文彬：《美德会展业发展比较及其启示》，载《旅游论坛》，2009（4）：600～604。

衰退。威兰的钢铁及制造企业不再具有竞争优势，陆续宣告死亡或迁离威兰。产业衰退对城市来说意味着人口迁出、土地闲置等一系列问题。更可怕的是，运河周边产业状况的变化也使运河本身发生了改变。1972年，原本经过威兰市中心的月牙形河道被裁弯取直，昔日繁忙的水面，变成了门可罗雀的闲置资源。①

其被闲置25年后，用体育旅游引领老运河的发展。在传统产业衰退的大背景下，威兰小城紧紧抓住了体育旅游这一加拿大增速最快的产业机会，达成了社区维护的自我救赎和城市发展的弯道超车。赋予闲置资源新的价值和内涵，让赛事成为拉动加拿大威兰运河体育产业的重要推手，凭借赛事IP带动运河体育赛事品牌的推广和传播。

体育旅游小镇基础设施增加为：威兰国际静水运动中心、1.3平方公里的静水水面、总长24千米的步道系统、水岸艺术中心、配套训练基地。并开始体育赛事，如从青少年赛艇比赛到国际泳联公开水域世锦赛、国际龙舟冠军赛等不同等级的赛事与活动超过200场。给威兰增加了经济效益，每年贡献5 000万加元，折合人民币3.2亿元。引导了运动风尚，成为了社区健康生活方式的驱动引擎。②

● 加拿大威兰体育旅游借鉴与意义

人口仅5万的加拿大威兰小镇，从发展路径、经验迁移与普世价值的维度来看，它是大洋彼岸一个不可忽视的体育旅游小镇典型样本。

它以当地独有的公开水域为基础，以开展赛艇、龙舟等水上运动赛事为核心产业；它的核心区域面积为4平方公里，区内建成了国际级的静水比赛场馆；它具有明显的旅游目的地属性，每年为当地带来超过3亿元人民币的经济效益；它引导了当地的运动风尚，成为了社区健康生活方式的驱动引擎。

体育旅游——传统产业衰退倒逼出的救命稻草。合理利用自身的优势条件，引入适合的运动项目，以赛事为核心来进行打造，并带动整个城市的经济与发展。

2. 洛杉矶体育产业

● 洛杉矶体育产业规模及特色

美国第二大城市洛杉矶濒临太平洋东侧的圣佩德罗湾和圣莫尼卡湾，背靠圣加布里埃尔山，干燥少雨，气候宜人。洛杉矶市总面积约为1 290.6平方公里，人口410万，大量的移民使洛杉矶成为一个多民族、多文化的国际性城市。多元文化的结合，促进了洛杉矶政治、经济、文化的发展，数量庞大的拉丁语系移民，推动了洛杉矶竞技体育的发展，时至今日，洛杉矶已成为美国体育产业发展较好的地区之一。

1984年，奥运会的扭亏为盈开创了洛杉矶现代体育产业。在随后的10多年中，湖人队、银河队等职业球队的崛起和商业化运作使洛杉矶的体育产业发展如虎添翼。当然，洛杉矶体育产

---

① 网易财经：《曾经濒临废弃，如今年赚3亿，加拿大威兰向体育小镇的神奇转变》，2017。
② 网易财经：《曾经濒临废弃，如今年赚3亿，加拿大威兰向体育小镇的神奇转变》，2017。

业的腾飞，与整个美国体育产业的发展不无关系。就整个美国而言，体育产业20世纪80年代的总产值就超过600亿美元，2004年达到1786亿美元，这一产值占美国国民生产总值的4.37%，体育居国民经济各产业部门的第22位，体育与石油、汽车、钢铁并称为美国的"四大支柱产业"。[1]

● 洛杉矶体育产业发展借鉴

洛杉矶体育健身业十分发达。洛杉矶以时尚都市为基础，在体育健身业上十分发达。洛杉矶是好莱坞的所在地，很多大牌明星为了保持身材而坚持健身，甚至制订全套的健身计划，在洛杉矶，瑜伽、普拉提等健身项目相当流行，健身行业始终走在前列。2008年2月15日，加州规模最大的健身博览会在洛杉矶会展中心隆重举行，吸引了成千上万名南加州以及世界各国的健身爱好者。150多个展商展示了他们的最新健身技术、器材、营养保健品、健身服务项目和科研成果，博览会上有健美先生和健美小姐的热辣表演，就连NBC球星也到场助阵。在洛杉矶街头，常会看见写有Dance Studio的招牌。Dance Studio（舞蹈工作室）是近年来洛杉矶非常时尚的场所，很多年轻人都会在晚上到工作室学习拉丁舞。在洛杉矶，专门的Salsa工作室就有15家。[2]

洛杉矶体育彩票业同样十分发达。发行彩票作为一种传统的集资形式，加入奥运的元素，可以在很大程度上激发民众投彩热情。洛杉矶的彩票发行始于1984年10月，当时政府成立彩票局，由政府管理此项工作。1985年10月1日发行第一张彩票，但当时只有"乐透式"（即开型）彩票一种。加州彩票50%为奖金、36.5%为公益金、13.5%为管理金，群众返奖率部分从管理金中提取，不占用公益金部分。[3]

发展项目对标案例

第一节　工业大院改造项目对标案例

1. 阿姆斯特丹西区多功能区

● 阿姆斯特丹西区多功能区改造概况

阿姆斯特丹西区多功能区为综合开发模式，是由旧工厂改建的，将半封闭集群式厂房建筑改建为集阳光步道、集市、图书馆、美食广场、俱乐部、咖啡店、酒店、电影及剧场为一体的创意区。

阿姆斯特丹西区的改造实施过程有多处值得借鉴：拉动周边居民参与，注重开放性与公共产品性质，突出绿色理念。宽敞的车间改成阳光步道和市民集市，下挖停车场预留自行车道，使其能自由穿梭厂房内部；中心区建立购物中心，配有周边集购物、娱乐、休闲于一体的综合开发。内部改为美食广场与集市，两旁为设计感很强的设计品贩卖店、理发店、自行车店等；与第三方合作，增强"公共产品"功能性。引驻酒店、娱乐设施建设电影院及剧场，

---

[1] 肖畅明、周良君：《洛杉矶体育产业竞争力实证分析》，载《管理学刊》，2009（6）：11～13。
[2] 耿海军、郭立涛：《浅谈体育的经济地位和作用》，载《中国经贸导刊》，2009（20）：60～60。
[3] 康迪：《洛杉矶：战略转折点》，载《三联竞争力》，2007，65（8）。

开设咖啡馆、俱乐部；增强资源共享性与文化性；建立公共图书馆。

● 阿姆斯特丹西区多功能区改造模式及借鉴

阿姆斯特丹西区多功能区旧工厂改建项目开发商开始鉴于之前在西区项目多受到当地居民抗议的经验，如音乐街区、剧院的提议使得居民觉得居住环境受到干扰，因而开发商采取了温柔协商积极推进的态度，他开始与邻居们进行对话和协商，在项目启动之初除了接入设计公司，更是让施工方和未来租户、商户们早早介入。

一方面，在初步阶段接入商户让物业的出租率有了很好的保证，也让商户和邻里增加参与感，并提出意见，给予项目支持；另一方面，让施工方、周边邻里及设计方参与到共同基金会，解决掉了一部分资金筹措的问题。

在这种形式推进下，从工厂改造的巨型客厅可以看到周边居民一同倡议的周末集市，包括当地土特产的售卖店。同时，厂房原有建筑形态的优点被尽可能地全方位利用，天窗下曾经的电车轨道改为室内阳光步道，超高层厂房变成了设有两层客房的酒店，整个项目改造出了阿姆斯特丹西区的市民会客厅，是一个优秀的创意商业综合体。

● 阿姆斯特丹西区多功能区改造区借鉴意义

阿姆斯特丹西区多功能区旧工厂改建项目将政府、设计师、建造方、租户、邻里以及市民联合起来成立基金以进行厂房重建和运营，其独特改造方式与多方位参与运营过程，是一个非常好的工厂改造样本。

2. 伦敦市中心 loft 创意产业园

● 伦敦市中心 loft 创意产业园改造概况

伦敦市中心早期工业大楼改造俱乐部工作区，属于低成本办公场所，也称嵌入式办公中心。loft 创意产业是城市工业废弃地再利用，从而带动地区复兴的有效方法之一，也是工业遗产保护再利用的一种方式。

● 伦敦市中心 loft 创意产业园改造模式及借鉴意义

在实施过程中，loft 创意产业园关注旧厂房、仓库建筑体的利用与改造；是现代文明社会、现代城市生活中一种不可或缺的建筑空间，且关注建筑空间室内的划分与利用。

loft 创意产业园在工业大楼中开拓展厅，利用现存建筑结构，在旧钢铁厂房的内部和周围建造展厅，建立"打包式"工作场所：改造 50～60 间工作室、会议室、档案室和茶水间。

伦敦 loft 改造关注厂房实用性与成本压缩，对于小型公司创业、缺乏资金的艺术家工作室都是非常好的借鉴样本。

第二节　民俗文化产业化对标案例

1. Pekalongan：工艺是光荣的职业

● Pekalongan 工艺产业特色

Pekalongan 是爪哇中部的一个港口城市，长期以来一直被认为是蜡染的中心，这是一种精心装饰的布料（通常是棉花），用蜡光染色技术生产。这种纺织传统上是手工制作的家庭作坊和小规模的家庭工业。然而，对于那些在 21 世纪初成长在帕卡隆的人来说，在蜡染工作坊里的学徒并不是一个有吸引力的选择。

● Pekalongan 工艺产业：政府规划与教育模式

Pekalongan 工艺产业的兴起与政府领导有着很大关系，在政府领导下，巴蒂克蜡染工艺不仅得到振兴，且走上了向蜡染博物馆产业方向发展。城市领导人经探讨决定，Pekalongan 未来的生存能力并不是在寻找新的产业，而是在重振它已经众所周知的工艺：巴蒂克，一座历史建筑被用作蜡染博物馆。

除此之外，Pekalongan 工艺产业中的蜡染技术在政府决策下，将其作为当地内容纳入公立学校的课程。此决定纳入到现行的国家教育框架，为蜡染巴蒂克技术提供了一项市长法令。

从 2005—2006 学年只有 1 所学校开始，发展到从幼儿园到美国证交会（SEC）的 230 所学校，该计划只花了 3 年时间。年轻人已经获得了一种新的欣赏技能和知识所需的技能以及对其从业人员的重新尊重，还有对在巴蒂克从事职业的可能性的兴趣，这现在又一次被认为是值得尊敬的。职业学校提供专门的培训，学生们可以通过职业培训获得进入 batik 制作的技能。Pekalongan 的理工学院已经建立了一个为期 3 年的 batik 文凭课程，因此产生了具有更高学位的特殊的学者。长远的城市发展计划 2005—2025 年的目标："Pekalongan，巴蒂克城：先进、独立和繁荣"。视觉上看到了蜡染的艺术、工艺、文化和经济，是 Pekalongan 最大的潜力。如今，年轻的 Pekalongan 居民越来越有信心，他们可以追求体面的工作和合理的收入，而不必加入到印尼大城市的迁移。①

● Pekalongan 民俗文化产业化借鉴意义

Pekalongan 民俗文化产业被纳入联合国教科文组织《文化城市：可持续发展城市未来全球文化报告》案例列表中，其对于民俗文化产业发展的政府战略，不盲目发展新产业，依照民族特色、民族优势的眼光值得借鉴；在战略上，政府将其发展引向产业化道路，并将其纳入现行的国家教育框架中。其战略与实施过程，都是一个民俗文化产业值得借鉴的良好样本。

2. 土耳其地毯业

● 土耳其地毯业在世贸中的优势

纺织业，一直是丝绸之路要塞——土耳其的支柱产业之一，土耳其的棉花产量、羊毛产量

---

① 联合国教科文组织：《文化城市：可持续发展城市未来全球文化报告》。

和人造纤维产量均居世界前列。

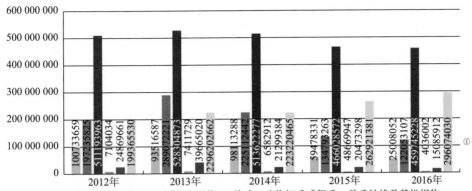

图 3-2 土耳其三项产业出口金额以及出口中国数量的统计

图 3-2 为世界贸易数据库 HS2012 年统计的土耳其羊毛、棉花、化学纤维三项产业出口金额以及出口中国数量的统计，其中化学纤维与羊毛均达到了较高的出口贸易金额。② 另据统计，纺织和服装行业占该国生产总值的 5.5% 和工业总产值的 17.5%，占制造业产值的 19%，占制造业就业人数的 20% 左右，占出口总值的 30% 左右。土耳其纺织业的技术水平居世界领先地位，纺织服装配套行业，如针织、色染、印花以及装饰等都很发达。③

地毯、家纺家居产品和皮草皮革制品，是土耳其纺织业最独具特色的产品门类。纺织行业是土耳其重要的经济支柱，对就业、生产和出口做出了重大贡献。过去的几年里，土耳其纺织业为国家创造了大约 12.5 万个新的就业岗位，对促进国家经济增长做出了巨大贡献。土耳其地毯出口不断得以增加，全球约 40% 的机织地毯约出自土耳其，巴拉圭和荷兰的地毯售价每平方英尺约 150~200 欧元（约合每平方米 13.5~18 欧元），而土耳其的地毯价格约在每平方英尺 5~15 美元（约合每平方米 0.45~1.35 美元）。④

● 土耳其地毯业特点与市场行为

土耳其家纺产品在全球市场占有越来越重要的位置，这离不开纺织业对家纺产品的审时度势与谋划。在国内举办家纺展会、参加国际大型家纺展会，是土耳其促进其家纺业发展的手段之一。土耳其家纺展参展规模大、参展商品种类齐全，在业界有很高的知名度。伊斯坦布尔国际家纺展是土耳其乃至世界范围内规模较大的展会之一，在 2013 年的展会上即吸引了 1 000

---

① 世界贸易数据库 HS2012。
② 世界贸易数据库 HS2012。
③ 本报记者任晶晶：《土耳其纺织业的特色三宝》，载《中国纺织报》，2014-04-28.
④ 本报记者任晶晶：《土耳其纺织业的特色三宝》，载《中国纺织报》，2014-04-28.

家展商,以及12.5万名参展观众。①

举办家纺设计大赛,提高家纺设计师的设计水平,是土耳其家纺业发展的又一锦囊。土耳其乌鲁达纺织出口商协会(UTIB)举办土耳其家纺设计大赛,约超过530名家纺产品设计师及学生参加了大赛。举办此等展会旨在为学生及年轻的设计师展示他们的作品和才华提供一个平台,鼓励他们创造出更加具有创意的家纺产品,提高在国际市场的竞争力水平,并促进家纺产品的出口以获得更大利润。

● 土耳其地毯业SCP分析及对通州民俗文化产业的借鉴意义

土耳其地毯业作为世代相传的传统手工业,其市场结构的规划、市场行为的连接性以及市场效益的多维度发展值得中国民俗文化产业借鉴。

首先,土耳其地毯业在市场结构规划上重视原料环节与创作环节,这对于中国很大部分靠低价取胜的手工产业极具借鉴意义。在土耳其地毯原料市场结构规划上,土耳其十分重视原料羊毛、化学纤维、棉花的原料生产与商品质量,这使得这三项原料在出口上为土耳其赢得了高额的贸易出口金额。另外,土耳其地毯业对生产环节的要求始终在一个高标准之上,重视其实用美观和收藏价值两重商品含义,使得土耳其地毯业市场结构中的"人力成本"与"技术"成为"进入壁垒难度"的硬性指标,这种良性循环也使得土耳其地毯业市场结构中的大部分产品生产处在一个高水平上的竞争。

在市场行为上,土耳其地毯业根据行业冲击、市场结构进行调整,与时俱进,举办家纺展会、参加国际大型家纺展会,重视其文化宣传品牌效应,提出了更加适合作为具有"文化含义""收藏价值含义"的地毯产品的营销策略。

在衡量市场绩效上,土耳其地毯业不仅仅停留在地毯出口贸易额以及出口数量、利润的追求上,还十分重视文化目标等市场绩效指标。土耳其地毯业重视其文化的传播,如传统纹饰与手工织法等。这使得土耳其地毯作为中东的文化产品,在进行对外传播时取得了显著的效果。其长期的多方面市场绩效指标的追求,对于富含文化内涵的中国民族手工业极具借鉴意义。

第三节 文化产品和服务对标案例

1. 苏富比拍卖行文化服务业

● 苏富比拍卖行:作为文化服务业的优势与特色

苏富比拍卖行始创于1744年,是全球历史最悠久、规模最大的国际知名艺术拍卖行,业务包括艺术拍卖、私人艺术买卖及艺术贷款。苏富比在全球设立8个拍卖中心,面对全世界的买家和卖家,根据地域性的竞争环境决定不同拍项,采取"寰宇寻珍,集中销售"的全球企业策略。苏富比全球化进程从20世纪60年代开始,公司总部设在伦敦,从60年代开始,在世界主要城市相继开辟分公司,目前,苏富比业务范围遍布全球40个国家的90多个地区,全球

---

① 许培源、朱剑莉:《海宁家纺协会进军明年土耳其家纺展》,载《纺织报告》,2010(12):30~30。

有8个拍卖中心每年举办约250余场拍卖会，涵盖收藏品种70余种。

● 苏富比拍卖行核心战略

在世界范围内苏富比的拍卖业务仍以欧洲为主，在全球市场上又有北美和亚太两个区域，以"集中销售"为核心战略的苏富比拍卖采取集中拍点、集中时间在全球固定城市拍卖，其主要拍卖活动在伦敦、纽约和香港地区进行，其他地区则根据地域的特殊性划分举行拍卖，如珠宝拍卖在瑞士日内瓦，美术设计拍卖在摩洛哥，瓷器拍卖在中国香港等。

为弥补集中销售的局限性，苏富比采取在新兴市场进行小范围经营和其他相应的宣传活动，用相对简单的拍卖活动来培养苏富比在当地的品牌意识，进而培养拍卖行的忠实客户。

● 苏富比拍卖行借鉴意义

苏富比拍卖行在文化服务业中多方面值得借鉴。作为国际上最大的两家拍卖行之一的苏富比，在拍卖领域的发展已有200多年的历史，英国和美国的总公司有着丰富的资源和经验。作为拍卖服务产业，其在五点上极为值得借鉴：（1）全球网络资源：主要指世界范围内的买家和卖家，多地域的办事处可以在全球范围内征件；（2）强大的资金支持；（3）历史悠久的品牌优势；（4）领域内顶尖专家人才；（5）完善成熟的拍卖制度等。

2. 英国湖区"彼得兔"文化产品创业产业

● 英国湖区以"彼得兔"概念为起点的博物馆产业

英国文化底蕴深厚，文人雅士辈出，不少人令人铭记怀念。其除了是大文豪莎士比亚的所在国，也是英国最具代表性的儿童读物之一《彼得兔》的作者Beatrix Potter的所在国，所以Beatrix Potter昔日的主要居住地英国湖区，便以彼得兔为主题，发展了多元的系列性创意产业。

英国湖区南端的林德斯霍庄园、丘顶庄园，因与彼得兔绘本中很多主要动物的形象、故事发生地等有直接的联系，因此，庄园作为"彼得兔产业"产品系列的一部分，通过以旅馆、门票等形式对外开放。另外，在位于湖区西南部的霍克赫德镇上，"碧翠克丝·波特艺廊"作为"彼得兔"原稿收藏地，收藏了大量的彼得兔故事彩色原稿。在丘顶农庄可购置联票一同参观。

● 英国湖区"彼得兔"创业产业发展模式及借鉴

彼得兔博物馆位于温德米尔湖旁的波尼斯小镇，共分为三个部分：展览区、花园和茶室。里面陈列着作者在湖区乡村所创作出的23个故事。展览馆场景被打造成童话书里的梦幻世界进行展示，包括"波特小姐的房间"，通过影片和资料的形式，可以让人对原作者有更多了解；"彼得兔花园"，由切尔西花展（Chelsea RHS）的金奖得主Richard Lucas设计，在里面能看到种植的植物、蔬果、花卉，重现了原作故事中常出现的种类；"碧翠克丝·波特茶室"的墙面和布置上都是原作中的插画。供应的食物以简餐为主，而且名字都以彼得兔中出现的人物来冠名。比如，它们人气最高的是"Peter Rabbit's Picnic Basket"（彼得兔的野餐篮）、"兔耳朵蛋糕"等。

除彼得兔博物馆，"彼得兔礼品店"在国际上十分知名，主要经营与彼得兔形象相关的产品，包括瓷像、毛绒玩具、马克杯、钥匙链、文具以及原著故事书中关于彼得兔的周边产品。

2007年，电影《波特小姐》上映，使得卡通形象彼得兔更进一步为人们所了解，也为"彼得兔产业"系列进一步开拓了产品方向。

● "彼得兔"创业产业借鉴意义

以"创意概念"为核心的英国创意产业在世界上具有强大的影响力。在英国多个地区，以畅销书籍为底本发展出的成功创意产业在发展道路与经营模式上十分值得借鉴，如以《哈利·波特》为底本的哈利·波特城，同样涵盖了博物馆式体验城、相关魔法产品、魔法服装售卖等，其开发了官方统一网站进行提前预约、售票、纪念品售卖一条线式服务，对中国文化产品创意非常有参考价值。

第二部分　定位研究

第四章　文化创意产业定位

第一节　产业目标定位

1. 近期（2018—2020年）

——文化产业整体实力和竞争力进一步增强。到2020年，培育形成一批新的增长点、增长极和增长带，文化产品和服务供给能力显著提升，城乡居民文化消费持续增长，文化创造活力明显增强，文化产业吸纳就业能力进一步彰显。力争使通州区文化创意产业年平均增长速度高于全区GDP增长速度3～5个百分点，到2020年，实现通州区文化创意产业总收入超过240亿元，综合贡献率占全区GDP的比重达6%～8%。

——产业布局更趋合理。文化创意产业功能区建设日益深化，到2020年，引导建设重大项目20～30项（包括在建），落地并建设特色园区30～40个（包括在建），京津冀文化创意产业合作机制进一步完善，区域产业结构和空间布局更加优化，产业一体化发展的格局初步建立。

——市场主体日益壮大。营造良好的市场环境，引进和培育具有竞争力的文化创意龙头企业，力争到2020年，区内注册的规模以上文化创意企业及机构突破120家。

——现代文化市场体系更加健全。市场在文化资源配置中的积极作用进一步发挥，产权、人才、信息、技术等文化要素合理流动，建立健全文化产权交易综合性平台（大型）3～5个、文化产权交易专业性平台（中小型）6～10个。文化投融资体系更加完善，金融资本、社会资本与文化资源有效对接，创新并培育"文化+金融"的新型服务平台与对接方式，在通州区文化创意产业集聚区打造3～5个"文化+金融"示范点。

——文化产品和服务更加丰富多彩。推出更多具有自主知识产权的品牌文化产品，打造更多思想性、艺术性、观赏性相统一的精品力作。推出以"大运河文化品牌"为特色的原创性文化产品与服务，以原创演艺、文创设计产品为主要突破口，以满足人民群众多层次、多样化、分众化的文化消费需求。

2. 远期（2020—2035年）

——建设文化和旅游新窗口，助力中华优秀传统文化创造性转化和创新性发展，形成传统文化与现代文明交相辉映、历史文脉与时尚创意相得益彰、本土文化与国际文化深度融合、彰显京华特色与多元包容的大文化产业。

——文化创意产业发展的质量和效益全面提升，成为通州区更新与持续发展的重要力量。到2035年，实现通州区文化创意产业总收入超过1 500亿元；综合贡献率占全区GDP的比重达10%～12%，达到北京市各区排名第3～5位。

——产业结构优化升级，融合发展内涵更加丰富，高端化、服务化、融合化特征更加明显。"文化+"产业多元融合发展格局初步形成，文化创意产业的关联、带动作用显著增强。在创意设计、数字内容、广告会展、文化旅游等方面取得突破，形成文化产业新的增长点，促进产业优化重组，建设结构合理、布局科学、集聚有效的文化产业发展体系，以文化产业推动社会经济结构的整体转型升级。

——文化创新能力进一步提高，创新创意氛围更加浓郁，文化创意产业领域技术应用更加广泛，文化生产经营网络化、数字化进程加快，新型业态不断涌现，创新成为产业发展的第一驱动力。推动设计产业和数字创意产业增加值，使其年均增速达10%～15%，成为通州区经济支柱性产业。

——文化产业国际化趋势更为显著，产品和服务出口进一步扩大，国际营销网络渠道更加通畅、产品质量效益明显提高，全区文化产品和服务在国际市场的份额进一步扩大，大幅提高对外文化贸易额在对外贸易总额中的比重。将通州打造成为全球文化产业的集散地与多元文化的交流中心。

——建成完备的创新人才库，培养造就一大批具有国际水平的战略科技人才、科技领军人才、青年科技人才和高水平创新团队，培育创意阶层的崛起。初步形成领军人才、管理人才、专业人才、创意人才和综合型人才等不同层次人才的集聚地。

——建设成为具有鲜明特色的现代化国际新城典范，达到世界一流水平，激发全社会的创造力和发展活力，以文化创意产业为支撑，实现更高质量、更有效率、更加公平、更可持续的发展。

第二节 产业战略定位

围绕通州区特色资源和产业集聚，以功能区的形式进行产业链的延伸，并通过功能区将不同区块打造成为可持续发展的、高经济附加值的产业新城。

1. 运河文创引领区

大运河作为通州区的关键性空间廊道，发挥着连接特色资源、推动各乡镇跨区域发展的纽带作用。通州的北运河自通州北关的拦河闸至通州西集镇，周边各乡镇均在运河文创功能区辐射范围之内。基于对大运河通州段沿线水域资源及文化资源的系统挖掘与梳理，基于系统性开发运河两岸自然遗产、历史建筑、历史名人、非物质文化遗产，打造运河文化旅游联动区。同时为了向联动带注入产业活力，以全长42公里的北运河水系串联永顺镇、梨园镇、潞城镇、张家湾镇、西集镇和漷县镇，积极引导上述区域文创产业发展向联动区集聚、靠拢，打造空间上灵活分布与业态上协同共融的运河文化创意产业联动区。功能区将以"文明复现、都市休闲"为主题，着力打造亲水生态空间、传统建筑空间、新兴业态空间，使三类空间呈错落交织、穿插分布之格局。其中，亲水生态空间以塑造"绿色运河"形象为目的，为整个功能区提供优质的自然基底；传统建筑空间以塑造"文化运河"为目的，通过修复、重建富于韵味、精于技艺的传统建筑，打造运河文化、北京文化、通州文化乃至各类传统文化的展示空间与传承空间；新兴业态空间则以塑造"活力运河"为目的，以文创园区、文创集市、文创基地为载体，充分发挥联动区人流集聚形成的市场潜力，利用沿河各镇已有特色产业与优势产业，对接都市消费人群品位与需求，孵化或引进各类以休闲、娱乐为主题的文化业态，与亲水生态空间、传统建筑空间协同构建相辅相成的文化产业生态圈层。

2. 国际旅游示范区

充分利用环球国际影城主题公园建设带来的辐射效应以及"155"范围内城市副中心建设带来的聚集效应，以及京津冀一体化、环渤海经济圈在中国乃至亚太形成的整体发展位势，同时借助"一带一路"倡议搭建的世界文明互鉴的交流平台，以服务北京建设国际交流中心、持续优化为国际交往服务的软硬件环境为目的，在通州建设国际旅游要素集聚功能区，着力将通州区打造为京津冀城市群重要的国际交流门户。为此，该功能区具体包括三个板块：（1）主题公园板块。以环球影城休闲娱乐区域为载体，大力推动文化娱乐产业发展，进一步拉动通州市民文化娱乐消费，营造良好的城市文化娱乐氛围，形成具有全球张力与吸引力的文旅生态圈，合理引导梨园镇、台湖镇和张家湾镇等周边地区文化产业向文化旅游产业链上下游延伸，向围绕主题公园消费人群需求的创意产品销售、特色餐饮、特色民宿、摄影、独立影院、艺术培训等领域衍生发展。（2）会展服务板块。依托国家、北京两级大型会议、会展、节庆的广阔市场，充分发挥通州良好的生态环境与便捷的交通、物流体系，进一步完善匹配通州未来发展态势的配套设施与服务能力，进一步引进国内外先进会展管理、运营团队，引导会展资金、项目向功能区集聚，培育酒店、中介、商贸等配套服务产业发展，建设全国一流、世界知名的会展服务中心。

3. 设计之都核心区

以将通州打造为北京"设计之都"示范区为蓝图，充分利用北京在工业设计、建筑设计、创意艺术设计、服装设计等方面的资源优势和市场地位，强化对创意设计人才和机构的集聚能力，构建公共技术服务平台，加大设计版权保护力度，整体规划布局，形成设计产业链式发展，打造覆盖通州全域的创意设计智慧服务功能区。依托台湖环渤海高端总部基地良好的高端科技与工业发展基础，坚持文化与科技双轮驱动，重点发展数字创意设计、工业设计、建筑设计、规划设计、展示设计，形成功能区的产业集聚核心；依托宋庄丰富的广告、传媒、影视、文化和展馆、画廊等公司，发挥其原创艺术与创意符号的资源优势，重点发展创意设计、时尚设计、工艺美术设计；依托通州商务园交通节点优势、生态环境优势以及良好的高端商贸氛围，利用行政副中心建设吸引国有规划设计单位入驻，重点发展数字创意设计、规划设计、展示设计；依托张家湾漕运文化、红学文化、古镇文化的深厚历史肌底，以传统文化传承创新为主线，重点发展创意设计、建筑设计与展示设计；依托潞县、西集、永乐店、于家务四个乡镇宜居、宜业的生态环境，重点发展创意设计、展示设计；此外，功能区还可以与运河文创产业联动功能区、国际旅游要素集聚功能区，以及原创演艺特色引领功能区合作发展、协同布局，着力推进设计服务与相关产业融合发展向各领域、各环节深度推进。

4. 原创演艺试验区

为了满足城市副中心及周边地区文化消费需求，依托北京市整体艺术、人才和历史文化等资源优势，遵循文化艺术创作规律和市场规律，突出以小剧场形式、原创舞台作品为主的特色导向，着力促进演艺产业上中下游产业链形成，打造包括剧场管理、演出创作、排演、表演、培训、经纪代理、衍生品销售等环节的产业综合平台，培育文化消费市场，打造原创演艺特色引领功能区，推动通州全域文化艺术氛围的提升。重点依托台湖原创演艺小镇建设，坚持"原创为本、产城融合"的建设原则，从艺术剧院、中介服务、社区生活、交流场所、品牌形象等方面，将台湖原创演艺小镇打造成以"创意聚合、创意生成、创意共享"为主线的生产、生活、生态的融合空间。此外，该功能区还可以从两个方向与通州周边文化产业联动发展，第一，联动环球主题公园建设，打造以影视作品为主题的、具有国际视野、时尚风格的舞台作品；第二，联动张家湾古镇建设，打造以运河发展、北京建城、曹雪芹生平为主题的舞台作品。要引导创作团队品牌化，充分发掘舞台表演与时代趣味、现实关怀结合的兴奋点，真正在"大师、大众、大市场"的三位一体中优化舞台艺术的产业生态；要鼓励大众艺术生活化，对于原本扎根民间的大众艺术提供更多的演出机会，使之与周围社区紧密结合、充分互动，从而推动大众艺术回归人民群众的生活；要引导鼓励戏剧节庆分众化，在已有北京戏剧节庆展览的基础上，要细致研究受众群体，积极发展具有个性化、灵活性的小型专题音乐会或戏剧节；要引导、鼓励网络传播常态化，精心打造线上直播与线下表演的同步观看渠道，以借助数字化渠道扩大舞台影响力。

第三节 产业配套体系建设方向定位

1. 传承文化 创新引领

作为"京畿门户"，通州区是京杭大运河的北起点。这片被运河文化浸润滋养的土地，有着丰厚的历史文化资源。在继承和保护文化遗产的基础上，通过有益的产业化探索，挖掘历史文化的当代价值，形成古今交融、开放包容的文化特色，加强文化功能区建设，突出多元文化交融。同时，要坚持创新引领，鼓励原创突破，充分释放创新潜力，促进科技创新产业与文化创意产业的发展，带动产业转型升级。深化科技体制改革，建立以企业为主体、市场为导向、产学研深度融合的技术创新体系，加强对中小企业创新的支持，促进科技成果转化。倡导创新文化，强化知识产权创造、保护和运用。

2. 分工协作　联动共赢

充分发挥通州区文化产业的辐射带动作用，推进产业链上下游和区域分工与相互协作，加快跨区域、跨行业、跨所有制的跨界合作，优化区域内部产业结构和空间布局。疏解北京非首都功能，加快京津冀文化创意产业一体化发展，提升产业链协作发展水平。以"一带一路"建设为重点，提升市场开放度，加快产业"引进来"与"走出去"，促进文化要素与服务的国际化进程，推动形成文化创意产业的全面开放新格局。

3. 跨界融合　转型提升

深化供给侧结构性改革。推动互联网、大数据、人工智能和实体经济深度融合，在中高端消费、创新引领、绿色低碳、共享经济、现代供应链、人力资本服务等领域培育新增长点，形成新动能。支持传统产业优化升级，加快发展现代服务业，瞄准国际标准提高水平。促进文化产业与相关产业的深度融合，加强特色文化产业发展，构建现代文化创意产业体系。注重新型文化业态的培育，提高产业规模化、集约化、专业化水平，培育产业新的增长点。加快产业结构创新、链条创新、形态创新，实现产业升级发展。

第五章　文化创意产业发展的主要任务

习近平总书记指出，通州区要构建蓝绿交织、清新明亮、水城共融、多组团集约紧凑发展的生态城市布局，着力打造国际一流和谐宜居之都示范区、新型城镇化示范区、京津冀区域协同发展示范区，为通州副中心的建设指明了方向，也为文化创意产业纵深化、立体化、全面化发展提出了发展期待。通州区文化创意产业的发展将以其深厚的历史文化资源为基底，探索产业发展新路径，让创意产业成为沟通传统与现代的重要桥梁、联系本土与世界的关键纽带、融合精神文明与物质文明的独特载体。

第一节　激活文化经济

历史文化资源是人类发展进程中所创造的一切含有文化意味的文明成果，以及承载有一定文化意义的活动、事件、物件等。通州区是历史文化城区，京杭大运河的漕运文化、四区古城古镇文化、三庙一塔、皇家文化、民俗宗教、饮食艺术、胡同文化等历史文化资源丰富。在文化产业规划中，要注意深耕盘活历史资源，提升文化创意产业内涵，推进产业纵深发展。

1. 传承历史文脉　深耕全区资源

通州历史悠久，距今已有2 000多年的历史。在金、元、明、清四朝定都北京，京杭大运河为漕运命脉的800年间，通州是京城门户、仓储重地，政治、军事、经济地位十分突出。寻根历史文脉，梳理区域内历史文化资源，整合全区相关资源，重点打造围绕一线四区的文化创意产业区。充分挖掘大运河的漕运文化、宋庄与台湖的艺术文化、张家湾的红学文化、梨园镇的韩美林艺术馆、汉路县城遗址、北齐长城遗址等重点历史文化资源，打通与环球主题公园建设的对话关系，形成传统与现代交错分布的文化产业发展格局。彰显文化自信与多元包容魅力的世界文化名城，弘扬中华文明和引领时代潮流的世界文脉标志，建设具有首都特色的文化创意产业体系，打造具有核心竞争力的知名文化品牌。

2. 弘扬古城遗韵　激发运河势能

中国的邻近国家和地区，以及西亚、欧洲、东非各国纷纷派遣使团和商队来到中国，在各沿海港口泊岸，遂即沿运河航行到达京师及各地，进行频繁的经济文化交流，有的更直接迁居于运河区，使这一地区成为内迁各少数民族和外国使者、商人、学问僧、留学生及其他各方人士集聚的地区。他们把中国先进的文化带到世界各地，扩大了中国对世界的影响；而国外优秀的文化也传播到中国，不仅更加丰富了运河区域文化的内容，而且也促进了中华民族文化的发展。

京杭大运河已被列入世界文化遗产名录，是世界上最长的人工河流，是中国古代重要的漕运通道和经济命脉。大运河北京段由昌平到通州，途经6个区。大运河北京段40处遗址，通州达17处。要充分释放大运河文化带的经济势能，联动周边的文旅产业、创意产业。注重非物质文化遗产的开发、保护和产业升级，运用现代化、数字化的手段探索非遗传承与创新的文化价值、社会价值、经济价值。

3. 振兴节庆习俗　塑造文明共识

通州的皇家文化、漕运文化、饮食文化、胡同文化、艺术文化等历史资源丰富，可促进节庆会展与旅游等相关产业的融合发展；同时，环球主题公园的落地与发展将形成新的现代文化景观，要充分打通传统与现代，打造具有通州特色、国际风范、现代性格的文化节庆品牌，使地方特色文化节庆项目与新兴节庆品牌活动共同发展，复现历史魅力，包蕴现代意涵。按照不同城区、不同镇村、不同产业特点，布局独具通州特色的文化活动、艺术节庆、传统文化活动，打造3～5个具有国际影响力的节庆会展项目或平台，形成品牌效应。

第二节　重塑产业生态

通过产业要素集聚带动空间组团集约，进而重塑文创产业生态，这既是通州区打造国际一流和谐宜居之都示范区、新型城镇化示范区、京津冀区域协同发展示范区的内在要求，也是推进通州区历史文化传承与创新、面向未来的创意经济发展的必由之路。

1. 创新集聚模式　优化发展格局

鼓励通州文创产业与相关产业间沿着产业链上下游进行纵向整合，鼓励不同门类产业间通过品牌、资本、平台、市场等形式进行横向整合，以集约式、共享式和平台式等方式促进通州区创意文化产业的聚力发展。鼓励通州文创产业在不同区块间、不同行业间进行横向整合，在梳理通州区历史文化、产业经济、城镇资源的基础上，围绕"一带、一心、两区、三联动"的空间战略布局，充分开拓文化创意产业发展的空间、链条和层次。

此外，要努力拓展提升产业发展内在驱动力，最大限度激发大众创业、万众创新的活力。助力文化创意的生产者更加便利地了解供应市场或销售市场的信息，使供应商和销售商更便利地了解文化创意生产、技术和产品的信息，有效降低文化创意生产者与供应商或销售商之间市场信息或生产信息不对称的程度，最终从不同层面共创通州优势文创产业生态圈。

2. 提振核心要素　健全支撑体系

夯实通州文创劳动力要素：整体提升文创产业劳动力人数与机构建设，基于产、学、研一体化平台，大力扶植文创人才专业培养，推动知识创新、科技创新、文化创新等多方面成果在通州就地转化。

升级通州文创资本要素：加大国家公共文化服务和基础设施投入、完善文化产业金融支撑体系，建立公共财政与社会资本的合作机制，进一步发挥公共财政的引导作用、杠杆作用与社会资本的市场敏锐度及运营专业度。

开掘通州文创文化要素：对通州区传统文化符号的搜集、整理、保护，并探讨其设计、宣传、操作和推广路径，将有助于体现通州区整体文化的差异性、唯一性和独特性，也将是拓宽文化多样性的互动范围，并有效延续其纵向传播时间的方式之一。在整合梳理通州区文化产业资源的基础上，纵深挖掘有创意开发前景的产业资源，延展新兴业态，打造全产业链条，尤其围绕影视、数字创意、会展、原创艺术、智慧科技、生态农业等产业。

3. 坚持宜产宜居　构筑"三生"共荣

京杭大运河穿城而过，构成了通州区最具生态美、自然人文相容的独特景观。在文化创意产业发展进程中，要注重生态要素的整合，将生态作为文化的一部分，拓展城区规划的内容，实现水城融合、蓝绿交织。在景观营造、城市系统、天际线优化等方面，实现生态与产业的互动融合。生态原则是文化创意产业发展最为重要的原则之一，在产业发展的过程中，充分保护生态资源，打造水城融合的新城面貌，是通州区发展文化创意产业的必然要求。

市民、新市民、旅客构成了通州区生态的人的维度。文化创意产业要凝练生活形态，将生活、发展、体验、价值等诉求体现到每一处景观、每一个节庆、每一个产业细节之中。尤其在特色小镇的建设中，要强调生产、生态、生活的"三生"共荣，让城市产业、城市环境与城市文化真正服务于人民群众对美好生活向往的需求。系统打造第一圈层小镇（宋庄、张家湾、马驹桥、潞城和台湖）和第二圈层小镇（漷县、西集、于家务），共同致力于构建生态休闲、绿色发展、养老养生、节能环保为一体的产城融合模式。

第三节 增进创意集成

1. 探索多维融合 拓展"文化+"范围

努力将文化创意产业与相关产业的融合发展充分对接通州的新城化建设、社会建设、文化建设和生态文明建设，从而构造一种可持续发展的一体化发展模式，这种一体化包括生产与生活的融合模式、虚拟与现实的融合模式和人与社区发展的融合模式。这些融合模式将以现代城市居民的文化需求为出发点，进而充分满足商务休闲、社会交往、休闲娱乐及生活方式和创意生产的综合需求，最终将通州区打造为以文化创意为核心线索，贯通金融、科技、智能制造、旅游消费、娱乐休闲等各个领域的产业融合承载区。

此外，要充分发挥基于互联网传播特性的社区经济模式、共享经济模式、众筹经济模式、分众经济模式，以"互联网+"的平台效用推动通州"文化+"的产业融合模式，以面向个性化需求的定制化服务推动生产者与消费者的共同参与和互动。

2. 推动文旅融合 整合消费体验

围绕环球主题公园、大运河文化带、潞县故城旅游、生态农业体验旅游，推进文旅融合，营造动感与休闲结合、人文与自然交错、"国际范儿"与"东方范儿"呼应的文化旅游消费体验。关注通州特色旅游资源，并与北京各区文旅资源、京津冀资源形成联动，提升通州在国内外消费市场的认知度和美誉度。充分利用环球主题公园入驻通州带来的资本、科技、管理模式、品牌IP等高附加值要素的跟进，全面提高主题公园周边产品与服务的附加值，将创意生活与百姓的衣食住行结合起来，以丰富的精神文化产品和服务提升人民的生活品质，为不同消费群体提供各具特色的产品与服务，形成良性的文化市场体系和良好的文化消费氛围。

3. 引导科技融合 共建智慧新城

围绕"台马组团"、潞城等智慧产业集聚地，发展智慧城镇相关的数字创意产业，形成中心带动周边的产业圈层。尤其围绕"台马组团"打造首都创新驱动发展的前沿阵地，发展节能环保、新能源、现代物流等战略性新兴产业，推进产业升级。在台湖地区中南部以光机电产业园区和环渤海总部基地为基础，推进设计服务与制造业、数字创意产业、旅游业和体育业的融合发展，探索马驹桥片区发展科技驱动下的物流产业和智慧城市的建设。

第四节 融贯全局发展

京津冀的区域协同发展已经成为一项重大的国家战略。作为北京城市副中心,通州区已经与雄安新区一并成为北京城市发展的"新两翼"。为此,通州区将紧紧围绕行政办公、商务服务、文化旅游三大主导功能的建设,在疏解非首都功能、打造国际一流的和谐宜居之都,以及促进京津冀区域协同发展等方面起到示范作用。

1. 借力南北联动 加强全局沟通

立足区内资源整合,放眼京津冀发展全局,借南北资源、市场、产业的联动,实现文化创意产业的空间拓维、充分发挥通州区文化产业的辐射带动作用,推进产业链上下游和区域分工与相互协作,加快跨区域、跨行业、跨所有制的跨界合作,优化区域内产业结构和空间布局、疏解北京非首都功能,加快京津冀文化创意产业一体化发展,提升产业链协作发展水平、以"一带一路"建设为重点,提升市场开放度,加快产业"引进来"与"走出去",促进文化要素与服务的国际化进程,推动形成文化创意产业的全面开放新格局。

2. 延伸合作空间 促进业态更新

京津冀不同城市、不同区域之间,在北京非首都功能疏解、京津冀交通一体化、生态环境保护、产业升级转移等重点领域具有深远的合作空间与发展前景。注重利用周边城市、镇区、村乡的文化资源,合理关照上下游产业关系,加强联系沟通,打造多赢局面。注重新型文化业态的培育,提高产业规模化、集约化、专业化水平,培育产业新的增长点。加快产业结构创新、链条创新、形态创新,实现产业升级发展。

3. 塑造品牌形象 增进国际辐射

利用高品质、现代化传播方式,市场化手段进行全方位的宣传推广,构建城市副中心的整体形象。有效利用国内外的媒体资源以及各种新兴媒体手段,加大力度宣传、推进历史文化传承、文化产业发展,通过不同视角全方位展现通州独特风姿,塑造通州的城市品牌形象和国际影响力。以国际性的文化交流先导区为定位,围绕环球主题公园、宋庄的辐射力和外溢效应,对接中心城区功能和国际化发展方略;重点推进台湖小剧场原创小镇、张家湾漕运文化、马驹桥科技服务、于家务科技农业以及民俗文化相关产业发展,全面对接国际创意产业发展舞台,释放文化活力,发挥品牌势能。

第六章 文化创意产业分析及重点产业规划

第一节 发展思路

通州区文化创意产业的发展具有整合与设计、生产与传播、消费与转型等多种产业发展路径。聚焦文化生产前端，鼓励创意、创作与创造，建设创意通州，使通州区成为传统文化元素和现代时尚符号汇聚融合的时尚创意产业示范区。

1. 转型升级传统产业

当前，经济发展方式不断转变，产业不断融合与升级。我国目前正在经历的第三次消费结构升级转型驱动着相关产业的增长，其中以教育、娱乐、文化、交通、通信、医疗保健、旅游等方面的消费增长最快，而文化创意产业也正在积极利用数字化、网络化和信息化将文化创意元素不断融入传统行业，以此来引导和刺激消费者的消费需求。

通州区的部分制造业及传统农业具有向文化创意产业转型升级的潜力。通州区在环保、低碳的建设理念下，部分对自然资源有较大消耗和对人民生活环境有较大影响的传统制造业将不再符合通州区未来的发展规划。而文化创意产业具有知识、智慧密集性的特点，不仅不会掠夺稀缺的自然资源，而且能够保护现存的文化资源，并能充分利用历史与现实的文化资源，通过历史与未来、传统与现代、东方与西方、经典与大众的交叉融合，对促进人类文化事业的发展产生巨大的推动作用。

2. 促进提升新兴产业

在新兴产业发展过程中，以体验式、分享式、智能化、创新性为主要特点的数字创意产业有着无可比拟的先天优势。网络文学、动漫、影视、游戏、创意设计、VR等数字创意产业是在顺应互联网迅猛发展的背景下，借势于网络的发展速度、普及范围和影响力度应运而生的。数字创意产业使创意产品和服务真正地从虚拟走向现实，各种新兴业态和商业模式从网络经济的范畴延伸到实体经济；此外，数字创意产业在"开放、协作、分享"的理念下积极与传统产业融合，带动传统产业的转型升级，在人工智能技术的支撑下，逐渐形成了互联互通的新型生产和消费形态。

文化创意和产业融合也为现代科技提供了主体观念、内容文本与人文灵魂。第三代生产力的显著标志是文化、科技和经济崭新关系的建立，其重要特征便是"文化的科技化"和"科技的文化化"，以及由之产生的当代文化、科技的一体化趋势，应重新认识当代文化的科技特征和科技的文化含量。

3. 联动融合相关产业

从世界范围来看，现代科技的发展尤其是信息技术、传播技术、自动化技术和激光技术等高科技的发展，已广泛运用于各类文化艺术与创意活动之中，在文化领域掀起了新科技革命的旋风，已经导致新兴文化形态的崛起和传统文化形态的更新，同时，又汲取各行业的特色并积极与之融合，当代高新科技和文化创意为产业的融合发展提供了科学路径、技术条件和实现方式。

在通州区文化创意产业的发展过程中，应大力推进文化创意产业与设计服务相融合，以产业间要素的流动促进有效的资本整合，在综合统筹区域资源的基础上，积极促进文化创意产业与城市设计、工业设计、创意设计和数字创意设计的联动发展。同时，关注与文化创意产业相关的会展业、体育业、旅游业等行业的发展，进一步打破界限，促进各相关产业之间的联动式、融合式的创新发展。

第二节　重点项目

依托通州区文化创意产业整体规划，围绕大运河沿线文化资源禀赋与通州文化创意产业基础，整合外部可导入资源，实施特色项目、龙头项目带动工程，培育具有显著示范性和产业集聚效应的文化创意产业核心项目，加强对项目的引导培育、动态管理和宣传推广。形成3个引领项目、3个提升项目、3个发展项目的"3+3+3格局"，构成通州区文化创意产业发展的核心动力（表6-1）。

表6-1　通州区文化创意产业发展重点项目

引领项目	提升项目	发展项目
大运河文化创意产业发展带	台湖小剧场原创小镇	工业大院改造项目
通州设计之都示范区	会展产业项目	民俗文化产业化
宋庄特色小镇	体育产业项目	文化产品和服务

1. 引领项目

（1）大运河文化创意产业发展带

将"一线四区"文化和景观资源的开发与创意、旅游、体育、休闲4个发展主题相结合，积极打造以"历史遥望""传统演绎""活力迸发""生态回归"为主题特色的大运河文化创意产业发展带。以文化推动通州大运河旅游产业转型升级，改善通州旅游经济增长方式，促进文化旅游融合发展。顺应当前旅游业从观光经济到体验经济的升级转换，通过文化渗透、创意融入，增加通州大运河游客的驻留时长和文化体验内容，大力提升通州大运河文化旅游的文化品格和文化魅力。将大运河沿线、通州古城片区、路县故城片区、张家湾古镇片区、漷县古城片区中蕴含的古今交汇、积淀厚重的文化内涵进行提炼，使之贯穿到通州大运河文化旅游吃、住、行、游、购、娱等各个环节，为通州旅游产业创造多元的复合增长点。通过营造整体氛围，打造大运河文化呈现载体，实现对外传播的文化认同。全面关注本地居民的精神文化、体育文化、休闲文化需求和外来游客的旅游度假需求，为通州大运河文化创意产业链、价值链、生态链提供文化标准，注入文化内涵，创造文化沉浸体验，带动通州大运河沿线的区域开发与社会经济发展。将通州大运河文化和景观资源转变为创意资源、旅游资源、体育资源、休闲资源，将通州大运河文化优势变为绿色经济发展优势，通过文化景观资源的深度开发，切实增强"大运河通州段"的国内外影响力与竞争力。

（2）通州设计之都示范区

把握北京设计之都的发展契机，将台湖打造成为第一批标杆性的特色小镇。重点培育以城市设计、工业设计、创意设计、数字创意设计为主的特色设计产业集群，鼓励企业设计机构独立运营，积极引入市属及部分央属的设计板块和设计资源，引进一批在国内外具有影响力的设计企业、设计师工作室。发挥创新性、引领性示范作用，按标杆谋划，尊重发展规律，提升通州设计产业技术和创意水平，促进相关设计企业的技术进步和文化创新。努力打造3～5个具有国际影响力的设计主题展会，形成"通州设计"品牌效应，将通州设计之都示范区打造成为全国一流的特色设计产业集聚区。提供设计之都的国际交流展示平台、科技引领的体验互动平台、持续发展的人才培养平台，努力打造"一区、一节、一会、一基地"。打造完整的设计产业链条，实现上下游产业联动，加强文化创意和设计服务与制造业、数字内容、人居、旅游、特色农业、体育等相关产业的融合发展，扩大产业链增值空间。承接北京中心城区设计资源疏解，辐射、带动京津冀及北三县地区设计产业服务配套的建设。

（3）宋庄特色小镇

以特色小镇为发展理念，以特色优势产业为切入点，提升宋庄区域产业发展活力和空间承载力。明确宋庄特色小镇的产业主体与方向，以原创艺术为突破，搭建原创艺术品交易平台，引导原创设计产业发展。发挥文化在经济社会发展形态中的作用，关注原创设计产业与生态环境的关系，营造和谐创意社区模式，将宋庄打造成为中国原创艺术品研发设计中心、交流贸易中心、价值认证中心。实现文化对宋庄原创艺术产业的价值提升，加强文化创意引领作用，创建自主知识产权，形成创意人才聚集，扩大国内国际影响。引导、培育一批宋庄文化创意产业重点项目，广泛吸引社会资本参与建设，拓宽宋庄文化创意产业项目投融资、交易、销售的合作渠道。推动重点项目与国内外相关机构的深度交流与协作，集聚全球优质文创资源，促进项目发展。切实引导、培育一批生态环保、差异竞争、区域带动、可持续发展的宋庄文化创意产业优质项目。

2. 提升项目

（1）台湖小剧场原创小镇

从"落实首都城市战略定位，加强全国文化中心建设"的目标着手，提高文化品位，结合副中心建设，力争成为北京城市副中心的文化中心。在"小""精""新"上做文章，并与时俱进用好"文化科技+"，着力培育创意创作、展演交流、艺术推广、文化旅游四项功能。打造集创作、排练、演出、演艺教育培训于一体的原创演艺产业链，形成原创演艺生态圈。打造彰显中国特色、深耕演艺元素；面向舞台剧发展，侧重小剧场运营；打造融合性平台、提供全方位支撑的北京原创演艺文化高地。树立文化品牌，成为戏剧人才和原创孵化、戏剧节庆活动、跨界联动的承载地和聚集地。充分考虑本地原住民的文化生活需求和就业需求，做到本地百姓的工作、生活与原创演艺的有机结合。面向环球主题公园的外溢消费群，充分发挥环球主体公园的辐射带动作用，推出富含传统文化元素的话剧、舞台剧等演艺形态，促进与环球主题公园的差异化竞争、错位互补发展，并形成有机补充和配套。

（2）会展产业项目

服务通州城市副中心城市品牌形象建设，加大和提升会展产业在现代服务业中的比重与整体水平，充分发挥会展产业在引导消费、推动经济增长和社会发展等方面的作用，推动经济社会的全面协调发展。"十三五"期间，通过会展产业带动通州城市副中心在旅游、交通、广告、通信等关联产业方面的发展，促进本地就业，与城市副中心其他功能和中心城区、京津冀地区形成良性互动；办好各类文化会展节庆活动，推动大运河文化的对外传播；打造具有国际影响力的会展项目，形成行业品牌，为通州城市副中心的经济发展注入鲜活动力。

（3）体育产业项目

根据全面建成小康社会的总体部署、实现体育强国的战略目标和建设健康中国的任务要求，深化体育重点领域改革，促进群众体育、竞技体育以及体育产业、体育文化等各领域全面协调、可持续发展，推进通州体育产业发展迈上新台阶。加快政府职能转变，加速职业体育发展，创新体育社会组织管理和体育场馆运营，逐步完善与经济社会协调发展的体育管理体制和运行机制，基本形成现代体育治理体系。推动全民健身公共服务体系日趋完善，使人民群众健身意识普遍增强，身体素质逐步提高。不断提升体育产业规模和质量，促进体育消费水平明显提高，进一步扩大体育文化在体育发展中的影响，突出体育文化在培育社会主义核心价值观中的重要作用。力争打造一批高质量的体育文化精品工程，办好一批社会效益显著的体育文化品牌活动，把丰富多彩的体育文化理念融入通州体育事业发展的各个环节，为通州精神文明建设增添力量。

（4）环球主题公园旅游（略）

围绕环球主题公园及度假区，主导发展文化交流和旅游休闲产业，联动发展演艺产业、设计服务业、文化与科技融合产业，为建设通州文化功能区、推动通州文化产业繁荣，发挥示范作用与引领作用。

3. 发展项目

（1）工业大院改造项目

总结通州及通州工业发展的历程，体现新时代城市副中心的文化活力和动力，融入创新驱动要素，在工业大院保护和空间改造上体现独特的创意设计元素，运用创意手法，为创意类企业提供充满时尚元素的交互体验空间。以文化、休闲、时尚为导向，融时尚发布、创意办公、创意休闲于一体，打造兼备时尚娱乐和文化休闲产业的消费场所，彰显工业文化气质。

（2）民俗文化产业化

在充分挖掘、保护、传承大运河文化的基础上，以城市副中心建设为契机，最大限度地整合文化资源，优化资源配置；有效吸引人流、物流、资金流和信息流，形成聚集效应；充分发挥文化的经济功能，形成增值效应；带动形成产业链条，拓展产业发展空间；联动周边市区资源，激活市场潜力，推动通州文化品牌国际化发展，促进国家与地区间的人文交流和经贸往来。

（3）文化产品和服务

伴随着城市副中心建设和相关规划逐步落地，未来通州将聚集大量新消费群体，形成巨大的消费市场。新消费群体具有可挖掘的消费潜能，主要体现在时尚消费升级换代、学习消费倾向增强、休闲康养活动增加三个方面，以品质、超前、独特、体验感为核心诉求。结合供给侧结构性改革发展思路，以科技应用为新发力点，以休闲商业为基础，融入创意、科技与人文特质，转变成为衣、食、住、行、教育、娱乐等民生领域的复合式经营，为通州新消费群体提供具有深度体验、高品质的文化消费产品和服务功能。

第三节　空间布局

1. 一带、一园、一区

● 一带：大运河文化创意产业发展带

大运河文化带主要以"一线四区"为基点，通过对大运河沿线水域资源及路县故城、通州古城、张家湾古镇、漷县古城等文化资源的系统挖掘与梳理，旨在将自然遗产、历史建筑、历史名人、非物质文化遗产进行系统性的开发。南北大运河的开通，使东南沿海地区与全国各地的联系更为直接而紧密，尤其是运河区域经济文化的繁荣与发展，使之成为对外交往和扩大中外经济文化交流的前沿地区。

大运河文化创意产业发展带是以水体、滨水绿化廊道、滨水空间共同组成的多产业联动发展的组合。通过改善流域生态环境，恢复历史水系，提高滨水空间品质，将大运河的文化元素、历史风貌、民俗传统、生态环境构建成为服务市民生活、展现城市历史与现代魅力的亮丽风景线和文化产业与服务集群。

● 一园：环球主题公园

在《北京城市总体规划（2016年—2035年）》中，环球主题公园项目被列为北京城市副中心"一轴"上的重要功能节点，同时，在《北京国民经济和社会发展第十三个五年规划纲要》中，环球主题公园项目为北京文化创意产业重点建设项目。环球主题公园位于通州核心区范围内，是承接通州区3+2主导功能中的文化旅游功能的重点支撑项目，同时，也是通州产业结构转型升级、经济增长的新引擎。环球主题公园的落地将推动通州区传统行业的转型升级，有助于实现文化、科技、服务的创新与融合，并在IP孵化、文创产品研发、项目实施、运营等方面汇聚资源、跨界融合。

环球主题公园是国际文化进入中国，能够辐射全国的文化娱乐旅游中心；同时，也是中国文化走向世界面向世界的窗口。环球主题公园与大运河文化创意产业带遥相呼应，是国际文化与中国传统文化的象征性项目。

- 一区：通州设计之都核心区

联合国全球创意城市网络旨在将以创意和文化作为经济发展最主要元素的各个城市联结起来形成一个网络，成员城市相互交流支持，帮助各城市的政府和企业扩大国内和国际市场上多元文化产品的推广。2012 年，北京市入选联合国全球创意城市网络"设计之都"。获得联合国教科文组织创意城市网络"设计之都"称号，将推进北京进一步融入全球设计产业平台，对发展壮大北京创意设计产业，推动自主创新，调整产业结构，加快城市转型，建设国际化城市具有重要作用。通州区将作为北京设计之都的核心区，引入设计板块与资源，积极将设计产业与制造业、数字内容产业、旅游业、特色农业、体育产业等相关产业融合，并以提升人居环境质量和满足人民对美好生活的向往为根本出发点。

2. 两心、两组团

- 北京城市文化副中心

北京城市副中心紧紧围绕对接中心城区功能和人口疏解，发挥疏解非首都功能的示范带动作用，促进行政功能与其他城市功能的有机结合，以行政办公、商务服务、文化旅游为主导功能，形成配套完善的城市综合功能。

在北京城市文化副中心的建设中，将重点挖掘大运河沿线文化创意资源，围绕"三庙一塔"打造运河历史文化区，以大运河文化广场作为通州大运河起点，遥望悠久的漕运文化；在大运河森林公园自然基底上塑造文化景点，对传统文化进一步演绎。同时，有效承接环球主题公园的外溢效应，积极发展新兴文化创意产业，突出通州区传统与现代的文化融合。

- 国际文化交往中心

通州作为北京城市副中心，一方面，凝聚着强大的政策红利；另一方面，也将承载疏解北京非首都功能，以及为城市副中心提供必要的环境支持等重任。在通州未来的发展过程中，城市副中心的战略定位将使其国际化的需求大大增加，在综合分析交通、人流、物流、土地和生态环境等因素的基础上，将通州区的国际文化交往中心落位于通州核心区南部，张家湾和漷县交接处，将重点发展国际会展产业。

- 宋庄原创艺术组团

充分利用宋庄原创艺术产业基础，盘活画家村原创艺术资源，打造具有国际影响力的中国当代原创艺术集聚区。以艺术品交易和综合服务为两条发展主线，充分进行文化+科技、文化+金融的融合业态打造，重点布局中国艺术品交易中心和国家时尚创新中心两个项目，促进宋庄文化创意产业上、中、下游的联动发展。

- 永乐店生态文化组团

永乐店具有交通、区位和资源环境等方面的优势，作为新市镇将具有跨界协同和带动服务周边等功能。作为区域发展的战略高地，新市镇将利用和大兴采育镇、廊坊市辖区、天津武清区跨界协同发展的战略储备空间，承接中心城区部分专项功能疏解转移。新市镇的文化发展方向将定位为：弘扬中华传统农耕文明、打造北方乡镇特色样本，将在时间上体现一年四季不同的农业特色景观，在空间上展示前所未有的北方乡村特色文化，以留住城市中的乡愁、岁月中的人情为主要基调，将古老与现代、悠闲与繁华进行一体化的文化展现。

3. 三联动

● 科技文化融合区：台湖 + 马驹桥

"台马组团"是打造首都创新驱动发展的前沿阵地，是创新型产业集群和《中国制造2025》示范区的重点地区，重点吸引创新型总部企业、研发型企业，发展节能环保、新能源、现代物流等战略性新兴产业，鼓励现有传统制造业向研发环节或管理型总部转型升级，大力发展科技服务功能和城市综合服务功能。

"台马组团"将遵循亦庄新城的总体战略定位，同时，在产业功能和建设标准上与城市副中心紧密衔接。重点依托环渤海总部基地、光机电产业园、中关村科技园区通州园、马驹桥物流园区和小剧场原创演艺小镇等重点板块，加快产业转型升级，完善城市综合功能。

重点在台湖地区北部，以科技驱动打造小剧场原创演艺产业；在台湖地区中南部以光机电产业园区和环渤海总部基地为基础，推进设计服务与制造业、数字内容产业、旅游业、特色农业和体育业的融合发展，并以提升人居环境质量为发展目标。在马驹桥重点关注科技驱动下的物流产业和智慧城市的建设。

● 休闲文化体验区：张家湾 + 于家务

张家湾属于通州核心发展区域，其北部以文化、科创和旅游为基本发展方向，在南部则具有较突出的农业资源与田园风貌，具备将现有农田、果园提升成为集农业生产、文化休闲、观光旅游为一体的休闲文化体验区的基本条件；于家务的发展方向为都市农业、中国种业硅谷、绿色人居产业等。结合两区优势，以观光农业、田园休闲和乡村旅游为发展特色，促进邻近乡镇之间的区域联动发展，关注在农业和生态基础上的科技融合和文化创新。

● 生态文化共生区：西集 + 漷县

文化旅游将成为通州区进一步发展的三大支点之一，以"适度超前、相互衔接、满足未来"的原则，促进北京市文化中心、国家交往中心和科技创新中心。

西集镇的樱桃小镇和丰富的温泉资源为多种产业的发展提供了沃土，其将以文化主题旅游和运动休闲为主导，养生康复为配套发展体验经济产业集群；漷县的战略发展定位为健康特色和文化休闲，依托延芳淀湿地等特色自然生态资源，以及漷县古城资源，借力健康养老等医疗项目建设契机，将漷县打造成为国际一流的医疗健康服务区、京津冀重要的生态文化休闲旅游度假区、副中心城乡宜居发展示范区。

第三部分 路径研究

第七章 文化创意产业发展路径

第一节 引领项目实施路径

1. 大运河文化创意产业发展带实施路径

——推动创意文化产业发展。深度挖掘"一线四区"历史背景、自然风情、人文特色，提炼通州大运河的历史文化元素，设计相关的运河文化创意衍生产品，形成通州大运河文化旅游个性化、定制化衍生品系统。开展运河文创竞赛，举办运河文创集市，设立运河文创展会，组织运河文创之旅，与北京文投集团共建创意产品版权交易中心。通过 3D Mapping 投影和 VR、AR、ER 数字化科技、灯光秀等形式，以沉浸式体验和多元艺术视觉相结合，展示通州的运河遗迹、运河名人逸事、古城遗址、非即视四季风光和传统民俗文化。

——推动旅游文化产业发展。与京杭大运河沿线八省联合构建运河旅游文化产业，突出京杭大运河北京段的通州特色，以通州运河沿线和运河周边设计线路串联运河遗址和历史景点。建立通州大运河文化旅游移动导览系统，为游客提供游览路线、实时定位等游览帮助，同时实现"一线四区"的历史景点介绍、全景环视、数字影片等互动体验。利用现代科技增强运河文化和旅游的表现力，建立通州大运河文化旅游数字化互动与体验新模式。重点打造延芳淀湿地旅游项目，以湿地文化长廊和湿地科普长廊为特色，以水文明建设为核心，恢复湿地环境，弘扬遗失的湿地文化，展现辽代契丹族特色——四时捺钵文化，再现潞州八景。

——推动体育文化产业发展。以大运河沿线丰富的自然景观资源为基础，开发满足通州本地居民、新迁入群体的体育文化需求，以及外来游客旅游度假需求的户外运动项目和服务设施。借助现有骑游步道，开发大众健身徒步、河边自行车骑行等户外运动项目；利用现有及规划建设中的室内外体育场馆设施，开发篮球、羽毛球、网球等大众健身项目；依托大运河森林公园、延芳淀湿地等水面资源，开发游艇观光、皮划艇等水上户外运动项目。通过自行车、马拉松、赛艇等国际赛事，打造通州大运河体育文化品牌，提升通州大运河在国际上的文化影响力。与北三县地区体育产业实现联动发展，与雄安新区在生态休闲旅游功能上实现南北呼应。

——推动休闲文化产业发展。以滨水休闲、游憩为特色，提供创意美食体验、创意酒吧休闲等功能的滨水美食街和以休闲咖啡、创意书店、创意家居用品等为主的休闲购物街。通过康体养生项目带动通州大运河周边的休闲养生产业发展。

2. 通州设计之都示范区实施路径

——推动衍生品设计产业发展。深入挖掘通州"一线四区"大运河文化内涵，从大运河文化遗存、古城建筑遗址及出土文物中寻找创意灵感，在色泽、肌理、形态、纹样上萃取古今创意艺术精华，将中国传统文化融入文化衍生品设计中，对其进一步演绎、推敲、变化，设计迎合现代人需求的创意衍生产品，践行"古为今用"。

——健全设计产业公共服务平台。搭建设计产业公共技术平台，积极推动科技与文化的深度融合，为企业利用高新科技研发新产品提供软硬件技术服务、原材料质量检测、新产品性能评估、国际国内标准认证等产业全面支持，为城市设计、工业设计、创意设计、数字创意设计打下坚实的基础，解决企业急需的数字建模、3D打印、软件版权、基础数据等核心技术问题。完善信息咨询、人才培训、展示交易、行业交流等平台，促进设计成果转化。

——鼓励企业设计机构独立运营。以政策引导、资金扶持等方式鼓励企业将内设设计机构独立运营，并使其加入设计服务业统计体系，激发创意活力，营造更好的市场氛围并创造更大价值。扶持重点企业和知名设计机构，发挥骨干企业和领军人物的行业引领与带动作用，培育通州设计品牌。

——全面引导产业升级。充分发挥创意设计在产业升级中的重要作用，积极支持设计类企业打造具有自主知识产权的设计产品品牌。面向国际市场，延伸产业链条，全方位、多领域拓展，提高产业的整体知名度，形成品牌影响力。

——打造创意设计品牌活动。组织开展创意设计推广活动，举办创意设计大赛、创意设计精品展、创意设计论坛等各类交流活动。鼓励设计企业参加国内外设计展览、学术交流、项目合作和设计创意类奖项的评选，支持具有通州文化特色的自主品牌设计产品的市场推广。

——培育引进高端设计人才。明确发展定位，紧密结合产业转型升级人才需求，以本地高校、企业为依托，大力培养理论和技能兼具的高端设计人才。设立专项经费，定期选拔优秀人才参与国际化设计人才培训、实践项目，鼓励设计人才参与各类国际设计大赛。全面引进国际国内高端创意设计人才、设计团队，形成良好的人才发展环境。

——建设中国第一设计产业集聚区（一区）。积极引入优质设计资源，吸引国内外优秀设计人才，把握时代前沿，引领中国设计产业发展潮流，形成中国顶尖的设计企业、技术、人才集聚区，打造硬件设施完备、服务体系健全、环境优美的集研发、设计、总部基地、公共服务于一体的具有复合功能的设计产业集聚区。

——举办世界创意设计节、创意设计嘉年华（一节）。包括举办北京国际设计周等各类高端的国际交流活动、设计大师讲坛、国际高端设计论坛等活动，通过展演、论坛、洽商、展示和互动体验等多种形式，为国内外设计师、设计机构、设计服务机构、企业、投资人等搭建对接的平台，同时也提供常态化的展示、交流、交易服务平台。

——中国设计峰会，设计创意达沃斯（一会）。包括举办国际设计展览/展会、国际设计奖颁奖盛典等。通过一系列活动环节，对国际和国内创意设计产业资源体系进行发掘、梳理、整合，带动整体创意设计产业圈层的思路升级，促进推动创意设计商业模式的创新，通过融会变革、创新升级，推进创意设计新模式。

——中国设计产业示范基地（一基地）。打造以展示全球设计潮流主题创意作品为主的世界设计文化展示中心；以展览、收藏、出版、研究设计为主的中国设计文化博物馆，全面促进国内外设计业界的交流；打造专业顶尖设计学院，促进设计人才培养等。

——创意设计助推智慧城市建设。发展智慧城市将对通州文化创意产业转型升级起到推动作用，而创意设计的不断发展又将重塑智慧城市的新格局。以文化和科技融合为代表的创意设计在智慧城市的建设过程中蕴含巨大变革力量和无限商机，通过创意设计可以把真实的文化地理空间和虚拟的网络文化空间结合起来，协同管理，给人们提供更加丰富的文化体验。打造北京城市副中心智慧城市，必须立足创新前沿，力争在全球城市体系和生产网络中占据重要节点位置。把握设计之都示范区重大发展机遇，以创意设计为引领，助推北京城市副中心智慧城市的建设。

3. 宋庄艺术品产业集聚区实施路径

——推动宋庄原创设计产业发展。充分利用宋庄原创艺术产业基础，盘活画家村原创艺术资源，打造具有国际知名原创符号和代表国内顶尖水平的宋庄原创设计产业集聚区。积极培育文化产业类公司，注重时尚设计、衍生品设计、制造等原创艺术品衍生产业的开发，推动艺术旅游与艺术教育培训等原创艺术融合（关联）产业的发展，提升宋庄创意设计产业的经济效益和社会效益。

——建设小堡艺术创意小镇。依托小堡画家村丰富的艺术资源，整合艺术家工作室、画廊、拍卖机构、公共服务平台、文创企业等产业链基本要素，加强企业间互动和原创艺术产业协作、融合，促进宋庄文化创意产业上游原创研发、中游生产制造、下游销售的联动发展。在空间布局上，由南向北依次形成艺术休闲生活区、文化产业聚集区、原创艺术体验区，打造与北京城市副中心高度匹配的文化艺术标签，实现从艺术家聚集区向艺术生态社区的转变、从艺术品销售向艺术产业链的转变、从宋庄小堡向中国小堡的转变。

——建设中国艺术品交易中心。建设集原创艺术品及衍生品交易、展示与艺术品金融及版权交易等功能于一体的全产业链艺术品交易中心。建设艺术品交易中心（线上线下）、展示中心、评估鉴赏托管中心、艺术品物流基地、艺术商业中心等。通过搭建平台，使宋庄原创艺术品及衍生品交易正规化、公开化，拉动宋庄及通州文化创意产业发展。

——建设国家时尚创意中心。打造文化总部基地和创意产业园中园，建设时尚总部基地、时尚艺术博物馆园区、新丝路时尚公园、时尚创意孵化园、时尚传媒中心等。

——原创艺术节庆、会展活动。依托艺术家和展馆资源，筹划并举办好中国艺术品产业博览会（国家级）、宋庄文化艺术节（镇级）等各类原创艺术节庆、会展活动。通过举办一系列活动，形成国际化、独具特色的宋庄原创艺术品牌影响力。

——原创设计人才扶持、培养。加强对原创设计人才的培养和扶持力度，完善创意设计企业与高等院校探索合作培养机制，促进产、学、研一体化，为创意活动的开展提供卓越的基础设施和活动空间，通过舒适的宜居环境、便捷的网络和公共交流平台吸引原创设计人才集聚。

——重视企业培育，完善相关配套政策。注重对小微企业的扶持和孵化，加快打造众创空间，争取专项资金，为各类初创企业提供政策和资金扶持，针对创意版权保护方面多加着力。同时，积极鼓励企业核心研发，尤其是对文化与科技融合的跨界研发。

——拓展宣传途径，促进网络融合。继续整合宋庄各类展馆、画廊的展览资讯，拓展同外界媒体资源的合作路径，创新新媒体、自媒体等宣传模式。发挥好中国宋庄艺术品交易网、宋庄文创集聚区微信公众号对园区艺术资源的宣传和推介作用，不断完善青年项目与互联网的结合等。

——争取土地政策支持，保护画家村资源。继续争取相关土地政策支持，使市里或国家把宋庄镇小堡村确定为农村集体建设用地流转使用的试点，彻底解决小产权房纠纷、拆除等问题。

4. 环球主题公园旅游区（略）。

第二节 提升项目实施路径

1. 台湖演艺小镇实施路径

（1）创意创作

——以名家创作工作室为主的人才高地。利用北京全国文化中心的影响力和优势资源，吸引国内外一流的文化创意机构和顶级演艺人才进驻，为国内外高端舞台艺术人才（导演、编剧等）量身定做艺术工作室，吸引优秀艺术人才聚集在一起创作，形成核心创意人群，以原创型的人才打造核心竞争力，成为小剧场原创小镇的产业发展源泉和增长点。

——以青年人才社区为主的孵化基地。加大政策扶持力度，形成包括政策解答、审批办理、演艺事务代理、市场推广、宣传营销、投融资平台等环节组成的服务链，设立扶持引导资金，推动文化产业发展与"大众创业、万众创新"紧密结合。聚集艺术院校毕业的优秀青年创作人才，形成高端人才的后备军和摇篮。

——原创剧目集中孵化地（剧目排练合成基地）。营造良好的创作氛围，创意策划一批贴近时代和生活、大众喜闻乐见的原创性剧目，创作打磨一批具有中国元素和时代特征的代表性作品。在小剧场原创小镇建设一批集艺术体验、群众教育和公共空间于一体的剧目排练厅和合成厅，面向公众开放，成为人们欣赏艺术、参与艺术的场所，成为吸引更多年轻人走进艺术的场所。

——舞美"智"造基地。发挥国家大剧院舞美艺术中心龙头作用，围绕舞美装备研发、设计、应用等环节，打造高端舞美"智"造基地。推动全景视频和人工智能高新技术在整个舞台艺术的应用，以舞台科技创新促进舞台艺术创新。

——版权机构及交易中心聚集地。完善版权交易平台，吸引演艺相关的版权代理、版权经纪、版权保护机构入驻，提升演艺知识产权保护水平；充分利用台湖出版基地、图书城等资源，建设主题书店；引入院线资源，建设以虚拟现实为核心的数字演艺平台、文化与科技融合平台。

——演艺研究权威机构及大数据聚集地。应用大数据对演艺行业、演艺爱好者、演艺观众和游客等群体进行收集、统计与分析，把握行业最新趋势、观众来源以及市场偏好等，为个性化、精准化服务及小镇下一步的发展提供数据支撑。

——彰显中国特色、深耕演艺元素为小剧场原创小镇的内容定位，深耕戏剧内容的原创性，在"小、精、新"上做文章。围绕"北京味儿""运河文化"等文化元素，突出本土特色和中国特色。

（2）展演交流

——打造剧目展演交流平台。发挥国家大剧院舞美艺术中心龙头作用和小剧场群等支撑作用，加强戏剧交流合作，吸引全国乃至世界各地适合小镇演艺生态的演出团体和剧目到小镇演出，引进人艺先锋实验剧场等首都优质原创平台，引进经典剧目以及先锋实验戏剧等首都优质演出资源在小镇进行驻场演出或巡演，为原创优秀剧目提供展示平台。同时，开辟大运河文化演出板块，将大运河沿线地区优秀舞台艺术作品集中到小镇进行演出交流。设立天津、河北地域文化演出板块，促进京津冀文化交流。

——建设高、精、尖演出装备展示演示中心。将舞台演艺相关的最新的研发成果和科技转化成果向专业机构和公众开放，打造尖端演出装备的展示交易平台。

——建立演出博览交易平台。引入中国国际演艺博览会，设立台湖分会场，鼓励国家大剧院等主要演出平台探索在小镇定期举办演出剧目交易会。

（3）艺术推广

——成立艺术教育实践基地。与艺术类大专院校联动，开放参观彩排现场，为在校艺术师生提供观摩实习机会。

——设立普及艺术教育场所。通过密集举办面向公众的艺术类教育活动，如讲座、沙龙、剧本朗读等，普及艺术教育与群众性文化，提升小镇艺术氛围。

——面向中小学生的原创演艺社会实践基地。通过观摩实习、参观彩排现场、举办艺术夏令营等多种形式，在青少年群体中推广传播和戏剧相关的中国传统文化。

（4）文化旅游

——打造特色文化旅游目的地。通过举办丰富多彩的特色演艺活动和提供舒适的配套服务，将小剧场原创小镇建设成为一个集观光、休闲、度假、购物、体验、住宿等为一体的特色文化旅游目的地。

——开发具有小剧场原创小镇特色的文化创意产品。设计开发以戏剧爱好者和年轻消费者为主要目标人群、以经典演艺作品为主题的原创衍生旅游产品。

——打造原创演艺主题文化节庆活动。通过举办北京国际青年戏剧节、演艺＋科技节、舞美设计节等节庆活动，利用多元化内容、多种形式在小镇打造戏剧人的交流沟通盛会，戏剧爱好者的分享欢庆盛典。

（5）与周边产业的联动

——与环球主题公园产业对接：承接环球主题公园外溢效应，为环球主题公园提供真人表演的策划团队和表演团队；在节庆活动方面，与环球主题公园共同举办电影节或戏剧节，共同提升通州文化影响力；利用新媒体技术提升观众视听体验。

——与大运河文化创意产业带对接：台湖小剧场原创小镇可以利用自身表演与演出策划的资源优势，与大运河文化旅游项目合作，打造以运河文化为主题的大型表演项目。

——与梨园镇对接：环球主题公园位于梨园镇镇域范围之内，梨园镇能够利用其地缘优势有效承接环球主题公园的外溢效应，并且，梨园镇东与大运河临近，南与台湖小剧场原创小镇相邻，具有搭建演艺活动平台的地缘和文化优势，应重点支持优秀演出剧目创作、展演和特色剧场建设，加快培育文化艺术经纪代理、演出、版权服务、相关消费及衍生品等上下游产业链，加强演艺交流，形成通州区演艺文化中心和特色功能街区。

——与朝阳区对接：充分借鉴朝阳区国家文化产业创新实验区在推动演艺业从孵化走向市场的运营经验，推动小剧场原创小镇的市场化与品牌化。借鉴朝阳区国家版权创新基地、国际人才创新创业港等项目在版权保护、人才聚集等方面的管理经验，在台湖打造北京乃至中国的表演人才会集地。

——与东城区对接：对接东城区传统深厚的演艺资源与剧院资源，与东城具有全国影响力的表演团体和剧场或戏剧节、电影节合作。

2.国际会展中心实施路径

——培育国际级会议展览品牌。统筹会展基础设施，有序推进通州城市副中心会展项目的建设，加强产业配套规划，形成能够满足不同层次会展需求的展馆体系。培育新兴产业，带动其他相关产业的直接和间接发展。进一步深化会展内涵，引进各方资源，推动其国际化、专业化发展，打造具有国际影响力的会展平台。综合区位优势、交通优势、生态优势等因素，积极在行政副中心155平方公里范围之外的就近地区合理布局国际级会议中心，按照"一带一园、两心两区、三联动"的空间布局，地跨张家湾和潞县，即G1高速、大运河、凉水河交汇处，G103高速横穿其中。

——结合各乡镇特色，打造小而精的会展产业。立足通州城市副中心的战略定位，积极把握中小型会展产业开发，走差异化、特色化和专业化的会展之路。结合各乡镇特点，规划建设小而精的会展设施，推进会展软硬件的同步提升。例如，在宋庄镇建设满足艺术交流、展示、研究和交易的会展服务中心；在梨园镇积极利用其区位优势，建立中小会展企业协会（联盟），以实现资源共享并打造融合式、服务型的会展品牌；在西集镇、潞县镇、永乐店镇、于家务乡以及张家湾南部，依托其良好的生态资源，打造田园社交等小型会展服务平台。

——培养创新型、经营型会展人才。依托相关院校、研究机构、行业组织、合作项目，搭建会展产业人才培养平台，建立会展专业培训课程，为人才发展提供良好环境。鼓励创新驱动，引进、扶持、培育一批复合型专业人才队伍，提升行业的科技含量，力促通州城市副中心会展产业发展成为以创新形式、创意服务为内涵的新型产业。

——办好各级各类节庆活动。充分利用通州大运河文化内涵深厚的特色，办好各类节庆活动，促进会展产业与旅游业的良好对接。举办具有大运河民俗文化特色的会展节庆活动，彰显通州大运河文化魅力，塑造城市品牌形象。

——组织好与周边产业的联动关系。建设匹配城市副中心层级、功能、规模的会展项目，同时处理好与周边地区会展产业的联动关系。与天津、廊坊建立会展产业互补机制，形成联动，协同发展；与雄安新区在京津冀协同发展总体战略中进行分工协作，承担相应的资源、人口、产业疏解任务，在会展产业上实现差异化发展。

3. 体育文化产业带实施路径

——完善体育科技创新体系。建立和完善资源布局合理、配置优化，适应体育领域"大众创业、万众创新"的科技创新体系。以运动促进健康、运动处方、科学健身指导与服务为重点，开展全民健身理论与方法的研究及应用。加强科学选材、运动防护、训练监控、体能恢复、伤病治疗、运动康复、信息分析和应用等领域研究，着力解决重点运动项目关键技术问题。以具有自主知识产权的装备器材、新型体育服务技术、"互联网+"产品为重点，着力推动科技创新和成果转化。充分发挥企业在体育产品研发和创新中的主导作用，鼓励企业承担和参与体育科技研发任务，努力办好体育科技成果展示会，搭建体育产品研发和成果转化线上线下服务平台。

——引导体育消费。加强体育场馆等体育消费基础设施建设与改造，鼓励机关、学校等企事业单位的体育场馆设施向社会开放。推动体育企业与移动互联网的融合，积极利用大数据、云计算、智能硬件和各类主题APP拓展客户，提升体育营销的针对性和有效性。

——广泛开展丰富多样的全民健身活动。完善通州全民健身活动体系，拓展全民健身活动的广度和深度。大力发展健身走（跑）、骑行、徒步、游泳、球类、广场舞等群众喜闻乐见的运动项目，扶持推广武术、太极拳、健身气功等民间传统运动项目，鼓励开发适合不同人群、不同地域特点的特色运动项目。建立有效的业余竞赛活动体系和激励机制，探索多元主体办赛机制，促进通州全民健身活动广泛开展。

——创新体育场馆运营。积极推进体育场馆管理体制改革和运营机制创新，引入和运用现代企业制度，激发场馆活力，探索大型体育场馆所有权与经营权分离。推行场馆设计、建设、运营管理一体化模式，将办赛需求与赛后综合利用有机结合。增强大型体育场馆复合经营能力，拓展服务领域，延伸配套服务，打造城市体育服务综合体。

第三节　发展项目实施路径

1. 工业大院改造实施路径

——保护性开发利用。在结合区位优势、乡镇具体发展特色及诉求的基础上，选定 3～5 个工业大院进行改造，在改造的过程中，以保护性开发利用为基本原则。从对建筑历史特征要素的提炼与价值评估的结果出发，综合考虑建筑的文化价值与改造后使用功能的关系，在秉承保护、传承现代工业文化遗产理念的基础上，按照"保留为主、新旧协调、品质至上、创意时尚、注重现实、多样呈现"的改造原则，还原旧通州的街景、生活、人文、历史、商业特征，将旧有建筑特色保留，利用色彩和线条的结构体现现代感，实现建筑的历史与现代完美融合。

——景观风貌特点突出。为保证建筑风貌总体协调、各有差异，从形体、肌理上，根据不同时期修建的原厂房特点，把握总体风貌的色彩节奏。景观系统贴合工业时代的情感记忆，加强与建筑的融合，小品利用原厂旧物，植物保留原生，补充野趣，实现工业大院保护与生态美化双重效果。

——时尚发布。融入时尚元素加强氛围营造，注重建筑改造、交互空间的设计，植入具有参与性、体验性功能的多种业态，通过举办时尚创意活动聚集人气，包括时装发布会、新闻发布会、新品发布会、知识产权交流会、小型演唱会、明星见面会、电视节目制作场地等。

——创意办公。以灵活分割空间及创意型设计风格吸引艺术工作室、个人设计室、传媒策划公司等时尚创意型企业、孵化创业型微企入驻，注重室外空间利用改造，通过文化艺术雕塑营造创意氛围。

——创意休闲。面向未来新消费群体中的商务、居住和休闲客群，打造充满艺术气息的创意商街，体现时尚购物、时尚餐饮、娱乐体验、休闲运动、手工 DIY、社交、商务洽谈、接待等功能。

2. 民俗文化产业化实施路径

——产业开发。加强对通州重点民俗旅游产品的深度开发，对通州民俗园区与民俗节庆进行立体开发，发挥民俗与现代文化创意产业联动与溢出效应，借助通州城市副中心高位发展战略，提升民俗文化产业的竞争力。

——区域联动。整合资源，优化结构，实施区位联动战略；打造民俗精品带动周边，实现产业联动发展；形成与北京市的整体链接，构建区域文化整体特色；促进与周边城市联动，形成互利共赢的文化产业局面。

——品牌提升。加大对民俗文化产业宣传的力度，构建民俗文化的独特性与市场认知度，借助市区文化营造良好的传播演示平台，创造通州民俗文化产业的市场品牌体系。

3. 创意产品和服务实施路径

——特色餐饮。结合张家湾葡萄、西集樱桃及通州本地的运河美食文化和特色，以中餐、西餐、特色小吃、茶社等多种创意式餐饮，体现通州浓郁的美食人文特性，拓展创意饮食产业，满足新消费群体的特色化餐饮需求。

——VR 体验。将文化消费与科技紧密结合，采用一系列虚拟现实技术，提供太空虚拟体验、野外虚拟体验、虚拟赛车体验、虚拟射击体验等多种类型的 VR 创意体验服务。支持同空间多人同时加入，全方位营造 VR 娱乐体验的沉浸感。

——个性时尚休闲。通过可二次消费的创意读书空间、时尚表演、瑜伽、健身等个性时尚休闲方式，充分满足新消费群体对文化产品及服务的需求。

——商务社交休闲。通过商务会议、合作洽谈、培训、沙龙等形式，进一步提高商务服务配套建设水平和服务标准，充分满足城市副中心未来商务办公人群的会务接待、商务休闲等服务需求。

——互动娱乐休闲。对接新消费群体在娱乐、创意、科技等方面的休闲需求，依托宋庄美术馆、画廊及画家村资源，结合科技应用，打造科技画廊、3D 艺术展等原创艺术展示空间，使宋庄艺术品展示焕发新的活力；将游戏娱乐与动感影院技术巧妙结合，打造球幕飞行影院等。

——创意农业休闲。开展农业观光、婚纱摄影、儿童农业科普、水果嘉年华、绘画写生等项目，打造创意农业的人气聚集地，满足新消费群体的生态休闲需求。

——创意产品开发。充分依托环球影城主题公园开发优势，发展集艺术形象创作、动漫产品开发、数字娱乐创意、服装设计、电子游戏创作、玩具设计于一体的现代娱乐创意产业及娱乐设施技术研发产业。同时，关注原创文化创意产品的开发，依托通州原创艺术集聚区，促进宋庄小堡画家村和梨园韩美林艺术馆原创艺术符号的提取与创作，以实用性、创新性和人性化的设计推动通州区原创艺术符号的产品开发和利用。通过文化创意产业的发展为新消费群体提供更加多元的文化产品及服务。

第八章　文化创意产业保障措施

第一节　组织保障

1. 推进机制创新

成立以通州区书记、区长为主要负责人的领导小组，职能办公室设于区委宣传部，构建协调机制，形成合力，统筹推进各项工作。区政府各有关部门、镇人民政府要根据规划要求制订实施方案和具体落实措施，加大支持力度，加快将文化创意产业培育成为通州区的支柱性产业。领导小组要研究协调产业发展中的重大问题，指导推动本规划的组织实施。领导小组办公室设在区发改委，负责日常工作。区有关部门要按领导小组部署，加快编制重点领域行动计划，确保各项工作扎实有序推进。要切实把文化创意产业发展纳入通州区经济社会发展的重要议程，结合本地实际制订具体实施方案，建立健全工作机制，推动本规划各项任务落到实处。

2. 加强统计监测

对文化创意产业整体及各分类进行统计与检测，建立相关领域企业名录库，探索形成符合通州区实际、遵循统计学规律的统计方法和统计指标体系，逐步建立科学合理的产业统计制度。逐步建设通州区大数据中心，建设文化创意产业人才库、项目信息库、宏观经济数据库、行业分类数据库、企业发展数据库、知识产权转化数据库等，充分整合各类与文化创意产业相关的信息资源，推进大数据的建设、整合与应用。在此基础上，加强对各类新兴产业发展的运行监测和统计分析，及时、准确、客观反映发展状况，为通州区文化创意产业的宏观调控与科学决策提供可靠依据。同时，将通州区文化创意产业发展作为评价经济社会全面发展的重要指标，落实到各区和相关部门的工作绩效考核及领导干部政绩考核当中，鼓励对通州区各乡镇、各文化创意产业细分行业的产业数据定时更新、统计与分析，以对通州区文化创意产业整体发展状况进行把握和有效的及时调整。

3. 引导宣传理念

在北京市委、市政府，通州区委、区政府以及文化改革发展工作领导小组领导下，建立宣传部门组织协调、有关部门分工负责、社会力量积极参与的工作机制，建立宣传、发改、财政、国土、规划、税务、统计、文广新、旅游、科技、金融等部委办局和相关市、区、县参加的沟通协调机制，共同研究通州区文化产业规划建设工作中的重大问题。充分重视思想意识的引导作用，积极做好通州区作为重点新城的发展定位宣传、做强新城产业功能聚集区的引导理念宣传，以及通州发展建设重点的功能板块宣传。并且，通过对通州新城重大产业项目宣传文化产业促进经济社会整体发展的理念，在社会凝聚发展通州、宣传通州的共识，营造良好的舆论环境，形成通州区文化创意产业规划有利的舆论环境和品牌影响；鼓励通州政府建立体现特色、地域文化的自主知识产权文化创意产品和服务，在国内外形成宣传和示范效应；对通州特色文化创意产业通过新方式重点宣传，形成通州创意产业形象与通州新城新形象并行互动的局面，注重其文创产业在国内先进性、共享性、国际性理念的宣传，以突出其引领性。

4. 完善社会管理

通州区要针对目前行政管理结构松散、行动效率低下的问题，依据党的十九大报告提出的"打造共建共治共享的社会治理格局"目标，加强社会治理制度建设，完善党委领导、政府负责、社会协同、公众参与、法治保障的社会治理体制，提高社会治理社会化、法治化、智能化、专业化水平。通州区要按照"管理方式便捷化、权责界定清晰化"的思路，明确小区、乡镇与产业园等不同社区的管理性质，综合考量户籍人口、流动人口、区域位置等情况，在辖区内统一建立多层次、网络化的管理服务体系，形成发现、上报、处置、反馈四个环节高效衔接、有效互动的工作链条。此外，通州区要充分发挥基层社会组织的服务管理功能，促进基层社会组织与政府部门形成合力，强化宣传教育，增强群众参与性。同时，认真落实各级文化经济政策，积极推动文化产业园区基础设施、公共服务平台和产业联盟建设，鼓励定期形成反馈机制，通过调查问卷、公共平台网络评论等方式对推进情况与市民、产业进行积极互动和调整。

第二节 资金保障

1. 加大资金支持

保证一定数额的文化创意研发引导资金，到 2020 年，增加通州区文化创意产业研发引导资金不低于 3 亿元。调整资金使用范围，更加体现导向性；集中资金使用方向，更加体现有效性；调整资金补贴环节，更加体现针对性；丰富财政资金扶持方式，更加体现多元性。首先，进一步完善财政专项资金管理制度，提高资金使用效益，使财政补助资金在促进文化企业发展过程中发挥积极的作用。其次，加大对创新企业的税收优惠力度，降低企业成本、引导资本流动。再次，引导和落实通州区文化产业发展专项基金，以及政府引导、企业参与的产业共济基金，对于符合通州文化产业规划布局的文化企业和项目通过项目补助、贷款贴息、保费补贴、绩效奖励等形式予以重点支持。最后，对文化艺术、新闻出版、广播影视等传统优势行业和设计服务、广告会展、艺术品交易等创意交易行业、文化科技融合产业等相关企业和项目择优进行补助；设立相关通州创意产业发展专项基金，有效引导符合本区域功能定位的文化创意产业和优势企业聚集发展。

2. 建设金融体系

针对文化产业轻资产重创意的特点，建立健全相关评估体系和信用体系，鼓励银行、金融机构大力开展版权质押、股权融资等多种业务，引导各方资本以风险投资等形式加大对文化产业的投资力度。通过直接融资与间接融资推动多元化、多层次金融市场支持文化产业发展。有效利用投资基金市场、股票市场和债券市场，同时，发挥商业银行主渠道作用加快专营文化产业业务的中小金融机构的建立与发展。完善综合信息服务平台，建立文化企业信用风险评级体系。

3. 提高项目投入

成立文化创意产业专家评审委员会，对通州区立项的各类文化创意产业项目进行科学分析评估，将符合通州区文化创意产业整体发展方向，有利于推动产业健康发展的项目列入重点项目库，并在项目投入初期或资金断流期进行必要的项目资金帮扶式投入。针对文化创意产业的特点，除了重点引领项目、提升项目、发展项目之外，通州区还应关注平台项目、特色项目和软性项目的建设，对于投资大、见效慢，但未来经济收益与社会效益较高的项目给予更多的项目资金支持。

4. 引导社会资本

引导全社会资金更多投向文化产业领域，形成以政府投入为引导、企业投入为主体、银行贷款为支撑、社会集资和引进外资为补充的文化科技投入体系；引导社会资本加大对泉州市文化创意核心领域、文创新兴业态和重大项目的持续投入；规范发展文化产权交易场所，完善中介服务市场，提升文创产业投资便利化水平。文化企业要探索并健全知识产权信用担保制度和其他信用担保制度，鼓励有条件的文化企业上市融资。

第三节　人才保障

文化创意产业人才通常具有文化创新性、高知识性、高流动性等特征，其丰富的想象力、独特的思维方式往往成为其内在特质。其中，以创意设计人才、数字创意人才、文化艺术人才等所体现的特征性较为明显，因此，文化创意产业的人才引入、培养、管理、使用、评价、开发均具有自身的特殊性。

根据通州新城规划发展建设所需人才类型，积极营造尊重文化、尊重创意、尊重人才的产业发展环境，加大人才引进力度，创新人才培养模式，完善人才使用机制。

1. 人才政策保障

在人才引入政策方面，制订《通州区文化创意人才专项政策》《通州区文化人才发展规划》，通过政策的制定和规划，确定人才引入的相关限制条件与优惠措施，在政策和规划层面保障人才的引入，拓宽人才引进绿色通道。在人才保障政策方面，落实各层次人才保障政策，从薪酬、津贴、期权、生活环境、子女教育等各方面创造有吸引力的引智条件及创业环境。同时，关注知识产权和交易平台等方面的建设与维护，为各行业、各层次人才创造良好的、能够长远发展的就业环境。

2. 分类评定措施

首先，加大文化创意人才特别是领军人物的引进力度，以专业性强、社会影响力大的领军人才带动通州区文化创意产业发展。通过公开招聘、人事调动、合同聘用、项目合作、开办工作室（创作室）等多种方式，积极引进一批高端的领军人才为通州区文化创意产业服务。其次，充分利用北京高校现有人才培训基地，提高专业管理人才、专业技术人才水平。将北京突出的高校资源与通州区文化创意产业发展的实际需求相统一，推动区域之间、高校与企业之间的合作，促进通州区文化创意产业人才培养基地或实训基地的建设，同时，推进通州区现有技术人才的转型。再次，在原创艺术方面，结合通州现有特色，以宋庄小堡的原创资源最为突出，在引入人才的过程中，应重视多学科、跨专业、国际化、复合型人才，并进一步注重引入和培养具有原创能力的人才。同时，重点推进创意设计、文化传媒、广告会展、知识产权、传统工艺品等领域文化经营管理人才的培养工作，并加大对非物质文化遗产传承人的扶持力度，以具有特色的非物质文化遗产资源带动通州特色民俗文化的发展。最后，在人才评定制度方面，一方面，在引入人才的评定过程中，以通州区文化创意产业的短板与实际需求为基准，对于申报入驻通州区文化创意产业的人才进行评定；另一方面，在引入人才并进行合理保障其权益的基础上，定期对入驻人才进行评定，并给予积极或消极强化措施；此外，在后期的人才评定过程中，可将人才与项目相结合的程度作为评定标准之一。

3. 完善引入机制

创新、完善人才引进及合作机制，加强产、学、研人才交流合作。一方面，积极支持高校、科研院所将系统化和创新化的理论带到企业中，将具有创新性和实践性的想法依托企业的实际操作环境加以实践；另一方面，为文化创意企业走进高校、科研院所搭建平台，使企业所想、所需能够与高校资源更为有效地对接，促进通州区创意人才、科技人才、对外交流人才等多元化人才的培养，学历教育与职业教育相结合，完善管理人才、创意人才和营销人才的复合培养体系，建设产、学、研一体化的文化产业人才培养基地。

4. 创新人才理念

突破文化创意人才区域限制，借助互联网技术与平台，在更为广阔的全球视野中建立文化创意产业智库平台，鼓励开展创意人才的国内国际交流（论坛会议、比赛竞技、展会与培训）。同时，在"一带一路"的宏观背景下，关注文化创意人才的国际间流动。结合通州文化创意产业所需，对人才进行预见性聚拢，探索新型用人机制、"人才共享"机制，通过客座制、签约制、特聘制、合作工作室等形式使国内外高端人才"为我所用"，鼓励国内外优秀人才以版权、知识产权、无形资产、技术要素等作为股份参与企业利润分配。

第四节 平台保障

1. 综合性信息服务平台

围绕通州区文化产业发展，以整合资源、拓展功能、提升层级为宗旨，打造以政府为主体、企业与社会共创的综合性文化产业信息服务平台。该服务平台应该以门户网站为主，由通州区政府部门牵头投资建设，也可鼓励企业投资或政府购买服务等来保证整个文化产业信息服务平台的正常运行。该平台要突出通州特色，打造通州品牌，根据通州区文化产业资源的特色组织相关信息资源，提供相关服务内容，信息发布涉及新闻资讯、政策法规、人才交流、园区建设等栏目。在功能设置上,该平台属于文化产业链的下游,根据通州区文化产业的发展进程,它不仅要依靠上游与中游丰富的信息资源发布相关信息咨询,也要为文化产业上下游联动提供沟通服务,全面带动通州区文化产业的协同发展。由于平台涉及政策发布、在线服务、线上交易等栏目,因此建议采取公办公营、公私合营的方式进行构建,在域名上选择 .gov 或 .org 确保网站的安全性;不宜采取完全私营的运营模式。在此基础上,平台也要兼顾运营微信公众号、微博等新媒体窗口,并与国家级、各地区、各部门、具有影响力的民间网站积极合作,形成强大的平台聚合效应,扩大传播范围与社会影响力。

在信息发布的基础上,该平台中还将在文化产品发布与交易、文化企业宣传与推广、文化资源共享与展示等方面进行服务模块的延伸,从而使平台将政府、文化企业和市场消费者等文化产业相关主体联系在一起,起到以信息流通带动项目流通的作用。此外,在文化版权保护方面,该平台也可以凭借自身权威性、专业性、服务性优势,与未来通州区打造的版权交易中心合作,在建构通州知识产权保护的价值评估机制、信用保障机制与市场流通机制等方面提供平台支撑。除了一般性的公共服务,该平台还可以提供相应的销售、策划、人才派遣、管理、设计制作等商业化服务,形成公共服务机制与市场化机制的有机互补、活力共融,进而优先选取通州区重点发展的文化产业领域,有重点、有次序地培育若干行业分支公共服务平台,从而形成"1+X"的平台结构。"1"即一个综合性核心平台;"X"即根据细分行业或具体服务内容,设若干个子平台。力求通过数年时间,不断完善功能,为相关企业在整个价值链上提供全方位服务。

2. 国际性文化交流平台

首先,统筹政府、企业、高校、行业协会、社会资本、中介机构等部门,形成合力,吸引具有国际、国内影响力的大型品牌活动落地,把通州区的文化交流范围与层级推上新台阶。为此,该平台要完善国际文化交流服务功能,提供管理有序、运作高效、功能齐全的服务,提供充足的与国际文化交流相关的资金、项目和人才,提供检索便捷、内容广泛、及时更新的国内国际文化交流信息查询系统。在此基础上,依托现有的国际文化服务贸易平台、文化产权交易中心等文化产业专项交易机构,进一步整合通州乃至北京的出版发行、影视制作、印刷、广告、演艺、娱乐、会展、文化创意、数字出版、移动多媒体、动漫游戏等细分子行业内已经形成的产权交易机构,形成覆盖面广、功能完备的文化产业交易平台,打造在国内首屈一指、亚洲知名的版权贸易盛会。以强大的文化产业交易功能形成高度的社会公认性和国际范围内的认知,吸引各种有利于文化产业和文化消费的资源和能量集聚归拢。

该平台可以做出以下两个方向的功能延伸:第一,结合台湖演艺小镇的发展需求,放眼北京演艺市场,打造国内最为领先的国际化演艺中心,以现有大型文化基础设施作为重要依托,建设文化产业国际演艺共性服务平台。该平台要致力于对接国际娱乐资源,把国际演艺产业的运作与中国本土的文化资源有机结合,引入国际高科技含量最高的动感活动,成为中外流行文化、时尚文化交流场所以及影响力辐射东亚地区的综合性演艺娱乐场所。第二,打造文化产业国际休闲共性服务平台。通过对通州区现有以及规划中的重大休闲娱乐资源的利用、开发和整合，形成现代娱乐项目、优秀传统文化体验、民族文化艺术创意、特色生态休闲服务、特色观光体验娱乐等体验内容互动发展的推进平台，打造独具特色的国际化都市型"文化休闲体验之旅"，不断增强城市的创造力、影响力和竞争力。

3. 灵活性融资合作平台

建立高效灵活的融资平台。充分发挥财政资金的引导作用，吸引社会资本加大对通州区文化创意产业的投入。支持运用政府和社会资本合作（PPP）模式，建设产业园区、研发平台、交流平台等基础设施。发起设立文化创意产业发展投资基金。鼓励金融机构创新金融产品和服务方式，探索拓宽通州区文化创意产业贷款抵押担保范围，在风险可控、商业可持续的前提下加大对产业的信贷支持力度。支持符合条件的企业上市融资、发行各类企业债券和组建财务公司，利用多层次资本市场进行融资。创新利用外资方式，积极争取境外直接投资、国际组织和外国政府优惠贷款、国际商业贷款等。

4. 周期性项目对接平台

以通州区文化委员会为发起方，以通州区各文化及相关企业为参与方，以一年或半年为周期，定期打造通州区文化产业走出去与引进来的推介平台，以求优质资本的吸引、优质人才的招纳、优质项目的落地、优质企业的入驻。打造项目推介平台的工作可以与打造文化产业园区的工作同步展开，因为项目推介最好能够扎根于一个商业氛围浓厚、设施配套齐全，文化企业高度聚集、产业门类丰富的文化产业园区，该平台同时也可以为园区内的企业提供创业孵化、政策服务、人才培训、交流展示、知识产权保护、金融服务等多方支持。在此基础上，经过与政府合作，由通州区宣传部或文化委员会主办，由园区管理委员会承办，定期举办"通州区文化产业精品项目交流对接会"，该对接会将为有意向落地通州或有意向走出通州的文化企业提供租金奖励、税收奖励、名牌名企奖励、人才奖励、上市奖励、孵化器奖励、招商引进奖励。利用召开对接会的契机，通州区可以积极整合全产业园乃至全区的文化资源，为通州的文化产业及重点招商项目创造出更多的机遇，为投资方与项目方搭建面对面交流与沟通的平台，辅助重点招商项目的推介、对接、洽谈。

在对接会的交流机制中可以采取重大项目"一事一议"的重点扶植方式。对于重点扶植的文化产业项目，除了要符合国家统计局《文化及相关产业分类（2012）》的文化产品类别大范围之外，还需满足以下几点要求：第一，与通州区重点发展的文化产业领域密切相关，如设计业、文化旅游、艺术品交易、创意农业、创意科技等；第二，在本行业同类产品中具有突出代表性、影响力、引导性、示范性的文化产品品牌，并具有一定生产规模、市场占有率和市场份额大、有较高知名度、美誉度、社会信誉，取得良好经济效益的文化产品品牌；第三，具有独特鲜明的北京特色、通州风格、技艺精湛、构思设计独特新颖的文化产品品牌。此外，该项目如能在继承和发扬传统技艺的基础上,在技术、制作、工艺、材料的使用上有重要的突破,或在国际、国内、各省市重大评选活动中获得奖项,或在国外有较强出口创汇能力,则属于优先考虑范围。

第九章 文化创意产业招商方向及策略

第一节 招商方向

招商引资是通州区文化产业规划的重要构成,是各个项目顺利推进的必要工作。在进行文化产业规划时,需根据通州区现实发展与规划远景,打造国际国内、区域内外联动的招商格局。开展招商引资工作,有助于促进通州区文化产业发展的需要,是推动地区经济发展的现实路径;开展招商引资工作,有助于促进文化产业的生产、消费、投资、出口;开展招商引资工作,有助于激活文化产业要素,优化市场配置以及引进项目、资金、人才,提升发展水平和实力。其中,招商引资方向的确定是开展引资工作的前提,是制订引资战略计划不可缺少的组成部分。

1. 以招商观念为指引

招商观念是制定招商方向的指引性思想。招商引资的动机和目的贯穿整个招商引资的活动当中,通州区政府作为招商引资的权力参与和决策主体,其关系和权力动力机制很大程度上影响着决策的过程,是下一步"政策应该怎样制定"的先决因素。即招商引资观念的确立影响整个决策的定位和过程。具体来说,招商引资观念在地方政府决策定位中的作用表现在以下几个方面:

第一,整体观念。要将通州区的发展与国家经济社会发展观念相结合。根据通州的定位,联动京津冀,放眼全世界,将文化产业的招商工作作为整体发展工作中的一个重要环节,按照整体目标和方向开展招商工作,并根据实际的、具体的情况适时调整招商工作的节奏和步伐。

第二,战略观念。招商工作要树立中长期发展的观念,要根据内外投资环境的变化调整策略和方式,这就要求管理者破除抱残守缺、安于现状的旧观念,树立高瞻远瞩、审时度势、立足今天、着眼未来的观念。

第三,服务观念。要打造服务投资者的服务观念,因为招商引资工作只有得到投资者的承认才能实现其真正的价值,所以要转变政府经营管理思路,将投资者的需求放在招商工作的重要位置。

第四,创新观念。创新是一切经济实体发展的生命。要将创新观念贯穿到招商引资工作中来,在经营管理中,要注意创新思维的应用,树立明确的招商引资观念和不断地开发创新,适时提出创新开发的新要求和新任务,创造和开发新项目、新办法、新技术、新市场、新人才、新资源、新信息等;注重利用互联网资源进行招商工作的创新。

2. 重点方向

在秉承整体观念、战略观念、服务观念、创新观念的基础上，根据通州区文化产业规划的整体情况，结合区内资源，把握战略定位。依据国家统计局《文化及相关产业分类（2018）》最新分类标准，以及本规划重点项目规划情况，将从以下几个方向开展招商引资工作。

（1）内容创作生产

内容创作生产包括出版服务、广播影视节目制作、创作表演服务、数字内容服务、内容保存服务等。

针对通州区的实际情况，重点在与新闻业和互联网企业、自媒体等行业，以及包括图书、期刊、音像、电子出版等出版单位展开合作，拓展数字内容服务与内容保存服务。重点联动国内主流媒体、京津冀重点媒体、门户网站、新闻客户端，以及出版社、杂志社等出版发行单位。通过召开招商会、洽谈会、新闻发布会等形式建立沟通交流平台，尤其是在环球影城、大运河文化产业带、宋庄、会展经济等重点项目上，开拓与新闻出版有关的合作可能性。立足国际，吸引如新闻集团等大型国际出版集团以及世界500强文化出版公司，通过内容传播、产业开发、项目运营等方式，探索国际化的合作路径；同时，在全国范围内，与中国出版集团公司、中国教育出版传媒集团有限公司、中信出版集团等大型优质出版社合作，共同开发通州区文化出版资源，联动整合传播体系，与出版内容生产和其他文化项目相结合，同时，在通州文化产业传播过程中发挥出版宣传优势，构筑传播合力。

在广播影视和演艺方面，招商主要从广播电视服务、电影和影视录音服务方面开展，结合环球影城、演绎小镇、文化节等开展招商引资。主要包括广播影视节目的制作、播出、宣发等。针对通州区丰富的历史、文化、民俗资源，以及环球影城、会展、旅游、演艺等现代资源，拓展广播影视生产合作链条，在IP开发、影视包装方面，通过招标会、商谈会以及对接企业的形式，探索招商合作的方向和具体路径。具体而言，把握通州区国际定位，与国美在线、时代华纳集团、迪士尼集团充分对接沟通，引进国际级别的文化产业优质资源，在项目开发、IP运营等方面充分体现通州特色与国际风范；与国内中国电影股份有限公司、中国国际电视总公司、万达影业、阿里影业、北京电视台、华谊兄弟、歌华有线、光线传媒等知名影视单位和企业合作，探索合作机制，共同开发优质内容；由新兴的符合年轻消费群体的影视公司万合天宜、海润影视、开心麻花、猫眼电影等开展针对年轻群体的内容产业开发，让通州区凝聚的新的产业消费群体真正能够培养消费惯性和用户黏度；注重与周边省市电视台、制作机构的合作，在宣发、营销、制作等方面探索新的合作机制。

（2）创意设计服务

创意设计服务包括广告服务、设计服务、建筑设计服务、工艺设计服务、专业设计服务。通州区将从以下重点进行招商工作。

文化艺术服务招商主要从文艺创作与表演服务、艺术表演场馆建设开展，尤其是对通州区文化遗产保护服务，在生产性保护的原则下，对文化遗产进行开发、管理；还包括有关文化的研究工作、社团服务、文化艺术培训、民间美术、舞蹈、音乐的开发与教育服务工作等。对于通州而言,要发挥大运河文化创意产业发展带、通州设计之都、宋庄特色小镇、会展产业项目、工厂大院项目、民俗文化项目、台湖演艺小镇等项目的联动作用,带动文化艺术服务。例如,在运河文化艺术节庆、文创产品开发等方面的招商引资工作;在演艺、影视等产业链周边的文化艺术服务招商等;在民俗文化产业化、民间美食、舞蹈、音乐等不同形式的民间艺术的产业开发和招商引资等。在此基础上重视整合、包装通州的整体文化艺术资源,形成产业集聚效应,打造文化艺术服务招商一条龙,充分将各类项目的优势发挥出来,最大限度地吸引资金,有效推进经济效益与社会效益的统一。

文化创意和设计服务招商主要从广告服务、文化软件开发、新媒体服务、动漫游戏设计等新兴领域的企业开展;同时包括建筑设计、场馆设计等专业设计服务的招商。在前期的设计规划阶段,针对通州区文化产业项目涉及的具体的场馆、博物馆、工厂改造、民俗项目开发、小镇建设、会展场所等建设和设计做好招标工作,吸引更多有国际国内成功设计经验的知名公司;同时,促进软件开发、新媒体服务、动漫游戏等方面的设计招商工作,对接需求、了解现状、设计落地。文化创意与设计服务的招商工作将贯穿通州区规划建设与招商引资的全过程,因此在这一方面的招商引资中,要注重融通全局,在重点项目和提升项目方面,整合相关资源和企业,搭建招商平台和渠道,通过合理有效的方式进行整体性、点对点的招商引资,尤其注重对重点项目以及周边文创设计服务的招商。

工艺美术品的生产招商主要针对通州区民俗文化产业的生产、开发、包装以及设计、生产、展销等服务性质的公司进行招商;针对大运河沿岸景区、公园、湿地的设计、陈设等。在京内和京津冀地区广泛调研的基础上,对通州区民俗文化产业进行招商包装,发掘商业开发价值,与其他文化产业规划项目进行比照,例如,场馆设施等可一起招商;重点在民俗文化产品的设计、开发和生产方面,吸引成功企业的加入。

(3)文化传播渠道

文化传播渠道,广义上包括出版物的发行、广播电视节目传输、放映、艺术表演、互联网文化娱乐平台、艺术品拍卖及代理、工艺品销售等方面。在本条中,除出版发行、影视、演艺方面的文化传播渠道拓展外,互联网平台的拓展将是当下招商工作的重点。

文化信息传输服务招商主要从互联网与移动互联网有关的文化企业引进开展,包括信息服务、场景服务、信息传输基础设施建设、增值电信服务的文化部分。结合互联网经济的发展特点,针对O2O等服务性应用、定位服务、票务、出行、购物等移动互联网产品和服务,召开分门别类的竞标、商谈会、发布会和特定主题的论坛、会议等,以此打通在通州落地、服务的渠道和平台。

具体而言,通过点对点、立体化的招商引资工作,吸引国际大型互联网传输公司如谷歌、微软、苹果、英飞拓等,在通州相关项目中参与合作发展;在国内积极开展与腾讯视频、网易游戏、新浪微博、搜狗拼音、优酷、爱奇艺、网易游戏、盛大游戏、中国华录集团有限公司、科大讯飞股份有限公司、完美世界股份有限公司等公司，以及游戏、动漫、人工智能、电子阅读、商业服务、消费者生活O2O、产业服务等各类互联网相关业务公司合作，全面打通通州区文化产业发展各个链条、环节中的互联网产品与服务，提升年轻消费群体、高端消费群体的购买力和黏性。最为重要的是，以互联网的思维推进文化创意产业的招商引资，让资金、产业、市场的繁荣，能够实现多方共赢。

（4）文化投资运营

文化投资运营主要包括投资与资产管理以及运营。针对通州区全盘的文化创意产业资源和项目进行招标，吸引专业的资产运营与管理公司进行资产优化管理和运作。如积极开展与万达文化集团、中国文化产业发展集团有限公司、北京市文化投资发展集团有限责任公司、北京华严文化投资有限责任公司、北京市文化创新工场投资管理有限公司、北京市文化中心建设发展基金管理有限公司、南京市文化投资控股集团有限责任公司、广东新文化投资有限公司、山东省文化产业投资有限公司、陕西省文化产业投资控股（集团）有限公司、中画（杭州）文化资产管理有限公司等专业机构的合作。

文化产业主要的投融资模式包括政府投资、股份合作、国际投资等资本运营方式。通州区在文化产业投资运营中要注重大型文化基础设施赞助公益性文化单位，保护文化遗产和扶持民间艺术，增强对外交流；持续探索在文化产业开发招商、资产运作、政府间合作、国际资本投融资、非政府机构合作等多元的投资路径，在公益性、经营性、混合性文化产品和服务方面进行拓展性合作和招商；在管理方面建立资本管理、招商管理、运营管理等政策和服务，完善组织机构配置和制度配置；在公司制的机构、单位、企业中，注重盘活无形的存量资产，通过多元整合和优化资源配置，实现无形资产的有效运营，以最大限度地实现增值。

（5）文化娱乐休闲

文化娱乐休闲包含了娱乐服务、景区和休闲观光服务等。针对通州区的情况将从以下方面展开：

文化娱乐休闲服务招商主要包括重点景区、公园的管理与保护；环球影城等重点文化场所的娱乐服务、电子游戏、场馆建设、游乐设施建设等。按照文化产业规划的分区，针对不同镇区、景点、项目，在了解整体规划的前提下，将同类型的文化休闲需求进行整合，针对不同主题如服务设施建设、文化娱乐服务、新型休闲娱乐企业等开展专题性的招商工作。

与影视、文创服务、文化传输相结合，部署文化休闲娱乐服务的招商链条，在不同的项目中，根据规划需求部署娱乐设施建设、文化娱乐活动、展会等，根据不同年龄结构的娱乐需求，划分不同类别的招商引资对象，开展针对性的招商工作，尤其是对年轻消费群体、亲子消费群体消费喜好的充分挖掘，注重调动新生代的消费口味。

同时，针对农业的招商，包括休闲农业、观光农业、农家乐、农业旅游规划；体育招商，包括体育文化产业、设备设施、体育文化项目、演播项目等。在通州文化产业规划中，涉及农业和体育的业务与项目，召开点对点的小型招商工作，注重将农业与旅游相结合，将体育与旅游、影视传播等相结合。开拓与中国农业发展集团有限公司、万达体育、阿里体育、恒大体育、腾讯体育、中国国际展览中心集团公司、北京北辰实业股份有限公司国家会议中心、中国对外贸易中心集团、中奥体育产业有限公司、北京智美传媒股份有限公司、中视体育娱乐有限公司、体奥动力北京体育传播有限公司的招商合作关系，探索适宜通州区文化产业大类下的休闲观光农业、体育、会展等方面的发展模式和思路。

（6）文化辅助招商和中介服务

文化辅助生产招商主要体现在文化辅助用品制造、版权服务、印刷复制服务、文化经纪代理服务、文化贸易代理与拍卖服务、文化科研培训、文化出租服务、会展服务、礼仪票务等大型活动服务方面的招商工作。

对于通州区而言，要配合文化产业规划，在辅助性项目，尤其是版权、会展、经纪等方面，打造通州规范、标准和特色。在环球影城、体育、民俗展馆等方面，开展会展、经济、拍卖、代理等多种经营的招商工作；针对文化出版、内容生产等方面的印刷、复制招商工作可探索灵活机制的项目制、小公司合作制，以及大型活动、节庆、博览等的礼仪票务工作招商；盘点通州区日常场馆资源，探索开展文化科研培训、文化出租服务等方面的招商，充分利用场馆资源，配合日常管理，避免资源浪费；在版权方面的规范和管理以及与版权开发形成良性互动，打造多元的版权合作形式；整合通州区的演艺、艺术、文化资源，开展文化经纪、演出经纪的管理、招商工作，与成熟的经纪运营公司开展招商合作，将现有的场馆、艺术、文化、节日等资源激活，形成一条可以贯穿的文化生产线；同时，上述大类服务可与移动互联网产业相结合，提升服务效率，还可召开传统与互联网双向合作招商洽谈会等。

第二节　招商方案与策略

"招商策略"是指根据一个地区的政策、资源、投资需求、市场条件等因素所采取的吸引投资的各种手段的有机结合。实施招商策略的根本目的在于根据地区经济比较优势和投资者的需要，通过多种手段减少投资的成本和风险，最终实现在本区域内投资的目的。招商引资的策略，主要包括旨在树立地区投资形象的宣传策略、建立广泛商务关系和挖掘项目线索的网络策略、产生投资项目和投资交易的推介策略、保证现存投资项目运行和扩大新投资的服务策略。配合通州区文化产业整体规划的要求，在通州区整体发展目标体系下，做好招商引资工作是推进文化产业落地发展的重要步骤。因此，从以下几个方面制订招商策略。

1. 目标：提高招商引资工作的范围与力度

招商引资就是通过本地区的区位、资源、人力等优势，吸引外部资金注入，最终实现一、二、三次产业的不断壮大，以及产业集群的不断繁荣，地区经济发展的持续增长，社会事业的全面振兴。所以，在招商引资的过程中，一定要紧紧抓住促进通州经济社会发展这个核心问题来进行，在选取企业和投资对象上，将这一点放在首位。不能为了盲目地提升政绩、增强财力，就胡子眉毛一把抓，无论什么企业都引进。要充分借鉴国外一些先进的理论、技术及管理经验，要考虑自身的环境、需求，有针对性地开展招商工作，这样才能具有明显的目的性和倾向性，才可以把招商引资工作做好、做大。

因此，要在通盘梳理文化资源的基础上，整体把握文化产业发展方向，研究招商引资规律，紧密结合当地资源优势和产业特点，科学制订招商引资规划，改进、促进服务工作，在保证质量、优化结构的前提下，不断扩大引资规模。在文化产业推进过程中，注重扩大对内对外的开放，充分利用国际国内两种资源、两个市场，不断提高招商引资工作的社会化、专业化、市场化水平。

2. 方向：加强招商引资工作指引

对于地方政府来说，如何招商需要根据当前的市场经济和产业政策特点来考虑。针对通州的情况，第一要考虑优化产业结构的需要，例如，一些产业对本地区的经济发展起到一定的产业链的效果，能够形成产业集群效应，推进本地区产业前向、后向、横向和纵向发展，对于优化产业结构、拉动产业升级大有裨益。第二要对外商投资做好引导工作，让资金充分往高新技术、前景广阔的项目上流动，使得文化产业的发展可以带动周边产业的升级联动。第三，招商方案与策略应以扩大招商规模、优化投资结构、不断提高应变国际国内投资变化趋势和建设重点文化产业项目为目标，加强制度建设和机制创新，打造高效、快捷的工作平台和信息平台。按照产业长名单，制作开放式的"投资指南"，规范办事程序，灵活开展工作。在健全机构、充实人员的基础上，大力加强招商干部教育培训，不断提高政治、业务素质。招商部门要积极探索开展工作的有效形式和着力点，组织策划、包装重大招商项目，配合、参与项目业主开展前期工作，增强工作的针对性和实效性。

3. 机制：实现招商引资工作常态化

良好的机制是招商引资工作常态化的重要推动力。在招商方案与策略机制上，在做好重点项目的同时，相关部门要把更多的精力放在日常的招商推进工作中，逐步实现招商引资的制度化、经常化和规范化。围绕招商方向，做好经常性的项目策划、包装和征集、筛选工作，建立和完善与招商引资相适应的项目储备库，通过多种形式和途径，积极向外推介。进一步拓宽招商引资渠道，积极开展政策法规、经济技术、信息咨询，认真研究外商投资方向，善于捕捉商机，及时向投资客商、项目业主通报信息，提供网上咨询，组织在线洽谈，增强针对性和成功率，降低招商成本，提高招商效率。规范联络、接待、咨询、答复行为，塑造招商部门良好的自身形象，发挥招商部门的"窗口"作用。对于招商工作人员来说，要对通州区的投资环境、投资优势有一个全面的了解和概括，并且还需要进行有必要的融合，使其成为招商的有力武器。通过完整的基础配套设施、优惠透明的投资政策、高效率服务的办公部门、稳定安全的内部环境、积极向上的人文环境、合理严明的法制环境等充分吸引投资合作伙伴。

4. 服务：切实做好促进服务工作

服务工作是招商工作的关键，为企业服务就是在招商。政府要充分做好服务工作，通过服务工作使一个地区的整体形象得到企业的认同，这样，可通过"口碑效应"实现从企业到企业的"滚雪球"效应。招商工作不仅要重视前期工作，更要重视后期的管理、监督、协助和扶持。无论是内资企业还是外资企业，企业注册后并不意味着已完成了任务，要认真考核企业资金是否到位，经营是否正常，纳税情况如何，在经营中遇到哪些问题，哪些是由于环境、政府协调工作不适当造成的，企业是否对未来的发展前景看好，是否搁置了增资或扩建计划，等等。这些因素是真正影响到区域发展的问题，因此，招商成功以后的工作应该跟上，要对已在本地区投资的客户跟踪服务，帮助企业解决实际困难，扶持它们把企业办好，让其赢利；对企业遇到的问题，要多听、多问、多想、多做，为政府工作的改进不断提供第一手材料。

通州区须制订科学的促进服务计划，明确目标任务；帮助投资客商、项目业主解决实际问题，促进其不断提高履约率和资金到位率；健全外来客商服务机构，开通招商服务热线，努力提高促进服务和帮办工作水平；健全督办、落实机制，确保各项政策措施落实到位。有关部门要认真履行监督管理职能，定期对项目实施情况、促进服务工作进行检查，加大督办、落实力度。

5. 路径：探索多元的招商方式

科学选择招商引资方式是实现招商引资工作的效率最大化的重要途径。目前的招商引资主要有：一是产业项目招商。按照本区域的优势，根据产业项目的定位特点，有针对性、有效地做好招商宣传，进行招商引资工作。二是人脉招商工作。主要是以形成人脉信息资源库为主，通过本区域一些有名望、有影响力的上层人士的相互介绍和推广来聚集人脉，做好招商引资工作。三是网络招商工作。主要是把一些有意向的投资者信息汇集起来，根据已经掌握到的信息有针对性地通过网络展示，对外进行宣传，从而提高区域招商工作的关注度，增加网络点击率。四是展览论坛招商。在某一个行业当中，利用一些产后展示会、研讨会、博览会、技术交流等同项目的行业会议或活动，集中有针对性地传播招商信息，从而达到对外推广招商工作的目的。五是以商引商工作。主要是为一些已确定好招商的企业服务好，拿出诚意，培养政府与投资商之间的感情，增加交流，利用这些投资商的人际关系或者声势进行招商引资，从而提高招商工作的效率。

对于通州区文化产业招商而言，要探索多元招商策略，除了传统的招商接洽会、商谈会、媒体发布会等会议形式，要借助通州区的大型活动、节庆、会展等交流机会，搭建沟通政、产、学、研的沟通平台；瞄准目标消费人群契合的文化企业进行专业的招商对接；借助广告营销、事件营销、品牌公关力量，宣传通州文化产业，吸引投资机会；借助体验式、参与式、场景式的招商方式，营造可见、可听、可接触的招商体验环境。具体而言包括：推动北京市内大企业招商；抓住重点文化企业招商；抓住优势项目招商；利用园区载体招商，尤其是环球影城、宋庄、台湖等重大规划项目的招商工作。

（1）体系：构建完善的招商管理系统

招商引资工作是一项整体性、系统性的工作，要建立与投资者之间多渠道、多层次、易于沟通的联络和项目网络系统。要克服招商引资中的短期行为，克服盲目性，建立一个完整的客户关系管理系统，跟踪已经建立联系的知名公司和中介机构及政府、金融部门，以保持对外招商的可持续发展。一是构建潜在投资者的关系管理系统。管理系统实际上就是完整的客户资源档案，包括广泛的内容，既有企业基本情况、投资动态，又有客商生日、家庭住址、联系方法等。应当加强与潜在投资者的联系，争取与投资者建立热线联系，跟踪落实项目，邀请其来本地区参观访问，帮助搜集资料，及时提出合理的投资建议。长期坚持下去，就能建立彼此的信任关系，推动其前来投资。二是构建中介组织关系管理系统。加强与商会、各种中介组织的沟通，运用中介委托招商，也是招商引资的一条重要渠道。驻华商会是联系外国公司与中国的纽带，要经常到京、沪拜会各国驻华商会，借以获取各大公司、大商社的投资信息。加强与国际著名律师事务所、会计师事务所等中介组织和银行、保险等金融机构的联系。中介组织和金融机构并不直接投资，但国际大公司、大商社是其固定的客户，它们之间有着密切的联系，这些机构不但掌握这些大型企业的经济动态，也为企业未来的发展出谋划策，对企业的决策起到不可估量的作用。因此，同这些机构建立并保持良好的关系是十分重要的。三是构建政府部门和重点企业关系管理系统。政府部门在行政上、业务上、关系协调上、政策上、日常工作上都与招商工作紧密相关，因此，应该加强同地区所在部门、国家有关部委的联系和沟通。同时，所在地区的重点企业也是招商工作的重点对象。四是构建跨国公司关系管理系统。对世界500强企业和有意向中国转移的中小企业进行紧密跟踪，及时了解其投资计划。

（2）传播：加强和改进宣传工作

良好的区域形象定位和设计能够给投资者留下一个新颖、独特的印象，利于提高投资者对地区的吸引力。通州区在招商引资过程中要注重整体的形象设计，通过区域标识的艺术化处理和立体化宣传，让通州区整体形象深入人心，并通过编印画册、制作光盘、媒体立体宣传、定期召开招商引资新闻发布会、招商说明会或者投资座谈会等宣传形式，进行针对性、有定位的宣传推广。一个良好的区域形象对于显示一个区域的综合实力十分关键，同时也可以起到一朝树起、百年收益的影响。招商方案与策略应充分拓展借力作用，在充分发挥主流媒体宣传效应的同时，积极拓宽宣传渠道，创新宣传方式，全方位、多角度宣传通州文化产业发展的最新进展、发展成果，加快资料更新，加强信息通报，形成全社会关心、支持招商引资工作的舆论氛围；同时，借助移动互联网时代的传播效应，通过微信、微博等社交自媒体传播平台广泛宣传通州文化产业，形成线上线下传播合力。

杭州市文化创意产业功能区建设思路研究[①]

[①] 2018年杭州市委宣传部委托项目。主持：熊澄宇。参与：吕宇翔、胡琦、张虹、张学骞、吴福仲。

一、前言

二、研究背景
（一）创意产业集群发展模式
（二）创意产业集群发展问题
（三）杭州创意产业发展成果
（四）杭州创意产业问题分析
（五）形势与机遇

三、对标案例研究
（一）数字创意产业
（二）影视娱乐产业
（三）文化旅游业
（四）节展休闲产业
（五）艺术品产业
（六）设计产业

四、系统谋划未来发展蓝图
（一）指导思想
（二）指导原则
（三）发展目标
（四）具体内涵
（五）整体思路

五、全面优化产业空间布局
（一）构建"一带、一核、一圈、多中心"的总体空间格局
（二）促进产业融合，带动区域空间协调发展

六、引导"两条主线带动，六大功能集聚"的产业空间格局
（一）数字创意产业
（二）影视娱乐产业
（三）创意设计产业
（四）艺术品产业
（五）文化旅游产业
（六）会展休闲产业

七、完善八项综合保障措施
（一）组织保障
（二）机制保障
（三）财政保障
（四）金融保障
（五）人才保障
（六）空间保障
（七）服务保障
（八）政策保障

一、前言

当前，文化产业正快速发展成为我国国民经济的支柱产业，其低能耗、高附加值的特性，对于优化国民经济结构、建设现代化产业体系具有深远的意义，同时，对于解决新时期人们日益增长的美好生活需要和不平衡、不充分发展之间的矛盾更具有积极作用。为此，国民经济和社会发展第十三个五年规划纲要首次提出要"大力发展创意文化产业"，党的十九大报告也明确指出，要发展文化产业，"健全现代文化产业体系和市场体系，创新生产经营机制，完善文化经济政策，培育新型文化业态"。在此方针指导下，杭州市将紧密围绕建设"国际重要的旅游休闲中心、全国文化创意中心"的国家定位，以数字内容为主导方向，推动文化创意与制造、农业、健康、旅游休闲、时尚设计等领域深度融合，建设文化创意产业创新集群。

为了致力推进"八八战略"在浙江的再深化、再出发，为了进一步发挥浙江的人文优势，加快建设文化大省，同时进一步发挥浙江的体制机制优势，不断完善社会主义市场经济体制，杭州市紧紧把握经济新常态下文化产业多元发展、跨界融合的趋势，按照优化全市区域功能定位和产业布局的总体要求，统筹考虑城市各区县的资源禀赋、产业基础和发展意向，突破传统产业园区的空间束缚，按照创新集聚、多点分布、功能拓展的原则，创新性地提出"建设创意文化产业功能区"的战略构想。该构想将立足打破产业集群的行政区划，重塑产业功能的分布式延展，以文创企业聚集区和文创资源集聚地为现实依据，以重大项目和龙头企业为关键支撑，以政策体系和服务平台为核心保障，规划并打造一批规模化、集群化、融合化、国际化、高端化发展的文化创意产业功能区，引导全市文创产业从空间封闭向全面开放、从同质竞争向区域协同、从产业扩增向产城融合、从注重单一产出向发挥综合功能转变，进而优化升级杭州文创产业发展的生态环境。

本研究期限为 2018 年至 2022 年。政策依据主要有：《中共中央关于全面深化改革若干重大问题的决定》《中共中央关于深化文化体制改革推动社会主义文化大发展大繁荣若干重大问题的决定》《国民经济和社会发展第十三个五年规划纲要》《长江经济带发展规划纲要》《国家"十三五"时期文化改革发展规划纲要》《国务院关于推进文化创意和设计服务与相关产业融合发展的若干意见》《关于推动特色文化产业发展的指导意见》《关于深入推进文化金融合作的意见》《浙江省国民经济和社会发展第十三个五年规划》《浙江省关于加快把文化产业打造成为万亿级产业的意见》《浙江省文化产业发展"十三五"规划》《杭州市国民经济和社会发展第十三个五年规划纲要》《杭州市文化创意产业发展"十三五"规划》《杭州"国家级文化和科技融合示范基地"建设方案》。

二、研究背景

（一）创意产业集群发展模式

1. 原生型集群

地区因为在创意产业某一领域长期形成了一定规模优势或质量优势，往往能在此原生基础上、加之政策引导与资本跟进，在该区域打造创意产业某一领域的完整生产链条，形成该领域上、中、下游产业环节之间的协同与配合，进而形成创意及相关产业的横向聚合或纵向聚合。这些聚集区有的通过完善基础设施、精耕传播渠道，将当地原本分散的创意资源转化为品牌资源，例如，北京宋庄的艺术产业、浙江乌镇的戏剧产业；还有的则利用"文化+制造"的产业势能，实现当地原有制造业向文化产业转型，例如，江西景德镇基于陶瓷工艺打造的陶溪川文创街区、杭州分水镇基于制笔工艺打造的妙笔小镇。这些集群都在一定程度上帮助当地传统产业创新发展模式，拓展市场空间，最终构建了新的产业结构，形成了新的产业聚集形态。

2. 植入型集群

与原生型集群"自下而上"的发展轨迹不同，植入型集群往往带有"自上而下"的"空降"色彩。该模式往往在一个预设空间内部，依据该空间的资源禀赋以及经营者的发展规划，在文化创意的综合框架下打造跨行业、跨产业的聚集区，这也是当前我国创意产业集群最普遍的发展模式。植入性产业集群大致可以分为三类：（1）各级文化产业园区、楼宇、示范基地，对城市近郊空间或老旧厂房的再利用，如杭州白马湖生态创意城、广州红砖厂文创园、武汉汉阳造文创园等；（2）由各地历史文化遗迹更新改造的特色街区，例如，北京琉璃厂古文化街、成都宽窄巷、杭州清河坊等；（3）各类都市CBD文化消费场所的配套建设，例如，临近美国曼哈顿中央商务区的百老汇音乐剧的产业聚集，以及毗邻上海静安区国际商务港的现代戏剧谷。

3. 平台化集群

随着网络技术的不断成熟，汇聚行业准入、中介机构、信息分享、传播交流、资本对接等功能于一体的共性技术平台的搭建已成为可能，由此催生了植入便捷、服务全面的平台化产业集群模式。平台化集群具体可以分为线下集群与线上集群两类："线下集群"目前以众创空间与特色小镇为代表，如北京依文众创空间、天津灵动众创空间、杭州云栖小镇、梦想小镇等；"线上集群"包括各类网络社交平台、C2B平台、内容生产平台等，例如，微信、微博、东家守艺人、喜马拉雅音频等。它们通过平台搭建，或致力于通过优化创业环境孵化创业团队，或致力于联结线上资源与线下资源，或致力于糅合UGC与PGC两类创意生产模式，在打破时空束缚的基础上构筑多样态的创意产业"地球村"。

4. 集约化集群

与平台化集群相对应的是集约化集群模式，如果说前者的集群形态是灵活而分布的，那么后者则更加整体与系统。该模式往往在某一集团或组织的集约化管理下，依循品牌聚合、文化整合、行业融合三位一体的思路，统一操作、统筹布局，向相关产业、行业不断拓展，最终实现创意产业的多元协作与创意资源利用效率的最大化。该集群模式有的由私营集团推动，形成创意产业的综合性商业巨头，例如，迪士尼公司、阿里巴巴集团等；有的则由政府推动，形成创意产业跨部门、跨区域的共建廊道，例如，由文化部、财政部联合推动建立的藏、羌、彝文化产业走廊、由浙江省推动建立的之江文化创意产业带等。

（二）创意产业集群发展问题

1. 资源错配

"资源错配"意指由于市场的非理性行为或权力的过度干预，资源相对于帕累托最优配置的偏离，导致要素的真实价值被扭曲，最大价值无法实现，最终破坏了在产业集群过程中公平与效率的平衡。在我国处于"狂飙突进"阶段的创意产业很容易发生资源错配，该问题具体表现为以下四个方面：（1）资本错配。由于缺失对创意产业内在价值链的认知与梳理，导致创意产业集群建设"过冷"与"过热"同时存在，对于热门行业、热门地区，资本一哄而上，对于冷门行业、冷门地区，资本不闻不问。由此导致创意产业集群盲目建设、同质化竞争的现象屡屡出现，最终造成创意产业较低的投资回报率，这也侵蚀了其持续发展的经济基础。（2）政策错配。由于地方政府追求创意产业集群的短期繁荣，将政策作为权力干预的潜在渠道，致使产业政策对产业集群指导过细、参与过深、扶植过重，难以通过自身杠杆作用激发外部市场因素与内部人才因素，从长远角度遏制了集群区全要素生产率的增长。（3）人才错配。我国创意人才集群结构不平衡、分布不平均。中高端创意人才缺失，致使原创性创意内容匮乏；偏远地区、中小城市创意人才缺失，致使根植性创意资源匮乏，这将成为创意产业从空间集群向创新集聚、功能集聚转型的内在制约因素。（4）权利错配。我国创意产业的空间集群由政府与开发商共同主导，这就使空间内原住民和创意阶层的诉求无法被充分尊重与体现，而后二者都是创意生态圈不可或缺的主体，权利缺失将遏制他们的活跃程度，而使所谓的创意聚集区与创意社区脱节，沦为被品牌商业占据的高阶层消费空间。

2. 条块分割

创意产业集群的条块分割问题，具体可以分为"条状分割"与"块状分割"两个方面。"条状分割"指产业集群受管理部门划分、行业划分影响明显，无法在集群区内充分吸收相关产业，压缩了融合创新的空间与维度。"块状分割"则指创意产业集群在行政区划的框架下受属地思维、区域思维影响，忽视了创意产业集群突破区域的创新扩散效应。最有可能出现上述两方面问题的是创意产业的植入型集群，因为此类集群自形成之初就往往源于某一政府部门的意志，而在项目落地时也容易将发展规划限定于某一特定区域内，这就将一种固化的、割裂的组织形态与管理模式加之于创意产业集群之上，致使各区域、各部门、各行业间创意资源难以进一步整合，致使集群区内"基于产业链和价值链的合作不明显"，最终使植入型集群有名无实，无法构建起良好的创新生态。

3. 互动不足

"互动不足"一是指区集群区内部企业之间、人员之间、不同要素之间交流不足、联动不足，由此导致集群区内产业空有聚集，没有形成专业化分工网络与整体化创新网络；二是指集群区与外界产业体系的对接不足、协同不足，致使集群区内缺乏"大文化"视野与国际化格局，缺乏创意与科技、与文化遗产、与新兴业态的交融。这一问题在原生型创意集群区中普遍存在，因为这些集群区大多依循传统工业园、出口加工区的建设思路，将产业集群视同为特色产业部门，等同为产业的投入产出链，而选择以生产配套为主的集群路径，忽视了以互动交流为机制、以分工合作为载体、以创新创业为核心价值的集群路径。一旦集群区土地成本、劳动力价格、市场政策等因素发生变动，前一集群路径就将丧失竞争优势，最终因难以承受综合成本的波动而陷入衰落。

4. 产城分离

党中央、国务院在《国家新型城镇化规划（2014—2020 年）》中提出：要"统筹生产区、办公区、生活区、商业区等功能区规划建设，推进功能混合和产城融合，在集群产业的同时集群人口，防止新城新区空心化"。"产城融合"的提出，针对的就是我国产业集群出现的普遍问题，即产业空间过度挤压集群内部生活空间、生态空间，同时，与集群周边文化空间、社会空间脱离、割裂。这一问题在创意产业的原生型与植入型两类集群中普遍存在。这些集群区往往没有将自身建设与当地的社会生态建设、自然生态建设、文化生态建设有机结合，反而以牺牲当地城镇承载力的提升为代价。这些创意产业集群在短时段内可以在经济层面提升当地文化生产力乃至城市竞争力，但是在中时段乃至长时段内遏制了当地社会广泛的内生活力，致使产业集群的正外部效应转变为负外部效应，从而终将反过来使这些集群成为"无本之木、无源之水"，难以实现集群的可持续发展。（表2-1）

表2-1 模式及相应问题梳理

	核心诉求	形态特征	具体类型	存在问题
原生型集群	成本最低	松散片区	1. 当地文化资源转化； 2. 当地制造业转化	产城分离 互动不足
植入型集群	资源最密	集中片区	1. 文化产业园区、楼宇； 2. 历史遗留空间； 3. CBD内部及周边	产城分离 条块分割 权力错配
平台化集群	服务最优	灵活性、分布性	1. 线下平台集群； 2. 线上平台集群	人才错配 资本错配
集约化集群	效率最大	整体性、系统性	1. 商业集团推动； 2. 政府推动	条块分割 政策错配

(三)杭州创意产业发展成果

1. 整体规模扩增,支柱地位确立

随着政府引导与政策鼓励的落实与推进,杭州市的文化产业近年来整体规模不断扩增,支柱地位逐渐确立,为下一步的优化发展奠定了坚实的产业基础。2016年,以信息服务、设计服务、现代传媒、教育培训、文化休闲旅游等行业为主的文创产业核心层实现增加值2 107.52亿元,较上一年增长22.4%,增幅高于文创产业整体1.2个百分点,核心层增加值占全部文创产业的82.9%,较上一年提高1个百分点,较2011年提高15.4个百分点;2017年,全市文创产业实现增加值3 041亿元,较上一年增长19.0%,占GDP比重24.2%,产业总实力再创新高;数字内容产业增加值1 870亿元,较上一年增长28.5%;旅游休闲产业增加值928亿元,较上一年增长12.6%。文创产业的繁荣态势对于杭州乃至浙江调整优化经济结构,坚持创新、协调、绿色、开放、共享的发展理念,正发挥着越来越重要且不可替代的作用。

2. 行业龙头引领,集聚效应凸显

截至2017年,杭州市共有25家文创企业上市,76家文创企业挂牌新三板,它们是杭州文创产业的主心力量,在当地文创产业体系中扮演着增长极、聚合极的关键角色。其中,"中国电视剧第一股"华策影视、"中国数字电视内容综合平台第一股"华数传媒、"中国民营广告第一股"思美传媒、"中国网吧服务软件第一股"顺网科技等龙头企业纷纷引领行业发展。2017年,在由光明日报社和经济日报社联合发布的第九届"文化企业30强"名单中,宋城演艺发展股份有限公司、浙江出版联合集团有限公司、浙江华策影视股份有限公司、浙报传媒控股集团有限公司四家企业位列其中。同时,阿里巴巴总部、网易公司分部作为综合性互联网产业巨头坐落于杭州,也为文创企业的数字化发展提供了优渥的产业资源。在上述"产业航母"的带动下,杭州文创企业集聚效应凸显,已然打造出一个个全国瞩目的文创产业高地:白马湖生态创意城是全国首批10家、长三角地区唯一一家"国家级文化产业示范园区";运河国家广告产业园、中国(杭州)影视产业国际合作示范区等产业聚集区各具竞争优势,这些新兴园区或平台在未来将成为绘制杭州文创产业新版图的重要支撑。

3. 加速平台建设,服务体系健全

"特色小镇"作为新兴产业平台,更加强调生产、生活、生态的融合,形成了企业主导、创新驱动、政府服务的优质创业生态系统。根据2015年4月浙江省政府出台的《浙江省人民政府关于加快特色小镇规划建设的指导意见》和2016年7月建设部、国家发改委、财政部联合发表的《关于开展特色小城镇培育工作的通知》,杭州市明确了"以新理念、新机制、新载体推进产业集聚、产业创新、产业升级"的特色小镇建设工作。目前,在全市已建成各级特色小镇40余个,其中艺尚小镇入选2017中国年度特色小镇,梦栖小镇、龙坞茶镇、艺创小镇、创意小镇、吴山宋韵小镇等则在文化旅游、数字创意、设计服务等方面吸引、孵化了大批文创

企业，在文创企业的平台建设方面打造了独具特色的"杭州模式"。

此外，杭州市还致力于建立健全政策体系、服务体系，在文化人才、文化消费、文化金融、文化与相关产业融合发展等方面提供了具有针对性的路径引导与发展保障。近年来，杭州市陆续颁布了《建设全国数字内容产业中心三年行动计划（2015—2017年）》《杭州市文化创意产业创业投资引导基金管理暂行办法》《杭州市初创型文创企业孵化工程（展翅计划）实施意见》《关于深入推进文创产业与相关产业融合发展的实施意见》《杭州市创建国家文化消费试点城市的实施意见》等政策，并于2016年由杭州文创办与杭州银行等金融机构共建产业投资引导基金和企业无形资产贷款风险补偿基金，切实帮助文创企业、动漫游戏企业缓解融资困难的问题，由此在杭州建立了多角度、多领域、立体化的文创产业公共服务体系。

4. 跨界深度融合，创新驱动升级

文化与科技的跨界融合已经在杭州聚合为一股极具创新潜能与市场空间的产业势能。随着杭州市委、市政府先后颁布《关于促进文化和科技融合的若干政策意见》《关于深入推进文创产业与相关产业融合发展的实施意见》，杭州市文创产业与科技融合发展的态势逐渐显现。截至2017年共认定六批文化和科技融合示范园区、示范企业和示范公共服务平台，这些平台顺应了新媒体、新网络、新传播的产业变革趋势，积极培育数字传媒、数字阅读、数字出版等新兴业态，其中具体包括：积极打造创意设计产业示范基地，发展工业设计业、建筑景观设计业、广告业；积极打造动漫游戏产业示范基地，加快科技创新成果转化，不断提升企业的技术装备水平与研发能力，继续夯实手机游戏、网络游戏、娱乐网站等产业基础；积极打造现代传媒产业示范基地，发展数字文化内容服务、构建全媒体平台，加快发展平面书报刊数字化、传统传媒数字化，加快推动传统出版单位数字化转型、音像电子出版单位数字化升级、传统印刷复制企业数字化改造、新闻出版公共服务项目的数字化建设。此外，杭州作为首批国家级文化和科技融合示范基地、高新技术产业基地及中国电子商务之都，信息经济智慧应用已经成为城市经济发展的"一号工程"和新基因，它将为杭州文创产业特别是数字内容产业的创新发展持续创造有利条件。

（四）杭州创意产业问题分析

虽然杭州市文创产业发展已然取得了明显成效，但仍存在一些问题与不足，其主要表现在以下四个方面：

第一，产业整合有待完善。首先，各行业发展尚不均衡，尤其是文化创意产业的核心竞争力还有待提升。在杭州市设定的文化产业发展的八大重点行业中，具有全国首位度的细分行业不多，具有国际影响力的企业较少，体现"杭州创造、杭州服务"的产品还不够丰富。其次，杭州文创产业与科技、金融、旅游等产业融合发展比较突出，但是，在与传统文化融合方面还显不足。杭州地区形态丰富、历史悠久的文化资源未能充分转化为创意资源，之江文化、运河文化、古城文化、良渚文化、富春山文化等尚处于散落、待激活状态，尚未完全融入杭州文化产业创意化、融合化、数字化的发展链条之中。

第二，国际位势尚未确立。首先，与北京、上海、深圳等城市相比，杭州文创产业发展与国际项目、国际资本、国际组织、国际标准等外源动力对接程度较低。杭州作为文创产业的区域品牌，尚未在全球范围确立影响力、聚合力与号召力。其次，自金融危机以来，世界主要发达国家均将创新和创意作为经济复苏的发动机，文化创意产业的国家间竞争更为激烈。同时，国内各省市文化创意产业发展迅猛，且多将文化创意产业作为支柱产业培育，并制定了大量优惠政策和保障措施，对杭州市文化创意产业形成了较大竞争压力。这就要求杭州市进一步优化产业空间分布形态，形成基础稳固、重点突破的产业发展格局，提高位势、持续发力，在全国乃至世界文创产业变革中努力发挥先导与引领作用。

第三，创新集聚遭遇瓶颈。首先，就杭州各区县来说，未能根据自身优势明确产业发展定位，由此导致在各区县内部产业规划中出现"面面俱到"的发展误区，使各地区文化产业结构趋同，部分产业和项目同质化严重，互竞大于互补、重叠多于差异。其次，就全市来说，文化产业通盘规导作用尚未得到充分发挥，产业布局区块划分思想依然存在，产业功能延伸思维尚未落实，致使全市产业协同优势尚未发挥，各文化产业园区建设尚未形成错位发展的格局。最后，部分地方和部门对发展文创产业重要性的认识不到位，统筹协调力度不足，交叉管理和缺位管理的情况仍然存在，导致全产业链培育能力受限，政策空间载体有待夯实。

第四，未来发展保障失位。首先，文化企业融资难现象仍普遍存在。社会化的金融机构对文化金融缺乏足够认识，加之文化产品需求的不确定性所带来的风险、投资回报周期过长等问题，也使各类投融资机构普遍对文创企业望而却步，这对于很多小微文创企业的起步与成长是十分不利的。其次，创意人才和复合型高端人才相对匮乏。产业创新的核心是人才，杭州文创领域的人才虽然体量充足，但是由于政府专门针对文创人才的激励机制还不健全，致使行业领军人才、优秀青年人才和专业技能人才还不够多。这一问题可能从根源上遏制、阻碍产业高附加值环节，如研发、设计、营销、会展等项目难以在杭州落地生根，影响杭州文创产业的后续发展。最后，文化产权、版权的评估体系和交易市场尚未形成，文化市场规范体系有待建立健全。

（五）形势与机遇

1. 国家层面

进入21世纪第二个10年以来，我国加快构建现代化经济体系，以应对来自国内外经济环境的潜在变革。一方面，战略性新兴产业发展稳步推进，"互联网+"行动和国家大数据战略的实施以及人工智能、虚拟现实等新技术的兴起，促进了平台经济、数字经济、创意经济等新业态不断涌现；另一方面，我国现代服务业创新发展成效显著，已成为国民经济位居主导的产业形态，并初步解决了我国第三产业内在层次较低、满足人民多样化消费需求的服务占比较低等问题。

在此宏观背景下，文化创意产业正好处于高端新兴产业与高端服务业的交叠领域，因此在未来，上述两大产业领域的发展势能必然能为文化产业注入产业变革的强劲驱动力，国家经济结构的转型正在为文化产业、创意经济的发展积蓄充足的能量、开辟广阔的空间。据统计，2016年，我国文化产业实现增加值30 254亿元，比2012年增长67.4%，占当年GDP比重首次突破4%，距离成为国民经济支柱性产业仅一步之遥（占比5%），比GDP增速高5.4个百分点。2017年，我国文化及相关产业企业营业收入91 950亿元，比上年增长10.8%，增速提高3.3个百分点，继续保持较快增长。文化产业对于优化国民经济结构，坚持创新、协调、绿色、开放、共享的发展理念，正发挥着越来越重要且不可替代的作用。

2. 区域层面

根据《浙江省文化产业发展"十三五"规划》（下称《规划》）总体布局，在未来5年乃至更长的时间内，浙江省将围绕文化产业发展，将自身打造为全国文化内容生产先导区、融合发展示范区、新兴业态引领区。到2020年，力争全省文化产业增加值占生产总值的比重达到8%以上，文化产业总产出达16万亿元，形成较为健全的文化产业发展体系、现代文化市场体系、文化要素支撑体系和文化政策保障体系，文化产业发展主要指标位居全国前列，为建成文化强省奠定坚实的产业基础。

在此规划蓝图中，杭州被置于全省文化产业发展格局的核心位置。《规划》明确提出，要充分发挥杭州市作为全国文化创意中心的先发优势，打响联合国教科文组织全球创意城市网络"工艺和民间艺术之都""国际级文化和科技融合示范基地""两岸文化创意产业合作实验区""国家文化产业创新实验区"等文化品牌，打造全省文化产业发展核心引擎。要重点依扎"环西湖、环西溪湿地、沿运河、沿钱塘江"的"两圈两带"人文环境优势，夯实、完善国家级和省级文化产业发展平台，不断提升对全省文化产业发展的辐射带动能力。综上可见，杭州市将以全省文创资源作为对接基础，以全省要素聚集作为跃升平台，巩固自身在浙江省文创产业格局中的引领地位与先导地位，从而在产业位势与产业优能之间形成相辅相成、互促互进的良性循环关系。

3. 产业层面

以下新兴业态的涌现，既契合了当今时代数字化、创意化、融合化的产业变革趋势，同时也得到了国家顶层设计的有力支持，正在作为具有巨大机遇空间的发展领域为杭州优化文创产业功能体系提供有效路径依据与多维创新动能。

第一是"文化+旅游"。随着2009年国家颁布《促进文化与旅游结合发展的指导意见》，旅游业和文化创意产业融合发展的趋势开始日益凸显。创意不仅能融入现有的旅游要素之中，使现有旅游产品品质得到提升，也能作为核心资源，并整合资本、科技等其他要素，形成新的文化旅游主题区。据统计，2017年，国内游客达50亿人次，比上年增长12.8%；国内旅游收入45 661亿元，比上年增长15.9%，旅游市场持续升温。

第二是"文化+设计"。2014年，国务院颁布《关于推进文化创意和设计服务与相关产业融合发展的若干意见》，明确创意设计的高知识性、高增值性和低能耗、低污染等特征。强调了推进文化创意和设计服务等新型、高端服务业发展对于促进经济结构调整和发展方式转变，以及推动生产模式与服务模式创新、带动万众创业、大众创新、满足多样化消费需求、提高人民生活质量的重要意义。

第三是"文化+科技"。2016年，国务院印发《"十三五"国家战略性新兴产业发展规划》，明确将数字创意产业列为国家战略性新兴产业。预计"十三五"末，全国数字创意产业相关行业产值规模将达到8万亿元。数字媒体技术作为一个跨自然科学、社会科学和人文科学的综合型新兴专业方向将带动数字创意产业迅速崛起，集成世界各地的技术元素、人本元素、艺术元素、文化元素和商业模式，从而整合形成创新产业链。

第四是"文化+体育"。自2014年起，国务院相继印发了《国务院关于加快发展体育产业促进体育消费的若干意见》（国发〔2014〕46号）、《国务院办公厅关于加快发展健身休闲产业的指导意见》（国办发〔2016〕77号）以及《国务院办公厅关于进一步扩大旅游文化体育健康养老教育培训等领域消费的意见》（国办发〔2016〕85号）等一系列政策文件，体育产业已逐步成为推动我国经济增长的重要领域，体育消费作为新的消费领域，其市场潜力正在逐步释放和凸显，总体呈现：足、篮、排三大球类项目稳步发展、马拉松运动产业消费能力日益凸显、山地户外运动消费市场发展势头强劲、冰雪产业消费能力稳步提升、水上运动项目消费规模不断扩大、汽摩和航空运动消费市场发展力度空前、体育旅游业消费市场突飞猛进、体育彩票销售额再创新高等业态发展趋势。

三、对标案例研究

（一）数字创意产业

1. 美国硅谷产业园

美国硅谷是世界上第一个高新技术产业园区，也是当今世界上最具创新能力和活力的高科技园区，它位于美国西海岸加利福尼亚州北部旧金山南郊，圣克拉拉县和圣胡安两城之间一条长48公里，宽16公里的狭长地带。硅谷地区集中了近万家大大小小的高科技公司，其中约60%是以信息为主的集研发和生产销售为一体的实业公司；约40%是为研发、生产、销售提供各种配套服务的第三产业公司，包括金融、风险投资公司等。硅谷高新技术有几个明显的特点：

其一，开发世界第一流的技术和产品。硅谷以每天推动几十项世界科技发展技术成果而确立了其世界上最大科技创新区的地位，同时，这些成果也带来了巨大的经济效益。

其二，靠风险投资起步的科技公司有很高的成功率。一般来说，大获成功的企业有10%，成功的企业有30%，一般性的企业占30%，失败的企业占30%。

其三，硅谷地区获得了很好的效益。科技企业的创业者或投资者的个人资产增长很快，也是美国个人收入最高的地区之一。

其四,硅谷地区科技人员有很高的工作积极性。人们对工作的态度不是"有人要你好好做",而是"自己要想做得好",正是员工的拼搏精神给他们带来了事业上的辉煌和经济上的成功。

硅谷的产业发展路径可以归结为以下几条:

一是良好的资本环境。资本环境是指创业资本的规模、来源、投放的环境等。据统计,目前,美国的创业投资机构为 2 000 多家,每年投资规模为 600 多亿美元,且大部分集中在硅谷。集中在硅谷的创业资本通常采用股权性投资机制,一般占受资企业总资本的 15%～20%,并不占有控股权,也不作任何担保和抵押的用途;由于创新企业都有一个培育和成长的过程,而这个过程中所具有的不确定性导致创业资本的投资周期不固定,创业投资商还选派专人参与受资企业的经营管理,提供增值服务,辅助受资企业的发展,为其提供上市融资协助。

二是产业化的创业环境。在硅谷,每天都有大量的创业资本和先进的技术成果在不断进行着相互选择,几乎每天都有新的企业诞生,大量的创业资本促进了科技成果的商业化,科研成果的高转化率造就了许多与微软、英特尔、惠普一样优秀的高科技企业。良好的产业化环境,不但促进了当地科研力量的增强,还提高了创业资本的收益率,最终促进了硅谷的成功。此外,硅谷聚集着众多的技术创新企业和大量的创业投资商,它们之间经过相互选择、相互配合,形成了一个良性化运作组织,充分发挥多个创业资本对多个高科技企业的组织性"孵化器"作用。组织内部必然存在的竞争、协作关系,促进了企业和资本的优化组合,从而加快了高科技产业的发展。

三是产、学、研紧密结合。硅谷非常注重产、学、研的结合,大学紧密结合产业发展和企业需求进行技术创新和人才培养。硅谷除了拥有斯坦福大学、加州大学伯克利分校等著名研究型大学外,还有多所专科学校和技工学校,以及 100 多所私立专业学校。许多大学鼓励科研人员进行技术创新,实施了许多鼓励科技人员创立科技产业的政策。据估计,硅谷之中由斯坦福的教师和学生创办的公司达 1 200 多家,占硅谷企业的 60%～70%。硅谷目前一般的销售收入来自斯坦福大学的衍生公司。

四是完善的中介服务体系。中介服务体系不仅是企业技术创新体系的一部分,而且在整合各种创新要素、提高技术创新能力等方面发挥着重要作用。硅谷的中介服务主要包括人力资源机构、技术转让机构、会计、税务公司、法律服务公司、咨询服务机构、猎头公司以及物业管理公司、保安公司等其他服务机构。如硅谷的技术转让服务机构由大学的技术转让办公室和技术咨询、评估、交易机构组成,主要工作是将大学的研究成果转移给合适的企业,同时把社会和产业界的需求反馈到学校,推动学校研究与企业的合作。

五是积极的人才激励措施。硅谷是海外科技人才集聚创业最集中的地区。为了吸引高端人才,美国政府采取了一系列措施。包括:(1)招收留学生,培养后备人才。根据美国国际教育协会公布的数据,每年全世界 150 万留学生中有 48.1% 在美国学习。(2)通过研究机构招聘人才。目前,美国共有 720 多个联邦研究开发实验室招聘或引进国外著名科学家。(3)企业利用平台引进人才。(4)联合攻关或企业外迁借用人才,如与日本、欧洲和俄罗斯共建阿尔法国际空间站。(5) 实施 H-1B 短期签证计划,放宽对移民的限制,吸引留住人才,特别是大力放宽对高科技人才及家属移民的限制。(6) 为有突出贡献和成就的科技精英提供优厚的物质与生活待遇,创造良好的研究、开发、创新的条件和环境,吸引大量国外优秀人才。

2. 印度班加罗尔产业园

班加罗尔软件科技园核心区面积 1.5 平方公里,是印度软件技术园区的代表。从发展历程来看,1985—1995 年,园区以软件组件与维修服务为主要业务;1996—2000 年以电子商务、ERP 为主要业务;2001—2004 年以系统整合、软件外包、BPO(商务流程外包)为主要业务,近年来转向以 IT 顾问、IT 委外服务为主,业务范围、客户数量与内容深度不断扩大。专注于软件产业,是世界主要软件外包出口基地。科技园专注于软件产业,是世界主要软件外包出口基地。班加罗尔由软件园和硬件园组成,其中软件产业占园区产值的 80% 以上。

班加罗尔软件产值占全印度的一半左右,主要为美国、欧洲、日本以及中国的企业编写程序、设计 IT 芯片、提供计算机维护、金融服务等。2004—2005 年度,班加罗尔所在卡邦的软件出口总额 2 760 亿卢比(约 62.7 亿美元),比上年增长了 52%,其中大部分软件出口来自班加罗尔。以中小企业为主,同时聚集了一批国内外知名软件企业。园区还集聚了印度本土三大软件企业 Infosys、Wipro 和 Tata 咨询公司以及一批世界著名的跨国公司,如国际商用机器公司、美国电报电话公司、摩托罗拉公司、朗讯科技公司、微软公司、日本索尼公司、东芝公司、德国西门子公司、荷兰飞利浦公司等。从班加罗尔科技园的成功可以总结出以下六条经验:

一是明晰产业定位,培育壮大支柱产业集群。明确主导产业,培植核心企业,构建主导产业集群,是提升发展竞争力的关键。根据现有的产业基础和未来的发展态势,选择最有希望的产业成为主导产业。紧紧围绕主导产业的培育和壮大,有针对性地搞好规划,进行产业培育、项目招商和展开各个方面的基础设施建设,给予主导产业更大的发展空间,形成产业集群的规模效应。

二是立足知识产业前沿,促使高端要素集聚。进一步深入研究国内外等知识经济发展的软硬件环境,推动地区的创新教育与培训、金融服务、"超级研究群"等知识产业要素集聚。

三是促进抢位发展,争夺未来发展主动权。抢位发展就是要争夺新一轮发展的主动权,重点在战略性新兴产业发展方面抢占先机,实现新一轮发展。

四是把握机遇趋势,构建可持续发展的前沿、新兴产业生态集群,打造可持续高、精、尖科技产业集群。构建"高端引领、协同创新"的产业生态体系:以高、精、尖龙头项目带动构建"创新源头高地",辅助以完备的孵化和公共研发服务平台,构建完备的"基础研究—成果转化—中试小试—市场推广"的技术创新链,以及"孵化—加速—总部—国际化"的产业培育链的创新生态。

五是以产城融合为引导,推动园区与社区在配套服务方面的智慧化、标准化与统一化。要完善园区城镇基础设施建设,加大对园区公租房等保障性住房的支持力度,集中建设创新型社区,完善生产生活配套设施,将产业园区打造成集生产、生活、娱乐于一体的新型社区。

（二）影视娱乐产业

1. 印度宝莱坞影视产业集群

宝莱坞（Bollywood）是印度几大电影产业集群之一，其名称由孟买（Bombay）和好莱坞（Hollywood）两个词组合而成，是印度最早的电影区域集群，最早可追溯到1910s，主产印度语电影，现已发展成为世界上最大的电影生产基地之一，其电影年产量约占印度电影总产量的60%～70%，拥有数十亿观众。宝莱坞电影城占地1 600多公顷，位于孟买西郊的一个山谷中，地形层次复杂，生态多样性资源丰富。近年来，宝莱坞在世界上的影响力正逐步扩大，已成为印度向世界展现其独特文化魅力的一张名片。宝莱坞以印度孟买市为基地，生产的影片以印地语的音乐片类型为主，形成了独特的电影风格。2012年，宝莱坞影片国内票房为7.74亿印度卢比（约为1 172万美元），占印度电影国内票房总额（20亿印度卢比，约为3 000万美元）的38.6%。

宝莱坞从20世纪90年代的一盘散沙一跃成为全球电影产业最具活力的集群，与其抓住全球化浪潮并积极调整适应的努力密不可分。全球化给宝莱坞带来了机遇，印度新移民对民族文化的热爱和需求，家庭视频点播和DVD销售、租赁、网络等放映方式对传统银幕渠道限制的打破，欧美主流电视频道和电影节对印度电影的认可，为宝莱坞提供了庞大的海外市场和通畅的发行渠道，也为其带来了源源不断的利润。在这样的背景下，宝莱坞电影集群，一方面根据市场需求坚持并调整自己的影片类型（如国际马萨拉电影，与传统的马萨拉相区分）；另一方面，积极开发海外的发行和放映渠道，已有众多制作公司在海外投资建立自己的发行机构和影院。同时，宝莱坞已经突破了地理限制，许多印度电影不仅在海外市场发行并获利，而且吸引了外国优秀的制片人和导演进入印度电影产业。宝莱坞的导演、演员、制片人与外国电影产业之间有了更多的合作互动，凭借自身的特色和优势赢得了海外受众的认同。宝莱坞在应对文化全球化的过程中，一个鲜明的特色就是在保持其独特电影模式的基础上，增加有价值的因素使其能够适应海外受众。宝莱坞正在创造一种混合型的集群（hybrid cluster），不仅拥有抵抗全球一体化潮流的能力，并且也一直通过自身的努力在全球市场上影响更广泛的观众以及越来越庞大的印度移民。乔纳森·马图茨和帕姆·帕亚诺（Jonathan Matusitz & Pam Payano，2012）认为，今天的宝莱坞不仅是电影在文化全球化语境中流通的象征，同时也是全球化过程中去整体性（nonmonolithic）的体现。

宝莱坞电影产业集群的案例表明，全球化可以促进而非抑制新兴经济中文化集群的发展，有利于引导专业人才和资本来优化这些集群的外部经济，并且产生能够与西方产品竞争的新文化产品。另外一个不容忽视的原因是，虽然印度政府长期以来对电影产业实行审查制度，并且征收高额税收，但随着全球一体化的深入和印度经济对全球市场需求的拓展，印度政府及时调整政策，对产品、人力和资本在全球范围内的流动不设关卡。同时，在最近十年中，印度政府还及时调整政策，以便使宝莱坞获得更多投资，更多地从全球化进程中获利。

2. 日本练马区动漫产业集群

东京都练马区地处区部西北角，然而由于其动漫文化历史基础和大型企业集团引领、地方政府推进等的共同作用，练马区动漫创意产业不仅成为日本和全球动漫作品的策源地，同时也是全球知名的动漫产业区集群。而这既有"历史的偶然与必然性"，又有地方都市空间响应的贡献。练马区地方产业发展部商业与旅游课年制定的《Stimulation Project for the Coexistent Animation Industry Cluster in Nerima》明确指出，从地方环境、动漫人才培育与吸引、地方生活环境创优、相关专业院校教育改革和大学生岗前实习等方面刺激练马动漫产业区持续、快速发展。对于练马区知名漫画大师的故居、快速交通站点、住区、公园、小学等市民与游客活动密集的地方，也进行相关的动漫氛围营建，以推广和普及动漫文化、吸引动漫从业者移居本区，同时也强化了中小学的民族动漫文化与工艺的教育普及等。这正如东京都 Tokyo Midtown 在城市发展项目实施的过程中，从总体定位和细节刻画等方面，塑造其为东京艺术中心的国际认知形象，同时，也调整周边相关基础设施，以提高文化艺术设施的可进入性。

东京都，尤其是练马区的动漫企业集聚，存在三个因素促使其空间集聚：（1）主要客户的区域中心布局，尤其是电视台、游戏公司和出版公司集聚于大都市的地区。（2）动漫企业间、动漫从业者间存在弹性的、紧密的同事关系。这主要有两方面原因，一是动漫产业生产的某些环节是劳动密集型工艺，如"motion picture""coloring"；二是动漫总生产商、主要承包商、中间转包商等在寻找商业伙伴时必须能快捷地签订具有弹性的商业合同，以适应产品生产流程。因此，地理邻近集聚动漫各个层级的动漫企业便是适应性生产的必然趋势。在商业合作伙伴选择过程中，需要避免不稳定和不可靠的交易，因此利用同事关系和行业内已经存在的客户关系便是选择的首要条件。当然，依赖于商业合同的同事间相互补充的、弹性的劳动关系将增进交易企业间的信任关系。（3）专门化与弹性的动漫产业人力资源生产结构，如专门职业学校、高等学校与研究所等在向动漫企业定向输送专业人才的同时，也通过获取企业的实习机会优化人才培养的效果。这种网络式的相互关联，只有在集聚状态下才能持续发展，而集聚也为动漫产业对多样性职业技能人才的弹性需求和规模需求提供了良好的环境。

作为亚洲经济发达国家之一，日本在推进动漫产业振兴和地方经济发展的同时，更多地考虑到了城市系统的整体性和城市空间的可持续性。东京都自 1980 年以来的城市规划和城市复兴再生策略，都将社会福祉提升、经济复兴和环境改善作为核心任务，不再单纯地强调经济振兴。在城市旧区更新改造时，东京都政府强调历史文化的传承与产业复兴的有机融合，如明确提出练马区动漫产业要与地方经济、文化和就业岗位培育紧密结合起来，并明确地针对现有集聚区提出动漫文化营造和城市旧区整治方案。针对东京都 1900s 以来的经济衰退和人口外移、老龄化严重等问题，练马区积极推进居民养老、就业、教育、医疗等福利计划，提升了区域发展竞争力，使得城市人口空间结构衰退明显好于东京都其他区、市，而动漫产业集聚发展对于增进高龄人口就业机会和丰富地方文化生活起着重要的推动作用。

2006 年年末，练马区动漫产业区集聚了各类动漫企业 94 家，占东京都 23 区 389 家的

1/4，占东京都 497 家的 1/5，占全日本 626 家的 15%，且在练马区内动漫企业主要集聚于登玉北、贯井、阴町北、束大泉等地，总体集中分布在西部和南部。练马区动漫产业链完整而先进，其动漫产业集聚的模式已经从传统单线型动漫产业链演化为蜂窝型现代动漫产业链。产业链的演化，不仅是分工深化和企业组织形式变迁的必然趋势，而且也顺应了创意经济对企业空间组织的时代要求灵活、多样与基于社会资本的网络集聚。

（三）文化旅游业

1. 英国曼彻斯特运河旅游带

曼彻斯特是世界上第一座工业化城市，英格兰重要的工业中心和商品集散中心。曼彻斯特在其重工业和制造业衰落后进入转型期。在保留了昔日的金融业和法律业的同时大力发展工程、电子和其他高科技产业。它们与服务业、体育和教育组成曼城的主要经济命脉。近年来，曼城在重振大曼彻斯特的政策下迅速发展，成为英格兰第二大经济文化中心。在工业转型的压力下开发利用废弃工业区是城市发展的当务之急，也是城市更生的良好契机。政府和建筑从业人员对城市内的建筑进行了系统地调查、研究，对建筑进行分级保护、改造和重建。

运河流域是工业时期曼彻斯特的命脉，是工业用地和码头最集中的地方。对运河的改造和再利用是城市更生最重要的事情，政府为此把运河分成若干段，按照各自的客观条件进行开发，沿运河主要发展住宅、办公和部分商业文化设施。在其重工业和制造业衰落后进入转型期，曼彻斯特沿河两岸的再利用，体现在保留了昔日的金融业和法律业的同时，大力发展工程、电子和其他高科技产业。它们与服务业、体育和教育组成曼城的主要经济命脉，同时注重挖掘工业文化内涵，融入艺术、创意等元素，提升运河的文化魅力和旅游吸附力。

Salfodr Quay 是曼彻斯特曾经最重要的码头区。帝国战争博物馆、LOWRY 中心和大型购物中心把守着运河口。码头及其运河水系基本上被完整地保留。在昔日的码头和铁路上建设了新的住宅和商业办公楼。建筑与水的优美和谐关系，使这段运河重获新生。Salfodr Quay 是最早进行大规模重建的区域之一，它的直建是在平地上进行的。昔日的货运码头彻底改头换面，变成了文化和生活色彩浓厚的新城区。这种选择城市边缘空地进行重建的做法可以把成本、难度和风险降到最低，而且对市中心的影响也相对比较小。这片空地变成了早期旧城改造的实验场，为振兴大曼彻斯特打下基础。

Castle field 是曼城的重点改造区，位于曼城商业区和住宅区中间，存有曼城最古老的遗迹。流经这里的 Waterbridge 运河号称是罗马人在英格兰开凿的第一条运河。Castle field 因运河之便利发展成盛极一时的工业区，工业转型后的曼城抓住这仅有的历史遗产，把这里发展成市内的重要景点。然而，它有别于一般的旅游风景区，设计师在这里插入了居住和少量商务等生活元素，保存了罗马城堡的基础，修葺并改造旧厂房等老建筑扩建和新建一些建筑，它们共同组成古代、近代和当代三组不同时空间的对话。这三大段时期分别为不同的空间层次：第一、第二层各为单独体系；第三层与前两者成互补关系。最后，生成复杂而有趣的无序空间，使之新旧共存，相辅相成。

曼彻斯特的城市更生是英国城市转型比较成功的例子，在历史建筑的保护和再利用以及新建筑的设计等方面对英国建筑界有着重要的影响，曼城的城市更生很大程度上是对运河进行分段保护、改造和重建，进而辐射整段运河、整个城市。城市更生活动大多集中在对运河的再利用及其沿岸的改造。虽然很大一段运河的交通功能已经丧失，但设计师利用水的特性和水与人的亲密关系作为城市更生的重要元素。通过对运河的再利用，改造沿河区域，进而辐射整个城市。

2. 美国布兰森特色小镇

布兰森位于密苏里州西南部，南邻阿肯色州，地处欧扎克山（Ozark Mountain）腹地，被欧扎克湖环绕。除欧扎克湖区外，布兰森周围还有三大湖，故它有"三湖之家"的美称。布兰森现有剧院 49 家，座位约 64 057 个，演出节目 100 余台，旅馆 200 多家，餐馆 300 多家，高尔夫球场 9 个，直销商店 200 多家，是排名在纽约、拉斯维加斯之后的美国第三大演艺中心，还被誉为"纯净的拉斯维加斯"。因为这个小镇没有色情场所、没有赌博和暴力行为，是家庭和学生们理想的娱乐和休假场所。近年来，布兰森逐渐成为一个传统、健康和不断发展中的旅游胜地。它也是全美演出场所最集中的城镇，有"世界舞台音乐之都"之称。

布兰森小镇的历史可追溯到 19 世纪初，而它的旅游业始于 20 世纪初。欧扎克湖边有个溶洞，洞里面是个银矿。1907 年，著名作家 Harold Bell Wright 把欧扎克牧羊人发现银矿的传奇故事写成一本小说，取名为《山区的牧羊人》（*The Shepherd of the Hills*），这本书即刻成为美国畅销书。随后，成千上万的读者慕名而来寻找牧羊人的足迹，布兰森的名字随着这部小说名扬四方。自此，布兰森的旅游业也就慢慢发展壮大，继而形成今天的规模和现状。赫驰德家族对山洞内进行了现代化改造，引入电力和水泥楼梯。1960 年，他们又投资银元城主题公园，并在其中上演表现哈特菲尔德和麦考伊两个家族世仇舞台剧，从此布兰森的旅游和演艺业态正式形成。1960 年，布兰森第一部戏剧《山中牧羊人》露天剧开始上演，至今仍在演出。1991 年 12 月 8 日，美国哥伦比亚广播公司的王牌节目《60 分钟》播出了布兰森专题，称这个城市为"世界现场音乐之都"。从此，借助这个节目的播出，布兰森进一步确立了在演艺市场中的地位。

布兰森由 1991 年的 22 家剧院发展到今天的 50 家剧院，夏季旺季时每天有超过 130 场演出在进行。《60 分钟》节目将布兰森带入了一个高速发展的新时代，因具备各种旅游业态，但没有赌博、色情等成分，布兰森成了美国中部的家庭旅游胜地，也被称为"纯净的拉斯维加斯"。

布兰森在整体定位与实施上，体现了强大的统一性与和谐度。布兰森被称为音乐之乡，这个极为普通的小镇人口不过 1 万左右，却拥有 50 多家剧院，64 057 个座位，常年上演 100 多台节目，是排名在纽约、拉斯维加斯之后的美国第三大演艺中心。这座城市本身就是一个超级巨大的游乐场，小镇主要街道两旁出现最多的是形形色色的歌剧院和艺术馆，每一座楼宇都有自己独特的建筑风格和装潢样式，体现了美国人无限的创造力和想象力，这与其整体定位和设计脱不开关系。布兰森有着明确的客户群目标。布兰森对于音乐演绎的定位、管理与经营及没有赌博、色情等成分体现了明确的客户群，是家庭、音乐爱好者的旅游胜地。布兰森利用其地理优势，围绕统一定位与历史相关性，打造银元城的策略同样值得借鉴。

（四）节展休闲产业

1. 德国会展产业功能区

德国以其高数量、高质量的博览会以及在行业内的知名度而成为世界第一会展强国，世界十大会展城市中有6座来自德国，全球著名的国际性、专业性贸易展览会有2/3在德国举办，2011年全球最大的5大展览中心，德国占了3家。

德国会展产业的发展可以追溯到13世纪，它是由人们聚集在一起进行贸易活动的单个集市发展起来的。1895年春，在莱比锡举办了第一次样品博览会，由展出可以订购的样品取代单纯的出售商品，从而正式拉开了世界博览会的帷幕。发展至今，已经形成规模巨大、包罗万象的各种博览会以及展览会，每年都吸引着成千上万来自世界各地的参观者。其中，汉诺威博览会以其451 260平方米的面积以及每年举办的规模巨大的办公设施、信息与通信技术博览会CeBIT稳居世界博览会之首。会展形式的多样化、会展企业的专业化，使德国的会展产业呈现出不同于其他产业的特点。

德国会展产业特点体现为，政府推动、大型会展企业起主导、中小会展企业广泛参与，以此增加社会经济效益，带动科技、旅游业发展。其中，政府全力支持将会展业作为支柱产业，直接提供财政支持；提供一流的配套服务，集会议、餐饮、住宿、展览于一体；品牌化经营、推行全球化战略；重视培养会展专业人才；会展产业链功能完备；会展专业化、国际化，德国每年举办大约150个专业会展，几乎涵盖了所有工业产品领域和服务行业，会展机构和人员也更加专业化；德国会展产业实现联动，会展业从业人员达23万，每年营业额30亿欧元，创造直接经济效益约120亿欧元，间接经济效益约235亿欧元，高度发达的会展业为德国带来了庞大的社会经济效益，对德国的科技发展和旅游业都形成强有力的带动作用。

会展业是德国服务性经济的重要产业。德国之所以能确立起展览王国的地位，有其政策、经济、地理和人员等多方面原因值得学习借鉴。德国设有国家级的展览管理机构——德国展览委员会AUMA，其总部设在柏林，代表参展商、参观者和展览会组织者三方利益，具有很强的协调、监督和管理作用，其职责具有唯一性、全国性和权威性的特点。另外，德国政府全力支持会展产业发展。在德国，展馆这一展览会所需要的重要基础设施是由政府统一投资和经营管者管理的，政府可以借此对展会市场进行有效的市场调控。首先，为了扶持会展业，德国政府会有针对性地实行补贴、再投资等资助措施；其次，德国会展业具有一流的基础设施和完善的配套设施，可提供国际领先的全方位的展览服务。德国对于展览服务相当重视，具有一套成熟的展览服务运作模式，将提供周到满意的展览服务贯穿于整个展览会，包括提供展品运输、仓储、展台搭建等专业服务以及交通、住宿、餐饮等配套服务，重视展览的品牌化。德国的展览会注重对各自的优势行业和服务理念进行准确定位，实施品牌化发展战略，努力寻求在展览业界确立自身的品牌优势。品牌展览会能使参展者及时了解相关行业的最新资讯和技术，吸引着大批专业人士前来参展或参观,也给展览组织者带来了稳定的客源和较高的利润。

2. 加拿大威兰体育产业功能区

加拿大威兰成立不足 200 年,小城因修建连接安大略湖和伊利湖的运河而兴起,而正是运河与铁路汇集的红利,让这座小城逐渐生长出了一批以钢铁为核心产业的公司,成为尼亚加拉地区的工业和制造业中心。"二战"后,随着全球经济的复苏以及对于钢铁及传统工业的强烈需求,威兰迎来了它的黄金时代。20 世纪 70 年代,加拿大威兰传统产业如钢铁及制造企业逐渐衰退,威兰的钢铁及制造企业不再具有竞争优势,陆续宣告死亡或迁离威兰。产业衰退对城市来说意味着人口迁出、土地闲置等一系列问题。更可怕的是,运河周边产业状况的变化也使运河本身发生了改变。1972 年,原本经过威兰市中心的月牙形河道被裁弯取直,昔日繁忙的水面变成了门可罗雀的闲置资源,被闲置了 25 年后,用体育旅游引领老运河的发展。在传统产业衰退的大背景下,威兰小城紧紧抓住了体育旅游这一加拿大增速最快的产业机会,达成了社区维护的自我救赎和城市发展的弯道超车。赋予闲置资源新的价值和内涵,让赛事成为拉动加拿大威兰运河体育产业的重要推手,凭借赛事 IP 带动运河体育赛事品牌的推广和传播。

体育旅游小镇基础设施增加为:威兰国际静水运动中心、1.3 平方公里的静水水面、总长 24 千米的步道系统、水岸艺术中心、配套训练基地。并开始体育赛事,如从青少年赛艇比赛到国际泳联公开水域世锦赛、国际龙舟冠军赛等不同等级的赛事与活动超过 200 场,给威兰增加了经济效益,每年贡献 5 000 万加元,折合人民币 3.2 亿元,引导了运动风尚,成为社区健康生活方式的驱动引擎。

人口刚 5 万的加拿大威兰小镇,从发展路径、经验迁移与普世价值的维度来看,它是大洋彼岸一个不可忽视的体育旅游小镇典型样本。它以当地独有的公开水域为基础,以开展赛艇、龙舟等水上运动赛事为核心产业;它的核心区域面积为 4 平方公里,区内建成了国际级的静水比赛场馆;它具有明显的旅游目的地属性;它引导了当地的运动风尚,成为社区健康生活方式的驱动引擎。体育旅游,是其传统产业衰退倒逼出的救命稻草,它合理利用自身的优势条件,引入适合的运动项目,以赛事为核心来进行打造,并带动整个城市的经济与发展。

(五)艺术品产业

1. Pekalongan 传统工艺创新性改造

Pekalongan 是爪哇中部的一个港口城市,长期以来一直被认为是蜡染的中心,用蜡光染色技术生产一种精心装饰的布料(通常是棉花)。这种纺织,传统上是手工制作的家庭作坊和小规模的家庭工业。然而,对于那些在 21 世纪初成长在帕卡隆的人来说,在蜡染工作坊里的学徒并不是一个有吸引力的选择。

Pekalongan 工艺产业的兴起于政府领导有着很大关系,在政府领导下,巴蒂克蜡染工艺不仅得到振兴,且走上了向蜡染博物馆产业方向发展的道路。城市领导人经探讨决定,

Pekalongan未来的生存能力并不是在寻找新的产业，而是在重振它已经众所周知的工艺：巴蒂克，一座历史建筑被用作蜡染的博物馆。除此之外，Pekalongan工艺产业中的蜡染技术在政府决策下，将其作为当地内容纳入公立学校的课程。此决定纳入到现行的国家教育框架，为蜡染巴蒂克技术提供了一项市长法令。

从2005—2006学年只有1所学校开始，发展到从幼儿园到美国证交会（sec）的230所学校，该计划只花了3年时间，年轻人不仅获得了新的欣赏技能和技术生产技能，而且开始对其从业人员重新尊重，并可能对在巴蒂克从事该职业产生兴趣。职业学校提供专门的培训，学生们可以通过职业培训获得进入batik制作的技能。Pekalongan的理工学院已经建立了一个为期3年的batik文凭课程，因此产生了具有更高学位的特殊学者。长远的城市发展计划（2005—2025年）目标是："Pekalongan，巴蒂克城：先进，独立和繁荣"。视觉上看到了蜡染的艺术、工艺、文化和经济，是Pekalongan最大的潜力。如今，年轻的Pekalongan居民越来越有信心，他们可以追求体面的工作和合理的收入，而不必加入印尼大城市的迁移。

Pekalongan民俗文化产业被纳入联合国教科文组织《文化城市：可持续发展城市未来全球文化报告》案例列表中，其对于民俗文化产业发展的政府战略，不盲目发展新产业，依照民族特色、民族优势的眼光值得借鉴；在战略上，政府将其发展引向产业化道路，并将其纳入现行的国家教育框架中。其战略与实施过程，都是一个民俗文化产业值得借鉴的良好样本。

2. 韩国Heyri创意社区

韩国Heyri艺术村的规划发展过程具有独特性，因为它是由社区成员自行规划并设计的，是一个兼具居住、创作及商业的未来城市模型，是一个具有文化导向的微型城市。Heyri艺术村由成员为营建创意环境而生成。成员具有村庄所有权，并以社区利益为己任而协作共进。因此，社区的生成及运营过程 均具有独特性，是具有创意特性的微缩城市的典范。1994年，韩国政府欲以印刷产业为始端，随后，许多艺术家加入社区建设。社区成员首先向政府购买建设用地，并以"Heyri"命名这个区域。"Heyri"来源于统一东山区的传统农作歌曲《Heyri之声》，它契合艺术及文化的艺术村气质，并预示着披荆斩棘的新社区建设。社区成员热忱邀请建筑及规划专家传授建造知识，协助他们建设理想社区。截至2002年，共有370多名艺术家在Heyri艺术村 生活、工作，并为村庄建设贡献资金。

Heyri艺术村的组织机构包括行政委员会、秘书处、村协会、管理政策及建筑与环境委员会等，分工明确，各司其职。社区委员会每月一次例会，讨论包括钦文趣事、村庄文化等多种话题，并筹划社区文化活动及节日。在Heyri艺术村，成员通过例会交流问题，分享、体验并处理大小事宜。这种社区协作机制充分调动了社区成员的积极性，在社区建设初期便塑造出强大的社区精神。有效的社区协作也确保了Heyri艺术村文化艺术活动的独特性。Heyri艺术村持续筹办文化艺术活动与节日庆典，维持活力并增强影响力。例如，社区建设破土时，Heyri艺术村举办"Heyri演出"庆典，宣布韩国最具代表性的艺术及文化社区的诞生。社区成员的体系化协作相互激发潜力，高质量的文化与艺术活动给予社区以源源不断的魅力，使Heyri艺术村稳定而蓬勃。

首先，Heyri 艺术村的成功依赖于明确的社区定位、成员及环境的基本属性。其社区内涵与众不同：在社区成员上，他们担任构建者与使用者的角色。他们以自然与历史为基底，起初只有 20 人共商社区计划。在 1998 年"书画村"初建期间，有 58 名成员，当年后半年增至 83 人；1999 年社区土地交易完成时，有 197 名成员；2002 年 4 月成员招募工作完成时，Heyri 艺术村共有 310 名成员。

其次是社区环境。Heyri 艺术村从零开始构建社区环境，社区环境在建筑、规划及景观专家的协同帮助下，选取新潮建筑和景观风格。这种构建理念与构建方式造就了 Heyri 艺术村独特的社区环境基底。

最后是创意活动，Heyri 艺术村分别在春季和秋季举办 Heyri 潘节和 Heyri 乐团音乐会，并在全年不断推出私人展览及音乐演出。除此之外，还有艺术家工作坊、文化课程、艺术产品展销会、博物馆和画廊展览等活动。创意活动通常由社区组织审核并统筹承办，为 Heyri 艺术村吸引源源不断的游客。

（六）设计产业

1. 德国柏林设计产业功能区

德国柏林于 2005 年被联合国教科文组织认定为"设计城市"（City of Design），成为欧洲第一座加入联合国全球"创意城市联盟"的城市。"一战"结束后，德国魏玛建筑大师瓦尔特·格罗皮乌斯在政府的协助下，合并了两所学院，创办包豪斯学校。这所集艺术、手艺与技术为一体的现代化建筑学校是世界现代设计的发源地。它将社会生产与市场经济、城市建设与文化创意相结合，此番设计风潮席卷德国各地。

包豪斯设计博物馆、新国家美术馆、柯布西耶联合住宅体等，这些新派建筑与菩提树下的大街、勃兰登堡门、历史悠久的洪堡大学、柏林大学等众多柏林著名旅游景点，为这所城市营造了文化创意的大环境。柏林无限度地包容了各种文化艺术的发展与沿承，产生了多元化的文化与艺术境地。柏林城的历史遗迹、地域特色、民族传统与文化创意等城市资源，都是世界各地艺术家、设计师、创意者们争先前往的原因。在这种开放的氛围下，柏林作为"创意之都"建立了许多艺术、文化交流的平台，设计行业已然成为柏林的核心创意产业。这些有形的、无形的、新与旧的文化碎片构筑成属于柏林城特有的图像集群。柏林的地标与建筑、文化与艺术，这些泛化的图像符号逐渐形成"创意之都"独特的城市形象系统。

柏林以发展国际文化之都、购物时尚之都、派对之都为目标。柏林的设计产业涵盖了设计机构、设计工作室、工业设计、时尚设计、设计节以及设计产品商店在内的 1 300 多家设计商贸机构，是欧洲新兴的设计产业集聚地，为其实现设计之都发展目标奠定了基础。

柏林的设计传统和当代创意影响到了整个国家和国际相关领域的运作。以设计为核心的文化创意产业已经成为城市的支柱产业，拉动了相关经济。据统计，2005 年，柏林的文化创意产业创造了97.72亿美元的经济收入，约占整个城市GDP的11%。在柏林，设计企业高度聚集，6 700家设计公司，约11 700人在时尚、产品及家具设计、建筑、摄影以及视觉艺术等领域工作。柏林每天都有超过1 500个文化活动，如"设计5月""柏林电影节""时尚漫步""柏林造型设计""跨媒体电子艺术音乐""国际流行音乐及娱乐展"等，都是柏林一年一度的重大文化创意活动。

另外，柏林为创意活动的开展提供了卓越的基础设施和活动空间，较低的居住成本、便捷的网络和公共交流平台吸引了大量的设计人才。目前，约有来自世界各地的5 000名学生在柏林学习与设计相关的专业，在欧洲几乎没有任何一个其他城市能为学生提供那么多设计方面的学习选择。

柏林"设计之都"的创意化道路发展的主要原因在于：来自政府、私营部门以及非营利组织的支持；实虚结合的创意服务平台；节庆及集市活动的开展；大量年轻创意人才的集聚；文化多样性的发展成为世界文化创意的大熔炉；城市的旅游文化建设。其中，政府的支持、完善的平台服务、节事活动的举办以及人才的培养等显得尤为重要。

2. 加拿大蒙特利尔设计产业功能区

加拿大的蒙特利尔是世界上少数实行设计产业引导经济发展策略的城市。蒙特利尔于2006年被联合国教科文组织授予"设计之都"称号，成为北美洲第一个加入文化多样性全球联盟创意城市网络的城市。设计业每年为蒙特利尔带来超过7.5亿美元的经济收益，每年为整个魁北克省带来的经济收益约11.8亿美元，是全省文化产业中最大的一部分。

蒙特利尔有2万多名设计师，聚集了魁北克省65.3%的设计师；有20所学院、4所大学，其中与设计相关的系或专业有6个。蒙特利尔大学还有3个与设计相关的研究席位，蒙特利尔魁北克大学也有2个相关席位，同时，蒙特利尔还有11个专业协会，6大设计研究机构。

蒙特利尔有11项与艺术相关的重要活动，其中包括沙龙、国际电影艺术节和各种展览，如蒙特利尔艺术博物馆的艺术展、蒙特利尔国际国内艺术展、蒙特利尔时装周、设计月和商业设计蒙特利尔等。另外，还有9个组织机构，包括艺术与技术协会（SAT）和蒙特利尔遗产局等。

市政府将设计作为战略核心，推出包括"商业设计蒙特利尔"在内的一系列市政计划。设计产业使蒙特利尔作为一个设计城市的形象出现在国际舞台，源于其20多年的持续发展。自1986年，设计产业就被确定为蒙特利尔城市经济发展的战略行业、地区经济发展的7个支柱行业之一；1991年，蒙特利尔成立了专门指导设计产业发展和提高的部门；2001年起，蒙特利尔市政府投入了数百万美元；2002年蒙特利尔特地召开市政会议，提出了相关的城市规划方案；2005年，蒙特利尔正式提出"想象—建设2025蒙特利尔"规划方案的设想，其核心理念是力图将蒙特利尔建设成为更宜居的城市；2006年，联合国教科文组织授予蒙特利尔"设计之都"称号；2007年10月，蒙特利尔举办城市设计研讨会，进一步推进蒙特利尔作为联合国教科文组织设计之都的影响力和地位。市政府设置了诸多设计赛事，给设计师以有力支撑和鼓励。如"蒙特利尔联合国设计城市倡议"，用以推广设计之都的整体形象并为城市设计师提供展示的平台和机遇，特别强调设计成果的"蒙特利尔制造"品牌形象。蒙特利尔设计城市的发展，缘于市政当局对城市发展战略的明确定位，同时，以开创性的策略引导和支持设计产业的发展壮大，对于我国创意城市的发展具有参考价值。

四、系统谋划未来发展蓝图

（一）指导思想

全面贯彻党的十九大精神，深入贯彻习近平新时代中国特色社会主义思想，认真践行五大发展理念，坚持中国特色社会主义文化发展道路，以激发文化创造活力为中心环节，以"文创产业化、产业文创化"和"创意引领生产与生活"为主题，遵循文化规律、产业规律和市场规律，遵循国家战略新兴产业发展方向和"大众创业、万众创新"的时代要求，充分利用杭州"独具韵味、别样精彩"的文化资源，充分发挥自身区位优势、产业优势、政策优势，优化空间布局，重整发展要素，加速建设一批具备强大创新能力、集聚能力、融合能力和辐射能力的创意文化产业功能区。为了落实习近平"八八战略"并发挥其作为浙江发展总纲领的作用，要依循"发展现有优势在哪、潜在优势在哪、哪些优势将失去、哪些优势能再造、哪些优势能培育"的"优势论"框架，进一步发挥浙江的人文优势，加快建设文化大省，进一步发挥浙江的体制机制优势，不断完善社会主义市场经济体制，同时，协同浙江的城乡协调发展优势与生态优势，实现各区县文化创意产业的差异化发展、错位化发展、集约化发展与宜居化发展，为将杭州建成全国文化内容生产先导区、融合发展示范区、新兴业态引领区营造优质的产业空间新格局。

（二）指导原则

功能延伸、特色凸显。结合文化创意产业发展特性，采用"功能延伸、一区多点"的空间发展模式，既在区域层面发挥各区县特色资源、特色产业的先导优势，又在功能层面谋求区域间跨行政区、跨部门的协同配合，从而通过灵活的空间布局深度完善文化全产业链分工，形成合作发展、协调发展和错位发展的产业新格局。此外，注重发挥创意文化产业经济、文化、社会、城市等综合功能，强化各功能区之间互联互动，形成多元交织的发展态势，同时，发挥产业溢出辐射效应，大力培育具有杭州气度、杭州风格、杭州韵味的城市文化品牌，最终在产业竞争力与城市竞争力之间形成互为依托、互为促进的文化创意产业生态系统。

要素集聚、空间集约。遵循文化创意产业空间发展规律，通过完善政策体系、落实保障体系，引导不同类型、不同环节、不同发展阶段的文化创意产业要素向相关功能区汇聚。坚持功能区空间集约利用，进一步提升空间资源、文化资源、智力资源的使用效率，鼓励通过功能区要素聚集，带动历史文化区域的创意转型，推动商务办公区域的文化转型，引导传统产业区域的空间改造与业态升级，夯实新兴发展区域的产业路径与变革模式。要根据全市各类区域的资源禀赋和比较优势，通过要素聚集带动空间集约，进而通过空间集约催生业态更新，进一步形成各具功能、各具特色、各具竞争力的产业空间布局。

产业融合、创新引领。坚持社会效益和经济效益相统一，把文化和相关产业在新技术驱动下的融合发展作为重点，创新文化与金融融合模式。进一步梳理历史文化资源，放大比较竞争优势，深化传统工艺、时尚、旅游、体育与文化创意产业的融合升级，促进传统工业、农业与文化创意产业的融合改造。激发文化艺术、广播影视、新闻出版等传统文化产业行业的活力，加快广告会展、艺术品交易、设计服务等新兴创意行业发展，以重点功能区、重点产业和重大项目带动全市文化创意产业结构转型升级。

规划衔接、宜产宜居。文化创意产业功能区布局应与《杭州市城市总体规划（2001—2020年）》（2016年修订）和杭州市主体功能区规划的空间布局相衔接，积极通过功能区建设带动各个城区功能协同、产城融合的发展。通过功能区政策引导、项目落实、平台搭建，一方面，引导各区县明确产业发展重点，形成区县联动、合理分工、各具特色、有序竞争的功能区产业体系；另一方面，在杭州市整体文化、经济与社会之间，在区域生产、生态与生活之间，营造宜产宜居、共生共荣的统筹机制。

（三）发展目标

1. 总体目标

到 2022 年，杭州市文化创意产业增加值突破 5 000 亿元，占全市 GDP 的比重突破 35.0%。实现结构优化三个"80%"目标，即功能区内文化产业增加值、创意文化产业增加值和四大重点产业增加值均占全市文化产业增加值 80% 以上，同时培育发展一批原创能力强、技术水平高、品牌影响大的文化领军企业和重大项目，建设一批具有核心竞争力的优势产业集群和中小微企业群落，形成一批具有广泛知名度和国际影响力的文创产业知名区域。通过功能区建设，引导城市功能拓展区和城市发展新区文化创意产业发展方向，带动各区县形成产业特色鲜明、文化功能各异、区域错位发展的首都文化创意产业空间格局；通过功能区建设，进一步集聚文化人才、信息、技术、资本等创新要素资源，促进文化与科技、金融、制造业、旅游休闲等产业深度融合发展，不断提升城市功能空间的发展动力和文化建设品位；通过功能区建设，进一步丰富文化创意产品市场，培育市民文化消费理念，引领文化消费意愿，激励文化消费行为。

2. 建设目标

到 2022 年，杭州市将重点规划建设 16 个文化创意产业功能区，通过 5 年努力，将它们打造为 5 个中心：

第一，全国文化创意中心。依托功能区建设，充分挖掘杭州丰富的传统文化资源，串接杭州主要文创产业集聚节点，保护性开发各类物质与非物质文化遗产，打造一批在全省乃至全国具有示范意义的文化园区、文化景区、文化街区和文化工作坊，进一步发挥功能区对传统文化的传承作用、对传统产业以及传统文化产业的提升作用、对杭州市民幸福感的增进作用、对全国文创产业优化发展模式的标杆作用。

第二，区域文化发展中心。在打造杭州都市圈文化创意中心的基础上，力求与周边地区文创产业形成错位发展、特色发展、协同发展之势，充分利用自身处于延沪宁合杭甬发展通道与沪杭金发展通道交会中心的区域位势，将自身打造为对接上海都市圈国际要素、品牌要素，联动宁波都市圈传统文化要素，辐射苏锡常都市圈、南京都市圈、合肥都市圈产业要素、市场要素的区域文化发展中心。

第三，产业融合示范中心。依托功能区建设，拓展文化创意与设计服务、先进制造业、信息产业、商业、农业等领域的融合发展空间，打造一批产业融合的创新示范基地，驱动传统制造业、服务业改造升级，促进杭州经济转型发展。

第四，国际文化交流中心。依托功能区建设，充分利用"一带一路"节点建设、国际化节庆展览举办、跨境贸易服务优化，在增强产业竞争力的基础上，努力与国际资源、平台对接，扩大品牌影响，提升产业位势，拓宽发展格局。

第五，新兴业态孵化中心。依托功能区建设，以政府的政策支持为切入点，以社会资本、人才的支撑为跟进点，引导创新要素多元聚集，打造以服务为基本功能、以创新为根本目的、以"三生"融合为主导原则的新兴业态孵化基地。

（四）具体内涵

1. 产业的创新集聚

产业的集群式发展始于第一次工业革命，兴起于20世纪中期，它的本质是生产性集聚，即为了实现生产成本的最小化与生产利润的最大化，通过原材料、劳动力、资本等传统生产要素的聚集，以及土地、交通、基础设施等资源的共享，进而产生聚集效应。但是随着第三次科技革命的蓬勃兴起，新理念、新技术、新业态参与生产程度不断深化，土地、资源、交通等传统生产要素权重逐渐下滑，同时，人才、创业环境、生态环境等要素权重不断上升，因此推动了生产集群向创新集聚的转变。

卡斯特尔（Castells）与霍尔（Hall）基于对现代产业园区的考察，提出"创新集群"（innovation cluster）理论，将促进科学与工业的协作以及企业之间的协同的合作机制确立为现代产业园区建立的核心环节；伊森伯格（Isenberg）则基于对企业家成长环境的考察，提出了"创业生态系统"（entrepreneurial eco-system）概念，在该系统中，企业家、政府、大学、投资者、社会领袖等不同主体将结成利益相关者网络，为创业的全流程提供充足的激励、资源与保护；格特勒（Gertler）则聚焦于创意产业领域，指出创意城市各团体的相互作用形成的"创意鸣"（creative buzz）是创意产业园区形成的核心动力。

上述研究都从不同概念切入，揭示了"创新集聚"是突破生产性集群的必由之路，其内涵包括以下两个方面：第一，共享资源类型从空间、原材料和基础设施向智力、信息、社交圈层转型；第二，联动模式从行业内单向联动、以纵向整合为主向全行业多向联动、横向整合与纵向整合结合转型。因此，建设创意产业功能区就是要推动形成创意产业的"创新集聚"，就是要在功能区内充分实现上述两方面内涵。

2. 空间的多点分布

"创新集聚"主导下的创意产业，其集聚形态也将从向心式点状发展向分布式带状发展转变，这不但符合创意产业要素的分布特征（前文已有论述），而且与后工业时代巨型城市的空间结构形态耦合。工业时代，城市的空间结构以"核心—边缘"为主导特征，用以承载传统制造业标准化生产、大批量消费的需求。自1970年以来，传统制造业逐渐从城市中心向外迁移，信息经济主导下诸如通信、计算机、自动化等"弹性要素"逐渐主导了后工业化城市的空间形塑，促使城市空间从单核等级化结构逐渐向多核心分布式结构转变。

较早关注这一现象的是一批文化地理学学者，如万斯（Vance）早在1977年就将城市描述为一种"多节点区域"；卡斯特尔则进一步指出，在后工业时代，城市区域已经不再由物理单元或行政单元组成，而是由人口流与信息流构成，由此将城市塑造为一种"流动空间"；戈特迪纳（Gottdiener）将这一空间演变模式概括为"去中心化"，并且认为该模式与晚期资本主义的社会关系始终处于相互生产的辩证关系；巴顿（Batton）基于对一种新型"网络城市"的研究，认为在此类城市中，科技研发、文化创意、高端服务、高端制造等生产环节将趋于离散分布；费舍曼（Fishman）则认为这些生产环节将形成多中心的"增长走廊"，由此形成"多中心—网络化—功能区—通道脊"的空间结构。

随着我国城市化进程不断深入，一批一线城市及准一线城市已然出现了上述后工业化城市的空间特征，而功能区作为一种可以深度嵌入该空间结构的新型产业集聚模式，已逐渐显露其引领作用与形塑作用。因此，功能区与后工业化城市的形态耦合，既潜在地移置了城市的功能系统，更显在地消解了城市规模、城市边界、城市区划、城市中心对产业要素自由联结与水平互动的架构和限制。

3. 价值链的功能拓展

价值链，亦称价值生产链，是相对于物质供应链而言的另一类产业链形态，物质供应链侧重于描述一个产品在物质层面从原材料到生产加工再到包装的全过程，而价值生产链则强调产业的每个环节都对产品起到不同层面的价值加成作用。波特（Porter）于1985年首次提出以制造业为核心的价值链理论，雷波特（Rayport）与史维奥克拉（Sviokla）则于1995年提出了基于互联网信息流的虚拟价值链概念，它包括收集、组织、选择、综合和传递五种活动。在此视野内，创意产业可以视为通过设计、生产、传播、销售等一系列产业环节不断生成价值、累积价值、延伸价值的过程。以时尚产业为例，在该产业链前端是大数据平台对全球消费数据多层次、全方位地收集与分析，这将为随后的设计与打板提供精准定位的客观依据；在设计与打板环节，设计师们则需要基于客观依据充分发挥自身能动性，形成技术加成与创意加成的协调统一；继而，一个时尚产品的价值还需要一个比设计本身更为复杂的营销系统去激活，在这个系统中，前端是时尚发布平台、时尚传媒与时尚明星的三位一体，中端是时尚买手的多样化选择，终端则是线上线下各类店铺，由此构成时尚产业价值的服务加成系统；此外，现代化物流体系、柔性化制造技术等也从不同层面对时尚产业形成价值加成，而上述任一环节的缺失或者落后都将导致时尚产品整体的价值萎缩。

价值链的深耕将进一步催其功能的拓展，由此创意产业将基于自身的创新集聚与多点分布，依循创意要素整合的特殊逻辑，去除无效连接、激活高效连接，同时拓宽延伸思路，开辟延伸方向，在深耕固有价值链的基础上，源源不断地孵化新兴业态。例如，文学作品往往通过故事、形象、版权"三位一体"的价值链打造形成原创IP，进而通过游戏、动漫、影视等产业形成价值链的第一级功能拓展，通过创意商品、主题公园、特色酒店等产业形成第二级功能拓展，由此打造核心价值链诞育延伸价值链、延伸价值链反哺核心价值链良性而活跃的业态关系。

（五）整体思路

1. 以生态重构促进创新集聚

从生产集群向创新集聚的转变，其具体建设路径大致可分为成果转化与生态构筑两类。"成果转化"主要依托高等院校、研发机构等智力资源，基于产、学、研的合作联动，既促使原创性成果与产业、市场的无缝衔接，也刺激技术更新、维系产业技术的尖端位置与引领作用。"生态构筑"则是在满足生产、生活需求的基础上，为创业人才提供高频互动、充分共享、自由对接的多维交流网络，从而打造有利于创意主体相互协作的创新生态。需要说明的是，成果转化与网络构筑这两条路径并不是非此即彼的关系，而是可以在同一集聚区内相互穿插、水乳交融，当然，其中一种会占据主导地位。例如，日本筑波科学城与上海张江科技城，就是以成果转化为主导路径的创新集聚，而美国硅谷与西班牙巴塞罗那22@创意街则是以生态构筑为主导路径的创新集聚。

结合前文对创意产业的特殊性识别，本文认为，创意产业功能区应当采取以生态构筑为主、以成果转化为辅的建设路径。因为，创意产业的创新不是封闭于"实验室"内的科技创新，而是需要互动式融合、开放式协作的创新。成果转化更适宜于以科技创新为主导的"高精尖"制造业集聚，但在创意产业的要素体系中，科技虽然权重日益增加，但是依然处于辅助地位，始终处于主导地位的依然是创意人才。而生态构筑则将创新视为一个社会化成果，将创新集聚视为一个社区化过程，从而使优化人的社交质量、营造人的生存处境置于激发创新的核心位置，因此更加适宜创意产业创新的内在机理。

2. 以形态重构带动多点分布

创意产业功能区应当充分依循创意产业要素分布、要素流动、要素联动的内在机理与运作规律，突破行政区域划分、行业部门划分对产业集聚的空间限定、行业限定，从组团式发展、封闭式发展向分布式发展、开放式发展转型。功能区建设应当基于数字化媒介技术，实现创意信息的全区流动、创意节点的全区沟通，以此推动创意产业集聚的形态更新、形态延伸与形态拓展，以此扩大文化整合范围、增进产业关联程度、开辟行业合作空间，与创意产业生态重构形成一内一外、内外协同、优势共进的互动格局。例如，北京朗园 Vintage，利用旧厂房建筑打造低密度舒适的办公、商业与休闲空间，同时，形成集办公、餐饮、文化传媒、时尚秀场于一体的创意生态，由此既建构了新空间与新生态的互动机制，也实现了创意生产、创意销售与创意传播多维联动的新业态系统。

因此，创意产业功能区将最大限度地淡化产业基于中心化、边界设置、空间聚集的外在联系，同时，最大限度地强化产业基于去中心化、去边界化、创新集聚的内在联系，而这就更加需要以高度针对性的政策集束引领不同种类的创意产业功能区建设，积极探索"一区一策"的差异化路径，实现各功能区政策资源配置的灵活化与精准化。此外，每一功能区都应该设置相应的行政服务平台并由地方文化创意产业办公室统一协调管理，在及时跟进各功能区建设情况的同时，与城市整体规划、其他产业集群建设充分互动、协同布局。

3. 以业态重构激发功能拓展

虽然创意产业及相关行业都有其固有的价值生产链，但是这些链条可能只在若干环节具有突出的价值加成功能，例如，创意设计与现代传媒的服务加成、传统工艺与新兴科技的技术加成，而功能拓展的目的就在于，通过功能区内人才流、知识流、信息流、产品流、客户流、现金流的横向整合与发散式对接，将原本分属不同行业的突出的加成环节延伸、辐射至产业全领域，从而使每一个优势环节都能最大限度地服务于多个行业，以此打造创意产业优势集成、价值共享的最优格局。例如，现今世界各地的博物馆与数字创意产业的深度融合就是这一点的集中体现：中国国家博物馆等国内 7 家国家一级博物馆借助抖音平台集体推出"博物馆抖音创意视频大赛"；北京故宫博物院则推出高科技互动艺术展演《清明上河图3.0》；2018 年第 42 个国际博物馆日则更以"超级连接的博物馆：新方法、新公众"为主题。新技术、新传媒的技术加成功能正在源源不断地拓展至文化遗产的创新传播领域，由此在微观层面提供了创意生产的新思维，在中观层面催生了创意产业的新形态，在宏观层面构建了创意社区的新文化。

整体而言，创意产业的功能区建设，说到底是一个生态重构与形态重构互为启发、互为促进，并以此实现业态重构的过程。创意产业集聚区作为创意人才的生活之地、创作之地、交流之地、协作之地，其创新生态趋于活跃、其空间形态趋于分布，进而引发其业态功能也将趋于拓展，这是一个三者间相辅相成的过程。

五、全面优化产业空间布局

根据杭州市国民经济和社会发展"十三五"规划纲要、杭州城市总体规划确定的城市空间结构，在涵盖 10 个市辖区、2 个县、1 个县级市和相关国家级、省级、市级、区级文化产业园区（楼宇）、特色小镇及示范基地等政策空间的基础上，在全面考察杭州市各区县文化创意产业发展基础、发展特色与发展意向的基础上，围绕创新要素融合汇聚、文化资源整合利用两条主线，立足信息服务业、设计服务业、现代传媒业、动漫游戏业、文化休闲旅游业、艺术品业、教育培训业、文化会展业八大产业板块，充分利用数字创意产业通过文化与科技双轮驱动形成的产业势能，充分参照《文化及相关产业分类（2018）》（国家统计局）构建的文化产业体系，充分考虑文化产业与旅游产业统一管理的发展趋势，本规划形成"一带、一核、一圈、多中心"的功能区空间发展格局和与之相适应的"两条主线带动，七大板块支撑"的功能区产业发展体系，着力建设16个文化创意产业功能区，规划面积共计16 596平方公里。

（一）构建"一带、一核、一圈、多中心"的总体空间格局

通过文化创意产业功能区建设，努力形成"一带、一核、一圈、多中心"的功能区空间发展格局。

一带：以钱塘江杭州段为轴线，空间范围覆盖钱塘江杭州段沿线的9个城区，充分利用区域内10个国家级文化产业园区（基地）、4个省级文化产业示范基地、13个市级文化创意产业园区和诸如网易、华策影视、华数传媒、宋城演艺、思美传媒、西泠印社、平治信息、电魂科技、中南卡通、玄机科技等一批行业领军企业（机构），坚持高端化、融合化、国际化、规模化、集群化的发展定位，打造"之江文化产业带"。以"之江文化产业带"为空间形态，杭州市将着力打造11个特色文化组团，其中以上城、江干、西湖、滨江、萧山、富阳6个沿江分布的主城区为核心，并向上游延伸拓展至桐庐、建德、淳安3个市县，集成数字文化产业基地、影视产业基地、艺术创作产业基地、动漫游戏产业基地等产业功能。同时，与之江文化中心项目形成呼应之势，构建文化产业与文化事业相辅相成、互通共进的优质文化生态。"之江文化产业带"将以高起点、高标准从外形、内涵、管理、服务等各方面统筹规划，充分发挥其先导、示范、引领作用，充分彰显浙江文化特色、现代特色和惠民特色。

一核：以杭州主城区（西湖区、上城区、下城区、江干区、拱墅区）为空间载体的"中心城区文化发展核"，涉及两条主线和八大板块中高端环节的集聚与功能延伸。"中心城区文化核"将依托杭州市对"三面云山一面城"的历史格局的保护，充分利用深厚的文化资源和成熟的文化产业体系，同时，利用良好的金融、商业环境，通过推动传统文化的更新创造、历史文化的整合升级、文化、金融、商贸的融合发展，文化、创意、传播的融合创新，进一步发挥中心城区对杭州、浙江乃至全国文化创意产业的枢纽作用与辐射作用，传承杭州老字号品牌文化，着力扩大皇城文化、运河文化的活力与影响力。在未来进一步发挥"中心城区文化核"的集聚带动作用，以产业链为组织形式，以点带面，提升其对全市文化创意产业功能区的空间带动能力。

一圈：依托杭州绕城高速公路，串联余杭、萧山、滨江（经开区）、富阳等老城区外围各区县，发挥各自文化优势、生态优势、科技优势，以点连片，以片成带，促进杭州市文化产业新兴发展区域的空间联动，形成"文化+旅游""文化+科技"两条产业发展主线，以现代、绿色、互联为发展方向，建构"文化科技生态共融圈"。"文化科技生态共融圈"将在杭州城市建设交通公共网、设施共建、环境共保、边界共融的基础上，着力打造产业共兴机制与共创

平台,重点加强特色小镇建设、突出新兴业态引领,重点发展数字创意、信息服务、文化旅游、节庆会展、运动休闲五类产业。"文化科技生态共融圈"还将发挥地理临近优势,将自身打造为杭州市对接上海、协作环太湖城市群,融入长三角城市群的交流圈、协作圈与拓展圈。

多中心:以功能区和分片区为中心,辐射带动周边区域文创产业发展,根据"一主、三副、六组团"的空间格局,以特色小镇、特色楼宇、特色园区为依托,在拱墅、余杭、滨江、上城、临安、桐庐等区域,多元化、分布式打造一批差异化程度高、辐射能力强的"文化创意产业增长中心"。这些增长中心将注重提高产业规模化、集约化、专业化水平,合理关照产业上下游协作,加强联系沟通,打造多点共赢的局面,形成创意融合与资源整合的集聚区和辐射区,带动周边区域创意文化产业整体发展和文化内涵提升。

(二)促进产业融合,带动区域空间协调发展

遵循文化创意产业发展的内在逻辑和原生动力,通过功能区建设,进一步发挥市场配置资源的决定性作用和"功能"的纽带作用,促进杭州市文化创意产业融合发展。以产业融合为动力和抓手,推进文化创意产业功能区空间协调发展,形成功能区内部、功能区之间、功能区与各区县及周边省市的相互沟通、相互促进、相互融合、共赢发展的良好局面。

第一,以功能区内部产业融合促进功能区空间品质提升。各功能区围绕主导产业,加快建设公共信息数据库、人才库、技术服务平台、展示平台等设施,形成关联互动的产业体系和舒适宜人、沟通高效的公共空间体系。大力完善与功能区主导产业发展具有垂直分工、水平分工和侧向关联的产业与设施,包括功能区内为生产、消费和文化休闲生活提供便利的配套产业,并提供多元化的办公空间和差异化的租金措施,解决各类企业的不同需求。鼓励功能区之间加强产业关联,针对共性问题和共性资源积极构建产业统筹发展体系和协作机制,预留功能区之间产业发展、公共平台建设的拓展空间,鼓励中小型功能区园区逐步融合发展,共同提升产业竞争力。完善道路、市政等各项基础设施,建设服务于功能区的文化公共设施和空间环境,提升功能区内文化创意氛围。最终形成各功能区内部空间特色鲜明、文化氛围浓郁,功能区之间联系便捷、策略呼应、多点支撑的产业发展和空间布局体系。

第二,以文化创意和相关产业融合促进功能区和杭州市其他重点产业功能区联动发展。落实《浙江省关于加快把文化产业打造成为万亿级产业的意见》战略,推动文化产业融合发展示范区与新兴业态引领区建设,以文化科技融合主线为主要载体,推动文化创意产业功能区和杭州国家高新技术产业开发区、杭州市未来科技城协调发展;促进文化和金融融合发展,推动功能区和阿里巴巴网商银行、浙江省互联网金融资产交易中心、萧山陆家嘴金融创新园等金融服务业高地互动发展;促进文化创意尤其是创意设计服务业引进高端制造业,推动功能区和格力电器杭州产业园、万向新能源汽车城等高端产业功能区共创发展;促进功能区与信息产业融合,推动功能区和京东杭州电商产业园、望江智慧产业园、临安龙岗坚果电商小镇、滨江物联网小镇、余杭传感小镇、西湖云谷小镇、萧山信息港小镇、富阳硅谷小镇等信息产业集群联动发展;

推动功能区带动传统制造业与传统商务办公、商贸零售产业转型升级，通过融入创意要素、文化要素，激活现有资源，增进第二、第三产业个性化、柔性化、人性化因素，向高端制造业、高端服务业转型；推动功能区带动第一产业转型升级，发挥文化旅游业的融合效应与品牌效应，带动景区周边村庄传统农业向"文、旅、农"融合的绿色农业、休闲农业转变。

第三，以功能区建设带动周边城市功能提升，进一步凸显杭州城市空间文化特色。积极发挥文化创意产业功能区促进杭州市中心城区功能提升和疏散的作用，在中心城区的文化创意产业功能区内，鼓励通过产业置换和孵化，疏散居住条件较差、人口密度较高的旧城街道、城（中）郊村落等区域，进一步改善旧城风貌、提升旧城品质。鼓励通过文化创意产业改造、提升办公商业设施、城区内废旧厂房，促进棕地再开发。鼓励文化创意产业根据产业链分工，依托新城定位，发挥区县特色资源禀赋和比较优势，引导中心城区文化创意产业向新城疏导，培育新城区文化创意产业内生增长力。鼓励通过文化创意产业集聚，在新城区内形成新的就业集中区域和文化娱乐综合体，带动新城产业发展，促进新城职住平衡。鼓励通过文化创意产业注入，增强新城建设的文化氛围，提升新城人文气息与生活品质。

第四，以功能区发展助力长江三角洲城市群协同发展，引领全国文化产业发展良好势头。长三角地区地域一体、文化一脉，具有统筹发展文化创意产业的资源基础。杭州可以立足于与上海、南京、苏州、宁波、合肥等地共建的协同创新格局，遵循不同文化产业链的特点，鼓励各文创产业功能区发挥向长三角区域的产业溢出效应（图5-1）：引导数字信息科技融合区、数字娱乐产业先导区、影视产业要素协同区、创意设计要素聚集区、工业设计特色引领区在仓

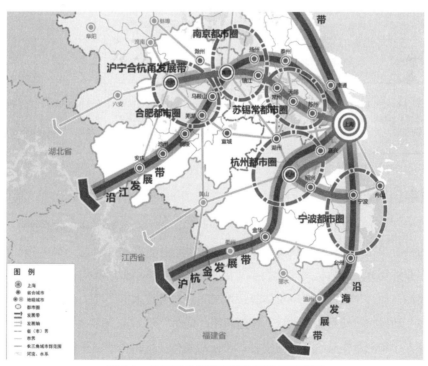

图5-1 长江三角洲城市群协同发展示意图

储物流、外景拍摄、产品生产、设备制造等方面向周边具备优势条件的城市进行空间扩散与产业转移；加强传统工艺传承创新区、现代传媒业态转型区、数字出版业态升级区与周边相关产业园区和城市功能区域的联动与交流；提升艺术品传播交易服务区、节庆展览产业先导区等向长三角地区市场延伸，加快推进文化市场一体化进程，破除限制资本、技术、产权、人才、劳动力等要素自由流动和优化配置的体制机制障碍，优化区域产业布局。在更为广阔的范围内，着力强化现代传媒、影视制作、数字出版等相关产业功能区在文化科技融合、文化金融融合的主线下，在长三角地区乃至全国文化产业发展中的示范引领和辐射带动作用，积极推动与各地文化园区、基地的产业链联系，引领带动我国文化产业不断提升核心竞争力、积极参与国际竞争。

六、引导"两条主线带动，六大功能集聚"的产业空间格局

紧紧把握文化创意产业各行业发展规律，依托杭州市既有文化创意产业的资源禀赋与特色格局，按照"创新集聚、多点分布、功能拓展"的总体思路，以产业链、价值链、服务链为纽带，合理配置市场资源、充分培育市场主体，构建"两条主线带动，六大功能集聚"的差异化、多层次、高效率、复合型的文创产业功能区建设格局。功能区建设将灵活配置、针对性选择"生态优化、多业态开发、延长产业链、要素集聚、深耕IP、跨区域整合、平台搭建"7大具体建设路径，以此引导6大功能板块、共16个功能区在杭州全域统筹布局，促进各功能区内产业结构充分优化，行业协同，进而充分提效（表6-1）。

表6-1 杭州市文化创意产业功能区划分

两条主线	创新要素融合汇聚、文化资源整合利用											
六大功能板块	节展休闲产业	文化旅游产业			艺术品产业		创意设计产业			影视娱乐产业		数字创意产业	
十六个功能区	节庆展览产业先导区	运动文化体验休闲区	历史遗址保护开发区	"环西湖—环西溪湿地旅游资源区"	"富春山—富春江文化旅游联动区"	传统工艺传承创新区	艺术品传播交易服务区	工业设计特色引领区	创意设计综合聚集区	时尚设计特色引领区	新媒体娱乐产业先导区	影视产业要素协同区	现代传媒业转型区	数字出版业升级区	数字信息科技融合区

（一）数字创意产业

充分发挥"文化+互联网"创新融合的产业势能，充分利用数字和互联网技术改造提升信息服务与动漫游戏业，支持特色化运营平台建设，并依托平台发展研发、制作、应用及衍生品开发等全产业链环节，助力杭州建设数字文化产业基地。应用最新制作技术，生产制作原创动漫和游戏精品，加强VR等虚拟现实体验技术、平台兼容技术等共性关键技术研发，推进虚拟现实技术与互动技术等新兴前沿领域的创新应用。推动"产、学、研"联合培养数字创意人才，对优秀创意人才和创意作品给予创业支持，鼓励研发体现杭州传统文化特色、具有自主知识产权的数字创意产品。

1. 数字信息科技融合区

建设路径：平台搭建＋跨界融合

平台搭建：功能区将在拱墅区依托杭州国家级文化和科技融合示范基地的建设、北部软件园的建设、智慧网谷小镇的建设，在经济开发区依托智慧谷移动互联网创业园与华媒科创园的建设，同时发挥华麦网络、二更网络、全拓科技、米络科技等科技公司的行业引领作用，通过完善功能区内公共交流空间、孵化平台、生活配套，着力减少创业者融资成本、时间成本、精力成本，促进形成互联互动、创意创新的文化氛围。

跨界融合：借鉴日本筑波科学城、上海张江科技城的发展经验，着力依托余杭区科创大走廊沿线创新核心区科技研发资源（未来科技城、梦栖小镇、阿里巴巴、浙江大学，等等），按照文化软件服务、互联网信息服务、文化增值电信服务、移动互联产业等行业发展集聚规律，形成专业化的楼宇、园区载体，着力拓展人工智能、大数据、云计算、区块链等产业与文创产业全产业链深度融合（图6-1）。

图6-1　数字信息科技融合区示意图

2. 数字出版业态升级区

建设路径：要素集聚＋跨界融合＋跨区域整合

要素集聚：为了进一步扩大杭州数字出版行业在全国的引领作用与带动作用，进一步在拱墅区建设网络文学版权交易中心、文化资源交易中心，在江干区建设九乔数字出版产业基地，推进正版示范体系建设，完善版权要素市场，走"产业联盟＋产业基地＋产业基金＋产业人才"发展模式，带动内容创作、服务、技术、运营、体验等周边业态集聚。

跨界融合：运用现代数字、通信和网络及其融合技术，重点发展数字化和网络化的版权业。鼓励发展电子图书、数字报刊、数字音乐、数字视频及网络教育等数字出版产业，实现数字出版业的全媒体发展。

跨区域整合：充分依托现有基础，在西湖区杭州国家数字出版基地、滨江区白马湖网络作家村、拱墅区拱宸桥畔设立网络文学原创内容孵化基地，同时，发挥网易阅读、网易云音乐、咪咕阅读的行业引领作用，打造现代化出版渠道示范基地，拓展西湖区中国数字阅读大会，可以在功能区内举办分会场，引导数字阅读文化与全民阅读文化趋势融合（图6-2）。

图 6-2 数字出版业态升级区示意图

3. 现代传媒业态转型区

建设路径：要素集聚＋生态优化

要素集聚：依托下城区浙报理想文创产业园与西湖区西湖创意谷集聚配套中小型传媒影视产业项目、制播企业、创意人才、资本供给、技术装备等要素，大力发展新闻业、广播电视服务与传输以及相关的软件业、网络服务、文化商务服务等上下游关联产业，形成功能区内空间上的有机联系和专业化产业结构体系，建设国际信息传媒中心。

生态优化：允分依托浙江日报报业集团、杭州日报报业集团、杭州文广集团等大型传媒企业，充分借鉴其在体制创新、业态升级过程中形成的"三圈环流、三端融通、三点发力"生态优化经验，充分利用杭州核心城区丰富的商务办公用地，在杭州打造传媒企业业态升级、模式创新的现代传媒转型示范区（图6-3）。

图 6-3 现代传媒业态转型区示意图

（二）影视娱乐产业

构建覆盖研发、创意、制作、发行、交易、教育、播出、衍生产品和延伸产业开发的影视产业链，打造具有国际竞争力的影视产业集群，助力杭州建设全国影视产业副中心。现代传媒业应当重点发展视听新媒体和移动互联网应用，以视听内容创作传播为核心，加快高新技术在视听新媒体领域的广泛应用与渗透，大力发展网络传媒、移动传媒、有线电视传媒。加快推进广播电视业务制播分离、采编分离、宣传经营分离，加强与国内外知名网络视频平台、智能电视服务商的合作；加快私人影院、数字院线、巨幕影院等基础设施建设，不断拓展大众传播渠道，着力构建基于互联网和大数据的媒体生产、运营与管理体系，积极探索现代传媒的商业盈利模式与产业生态结构。

1. 影视产业要素协同区

建设路径：跨区域整合 + 延长产业链 + 多业态开发

跨区域整合：以华策影视为龙头，协同华数传媒、长城影视、时光坐标、电影频道杭州公司等影视行业领军企业，建设高科技影视制作平台、电影学院、艺术家创意社区，同时，按照影视产业制播分离等要求，着力引导西湖区中国（浙江）影视产业国际合作实验区与之江国际影视产业集聚区转型提升为我国影视制作行业的总部基地、战略投资运营基地和出版交易基地（图 6-4）。

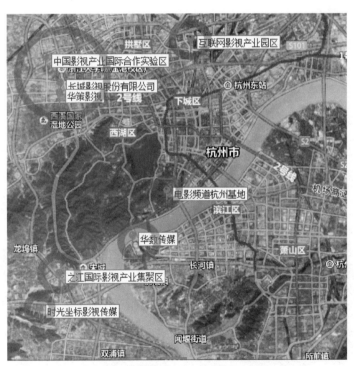

图 6-4　影视产业要素协同区示意图

延长产业链：促进影视产业与文化旅游、节展休闲等领域的融合发展，着力提升电影拍摄、制作及综合服务水平，形成产业链条完整、产业要素集聚、品牌活动活跃、综合服务齐全的国际化影视城。

多业态开发：依托下城区中国互联网影视产业园，通过新媒体渠道提升传统产业竞争力，创新数字内容形式，着力开拓新媒体研发、运营、服务等新兴业态，形成新产品和新服务的互为增值、协同培育。力求功能区每年生产具有国际一流水平的影视作品 30 部以上，每年打造 3～5 家国内数字影视行业的领军企业，每年创作一批具有较强艺术性和观赏性的影视精品，将杭州打造成为长三角地区首屈一指的影视产业娱乐中心。

2. 新媒体娱乐产业先导区

建设路径：生态优化 + 深耕 IP+ 延长产业链

生态优化：形成以滨江区国家级动漫产业园、西湖区数字娱乐产业园、数娱大厦以及下城区中国（杭州）电竞数娱小镇为核心的运营服务和版权交易集聚中心，以及以中南集团卡通影视有限公司、电魂网络科技、玄机科技、顺网科技等相关产业示范基地为依托的原创设计、展示交易空间。主要依托中国国际动漫节平台，打造动漫产业的杭州品牌，积极对接国际动漫资源，着力构建布局合理、结构均衡、系统开放、产业链完整、发展稳健可持续的动漫产业生态，进一步提升动漫游戏产业的综合竞争力和在全国的领先地位，助力杭州建设中国动漫之都（图 6-5）。

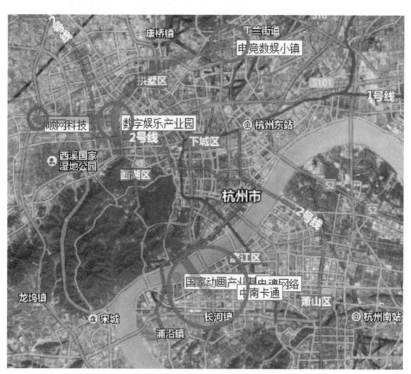

图 6-5　新媒体娱乐产业先导区示意图

深耕 IP：激活浙江大学、浙江传媒学院等高校人才资源。坚持以原创故事、原创形象、原创品牌的塑造作为提升数字娱乐产业整体竞争力的核心路径，积极引进原创人才、创新原创机制、培育原创氛围、鼓励原创意识、保护原创版权，着力将功能区打造为浙江地区及全国数字娱乐原创 IP 的孵化高地。

延长产业链：在孵化原创 IP 的基础上，着力完善动漫与网游的设计制作、展示交易、运营服务、衍生品授权等完整产业链条，并以知识产权交易、信息技术外包、业务流程外包等形式加速文化科技融合的产业转化。按照不同产业链的分工特点和空间选择偏好，引导产业链各环节逐步形成水平分工的专业化空间集聚，在功能区打造集国际化、集约化、体验化、时尚化于一体的新媒体娱乐产业链。抢抓电子竞技成为亚运会比赛项目的机遇，谋划筹建电子竞技产业园区，积极拓展集网络游戏开发、测试、体验、电子竞技赛事直播于一体的线上演艺娱乐竞技活动。

（三）创意设计产业

以文化创意和知识产权为核心价值，依托杭州丰富的历史文化资源、设计人才资源、现代科技资源，进一步巩固杭州在创意设计、时尚设计、工业设计等方面的竞争优势，努力提升广告设计、建筑设计、园林设计在全国的市场地位，着力推进文化创意和设计服务与相关产业融合发展，努力形成引领全国的设计产业体系。到 2020 年，重点引进和培育 20 家在国内外具有影响力的创意设计企业，通过政策聚焦，强化对创意设计人才和机构的集聚能力，构建公共技术服务平台，加大设计版权保护力度，打造"杭州设计"品牌。

1. 创意设计综合集聚区

建设路径：优化生态 + 跨界融合 + 延长产业链

生态优化：依托江干区三里亭 1737 建筑设计聚落、南方建筑设计公司、易之园林等企业丰富而优质的设计资源，以及山南国际设计创意产业园对国内知名建筑设计企业的平台凝聚作用，打造建筑与园林设计产业高地。就地消化杭州乃至浙江省在城市建设浪潮中对空间规划、建筑设计、园林设计的市场需求，同时促进景观设计与旅游业发展、装饰设计与服装业发展深度融合，在巩固省内市场、开拓全国市场的基础上，不断扩大杭州设计的国际影响力。

跨界融合：依托江干区两岸文化产业合作示范区与聚落 5 号创意产业园，加强传统工艺美术与创意设计的融合，坚持"创意工艺化"和"工艺创意化"双轮驱动，以龙头企业为依托，创新工艺品的外观、功能和结构，凸显杭州特色和现代元素（图 6-6）。

延长产业链：依托拱墅区国家（运河）广告产业园，打造广告设计产业高地，重点推动广告设计从传统广告发布制作向公关、咨询、策划、品牌推广、培训等服务延伸，并逐步向投资、资本运作等领域发展。

图 6-6 创意设计综合集聚区示意图

2. 时尚设计特色引领区

建设路径：深耕 IP+ 多业态开发

深耕 IP：以余杭区艺尚小镇为核心，同时依托江干区 166 时尚创意园与七章时尚产业创意基地，基于"杭州服饰"既有体量与知名度，充分迎合时尚产业柔性化供应趋势、全产业融合趋势，通过在区内建立个性化市场定位、个性化产品定制与个性化媒介传播三大环节联动体系，打造高品质、高差异性、高附加值的"时尚 IP"，进而通过提升研发设计、销售展示两大环节竞争力，形成"时尚 IP"的品牌效应，寻求产业的多业态拓展（图 6-7）。

图 6-7 时尚设计特色引领区示意图

多业态开发：全面辐射海宁、桐乡、义乌等国家服装制造基地产业资源带，全面对接杭州、中国乃至世界知名的设计院校与时尚公司，最终以业态更新推动业态拓展，在区内引导时尚设计行业向时尚教育、时尚会展、时尚体育、时尚电子、时尚旅游等诸多领域延伸，并最终在"杭州·时尚生活"这一概念的聚合下将时尚设计产业打造为杭州城市整体竞争力。

3. 工业设计特色引领区

建设路径：平台搭建＋跨界融合＋延长产业链

平台搭建：重点围绕余杭区梦栖小镇在杭州工业设计领域的高端集聚作用，进一步发挥举办世界工业设计大会形成的行业影响力，同时发挥拱墅区乐富智汇园、博乐设计股份有限公司在工业设计方面的带动作用，打造工业设计产业互动平台，为工业设计与相关产业跨界融合、产业链延伸奠定基础（图6-8）。

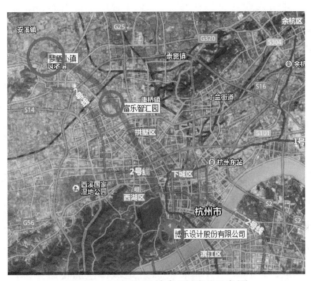

图 6-8　工业设计特色引领区示意图

跨界融合：加快设计以移动设备与应用、大数据应用与云服务为基础的数据集成应用软件和系统，开发提升体验效果的软件系统，与杭州动漫游戏、数字影视、公共文化服务等领域的内容生产相互合作、相互促进。

延长产业链：对接工业设计的市场需求，创新现代制造、家用电器、文体用品、包装印刷等领域的工业设计应用，将创意设计融入产品研发、品牌策划、营销推广等各环节，注重功能、外观、材质的综合创新，有效提升工业产品的附加值和竞争力。

（四）艺术品产业

围绕艺术品的设计、创作、交易、展示、交流等环节，以提高杭州传统工艺产品的设计、制作水平和整体品质为核心目的，以强化质量意识、精品意识、品牌意识和市场意识为主要路径，以加强文化生态环境的整体保护为基本保障，打造富有"杭州风味、中国韵味、时代品位"

的艺术品产业体系。充分保护、发扬杭州历史悠久的工艺遗产与艺术积淀，同时，结合杭州良好的创意设计氛围、商业氛围与创新氛围，推动杭州艺术品产业向传统工艺传承创新与艺术品传播交易服务两个方向重点发力，致力于将杭州打造成面向全国的艺术品创作高地与面向全世界的艺术品交流窗口。

1. 传统工艺传承创新区

建设路径：要素集聚＋文化整合＋多业态开发

要素集聚：充分发挥艺术教育的基础性、先导性作用，以中国美术学院、浙江传媒学院为载体，引导艺术人才培养与非物质遗产传承有机结合，设立传统工艺与创意设计融合工作室，打造具有鲜明文化特色和浓厚文化氛围的全国乃至全球艺术教育重地与艺术创作创新高地。根据《中国传统工艺振兴计划》要求，努力引导传统工艺的传承创新结合现代生活需求改进设计，改善材料，改良制作，并引入现代管理制度，广泛开展质量提升行动，加强全面质量管理，提高传统工艺产品的整体品质和市场竞争力。

文化整合：鼓励以"王星记"的扇艺工艺、"凯喜雅"的丝巾工艺、"华宝斋"的印刷工艺、"万事利"的丝绸艺术、"西泠印社"的篆刻艺术为代表的杭州传统工艺企业和从业者合理运用知识产权制度、注册产品商标，在保护商业秘密和创新成果的基础上，推动地理标志证明商标或集体商标的注册，建立老字号品牌文化推广示范区，以老字号溯源工程和年轻化工程为基础，加强老字号企业与文化企业的协作，引导建设各类老字号品牌保护、挖掘、弘扬、推广文化产业基地，将该功能区打造为集文化、商贸、旅游于一体的文化功能区。

多业态开发：拓宽传统工艺产品的推介、展示、销售渠道。着力依托余杭区径山禅茶小镇与好竹意小镇、西湖区画外桐坞文化创意园、上城区凤凰御元艺术基地、临安县昌化国石文化城、江干区笕桥时尚小镇的发展与建设，鼓励在上述传统工艺项目集中地设立传统工艺产品的展示展销场所，集中展示、宣传和推介具有民族或地域特色的传统工艺产品，推动传统工艺与旅游市场的结合（图6-9）。

图6-9 传统工艺传承创新区示意图

2. 艺术品传播交易服务区

建设路径：生态优化＋平台构建

生态优化：依托国家级文化贸易口岸、国际级文化交易企业，建立原创艺术基地和传统文化艺术品展示交易中心，联合信托、银行、保险、担保、基金等金融机构，建立由艺术品持有人、投资人、交易保荐商和交易服务商为一体的多方主体参与体系，助力杭州建设亚太文化艺术品传播与交易中心。支持和提升下城区二百大古玩市场、拱墅区吴山古玩城等传统古玩艺术品交易产业，推动区内艺术品经营商店规范、有序发展，建设特色艺术街区；鼓励以临安县昌化国石文化城为代表的县区域发展专业化的大型文化艺术交易功能集中区。

平台构建：按照交易品类型和交易方式，以中国美术学院与西泠拍卖为主导平台打造高端艺术品交易区，延伸文化艺术品拍卖、展示和鉴赏等服务功能，塑造杭州文化艺术品市场品牌。鼓励功能区向中国（杭州）跨境电商综合试验区延伸，利用试验区内密集的全球网络贸易平台与资源，推动艺术品交易的渠道创新与技术及数据服务创新，重点发展文化艺术品的仓储、物流、展示、线上交易、线上拍卖等环节，为国际、国内文化生产、传输、贸易机构提供专属保税服务，为"一带一路"倡议下世界文明交流互鉴的深入推进贡献"杭州力量"（图6-10）。

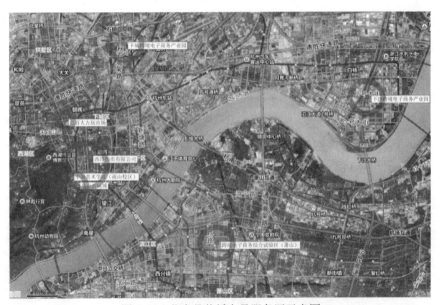

图 6-10 艺术品传播交易服务区示意图

（五）文化旅游产业

2018年，中共中央印发《深化党和国家机构改革方案》，决定组建文化和旅游部，这表明文化与旅游从产业融合到市场融合再到管理融合已经获得顶层设计的认可。在《国家"十三五"时期文化发展改革规划纲要》中就已明确提出要发展文化旅游，扩大休闲娱乐消费；《国务院办公厅关于促进全域旅游发展的指导意见》也提出要推动旅游与科技、教育、文化、卫生、体育融合发展;《国务院办公厅关于进一步扩大旅游文化体育健康养老教育培训等领域消费的意见》也将文化与旅游统一规划为幸福产业的重要支撑。因此,杭州要科学利用自身丰富的自然资源与文物遗迹,有效激活博物馆、纪念馆、美术馆、艺术馆、世界文化遗产展示馆、非物质文化遗产展示馆等文化场所的业态更新,推动剧场、演艺、游乐、动漫、创意设计等产业与旅游业融合开展文化体验活动;着力避免产业发展同质化倾向、泡沫化倾向、有效供给结构失衡、行业规范不成熟等问题,为打造"独特韵味""别样精彩"的杭州城市形象注入鲜活动力。

1."富春山、富春江"文化旅游联动区

建设路径:跨区域整合+深耕IP+多业态开发

跨区域整合:以杭州市富阳区东洲新城和江南新城为依托,把握拥江发展、高铁经济和城际轨道交通发展机遇,综合利用山林江湖岛等特色资源,打破"围栏式景区"的传统旅游业发展路线,在富阳区打造全域式、体验式文化旅游融合景区,与桐庐县联动打造"富春山、富春江"文化旅游整合区。整合区要充分做好区县合作,充分对接"新安江—千岛湖"景区发展,形成"全地域"旅游服务体系,搭建"全领域"产业融合发展平台。

深耕IP:以富阳区富春山馆落成为契机,深度开掘、有机拓展"名画"与"名人"双重文化资源,突出黄公望隐逸文化和中国山水画艺术圣地两大主题,打造"故事、形象、产品、空间"协同融贯的文化IP,进而打造从传统山水绘画到现代艺术的创作基地、展览空间、销售平台,形成自然与艺术、画里与画外、传统与现代相映成趣的景观特色与人文风貌。

多业态开发:基于桐庐县"全域旅游示范县"建设与富春江慢生活特色小镇建设,保护性利用桐庐的自然生态资源禀赋,突破传统景区"食、住、行、娱、购、游"的同质化业态结构,着力打造都市需求与乡村发展互动、生态保护与业态更新结合、观光与休闲体验式对接的文化旅游精品项目(图6-11)。

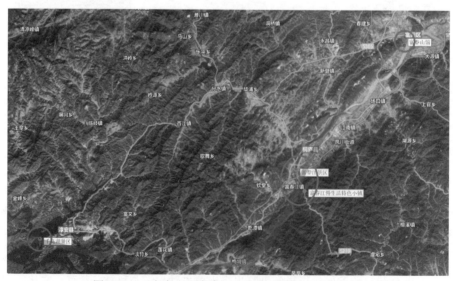

图6-11 "富春山、富春江"文化旅游联动区示意图

2. 运河文化旅游联动区

建设路径：跨区域整合+生态优化

跨区域整合：以"文明复现、都市休闲"为原则，基于对大运河杭州段沿线水域资源及文化资源的系统挖掘与梳理，基于系统性开发运河两岸自然遗产、历史建筑、历史名人、非物质文化遗产，打造运河文化旅游联动区。

生态优化：为了向联动区注入产业活力，利用运河水系串联江干区、拱墅区沿河文化产业园区与老旧厂房，以此为载体打造空间上灵活分布与业态上协同共融的杭州运河文化创意产业带。运河文化创意产业发展带是以水体、滨水绿化廊道、滨水空间共同组成的多产业联动发展组合，通过改善流域生态环境，恢复历史水系，提高滨水空间品质，将大运河杭州段的文化元素、历史风貌、民俗传统、生态环境构建成为服务市民生活、展现城市历史与现代魅力的亮丽风景线和文化产业与服务集群（图6-12）。

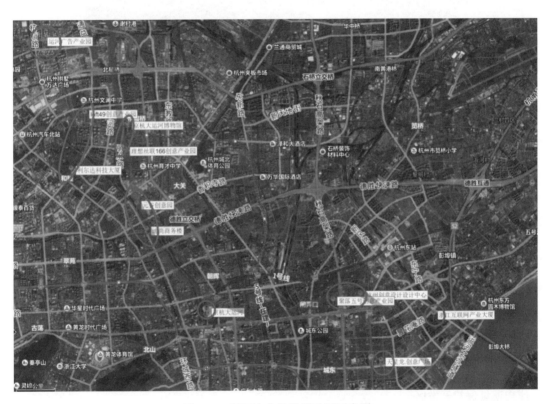

图6-12　运河文化旅游联动区示意图

3. "环西湖、环西溪湿地"旅游资源整合区

建设路径：深耕IP+平台搭建

深耕IP：要利用宋城演艺《宋城千古情》《吴越千古情》等演艺品牌，依托高层次演艺中介组织，应用最新科技，结合一流创意，进一步创作与编排独具江南历史人文底蕴的"杭州故

事""西湖故事",同时,配合震撼的视觉效果、一流的表演水平,打造演艺文化精品;应用虚拟现实等技术,加快演艺娱乐产业线上线下融合发展,以此丰富市民文化生活,**繁荣杭州文化旅游市场**。

平台搭建:为了充分激活西湖IP势能,为了积极引导文化与旅游、观光与体验、景观与休闲融合发展,为了促进新型文化旅游与智慧城市建设融合发展,引导各类资源的合理开发利用,建立之江文化创意园、西溪创意产业园、云栖小镇等产业资源集聚平台,利用平台围绕杭州"环西湖"与"环西溪湿地"宝贵的历史文化资源、自然生态资源,积极融合新业态、新服务,打造造福于杭州市民的新体验与新生活(图6-13)。

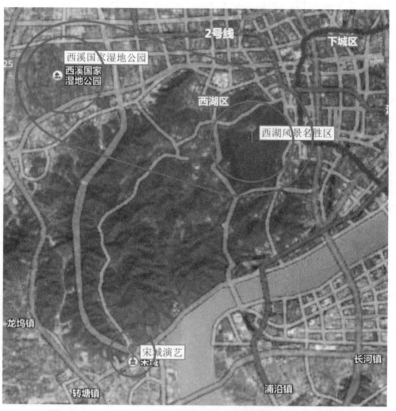

图6-13 "环西湖、环西溪湿地"旅游资源整合区示意图

4. 历史遗址保护开发区

建设路径:多业态开发+深耕IP

深耕IP:以"保护为主、合理利用"为原则,充分激活上城区南宋皇城文化与余杭区良渚文化。打造兼有皇家古韵和市井风情的南宋文化体验中心与旅游国际化先行区。同时,在复原良渚遗址的真实性、完整性和延续性的基础上,挖掘版权价值与审美价值兼备的文化元素,利用高科技打造文明复现体验场景,以此双重发力,提升遗址风貌的整合度、游览体验的新颖度与业态拓展的创意度(图6-14)。

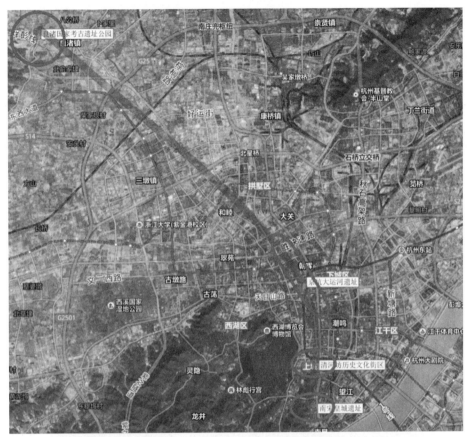

图 6-14 历史遗址保护开发区示意图

多业态开发：既需要在空间上保持道路的历史格局，采用传统的材料及营造方式进行整修，也要在业态上精心选择、合理布局，引进契合于该空间意蕴的文化创意产业项目，从而激活历史遗址，使其文化内涵贯通于古人与今人之间，形成文化业态与文化生态相得益彰、相辅相成的良性循环。

（六）会展休闲产业

依托国家、浙江两级大型会展设施、亚运场馆资源，同时充分发挥杭州便捷的交通物流体系、完善的配套设施服务能力、良好的商业贸易环境，构建国家级会展服务和文化体育新型城市区域，推动杭州建设成为全国乃至国际会展服务中心城市。为此，杭州的会展休闲产业可以进一步向四个方向纵深发展：（1）利用杭州丰富的文化场馆、文化园区与文化遗址，发掘、打造灵活分布、特色鲜明的会展空间；（2）深耕专业化管理，向会展业上游延伸，积极壮大、孵化或引进水平一流的会展运营、策划机构，提升杭州会展业整体实力；（3）有效对接杭州本地文化资源、创业资源与国际贸易资源，打造会展新专题、新项目，反哺杭州国家高新技术基地与国际电子商务中心建设；（4）充分发挥会展业与旅游业、体育产业、数字创意产业、艺术品业、餐饮业、酒店服务业等多元互动、多维协作的空间，不仅将会展打造为产业聚集平台，更要将其打造为新业态的融合平台，从而引领杭州会展产业向新生态、新体验延伸。

1. 运动文化体验休闲区。

建设路径：生态优化＋多业态开发

生态优化：立足于承办 2022 年亚运会带来的契机，以萧山区为主，协同相关区县，推动杭州在中外文化体育交流、国内外重大体育赛事承办、文化演艺和群众文化活动承办等方面整体优化体育文化生态，整体提升体育设施水准，整体塑造城市品牌形象，构建运动文化的多功能新型城市区域。

多业态开发：以富春江沿线丰富的自然景观资源为基础，同时，依托富阳区赛艇、滑翔产业的聚集优势，开发满足杭州本地居民、周边居民的户外运动休闲需求，借助亚运会激发的产业势能，推动当地形成以运动为主导特色、以旅游为重要载体、以休闲为核心体验的文化产业生态系统（图 6-15）。

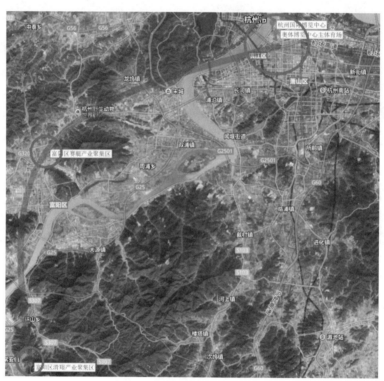

图 6-15　运动文化体验休闲区示意图

2. 节庆会展产业先导区

建设路径：要素集聚＋延长产业链

要素集聚：滨江区与萧山区可以协作打造江南会展创新服务区，依托临空经济区位优势、体育场馆优势、跨境电商综合试验区优势，在已经举办的会展节庆活动的基础上，大力发展多种形式的会议展览服务，继承和创办具有国际影响力的标志性会展品牌，引导会展专业人才、资金、项目向功能区集聚，培育酒店、中介、商贸等配套服务产业发展，建设全国一流、世界知名的会展服务中心。

延长产业链：整合杭州现有会展产业资源，包括拱墅区国际会展中心、西湖区西湖国际会议中心、滨江区白马湖国际会展中心、萧山区杭州国际博览中心、萧山区湘湖文化创意产业园等，深入挖掘新题材，策划一批具有国际影响力的重大展览和节庆活动，培育专业会展公司，打造完整的会展产业链（图6-16）。

图6-16 节庆会展产业先导区示意图

七、完善八项综合保障措施

（一）组织保障

在杭州市文化创意产业办公室统筹领导下，由杭州市宣传部、杭州市发改委、杭州市旅委、杭州市文化广播新闻出版局、杭州市经济和信息化委员会协助负责功能区规划的具体实施工作，并会同相关区县，研究建立市级部门之间、市区两级政府之间的沟通协调机制，共同研究解决功能区规划建设工作中的重大问题，包括发布功能区建设目标、年度计划和重点支持产业目录，协调推动重大文化项目落地等。规划实施牵头部门重点负责功能区的考核、评价和责任制度，并将功能区建设作为发展文化创意产业的重要参考指标，落实到各区县和相关部门的工作绩效考核当中。各区县要指定专门部门负责本区县的功能区规划建设工作，并将市级决策、措施落实到位。各功能区要因地制宜，不断探索完善功能和行政区紧密结合的有效工作机制，对于地处同一行政区，或者跨行政区域但建设主体和规划边界明确的功能区，由所在区政府牵头落实专门建设推进机构；对于基于产业链、产品链、信息链等整合而成的功能区，由市有关部门根据职能负责协调推进建设，各所在区政府负责做好在地建设工作。

（二）机制保障

首先，建立健全文创产业市场机制，降低文创产业准入门槛，破除文化创意产业与科技、现代服务业和传统产业融合发展的体制机制障碍，依托市文化改革和发展领导小组，建立规划衔接、部门合作、产业联盟、技术共享、市场共建的文化创意产业融合发展机制。其次，建立健全国际合作机制，全面提升功能区的国际化要素集聚，提升国际竞争能力。以功能区为载体，加强与国内外创意城市、国家和地区间的合作交流，重点推进设计和相关行业的产业联动、版权保护、风险投资、人才培养、机制创新等方面的国际合作，加快吸引国内外知名设计和相关产业的企业、组织、大师、工作室在功能区内设立总部或分支机构，鼓励功能区内文化创意企业积极参与国际分工，承接国际文化创意类外包业务；鼓励功能区内具有国际竞争力的文化创意企业加大对外投资，通过独资、合资、控股、参股等多种形式，在国外兴办文化创意企业，收购国际知名文化创意企业，逐步建立以北京为重要节点的全球文化创意产品和服务体系。远期鼓励功能区建立海外园区。

（三）财政保障

积极引导市级统筹的文化创新发展专项（产业类）资金支持重点功能区建设，鼓励文化创意企业和重大项目按照各功能区产业定位布局落地，推动功能区配套基础设施、公共服务平台和产业联盟建设，引导和支持各功能区文化创意产业发展；鼓励各功能区和所在区县结合自身产业发展基础和实际情况，设立文化创意产业发展资金，有效引导符合本区县功能定位的文化创意产业和优势企业向功能区聚集。具体鼓励办法包括以下四个方面：第一，税收优惠。对功能区具有引领作用的文化旅游企业或园区、楼宇、小镇运营商，按15%的税率征收企业所得税。由税率降低给企业带来的"收益"，主要用于企业自身的扩大再生产或文化创意与科技研发。第二，经营者奖励。对功能区内符合奖励标准的文化或旅游企业，按企业上一年上缴税收形成区级财力部分的5%连续3年给予企业主要经营者（或企业领导集体）特别奖励。第三，研发扶持。对功能区内文化旅游企业在引进、消化、吸收创意类、设计类、艺术表演类国外先进技术和知识产权等投入上给予补贴，投入在1 000万～5 000万元的，按实际投入的30%给予补贴；投入在5 000万～1亿元的，按实际投入的25%给予补贴；投入在1亿元以上的，按实际投入的20%给予补贴。第四，贷款补贴。对符合功能区发展方向且具有"高、精、尖"层次的文化旅游企业，对其实施重点项目所实际发生的贷款利息给予补贴。

(四)金融保障

充分发挥杭州市作为浙江乃至长三角地区金融产业高地优势,建立完善文化投融资体制机制,促进文化金融融合发展。积极建立健全文化价值评估体系和信用体系,鼓励银行、信贷和担保机构探索版权质押、股权融资、信用担保等多种方式,解决和缓解文化企业、文化项目融资难问题。鼓励功能区内文化创意企业通过并购重组、上市融资等方式,利用资本市场做强做大。优先安排功能区内符合条件的文化创意企业发行公司债、企业债、集合信托和集合债、中小企业私募债等非金融企业债务融资工具。鼓励和引导社会资本积极参与功能区重大文化项目建设,积极探索社会资本投资、银行贷款、政府奖励三者结合的文化产业金融促进模式,同时,努力创新多元化金融模式,如银行股权融资、基于无形资产的融资租赁、影视众筹、债券众筹、文化PPP,等等。充分发挥社会资本进入文化生产领域的积极作用,在文化产业市场交易繁荣的大背景下推动文化金融专业化发展。

(五)人才保障

深入贯彻中央"双创十条"《中共浙江省委浙江省人民政府关于深化人才发展体制机制改革 支持人才创业创新的意见》等意见精神,积极配合浙江省委、省政府《关于深化人才发展体制机制改革的实施意见》的政策实施,充分利用《中共杭州市委 杭州市人民政府关于深化人才发展体制机制改革完善人才新政的若干意见》《杭州市新引进应届高学历毕业生生活补贴发放实施办法》等政策,有效借鉴余杭区《关于实施引才"十百千"工程进一步打造余杭人才高地的十条意见》引智模式,制订符合文化创意产业功能区发展、有利于培养和引进世界顶级创意创新人才的政策措施。重点培养和引进一批文化创意产业领域的领军人物、高层次文化经营管理人才、文化金融融合的资本型人才、文化科技融合的创新型人才以及熟悉国际文化产业和贸易规则的外向型人才。鼓励功能区充分依托在杭高校资源和科研院所人才资源,建设产、学、研联动的文化创意产业创新人才培养模式,鼓励企业之间、企业与教育和研究机构之间联合组建文化创意产业专业培训网络,支持社会各界,尤其是大学生在功能区内创新创业。建立健全文化创意人才的认定机制、评价体系和激励机制,建立市级文化创意人才信息资源库和综合保障服务平台,建立杭州市文化创意产业高级人才专项户籍指标制度,在户籍办理、子女入学入托等方面提供政策保障。设立人才专项奖励资金,并鼓励各类人才以知识产权、无形资产、技术要素等作为股份参与企业利润分配。推广人才"打包"引进模式,以团队、核心人才带动等方式大力吸引海内外优秀高端人才入驻功能区。

(六)空间保障

做好文化创意产业功能区与杭州城市总体规划、主体功能区和各区县新城规划的衔接工作,基于土地节约、集约、利用的原则,在功能区内重点保障文化创意产业用地,优先安排重大文化创意产业项目用地计划指标。明确工业用地变更为文化创意产业用地的途径和政策措施,探索在杭州城市建设用地分类中增加文化创意产业用地分类，并在城市总规修编时，将文化创意产业建设用地纳入城市空间专项规划。同时，鼓励文化创意企业积极参与旧城、旧工业区和农村地区的产业升级改造，探索利用工业用地和集体建设用地发展文化创意产业的新模式。鼓励通过发展文化创意产业推动新城建设，对新城功能区内新建文化创意产业项目给予优惠政策的支持。具体政策包括机制优惠政策、土地优惠政策与房产优惠政策：（1）对于能够带动功能区和区县发展的文化创意产业重大项目，建立绿色通道，优先审批，严格监督文化创意产业建设用地的开发管理，避免出现地产化开发；（2）对于符合"高、精、尖"标准的文创产业用地，政府加大一级开发投入力度，政府负责投资达到"七通一平"标准；（3）对参与旧城改造、新城建设、老旧厂房"腾笼换鸟"的文创企业，其投资自建房产减免设计、监理、施工、采购招标交易服务费，减免建设期排污费。

（七）服务保障

第一，加强多样化、便捷化、专业化中介服务与平台服务建设，重点建设节展休闲产业、文化旅游产业、艺术品产业、创意设计产业、现代传媒产业、数字创意产业六大板块的平台保障，为功能区企业提供公共设施使用、技术认证、融资集资、行业交流和创业指导等服务，以提升六大板块对杭州市文化创意产业和城市功能空间的带动能力。第二，优化政务流程。对于符合功能区建设的文创企业，在办理企业工商注册、项目政府审批以及其他前置性政府审批的过程中，享受"绿色通道"待遇。政府在知识产权保护等方面提供更为高效、高质量的执法环境。第三，积极培育功能区内各类文化行业协会和文化中介组织，进一步加快产业要素聚集，提高产业运转效率，引导和培育各功能区产业联盟，发挥龙头骨干企业的示范和带动作用，整合行业资源、协调行业利益、制订共性标准、加强行业自律，共同促进文化创意产业健康快速发展。第四，完善和优化功能区人文环境、生活设施等配套基础设施建设，全力提升功能区文化创意氛围与配套设施服务水平，在交通、市政、环境、商务、生活等方面为功能区发展营造良好氛围。

（八）政策保障

落实国家、浙江省和杭州市支持文化产业发展的各项规划、法规及优惠政策，进一步研究制订促进文化创意产业发展的针对性政策措施，指导各功能区因地制宜制订发展规划和年度建设计划。一方面，市级各相关部门要研究制定支持创意文化产业功能区建设发展的共性政策，加大对功能区建设的规划、土地和财政政策支持力度，积极争取国家级和省级文化产业专项资金与其他相关专项资金向功能区倾斜；另一方面，要鼓励各功能区所在区按照"一区一策"原则制订专门政策，针对各功能区产业发展特点与规律，设立功能区建设专项资金与政策支持，探索建立差异化的功能区评价指标体系和监督管理机制。

北京清华（2016）

又一批学生毕业（2016）

北京文博会（2010）

南昌扬子州（2018）

江苏广电（2010）

北京（2017）

南昌湾里（2018）

宁夏（2014）

宁夏清真寺（2014）

宁夏大麦地（2014）

宁夏隆德（2014）

宁夏沙坡头（2014）

宁夏走访（2014）

宁夏规划馆（2014）

宁夏贺兰山（2014）

宁夏（2014）

福州寿山（2013）

宁夏（2014）

南昌湾里（2018）

福州长乐（2013）

南昌（2018）

广东肇庆（2009）

广东西沙（2011）

杭州（2019）

熊澄宇 著

熊澄宇策划规划集

（规划集）

清华大学出版社
北京

版权所有，侵权必究。举报：010-62782989，beiqinquan@tup.tsinghua.edu.cn。

图书在版编目（CIP）数据

熊澄宇策划规划集/熊澄宇著．—北京：清华大学出版社，2022.7
ISBN 978-7-302-59499-4

Ⅰ．①熊… Ⅱ．①熊… Ⅲ．①文化产业－策划－案例－汇编－中国 Ⅳ．① G124

中国版本图书馆 CIP 数据核字 (2021) 第 231682 号

责任编辑：纪海虹
装帧设计：刘　派
责任校对：王荣静
责任印制：杨　艳

出版发行：清华大学出版社
　　　　　网　　址：http://www.tup.com.cn, http://www.wqbook.com
　　　　　地　　址：北京清华大学学研大厦 A 座　　　邮　编：100084
　　　　　社 总 机：010-83470000　　　　　　　　　邮　购：010-62786544
　　　　　投稿与读者服务：010-62776969, c-service@tup.tsinghua.edu.cn
　　　　　质 量 反 馈：010-62772015, zhiliang@tup.tsinghua.edu.cn
印 装 者：三河市东方印刷有限公司
经　　销：全国新华书店
开　　本：185mm×260mm　　　印　张：71.75　　插　页：18　　字　数：1644千字
版　　次：2022年9月第1版　　　印　次：2022年9月第1次印刷
定　　价：388.00元（全三册）

产品编号：088637-01

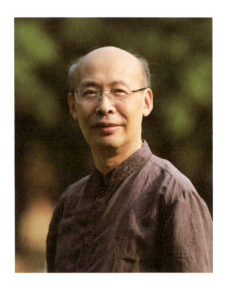

作者简介

熊澄宇,美国杨百翰大学博士,欧洲科学、艺术与人文学院院士,中央政治局集体学习主讲专家,文科资深教授。专业方向为跨学科战略研究。

长期担任清华大学学术委员会委员、新闻与传播学院学术委员会主任、新媒体传播研究中心主任、北京大学全球化创新领导力研究中心主任。

现任清华大学国家文化产业研究中心主任、中国传媒大学文化发展研究院院长、四川大学文科讲席教授、上海交大访问讲席教授、成都大学战略指导委员会副主任,海南师范大学熊澄宇院士工作站主持人。

序　言

自 2003 年 8 月应邀给中央政治局集体学习讲解我国文化产业发展战略以来，我主持完成了三项国家社科基金重大项目《发展我国文化产业的理论与实践研究》《我国文化产业政策研究》《基于总体国家安全观视野下的互联网治理体系研究》，出版了《信息社会 4.0》《世界文化产业研究》《媒介史纲》《世界数字文化产业现状与趋势》等学术专著，与全国 20 多个省委和中央部委理论学习中心组做过交流。

在研究和交流过程中，我深刻领会到，文化体现的是社会群体在物质符号、精神价值和行为制度层面的差异；文化产业是通过社会组织方式将这些差异转化为经济效益的过程。作为具有社会属性与经济属性并存的文化产业和信息传媒，涉及经济、法律、社会、传播、管理、科技、文化、艺术等众多领域，不能仅仅限于案头研究，更需要与社会实践相结合。

二十年来，我带领以清华教师和研究生为主的科研团队，走遍了全国三十二个省区市，与不同地域不同层次的政府部门合作，完成了三十多个相关的区域发展策划与规划，这里提供的是部分已经付之实施的成果案例，是我国文化产业和传媒领域发展的部分历时性记录。提供给大家共享与借鉴，欢迎批评。

感谢参与研究的团队成员，感谢提供机会合作研究的政府部门，感谢所有参与访谈、交流和提供帮助的每一个人。人民对美好生活的向往就是我们的奋斗目标。让我们从生产、生活、生态三个维度出发，共同做好这篇写在大地上的文章，不负时代，珍惜韶华。

2022 年 5 月

目 录

北京市海淀区文化大发展大繁荣规划建议 / 777

河南省文化改革发展试验区（禹州市）规划建议 / 795

芜湖市鸠江区文化创意产业规划建议 / 821

武汉市"十二五"文化发展规划建议 / 839

广州市文化产业振兴规划建议 / 859

湘潭市九华文化创意产业园区规划建议 / 877

天津市武清区"十二五"文化产业发展规划建议 / 893

北京市文化创意产业功能区建设发展规划建议 / 905

宁夏丝绸之路文化产业带总体规划建议 / 927

泉州市"十三五"文化产业发展规划建议 / 957

南京江北新区文化产业概念规划建议（2017—2022） / 997

北京市通州区文化创意产业发展规划建议 / 1017

南昌市湾里区幸福产业概念规划建议 / 1047

成都天府文创城产业概念规划建议 / 1093

北京市海淀区文化大发展大繁荣规划建议[①]

---

① 2009年海淀区政府委托课题。主持：熊澄宇。参与：吕宇翔、张铮、庞云黠、王武彬。

序言

一、规划背景

二、指导思想与发展目标

三、公共文化服务体系

四、文化创意产业

五、文化体制改革

六、保障体系

序　言

党的十七大从推进中国特色社会主义伟大事业的战略全局出发，做出了"推动社会主义文化大发展大繁荣"的战略部署，北京市也提出了建设"人文北京"的新理念，为了准确把握文化发展的重要战略机遇，进一步明确海淀区未来5～10年文化发展的战略目标和工作重心，将海淀区建设成为社会主义文化的"首善之区"，实现文化大发展大繁荣，特制定本规划。

【规划性质】

本规划是海淀区文化发展的总体规划，是海淀区文化发展的指导性文件。

【规划依据】

《胡锦涛在中国共产党第十七次全国代表大会上的报告》

《国家"十一五"时期文化发展规划纲要》

《北京城市总体规划（2004—2020）》

《北京市国民经济和社会发展第十一个五年规划纲要》

《北京市海淀区国民经济和社会发展第十一个五年规划纲要》

《北京市海淀区"十一五"时期文化发展规划》

《海淀区发展文化创意产业行动计划（修订稿）》

《北京市海淀区文化创意产业发展规划（2006—2010年）》

《中共北京市委、北京市人民政府关于建设中关村国家自主创新示范区的若干意见》

《财政部　海关总署　国家税务总局关于支持文化企业发展若干税收政策问题的通知》

《财政部　国家税务总局关于文化体制改革中经营性文化事业单位转制为企业的若干税收优惠政策的通知》

中央、各部委、北京市关于海淀区文化工作的一系列重要指示

《海淀区城乡居民文化消费及需求调研》等。

【规划时限】

近期2009—2015年

远期2016—2020年

一、规划背景

1. 发展基础

改革开放以来，特别是党的十六大以来，海淀区的经济社会发展取得了令人瞩目的成就，充分展现了包括文化在内的综合实力的作用和影响。作为全国知名的科技、教育大区，海淀的文化发展具有得天独厚的优势。

文化资源丰富。海淀区拥有以三山五园为代表的著名皇家园林和大量文物古迹，为文化发展提供了深厚的底蕴；拥有包括亚洲最大的国家图书馆在内的各类图书馆305个、20家博物

馆和中国剧院等100多处演出场所，为群众提供了丰富的文化生活；区域内有总政、空政、海政等各类专业文艺团体30余家、报社26家、期刊社179家、出版机构53家、知名网站38个，文化发展潜力巨大。

科教水平领先。海淀区具有全国领先的科技、教育水平，区内有以中科院为代表的科研院所192家，国家级重点实验室38个，各种形态的研发机构500余家，以清华大学、北京大学为代表的高校80余家，人才智力资源密集，在创新资源、创新产业、高新技术、国际交往等方面具有绝对的优势。

生态环境宜人。作为北京西部生态发展带，海淀区自然风景秀美，以皇家园林旅游区、大西山旅游区和稻香湖旅游区为代表的生态资源，与人文传统交相辉映，彰显了海淀灵动秀美的一面。

公共文化服务网络基本形成。全区现有社区服务中心20个、乡镇文化服务中心7个、农村文化大院77个、百米万册图书馆39个、75个500平方米以上的文化广场、59个农村数字电影放映厅，每个行政村、每个社区都建有文化室，为丰富广大人民群众的文化生活提供了有力保障。

群众文化活动丰富多彩。据不完全统计，海淀区共有648支业余文艺团队，群众文化整体水平较高；以"海淀文化节"为代表的大型文化活动已形成品牌，"五月的鲜花""夏日文化广场""海淀农民艺术节"等活动已经产生较大的社会影响。城乡居民对公共文化产品和服务的丰富程度、质量以及服务水平的满意程度都超过了半数。

文化创意产业发展迅速。2008年，海淀区4 000家规模以上文化创意企业实现收入2 500亿元，上缴税金近120亿元，利润总额180亿元。以软件服务业为代表的文化创意产业在海淀区经济发展大格局中举足轻重，在全市占比超过50%。

产业集群效应明显。海淀区已经形成了以中关村创意产业先导基地、中关村软件园、清华科技园为代表的文化创意产业基地和园区，形成了一批产业集聚带，吸引了大量驻区企业，为海淀区文化创意产业的发展奠定了基础。

文化消费需求旺盛。2008年，海淀区人均GDP达到10 000美元，海淀区城市居民人均可支配收入28 417.7元人民币，农村居民人均现金收入14 319.3元人民币，收入的增加为城乡居民文化消费升级提供了有力保障，区内超过50%的城乡居民2008年家庭文化消费显著高于2007年同期水平。

2. 存在问题

海淀区文化发展也存在一定瓶颈和问题，具体表现为：

文化发展尚未形成与科技、教育相适应的协调局面。长期以来，海淀区的文化定位和思路方向相对模糊、文化特色不够鲜明，在一定程度上导致海淀区文化相对于科技、教育而言处于落后地位。

文化创意产业类型单一，尚未形成多元化发展态势。在文化创意产业中，海淀区具有明显优势的仅有网络文化服务一项（按北京市的九类标准，还包括软件和计算机服务），而其他产业类别均未形成独有的品牌特色与优势。

缺少龙头文化企业，产业关联度低。因与国际文化市场规则接轨力度不够，海淀区大多文化企业的地区辐射力、产业带动力和国际影响力非常有限，未能使原创产品和关联产品、衍生产品形成互动发展。

缺少以海淀区为主题的原创性文化作品。目前，以海淀区为主题的原创性文化作品几乎没有，能够代表海淀人的精神风貌、带有鲜明的海淀文化特色、体现海淀精神、传播海淀形象的文学及影视作品欠缺。

缺乏差异性、不可替代性的文化消费场所。海淀区还没有形成独有的、不可复制的文化消费氛围，缺少只有到海淀区才能体会到的文化消费场所。

区域文化资源的整合不够。海淀区域内拥有众多的国家级文化单位、文艺团体和场馆设施，也搭建了多种资源整合途径，但深层次、实质性的合作平台还不多，资源优势尚未形成竞争优势。

文化设施与文化服务分布不均。目前，海淀区的公共文化服务机构和经营性文化消费场所大多集中在南部地区，而田村、清河、西三旗等新兴大型居住区与北部农村地区的文化消费场所和文化活动较少。

缺少知名的文化活动和文化品牌。海淀区的文化活动品牌影响力大多停留在海淀区域内，知名度、美誉度都相对较低，没有能够在全国乃至世界上叫响的文化品牌。

二、指导思想与发展目标

3. 指导思想

海淀区文化大发展大繁荣要以科学发展观为指导，以保障人民群众的基本文化权益、满足人民群众日益增长的精神文化需求为基础，以体制机制创新为动力，以优势产业和公共文化服务为重点，以重大文化基础设施和活动项目为抓手，以建设高素质文化人才队伍为保证，解放和发展文化生产力，在文化发展上形成与教育、科技相呼应的"文化大区"，以促进海淀社会经济全面发展。

4. 文化特质

海淀区文化最为突出的特质可表述为："教育领先、科技示范、文化多元"。以清华、北大为代表的一流高校和以中关村为代表的科技创新已经形成了海淀区的一张名片，而多元的文化正在成为海淀区新的凝聚力和制高点。

"传承·创新·包容·活力"四个关键词可以概括海淀文化的内涵："传承"绵延了海淀悠久的历史文化；"创新"是改革开放以来海淀精神的内在写照；"包容"代表了海淀文化的多元与共进；"活力"表征着驻区人群的蓬勃朝气。

厚重的历史传统、丰富的文化遗产奠定了海淀区的文化资源优势；密集的高等院校、科研院所、高科技企业形成了海淀区创新的源泉；不同类型的校园文化、企业文化、军营文化、社区文化形成了海淀区文化的多元交融；众多中小企业、高新科技、创业人才、年轻学生构成了海淀区发展的无限活力。

5. 路径选择

海淀区文化大发展大繁荣的路径可概括为：一个驱动、两个依托、三个重点、四大工程、五类保障。

"一个驱动"，即知识驱动。这既是海淀区文化发展的基础优势，又是全球文化发展的必然趋势。只有站在知识驱动的平台上，才能充分发挥海淀区的各项优势，在竞争中占得先机。

"两个依托"，即教育和科技。优秀的教育资源为海淀区提供了源源不断的人才储备，这是文化发展的根本需要；领先的科技水平则意味着高端、高值、高效、高辐射力的文化产业和前瞻的文化视野，这是文化发展的客观要求。

"三个重点"，即公共文化服务体系、文化创意产业、文化体制改革三个重点方面。只有这三个方面共同进步，才能实现海淀区文化与社会经济的协调发展，真正实现海淀区文化的大发展大繁荣。

"四大工程"，即文化基础设施工程、文化品牌营造工程、文化产业促进工程和文化人才培养工程，这四大工程是实现海淀文化凝聚力和抢占文化制高点的主要推动力。

"五类保障"，即文化政策保障、服务保障、资金保障、人才保障和市场保障，这是海淀区文化大繁荣大发展的有力后盾。

6. 发展目标

海淀区文化发展的总体目标是：将海淀区建设成为首都的社会主义文化"首善之区"，率先实现社会形态的新跨越。

近期目标：用 5 年左右的时间，形成完善的文化发展配套政策体系，形成良好的文化发展领导与管理机制，完成对不同类型文化事业单位的体制改革，培育一批有影响力的国有文化企业；基本完成全区公共文化服务体系重点文化基础设施的建设，形成结构合理、发展平衡、网络健全、运营高效、服务优质的覆盖海淀城乡的文化网络；形成差异发展、互为支撑、布局合理的创意产业集群，力争到 2014 年，文化创意产业收入占全区 GDP 的 40% 左右，平均年增长率在 20% 左右；完成文化创意产业投融资平台建设，重点培养一批行业龙头企业做大做强，加强文化创意产品和服务的国际市场竞争能力。

远期目标：到 2020 年，海淀区的文化发展水平要与科技、教育、社会经济发展水平相适应，形成科技、教育、文化三足鼎立的新格局。并努力做到社会主义核心价值体系深入人心，公共文化服务体系更加完备，文化创意产业发展充满活力，多重关系的高度协调。通过不懈努力使海淀区真正成为社会主义文化的首善之区、示范之区、文明之区、和谐之区。

三、公共文化服务体系

公共文化服务体系是维护人民群众享用文化权益的基本途径，是繁荣发展社会主义先进文化、构建社会主义和谐社会的重要保障。海淀区应当建立与全区经济社会发展相适应，与社会基本需求相适应的高效率、高水平、高覆盖、功能完备的公共文化服务体系，切实保障人民群众日益增长的精神文化生活需要，有效推动和谐社区、和谐社会的建设。

7. 完善公共文化基础设施

改建、新建大型公共文化基础设施。按照高起点、高标准和适度超前的要求，集中力量改建和新建一批大型公共文化基础设施。建设"海淀文化艺术中心""海淀图书馆新馆""海淀博物馆新馆"等，并由其带动周边区域的环境改善、文化氛围发展。

增建山后地区文化活动中心。改变北部新区文化服务场所缺乏的现状，在温泉镇建设山后地区文化活动中心，服务于温泉、苏家坨、上庄等地区的群众，推动山后地区文化活动的开展。

在清河、上地、西三旗地区和公主坟地区建设群众文化消费场所。如电影院等，与周边街道文化中心进行功能整合，解决这些新兴居住区和商圈周边缺少文化配套设施问题，丰富群众业余文化生活。

加强街道和农村公共文化阵地建设。按照"小而精，多而全，星罗棋布，方便市民"的设施布局建设基层文化设施，提升硬件水平。保证区域内市民能够在出户后较短距离较短时间内就能找到一个公共文化活动场所。在未来5年内重点建设30个星级"社区文化活动中心"和10个星级"乡村文化活动中心"。

8. 创新公共文化服务方式

加大对公共文化服务的投入。设立海淀区"公共文化服务专项资金"或"公共文化服务专项基金"，采用政府拨款与基金运作的方式，加大政府对公共文化服务的投入。利用专项资金全力推进文化基础设施工程、文艺演出星火工程、文化遗产保护工程、公共文化人才培训工程"四大工程"建设。

建立健全绩效考评办法。对公共文化服务组织机构进行定期考核评估，完善监督与激励机制，杜绝空壳化和闲置浪费现象。充分发挥现有文化设施作用，努力增加活动内容，变换活动形式，增强活动吸引力。

实现公共文化服务均等化。海淀区人群分化明显，城乡差异较大，需要因地制宜、统筹规划，以满足区内群众多元性差异化的文化需求。办好文化服务车、文化服务点、文化服务班"三项文化服务"活动。让公共文化服务深入区域内的每一个角落，确保海淀区居民有机会、有能力、有权利接近与公民基本权利有关的公共文化服务项目。

鼓励社会力量兴办公益性文化事业。综合运用资金补偿、税收优惠等激励机制，促使各类民间资本和生产要素向公共文化服务领域合理流动。集合政府权威供给、市场商业供给、第三方志愿供给和居民自发供给多种供给形式，形成政府主导、社会参与、市场运作、多方投资的公共文化发展格局。

引导居民积极参与到公共文化建设中来。发挥公益性事业单位、非营利组织、企业以及群众自发组织的文化团体的能动性，提高公共文化服务的供给能力。组织多种形式的海淀区内文艺团体和民间文化社团开展文艺会演、秧歌大赛、合唱大赛等多种类型的文化活动，推动群众间的文化交流。加大街道、乡镇之间的文化交流，积极营造活跃、健康向上的文化氛围。

9. 实施文化品牌营造工程

创作具有鲜明特色的"海淀大剧"。深入实施文化精品工程，加大原创精品的扶持和激励力度，打造海淀区的"五个一"工程，以海淀区为主题，投资拍摄（制作）一部电影、一部电视剧、一出舞台剧、一场实景演出、一台综艺节目。以一流的创作体现海淀区独有的文化韵味，以高品质的制作展现海淀区的精神风貌，以市场化手段进行全方位的推广，激发群众对海淀区文化的热情，拓展海淀区的整体形象。

继续办好特色文化活动。夯实"海淀文化节"的黄金品牌，打造"五月的鲜花""中关村文化艺术节"等特色品牌，重点培育"海淀高校演出季""海淀音乐节"系列品牌，打造海淀文化馆小剧场原创文化首演基地。充分发挥海淀艺术团联盟的引导与辐射作用，树立海淀文化服务的品牌，繁荣区域文化生活。

复原"海淀"工程。利用翠湖湿地和稻香湖地区水路，再现海淀区"淀大如海"的历史景观，形成海淀区独有的、不可替代的观光游览和文化消费场所。结合其他公共文化设施建设，形成海淀区新的标志性景区。

10. 加强文化遗产保护利用

增强文物保护意识。提高对文物保护工作的重视程度，改变重经济建设，轻文物保护，只重眼前利益，不顾长远利益，重局部利益，不顾社会效益的思想。重点单位和遗产周边的建筑施工必须经过专家考证才可审批，避免出现文化遗产和周边环境相冲突的"孤岛"现象。继续下大力气进行流散文物的收集保护工作，对散落全区各处存在安全隐患的文物进行集中存放或安装护栏。

拓展、利用区内历史文物资源。利用海淀区高科技资源集中的优势，开发虚拟环境的颐和园、圆明园景观建设以及文物展示工程，深入发掘和弘扬中华文明。

保证专项资金投入。用于恢复和维持重点文物保护单位与重要文化遗产的历史原貌。设立非物质文化遗产保护基金，深入挖掘整理区内非物质文化遗产，利用现代化技术手段进行完整记录；资助非物质文化遗产的项目传承人，建立传承机制，组织培训、教学和展示。

利用多种机制弘扬非物质文化遗产。出台相关扶持政策，利用市场机制，对"曹氏风筝"等适合产业化的非物质文化遗产项目进行产业化改造，打造文化品牌。作为群众文化活动的项目，对扑蝴蝶、花样空竹、传统插花等项目加以推广，将其转化为群众文化活动资源。利用各种媒体、多种形式开展非物质文化遗产的宣传工作，提高公众的认知度。

四、文化创意产业

文化创意产业具有高知识性、高附加值、高融合性等特征，同时也有投入周期长、投入数额大、固定资产比值小等不确定因素。依托海淀区的科技、教育优势和产业发展现状，重点发展软件与信息服务、动漫游戏、数字出版、数字影音、移动内容、设计服务、教育培训、艺术品交易、演出和休闲娱乐、高科技会展服务、旅游文化服务等产业子门类。

近期，以其中基于数字技术的软件与信息服务、动漫游戏、数字出版、数字影音、移动内容五大先导产业为龙头，加快形成文化创意产业集群。利用海淀的教育、科技优势，逐步形成一批具有较强实力的内容提供商，发挥文化创意在内容生产中的作用，促进文化内容创作生产的繁荣。通过打造若干文化创意产业聚集区，推动文化创意产业投融资平台建设，吸引国内外文化创意项目进入，确保海淀区在北京市乃至全国文化创意产业的领先地位。

11. 重点发展领域

● 软件与信息服务

依托海淀区的软件产业基地、信息服务基地、骨干企业和大学科研院所，建设我国操作系统、数据库、中间件等中高端软件产业化基地，使海淀区成为世界软件研发中心和软件外包服务中心之一。重点发展具有自主知识产权的产品，大力扶持市场美誉度高的重点企业。推进企业国际化进程，形成一批在全国，乃至世界上具有较强实力与竞争力的大型软件和软件外包企业。加强扶持在汉语世界占有主流地位的网络媒体企业，培育具有国际竞争水平的信息服务平台。

● 动漫游戏

依托中关村创意先导基地、北太平庄地区影视制作产业集聚区、学院路及周边沿线的动漫游戏设计产业带，加速产业集聚，发挥产业集群效应，形成合理的专业分工和配套。巩固数字动漫游戏领域在技术创新、开发、运营等领域的竞争优势，重点扶持引擎开发，动漫游戏设计、制作、网络运营和增值服务；借助资本运作，以形象和品牌为载体，大力推动和扶持图书期刊、音像制品、玩具文具、少儿服装、主题公园、娱乐设施等与动漫关联的衍生品的开发、生产和经营。提高产品原创能力，通过征集活动等形式发掘优秀作品，扶持骨干企业。

● 数字出版

海淀要巩固传统新闻媒体在策划、营销、发行、发布等方面的优势，发挥驻区出版单位的积极性；要抓住数字技术和互联网技术带来的产业融合的机遇，加速人民大学版权交易中心建设，加快打造国内新媒体基地，培育骨干企业，逐步形成完整的产业链，使海淀成为我国数字传媒和网络出版技术研究开发中心、版权交易服务中心。

● 数字影音

借助电影资料馆、影视资源库、北京电影学院、中央电视台、北京电视台等资源优势，鼓励发展影视节目策划制作发行、影视剧策划制作、影视广告制作、影视作品营销等相关产业。在中央电视台、北京电视台东迁后，继续鼓励内容产业在海淀区的制作与交易，提供良好的服务与氛围。组建数字电影、数字电视和数字音乐的产业联盟，形成上中下游产业各环节的良好互动，真正形成一条从内容制作到终端交易及消费有效衔接的完整产业链。

● 移动内容

移动内容是文化创意产业中新的增长点。要从软硬件两个方面加大投入，积极拓展各类增值服务，开发手机、上网笔记本等移动终端。伴随我国3G业务的开展，大力发展可供移动终端使用的视频、动漫、音乐等综合内容产业，形成若干移动内容供应的骨干服务商，在信息传输、内容提供、服务标准等方面形成自己的商业模式。

● 设计服务

要把提升设计力作为海淀区实现产业转型，发展创新经济的重要引擎。依托集聚于海淀区的大量国家级城市和建筑设计院、设计单位，以及一批具有很强竞争力从事产品设计、IC设计等服务活动的民营设计公司，重点发展集成电路设计服务业；加快发展工业设计服务业、产品设计服务业，城市规划设计、工业和民用建筑设计以及城市景观设计服务业，形成完整产业链条，创造高附加值产品，进而形成强大的品牌优势。

● 教育培训

要充分发挥海淀区丰富的教育资源，加快多层次的教育培训体系建设，促进教育培训产业的发展。充分利用通信网络基础设施，提高课件开发能力，加快远程培训、远程教育等数字学习产业的发展。要将海淀区建设成全市乃至全国创意产业人才培训的中心，吸引并培训全市乃至全国的各类创意人才。

● 艺术品交易

艺术品交易是随着我国经济发展逐渐兴起的一个颇具活力的产业类型。海淀区应抓住这一契机，充分利用自身优势，结合"三馆一中心"的建设，规范和完善民间艺术品收藏市场，吸引国内外顶级艺术品交易公司进驻，并与海淀高科技发展相结合，搭建艺术品产品及产权交易平台，吸引多种类型、不同档次的艺术品进入市场，服务于广大人民，提升群众的艺术品位。

● 演出和休闲娱乐

精心打造海淀艺术团联盟，不定期推出专业精品演出剧目，与城乡群众文化活动相呼应，拓展海淀区演出市场。积极推动国家排演中心和中国电影放映中心的建设，吸引国内外精品剧目在海淀区上演，同时，引入先进的管理理念，使海淀区成为国际知名的高端艺术演出汇集地。另外，要发挥海淀区博物馆、艺术馆、文化馆、图书馆密集的优势，为群众提供多种形式的休闲娱乐文化产品。

● 高科技会展服务

充分利用现有的高科技优势，在山后地区建设文化科技主题园区，定期举办各种以高科技为主题的会展服务，通过高科技产品的展示和交易，推动经济发展；也可以通过创新数字展示技术，为各类产品提供全新的现实或虚拟体验，形成新的行业增长点。会展业还可以联动其他相关产业，如旅游、餐饮、物流等，集约形成区域发展的新动力。

● 旅游文化服务

充分利用海淀自身历史文化、教育科技、自然景观等资源，开发具有海淀特色的旅游和休闲娱乐文化产品：皇家园林旅游区，重点打造皇家园林特色文化旅游品牌，开发历史文化高端深度游；大西山旅游区，依托西山文化，开发自然生态、乡村民俗、康体保健游；稻香湖旅游区，依托良好的自然生态环境，开发高端会议展览、休闲度假游；中关村地区，发挥中关村科教旅游资源的优势，开发科教体验、修学观光旅游。

12. 搭建文化创意产业投融资平台

设立文化创意产业专项基金。由海淀区政府每年拿出一定比例的财政收入作为文化创意产业发展繁荣的保障，设置如"海淀文化创意产业基金""海淀文化创意产业投资基金""海淀文化创意企业孵化基金"等专项基金，为那些市场发展前景好、科技含量高、带动作用强的中小文化创意企业提供资助或贷款担保，使其在创业初期拥有足够的资金来迅速进入高速成长期。

促进投资主体多元化。在政府的专项基金带动下，拓宽融资渠道，充分发挥商业银行的信贷筹资、民间资本投资、上市融资等多种途径，引入风险投资资本、商业担保、知识产权质押贷款和其他投融资渠道，吸引海外、民间资本进入。制订详细的章程，建立有效的退出机制，对文化创意企业进行投资，扶持有发展前途的企业做大做强，实现政府、企业、资本的三方共赢。

完善专业中介服务市场。与文化创意产业相关的中介服务包括资产评估、投资咨询、信息、财务、法律、监理，以及设计、设备供应、施工等多个方面，要有限制、分步骤地放开中介服务市场，引进国际竞争，促进中介机构提高服务质量和水平。保证咨询机构相对于政府部门的独立性，所有的文化创意产业、政府投资项目也必须通过"公开、公正、透明"的招投标程序选择中介机构。严格中介机构的从业登记和资质评定制度，规范市场行为，加强竞争机制，使中介服务市场更加有效地运行。

推动政府信用机制建立。从政府投资信用公开机制、政府投资信用保障机制、政府投资信用责任追究机制三个方面构建政府信用机制。通过综合授信等方式为区内项目融通资金，由信用作为担保，对项目实行捆绑打包，简化贷款程序，实现借贷双方高效运作。成立文化创意产业专家评审委员会，设立文化创意资本认证体系，对文化创意产业项目进行评审，给出评估报告，确定哪些项目给予专项支持，哪些项目可以帮助寻找资金支持，哪些项目可以协助推广。

13. 打造文化创意产业集聚区

● 创意大道

在四季青杏石口地区建设国家排演中心和中国电影放映中心，形成一个由不同规模、不同风格剧场和影院组成的舞台、电影艺术集聚区，积极构建首都文化演出平台的新高度。引入国际一流的管理模式，带动与运营剧院演出相关的创意、制作、表演、宣传、售票、融资投资、法律服务、人才培训等产业链的聚集，并由此形成一个充满活力的海淀区"创意大道"。

深入挖掘国际国内演出市场潜力，引进国内外各类高水平的文化演出，推出经典文化作品、品牌文化活动，逐步使"创意大道"成为大师名家的会聚地、精品力作的盛产地、多元文化的展示地、创新文化的辐射地。

● 文化科技主题园区

利用海淀区的科技、教育等诸多优势资源，在北部新区打造一个集创意、展示、体验、消费为一体的文化科技主题园区，以"人·创意·体验"为主题，将科技体验与文化娱乐结合起来，让观众参与其中，真实体验现代科技带给人们的各种惊喜。同时，它也是一个产业服务、产业交流的平台，可以定期展出最新产品，举办产品发布会，或者对新概念和新创意进行专题研讨。

● 特色文化街区

依托不同区域已经和正在形成的文化特色，努力建设异域、民族、历史和现代四个特色文化街区。采用精心安排、积极引导、合理设计，以及局部改造等方式，使这些街区成为海淀区文化的突出亮点。

依托五道口地区已经形成的以韩国餐饮、酒吧、娱乐、网吧为代表的异域文化消费项目，挖掘北京语言大学留学生聚集优势，建设"异域文化特色街区"。

以中央民族大学为核心，进一步挖掘中央民族大学各民族聚集地的独特优势和本地区民族大学表演系、解放军艺术学院、北京舞蹈学院等文化资源优势，建设以民族餐饮业和歌舞、音乐表演为主的"民族文化特色街区"。

依托颐和园、圆明园已有的传统文化资源，在两园之间规划"传统文化特色街区"。恢复明清风格的建筑风貌，与颐和园东宫门的生态绿色广场相结合，以西部山区为背景，融合自然文化、皇家文化与民俗文化，建设明清文化展示、民俗文化体验、东西文化交流的特色街区。

以中关村文化广场为带动，集中周边的消费场所、步行街道、咖啡馆、画廊等文化场所将其打造成"现代文化特色街区"。

● 文化创意产业基地建设

通过系统规划、整体布局、有序推进，形成"产业配套合理、专业分工清晰、集群效益明显、功能配备完整、资源共享充分"的产业集群发展格局。近期，海淀区将重点推进中关村创意先导基地、中关村软件园、中关村创意园、清华科技园创意产业基地、罗豪斯创意产业基地、中关村创新园6个基地（园区）的建设；重点引导北太平庄地区影视制作产业集聚带、学院路及周边沿线的动漫游戏设计产业带、魏公村和白石桥地区的创意人才培训与表演艺术产业带、甘家口地区的工业与城市设计产业带4个产业带的发展。

14. 创办数字内容产业年会

"数字内容产业年会"以海淀区自身的数字内容产业为依托，在此基础上区别于一般的高科技展览，将"内容"作为突出的展示特色。可设计组织覆盖半年或者全年的活动，将高科技会展、内容产业交易、项目运作、文化交流、知识产权推介等活动纳入这一平台。

该年会可包括每季度一次的大型会展或评选活动，一项横跨数月的电子竞技赛事，以及常规性的沙龙、展览、表演、研讨，等等。以动漫节、游戏展、内容创意大赛（手机、网络、音乐、文学、影视等）、电子设备产品展示等多种形式呈现。每次大型活动，现场可以持续三天到一周时间，事前可以安排较长时间的媒体推广与大众参与阶段，力求使其规模化、体验化和品牌化。

活动主会场可以设在规划建设的文化科技主题园区中，也可以根据具体的需求进行选择，既可以是海淀区内各现代化大厦的发布厅和公共空间，也可以是山后地区的院落、酒店，还可以充分利用现代科技建设网络虚拟展馆。

五、文化体制改革

"建设服务型政府"是党的十七大提出的国家行政体制改革的总方向，同时，也是全面推进社会文化大发展大繁荣的重要保障。在推动公共文化服务与文化产业健康发展的过程中，政府部门首先应当是一个服务者，其次还应当扮演引导者与协调者的角色。

15. 体制机制创新

协调机构设置。区委区政府成立"海淀区推动文化大发展大繁荣领导小组"，并下设领导小组办公室，统筹领导全区的文化发展建设工作；同时，还设立了"海淀区文化发展专家委员会"，为海淀区的文化发展建言把关，发起成立"海淀艺术团联盟"，为丰富群众文化生活奠定基础。

在此基础上，适时设立相关机构，为重点项目投融资和文化创意产业集聚区的发展提供服务；完善政府组织保障，强化领导力和执行力，整合不同部门与文化相关的职责和工作范畴，构建一个有利于文化大发展大繁荣的服务型工作体系。

创新体制机制。在有效的组织保障的基础上，以海淀区推动文化大发展大繁荣领导小组为核心，统筹把握海淀区文化发展的方向，加快政府职能转变，由过去既管文化又办文化向引导、监管、服务转变，做到有所为有所不为。进一步完善文化市场综合执法改革，深化区文化行政管理部门机构改革，推进政企分开、政资分开、政事分开、政府与市场中介组织分开，强化政策调节、市场监管、社会管理和公共服务职能。

16. 文化事业单位改革

完成经营性文化事业单位转制。深化文化事业单位改革，完成对海淀剧院、电影处等经营性事业单位的剥离工作，按照"创新体制、转换机制、面向市场、壮大实力"的方针，有计划、有步骤地实现市场化运作，培育新型文化市场主体。通过建立现代企业薪酬体系和聘用制劳动关系，保障从业人员的合法权益不受侵害；在改制的前三年给予一定的财政、税收优惠，切实做好人事、社会保障政策的衔接，妥善安排富余人员；同时，要确保国有资产安全，防止国有资产流失。

深化公益性文化事业单位内部改革。针对海淀图书馆、博物馆、文化馆等文化事业单位，明确其公益性属性，保障人员配备，加大财政投入，提高服务水平，完善内部岗位设置，明确岗位职能，建立公平合理的分配机制；足额缴纳职工养老、医疗保险及住房公积金，解除干部职工的后顾之忧；建立健全各种切合实际的规章制度，实施科学考核评价体系，精确量化评价指标，努力扩大服务范围；加强区域文化资源统筹力度，建立各级各类文化单位、艺术团体之间畅通的联系渠道。

加强区属媒体建设。继续探索区属媒体融合的途径和方式，形成报纸、电视、网络、外宣四位一体的宣传格局，发挥整体合力，形成品牌；抓好重大主题活动的宣传工作，积极引导社会热点问题，畅通新闻发布机制，规范信息发布途径；推进"海淀数字频道"的建设和试运行，加大农村地区电视传输网络的整合力度；加强区域新闻资源、单位、大型门户网站的合作力度，主动推出一批宣传专题，抢占新兴媒体阵地，形成新闻宣传共赢的新格局；探索事业单位用人新机制，优化区属新闻人才构成；精心办好《海淀报》和《海淀宣传》。筹建"海淀新闻大厦"。

17. 区域文化资源整合

以"中国·海淀艺术团联盟"模式整合区内资源。充分发挥"中国·海淀艺术团联盟"整合区域内文化演出资源的平台作用，大力开展文化艺术创作、文化艺术表演、文化艺术交流等活动，不断拓展院团艺术发展空间，繁荣区域文化艺术生活，促进院团和区域文化艺术事业的共同发展，实现文艺院团、百姓、公共管理部门的多赢格局。遵循"共存、共责、共建、共赢"的理念，有效利用中央国家机关和军队文化资源，推动区域文化资源的整合与利用，提升区域公共文化服务水平和区域文化艺术形象。

形成区内军营、企业、校园、社区等亚文化的互动机制。海淀驻区机构中蕴含着类型丰富的军营文化、企业文化、校园文化和社区文化资源，可以通过政府采购、资金补贴、政策倾斜、资源轮换、无偿提供基础设施等机制激发不同机构的积极性，通过设立如"海淀高校演出季""区域单位文艺汇演""开放日"等活动让这些相对封闭的文化资源提高开发程度，加强交流，互为补充，真正成为百姓能够接触的文化源泉。

建立海淀公共文化资源信息平台。在建立专家库、顾问团的基础上，实现设施信息、人才信息、产品信息的数字化和共享化，使得决策有数可查，有据可循，实现区域内资源的统筹协调。编撰一本公共文化服务指南，绘制一幅公共文化服务地图，搭建一个公共文化服务信息网，多维度、多渠道普及公共文化服务知识，传递公共文化服务信息。保证信息更新即时、内容丰富、运转有效，推动区域内公共文化服务资源的充分利用。

18. 海淀文化"走出去"

广泛开展对内对外文化交流。实施"引进来"和"走出去"相结合的开放战略，积极拓展对内对外文化交流领域和渠道，努力形成政府推动、企业主导、社会参与、市场运作相结合的对内对外文化交流格局。培育一批具有海淀区特色的对外文化精品项目，参与国内外文化市场竞争，扩大对外交易，促进文化产品和服务的出口。

充分利用海淀区高校与研究机构对外交流活动。发挥青年团体的能动性，承办大型国际学生艺术节，资助学生艺术团体的对外交流，争取引入一些国际知名的学生艺术活动（如国际学生合唱节、艺术展演等）并落户海淀区，形成良好的文化交流机制，将海淀文化打造成在北京、全国甚至国际均有一定影响的文化品牌。

积极支持企业开拓海外市场。培育一批外向型骨干文化创意企业参与国际竞争，支持企业参与国际展会及进行国际知识产权保护。从政策、渠道、资金、人员等方面提供有力的支持，鼓励企业自有知识产权产品的全球化战略。大力发展文化产品的外包服务，提升企业和产品在国内外市场的竞争力，提高海淀文化创意产品在国际市场的品牌知名度和美誉度。

提升海淀文化的国际氛围。在海淀区公共设施中增加国际化元素，如推出外文版的海淀文化指南，吸引国际友人参加社区文化活动，体验海淀生活文化的魅力；加强五道口异域文化特色街区的建设，为在区人群（包括国际人士）提供多元化、多层次的文化活动，吸引国际餐饮娱乐设施的落地，挖掘海淀区相关历史文化传说并翻译为多国语言，通过互联网等多种渠道传播，在弘扬中国传统文化的同时，帮助在区人群深入海淀、了解海淀、认同海淀，形成国际文化与国内文化相融共济的良性互动。

六、保障体系

海淀区的文化繁荣和发展进程牵涉到产业发展、经济水平、教育、科技、社会发展、历史文化资源、公共服务等多个方面，需要建立一套完备的保障体系来支撑系统的正常运行，确保文化大发展大繁荣目标的实现。

19. 落实各类文化发展政策

认真落实国家、北京市和中关村科技园区的各项优惠政策。落实高新技术产业、文化创意产业的税收优惠政策，认真执行《北京市促进文化创意产业发展的若干政策》和《北京市文化创意产业投资指导目录》《北京市文化创意产业专项资金管理办法》等一系列相关政策，对符合条件的文化创意企业提供专项支持。同时，积极争取国家和北京市的政策、资金，利用既有优势，在海淀设立各类文化创意产业的高新科技研发中心、文化标志性工程、文化创意产品和服务出口基地，积极争取国家级重大文化项目落户海淀区。

充分利用中关村国家自主创新示范区建设契机。落实国家给予海淀区建设中关村科技园海淀园示范区核心区的相关政策措施，开展股权激励和科技成果转化奖励试点，深化科技金融改革创新试点，实施支持创新创业的税收政策。同时，落实《财政部海关总署国家税务总局关于支持文化企业发展若干税收政策问题的通知》和《财政部国家税务总局关于文化体制改革中经营性文化事业单位转制为企业的若干税收优惠政策的通知》，给文化创意产业企业争取更大的发展空间。

20. 建立高效文化服务平台

加快文化服务平台建设。充分利用和整合现有的公共技术、企业信用、企业孵化等平台资源，进一步加快公共技术服务平台、企业公共服务平台以及文化创意企业孵化器建设，为文化创意企业构建开放、快捷、专业的产业公共服务体系。

发布海淀文化统计监测数据。按国家和北京市相关统计指标，建立健全"海淀文化创意产业动态统计指标体系"和"海淀公共文化服务动态统计指标体系"，帮助从业人员、机构和决策者发现区域文化各层面发生的变化，洞悉产业增长的波动与转变，对现有公共文化产品和服务进行评估考核。

21. 保障资金投入有效监管

完善财政投入机制。继续严格按照法定增长安排文化事业经费，将公共文化事业经费完全纳入政府公共财政体系，除保障文化主管部门和相关事业单位基本支出与日常运转外，政府财政投入主要用于建设基层文化设施、配备基层文化设备、开展基层文化活动和支持全区大型文化活动以及其他公益性文化发展项目。改革政府公共财政的投资方向和重点，通过设立文化发展专项资金，由对文化单位和从业人员的一般性投入，转变为向文化项目投入资金为主，对重要项目和工程要分别设立专项经费和资金，进一步加大对基层和农村的倾斜力度。设立固定的文化创意产业专项基金，建设文化创意产业投融资平台，引导社会资本进入文化创意产业领域。

完善资金的管理与使用。文化发展专项资金采取项目库管理制度，由文化主管部门统一管理。在保障经费投入力度的同时，还要制订完善的资金管理与使用规则，制订详细的项目评审流程，确保政府资金投入得到有效的监管，同时，也保障社会资本应得的权益。要规范各种资金的管理和使用办法，落实区内已有专项资金管理办法，制订详细的资金使用规范和项目评审流程，提高资金综合利用效益，更好地发挥其引导和调节作用；要建立责任追究制，通过相对独立、高水平的财务预算中心，逐级签订责任保证书；同时，进一步强化绩效评估机制，推行文化项目的立项、申报、评估以及公开招标和政府采购制度，推动常态运作，提高投入效率。

22. 营造宽松的人才发展空间

吸引和留住三类关键人才。推动海淀区文化的大发展大繁荣，要把握三类高端人才：其一是区内科技、文化创意产业的高级管理与运营人才；其二是处于文化创意产业链最上游的原创人才；其三是文化名人、专家、学者和学科带头人。建立规范的人才管理体制，对特殊人才进行特殊扶持，要利用各种资源和手段积极营造有利、宽松的人文环境和政策环境，为其在区内从事文化艺术活动提供必要的优惠和便利条件，吸纳国内外优秀人才来海淀工作，共同形成海淀区良好的文化发展氛围和海淀区的形象品牌。

改进人才引进策略。推广人才"打包"引进的方式，以团队引进、核心人才带动引进等方式引进海内外优秀高端人才，鼓励企业采取高薪聘用、兼职、期权等推行人才、技术、成果等要素参与收益分配多种方式，吸引紧缺人才的加入，造就高素质的文化创意专业人才和经营管理人才队伍；鼓励高等院校、研究机构和企业开展文化创意人才的国际交流，对文化创意人才海外培训、海外专家和大学生来京研习予以资助，对文化创意企业引进外国专家、留学人员或建立博士后科研工作站给予立项、经费资助等方面的支持。

创新人才培养模式。实施海淀文化创意人才培养计划，以高校和各类培训机构为依托，整合教学资源，建设教育培训、研究和生产实践相结合的产、学、研一体化的文化创意产业人才培养基地；鼓励企业之间、企业与教育和研究机构之间联合组建文化创意产业专业培训网络，积极探索文化领域专门人才的培养机制；加强文化创意人才的国际交流，以交流互换、合作办学等形式，实施创意人才的海外培训和引进计划，为文化创意产业的良性发展提供智力支持和人力资源保障。

完善人才使用机制。健全人才评价体系，通过对创意人才的测评和绩效评估，为企业提供专门人才的认定与选择；完善人才激励机制，设立人才专项奖励资金，关注优秀文化创意人才的生活需求，最大限度地发挥其工作积极性；鼓励各类人才以知识产权、无形资产、技术要素等作为股份参与企业利润分配。

23. 健全现代文化市场体系

充分发挥市场的资源配置作用。发挥国有文化资本的控制力、影响力和带动力，完善文化市场所有制结构，积极鼓励和支持民营、个体等非公有制经济参与文化市场建设；建设一批有特色的文化产业集聚区，吸纳和引领文化创意企业的进驻与长效发展，提高文化产业规模化、集约化、专业化水平。

优化市场结构和产业布局。依托海淀的科技与人才优势，努力推动科技与文化的融合，把现代科学技术成果引入文化市场的各个环节，培育新的文化业态，构建传输快捷、覆盖广泛的文化传播体系，不断拓展文化市场发展的新空间。

建立健全文化市场监管体系。推动监管工作科学化、制度化、规范化和信息化；完善市场主体信用约束机制，推进企业信用信息系统建设；完善市场准入机制，维护公平竞争的市场环境；创新知识产权保护和服务体系，切实推进文化市场管理工作的科学化、制度化和规范化。

充分发挥行业组织和中介机构的作用。积极支持发展文化产业咨询、经纪、策划、组织、代理、评估、鉴定、推介、拍卖等中介组织，大力推行知识产权代理、市场调查、法律咨询、财务统计等专业领域化服务，并以资质认证的方式引导其良性发展；鼓励各类文化创意产业企业组建产业联盟和技术团体，制订产业指南和备忘录，支持联盟和团体内的交流与合作，维护企业共同利益。

河南省文化改革发展试验区（禹州市）规划建议[①]

[①] 2009年河南省禹州市人民政府委托课题。主持：熊澄宇。参与：雷建军、吕宇翔、张铮、傅琰、庞云黠、薛钊、王武彬、蒋亚隆。

第一章　总则
　　第一条　规划性质
　　第二条　规划依据
　　第三条　规划时限

第二章　规划背景与建设路径
　　第四条　规划背景
　　第五条　禹州市情
　　第六条　钧瓷文化
　　第七条　建设路径

第三章　指导思想与规划目标
　　第八条　指导思想
　　第九条　规划原则
　　第十条　战略布局
　　第十一条　建设目标

第四章　钧瓷文化品牌传播
　　第十二条　在地氛围营造
　　第十三条　节庆活动拓展
　　第十四条　整合媒体传播
　　第十五条　立体品牌营销

第五章　神垕古镇保护开发
　　第十六条　古镇开发布局
　　第十七条　生产生活再现
　　第十八条　基础设施改造
　　第十九条　配套工程建设

第六章　钧瓷产业快速发展
　　第二十条　提升工艺水平
　　第二十一条　调整产品结构
　　第二十二条　壮大产业规模
　　第二十三条　强化市场导向

第七章　旅游资源整合利用
　　第二十四条　旅游线路设计
　　第二十五条　旅游项目开发
　　第二十六条　旅游要素完善
　　第二十七条　基础设施建设

第八章　健全公共文化服务体系
　　第二十八条　完善公共文化基础设施
　　第二十九条　创新公共文化服务方式
　　第三十条　加强文化遗产保护利用
　　第三十一条　广泛开展文明素质教育

第九章　政策保障
　　第三十二条　完善体制结构
　　第三十三条　扩大资金支持
　　第三十四条　重视人才培养
　　第三十五条　完善公共服务
　　第三十六条　拓展国际市场

第十章　附则
　　第三十七条　规划构成
　　第三十八条　规划批准
　　第三十九条　规划实施及解释
　　第四十条　规划修改
　　第四十一条　规划适用
　　第四十二条　规划生效

附件一

规 划 简 介

《禹州市文化改革发展试验区规划》（以下简称《规划》），是在党的十七大精神指引和省委省政府的统一部署下，为了深入贯彻"科学发展观"、落实河南省"两大跨越"的目标，在综合分析禹州市经济社会发展状况和文化资源特色优势的基础上制定的禹州市文化改革发展试验区的总体目标和发展重点。

《规划》以省委、省政府为禹州市确定的"以钧瓷文化为主线，将神垕古镇保护开发和钧瓷产业发展相结合，建设钧瓷文化旅游试验区"为主要任务和目标，将试验区建设路径概括为：一个中心、两个层面、三向维度、四大工程。

"一个中心"，即以发掘和弘扬钧瓷文化为中心；"两个层面"，指生产方式和生活方式两个层面的科学发展；"三向维度"，为实验区建设过程中所涉及的时间维度、空间维度和组织维度；"四大工程"，即钧瓷品牌塑造工程，神垕古镇开发工程，钧瓷产业提升工程和旅游资源整合工程。

具体落实中，每个工程均规划若干项目。钧瓷品牌塑造工程通过以颍河景观带内容建设、钧官窑路仿宋风格改造、钧瓷文化节活动策划、钧瓷文化原创精品、影视节目制作、钧瓷地理认证标志的使用和普及、钧瓷国家标准的制订等项目为着力点，全面树立禹州作为"钧瓷之都"的立体形象。

神垕古镇开发工程抓住神垕古镇历经千年的钧瓷生产流变和生活形态传承，在镇区划分核心保护区和景观控制区，沿线布置四个主题功能区域，以神垕老街原始风貌恢复、古法钧窑生产复现、肖河景观带和南环路建设等项目，体现"原生态的千年古镇，活生生的钧瓷文化"这一主题。

钧瓷产业提升工程针对当前钧瓷产业面临的工艺水平落后、企业散弱小、产品结构单一等问题，通过建设钧陶瓷产业园区、搭建投融资平台、成立钧陶瓷工程技术中心、加大人才培养力度、开展古典钧瓷精品复原实验、促进产品差异化发展等项目，以钧瓷产业带动禹州陶瓷产业的发展，将禹州打造为国际国内有影响的北方陶瓷产业集聚区。

旅游资源整合工程通过对禹州历史文化和自然生态旅游资源的梳理与整合，从旅游线路设计、旅游产品开发、旅游要素完善和基础设施建设四个方面，规划设计了钧瓷文化体验之旅、华夏文化寻根旅游之旅等线路；钧瓷参与式制作、开窑祭窑仪式、神垕古镇淘宝等旅游项目；以钧瓷为主的旅游纪念品、禹州药膳等旅游要素；以及禹神快速通道、旅游接待场所等基建项目。

最后，《规划》还提出，试验区建设要从体制结构、资金支持、人才培养、公共服务、国际拓展等几方面加以保障，解放和发展文化生产力，完善公共文化服务体系，大力发展文化产业，促进文化体制改革，促进禹州市经济社会全面协调、可持续发展。

《规划》突出探索了钧瓷文化的保护与传承、禹州钧瓷品牌塑造、钧瓷产业快速发展、钧瓷市场培育与监管、旅游开发的区域联动，以及社会资本的整合利用等"试验"重点。

第一章　总则

为了贯彻落实党的十七大精神，深入实践科学发展观，完成河南省关于设立文化改革发展试验区的各项任务，进一步明确禹州市文化改革发展试验区的战略目标和工作重心，实现禹州经济社会的全面可持续发展，特制定本规划。

第一条　规划性质

本规划是禹州市文化改革发展试验区发展的总体规划，是禹州市文化改革发展旅游试验区建设的指导性文件。

第二条　规划依据

1. 《胡锦涛在中国共产党第十七次全国代表大会上的报告》
2. 《中华人民共和国城市规划法》
3. 《国家"十一五"时期文化发展规划纲要》
4. 《河南省建设文化强省规划纲要（2005—2020年）》
5. 《中共河南省委河南省人民政府关于大力发展文化产业的意见》
6. 《中共河南省委、河南省人民政府关于设立河南省文化改革发展试验区的通知》
7. 《河南省城市规划编制暂行规定》
8. 《禹州市国民经济和社会发展第十一个五年规划纲要》
9. 《禹州市土地利用总体规划（2006—2020年）》
10. 《河南省禹州市历史文化名城保护规划》
11. 禹州市历史文化典籍与相关资料
12. 河南省、许昌市、禹州市、各部门关于禹州市文化旅游试验区工作的一系列重要指示，等。

第三条　规划时限

近期：2009—2014年

远期：2015—2020年

第二章　规划背景与建设路径

第四条　规划背景

在党的十七大精神指引下，作为深入贯彻落实"科学发展观"的战略部署，河南省提出"由经济大省向经济强省跨越，由文化资源大省向文化强省跨越"的"两大跨越"目标，并决定设立文化改革发展试验区，以文化产业发展为切入点，以体制改革为手段，带动各项事业的全面发展，为河南省的经济社会建设寻求新的突破。

作为河南省首批八个文化改革发展试验区之一，禹州市拥有以钧瓷文化为代表的丰富历史文化资源与得天独厚的发展环境。在当前禹州经济社会发展面临转型的关键拐点时期，禹州市文化改革发展试验区建设要以钧瓷文化为载体，以传承和创新并重，将神垕古镇的保护开发和钧瓷产业的发展结合起来，建设禹州市文化改革发展试验区。

禹州市文化改革发展试验区的建设将以钧瓷文化为主线，贯穿禹州夏文化、药文化等多元文化资源；以钧瓷产业的发展形成"北方瓷都"的产业品牌，带动禹州陶瓷、建材等工业的发展；以打造的"钧瓷之都"旅游品牌，形成禹州立体的对外形象和城市营销平台。禹州市文化改革发展试验区的建设将带动禹州第三产业发展和产业结构升级，全面提升禹州的地区竞争力，进而摸索出一条符合禹州自身社会发展规律的可持续发展道路。

第五条　禹州市情

禹州市位于河南省中部，地处伏牛山余脉与豫东平原过渡地带，颍河自西到东横贯全境，全市总面积1 472平方公里，人口120万。地理位置优越，交通便利，东邻许昌、长葛，北依新郑、新密，西北接登封，西连汝州，南与郏县、襄县相衔，有多条国道、省道、高速公路、铁路贯穿全境。

禹州是中华民族发祥地之一，具有丰富的历史文化资源。夏禹文化、钧瓷文化和中药文化历代相传，素有"夏都""钧都""药都"的美誉，是河南省首批历史文化名城和国家优秀旅游城市。

禹州矿产丰富，经济实力较强。富含煤炭、铝矾土、陶瓷土、石灰岩等30余种矿产资源。2008年，地区生产总值实现264.8亿元，财政一般预算收入达到12.6亿元，城镇居民人均可支配收入达到11 863元，农民人均纯收入达到6 324元，在全国第八届县域经济基本竞争力百强中排第68位，位列河南省第4位。

但资源主导型的产业结构对环境、生态、基础设施等带来了较大的负面影响，制约了经济社会的全面可持续发展。文化改革发展试验区的建设以文化发展为切入点，为禹州调整产业结构、转换增长方式提供了契机。

同时，试验区建设也面临诸多问题：禹州钧瓷的认知度仍偏低，尚未形成独有的品牌优势；产业规模相对弱小，缺少龙头企业，产业关联度低；旅游基础设施薄弱，缺乏有效的引导和组织，神垕古镇的保护与开发尚处于起步阶段；区域文化旅游资源整合不够，集成开发难度较大；缺少行业领军人物，人才缺口较大，等等。

第六条　钧瓷文化

禹州古称"钧台"，钧瓷由此得名。作为钧瓷的故乡，禹州钧窑窑火历经千年不熄，文化绵延至今。钧瓷文化深刻地影响了禹州的社会生产方式和禹州人的性格特征，成为当今禹州社会经济建设的物质基础和精神动力。

陶瓷是中国文化的代表符号，宋瓷是中国陶瓷的顶峰。在代表宋瓷的"五大名窑"之中，钧瓷以其"入窑一色，出窑万彩"的独特神韵成为我国陶瓷发展史上的重要组成部分，宋徽宗时钧瓷被定为"御用珍品"，并设立官窑，钧窑一跃而居众窑之首。时至今日仍然散发着独特的艺术魅力，成为禹州享誉世界的文化名片。

钧瓷以"铜红釉"改变了我国陶瓷单一釉色的历史，其独特的乳光和窑变工艺在工艺美学上具备特殊的艺术地位；制作时的不计成本、精益求精，体现着皇家的尊严和法度；烧造时的入窑一色，出窑万彩，形成了钧瓷独有的风骨和个性。钧瓷生产是禹州人传统生活状态的缩影，钧瓷文化代表了禹州人的创新精神、气质风度和美学追求，沉淀了禹州人的行为方式和社会形态。

钧瓷的孕育、产生和发展是自然环境、时代经济、工艺水平、人文精神等多种因素相互融合的结果。禹州是离北宋都城开封最近的一块陶瓷生产要素齐聚区，神垕镇历来就有"南山煤，西山釉，北山瓷土处处有"的民谚，钧瓷文化在禹州具有丰富的历史遗存。境内已发现的古窑遗址多达150余处，宋钧官窑遗址代表了北宋时期钧瓷制造的最高规格，散落民间的大批民窑遗址则体现出钧瓷与百姓生活之间的密切联系，均成为今天发扬钧瓷文化的历史依托。

第七条　建设路径

禹州市文化改革发展试验区建设路径可概括为：一个中心、两个层面、三向维度、四大工程。

"一个中心"，以发掘和弘扬钧瓷文化为中心。钧瓷是禹州市具有独特性、差异性和不可替代性的城市符号，禹州市文化改革发展实验区要以建设"钧瓷之都"为战略目标，打造"禹州钧瓷、中华瓷魂"的品牌形象，深入挖掘钧瓷的独特魅力，并利用先进理念将文化资源转化为钧瓷文化旅游的产业资源。

"两个层面"，生产方式和生活方式的科学发展。生产方面，以钧瓷产业和旅游产业为发展重点，带动试验区基础设施建设和第三产业迅速发展，逐步转变禹州市的产业结构和经济增长方式，以取得良好的经济效益；生活方面，文化和旅游产业的发展可以吸纳城乡人口就业，改变社会分工结构，加快禹州市对外开放的步伐，密切禹州市与国际国内的联系，推动居民文明素质提高，形成良好的社会风貌。

"三向维度"，指实验区建设过程中所涉及的时间维度、空间维度和组织维度。在"时间维度"上要充分挖掘禹州丰富的历史文化资源，梳理不同时期的历史遗存，合理进行保护、开发和复原；"空间维度"上要综合考虑禹州境内文化旅游资源的分布，禹州与周边地区以及全国主要瓷区的关系，实现区域联动；"组织维度"则要将试验区建设与禹州政治、经济、文化的全面协调发展呼应起来，通过体制机制创新与主题活动设计，全面提升禹州的软实力。

"四大工程"，即钧瓷品牌塑造工程、神垕古镇开发工程、钧瓷产业提升工程和旅游资源整合工程。每个工程落实若干项目，以项目为抓手，全面有效地推动试验区的整体建设，促进禹州市社会经济形态的迅速发展。

第三章 指导思想与规划目标

第八条 指导思想

禹州市文化改革发展试验区建设要紧紧围绕河南省两大跨越目标，以科学发展观为统领，以深化文化体制改革、发挥文化资源优势、彰显钧瓷文化特色、做大做强钧陶瓷产业、完善公共文化服务为主线，坚持社会效益和经济效益相统一、政府引导和市场机制相结合、地域文化特色和对外开放相促进、内容创新和形式创新相融合，实现文化事业、文化产业又好又快地发展，推动禹州市社会经济全面协调发展。

第九条 规划原则

1. 传承与发展并重。在继承禹州钧瓷悠久历史文化资源的基础上，创新钧瓷产业发展模式；同时，将神垕古镇的保护开发与现代旅游体验项目设计相结合，塑造禹州"钧瓷之都"的品牌形象。

2. 生产与生活兼顾。试验区以生产方式与生活方式两个层面开拓社会形态的科学发展，将文化资源转化为产业资源，带动产业结构转型，同时推动精神生活发展，提高在地人群的生活水平。

3. 文化与经济协调。文化资源的开发需要一定的经济实力为后盾，也会为社会经济的可持续发展提供源源不断的动力，既不能片面追求经济指标，也不能过度强调文化发展。

4. 事业与产业共进。以社会事业建设保证公民各类基本权益，以产业发展推动禹州经济实力提高，在试验区建设中合理配置社会事业项目与产业建设的步骤与比例，实现事业、产业的共同繁荣。

5. 核心与边缘统筹。统筹作为核心的禹州市区、神垕古镇与试验区覆盖的禹州全市范围经济社会协调发展，合理安排建设步骤与资金配置，打造禹州市文化旅游试验区的整体形象与产业结构。

6. 规划与建设有序。在充分论证与详细规划的基础上进行实验区的开发建设，确保实施项目的科学性、权威性，避免破坏千年遗存的历史文化风貌，推动试验区的有序建设和可持续发展。

第十条 战略布局

禹州市文化改革发展试验区的战略布局是：以钧瓷文化的挖掘和弘扬为龙头，以神垕古镇的保护性开发和钧瓷产业的快速发展为两翼，以旅游开发为推动，以体制、政策、人才、资金等措施为保障，贯彻落实河南省关于设立文化改革发展试验区的精神和各项政策措施，解放和发展文化生产力，完善公共文化服务体系，大力发展文化产业，促进文化体制改革，推动经济社会的全面可持续发展，提升禹州市发展的软实力。

第十一条 建设目标

以钧瓷文化为主线,将神垕古镇保护开发和钧瓷产业发展相结合,建设钧瓷文化旅游试验区。

1. 近期目标

完成禹州市钧瓷文化旅游核心区基础设施建设;完成神垕古镇钧瓷生产生活的原生态复现;钧陶瓷产业规模迅速壮大,实现年增长率不低于10%,形成不同档次、不同题材的系列产品,打造一批行业龙头企业;充分发挥旅游行业的带动作用,促进交通运输、商贸和餐饮服务业的快速发展,进而推动服务业的全面繁荣;争取到2014年,禹州市年接待游客总数超过400万人次,年旅游综合收入占GDP的8%以上,旅游从业人员达到5万人;将禹州建设成为河南省重要的旅游目的地,树立"钧瓷之都"的品牌形象。

2. 远期目标

以钧陶瓷产业、旅游产业发展带动禹州产业经济的提升,以及经济结构转型和增长方式转换;以钧瓷文化为核心,构造禹州的文化内涵和对外形象,深入挖掘夏文化、禹文化、药文化,开发相关建设项目,联合周边城市,形成"夏都文化圈";争取10年以后,禹州三次产业的比例调整为8∶46∶46;地区生产总值达到1 000亿元,人均可支配收入达到3 000美元;使禹州在政治、经济、文化、社会生活等方面形成和谐发展局面,推动城市精神与经济指标的全面提升;初步实现将禹州市建成具有良好投资和生态环境、人民生活富裕、城乡关系协调、社会文明进步、具有可持续发展能力的宜居城市;力争将禹州市试验区打造成为国家级文化产业示范区。

第四章 钧瓷文化品牌传播

钧瓷文化代表了禹州人的创新精神、气质风度,沉淀了禹州人的行为方式和社会形态。有形的钧瓷文化以古窑遗址、民居院墙、生产流程、器型釉色等可视元素为外在呈现;无形的钧瓷文化以勇于创新、精益求精、吃苦耐劳、严守法度等观念精神为内在呈现。要大力弘扬和宣传钧瓷文化,投入力量进行品牌传播与营销,整合多样的传播手段,扩大钧瓷知名度和影响力,争取用5年左右的时间,将禹州塑造成国际国内知名的"钧瓷之都"。

第十二条 在地氛围营造

通过钧瓷符号的使用,以物化的形式在禹州市文化改革发展试验区范围内将钧瓷之都的形象立体展现出来。

1. 高速公路出入口钧瓷形象展示。在永登高速、郑尧高速的禹州出入口营造进入钧瓷之都的环境氛围,以艺术化的形式,突出钧瓷符号的使用和钧都特色,展示禹州丰富的历史文化资源;对进入市区的主要道路进行景观整治,体现禹州市整洁的市容面貌。

2. 钧官窑路仿宋风格改造。将钧官窑路改造为以宋代风格为主的商业街道，契合北宋时期钧官窑瓷器皇家"御用珍品"的高贵品质和钧瓷在我国艺术陶瓷发展中的历史地位；在市区显要位置建设钧瓷雕塑，主要街道两旁的建筑物、装饰物上适度加入钧瓷符号元素，以细节体现出钧瓷之都的深厚文化底蕴和良好社会氛围。

3. 颍河景观带内容建设。将禹州市区颍河景观带的城市风光建设与禹州的历史传承和自然风貌的展示结合起来，借助颍河的自然延伸，使颍河景观带和钧官窑遗址博物馆连成一体，以时空走廊的形式，利用雕塑、壁画、景观小品等方式体现钧瓷得以孕育、诞生和发展的时空发展脉络，再现禹州丰富的历史文化资源和作为"钧都"的传统生产方式与百姓生活形态。

4. 钧官窑遗址博物馆的装修和布展。将钧官窑遗址博物馆建成国际首屈一指的钧瓷专业博物馆，采用高科技展示手段，结合古法生产方式再现与互动体验，以钧瓷历史文化为脉络，突出钧瓷在我国陶瓷发展历史中的地位，以及不同时期钧瓷精品的形制特色，尽可能使更多的人认识钧瓷、了解钧瓷。

5. 钧窑遗址的保护与发掘。切实做好已探明的古瓷窑遗址、钧瓷遗存以及钧瓷文物、钧瓷珍品的保护工作，落实国家、省级文物保护单位的保护措施与资金支持；全面探察不同历史时期禹州瓷区的钧陶瓷生产情况和工艺传承，设立专门的保护机构，对宋钧官窑遗址、神垕下白峪民窑遗址、浅井扒村窑遗址三处国家级文物保护单位以及鸠山闵庄窑遗址予以重点保护。

第十三条 节庆活动拓展

继续办好一年一度的钧瓷文化节，努力将其办成国内领先国际知名的钧陶瓷交易展示大会。

1. 大力宣传、推广钧瓷文化节。使之成为弘扬钧瓷文化、促进经济发展、展示禹州形象的全方位平台，集研讨、展示、拍卖、招商、交易为一体的陶瓷行业盛会；精心组织每年文化节的主题活动，进行全国陶瓷艺术家评选、钧瓷精品展评、钧瓷传统器型复原展览、钧瓷发展论坛等活动，扩大钧瓷文化节的知名度和品牌价值。

2. 在文化节期间举办钧陶瓷博览会。兴建固定的大型钧陶瓷展示交易场所，吸引国内外陶瓷生产企业进驻，将禹州打造为中国北方陶瓷产品的集散地；以市场引导钧陶瓷产业发展方向，推动本地钧陶瓷企业的国际化发展。

3. 组织钧陶瓷技艺大赛和钧瓷产品的评奖活动。与中国工艺美术协会等国家级专业艺术机构结合，组织专家团队，对钧陶瓷制作技艺进行现场评判，认定相关人员的专业技术资格；评出一定数量的金奖作品，认定其艺术价值和收藏价值。

4. 组织多种形式的钧瓷收藏、鉴定、拍卖、研讨活动。结合活动营销和城市运营策略，以专题交流、名人参与等形式，通过各类媒体进行广泛传播，彰显禹州钧瓷千年文化底蕴，塑造禹州独有的文化品牌。

第十四条　整合媒体传播

充分利用现代传播媒介和现代传播手段，举办各种形式的钧瓷推广宣传活动，扩大钧瓷文化的认知度。

1. 加强钧瓷文化精品的创作生产。加大原创精品的扶持和激励力度，深入挖掘禹州丰富的历史文化资源，投资拍摄（制作）以钧瓷文化为主题的一部电影、一部电视剧和一台地方戏，将钧瓷文化融入剧情之中，以一流的剧本体现禹州钧瓷独有的文化韵味，以高品质的制作展现禹州的精神风貌，以市场化的手段进行全方位的推广，激发群众对钧瓷文化的热情，积极拓展禹州的整体形象。

2. 举办各种形式的钧瓷推广宣传活动。如"钧瓷文化神州行""钧瓷文化海外行"等，主动走出去宣传钧瓷艺术的独特魅力，集中在北京、上海、广州、香港等中心城市，以及海外华人聚集区、欧美主要城市举办钧瓷珍品展览暨学术研讨会，多方位推介钧瓷文化，展示钧瓷精品神韵，体现钧瓷大师风采。

3. 广泛利用现代传播手段弘扬钧瓷文化。多方位参与各类有影响力的影视节目制作，以专题片、纪录片或其他影视节目形式，集中介绍禹州钧瓷的历史渊源和品鉴常识，推广钧瓷的知名度和美誉度；通过网站建设、门户网站专题引导、网络游戏植入、动漫作品、虚拟现实等多种形式，以立体、全方位的推广模式，宣传、弘扬钧瓷文化。

第十五条　立体品牌营销

严格制订各类钧瓷质量标准，确立品牌战略，以统一形象推动禹州钧瓷的对外品牌营销。

1. 积极推动钧瓷品牌保护策略。依据《著作权法》《专利法》和《地理标志产品管理规定》，加强对钧瓷精品、名牌产品和作品著作权的保护，积极推行"禹州·钧瓷"地方认证商标和钧瓷地理认证标志的使用与普及工作。

2. 严格钧瓷企业资质认证。由钧瓷行业协会与国家相关机构联合，建立严格的审核机制，每年对钧瓷生产企业和销售门店资质进行认证，认证合格方可使用"禹州钧瓷"地理证明商标，引导、约束、规范钧瓷行业的健康发展。

3. 推进钧瓷国家标准的制定与推广。推动钧瓷"河南省地方质量标准"上升为国家质量标准；成立钧瓷产品鉴定机构，按照珍品、精品、合格品等层次，对钧瓷产品进行科学合理的评定，严格产品质量等级检验；推进钧瓷企业的现代管理体系认证。

4. 统一销售门店形象。由政府投资、企业参与，联合认证合格的钧瓷生产企业，以禹州钧瓷统一形象在全国主要中心城市（远期推广到国际城市）设立销售门店，形成合力；积极参与世博会、文博会等国际、国内大型会展交流活动，共同打造钧瓷品牌，推介钧瓷文化和龙头企业的钧瓷产品。

第五章　神垕古镇保护开发

神垕镇的保护性开发要体现"恢复原生态的千年古镇，展示活生生的钧瓷文化"这一主题，对神垕古镇围绕钧瓷生产和百姓生活出现的古代居住区、生产区、交易区、社会活动区、议事区等功能区的原貌进行恢复，描绘出神垕古镇作为"北方的千年古镇"的原生态。

在保护和开发的关系问题上，先保护后开发，在充分论证的基础上尽可能地恢复原生态的千年古镇，明确规划论证与工程施工之间的关系，有序进行古镇开发。

第十六条　古镇开发布局

根据神垕古镇现状资源的空间分布特色，在神垕镇区划分核心保护区和景观控制区；以广义上的老街为主线，沿线布置古镇生活体验区、民俗活动参与区、古法生产展示、特色物产商业区四个主题功能区域。

1. 核心保护区。以神垕老街及其两侧的传统院落所在范围为古镇核心保护区，在核心区内必须保持原有建筑风貌，建筑层高最高为二层，材料、色彩、屋顶、地面、室内均按照传统建筑以及神垕镇本地的历史风格进行恢复与整饬，必要时进行重建。

2. 景观控制区。以肖河为一边，以老街为中心线的对称位置为另一边，构成古街的景观控制区外沿。在控制区内保持老街的整体风貌不被周边突兀的建筑所破坏，不允许建设高层建筑或者兴建其他可能破坏老街原始环境风貌的工程。

3. 古镇生活体验区。其范围位于老街东端，东起东大街东端，西至瓷厂街路口，长度约300米，此段集中了温家大院、霍家大院、白家大院等众多保护院落，以及寨门、栅栏门、古炮楼等遗迹，修复后可集中展示神垕古镇"前店中居后坊"的民俗生活，开辟院落家庭旅馆、钧瓷体验制作项目等。

4. 民俗活动参与区。为市场路以东，瓷厂街以西的神垕老街核心地段。恢复伯灵翁庙、关帝庙、花戏楼的基本面貌和周边空间，开放民间戏曲表演，恢复祭窑神、开窑等仪式，以及本地民俗赛"花神棚"、赛"擂铜器"等特色旅游节目，构造其作为参观游览核心区和休闲娱乐中心的功能。

5. 古法生产展示区。位于市场街的西南方向，原国营一厂所在地及周边区域。充分利用原工业厂房空间，恢复宋代钧瓷生产过程，展示传统工艺全貌，吸引游客参与制作；并可由专业人员指导游客参与其中，通过自制产品烧造等内容体验钧瓷"窑变"艺术的魅力，推广、传播钧瓷文化。

6. 特色物产商业区。位于市场路以西，白衣堂街以东的西大街区域。本区域已形成一定规模的古玩艺术品交易市场，进一步引入禹州、河南的特色物产，改造利用与现有老街垂直的各条街巷，开辟特色店铺，形成一定开放式公共空间，吸引游人餐饮购物。

第十七条　生产生活再现

根据论证结果，对古镇中保存较好的民居院落进行修复，恢复七里老街的原始风貌，使其成为古镇的有机构成部分；在对千年老街进行保护性开发和恢复古法钧窑生产过程基础上，力求复现"中国北方的千年古镇"的生产生活历史原貌。

1. 恢复七里老街原始风貌。对伯灵翁庙、关帝庙进行保护性修葺，重现其历史原貌；恢复神垕古镇五寨相连的特色，对寨墙寨体进行维修；进一步以古街为中心，以相连街巷为辐射，恢复原有寨门、栅子门、大炮楼等遗迹；对临街建筑进行整修，对损害整体风貌的新近建筑予以拆除，开辟若干小型公共区域，供居民和游客休憩活动。

2. 民居院落改造。对散落在神垕古镇七里老街周边的明清院落进行保护性修复，要修旧如故，全面展现老院落的原始风貌；重点推出几座星级院落，采用"前店中居后坊"的形式进行旅游接待，与以接待团队为主的旅游饭店形成互补，共同提供差异化的旅游接待服务；对已经改建的院落和新建现代房屋要尽可能重建为明清形制。

3. 古法钧窑生产过程重现。作为旅游项目开发的一部分，选址再现宋代古法钧窑生产的全过程，展现禹州钧瓷窑火延烧千年的历史脉络。通过马帮运料、流沟泥、牛拉坝、手拉坯、制模、素烧、施釉、烧成等生产方式和工艺再现，按古法生产钧瓷产品；并尽量恢复古镇的原始生产形态，如代烧窑、推车挑担运送原坯等，吸引游客参与其中。

4. 古镇生活的原生态复原。在对神垕古镇原始功能分区进行考证的基础上，恢复千年古镇的原生态面貌。其围绕钧瓷生产形成的百姓居住、生产、交易、日常活动的基本形态，以及实现各类功能的场所，如学堂、当铺、茶馆、酒肆、客栈、作坊、市场等铺户的分布等，恢复祭窑神仪式、开窑仪式、赛"花神棚"、赛"擂铜器"等民俗表演项目。

第十八条　基础设施改造

按"修旧如故"的原则，对神垕古镇的基础设施进行全面改造，特别是道路系统改造和水、电、气管线的重新铺设，重现神垕质朴有序的古风古貌。

1. 镇区道路和基础管网改造。对镇内道路进行功能划分，机动车辆只能在镇外围通行，以老街为代表的古镇中心道路全部按步行标准重新以青石铺设；全面改造水、电、气管网入地，建成顺畅的城市排污系统，让古镇居民的居住环境得到大幅改善。

2. 旅游基础设施建设。规划神垕古镇停车场、绿地、厕所、旅游服务点位置，融入钧瓷文化元素，建立景区视觉引导标志，规划景区夜间照明系统；修建进入神垕老街的景区入口大门和游客接待中心，以仿古建筑风格与老街院落相匹配。

3. 钧瓷文化符号点缀。在改造的过程中，要充分利用神垕独有的钧瓷文化元素，以匣钵墙体、钧瓷碎片拼图、钧瓷小品雕塑、钧瓷公用设施等符号点缀其间，体现钧都古镇特色。

第十九条　配套工程建设

通过恢复山上水库和拦截橡胶坝的方法使肖河恢复有水状态，建设南环路分流驶经镇区的重型货车，改善古镇的基础环境状况。

1. 肖河景观带水系建设。恢复肖河的有水状态，通过水的引入，给古镇增添无穷生机；在此基础上，做好肖河景观带的建设，通过河岸环境的整治，形成小型公共区域，利用钧瓷符号进行景观小品设计，形成古镇的独有特色；老街背后面向肖河的院落，亦可开发滨河水景，增添古镇无穷魅力。

2. 南环路建设。通过南环路疏导过镇大型运输车辆；在南环路两侧设计游客集散中心，建设公共交通枢纽、星级宾馆、娱乐设施、现代钧陶瓷交易市场等；迁移部分老街，改造居民居住，形成古镇新区；选址设立观景平台，可俯瞰神垕古镇"窑炉错落、烟囱林立"的全貌。

第六章　钧瓷产业快速发展

用5～10年的时间，以钧瓷带动禹州陶瓷产业的迅猛发展，将禹州打造为国际国内有影响的北方陶瓷产业集聚区；培养一批高素质的从业人员，从材料、工艺、造型、科技等方面大力推进钧瓷的精品战略；扶持一批明星企业，利用市场化手段，促进产业结构的调整和产业规模的升级。

目前，禹州的钧陶瓷产业迫切需要在继承的基础上从提升工艺水平、调整产业结构、壮大产业规模、强化市场导向四个方面进行全方位推进。

第二十条　提升工艺水平

充分发挥人才在钧瓷精品战略中的作用，发挥科技手段在工艺创新中的地位。在挖掘、保护、传承千年精髓的同时，引进新技术、新方法、新设备，推动钧瓷工艺的创新发展。

1. 加大人才培养力度。以禹州市第一高中和职业中专为基础，通过与工艺美术、陶瓷相关专业的教育、科研机构合作，办好职业专科学校；在许昌职业学院设置陶瓷艺术专业，大量培养本地专业人才；开展多种形式的短期专业培训，大力提高钧瓷从业人员的整体素质；通过选送优秀人员外出进修、本地大师传承等方式，着力培养既有传统文化底蕴，又精通现代科技的高端人才。

2. 成立钧陶瓷工程技术中心。依托禹州市钧瓷研究所和龙头企业，全方位开展钧瓷工艺技术研究，逐步在钧陶瓷生产的各个环节推广应用计算机、数控等当代先进技术，结合高新科技，在材料、工艺、表现等方面推动钧陶瓷工艺的创新发展，积极为钧陶瓷行业发展提供技术支撑和质量监测等各种有效服务。

3. 增强科研及自主创新能力。鼓励钧陶瓷生产企业建立研发机构，逐步建立以钧陶瓷企业为主体,以大专院校、科研院所和技术服务机构为配套的技术创新体系,形成自主研发或联合研发的技术创新机制,不断开发新技术、新工艺和新品种。

4. 定期召开钧瓷学术研讨会。每年1～2次对各个历史时期的钧瓷技术工艺、艺术风格进行深入研究,对现代钧瓷产品进行品鉴,对现代生产工艺进行检讨,继承和发扬前人的优秀传统,为钧瓷生产实践提供借鉴,为钧瓷鉴赏树立尺度,推动钧瓷工艺的创新发展。

5. 开展古典精品复原实验。通过对传统窑型、烧造方式、器型设计、釉料配比、生产组织形式的深入分析,挖掘整理由唐至清千余年来钧瓷有记载的神瓷、官瓷、宝瓷、民瓷四大类造型,有组织地进行古典钧瓷精品的复原实验,并在此基础上开发出富含传世意境的钧瓷新品。

第二十一条　调整产品结构

以艺术化方式促进钧瓷产品的差异化发展,以市场化手段推动钧陶瓷企业有序竞争,以产业化分工扩大整个行业的规模效益,促进钧瓷产品结构的合理调整,形成钧瓷行业健康有序发展的良好氛围。

1. 鼓励大师原创精品。积极鼓励本地人才申报国家、省市各级工艺美术大师、陶瓷艺术大师称号;鼓励大师创作钧瓷艺术精品,参与国内、国际各类展览评奖活动;鼓励大师与国内外艺术家联合开发各种形式的钧瓷艺术产品;确保大师作品的署名权和知识产权不受侵害。

2. 促进钧陶瓷产品的差异化发展。由行业协会主导,以市场化方式引导钧陶瓷企业了解和把握产品需求的方向,除鼓励艺术大师多出精品,在满足收藏家和高端消费群体需求外,做好钧瓷一般产品的开发,如钧瓷工艺品、旅游纪念品、装饰陶瓷等,形成不同档次、不同用途、不同题材的钧瓷产品,以满足普通大众对钧瓷工艺品的需求;以钧瓷带动陶瓷系列产品的开发,逐步形成禹州实用陶瓷的品牌产品。

3. 创新钧陶瓷产品的知识产权保护和服务体系。积极探索钧瓷行业包括器型、釉料、烧造、署名在内的全方位知识产权保护策略,推动品牌建设,保护新产品开发者的有效权益,支持企业维权行为,严厉打击假冒伪劣,形成良好的市场发展环境和有序的市场竞争。

4. 推动钧陶瓷产业的分工协作。引导企业以专业分工、协作生产的方式形成产业链条,鼓励瓷土开采加工、造型设计、成型、烧制、包装、物流、营销等分属工作的专业化,以工业化分工生产方式共同做大产业规模,形成以龙头企业带动、配套企业跟进,分工协作、互为补充、互利互惠、共生共存的规模化产业集群。

第二十二条　壮大产业规模

大力加强产业园区建设,逐步形成钧陶瓷文化产业聚集区;创建投融资平台,引导社会资本向钧陶瓷产业投入;扶持一批明星企业,发挥行业辐射带动作用,推动产业规模的壮大。

1. 产业园区建设。建设禹州市钧陶瓷产业园,制订优惠政策,吸引有一定规模和自主创新能力的钧陶瓷企业和涉及钧陶瓷机械加工、半成品加工等企业进驻；以钧瓷为主带动钧陶瓷产业发展，延伸产业链条，形成钧陶瓷、耐火材料、彩印包装、陶瓷化工、机械、配件、瓷土开采加工等相关行业的产业聚集和共同发展。

2. 搭建文化产业投融资平台。成立文化投资公司、文化担保公司，发挥国有资本的控制力、影响力和带动力，在政府专项资金带动下，广泛引入海外资本、民间资本，协助相关企业申请国家贷款，拓宽融资渠道，积极鼓励和支持民营、个体等非公有制经济参与钧陶瓷产业发展建设，引领钧陶瓷行业迅速发展。

3. 培育禹州钧瓷名牌企业。整合钧瓷资源，扶持具有一定规模、管理水平较高、品牌效益良好、个性化较强的企业做大做强，抢占市场制高点，增强产业的整体竞争力；培育一批钧瓷行业的龙头领军企业，发挥其辐射带动作用，促进行业的整体提升，塑造禹州钧瓷企业的良好形象。

第二十三条　强化市场导向

建设钧陶瓷展示交易中心，扩大禹州钧陶瓷产品的展示交易规模，使之成为中国北方陶瓷产品的集散地；充分发挥行业组织和中介机构的作用，以市场机制协调行业快速发展；以钧瓷产业发展带动禹州当地其他特色产业，结合旅游线路开发，形成协同发展的良好局面。

1. 建设现代化的钧陶瓷展览交易中心。为市场化、国际化地展示和推广钧瓷文化、钧瓷产品提供平台；配合钧瓷文化节和钧陶瓷博览会的举办，大力发展会展经济，形成良好的市场环境和展示交易氛围，使之成为企业与市场连接的纽带和桥梁。争取在 5 年内使禹州成为中国北方陶瓷产品的集散地，长远形成国际艺术瓷交易展示中心。

2. 建立健全钧瓷市场监管体系。推动监管工作科学化、制度化、规范化和信息化，定期发布市场统计数据；完善市场准入机制，推进钧瓷企业信用信息系统建设；创新钧瓷产品的知识产权保护和服务体系，创立违规企业的惩罚与退出机制，维护公平竞争的市场环境。

3. 充分发挥行业组织和中介机构的作用。规范钧瓷、陶瓷产业协会章程，完善其功能设计；积极支持发展钧陶瓷产业咨询、经纪、策划、组织、代理、评估、鉴定、推介、拍卖等中介组织，大力推行知识产权代理、市场调查、法律咨询、财务统计等领域专业化服务，并以资质认证的方式引导其良性发展，起到以市场机制协调钧陶瓷行业快速发展的积极作用。

第七章　旅游资源整合利用

改造禹州市旅游景区和神垕古镇的基础设施，形成良好的景观风貌和旅游产品；联合周边旅游目的地，整合旅游资源，共同打造出包括禹州在内的中原精品旅游线路；长远挖掘禹州夏文化、药文化的历史积淀，开发更多形式的旅游文化产品，吸引游客对禹州的更多关注。

第二十四条 旅游线路设计

禹州文化改革发展试验区的旅游线路开发分两个层面：一是禹州地域内的线路设计，包括钧瓷文化体验之旅、禹州历史文化探幽、山水风光休闲游等线路；二是与其他地区联动的旅游路线，包括中原文化精品游、中国陶瓷文化之旅、华夏文化寻根之旅等。

1. 钧瓷文化体验之旅。重点为神垕古镇、禹州市钧官窑遗址博物馆、古窑遗址一线，围绕禹州钧瓷文化展开，以沉浸式体验项目开发为主，让游客参与到钧瓷产品的制作过程之中，延长游客的在地时间，体验"钧都"生产生活的各个方面。

2. 禹州历史文化探幽。以禹州历史文化资源为主线，重点开发禹州名人故里、历史文化传说等典故，以怀帮会馆、十三帮会馆、古钧台、吴道子故里、张良故里、吕不韦故里、周定王陵、逍遥观、大禹文化遗迹等历史文化资源为主要景点。

3. 山水风光休闲游。结合自然风光、乡村生活体验等，开发短途自驾游和休闲游，重点为白沙水库、逍遥观、大鸿寨、药用植物园等禹州自然生态景点，面向周边地市人群，营造良好服务氛围。

4. 中原文化精品游。充分利用周边区域现有的旅游文化资源，联络登封、开封、洛阳、郑州的旅游接待单位，争取与周边城市签署《文化旅游产业发展协作备忘录》，创建区域联动机制与协调机制，联手打造中原旅游精品线路，将禹州钧瓷体验游作为线路的有机组成，吸引游客体验钧瓷文化的魅力。

5. 中国陶瓷文化之旅。联络国内主要陶瓷产地，推广"CHINA 之旅"品牌线路，使游客深入不同瓷区，体味不同地区的地域特色、文化差异、产品区别，针对分众市场和海外客源，开发陶瓷鉴赏、生产体验、历史探察等深度旅游内容。

6. 华夏文化寻根之旅。深入开发黄帝传说、大禹传说、夏文化、药文化的旅游资源，开辟"华夏始祖大禹""华夏文化寻根之旅"等精品旅游线路，联合周边新密、新郑、长葛、登封等地，共同形成"夏都文化圈"。

第二十五条 旅游项目开发

围绕钧瓷文化，以参与式体验项目开发为主，满足游客对钧瓷生产过程的体验，延长游客的滞留时间，实现旅游收益的增长。

1. 钧瓷参与式制作项目。在禹州和神垕建设多种形式的参与式钧瓷制作中心。可以是家庭作坊，也可以是钧瓷制作体验中心（瓷吧）等形式，吸引游客在钧瓷之都动手制作一件自己的钧瓷产品，通过现场制作、专业辅导、代烧成品等过程，延长游客的在场时间，带动旅游周边产品的销售。

2. 开窑、祭窑仪式重现。重现古代钧瓷生产和群众生活的民俗民风，挖掘整理古时开窑和祭窑神仪式，在神垕古镇定时表演，吸引游客关注；组织游客观看真实的钧瓷出窑，体会"入窑一色、出窑万彩"的神奇窑变；并依古法在禹州宋官窑遗址每年举办大型祭窑仪式，彰显宋代钧瓷的崇高地位。

3. 神垕古镇钧瓷淘宝。利用神垕已形成一定规模的古玩艺术品市场，以及钧瓷文化的感染力，定期举办钧瓷淘宝活动，将大师作品置于众多钧瓷艺术品之中，以无底价拍卖或街头寻宝等方式吸引游客和收藏人士参与其中，增强钧瓷文化的认知度，激发游客的参与热情。

第二十六条　旅游要素完善

将钧瓷文化全面融入旅游所涉及的吃、住、行、游、购、娱六大要素之中，提升打造禹州旅游城市的崭新面貌。

1. 以钧瓷为主的旅游纪念品开发。鼓励各钧瓷厂家开发不同档次、不同类型的旅游纪念品，形成大师精品、工艺品、日用品、旅游纪念品等多种档次，满足不同类型游客的多元化需求；挖掘禹州以及河南地方特产资源，将其引入纪念品市场，扩大旅游纪念品的种类选择。

2. 形成独具特色的禹州药膳。"药不过禹州不香"，充分利用禹州中药材产业资源，推出不同类型的药膳产品，使游客在禹州游览的同时享用健康膳食的滋补；配合钧瓷餐具的使用，形成禹州独有的品牌效应；并可开发多种形式的保健食品，方便游客购买携带。

3. 创造快捷便利的服务品牌。针对钧瓷产品不易携带的特点，开通专门的物流渠道，直接将游客选购或自制的钧瓷产品递送到目的地，带动物流行业的发展；在禹州、神垕打造禹州钧瓷统一形象销售门店的旗舰店，以专业的服务和品质的保障塑造营销品牌；以市场为导向逐步形成钧瓷系列旅游纪念产品，除在本地销售外，也可为外埠旅游市场供货。

4. 开发禹州特色旅游商品。围绕禹州十三碗、粉条、焖子等禹州特色小吃，形成系列化的、具有禹州特色的饮食，并将粉条、焖子等有条件地进行深加工，真空储存可供携带的旅游商品；将禹州道地中药材、顺店刺绣、档发产品等赋予更多的文化内涵，开发系列化的中药饮片、药茶、绣品、档发等可供游客选择、消费的旅游商品。

第二十七条　基础设施建设

加速主要旅游道路的新建和改建，改善交通环境，将禹州与周边旅游目的地紧密连接起来；兴建不同档次、不同类型的旅游接待场所，以满足不同游客的多元需求。

1. 打通禹（州）—神（垕）快速通道。改造禹州市区通往神垕的北线道路，按双向四车道、省道二级标准建设。实施道路两旁的绿化美化工程，充分利用各种钧瓷符号和表现形式，营造一条现代景观生态大道；依托沿线禹州钧陶瓷产业园和钧陶瓷企业的分布，形成集生产、研发、购物、旅游、展示等功能于一体的钧瓷文化产业风景带。

2. 营造良好的道路环境氛围。争取开辟京珠高速与郑尧高速的连线工程，改变由机场到禹州需绕行郑州的现状；按省道二级标准对梁—神路进行提升改造；整治永登高速禹州出口至禹州市区道路和景观风貌，对市区、神垕镇区道路进行景观改造。

3. 建设多层次的接待设施。按高起点、高标准和适度超前的原则，在禹州市区和神垕镇兴建不同档次、不同类型的接待场所、宾馆、餐饮娱乐设施。兼顾星级宾馆、度假山庄、会议接待、经济酒店等不同档次需求，同时加强软件建设，努力提高服务质量。

第八章 健全公共文化服务体系

禹州市文化改革发展试验区要建立与经济社会发展相适应，与社会基本需求相适应的高效率、高水平、高覆盖、功能完备的社会文化事业及公共文化服务体系，切实保障人民群众日益增长的精神文化生活需要，推动居民文明素质的提高，有效推动社会主义和谐社会的建设。

第二十八条 完善公共文化基础设施

加大基础设施建设力度，在实现区域内文化设施全面覆盖的基础上，对禹州公共文化设施资源进行统一规划，形成层次合宜，布局合理的设施网络。

1. 建设具有禹州特色的标志性文化建筑。采用整合、置换、新建等方式，促进禹州市文化馆、禹州市演艺中心等大型文化建筑的落成与使用。有效整合与循环利用图书馆、博物馆、科技馆等公共文化资源，提供便利的图书阅览、文物参观、观看和参与各种文艺活动等"一站式"服务。

2. 加强农村公共文化阵地建设。加大政府投入，建好一批群众性、大众化的文化场所，推动公共文化服务体系向农村延伸。在实现广播电视村村通之后，特别要建设好农村文化大院或文化活动站、村级电影放映厅；建设好乡镇级文化中心，实施露天剧场建设工程和乡镇文化广场建设工程。

3. 加强现有公共文化服务单位的管理。充分发挥现有文化设施作用，对文化场馆给予补助性奖励，促进文化设施、设备的利用；对乡镇村公共文化设施使用情况进行普查，杜绝空壳化和闲置浪费现象；保证基层文化设施的经费安排、人员配置，建立健全绩效考评办法，对各公共文化服务组织机构进行定期考核评估，完善监督与激励机制，由对口文化部门统一管理。

第二十九条 创新公共文化服务方式

公共文化产品和服务的生产供给，要坚持"政府为主导，鼓励社会力量积极参与"的原则，保证不同区域、不同群体享受公共文化产品和服务的公平性和均衡性，实现公共文化服务惠及全民。

1. 加强公共文化生产供给体系。充分发挥禹州市豫剧团和其他文艺团体的作用，坚持专业与业余相结合、演出与培训相结合、财政支持与志愿服务相结合等原则，广罗人才，打造一支具备省级水准的高水平文艺团队；提高送演出、送图书、送电影下基层的覆盖范围和活动频次，充分利用基层文化阵地积极开展多种形式的文化娱乐活动，举办文艺演出、豫剧专场、舞蹈表演、歌唱比赛等活动。

2. 鼓励社会力量兴办公益性文化事业。综合运用资金补偿、税收优惠等激励机制，促使各类民间资本和生产要素向公共文化服务领域合理流动。集合政府权威供给、市场商业供给、第三方志愿供给和居民自发供给多种供给形式，形成政府主导、社会参与、市场运作、多方投资的公共文化发展格局。

3. 引导居民积极参与到公共文化建设中来。发挥公益性事业单位、非营利组织、企业以及群众自发组织的文化团体的能动性，提高公共文化服务的供给能力；组织多种形式的文艺团体和民间文化社团开展戏曲演出、文艺会演、合唱大赛等多种类型的文化活动，推动群众间的文化交流；加大街道、乡镇之间的文化交流，积极营造活跃、健康向上的文化氛围。

4. 要加大公共财政对欠发达地区和低收入群体的扶持力度，采取政府采购、补贴等措施，解决底层群众最基本、最直接的文化需求问题，实施"文化低保"工程，制订公共文化服务最低标准；要解决农村地区文化活动内容和形式单一的问题，对传统娱乐活动加以培训、引导，创造新的文化活动项目，改变公共文化面貌单调、陈旧的局面。

第三十条　加强文化遗产保护利用

禹州拥有大量的文物保护单位和各级各类文化遗产，还有以钧瓷制作工艺为代表的多种具有传承价值的非物质文化遗产，在试验区建设过程中，要加大对这些遗产的保护力度，在充分保护的基础上进行合理开发利用。

1. 增强文物保护意识。提高对文物保护工作的重视程度，改变重经济建设，轻文物保护，只重眼前利益，不顾长远利益，重局部利益，不顾社会效益的思想；重点单位和遗产周边的建筑施工必须经过专家考证才可审批，避免出现文化遗产和周边环境相冲突的"孤岛"现象，对已经破坏的文物风貌要尽力整治恢复。

2. 保证专项资金投入。用于恢复和维持重点文物保护单位和重要文化遗产的历史原貌，加大力度进行流散文物的收集保护工作；设立非物质文化遗产保护资金，深入挖掘、整理区内非物质文化遗产，资助非物质文化遗产的项目传承人，建立传承机制，组织培训、教学和展示。

3. 加强非物质文化遗产的保护和传承。努力契合"保护为主、抢救第一、合理利用、传承发展"的指导方针，充分应用现代化的技术手段，对禹州的非物质文化遗产进行完整地记录，深入挖掘、整理，有选择有重点地优先保护；开展非物质文化遗产宣传工作，利用报刊、广播电视、互联网等媒体，通过专题片、专家讲座、博物馆展览、文艺演出等多种形式，提高公众对非物质文化遗产的认知。

第三十一条　广泛开展文明素质教育

禹州市文化改革发展试验区在推动产业发展与城市品牌营销的同时，要充分认识到居民文化生活、文明素质的重要性，要有效结合公共文化与教育服务体系的建设，培养居民对禹州精神文明氛围的认知与重视。

1. 扎实推进禹州市优秀旅游城市的形象树立和公民素质教育。把社会主义核心价值体系所提倡的思想观念和道德标准融入各项管理之中,把公民道德素质建设与城市管理、行业企业管理和社会管理紧密结合起来,使内在自觉与外在约束有机统一,自律与他律有机结合;充分发挥群众文艺活动、报刊、广播、电视和互联网等文化活动,以及大众传媒在加强道德建设、引领社会风尚方面的重要作用,运用新闻报道、言论评论、专家点评、群众讨论和公益广告等多种形式积极营造良好的舆论环境,引导广大公民自觉遵守道德规范。

2. 深化群众性精神文明创建活动。加强公民道德建设,深入开展文明城市和文明村镇创建活动,进一步改善社会风尚;扎实推进未成年人思想道德建设,完善学校、家庭、社会"三结合"教育网络,公益性文化设施向未成年人免费开放,以及流动少年宫进农村、代理家长与"留守儿童"结对等一批精神文明建设工程;广泛开展对网吧和电子游戏经营场所专项整治,全面提升禹州市的社会风气和公民道德水平,营造积极健康的社会风气。

3. 修订与完善文明行业、文明单位、文明村镇等创建标准体系。以诚信服务为主要内容,积极促进禹州的旅游景区参与河南省文明行业、文明单位、文明风景区的评选活动;依托景区所在乡镇,进行以乡风文明建设为主的文明村镇评选工作。

第九章 政策保障

第三十二条 完善体制结构

1. 协调机构设置。以禹州市文化改革发展试验区领导小组作为统筹实验区建设的领导机构,适时成立"禹州市文化改革发展试验区建设办公室""禹州市文化产业投融资管理委员会""禹州市钧陶瓷产业园管理委员会"等机构,完善政府组织保障,强化领导力和执行力,整合不同部门与文化相关的职责和工作范畴,构建一个有利于试验区快速发展的服务型工作体系。

2. 成立禹州钧瓷文化旅游开发股份公司,纳入相关国有资源,全面整合禹州钧瓷和文化旅游资源;并以此为平台,联合文化投资公司和文化担保公司共同设立开发项目,吸引外部资本参与投资合作,推进文化旅游项目开发和钧瓷产业的壮大;成立禹州市文化发展专家评审委员会,对设立的文化产业专项资金进行论证评审。

3. 提高乡镇一级景区的管理级别,由旅游部门协调统筹景区基础设施和旅游项目开发,保障资金投入,保证建设质量;完成剧团、影院等经营性文化事业单位改制,按照劳动关系转聘用、产权结构转股份制等方式,使国有资产文化企业成为具有市场竞争力的市场主体。

4. 剥离钧官窑遗址博物馆和钧瓷研究所,对钧官窑遗址博物馆按全额拨款事业单位,钧瓷研究所按照经营性事业单位性质分别管理;博物馆以宣传弘扬钧瓷文化为核心组织开展多种形式的主题活动,研究所重点负责钧瓷生产新技术、新材料、新工艺的研发,为行业发展提供技术支持和质量标准评测等服务。

第三十三条 扩大资金支持

1. 设立文化产业专项资金。由禹州市政府设立固定的文化产业专项资金,并以不低于市财政收入增加幅度的比例逐年递增,由试验区领导小组统一管理,确保资金配套到位。

2. 设立钧瓷产业专项资金。在文化产业专项资金中设立"禹州钧瓷产业专项资金",其额度占全部资金总额的50%以上,重点支持和鼓励钧陶瓷企业的发展和壮大。

3. 创建文化产业投融资平台,在政府的专项资金带动下,促进投资主体多元化,拓宽融资渠道,成立文化投资公司和文化担保公司,通过中介组织,开展各种形式的重点项目推介活动,吸引社会资本进入。

4. 设置多种形式的公共文化服务体系专项资金。如文化基础设施建设资金、特色文化活动扶持资金、非物质文化遗产保护资金、农村文化发展资金等,由试验区建设办公室会同市财政部门、文化部门协调管理。

第三十四条 重视人才培养

1. 重视钧瓷大师的培育。积极组织专业人才申报国家、省市各级工艺美术大师,陶瓷艺术大师;营造良好氛围,为大师创造良好的发展空间;定期组织大师交流活动,以师徒相传和团队协作方式推动钧瓷艺术的传承与发展。

2. 重点引进和培养三类关键人才:钧瓷文化旅游高级管理与运营人才;文化名人、专家、学者和学科带头人;钧陶瓷产业发展急需的各方面专业技术人才。

3. 对钧瓷文化传承人给予资金、政策扶植;对国际、国内获奖作品制作人给予资金奖励;鼓励年轻学徒和大师传人进行工艺和器型创新,进行定期技术交流和培训。

4. 通过人才引进、送出培养、合作开发、兴办学校等多种途径,培养专业人才;从政策、待遇等多方面拓展人才在禹州的发展空间,鼓励人才在钧瓷领域开拓创新。

第三十五条 完善公共服务

1. 明确公共服务的对象。禹州公共文化服务体系的建设不仅要关照外来游客等不同人群的多样性需求,同时要保障本地人民群众的基本文化权益;要充分发挥现有文化设施作用,加强公共文化产品的生产供给,实现公共文化服务惠及全民。

2. 提高公共文化服务能力。针对博物馆、科技馆、图书馆、文化馆等现有及新建的文化事业单位,合理设置人事、收入分配和社会保障等方面的管理运行机制,提高公益性文化事业单位的供给与服务能力,增强自我发展活力。

3. 建立试验区建设动态数据平台。通过数据平台的建立,实现对试验区建设过程中动态信息的搜集、整理、分析、评估和预测,实时对试验区的发展情况做出科学的判断与调整,为政府和企业进行决策提供可靠依据。

第三十六条 拓展国际市场

1. 禹州钧瓷文化旅游在立足于国内市场的同时要积极参与国际合作和国际竞争,通过举办、参与节庆会展等活动方式,做到钧瓷文化走出去,旅游资源引进来。

2. 通过设立的专项资金积极支持钧瓷企业参与国际竞争,组织和鼓励企业统一在"禹州·钧瓷"的品牌下参与国际博览会,进行产品的贸易出口;为相关企业和产品提供资金支持、宣传包装和推广服务。

3. 支持钧瓷企业拓展国际市场,给相关企业一定的政策和资金支持;鼓励企业与国外著名陶瓷厂家开展多种形式的交流活动,拓展钧瓷生产的国际视野。

第十章 附则

第三十七条 规划构成

本规划由规划文本、规划图纸和规划说明书三部分组成。规划文本与规划图集是主体,说明书为附件。批准后的规划文本和规划图集具有同等法律效力。

第三十八条 规划批准

规划由河南省人民政府批准。

第三十九条 规划实施及解释

规划由禹州市政府组织实施,并负责解释。

第四十条 规划修改

在规划实施过程中,内容如需修改,由禹州市人民政府提出申请,报河南省人民政府批准。规划修改后按修改内容实施。

第四十一条 规划适用

同等法律效力的其他规划内容如与本规划内容冲突,报河南省人民政府备案,由河南省人民政府予以解决。

第四十二条 规划生效

本规划自批准之日起生效。

附件一：

禹州市文化改革发展试验区项目概览

分类	项目名称	建设内容及进展情况	时序安排
钧瓷品牌塑造工程	高速公路出入口钧瓷形象展示	在永登高速、郑尧高速禹州出入口营造进入钧瓷之都的环境氛围，以艺术化的形式，突出钧瓷符号的使用和钧都特色，展示禹州丰富的历史文化资源。文化墙规划设计方案草案已拿出，文化墙用地拆迁正在进行	近期
	钧官窑路仿宋风格改造	将钧官窑路改造为以宋代风格为主的商业街道，契合北宋时期钧官窑瓷器皇家"御用珍品"的高贵品质和钧瓷在我国艺术陶瓷发展中的历史地位。实施方案正在设计中	近期
	钧官窑遗址博物馆装修及布展	采用高科技展示手段，结合古法生产方式再现与互动体验，以钧瓷历史文化为脉络，突出钧瓷在我国陶瓷发展过程中的地位，以及不同时期钧瓷精品的形制特色。钧官窑遗址博物馆主体工程已完成，陈列大纲正在完善中	近期
	颍河景观带内容建设	以时空走廊的形式，利用雕塑、壁画、景观小品等方式再现禹州丰富的历史文化资源和作为"钧都"的传统生产方式与百姓生活形态，体现钧瓷得以孕育、诞生和发展的时空发展脉络。方案正在完善设计中	近期
	钧瓷文化节	在文化节期间举办钧陶瓷博览会，组织钧陶瓷技艺大赛和钧瓷产品的评奖活动，组织多种形式的钧瓷收藏、鉴定、拍卖、研讨活动等，使之成为弘扬钧瓷文化、促进经济发展、展示禹州形象的全方位平台。文化节已连续举办五年	每年一次
	原创精品文化	深入挖掘禹州丰富的历史文化资源，投资拍摄（制作）以钧瓷文化为主题的一部电影、一部电视剧和一台地方戏剧，将钧瓷文化融入剧情之中。目前舞台剧本《神器》创作已完成，即将投入排练	近期
	钧瓷文化推广行	主动走出去宣传钧瓷艺术的独特魅力，集中在中心城市、海外华人聚集区，以及欧美主要城市举办钧瓷珍品展览暨学术研讨会，多方位推介钧瓷文化。近期与省商务局合作进行"钧瓷文化宝岛——台湾行"活动	长期
	统一销售门店形象	由政府投资、企业参与，联合认证合格的钧瓷生产企业，以禹州钧瓷统一形象在全国主要中心城市（远期推广到国际城市）设立销售门店，形成合力，共同打造钧瓷品牌。已选出10家名店，标准正在起草中	近期

续表

分类	项目名称	建设内容及进展情况	时序安排
神垕古镇保护工程	神垕镇核心保护区整饬	在核心区内必须保持原有建筑风貌，建筑层高最高为二层，材料、色彩、屋顶、地面、室内均按照传统建筑以及神垕镇本地的历史风格进行恢复与整饬，必要时进行重建。古镇原生态功能分区正在研究中	近期
	旅游基础设施建设	对镇内道路进行功能划分，全面改造水、电、气管网；规划神垕古镇停车场、绿地、厕所、旅游服务点位置，建立景区视觉引导标志，规划景区夜间照明系统，修建景区入口大门和游客接待中心等。目前部分基础设施建设正在进行中	近期
	恢复七里老街明清风貌	对伯灵翁庙、关帝庙进行保护性修葺，重现其历史原貌；恢复神垕古镇五寨相连的特色，对寨墙、寨体进行维修；进一步以古街为中心，以相连街巷为辐射，恢复原有寨门、栅子门、大炮楼等遗迹；对临街建筑进行整修。项目正在预研中	远期
	民居院落改造	对散落在神垕古镇七里老街周边的明清院落进行保护性修复，要修旧如故，采用"前店、中居、后坊"的形式，全面展现老院落的原始风貌。目前，义兴公修复方案已作出，正在实施	近期
	古法钧窑生产过程重现	选址再现宋代古法钧窑生产的全过程，展现禹州钧瓷窑火延烧千年的历史脉络，并尽量恢复古镇的原始生产形态，吸引游客参与其中。项目待立项	近期
	古镇生活的原生态复原	对神垕古镇围绕钧瓷生产形成的百姓居住、生产、交易、日常活动的基本形态，以及实现各类功能的场所进行复原。项目正在预研中	远期
	肖河景观带水系建设	恢复肖河的有水状态，通过水的引入，给古镇增添无穷生机；在此基础上，做好肖河景观带的建设，形成古镇独有特色；老街背后面向肖河的院落，亦可开发滨河水景。已完成概念性规划	远期
	南环路建设	通过南环路疏导过镇大型运输车辆；在南环路两侧设计游客集散中心，建设公共交通枢纽、星级宾馆、娱乐设施、现代钧陶瓷交易市场等。目前，灰土路基、碎石路基、桥涵已完成工程量的90%以上	近期

续表

分类	项目名称	建设内容及进展情况	时序安排
钧瓷产业提升工程	加大人才培养力度	以禹州市第一高中和职业中专为基础，通过与工艺美术、陶瓷相关专业的教育、科研机构合作，办好职业专科学校；在许昌职业学院设置陶瓷艺术专业，大量培养本地专业人才。2009年国家教委已批准在许昌职业学院增设陶瓷艺术专业，大专学历，2009年计划招生80人	近期
	钧陶瓷工程技术中心	依托禹州市钧瓷研究所和龙头企业，全方位开展钧瓷工艺技术研究，逐步在钧陶瓷生产的各个环节推广应用计算机、数控等当代先进技术，结合高新科技，在材料、工艺、表现等方面，推动钧陶瓷工艺的创新发展，积极为钧陶瓷行业发展提供技术支撑和质量监测等各种有效服务。已完成机构申报工作	近期
	钧瓷产品知识产权保护和服务体系	积极探索钧瓷行业包括器型、釉料、烧造、署名在内的全方位知识产权保护策略，推动品牌建设，保护新产品开发者的有效权益，支持企业维权行为，严厉打击假冒伪劣，形成良好市场发展环境和有序的市场竞争。项目正在预研中	长期
	钧瓷产业的分工协作	引导企业以专业分工、协作生产的方式形成产业链条，以工业化分工生产方式共同做大产业规模，形成以龙头企业带动、配套企业跟进，分工协作、互为补充、互利互惠、共生共存的规模化产业集群。项目正在进展过程中	长期
	禹州市钧陶瓷产业园	建设禹州市钧陶瓷产业园，制订优惠政策吸引有一定规模和自主创新能力的钧陶瓷企业和涉及钧陶瓷机械加工、半成品加工等企业进驻；以钧瓷为主带动陶瓷产业发展，延伸产业链条，形成产业聚集。一期规划占地3平方公里	近期
	钧瓷产业投融资平台	成立文化投资公司、文化担保公司，在政府专项资金带动下，广泛引入海外资本、民间资本，协助相关企业申请国家贷款，拓宽融资渠道，积极鼓励和支持民营、个体等非公有制经济参与钧瓷产业发展建设。待立项	近期
	钧瓷展示交易中心	为市场化、国际化地展示和推广钧瓷文化、钧瓷产品提供平台；配合钧瓷文化节和钧陶瓷博览会的举办，大力发展会展经济，形成良好的市场环境和展示交易氛围。项目前期论证正在进行中	近期
	钧瓷市场监管体系	定期发布市场统计数据，完善市场准入机制，推进钧瓷企业信用信息系统建设。当前，已成立钧瓷市场整顿规划监督检查大队，出台了《禹州市钧瓷生产经营管理办法(试行)》	长期

续表

分类	项目名称	建设内容及进展情况	时序安排
旅游资源开发工程	道路环境氛围营造	争取开辟京珠高速与郑尧高速的连线工程，改变由机场到禹州需绕行郑州的现状；按省道二级标准对梁—神路进行提升改造。颍北大道一期工程已竣工；郑尧高速与京珠高速连线正在规划中	近期
	禹—神快速通道	改造禹州市区通往神垕的北线道路，按双向四车道、省道二级标准建设；实施道路两旁的绿化美化工程，充分利用各种钧瓷符号和表现形式，营造一条现代景观生态大道。线路设计规划工作已经完成	近期
	多层次旅游接待设施	按高起点、高标准和适度超前的原则，在禹州市区和神垕镇兴建不同档次、不同类型的接待场所、宾馆、餐饮娱乐设施。新建四星级宾馆1家，三星级宾馆2家	近期
	钧瓷参与式制作项目	在禹州和神垕建设多种形式的参与式钧瓷制作中心，可以是家庭作坊，也可以是钧瓷制作体验中心（瓷吧）等形式，吸引游客动手参与制作自己的钧瓷产品。钧瓷手拉坯制作已开展	近期
	开窑、祭窑仪式重现	重现古代钧瓷生产和群众生活的民俗民风，挖掘整理古时开窑和祭窑神仪式，在神垕古镇定时表演，并依古法在禹州宋官窑遗址每年举办大型祭窑仪式，彰显宋代钧瓷的崇高地位。项目处于预研中	近期
	钧瓷为主的旅游纪念品	鼓励各钧瓷厂家开发不同档次不同类型的旅游纪念品，形成大师精品、工艺品、日用品、旅游纪念品等多种档次，以满足不同类型游客的多元化需求；挖掘禹州以及河南地方特产资源，扩大旅游纪念品的种类选择。项目正在进展过程中	长期
	禹州药膳	充分利用禹州中药材产业资源，推出不同类型的药膳产品，使游客在禹州游览的同时享用健康膳食的滋补；配合钧瓷餐具的使用，形成禹州独有的品牌效应。项目处于预研中	长期
	区域联动旅游线路	充分利用周边区域现有的旅游文化资源，联络登封、开封、洛阳、郑州的旅游接待单位，争取与周边城市签署《文化旅游产业发展协作备忘录》，创建区域联动机制与协调机制，联手打造中原旅游精品线路。项目处于预研中	近期

芜湖市鸠江区文化创意产业规划建议[①]

[①] 2010年鸠江区委宣传部委托课题。主持：熊澄宇。参与：吕宇翔、张铮、陈红玉、赵建国、何威、庞云黠、李寅飞、彭菲。

第一章　总则
　　第一条　规划性质
　　第二条　规划依据
　　第三条　规划时限

第二章　规划背景
　　第四条　规划背景
　　第五条　鸠江区情
　　第六条　产业基础

第三章　指导思想与规划目标
　　第七条　指导思想
　　第八条　规划原则
　　第九条　建设目标

第四章　主要任务
　　第十条　地方文化资源转移项目
　　第十一条　品牌文化产业拓展项目
　　第十二条　文化主题公园建设项目

　　第十三条　鸠江区文化创意产业园项目
　　第十四条　鸠江区文化创意生态园项目
　　第十五条　鸠江区现代设计实验园项目
　　第十六条　旅游文化资源整合项目

第五章　配套政策保障措施
　　第十七条　完善体制机制
　　第十八条　扩大资金支持
　　第十九条　园区开发运营
　　第二十条　打造人力资本
　　第二十一条　拓展消费市场
　　第二十二条　提升服务水平

第六章　附则
　　第二十三条　规划批准
　　第二十四条　规划实施及解释
　　第二十五条　规划修改
　　第二十六条　规划适用
　　第二十七条　规划生效

第一章 总则

为了响应国务院《文化产业振兴规划》，更好地实施鸠江区"工业强区、三产富区、东向发展和城市化"的四大发展战略，促使鸠江区产业结构与经济增长方式转变，确保鸠江区文化创意产业快速、健康、稳定发展，提升区域文化软实力和综合竞争力，进一步推动鸠江区的全面协调可持续发展，特制定《芜湖市鸠江区文化创意产业规划》，作为芜湖市鸠江区文化创意产业发展的指导性文件。

第一条 规划性质

本规划是芜湖市鸠江区文化创意产业发展的总体规划，是鸠江区文化创意产业建设的指导性文件。

第二条 规划依据

1.《国务院关于印发文化产业振兴规划的通知》

2. 中宣部、财政部、文化部、广电总局、新闻出版总署等《关于金融支持文化产业振兴和发展繁荣的指导意见》

3.《国务院办公厅关于加快发展服务业若干政策措施的实施意见》

4.《国家"十一五"时期文化发展规划纲要》

5. 国务院《关于深化文化体制改革的若干意见》

6.《全国文化信息资源共享工程"十一五"规划发展纲要》和《全国文化信息资源共享工程2008年—2010年资源建设规划》

7. 文化部《关于认真贯彻中央决策部署切实做好基层公共文化服务工作的通知》

8.《财务部 海关总署 国家税务总局关于文化体制改革试点中支持文化产业发展若干税收政策问题的通知》（财税〔2005〕2号）

9.《国务院关于非公有资本进入文化产业的若干决定》（国发〔2005〕10号文件）

10.《文化部关于支持和促进文化产业发展的若干意见》（〔2003〕38号文件）

11.《国务院办公厅关于印发文化体制改革试点中支持文化产业发展和经营性文化事业单位转制成为企业的两个规定的通知》（〔2003〕105号文件）

12.《皖江城市带承接产业转移示范区规划》

13.《芜湖市城市总体规划》

14.《安徽省芜湖市旅游发展总体规划》

15. 中共芜湖市委、芜湖市人民政府《关于推动社会主义文化大发展大繁荣的实施意见》以及相关文件

16.《芜湖市历史文化遗存保护规划》

第三条 规划时限

1. 近期（2010—2012 年）
2. 中期（2013—2015 年）
3. 远期（2016—2020 年）

第二章 规划背景

第四条 规划背景

在党的十七大精神指引下，作为深入贯彻落实"科学发展观"的战略部署，安徽省委、省政府提出"建设文化强省"的战略目标，将文化产业定为重点扶持发展的八大支柱产业之一。芜湖市委、市政府也提出要在"十一五"期间将芜湖建设成区域性经济文化中心。

在这一背景下，芜湖市以文化产业发展作为经济社会建设新的突破点，带动各项事业和产业的全面发展。近年来，芜湖市积极推进文化体制改革，为文化产业的深入发展打下了较好的基础，初步形成了多元化文化产业发展机制和初具规模的文化产业市场环境，文化产业的整体实力和综合竞争力不断增强。

2010 年 1 月国务院颁布的《皖江城市带承接产业转移示范区规划》为芜湖文化创意产业发展带来新的机遇和挑战，该规划明确提出皖江城市带可"先行先试"，实现与长三角分工合作、优势互补和一体化发展。芜湖作为皖江城市带的双核之一，不仅要积极做好产业承接的示范，也要发挥区位和资源优势，做好以文化创意产业为先导，推动经济社会又好又快发展。

在积极响应芜湖市"东向发展、城市化"和大力发展文化创意产业的号召下，区委、区政府提出抓住国家文化产业振兴和区域产业规划的大好机遇，探索文化创意产业发展的鸠江特色道路。本规划编制说明的目的，不仅要把鸠江区发展成为一个以文化创意产业为支柱的经济和文化强区，也要使芜湖以鸠江区文化创意产业为依托，发展成为皖江地区的增长极和区域经济文化联动的核心区域。

第五条 鸠江区情

芜湖市是皖南经济、文化、交通的中心，是沿江重点开放城市。鸠江区属于芜湖市东扩区域之内，濒临长江"黄金水道"，芜宁、芜屯公路纵横交贯，合杭高速公路、芜马高速公路和通往武汉的沿江高速公路贯穿其中，城际铁路即将建成。全区主要经济指标和综合经济实力均居安徽省、芜湖市前列，鸠江区是芜湖市现代加工业为主导的城北工业区，地位举足轻重。

芜湖市多年致力于建成在全国具有重要影响的制造业基地、研发中心城市、综合环境一流的山水园林城市。在自然和人文资源上，鸠江区具有天然的基础，自然、人文遗迹与现代城市景观构成绚丽多姿的风景线。

鸠江区境内有以现代加工业为主导的城北工业区、有集聚生态居住与政务配套的城东新区，有良好的制造业和工业生产基地，在此基础上形成的消费、服务生态和产业链为文化创意产业提供了较好的条件。

规划的制定和实施，不仅要使鸠江区文化创意产业得到快速发展，带动第三产业发展和产业结构升级，而且要摸索出一条符合其自身条件和环境的可持续发展之路，形成和推广自主创新的文化品牌，引领区域消费休闲文化，并全面提升鸠江区和芜湖市的竞争力与地域形象。

第六条 产业基础

在市、区两级党委政府的支持下，鸠江区以文广新局为主的相关部门在文化建设上做了大量的工作，取得了一定的成绩，为文化创意产业进一步发展打下坚实的基础。特别是华强方特已经成为芜湖、鸠江自主创新的一张名片。方特欢乐世界公园已经与黄山、九华山并列为安徽省三大旅游目的地，是世界上单体面积最大、科技含量最高的中国第四代主题公园，目前已经成为芜湖文化创意产业起飞的龙头。

另外，鸠江区的文化创意产业发展也存在文化资源挖掘与转移不足、产业业态单一、领军企业缺乏、市场环境有待优化、原创设计能力亟须提升、产学研结合体系尚未形成等问题。

第三章 指导思想与规划目标

第七条 指导思想

以邓小平理论和科学发展观为统领，紧紧围绕响应《国家文化产业振兴规划》《皖江城市带承接产业转移示范区规划》和落实安徽省、芜湖市文化产业相关文件精神，深化文化体制改革，发挥地方文化资源优势，彰显地方文化特色，引领鸠江区经济与社会全面发展。

以完善公共文化服务为基础，坚持社会效益和经济效益相统一，政府引导和市场机制相结合，地域文化特色和对外开放相促进，构建现代产业体系与模式，在传统制造业和商业基础上强化现代经济模式和商业体系建设的创意转型，内容创新和形式创新相融合，文化创意产业和文化事业并重。鸠江区文化创意产业要立足安徽，辐射皖江城市带，融入长三角，放眼全国，促使芜湖以鸠江区为依托成为全国重要的文化创意产业基地和文化创新源头。

第八条 规划原则

1. 传承与发展并重。以地方文化资源转移工程为主线，在继承芜湖悠久历史文化资源的基础上，结合鸠江区情发展创新，传统制造业与现代设计产业并重，同时，将传统文化资源的保护开发与现代休闲文化项目发展相结合。

2. 科技与文化融合。以科技研发和休闲文化两个层面开拓社会生态的新型时尚与精神文明，将文化资源转化为产业资源，带动产业结构转型，同时推动精神生活发展，提高当地人群的生活水平，引领区域现代休闲文化。

3. 集聚与辐射交互。在皖江城市带和泛长三角地区经济联动的视野里，以当地文化品牌聚集全国制造业和服务业，以形成集群效应，逐步完善产业链；以当地制造业和文化创意产业为两大支柱，辐射皖江城市带和泛长三角地区。

4. 核心与边缘统筹。统筹作为核心的园区、行业、企业与同类机构的关系，以先行核心拉动全区经济社会协调发展，合理安排建设步骤与资金配置，打造鸠江区文化创意产业龙头，提升整体产业形象与产业结构。

5. 事业与产业共进。文化资源的开发和转移会为社会经济的可持续发展提供源源不断的动力，鸠江创意经济的发展也为文化事业提供了更强的动力，激发了更强的社会文化需求。以社会事业建设保证公民各类基本权益，以产业发展推动经济实力提高。实现事业、产业的共同繁荣。

6. 发展与生态兼顾。在充分论证与详细规划的基础上进行园区建设，确保实施项目的科学性，推动创意活动向社区、学校、机关、军营、家庭渗透，强调创意产业与社区生态结合，推动整个鸠江区以至芜湖市文化创意产业可持续发展。

第九条　建设目标

1. 总体目标

全力实施重大文化创意产业项目带动战略，培育一批在全国处于龙头地位并具有较强国际竞争力的文化创意产业集团、骨干企业，引进和培养一批义化创意领军人物，形成一批优势文化行业和文化品牌，打造一批空间布局合理、产业关联度大、辐射带动能力强的园区，形成现代与传统融合、产业组织体系健全、资源集约利用的文化创意产业发展格局。到2020年，鸠江区文化创意产业总体实力和核心竞争力大大增强，文化创意产业增加值占本地GDP的15%，成为鸠江区重要的支柱产业。

2. 阶段目标

近期目标（2010—2012年）。明确文化创意产业特色，扩大文化创意产业的总体规模，制定"十二五"期间文化创意产业发展规划。增加文化产品和服务的核心竞争力，构筑文化企业服务平台，形成政府对文化创意产业的持续投入机制，打造投融资平台，以现阶段续建和新建重大项目为抓手，加速人才聚集，塑造产业特色，使品牌效应得以展现。

到2012年，鸠江区文化创意产业增加值占本地GDP的比重达到3%，年平均增长100%，成为芜湖市文化创意产业发展核心区域。

中期目标（2013—2015年）。文化创意产业结构持续优化，文化创意产业品质不断提升，文化创意产业人才队伍进一步扩大，涌现一批文化创意产业龙头企业、优势行业及品牌产品，文化创意产业在全国具有一定的号召力和影响力。

到 2015 年，文化创意产业增加值达到 30 亿元，占本地 GDP 的比重超过 10%，年平均增长 40%，其增长速度明显高于本地 GDP 增长速度，文化创意产业成为支柱产业。

远期目标（2016—2020 年）。全面提升文化创意产业层次，完成文化创意产业的业态分布和文化创意产业内部及相关行业的充分融合，使文化创意产业对其他产业的渗透和关联效应更加显著，推动鸠江区全面进入创意经济时代。

到 2020 年，文化创意产业增加值达到 120 亿元，占本地 GDP 的比重超过 15%，增长速度达到 30% 以上，文化创意产业对国民经济的贡献率进一步提高，对其他产业的拉动效应更加明显。

第四章　主要任务

第十条　地方文化资源转移项目

1. 立项依据

地方文化资源转移项目是文化创意产业与区域特色结合的系统工程。鸠江区要发展文化创意产业，必须对其文化资源进行提炼与判别，将其中可以转化为产业资源的进行深入转化。

地方文化资源转移项目可以分解为若干子项目，包括对文化资源的整理与挖掘、产业转移、视觉呈现、产业效益的实现与回收、对资源的评估与再利用等。

2. 项目内容

传统文化资源转移方面。依托对地方文物、典籍、图像、民俗、符号系统的挖掘，对百姓传统生活方式、社会运行状态的提炼，打造皖江曲艺历史馆、皖江饮食城、皖江变迁与宗教馆、徽文化博物馆、徽派建筑特色社区、徽文化服饰馆、米文化博物馆等。

现代文化资源转移方面。现代文化资源包括工业文明、信息科技、城市文明、汽车工业、金融服务、中介咨询等。其核心精神是体现鸠江区承接传统与现代的时空交接，体现现代性和时尚的传递。在以电影院线、数字电视、文化出版、创意设计为主线的文化项目基础上，建立现代文化信息工程数据库、区域文化传播中心和文化产品研发基地。

3. 面向业态

地方文化资源转移项目的对象是鸠江区、芜湖市乃至徽文化群落的所有传统与现代文化资源，这是鸠江区文化创意产业发展的现实基础，其面向的业态是所有鸠江区需要发展的文化业态。

在宏观层面，鸠江区的政府形象、城市风貌、基础设施建设等外在物化形态都要以鸠江区提炼的传统与现代文化符号为内容，充分体现鸠江区的在地氛围。主要面向文化会展、旅游、园区建设、博览展示等项目。

在中观层面，对地方文化资源的转移要面向鸠江区所有文化创意产业项目的重大工程建设与重大园区建设，将鸠江的特色文化符号辐射到公共文化活动、重点企业聚集、产业园区建设、旅游产品开发等项目。

在微观层面，通过对地方文化资源的梳理，将可以与现代城市生活结合的文化要素融合到当前百姓生活的社区建设、家具设计、生活起居等方面。

4. 实施步骤

地方文化资源转移工程是鸠江区文化创意产业发展的基础工作，同时也是伴随产业发展需要不断进行的项目。因此，在规划实施的近期、中期及远期都要涉及。总体来讲，在近期，即2010—2012年，着手对芜湖市的传统文化资源进行挖掘和提炼，并对其进行判别，提出可以进行产业转化的资源类型；在中期，即2013—2015年，初步实现传统文化资源的现代化赋值，并梳理现代文化资源品牌，整体视觉呈现和价值形态转换基本完成，在全区树立起文化资源转移的典范工程；在远期，即2016—2020年，形成鸠江区对文化资源的吸纳效应，形成对周边地区文化资源的整合作用。

第十一条　品牌文化产业拓展项目

1. 立项依据

目前，在文化创意产业领域，鸠江区拥有以华强方特为代表的高科技文化主题公园品牌，这一品牌具有的特质包括文化科技、动画漫画、衍生品生产、主题公园等要素，在业界和消费者心目中都具有较强的认知度，也在国内外不断开拓市场。同时，以奇瑞为代表的我国民族汽车品牌也在全国范围内具有较强的感召力和影响力。

可以说，这两个品牌集中体现了鸠江区的城市品格和鸠江人的精神风貌，对这两个品牌加以拓展，实现其由既有的产业门类进行跨行业、跨地区发展，在全国范围内以这两个品牌为带动加强鸠江区的城市营销和传播，在现阶段具有可行性。

2. 项目内容

（1）华强方特文化品牌拓展战略

华强方特文化主题公园在鸠江区已经建成二期工程，按照国际主题公园的发展规律，目前亟待跟上的是对主题公园的内容产业链建设及品牌拓展，在这一背景下，通过动漫、网游、影视等产业实现园区的可持续发展是必由之路。

鸠江区可以围绕华强方特品牌，走动漫产业的原创开发模式。根据对全国动漫产业市场和芜湖动漫产业环境的分析，鸠江区在动漫发展方面应该走"中小投资，中高品质"的原创开发模式。在保存芜湖动漫基地实力的基础之上，细分动漫市场，拓展题材，扩大观众群体，强调投入与产出比例。立足华强方特品牌，不断塑造经典的动漫人物，利用现代技术手段和工业生产模式，规模化地进行生产，并以此为核心向数字化媒体和广播影视等形态转换，从而形成系列产品的开发。

对动漫、网游产业的拓展要从产业链、价值链角度进行拓展和延展。首先，在华强方特二期工程完成时，引导企业及时做好动漫衍生产品的设计和研发，促使其形成区域系列动漫产品一体化延伸型的产业链，并在皖江经济带形成聚集趋势，辐射长三角主力消费群体。其次，在产业集聚的同时，实现动漫产品价值转换和增值。向与动漫相关的下游产业延伸，第一层是由动漫杂志及图书的出版和销售获得利润，第二层是利用媒介进行广告吸引，第三层是进一步开发玩具、服饰、游戏等周边产品，第四层是形象授权以及产业延伸，第五层是举办动漫展览会、表演，第六层是成立协会，或俱乐部和转让音像产权等，层层拓展，不断延伸。最后，实现动漫产业链的多元化，对相关行业和非相关行业做进一步的开发投资。例如，动漫产业向旅游业、多媒体业、广告业、展览业、娱乐业等其他产业融合和发展。

（2）汽车文化品牌拓展战略

奇瑞坚持发扬自立创新的精神，不断增强核心竞争力，实现了从"通过自主创新打造自主品牌"第一阶段向"通过开放创新打造自主国际名牌"第二阶段的转变，进入全面国际化品牌推广的新时期。在汽车制造业中，有大量的文化因素可以发掘与产业并进。鸠江区有奇瑞汽车生产基地和相关生产配套设施产业链、现阶段与江淮的合作，以及未来皖江城市带汽车产业承接转移的优势，鸠江区在汽车文化品牌拓展方面有潜在的巨大市场。

首先，鸠江区可以利用奇瑞汽车，提炼属于鸠江的城市精神与人文品格。奇瑞汽车的发展集中体现了鸠江区创新进取、敢作敢为、科技时尚的精神品质，可以充分利用汽车产业的飞速发展，搭建一个宣传、展示、传播鸠江文化品质的平台，并借助汽车品牌文化的传播，开展国际合作、文化交流、人才培养、理论研究和产业开发。

其次，鸠江区可以在远期开展汽车主题文化创意产业的内容拓展。包括汽车的造型和品位，汽车企业的VI设计，汽车企业文化建设中的内刊、内报、内网、内部广播电视和文化活动，还有汽车人才培养、汽车拉力赛、汽车历史馆等。打造集文化、汽车、旅游、娱乐等为一体的汽车文化城，把芜湖打造成全国汽车工业特色名片，让芜湖作为中国汽车工业通向世界的桥梁，成为世界看中国汽车工业的窗口。

3. 实施步骤

对华强方特文化品牌的延伸和拓展需要在鸠江区文化创意产业发展的近期及中期实现，特别是在"十二五"期间，需要完成对该品牌在文化创意产业领域的塑造和企业的壮大。这主要基于两方面的考虑：其一，面对迪斯尼项目在上海市的落地，鸠江区必然面临更为严峻的竞争形势，以主题公园为主要产业形态的华强方特亟待将品牌拓展作为突破口，利用较短时间将鸠江区主题公园集群的品牌在全国打响，同时塑造鸠江区融科技、时尚、创新、务实的城市品格；其二，鸠江区的文化创意产业发展也面临着来自国内其他城市的竞争，只有牢牢抓住这个鸠江区的专属文化品牌，并尽快实现延伸和拓展，才能在未来产业布局中抢占先机。

对汽车文化品牌的拓展要在鸠江区文化创意规划实施的远期来实现。当前奇瑞汽车处于主体产业发展的高速期，也是在国内外树立品牌的关键时期，通过3～5年的时间，鸠江区可以利用具备更高影响力的汽车品牌实施该项目，从汽车的"文化场"角度出发，探求汽车与文化的结合点，创造多样的空间形态，以富有节奏感的园区界面和城市轮廓形成独有的设计特质，实现龙头品牌的双拳出击。

第十二条　文化主题公园建设项目

1. 立项依据

主题公园是指围绕特定主题，采用现代化的科学技术和多层次空间活动的设置方式，集多种游乐内容、休闲要素和服务接待设施于一体的有特别环境和娱乐项目的新型公园。主题公园集中体现了文化创意产业的创新、科技、消费等要素。

从区域产业基础和资源上看，鸠江区拥有方特欢乐世界主题公园，已经成为芜湖乃至安徽省的文化创意产业品牌。目前，方特梦幻世界即将投入运营，鸠江区有条件以主题公园作为突破口，强化芜湖市作为长三角地区首要旅游目的地、国内重要旅游城市的趋势。

未来，鸠江区有条件利用已经成形的主题公园招商、建设、管理、运营、推广的既有模式，积累已有的消费者认知度较高、市场环境较好、旅游线路成熟等基础条件，采用错位竞争的办法，选取新型的主题乐园，可以考虑打造面向3～14岁青少年的童话主题体验乐园或动漫主题乐园。

2. 项目内容

在面向青少年的主题公园建设项目上，要重点选择具有较强的娱乐性和体验性的活动内容，例如，各类职业角色扮演游戏、休闲体育项目、动植物接触游戏、手工艺制作活动、亲子共同参与的娱乐活动等，融合高新科技游戏与青少年体力、智力开发；通过脑力训练营进行创意与发现培训，培养青少年的创意思维与动手能力；结合美术馆、博物馆、图书馆、演播厅、影城等展览展示空间，培养青少年的艺术鉴赏能力，提升欣赏水平。该项目应充分考虑到青少年与家长、朋友的共同体验性，融合科技与艺术，将沉浸的感官体验、愉悦的身心感受、丰富的体验内容、有益的教育理念加以结合，使之成为鸠江区具有广阔发展前景和现实操作抓手的主题公园项目。

3. 实施步骤

在规划的近期及中期，鸠江区应着力打造与方特欢乐世界和梦幻王国可以实现较好衔接的青少年体验类主题公园项目。该项目以政府投入搞好基础设施建设和配套政策措施为平台，通过招商引资引进相关龙头企业，由政府对企业资质进行严格把关，并合理安排项目步骤。第一阶段，优先建设具有较好的消费者基础和娱乐性、体验性、科技性强的公园主体项目，实现人气聚集；第二阶段，着力建设实现展览、展示、交易、服务、商贸功能的拓展项目，逐步完善主题公园项目的社会服务功能。

在主题公园建设项目的现实展望上，鸠江区可以借助主题公园的集团式发展，将各类主题公园整合作为芜湖市、安徽省的文化创意产业名片，同时将开放、包容的鸠江区打造成皖江城市带引领未来时尚消费休闲之地。在这个过程中，主题公园建设不仅是硬件建设的过程，也是园区建设从单一到多样，从局部服务到全方位关注生活方式的过程，其目标在于形成融合生态、社会、科技、休闲、娱乐的文化集中地带。

第十三条 鸠江区文化创意产业园项目

1. 立项依据

除了消费型的文化主题公园建设之外，集聚企业的文化创意产业园区可以作为鸠江区文化创意产业发展的政策落实处和工作着力点。在近期可以实施的项目是鸠江区文化创意产业园区的选址、建设与招商工作。

2. 项目内容

鸠江区文化创意产业园区需要符合市区两级对于鸠江区文化创意产业发展的定位与迫切需求，本项目拟选址在安徽工程大学附近，一方面可作为依托高校的产、学、研转化平台，另一方面可结合鸠江区"东向发展"的基本战略，而且靠近方特二期等鸠江区未来文化创意产业发展的龙头。

在建筑形态上，该园区以现代楼宇为主，结合了商务办公、时尚展示、铺面商户、餐饮娱乐等功能；在业态选取上，除了配套的消费类产业形态之外，在文化创意产业内部要特别注重吸纳动漫创意与制作、影视策划制作、创意设计、软件外包等产业类型；同时，运用园区运营公司的孵化功能，对于产、学、研结合的项目进行特别支持，培育中小企业。

3. 实施步骤

该项目已经具有较好的实施基础，在2010—2011年即可开始实施。第一阶段是建设时期，在完成征地拆迁的基础上明确产业园区定位与功能，通过招标的方式明确建设方案，并加快建设进度；第二阶段是招商阶段，即利用建设完成后的一到两年时间，完成对于相关业态的聚集，促进上下游企业联合入驻，孵化若干有潜力的企业；第三阶段是壮大阶段，即在2015年前后，实现经济效益和社会效益的提升，同时形成一套可以复制的园区管理模式。

第十四条 鸠江区文化创意生态园项目

1. 项目定位

鸠江区的文化创意生态园不仅是文化企业的集聚地带，也要成为芜湖传统文化资源转移工程的载体。园区从建设到营销,以艺术消费、时尚休闲型为基本导向。

2. 项目内容

鸠江区文化创意生态园业态范围包括影视制作、动漫网游、软件开发、文化休闲、文化艺术展示交易、文房四宝、文化金融等。按照业态定位确定了主要功能包括:创意办公室、儿童成长体验、会务展示、文化艺术主题、特色展示、创意孵化基地、配套服务、经营管理八大类。

文化创意功能具体涵盖多个领域,其中包括传统文化类的民族美术工艺、时尚创意类设计、影视文化类、艺术设计类、建筑美术类、文化休闲类等。同时,该园导入具有地方文化特色和时尚风格的与非物质文化遗产相关的企业、艺术家、作品与展示等,帮助企业、作品与艺术家实现最优资源配置,并与一线城市或国际市场接轨,从而实现传统文化艺术的推广与增值。

3. 实施步骤

鸠江区文化创意生态园的选址在华强方特二期工程北部。其建设周期分为三个阶段:第一阶段是利用1～2年时间,完成该地区农户居民的拆迁与安置工作,并按照徽文化内核完成该园区的修建性规划,制定园区的招商引资政策和目标企业选取;第二阶段是利用后续的1年时间,完成园区的基础设施建设工作,采取建成一部分,使用一部分,引进一部分的原则,按照模块化的思路完成园区的企业入驻工作,给予企业充分的时间、空间,实现与园区的软、硬件对接;第三阶段是在园区投入使用后的2～3年内,通过一系列活动的策划与开展,实现园区与芜湖市民的生活融合,形成生产、生活形态兼具的现代文化创意产业园区。

第十五条　鸠江区现代设计实验园项目

1. 立项依据

鸠江区具有较强的工业发展基础,同时,在当前芜湖市的发展部署中处于以工业带动城市化发展的历史阶段;鸠江区的城市人口在芜湖市处于人均收入较高的层次,同时,芜湖市也是皖江城市带发展中的双核之一;鸠江区还是安徽工程大学的所在地,具有良好的教育资源和设计人才储备。在这样的基础上,鸠江区具备了发展设计服务业的基本条件。

2. 项目内容

鸠江区的设计服务业要立足于设计服务业中的工业设计、工程管理服务、工程勘察设计等产业类型,并拓展环境设计、家装设计、建筑设计、服装设计、市场调查、社会经济咨询、知识产权服务等业态,从设计服务业入手,占领皖江城市带建设的制高点,形成辐射全省、乃至全国的设计服务能力。

鸠江区的设计服务业应选择建设现代设计实验园项目,可以考虑与鸠江区文化创意生态园实现"二园合一"或"二园联动",将时尚、消费、设计、服务、体验等要素加以结合,同时,可以实现土地资源的整合开发利用。

鸠江区现代设计实验园重点建设涵盖创意设计、动漫游戏、影视制作、音像制作、艺术创作、工艺美术、文化旅游、传媒印刷等文化创意产业的孵化和培育中心，形成一批具有一定规模的特色文化创意产业集聚区，平均产值规模达到国内先进水平。

现代设计实验园包括设计企业孵化中心。初步形成工业设计研发设计孵化中心，成立设计大师工作室，并积极吸引国内外创意设计大师和专家，开展与国内外设计服务机构合作；采用筑巢引凤的方式，吸引国内一流的设计服务业企业进驻园区。除汽车、电子、机械、服饰以外，积极拓展创意设计领域，并充分利用鸠江区既有的工业基础，引导设计服务业产业链前端的创意设计与产业链中下游的模具、结构、注塑、喷涂、钣金等各类型设计服务类企业。举办各类论坛、大奖赛活动，培育围绕设计产业的中介、咨询、代理、投融资机构，营造良好的设计业服务环境。

除了现代设计实验园项目之外，依托鸠江区经济开发区一期工程，在二期工程开发之际，创建工业设计孵化基地，以及专业化研发设计楼宇群和生活休闲配套区等功能区域建设，以致力于打造一个以科技研发为核心，以工业设计为特色，以都市经济为形态，集绿色高附加值产业、商务办公、服务配套、优美人居为一体的卓越创新型经济新区。

3. 实施步骤

现代设计实验园项目的实施分为两个阶段：第一阶段是2010—2011年，对实验园项目完成修建性规划，并采用政府投资，招商引资的方式引进企业，制定园区招商引资政策，目标在于从长三角、珠三角引进一到两家具有国际竞争力的国内一流的大型设计企业，10家中型企业，若干小型企业，布局实验园的合理企业生态；第二阶段是丰富园区企业的业态，在工业设计、建筑景观设计等主干企业之外，布局工艺美术、服饰设计、印刷复制等产业门类，实现企业集聚，完成园区的软环境搭建工作。

第十六条　旅游文化资源整合项目

1. 项目内容

鸠江区的旅游文化资源具有多种层次，既有自然生态类型，也有人文传承类型，还有在我国城市旅游中稀缺的工业旅游资源。因此，对鸠江区文化旅游产业发展的基本思路是将鸠江区打造成为长江中下游滨江现代娱乐休闲中心。即依托四褐山、裕溪口、曹姑洲、方特欢乐世界、方特梦幻王国、神山、梦湖、扁担河、大阳垾湿地公园等一批风格各异的旅游资源，发展较高层次的现代娱乐休闲旅游、度假休闲旅游和滨江观光运动休闲旅游。带动娱乐、休闲、观光、购物、会务、美食消费，建设融传统文化和现代文明，青山碧水和时尚风貌为一体的滨江旅游城市。

现代主题公园娱乐文化旅游区。依托方特"未来世界"项目，结合动漫文化产业园区，建设集娱乐旅游与现代文化旅游结合的现代主题公园娱乐文化旅游区；建设方特-休闲街区，包含动漫图书、报刊、电影、电视、音像制品，以及与动漫形象有关的服装、玩具、电子游戏等动漫产品的展示与销售，将文化、旅游、商业有机结合，打造类型丰富、业态丰富的文化街区。

梦湖、扁担河、大阳垾湿地生态休闲旅游区。依托梦湖生态观光园、扁担河等水域，深入挖掘官陡民俗风情，把休闲度假与康体、养生等疗养项目结合与商务、会务、体育、娱乐、拓展活动结合起来，建设扁担河沿岸旅游购物一条街，业态以现代元素的休闲吧、工艺吧、餐饮娱乐场所、购物场所为主，逐步形成旅游、娱乐为一体的产业。

四褐山、裕溪口、曹姑洲"山 - 江 - 洲"旅游区。依托四褐山、曹姑洲、裕溪口山、江、洲相映衬的自然资源特色，以登山运动观光、洲内生态农业休闲旅游、滨江游艇观光为主要内容，建设以江鲜美食、星级宾馆、茶馆为主要形态的旅游商业街区，打造旅游设施完备、旅游产品多样的集运动、休闲、观光为一体的高等级旅游景区。

红色文化教育旅游区。依托神山烈士陵园、干将莫邪铸剑处、官陡门大捷等旅游资源，整合芜湖悠久的革命历史传统资源，开展以"革命历史教育"为主题的红色旅游，使其成为缅怀先烈，进行革命传统教育的基地。

2. 实施战略

区域一体化战略，互动型的旅游网络。芜湖是华东交通和沿江公路网络的重要枢纽。鸠江区以发展文化创意产业为契机，拉动消费的娱乐休闲和旅游业开发可着眼于长三角进行长远规划，创建游客与市民互动性旅游网络，实现区域休闲旅游联动。

核心带动战略，一点辐射皖江。皖江城市带以及周边农村是未来产业承接的主要集聚地，休闲消费市场潜力大。芜湖作为皖江城市带双核之一，成熟的文化创意产业和雄厚的产业实力，加上丰富的文化消费配套设施与项目设计，必将成为区域旅游的焦点。

精品工程战略，新型旅游产业链。鸠江区旅游业要以文化创意产业为依托，在整体规划和营销模式上走与当地文化创意产业发展同步之路。旅游项目以文化创意产业的汽车等项目为线索，旅游产业链与文化创意产业链交互融合。旅游项目以体验性为主，旅游产品以创意型为主。

人才先行战略，储备旅游产业人力资本。旅游人才队伍的建立，一方面，要由政府与企业密切合作，改革用人制度，引入竞争机制，形成发现人才、造就人才、留住人才的机制；另一方面，要重视对旅游从业人员进行技能培训与考核，对旅游业从业人员实行先培训后持证上岗的制度。未经培训没有上岗证的一律不能上岗，以保证提供标准化和合格的旅游服务。

3. 实施步骤

旅游文化资源整合项目目标实现主要分三个阶段：第一阶段是2010—2011年，完成对旅游资源的评估，启动重点项目的开发，同时着手建立健全旅游人力资源评估体系、人才激励机制、人才培训体系等；第二阶段是2012—2015年，进一步推进重点旅游项目和旅游产品的开发，面向全社会开展旅游意识宣传，持续性地利用报刊、电视、电台、公共场所旅游形象广告牌等各种大众传播媒体，开辟旅游专栏和专题节目，并通过策划、举行旅游知识大赛、摄影比赛，开展市民活动等生动的旅游宣传教育；第三阶段为远期，实现鸠江区旅游资源的整合，并形成与周边省市的旅游项目联动。

第五章 配套政策保障措施

第十七条 完善体制机制

1. 设置常设机构。在鸠江区文化创意产业发展办公室的基础上，成立"鸠江区文化创意产业领导小组"，由区党政一把手担任领导小组负责人，并定经费、定编制，以领导小组办公室负责管理、协调、监督、规范文化创意产业发展。

2. 创新管理体制。在"领导小组"的领导下，形成区内各职能部门联席会议机制，对文化创意产业发展的重大项目采取会商机制，从政策、资金、人才等方面予以保障；以区建设投资公司的现有职能为依托，拓展业务资源，研究设立专门的文化创意产业项目投资、担保机制。

3. 搭建公共平台。在确立的重点突破领域引领下，由政府利用专项资金设立"动漫产业企业孵化与公共技术平台""工业设计企业要素引进平台""文化创意产业人才培育平台"，发挥政府在政策制定、组织协调、公共服务等方面的职能，发挥公共财政资金的杠杆作用和引导作用，推动各种资源的集成、协作和配套动漫产业、工业设计产业上下游之间的联动与协作，合理布局文化创意产业链和产业集群。

4. 举办年度论坛。以第二届中国国际动漫创意产业交易会为基础，整合区内资源，将论坛作为鸠江区承办的年度活动，并积极探寻新的年度论坛活动，例如，"徽文化与文化城市""智慧城市论坛""国际汽车城论坛""主题公园与城市发展"等，为区内外文化创意产业企业搭建交易、交流平台，并逐渐形成鸠江品牌。

5. 建立文化创意产业项目论证机制。在区领导小组的领导下，对区内重点文化创意产业项目进行招标论证，借助芜湖市、安徽省及国家级研究机构和业界领先企业建立"鸠江文化创意产业专家库"，有针对性地解决实践过程中的难题；同时，积极探求社会智慧，面向社会有偿征集解决方案；应征方案按主题分类在论坛上公开发布或阐述，接受政府、业界和学界同行专家的评估论证，以其结果直接推动产业的发展与振兴。

第十八条 扩大资金支持

1. 设立专项资金。由区政府每年拿出不低于5 000万元的专项资金为市场发展前景好、科技含量高、带动作用强的文化创意产业项目提供资助或贷款担保，为企业和人才提供奖励，为软性项目建设提供支持；同时，规范资金管理，制订详细的资金使用规范和项目评审流程，以项目库和责任追究制度提高资金综合利用效益。

2. 设立更加灵活的文化创意产业发展基金。基金的本金来源可以是政府专项资金、财政预算资金、文化事业建设费、战略投资者和社会资本等，支持、引导鸠江的文化创意产业资金投向。

3. 拓宽文化创意产业融资渠道。积极贯彻落实国家、省市关于推进文化产业与金融机构合作的政策措施，推进银企合作，鼓励商业银行创新贷款产品，加大信贷支持力度，同时利用专项资金建立中小文化企业互保制度、鼓励符合条件的文化企业通过发行上市、股权转让、发行债券等方式实现直接融资。对有一定市场化程度项目的资金需求，可以考虑引进有行业发展经验、有实力的战略合作伙伴，共同搭建新的投融资平台。放宽政府垄断性行业准入，根据基础设施项目盈利程度，有针对性地采取特许经营、公私合营（PPP模式）、建设移交（BT模式）等方式。

第十九条　园区开发运营

1. 文化园区的规划与评定。由鸠江区文化创意产业领导小组办公室会同区规划等相关行业主管部门建立联席会议制度，研究制订园区建设的相关扶持政策和产业发展规划，负责对文化创意产业园区按照认定标准组织认定、授牌，抓好文化创意产业园区建设的推进和服务。成立专家委员会，组成评审机构，下设若干专家组，为产业研究、文化创意产业园区评审、监督管理、评估决策提供服务。

2. 对于新建的文化创意产业园区，采取"管委会主管＋开发公司主导"的模式。考虑在区级层面建立"鸠江区文化创意产业园区管理委员会"，将全区相关园区的规划、建设、开发、管理等工作纳入管委会，简化办事手续，提高办事效率，实施"一站式服务"。

3. 对于运营中的文化创意产业园区，采用"财政投入＋银行融资＋招商引资"并行的模式。对各个园区发展中所需的交通、水、电、通信等基础设施，由政府通过整体配套加以解决；推进园区重点地块的详细规划和修建性详规设计。

第二十条　打造人力资本

1. 创新人才引进与留驻模式。通过文化创意产业园区的建设与相关企业的引进，吸引优秀文化创意产业人才为鸠江服务，采取"落户、驻区、留心"并举的方式，使本地高校培养的人才及来区工作的人才能够为鸠江文化创意产业发展安心服务，协调、解决核心人才的住房、子女、养老等后顾之忧。针对铁画等民间手工艺人才，打造民间工艺品培训基地，打造"培训—艺人—合伙人"的人才职业发展通道。

2. 提高从业队伍素质。通过鸠江区文化创意产业专家库的建设，形成鸠江区干部队伍、企业从业者定期培训的制度，提高人才队伍的专业水平和产业视野；针对不同文化创意产业企业的从业人员，与国内外领先企业合作加强职业培训，建设教育培训、研究和生产实践相结合的产、学、研一体化的文化创意产业人才培养基地。

3. 完善人才使用机制。由政府公共服务平台健全人才评价体系，通过对创意人才的测评和绩效评估，为企业提供专门人才的认定与选择空间。推广人才"打包"引进的方式，以团队引进、核心人才带动引进等方式引进海内外优秀高端人才；完善人才激励机制，开展股权激励和文化成果转化奖励试点，鼓励各类人才以知识产权、无形资产、技术要素等作为股份参与企业利润分配。

4. 整合开发中下阶层人力资源。在鸠江文化创意产业的若干园区建设中，必然牵涉到对当地居民的征地拆迁及就业安置等问题，针对农村居住人口以及城市中下阶层，引导其进入园区所需的相关物业管理公司等第三产业服务部门，并通过职业技能培训，整合开发这部分人力资源，使之成为鸠江文化创意产业发展的人力资源基石。

第二十一条 拓展消费市场

1. 积极拓展文化消费群体。在鸠江区既定的动漫产业、工业设计作为文化创意产业主体之外，要确定以文化旅游作为文化创意产业的重要增长极。积极鼓励和引导各类文化旅游企业适应不同群体消费结构的新变化和审美的新需求，为本地群众、外来打工人群、旅游消费者、外籍人士提供各具特色的文化消费产品和服务。

2. 不断培育新的文化消费热点。围绕鸠江本地具有特色的餐饮、游憩休闲场所、旅游景点、文化群落等培育新的文化消费热点，形成具有徽文化、芜湖、鸠江特色的各类文化消费场所；使鸠江着力打造的主题公园产业集群成为具有全国乃至国际影响力的工业文明融合传统文化的独具吸引力的文化旅游景点。

3. 大力推介芜湖文化品牌。由区专项资金投入，吸纳社会资本，鼓励具有鸠江文化特色的原创性文艺作品、动漫游戏、电影电视音乐作品的创作；充分利用动漫交易会、徽文化走出去等文化推介活动，使更多本地企业和产品走向全国，扩大芜湖文化的影响力和辐射力；支持企业参与国际会展和交易活动，由行业协会选送，政府资助参展。

4. 推行地方文化教育。文化创意产业的发展不仅需要从小培养创新人才，同时也需要懂得文化内涵的人作为消费群体。与国家课程教育不同，地方课程应充分利用芜湖本地的自然风光、名胜古迹、风土人情、特色产品和著名人物等，能够丰富课程资源，增强青少年对本土文化的认知与情感，强化青少年对本地历史的了解与认同，使其成为未来文化创新与文化消费的生力军。

第二十二条 提升服务水平

1. 政府根据不同文化产业项目和园区的定位，在政策取向上注重分类指导。对城乡接合部地区、农村地区、产业转型地区的建设发展等问题进行专项研究规划，提出实施方案；在文化创意产业的重点发展功能区，适当放宽规划条件，增加产业用地指标。

2. 提供企业咨询服务。通过携手本地的行业协会等机构，创立咨询服务小组，充分利用行业协会的纵向信息优势以及政府在本地的横向结构优势，积极整合"公共文化服务信息网"的相关内容，为本地文化创意企业提供包括政策法规、行业信息、产品信息、外销方式等多种咨询服务，积极为企业发展做好信息保障工作。

3. 逐渐实现设施信息、人才信息、产品信息的数字化和共享化，使得决策有数可查，有据可循，实现区域内资源的统筹协调。搭建一个公共文化服务信息网，多维度、多渠道普及公共文化服务知识,传递公共文化服务信息。保证信息更新即时、内容丰富、运转有效,推动区域内公共文化服务资源的充分利用。

4.形成文化创意产业与公共文化服务的良性互动。为保证公共文化产品供给充裕,建议摈弃原有的公益性文化事业只能由政府"大包大揽"的思维定式,区分人民群众不同文化需求,将公共文化服务分为无偿服务和有偿服务两种,积极探索在市场经济条件下,新型公共文化服务体系的构建模式,即在公共财政支撑条件下,形成政府主导、社会参与、市场运作的公共文化服务体系发展新格局。

第六章 附则

第二十三条 规划批准

规划由芜湖市鸠江区人民政府批准。

第二十四条 规划实施及解释

规划由芜湖市鸠江区政府组织实施,并负责解释。

第二十五条 规划修改

规划在实施过程中,内容如需修改,报鸠江区人民政府批准。规划修改后按修改内容实施。

第二十六条 规划适用

其他鸠江区相关规划包括各专项规划、各行业规划如与本规划内容相冲突,以本规划内容为准。

第二十七条 规划生效

本规划自批准之日起生效。

武汉市"十二五"文化发展规划建议[①]

[①] 2010年武汉市委宣传部委托课题。主持：熊澄宇。参与：吕宇翔、张铮、庞云黠、薛钊。

一、总则

二、规划背景

三、指导思想与规划目标

四、规划原则与发展战略

五、加强文明创建，树立社会主义核心价值观

六、树立城市品牌，彰显武汉文化特质

七、保障文化民生，完善公共文化服务体系

八、保持传统优势，创造文化产业新生亮点

九、广泛开展交流，全面展示武汉城市形象

十、突破各类禁锢，深化文化体制改革

十一、支撑体系和对策措施

一、总则

"十二五"期间（2011—2015年），是我国实施中部崛起战略的关键时期，也是武汉城市圈两型社会建设的攻坚阶段，为了全面贯彻党中央关于推动社会主义文化大发展大繁荣的战略部署，深入贯彻落实科学发展观，准确把握"十二五"期间武汉市文化发展的战略目标和工作重心，不断满足人民群众日益增长的精神文化生活需求，稳步推进武汉市经济增长方式的结构性调整，加快提升武汉市的文化软实力和综合竞争力，建设武汉城市品牌，推动武汉市经济社会的全面可持续发展，配合"两型社会"建设，将武汉市建设为中部崛起的战略支点和龙头城市、社会主义文化发展的示范城市，特制定本规划。

【规划性质】

本规划是"十二五"期间（2011—2015年）武汉市文化发展的总体规划，是武汉市文化发展的指导性文件。

【规划依据】

《胡锦涛在中国共产党第十七次全国代表大会上的报告》

《国家文化产业振兴规划》

《中共湖北省委湖北省人民政府关于推动文化大发展大繁荣的若干意见》

《武汉市城市总体规划（2010—2020年）》

《武汉市国民经济和社会发展第十一个五年总体规划纲要》

《武汉市关于推动武汉市文化大发展大繁荣的若干意见》

《国家中部崛起发展战略规划》《促进中部地区崛起规划实施意见》

《武汉城市圈资源节约型和环境友好型社会建设综合配套改革试验总体方案》

《武汉城市圈总体规划纲要（2007—2020）》

《财政部　海关总署　国家税务总局关于支持文化企业发展若干税收政策问题的通知》

《财政部国家税务总局关于文化体制改革中经营性文化事业单位转制为企业的若干税收优惠政策的通知》

国务院《关于同意支持武汉东湖新技术产业开发区建设国家自主创新示范区的批复》

中央、各部委、湖北省、武汉市关于文化工作的一系列重要指示等。

【规划时限】

本规划实施期限为2011—2015年。

二、规划背景

文化是民族凝聚力和创造力的重要源泉，是综合国力竞争的重要因素。文化繁荣是社会发展的最高目标。

"十二五"期间，是武汉市文化发展的重要战略时期。国家已作出了一系列重大战略部署，将文化建设作为我国现代化建设的重要组成部分，大力推动社会主义文化发展的大繁荣，形成了良好的文化发展氛围；经过多年的发展，2009 年武汉市人均地区生产总值已达 7 000 美元，人民群众更加注重对精神文化生活品质的追求，给文化发展创造了有利的条件；受金融危机的影响，武汉市传统产业各项经济指标增速明显放缓，而文化产业却逆市而上，正在成为产业结构转型、社会经济可持续发展的重要推动力，武汉文化正迎来一个繁荣发展的黄金时期。

1. 发展基础

武汉市的文化发展具有得天独厚的优势。

武汉的城市定位。武汉市是湖北省省会、国家历史文化名城、我国中部地区的中心城市，是全国重要的工业基地、科教基地和综合交通枢纽。武汉两江交汇、三镇鼎立，滨江滨湖特色鲜明，水土资源和生态环境优势明显，产业发展在全国处于中上等水平，国家中部崛起战略和《武汉市城市总体规划》《武汉城市圈总体规划》将武汉的建设目标定为中部崛起的龙头城市和"两型社会"建设示范城市。

历史文化资源丰富。武汉是明清"四大名镇"之首、"白云黄鹤"之乡、辛亥首义之都、大革命北伐时期的赤色首都、抗日战争初期的抗战中心，是中国近代工业和革命的发祥地之一，载录着人禹治水、屈子行吟、伯牙鼓琴、李白放歌、木兰从军、岳飞抗金的佳话。盘龙古城、黄鹤名楼、知音琴台、归元佛刹、碧波东湖等人文和自然景观，以及武昌起义门、武汉国民政府旧址、农讲所旧址、"八七会议"会址、八路军办事处旧址等革命遗址遍布三镇。3500 年文明传承、独特的山水资源、丰厚的文化积淀，形成鲜明的汉派文化特色；"九省通衢、商贾云集"的繁华街市，形成了武汉独有的人文风貌。

科技教育水平领先。武汉市是中国第三大科技教育基地，人才资源丰富。拥有武汉大学、华中科技大学等高等院校 85 所，在校大学生 110 余万人，各类研发机构 800 多个，国家级重点实验室 14 个，国家级工程技术研究中心 13 个。2009 年，东湖新技术开发区被国务院批准为全国第二个"国家自主创新示范区"，武汉被授予"国家创新型试点城市"。人才智力资源密集，在创新资源、创新产业、高新技术、国际交往等方面具有相对的优势。

公共文化服务网络基本形成。近年来，武汉市加大投入，实现 13 个区都有一个中心文化广场（公园），共建成区级文化馆 13 个，街（乡镇场）文化站 158 个，社区文化活动室 1 029 个，村文化活动室 2 087 个；2006 年在中部地区率先实现有线电视"村村通"，建立完善了市、区、基层服务点三级文化信息资源共享服务网络；组建了 91 支农村流动电影放映队，全市共有区级以上图书馆 17 座，农家书屋 930 个；并修建了琴台大剧院、音乐厅、中南剧场等一批大中型文化设施，为丰富广大人民群众的文化生活提供了有力保障。

群众文化活动丰富多彩。据不完全统计，武汉市约有 50 多支社会文艺团队、2 000 多支社区文艺团队活跃在群众文化领域，"十一五"期间全市举办群众文化活动 5 万余次，参与群众达 6 000 万人次。形成了以"四季歌"为代表的群众文化活动品牌和"武汉邮政艺术团""武汉电信艺术团""星海合唱团"等一批国内外知名的社会艺术团体及 5 000 多名文化骨干人才队伍，并有几十个节目获文化部"群星奖"，形成了以"区级文化"为基础，各区有序竞争、市区和谐互动、全市群众文艺创作共同繁荣的良好局面。

文化产业发展迅速。武汉市文化产业 2009 年实现增加值 259.92 亿元人民币，比上年增长 21.53%，占武汉地区生产总值的 5.7%。从业人员 23.94 万人，占全市从业人员 6.6%，人均实现增加值 10.86 万元，文化产业增加值增长速度高于全市生产总值增长速度，同时，也超过第三产业增速。以新闻出版、网络文化服务、文化休闲娱乐服务、文化用品生产销售等为代表的文化产业在武汉市经济发展的大格局中占有相当比重，并在动漫游戏、工业设计等新兴产业的带动下呈现高速发展的态势。已形成国有文化企业为主、民营资本为辅，重点行业突出，文化服务产品丰富、新兴产业发展强劲的发展格局。

文化体制改革成果显著。2005 年，武汉市即按"扶、保、放、转"四种模式对市直文艺院团实施分类改革，对市直文艺院团实施改革，区分院团的不同情况，以激活内部机制为重点，实施"一团一策"，进一步解放艺术生产力，以适应市场经济的发展，并相继组建武汉新华书店股份有限公司、长江日报报业集团、武汉影视艺术传媒有限公司、武汉金鹤文化发展有限公司、武汉出版集团、武汉市广播电视总台等行业主体，在文化体制改革的各个方面做出了有益的尝试。

2. 存在问题

武汉市的文化发展也存在一些制约因素和现实问题：

文化发展尚未形成与经济、社会相适应的协调局面。长期以来，武汉市的文化定位和思路方向相对模糊，各部门对文化认识不够统一，文化发展特色不够鲜明，在一定程度上导致武汉文化相对于社会经济发展处于落后地位。

区域文化资源的整合不够。武汉城市圈内拥有众多的历史文化资源、文化单位、文艺团体和场馆设施，也初步形成了一些资源整合渠道，但武汉市各城区之间、武汉市与周边城市之间，以及武汉市与湖北省之间文化资源的深层次、实质性的合作平台还没有，资源优势远未形成竞争优势。

文化设施与文化服务分布不均。目前，武汉市的公共文化服务机构和经营性文化消费场所大多集中在近城区，而黄陂、新洲等远城区和农村地区的文化基础相对薄弱，文化消费场所和文化活动较少。

缺少知名的文化活动和文化品牌。除武汉市国际杂技艺术节外，武汉市文化活动的品牌影响力大多停留在地区范围内，知名度、美誉度都相对较低。与杭州、广州、西安等国内同级别中心城市相比，武汉文化的吸引力不强，与其他城市尚有不小差距。

缺少龙头文化企业，产业关联度低。因与国际文化市场规则接轨力度不够，武汉市大多文化企业的地区辐射力、产业带动力和国际影响力非常有限，未能形成主导产业、支持产业、配套产业、衍生产业产业链的有效延伸。

体制束缚仍是主要矛盾，创意人才严重不足。武汉市文化发展尚未形成统筹协调的体制机制，相关部门的认识尚未统一，各项政策的落实仍有阻力。与一些文化发展较成熟的城市和地区相比，武汉不仅在文化人才的总量上偏小，在层次和结构上差距更是十分明显，严重制约了武汉文化的快速发展。

三、指导思想与规划目标

3. 指导思想

武汉市"十二五"文化发展要以科学发展观为指导，全面贯彻落实党的十七大精神，以邓小平理论和"三个代表"重要思想为引领，以保障人民群众的基本文化权益、满足人民群众日益增长的精神文化需求为基础，以体制机制创新为动力，以公共文化服务和优势产业为重点，以重大文化基础设施和活动项目为抓手，以建设高素质文化人才队伍为保证，解放和发展文化生产力，在文化发展上形成与武汉中部中心城市相适应的文化软实力，多方面满足人民群众日益增长的精神文化生活需要，促进产业结构的顺利调整与经济社会的全面发展。

4. 规划目标

武汉市"十二五"文化发展的总体目标：到 2015 年，基本实现在地居民公共文化服务的均等化，城乡居民的基本文化生活需要能够得到较充分的满足，文化产品和服务丰富多彩，初步形成"楚风汉韵，兼收并蓄"的武汉文化特色；配合"两型社会"建设，推动社会整体精神文明风貌的新跨越，将武汉市建设成为社会主义文化发展的示范城市和国家级文化产业发展基地；稳步推进产业结构的升级转型，推动文化产业成为武汉市经济发展的支柱产业，使武汉成为中部崛起的重要战略支点和龙头城市、现代化区域性国际文化交流中心。

公共文化服务体系发展目标：全市公共文化服务体系全面发展，各类文化主体协调共进，形成布局合理、设施先进、功能完善、覆盖全市所有社区和村镇的文化服务网络体系，城区实现 15 分钟文化生活圈，农村文化室实现村村覆盖，人均拥有公共文化服务设施数量和质量达到全国同类城市先进水平。建设有效的管理和保障措施，促进文化人才不断涌现，文艺创作更加丰富，群众文化广泛深入；文化资源优化整合，地方特色更加鲜明；文化遗产保护更加有效，利用更为合理；对外交流更为活跃。

文化产业发展目标：形成差异发展、互为支撑、布局合理的文化产业集群，为人民群众提供丰富多元的文化产品和服务，力争到 2015 年文化产业增加值占全市地区生产总值的 10% 左右，平均年增长率在 20% 左右；拓展并完善文化产业投融资渠道，重点培养一批行业龙头企业做大做强，加强文化创意产品和服务的国内、国际市场竞争能力。

文化体制改革发展目标：以满足人民群众日益增长的精神文化生活需要为出发点，形成完善的文化发展配套政策体系，构建良好的文化发展领导与管理机制，区分不同类型文化事业单位，完成经营性文化单位的转企改制，加大对服务型文化单位的财政扶持，创建科学有效的管理运营机制，培育 5~10 家有国际影响力的国有骨干文化企业。

四、规划原则与发展战略

5. 规划原则

面向全国，服务中部。坚持武汉中部地区中心城市定位，以全国性社会主义文化发展示范城市为目标，不断扩大文化产品和服务的品种与质量，全面提升地区文化软实力，推动社会整体面貌的变化。

事业优先，产业促进。优先公共文化服务体系建设，保证武汉市民的各项基本文化权益；创新文化产业发展，推动武汉经济社会的快速可持续发展，实现物质文明与精神文明建设的双丰收。

规划引导，建设有序。全市各区县要从实际出发，因地制宜，科学规划，有特色、有差异地建设公共文化服务体系，促进文化产业发展。地区之间、行业之间和部门之间的建设与发展应当统筹协调。

区域合作，协调发展。大力加强中部地区、武汉城市圈的区域合作，合理布局，统筹城市间、城乡间的文化发展，协调区域产业链的融合互动，加速两型社会的全面建设。

社会经济，共同繁荣。武汉文化的发展要与城市的社会、经济发展同步，以一定的社会经济实力为后盾，同时，为社会经济的可持续发展提供源源不断的动力，既不能片面追求经济指标，也不能过度强调文化发展。

6. 发展战略

突出武汉特大中心城市特色，带动区域文化共同发展。作为中部地区特大中心城市，武汉文化发展要充分与地区经济社会发展相适应，在满足本地区城乡居民日益增长的精神文化生活需要的同时，还要充分考虑区域文化的共同发展；配合地区产业结构的优化调整，带动中部地区，特别是武汉城市圈社会文化生活的全面繁荣，并逐步形成国际化城市的生活氛围。

满足群众基本文化生活需要，推动公共文化服务体系的全面繁荣。武汉市的文化发展要以满足在地群众的基本文化生活需要为核心任务，高水平建设基层文化服务场所，重点解决公共文化服务设施的合理布局，切实保障公共文化服务体系的高效运行，鼓励社会资本进入公益性文化事业领域，基本实现城乡公共文化服务的均等化。

促进文化产业快速发展，形成丰富多彩的文化产品与服务供应。武汉文化产业要在整理分析现有文化资源和产业结构的基础上，积极借鉴国内外先进文化产业发展的经验，落实相关政策，吸引国内外领先的文化创意机构进驻；加速上下游产业链的整合与拓展，培育跨地区、跨行业经营主体，打造国内领先国际知名的文化产业龙头企业；为广大群众提供多元化、多层次的文化产品与服务，在创造经济效益的同时为武汉市带来更大的社会效益。

大力提倡创新，保障武汉市文化的全面、快速、可持续发展。创新工作机制，改变既办文化又管文化的政府形象，通过市场行为来引导和协调文化发展；创新文化发展方式，加大武汉与周边地区文化产品与服务的融合力度，实现文化服务体系与文化产业的错落布局、差异发展；创新人才引进与培养模式，使武汉成为对资本和人才最具吸引力的创业城市；创新产品与服务形态，制造全新的文化消费体验，培育新兴文化业态。

五、加强文明创建，树立社会主义核心价值观

7. 推进市民思想道德建设

加强精神文明建设。积极开展以提升人的文明素质为核心的精神文明建设，加强社会公德、职业道德、家庭美德、个人品德教育；深入开展文明城区、文明街道、文明社区、文明行业、文明单位、文明村镇、文明景区和双拥共建等群众性精神文明创建活动，不断提高文明城市创建水平；积极开拓青少年参加各种文化活动的途径，大力推广武汉志愿助残模式，以文化涵养道德，培育青少年高雅的道德情操；加强和完善未成年人思想道德建设引领机制，推动内容创新、方法创新、手段创新，净化社会文化环境，为未成年人健康成长营造良好的环境。

不断拓宽传播渠道。积极构建传统媒体与新兴媒体有机结合、技术先进、覆盖面广、影响力强的现代传播体系，正确把握新闻舆论导向，积极宣传、推广社会主义核心价值观；充分发挥不同类型媒体多层次、多角度引导舆论的特色和优势，进一步发挥网络媒体、手机媒体等新兴媒体的影响力，以三网融合试点城市为契机，加快数字电视、移动电视等信息传播平台建设；打破行业和区域界限，鼓励长江日报、知音传媒等现代传媒集团跨地域、跨行业、跨媒体发展经营，并积极支持其进入资本市场，成为在国内有广泛影响力的传媒集团，发挥其在舆论引导中的核心作用。

8. 繁荣发展哲学社会科学

加强哲学社会科学研究基地建设。充分调动武汉市丰富的教育、科研资源，建设"武汉社会科学学术交流中心"，在理论武装和社会主义核心价值体系建设中发挥积极作用；以武汉市社科院相关学科为基础，重点建设"区域经济"研究基地，加强对武汉市经济发展的研究，为政府决策积累大量原始数据；支持拓展城区和特色区域调研基地建设，随时掌握社会发展的最新动态。

加强哲学社会科学研究项目管理。围绕"两型社会"建设、自主创新等重大理论及现实问题开展对策性、应用性研究，提高研究成果的转化率和贡献率；针对群众关心的热点问题，以重点项目的形式进行深入研究，分析问题的产生与解决方案，增加理论说服力；充分发挥《学习与实践》的理论引导作用，加强理论阵地建设，定期组织相关专题讨论；加大项目经费投入，严格项目流程管理，使研究成果能够真正服务决策、服务社会。

9. 倡导健康文化生活形态

积极引导群众的文化消费行为。通过媒体宣传、活动引导等方式，以高质量的文化产品与

服务，使广大人民陶冶性情、愉悦身心、认识社会、了解他人，获得思想上的满足和依归，丰富人们的精神世界；培养和壮大主流文化，在多元中树立主导，在多样中谋得共识，形成在地群众对武汉文化品质的深刻认同感，并自觉地投入维护社会主义核心价值观的行动中来。

满足不同人群的多元化需求。武汉市人群分化明显，城乡差异较大，既有汉口以商贸为主的流动人群，又有武昌以高教科研机构为主的高知人群、汉阳以大型工业企业为主的产业人群，以及远郊区的农业人群、高铁开通后激增的旅游人群、在汉国际人士等，需要因地制宜，统筹规划，丰富文化消费场所，提供不同层次、种类的文化产品与服务，满足群众多元性差异化的文化需求，形成文化生产与群众文化消费互相促进的良好局面。

六、树立城市品牌，彰显武汉文化特质

10. 凸显武汉市特质文化资源

创新利用自然生态格局，打造宜居城市形象。保持"两江交汇、三镇鼎立"的城市空间格局，尊重"江、湖、山、城"相融的自然生态格局，延续平行及垂直长江、汉江的网络状道路形态，维护历史文化名城的整体风貌；强化"龟蛇锁大江"的意象中心，保护沿长江、汉江和东西向山系的"十字型"景观格局，充分体现江河交汇、湖泊密布的城市景观特色；严格保护生态环境，提升人居环境品质，创造资源节约型、环境友好型城市建设的典范，彰显城市鲜明个性和文化魅力。

深入挖掘历史文化资源，推进历史文化名城建设。深入挖掘富有武汉个性的楚文化、首义文化、红色文化、知音文化、宗教民俗文化等历史文化资源，坚持保护优先、合理开发的原则，有效保护文化遗产，宣扬城市历史风貌，彰显城市文化内涵。进一步完善武汉历史名城控制性和修建性详规，加大优秀历史建筑的保护力度，推广"街头博物馆"等形式的旧城区保护措施，加强汉口老租界区、汉阳显正街、黄陂大余湾等历史区乡和辛亥革命武昌首义文化区等的保护与建设。重点推进盘龙城、明楚王墓群、湖泗窑址群等大遗址保护展示工程，完成中山舰博物馆、辛亥革命博物馆建设，整治、完善武昌中央农民运动讲习所旧址、汉口"八七会议"会址等红色经典文化景区。

11. 塑造武汉城市文化品牌

加大对原创精品的扶持和激励力度。加大投入力度，鼓励文艺作品的创作和生产。引导创作一批以荆楚文化、汉派文化为主题的精品影视剧、舞台剧、文学作品、实景演出，积极塑造武汉市的整体形象，展现武汉特有的精神风貌；活跃演出市场，繁荣舞台艺术生产。巩固武汉市"全国舞台艺术强市"地位，以纪念辛亥革命100周年、第十届中国艺术节为时间节点，创作精品舞台剧目4~5台，并以市场化的运作方式进行推广，争取精神文明和物质明的双丰收。

办好特色文化品牌活动。继续办好以武汉国际杂技节为代表的国际知名文化品牌活动，创办和引进3~5项在国际国内具有重要影响力的文化盛事；夯实以"四季歌"为代表的群众文

化活动品牌，办好群众文化艺术节、迎春舞龙大赛和锣鼓比赛、武汉之夏、高校文艺调演、金秋歌扬农村文艺调演、江滩大舞台等全市性品牌文化活动；着力建设邮政艺术团、电信艺术团、武钢文工团、星海合唱团、木兰艺术团等一批重点社会艺术团队；活跃街道文化、乡村文化，继续推进群众文化的"一区一品""一乡一品"建设，形成若干群众文化活动品牌和特色文化圈。

12. 加强文化遗产保护利用

增强文物保护意识。改变重经济建设，轻文物保护；只重眼前利益，不顾长远利益的思想。各级文物保护单位和历史遗存周边的建筑施工必须经过专家考证和文物部门同意才可审批，避免出现文物景观和周边环境相冲突的"孤岛"现象。继续做好地方经济建设工程中地下文物的调查、勘探和抢救性发掘、修复及移交工作。大力扶持张之洞与汉阳铁厂博物馆、武汉工业遗产博物馆、江汉关博物馆、武汉近代烟草工业博物馆、武汉近代交通博物馆等社会博物馆。

弘扬非物质文化遗产。设立非物质文化遗产保护基金，深入挖掘整理市域非物质文化遗产，完善国家、省、市、区（县）四级非物质文化遗产保护项目名录管理体系，建立非物质文化遗产传承人合理分享利益机制，维护相关个人、群体合法权益。健全非物质文化遗产保护的政策法规，出台相关扶持政策，建设市、区非物质文化遗产的收藏、展示中心，利用各种媒体，以多种形式开展非物质文化遗产的宣传工作，提高公众的认知度，形成非物质文化遗产长效保护机制。

七、保障文化民生，完善公共文化服务体系

13. 完善公共文化基础设施

改建、新建大型公共文化基础设施。按照高起点、高标准和适度超前的要求，集中力量改建和新建一批大型公共文化基础设施。完成"武汉图书馆二期工程（武汉数字图书馆）""武汉市群众艺术馆改扩建工程""市群艺馆非物质文化遗产保护展览中心""光谷文体中心""武汉国际博览中心"等重大项目建设，使它们成为武汉文化的标志性场所，并由它们带动周边区域的环境改善、文化氛围发展。

加强基层文化活动场所建设。加强街道和农村公共文化阵地建设，完善社区文化中心、各级图书馆和乡镇综合文化站的设备配置，提高信息化、网络化水平，做到资源互联互通；继续推进有线电视塆塆通工程，加强实施农村电影放映工程，加快城区电影院线建设，以满足群众的正常文化消费需求；充分发挥现有文化设施作用，努力增加活动内容，变换活动形式，增强活动吸引力；初步实现公共文化服务均等化；实现城区居民出户后15分钟即可找到一个公共文化活动场所，农村文化室、农家书屋做到村村覆盖，积极推广文体设施免费开放工程。

14. 创新公共文化服务方式

建立健全绩效考评办法。加强公共文化设施的利用和管理，明确服务标准，创新服务模式；对公共文化服务组织机构进行定期考核评估，实施以奖代补政策，完善监督与激励机制，对文

化设施利用率高、社会效益好、受众面广的单位给予奖励，杜绝空壳化和闲置浪费现象。

大力推动文化软性工程建设。在提高公共文化基础设施建设的同时，大力加强武汉市文化软性工程建设，保证文化场站的人员和经费落实，创新管理机制，做到基层文化场所"有经费、有人员、有阵地、有活动"；继续全面推进文化惠民工程，以政府采购、活动补贴、贡献奖励等多种形式，保证人民群众的基本文化需求。

15. 丰富各类群众文化活动

引导居民积极参与到公共文化建设中来。发挥公益性事业单位、非营利组织、企业以及群众自发组织的文化团体的能动性，提高公共文化服务的供给能力。组织多种形式的文艺团体和民间文化社团开展文艺会演、合唱大赛、群众艺术节等多种类型的文化活动。成立一批文艺协会，网罗一批业余文艺骨干，建立文艺创作中心，积极营造活跃健康的文化氛围。形成区级重大节庆活动年年办、大中型特色文化活动月月有、广场文化活动周周乐、基层文体活动天天有的格局。

鼓励社会力量兴办公益性文化事业。综合运用资金补偿、税收优惠等激励机制，促使各类民间资本和生产要素向公共文化服务领域合理流动。鼓励机关、学校、企事业单位的图书馆（室）、电教室和文化活动室、体育场馆等内部文体设施采取多种方式向社会开放，努力形成政府主导、社会参与、市场运作、多方投资的公共文化发展格局。

八、保持传统优势，创造文化产业新生亮点

16. 文化产业重点突破领域

● 传媒产业

通过资本运作、资源整合、产业链拓展等手段，做大做强武汉传媒产业。支持长江日报报业集团、长江出版传媒集团、知音传媒集团等龙头企业的跨媒体、跨地区、跨行业发展；全面推进传统媒体与新媒体的融合战略，结合华中数字出版基地建设，大力培育以数字出版为重点的新兴业态；依托武汉市在出版领域的优势，构建覆盖华中、面向全国的出版物现代物流配送体系；以三网融合试点城市为契机，全面推进下一代广播电视网建设，打造全媒体数字播控平台；推动印刷行业重点企业向规模化、集约化方向发展。

● 旅游休闲

打造武汉"白云黄鹤，知音江城"的城市形象。主城区重点建设以黄鹤楼为中心的两江四岸大滨江旅游区和以东湖风景名胜区为核心的大东湖旅游区；远城区重点建设木兰生态旅游区、梁子湖旅游区、中山舰文化旅游区等重点旅游景区；合理利用天兴洲、柏泉、鲁湖、沿江防护林带等独特旅游资源，发展农业观光、生态旅游、水上观光娱乐等项目；加快武汉华侨城、世茂嘉年华、极地海洋世界等主题公园建设；新建和修缮一批星级宾馆的设施，提高服务水平，与周边区域联动，使武汉成为国内知名的文化旅游胜地和国家旅游中心城市，成为中部地区旅

游集散中心、组织中心与接待中心。

● 演艺娱乐

发扬武汉"舞台艺术强市"的底蕴,大力推动原创精品舞台剧目的创作。以武汉杂技团、武汉歌舞剧院、武汉话剧院等院团为基础,鼓励和支持民营资本投资兴办演出团体、演出场所、演出经纪机构和举办演出活动,不断拓展文娱演出市场;整合创作、院团、剧场、经纪等演艺资源,形成剧本创意、演出策划、剧场经营、市场营销、演艺产品开发等紧密衔接、相互协作的演艺产业链;创新国有演出场所管理方式和经营模式,推行演出经纪人、演出代理人为代表的新型流通机制,建立演出经纪、艺术营销、剧院管理于一体的演出联盟,形成演出营销盈利新模式,促进演出市场的繁荣发展。

● 文博会展

利用武汉九省通衢的交通便利和华中地区中心城市的地位,大力提升武汉文博会展的影响力。引导和鼓励社会资本投资博物馆建设,加大武汉文物艺术品市场建设力度,使之成为我国中部地区相匹配的文化艺术品中心地;形成以国有博物馆为主体、民办博物馆为补充,各行业和专题博物馆全面发展的博物馆展览体系。继续办好"中国国际机电产品博览会""国际光电子博览会"等传统展会,并大力吸引和策划国内外顶级会展资源落户武汉;合理布局武汉的会展设施,加快武汉国际博览中心的工程建设,使其成为中部会展业的龙头与核心,并与国际会展中心、科技会展中心、商务会展中心和各类会议中心一起,形成丰富多样的会展体系;利用武汉传统体育强项和东西湖区的赛马资源,争取举办更多国际国内大型体育赛事。

● 数字内容

大力发展以动漫游戏、移动内容、数字影音为主的数字内容产业。立足中国光谷创意产业基地、江通动画产业基地等载体,建立公共技术服务平台,进一步提高武汉数字内容产品的创意能力和制作能力;大力推动和扶持图书期刊、音像制品、玩具文具、少儿服装、主题公园、娱乐设施等衍生品的开发、生产和经营,完善数字内容产业链;在东湖开发区设立年度电子竞技赛事,争取将其办成国内一流、国际领先的业界盛事。

● 创意设计

把提升设计力作为武汉产业转型、发展创新经济的重要引擎,力争将武汉打造成为中部创意之都、工程设计之都。进一步发展平面设计、服装设计、家居设计等多种设计门类,加快发展工业设计服务业、产品设计服务业、城市规划设计、工业和民用建筑设计以及城市景观设计服务业,形成完整产业链条,创造高附加值产品,形成强大的品牌优势;加强与国内外设计专业类院校合作,定期举办各类设计作品征集评选活动,发掘设计新锐,扶持个人品牌建设;提供优惠条件,引进更多的国内外知名设计机构落户武汉,逐渐形成武汉创意设计产业的聚集效应。

17. 全力打造文化产业集聚区

加快形成文化产业集群。充分利用东湖开发区国家自主创新基地政策,与武汉高等教育与科研机构的人才智力优势,打造若干文化产业聚集区,如出版传媒产业集群、数字内容产业集群、创意设计产业集群、会展文化产业集群等，通过文化产业投融资平台，吸引国内外优秀文化创意项目和运营团队进驻，确保武汉在中部地区乃至全国文化产业的领先地位；规范区级文化园区发展，进一步完善以东湖开发区为核心，以中心城区为主体，以远城区为依托的文化产业园区发展格局，逐步形成一批具有较强实力的龙头企业，带动相关产业链的全面发展，推动产业结构的升级整合，促进经济社会的全面协调可持续发展。

合理布局特色文化旅游线路。充分挖掘武汉丰富的自然风光、历史文化、传统文化、民间文化、红色文化资源，合理布局武汉特色文化旅游线路，全面开发如"两江四岸"大滨江旅游区、大东湖生态旅游区、泛金银湖都市休闲旅游区、木兰文化旅游区等旅游景区；合理规划以琴台旅游区、知音故里园为主体的知音文化旅游，以省博物馆、市博物馆、古琴台、黄鹤楼、晴川阁等为主体的楚文化旅游，以武昌古城、首义文化区和中山舰旅游区为主体的首义文化旅游，以归元禅寺、宝通禅寺、长春观、古德寺等为主体的宗教文化旅游，以都市建筑、都市商贸、滨江夜游、特色节事等为主体的城市文化体验旅游，以台湾农民创业园、农耕年华为主体的武汉现代科技观光农业旅游，以汉正街、吉庆街、户部巷、首义园、民众乐园等特色美食、购物街区和民间演艺场所为主体的民俗文化旅游，以武汉革命博物馆（农讲所、中共五大会议旧址、毛泽东故居）、"八七会议"旧址、八路军武汉办事处旧址、东湖梅岭一号等为主体的革命文化旅游等旅游线路。

18. 推动产业结构升级转型

加快培育文化产业新兴业态。充分利用武汉光电子产业和现代信息传播技术优势，调动武汉科研、教育等人才创新积极性，通过技术创新、渠道整合、内容建设等手段，大力开发数字出版、动漫游戏、移动内容、数字影音、软件服务、高科技会展等文化产业新兴领域，引导和鼓励数字内容企业开发"云"产品，带动武汉市其他文化产品向云服务模式转型；加快产品的研发与市场开拓，重视知识产权保护，有力推动文化产业新兴业态的发展，推动产业结构的整体转型，确立武汉市在文化产业新兴领域的领先地位。

合理布局武汉城市圈产业链条。依据《武汉城市圈总体规划纲要》，统筹文化产业链条的协调发展，利于不同地区的人力资源、环境与成本优势，形成研发中心、生产基地、物流中心与销售网络的合理配置，构建武汉1+8城市圈文化产业整体链条，将上游内容创意、中游产品生产、下游销售渠道与物流配送结合起来，以武汉为中心，形成向外扩散的环状结构，服务全国、放眼世界。

九、广泛开展交流，全面展示武汉城市形象

19. 推动武汉文化"走出去"

广泛开展对外文化交流。实施"引进来"和"走出去"相结合的开放战略，积极拓展对外文化交流领域和渠道，努力形成政府推动、企业主导、社会参与、市场运作相结合的对外文化

交流格局。积极举办全国性、国际性的文化学术研讨活动，有计划地引进境内外文化交流项目来汉展演。培育一批具有武汉特色的对外文化精品项目，参与国内外文化市场竞争，扩大对外交易，促进文化产品和服务的出口。

积极支持企业开拓海外市场。培育一批外向型骨干文化创意企业参与国际竞争，支持企业参与国际展会及进行国际知识产权保护。从政策、渠道、资金、人员等方面提供有力的支持，鼓励企业自主知识产权产品的全球化战略。大力发展文化产品的外包服务，提升企业和产品在国内外市场的竞争力，提高武汉文化创意产品在国际市场的品牌知名度和美誉度。

20. 形成良好国际文化氛围

充分利用武汉高校与研究机构对外交流活动。发挥青年团体的能动性，承办大型国际学生艺术节、资助学生艺术团体的对外交流，争取引入一些国际知名的学生艺术活动（如国际学生合唱节、艺术展演等）落户武汉，形成良好的文化交流机制，使武汉的国际青年文化活动成为在全国甚至国际均有一定影响的文化品牌。

提升武汉市文化的国际氛围。在武汉市公共设施中增加国际化元素，吸引国际友人参加社区文化活动，体验武汉生活义化的魅力；为在地人群（包括国际人士）提供多元化、多层次的文化活动，如制作《武汉文化》等特色外宣品，挖掘武汉相关历史文化传说并翻译为多国语言，完善传播渠道，在弘扬中国传统文化的同时，帮助在汉外籍人士深入武汉、了解武汉、认同武汉，形成国际文化与国内文化相融共济的良性互动。

21. 拓展对外宣传武汉形象

加强城市形象对外传播。在国内广泛运用新闻报道、社会宣传、文化宣传和广告宣传等多种传播方式，着力推进"白云黄鹤，知音江城"城市形象主题口号的深度传播，充分扩大武汉的城市影响力；在国际上，重点推介武汉资源节约型、环境友好型城市"宜居江城"的理念，以及武汉良好的国际文化氛围，吸引国际友人来武汉旅游观光、投资置业。

定期举办重点文化项目推介活动。充分利用文博会、国际文化交流、国内外著名节庆活动等平台，全面推介武汉文化产品和服务，展示武汉城市的特有风貌，塑造武汉城市整体形象；积极调整外宣品发送的形式和渠道，不断提升外宣品制作质量，每年有选择地确定一批重点文化项目的国内外推介活动，拓展武汉文化产品和服务的影响力，吸引更多的文化项目和人才落户武汉。

十、突破各类禁锢，深化文化体制改革

22. 管理体制机制创新

加快转变政府职能。为适应文化发展的需要，应进一步加快转变政府职能，推进政企分开、政资分开、政事分开、政府和市场中介组织分开，强化政策调节、市场监管、社会管理和公共

服务职能。由过去既管文化又办文化向引导、监管、服务转变，做到有所为有所不为。

创新体制机制。在有效组织保障的基础上，以武汉市文化体制改革与发展领导小组为核心，统筹把握武汉市文化发展的方向。围绕转变职能和理顺职责关系，按照职能有机统一的原则，深化文化行政管理部门机构改革，探索建立大文化行政管理体制和运行机制。进一步完善文化市场综合执法改革，积极推进文化领域的"管办分离"。

完善文化市场。加强文化市场规划和资源整合，引入竞争机制和多元投资机制，形成与国内外市场衔接的文化市场体系；积极有序地开放文化市场，消除行业垄断和地区分割，在娱乐市场、美术市场、音像书刊零售市场、文化策划咨询市场、演出市场、电影市场、音像节目制作和广播影视节目制作市场等方面逐步放宽市场准入；修订现有文化市场规章，完善文化市场体系，做到对文化市场的管理有章可循，有法可依。

23. 文化事业单位改革

完成经营性文化事业单位转制。深化文化事业单位改革，对已完成转企改制的事业单位，按照"创新体制、转换机制、面向市场、壮大实力"的方针，有计划、有步骤地实现市场化运作，培育新型文化市场主体。通过建立现代企业薪酬体系和聘用制劳动关系，保障从业人员的合法权益不受侵害；在改制的前期给予一定的财政、税收优惠，切实做好人事、社会保障政策的衔接，妥善安排富余人员；同时，要确保国有资产安全，防止国有资产流失。

深化公益性文化事业单位内部改革。针对图书馆、博物馆、文化馆、汉剧院、楚剧院等文化事业单位，明确其公益性属性，保障人员配备，加大财政投入，提高服务水平；完善内部岗位设置，明确岗位职能，建立公平合理的分配机制；足额缴纳职工养老、医疗保险及住房公积金，解除干部职工的后顾之忧；建立健全各种切合实际的规章制度，实施科学考核评价体系，精确量化评价指标，努力扩大服务范围；加强区域文化资源统筹力度，建立各级各类文化单位、艺术团体之间畅通的联系渠道。

24. 区域文化资源整合

以"武汉城市圈艺术联盟"模式整合区域文化资源。发起成立"武汉城市圈艺术联盟"，拓展武汉1+8城市圈的文化市场，整合区域内文化演出资源。大力开展文化艺术创作、文化艺术表演、文化艺术交流等活动，不断拓展院团艺术发展空间，繁荣区域文化艺术生活，促进院团和区域文化艺术事业的共同发展，实现文艺院团、百姓、公共管理部门的多赢格局。遵循"共存、共责、共建、共赢"的理念，有效利用省属和各地市院团、军队文化资源，推动区域文化资源的整合与利用，提升区域公共文化服务水平和区域文化艺术形象，为丰富群众文化生活奠定基础。

形成市域企业、机关、校园、军营、社区等亚文化的互动机制。武汉市域驻区机构中蕴含着类型丰富的企业文化、机关文化、校园文化、军营文化和社区文化资源，可以通过政府采购、资金补贴、政策倾斜、资源轮换、无偿提供基础设施等机制激发不同机构的积极性，通过设立如"武汉高校演出季""武汉社区文艺汇演""军营文化开放日"等活动让这些相对封闭的文化资源提高开发程度，加强交流，互为补充，真正成为百姓能够接触的文化源泉。

十一、支撑体系和对策措施

25. 架构两个平台

（1）文化产业投融资平台

设立文化产业专项资金。由武汉市政府每年拿出一定比例的财政收入作为文化产业发展繁荣的保障，设置"武汉市文化产业专项资金"，为那些市场发展前景好、科技含量高、带动作用强的文化产业项目提供资助，为中小文化创意企业提供贷款担保。成立文化产业专家评审委员会，设立文化创意资本认证体系，对文化产业项目进行评审，给出评估报告，确定哪些项目给予专项支持，哪些项目可以帮助寻找资金支持，哪些项目可以协助推广。

促进投资主体多元化。在政府的专项资金带动下，拓宽融资渠道，充分发挥商业银行的信贷筹资、民间资本投资、上市融资等多种途径，引入风险投资资本、商业担保、知识产权质押贷款和其他投融资渠道，吸引海外、民间资本进入。制订详细的章程，建立有效的退出机制，对文化创意企业进行投资，扶持有发展前途的企业做大做强，实现政府、企业、资本的三方共赢。

完善专业中介服务市场。有限制、分步骤地放开文化中介服务市场，规范文化中介企业的设立和运行；发展经纪机构、代理机构、咨询服务机构等中介组织，制订和规范文化中介法规与规章，促进中介机构提高服务质量和水平，发挥其在资源供给、产品生产和市场之间的纽带作用；保证咨询机构相对于政府部门的独立性，为文化交易信息化、法制化和网络化奠定基础。

（2）武汉文化信息平台

发布武汉市文化统计监测数据。按国家和武汉市相关统计指标，建立和健全"武汉文化产业动态统计指标体系"及"武汉公共文化服务动态统计指标体系"，帮助从业人员、机构和决策者发现区域文化各层面发生的变化，洞悉产业增长的波动与转变，对现有公共文化产品和服务进行评估考核。

建立武汉公共文化资源信息平台。在建立专家库、顾问团的基础上，实现设施信息、人才信息、产品信息的数字化和共享化，发布文化重大项目申报、建设进展情况、文化规划等相关信息，使得决策有数可查，有据可循，实现区域内资源的统筹协调。编撰一本公共文化服务指南，绘制一幅公共文化服务地图，搭建一个公共文化服务信息网，多维度多渠道普及公共文化服务知识，传递公共文化服务信息。保证信息更新及时、内容丰富、运转有效，推动区域内公共文化服务资源的充分利用。

建立公共文化信息资源共享系统。深入推进文化信息资源共享工程基层服务点建设，建成覆盖全市的文化信息资源共享工程服务网络；充分利用和整合现有的公共技术、企业信用、企业孵化等平台资源，进一步加快公共技术服务平台、企业公共服务平台以及文化创意企业孵化器建设，为文化创意企业构建开放、快捷、专业的产业公共服务体系。

26. 落实三个保障

（1）理念保障

广泛传播文化发展理念，统一干部群众思想。重新认识文化理念，改变过去宣传文化的思想，明确文化所包含的物质层面的符号体系、精神层面的价值体系、行为层面的制度体系，确保各级政府部门、执行机构、企事业单位对文化发展的正确认识；不定期举办各级各类讲座，使全体人群认识到文化发展对武汉经济、社会发展的重要性，以及对提升民族、国家凝聚力和综合竞争力的巨大推动力；制作多种形式的武汉形象宣传节目，通过各种渠道广泛传播，增加在地群众对武汉文化的认同感；引导群众积极参与到武汉文化的建设中来。

（2）组织保障

创新体制机制，协调机构设置。以"武汉市文化体制改革与发展领导小组"为核心，统筹把握武汉市文化发展的方向，加快政府职能转变，由过去既管文化又办文化向引导、监管、服务转变，做到有所为有所不为。适时成立"武汉市文化发展专家委员会"，广纳各方专家，为武汉市的文化发展建言把关；成立专门机构，征集统计各类文化产业项目，协调各部门关系，为重点项目投融资和文化产业集聚区的发展提供服务；强化领导力和执行力，整合不同部门与文化相关的职责和工作范畴，构建一个有利于文化大发展大繁荣的服务型工作体系。

（3）人才保障

改进人才引进策略。推广人才"打包"引进的方式，以团队引进、核心人才带动引进等方式引进海内外优秀高端人才，鼓励企业采取高薪聘用、兼职、期权等方式，吸引紧缺人才的加入，造就高素质的文化创意专业人才和经营管理人才队伍；鼓励高等院校、研究机构和企业开展文化人才的国际交流，对文化人才海外培训、海外专家和大学生来汉研习予以资助，对文化创意企业引进外国专家、留学人员或建立博士后科研工作站给予立项、经费资助等方面的支持。

创新人才培养模式。设立武汉市文化创意人才培养计划，以高校和各类培训机构为依托，整合教学资源，建设教育培训、研究和生产实践相结合的产、学、研一体化的文化产业人才培养基地；鼓励企业之间、企业与教育和研究机构之间，联合组建文化产业专业培训网络，积极探索文化领域专门人才的培养机制；加强文化创意人才的国际交流，以交流互换、合作办学等形式实施创意人才的海外培训和引进计划，为文化产业的良性发展提供智力支持和人力资源保障。

完善人才使用机制。健全人才评价体系，通过对创意人才的测评和绩效评估，为企业提供专门人才的认定与选择；完善人才激励机制，设立人才专项奖励资金，关注优秀文化创意人才的生活需求，最大限度地发挥其工作积极性；鼓励各类人才以知识产权、无形资产、技术要素等作为股份参与企业利润分配。

27. 建设四个体系

（1）政策支持体系

认真落实国家、湖北省和武汉市的各项优惠政策。落实高新技术产业、文化产业的税收优惠政策，认真执行《武汉市促进文化产业发展的若干政策》和《武汉市文化产业投资指导目录》《武汉市文化产业专项资金管理办法》等一系列相关政策，对符合条件的文化创意企业提供专项支持。同时，积极争取国家和湖北省的政策、资金，利用既有优势在武汉市设立各类文化产业的高新科技研发中心、文化标志性工程、文化创意产品和服务出口基地，积极争取国家级重大文化项目落户武汉。

充分利用东湖开发区国家自主创新示范区建设契机。落实国家给予东湖开发区国家自主创新示范区的相关政策措施，开展股权激励和科技成果转化奖励试点，深化科技金融改革创新试点，实施支持创新创业的税收政策。同时，落实《财政部海关总署国家税务总局关于支持文化企业发展若干税收政策问题的通知》和《财政部国家税务总局关于文化体制改革中经营性文化事业单位转制为企业的若干税收优惠政策的通知》，给文化产业企业争取更大的发展空间。

（2）资金支撑体系

完善财政投入机制。继续严格按照法定增长安排文化事业经费，将公共文化事业经费完全纳入政府公共财政体系，除保障文化主管部门和相关事业单位基本支出和日常运转外，政府财政投入主要用于建设基层文化设施、配备基层文化设备、开展基层文化活动和支持全区大型文化活动以及其他公益性文化发展项目。改革政府公共财政的投资方向和重点，通过设立文化发展专项资金，由对文化单位和从业人员的一般性投入，转变为向文化项目投入资金为主，对重要项目和工程要分别设立专项经费和资金，进一步加大对基层和农村的倾斜力度。设立固定的文化产业专项基金，建设文化产业投融资平台，引导社会资本进入文化产业领域。

完善资金的管理与使用。文化发展专项资金采取项目库管理制度，由市投资主管部门会同文化主管部门统一管理。在保障经费投入力度的同时，还要制订完善的资金管理与使用规则，制订详细的项目评审流程，确保政府资金投入得到有效监管，也保障社会资本应得的权益。要规范各种资金的管理和使用办法，落实已有专项资金管理办法，制订详细的资金使用规范和项目评审流程，提高资金综合利用效益，更好地发挥其引导和调节作用；要建立责任追究制，通过相对独立、高水平的财务预算中心，逐级签订责任保证书；同时，进一步强化绩效评估机制，推行文化项目的立项、申报、评估以及公开招标和政府采购制度，推动常态运作，提高投入效率。

（3）现代文化市场体系

充分发挥市场的资源配置作用。发挥国有文化资本的控制力、影响力和带动力，完善文化市场所有制结构，积极鼓励和支持民营、个体等非公有制经济参与文化市场建设；建设一批有特色的文化产业集聚区，吸纳和引领文化创意企业的进驻与长效发展，提高文化产业规模化、集约化、专业化水平。

优化市场结构和产业布局。依托武汉市的科技与人才优势，努力推动科技与文化的融合，把现代科学技术成果引入文化市场的各个环节，培育新的文化业态，构建传输快捷、覆盖广泛的文化传播体系，不断拓展文化市场发展新空间。

建立健全文化市场监管体系。推动监管工作科学化、制度化、规范化和信息化；完善市场主体信用约束机制，推进企业信用信息系统建设；完善市场准入机制，维护公平竞争的市场环境；切实推进文化市场管理工作的科学化、制度化和规范化。

（4）知识产权保护与服务体系

创新知识产权保护和服务体系。知识产权是文化产业最具代表性的核心价值，要通过各种方式在全社会形成尊重知识产权、尊重品牌企业和服务的良好氛围；引导文化企业和文化产业园区做好知识产权的申请、登记、注册和防范侵权工作，为企业开展知识产权保护提供政策指引、保护指导、信息检索和资金资助等全方位的支持与服务；加大知识产权登记宣传力度，引导和鼓励创作者、创意者积极主动登记版权，维护自身合法权益免受侵犯；设立知识产权保护基金，对举报知识产权侵权行为予以奖励，对侵权行为进行取证认定，支持企业维权行为，保护新产品开发者的有效权益；整合知识产权行政管理和执法部门力量，形成反应迅速、统一协调的知识产权监管机制，依法严厉打击侵犯知识产权的各种行为，强化对文化企业知识产权的保护，促进文化产品的再生产。

积极开拓文化产权交易市场。适时成立武汉市文化产权交易市场，积极开展以文化物权、债权、股权、知识产权等方面的交易，促进各类版权、文化专有权益、公共文化服务政府采购以及其他衍生、创新文化产权的交易；结合文化产业投融资平台建设，以资本手段调动和组织文化市场资源，推动文化产业与各类资本的有效对接，为各类市场主体提供灵活、便捷的投融资服务，使文化产品和服务创造更大的市场价值与社会价值。

广州市文化产业振兴规划建议[1]

---

[1] 2009年应时任广州市委书记朱小丹同志邀请,熊澄宇教授带清华团队完成该规划建议文本。主要参与:吕宇翔、张铮、庞云黠、薛钊、蒋亚隆、李寅飞、彭菲。

一、发展现状和面临的形势
    （一）发展现状
    （二）面临的形势

二、指导思想、基本原则和规划目标
    （一）指导思想
    （二）基本原则
    （三）规划目标

三、战略思路
    （一）强化传统优势，创造新生亮点
    （二）明晰空间布局，促进产业集聚
    （三）重视原创内容，融合岭南文化
    （四）引导文化消费，提高服务水平
    （五）打造龙头企业，优化产业结构
    （六）提升合作基础，深化对外交流

四、突破领域
    （一）报业出版
    （二）网游动漫
    （三）创意设计
    （四）广播影视
    （五）演艺娱乐

五、保障措施
    （一）完善组织机构，创新体制机制
    （二）运用财税杠杆，激活资本市场
    （三）搭建公共平台，推动中介服务
    （四）夯实人才基础，提供智力保障
    （五）保护知识产权，开发文化资源

六、规划实施

附件1　各区（县级市）文化产业发展指引

附件2　广州市文化产业振兴规划重点项目

为贯彻落实《珠江三角洲地区改革发展规划纲要（2008—2020年）》、国家《文化产业振兴规划》，振兴广州市文化产业，加快建设国家中心城市，全面提升科学发展实力，特制定本规划。

一、发展现状和面临的形势

（一）发展现状

经济实力较为雄厚。改革开放以来，广州经济发展较快。2009年实现地区生产总值9 112.76亿元，人均地区生产总值达88 834元。广州是区域现代服务业中心和先进制造业基地，区位条件良好，基础设施较为完善，大空港、大海港优势突出，经济影响力辐射全国，为振兴文化产业提供了坚实的经济基础。

文化资源十分丰富。广州是华南地区文化、教育、科技中心。作为我国公布的第一批历史文化名城，广州拥有2 200多年的城市发展史，是岭南文化中心地、中国古代海上丝绸之路发祥地、近现代民主革命策源地、改革开放前沿地，文化底蕴深厚。广州拥有众多的高等院校和科研机构，形成了较为完善的基础教育、职业教育、成人教育和高等教育体系，集中了占全省77%的自然科学与技术研发机构和绝大部分国家级重点试验室，为振兴文化产业提供了丰富的文化、智力资源。

文化市场体系初步建立。书报刊、音像制品、演出娱乐、影视剧、艺术品拍卖等文化产品市场趋于成熟，资本、产权、人才、信息、技术等文化要素市场逐步建立，连锁经营、物流配送、电子商务、电影院线等现代流通组织形式广泛应用，文化经纪、代理、评估、鉴定、推介、咨询、拍卖等中介机构迅速发育，文化市场机制与法规不断完善。

产业发展初具规模。近年来，广州市文化产业发展势头良好，在经济社会发展中的作用日益突出，2008年，全市文化产业和相关产业实现增加值595.13亿元，同比增长13.1%，比地区生产总值增速快0.8个百分点，占全市地区生产总值7.24%。文化产业法人单位从业人员36.47万人，全年实现营业收入1 835.54亿元，分别占全市6.79%和5.38%。2009年，全市文化产业和相关产业实现增加值715亿元，占地区生产总值7.87%。

品牌效应逐步显现。广州市文化产业特色鲜明。新闻出版、印刷、网游动漫、创意设计、文化会展和新兴文化产业业态发展在国内居前列，拥有一批知名度较高的企业和品牌，对全市文化产业发展起到一定的带动作用。近年来相继规划和建成一批文化产业基地、特色街和园区，推动了产业聚集化发展。据不完全统计，目前，广州市主要文化产业基地和园区、特色街约有30个，部分基地和园区在国内影响较大。

体制改革稳步推进。近年来，广州市积极稳妥地推进文化体制改革。文化宏观管理体制逐步理顺，市、区（县级市）层面均实现"三局合一"，文化审批手续大幅减少，文化市场综合执法机构正式成立。26家经营性文化事业单位和8家文艺院团转制为企业，建立现代企业制度，实行市场化运作；广州新华出版发行集团、广州珠江数码集团、广州影视传媒有限公司等大型文化企业集团先后组建。2009 年，广州市荣获"全国文化体制改革先进地区"称号。

振兴广州市文化产业也面临不少问题：行业管理体制不够完善，多头管理现象不同程度存在；龙头企业相对较少，产业链有待完善；园区产业集聚功能不强，企业数量和质量有待提高；文化市场行业规范和投融资体系尚不健全，引导和激励社会资本进入文化产业的力度不够；文化消费能力仍显不足，文化活动的品牌影响力需要增强，等等。

（二）面临的形势

振兴文化产业是建设国家中心城市提出的基本要求。《珠江三角洲地区改革发展规划纲要》从国家战略层面提出，广州要强化国家中心城市、综合性门户城市和区域文化教育中心地位，建设广东宜居城乡的"首善之区"和面向世界、服务全国的国际大都市。建设国家中心城市，重在全面增强高端要素集聚、科技创新、文化引领和综合服务四大功能。广州市与国内外先进城市在文化引领功能方面的差距比较明显，必须以世界先进城市文化发展水准为标杆，振兴文化产业，满足人民群众日益增长的精神文化需求，促进城市文化产业体系的建立。

振兴文化产业是转变经济发展方式的有效手段。当前，我国应对国际金融危机冲击虽已取得重大胜利，但国际金融危机的影响仍较深远。文化具有反向调节功能，面对经济下滑，文化产业有逆势向上的能力，这为振兴文化产业带来了契机。文化产业作为文化与经济相互交融的集中体现，科技含量高、资源消耗低、环境污染少、发展潜力大。发展文化产业具有优结构、扩消费、增就业、促发展、可持续等独特优势。国家《文化产业振兴规划》提出，将文化产业培育成国民经济新的增长点。《广州市建设现代产业体系规划纲要（2009—2015 年）》提出，将文化创意产业培育成为现代服务业的重要支柱。振兴文化产业已经成为当前加快转变经济发展方式的重要着力点。

振兴文化产业是应对国内外城市激烈竞争的现实选择。随着全球经济一体化不断加速和以大城市群发展为主要特征的世界第三次城市化浪潮的兴起，文化对城市发展的作用与影响日益广泛而深远，人们对城市文化内涵和功能的认识也上升到新的高度。从世界各国城市发展趋势看，城市之间的竞争正朝着资源竞争—资本竞争—技术竞争—文化竞争的方向发展，文化产业成为许多城市首选的战略性支柱产业。特别是近年来国内一线城市纷纷制定文化产业规划，完善政策，优化环境，争夺资源，对我市振兴文化产业形成了明显的外部竞争压力。

振兴文化产业是满足人民群众精神文化需求的重要途径。广州市与国内一线城市相比，市民具有较高的收入水平和文化教育素质，也拥有良好的文化消费传统与习惯。当前，广州市民对文化消费环境、产品、服务、方式都提出了更高的要求，外来务工人员、外籍人士、旅游者等多种群体也体现了多层次的文化消费需求。广州市文化产业的发展是应对各类群体多层次、多领域、多内容的精神文化需求，提升文化产品与服务的供给能力，活跃文化市场的重要途径。

二、指导思想、基本原则和规划目标

（一）指导思想

坚持以邓小平理论和"三个代表"重要思想为指导，全面贯彻落实科学发展观，按照《珠江三角洲地区改革发展规划纲要》和国家《文化产业振兴规划》要求，以面向世界、服务全国为方向，以满足人民群众日益增长的精神文化需求为出发点，以重点产业领域突破、体制机制创新、重大文化产业项目实施和人才工程建设等为抓手，充分发挥中心城市文化引领功能，全面振兴和提升广州文化产业，构建与国家中心城市和国际大都市建设目标相匹配的具有较强竞争力的先进文化产业体系。

（二）基本原则

面向世界、服务全国。推动企业积极参与国际国内竞争，大力实施文化"走出去"战略，搭建区域联动平台，服务全国文化消费需求，提升广州市文化产业的综合实力。

改革创新、先行先试。解放思想，突破常规，以市场为导向，以政策创新为突破口，加快改革创新，积极探索广州市文化产业发展的新路子、新途径。

规划引导、统筹协调。从实际出发，因地制宜，科学规划，有特色、有差异地发展文化产业。统筹协调地区之间、行业之间和部门之间的产业建设与发展。

重点突破，整体推进。以优势行业和新兴行业为突破口，通过重点企业和重大项目的示范带动作用，逐步实现各个产业门类整体推进、联动发展。

（三）规划目标

用5年左右时间，基本形成完善的文化产业市场体系；形成完善的文化产业发展配套政策和管理机制；重点培养一批骨干企业，以市场机制推动文化企业做大做强；与高新技术相结合的新兴文化业态长足发展，形成差异发展、互为支撑、布局合理的创意产业集群；文化产品和服务出口大幅增长；文化产业规模不断扩大。到2015年，基本建成文化市场发达、管理体制明晰、具有时代精神和地方特色的文化强市，带动珠三角和华南地区文化产业发展的核心，内地与港、澳、台及东南亚文化产业贸易的枢纽，为建成具有国际知名度、全球影响力、鲜明文化形象和众多文化品牌的国家中心城市与国际大都市奠定良好基础。

——产业规模扩大，行业结构优化。全市文化产业增加值实现15%左右的年增长速度，增加值占全市地区生产总值的比重达到10%。重点行业实现突破，形成若干比较完善的产业链条，文化产业结构进一步优化。

——原创能力提升，人才不断集聚。基本形成以企业为主体，高校、科研机构、公共平台相协调、良性互动的文化产业链条，原创能力培育取得明显突破，形成一批拥有自主知识产权的文化企业和品牌。打造20家左右文化产业人才培养基地，吸引一批业内领军人物和创业团队，会聚一批中高端文化人才，培育一批既懂专业又懂经营管理的复合型文化人才。

——园区建设提速，集群优势明显。积极培育、打造20～30个较有影响的文化产业园区，形成3～5家跨地区、跨行业、在全国乃至世界范围内有一定影响力和较强竞争力、资产规模和年度收入达到"双百亿"的文化产业龙头企业。

——文化产品和服务出口增加。确立以服务外包为先导、自主品牌逐步崛起的文化产业外向型发展模式，文化产品和服务出口产值以年均15%的增长率递增，培育和打造若干个国际化文化品牌和知名企业。

——公共平台建设逐步完善。基本建成规范的文化产业产权交易平台、投融资平台、公共服务平台、公共技术平台和服务外包平台。基本完成"数字广州"基础平台和内容平台建设，整合广电网络资源，为全市用户提供数字交互式电视、移动电视、手机电视、移动多媒体、数字信息等多种形式的信息渠道和内容选择。

三、战略思路

（一）强化传统优势，创造新生亮点

以结构调整为主线，根据现有行业非均衡化发展的特点，实施各有侧重的文化产业行业发展策略，既要强化传统优势，又要创造新生亮点。巩固新闻出版、印刷、网游动漫、创意设计、文化会展等行业现有发展优势，结合文化产品相关的制造业优势，以既有优势的文化产业核心业态为突破，重点打造文化含量高、经济效益好的产业。

提升广告、文化旅游、文化制造业和文化贸易等传统行业发展水平。规范广告市场，完善户外广告管理，促进广告与产业融合；充分利用岭南文化中心城市优势，抓住2010年亚运会在广州举办的大好时机，着力推进文化与旅游结合，培育文化旅游龙头企业；提升文化用品交易场所服务水平，扩大文化产品交易辐射范围；通过先进技术改造提升文化产品及衍生产品的生产制造水平，扩大产业规模，提高经济效益。

着力培育新媒体、数字内容等新兴行业。充分利用计算机、通信、数字广播等新技术，开发、拓展手机电视、网络电视、移动电视、电子杂志等新媒体，加大移动电视终端投入，实现公交车、出租车、商用车、楼宇全覆盖，加强数字内容产业开发，提供增值服务，实现新媒体与传统媒体产业融合发展。

（二）明晰空间布局，促进产业集聚

充分发挥各区域比较优势，实行错位发展与协调发展相结合，形成"一核四带"文化产业空间结构。以中心老城区为文化产业核心区，发展出版发行、广电传媒、创意设计等产业门类；在珠江两岸利用河岸景观、旧仓库、古民居、知名高校、现代楼宇等，重点发展时尚消费、演艺、广告产业，形成珠江文化创意产业带；在东部地区重点发展数字科技与内容研发、工业设计、数字通信、网游动漫、软件等产业，形成东部文化产业带；在南部地区依托琶洲国际会展中心、大学城、长隆文化产业基地等，发展文化会展、印刷、演艺娱乐产业，形成南部文化产业带；在北部地区利用土地与生态资源优势，重点发展文化旅游、文化产品贸易与物流等产业，形成北部文化产业带。

加快文化产业园区建设，重点推进广州北岸文化码头、越秀区创意大道、广州白云创意产业园、荔湾创意产业集聚区、广东文化创意产业园、广州TIT纺织服装创意园、国家动漫产业发展基地（广州）黄埔园区、长洲创意产业园、从化动漫产业园、番禺金山谷创意产业基地、广州天河创意港、广州开发区工业设计产业示范基地、马莎罗动漫城、羊城创意产业园、广州华创动漫游戏产业园、珠影文化创意园和太古仓创意园等一批重要园区建设，鼓励园区通过品牌宣传、优化服务、深化管理等方式，提高知名度，吸引国际国内知名品牌入驻，打造国内外一流产业园区。同时，鼓励有条件的区（县级市）根据各自资源优势特别是利用"三旧"改造资源，兴办有区域特色的文化创意产业园区。

（三）重视原创内容，融合岭南文化

通过文学、影视、动漫、网游、演艺等各种文化业态，融合岭南文化在戏曲、音乐、书画、建筑、家具、盆景、饮食、工艺美术等方面的丰厚积淀，产制有广州特色的原创内容，锻造广州市文化产业的核心竞争力，引发广泛、深入、持久的市场需求。

深入挖掘和大力弘扬岭南文化与"千年商都"精神，以高水平的创意和制作，体现广州市作为广府文化、潮汕文化和客家文化交会的中心城市的独特文化韵味，体现广州人民务实、开放、包容、进取、创新的精神风貌。

拓宽思路，创新形态，以影视、动漫、演艺的原创内容结合各种民俗、历史和自然资源，展现丰富多彩的广州生活方式，深度开发和营销特色文化旅游，带动地方经济和社会发展，提升城市形象。

加大物质和非物质文化遗产的保护与开放力度，推进与文化产业各种业态的结合。继承传统工艺，开发"三雕一彩一绣"等工艺美术产品的艺术和审美价值，将其与现代创意设计相结合，融入文化产业链条。

（四）引导文化消费，提高服务水平

发挥报纸、广播、电视、政府网站等大众传媒影响力，引导形成正确的文化消费观和健康的文化消费方式，优化文化消费结构，提升文化消费层次，推动文化消费市场健康发展。

继续办好系列文化节庆、会展和广场文化活动，坚持开展基层社会艺术教育和群众性社会艺术实践及欣赏活动，通过不断完善公共文化服务体系建设、提高公共文化服务水平，逐步提高广大市民特别是青少年的文化消费意识和能力。

（五）打造龙头企业，优化产业结构

以深化文化体制改革为契机，紧紧抓住重塑文化市场主体这个关键环节，通过强强联合、多元融资、资产重组、产权交易等方式，整合广州市国有文化资产，在新闻出版、网游动漫、影视娱乐、文化产品销售、文化旅游等行业组建企业集团。

落实国家关于非公有资本、外资进入文化产业的有关规定，在政府专项资金和社会资本的支持下，以市场运作方式，推动重点优势企业跨地区、跨行业经营，拓宽产业链条，提升核心竞争力。

针对广州市现有的以文化传播服务和文化休闲娱乐为主体、文化产品和文化用品设备的生产销售协同发展的产业结构，积极提升文化产业核心层实力，实现产业重心逐步向高端转移，强化品牌建设，提升文化产品附加值。

（六）提升合作基础，深化对外交流

以《珠江三角洲地区改革发展规划纲要》为指引，充分发挥国家中心城市集聚高端要素和提供综合服务的功能，在与珠三角其他城市合作过程中，重点发展文化产业链条中的"策划、设计"与"展示、销售"环节，实现错位发展、优势互补。

抓住穗港澳深化合作的新机遇，落实《内地与香港关于建立更紧密经贸关系的安排》系列协定、《穗港现代服务业合作备忘录》，积极引导香港文化企业在广州设立区域总部、设计中心、营运中心、销售中心，快速推进广州与香港在影视、文化会展、文化创意和广告设计等领域的合作。利用澳门地区大力推进文化产业发展的契机，积极推动广州与澳门在演艺娱乐、会议展览、文化产业设计与营销方面的合作，并寻求建立制度与协议保障。

大力实施文化"走出去""引进来"战略，加强与东盟、欧美、日本、韩国等发达国家的合作，引进先进设计理念，加大人员交流合作力度。同时，推进与非洲地区的文化合作。

四、突破领域

（一）报业出版

以广州日报报业集团为重点，推进传统媒体与新媒体融合，通过资本运作做大做强，支持企业跨媒体、跨地区、跨行业发展，打造具有国际竞争力的大型传媒出版集团。以广州新华出版发行集团为重点，整合出版发行资源，改造传统出版流程和营利模式，培育以数字出版为重点的新闻出版新业态。创新和完善出版物分销与配送体系，建立图书物流配送中心，支持新华出版销售网点建设，新建一批图书报刊零售网点，加快报刊亭公司网点建设。

（二）网游动漫

加强国家（广州）网游动漫产业基地、从化动漫产业园、开发区国家动画基地等产业园区建设，不断扩大网游动漫园区的规模和实力。办好中国国际漫画节、中国大学生原创动画大赛、

金龙奖原创动漫动画艺术大赛，以及穗港澳动漫展等大型活动，推动创意和艺术成果转化，帮助企业和品牌走出国门、走向国际。依托广州软件产业发展优势，借助完善的移动平台和互联网平台，促进动漫及游戏产业向 3G 领域移植和延伸，拓宽产业链条。利用本地规模较大的创意商品集散地和批发中心等载体，促进动漫产业与制造业的融合，创新产业发展模式。引导内容创作及衍生产品与岭南文化相结合，与特色旅游资源相结合，与信息网络技术及移动增值服务相结合。支持网游动漫企业做大做强，推动有条件的企业上市融资。

（三）创意设计

将文化创意与广州先进制造业相结合，大力发展工业模具设计、珠宝玉器设计、服装设计、玩具设计、汽车设计、皮具设计等相关领域，积极建设国家级工业设计产业示范基地、沙面国际工业设计园、TIT 纺织服装创意园、番禺珠宝设计产业园等重点园区，引导创意设计聚集发展。发挥广州玩具制造优势，促进动漫和玩具上、下游产业链条有机结合，大力发展玩具设计产业。利用珠三角地区领先的工业基础优势，以高端工业设计为重点，提升工业设计水平，促进工业新产品开发。引导全市各工业企业增强设计意识、版权保护意识。

（四）广播影视

探索广电网络区域整合和跨地区经营，组建广州广播电视台。整合全市广播电视网络资源，实现对广播电视网络的统一建设和用户管理。研究适合广州特点的数字电视和数字家庭技术、应用与商业模式，推动数字电视技术革新，实施以数字电视平台为基础的"数字家庭"计划，推进"三网融合"。振兴广州电影业，加快珠影旧厂房改造步伐，推动珠影影视文化创意产业园建设，创新合作模式，大力吸引港澳和东南亚地区影视人才。推进广东（国际）音像城现有交易模式转型，探索影视出版的数字化识别系统和网络交易平台等新业态。探索和鼓励民营资本开展海外并购，开拓海外影视市场。

（五）演艺娱乐

进一步深化文艺院团改革，积极引导社会资本进入演艺娱乐市场。建立公益性演出长效机制，培育演出市场，推出一批群众喜闻乐见的演艺娱乐节目。抓住中国第九届艺术节在广州举办的机遇，举办中国优秀舞台艺术演出交易会，整体提升广州演艺水平，完善演艺产业链条。推动文艺演出与旅游休闲相结合，塑造独具魅力的城市文化形象和品牌。

五、保障措施

（一）完善组织机构，创新体制机制

设置专门组织机构。整合现有的广州市文化体制改革领导小组，成立由市领导任组长，市

委宣传部、市发改委、市经贸委、市统计局、市财政局、市人力资源和社会保障局、市科技和信息化局、市文广新局、市外经贸委、市知识产权局、市旅游局、市体育局、市工商局等部门参加的"广州市文化体制改革与文化产业发展领导小组",负责统筹、领导、协调全市文化体制改革以及文化产业发展和国有经营性文化资产管理等。领导小组办公室设在市委宣传部,负责领导小组日常工作。

各区(县级市)参照市的做法,适时建立相应的组织机构,以便对口管理,统一指挥,形成市与区(县级市)两级联动的推进机制。

建设动态监测体系。以国家统计标准为基础,结合广州文化产业发展特色和广州已出台的版权产业、创意产业统计指标,制订科学合理的指标体系,定期统计发布广州文化产业发展指数,为振兴广州文化产业提供稳定可靠的参考数据基础。

推进体制创新。在文化体制改革取得明显成效、国有经营性文化单位转企改制取得重要进展的基础上,继续以"科学发展,先行先试"的精神,率先落实国家《文化产业振兴规划》"降低准入门槛,积极吸收社会资本和外资进入政策允许的文化产业领域"的政策,进一步推动体制创新。鼓励扶持广州新华出版发行集团、广州珠江数码集团、广州影视传媒有限公司等大型文化企业集团在保持国有控股的前提下,依法引进社会资本和外资,条件具备的可争取上市融资,不断完善法人治理结构,创新经营管理机制,打造主业突出、赢利能力强、规模效益好、市场化程度高、核心竞争力强的文化企业集团。大力推进行政管理体制改革和政府职能转变,加快推动文化行政管理部门由办文化向管文化转变,由管微观向管宏观转变,由主要管理直属单位向社会管理转变,切实履行政策调节、市场监管、社会管理、公共服务等职能。建立文化市场信息化监管和服务体系,不断提高文化领域"依法管理、科学管理、有效管理"效能。

(二)运用财税杠杆,激活资本市场

设立"广州市文化产业振兴专项资金",每年安排 3 个亿资金,重点支持文化产业园区、重点项目、人才培养和公共平台建设,同时出台"专项资金管理使用办法",设立广州市文化产业资金支持项目专家论证机制,加强对专项资金的论证、监管、评估。加强原有的市软件(动漫)产业发展专项资金和市现代服务业发展引导专项资金管理部门的协调,明确各自扶持引导的重点领域,实现财政各项扶持资金效益最大化。

认真落实国家和省有关文化产业税收优惠政策,贯彻我市《关于加快发展现代服务业的决定》,用好"大力促进广州现代服务业结构优化产业升级"54 条税收优惠政策,使我市文化企业尽量享受透彻税费优惠,在行政事业性收费方面能免则免、能少则少,凡收费标准有上、下限幅度规定的,均按下限额度执行。经认定为高新技术企业、新办高新技术企业、软件企业的文化企业及其产品,享受国家、省、市的相关优惠政策;经认定的文化企业及与之链接的衍生产品企业,享受相关优惠、扶持和奖励政策。

市财政资金和社会资金合资设立广州市文化产业发展投资基金，实行市场化运作。拓宽文化产业融资渠道，鼓励各类民营资本、境外资本进入国家政策允许的文化产业领域，鼓励企业、个人兴办文化企业。强化资本市场对文化产业发展的支持力度，支持有条件的文化企业上市融资。鼓励金融机构开展金融创新，探索以知识产权等无形资产质押贷款、文化企业发债等模式，帮助中小文化企业解决融资瓶颈问题。吸引国内外风险投资机构到广州发展，鼓励其参与本市文化产业投资。

（三）搭建公共平台，推动中介服务

发挥广交会品牌效应，同期举办广州文化产品交易会，打造全球性的文化产品交易平台。以中国优秀舞台艺术演出交易会为基础，搭建永久性的演艺产品交易平台，打造全国性的演艺产品和服务集散地。建设集交易、交流、展示等多功能于一体的广州文化创意中心，完善"中国国际音像博览会"等专业化市场交易中介平台和电子商务服务平台。设立广州文化产权交易所，积极开展文化物权、债权、股权、知识产权等方面的交易，促进各类版权、文化专有权益、公共文化服务政府采购以及其他衍生、创新文化产权的交易。积极搭建文化产业投融资平台，推动文化产业与各类资本的有效对接，为各类市场主体提供灵活、便捷的投融资服务，为广州乃至华南文化产业振兴发展注入新的动力。

积极推动文化产业领域行业协会的建立和发展，切实发挥其在市场调查、信息交流、行业自律、知识产权保护、政策研究等方面的作用；创新中介服务模式，鼓励和支持发展专门为文化企业服务的经纪、评估、鉴定、咨询、拍卖、技术支持、人才培训、国际交流及知识产权保护等专业中介机构。

（四）夯实人才基础，提供智力保障

加强人才引进机制、培养机制、使用机制和交流机制建设，构建多层次全方位的人才政策体系，大力发掘、吸引文化专业人才和文化艺术名家。利用广州市举办留学人员科技交流会的优势，建立国际性的文化创意人才库。加大人才引进力度，努力造就善经营、懂管理、有创意的产业领军人才。

促进高校、企业、研究机构以及培训机构间的合作，建立多层次文化产业人才培养体系。根据市场需求，鼓励有条件的高校设立文化产业相关专业或学院。加强与海外高校和研究机构的合作，培养立足本土又有国际视野的文化产业人才。设立文化产业人才培养基地并实行认定制度，对文化产业人才培训在财政资金上给予支持。

（五）保护知识产权，开发文化资源

加大对自主知识产权的扶持力度。鼓励和扶持优势文化品牌发展，在全社会形成尊重知识产权、尊重品牌企业和服务的良好氛围；引导文化企业和文化产业园区做好知识产权的申请、登记、注册和防范侵权工作，为企业开展知识产权保护提供政策指引、保护指导、信息检索和资金资助等全方位的支持和服务；加大知识产权登记宣传力度，引导创作者、创意者积极自愿登记版权，维护自身合法权益免受侵犯；整合知识产权行政管理和执法部门力量，形成反应迅速、统一协调的知识产权监管机制，依法严厉打击侵犯知识产权的各种行为，强化对文化企业原创知识产权的保护。

盘活传统文化资源。更新文化保护观念，积极推进历史建筑的活化，在保护建筑原貌、结构的基础上，采取连片开发历史文化街区或推出单个历史建筑物的办法，允许非政府机构介入，注入商业管理元素，再度产生社会和经济效益。扶持本地传统的文艺及手工艺，焕发岭南文化活力，对粤剧、广东音乐、广彩、广绣、广雕等民间文艺团体和手工艺人给予资金、减免税、演出场地、师徒传承培训等方面的支持，让源于民间的文艺和工艺继续扎根民间吸取活力。

六、规划实施

文化产业振兴工作由市文化体制改革与文化产业发展领导小组牵头组织实施。

市各有关职能部门、各区（县级市）要按照《规划》确定的目标、任务和政策措施，结合实际抓紧制订具体工作方案，细化落实，确保取得实效。各地、各部门要将具体工作方案和实施过程中出现的新情况、新问题及时报送市文化体制改革与文化产业发展领导小组。

市文化体制改革与文化产业发展领导小组根据实际情况，适时开展《规划》实施评估工作。

附件1：各区（县级市）文化产业发展指引

附件2：广州市文化产业振兴规划重点项目

附件1

各区（县级市）文化产业发展指引

根据《广州市文化产业振兴规划研究建议》要求，按照产业空间布局与城市规划定位相协调的原则，为实现我市文化产业错位发展、协调发展，形成各具特色的区域发展态势，现结合各区（县级市）比较优势和产业发展基础，提出各区（县级市）文化产业发展指引如下：

一、越秀区

充分发挥该区传媒企业和出版企业集聚的优势，加大扶持力度，促进相关产业不断发展，推动传媒出版业做大做强。

依托"国家网游动漫产业发展基地""广东省版权兴业示范基地"，重点发展网游动漫业，注重研发设计，打造有影响力的网游动漫业研发区域。

利用区内广告业既发优势，创造条件吸引更多的广告企业进驻，做大做强广告业，打造有影响力的广告业集聚地。

充分发挥"广府文化源地，千年商都核心"的文化品牌优势，深入挖掘广府文化内涵，着力打造以北京路步行街为轴心、覆盖东风路以南区域的"北京路广府文化商贸旅游区"，深度开发区内黄花岗、陵园西等革命史迹游，积极推进文化旅游业发展。

二、海珠区

抓住广交会全面落户琶洲的契机，依托琶洲国际会展中心、中洲国际商务会展中心、广州国际采购中心、保利世贸博览馆等，大力推动会展服务业等相关行业的发展。

利用《广州日报》总部以及广州电视台落户海珠的契机，积极推动传媒出版业发展。

抓住白鹅潭风景区建设、城市中轴线规划建设、琶洲会展区全面发展和黄埔古港、古村保护建设等契机，加快打造滨水文化风景区、中轴线上的城市文化主题园区观赏链、广州百年商贸历史文化景观旅游区，吸引文化企业集聚发展。

三、荔湾区

重点发展岭南风情文化旅游业，深入挖掘岭南文化资源，串联岭南文化特色遗存，大力推进"五区一街"特色文化商业街区（陈家祠岭南文化广场区、沙面欧陆风情区、荔枝湾文化休闲区、芳村水秀花香生态文化区、十三行商埠文化区和上下九商业步行街），打造具有浓郁岭南文化风情的商贸旅游区。

加大白鹅潭经济圈、十三行商圈内文物摸查与保护利用工作，大力保护和利用历史文化资源，保留城区发展脉络；加大对非物质文化遗产保护力度，做好"西关五宝"等非物质文化遗产的宣传、普及，打造岭南文化重要展示和交易区。

以"五区一街"特色文化商业街区、珠江沿岸滨水创意产业带等重点项目为载体，推动文化产业集聚发展。

四、天河区

进一步发挥在软件设计、平面创作、数字出版等方面的优势，大力推进网游动漫业做大做强。

着力推动区内高校、科研院所人才和创新资源对接企业和市场，建设文化产业教育培训中心、研发设计中心，拓宽产业链条，壮大文化产业市场规模。

充分利用区内各类型文化表演娱乐场数量较多的资源优势，抓住广州歌剧院即将落成的契机，大力吸引表演机构进驻，积极培育和扶持发展演艺中介业，壮大本地表演市场，推动文化表演交易市场发展。

五、白云区

依托白云国际会议中心、广州体育馆、规划中的广州博物馆新馆、广东画院等文化场馆和文化单位,积极发展文化会议业、展览业、演出业及文化创作、展示、交流、艺术品交易拍卖、文化娱乐、动漫开发与制作、版权交易、动画音像制品发行、动漫衍生产品授权等产业,拉长文化产业链条,促使文化产业聚集发展。

以广东音像城为平台,借助中国国际音像博览会永久落户广东音像城和白云新城规划兴建的大好契机,积极推动音像制品生产加工、出版发行、销售交易、博览展示等,进一步推动音像制品业的发展,提高音像制品行业竞争力。

积极发展生态旅游业,依托丰富的生态旅游资源,以"三区"(帽峰山森林公园生态景区、钟落潭都市农业休闲区、三元里史迹游览区)、"二带"(流溪河、白云湖)为重点,开发太和镇"农家乐"和障岗古村落文化古迹项目,培植"以都市休闲、城郊观光和乡村特色体验为主、具有岭南气息的"生态文化旅游业。

六、黄埔区

依托黄埔军校历史文化资源,推出系列革命史迹游、军事体验游、民俗文化游、自然生态游等,把长洲岛及周边地区建设成文化旅游胜地。推进南海神庙的考古发掘工作,举办"波罗诞"千年庙会,开展"波罗鸡""波罗粽"和"乞巧工艺"展示活动,把南海神庙打造成在世界范围内有影响力的文化旅游景点。

依托"国家网络游戏动漫产业发展基地广州黄埔园区",加强对广州国际玩具礼品城、亚钢大厦和广州航海高等专科学校等周边地区的整治,加快公共技术平台的建设,积极推动网游动漫产业的发展。

七、番禺区

依托长隆文化产业基地、大夫山森林公园、宝墨园等文化旅游场所,利用文化表演、休闲娱乐设施完善的资源优势,积极推动文化表演、休闲娱乐和旅游业发展。

以广州星力动漫游戏产业园、天安节能科技园和动漫激点主题商城为产业集聚发展区,进一步做大做强网游动漫业,重点发展游戏设备制造业,提高游戏设备制造业的国际国内市场份额。

八、花都区

进一步发展文化旅游业,把"洪秀全故居"打造成广州乃至全国4A级景区,依托资政大夫祠古建筑群建设广州民俗博物馆,保护开发塱头村、茶塘村等古村落,整合盘古王诞、花都元宵灯会等民俗文化资源,发展民俗文化游。

借助于狮岭皮具中心优势,进一步做大做强皮具会展业和博览业,积极推动皮具设计业发展，促进皮具业的升级。利用珠宝城和石头记矿物园为核心的珠宝主题公园，发展珠宝玉石首饰设计业和珠宝旅游，打造新品牌。

利用汽车产业基地的优势，做大做强汽车研发设计业，发展汽车文化、汽车运动等业态。

九、南沙区

进一步加强与港澳地区在研发设计、会展等行业领域的合作，把南沙建设成为粤港澳文化产业合作桥头堡和示范区。

挖掘南沙虎门炮台遗址、上下横档岛等历史文化资源和天后宫、岭南塔等宗教文化资源，以及南沙人遗址、黄阁麦氏宗祠、麒麟舞、咸水歌、水乡婚礼等传统民俗文化资源，水乡水产水果、百万葵园、湿地公园等生态旅游资源，积极推动文化旅游业发展。

借助南沙资讯科技园科技孵化平台、霍英东研究院、广州中科院工业技术研究院、华南理工大学南沙产、学、研研究基地的优势，大力发展研发设计产业。

十、萝岗区

充分发挥国家级工业设计产业化示范基地集聚功能，以"国家网络游戏动漫产业发展基地"和"国家动画产业基地"为依托，重点发展工业设计、广告和网游动漫业，吸引企业进驻，扶持企业发展。

依托区内产业密集、交通便利等优势，以广州开发区创意大厦为核心园区，以孵化器、科技加速器、总部经济区、广东软件园等为分区，大力发展文化创意产业。加快中新（广州）知识城、马莎罗动漫城建设和天鹿湖大型动漫公园规划。

十一、从化市

充分利用当地的文化旅游资源，发展文化旅游业。以从化太平镇钱岗村为中心，整治"荔皇阁"龟嘴古渡、钟楼村、上塘村等周边地区，发掘周边地区的古村落文化、古遗迹，以及各类民风习俗，规划设计旅游线路，加大力度推动古村落旅游的发展。

利用温泉资源优势，结合养生休闲文化的推广，进一步做大做强以山水生态和温泉度假为特色的休闲旅游业。

依托从化动漫产业园，完善园区基础设施，支持核心技术研发，大力促进动漫产业发展，形成集动漫原创制作、人才培训、整合营销、文化旅游于一体的产业链条。

十二、增城市

以生态休闲旅游为主题，充分利用当地自然资源以及文化资源，进一步开发荔城荔乡文化游，建设广汕路以北约 1 000 平方公里范围的南国乡村大公园，高起点规划鹤之洲湿地公园，以白水寨为龙头，连接湖心岛、鹤之洲、小楼人家、莲塘春色、何仙姑家庙、派潭老街、熊氏宗祠、兰溪畲族村等景区景点，重点发展生态休闲型旅游项目。

高规格举办"增城国际山水音乐艺术节""增城荔枝旅游文化节""新塘国际牛仔服装节"等系列文化品牌活动，带动文化旅游业、会展业、广告业等产业进一步发展。

附件 2

广州市文化产业振兴规划重点项目

分类	项目名称	建设内容
园区和基地项目	一、国家级项目	
	中新（广州）知识城	大力发展各类文化产业，全面推动新加坡知识城建设，结合文化产业项目，拓展文化产业的服务外包与项目合作机制，创造文化产业合作与发展新模式
	国家网游动漫基地	重点发展软件、网游动漫业
	长隆国家级文化产业基地	重点发展文化旅游、文艺表演等产业
	开发区国家级工业设计产业示范基地	重点发展工业设计业
	二、省级项目	
	广州珠影文化创意产业园	重点发展电影服务业
	三、市级项目	
	广州文化产业大厦	重点打造文化创意产业公共服务平台
	珠江北岸文化码头	重点发展设计、广告等文化创意产业
平台项目	广州市文化产业公共服务平台	建设文化产业动态监测体系，定期统计发布广州文化产业发展指数；健全文化市场监管体系，创新知识产权保护和服务体系；发挥行业协会和中介机构的作用，统筹协调行业健康发展
	广州动漫、网游公共技术服务平台	由政府、企业、社会资本共同投资建立公共技术服务平台，为中小企业提供正版软硬件和技术服务，为人才培养和企业培育提供良好的服务氛围
	广州市文化产业服务外包平台	搭建文化产业企业的国际化发展桥梁，收集各方面服务外包的需求信息，提供有资质的企业信息，在项目方与服务方之间建立有效的联络机制

续表

分类	项目名称	建设内容
软性项目	广州春、秋演出季	在广交会期间组织春、秋两季的广州演出季，邀请国内外知名院团和艺术家参演，制订完善的推广执行方案，增加广州国际化都市的文化魅力
	岭南文化原创内容建设工程	面向社会全面征集文学、影视、动漫、网游、演艺等各种文化业态所需的原创内容，融合岭南文化在戏曲、音乐、书画、建筑、家具、盆景、饮食、工艺美术等方面的丰厚积淀，生产具有广州特色的岭南文化产品，锻造广州文化产业的核心竞争力
	穗、港、澳文化产业联席会议	筹建穗、港、澳文化产业联席会议制度，充分联系三地文化人才、资本、政策、项目间的合作与交流，发挥各自优势，形成合力
	广州文化产业发展年度峰会	以文化产业项目招标论证为主题召开年度论坛，汇集海内外各界智慧和经验，有针对性地解决实践过程中的难题。政府部门和企业提出亟须解决的问题，面向社会有偿征集解决方案；应征方案按主题分类在论坛上公开发布或阐述，接受政府、业界和学界同行专家的评估论证，以其结果直接推动产业的发展与振兴
	人才创新工程	与广州地区高等院校合作开办相关专业，设立专业培训机构，加强职业培训；与相关企业合作，建设教育培训、研究和生产实践相结合的产、学、研一体化的文化产业人才培养基地
行业促进项目	传媒行业跨越发展	利用《广州日报》、广州电视台、广州新华出版发行集团等市场主体在国内传媒行业的领先地位，利用自有资本，引入战略投资者，通过兼并重组或战略合作等市场形式，积极开拓行业外、地区外、海外的新兴领域，扩大影响力，创造更大的经济效益与社会效益
	"数字广州"平台及内容建设工程	整合全市电视网络资源，联络电信部门，发挥第三代移动通信网络的潜力，进一步拓展数字交互式电视平台、数字信息、移动电视、移动多媒体等信息内容的整合与开发，形成"数字广州"的全新面貌
	广州音像城数字交易系统	发挥广州音像城全国最大音像制品交易集散中心的优势，结合数字音像制品迅猛发展的态势，联合全国乃至世界音像产品制作单位，共同打造中国音像产品的网络交易平台，实现音像产品的全数字化交易
	珠江旅游开发工程	完善文化旅游基础设施建设，开发形成珠江水景游、田园风光游、山水度假游、西关文化游、时尚创意游、欢乐休闲游等全系列旅游线路和品牌

湘潭市九华文化创意产业园区规划建议[1]

---

[1] 2010年湘潭广电局委托课题。主持：熊澄宇。参与：张铮、李寅飞、彭菲、郭静、朱艳婷、朱少军、时雪。

第一章　总则
　　第一条　规划性质
　　第二条　规划依据
　　第三条　规划时限

第二章　规划背景与文化特质
　　第四条　规划背景
　　第五条　湘潭市情
　　第六条　文化特质
　　第七条　九华经济区

第三章　指导思想与规划目标
　　第八条　指导思想
　　第九条　建设目标

第四章　规划原则与建设路径
　　第十条　园区定位
　　第十一条　规划原则
　　第十二条　建设路径

第五章　红色文化互动体验基地
　　第十三条　红色之旅全景画馆
　　第十四条　"毛泽东成长之路"数字体验馆
　　第十五条　红色演出剧场

第六章　湖湘文化影视拍摄基地
　　第十六条　生态实景拍摄中心
　　第十七条　湘潭"名人故居行"中心
　　第十八条　影视动漫制作传播中心

第七章　湘莲品牌推广基地
　　第十九条　提炼"湘莲"文化价值
　　第二十条　丰富终端产品

第八章　配套政策保障措施
　　第二十一条　建立完善政策体系
　　第二十二条　完善体制结构
　　第二十三条　扩大资金支持
　　第二十四条　重视人才培养

第一章 总则

为贯彻落实党的十七大精神,深入实践科学发展观,完成湖南省文化强省战略的各项目标,进一步突出湘潭市文化名城建设的工作重心,发挥国家级"两型社会"综合配套改革试验区的核心区示范作用,实现湘潭市经济、社会、文化的全面、协调、可持续发展,特制订本《规划》。

第一条 规划性质

本规划是湘潭市九华文化创意产业园区发展的概念性规划,是该园区建设的指导性文件。

第二条 规划依据

1. 《中共中央国务院关于深化文化体制改革的若干意见》
2. 国务院《文化产业振兴规划》
3. 中共湖南省委、湖南省人民政府《关于深化文化体制改革、加快文化事业和文化产业发展的若干意见》
4. 《湖南省文化强省战略实施纲要（2010—2015年）》
5. 《湖南省文化创意产业振兴实施规划（2010—2012年）》
6. 《湖南省战略性新兴产业文化创意产业发展专项规划》
7. 《关于进一步加大金融支持力度推动文化创意产业加快发展的指导意见》
8. 《长株潭城市群区域规划（2008—2020）》
9. 《湘潭市文化发展规划纲要（2011—2015年）》
10. 湘潭市2009年政府工作报告
11. 《湘潭市城市总体规划（2010—2020年）》
12. 湘潭市历史文化典籍与相关资料

第三条 规划时限

近期：2011—2015年（"十二五"期间）

远期：2016—2021年

第二章 规划背景与文化特质

第四条 规划背景

1. 为加快部署实施长株潭城市群"全国资源节约型和环境友好型"社会建设,湖南省提出"围绕富民强省的目标,积极推动文化大省向文化强省迈进"总体战略规划,并决定把文化创意产业作为长株潭"两型社会"试验区建设的重点产业进行规划和布局,坚持区域特色与产业重点相结合，打造具有集聚效应的文化创意产业园区。

2. 湘潭市历史悠久，人文荟萃，是"红色圣地、湘学源头、湘商祖地"，不仅诞生了一代伟人毛泽东、开国元勋彭德怀等老一辈无产阶级革命家，还孕育了世界文化名人齐白石和曾国藩、王闿运、杨度、"黎氏八骏"等一大批近现代文化名人，立体构建了湘潭独一无二的人文景观，铸就了"坚韧不拔，敢为人先"的湘潭精神。丰富的人文资源和优美的自然资源互相融合，为湘潭的文化创意产业发展提供了有利条件。

3. "长、株、潭城市群建设两型社会综合配套实验区"以及"湖南文化强省战略"的提出，为湘潭市发展文化创意产业，调整经济结构提供了契机。在依托湖南广电、出版、动漫等优势文化创意产业发展基础上，加强与长沙、株洲的互动联系，结合自身文化资源优势，探索发展具有特色的文化创意产业发展路径，是湘潭市提高文化创意产业产值，发挥文化核心增长及带动作用的必由之路。

第五条　湘潭市情

1. 湘潭市位于湖南中部，地处湘江中游，为湖南省直辖市和全国甲类开放城市。总面积5015平方公里，总人口293万，其中市区人口78万。湘潭与长沙、株洲各相距约40公里，成"品"字状，构成湖南省政治、经济、文化最发达的"金三角"地区，是广大内陆地区通往广州、上海等沿海地区的重要通道之一。

2. 湘潭气候温和，土地肥沃，物产丰富，因盛产湘莲被称为"中国湘莲之乡"。湘潭是中国重要的机电工业基地。现已形成以冶金、机电、纺织、化工、建材为主体并极具竞争力的支柱产业。"十一五"期间，湘潭年均经济增长速度在14%以上。2009年，全市GDP总量达到739.38亿元，第三产业增加值占GDP的比重达35.5%。其中现代物流业，以红色旅游为主的现代旅游业成为湘潭第三产业发展的主要推动力。随着经济实力的增强，大众文化需求和消费能力将大幅度提升，为文化发展和文化繁荣提供了经济基础与消费需求。

3. 依托湘潭深厚的文化底蕴和丰富的人文旅游资源，湘潭市已初步形成一些独具特色的文化品牌，如齐白石国际文化艺术节、中国（湘潭）红色旅游论坛等，同时，文化基础设施建设正在逐步完善，广播电视业整体实力明显增强。

然而，湘潭市文化创意产业的发展也面临着诸多问题，其突出表现在文化创意产业总体规模偏小，在同类城市中低于全国平均水平，增长速度落后于湖南省文化创意产业发展整体增速；文化创意产业发展载体不强，缺乏具有带动作用的龙头企业、具有辐射效应的产业品牌和具有孵化作用的产业园区；文化创意产业整体发展水平与丰富的人文资源不协调，与经济社会发展不同步，文化体制与产业发展现状及其需求不适应。

第六条　文化特质

湘潭山连衡岳，水接洞庭，钟灵毓秀，人杰地灵。在漫长的历史长河中，湘潭人创造了灿烂的文化，形成了独有的历史文化底蕴。一代伟人毛泽东，著名军事家彭德怀、黄公略、陈赓、谭政等，领导中国人民谱写了近代革命的辉煌篇章，培育了湘潭最为突出的、全国闻名的、具备显著不可替代性的红色文化。

胡安国父子为避战乱来到湘潭隐山，建碧泉书院，设坛讲学。培养了一批湖湘学派传人，一直影响到近、现代，逐渐凝聚为鲜明的湖湘文化传统，铸造着湖南人的性格。文化名人齐白石、曾国藩、王闿运、杨度、"黎氏八骏"等，他们的书画、诗篇、论著构建了中国传统文化中的经典之作。

湘潭是著名的"湘莲之乡"。湘潭白莲颗粒饱满，珠圆玉润，营养丰富，"湘莲甲天下，潭莲冠湖湘"之美誉。据史料记载，汉高祖时，湘潭人民就把白石铺产的子莲作为"贡品"，以后唐、宋、明、清历代都把子莲纳入贡品，官方称为"贡莲"。1995年，湘潭县被命名为"中国湘莲之乡"。

伟人、名人灿若星辰，众多的革命老区、丰富的民俗文化遗存、素有盛名美誉的湘莲，这些构成了湘潭独有的文化特质，深刻影响了湘潭的社会生产方式和湘潭人的性格特征，成为当今湘潭社会经济建设的物质基础和精神动力，更是湘潭铸建历史文化名城的灵魂。

第七条　九华经济区

1. 九华经济区位于长株潭城市群国家"两型社会"综合配套改革试验区的核心区，是湘潭市"两型社会"建设的先行区，总体规划面积138平方公里，地处长沙、株洲、湘潭三市中央，东临湘江，与昭山风景区隔江相望，西邻湘潭大学，南至湘潭市区5公里，北距长沙市中心27公里。上瑞高速和沪昆高铁贯穿东西，长潭西线高速连接南北，湘江黄金水道通江达海，九华经济区具有得天独厚的交通区位优势。

2. 作为长株潭城市群国家"两型社会"综合配套改革试验区的先行示范区，九华经济区目前已形成汽车及零部件制造、电子信息产业、先进装备制造业的主导产业，但在"两型社会"建设的重点产业——文化创意产业的发展上尚未起步。因此，依托湘潭丰富的文化资源和九华优越的地理位置，建设体现湘潭文化特质的文化创意产业园区，是湘潭打造"红色文化圣地"和"文化旅游名城"的重要战略举措。

第三章　指导思想与规划目标

第八条　指导思想

九华文化创意产业园区建设，要以"两型社会"建设为平台，以实现"率先发展、率先富裕"为目标，突出"推动大开放、建设新湘潭"主题，紧紧围绕湘潭建设"红色文化圣地"和"文化旅游名城"的战略目标，以科学发展观为统领，以深化文化体制改革、发挥文化资源优势，彰显湖湘文化特色，打造湘潭特色文化品牌，培育发展龙头企业，扩大文化创意产业链条，树立"红色文化"品牌，坚持社会效益和经济效益相统一、政府引导和市场机制相结合、地域文化特色和对外开放相促进、内容创新和形式创新相融合，实现文化事业、文化创意产业又快又好发展，推动湘潭市社会经济全面协调发展。

第九条　建设目标

以红色文化和湖湘文化为主线，将红色文化互动体验基地、湖湘文化影视拍摄基地建设与文化旅游等相关产业开发相结合，建设九华文化创意产业园区。

1. 近期目标

完成九华文化创意产业园区"红色文化互动体验基地"和"湖湘文化影视拍摄基地"的基础设施建设。吸引并发展一批影视制作策划、动漫创作出版、文化艺术交流等文化创意企业，形成一批不同档次、不同题材的影视动漫系列作品，打造3～5家行业龙头企业。

以融入现代多媒体元素的红色文化互动体验基地建设为抓手，推动伟人故里、红色圣地的新型传播；以湖湘文化影视基地的发展，带动完成湘潭历史文化和民俗文化原生态复现；以节庆、展卖、深加工、附加值建设等多元方式推动湘莲文化创意产业。充分发挥旅游行业的带动作用，促进交通运输、商贸、餐饮服务和文化衍生品开发等外围产业在九华经济开发区的快速发展，进而推动整个园区文化创意产业链条的全面繁荣。将九华文化创意产业园区建设成为集互动体验式红色文化基地、湖湘特色影视拍摄基地、文化生态观光旅游、创意产品生产和交易、艺术教育培训、文化消费于一体的新型综合文化创意产业园区。

2. 远期目标

九华文化创意产业园区要以影视拍摄、交互展览、互动体验为表，旅游为里，文化为魂，通过影视动漫产业、文化生态旅游产业带动湘潭产业经济的提升、经济结构转型和增长方式转换。

以红色文化为核心，构造九华文化创意产业园区的文化内涵和对外形象，采用科技与艺术创新应用、生产与生活方式的原生态复现，深入挖掘湘潭的红色文化、名人文化、民俗文化、湘莲文化，开发相关建设项目，联合长株潭城市群建设，与大湘西、大湘南文化圈建设相融合，共发展；力争将九华文化创意产业园区打造成为我国中部地区具有较强文化影响力、品牌辐射力、消费吸引力的文化创意产业园区。

第四章　规划原则与建设路径

第十条　园区定位

湘潭九华文化创意产业园，作为湖南省重点建设的文化创意产业园区之一，应该体现湘潭市以红色文化、湖湘文化和名人文化为代表的独具特色的丰富文化资源；同时该园区位于长株潭"两型社会"试验区的核心区——九华经济区内，具有得天独厚的交通区位优势。

在当前湘潭市大力实施"文化强市"战略，打造长株潭城市群文化中心的关键时期，湘潭九华文化创意产业园的建设要以红色文化、湖湘文化、名人文化为载体，以传承和创新并重，建成兼具产业效益和社会效益，融合文化和经济，汇聚创意和智慧，服务百姓和游客，协同生态和发展的具有区域特色的文化创意产业园区。

九华文化创意产业园区，以"文化生态园区"为主体定位，通过自然生态、建筑环境、人文景观、科技艺术与数字应用等多元方式展现湘潭的历史文化特质，以数字互动体验、影视拍摄、动漫游戏、文化旅游、生态休闲产业为依托，整合九华示范区的工业旅游、绿色生态旅游等新型旅游产业形式，打造成为长株潭地区具有产业环境吸引力、文明感召力、文化消费向心力的新型文化创意产业园区。

第十一条　规划原则

1. 传承与创新并重。在继承红色文化、湖湘文化核心特质，湘潭悠久历史文化资源的基础上，创新园区内文化创意产业的发展模式；将湘潭红色故事与革命精神的传播、湖湘民俗的传承与开发、湘莲的生产与人文特征的挖掘与多媒体技术互动体验应用、影视动漫作品创作、体验式影视拍摄制作基地建设、现代文化旅游项目设计相结合，创新文化的科技展现形态及用户体验；在九华园区现有其他产业发展基础上，创新服务于文化创意产业的运作模式，塑造湘潭"伟人故里，人文圣地，湘莲之乡"的品牌形象。

2. 生产与生活兼顾。九华文化创意产业园区以生产方式与生活方式两个层面开拓社会形态的科学发展，将文化资源转化为产业资源，带动产业结构转型，同时推动公共文化生活发展，提高当地居民和生产者的综合生活水平。

3. 事业与产业共进。以社会事业建设保证公民各类基本权益，以园区内产业发展推动湘潭经济实力提高，在园区建设中合理配置社会事业项目与产业建设的步骤和比例，实现事业、产业的共同繁荣。

4. 核心与延伸统筹。统筹作为核心的现代多媒体艺术展览、影视动漫制作、文化生态旅游、湘莲品牌推广和展卖，与文化创意产业相应的衍生产品设计及生产协调发展，合理安排建设步骤与资金配置，打造九华文化创意产业园区的整体形象与产业结构。

5. 规划与建设有序。在充分论证与详细规划的基础上进行园区的开发建设，确保实施项目的科学性、权威性，推动文化创意产业园区的有序建设和可持续发展。

6. 促进与保障协调。在积极引进优秀企业入园，孵化培育本地企业，促进文化品牌开发的同时，建立健全园区内人才引进、知识产权保护，产权交易，资金支持等配套服务机制，保障园区内文化创意产业健康、持续发展。

第十二条 建设路径

九华文化创意产业园区的战略布局是：以红色文化和湖湘文化的挖掘与弘扬为龙头，以互动体验基地建设和湖湘文化影视拍摄制作为两翼，以莲产品推广、旅游开发及文化衍生品生产为推动，以体制、政策、科技、人才、资金等措施为保障。

九华文化创意产业园区建设路径可以概括为：一个中心、两个层面、三大基地、四大着力点。

"一个中心"，以创建强化红色文化品牌为中心。红色圣地、湖湘之源和湘莲之乡，是湘潭市具有独特性、差异性和不可替代性的文化符号，是构成具有湘潭特色的湖湘文化的重要因素，其中，尤以红色文化作为湘潭文化特质中最具显著性的文化标识。

九华文化创意产业园区的建设要以建设"红色文化重镇"为战略目标，综合深入挖掘伟人、名人、民俗、名莲的独特魅力，利用先进理念和现代科技，将文化资源转化为文化旅游、影视动漫制作、衍生品加工的产业资源。

"两个层面"，生产方式和生活方式的科学展现。生产方面，以影视动漫制作产业、旅游产业、莲产品加工展卖产业为发展重点，带动九华园区内基础设施建设和第三产业发展；生活方面，文化和旅游产业的发展可以吸纳城乡人口就业，改变社会分工结构，推动居民素质提高，形成良好社会风貌，从而充分发挥长株潭"两型社会"试验区核心地带的示范作用，进一步扩大湘潭历史文化的传播面。

"三大基地"，即红色文化互动体验基地；湖湘文化影视拍摄基地；湘莲品牌推广基地。以重大项目的落实带动各个基地的发展，三个基地以传承发扬湘潭文化精神特质为内核，相互影响促进，全面有效推动九华文化创意产业园区的整体建设，从而推动湘潭文化名城的建设，发挥"两型社会"试验区的示范作用。

"四个着力点"，指文化创意产业园区建设中的内容创新、科技应用、产业融合和区域联动。要以内容创新为核心，充分利用挖掘湘潭丰富的文化人文资源，培养引进创作人才，大力鼓励促进文化作品的创作；要以科技应用为重点，通过现代科学技术与数位应用，将科技与文化创意产业跨界媒合，将湘潭独领风骚的红色文化、伟人故事融入现代多媒体元素，以互动体验的方式，实现红色文化的新型传播；要以产业融合为主线，加快文化与观光旅游、教育培训等产业的互动，综合考虑园区内文化创意产业与周边产业的合作，打通文化产品开发的下游生产链，形成完整的产业链条；要以区域联动为依托，加强长株潭地区的产业合作，利用九华作为沪昆高铁始发站的交通优势，发挥承东启西，拉动南北的要塞作用，进一步聚集人流，扩大产业辐射面。

第五章 红色文化互动体验基地

区别于韶山、东山、乌石等实体性质的展览旅游方式，湘潭红色文化互动体验基地采用新科技与文化创意产业结合，利用多媒体与现代科技型艺术展览形式，突出互动体验的差异化定位。在基地中建设红之旅全景画馆、毛泽东成长之路互动体验馆和红色剧场，让观众在新型的数字互动体验中，更为形象、深入地了解中国革命历史、革命传统、革命精神，感受湘潭红色文化的特质。

第十三条　红色之旅全景画馆

建设湘潭"红色之旅"声光电演示馆，以红色之旅全景画、地面塑型、仿真道具及特定的灯光、音响演示系统为载体，艺术再现开国领袖毛泽东，开国元帅彭德怀，著名将领黄公略、陈赓、谭政、彭绍辉等一批诞生在湘潭的革命领导者带领中国人民进行艰苦卓绝革命斗争的伟大历程。

选取近、现代中国革命中的重大历史事件，利用逼真的多媒体技术，将激烈的战斗场景以动态的画面效果呈现出来，创造出强烈的视觉冲击和巨大的临场氛围，系统展现湘潭红色文化的内涵实质，使观众可以重温革命斗争岁月，感受革命伟人的精神。

第十四条　"毛泽东成长之路"数字体验馆

与打造"毛泽东成长之路"精品旅游线路相呼应，采用多媒体艺术的方式和科技应用为核心的互动展示手法，再现毛泽东曾经学习、战斗、工作、生活的历程，重点展现毛泽东在湘潭、在湖南的成长历程和革命活动，将毛泽东的重要著作以及与毛泽东相关的文献选集、书画等以数字互动方式呈现。强化毛泽东与湘乡市、湘潭县和湘潭城区的关系，强化毛泽东与湖湘文化的关系。

引入最新的数位技术应用成果，如互动桌、互动橱窗、互动墙体、互动地图等，与园区内电子艺术动漫公司合作，数字再现毛泽东韶山故居、学习过的东山书院、做过学徒的米店等，改变传统展览单向的知识传输方式，综合影像、声音、人体等多种媒介，通过观众主动参与获取，在数字技术营造的虚拟世界中，了解伟人的成长历程。

第十五条　红色演出剧场

建设红色演出剧场，充分利用湖南的演艺优势，培养优秀的演出创作团队，创作一批优秀的红色作品，打造经典的表演剧目。同时，邀请国内成功的红色经典剧目创作团队，与中国（湘潭）红色旅游节等活动相呼应。以音乐会、歌剧、舞剧、话剧等多种艺术表现形式，丰富演出剧目，传播红色经典，其主要消费群体定位于通过九华园区附近的高铁、公路到达的消费群体，打造成中部地区乃至全国最著名的红色大舞台。

第六章　湖湘文化影视拍摄基地

在湘潭的文化特质中，湖湘文化源远流长，钟灵毓秀的湖湘山水孕育了湘潭人经世治国的情怀、独具特色的民俗文化艺术形式，沉淀了湘潭人的行为方式和社会形态，培育了中国历史上一批名人大家。

拟通过地标性建筑建造、传统生活方式恢复，在园区内展示湖湘尤其是湘潭地区的典型人文风貌，打造影视拍摄基地和旅游基地协调统一的局面。

同时，引进相关人才和企业团队，利用湖南广电发展的优势，将红色文化、名人文化与影视文化紧密结合，充分挖掘湘潭历史文化资源，精心制作一批精品影视剧、动漫作品，推动湘潭地区广电事业发展，提高湘潭的文化影响力和知名度。

第十六条　生态实景拍摄中心

区别于单纯作为外景搭建的影视城，该园区内在建设过程中应把外景的实用性和旅游观光价值并重，并且实际为当地居民生活所利用，通过湖湘生产生活方式再现、文学艺术方式再现、书院教育方式再现，恢复湘潭地区乃至湖湘地区的代表性生活特征，使其成为"活着"的影视文化旅游基地。

1. 湖湘民居建筑群

在园区内开辟以湖湘民居为主要建筑风格的建筑群落，从建筑层高、结构、装饰等方面力争符合湖湘民居和院落的建筑传统，以展现湖湘地区传统的生活风貌。在街区建设和房屋建设等方面注重水、电、气等生活基本设施建设，使其能为现代生活方式所服务。建筑群修建后可以引导部分居民入住，成为真正的民居，同时利用九华优越的交通地理位置，开发旅游住宿。

2. 湖湘餐饮街

在其生活区域内，引入能够体现湖湘人民饮食习惯的不同菜系，形成湖湘餐饮街，推出不同菜系的招牌湘菜，如毛家菜系、白石菜系、湘莲菜系。打造以"展示湘潭美食，写就莲城食谱"为主题的白石文化旅游美食活动，扩大湘潭的影响。

重现湘潭的老字号，现场展现传统工艺品的制作过程，通过销售湘潭的传统名产品和名小吃，做大做强地方特色旅游产品。

3. 湖湘演出剧场

仿照传统戏楼模式建造演出剧场，展现青山石鼓唢呐、韶乐、纸影戏、民间地花鼓等地方特色浓厚的节目，桌上再配以地方风味的灯芯糕等茶点；同时将非物质文化遗产的传统艺术表演与湘潭地区深入人心的红歌、长株潭地区现代的流行艺术形式相结合，打造一台高水准的地方特色文化节目。

4. 湖湘书院

湘潭是湖湘学派的发源地，南宋时期，理学家、大学士胡安国父子为避战乱来到湘潭隐山，建碧泉书院，设坛讲学。培养了一批湖湘学派传人，逐渐凝聚为湖湘文化的优良传统，铸造着湖南人的性格。

在该基地内，仿建书院形制重修书院，并在其内介绍书院文化和传承历史，也可考虑引入小学或幼儿园等办学机构，在学院风格的建筑群落内进行办学招生，开展传统文化和人文素质的教育，使书院化的教学方式得以在生活中重现，同时也解决所住居民的子女教育问题。

5. 文化创意街区

鼓励小而精的创意企业入驻基地，以引进带工作室的创意店铺为主。推进红色旅游产品、艺术品、文化用品的开发和名人纪念品、传统特色产品的研发生产，形成红色旅游产品、齐白石诗书画印系列产品、地方"老字号"特色产品和传统艺术产品创意文化街区。推动文化旅游产业链的完善和发展。

6. 标志体系

采用统一的视觉路牌与标识，通过标志性建筑、名人命名的街道，如白石画街、主席大道等，强化湘潭红色文化、名人文化特质。

在人文旅游杂志、都市报纸以及互联网上对湘潭名人故事与文化进行传播，通过多媒体的立体营销方式宣传湖湘文化影视拍摄基地的特色。

第十七条　湘潭"名人故居行"中心

湘潭，作为湖湘文化的重要发源地，文化底蕴深厚，近现代更是人才辈出。据统计，湘潭有名可传的名人有100多人，还有许多古代将领、诗人在湘潭留下了不朽的业绩和诗篇。

1. "名人故居行"

以湘潭的文脉为主线，将分布在湘潭各处的名人故居等重点文物保护单位，文化标志性建筑等实体文化设施及齐白石文化艺术节、红色论坛等展会艺术形式，以巨型电子地图的方式展现湘潭独有的"伟人故里，湖湘名城"的人文之美。在地图中，加入互动装置，实现观众走入地图，通过投影画面即走入湘潭市的文化轴线中，利用多媒体互动技术，使观众在虚拟的环境中可以真实感受到湘潭过去与现在跳动的文脉。

重点提炼齐白石作品情感美、构成美、意向美、笔墨美的艺术特质，引进专业科技艺术与数位应用专业创作团队，通过科技与电子艺术创新表现齐白石的经典作品，利用数位科技媒材与电脑程式创造出具备互动性的齐白石作品，让观众介入作品后，去体验作品的美学理念。以齐白石书画互动桌等人机互动的形式，让观众在电子屏幕前，通过点选就可进入齐白石的艺术世界，感受白石书画的魅力。

2. 湘潭名人纪念产品展卖馆

对湘潭名人、名作、名画等文化资源进行系统整理，在园区内引入艺术品设计制作公司，丰富纪念品形式（书籍、书画、创意工艺品等），打造体现湘潭文化特质的名人系列纪念品。利用全景画馆和互动体验馆的客流，形成集体验、互动、消费一站式体验湘潭名人文化的交互基地。

第十八条　影视动漫制作传播中心

1. 影视后期制作

在园区内建设影视后期制作基地，引进一流的后期制作设备。以拍摄和制作湖湘文化主题电影电视剧为重点，同时进行其他题材和内容创作。引入相对成熟的影视制作团队，着力打造介绍和推广湖湘文化的相关作品。利用园区周边的高校人才优势，并依托周边工业园区内电子信息产品制作的优势，力争在5年内把其打造成一条从剧本创作到前期拍摄再到后期制作、包装，直至出版发行进入市场完全自主完成的产业链条。

2. 动漫企业孵化

动漫企业孵化中心以文化创意研发为核心，着重依托湘潭特有的名人文化资源，打造独具特色湘潭名人系列动漫品牌。

以园区周围的湖南科技大学、湖南大学（九华校区）、湖南科技大学的动漫专业教育为基础，吸引优秀的动漫创意企业、设计企业、制作企业，以及动漫培训、出版、营销企业入驻园区，以企业为依托，与湖南广电联姻，与九华园区内相关企业合作开发延伸产品。形成集政府引导、高校支撑、产业拉动、传播联姻、产品延伸于一体的发展模式，加强"产、学、研"良性互动，共享成果转化。以动漫影片、网络游戏、单机游戏以及延伸产品作为开发方向，重点是动漫游戏文化产品的创意设计、制作及人才培训。同时，为园区内的名人展示交互基地的建设发展提供技术支持，共同促进。

3. 影视动漫展示传播

建设设施齐全、功能完善的影视评审交流中心，使其逐步成为电影节、电影首映式、新片发布会的举办地，并在电影节上或以电影或以电视剧推出的首映式为契机，聘请知名演员和社会名人助阵，开展一系列推广湖湘文化和历史的宣传活动。同时，借助、利用湖南省广电系统的优势，在全国范围内集中介绍湖湘文化的历史渊源，推广湖湘文化的知名度和美誉度；另外，开办园区的官方网站，通过网站建设、门户网站专题引导、虚拟现实游览湖湘文化城等多种形式，以立体、全方位的推广模式，对湖湘文化城进行推广。

第七章　湘莲品牌推广基地

当前，湘莲在湘潭市的发展还处于起步阶段，几十年来对于湘莲所蕴含的文化价值和科技附加价值的开发并不够，同时，还要大力弘扬和宣传湘莲文化，争取用5年左右的时间，以园区为依托，着重打造和推广湘潭市"湘莲之乡"的品牌，带动湘莲产业和湘莲文化的结合与发展。

第十九条　提炼"湘莲"文化价值

湘莲文化源远流长，具有深厚的文化积淀和文化底蕴。"和谐""廉洁""出淤泥而不染"

和当前的时代主题不谋而合，弘扬湘莲文化，突出文化特色，使湘莲品牌融合到园区整体氛围当中，扩大品牌的推广。

1. 打造主题建筑

在园区内建造莲花主题广场或楼阁等主题建筑，在广场内设计莲型符号、莲型雕塑，介绍与莲相关的文章或诗歌以及湘莲文化等，达成名篇佳作与经典建筑相互映衬的最终效果。以此标志性文化景观提升"湘莲之乡"的知名度和美誉度，以锻造"湘莲"品牌并带动展览旅游文化创意产业。

2. 设置创意体验区

在园区内设立莲花工艺品手工艺创意体验区，引入手工艺制作大师工作室等，设计以莲为主体形象的各种手工艺品，如莲花灯、莲花荷包、莲花图案绣品、莲花图案瓷器制作等，通过对荷花内容相关产品的开发，引入不同的产业模式和游客体验模式，如工业旅游、手工艺体验等。

同时，开设各种艺术形式的主题展览，展现湘莲文化和湘莲形态，举办艺术节、艺术品拍卖、书画交流会、湘莲艺术论坛等多种形式的文化活动，提升莲花在百姓心中的了解和认知程度。通过美术、摄影、文学、剪纸等多种艺术形式，从不同的角度展现湘莲之美，使湘莲的形态更加深入人心。

3. 拓展节庆活动

重新宣传传统节日，发扬"中元节"的传统文化。古来就有在农历七月十五之夜，民间以天然带柄荷叶为盛器，燃烛于内，让小儿持以玩耍。或将莲蓬挖空，点烛作灯的习俗，以此传统节日为核心，开展诸如"荷花灯会"等文化活动，广泛吸纳群众的参与，从而不仅仅局限于农历七月十五拉长活动时间，并且通过媒体多种形式的宣传，让古老的节日重新焕发生命力，办成莲乡人自己的节日。

同时，大力宣扬每两年一度的"湘莲文化节"，通过视听来了解湘莲文化，通过赏品的方式让大家来感受湘莲文化，通过论说的方式来弘扬湘莲文化。积极探索湘莲文化节会活动政府引导、部门服务、企业承办、社会参与、市场运作的方法和途径。

第二十条　丰富终端产品

1. 拓展产品形态

摆脱目前湘莲加工仅仅停留在去壳、钻心、洗、磨等初加工阶段的局面，大力发展湘莲产品深加工工艺，提高湘莲产品的科技含量。在园区内通过一系列政策扶持，引入高端技术生产线并加大资金投入，引进湘莲的深加工项目，完成从原料生产、原料粗加工到终端产品输出的产业链条，丰富湘莲的终端产品形态如莲蓉生产、湘莲粉、莲心茶、莲心含片、莲心口味饮料，等等。

2. 发展原有品牌

在园区内,引入当今湘莲市场上较为成功的品牌如"粒粒香",并进一步加以扶持,引导企业建立健全现代企业制度,培训和引进企业管理人才,转变经营模式,尤其是展开省外的营销活动,并通过对重点品牌的扶持,发挥龙头企业的辐射效应、带动效应和示范效应,鼓励湘莲加工企业以"两型社会"建设为有利契机,积极申请无公害食品、绿色食品和有机食品认证,力争在3～5年内打造1～2个国家级知名品牌和商标。

3. 开发"湘莲宴"

莲的花、叶、藕、籽都是制作美味佳肴的上品。荷叶有一种特殊的清香味,因而被广泛用于制作食品。明清时将荷花制成荷花酒,玉井饭、莲籽粥都是以莲籽为主要原料制作的古典美食,藕更是莲中人们食用的主要部分,用藕制成的食品花色品种琳琅满目,为古今人们所喜食。参照我国名菜谱中以荷为辅料烹制的名菜,如"荷叶粉蒸肉""荷叶新凤鸡"等,开发专属的"湘莲宴"。

在当今倡导"健康饮食"的社会氛围下,通过对湘莲各个部位的食用性能开发,推出能够代表湘莲特色的各色菜品,在园区内推出一桌以湘莲为主题、以健康为理念的"湘莲宴",并逐步形成品牌。

第八章　配套政策保障措施

第二十一条　建立完善政策体系

1. 建立重点产业发展促进机制

紧密结合国家、湖南相应产业发展的战略部署,结合园区发展特点,对重点发展的影视拍摄制作产业、动漫产业、文化生态旅游产业、电子艺术产业等"一业一策"地参考入驻企业结构分布,从基础性、战略性、引领性、补充性的角度,选择从重点领域和关键环节切入。

2. 建立重点项目企业培育机制

针对重大项目、龙头企业、骨干工程,实施重点培育与政策倾斜。采用跨越式发展模式,尽快提升园区龙头企业的规模、市场占有率与造血机能,树立重点项目的品牌效应,提高产业聚合力、辐射力与影响力,尽快占据产业发展的战略制高点,进而把握制定产业、行业标准的主动权,形成湘潭九华的领先性、主导性格局。

3. 建立普遍适用的税收扶持政策体系

对九华园区内的文化创意企业也应统一按照类似于高新技术企业的标准来实施优惠政策,而不仅仅是只针对某些龙头企业采取简单的倾斜性政策。通过税收的优惠支持,实现文化创意产业原创成果尽快产业化,尽快从"自发创业型"向"产业聚集型"转变,提高产业化整体水平。另外，可实施个人所得税减免措施，吸引海内外优秀的文化创意、创业、管理人才入园。

第二十二条 完善体制结构

1. 构建"政、产、学、研、金"互动的园区发展机制

湘潭市委宣传部、市广电局作为文化创意产业的主管部门，与市发改委、市科委、市经信委、市工商局等多部门形成联动机制，从资金投入、产业规划、培育重点、政策支持、人才激励等多方面的基础性服务，来推进九华文化创意产业的发展。具体可以通过专项政策体现文化创意产业的主导方向，引导扶持资金的投向，加强对产业孵化器的建设，加强对公共技术平台的投入等举措。

2. 明确营运主体

营运主体由湘潭广电集团控股，吸引战略投资者等各类资本共同成立。公司将负责九华文化创意产业园区的建设、营运及综合配套服务。营运公司采用投资入股、管理模式输出、项目合作等方式引入国内外具有园区开发和文化创意产业服务背景的专业公司，以更好更快地切入运营服务关键的环节，迅速形成良好的发展态势，在产业规划、产业公共服务、技术研发和支持、投融资、创业孵化、人才服务、产业推广、市场对接等多方面形成创新集成服务理念和体系，共同加速九华文化创意产业园区的企业集聚和产业发展。

第二十三条 扩大资金支持

1. 建立落实金融支持产业机制

鼓励非文化类企业、机构、团体和个人投资文化创意产业，参股或控股皆可，政策上给予优惠；文化企业可通过申请改制，发行股票或债券，利用境内外的资本市场开展融资；政府对文化创意产业集团的资产重组应给予支持；鼓励企业、个人捐助或利用部分退还的税金建立文化发展基金，以缓解那些低盈利文化创意产业部门的资金短缺状况；以文化企业的产权关系为纽带，组建文化创意产业投资公司，帮助文化企业融资。

2. 成立专项资金，扶持产业健康成长

成立九华文化创意产业园区建设专项资金，用于园区的环境整治、基础设施和公共服务平台建设。以贴息和直接拨款补贴为主要实现方式。

成立湘潭（九华）文化创意产业扶持专项资金，用于扶持园区入驻企业和公共服务机构。以贷款贴息项目、文化创意产业招商项目、奖励项目、税收优惠返还、补贴为主要形式。

第二十四条 重视人才培养

1. 加强院校培养和人才交流

鼓励湘潭大学等院校开设文化创意产业相关专业，进行与产业相关领域的学术研究，形成产、学、研良性互动。培养复合型文化创意人才，支持文化创意企业为相关专业的高校学生提供实践平台，推动产、学、研一体化发展，提升文化创意人才在经营管理等多方面的综合能力。

利用现有的湘潭大学等周边院校资源，以及未来科技大学城、大学教育区，在整个九华滨江社区内，多渠道、多层次地开展各类人才交流服务。

2. 建立文化创意产业专门人才数据库

广泛吸引学界、机关、企业的专家申请登录入库，强化产业发展的人才储备。对于引进的文化创意人才，给予在落户、子女入学等方面的优惠政策。设立专项基金，对促进文化创意产业作出突出贡献的个人或团队进行表彰和奖励。

3. 加强艺术学科教育和国内外人才交流

加强艺术学科的实用性教育，扩大文化创意产业与纯艺术人员之间的交流合作，构建"文化艺术和文化创意产业双赢"的人才培养机制。加强与国内外的人才交流与合作，选派人员出国研修或到全国领先地区学习，培养具有一流水准的、专业化的中高级人才。

4. 强化人才培训

打造完整培训体系的核心要素，成立专业的文化创意产业人才培训机构。采用创业培训为主、专业技能培训为辅、学历培训嫁接的模式，通过对企业的调研，了解需求，开设相应的培训课程。

天津市武清区"十二五"文化产业发展规划建议[①]

[①] 2011年中共武清区委托课题。主持：熊澄宇。参与：吕宇翔、张铮、李鋆、李寅飞、彭菲、郭静、朱艳婷、朱少军、时雪。

一、总则

二、规划背景

三、指导思想与规划目标

四、重点产业

五、主要任务

六、保障措施

七、附则

一、总则

"十二五"期间,是我国文化产业实现跨越式发展,成长为战略性支柱产业的关键时期。为了全面贯彻党中央关于深化文化体制改革,推动社会主义文化大发展大繁荣的战略部署,深入贯彻落实科学发展观,准确把握"十二五"期间天津市武清区文化产业发展的战略目标和工作重心,明确定位重点产业和主要任务,稳步推进全区经济增长方式的结构性调整,加快提升武清区的文化软实力和综合竞争力,建设武清区城市品牌,推动全区经济社会的全面可持续发展,特制订本规划。

【规划性质】

本规划是"十二五"期间天津市武清区文化产业发展的总体规划,是武清区文化产业建设的指导性文件。

【规划依据】

《中共中央关于深化文化体制改革 推动社会主义文化大发展大繁荣若干重大问题的决定》

《国民经济和社会发展第十二个五年规划纲要》

《国家"十二五"时期文化改革发展规划纲要》

《国家文化产业振兴规划》

《九部委关于金融支持文化产业振兴和发展繁荣的指导意见》

《文化部关于支持和促进文化产业发展的若干意见》

《文化部关于加强文化产业园区基地管理、促进文化产业健康发展的通知》

《文化部"十二五"时期文化 产业倍增计划》

《天津市城市总体规划(2005—2020年)》

《天津市空间发展战略规划》

《天津市国民经济和社会发展第十二个五年规划纲要》

《天津市文化产业振兴规划》

《天津市关于鼓励和支持天津市文化产业发展的实施意见》

《武清区国民经济和社会发展"十二五"规划纲要》

中央、各部委、天津市、武清区关于文化工作的一系列重要指示;等。

【规划时限】

本规划实施期限为 2011 年至 2015 年。

二、规划背景

文化是民族的血脉,是人们的精神家园,发展文化产业是我国社会主义市场经济条件下满足人们多样化精神文化需求的重要途径。改革开放,特别是党的十六大以来,我们党始终把文化建设放在党和国家全局工作的重要战略地位,推动文化建设不断取得新成就。党的十七届六中全会更对建设社会主义文化强国，推进社会主义文化大发展大繁荣做出了全面部署。经过多年的发展，武清区的文化建设已经取得了诸多令人瞩目的成就。作为连通京津之间的一颗明珠，武清区文化产业的发展具有得天独厚的优势。

1. 发展基础

区位优势明显。武清区地处京津之间中心位置，是京滨综合发展主轴的重要节点，区位优势得天独厚，现代化交通非常便捷。城区距北京市区71公里，距首都机场90公里，距天津市区13公里，距天津港71公里，区内现有京津塘、京津、京沪、津保、津蓟5条高速公路、设出入口12个；京津城际高速铁路在武清城区设有天津段唯一经停站，到达北京、天津均只需十几分钟。

经济基础雄厚。"十一五"期间，武清全区固定资产投资累计达到852亿元，年均增长29.1%，综合实力和竞争力均保持天津市各区县领先地位；2011年，武清区地区生产总值328亿元，财政收入突破90亿元，城镇职工平均工资和农民人均纯收入分别达到39 600元和11 700元，为文化产业的发展打下了坚实的基础。

生态环境良好。武清境内河流、水库、森林资源丰富，大运河等11条河流蜿蜒其中；全区林木覆盖率达到30%，城区绿化覆盖率达到40%；112平方公里的大黄堡湿地是华北地区面积最大的芦苇湿地；北运河纵贯武清中部125华里，沿岸积淀了丰富的历史文化资源，北京通州、天津北辰、武清、河北廊坊四区市代表于2010年10月签订了《北运河开发建设合作框架协议》，为北运河的联合开发治理打下了良好的开端。全区设施农业种植面积达到15万亩，建成了"京津鲜菜园"，形成了奶牛、无公害蔬菜两大农业主导产业，是京津居民生态旅游、休闲度假的主要目的地之一。

基础设施完善。全区基础设施完善，供水、供电、燃气、通信等配套设施齐全，已建成滦河水、北部水源地"双水源"，陕气、华北气"双气源"和华北电网、京津唐电网"双电源"保障体系；依托国家路网建设，全区已建成的"九横九纵"路网，形成了沟通京津、连接周边开放便捷的路网体系，公路密度达到百平方公里135公里。

服务体系完备。经过多年的发展，武清已经建立起一整套优质高效的服务体系，在武清国家经济技术开发区和高新技术产业园区的建设过程中发挥了重要的作用，取得令人瞩目的成绩。2010年，武清区成立了区文化产业发展领导小组，明确了相关部门的职责，在区级领导班子成员中实施了文化产业重大项目负责制，为武清区的文化产业发展提供了有力的支撑。

产业特色鲜明。近年来，武清区在积极发展现代工业产业的同时，依托京津之间的地域优势，大力发展旅游业和现代服务业，在服装设计、购物休闲、生态旅游等方面取得了较大的突破，并已确立了文化旅游融合发展的全新思路；同时，生态宜居新城的建设也为武清区特色文化产业的发展确立了广阔的空间。

2. 存在问题

文化产业发展相对滞后。与京津地区同类区域相比，武清区在推进全区经济发展的同时，对文化产业发展的定位与思路相对模糊,各部门对文化产业的认识不够统一,在一定程度上导致了武清区文化产业的发展相对滞后,文化产业发展总体水平不高,产业门类少,产业规模小。

居民人均文化消费偏低。武清区人均地区生产总值已经超过了 6 000 美元,但由于缺少特色文化消费场所,本地良好的人文资源与自然生态环境还未得到有效开发,本地与外来人群多样化、多层次的文化消费需求还没有得到有效满足,居民文化消费意识不足,人均文化消费水平偏低。

本地文化资源开发整合力度不够。武清当地固有的运河文化、书画之乡、生态特色文化等特色尚未得到很好的开发、保护和对外传播,与旅游、商贸、科技等方面的结合不够紧密,缺少全国知名的文化活动和文化品牌,尚未形成武清区特有的文化品牌形象。

文化产业政策优势不够明显。武清区文化产业的发展尚未形成统筹、协调的体制机制,现有文化产业政策仍大多沿用开发区工业产业政策,在吸引企业落户、资金投入、人才引进等方面仍有欠缺,与一些发展较成熟的城市和地区相比仍有较大差距。

缺乏龙头企业及产业集群。当前,武清区文化产业发展中存在产业发展重心不清晰、文化企业规模普遍较小、产业聚集度不高等问题,尚未形成具有较强影响力的龙头企业和产业集群。

三、指导思想与规划目标

3. 指导思想

武清区"十二五"文化产业发展要以科学发展观为统领,全面落实党中央关于推动社会主义文化大发展大繁荣的战略部署,紧紧围绕富民强区、绿色生态宜居的主题,突显"健康武清、休闲武清、魅力武清"的特色品牌;坚持社会效益和经济效益相统一,政府引导和市场机制相结合,地域文化特色和对外开放相促进,内容创新和形式创新相融合;强化产业结构调整和现代商业体系的建立,努力开发新兴业态,发展龙头企业,拉动产业链条,促进产、学、研、商的合作和共荣;立足当地、辐射京津、放眼全国,全面提升武清的文化竞争力,树立特色文化品牌,使武清成为北方地区重要的文化产业产品与服务的生产区域和京津之间的文化消费中心。

4. 规划原则

传统与现代并重。武清古称泉州,始建于西汉,别称雍阳,唐天宝元年更名武清,具有十分深厚的文化底蕴。在继承和开发悠久历史文化资源的基础上,武清文化产业的发展还要充分利用自身的区位优势和产业优势,将传统文化资源的保护开发与现代文化产业项目的发展结合起来。

科技与文化交融互现。充分发挥高新科技对文化产业的价值提升与品牌传播能力,将文化资源转化为产业资源,带动产业结构的升级转型;同时,加强武清第一、第二产业产品的文化元素,提升企业的文化特质,从科技研发和文化挖掘两个层面拓展社会生态的新型生活方式,推动在地群众的精神生活建设,引领区域文化生态的改变。

集聚与辐射相辅相成。在京津一体化的视野下,武清区文化产业的发展,一方面,要通过产业园区、创意企业、创意基地等平台集聚优秀企业和人才,逐步完善产业链,形成集群效应;

另一方面，要大力宣传推广武清的文化娱乐休闲品牌，积极拓展国内外的交流合作，使武清文化产品成为京津和华北地区一张响亮的名片。

核心与边缘统筹发展。统筹作为核心的武清文化产业基地、重点发展行业、龙头企业与同类机构的关系，以重点业态、核心企业、知名品牌拉动全区文化产业快速发展；同时，兼顾地区之间、行业之间、企业之间的发展差异，合理安排建设步骤与资金配置，推动产业结构的平稳调整和社会经济的健康可持续发展。

产业与事业双赢共进。文化资源和文化产品的开发为社会经济的可持续发展提供了源源不断的动力，在创造了巨大经济效益的同时，也在不断满足人民群众日益增长的精神文化生活需求。在文化产业发展推动社会经济实力提高的同时，坚持通过文化事业建设保障公民的基本权益，促进社会的和谐发展。

发展与生态并行不悖。良好的生态是武清区可持续发展的基础，武清文化产业的发展，要以不破坏生态环境为前提，重点扶持高附加值、高辐射力、高智力属性、低能耗低污染的文化产业企业入驻武清；园区和项目的建设，要经过充分论证与详细规划，确保实施项目的科学性，强调产业与生态的良好结合，注重可持续发展原则，服务于建设京滨综合发展轴上生态宜居新城的总体目标。

5. 建设目标

用五年左右的时间，将武清区建设成我国北方地区的重要文化产业基地和京津之间的文化消费中心。形成完善的文化产业市场体系，以及合理的文化产业发展管理机制并提供相应的配套政策；初步完成武清区文化创意产业基地的建设，重点培养5－8家骨干企业，以市场机制推动文化企业做大做强，形成差异发展、互为支撑、布局合理的创意产业集群；与高新技术相结合的新兴文化业态取得长足发展，文化产业规模不断扩大，主要文化发展指标和文化综合实力位居天津市前列；到2015年，实现文化产业增加值达到全区地区生产总值的5%，拥有具有较强影响力的武清文化品牌，将文化产业发展成为武清区经济发展的支柱产业。

四、重点产业

"十二五"期间，武清区将以休闲娱乐为主的旅游业、影视业为抓手，丰富当地的文化消费内容；同时，提升设计服务业、艺术品创作展示交易的产业形态，形成从设计研发、产品生产到展示交易的完整产业链条；加强数字内容产业和传统印刷行业的创新，加快形成文化产业集群。

6. 旅游业

充分利用武清区的自然生态与区位优势，结合本地的产业资源，开发形式多样的旅游产品。依托大黄堡湿地、圣水湖、港北森林公园等自然生态资源，以及生态农业园等绿色农业项目，大力开发生态旅游项目；借助武清区位于京津之间优越的地理位置，以及佛罗伦萨小镇、凯旋王国、高科技影视体验中心等美食、购物、娱乐组合，全面打造武清休闲娱乐旅游品牌；通过开发运河沿岸景观，静水通航并引入滨水特色项目，借助沿岸特色建筑和数字互动技术，多角度展现运河文化，与运河上下游城市联动，形成武清区特有的历史文化旅游线路；以中华自行车王国、天狮国际健康产业园、信义玻璃工业园、地毯产业园为核心，积极推出特色工业旅游产品。

7. 影视业

围绕"休闲娱乐"的核心理念，以高科技多功能影视体验为突破口，建设高端多功能影城，以满足京津人群多样化的观影需求；推进数字汽车影院、多感官影院、主题私人影院等新型影院建设，为消费者带来全新多元的影视体验；同时，吸引影视制作科技的展示传播企业，打造影视文化互动空间。推动数字技术的开发与创新，努力形成一条从影视内容制作到终端消费体验的完整产业链条，争取使武清成为国内领先的高科技影视体验中心。

8. 设计服务业

充分发挥武清区既有的服装生产优势，以服装设计为核心，向服饰设计、首饰设计、生活用品设计等领域拓展设计服务产业门类，使武清区成为北方重要的设计服务产业集聚地之一；成立设计人才培训中心，建立设计人才测评推广体系，打造良好氛围，吸引高端设计人才集聚；大力发展设计咨询与产权代理服务，提供创意产品展示、交流、交易空间，吸引设计研发部门和市场研究部门进驻；针对不同设计类别做好外围配套，如新型材料推广、品牌文化展示、交易服务平台等。

9. 艺术品展示交易

依托"三溪塘"中国艺术家聚集区和"天津·坝上春秋"艺术园项目，完成艺术品创作、展示、交易、拍卖、交流的产业链搭建，丰富武清区的艺术创作门类；建设艺术家工作室、艺术博物馆、艺术家交流中心、艺术公园等相关配套设施，积极开展艺术教育和国内外艺术交流活动，有力提升武清文化品位；大力发展武清区民间艺术创作的氛围，通过"大运河书画院"的选址重建、作品征集、作品交流、大型展览、定期比赛等活动，扩大武清区"书画之乡"的文化品牌。

10. 数字文化产业

结合高科技影视体验中心建设和文化产业基地中的数字文化产业板块，以及蓝猫卡通等龙头企业的拉动，逐步形成数字文化产业集聚；重点发展高端数字文化内容生产、传播、展示、交易等领域所需新技术的研发、创作、授权服务和增值服务，努力打通产业链条，形成集技术开发、内容创意、作品制作、版权交易、网络运行、人才培训、衍生产品开发等功能齐全的数字文化内容生产的产业化基地。

11. 印刷服务业

借助天津市建设国家级数字出版产业基地的有利条件，充分利用武清区现有印刷行业发展的良好势头，全面提升武清印刷行业的科技水平，提高武清印刷服务业的总体质量，实现产业的跨越式发展；逐步形成从设计到印刷、印后加工、包装、装订、物流的全系列服务，创造有利条件，吸引企业规模化发展，形成以黄花店为中心的现代印刷产业聚集区，使之成为武清文化产业的一个新亮点。

五、主要任务

12. 建设运河文化产业带

"十二五"期间，借助北京通州、天津北辰、武清、河北廊坊四区市签订的《北运河开发建设合作框架协议》，以运河河道两岸的延伸地带为核心建设运河产业带，带动武清旅游、餐饮、演艺、娱乐业的发展，把"运河"打造成武清特有文化品牌，将历史文化资源转化为可利用的文化产业资源。

河道综合整治，历史遗迹保护与风光再现。"十二五"期间，逐步完成武清全境运河河道的清淤治理，分段实现河道的静水通航；分阶段规划建设运河风光体验区，修复运河沿岸的文物遗迹，在河道两侧规划绿化带、步行道，设计灯光和景观建筑，通过文化墙、人像雕塑、诗文雕刻、文化广场等形式展示运河在武清的历史变迁和文化遗存。

结合现代科技，艺术再现运河历史。设计、规划运河主题体验馆，论证开发水上博物馆形式，以高科技手段再现千年运河辉煌历程；通过互动、沉浸式体验等形式，展现运河沿岸名胜风光与历史变迁；利用动画影像和人机交互技术，讲述相关历史人物故事；通过亲水游戏项目创造人与运河的亲密接触。

梳理运河文化，征集运河主题原创作品。依托运河历史文化研究会，定期举办运河文化研讨会和论坛，组织运河主题的书画、摄影展览、微影像竞赛等活动，整理出版介绍运河的文化书籍；同时，面向社会征集与运河有关的影视原创作品，以一流的创作和高品质的制作展现运河文化与武清风貌。

13. 扶持新兴文化产业业态

为突破武清区文化产业总体发展水平不高，缺少突出亮点的局面，更好地丰富武清文化产业资源，"十二五"期间，应充分发挥武清交通区位和生态环境优势，积极开拓新兴文化产业业态，优先发展那些具有前瞻性、市场发展前景好、科技含量高、带动效应强的文化产业项目，在数字内容、设计服务、数字娱乐、文化消费等方面催生具有代表性和示范性的重点项目。

实现数字娱乐业的高速发展。大力发展动漫产业，利用天津蓝猫卡通科技有限公司在动漫界的领军优势，使"蓝猫"卡通形象进一步丰富，做好蓝猫旗下的网络游戏产品、动漫衍生产品的设计开发；同时，建立动漫人才培训机构，创建软硬件共享技术平台，建立企业孵化机制，带动、吸引中小动漫企业的快速发展，将武清发展为国内领先的卡通动漫研发、生产基地；以数字内容产业园为核心，引入网络游戏、影音应用、网络服务、数字内容等高科技体验产品的研发与生产，为用户提供多元化的数字娱乐选择。

建设高端多功能影视体验区。抓住播放终端和播放形式的革新，建设数字化、智能化、商务化的多影厅多功能影院，满足高清3D电影、I-MAX电影等高科技含量影片的放映需求；开发新型电影体验观赏模式，设置4D影院、环幕影院、飞行影院、太空影院、电影特效片场等多个电影科技娱乐项目，展现全球顶尖电影娱乐科技，打造全方位的高端数字内容体验；设立室外大型汽车影院，提供家庭和朋友聚会的新型观影方式。

推动设计服务业的全面进步。以武清现有的服装设计生产为基础，全方位拓展设计服务门类，引入知名设计机构和设计人才，形成以服装设计为核心，包括平面设计、造型设计、工业设计、景观设计、建筑设计、规划设计等设计服务业的产业聚集；设立设计人才培训机构和评审体系，兴建设计成果展示发布中心，通过举办设计大赛和各类会展活动，提高武清设计服务业的品牌宣传；延伸产业链条，着力发展与设计相关的咨询服务业，搭建技术、市场、投融资、人才服务等公共服务平台；完善版权保护机制，加速设计成果的产业化转化。

14. 整合多样文化旅游资源

武清区既有历史悠久的运河文化资源，又有当今城市稀缺的自然生态资源，还有现代科技打造的数字娱乐资源，以及一线品牌产品的购物休闲资源和绿色环保的生态农业资源。通过对这些资源的整合利用，可以全面带动武清娱乐、休闲、观光、购物、会展、美食等文化消费，充分展示武清现代生态宜居新城的美好形象。"十二五"期间，武清要全面加强文化旅游强区建设，以"文化+旅游+商业"的模式，打造武清旅游新景观。

设计特色旅游线路。以大黄堡湿地、圣水湖、港北森林公园等生态资源为节点，结合康体、养生等疗养内容，以及绿色生态农业观光项目，形成特色生态旅游线路；利用中华自行车产业园、地毯工业园、天狮国际健康产业园、信义玻璃工业园等工业资源，展示产品生产流程，打造游客可以互动参与的生产项目，推介可供游客体验的最新科技成果，形成特色工业旅游线路；打造高铁站两侧的奥特莱斯佛罗伦萨小镇、凯旋王国、高科技数字影视体验区等美食、购物、娱乐组合，形成特色休闲娱乐旅游线路；通过开发运河沿岸景观，挖掘历史文化资源，静水通航并引入滨水特色项目，以数字互动技术全方位展现运河文化，形成武清区特有的历史文化旅游线路。

完善旅游配套设施。全面开发旅游所涉及的吃、住、行、游、购、娱各方面不同档次的配套产品，形成完善的旅游配套，使外来人群在武清玩得愉快，本地群众住得舒心；着力构建武清旅游的"一核（新城旅游综合服务核心区）、一带（北运河旅游发展带）、四组团（休闲农业旅游组团、现代工业旅游组团、大黄堡湿地旅游组团、生态农林旅游组团）"，规划各景区之间的道路连接、接待服务场所、以及交通标识系统，完善基础设施建设；设计开发武清特色的旅游纪念品，完善旅游景点周边餐饮、住宿、娱乐、购物等配套功能，满足游人多元化的需求。

15. 全面拓展武清文化品牌

文化品牌建设是推动文化产业发展的重要手段。在做好产业集聚，推动产业发展的同时，武清区还需要充分利用各种媒介、会展和宣传活动，全面宣传推广"北方地区重要的文化产业基地"与"京津之间的休闲娱乐购物中心"这两大品牌，塑造武清生态宜居新城的城市形象，提升武清在京津两地、华北地区乃至全国、国际的辐射力与影响力。

开展特色文化活动。结合武清区文化产业发展情况，广泛开展各类特色文化活动。依托现有各艺术家聚集区和书画展示与交流活动，定期举办艺术品展示交易和艺术作品创作大赛；以武清区设计服务业的快速发展为前提，邀请国内外著名设计机构与专家，共同举办设计师培训交流与评测活动；发扬武清运河文化传统与中国书画之乡的文化特色，在大运河书画院举办运河文化交流论坛与中国书法绘画名家笔会；在佛罗伦萨小镇举办顶级品牌特卖会，与凯旋王国合作创办武清娱乐嘉年华活动，等等，突显武清文化特色。

加大媒体宣传力度。充分利用国内外的平面媒体、影视媒体、网络媒体，大力宣传武清区的生态环境、区位优势，以及特色文化产业；深入挖掘武清历史悠久的运河文化资源，全力打造以武清为主题的原创文艺精品，以一流的创作、高品质的制作、市场化的手段进行全方位推广，提升武清区的城市文化形象；实施引进来和走出去相结合的开放战略，积极拓展对内对外文化交流的领域和渠道，培育一批具有武清特色的文化产品，积极参与国内外文化市场竞争，打造武清文化品牌。

扩大重点行业影响。按照规划目标，重点发展旅游业、影视业、设计服务业、艺术品展示交易、数字内容产业和印刷服务业等文化产业行业；积极培育各行业龙头企业，开发拳头产品，成为在国内外知名的文化品牌；发挥武清区交通、仓储和物流的优势，有效利用现有大型会展场所，使之成为北方地区大型物流文化会展的固定举办地，为相关行业企业的外向型发展创造良好机遇。

六、保障措施

16. 完善体制机制，加强政策保障

设置常设机构。设立武清区文化产业发展领导小组办公室，在区文化产业发展领导小组的指导下，负责管理、协调、监督、规范全区重大文化产业项目的申报、立项、建设、组织工作。

利用专家资源。借助国家级和天津市的科研机构，以及业界领先企业建立"武清文化产业专家库"，对区内重点文化产业项目进行招标论证，有针对性地解决实践过程中出现的各种问题。

创新管理机制。形成区内各职能部门联系会议机制，对文化产业发展的重大项目采取会商机制，从政策、资金、人才等方面予以保障，促进武清区文化产业的发展和创意经济的繁荣。

17. 凝聚人力资本，落实人才保障

完善本地人才培养模式。积极促进高校、企业、研究机构以及培训机构间的合作，定向培养企业急需的各类人才；同时，针对不同类型的文化产业从业人员开设专门的培训课程，加强职业培训，创新人才培养模式。

扩大吸引外地人才渠道。一方面，通过园区建设，吸引企业进驻，以团队引进、核心人才带动等方式吸引各方人才会聚武清；另一方面，充分利用京津两地高校资源和武清区良好的发展空间，以期权、高薪、兼职等多种手段吸引海内外优秀人才。

营造留住高端人才氛围。制订包括住房、子女、落户等在内的一系列政策，营造留住高端人才的良好环境；同时，建立规范人才评估制度，不断完善用人机制，开展股权激励和文化成果转化奖励试点，鼓励特殊人才以知识产权、技术要素等作为股份参与企业利润分配。

18. 加强政策引导，扩大资金保障

设立专项资金。"十二五"期间，由区政府每年拿出一定比例的财政收入，设立文化产业专项发展资金，为那些市场发展前景看好、科技含量高、带动效应强的文化产业项目提供资助或贷款担保；同时，规范资金管理，以项目库和责任追究制度，提高资金的综合利用效益。

拓宽融资渠道。充分利用政府资金引导，通过银行贷款筹资、民间资本投资、上市融资等多种途径，实行文化产业项目投资的多元化；鼓励银行等金融机构推出以无形资产质押贷款或组合贷款方式，为文化企业提供融资服务；鼓励龙头企业集资建立文化产业股权基金，并引导中小企业通过集合票据等创新金融产品；完善风险投资保障体系，积极吸引更多的国际资本和社会资本投资武清文化产业发展；认真探索及论证通过众筹等新型融资工具促进文化产业小微企业发展。

搭建银企桥梁。建立由政府部门、银行、战略投资者、担保机构共同组成联席会议制度，定期开展文化产业项目的征集评选工作，并通过项目推介平台，推动银企合作，支持和引导担保机构对中小文化创意企业提供融资担保。

19. 推动平台建设，形成服务保障

完善统计指标体系。以国家统计局关于文化产业发展的统计指标为基础，参考北京、上海等地的文化创意产业统计指标，结合武清区文化产业发展现状，建立武清文化产业统计指标体系，为产业健康发展提供有效的科学依据。

建立公共服务平台。加快搭建中小企业公共服务平台，为中小企业提供高端技术支持、产业信息服务，产业金融服务、产业品牌和市场推广服务、创意产品成果展示和交易服务、知识产权评估等全方位信息咨询和服务；逐步实现设施信息、人才信息、产品信息的数字化和共享化。

加大知识产权保护。加大知识产权的保护宣传力度，增强全社会知识产权意识，在全社会形成尊重创新、鼓励创新、保护创新的良好发展环境；鼓励自主知识产权的文化创新，保障企业和个人的创造性劳动及其合法权益，让自主创新成为文化企业重要的利润来源。

20. 优化社会环境，建立市场保障

优化社会文化环境。在武清区常住居民中开展常规公共性文化活动，培养文化消费习惯及高尚审美情趣；通过文化节庆、社会公益、城市交流、会议论坛等形式，面向全社会倡导多元、宽容、活跃的文化思维与创意氛围；在文化消费场所，严厉打击"黄赌毒"、盗版侵权等危害社会的行为，形成健康向上的社会风气。

不断培育文化消费热点。围绕武清本地的特色餐饮、运河文化旅游带、历史遗迹、湿地生态，以及新兴的购物休闲、高科技影视体验、工业旅游等特色项目，不断开发培育新的文化消费热点，为不同人群提供各具特色的文化消费体验产品和服务。

发挥市场资源配置作用。发挥国有文化资本的控制力、影响力和带动力，完善文化市场所有制结构，积极鼓励和支持民营、个体等非公有制经济参与文化市场建设，培育新兴文化业态，优化市场结构和产业布局，提高文化产业规模化、集约化、专业化水平，不断拓展文化市场发展的新空间。

建立健全市场监管体系。完善文化市场准入机制和文化市场主体信用约束机制，建立健全文化市场监管体系，维护公平竞争的市场环境；充分发挥行业组织和中介机构的作用，大力推行知识产权代理、市场调查、法律咨询、财务统计等专业领域化服务，并以资质认证的方式引导其良性发展。

七、附则

21. 规划批准

    本规划由天津市武清区人民政府批准。

22. 规划实施及解释

    本规划由天津市武清区政府组织实施，并负责解释。

23. 规划修改

    在规划实施过程中，内容如需修改，报武清区人民政府批准。规划修改后按修改内容实施。

24. 规划生效

    本规划自批准之日起生效。

北京市文化创意产业功能区建设发展规划建议①

---
① 2013年北京市文资办委托课题。主持:熊澄宇。参与:吕宇翔、张铮、董鸿英、孔少华。

前言

一、深刻把握当前发展形势
    （一）立足现有基础
    （二）剖析存在问题
    （三）迎接机遇挑战

二、系统谋划未来发展蓝图
    （一）指导思想
    （二）规划原则
    （三）发展目标

三、全面优化产业空间布局
    （一）构建"一核、一带、两轴、多中心"的总体空间格局
    （二）引导"两条主线带动，七大板块支撑"的产业空间集聚
    （三）促进产业融合，带动区域空间协调发展

四、着力构建综合保障体系
    （一）制订一类基础认定政策
    （二）完善八项综合保障措施
    （三）探索若干个性发展策略
    （四）加强政策措施统筹协调

五、合力推进规划落地实施

前　言

当前，文化在综合国力竞争中的地位和作用日益凸显。党中央、国务院高度重视文化产业的发展，党的十七届六中全会明确提出，要推动文化产业成为国民经济支柱性产业，十八届三中全会进一步提出，要深化文化体制改革，提高文化产业规模化、集约化、专业化水平，北京市也在 2011 年提出了加快建设中国特色社会主义先进文化之都的宏伟目标。为适应新的发展阶段，落实新的目标任务，按照《文化部"十二五"时期文化产业倍增计划》中关于"鼓励大型城市和城市群科学制定功能区域规划，形成各具特色、合理分工、重点突出的文化产业空间布局"的总体工作安排，北京市提出了规划建设文化创意产业功能区的战略构想，将在市级文化创意产业集聚区发展基础上，进一步明确文化创意产业发展的目标和方向，落实各项政策措施，优化产业体系和空间布局，避免重复建设与无序竞争，促进文化创意产业的要素聚集与产业链的协调发展，加快推动北京市产业转型升级、城市功能优化调整和经济社会的全面可持续发展。

为科学规划、合理建设文化创意产业功能区，特制定本规划。本规划是指导北京市文化创意产业功能区规划建设的纲领性文件，也是北京市各区县文化创意产业发展的指导性文件，所划定的功能区，是规划期限内北京市文化创意产业发展的主要空间载体。

本规划期限为 2014 年至 2020 年。规划编制的主要依据是：《中共中央关于全面深化改革若干重大问题的决定》《中共中央关于深化文化体制改革推动社会主义文化大发展大繁荣若干重大问题的决定》《文化部"十二五"时期文化产业倍增计划》《中共北京市委关于发挥文化中心作用加快建设中国特色社会主义先进文化之都的意见》《北京市国民经济和社会发展第十二个五年规划纲要》《北京城市总体规划（2004 年—2020 年）》《北京市土地利用总体规划（2006—2020 年）》《北京市"十二五"时期人文北京发展建设规划》《北京市主体功能区规划》等。

一、深刻把握当前发展形势

（一）立足现有基础

北京是中华民族优秀传统文化和现代文明交流的重要窗口，也是我国文化人才、文化设施、文化总部和文化资本最为集中的地区，具有发展文化创意产业的雄厚基础和绝佳条件。近年来，北京市文化创意产业发展势头迅猛，同时，确立了以30个市级集聚区为载体、带动区县集聚区发展的文化创意产业空间发展模式。

1. 产业规模快速增长，产业集聚初步形成。2013年，北京市规模以上文化创意产业实现总收入超过1万亿元，增加值达到2 406.7亿元，自2004年以来，年复合增长率为17.3%，占全市GDP比重增至12.3%，文化创意产业已经成为北京市的重要支柱性产业。北京在全国首创文化创意产业集聚区发展模式，自2006年起共认定了30个市级集聚区，涵盖了全市16个区县及9个文化创意产业门类。截至2012年年底，30家市级集聚区内的779家规模以上文化创意产业法人单位共实现收入1 323.2亿元，同比增长10%，占全市文化创意产业总收入的14.2%；从业人员达到15万人，同比增长11.5%，占全市比重14.4%。其中，CBD国际传媒产业集聚区、中关村创意产业先导基地等集聚效应凸显，798艺术区等品牌影响力日益扩大。通过集聚区建设，北京市文化创意产业已经初步形成了分行业的空间集聚。

2. 产业结构不断优化，融合发展态势初显。依托市级集聚区和众多文化产业园区及示范基地建设，北京市已经初步形成了以软件网络和计算机服务业为主，新闻出版、广播影视、设计服务、文化艺术、广告会展和艺术品交易等行业国内领先的文化创意产业结构体系，涌现出一大批龙头企业和专业化、精细化、特色化的中小企业。尤其是文化与科技的融合加快了信息产业、新媒体产业等发展；文化与金融融合优化了产业融资环境，完善了金融服务功能；文化创意产业与现代服务业、先进制造业的融合带动了相关产业的转型升级。

3. 政策体系不断健全，发展环境持续优化。北京市在全国较早编制了《北京市"十一五"时期文化创意产业发展规划》，并先后出台了《北京市促进文化创意产业发展的若干政策》（京办发〔2006〕30号）、《北京市文化创意产业分类标准》《北京市文化创意产业发展专项资金管理办法（试行）》《北京市文化创意产业集聚区认定和管理办法（试行）》，以及税收返还、贷款贴息、信用担保、支持影视动画、网络游戏等重点行业发展的实施办法和优惠政策，有力推动了北京市文化创意产业集聚区和各行业的快速发展。

4. 文化贸易大幅提升，国际交流成果丰硕。文化贸易成为北京市对外贸易发展新的增长亮点。2012年，北京市文化贸易进出口总额达到30.54亿美元，同比增长15.55%，继续保持较高速度增长。在国际交流方面，随着中国经济的崛起及奥运会的成功举办，全世界更加关注中国、关注北京，首都文化软实力日益增强，相继举办了中国北京国际文化创意产业博览会、北京国际电影节、北京国际设计周、海峡两岸文化创意产业展、文化创意产业集聚区论坛、动漫游戏产业发展国际论坛等多项国际活动，成功入选成为联合国教科文组织评选的世界设计之都。

在中国（北京）国际服务贸易交易会等大型综合性国际展会中，文化创意产业的交流、交易也日益成为展会亮点。

（二）剖析存在问题

一是产业发展质量还有待提升。具有国际竞争力的企业较少，具有国际影响力、体现"北京创造、北京服务"的产品还不够丰富；各行业发展还不均衡，尤其是文化创意产业的核心产业还有待提升。二是区县产业定位还有待优化。各区县未能根据自身比较优势明确产业发展定位，部分产业和项目存在恶性竞争现象。三是政策空间载体还有待夯实。集聚区集聚程度不够，各区县产业定位不明确，产业链和产业集群培育受限，产业促进政策落实乏力，管理服务水平有待进一步提升。四是产业融合发展还有待加强。文化资源和创意的产业化能力相对较弱，相关产业对于文化创意创新的认识不足，文化创意产业与科技、金融、旅游等产业融合发展的能力还有待进一步提升。

（三）迎接机遇挑战

1. 党中央、国务院高度重视社会主义文化大发展大繁荣，进一步优化了文化创意产业发展的新环境。党的十七届六中全会以来，党中央、国务院将文化和文化产业发展提到前所未有的高度，一系列深化文化体制改革、加快文化产业发展的政策相继出台，并相继成立了中央文化体制改革和发展工作领导小组、中央文化企业国有资产监督管理领导小组，全面统筹和推进文化产业及国有文化资产的发展工作，文化产业正处于前所未有的优越发展环境中。

2. 建设中国特色社会主义先进文化之都宏伟目标的提出，进一步明确了北京市文化创意产业发展的新任务。按照党的十七届六中全会和十八届三中全会关于深化文化体制改革、发挥首都全国文化中心示范作用的总体要求，北京市确立了"打造中国特色社会主义先进文化之都，建设具有世界影响力的文化中心城市"的战略任务，将通过实施文化创新、科技创新"双轮驱动"发展战略，进一步解放和发展文化生产力，为文化创意产业发展提供新任务、新保障和新机遇。

3. 北京市文化创意产业融合化、集群化、引领性发展态势日益明显，进一步夯实了建设新型产业空间载体的新基础。文化创意产业与其他产业融合发展是当前世界经济发展的重要趋势。新媒体、云计算、物联网等新技术、新知识和新渠道的快速发展，不断催生出新兴文化业态、产品内容和全社会的创意热情，大幅提升了文化创意产业的劳动生产率。文化创意产业和金融融合发展进一步推动了文化体制改革，加快了文化创意企业结构性重组；促进了文化创意的产业化，培植了一批小微文化创意企业；重塑了文化创意产业的发展环境和产业生态。文化创意产业是典型的水平分工、集群发展产业。目前，北京市文化信息、传媒产业等已经初具集群发展态势，极大地带动了传统产业升级和城市功能的更新与扩散，有力促进了区域经济发展。文化创意产业发展的新趋势为建设新的产业政策空间提供了产业基础和发展需求。

4.国家、地区之间文化创意产业竞争日趋激烈，对中华文明与首都北京走向世界和北京建设全国文化中心城市提出了新挑战。北京是我国的首都和文化中心，是与世界各国、国内其他地区经济与文化交流的窗口，既为北京带来了多元化的文化要素，有力促进了北京市文化创意产业的发展和北京建设中国特色世界城市的进程，也使得北京面临着中华文明走向世界的巨大挑战和直接压力。尤其是金融危机以来，世界主要发达国家均将创新和创意作为经济复苏的发动机，文化创意产业的国家间竞争更为激烈。同时，国内各省市文化创意产业发展迅猛，且多将文化创意产业作为支柱产业培育，并制定了大量优惠政策和保障措施，对北京市文化创意产业形成了较大的竞争压力。这就要求北京市要进一步明确文化创意产业的发展方向和重点行业，着力优化产业空间分布形态，形成基础稳固、重点突破的产业发展格局，在全国文化大发展大繁荣进程中持续发挥先导和引领作用。

二、系统谋划未来发展蓝图

（一）指导思想

以邓小平理论、"三个代表"重要思想和科学发展观为指导，深入贯彻中共中央全面深化改革、推进文化体制机制创新、推动文化大发展大繁荣的决定，落实建立健全现代文化市场体系、培育文化产业成为国民经济支柱性产业的总体要求，认真实施"人文北京、科技北京、绿色北京"和文化创新、科技创新"双轮驱动"发展战略，通过文化创意产业功能区建设，加快形成分工合理、重点突出、各具特色的北京市文化创意产业空间新格局，进一步集聚产业资源要素，引导区县特色发展、错位发展，提升区域带动能力，营造良好发展氛围，建设示范性强、辐射带动作用明显的"文化中关村"，不断强化北京市文化创意产业支柱地位，为北京建设中国特色社会主义先进文化之都和全国文化中心城市注入新的活力。

（二）规划原则

1.一区多点、政策覆盖。结合文化创意产业的发展特性，吸收借鉴中关村的发展经验，采用"一区多点、政策覆盖"的空间发展模式，建立健全产业政策体系，完善产业链条分工，形成促进文化创意产业发展的良好环境。

2.产业集聚、空间集约。遵循文化创意产业空间发展规律，引导不同类型、不同环节、不同发展阶段的文化创意产业向相关功能区集聚发展。坚持功能区空间集约利用，鼓励功能区带动传统历史文化区域的创意转型和商务办公区域的文化转型发展，推动老厂区和村庄改造及产业升级，进一步提升空间资源使用效率。

3.产业融合、重点提升。促进科技、金融与文化创意产业的融合发展，培育产业新业态；促进传统产业与文化创意产业的融合发展，提升传统产业附加值。聚焦"3+3+X"重点产业领域，激发文化艺术、广播影视、新闻出版等传统行业活力，加快广告会展、艺术品交易、设计服务等优势行业发展，培育若干新兴业态成长，以重点功能区、重点产业和重大项目带动全市文化创意产业发展质量提升。

4. 规划衔接、区县引导。文化创意产业功能区布局应与北京城市总体规划和北京市主体功能区规划的空间布局相衔接，积极通过功能区建设带动中心城区功能疏散、新城建设和功能区域发展。结合各区县发展的资源要素禀赋和比较优势，通过政策、项目、资金、设施建设等措施，引导各区县通过功能区明确产业发展重点，形成区县联动、合理分工、各具特色、有序竞争的功能区产业体系。

（三）发展目标

通过进一步优化完善产业空间布局和区域功能定位，着力建设20个文化创意产业功能区，使之成为推动产业要素集聚、服务平台建设及政策措施落地的政策空间载体和北京建设中国特色社会主义先进文化之都的重要空间基础，成为文化领域的"中关村"和带动区域发展的着力点、服务首都居民的窗口、建设宜居城市的样板、展示人文北京的舞台。

1. 以功能区建设推动形成全市文化创意产业高端化、集聚化的空间总体布局，进一步引导各区县产业特色化、差异化发展。到2020年，力争使功能区集中全市80%以上的文化创意产业收入和各行业主要龙头企业，同时培育发展一批原创能力强、技术水平高、品牌影响大的文化领军企业和重大项目，建设一批具有核心竞争力的优势产业集群和中小微企业群落，形成一批具有广泛知名度和国际影响力的文创产业知名区域，重点推动首都功能核心区文化功能的调整优化和中心城区旧城改造，引导城市功能拓展区和城市发展新区文化创意产业发展方向，带动各区县形成产业特色鲜明、文化功能各异、区域错位发展的首都文化创意产业空间格局。

2. 以功能区建设实现产业融合、区域融合发展，进一步带动城市功能空间转型升级。通过功能区建设，进一步集聚文化人才、信息、技术、资本等创新要素资源，促进文化与科技、金融、制造业、旅游休闲等产业深度融合发展，驱动北京经济转型升级，不断提升城市功能空间的发展动力和文化建设品位，推动形成功能区与北京市各区县、其他重点功能区和城市周边区域优势互补、合作共赢的良好局面。

3. 以功能区建设促进文化设施不断完善，文化消费大幅增长，文化宜居环境显著提升。通过功能区建设，进一步丰富文化创意产品市场，培育市民文化消费理念，引领文化消费意愿，激励文化消费行为。同时，推动社会资本投入北京文化设施建设和文化遗产保护利用的力度不断加大，实现文化传承，营造创意氛围，促进文化交流，将北京建设成为我国乃至世界上重要的文化创意城市和国际一流的和谐宜居之都。

三、全面优化产业空间布局

按照北京城市总体规划、主体功能区规划和"十二五"规划纲要确定的北京城市空间结构，在涵盖 30 个市级集聚区和相关国家部委设立的文化产业园区及示范基地等政策空间的基础上，吸收借鉴中关村国家自主创新示范区的发展经验，采用"一区多点、政策覆盖"的发展模式，紧抓文化科技双轮驱动战略和"3+3+X"文化创意产业体系，从产业门类、产业链环节和产业发展阶段三个方面，系统梳理北京市各区县文化创意产业发展基础和发展条件，形成"一核、一带、两轴、多中心"的功能区空间发展格局和与之相适应的"两条主线带动，七大板块支撑"的功能区产业发展体系，着力建设 20 个文化创意产业功能区，规划面积共计 446.75 平方公里（图3-1）。

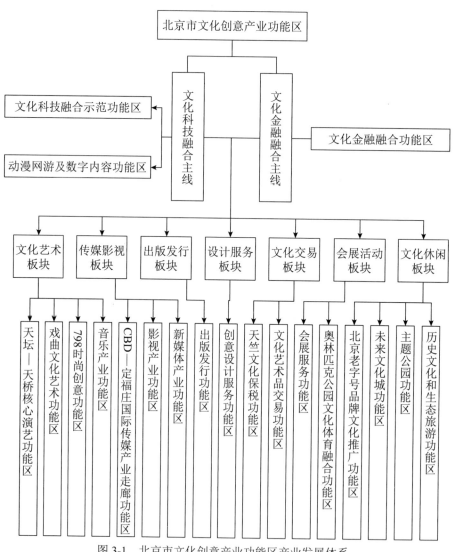

图 3-1 北京市文化创意产业功能区产业发展体系

（一）构建"一核、一带、两轴、多中心"的总体空间格局

通过文化创意产业功能区建设，努力形成"一核、一带、两轴、多中心"的功能区空间发展格局。

一核：是以首都功能核心区（东城区、西城区）为空间载体的"中心城文化核"，涉及两条主线和七大板块中集聚高端环节的主要功能区。"中心城文化核"重点依托首都厚重的历史文化和独有的金融、总部资源，通过推动文化金融融合发展，进一步发挥中心城对北京文化创意产业和全国文化产业的中枢作用，传承北京老字号品牌文化，着力扩大北京文化、中华文明的影响力和辐射力。未来将进一步发挥"中心城文化核"的集聚带动作用，以产业链为组织形式，以点带面，提升其对全市文化创意产业功能区的空间带动能力。

一带：是指以中关村海淀园（中关村示范区核心区）和石景山园为核心，向东延伸至朝阳电子城，向南延伸至丰台科技园、大兴国家新媒体产业基地和亦庄经济开发区的"文化科技融合带"，是北京市高新技术产业最为密集、教育科研资源最为丰富的区域。"文化科技融合带"将重点推动文化和科技融合发展，加快动漫网游、新媒体、数字出版、设计服务等重点行业发展。未来将积极向顺义新城、亦庄新城拓展，为形成北京市总体规划确定的"东部发展带"注入新的文化创意活力。

两轴：按照北京市城市空间拓展方向，推进功能区点轴扩散、东进南拓，形成符合城市总体规划的东西轴"文化创造产业轴"和南北轴"北京文化服务产业轴"。

北京文化创造产业轴，指长安街及其延长线产业轴，西至动漫网游及数字内容功能区，东至CBD—定福庄国际传媒产业走廊功能区，是连接文化科技融合主线、文化金融融合主线和传媒影视板块的产业轴线，也是北京市充分利用创新和创意，面向世界创造文化创意产品的主要轴线。未来将紧紧依托通州新城作为北京城市副中心的定位，促进CBD—定福庄国际传媒产业走廊功能区向通州新城拓展，实现文化创意产业联动，加快通州原创艺术的产业化，全面提升"北京创造"中文化创意产品的数量和质量。

北京文化服务产业轴，指中轴线产业轴，北至未来文化城功能区，贯穿北京老字号品牌文化推广功能区和天坛—天桥核心演艺功能区，南至创意设计服务功能区，是北京服务市民文化娱乐消费、服务相关产业转型升级的主要轴线。未来将加快响应城南行动计划，紧抓首都第二机场建设机遇，积极推动丰台、大兴（亦庄）的创意设计、媒体服务等产业发展，带动传统工业转型升级，全面提升"北京服务"中文化创意产业的生产性服务业职能。

多中心：是以功能区和分片区为中心，辐射、带动周边区域发展的文化创意产业空间增长节点。其中，戏曲文化艺术功能区依托园博园，辐射门头沟和房山，整合区域文教艺术资源，提升区域文化氛围和综合价值；音乐产业功能区中的平谷乐谷片区依托提琴制造和平谷桃花音乐节，延伸带动音乐产业和平谷新城发展；影视产业功能区中的怀柔影视基地片区依托中影基地，发展影视产业高端环节，带动怀柔新城发展；出版发行功能区中的北京台湖出版物会展贸易中心片区依托区位优势，推进出版、商贸、物流等融合发展，带动通州新城南部产业功能区提升；天竺文化保税功能区、会展服务功能区中的顺义国展产业园片区依托国门区位和保税区政策、会展基础设施等优势，带动北京文化创意产品和服务的国内外交流展示与国际贸易，并补充临空经济区和顺义新城的文化功能；文化休闲板块充分利用主题公园和历史文化景区景点资源，形成服务中心城区、带动周边区县增长的重要节点。

● 专栏1：文化创意产业功能区空间格局与上位规划空间结构的对应关系分析

《北京城市总体规划（2004—2020年）》提出北京市城市空间结构是"两轴、两带、多中心"，其中：

两轴：指沿长安街的东西轴和传统中轴线的南北轴。

两带：指包括通州、顺义、亦庄、怀柔、密云、平谷的"东部发展带"和包括大兴、房山、昌平、延庆、门头沟的"西部发展带"。

多中心：指在市域范围内建设多个服务全国、面向世界的城市职能中心，提高城市的核心功能和综合竞争力，包括中关村示范区核心区、奥林匹克中心区、中央商务区（CBD）、海淀山后地区科技创新中心、顺义现代制造业基地、通州综合服务中心、亦庄高新技术产业发展中心和石景山综合服务中心等。

《北京市国民经济和社会发展第十二个五年规划纲要》提出，要"构建'两城两带、六高四新'的创新产业发展格局，成为全市高端产业发展的重要载体"。

"两城两带"是指中关村科学城、未来科技城、北部研发服务和高新技术产业发展带、南部高新技术制造业和战略性新兴产业发展带。受限于基础设施和产业发展，"两带"目前尚未成型。

"六高"是指中关村国家自主创新示范区、北京经济技术开发区、商务中心区、金融街、奥林匹克中心区、临空经济区六大高端产业功能区。

"四新"是指通州高端商务服务区、丽泽金融商务区、新首钢高端产业综合服务区、怀柔文化科技高端产业新区。

文化创意产业功能区提出"一核、一带、两轴、多中心"的总体空间格局，充分顺承了上位规划的空间结构，并体现了北京市文化创意产业的空间发展特点。其中：

"一核"是指"中心城文化核"，是北京市首都功能核心区，也是城市总体规划中的两轴焦点和金融街高端产业功能区的所在地。

"一带"是指首都文化科技融合发展形成的独有的产业空间布局，文化和科技的大部分产业均集中于城市中心区边缘并形成最具活力的文化、科技发展带。该带既是城市总体规划中的中关村示范区核心区、奥林匹克中心区、海淀山后地区科技创新中心、亦庄高新技术产业发展中心和石景山综合服务中心等在空间上的体现，也是"六高四新"中的中关村国家自主创新示范区、北京经济技术开发区、奥林匹克中心区、新首钢高端产业综合服务区等功能空间的串联。

"两轴"是在充分研究北京市文化创意产业空间布局的基础上，顺承北京城市总体规划提出的两轴而形成的文化创意产业发展轴。

"多中心"则进一步与未来科技城、通州高端商务服务区、怀柔文化科技高端产业新区等形成了协调和呼应。

(二)引导"两条主线带动,七大板块支撑"的产业空间集聚

基于功能区总体空间发展格局,紧紧把握文化创意产业各行业发展规律,依托北京市已经形成的文化创意产业发展优势,按照空间整合、产业集聚、功能拓展的原则,以产业链、供应链、服务链为纽带,合理配置要素资源,充分培育市场主体,综合建设服务平台,构建"两条主线带动,七大板块支撑"的差异化、多层次、高效率、复合型的功能区产业发展体系,统筹引导20个文化创意产业功能区的产业空间布局及区内各产业集聚、有序发展。

1. 文化科技融合主线

文化科技融合主线贯穿于文化创意产业发展始终,是北京市实现文化、科技双轮驱动战略的主战场,也是充分发挥北京市科研资源优势和高新技术产业优势、提升文化创意产业增加值和成果转化率的政策载体,从产业空间形态上主要集聚于"文化科技融合带"。

文化科技融合示范功能区:借鉴中关村一区十六园的发展经验,着力依托中关村自主创新区核心区(海淀园部分区域),按照文化软件服务、互联网信息服务、文化增值电信服务、移动互联产业等产业空间集聚规律,形成专业化的楼宇、园区载体。同时,功能区还依托首钢主厂区,通过完善功能区内公共交流空间等措施,促进形成互联互动、创意创新的产业空间氛围,着力拓展人工智能、大数据、云计算等产业融合新业态。

动漫网游及数字内容功能区:着力完善动漫网游的原创开发、设计制作、展示交易、运营服务、衍生品授权等完整产业链条,并以知识产权交易、服务外包等形式加速文化科技融合的产业转化。按照不同产业链的分工特点和空间选择偏好,引导产业链各环节逐步形成水平分工的专业化空间集聚,形成以中关村雍和园北区等为核心的运营服务与版权交易集聚,以中关村石景山园、中国动漫游戏城和三间房国家动漫产业基地为依托的原创设计、展示交易空间。

同时,文化科技融合主线着重强调文化与科技融合对科教资源、人才资源、资本供给的集聚能力,有效引导产、学、研的深度融合,依托高校和科研院所,形成空间联系、多点布局的科技文化孵化器,带动科技创新在文化产业领域的转换,实现科技资源跨区域共享。

2. 文化金融融合主线

文化金融融合主线是北京市发挥全国金融机构总部优势,促进金融服务实体经济,带动全市文化创意产业发展的总平台和发动机。

文化金融融合功能区:着力引导大型金融机构支持文化创意产业发展,培育文化领军企业和战略投资者,完善文化金融服务体系,为全国培育、创新和示范文化金融产品。其主要任务是加快建设文化创意产业信贷、担保、产权交易、投融资等金融服务平台;引导银行、担保等金融机构与文化创意产业加强联系、开展合作;建立健全文化创意产业金融评估体系和信用体系等配套措施;建立文化投融资平台,积极探索版权质押、风险投资、股权投资等多种文化金融服务方法;引导不同所有制形式的金融资本聚集,培育文化创意产业战略投资者,构建支持北京市文化创意产业发展的金融运转体系。

金融业和总部经济是城市中集聚程度最高的产业。文化金融融合主线遵循金融业发展规律，着力引导金融街和中关村雍和园南区的产业集聚发展，形成全国最强、世界知名的文化创意产业金融核心和总部集聚区，以产业统筹引导和服务相关功能区发展。

3. 文化艺术板块

文化艺术板块依托北京市艺术、人才和历史文化等资源优势，遵循文化艺术创作规律和市场规律，着力促进形成文化艺术上、中、下游产业链，提供艺术创作、展示与交流的产业化平台，培育文化消费市场，推动北京全域创意氛围提升。

天坛—天桥核心演艺功能区：依托北京南城传统演艺集聚区域，主要发展文艺创作与表演服务业，重点支持优秀演出剧目展演和特色剧场建设，加快培育演艺集团总部、文化艺术经纪代理、演出、相关消费和衍生品等上下游产业链，加强演艺交流，形成北京市演艺文化中心和特色街区。

戏曲文化艺术功能区：依托中国戏曲学院、中国评剧院、北京京剧院等戏曲艺术、教育资源，基于园博园会址和卢沟桥文化创意产业集聚区，积极构建戏曲演艺、教育、展示、体验、衍生品等产业体系，开拓传统艺术推广与传承的新形式。

798时尚创意功能区：在现有798、751等园区基础上，进一步向北、向东拓展发展空间，外溢文化艺术功能和要素，形成国内外现代艺术的汇聚交流中心。大力发展文化艺术创作和文化艺术品交易，并推进向创意设计、文化艺术中介服务等产业发展，不断创新艺术工作室、艺术孵化器、创意工场、展览培训等业态。

音乐产业功能区：遵循成熟的音乐产业链分工及其空间分布规律，引导中心城中国唱片总公司创作园等区域发展音乐版权保护与交易、音乐传播等核心环节，鼓励1919音乐文化产业基地、西山文化创意大道和通州九棵树等区域发展音乐创作、音乐教育与培训、演出演艺中心等产业，提升平谷中国乐谷和大兴钧天坊等郊区县发展乐器研发与制作产业，形成完整的音乐产业发展链条。

4. 传媒影视板块

传媒影视板块集聚于"两轴"周边，主要依托北京国家传媒中心、影视中心地位，进一步强化影视产品、渠道、人才、技术等资源优势，助力北京建设具有世界影响力的信息传播枢纽城市和影视产品制作中心。

CBD—定福庄国际传媒产业走廊功能区：是"北京文化创造轴"东段的重要组成部分，着力依托中央电视台、北京电视台、凤凰传媒等大型传媒企业，充分利用朝阳区丰富的商务办公用地、工业用地和集体经营性建设用地，集聚配套中小型传媒影视产业项目、制播企业、创意人才、资本供给、技术装备等要素，大力发展新闻业、音像及电子出版物出版发行、广播电视服务与传输、广告业以及相关的软件业、网络服务、设计服务业、文化商务服务和相关设备制造业等上下游关联产业，形成功能区内空间上的有机联系和专业化园区网络体系，建设国际信息传媒中心。未来将沿"北京文化创造轴"进一步向通州新城拓展，加快通州原创艺术产业化步伐，通过传媒产业支撑北京城市副中心建设，提升区域文化设施水平和创意文化氛围。

影视产业功能区：依托中国电影集团、中央新影集团等龙头企业，按照影视产业制播分离等要求，着力引导北影、新影集团厂区转型提升为我国电影行业的总部基地、战略投资运营中心和出版交易中心。加快建设怀柔影视基地和大兴星光影视园，以中影基地二期工程、制片人总部基地、辉煌百代影视数字制景基地、中央新影集团影视产业创意园等重点工程为核心，着力提升电影拍摄、制作及综合服务水平，形成产业链条完整、产业要素集聚、品牌活动集合、综合服务齐全的国际化影视城，促进文化旅游与影视产业融合发展。

新媒体产业功能区：主要位于"文化科技融合带"，与文化科技融合主线融合发展，通过新媒体渠道提升传统产业竞争力，创新数字内容形式。功能区依托国家新媒体产业基地和垡头产业基地等，着力开拓新媒体研发、运营、服务等文化创意产业新兴业态，形成新产品和新服务的培育与孵化基地；依托中关村电子城西区、北区和亦庄北京数字电视产业园雄厚的制造业实力，推动新媒体相关设备制造业发展，抢占移动新媒体时代硬件标准。

5. 出版发行板块

出版发行板块依托北京出版业传统优势地位，通过集聚国内外原创作品、版权交易、印刷出版等相关资源，大力推动传统出版与信息技术的融合，丰富数字出版、绿色印刷等新兴业态产品形式，推进国家版权交易中心建设，形成面向数字出版时代的全球出版中心。

出版发行功能区：按照出版物的性质、发行渠道和产业链环节，形成以中心城区的中关村德胜园、朝内大街和广安产业园为核心的出版发行总部与版权交易中心；以北京国家数字出版基地（丰台）、北京台湖出版物会展贸易中心和中国出版创意产业基地（朝阳）为核心的面向互联网、移动网络和智能移动设备的数字出版产业与出版物会展贸易产业中心；以北京印刷包装产业基地（大兴）和雅昌、多彩为核心的印刷包装、印刷标准化（胶印）技术应用研究与推广基地等。通过功能区建设，集聚出版发行相关产业要素，重点推动传统出版和数字出版产业功能的集合式发展，探索、引导和支持新形势下的版权保护与版权交易新模式。

6. 设计服务板块

设计服务板块依托北京设计之都的企业、人才和资源优势，进一步巩固北京在工业设计、建筑设计、创意艺术设计、服装设计等方面的竞争优势和市场地位，着力推进文化创意和设计服务与相关产业融合发展。

创意设计服务功能区：重点依托西城设计之都大厦、北京 DRC 工业设计基地、中国设计瑰谷（大兴）等区域雄厚的工业设计能力和旺盛的制造业需求，重点发展机械设计、汽车设计、手机设计等提升北京主导制造业水平的设计服务产业；依托北京（永外）时尚创意产业基地和大红门区域的服装纺织企业，引导其向服装设计、家居设计转型；依托展览路片区，强化建筑设计、城市规划与设计、室内设计等领域在全国的领先地位；引导中关村石景山园设计组团紧密结合文化科技融合趋势，发展设计服务新业态。

创意设计服务功能区将强化对创意设计人才和机构的集聚能力，构建公共技术服务平台，加大设计版权保护力度，推进中国设计瑰谷和北京国际设计周永久会址建设，加快实现北京"设计之都"的宏伟蓝图。

7. 文化交易板块

文化交易板块依托国家级文化贸易口岸、国际级文化交易企业、原创艺术基地和传统文化艺术品展示交易中心，集聚国内外文化贸易企业以及人才等要素，建设交易平台、物流体系等配套设施，助力北京建设亚太文化艺术品交易中心。

天竺文化保税功能区：利用空港保税区政策优势，重点发展文化艺术品的仓储、物流、展示、交易等环节，为国际、国内文化生产、传输、贸易机构提供专属保税服务。

文化艺术品交易功能区：按照交易品类型和交易方式，重点发展美术馆—隆福寺高端艺术品交易区的高端文化艺术品拍卖、展示和鉴赏服务功能，塑造首都文化艺术品市场品牌和中国艺术品产业博览会高峰论坛品牌；支持和提升潘家园、琉璃厂、报国寺、爱家收藏等传统古玩艺术品交易产业，推动区内艺术品经营商店规范、有序发展，建设特色艺术街区；鼓励通州区宋庄区域加快原创艺术产业化步伐，构建服务于原创艺术的艺术品展示和交易中心。鼓励以门头沟北京宝玉石文化博览交易中心为代表的郊区县区域发展专业化的大型文化艺术交易功能集中区。

8. 会展活动板块

会展活动板块依托国家、北京两级大型会展设施、奥运场馆资源和便捷的交通体系、完善的配套设施服务能力，构建国家级会展服务和文化体育新型城市区域，推动北京建设成为国际会展业中心城市。

会展服务功能区：依托临空经济区位优势和新老国家展览中心、北京展览馆、农业展览馆等设施资源，大力发展多种形式的会议展览服务，继承和创办具有国际影响力的标志性会展品牌，引导会展专业人才、资金、项目向功能区集聚，培育酒店、中介、商贸等配套服务产业发展，建设全国一流、世界知名的会展服务中心。

奥林匹克公园文化体育融合功能区：依托奥运场馆和国家会议展览中心等设施，着力中外文化体育交流，重点承办国际国内重大体育赛事与主题展览、文化演艺、民众参与体验等活动，构建文化体育多功能新型城市区域。

9. 文化休闲板块

文化休闲板块依托北京历史文化、自然生态和旅游休闲资源，着力于传统与现代、文化与旅游、文化与休闲的融合发展，积极引导新型文化休闲城市功能区的建设，引导各类资源的合理开发利用。

北京老字号品牌文化推广功能区：位于"中心城文化核"的前门—王府井老字号集聚区域，

规划以老字号溯源工程和年轻化工程为基础，加强老字号企业与文化企业的协作，引导建设各类老字号品牌的保护与挖掘，弘扬推广文化产业基地，形成集文化、商贸、旅游于一体的文化功能区。

未来文化城功能区：位于"北京文化服务轴"的北起点，以国家大马戏院、魔术之都为龙头，建设海鹑落新都市中心和昌平京北文化中心等以满足北京市民更加多元的文化休闲生活，并为北京数字文化内容和技术提供展示平台，形成与未来科技城相呼应的北京未来文化城。

主题公园功能区：以环球影城、欢乐谷、世界公园等城市主题休闲娱乐区域为载体，大力推动文化娱乐产业发展，进一步拉动市民文化娱乐消费，营造良好的城市文化娱乐氛围。

历史文化和生态旅游功能区：① 依托北京厚重的历史文化资源和生态涵养区丰富的生态旅游休闲资源，以及"三山五园"历史文化景区、卢沟桥历史文化区、永定河生态文化新区、西山八大处文化景区、房山北京源·文化旅游区、明十三陵文化景区、斋堂古村落古道、古北水镇民俗文化体验区、八达岭长城等文化旅游资源和景区，整合开发文化休闲与娱乐的城市新型功能拓展区，以文化旅游休闲产业带动生态保护和农业转型升级。

（三）促进产业融合，带动区域空间协调发展

遵循文化创意产业发展的内在逻辑和原生动力，通过功能区建设，进一步发挥市场配置资源的决定性作用和"功能"的纽带作用，促进北京市文化创意产业融合发展。以产业融合为动力和抓手，推进文化创意产业功能区空间协调发展，形成功能区内部、功能区之间、功能区与各区县及周边省市的相互沟通、相互促进、相互融合、共赢发展的良好局面。

1. 以功能区内部产业融合促进功能区空间品质提升。各功能区围绕主导产业，加快建设公共信息数据库、人才库、技术服务平台、展示平台等设施，形成关联互动的产业体系和舒适宜人、沟通高效的公共空间体系。大力完善与功能区主导产业发展具有垂直分工、水平分工和侧向关联的产业与设施，包括功能区内为生产、消费和文化休闲生活提供便利的配套产业，并提供多元化的办公空间和差异化的租金措施，解决各类企业的不同需求。鼓励功能区之间加强产业关联，针对共性问题和共性资源积极构建产业统筹发展体系和协作机制，预留功能区之间产业发展、公共平台建设的拓展空间，鼓励中小型功能区园区逐步融合发展，共同提升产业竞争力。完善道路、市政等各项基础设施，建设服务于功能区的文化公共设施和空间环境，提升功能区内文化创意氛围。最终形成各功能区内部空间特色鲜明、文化氛围浓郁，功能区之间联系便捷、策略呼应、多点支撑的产业发展和空间布局体系。

2. 以文化创意和相关产业融合促进功能区与北京市其他重点产业功能区联动发展。落实首都文化创新与科技创新"双轮驱动"战略，促进文化和科技融合发展，以文化科技融合主线为主要载体，推动文化创意产业功能区和中关村国家自主创新示范区协调发展。促进文化

---

① 考虑到各区县历史文化和生态旅游功能区面积过大，且多涉及景区景点，不利于产业用地集约利用和文化创意产业功能区整体投入产出强度的评价，故不划定该功能区的具体空间范围，仅列出重点景区、重大项目等。

和金融融合发展，推动功能区和金融街协调发展；促进文化创意，尤其是创意设计服务业注入高新技术制造业的发展，推动功能区和北京经济技术开发区、临空经济区等高端产业功能区协调发展；促进文化创意产业带动传统产业转型升级，通过融入文化要素，激活现有资源，促进产业升级改造，提升传统产业的附加值和现代产业的社会效益，推动功能区带动传统商务办公区域、商贸零售区域和制造业区域转型升级。大力推动文化旅游和文化休闲融合发展，提升旅游产业附加值，推动郊区县景区从旅游观光和门票经济向文化产业与综合效益转变，带动景区周边村庄的传统农业向"文旅农"融合的品牌农业、休闲农业转变。

3. 以功能区建设带动周边城市功能提升，进一步凸显北京城市空间文化特色。积极发挥文化创意产业功能区促进北京市中心城区功能提升和疏散的作用，在中心城区的文化创意产业功能区内，鼓励通过产业置换和孵化，疏散居住条件较差、人口密度较高的旧城胡同、城（中）郊村落等区域，进一步改善旧城风貌、提升旧城品质；鼓励通过文化创意产业改造、提升办公商业设施、城区内废旧厂房，促进棕地再开发；鼓励文化创意产业根据产业链分工，依托新城定位，发挥区县文化创意产业资源禀赋和比较优势，引导中心城区文化创意产业向新城集聚，培育新城文化创意产业内生增长动力；鼓励通过文化创意产业集聚，在新城内形成新的就业集中区域和文化娱乐综合体，带动新城产业发展，促进新城职住平衡；鼓励通过文化创意产业注入，增强新城建设的艺术氛围，提升新城生活氛围；鼓励通过文化创意产业提升休闲观光农业，提升郊区旅游休闲品质。

4. 以功能区发展助力京、津、冀区域协同发展，引领全国文化产业发展良好势头（表3-1）。京、津、冀地域一体，文化一脉，具有统筹发展文化创意产业的资源基础。以文化创意产业功能区为基础，遵循不同文化产业链的特点，鼓励动漫网游及数字内容功能区、798时尚创意功能区、音乐产业功能区、新媒体产业功能区的部分原创艺术、内容制作和相关设备制造环节，CBD—定福庄国际传媒产业走廊功能区、影视产业功能区等部分外景基地、后期制作环节，出版发行功能区的仓储物流环节等转移至津、冀地区更具土地及其他要素比较优势的区域；加强戏曲文化艺术功能区、会展服务功能区等与周边相关产业园区和城市功能区域的联动与交流；提升奥林匹克公园文化体育融合功能区、北京老字号品牌文化推广功能区、未来文化城功能区、主题公园功能区、历史文化和生态旅游功能区等服务京、津、冀文化需求的能力，加快推进文化市场一体化进程，破除限制资本、技术、产权、人才、劳动力等要素自由流动和优化配置的体制机制障碍，优化区域产业布局。在更为广阔的范围内，着力强化文化科技融合示范功能区、文化金融融合功能区以及新闻出版、影视传媒等相关产业功能区在环渤海地区乃至全国文化产业发展中的示范引领和辐射带动作用，积极推动与各地文化园区、基地的产业链联系，引领带动我国文化产业不断提升核心竞争力、积极参与国际竞争。

表3-1 功能区建设带动区县重点发展的文化创意产业细分类别

	重点支持产业	协同创新产业
东城区	艺术品展示交易、数字内容产业、文化产权交易、演艺演出、老字号品牌开发	特色剧场、时尚创意设计、出版产业、音乐制作
西城区	文化金融服务、工业及建筑设计、出版产业、数字版权交易	演艺演出、会议展览、文化休闲娱乐、艺术品展示交易
朝阳区	新闻服务、广播电视传输服务、广告服务、影视节目制作发行、录音制作、艺术品展示交易	文化休闲娱乐、体育赛事与演艺、会议展览、数字内容创作生产
海淀区	数字内容研发生产、文化软件开发、互联网信息服务、影视节目创作与生产、建筑及专业设计服务	文艺创作、演艺演出、文化生态休闲旅游
丰台区	戏曲文艺创作与表演、培训、数字出版产业	服装设计、面料研发、动漫游戏及数字内容产业
石景山区	动漫游戏设计制作、文化软件服务、数字内容生产与传播	创意设计服务
门头沟区	宝玉石文化博览交易、文化生态休闲旅游	
房山区	历史文化生态旅游	
通州区	艺术品创作展示交易、时尚旅游服务、出版展示物流发行	音乐培训创作
顺义区	会议展览服务、艺术品和版权产品交易服务	包装装潢及其他印刷
大兴区	新媒体产业、影视节目制作、视听设备制造、创意设计服务	包装装潢及其他印刷、乐器研发制造
昌平区	文化休闲娱乐、演艺演出	包装装潢及其他印刷
平谷区	乐器研发制造、音乐创作培训	
怀柔区	影视节目制作、数字内容生产	
密云县	文化生态休闲旅游	
延庆县	文化生态休闲旅游	

四、着力构建综合保障体系

针对文化创意产业的发展特性和不同功能区的产业定位与发展目标,规划构建"1+8+N"的功能区综合保障体系,即"一类基础认定政策,八项综合保障措施,若干个性发展策略",协同应用法律、经济、行政三种调节手段,从政策扶持、措施保障和个性发展等方面系统把握功能区建设所需的要素体系,引导和规范不同功能区的长期、健康、可持续发展。

(一)制订一类基础认定政策

研究确定文化创意产业功能区内文化创意企业、项目和产品等一系列认定政策,包括:不同类型的文化创意企业认定标准,作为落实各项政策的基础性依据;不同行业规模以上企业和中、小、微等不同类型企业的划定标准,为出台针对性的产业促进措施奠定基础;文化创意产品、版权和项目的认定政策,为提供有效的知识产权保护服务奠定基础;文化创意产业人才认定与分级政策，为提供相应的资金支持、创业补助、职称评定和户籍等社会保障与公共服务奠定基础。

针对符合各功能区主导产业发展定位的文化创意企业，研究制订企业所得税、建设税、行政事业性收费等相关税费减免及房屋租金补贴措施。对认定为具有自主知识产权的创意产品、版权项目，可优先获得政策融资担保；对认定的文化创意产业高端人才，给予相应资金奖励、住房补贴，并优先协调解决户籍、医疗、子女入学等公共服务需求。

（二）完善八项综合保障措施

1. 组织保障

在市文化改革和发展领导小组统筹领导下，由市国有文化资产监管部门牵头负责功能区规划的具体实施工作，并会同宣传、发改、财政、国土、规划、税务、统计等市级部门和相关区县，研究建立市级部门之间、市区两级政府之间的沟通协调机制，共同研究解决功能区规划建设工作中的重大问题，包括发布功能区建设目标、年度计划和重点支持产业目录，协调推动重大文化项目落地等。规划实施牵头部门重点负责功能区的考核、评价和责任制度，并将功能区建设作为发展文化创意产业的重要参考指标，落实到各区县和相关部门的工作绩效考核当中。各区县要指定专门部门负责本区县的功能区规划建设工作，并将市级决策、措施落实到位。

2. 机制保障

深化文化体制改革，转变文化发展方式，充分发挥市场配置资源的决定性作用，培育和激发全社会的创意创新能力，进一步强化政府提供文化公共服务、建设文化服务设施的职能，推动形成公有制为主体、多种所有制共同发展的文化创意产业格局。降低文化创意产业准入门槛，完善功能区内原创内容、创新研发、人才激励、投融资、用地等各项扶持政策。破除文化创意产业和科技、现代服务业以及传统产业融合发展的体制机制障碍，依托市文化改革和发展领导小组，建立规划衔接、部门合作、产业联盟、技术共享、市场共建的文化创意产业融合发展机制。

落实国家和北京市支持文化产业发展的各项规划、法规及优惠政策，加强文化创意产业知识产权的保护和服务，进一步研究制订文化创意产业特有的政策措施。针对文化创意产业的特点，探索建立差异化的文化创意产业功能区评价指标体系和监督管理机制。

3. 资金保障

积极引导市级统筹的文化创新发展专项（产业类）资金支持重点功能区建设，鼓励文化创意企业和重大项目按照各功能区产业定位布局落地，推动功能区配套基础设施、公共服务平台和产业联盟建设，引导和支持各功能区文化创意产业发展。鼓励政府采购功能区文化创意产品和服务，引领和拓展文化创意产业细分市场；支持功能区承办国际文化节事活动，鼓励企业参加国内外相关文化节会，对出口产品和服务成绩突出的企业进行奖励。

鼓励各功能区和所在区县结合自身产业发展基础及实际情况，设立文化创意产业发展资金，有效引导符合本区县功能定位的文化创意产业和优势企业向功能区聚集。

4. 人才保障

深入实施中央"千人计划""万人计划"和"北京海外人才聚集工程"，借鉴中关村高新技术人才扶持政策，制订符合文化创意产业功能区发展、有利于培养和引进世界顶级创意创新人才的政策措施。重点培养和引进一批文化创意产业领域的领军人物、高层次文化经营管理人才、文化金融融合的资本型人才、文化科技融合的创新型人才，以及熟悉国际文化产业和贸易规则的外向型人才。鼓励功能区充分依托在京高校资源和科研院所人才资源，建设产、学、研联动的文化创意产业创新人才培养模式，鼓励企业之间、企业与教育和研究机构之间联合组建文化创意产业专业培训网络，支持社会各界，尤其是大学生在功能区内创新创业。建立健全文化创意人才的认定机制、评价体系和激励机制，建立市级文化创意人才信息资源库和综合保障服务平台。

建立北京市文化创意产业高级人才专项户籍指标制度，在户籍办理、子女入学入托等方面提供政策保障。设立人才专项奖励资金，并鼓励各类人才以知识产权、无形资产、技术要素等作为股份参与企业利润分配。推广人才"打包"引进模式，以团队、核心人才带动等方式大力吸引海内外优秀高端人才入驻功能区。

5. 金融保障

充分发挥金融机构总部优势，建立完善文化投融资体制机制，促进文化金融融合发展。积极建立健全评估体系和信用体系，鼓励银行、信贷和担保机构探索版权质押、股权融资、信用担保等多种方式，解决和缓解文化企业、文化项目融资难问题。鼓励功能区内文化创意企业通过并购重组、上市融资等方式，利用资本市场做强做大。加强国有文创投资基金对社会资本的引导作用，积极培育文化创意产业的战略投资者，有效引导社会资本加大对文化创意产业核心领域、文创新兴业态和功能区的投资力度。

6. 用地保障

做好文化创意产业功能区与北京城市总体规划、主体功能区和各区县新城规划的衔接工作，基于土地节约集约利用的原则，在功能区内重点保障文化创意产业用地，优先安排重大文化创意产业项目用地计划指标。鼓励文化创意企业积极参与旧城、旧工业区和农村地区的产业升级改造，探索利用工业用地和集体建设用地发展文化创意产业的新模式。鼓励通过发展文化创意产业推动新城建设，对新城功能区内新建文化创意产业项目给予优惠地价支持。对于能够带动功能区和区县发展的文化创意产业重大项目，建立绿色通道，优先审批。严格监督文化创意产业建设用地的开发管理，避免出现地产化开发。

明确工业用地变更为文化创意产业用地的途径和政策措施，探索在北京城市建设用地分类中增加文化创意产业用地分类，并在城市总规修编时，将文化创意产业建设用地纳入城市空间专项规划。

7. 合作保障

紧紧抓住世界设计之都建设机遇，发挥北京市文化创意产业优势，推进北京国际交往中心建设和北京市文化创意产业的国际化步伐。重点将天竺文化保税功能区建设成为我国文化创意产品和服务进出口的重要窗口；推进天坛—天桥核心演艺功能区、戏曲文化艺术功能区、音乐产业功能区、文化艺术品交易功能区、会展服务功能区、奥林匹克公园文化体育融合功能区、未来文化城功能区承接国际文化创意节事、赛事，举办国际文化创意产品展演、展拍；积极将798时尚创意功能区、北京老字号品牌文化推广功能区、历史文化和生态旅游功能区等建设成为具有首都文化发展特色的国际名片；鼓励功能区和相关行业协会积极与国内外文化产业园区、相关机构开展合作，搭建产品服务贸易中介平台，举办投资贸易推介活动，鼓励功能区内企业出口产品和服务。

全面提升功能区的国际化要素集聚，提升国际竞争能力。以功能区为载体，加强与国内外创意城市、国家和地区间的合作交流，重点推进设计和相关行业的产业联动、版权保护、风险投资、人才培养、机制创新等方面的国际合作，加快吸引国内外知名设计和相关产业的企业、组织、大师、工作室在功能区内设立总部或分支机构；鼓励功能区内文化创意企业积极参与国际分工，承接国际文化创意类外包业务；鼓励功能区内具有国际竞争力的文化创意企业加大对外投资，通过独资、合资、控股、参股等多种形式，在国外兴办文化创意企业，收购国际知名文化创意企业，逐步建立以北京为重要节点的全球文化创意产品和服务体系。远期鼓励功能区建立海外园区。

8. 服务保障

加强产业中介与服务平台建设，重点建设文化科技融合主线、传媒影视板块、出版发行板块、设计服务板块的技术服务平台，为功能区企业提供公共设备使用、技术认证和指导等服务。加强文化艺术板块、文化交易板块、会展活动板块和文化休闲板块的中介服务平台与文化设施建设力度，提升其对文化创意产业和城市功能空间的带动能力。积极培育功能区内各类文化行业协会和文化中介组织，进一步加快产业要素聚集，提高产业运转效率。引导和培育各功能区产业联盟，发挥龙头骨干企业的示范和带动作用，整合行业资源、协调行业利益、制订共性标准、加强行业自律，共同促进文化创意产业健康、快速发展。

完善和优化功能区人文环境、生活设施等配套基础设施建设，全力提升功能区文化创意氛围与配套设施服务水平，在交通、市政、环境、商务、生活等方面为功能区发展营造良好氛围。

（三）探索若干个性发展策略

针对各功能区发展阶段的差异和产业定位的不同，结合各自发展基础和资源禀赋，分别利用财税、金融、人才、土地、对外交流等支持手段，研究制订若干有针对性的产业专项引导措施。鼓励各功能区总结自身发展经验，为制订各具特色的功能区个性发展策略探路。通过顶层设计和"摸着石头过河"，共同推动各功能区产业集聚化、特色化和差异化发展。

（四）加强政策措施统筹协调

充分考虑文化创意产业门类的多样性和要素的复杂性，切实加强功能区间各类政策措施的全局统筹与相互协调，实现对各功能区进行分区促进、分类指导，保证政策措施的合理制订、有序实施。以共性政策为主体，集中研究、统一制订；以个性策略为配套，先行先试、分步推行；两者有机结合，共同理顺功能区综合保障体系关系，避免政策措施的重复与冲突。明确功能区内部各片区所享受的同等政策措施，功能区之间突出政策区分度，以促进不同主导产业的集聚。探索建立政策协调机制，强化功能区之间的政策沟通与协作。

五、合力推进规划落地实施

本规划由市文化改革和发展领导小组统筹实施，领导小组各成员单位根据本规划结合各自职能，制订本单位支持功能区建设发展的具体政策措施。规划实施牵头部门负责本规划的具体执行与解释，以及对本规划的实施情况进行跟踪和监督，组织开展规划实施情况评估和经验总结，并向领导小组报告实施情况。

宁夏丝绸之路文化产业带总体规划建议①

---
① 2015年宁夏回族自治区文化厅委托项目。主持：熊澄宇。参与：吕宇翔、董鸿英、杨洋。

规划提要
前言

第一章　总则
- 第一条　规划名称
- 第二条　规划性质
- 第三条　参考依据
- 第四条　规划时限

第二章　规划背景
- 第一条　宏观背景
- 第二条　产业基础
- 第三条　问题挑战
- 第四条　建设要求

第三章　规划目标
- 第一条　指导思想
- 第二条　规划原则
- 第三条　总体目标
- 第四条　路径选择

第四章　空间布局
- 第一条　核心思想
- 第二条　点的布局：抓好丝路文化节点
- 第三条　沿线布局：串联丝路文化产业带
- 第四条　片区布局：强化各地市功能定位

第五章　产业布局
- 第一条　核心思想
- 第二条　传统产业提升计划
- 第三条　新兴产业促进计划
- 第四条　产业联动融合计划

第六章　先导项目
- 第一条　丝路文化旅游
- 第二条　中阿合作交流
- 第三条　回族文化产业

第七章　重点工程
- 第一条　丝路遗产保护开发工程
- 第二条　丝路特色文化促进工程
- 第三条　宁夏丝路品牌传播工程
- 第四条　网上丝绸之路建设工程
- 第五条　新型生活形态示范工程
- 第六条　丝绸之路跨省联动工程

第八章　保障措施
- 第一条　推动两大创新
- 第二条　完善三大体系
- 第三条　落实四项保障

第九章　附则
- 第一条　规划批准
- 第二条　解释单位
- 第三条　生效日期
- 第四条　规划适用

规 划 提 要

一、总体思路

将宁夏丝绸之路文化产业放在当前国家"一带一路"的倡议中进行整体设计，突出宁夏作为中阿国际合作"桥头堡"和丝绸之路经济带的特殊位势，以"丝绸之路"为发展主题和引领，实现宁夏文化产业的全面优化与提速，进一步发挥文化产业在促进"开放宁夏、富裕宁夏、和谐宁夏、美丽宁夏"建设中的重要作用。

二、路径选择

宁夏丝绸之路文化产业建设路径可概括为：一个中心，两个面向，三个维度。一个中心：紧紧围绕宁夏丝绸之路文化资源和特色做足文章。两个面向：做足国内、放眼国际，积极开发宁夏丝绸之路文化产业国内和国际两个市场。三个维度：在时间维度上打好历史牌、非遗牌；在空间维度上，打好联合牌、概念牌；在机制维度上，打好制度牌、体系牌。

三、规划布局

规划布局的核心思想是：由古及今、由点至面。在时间上，是对古代丝绸之路历史文化、经济融合现象的延续；在空间上，是对传统丝绸之路的挖掘和新的拓展。从丝绸人文地理存续点、关节点、支撑点充分扩展到宁夏全域，规划构建"一核心四中心"的总体区位布局，调动省内省外、国内国外优质资源，赋予宁夏"丝绸之路"新的文化意涵，做到点上挖潜，线上串联，面上推衍。

规划产业布局的核心思想是：升级传统，扩展新兴，融合相关。大力引导丝路文化旅游、文艺演出、工艺美术、民俗文化、展览展示等传统产业；加快发展创意设计、数字内容、动漫游戏、影视工业、品牌会展等新兴业态，大力推进丝绸之路文化产业与宁夏相关产业及城乡建设的融合发展，使"丝绸之路"传统文化与现代生产力、生产方式相结合，带动宁夏回族自治区文化产业的整体升级。

四、建设框架

围绕宁夏在国家丝绸之路经济带建设中的定位和当前的"两区"建设，结合宁夏丝绸之路特色文化资源与产业基础，实施先导项目和重点工程相结合的建设路径。在丝路文化旅游、中阿合作交流、回族文化产业三大领域培育具有显著示范性和产业集聚效应的先导项目；针对产业战略发展中的要点问题、重点任务，实施丝路遗产保护开发、丝路特色文化促进、宁夏丝路品牌传播、网上丝绸之路建设、新型生活形态示范、丝绸之路跨省联动六大工程。精选宁夏丝绸之路文化产业重点项目约 20 个，进行重点培育，择优推送至国家项目库。

前 言

2013年9月7日，国家主席习近平于哈萨克斯坦提出共建"丝绸之路经济带"构想。2014年3月5日，李克强总理在全国人大政府工作报告中强调："抓紧规划建设丝绸之路经济带、21世纪海上丝绸之路"。"一带一路"是国家根据全球形势的深刻变化，统筹国际国内两个大局作出的重大决策，它的发展已令世界瞩目。

为响应国家"一带一路"倡议，文化部提出以"文化先行"的方式大力发展丝绸之路文化产业带，增强文化产业对于丝路文明互鉴、经贸合作、人心相通的积极作用。"文化创新带、交流先行区、经济增长极、区域稳定器"是丝绸之路文化产业带四位一体的基本建设目标，我国丝路沿线地区正被赋予新的重大历史使命。

宁夏位于"丝绸之路"古道上，历史上曾是东西部交通贸易的重要通道，有着丰富、独特的丝绸之路历史文化遗存。宁夏也是我国著名的回族聚居区，与阿拉伯国家和地区地缘相近、人文相通，在经贸合作等方面具有得天独厚的优势。2014年，宁夏被国家确立为中阿国际合作的桥头堡和"丝绸之路经济带"的重要支点。

在我国丝绸之路文化产业建设中，宁夏面临"先行先试"的重大机遇，肩负打造"向西开放"重要高地的历史使命。为全面推进宁夏丝绸之路文化产业建设，确保实现"丝绸之路文化产业带"宁夏段发展目标，促进宁夏经济社会的协调发展，特制定本规划。

第一章 总则

第一条 规划名称

《宁夏丝绸之路文化产业总体规划》

第二条 规划性质

本规划是宁夏回族自治区参与国家丝绸之路文化产业建设的总体规划,是宁夏加快发展丝绸之路文化创意产业的指导性文件,对下一步宁夏丝绸之路文化产业的发展思路、建设目标、建设原则、空间布局、产业布局、先导项目、重点任务和保障措施等进行了系统设计。

第三条 参考依据

一、国家层面

1. 十七届六中全会《中共中央关于深化文化体制改革,推动社会主义文化大发展大繁荣若干重大问题的决定》(2011年10月18日)
2. 《文化部"十二五"时期文化产业倍增计划》文产发〔2012〕7号
3. 国家统计局《文化及相关产业分类(2012年)》国统字〔2012〕63号
4. 国务院批复《宁夏内陆开放型经济试验区规划》国函〔2012〕130号、发改西部〔2012〕2970号
5. 党的十八届三中全会《关于全面深化改革若干重大问题的决定》(2013年11月12日)
6. 国家发改委、外交部、商务部《推动共建丝绸之路经济带和21世纪海上丝绸之路的愿景与行动》(2015年3月)
7. 国务院《关于推进文化创意和设计服务与相关产业融合发展的若干意见》国发〔2014〕10号
8. 《国务院关于加快发展对外文化贸易的意见》国发〔2014〕13号
9. 《关于深入推进文化金融合作的意见》文产发〔2014〕14号
10. 国务院《关于印发文化体制改革中经营性文化事业单位转制为企业和进一步支持文化企业发展两个规定的通知》国办发〔2014〕15号
11. 《关于大力支持小微文化企业发展的实施意见》文产发〔2014〕27号
12. 《关于推动特色文化产业发展的指导意见》文产发〔2014〕28号

二、自治区层面

1. 宁夏回族自治区党委十一届三次全体会议《中共宁夏回族自治区委员会关于深化改革推动经济社会发展若干问题的决定》(2013年12月25日)

2. 宁夏回族自治区人民政府《关于加快文化产业发展的若干政策意见》宁政发〔2009〕8号

3. 宁夏回族自治区文化厅等六部门《关于加快文化产业发展若干政策意见的实施细则》宁文发〔2009〕97号

4. 宁夏回族自治区党委宣传部等九部门《关于进一步加强我区文化产业金融服务工作的意见》银发〔2010〕104号

5. 宁夏回族自治区党委、人民政府《关于做强做大文化旅游产业的决定》宁党发[2012]3号

6. 《宁夏文化产业发展"十二五"规划》宁政发〔2012〕113号

7. 宁夏回族自治区《城镇化发展"十二五"规划》宁政发〔2013〕40号

8. 宁夏回族自治区《服务业发展"十二五"规划》宁政发〔2013〕52号

9. 宁夏回族自治区《工业转型升级和结构调整实施方案》宁政发〔2014〕57号

10. 宁夏发改委《中国(宁夏)贺兰山东麓葡萄产业及文化长廊发展总体规划(2011—2020)》(2011年)

11. 宁夏发改委《六盘山地区·清水河城镇产业带总体规划》(2015年)

12. 宁夏发改委《宁夏推进一带一路建设的思路》(2014年)

13. 宁夏旅游局《宁夏建设特色鲜明的国际旅游目的地规划》(2014年)

14. 宁夏回族自治区十一届人大四次会议《政府工作报告》(2015年1月20日)

15. 宁夏回族自治区《宁夏空间发展战略规划(草案)》宁政函〔2015〕13号

第四条 规划时限

以2014年为基础,体现阶段性目标和安排,面向短期有突破、长期见效益的发展要求。

1. 近期(2015—2017年)

2. 中期(2018—2020年)

3. 远期(2021—2025年)

第二章 规划背景

第一条 宏观背景

1. "丝绸之路"的重要地位

"丝绸之路"联结着历史与当代,它的两端是当今国际经济最活跃的两个主引擎:欧洲联盟与环太平洋经济带,中国作为体量巨大的新兴经济体正处于建设"丝绸之路"的绝佳地缘位置和历史机遇期。"丝绸之路经济带"和"海上丝绸之路"从历史上就是我国重要的经济发展带和外交走廊,随着"一带一路"倡议构想的提出,"丝绸之路"在当前中国的发展蓝图中凸显出越来越重要的地位。丝绸之路经济带面向中亚5国,辐射阿盟22国及欧洲国家;海上丝

绸之路面向东盟 11 国，辐射亚太国家，这一布局吸引了美国、俄罗斯、欧盟的高度关注，体现了国际经济新秩序下，区域合作发展、繁荣共进的理念。"一带一路"倡议是在全球化大背景下，国家统筹国际国内两个大局所作出的重大决策，对开创我国全方位对外开放新格局具有划时代的意义。

2. "丝绸之路"文化发展的重要意义

"丝绸之路"既是一个历史概念又是一个现代概念，既是一个经济概念又是一个文化概念，在"丝绸之路经济带"和"21 世纪海上丝绸之路"建设中，文化建设是重要内容。丝绸之路文化建设能够很好地体现习近平主席提出的"政策沟通、道路联通、贸易畅通、货币流通、民心相通"目标，以文化交流、文化互动的方式促进丝路沿线国家和地区经济社会的协调发展，通过"文化先行"促进"一带一路"建设。加强中国与丝绸之路沿线各国文化领域的交流与合作，将不同民族、不同语言、不同宗教背景的民众更紧密地联系在一起，以"文化相通"实现"民心相通"，以"文化软实力"增强"文化自信"，对于"一带一路"倡议目标的实现具有不可替代的作用。文化繁荣与发展是推动经济发展和社会进步的重要力量，国家也越来越重视以发展文化产业的方式来推动"丝绸之路"经济带的建设和发展。

3. 宁夏在丝绸之路中的定位

历史上，宁夏是古丝绸之路东段北道的必经之路，境内丝路节点堪称古丝绸之路上的大唐国门、交通枢纽、商贸大城、军事要塞和文化交流重地。宁夏亚欧文化交流、民族交融源远流长，根脉相连，丝绸之路文化遗存丰富、特色鲜明。现阶段，宁夏也是我国"沿黄经济带"的重点区域，首个国家级"内陆开放型经济试验区"，在国家"西部大开发"和"向西开放"建设中具有独特位势。随着国家"一带一路"倡议构想的提出，宁夏作为"丝绸之路经济带"上的"重要支点"，已成为国家丝路建设不可或缺的重要力量。2014 年 6 月 5 日，习近平总书记在中阿合作论坛第六届部长级会议上，将阿拉伯国家定位为中国建设"一带一路"的天然合作伙伴。宁夏作为中阿国际合作的"桥头堡"，在国家丝绸之路建设中的地位和作用迅速凸显。

第二条 产业基础

"十一五"时期，宁夏着力推动"小省区办大文化"，不断深化文化体制改革，培育壮大文化产业，文化产业的规模、质量和效益显著提升。"十二五"规划实施 4 年来，宁夏积极响应国家"文化产业振兴规划"和文化产业"倍增计划"，文化产业投入不断加大，产业体系加速完善，为下一步丝绸之路文化产业发展打下了良好基础。

1. 文化产业总体状况

宁夏回族自治区文化产业"十一五"期间年均增长速度达 22%，高于同期地区生产总值增长速度。2013 年，宁夏文化产业实现增加值 60.54 亿元，占地区生产总值的比重为 2.36%，较

2012年同比增长17.1%，高于同期地区生产总值增速和第三产业增加值增速，是拉动地方经济增长的新动力。在宁夏文化产业总量中，文化创意和设计服务业占比最高，达22.3%，文化休闲娱乐业次之，占19.5%。

2. 丝路文化资源特色

宁夏位于"丝绸之路"古道上，在历史上曾是欧亚之间交通贸易、文化交流的重要通道。古波斯文化、古罗马文化、古希腊文化、阿拉伯文化、中亚文化、古印度文化、中原文化、西夏文化交融于此；两河文明、恒河文明、黄河文明世界三大古文明在此交相辉映，并留下了辉煌的印迹。宁夏丝路文化资源丰富、文化特色鲜明、文化交流繁茂，丝路文化产业化发展的空间与潜力巨大。

3. 丝路文化交流现状

回族本身就是"丝绸之路"亚欧民族深度融合的历史见证。宁夏结合承东启西、连接欧亚的区位优势，以及中阿交流的地缘、血缘、文缘优势和对阿文化贸易的先发优势，以阿拉伯国家和穆斯林地区为重点，以构建开放型经济新体制为支撑，积极促进中阿全方位交流合作。近年来中阿博览会、中国国际宁夏投资贸易洽谈会暨中阿经贸论坛、中阿大学校长论坛、世界穆斯林旅行商大会等高端平台的国内国际影响不断扩展，宁夏作为中阿合作"桥头堡"的地位已实际确立。

4. 丝路文化产品亮点

宁夏黄河文化、回族文化、西夏文化、红色文化等地域文化特色突出，文化产品内容差异化明显。宁夏拥有国家5A级景区3家，4A级景区5家，壮丽山河成为宁夏文化旅游的亮丽名片。"十一五"以来，通过实施重大文化精品工程，宁夏相继推出富含丝路文化特色的大型回族舞剧《月上贺兰》《花儿》《回乡婚礼》，以及一批阿拉伯文和波斯文版优秀图书作品。随着宁夏创建特色文化产业高地和全国最大的葡萄酒文化产业走廊，宁夏文化旅游、特色演艺等文化产品更将绽放异彩。

5. 丝路文化市场发育

在市场主体方面，宁夏形成了镇北堡西部影城、中华回乡文化园等具有丝路文化特色的国家级文化产业示范基地，培育了黄河出版传媒集团、宁夏演艺集团等一批国有骨干文化企业。近年来宁夏还加强了对非公经济进入文化市场的引导与扶持，目前，多种所有制协同发展，对于丝绸之路文化的产业化发展更加推动有力。在文化消费市场方面，宁夏城乡居民人均文化消费近年来增率超过14个百分点，国内、境外来宁游客呈现年均20%的增长，国内国际文化贸易正稳步扩大。

6. 产业政策环境营造

宁夏衔接上位规划，针对区内文化产业发展制定了一系列的规范性文件，出台了一系列的产业扶持政策，初步建立了文化产业统计指标体系，设立了文化产业发展专项资金，并加大了文化市场综合执法改革力度，文化产业发展长效管理机制初步建立，为做强做大丝绸之路文化产业奠定了良好的政策基础。随着国家"一带一路"倡议构想的提出，宁夏与中央、与周边省区、东西部省区之间文化产业交流与合作显著增强。

第三条 问题挑战

宁夏处于我国西部欠发达区域，制约文化产业发展的环境、条件和机制障碍仍较明显，文化生产力亟待进一步解放和发展。问题与挑战主要表现在：

1. 产业总量偏小

作为西部小省区，宁夏目前总体上文化产业总量偏小，产能有限，且产业聚集度低。宁夏文化产业法人单位数、产业增加值占地区生产总值的比重低于全国平均水平。在区域分布上，全区文化产业增加值的67.1%集中在银川；在所有制结构上，民营资本还不够繁盛；在产业结构上，文化科技融合等新兴门类尚在起步。

2. 交通瓶颈制约

宁夏深处我国西部腹地，贺兰山绵亘于西，六盘山雄踞于南，具有"山河相拥，山川夹廊"的地理格局特点。虽享黄河之便，但通航条件远不能满足现代需求，境内公路网线稀疏，铁路建设滞后，航空口岸稀缺，人员、物资进出宁夏往往需要从其他城市接驳辗转。交通瓶颈问题给宁夏的文化旅游和文化市场开放带来了严重制约。

3. 专业人才缺乏

2013年，宁夏文化产业从业人员60 128人，仅占全社会从业人员的1.7%，占城镇从业人员的4.3%，低于全国平均水平。区内高端文化人才十分紧缺，人才引进和培育环境尚待优化；基层文化产业从业人员专业素养有待提升；高等教育、职业教育等文化产业人才培养不能满足产业提速的要求，人才体系建设存在薄弱环节。

4. 创新能力不足

相对于丝路发展要求，宁夏文化艺术原创能力还不够强，版权产业和高附加值产业比例偏低，产业核心竞争力有待增强。文化企业自主创新能力不足，拥有自主知识产权和核心技术的企业、产品及知名文化品牌还较少，在国际、国内的影响力和市场占有率仍不高。

5. 商业环境欠佳

作为西部省份，与东部省区相比，宁夏商业环境发育程度低，区域辐射力小，产业链、服务链配套不足，文化产业招商引资、跨域合作的规模和效益相对落后。在商业文化、法规体系、金融信贷、物流商贸、信息中介、智库服务等方面与全球化市场的发展水平不同步，缩短差距尚需时日。

6. 文化外贸尚弱

虽然中阿交流已成为宁夏文化产业的显著特色和突出优势，但中阿交流的领域还有待扩展，交往还有待深化，尤其是产业化合作需要加强。目前，宁夏文化"走出去"的途径和方式仍比较单一，渠道不够广阔和通畅，对外传播力和影响力不强。中阿交流合作有不少"点"的突破，但"面"的系统推进不足。

宁夏丝绸之路文化产业的提速发展面临着区位环境、经济基础、人才储备等现实条件的制约，但宁夏作为古丝路要道和今日"丝绸之路经济带"的重要支点以及国家"向西开放"的重要高地，正处于建设"丝绸之路"的绝佳地缘位置和历史机遇期，其重要位势为宁夏丝绸之路文化产业的发展提供了广阔前景。

第四条　建设要求

以国家建设"一带一路"和"向西开放"为契机，全面推进宁夏丝绸之路文化产业建设，为宁夏"十三五"文化产业发展吹响号角，将宁夏建设成为我国西部特色文化产业强区。切实增强宁夏文化产业的整体实力和竞争力，扩展宁夏文化的对外传播力和影响力；切实发挥丝绸之路文化产业在转变区域经济增长方式中的重要作用，进一步突出市场在资源配置中的决定性作用，打造区域经济增长新引擎；切实挖掘宁夏丝绸之路文化遗产，增强宁夏人民的文化自觉和文化自信；切实促进文化传承，营造创意氛围，扩大文化交流，实现丝绸之路文化建设与宁夏政治、经济及社会的协调发展，助推自治区"开放宁夏、富裕宁夏、和谐宁夏、美丽宁夏"整体建设目标的达成。

第三章　规划目标

第一条　指导思想

以习近平总书记"一带一路"倡议构想为引领，深入贯彻国家"一带一路"倡议规划思想，坚持社会主义核心价值观，积极落实国家"丝绸之路文化产业带"建设要求，"国家使命，宁夏担当"，以建设"丝绸之路经济带上特色文化产业强区"为总体目标，认真实施国家关于深化文化体制改革和推动文化大发展、大繁荣的决策部署，加快宁夏丝绸之路文化产业发展，主动搭建我国文化产业向西开放的枢纽平台，引导宁夏丝绸之路沿线及相关地区特色发展、错位发展，有效发挥文化繁荣在增进社会稳定与经济繁荣中的重要作用，为国家丝路重大决策及宁夏区域发展作出重要贡献。

第二条　规划原则

1. 经济效益与社会效益并举

紧扣国家"丝绸之路经济带"整体构建目标，积极促进宁夏文化与政治、经济、社会的有机融合、协调发展，既要遵循文化市场发展规律，强调经济效益要求，更要坚持社会效益首位原则，强调历史的、世界的眼光，不求一时一地效益。

2. 国内市场与国际市场并重

积极培育国内丝绸之路文化消费新的增长点，不断丰富适销对路的宁夏丝路文化产品与服务供给；同时，进一步扩大国际文化交流，加强宁夏与阿拉伯国家在文化产业领域的交流与合作，扩大宁夏文化品牌在伊斯兰世界的影响力和传播力。

3. 硬件建设与软件建设兼顾

既要把劲使在看得见的落地项目、硬件工程上，也要把力用在看不见的机制建设、平台建设上；既要完成丝绸之路文化产业发展的短期产业总量、效益增长目标，更要注重提升宁夏整体创意环境、人才环境和文化环境，实施消费带动，着眼远期目标。

4. 练好内功与区域合作并存

深刻领会国家"丝绸之路"建设大规划、大布局、大联动的决策思想，既要做好内部要务，更要参与外部联合，在与我国"一带一路"相关省区的合作框架下，积极推动跨区域文化资源共享、优势互补，贯彻落实宁夏的丝路共建责任。

5. 政府引导与社会参与协同

加强和完善党委与政府对文化建设的领导，完善社会资本投入丝绸之路文化产业的政策环境，充分调动行业企业及社会各界参与丝绸之路文化产业建设的积极性，鼓励大众创业、万众创新，建立政府主导与社会参与相统一、多层次、多元化的丝路文化产业发展新格局。

第三条　总体目标

近期目标：至 2017 年

——依托宁夏丝绸之路文化产业规划，完成宁夏全域的空间和产业布局，引导实施重大项目带动工程，推动丝路文化产业跨省、跨市合作；

——全力推出一批具有宁夏气派、丝路特色的优秀文化产品、文化品牌，使之成为宁夏丝路文化建设和中外文化交流的有效载体；

——实施丝绸之路文化产业促进政策，健全行政服务体系，推进文化金融融合、文化科技融合，搭建产业孵化平台，完善文化投资环境。

中期目标：至 2020 年

——形成产业结构合理、产业布局科学、产业集聚有效的丝绸之路文化产业发展体系，推动宁夏文化产业核心竞争力显著提高；

——丝路重点文化产业项目、文化产业园区、文化产业基地带动作用突出，区域经济拉动作用明显，文化产业市场发展体系逐步健全；

——通过丝绸之路文化产业建设，引领和带动宁夏文化产业各门类跨越式发展，推动宁夏文化产业增加值在全区地区生产总值中占比达到3%～4%，文化产业从业人员对城镇就业贡献达到7%～8%。

远期目标：至2025年

——建设成为"丝绸之路经济带上特色文化产业强区"、中阿文化交流的核心区、深化文化体制改革的试验区，宁夏文化产业活力、竞争力、影响力在国内外独树一帜；

——建设成为我国西部地区丝绸之路文化艺术创意中心、丝路特色国际旅游目的地，在中亚、阿拉伯世界乃至全球具有国际影响力和话语权的丝路文化中心。

第四条　路径选择

宁夏丝绸之路文化产业建设路径可概括为：一个中心，两个面向，三个维度。

（1）一个中心。紧紧围绕宁夏丝绸之路文化资源和特色做文章，以挖掘、提升和整合丝绸之路文化产业为中心，外围服务于中心，沿线带动片区。

（2）两个面向。积极开发宁夏丝绸之路文化产业国内和国际两个市场。做足国内：积极融入国家"一带一路"全局体系，拓展和打通省内及省外、西部和东部、内陆与沿海多种市场，以差异化丝绸之路文化产品与服务参与竞争。放眼国际：围绕做实"内陆开放型经济实验区"和"向阿拉伯世界开放的桥头堡"，全面加速拓展中阿人文交流合作的广度和深度，逐步发展成为全球丝绸之路文化消费的供应中心。

（3）三个维度。从丝绸之路文化产业建设过程中所涉及的时间维度、空间维度和机制维度出发，进行整体设计：在时间维度上，开发丝绸之路文化遗存，打好历史牌、非遗牌；在空间维度上，从丝绸人文地理存续点充分扩展到宁夏全域，调动省内省外、国内国外优质资源，赋予"丝绸之路"新的文化意涵，打好联合牌、概念牌；在机制维度上，建立健全丝绸之路文化产业行政管理体制、市场运作机制，打好制度牌、体系牌。

第四章　空间布局

第一条　核心思想

本规划空间布局的核心思想是：点上挖潜，线上串联，面上推衍。

"丝绸之路"在当下是历史与当代的融合。在时间上，它是对古代丝绸之路经济、文化融合现象的延续；在空间上，是对传统丝绸之路的挖掘和新的拓展。在宁夏丝绸之路文化产业建设中,既要充分挖掘丝路历史,也要积极拓展丝路文化的新时代意义,由古及今、由点至面。

第二条 点的布局:抓好丝路文化节点

充分利用和挖掘宁夏"丝绸之路"灿烂的文化资源、鲜明的文化特色,大力保护好、开发好、运作好丝路历史文化遗存,同时,积极拓展、创新、打造丝路文化新亮点。

1. 历史遗存点

宁夏扼守古丝路要道,历史上中西经贸、文化交流繁盛,丝路遗存丰富;同时,宁夏也是我国重要的亚欧民族融合聚集区,丝路特色鲜明。发展丝绸之路文化产业,要以保护和发掘宁夏丝路文明为前提和基础,进一步认真梳理和科学开发古丝绸之路宁夏段历史遗存,使之成为宁夏丝绸之路文化产业发展的根本和依托(表4-1)。

表4-1 "丝绸之路"宁夏段主要历史遗存点一览

地市	历史遗存点
银川	西夏王陵、永宁纳家户清真大寺
固原	须弥山石窟、固原古城墙、北魏—隋唐墓葬群、开城安西王府遗址、战国秦长城、伊斯兰教传播标志(二十里铺拱北、南坊寺、陕西坊、三营西梁清真寺等)、丝路古关隘(萧关、石门关、三关口、制胜关等)、西吉火石寨石窟群
吴忠	灵州遗址、北魏隋唐墓地、一百零八塔、同心清真大寺
中卫	中宁石空大佛寺、高庙

第一,做好宁夏丝绸之路文物古迹的考古发掘、实物和遗址保护工作;做好宁夏丝绸之路历史文物的民间征集、文物普查工作;抓紧认定和公布一批宁夏丝绸之路文物保护单位,建立宁夏丝绸之路历史文化遗产保护名录。

第二,加强宁夏丝绸之路历史文化、民俗文化的展览展示,开发、改造、利用好宁夏现有72家博物馆资源,提升展示水平、扩充展示内容。通过民间参与的方式弥补公共文化服务体系的不足,鼓励和扶持民间博物馆发展,引导筹划一批国内、国际"丝绸之路"精品文物展。

第三,以宁夏北魏隋唐墓地、须弥山石窟、固原古城墙、开城遗址等重要丝绸之路历史遗产为基础,联合吉尔吉斯斯坦等相关国家,积极申报"丝绸之路"世界文化遗产第二批扩展项目;鼓励宁夏丝绸之路相关项目积极申报国家非物质文化遗产项目,并在申报过程中大力提升宁夏丝绸之路历史文化遗存的保护与开发水平。

第四,鼓励宁夏丝绸之路历史遗存点相关主管和运维单位更新思路、创新手法,结合运用文化产业的现代生产方式,加强历史文化资源与数字动漫、网络游戏、影音工业、演艺时尚、节庆会展等文化创意新型业态的融合。

2. 丝路古镇群

"丝绸之路"宁夏段上,遗存了一大批以古镇形制延续至今的历史地理坐标。它们主要集中在古原州(今固原)和古灵州(今吴忠)丝路沿线,作为丝路要冲、交通驿站、商贸市集、军事重镇而孕育生长。宁夏丝路古镇蕴含丰厚的历史、文化、政治、经济内涵，亟待更有力的保护与开发（表 4-2）。

表 4-2 "丝绸之路"宁夏段主要丝路古镇一览

地市	丝路古镇
原州古城系列（今固原）	固原古城、瓦亭城、朝那古城（今彭阳县境内）、平夏古城（黄铎堡城址）、大营城、海原城、西安州古城、甘盐池城、七营北嘴古城、李旺堡等
灵州古城系列（今吴忠）	灵武西南灵州古城、中宁鸣沙镇、韦州古城、下马关古城、清水营古城、石沟驿古城等

第一，大力推动宁夏丝绸之路古镇的抢救性保护，抓紧挽救宁夏丝路古镇岌岌可危的城池遗迹，实施大整治、大拆迁、大绿化，清退就地取材、野蛮侵占古城墙、古遗址的民居、地窑，修复被破坏损毁的丝路遗址，增强沿线居民文物保护意识，大力营造丝路精品古镇文化氛围。

第二，将丝路古镇历史文化积淀与现代文化生产生活方式相结合，使古镇历史价值联结当代文化价值，围绕宁夏丝绸之路历史文化特色风貌，规划、整治、建设一批丝路古镇遗址公园、特色街区、欧亚民族文化融合特色小镇、西部丝路风情休闲村落。

第三，将丝路古镇保护开发与新型城镇化建设相结合，紧密对接宁夏回族自治区城镇化发展"十二五""十三五"规划，以特色文化旅游推动宁夏丝路古镇的保护性改造，促进宁夏清水河产业走廊的扶贫开发。启动丝路古镇保护开发示范工程，打造富有魅力、适宜人居的精品古镇群，助推自治区城镇化的产业提升、品位提升和民生促进，增进宁夏中小城镇居民的生活质量与幸福感。

3. 丝路新亮点

宁夏围绕自身丝路文化资源和回族文化特色，结合"两山一河、两沙一陵、两文一景"的独特人文地理景观，发挥国家"向西开放"重要高地的区位与政策优势，打造了一批具有宁夏地域特色、丝路文化背景的新景点、新园区，进一步发挥它们的创新、引领、示范和驱动作用，使之成为宁夏丝绸之路文化产业发展中的动力和标兵（表 4-3）。

第一，建立宁夏丝绸之路建设动态项目库，推动自治区层面丝绸之路文化产业重大项目的谋划，加强丝路文化产业重大项目的总体统筹、梯度设计和跟踪管理，做强做精一批、培育壮大一批、研究储备一批，及时协调和解决丝路文化项目建设过程中的矛盾与问题，确保全区相关项目建设的推进节奏、总体水平和特色方向。

第二，制订宁夏丝绸之路文化产业开发项目的文化要求、文化标准，严控数量、提升质量，建立项目负责人联络制度，加强对已建、新建项目的关怀、指导、培训、考评和督查。

第三，强化宁夏丝绸之路文化产业开发项目的文化特色，在要求各项目达成自治区丝绸之路文化建设共性指标，与宁夏整体经济社会发展相协调的同时，鼓励其创新发展、特色发展，吸引借鉴国内外先进理念，探索尝试全新发展路径，对不同所有制和不同经营模式的项目提供更加便利的政策配置。

表 4-3 "丝绸之路"宁夏段主要现代建成点一览

地市	现代建成点 标★号栏为代表性项目
银川	★镇北堡西部影城、中华回乡文化园
	西夏文化风情园、中北村回乡风情园、贺兰山岩画风景区、阅海湾中阿文化轴
固原	★固原博物馆（国家一级博物馆）、须弥山博物馆
	隆德六盘人家红崖老巷子历史文化名村、固原东海宋家巷文化产业城、西吉火石寨国家地质公园
吴忠	★中国（吴忠）清真文化产业园
	吴忠东塔寺乡穆民新村、黄河大峡谷·中华黄河坛、青铜峡黄河大峡谷大禹文化园
中卫	★沙坡头 5A 级景区
	大河之舞主题文化公园、全国历史文化名村南长滩、北长滩、海原手抄本《古兰经》博物馆、海原回族文化产业园
石嘴山	★沙湖 5A 级景区
	中华奇石山文化旅游城、星海湖欢乐世界主题乐园、沙湖古镇商业水街、国务院直属口五七干校文化旅游区、平罗回族特色手工艺品生产基地

第三条 沿线布局：串联丝路文化产业带

充分挖掘宁夏丝绸之路沿线历史文化资源，以线串点组合发展丝路文化旅游带和丝路文化产业聚集带，处理好丝绸之路与沿线地区整体发展的关系，以及丝绸之路与宁夏现有文化产业的关系。

1. 文化旅游带

大力整合宁夏丝绸之路各历史遗存点、丝路古镇群、现代建成点，以线串点、以线带面，打造宁夏丝路文化旅游带，积极构建宁夏丝路文化旅游的整体形象与优势。

第一，通过主题串联、故事串联、区位串联、线路串联、景区串联等集合方式，梳理、整合、打造"丝绸之路"文化旅游带套装产品，充分展示宁夏在丝路历史、宗教、文化等方面的整体风貌，支持开发观光、康体、养生、运动、娱乐、体验等多样化、综合性旅游休闲产品和线路，通过资源组合提升宁夏丝绸之路旅游文化产品的品牌和市场影响力（表4-4）。

表 4-4 宁夏"丝绸之路"文化旅游带集合方式一览

集合方式	提 要
主题串联	丝路古镇、穆斯林文化、佛教文化、边塞诗人故地、西部影视主题等
故事串联	大唐西域史诗、西夏兴亡探秘、墓葬考古笔记、红军长征路等
区位串联	银（川）—吴（忠）—灵（武）—永（宁）、固（原）—彭（阳）—西（吉）—隆（德）、大六盘、宁夏与西北其他省区丝路旅游相对接
线路串联	丝路古道古关隘、黄河金岸、贺兰山东麓葡萄文化长廊游览线路
景区串联	沙坡头、沙湖、镇北堡西部影城、西夏王陵等宁夏5A及4A精品景区组合，游赏、娱乐、体验、运动等不同类型景区的组合

第二，打通宁夏丝绸之路文化旅游带建构的关节点，强化丝绸之路文化旅游带发展的支撑点，通过统筹策划、主题串联、信息互联、客源共享、联席会议、合股参股、机制协调、打包推广等方式切实推动宁夏丝绸之路文化资源的整合。

第三，以丝绸之路文化旅游带为引领，推动宁夏交通、住宿、导览、治安、环卫、购物、娱乐、通信等相关配套软硬件设施建设，构建沿线特色景点、街区、度假区、城市等多层次旅游目的地，整体提升宁夏文化旅游服务质量和水平，推动丝路文化真正成为彰显宁夏旅游标杆、在国内外具有竞争力的主题线路。

2. 产业聚集带

学习借鉴国内外文化创意集聚发展的成功经验，围绕宁夏丝绸之路优势产业和潜力产业，规划建设丝路文化产业聚集带，以银川为核心，整合宁夏丝绸之路沿线同类资源，促进宁夏丝路文化产业提档升级、组团发展、业态优化。

传媒影视：以"丝绸之路"为灵魂和主题，以数字化、网络化为技术支持，建立全省统一、开放、协作的传媒影视产品生产和营销体系。积极推动宁夏，尤其是丝路沿线传媒影视产业在内容、渠道、技术、受众等方面的深层次融合，促进丝路报道、丝路故事、丝路内容和版权产品的跨媒介平台整合传播、多次传播，协同塑造宁夏丝路文化国内外传播影响力。

演艺娱乐：以"丝绸之路"重大题材、重点演艺项目为引导，将宁夏具有丝路特色和民族风味的戏剧、歌剧、舞剧等优秀舞台艺术形式加以整合，创排一批具有地方特色、民族色彩、全球市场的精品演艺剧目。整合丝路沿线演艺娱乐文化产品的市场策划、包装推广，加强沿线地市之间的交流与合作，增加整体集聚效应。

工艺美术：加强宁夏丝绸之路沿线民族民俗手工艺的文化传承与产业开发，梳理发掘宁夏具有丝路和回族特色风情的工艺美术，包括剪纸、刺绣、抟泥瓦塑、柳编、贺兰砚、滩羊皮、伊斯兰木刻砖雕等，整合形成宁夏整体品牌，在旅游体验、对外展示、民俗生活场景复原等情境下加以整体呈现。

文化会展：连接宁夏丝绸之路沿线博物馆、重大节会、主题展览、文化交流项目，打造宁夏丝绸之路统一的文化会展品牌和巡展线路，整体提升丝路文化会展策划包装、展陈设计、布展工程、宣传推介的专业化、国际化、产业化能力和水平，以省为单位，壮大声势，加强国内、国际丝路文化交流。

第四条 片区布局：强化各地市功能定位

根据宁夏丝绸之路文化产业初步形成的集聚态势和地域特色，构筑"一核心、四中心"的总体区位布局。把银川建设成为全省丝绸之路文化产业发展核心，把固原、吴忠、中卫、石嘴山四大城市建设成为丝路特色文化产业发展中心，从总体上引导宁夏丝绸之路文化产业全域统筹、团块发展。

一个核心。银川是宁夏丝绸之路文化产业建设与发展的核心,是统筹中心、指挥中心、交流中心和驱动中心。立足宁夏省会城市政治、经济、文化中心地位,借助"内陆开放型经济试验区"和"银川综合保税区"建设的政策利好,运用中阿博览会等高端平台,挖掘省级大型文化产业集团和文化产业高端人才的集聚优势,引导发展文化创意、会展博览、文化外贸、文化金融、新闻出版、影视制作、数字内容、演艺娱乐等优势领域,将银川打造成为宁夏"丝绸之路"文化创意驱动轴心及中阿文化交流合作示范区。

四个中心。固原、吴忠、中卫、石嘴山是构建宁夏丝绸之路文化产业建设与发展的四大重点区域。按照各有侧重、差异发展、优势互补、区块联动的原则,引导形成宁夏丝绸之路文化产业四大特色发展中心。

(1)固原丝路文化发展中心:依托丝路古道历史遗存,充分挖掘固原丝路要冲的历史地位,加强申遗及遗产保护工作,加大丝路文化旅游资源开发力度和整合力度。重点培育丝路旅游、特色农业、生态观光、避暑休闲、丝路古镇、主题村落、红色六盘、回药文化、国际度假区暨狩猎场等文化体验项目,产业化开发剪纸、刺绣、皮影、花灯、泥塑、砖雕、麦秆画等民族民间工艺美工,保护开发花儿、口弦、踏脚舞、赶牛、社火等民间民俗特色演艺,将固原打造为宁夏丝路文化的典范和标杆。

(2)吴忠清真产业发展中心:依托吴忠中华回乡的人文底蕴及我国清真食品、穆斯林用品产业基地的突出优势,充分发挥其在中阿交流合作及贸易往来中的窗口作用,大力推进吴忠回乡文化产业园、清真产业园、中阿商贸城等的建设,创建国家级清真食品、穆斯林用品的质量认证管理中心、技术研发中心、人才培育基地、产品检测中心、电子商务中心和 Halal 国际认证中心,提升清真产业文化创意能力,将吴忠打造成为国家面向阿拉伯世界及全球穆斯林的文化桥头堡、清真产业集聚区。

(3)中卫网上丝路发展中心:发挥中卫能源充足、温度适中、天气干燥、空气清洁等优势条件,依托其在欧亚大陆桥上的区位优势,以及面向阿拉伯国家服务外包业的产业基础,以电子信息业为突破方向,建设发展国家级超大型数据中心和对阿软件、云计算服务外包基地,打造中阿"网上丝绸之路"的网络平台和数据中心。积极推进中阿科技大学建设项目和阿语科技文化复合型人才培养,大力发展电子商务、服务外包、动漫游戏、数字娱乐等文化产业新兴业态,形成中阿文化产业合作新的战略支撑点和贸易增长点。

(4)石嘴山产业融合发展中心:依托石嘴山作为宁夏能源化工和原材料工业基地的资源优势与产业基础,促进丝绸之路文化元素、文化创意对石嘴山传统工业的价值渗透及融合发展,推动产业升级与转型。鼓励石嘴山冶炼、化工、建材、装备制造等重型工业中基于新技术、新材料、新工艺、新故事题材、新设计、新功能的应用开发,促进工业产业向高附加值综合服务业转变,实现产业链延伸、服务升级和模式转换,将石嘴山打造成为丝绸之路经济带上文化特色鲜明的新型工业化城市,推动石嘴山建设国家承接产业转移示范区、资源型城市产业转型试点区。

第五章　产业布局

第一条　核心思想

本规划产业布局的核心思想是：升级传统，扩展新兴，融合相关。

发展丝绸之路文化产业，既要立足区域传统特色文化资源，更要迎接时代机遇和挑战，搭乘全球化、数字化、网络化快车，使"丝绸之路"传统文化与现代生产力、生产方式相结合，通过丝绸之路文化产业的全面发展，带动和提速宁夏文化产业的整体升级。

第二条　传统产业提升计划

推动一般认为的"丝绸之路"文化产业、优势产业进一步细分化、产品化、品牌化，重点引导丝路文化旅游、文艺演出、工艺美术、民俗文化、展览展示等产业，进一步提炼地域和民族特征，提升"本土故事"的创作和讲述能力，依托差异化内容，运用现代化手法拓展全球化市场。

第一，强化特色元素。文化产业内容产品的核心价值所在是原创性、差异性和不可替代性，"丝绸之路"拥有丰厚而独特的文化资源和生态资源，具有发展内容产业的绝佳条件。要引导宁夏丝绸之路遗迹遗物、历史史诗、佛教传播史、民族神话传说、西域/异域音乐、民俗节庆活动等文化资源进一步向文化内容产品转化，并实现与陕西、甘肃、新疆等地丝路文化产品的有效市场区隔，不断挖掘文化元素，提升叙事技巧，强化精品内容支撑。

第二，联结当代生活。将丝绸之路传统文化与当代社会价值观、审美取向和生活方式相联结，使丝路文化产品进一步地贴近现代人的生活与文化消费需求。要转换话语方式，更加生动有趣；能体现普世价值，更有国际色彩；关注当代人的精神世界，更具人文关怀。宁夏丝绸之路文化产业的传统业态，既要立足本土资源，更要拓展当代视野，适应文化消费需求变化，抓住受众消费心理，实现产品品质化、服务人性化、设施现代化、管理国际化。

第三，加强技术导入。积极寻找丝绸之路文化传统产业与当今生产力的结合点，当前时代最大的生产力就是高新科技。要在传统产业的产品与服务设计、生产、呈现、传播、消费等过程中，加大运用现代媒体呈现技术、网络传播技术、数据分析技术、互动体验技术，使地域、民俗、历史、传统的文化内容通过文化科技融合，提高产品的创意附加值，焕发更大的生机和活力，以获得更广阔的消费市场。

第四，构建自主版权。宁夏丝绸之路文化产业的发展离不开知识产权，而文化产业知识产权的核心在于版权，丝路文化产业经济功能和效益的实现，从很大程度上必须经由自主版权的开发、保护与利用。要大力宣传和强化丝绸之路文化产业的版权保护意识，建立健全版权信息数据库和版权交易合作平台，探索宁夏丝路文化产业价值评估体系和各类版权联盟，从机制、管理、技术和服务等多个方面优化宁夏丝路文化产业的版权环境，推动自主版权的构建。

第三条 新兴产业促进计划

积极构造在知识经济和创意经济背景下宁夏丝绸之路文化产业新的比较优势，积极探索现代信息技术与内容产业相整合、科技与文化相融合的新型业态，大力引导创意设计、数字内容、动漫游戏、影视工业、品牌会展等新兴业态加快发展，提升文化创意产业活力、潜力和实力，形成宁夏丝绸之路文化产业发展的新引擎。

第一，增强科技创新意识。充分重视科技创新在做大做强文化产业中的关键作用，大力引导和推动宁夏丝绸之路文化产业的数字化、网络化、信息化进程，促进宁夏丝路地域文化元素与高新科技、创意设计、时尚艺术等双向互动融合，创造新的文化业态。支持和鼓励宁夏丝绸之路文化产业市场参与者利用数字技术、互联网、软件等现代技术支撑文化内容、服务、材料、工艺、系统的应用开发，加快宁夏文化企业的技术改造步伐。

第二，培育产业创新要素。大力实施文化创新、科技创新"双轮驱动"发展战略，建立健全宁夏丝绸之路文化产业在新兴产业领域的原创开发、设计制作、展示交易、运营服务、经贸代理等产业链条；加强文化创意成果的版权认证、版权保护和版权贸易，创造有利的文化创意版权环境；进一步强调宁夏文化产业对国内外科教资源、人才资源、资本供给的集聚能力，建立健全文化科技融合的服务链、供应链、资金链和价值链。

第三，加强科技和创意成果转化。带动科技创新在文化产业领域的成果转化，加快网络技术、数字技术、多媒体技术、无线通信技术、人工智能、云存储、云计算、泛在网、云印刷、绿色出版、3D打印等技术在丝绸之路文化产业中的应用；鼓励宁夏文化创意企业和科研机构在相关核心技术、关键技术与共性技术研发方面的创新突破；以专利孵化、知识产权交易、软件服务外包等形式加速文化科技融合的产业转化；积极鼓励和支持宁夏丝路创意设计向产业价值链的高端提升，加强创意的产业转化和衍生品开发。

第四，鼓励走出去引进来。积极利用和参与国内外科技创新、文化创新的产业运作体系，立足自身优势参与国际分工、承接产业转移，介入中阿及世界文创产业环节；有效引导全国、全球范围内产、学、研在宁夏丝绸之路文化产业平台上的深度融合；利用宁夏丝绸之路独特的人文地理优势，设立创作工作室，提供专业服务配套，邀请国内外顶级文化创意大师、艺术家、策展人来宁进行创作；通过开辟青年设计师邀请赛、青年创意俱乐部、数位嘉年华等不同层次国际创意交流活动，激发宁夏丝绸之路的国际创新氛围和创意潜能。

第四条 产业联动融合计划

围绕宁夏"丝绸之路"文化建设与经济建设、社会建设的融合发展，大力推进丝绸之路文化创意和设计服务与相关产业的融合发展，积极促进丝绸之路文化产业发展与宁夏装备制造业、消费品制造业、金融业、商贸、教育、特色农业、特色林业、城乡建设等产业领域的融合创新。

第一，打破界限、价值渗透。从工业经济强调规模经济、专业分工、低成本策略向创意经济强调范围经济、跨界协作、产业附加值积极转换，充分发挥文化创意和设计服务对相关产业的渗透、改造与提升，强调以知识产权为核心的产业融合创新；促进工业设计、广告设计、时尚设计、建筑设计等文化创意服务在相关产业新工艺、新产品、新市场开发中的深度融合与运用；鼓励先行先试，创造一个以"智力财产"为核心，能够整合宁夏各类新兴产业及传统产业的创业环境。

第二，搭建平台、要素流动。积极创建文化创意产业与其他产业融合发展的机制和平台，加快建立各产业间公开透明的政策引导平台、中介服务平台和信息数据平台，针对产业融合积极导入人才、资金、信息、技术等生产要素，促进各种要素在产业间的合理流动和优化配置。文化部门与其他产业管理部门之间要打破传统的业务界限，主动加强沟通，形成有效对接，相互纳入各自的统筹发展规划体系。

第三，资本重组、有效整合。鼓励宁夏丝绸之路文化创意产业与相关产业间沿着产业链上下游进行纵向整合，鼓励不同门类产业间通过品牌、资本、平台、市场等形式进行横向整合。进一步淡化产业条块管理的行政色彩，促使各产业按照市场经济的发展规律和要求，通过并购、重组等资本运作方式或业务联合、多元化拓展等形式，实现不同门类的有机融合，鼓励它们通过经济联系和行业规律构建产业共同体，促进产业生态的协调发展。

第四，统合综效、区域带动。紧密围绕"丝绸之路"开发和宁夏经济建设目标，针对共性问题和共性资源积极构建产业统筹发展体系、公共平台和协作机制，合理规划、有序建设。探索和创建自治区文化产业与农业、林业、葡萄产业、制造业、旅游、教育、金融、商贸等相关产业融合创新的示范街区、园区、基地、新型城镇，带动区域经济的融合发展、共同繁荣。

第六章　先导项目

依托宁夏丝绸之路文化产业整体规划，围绕宁夏丝路文化资源禀赋与产业基础，实施特色项目、龙头项目带动工程，在丝路文化旅游、中阿合作交流、回族文化产业三大领域培育具有显著示范性和产业集聚效应的丝路文化产业先导项目，加强对项目的引导培优、动态管理和宣传推广。

第一条　丝路文化旅游

宁夏旅游资源十分丰富，在全国10大类95种基本类型的旅游资源中，宁夏占据了8大类46种。宁夏的旅游资源既富于自然景观的多样性与独特性，也蕴含历史遗存和民族风情的珍贵性与文化性。应将宁夏旅游资源的开发与"丝绸之路"文化的发展主题相结合，积极打造以"向西开放"为鲜明特色的国际旅游目的地，促进宁夏旅游与文化的深度融合。

1. 建设要求

第一，以文化推动宁夏旅游转型升级，改善宁夏旅游经济增长方式，促进文化旅游融合发展。顺应当前宁夏旅游业从观光经济到体验经济的升级转换，通过文化渗透、创意融入，增加宁夏旅游的旅客驻留时长和文化体验内容，大力提升宁夏旅游的文化品格和文化魅力。提炼丝路文化中的中西交会、多元并存的文化内涵，使之贯穿到宁夏丝路旅游吃、住、行、娱等各个环节，为宁夏旅游产业创造多元的复合增值点。

第二，通过文化旅游的整体氛围营造，打造丝路文化呈现载体，实现对外传播的文化认同。全面关注本地居民和来宁旅行者的精神文化需求，为宁夏丝路旅游产业链、价值链、生态链提供文化标准，注入文化内涵，创造文化沉浸体验。积极探索宁夏国际休闲度假旅游产品中的文化附加，针对中亚、西亚、阿拉伯国家及世界穆斯林地区，通过丝路文化、伊斯兰文化等的融入，拓展宁夏文化的对外影响力，推进世界穆斯林对华夏文化的理解与认同。

第三，用"大文化、大旅游"理念带动宁夏丝路沿线的区域开发与社会发展。打破宁夏文化与旅游的条块分割，通过文化旅游带动传统文化、观光农业、会议会展、演艺娱乐、文化外贸、城乡建设等的综合发展。将宁夏丝路文化资源转变为旅游资源，将宁夏文化和旅游优势变为绿色经济发展优势，通过文化旅游资源的深度开发，切实增强"大美宁夏"的国际、国内影响力与竞争力。

2. 重点领域

第一，古代丝路主题。紧抓宁夏丝绸之路建设发展的重大历史机遇，充分发挥宁夏丝路文化旅游资源优势，积极打造宁夏丝绸之路文化旅游带。以固原市、中卫市、隆德县、泾源县、彭阳县、中宁县等古丝路沿线重镇为核心区域，须弥山、六盘山、火石寨、沙坡头、沙湖等文化旅游景点景区为重要载体，统筹规划、整合发展，大力提升宁夏丝路文化旅游的国际话语权和知名度。

第二，向西开放主题。把握宁夏国家级内陆开放型经济试验区建设的新形势，面向中亚、西亚、阿拉伯国家和世界穆斯林地区，发挥宁夏作为回族自治区的特殊窗口作用，打造"特色鲜明的国际旅游目的地"。通过文化项目、文化创意、文化体验、文化人才、文化氛围的增加，辅助推动宁夏穆斯林国际旅游接待体系、咨询服务体系建设，助力宁夏穆斯林旅游标准从地方标准提升为国家标准。

第三，回族风情主题。围绕宁夏作为回族自治区的独特定位，大力发展回族风情文化旅游，打造我国最具代表性的回族民风民俗旅游体验地。以中华回乡文化园、中北村回乡风情园等回族文化产业园区为项目基地，以吴忠东塔寺乡穆民新村等回族聚居村落为生活形态体验样本，推动回族传统文化的保护与传承；积极创排具有浓郁民族特色的文化旅游剧（节）目，实现回族文化与现代文明的交流和碰撞。

第四，西夏文化主题。以文化为贯穿和引领，以"凭吊怀古、寻幽探秘、观光度假"为功能定位，促进宁夏西夏历史文化资源的保护和开发。在西夏文化遗产挖掘与保护的基础上，发展西夏文化风情园、西夏文化创业创意产业园等西夏文化旅游项目，全面展示西夏文化在文字、宗教、法律、文学、艺术、建筑等方面的辉煌成就，实现西夏文化与演艺娱乐、传媒出版、动漫游戏等文化产业的有效对接。

第二条　中阿合作交流

在中阿共建"一带一路"合作框架中，宁夏肩负的重大使命，需要进一步发挥自身在中阿交流中的先行先试优势，积极拓展向西开放的广度与深度。宁夏丝绸之路文化产业建设应积极打造对阿贸易的文化载体，并为推进对阿全方位开放创造有利的人文条件和文化氛围。

1. 建设要求

第一，借助"中阿博览会"金字品牌，强化宁夏在建设"丝绸之路经济带"中的重要支点作用。按照习近平总书记提出的中阿交流新思路、新目标，围绕文化论坛、艺术展演、文化展览展示等内容，创新工作思路，增强文化底蕴，进一步深化中阿文化交流、促进中阿经贸合作、活跃群众中阿文化活动，增强宁夏"丝绸之路经济带"重要支点的吸引力和文化影响力。

第二，走融合式、国际化发展道路，大力推动宁夏文化与阿拉伯国家金融投资、文化消费的深度对接。一是加强宁夏文化产业与阿拉伯国家金融投资对接，建立和完善宁夏文化产业投融资国际资本运作平台，争取阿拉伯国家天课资金、慈善基金支持宁夏丝绸之路文化产业建设；二是加强宁夏文化产业与阿拉伯国家文化消费对接，深入研究阿拉伯国家文化消费特点，开发适销对路的文化产品与服务。

第三，深化中阿文化交流，推动宁夏与阿拉伯国家在文化事业与文化产业相关方面的合作。加强宁夏与阿拉伯国家和世界穆斯林地区在物质与非物质文化遗产保护及开发领域的合作，推进中阿文化产业在政府及民间的深度协作，充分发挥宁夏作为中国面向阿拉伯世界开放交流窗口的重要作用。

2. 重点领域

第一，中阿博览会。以中阿博览会为平台，按照习近平总书记"共建、共商、共享"原则，推动中阿在图书出版、传媒影视、数字内容等文化产业领域合作的突破性进展；顺应文化创意产业在世界新经济发展潮流中的突出地位，力争将文化创意发展为中阿博览会的常规板块；在沙特、阿尔及利亚、阿联酋、苏丹、埃及和伊拉克6个中阿合作支点国家建设宁夏文化产业对外联络机构；积极争取中阿文化部长论坛、中阿新闻合作论坛、丝绸之路文化之旅等活动来宁举办。

第二，文化交流合作。结合"中阿人文交流合作示范区""中阿贸易投资便利化示范区"和"中阿金融合作示范区"建设，积极深化和拓展中阿人文领域的交流与合作。策划筹办中阿文化周、艺术节、国际互访、大型展演、经贸洽谈等形式多样的品牌活动，积极营造国际化城市的文化氛围；以银川、吴忠为重点，切实打造中阿人文交流、文化贸易的综合服务平台，广泛吸引阿拉伯国家文化创意企业、项目来宁交流和落地；加快建设中阿国际学院、中阿科技大学、中国阿拉伯研究院，大力推进中阿院校智库合作与合作办学。

第三，文化走出去。推动宁夏文化产业与阿拉伯国家文化消费对接。拓展文化交流的内容形式，更多地依靠市场和企业的力量，完善、支持文化产品与服务走出去的政策措施。走出去、引进来，积极探索宁夏演艺等文化产品向阿拉伯国家的拓展路径，成立丝绸之路演出协会，加盟海外演出院线，开展丝绸之路沿线国家巡演、巡展和参加中阿友好交流活动，促进宁夏文化产品与阿拉伯国家文化市场的深度融合。

第四，文化新型业态。将东西交融、多元并存的古丝绸之路精神与现代文化创意相融合，开发以"丝绸之路"为主题，适应当代生活需求和审美趣味的文化产品与服务。注重利用网络平台和新媒体手段，通过数字出版、音乐、动漫、网游等文化产品以及云计算、云服务等服务外包，提升中国丝绸之路文化在阿拉伯国家的影响力。借助阿拉伯艺术节等展示交流平台，积极推动中阿人文交流，促进中国与亚欧及阿拉伯国家在文化创意传统业态和新兴业态的合作。

第五，阿语经贸人才培养。整合现有"阿语翻译"人才资源，发挥宁夏"阿语翻译"的人才优势，打响"阿语翻译"品牌，助力丝绸之路经济带建设和内陆开放型经济试验区建设。创新阿语翻译人才培养模式，推进师资队伍建设，加大"阿语翻译"及复合型文化商贸人才的培养力度；加强与中东阿拉伯地区在教育培训领域的交流合作，引进国内外高级教育人才，建成服务全区、辐射全国的阿语经贸人才培训体系。

第三条 回族文化产业

中国有 2 000 多万穆斯林，全世界穆斯林人口达 15 亿，全球每年清真食品贸易额约 2 万亿美元，清真产业市场巨大。将宁夏"内陆开放型经济试验区"建设工作融入国家"丝绸之路经济带"建设的总体规划当中，借助政策环境优势，依托回乡文化底蕴和清真食品、穆斯林用品产业基础，面向全球市场，大力发展穆斯林文化产业。

1. 建设要求

第一，建成中国最大的清真食品、穆斯林用品产业集聚区。以吴忠为核心，争取到2020年，建成中国最大的清真食品、穆斯林用品集聚区，形成联通全球和本国市场的宁夏清真产业发展格局，将吴忠打造成为中国清真食品、穆斯林用品认证中心，以及研发设计中心、交流贸易中心，实现文化对宁夏清真产业的价值提升，加强文化创意引领，创建自主知识产权，形成创意人才聚集，扩大国内国际影响。

第二，建成宁夏面向中东阿拉伯国家开放的重要窗口。依托宁夏"回族之乡"的文化优势、"回商大会"的平台优势、"阿语翻译"的人才优势和清真食品、穆斯林用品的产业优势，进一步深化与中东阿拉伯国家在清真食品、穆斯林用品、金融、文化、旅游、高端装备制造等产业领域的交流合作，强化双边经贸联系，将回族文化产业打造成为我国中阿合作交流的重要载体。

第三，引导培育一批宁夏回族文化产业重点项目。广泛吸引社会资本参与建设，拓展宁夏回族文化产业项目投融资、交易、销售的合作渠道；推动重点项目与国内外相关机构的深度交流与协作，集聚全球优质文创资源，促进项目发展；强化重点项目的经济绩效和社会绩效考核，把握考核导向，健全评价标准，切实引导培育一批生态环保、差异竞争、区域带动、可持续发展的回族文化产业优质项目。

2.重点领域

第一，穆斯林文化创意设计。加强宁夏清真产业中文化创意的融入，以文化提升产业附加值，推动宁夏回族文化产业的品牌和形象塑造，将宁夏发展成为世界穆斯林的文化创意设计基地。加强计算机技术、多媒体技术、互联网技术以及时尚设计、工艺设计、工业设计在清真产业中的运用，提升宁夏清真产业技术和创意水平，促进相关生产企业的技术进步和文化创新，努力构建原材料在外、市场在外，设计研发和认证检测在内的独特产业发展模式。

第二，中国清真文化展示交流。依托回乡文化的浓厚底蕴与现代清真产业的发展后劲，通过文化贸易、展览展示、会议研讨、设计赛事等多种形式，积极推动宁夏清真食品、民族服饰、穆斯林用品等特色产品、生产标准的国内外展示交流，并以产业交流为平台，促进中国清真文化的对外传播与交流。将宁夏的民族优势、政策优势、人文优势、开放优势和产业优势转化为宁夏发展优势，提升宁夏在建设中国面向阿拉伯世界开放交流窗口中的重要作用。

第三，文化与相关产业融合发展。借助银川综合保税区的政策优势及中国（吴忠）清真食品穆斯林用品产业园、中国自动化产业基地、宁夏吴忠国家农业科技园区的产业基础，加快文化产业与相关产业的融合发展，培育和发展精密仪器制造、高档珠宝饰品、服装加工、高档花卉种植、高端电子信息、生物技术和回医回药及特色休闲旅游等具有较强产业带动力与高附加值的新型产业，努力建成产业体系完备、成本领先的回族文化产业融合发展示范区。

第四，承接东部沿海产业转移。以"新丝路经济带"和"内陆开放型经济试验区"建设为契机，在全面深化改革、优化投资发展环境的基础上，主动加强与东部沿海地区的有效对接，进一步加大招商引资宣传力度，吸引东部地区对宁夏回族文化产业的投资、技术导入和产业转移，争取将宁夏清真产业打造成为西部承接东南沿海发达地区绿色产业、生态产业转移的示范基地。

第七章　重点工程

围绕宁夏丝绸之路文化产业建设目标，服务宁夏丝路整体空间布局和产业布局，针对产业发展中的要点问题、重点任务，实施丝路遗产保护开发、丝路特色文化促进、宁夏丝路品牌传播、网上丝绸之路建设、新型生活形态示范、丝绸之路跨省联动六大工程。

第一条　丝路遗产保护开发工程

将丝路遗产保护与开发纳入宁夏丝绸之路文化产业发展及自治区资源节约型、环境友好型"两型社会"构建的大局中来，健全宁夏丝路文化遗产保护与开发工作机制。深入开展丝路文化遗产普查和整理工作，抓紧丝路遗迹的抢救性发掘和环境清理整治工作，规范丝路文化遗产的认定和登记制度，建立宁夏丝路遗产名录信息数据库；鼓励和组织宁夏丝绸之路文化遗产主管与运维单位积极申报世界、国家、省级文化遗产项目；做好物质与非物质文化遗产的展览展示和文化传承，加强宁夏非物质文化遗产传承人的关怀、资助与后继人才培养；鼓励和扶持民间博物馆、文物研究机构、文化遗产保护基金的发展，吸纳更多社会人士、专业机构、企业集团参与到丝路文化遗产保护与开发工作中；加大宁夏丝路特色、地域特色和民族特色文化遗产的开发力度，推进有市场前景的文化遗产项目实现产业化，并向特色化、细分化、精品化方向发展；加强现代科技在宁夏丝绸之路文化遗产保护中的应用，大力引导和推动宁夏丝绸之路文化遗产的网络化、数字化、信息化管理与传播；促进丝绸之路文化遗产的文化元素与创意设计、时尚艺术等的融合互动。

第二条　丝路特色文化促进工程

保护和促进地方文化的多样性及独特性，积极鼓励宁夏丝绸之路文化与宁夏西夏文化、黄河文化、回族文化、红色文化、边塞文化、移民文化等特色文化的协同发展，促进各类特色文化元素、传统工艺技艺、民风民俗与时代主题、现代科技的深度融合。深入挖掘宁夏历史地理、民风民俗，将宁夏丝绸之路文化旅游、演艺娱乐、节庆会展、影视制作等文化产业与宁夏本土特色文化的发展相互交融碰撞，拓展宁夏丝绸之路文化的广度和深度，让新时空坐标下的丝路文化更具开放性与包容性，能为国内外不同层次、不同类型的文化消费者提供更为丰富、更具差异性的文化产品；以丝路文化为抓手，促进宁夏多元文化的共同发展，实现宁夏丝路文化产业发展平台与宁夏文化产业整体发展的资源共享、模式互鉴。

第三条　宁夏丝路品牌传播工程

通过创新思维、创意手法、复合渠道，加强宁夏"丝绸之路"的形象塑造和品牌传播，统筹构建开放统一的整合营销传播体系。筹划宁夏丝路文化产业整体形象、品牌设计，强化文化标识、提升文化品位；整合宁夏主流媒体的传播资源，围绕丝路文化及文化产业进行传播策划和媒介投放，加强舆论引导和议程设置；有效利用中央电视台、省级卫视，以及阿拉伯国家和地区电视台、主流报纸杂志等传统媒体传播宁夏文化品牌和形象；积极运用门户网站、垂直网站、社交媒体、APP应用等基于桌面互联和移动互联的新兴媒体，及时快捷、生动有趣地宣传宁夏丝绸之路文化产业领域的文化资源、创新成果、重大活动和突出事件；通过机场广告、高速广告、商圈户外广告、地铁广告、分众广告等渠道加强在北、上、广等"一线"以及杭、蓉、宁等"新一线"城市的品牌传播；加快探索影视剧植入、游戏植入、数据库营销、电子商务"天猫"专区等新型手法，来有效传播宁夏丝绸之路文化产业品牌、产品和服务；通过举办招商推介会、文化交流活动、媒体记者采风团、丝绸之路文化之旅、家庭亲子体验游等公关活动，提升宁夏丝路文化的社会参与度和美誉度；设计制作多种语言、多种语态的文化宣传品，加强国际跨文化传播，使宁夏丝绸之路文化在世界范围内产生更大的吸引力，获得更多的文化认同。

第四条　网上丝绸之路建设工程

利用数字化、网络化加强对宁夏丝绸之路文化产业的信息化改造，积极参与宁夏建设中阿合作桥头堡"中阿网上丝绸之路"的构想。建设宁夏"丝绸之路"统一开放的文化产业信息综合服务平台，将国内外文化产业资讯、企业项目、专家智库、版权交易、对外传播等功能模块加以整合；加强信息中介平台建设，为文化创意企业的技术创新、业务合作、发展分析提供准确可靠、方便及时的信息资源共享和智力支持服务；积极打造宁夏文化产业政策发布和公共服务的数字化平台，建立互动咨询平台、产品交易中心和政务服务中心，向省内外、国内外实时发布宁夏文化产业领域的最新政策消息、行业资讯、产业动态、投融资项目等专业信息；积极引入国内外知名网络科技公司、电子商务平台，加强信息产业链协作，带动跨境网上贸易、云计算和其他服务贸易快速增长，引领宁夏文化产业跨越数字鸿沟，实现互联网时代的"弯道超车"，搭建紧密联系中阿文化产业的"网上丝绸之路"。

第五条　新型生活形态示范工程

推动宁夏丝绸之路文化产业从成果转化、产业集聚、功能拓展向塑造新的"生活形态"发展，实现丝路文化产业与地区人文发展的有机融合，以文化建设带动区域生活方式的转变。构造具有浓郁宁夏风情、丝路特色的生活空间，传递"连通东西、开放包容、多元并存"的丝路价值观念，使丝路文化真正融入宁夏本地居民和外来游客的情感和认知中，这与产业经济概念或旅游文化概念下的文化产业发展路径有着内在而本质的不同。着力进行宁夏丝路文化生活形态设计，从城乡建设、人居环境、公共空间、礼仪节庆等各个层面由内而外地架构宁夏丝路的审美和文化符号体系，将丝路"在地"文化开掘、地方意象塑造、人文社区再造与地方经济振兴及新型城镇化建设有机结合起来，增加宁夏丝路文化产业的人文精神与地方色彩；以文化为内核，把创造有风格的社会、有特色的社区与文化产业发展联系起来，将丝路沿线居民自发性的生活空间、生产空间、活动空间转化为可消费的商品或体验，打造宁夏丝路文化生活形态示范村落、示范小镇；强调文化创意产业的全民参与，推动"互联网+"在丝绸之路文化产业中对传统文化生产形态的改造与提升，培育和发展宁夏文化创意产业的众创空间、咖啡工场、孵化平台，鼓励和发挥极客、创客等的文化创造力和市场开拓力；发挥文化创意对区域整体生活环境的提升作用，传递丝路文化生活品位与生活价值，提升宁夏人民的生活美感和幸福度，使文化生产融入社会形态。

第六条　丝绸之路跨省联动工程

着眼国家"一带一路"整体目标，积极开放宁夏文化市场，打破地区壁垒，鼓励文化企业跨省跨区域经营，实现文化旅游互为目的地和客源地，与西北四省及其他相关省份协力建设合作统一的国家丝绸之路文化产业品牌，以及人才、信息、项目等产业资源集聚平台，实现丝路历史文化资源的跨地域流动、跨区域共享。进一步发挥现行"沿黄经济带""西部大开发"等区域合作框架的作用，加强宁夏跨省的丝绸之路文化产业的交流与合作，建立对话、加强协商，完善文化产业区域合作机制，实现各具特色、错位发展的国家丝绸之路文化产业发展格局；加深省际间在文博、会展、演艺、影视、动漫等领域的项目合作、人才交流与产业协作，联合西安大唐西市集团等省外文创企业、文创资本，共同打造一批区域合作的丝路文化创意园区、基地，共织"丝绸之路经济带"上的文化纽带。

第八章　保障措施

针对宁夏丝绸之路文化产业的建设目标和发展规划，构建"2+3+4"综合保障体系，即推动公共管理服务和产业协作机制两大创新，完善政策、金融、市场三大体系，落实组织、宣传、资金、人才四项保障，协同政府引导和市场主导两股力量，从行政保障、制度规范、资本驱动、技术优化、人才支撑等方面系统把握各要素体系，促进宁夏丝绸之路文化产业健康、快速、可持续发展。

第一条　推动两大创新

1. 公共管理服务创新

——建设信息集成系统：通过技术创新、应用开发，积极建设宁夏丝绸之路文化产业信息集成系统，将宁夏丝路的文化遗产、文化项目、文化活动、行业资讯等动态数据库与文化厅的政策发布、项目管理、统计监测、评估认证等电子政务结合起来，通过网络与上下左右相关方面形成信息共享，争取行政管理的专业、透明、高效。

——搭建对外贸易合作平台：立足宁夏"内陆开放型经济试验区"政策机遇，着力打造以中阿为核心的文化外贸交流合作平台，通过文化产业博览会、投资贸易洽谈会、文化创意产业论坛、青年设计师邀请赛等形式，促进宁夏丝路文化产业对阿的产品和项目展示、招商合作、经贸交流，形成和巩固自身特色与优势。

——创新管理服务方式：改革和创新文化产业行政管理方式，推动主管部门从产业管理向产业服务转变，创新服务模式，提高服务水平，积极探索行政管控与规则服务相结合的现代公共管理服务方式，更加注重制订和完善产业规则，建立和维护公共秩序，提供快捷、高效、优质的行政服务。

2. 产业协作机制创新

——事业产业协同机制：将丝绸之路文化遗产保护与丝绸之路文化产业发展更紧密地结合起来，使丝路文化事业作为产业的根本和依托，产业成为事业的生发和带动，在对丝路文化遗产进行产业化开发时，注重引入事业产业协同创新机制。

——跨部门、跨领域协作机制：通过跨部门联席会议、跨界协作创新平台、产业联盟及产、管、学、研合作机制等方式，破除丝路文化产业和科技、现代服务业和传统产业融合发展的体制机制障碍，建立规划衔接、部门合作、产业联盟、技术共享、市场共建的宁夏丝绸之路文化产业融合发展机制。

——建立协作的长效机制：产业协作不能通过一个规划、一次会议、一时对接一蹴而就，力求在文化产业与相关产业、文化部门与相关委办局之间建立长效协作机制，通过合作制度、专题例会、信息共享、规划协同、人事安排、绩效挂钩等方式予以具体落实。

第二条 完善三大体系

1. 政策体系

建立宁夏丝绸之路文化产业园区、企业、项目、产品、版权、人才的认定和考评标准，作为落实各项优惠、扶持、激励政策的基础性依据；研究制订企业所得税、建设税、行政事业性收费等相关税费减免、房屋租金补贴、项目补贴、贷款贴息、政策融资担保等财税优惠措施；制订宁夏丝绸之路文化鼓励类产业目录，完善对原创内容、创新研发、投资创业、人才激励、人才引进、对外贸易等重要方面的各项扶持政策；针对文化创意产业门类众多、分异明显的特点，探索建立差异化的文化创意产业绩效评价指标体系和监督管理机制。

2. 金融体系

建立健全相关评估体系和信用体系，鼓励银行、信贷和担保机构探索版权质押、股权融资、小额信贷、信用担保等多种方式，解决或缓解宁夏丝绸之路文化企业、文化项目融资难题；鼓励宁夏文化创意企业通过并购重组、上市融资等方式，利用资本市场做强做大；引导设立国有文创投资基金，发挥其对社会资本的引导作用；积极培育文化创意产业的投资者，有效引导社会资本加大对宁夏文化创意核心领域、文创新兴业态和重大项目的投资力度；规范发展文化产权交易场所，完善中介服务市场，提升宁夏文创产业投资便利化水平。

3. 市场体系

培育市场主体，扩大市场消费，坚持市场主导，鼓励社会参与，发挥行业协会作用，多种所有制共同发展，构建政府、市场和社会共同参与的良好发展格局。大力支持骨干文化企业发展，鼓励一批拥有先进技术和自主知识产权、具有较强发展实力和国际竞争力的文化产业领军企业引领宁夏丝绸之路文化产业的创新发展；鼓励促进中小微文化创意企业向"专、精、特、新"方向发展，优化创新创业环境，充分发挥中小微文化企业推动产业发展、激发创造活力、保持文化多样化和吸纳就业等方面的积极作用；积极培育文化消费热点，扩大消费领域，拓展文化产品流通渠道，增加文化消费服务网点和交易平台。

第三条 落实四项保障

1. 组织保障

在自治区党委、政府及文化改革和发展领导小组统筹领导下，会同宣传、发改、财政、国土、规划、税务、统计等委办局和相关地市，研究建立自治区层面部门之间、省市两级政府之间的沟通协调机制，共同研究宁夏丝绸之路文化产业规划建设工作中的重大问题。将丝绸之路文化产业建设作为地方经济社会全面发展的重要参考指标，落实到各地市和相关部门的工作绩效考核当中。积极推动相关配套基础设施、公共服务平台和产业联盟建设。各地市指定专门部门负责本区域的丝绸之路文化产业规划建设工作，并将省级决策、措施落实到位。

2. 宣传保障

充分重视思想意识的引导作用，积极宣传"丝绸之路"文化产业促进宁夏经济社会整体发展的理念，在全社会、各领域凝聚共识，为宁夏丝绸之路文化产业发展创造有利的舆论环境和品牌影响；鼓励政府采购能体现丝路特色、地域文化的自主知识产权文化创意产品和服务，在国内外形成宣传和示范效应；支持丝绸之路文化创意企业、协会参与和承办省内、国内及国际文化节事、会展、论坛、巡演、展销活动；通过政府统一筹划、整体安排，积极面向境内外传播宁夏丝绸之路文化产业的发展目标、特色与成就。

3. 基金保障

引导和落实自治区统筹的"丝绸之路"文化产业发展专项基金，以及政府引导、企业参与的产业共济基金，对于符合宁夏丝绸之路文化产业规划布局的文化企业和项目通过项目补助、贷款贴息、保费补贴、绩效奖励等形式予以重点支持；对在对阿文化贸易中出口产品和服务成绩突出的企业进行奖励，对"走出去"的企业和项目择优进行补助；允许各地市结合自身产业发展基础和实际情况设立"丝绸之路"文化产业发展专项基金，有效引导符合本区域功能定位的文化创意产业和优势企业聚集发展。

4. 人才保障

积极营造尊重文化、尊重创意、尊重人才的产业发展环境，加大人才引进力度，创新人才培养模式，完善人才使用机制。拓宽人才引进绿色通道，落实高层次人才激励政策，从薪酬、津贴、期权、生活环境、子女教育等各方面创造有吸引力的引智条件及创业环境；进一步强化宁夏创意人才、科技人才、阿语人才等方面的人才培养，学历教育与职业教育相结合，完善管理人才、创意人才和营销人才的复合培养体系，建设产、学、研一体化的文化产业人才培养基地及培养机制；探索新型用人机制，通过客座制、签约制、特聘制、合作工作室等形式使国内外高端人才"为我所用"，鼓励国内外优秀人才以版权、知识产权、无形资产、技术要素等作为股份参与企业利润分配。

第九章　附则

第一条　规划批准

本规划由宁夏回族自治区人民政府批准。

第二条　解释单位

本规划由宁夏回族自治区人民政府负责解释。

第三条　生效日期

本规划自发布之日起生效，由自治区文化厅组织实施。

第四条　规划适用

其他自治区级、地市级丝绸之路文化产业相关规划，包括各专项规划，如与本规划内容相冲突，以本规划内容为准。

泉州市"十三五"文化产业发展规划建议[1]

---

[1] 2016年泉州市委宣传部委托课题。主持:熊澄宇。参与:吕宇翔、张铮、胡琦、王可欣、杨洋、张岩。

第一章　总则
　　第一节　规划性质
　　第二节　规划依据
　　第三节　规划时限

第二章　规划背景
　　第一节　发展机遇
　　第二节　产业基础
　　第三节　面临挑战

第三章　总体思路
　　第一节　指导思想
　　第二节　规划原则
　　第三节　总体目标

第四章　整体布局
　　第一节　战略定位
　　第二节　空间布局
　　第三节　产业路径

第五章　重点产业
　　第一节　特色引领行业
　　第二节　联动发展产业

第六章　主要任务
　　第一节　提升设计品质　重塑产业精魂
　　第二节　提炼泉州特色　乐享创意生活
　　第三节　传承闽南文化　激活"海丝"经济
　　第四节　融通全局资源　建设创意城市

第七章　保障措施
　　第一节　推动两大创新
　　第二节　完善三大体系
　　第三节　落实四项保障

附件一　泉州市"十三五"文化产业发展规划重点项目库
　　一、平台项目
　　二、园区项目
　　三、特色街区（小镇）
　　四、软性项目
　　五、产业项目

文化产业以其高附加值、可持续发展、独有的价值创造方式以及巨大的社会效益，正不断成为各大经济体关注的中心、世界经济新的增长点和国家软实力的重要体现。当经济社会发展到一定阶段后，文化产业也越来越多地成为区域经济转型升级的重点方向之一。

为加快"十三五"时期泉州市文化产业发展，充分挖掘全市文化产业资源与区位优势，发挥文化产业作为新兴产业的重要作用，主动融入国家"一带一路"发展规划，促进 21 世纪海上丝绸之路的文化交流与产业共进，推动泉州市经济结构调整、发展方式转变，打造闽南特色文化城市，建设"五个泉州"，特制定本规划。

第一章　总　则

第一节　规划性质

本规划是泉州市"十三五"期间文化产业发展的总体规划，是未来五年泉州市文化产业发展的指导性文件。

第二节　规划依据

国务院：《海峡西岸经济区发展规划》

国务院：《关于发展众创空间推进大众创新创业的指导意见》

国务院：《关于推进文化创意和设计服务与相关产业融合发展的若干意见》

文化部、工信部与财政部：《关于支持小微文化企业发展的意见》

文化部、央行与财政部：《关于深入推进文化金融合作的意见》

文化部、财政部：《文化产业创业创意人才扶持计划》

文化部、财政部：《关于推动特色文化产业发展的指导意见》

文化部：《关于大力支持小微文化企业发展的实施意见》

福建省：《泉州市城市总体规划（2008—2030）》

福建省：《关于推进文化创意和设计服务与相关产业融合发展八条措施的通知》

福建省商务厅等 5 部门：《福建省文化出口重点培育企业认定办法》

福建省：《关于加快发展对外文化贸易的实施意见》

福建省：《关于加快互联网经济发展十条措施的通知》

泉州市：《国民经济和社会发展第十三个五年规划纲要》

泉州市：《关于发展服务型制造专项行动计划的实施意见》

泉州市：《进一步推动金融支持泉州市文化产业发展的若干措施》

泉州市：《关于进一步推动产业转型升级的实施意见》

泉州市：《加快推进文化和旅游融合发展的实施意见》

泉州市：《加快推进文化和科技融合发展的实施意见》

泉州市:《文化体制改革实施方案》等。

第三节 规划时限

本规划时限为:2016—2020年。

第二章 规划背景

第一节 发展机遇

1. 发展文化产业建设

党的十八届五中全会再一次强调推动"文化产业成为国民经济支柱性产业",作为绿色产业、现代服务业,文化产业对于提升经济发展质量、拓展产业发展空间、增强国际贸易竞争力、促进消费结构升级发挥着重要意义和作用。

2. 开拓"一带一路"建设

泉州是联合国认定的海上丝绸之路起点城市,在"一带一路"文化建设中具有重要的地位。以文化产业开发带动泉州市文化品牌建设,并推动文化产业的国际交流与合作,既是泉州市文化产业发展的目标与方向,也是国家"一带一路"倡议的重要组成。

3. 推动转型升级的泉州战略

新常态下,如何引领泉州市以传统制造业为主的劳动密集型产业的转型升级,以创新创意的方法适应消费端的新变化,推动供给侧结构性改革,是产业转型升级的主要任务。而文化产业正是泉州市产业转型升级的主要方向之一。

第二节 产业基础

1. 发达的民营经济

发达的民营经济奠定了文化产业发展的物质基础。泉州市致力打造国家自主创新示范区,致力打造"中国制造2025"城市试点示范,大力发展新经济、培育新动能、增创新优势。作为福建省民营经济综合配套改革试验区,泉州素有民营经济特区之称,2015年,市地区生产总值6 137.74亿元,经济总量连续17年居全省首位,其中民营经济产值占比逾九成,拥有96家上市企业和146个中国驰名商标品牌。市人均地区生产总值已经超过1万美元,城乡居民人均可支配收入分别达到37 275元和15 861元,标志着泉州市工业化程度已达到中等发达以上水平,同时,亦标志着泉州市文化产业发展进入一个关键阶段。按照国际经验,人均GDP超过1万美元,文化产业将上升为社会新的发展诉求和发展动力。

2. 丰富的文化遗存

丰富的文化遗存提供了文化产业创新的内容源泉。泉州市是国务院首批公布的24个历史文化名城之一，也是联合国教科文组织确立的全球第一个"世界多元文化展示中心"、古代海上丝绸之路起点、首届"东亚文化之都"。这里有着丰富的历史文化遗存和大量非物质文化遗产，现有国家级非物质文化遗产34项，吸纳融汇了中原文化、古闽越文化、域外文化、华侨文化、宗教文化、海洋文化等多元文化的精华，为泉州市文化创意产业发展提供了丰富的内容元素。

3. 广泛的侨胞资源

广泛的侨胞资源连接着文化产业发展的国际桥梁。泉州市是全国著名侨乡和台湾汉族同胞主要祖籍地。分布在世界129个国家和地区的泉州籍华侨华人950万人，旅居香港地区的同胞70万人，旅居澳门地区的同胞6万人，台湾地区的汉族同胞中44.8%、约900万人祖籍泉州，全市现有台属近16万人。广泛的人脉资源可为泉州市文化产业发展提供全方位的要素配置与资源拓展，同时为泉州市文化产业的国际化发展提供有力支撑。

4. 良好的产业氛围

良好的文化产业发展氛围为经济结构转型升级提供了广阔的发展空间。"十二五"期间，泉州市文化产业发展保持强劲势头，文化体制改革和机制创新稳步推进，城市文化品牌影响力明显提升，各类公共文化服务体系日益完善，形成了良好的文化产业发展氛围，文化产业发展逐步由起步阶段进入快速发展期，并在文化产业与传统制造业间缔结了一定的纽带，在一定程度上助推了全市经济结构的整体转型升级。2015年，全市文化产业增加值276.67亿元，连续4年位居福建省首位。全市共有文化产业示范基地128家，其中国家级1家、省级19家。

第三节　面临挑战

1. 传统劳动密集型产业的创新发展

泉州市第二产业比重高达60%以上，在经济全球化的背景下，劳动密集型产业面临要素成本上升、同质化竞争加剧、利润空间狭小等多重压力，大力发展文化产业是泉州市产业转型升级的重要路径。但目前泉州市对文化产业的创新驱动能力认识不足，尚未能对文化产业的培育与统筹发展进行有效的布局，在产业规划推进、政策支持落实、支撑平台服务等软硬件环境建设方面，与国内发达城市相比还有差距，还不能满足城市创新发展的需要。

2. 文化产业新兴业态的差异化开发

发达的制造业在一定程度上限制了泉州市文化产业发展的基本格局。文化产品制造业占据泉州市文化产业的绝对份额，但文化创意产品设计、文化批零业和文化服务业的发展则较为薄弱，存在产业结构不合理、发展不平衡等现象。因此，如何布局开发文化产业新兴业态、如何推动各市、区、县文化产业的特色化发展，并与福州、厦门以及国内其他地区形成差异化竞争，促进文化产业的国际化拓展等，都需要进行全方位的挖掘与综合考量。

3. 产业龙头和产业集聚效应的发挥

近年来，泉州市大力建设文化创意产业园区，形成了以领 SHOW 天地、源和 1916、洪山文创园为代表的文化创意产业园区，有效培育了文化创意产业集群，涌现了一批文创领军企业，但总体来说具有全国影响力的骨干文化企业不多，产业竞争力和资源整合能力不强。另外，泉州市文化产业的集聚效应和规模效应还不明显，对城市经济发展的带动作用仍未体现。

4. 面向世界的外向型文化产业拓展

泉州市以文化制造业为主的产业格局具有强烈的出口导向性，但是现有产品层次较低，大多为低水平的重复生产，产品原创设计能力欠缺，行业领域同质化竞争严重，世界级文化品牌缺位，产品设计和文化内涵都亟须进一步提升。

5. 持续优化文化产业综合发展环境

与国内外文化产业发达城市相比，泉州市文化创意整体实力和产业介入能力较弱，文化创意社群尚未形成，核心创意人才、领军人物等文化产业高层次复合型人才紧缺，大学、研究机构、现代文化产品、文化艺术创作平台偏少，缺乏开放型文化产业交流协作平台。同时，泉州市的城市人文环境、文化产业政策环境、产业园区公共设施、人才扶持环境等与发达城市仍存在明显差距。

第三章　总体思路

第一节　指导思想

高举中国特色社会主义伟大旗帜，全面贯彻落实党的十八大和十八届三中、四中、五中全会精神，深入学习贯彻习近平总书记系列讲话精神，按照"四个全面"战略布局，坚持"五大发展"理念，以推动文化产业结构优化升级、完善现代文化市场体系、提高文化开放水平、推动文化产业成为国民经济支柱性产业为主攻方向，以增强泉州市文化软实力与综合竞争力、推动 21 世纪海上丝绸之路文化交流与互动为中心，以满足人民群众多样化、多层次、全方位的精神文化需求和文化市场繁荣为出发点，按照国家"十三五"规划和福建省、泉州市进一步推动产业转型升级和建设"五个泉州"的要求，全面推进供给侧结构性改革，推动泉州市文化产业的跨越式发展，使文化产业成为泉州市新的经济增长点、经济结构战略性调整的重要支撑点、转变经济发展方式的重要着力点，为打造东南部经济核心增长极提供重要支持。

第二节　规划原则

1. 政府推动与市场驱动相结合

与先进地区相比，泉州市文化产业发展依然处于初始阶段，政府需加强对文化产业的引导、培育、扶持；同时，要强化市场机制以及市场主体的作用，以发达的制造业为基础，发挥市场对生产要素资源的配置作用，促进文化产业的快速可持续发展。

2. 保护传承与发展创新相结合

泉州是海上丝绸之路的起点，也是闽南文化的发源地，拥有悠久的历史文化传承。要采取有效措施，在继承丰富文化遗产的基础上，鼓励多种形式的创新，以文化产业发展推进传统文化保护，以文化创意产品提升工业产业附加值，带动泉州产业结构的升级转型。

3. 对外开放与对台先行相结合

努力做好21世纪海上丝绸之路先行区建设，大力塑造泉州文化品牌，扩大国际文化交流与合作，不断丰富文化产品与服务的国际供给；同时，发挥区位优势，在文化产业发展中充分结合两岸资金、人才、创新资源，扩大泉州市文化品牌在世界闽南文化展示中心的影响力和传播力。

4. 产业发展与文化提升相结合

注重挖掘产业的历史文化、时尚艺术内涵，走"产业发展促文化提升、文化提升促产业发展"的道路，促进文化产业与相关产业的有机结合，特别是强化与现代制造业、旅游业、服务业等的结合；同时，坚持将社会效益放在首位，努力实现社会效益与经济效益双丰收。

第三节　总体目标

按照国家"十三五"规划和福建省、泉州市经济社会发展总体要求，泉州市文化产业的发展将以建设海上丝绸之路重要的国际化创意城市为战略目标，以推进文化产品与服务的供给侧结构性改革为突破，"十三五"期间将努力实现：

——文化产业快速可持续发展。到2020年，形成以创意设计、工艺美术、包装印刷、文化旅游为引领，以广播影视、动漫游戏、广告会展、演艺娱乐为支撑，与国家海上丝绸之路文化建设、泉州制造业转型升级高度融合的文化创意产业集群，产值亿元以上文化企业达250家以上，全市文化产业增加值达到500亿元，年均增速12.5%，成为国民经济支柱性产业。

——文化产业结构不断优化。在保持工艺美术行业传统优势的基础上，积极培育新型文化业态，充分利用泉州市制造业优势，着力提升文化要素聚集力，在创意设计、数字内容、广告会展、文化旅游等方面取得突破，形成文化产业新的增长点，促进产业优化重组，建设结构合理、布局科学、集聚有效的文化产业发展体系，以文化产业推动社会经济结构的整体转型升级。

——创新驱动发展效果显著。充分利用泉州市国家金融服务实体经济综合改革试验区、民营经济综合配套改革试验区、国家电子商务示范城市、《中国制造2025》首个试点城市的定位，大力推动文化产业与金融、科技、实体经济的全面融合，创新体制机制，优化创新创业环境，激发创造活力，积极培育文化消费热点，拓展文化产品流通渠道，形成一批具有核心竞争力的文化产品。

——现代文化市场体系日益完善。以文化产业聚集区为重点，加快推进文化产业载体建设，培育和引进一批具有国际竞争力的外向型市场主体，扩大市场消费、坚持政府政策引导、市场资源配置、社会资本参与、行业协会协调、多种所有制共同发展的良好发展格局，增加文化消费服务网点和交易平台，打造一批具有国际影响力的文化品牌，进一步发挥战略性新兴产业的引领和带动作用。

——外向型拓展优势明显。加快发展对外文化贸易，全市文化产品和服务在国际市场的份额进一步扩大，大幅提高对外文化贸易额在对外贸易总额中的比重，建设海上丝绸之路国际旅游目的地，打造21世纪海上丝绸之路国际化协作、跨界融合的文化产业集群，建设多元文化融合、创意经济活跃的国际化创意城市，力争加入联合国"全球创意城市网络"。

第四章　整体布局

第一节　战略定位

1. 海丝文化先导区

作为海上丝绸之路的起点，泉州市要充分发扬海丝文化的特点，将宝贵的海丝文化资源转化为城市功能、特质、气场，增强国际资本、信息、人才等资源配置能力，努力建成海丝沿线的综合通道。以活化海丝基因、加快全域聚合、复兴千年古港、做大海丝朋友圈为主要任务；以开放包容、合作共赢的精神努力构筑各国文化交流与合作的前沿平台；以创新驱动、公开透明的市场环境吸引全球的文化产业资源；以特色鲜明、充满活力的产品与服务开拓广阔的文化市场空间，将泉州打造成21世纪海上丝绸之路文化先导区。

2. 闽台交流试验区

作为海峡西岸距台湾地区最近的城市，泉州市要充分发挥对台文化交流的独特优势，以两岸文化产业建设为突破，通过政策的先行先试，以及人员的互动往来、项目的深度对接，在全面振兴和提升文化产业的同时，探索两岸文化产业互动交流的新模式，实现两岸继经贸往来、农产品互惠后在文化领域合作的创新和突破，努力构筑两岸文化产业交流合作的前沿平台。

3. 侨乡文化汇聚地

泉州市是著名侨乡，华人华侨资源对于中华文明传承、文化认同具有重要的作用，对于经济发展、社会变革也有着积极的意义。以闽南文化为根源，以侨乡文化为特色，泉州市应充分利用侨乡特有的国际资源，打造侨乡文化品牌，推动以文化带动的国际互动与产业发展。

4. 特色文化展示场

经过长期的积累与发展，泉州市各市、区、县依托自身特点，已形成茶、瓷、香、雕、石等各具特色的文化资源，"十三五"期间，要充分挖掘这些特色文化资源，并进一步推动这些资源的产业化发展，优化产业布局，发挥文化育民、乐民、富民作用，使泉州市地方文化的独特魅力得到广泛的传播与继承。

5. 闽南文化保护区

泉州市是闽南文化的发祥地、核心区和富集区，千百年来保留了许多独有的文化特色和多样化的文化遗产。因此，我们要对现有的闽南文化遗存进行合理的保护与规划，有针对性地培养非物质文化传承人；同时也要结合新兴数字科技，利用各种形式弘扬、推广闽南文化，真正使泉州成为世界闽南文化的中心。

第二节　空间布局

依托泉州城市总体规划"一湾、两翼、三带"的空间结构，结合各地区文化产业发展特色，坚持优势互补、产业要素合理分配、资源和设施共享，实现与周边地区协调发展，构建"一心三带"的文化产业空间格局。

1. 泉州湾城市核心区

以泉州主城区的鲤城区、丰泽区为核心，沿泉州湾自然延伸至晋江、石狮，形成泉州湾城市核心区。这一区域是泉州古城风貌的核心区，也是泉州现代工业制造业的发源地，既有以源和1916、领SHOW天地为代表的文化产业园区，也有面向世界的服装鞋业制造基地和交易中心，是当前泉州市文化产业的重点集聚区，也是未来新兴文化产业的重点发展区域。完成闽南文化生态保护核心区建设、中山路等历史文化街区整治、新门街等特色文化街区开发、晋江15分钟文化生活圈、石狮时尚设计展示交易平台提升等重大项目，合理有效地利用不同城区的优势和特点，全面提高城市品牌形象，促使中心城市发挥最大的辐射和带动作用，拉动全市文化产业的整体快速发展。

2. 海丝文化综合体验带

以泉州古城、古港为起点，沿晋江由南向北经九日山"海上丝绸之路"起点、千年古镇晋江安海、安溪茶文化博览园、清水岩朝圣文化旅游区、历史文化名镇湖头镇、中国香都达埔、南拳故里永春，最终到达瓷都德化，形成一条海上丝绸之路的综合体验带。沿线拥有众多的古代海上丝绸之路遗迹，也有大量因海上丝绸之路贸易兴起的相关产业。大力开发文化旅游业，实施古城文化复兴计划、古港转型升级行动，有效利用在地闽南文化、"海丝"文化、宗教文化等多元文化形态，依托广泛分布于体验带上的历史文化遗存，"四山两江"的自然地理风貌，新兴茶文化、香文化、瓷文化为主的文化旅游项目，以及群众特有的生产生活方式，形成人文景观与自然景观有机结合、交相辉映的宜居生态。

3. 泉州工艺美术创新带

泉州工艺美术继承了中国南派工艺的优秀传统，在国际国内市场享有盛誉，是文化产业的重要组成部分。改革开放以来，泉州市工艺美术产业凸显出植根本土文化、面向全球市场、集聚优势发展三大特色，形成了惠安雕艺、德化陶瓷、丰泽树脂、安溪铁艺、永春香道、张坂木雕、鲤城民间工艺、晋江潘山庙宇木雕等特色区域品牌，并在文化产业领域创造了巨大的产业价值。泉州工艺美术创新带由城市核心区沿泉州湾向北延伸，含洛江区、台商投资区、惠安县、泉港区等区县，沿线囊括了张坂木雕、惠安雕艺、泉港福船制造等重要工艺美术产业结点，以及洛阳桥、崇武古城、海上丝绸之路艺术公园·亚洲园等历史文化遗迹和生态文化休闲展示区。

4. 闽南文化共生带

泉州、厦门、漳州等地市共同构成了闽南文化生态保护区，从泉州出发，沿泉厦高速公路辐射形成的闽南文化共生带既是闽南文化的核心展示区，也是泉州市经济发展的典型代表区域。2012 年以来，世界闽南文化节已经在台南、泉州、金门、澳门等地连续举办多届，形成了巨大的社会影响力。要加大对闽南文化的保护与开发，以多种形式传播闽南文化，形成广泛的文化认同与国际互动。联合海内外各方力量，在现有各类节庆会展的基础上，强化以闽南文化为导向的文化产品开发，并结合闽南文化生态保护区、晋江五店市传统街区、南安蔡氏古民居的保护开发，以及安海闽台文化门户建设等重点项目，从人文、历史、建筑、艺术、食品、手工艺等方面全方位提升闽南文化的产业开发。

第三节　产业路径

泉州市文化产业的发展，既要立足区域传统特色文化资源，更要迎接时代机遇和挑战，搭乘全球化、数字化、网络化快车，使传统文化与现代生产力、生产方式相结合，并抓住 21 世纪海上丝绸之路的全面建设契机，带动文化产业的全面发展，推动全市产业结构的整体转型升级。

1. 提升传统产业

积极推动泉州市优势产业进一步细分化、产品化、品牌化，重点引导传统工业制造业、工艺美术业、包装印刷业等传统产业的进一步提升，并大力推动海丝文化旅游、文艺演出、民俗文化、展览展示等产业的快速发展，提升"本土故事"的创作和讲述能力，强化特色元素、联结当代生活、加强技术导入、构建自主版权，以差异化路径，运用现代化手法拓展全球化市场。

要引导制造业以泉州风物、闽南文化、海丝遗存、侨乡创新等文化资源进行深度挖掘，并不断开拓全球市场，强化制造业的品牌价值，强化精品内容支撑；将传统文化与当代社会价值观、审美取向和生活方式相联结，使文化产品进一步地贴近现代人的生活与文化消费需求；积极寻找泉州市传统产业与当今生产力的结合点,加强技术导入,在传统产业的产品与服务设计、生产、呈现、传播、消费等过程中,通过文化科技融合,提高产品的创意附加值;要大力宣传和强化文化产业的版权保护意识,建立健全版权信息数据库和版权交易合作平台,优化泉州市文化产业的版权环境,推动自主版权的构建。

2. 促进新兴产业

积极打造知识经济和创意经济背景下泉州市文化产业新优势,积极探索现代信息技术与内容产业相整合、科技与文化相融合的新型业态,大力引导创意设计、数字内容、动漫游戏、影视产业、品牌会展等新兴业态加快发展,增强科技创新,培育产业链条,加快成果转化,开辟国际舞台,提升文化创意产业活力、潜力和实力,形成泉州市文化产业发展的新引擎。

利用数字技术、互联网等现代技术,增强科技创新,推动本地文化元素与高新科技、创意设计、时尚艺术等双向互动融合,创造新的文化业态,推动泉州市文化产业的数字化、网络化、信息化进程;培育产业链条,大力实施文化创新、科技创新"双轮驱动"发展战略,建立健全泉州市文化产业在新兴产业领域的原创开发、设计制作、展示交易、运营服务、经贸代理等产业链条。加快网络技术、数字技术、云计算、绿色印刷、3D打印等技术在泉州市文化产业中的应用和成果转化;以专利孵化、知识产权交易、软件服务外包等形式加速文化科技融合的产业转化;积极鼓励和支持创意设计向产业价值链的高端提升,加强创意的产业转化和衍生品开发。

3. 联动融合发展

围绕"21世纪海上丝绸之路先行区"文化建设与经济建设、社会建设的融合发展,大力推进文化创意和设计服务与相关产业的融合发展,打破行业界限,促进要素流动,有效整合资本,统筹区域带动,积极促进文化产业发展与泉州市装备制造业、消费品制造业、金融业、商贸、教育、特色农业、特色林业、城乡建设等产业领域的融合创新。

促进工业设计、广告设计、时尚设计、建筑设计等文化创意服务在相关产业新工艺、新产品、新市场开发中的深度融合与运用,打破行业界限;促进要素流动,优化人才、资金、信息、技术等生产要素的配置,宣传文化部门与其他产业管理部门之间要打破传统的业务界限,主动加强沟通,形成有效对接,相互纳入各自的统筹发展规划体系;有效整合资本,鼓励不同门类产业间通过品牌、资本、平台、市场等形式进行横向整合,激发民间资本热情,通过并购、重组等资本运作方式或业务联合、多元化拓展等形式,实现不同门类的有机融合;统筹区域带动,合理规划、有序建设,探索和创建文化产业与工业制造业、旅游业、金融业、商贸、教育培训等相关产业融合创新的示范街园区、基地、新型城镇,带动区域经济的融合发展、共同繁荣。

4. 改革供给结构

随着经济水平的提高,人们对精神生活的需求愈发凸显,现有文化产品、文化服务已无法满足人们的需求,泉州市以传统工艺美术为主的文化产业发展格局已出现无效低端供给过剩,有效中高端供给不足等问题，迫切需要通过创新供给方式、丰富供给内容、提高供给质量、增强供给结构等方法，推进供给侧结构改革，激发文化产业的发展潜力。

要创新供给方式，以创意设计带动纺织鞋服、工艺美术、石材石化等传统产业的产品开发，改变企业内部设计部门格局，鼓励创意设计单位独立运营，以品牌设计、形象设计、创新设计等特色服务，为企业和用户提供更多专业化服务；以文化旅游与演艺娱乐为核心，有效整合泉州市各类文化资源，丰富文化产品与服务的供给，真正使本地群众安居乐业，外来游客流连忘返，远方人群心向往之；要引导产业升级，有效化解过剩产能，促进产业优化重组，从生产端入手，改变产品与服务质量，提升产业附加价值，提高供给质量；以数字创意产业带动泉州市文化产业供给结构变化，推动文化产业与高新技术的融合，增强供给结构。

第五章　重点产业

4个特色引领产业和4个联动发展产业的"4+4"格局构成了泉州市文化产业发展的核心动力（表5-1）。

表5-1　"4+4"格局

特色引领产业	联动发展产业
创意设计业	广播影视业
工艺美术业	动漫游戏业
包装印刷业	广告会展业
文化旅游业	演艺娱乐业

第一节　特色引领行业

1. 创意设计业

发展目标："十三五"期间，创意设计业增加值年均增长10%以上。重点培育以传统制造业为主的服装设计、工业设计、家居设计和以特色新兴产业为主的品牌设计、形象设计、创新设计等特色设计产业集群。鼓励企业设计机构独立运营，引进一批在国内外具有影响力的设计企业、设计师工作室，努力打造3～5个在东南部具有影响力的设计主题展会，新增2家国家级设计中心、5家省级设计中心、30家市级工业设计中心，初步形成"泉州设计"品牌效应，建成全国一流的创意设计基地。

发展措施：

——加快建设创意设计产业园区。依托晋江、石狮的鞋服设计业、惠安的石雕设计业、德化的陶瓷设计业、南安的水暖卫浴设计业、安溪的藤铁工艺设计业等相关行业，大力引进国内外一流的创意设计企业和机构，形成以创意设计为龙头的全产业链要素聚集，重点发展工业设计、工艺美术设计、服装设计、家居设计等领域。

——健全创意设计公共服务平台。依托泉州市工业设计协会、纺织服装商会等行业组织，搭建工业设计、服装设计等公共技术平台，对软硬件技术服务、原材料质量检测、新产品性能评估、国际国内标准认证等产业提供全面支持，完善信息咨询、人才培训、展示交易、行业交流等平台，促进设计成果转化。

——鼓励企业设计机构独立运营。以政策引导、资金扶持等方式鼓励企业独立运营其内设的设计机构，并使其加入设计服务业统计体系，激发创意活力、营造更好的市场氛围并创造更大价值。扶持重点企业和知名设计机构，发挥骨干企业和领军人物的行业引领和带动作用，培育泉州设计品牌。

——打造创意设计品牌活动。组织开展创意设计推广活动，举办创意设计大赛、创意设计精品展、创意设计论坛等各类交流活动。鼓励设计企业参加国内外设计展览、学术交流、项目合作和设计创意类奖项的评选，支持具有泉州文化特色的自主品牌设计产品的市场推广。

——培育引进高端设计人才。明确发展定位，紧密结合泉州市产业转型升级人才需求，以本地高校、企业为依托，大力培养理论和技能兼具的高端设计人才。设立专项经费，定期选拔优秀人才参与国际化设计人才培训、实践项目，鼓励人才参与各类国际设计大赛。全面引进国际国内高端创意设计人才、设计团队，形成良好的人才发展环境。

2. 工艺美术业

发展目标："十三五"期间，泉州市工艺美术行业进入可持续发展通道，保持产业的健康稳定发展。形成拥有一支由高、中、初级人才组成的技术骨干梯队，打造具有影响力的泉州工艺美术品牌形象；建设全国特色陶瓷、藤铁工艺家居、制香、雕艺工艺品基地和大型专业交易市场，保持优势产业地位，加快产城融合发展；加大技术创新和品牌培育力度，形成完整的产业链条，推进全市工艺美术产业集约化、规模化发展。到2020年，工艺制品产值翻一番，超过1 000亿元，力争年均增长12.5%以上。

发展措施：

——提高产品技术含量。积极采用高新技术、先进适用技术，改造、提升传统工艺技法和工艺美术产业。运用新技术、新工艺、新材料、新设备创新生产工艺，研发工艺美术精品，促进工艺美术产业的梯级转移。

——全面引导产业升级。充分发挥创意设计在产业升级中的重要作用，积极支持工艺美术企业打造具有自主知识产权的工艺美术产品品牌。面向国际市场，延伸产业链条，全方位、多领域拓展，提高产业的整体知名度，形成品牌影响力。

——发挥龙头带动作用。大力扶持龙头企业和重点项目，根据各市县特点，建设一批特色产业园区，利用地缘优势，积极吸纳台湾及其他地区的工艺美术资金、人才、技术和管理经验，形成产业要素的充分聚集，建立完善的市场管理体系，带动产业的全面发展。

——提升产业附加价值。充分发挥工艺美术制品独有的文化载体功能，与旅游、商贸、内容创作等相关行业展开全面合作，通过原创性、艺术性、品牌化等方法提升产业的附加值，在创造物质文明的同时积累精神财富。

3. 包装印刷业

发展目标："十三五"期间，全市包装印刷业增加值年均增长10%以上，到2020年产值达到300亿元。加快印刷产业的数字化和绿色化转型升级，构建印刷产业技术服务平台，提高绿色印刷在各印刷领域的覆盖率。融合创新创意设计和互联网元素，推动印刷技术在相关领域的应用延伸。进一步优化产业结构，支持骨干企业跨行业、跨区域发展，打造具有国际竞争力的企业集团，形成1～2个具有国际影响力的先进包装产业基地。

发展措施：

——培育壮大市场主体。坚持龙头企业的引领作用，鼓励和支持骨干行业企业以资源融合、兼并和重组等形式，跨地区、跨部门、跨行业发展，打造多形式、多业态集群，培育3～5家在国内甚至国际上有竞争力的综合性企业集团和专业型骨干企业，提升企业的行业竞争力。同时，鼓励和支持中小印刷企业向"专、精、特、新"方向发展，减少同质化竞争。

——加快产业结构调整。实施包装产业转型升级战略，针对目前全市包装产业发展中存在的突出问题，加快结构调整步伐，通过新技术引进和新工艺研发，坚持走科技含量高、经济效益好、资源消耗低、环境污染少、人力资源优势得到充分发挥的新型产业道路。

——推动绿色印刷升级。推动产业可持续发展，加快包装印刷企业的技术、工艺改造升级，基本形成以节约、清洁、安全、低碳为主要特征的绿色印刷产业体系。"十三五"期间，推进资源利用绿色循环计划，全面提高印刷包装产业的环保水平，提升产业的总体效益。

——发展印刷延伸领域。大力开拓传统印刷产业以外的相关延伸领域，结合泉州市传统制造业，争取在纺织品印刷、电子印刷、装饰装潢印刷、喷墨3D打印等领域有所突破，加快吸收国内外先进技术、先进工艺，通过产业的集约化发展，形成具有自主知识产权的核心竞争力，拓展企业的产品覆盖与服务领域。

4. 文化旅游业

发展目标："十三五"期间，努力将泉州市打造成为世界"海丝"文化休闲旅游目的地，游客总量突破1亿人次，年均增长14.3%；旅游总收入力争达到1 300亿元，年均增长16.04%。重点发展海丝文化游、闽南风情游、特色节庆游、工业体验游、清新休闲游等文化旅游品牌产品，积极推进中国海上丝绸之路国际文化交流展示中心、闽南文化生态园、泉州台商投资区大型滨海旅游综合体等重大建设项目，优化旅游服务设施，合理规划旅游线路，促进全域文化旅游资源的联动提升，形成与周边地区的协调互动，推动旅游城市品牌建设。

发展措施：

——调动多方资源参与文化旅游项目开发。制定引导政策，鼓励泉州市发达的民间资本进入文化旅游领域，参与对泉州古城、"海丝"遗迹、闽南特色街区、历史文化遗存的保护、开发、推广和利用；加大文创旅游商品设计开发，创新开发模式，推进全民参与双创平台建设，发动本地高校成立创意联盟，丰富旅游产品和伴手礼的设计生产，形成多方共赢的产业格局。

——重点打造"海丝"精品文化旅游线路。科学保护、整合开发相关市、区、县"海丝"文化遗产和旅游资源，规划建设一批各具特色的文化旅游项目。积极参与中国海上丝绸之路旅游推广联盟，建设一支高素质、高水平的导游队伍，加强同世界旅游组织的联系与合作。

——鼓励传统制造企业打造工业旅游项目。针对泉州市发达的工业制造业和工艺美术行业，全面推动工业旅游项目的设计开发，打造一批工业旅游景点，加快推进泉港区的盐业观光、永春的香业生产、德化的陶瓷生产、石狮晋江鞋服设计制造、安溪茶庄园、南安的创意石材、惠安和台商区的雕艺观光等重点项目建设，培育新的文化旅游消费热点。

——提升博物馆展示的科技文化水平。以现有的海外交通史博物馆、闽台缘博物馆、泉州市博物馆为重点，加快建设泉州市公共文化中心，充分运用视听、影像、信息、多媒体、互联网等技术手段，提高展陈技术的数字化、信息化水平，构建博物馆信息网络。引导建设一批民间博物馆，加大对"海丝"文化、闽南文化的展示推广力度。

——加强特色文化旅游项目的营销与推广。整合全市文化资源和旅游资源，联合国内外媒体、旅游组织、旅游机构、旅游网站等旅游产业链上的重点环节，借助国内外知名旅游企业的渠道优势和运营模式，构建泉州市文化旅游营销网络，推动文化旅游产业链的不断延伸，提升泉州市文化旅游品牌的影响力。

第二节　联动发展产业

1. 广播影视业

发展目标：立足泉州市丰富的文化资源与发达的制造业基础，借助新兴媒体技术手段，通过发挥微电影等龙头企业与平台的带动作用，大力开发传统产业的影视节目制作需求，努力打造海峡西岸重要的网络视听产业基地，融合海上丝绸之路文化资源的影视节目协作与交易平台。"十三五"期间产值年均增长 8.5%，到 2020 年实现产值 8.36 亿元。

发展措施：

——全方位合作打造网络视听产业基地。依托闽台合作办学项目，联合国内外相关机构，创建海峡两岸网络视听产业园区，引进或建立影视文化产业投资机构，设立海峡网络视听产业众创空间，打造闽南特色影视制作基地，逐步形成网络视听产业创新集群，鼓励闽台题材、海丝题材的高质量原创节目创作。

——整合形成视听全产业链要素聚集。以惠普聚贤数字媒体制作基地为龙头，带动影视动漫后期制作产业快速发展；结合文创园、历史城区、旧厂房等文化休闲消费空间，推出"文都主题影院发展计划"，建设一系列各具风格的小型影院，联合大型综合性影院，做大做强影视播映业；整合文化旅游资源，发展影视衍生产业。

——建设海上丝绸之路全媒体传播平台。创新体制机制，引导支持泉州市主流媒体建设、运营"海丝全媒体传播平台"，联合国内外海上丝绸之路覆盖地区，共同打造海上丝绸之路国际青年微电影节、海上丝绸之路国际纪录片节等品牌活动，形成"海丝"视听节目创作、交易、传播的协作体，实现多元化经营，多端口输出。

——以智慧泉州带动数字广播电视发展。以"智慧泉州"为发展契机，重点打造面向公众市场的数字广播电视平台，发展视讯业务服务以及游戏、教育、娱乐等方面的增值服务。建设发展面向行业市场的数字广播电视信息消费平台，实现企业信息化服务与家庭信息化消费的"1+1"组合。大力扶持广电"海丝泉州"公共服务平台建设，搭建开放、互动、参与、融合的视听传播与产业发展相结合的新型服务平台。

2. 动漫游戏业

发展目标：依托发达的工业制造业，全面开拓动漫游戏领域的原创作品创作，特别是工业动漫形象与品牌推广内容、闽南文化及海丝题材作品；积极发展动漫营销与中介服务，推进动漫衍生品研发生产，建设具有全国影响力的动漫游戏研发运营中心、动漫游戏体验消费中心、动漫游戏实用人才培育中心和动漫游戏外包业务中心；培育3～5家动漫游戏龙头骨干企业。

发展措施：

——建设动漫游戏产业基地。依托功夫动漫等现有的优质企业，发展动漫游戏研发、原创、制作、运营，建设动漫游戏孵化器，搭建动漫游戏发展平台，促进动漫游戏产业聚集发展。引进国内外知名动漫研发运营商，培育具有地方文化特色的动漫游戏产品，借鉴成熟企业的商业运营模式，提升本地动漫游戏研发运营能力。

——发展工业动漫营销服务。服务于泉州市发达的工业制造业，大力开发工业动漫形象与品牌推广内容，为企业提供定制产品服务。针对鞋服、玩具、食品等传统优势产业，推动集策划、创意、制作、授权、传播为一体的特色动漫营销服务，打造具有自主知识产权的品牌形象。

——推动衍生产品快速发展。双向推动动漫游戏产业与传统工业制造业的紧密联系，积极开发动漫游戏衍生产品，拉长产业链条，形成动漫游戏与传统制造业互相促进、共同发展的共赢格局。

——建设高水平公共服务平台。依托高校动漫与数字媒体艺术类专业的科研、技术条件以及动漫企业的市场优势，借力闽台合作，建立动漫产品研发与动漫游戏人才培养平台。引入多方资本，建设动漫游戏公共技术服务平台，为相关企业提供数字捕捉、建模、渲染、传输等专业技术服务。搭建企业信息服务平台，在动漫游戏企业与工业企业间搭建便捷的沟通桥梁。

3. 广告会展业

发展目标：服务泉州市制造业与城市品牌形象建设，加大推动广告会展业在现代服务业中的比重和整体水平，充分发挥广告会展业在服务生产、引导消费、推动经济增长和社会发展等方面的作用，推动经济社会的全面协调发展。"十三五"期间，加强引导创新型广告会展产业的集群式发展，在领 SHOW 天地的基础上，省级广告园区数量达到 3 个；办好各类节庆活动特别是闽台两地共同举办的节庆活动，推动泉州文化的对外传播；打造 3～5 个具有国际影响力的会展项目，形成行业品牌，为泉州市经济发展注入鲜活动力。

发展措施：

——建设新型广告产业集群。以海峡西岸国家级广告产业园（泉州园）为龙头，聚焦"泉州制造 2025"品牌发展需求，发展一批科技含量高、规模化发展的户外广告企业；依托产业园区，引进、扶持一批专业性强的策略咨询、创意设计等知识密集型广告公司，形成策略、创意、设计、制作完整的服务链；培育、发展一批跨界融合、数字化、创新型的广告传播公司。

——办好各级各类节庆活动。充分利用泉州市多元文化聚集的特色，办好各类节庆活动，促进广告会展业与旅游业的良好对接。继续做好海上丝绸之路国际艺术节、海丝文化旅游节、世界闽南文化节以及闽台对渡文化节暨蚶江海上泼水节、海峡两岸围头返亲节、天后宫米龟祈福、全市各地普渡等民俗节庆活动，传播闽南文化特色，塑造城市品牌形象。

——培育国际级会议展览品牌。统筹会展基础设施，有序推进泉州会展中心、蚶江商贸会展中心建设，加强产业配套规划，形成能够满足不同层次会展需求的展馆体系。办好中国（泉州）海上丝绸之路国际品牌博览会、中国国际鞋业博览会、海峡两岸纺织服装博览会、石狮国际服装周、安溪国际茶博会等重点会展项目，进一步深化会展内涵，引进各方资源，推动其国际化、专业化发展，打造 3～5 个具有国际影响力的会展平台。

——培养创新型广告会展人才。依托相关院校、研究机构、行业组织、闽台合作项目，搭建产业人才培养平台，通过建立大数据与创新传播实验室、海峡广告学院、海峡两岸创新广告企业孵化基地、泉州广告产业公共信息与技术服务中心等机构，为人才发展提供良好环境。鼓励创新驱动，举办"广告新力量创业大赛"，引进、扶持、培育一批复合型专业人才队伍，提升行业的科技含量，力促泉州市广告会展业从媒体资源型转变为以创新形式、创意服务为内涵的新型产业。

4. 演艺娱乐业

发展目标：服务于"海丝"国际文化名城建设，以展现泉州形象、传播闽南文化为特色，推动泉州市演艺娱乐业快速发展。"十三五"期间，力争产值年均增长 7.5% 以上，2020 年达到 13 亿元。重点打造 1～2 台具有国际影响力的经典剧目，引导、鼓励传统闽南特色演艺节目在文化集聚区的常态化演出，开发多种类型的演艺消费新形式，将泉州打造成为"中国闽南传统演艺＋多元文化现代演艺"交流基地。

发展措施：

——深度开发闽南传统演艺。梳理、融合、创新发展泉州传统演艺，形成以泉州南音、梨园戏、高甲戏、提线木偶戏、布袋戏、泉州北管、唆啰嗹、拍胸舞等为主的多样化演出项目。依托各种类型的文化集聚区，以泉山路中段及新门街、东湖街为主要集聚地，保持传统演艺的常态化演出。

——打造泉州经典演出剧目。依托泉州悠久的历史文化传统与交融并存的多元文化，提炼泉州特色文艺题材，运用现代科技展现手法，创新表现形式，打造1～2部具有泉州特色的、产生国际影响力的经典演出剧目，并以各种方式努力提升剧目的品牌效益，实现艺术价值与商业价值的双丰收。

——推动演艺消费快速发展。主动开发和培育市场，鼓励文化消费，大力支持演艺中介服务发展，有效利用新建泉州大剧院等演艺场所，开发不同形式的演艺娱乐消费产品，加大政策扶持力度，提升演艺娱乐产品质量，繁荣演艺市场，形成满足人民群众不同需求、不同层次、多样化的演艺娱乐消费市场。

——促进多元文化交流互动。借力东亚文化之都、世界多元文化展示中心、海上丝绸之路国际艺术节等平台，合作建立海上丝绸之路国际演艺联盟，形成现代演艺节目交流机制，整合国际产业资源，实现多元文化的互动交流。共同打造"亚洲经典艺术演出季"，整合亚洲经典演艺，实现滚动巡演，开拓全国及境外演艺消费市场。

第六章 主要任务

第一节 提升设计品质 重塑产业精魂

深度发展设计行业，提升设计品质，既是泉州市产业创新、产品创新的迫切需求，也是打造"创新泉州""智造泉州"的必由之路。

1. 发展工业设计，提升传统产业

"十三五"期间，泉州市要大力发展工业设计，提升传统产业的产品附加值，实现更高的社会、经济价值。以华侨大学工业设计研究院、晋江国际工业设计园、晋江市利郎时尚创意产业园为依托，建设集产业发展研究中心、设计人才培养基地、协同创新服务平台、设计资源协作交易平台为一体的现代化工业设计产业集聚区。引进境内外特别是中国台湾和香港地区，以及德国、日本、韩国等地知名工业设计管理咨询机构（团队）和国家级设计创新中心（基地）、国家级院士工作站、国内工业设计领域较为突出的高等院校与国内外著名工业设计机构到泉州市创办工业设计公司（分支机构）；设立专项资金，对工业设计对接成功的项目进行奖励；重点培育行业龙头企业，争创国家级、省级、市级工业设计中心。

2. 创新时尚设计，引领国际潮流

要充分利用现有优势，加大时尚设计在鞋服及相关产业中所占比重，引导产业走出低层次加工、复制的生产模式，以设计引领开发品牌化高附加值系列产品。要重视设计人才的培养和引进，营造良好的人才发展空间。以高校和各类培训机构为依托，整合企业设计人才需求，制订专门的人才培养计划，并通过开办全国青年设计师大赛、两岸时尚设计邀请赛、国际时尚展示周等活动，发现、吸引、打动人才，定期选派有潜力的设计师参加国际各类顶级时尚活动，或前往国际知名时尚机构、学院深造学习。加强国际协作，大力引进国际知名设计机构或团队，对接国际发达国家地区的设计资源，引进先进设计理念与服务，制订不同设计领域的国际交流、协作计划，鼓励企业与个人参与国际重大设计比赛。继续办好两岸纺织服装博览会，积极参加中国国际服装服饰博览会，鼓励企业参与各类国际时尚展示活动，鼓励企业面向国际市场设计开发多样化产品。

3. 开拓智慧设计，打造智造泉州

通过自建与引进智慧设计研发中心、设计服务平台，推动设计资源共享、设计成果转化，形成以智慧设计为龙头的全产业链要素聚集，打造国际知名创意城市品牌形象。鼓励行业协会、高校、龙头企业组建行业性设计服务公共平台，使之成为创意设计关键技术研发、设计服务与交易、人才培训与资源引进的核心枢纽；利用海峡地缘优势，组建与台湾地区的设计创意资源协作平台，建立两岸创新设计成果交易中心，畅通两岸优秀设计成果、人才与泉州市制造业对接通道；引导产业集聚，打造智慧产业园区，加强设计产业的集约式发展，力促主导产业高端化、特色产业集群化、新兴产业规模化，努力拓展提升"晋江经验""泉州模式"，最大限度激发大众创业、万众创新的活力，建设《中国制造2025》样板城市。

4. 做大广告设计，推广泉州品牌

既往的泉州市广告行业过度依赖代理方式，以传统媒体为主要投放渠道，随着各种新媒体形式的出现，以及本地产业发展需要，泉州市广告行业要更新观念，以创新思维和创意设计改变原有的运行模式，在实践中提升、树立和推广泉州品牌。广告产业的发展，要充分体现创意设计的价值，充分鼓励开拓新兴广告市场，在现有广告产业基地的基础上，集聚产业要素资源，以市场手段协调上下游产业衔接，鼓励中小企业的灵活发展，引导形成产业的内生发展动力和合理化的产业布局。同时，大力加强广告创意人才的引进与培养，推动两岸以及国际广告人才、广告项目的交流与合作，提升广告创意的国际化水平，推动泉州市成为海西地区有影响力的广告创意设计制作中心。

第二节　提炼泉州特色　乐享创意生活

当社会经济发展到一定阶段，创意生活产业将在很大程度上改善民众的生活品质，影响人们的精神风貌。

1. 乐享创意生活，促进文化消费

泉州市很多文化资源都与人们的日常生活息息相关，很多生活细节也都透露出深厚的文化底蕴，如安溪的茶文化、永春的香文化、德化的瓷文化、晋江石狮的时尚，以及丰泽树脂、安溪藤铁等都深植在百姓的生活之中。在此基础上，引进台湾地区的"创意生活"理念，将精致生活融入产品的创意设计生产，进一步促进制造业服务化、服务业科技化、传统产业特色化，彰显创意生活产业的体验特色，全面运用科技、美学、文化等方法提高产品与服务的附加值，将创意生活与普通百姓的衣食住行结合起来，以丰富的精神文化产品和服务提升人民的生活品质，为不同人群提供各具特色的产品与服务，形成良性的文化市场体系和良好的文化消费氛围，以"泉州式生活美学"打动消费者，使本地群众安居乐业，外来游客流连忘返，远方人群心向往之。

2. 开发数字内容，打造新兴业态

以泉州制造业品牌推广为出发点，以闽南文化悠久传统为底蕴，以21世纪海上丝绸之路国际拓展为导向，积极开发数字内容产品，打造文化产业新兴业态。进一步优化引导政策，不断提高以皇品微电影、功夫动漫为内容代表的数字企业的原创能力与服务能力，带动中小企业协同发展，形成创意、制作、营销、输出、版权、衍生品开发的完整产业链和盈利模式。依托惠普聚贤国际数字媒体产业基地，建设动漫游戏渲染中心、音效中心、动作捕捉中心、三维制作中心、远程渲染服务中心、绿幕拍摄中心、特效中心等数字媒体协同工作商务平台，充分利用两岸及本地人才、服务优势，努力将泉州市打造为海峡西岸最大的影视及数字内容后期制作、外包服务基地；依托泉州传统优势制造业，发展动漫衍生品产业，并在动漫衍生产品基础上发展数字衍生品、动漫主题乐园等。鼓励创作以泉州特色、闽南文化、"海丝"主题为代表的数字内容作品，在数字内容制作产业链的研发、创作、传播、衍生等环节上实现文化与科技融合的新突破。

3. 利用多种形式讲好泉州故事

深入实施文化精品工程，加大对原创精品的扶持和激励力度，打造泉州市的"五个一"工程，以泉州文化为主题，投资拍摄（制作）一部电影、一部电视剧、一出舞台剧、一场实景演出、一台综艺节目。以一流的创作体现泉州独有的文化韵味，以高品质的制作展现泉州的精神风貌，以市场化的手段进行全方位的推广，激发群众对泉州文化的热情，构建泉州的整体形象。有效利用国内外媒体资源以及各种新兴媒体手段，加大力度宣传、推广泉州的历史文化传承以及现代人文风貌，通过不同视角全方位展现泉州的独特风姿，塑造泉州的城市品牌形象和国际影响力。

4. 打造观光工厂，推广体验文化

将泉州市发达的制造业与文博会展、文化旅游结合起来，鼓励企业依据现实情况打造观光工厂，在现有的企业服饰博物馆、陶瓷艺术制作基地、香文化展示中心、茶文化博览园、工艺品展示中心等体验项目的基础上，合理设计观光线路，规划体验内容，吸引更多人群参与，感受在地生产生活文化的各个方面，推广传统技艺，传播现代理念。鼓励企业联合产、学、研、管多方力量，梳理总结现有产品、产业的发展历程，打造优美的观光环境，以多种形式展现产业价值，形成政府辅导、民间接力的观光工厂发展动力。通过旅游资源嫁接、产业联合互动等形式，形成品牌、产品、旅游、购物、体验的多赢局面。

第三节 传承闽南文化 激活"海丝"经济

作为闽南文化发源地和古代海上丝绸之路的起点,泉州市要在充分挖掘、保护、传承传统文化的基础上,以海丝战略为契机,推动泉州品牌国际化发展,促进国家与地区间的人文交流、经贸往来。

1. 开发传统街区,传承闽南文化

传统文化街区是集中展示泉州历史文化的窗口,也是泉州文化产业中具有浓郁本土特色的重点领域,要在保留原有古老建筑风貌的基础上进行修缮,重点发展文化旅游、工艺美术、休闲体验、特色商业、创意设计、数字内容、创新展示等产业。利用老城区古大厝设立南音演唱点、大师创作室和大学生创客空间等,让群众与艺术近距离接触,创造审美价值、提升生活品质;大力推动创客工坊建设,以创新、创意、创业精神弘扬泉州"敢拼爱赢"的实干作风。努力使传统与现代完美融合,通过传统风貌保护、历史遗产开发、名人故居文化普及、民俗饮食文化体验、传统工艺精品展示、特色数字内容展示、文化科技提升等功能与环节区块的设计,将展览、传承、教育、销售、休闲、娱乐功能与历史街区融于一体。"十三五"期间,重点打造闽南文化生态保护核心区、晋江五店市传统街区、永宁老街和城隍街区、南安蔡氏古民居、新门文化旅游休闲街、永春古村落等特色街区,以全新理念实现旧城改造、业态升级、特色街区的同步打造。

2. 借力"海丝"旅游,加强国际交流

借力海丝平台,大力提升泉州市在国际文化交流中的地位,通过各种形式打造"海丝"精品文化旅游线路,加强同国内旅游行业组织的联系,积极参与组建海上丝绸之路旅游推广联盟,加强与相关国家在物质与非物质文化遗产保护领域的合作,共同构建"海丝"文化旅游品牌。针对不同人群设计多样化的旅游线路:福建及周边地区,以自驾休闲为主,加大深度体验式的海丝文化发现之旅;针对国内其他地区游客,在充分展示闽南文化精华的基础上,重点推介本地特色的生产生活方式以及多元文化的形成与聚集;针对海外游客,以"海丝"精神之旅为主加强文化交流力度,扩大文化传播。积极推进中国海上丝绸之路国际文化交流展示中心、闽南文化生态园、海丝世博城等重大建设项目,优化旅游服务设施,合理规划旅游线路,促进全域文化旅游资源的联动提升,努力将泉州市打造成为"海丝"国际文化旅游城市。

3. 办好节庆会展,广传泉州美誉

发达的民生文化催生出泉州市多种类型的节庆会展活动,也带来了良好社会效益和经济效益。随着社会的整体发展,节庆会展已经成为国民经济的重要组成部分,也为文化产业的发展起到了重要的推进作用。要重视对民间民俗文化的继承和整理,办好各具特色的民俗文化活动;加强一县一特、一区一品节庆活动的统筹安排,办出水平,办出特色,形成地区品牌和地方名片;促进节庆会展与旅游等相关产业的融合发展,助推地方经济;强化文化在节庆会展中的重要作用，处处体现惠民、乐民、利民的活动宗旨。继续办好永春桃花节、围头返亲节、妈祖巡游、民间普渡等民俗节庆活动，大力培育海上丝绸之路国际艺术节、世界闽南文化节、海丝文化旅游节和南安郑成功文化节、闽台对渡文化节暨蚶江海上泼水节、永宁古卫城暨城隍文化节等地方特色文化项目，提升海上丝绸之路品牌博览会、中国国际鞋业博览会、海峡两岸纺织服装博览会、石狮国际服装周、安溪国际茶博会等会展品牌，量身设计泉州数字内容产业年会、国际青年艺术节等新兴品牌活动，打造3~5个具有国际影响力的节庆会展平台。

4. 开拓非遗市场，助推泉州演艺

在加强非物质文化遗产传承保护的基础上，以多种形式开拓非遗技艺的演艺市场，形成民间自发娱乐、旅游节庆表演、专业演出市场互为倚补的演艺格局；同时，充分利用互联网方便、快捷的优势，创办南音弦友网上交流活动平台，促进历史文化的活态化发展。要加强泉州市演艺市场的现代化开发，调动社会经济发展到一定阶段后的文化消费潜力，借力东亚文化之都、世界多元文化展示中心、海上丝绸之路国际艺术节等平台，合作建立海上丝绸之路国际演艺联盟，形成现代演艺节目交流机制，整合国际产业资源，实现多元文化的互动交流。共同打造"亚洲经典艺术演出季"，整合亚洲经典演艺，实现滚动巡演，开拓全国及境外演艺消费市场。合理统筹演艺消费场所，打造良好的文化娱乐氛围。

第四节　融通全局资源　建设创意城市

整合多方资源，从政策引导、资本进入、环境氛围、产业基础、人才储备、服务平台等多方入手，将泉州打造成为国际知名的创意城市。

1. 引导多方资源，开拓文化市场

健全现代文化市场体系，充分发挥市场的资源配置作用，有效利用政策引导，用好文化产业发展专项资金，发挥国有资本在文化产业发展中的控制力、影响力和带动力，积极鼓励和支持民营、外资等非公有制经济参与文化市场建设，形成一批有特色的文化产业集聚区，吸纳和引领文化创意企业的进驻与长效发展；搭建创新创业平台，以众创空间等形式吸引青年创意团体，推动文化与科技的有效融合，把现代科技成果引入文化市场的各个环节，培育新的文化业态，不断拓展文化市场发展的新空间；继续探索资本进入文化市场的各种有效途径，鼓励民营资本进入特色文化街区开发、大型文化基础设施建设、文化产业服务平台等领域，提高文化产业规模化、集约化、专业化水平。

2. 做好宣传推广，塑造城市品牌

通过创新思维、创意手法、复合渠道，加强"21世纪海上丝绸之路先行区"的形象塑造和品牌传播。整合泉州市主流媒体的传播资源，围绕"海丝"文化进行传播策划和媒介投放，加强舆论引导和议程设置；有效利用中央电视台、省级卫视以及东南亚国家和地区传统媒体传播泉州市文化品牌和形象；积极运用门户网站、垂直网站、社交媒体、APP 应用等新兴媒体，及时快捷、生动有趣地宣传泉州市文化改革发展的创新成果、重大活动和突出事件；通过机场广告、高速广告、商圈户外广告、地铁广告、分众广告等渠道加强泉州在国内一线城市的品牌传播；加快探索影视剧植入、游戏植入、数据库营销、电子商务等新型手法有效传播泉州文化；设计制作多种语言、多种语态的文化宣传品，加强国际跨文化传播，使泉州"海丝"文化在世界范围内产生更大的吸引力，获得更多的文化认同。

3. 凝练生活形态，打造特色小镇

结合泉州市各地的风俗特色，以文化为核心推动泉州市从传统产业集聚向"生活形态塑造"过渡，将文化建设、文化产业创新与群众生产生活紧密结合起来，将文化内涵注入产业开发，区分市民和市场的差异性需求，以文化建设带动生产生活方式转变，将生活创意融入文化开掘、形象塑造、人文社区再造以及新型城镇化建设之中。重点打造"海丝"文化小镇、闽南文化小镇、永春香文化小镇、安溪茶文化小镇、德化瓷文化小镇等各具特色的生活圈，针对不同人群的文化诉求与消费习惯差异，分别设计不同特色的文化产品与文化服务。如针对高端人群，将文化与"精致生活"结合起来，完美阐释茶、香、瓷等中国文化元素的有机融合；针对普通百姓，突出工作之余的"休闲生活"，设计不同主题的旅游度假线路，整合"海丝"文化、闽南文化、自然山水、民俗风情等体验内容；针对当地居民，强调生产方式与生活形态协调统一的"在地生活"；针对产业开发人群，又可与科技创新、产品创新、服务创新结合起来，打造泉州市独有的"创意生活"。

4. 建设创意城市，参与国际竞争

"创意城市"是联合国教科文组织 2004 年推出的一个项目，旨在通过对成员城市促进当地文化发展的经验进行认可和交流，从而达到在全球化环境下倡导和维护文化多样性的目标。"十三五"期间，要大力加强以创意设计为引领的文化产业建设与环境打造，立足本地特色，打造海上丝绸之路国际化协作、跨界融合的文创产业集群，发展多元文化融合、创意经济活跃的创意城市，争取加入全球创意城市网络，成为联合国认可的"手工艺与民间艺术之都"和"设计之都"。培育一批外向型骨干文化创意企业参与国际竞争，支持企业参与国际展会及进行国际知识产权保护。从政策、渠道、资金、人员等方面提供有力的支持，鼓励企业自有知识产权产品的全球化战略。大力发展文化产品的外包服务，提升企业和产品在国内外市场的竞争力，提高泉州市文化创意产品在国际市场的品牌知名度和美誉度。

第七章　保障措施

针对泉州市文化产业的建设目标和发展规划，构建"2+3+4"综合保障体系，即推动公共管理服务和产业协作机制两大创新，完善政策、金融、市场三大体系，落实组织、宣传、项目、人才四项保障，协同政府引导和市场主导两股力量，从行政保障、制度规范、资本驱动、技术优化、人才支撑等方面系统把握各要素体系，促进泉州市文化产业健康、快速、可持续发展。

第一节 推动两大创新

1. 公共管理服务创新

——建设信息集成系统：通过技术创新、应用开发，积极建设泉州文化产业信息集成系统，将泉州市文化遗产、文化项目、文化活动、行业资讯等动态数据库与文化政策发布、项目管理、统计监测、评估认证等电子政务结合起来，提升城市精细管理水平，以建设智慧城市为目标，通过网络与上下左右相关方面形成信息共享，争取打破体制分隔、信息孤岛，使行政管理专业、透明、高效。

——搭建贸易合作平台：抓住"21世纪海上丝绸之路先行区"政策机遇，着力打造以"海丝"为核心的文化外贸交流合作平台，通过文化产业博览会、投资贸易洽谈会、文化创意产业论坛、青年设计师邀请赛等形式，促进泉州市文化产业对外产品和项目展示、招商合作、经贸交流，形成和巩固自身特色与优势。

——创新管理服务方式：改革和创新文化产业行政管理方式，推动主管部门从产业管理向产业服务转变，创新服务模式，提高服务水平，积极探索行政管控与规则服务相结合的现代公共管理服务方式，更加注重制订和完善产业规则，建立和维护公共秩序，提供快捷、高效、优质的行政服务。

2. 产业协作机制创新

——事业产业协同机制：将文化遗产保护与21世纪海上丝绸之路文化产业发展更紧密地结合起来，使丝路文化事业作为产业的基础和依托，产业成为事业的生发和带动，在对海丝文化遗产进行产业化开发时，注重引入事业产业协同创新机制。

——跨部门跨领域合作：通过跨部门联席会议、跨界协作创新平台、产业联盟以及产、管、学、研合作机制等方式，破除文化产业和科技、现代服务业和传统产业融合发展的体制机制障碍，建立规划衔接、部门合作、产业联盟、技术共享、市场共建的文化产业融合发展机制。

——长效机制持续供给：产业协作不能通过一个规划、一次会议、一时对接一蹴而就，力求在文化产业与相关产业、宣传部门与相关委办局之间建立长效协作机制，通过合作制度、专题例会、信息共享、规划协同、人事安排、绩效挂钩等方式予以具体落实。

第二节 完善三大体系

1. 政策体系

建立文化产业园区、企业、项目、产品、版权、人才的认定和考评标准，作为落实各项优惠、扶持、激励政策的基础性依据；扩大泉州文化产业发展专项资金规模，对于符合泉州市文化产业规划布局的文化企业和项目通过房屋租金补贴、项目补助、贷款贴息、政策融资担保等形式予以重点支持；明确文化产业市场准入标准，完善对原创内容、创新研发、投资创业、人才激励、人才引进、对外贸易等重要方面的各项扶持政策；针对文化创意产业门类众多、分异明显的特点，鼓励企业设计服务机构独立经营，探索建立差异化的文化创意产业绩效评价指标体系和监督管理机制。

2. 金融体系

针对文化产业轻资产重创意的特点，建立健全相关评估体系和信用体系，鼓励银行、金融机构大力开展版权质押、股权融资等多种业务，引导各方资本以风险投资等形式加大对文化产业的投资力度，解决或缓解泉州市文化企业、文化项目融资难题；鼓励文化创意企业通过上市、挂牌、发行债券、并购重组等方式融资，利用资本市场做强做大；积极培育文化创意产业的战略投资者，推动设立文化产业投资基金，引导社会资本加大对泉州市文化创意核心领域、文创新兴业态和重大项目的持续投入；规范发展文化产权交易场所，完善中介服务市场，提升文创产业投资便利化水平。

3. 市场体系

培育市场主体，扩大市场消费，坚持市场主导，鼓励社会参与，发挥行业协会作用，多种所有制共同发展，构建政府、市场和社会共同参与的良好发展格局。大力支持骨干文化企业发展，鼓励一批拥有先进技术和自主知识产权、具有较强发展实力和国际竞争力的文化产业领军企业引领泉州市文化产业的创新发展；鼓励、促进中小微文化创意企业向"专、精、特、新"方向发展，优化创新创业环境，充分发挥中小微文化企业推动产业发展、激发创造活力、保持文化多样化和吸纳就业等方面的积极作用；积极培育消费热点，扩大消费领域，拓展文化产品流通渠道，增加文化消费服务网点和交易平台。

第三节　落实四项保障

1. 组织保障

在市委、市政府和市文化改革发展工作领导小组领导下，建立健全党委统一领导、党政齐抓共管、宣传部门组织协调、有关部门分工负责、社会力量积极参与的工作机制，建立宣传、发改、财政、国土、规划、税务、统计、文广新、旅游、科技、金融等部委办局和相关市、区、县参加的沟通协调机制，共同研究泉州市文化产业规划建设工作中的重大问题；将文化产业发展作为评价经济社会全面发展的重要指标，落实到各市、区、县和相关部门的工作绩效考核和领导干部政绩考核当中；认真落实各级文化经济政策，积极推动文化产业园区基础设施、公共服务平台和产业联盟建设。

2. 宣传保障

充分重视思想意识的引导作用，积极宣传文化产业促进经济社会整体发展的理念，在全社会凝聚共识，为泉州市文化产业发展营造良好的舆论环境；鼓励政府采购体现丝路特色、地域文化的自主知识产权文化创意产品和服务，在国内外形成宣传和示范效应；支持文化创意企业、协会参与和承办省内、国内及国际文化节事、会展、论坛、巡演、展销活动；通过政府统一筹划、整体安排，积极面向境内外传播泉州市文化产业的发展目标、特色与成就。

3. 项目保障

成立文化产业专家评审委员会，对泉州市立项的各类文化产业项目进行科学分析评估，将符合泉州市文化产业整体发展方向，有利于推动产业健康发展的项目列入重点项目库，跟踪落实；针对文化产业发展特点，除一般性园区项目、产业项目外，还要加大力度对平台项目、软性项目、特色街区（小镇）项目的投入与扶持，为企业提供全面的技术支持，营造良好的产业发展环境和独具特色的创新创意氛围，吸引更多人才、资金、机构参与到泉州市文化产业的建设之中。

4. 人才保障

积极营造尊重文化、尊重创意、尊重人才的产业发展环境，加大人才引进力度，创新人才培养模式，完善人才使用机制。拓宽人才引进绿色通道，落实高层次人才激励政策，从薪酬、津贴、期权、生活环境、子女教育等各方面创造有吸引力的引智条件及创业环境；进一步强化泉州市创意人才、科技人才、对外交流人才等方面的人才培养，学历教育与职业教育相结合，完善管理人才、创意人才和营销人才的复合培养体系，建设产、学、研一体化的文化产业人才培养基地；探索新型用人机制，通过客座制、签约制、特聘制、合作工作室等形式使国内外高端人才"为我所用"，鼓励国内外优秀人才以版权、知识产权、无形资产、技术要素等作为股份参与企业利润分配。

附件一

泉州市"十三五"文化产业发展规划重点项目库

一、平台项目

项目名称	建 设 内 容	项目支撑	建设期限
泉州文化产业综合信息服务平台	充分利用和整合文化产业相关的公共技术、企业信用、中介交易等平台资源,权威发布泉州文化产业发展现状、监测数据;公布国家、省、市文化产业扶持政策,提供文化企业项目申报、信息查询、知识产权登记查询、文化产业项目对接等实用信息;建立互动咨询中心、产品交易中心和政务服务中心,向国内外实时发布泉州文化产业领域的最新政策消息、行业资讯、产业动态、投融资项目等专业信息	泉州文化产业网、闽南文化网、泉州文艺网、"海丝泉州"公共信息服务平台	2016年启动
泉州文化产业投融资平台	以泉州文化产业专项资金为引领,带动多方资本共同设立文化产业投融资平台;拓宽融资渠道,引导银行业机构加大对文化产业的信贷倾斜,引导各类基金、社会资本通过股权、债权等方式投资于泉州市文化企业,推动符合条件的文化企业上市、挂牌、发债融资;成立文化产业专家评审委员会,设立文化创意资本认证体系,对文化创意产业项目进行评审,给出评估报告,引导资本与项目的对接	泉州建信文化产业基金、"创视迹"创意产业创投平台	2016年启动
泉州文化产业公共技术服务平台	积极推动科技与文化的深度融合,为企业利用高新科技研发新产品提供支持,为时尚设计、工业设计、动漫影视、智慧泉州打下坚实的基础,解决企业急需的数字建模、3D打印、软件版权、基础数据等核心技术问题。服务内容可包括:视频渲染服务、设计基础数据服务、云计算数据中心、大容量虚拟数据传输、造型辅助设计服务、动漫游戏公共服务、科技中介服务、科技信息数字资源共享、电子商务等	华侨大学工业设计研究院、泉州市工业设计创新公共服务平台、中国标准化研究院动漫行业工作站、东亚文化之都三维数字服务公共平台、海峡西岸影视后期制作基地(惠普聚贤)、泉州广告产业公共信息与技术服务中心	2016年启动
泉州文化产业产权交易平台	与福建海峡文化产权交易所合作建设泉州文化产业产权交易平台,服务文化产业相关的产权交易,并积极拓展文化产业产权的两岸合作以及国际交易渠道	泉州市动漫产品展览交易中心、两岸工业设计创新成果交易中心、动漫网	2016年启动
泉州文化保税区	以泉州特色优势产业要素为基础,依托泉州出口加工区,充分利用保税政策,积极申报建设泉州文化保税专区,集文化贸易、文化交流、文化加工等功能于一体,打造高端文化产品和商品的展示、拍卖与交易中心,搭建面向海丝的文化产业发展综合服务平台	泉州出口加工区管委会牵头,市商务局、泉州海关配合	2016年启动

续表

项目名称	建设内容	项目支撑	建设期限
国家印刷产业技术协同创新泉州基地	汇聚企业、社会团体及科研院所优质资源,联合开展技术攻关,解决企业转型升级中的技术难题,为企业提供人才培养,推进产业应用,服务绿色发展。建立绿色印刷检测实验室,为企业提供绿色印刷产品检测服务,开展绿色印刷相关标准研究;建设数字印刷生产示范线,为行业企业提供印刷数字化技术服务;建设印刷危废物回收与处理公共服务平台,为企业提供印刷危废物回收与处理技术服务,开展危废物回收与处理技术研究	泉州市绿色印刷技术服务中心、泉州市数字印刷技术服务中心、泉州市印刷危废物回收与处理技术中心、印刷产业技术创新战略联盟	2016年启动

二、园区项目

项目名称	建设内容	项目支撑	投资总额(元)	建设年限
源和1916创意产业园	在现有源和1916创意产业园的基础上,整合旧面粉厂片区,形成更具特色的文化创意产业聚集,并争取打造国家级文化产业示范基地	闽南文化基金会、非遗中心海丝艺术中心、中华文化生活馆和大师工作室、新海丝文化发展有限公司3D灯光秀、凹凸凹众创空间、功夫动漫设计有限公司	1.5亿	2011年始
惠安雕艺文化创意产业园	覆盖整个惠安县,并以崇武、山霞两镇为核心区域,力争打造成集"创意、研发、生产、商业服务配套和旅游"为一体的现代化雕艺产业园区	玉雕创意基地、雕艺文化产业创意基地、雕艺展示中心大师创作室、雕艺博物馆、雕艺文化创意中心、开成职业学校、磊石众创空间、鼎立石雕设计研究院	5.4亿	2015—2020年
惠安县闽台文化创意产业园	项目位于惠安紫山镇,以影视为基础,形成产业链;以闽南文化、海丝文化为背景的旅游品牌及与之配套的项目		20亿	2015—2016年
惠普聚贤国际数字媒体产业基地	基地将建设规模数量和运算速度达亚洲第一的"亚洲1号"数字渲染云平台。目前已经开始业务初期的市场活动。将广泛推广平台渲染、存储、转码、虚拟工作室等功能模块。力争打造海峡西岸最大的影视及数字内容后期制作、外包服务基地	渲染中心、音效中心、动捕中心、三维制作中心、远程渲染服务中心、绿幕拍摄中心、特效中心、数字媒体协同工作商务平台	22亿	2014—2017年

续表

项目名称	建设内容	项目支撑	投资总额(元)	建设年限
安溪家居工艺文化产业园	依托安溪藤铁等家居文化现有生产基础，打造全产业链家居文化生产、展示、销售、物流的现代化产业基地，整合上下游企业，形成产业聚集	工艺文化产业生产基地、家居工艺文化创意园、安溪家居工艺文化综合服务中心、安溪家居工艺产业商贸物流中心、安溪家居工艺主题公园	60亿	2014—2017年
晋江市洪山文化创意产业园区	园区以工业设计为核心，推动峰安公司旧厂房改造，重点发展"工业设计""文化创意""互联网+"和"众创空间"4大主导产业。力争打造海峡西岸地区重要的设计外包服务基地	晋江国际工业设计园、尚之坊创意园、奇峰电子商务园、宝马文化创意园、粉丝经济文化产业基地	22亿	2012—2017年
晋江利郎时尚创意产业园	规划建设大型文化设计研发综合体，为晋江地区发达的纺织鞋服产业提供优质创意设计服务，争取引进国内外知名服装设计企业，加大本地人才培养与支撑，形成时尚设计产业的集聚中心	文化创意商业街多功能厅 SOHO高管公寓、配套商业住宅区	10亿	2012—2017年
晋江市创意创业创新园	规划3 600亩，投资150亿元，分3期建设，一期将建设科技创新孵化器、研发设计中心、海归人才创业中心、创客大街、人才公寓、专家工作室等核心建筑，集科研、办公、展示、培训、商业配套为一体。园区规划5年内建成国家级鞋服、纺织、食品研发检测及人才实训基地、科技孵化、成果交易、金融服务等公共服务平台，吸引各类高层次人才8 000人以上；5～10年内培育研发设计、信息软件、互联网+、智能制造、新型生物食品等新兴产业，吸引各类高层次人才1万人以上；10～15年培育新材料、新能源、电子信息等新兴产业，吸引各类高层次人才2.5万人以上	晋江国际文化创意设计研发中心、红桥创投、清控科创、中国纺织科学研究院泉州分院、国家纺织服装产品质量监督检验中心（福建）晋江分中心、台湾创意设计中心、泉州市绿色印刷技术服务中心	150亿	2012年开始

续表

项目名称	建设内容	项目支撑	投资总额(元)	建设年限
石狮市星期 YI 广告创意产业园	规划建设"创意办公区"为核心功能区，打造省级广告创意产业示范园区，将建成石狮唯一一个具有完整产业链功能的新型广告产业园区，实现广告创意的市场化和产业化运作	陋室空间设计研究院、POP时尚网络机构、厦门九号文化传播、巨犀维品牌梦工厂、欧格文化传播、香港伊尚文化传播、福建省米高传媒·中影票务、星光盛诺影视文化传媒有限公司、福建艾美传媒有限公司、安达尔设计、LUNE、上海陈闻工作室、刘小飞工作室、格子摄影工作室、米朵摄影工作室、叙事摄影工作室、EVEN 婚礼工作室、伯爵婚纱摄影茉莉婚礼工作室、西安工程大学石狮研究院、江西服装学院、武汉纺织大学石狮研究院	3亿	2015—2017年
"东亚之窗"文化创意产业园	中侨集团与福建省中廊品牌运营有限公司合作，拟将中侨集团已停产的机床厂改造建设为文化创意产业园区。园区将整合东亚四国（中、韩、朝、日）文化和闽台文化，在充分展示东方文化元素的同时，利用声、光、电等表现形式，提供一个全新的东亚文化交流展示平台	中国传统文化体验 日本科技动漫馆 韩国韩流文化主题中心 朝鲜民俗风情馆 文化教育中心 众创空间	3.3亿	2016—2018年
海西国家广告产业园（泉州园）	项目位于泉州中心市区，占地面积508亩，改造85幢工业旧厂房，改造面积80万平方米，概算投资20亿元，规划建设广告创意企业总部区、广告创意企业发展区、广告媒体区、公共服务区，构建广告创意中心、公共信息服务中心、广告产品交易中心、广告影像拍摄制作中心等功能平台，以满足日益增长的创意公共服务需求，促进泉州创意产业发展，助推城市转型	金马传媒 皇品微电影 数字媒体内容创新中心 点创文化传播 上位文化传播 睇恩睇文化	4.5亿	2010年始

续表

项目名称	建设内容	项目支撑	投资总额(元)	建设年限
中国包装印刷产业（晋江）基地	汇聚印刷包装龙头企业，以包装印刷生产为核心，以产品交易为主线，以物流配送为基础，以设计、科研、人才培养、产品检验、机械制造为支撑，形成产业配套合理、专业分工清晰、集群效应明显、功能配备完整、资源共享充分的产业聚集区	大自然彩印 聚隆包装 群英包装 绿园包装 泓楷彩印 鸿胜彩印 华丽彩印 中辉包装	25亿	2009年始
石狮五金印刷园区	汇聚印刷龙头企业，重点服务于服装服饰及食品产业链的印刷与包装。引进一批实力强、效益好、科技含量高的服装、食品配套产业项目，开展科技创新和人才培养，提供优质服务，提升产业核心竞争力	富兴包装材料、美佳爽（中国）、平辉彩印、华联服装配件、福建省佳峰展示道具有限公司	30亿	2012—2020年
国际陶瓷艺术城	规划用地总面积1 104亩，规划建筑面积约110万平方米，以陶瓷营销展示为主题，以表现德化陶瓷艺术魅力为主要特征，集商贸交流、会议展览、陶瓷研发设计、旅游购物、陶瓷文化体验、高尚居住等为一体的主题性陶瓷文化产业园区	德化县电子商务协会、德化恒忆陶瓷艺术股份有限公司、福建省德化县三德陶瓷有限公司、福建省旅游商品陶瓷研发中心	33亿	2012—2020年
德化陶瓷文化产业园区	园区在致力发展传统瓷雕工艺的同时，兼顾发展日用陶瓷、生态陶瓷、特种陶瓷、瓷版画、古玩等陶瓷文化业态产业，建设国家日用陶瓷监测中心、电子商务中心、物流配送等相关服务机构，逐步发展成为功能布局合理、文化特色鲜明、基础设施配套齐全、公共服务平台完善的文化产业园区，并作为国家循环化改造示范试点园区和承接泉州沿海产业转移的文化园区，成为实施文化产业项目带动和引进文化企业的重要载体和区域经济发展新的增长点	顺美集团博士工作站、龙鹏集团、德化县宁昌陶瓷、戴云文化传播、陶瓷文化产业园区管委会、归德古玩城	5.07亿	"十三五"期间

三、特色街区（小镇）

项目名称	建设内容	总投资	建设年限
泉州闽南文化生态园	在城南片区，按照"生活就是文化，社区就是园区"的理念，建成一个具有闽南文化和海丝文化特色的文化生态园，以保护非物质文化遗产为核心，启动建设20个重点区域非遗展示馆，树立典范，结合与之相关的物质文化遗产、自然遗产，全面开展文化生态整体性保护工作	5.5亿	2015—2025年
海丝世博城	计划用5～6年时间，投资630亿元，打造一座"海丝"世博和两岸主题的未来城。该海丝世博城将作为落户展馆国家的文化旅游和重要商务信息展示、交流与合作窗口，同时通过引进"海丝好城市联盟中心""世博城市发展联盟中心"等国际组织机构，定期举办全球性国际活动，搭建国际交流合作平台	630亿	"十三五"时期
西街历史文化体验街区	打造以泉州西街为主要内容，以西街老旧房改造、建设泉州当代艺术馆为突破，将分散在片区内的开元寺、南音艺苑、梨园剧院、芳草园、临漳门、源和1916等文化艺术景点串联起来，串线成面。同时，也将按照古城保护规划要求，对西街片区进行保护和整治		"十三五"时期
新门旅游文化休闲街区	开发运营古城旅游，以临漳门、甲第巷、梨园剧院、南音艺苑、芳草园、八卦沟、笋浯溪和新门主街为建筑形态，将古城文化气息和现代中式元素融合其中，力争让新门街区成为泉州旅游文化的窗口，将大师创作室、优秀创业项目纳入其中，推动古城旅游文化复兴，通过古城旅游带动泉州旅游和文化资源的发展与整合，让泉州成为全国乃至全球旅游目的地	7亿	2014—2020年
后渚港特色街区	泉州后渚港区，以海丝文化的展示和复兴为出发点，配以完善旅游休闲配套服务设施，再结合后渚港的更新与泉州市域慢道系统的引入，从而打造出以海丝文化为主题的文化旅游区，形成展示泉州"东亚文化之都"海丝文化的新窗口		"十三五"时期
永春香文化展示中心（香文化小镇）	永春香文化展示中心位于达埔镇楚安村，项目将建设集永春香文化博物馆、技术开发中心、研发中心、检测中心、展销中心、同业公会、园区管委会等为一体的综合服务中心，并进一步形成香文化体验、交流、休闲为一体的特色文化小镇	5 000万	2014—2016年
德化县洞上陶艺村（瓷文化小镇）	项目以德化深厚的古龙窑文化——月记窑为主题资源，以国际陶瓷艺术创作展示等陶瓷文化交流活动为载体，按照特色性、整体性、区域共轭性的功能分区原则和"一心二线六区"的建设思路[一心：游客服务中心；二线：交通运输线、步行道观光线；六区：德化窑传统技艺保护传承中心、陶艺家创作区、陶艺美术馆、陶瓷创作体验区、古民居创作区（农耕文化区）、民俗文化区（现代农庄、百花百树园）]，极力构建集陶瓷艺术创作、陶瓷文化体验与陶瓷文化交流活动为一体的特色众创空间	5 000万	2013—2023年

续表

项目名称	建 设 内 容	总投资	建设年限
德化中国China陶瓷文化古镇	项目选址德化县盖德镇，总投资40亿元，以盖德镇区为中心，用地面积约4 000亩，结合千年瓷都丰富的陶瓷文化资源和天然的原生态环境，打造"一带三园三区"结构，即陶瓷文化古镇景观带、总部庄园、海丝之路博览园、陶瓷文化创园、中国文化艺术区、陶瓷企业总部会所区、文化养生度假区。建设集陶瓷文化、陶瓷工艺、书画科普、建筑艺术文化、地方历史文化、生态文化为一体的"中国陶瓷文化古镇"，打造"全球陶瓷文化朝圣地"，促进德化陶瓷业转型升级和文化旅游业发展	40亿	"十三五"时期
蔡氏古民居文化旅游区	以蔡氏古民居文物保护区为核心，深入挖掘南安深厚的历史文化资源和闽南文化独特内涵，规划建设闽南民俗博物馆、建筑博物馆、集散广场等景观设施，打造集古迹保护、古建观光、市民休闲、文化体验和养生度假为一体的闽南文化大观园	5 000万	"十三五"时期
晋江五店市传统街区	五店市街区历史悠久，文化遗产丰富，该街区独具闽南特色的"皇宫起"红砖建筑、中西合璧的洋楼等明清、民国至现代的特色建筑保存完好。通过保存传统街巷肌里格局，以特色古建筑为载体，传承闽南历史民俗等非物质文化遗存，引进现代产业经营模式，打造集传统文化展示、民俗体验、商务旅游、休闲娱乐、美食品富士通为要体的街区博物馆，展现闽南地区特有的文化生活形态	6.78亿	2012—2016年
晋江市紫峰里古厝群	紫峰里古厝群保护区位于陈埭镇涵口村，保存着陈紫峰故居、"宋桥"等古厝建筑及20世纪30年代和60年代时期的优秀建筑，保持着浓厚的地域文化特色，是陈埭镇重要的文化发源地。秉承保护与开发统筹推进的原则，保留、修缮历史价值较高的传统建筑，对周边有历史文化价值的古厝进行选择性迁建，同步梳理街巷空间，以形成相对完整的历史风貌街区。保护区规划总面积52亩，保留、整体搬迁和构件收集的建筑77幢，项目投资1.7亿元，分古厝群保护区、文化广场以及民俗区、寺庙和教育四个部分，形成完整、集中的历史文化保护区	3亿	2016—2019年
丰泽蟳埔民俗文化村	修复蟳埔蚝壳厝古民居建筑群，整治189亩用地的周边环境，建设渔家客栈、海鲜酒楼、垂钓烧烤、服饰馆、游艇等旅游配套设施，组织民俗表演队伍，开发系列旅游食品、纪念品等	1.2亿	"十三五"时期
石狮凤里"八卦街"	以石狮老街区城隍街、糖房街、大仓街、新街仔、马脚桥、新兴街、建兴街、民生街旧区"八卦街"改造提升为主线，推广石狮古街古厝休闲旅游，打造特色产业街区		"十三五"时期

续表

项目名称	建设内容	总投资	建设年限
百崎回族民族风情小镇	百崎回族乡是泉州"海丝"的重要起点之一,为深入挖掘与"海丝"有关的回族民俗风情,积极弘扬海丝文化、伊斯兰文化和东亚文化,百崎乡拟以"海丝之路、民族风情"为特色,规划建设一条独具回族风情的精品文化商业街,集餐饮、娱乐、文体、旅游多功能于一体,让人领略到浓郁的民俗风情。项目概算投资3亿元,建设内容包括修建回族风情文化商业街、重修接官亭、郑和堤、百崎古渡、百崎石塔(锁龙塔)、郭仲远墓、郭氏家庙等文物史迹等	3亿	"十三五"时期
永宁城隍庙闽台民俗文化街区	项目位于永宁城隍庙周边,占地约50亩,建筑面积约1.67万平方米,总投资2亿元,将建设以城隍文化为主体的闽台民俗文化街区工程。用于闽台民俗文化展示及承接该区域旅游人群观光、休闲、购物等需求,打造特色民俗文化旅游	2亿	"十三五"时期
南安丰州闽南古镇	以丰州古城池为规划范围,复建四大城门及部分城墙,整治护城河,保护修缮古民居、古街巷,创办南音、南戏、南拳、南建筑、南小吃等闽南民俗风情体验区,融合九日山风景区及金鸡古港,编排"印象海丝——宋代祈风仿古表演"文化精品,打造"一日穿古今,一镇识闽南"的文化大观园	1亿	"十三五"时期
永宁老街	永宁老街总长约1.5公里,宽3～5米,2013年获评"中国历史文化名街",本项目首期工程将重点开展永宁老街西门至慈航庙段"三线"整理、给排水管道铺设改造、路面整修、环境卫生整治,以及重点地段环境的绿化美化,并探讨开展对两侧沿街建筑的里面修缮改造,在保护和重现老街历史风貌、业态的基础上,使之成为永宁旅游产业发展的重要平台	4 950万	"十三五"时期
湖头相第府衙群	依托全国历史文化名镇——湖头镇深厚的人文底蕴,重点修缮保护李光地宅和贤良祠等国家级文物保护单位,深入挖掘和展示李光地事迹与理学成就等文化内涵,建设提升李光地文化园、博物馆和中华美食博览园等景点,整合南音、水车阁、湖头小吃等民俗文化,进一步完善配套设施建设,打造全国著名的历史文化名镇文化旅游品牌	2亿	2016—2019年
原乡十里茶路	对国家级闽南文化生态保护(茶文化)核心区、中国重要农业文化遗产核心保护区安溪县西坪镇进行整体规划,新建一批茶史茶源展示点,保护改进一批老字号以及茶企业、茶庄园,作为游客的观光体验点。重点打造"中国茶文化寻根第一村"——南岩村,串联整理一条全新的原乡茶文化旅游路线——"原乡十里茶路",开发推出"闽南茶文化观赏游""台胞茶叶寻根游""老字号发现之旅"等富有茶叶原乡特色的文化旅游项目,将其打造成为中国著名的茶文化寻根旅游点、闽南文化及现代海上丝绸之路的重要发展区域	5000万	2014—2018年

续表

项目名称	建 设 内 容	总投资	建设年限
河市翠谷小镇	以文化旅游产业发展为导向，充分发扬民族英雄俞大猷的人文精神，深挖洛江深厚的历史文化资源，结合生态自然环境，打造成集历史文化、休闲娱乐、养生度假等多功能于一体的文化旅游综合服务小镇，成为富有人文精神、山水特色的生态旅游集聚区。小镇总体布局为"一线两大片区"，即"一线"为俞大猷纪念馆、乡韵农场、泉州（海西）植物园、田格里拉生态园、九品莲花生态农业园、台湾食品创意产业园、紫楹山庄、后深溪漂流为主要路线的旅游景点；"两大片区"为山林生态旅游区和溪谷生态旅游区	23.8亿	2016—2020年
泉港土坑——峰尾滨海文化旅游产业带（园区）	在泉港区后龙镇土坑——峰尾滨海一带计划用6～8年时间，建设打造一个具有泉港历史人文和海丝文化特色的文化旅游产业带（园区），以保护土坑海丝遗产点古民居聚落及峰尾福船制造技艺、渔家风情为核心，启动建设土坑文化旅游休闲园区、区海丝博物馆、峰尾圭峰海岸公园、渔人码头、福船文化展示馆、福船文化产业园、峰尾古城文化旅游休闲度假区、五里海沙休闲度假区、惠屿岛生态休闲度假区、山腰海盐文化产业园10个项目	25亿	2016—2023年

四、软性项目

项目名称	建 设 内 容
泉州城市品牌塑造工程	通过创新思维、创意手法、复合渠道，加强泉州"21世纪海上丝绸之路先行区"和"海上丝绸之路重要的国际化创意城市"的形象塑造与品牌传播。整合泉州主流媒体的传播资源，围绕海丝文化及文化产业进行传播策划和媒介投放，加强舆论引导和议程设置；有效利用中央电视台、省级卫视以及东南亚国家和地区传统媒体传播泉州文化品牌和形象；积极运用门户网站、垂直网站、社交媒体、APP应用等基于桌面互联和移动互联的新兴媒体，及时快捷、生动有趣地宣传泉州文化产业的创新成果、重大活动和突出事件；通过机场广告、高速广告、商圈户外广告、地铁广告、分众广告等渠道加强泉州在国内一线城市的品牌传播；加快探索影视剧植入、游戏植入、数据库营销、电子商务等新型手法有效传播泉州文化产品与服务；设计推广泉州标识等品牌形象产品，设计制作多种语言、多种语态的文化宣传品，加强国际跨文化传播，使泉州海丝文化在世界范围内产生更大的吸引力，获得更多的文化认同
媒体融合平台建设工程	充分利用新的传播技术和传播手段，更新改造泉州本地各类媒体资源，提升媒体传播能力，扩大受众影响范围，更好地传播泉州声音；大力拓展两岸、东南亚同胞聚居地等闽南文化圈传播效果，争取与国内外主流媒体、新媒体机构达成合作，形成良性互动与内容交流。工程主体可包括：泉州广播电视台新媒体平台建设、泉州晚报社融媒体平台建设，以及广电网络"海丝泉州"云电视分平台、晋江市广播电视台新媒体中心、"观音德化"网络台媒体融合项目等内容
泉州文化精品创作工程	深入实施文化精品工程，加大对原创精品的扶持和激励力度，打造泉州的"五个一"工程：以泉州文化为主题，投资拍摄（制作）一部电影、一部电视剧、一出舞台剧、一场实景演出、一台综艺节目。以一流的创作体现泉州独有的文化韵味，以高品质的制作展现泉州的精神风貌，以市场化的手段进行全方位的推广，激发群众对泉州文化的热情，构建泉州的整体形象

续表

项目名称	建 设 内 容
泉州文创人才支持计划	制订完善的人才政策，建设良好的人才发展环境，鼓励创新型人才发展。明确发展定位，紧密结合泉州市产业转型升级人才需求，以本地高校、企业为依托，大力培养理论和技能兼具的高端设计人才。设立专项经费，定期选拔优秀人才参与国际化设计人才培训、实践项目，鼓励人才参与各类国际设计大赛。全面引进国际国内高端创意设计人才、设计团队，形成良好的人才发展环境。打造海峡广告学院、福建省大数据与创新传播实验室、泉州工业设计协同创新中心等教育科研机构，广泛开展文创人才的教育与培养工作
文化产业国际拓展计划	面向国际市场，推动本地文化产品和服务的国际化发展，鼓励企业参与各类国际国内会展活动，鼓励企业参与国际竞争；加大国际交流的力度，主动邀请国际文化产业相关组织和企业来泉州参观考察，建设海上丝绸之路国际文化交流中心，联合国内外海上丝绸之路覆盖地区，共同打造海上丝绸之路国际青年微电影节、海上丝绸之路国际纪录片节等品牌活动
周边地区旅游联动计划	通过各种形式打造"海丝"精品文化旅游线路，加强同国内旅游行业组织联系，积极参与组建海上丝绸之路旅游推广联盟，加强与相关国家在物质与非物质文化遗产保护领域的合作，共同构建海丝文化旅游品牌，打造海丝文化发现之旅、海丝文化精神之旅等经典旅游项目。近期加强推动与厦门、福州等地的旅游联动，加大工业旅游、绿色旅游、生态旅游项目的开发合作
在地文化消费促进工程	通过政府补贴、市场参与等形式，强化对具有本地特色的文化消费产品和服务的扶持。设立泉州地方戏曲扶持专项资金，加强对南音、北管等非物质文化遗产的保护与传承，以多种形式开拓民间演艺市场，促进历史文化的活态化发展；合作建设海上丝绸之路国际演艺联盟，形成现代演艺节目交流机制，整合国际产业资源，实现多元文化的互动交流；共同打造"亚洲经典艺术演出季"，整合亚洲经典演艺，实现滚动巡演，开拓全国及境外演艺消费市场；建设泉州大剧院等演艺平台，推动"光明之城"大型歌舞剧常态化演出，合理统筹演艺消费场所，为当地百姓、外来人群打造良好的文化娱乐氛围
两岸青年协同创新计划	加强两岸文化产业领域的青年合作，加大人才联合培养力度，以海峡两岸青年创客坊、"智造2025"众创空间等形式鼓励两岸青年参与创新创业活动。共同建设海丝工业设计中心，打造工业设计师培养孵化基地；建设闽南动漫游戏创意创业基地，吸引两岸优秀企业和人群入驻；建设海峡两岸网络视听产业众创空间和创新广告企业基地，开展海峡两岸广告业协作五年计划，不断拓展合作领域。共同打造海峡两岸新锐设计师奖、两岸时尚设计邀请赛、广告新力量创业大赛、海上丝绸之路国际工业设计展、海上丝绸之路国际青年微电影节、海上丝绸之路国际纪录片节等品牌活动
海丝泉州系列品牌活动	针对泉州产业发展现状，以及国际知名创意城市的建设目标，设计规划系列会展活动，从各个方面扩大泉州文化产业的品牌价值，并逐步形成国际国内有效影响力。继续办好永春桃花节、围头返亲节、妈祖巡游、民间普渡等民俗节庆活动，大力培育海上丝绸之路国际艺术节、世界闽南文化节、海丝文化旅游节等地方特色文化项目，统筹规划海上丝绸之路品牌博览会、中国国际鞋业博览会、石狮国际服装周、惠安国际雕刻艺术品博览会、安溪国际茶博会等会展品牌，量身设计泉州数字产业年会、国际青年艺术节等新兴品牌活动，打造3～5个具有国际影响力的节庆会展平台

五、产业项目

项目名称	建 设 内 容	责任单位	总投资（元）	建设年限
特步集团第二季动画片及动画电影	聘请曾经创作过《猫和老鼠》《海绵宝宝》《小熊维尼》等作品的美国天才导演/编剧 Eric Shaw（埃里克·肖）担任动画片的总编剧，还有韩国最大的专业创作动画公司参与制作。特步动画片第一季1～26集已经于2015年9月份在央视少儿频道全面开播，27～52集将于2016年寒假在央视少儿频道播出	泉州市功夫动漫设计有限公司	6 000万	2015—2017年
《亚洲恐龙》动漫电影	以恐龙为题材的动漫电影，项目采用中韩合作方式，目前电影完成80%，正处于与境内多家院线公司和影视公司洽谈国内外推广阶段	晋江恒盛玩具有限公司	1亿	2014—2016年
茂险王主题乐园	坐落在拥有532米长天幕商街、88米高摩天轮、总体经营面积超过100万平方米的石狮世茂摩天轮之中。世茂集团斥巨资打造的原创IP数码偶动画《灵石茂险王》将全面融入乐园的每处细节，从氛围包装到主题商品开发，营造现实版《灵石茂险王》，成为真正意义上的中国首座原创IP主题乐园	世茂集团	10亿	2015—2016年
英良·印象五号石材文创园	该项目将建设世界最大石文化博物馆、英良集团运营中心、奢华石材体验馆、全球石材设计及装饰中心、全球石材矿山及石材产业链交易中心和石文化主题酒店等内容，旨在打造一个集中外石文化展示、奢华板材品鉴与收藏、石材工艺品展示与销售、石材工业设计理念与作品展示交流、石材装饰设计、电子商务及贸易为一体的国家级石材产业文化创意型工业旅游基地	英良集团	5亿	2014—2017年
东星·奢石文化创意馆	项目包含奢石文化博览馆、东星大板市场、奢石设计雕刻中心、世界精品奢石长廊、奢石文化产业学术研讨中心等内容，通过"引智入石"，打造成集奢石材数据系统、奢石文化工程、奢石文化创意设计、奢石数字体验、奢石文化创意旅游、奢石玉石珍藏为一体的奢石文化创意产业园区	福建玉艺发展有限公司	1亿	2014—2016年
智能超级无屏电视产业化	项目建于福建省泉州市清濛开发区特种汽车基地锐驰公司内，主要用地约4 000平方米，建筑面积12 000平方米。项目计划总投资2 500万元，达产后年产30万台智能超级无屏电视，年销售收入8亿元，年缴税总额5 000万元，企业年净利润（税后利润）7 000万元	福建锐驰电子科技有限公司	2 500万	2014—2016年
动漫网互联网平台	独创的全球首个动漫版权B2B交易平台——www.dmw.cn动漫网，覆盖动漫制、播、销、售全产业运作的所有流程，运用互联网工具，理顺动漫产业链，让信息透明化，将4.0智能标准化工业革命引入动漫产业当中，实现全产业链互联网服务	泉州市功夫动漫设计有限公司	2 000万	2015—2017年

续表

项目名称	建 设 内 容	责任单位	总投资（元）	建设年限
泉州广播电视台新媒体平台建设项目	（1）全媒体数据中心机房项目建设。总设计可用机柜数近百个，能够满足泉州广播电视台未来5～10年以上的发展需要。 （2）新闻制作网项目建设。建立全天候新闻采集汇聚、编辑制作、播出发布系统平台，实现广播、电视、互联网多平台、全媒体的资讯发布体系。项目建设预计投资1 600万元。 （3）媒资管理项目建设。该项目将汇聚全台所有音像资料，采用大容量云存储技术实现我台乃至全市音像资料的集中存储、管理、查询及再利用，集媒体资料数字化、数据资料编目存储、管理、检索浏览等于一身的现代化媒体资产管理系统	泉州广播电视台	3 400万	2014—2017年
泉州晚报社融媒体平台建设项目	（1）新媒体融合平台建设。将泉州网新闻发布系统、手机泉州网平台、微站平台、泉州通平台、温陵社区、视频发布系统、数据分析系统等平台整合在一起，实现资源共享、数据共享。 （2）云机房建设。通过创建云机房，集合所有服务器资源，运用其大规模、虚拟化、高可靠性、高可扩展性等特性，按需分配与管理。 （3）数据云体系架构。以大数据技术为基础，将网络各端所有数据（泉州网、家政网、泉州通、微信微博等）进行整合存储，在完备架构的基础上，做好数据分层、去冗、容灾，提供深度数据挖掘与分析	泉州晚报社	5 800万	2015—2020年
"海丝泉州"公共信息服务平台	"海丝泉州"公共信息服务平台分为两期建设完成，首期（2015年3月至2016年3月）计划完成平台整体架构的搭建和政务信息、本地新闻、旅游资讯、物价信息、教育培训、电影电视娱乐点播相关板块的建设；二期（2016年4月至2017年4月）计划完成电视商城、少儿、生活服务、房产、交通、电视社区等板块建设	福建广电网络集团泉州分公司	1 000万	2015—2017年
"观音德化"网络台媒体融合项目	（1）升级软硬件设施。用于更新升级SOA系统架构和CMS技术体系、添置完善部分目前前后期采编制作设备等软硬件设施，预计500万元 （2）新媒体机房项目建设。机房建筑面积约100平方米，预计首期机房建设投入500万元。总设计可用机柜数十个，能够满足德化广播电视台未来5～10年以上的发展需要	德化广播电视台	1 200万	2014—2018年

续表

项目名称	建设内容	责任单位	总投资（元）	建设年限
海峡两岸青年创客坊	根据创业项目不同时期的需求，搭建苗圃基地、孵化基地和育成基地三大创业办公空间，聚焦设计文创、电子商务、移动互联网、品牌时尚四大产业领域，以"互联网+"思维孵化一批创业项目，助推产业转型升级，广泛吸引两岸创业者进入创客坊，致力于打造海峡两岸青年创业聚集地和科技、文化创新创业载体	晋江极地加孵化器管理有限公司	6 500万	2015—2016年
泉州市动漫产品交易中心	依托三创园一期建成区，规划500～1 000平方米场地，打造集产业与动漫融合展示平台、产业动漫化服务平台、版权交易平台于一体的动漫产业综合平台载体，更好地应用文创产业助推传统产业转型升级与创新发展	晋江市创意创业创新园开发建设有限公司	2 000万	2016—2020年
晋江市广播电视台新媒体中心	以晋江市广播电视台新媒体中心现有框架和平台为基础与依托，充分运用新技术新应用，创新媒体传播方式，将其建设成能够提供多样化信息、可管可控、安全可靠的全媒体服务体系	晋江市广播电视事业局	1 000万	2015—2020年
中国粉丝经济文化产业基地	引进集成众多打造和服务粉丝产业的关联公司，开发、推广、销售以"粉丝经济"为核心的系列衍生品和产业	东方水墨（泉州）文化产业投资发展有限公司	1.6亿	2015—2017年
东亚文化之都三维数字服务公共平台	搭建文化资源的公共服务平台与文化消费的电子商务平台	晋江正扬科技公司	2.2亿	2016—2019年
海明文化产业城	打造海峡两岸文化产业整合平台，建立晋江市文化艺术品交易中心	晋江市海明投资有限责任公司	1.5亿	"十三五"时期
纪录片《海上丝绸之路》拍摄	由泉州、上海、广东三地电视台共同完成，从全新角度全景式回顾和梳理人类航海史。扩大"海丝"文化影响力，促进21世纪海上丝绸之路的建设	泉州广播电视台	850万	2015—2016年
泰国BTU卫星电视台《丝路·泉州》专栏	在泰国BTU卫星电视台设立常态化电视专栏《丝路·泉州》专栏，主要播出反映泉州历史文化、人文、经济和社会建设成果的专题片、纪录片、微电影等。每周一期，每期15分钟。每周六18：30首播，每周日19：30重播。责任主体：市文广新局、市广播影视协会	泉州市广播影视协会	250万	2016—2018年

续表

项目名称	建 设 内 容	责任单位	总投资（元）	建设年限
石狮市广播电视台"爱石狮"信息汇聚系统	以石狮市广播电视台"爱石狮"为主题的视频网站、手机APP、微网站，以及微信公众号为基础，按照云计算模式，打造新媒体升级版，采用"平台＋服务＋应用"的总体设计思路，以整合共享资源、拓展城市外宣面、便民高效为重点，建立面向所有用户的开放式信息汇聚平台	石狮市广播电视台	2 500万	2016—2020年
海峡茶博园	该项目总占地约778公顷，将打造安溪铁观音生态文化园、茶主题社区、茶主题度假村、茶庄园、乌龙集镇、山地体育公园、森林公园七大板块，同时打造安溪铁观音茶文化大戏《印象铁观音》，在茶博园内进行常规演出。项目将致力打造成为福建"海丝"文化交流先行区、茶文化旅游区、国家级文化产业园区	福建七匹狼集团	12亿	2015—2020年
洛阳桥文化旅游区	依托桥南的古厝民居，融入蔡襄文化，建设古文化商贸历史街区，根据现代人的需求，布设休闲文化商业，打造洛江区的文化名片	洛阳镇人民政府	2亿	"十三五"时期

南京江北新区文化产业概念规划建议（2017—2022）[①]

[①] 江北新区管委会委托课题。主持：熊澄宇。参与：吕宇翔、胡琦、杨洋、吴福仲、庞雨薇。完成于2017年4月。

一、前言
　　（一）编制背景
　　（二）规划目的
　　（三）规划范围
　　（四）规划期限
　　（五）编制依据

二、规划背景
　　（一）发展现状
　　（二）发展机遇
　　（三）面临挑战

三、总体要求
　　（一）指导思想
　　（二）基本原则
　　（三）发展目标

四、定位布局
　　（一）区域定位
　　（二）空间布局
　　（三）功能分区

五、重点任务
　　（一）设计引领——江北文化创意设计
　　（二）生态支撑——绿色宜居城镇建设
　　（三）风情为魂——特色街区小镇开发
　　（四）生命为本——全国健康产业社区

六、保障措施
　　（一）改善管理机制，构建保障体系
　　（二）跨域协同运作，整合相关要素
　　（三）培养创意人才，强化人才激励
　　（四）推进金融创新，优化创业环境

一、前言

（一）编制背景

当前，文化在综合国力竞争中的地位和作用日益凸显。党中央、国务院高度重视文化产业发展，党的十八大和十八届三中全会提出，要深化文化体制改革，提高文化产业规模化、集约化、专业化水平。文化产业是一个国家综合实力的重要组成部分和国民经济的重要发展引擎，对于促进经济发展、推动社会形态演变有关键作用。

2015年6月27日，国务院印发《关于同意设立南京江北新区的批复》，正式批复同意设立南京江北新区。自此，南京江北新区的建设提升为国家规划，成为全国第十三个也是江苏省首个国家级新区。

江北新区在国家经济发展格局中具有重大战略意义，是长江经济带与东部沿海经济带的重要交汇节点，是国家长三角的门户城市。江北新区是辐射带动中西部发展的门户和桥头堡，它的发展和崛起能够盘活多地资源，形成江南江北一体化发展格局，并且带动当地在国家新一轮的经济格局中成长为自主创新先导区、新型城镇化试验区、现代高端产业集聚区、长江经济带对外开放合作重要平台。江北新区承接"一带一路"、长江经济带两大国家规划，正在加快形成全方位、多层次、宽领域、高水平的开放格局。

（二）规划目的

配合南京江北新区的总体发展建设，促进江北"三区一平台"定位的实现，为把新区打造成为南京市、江苏省、甚至长三角地区的文化产业增长极而发挥引导作用，进而为江苏省实现"十三五"规划目标，建设"强富美高"新江苏作出贡献。

（三）规划范围

江北新区位于江苏省南京市长江以北，包括南京市浦口区、六合区所辖行政区域和栖霞区八卦洲街道，规划面积788平方公里，占苏南总面积的8%、南京总面积的40%。

（四）规划期限

2017—2022年

（五）编制依据

《国务院关于同意设立南京江北新区的批复》（2015年6月27日）

《国务院关于推进文化创意和设计服务与相关产业融合发展的若干意见》（国发〔2014〕10号）

《"十三五"国家战略性新兴产业发展规划》（国发〔2016〕67号）

《关于加强"一带一路"软力量建设的指导意见》（2016年12月9日）
《关于实施中华优秀传统文化传承发展工程的意见》（2017年2月）
《国务院关于加快发展对外文化贸易的意见》（国发〔2014〕13号）
《文化部 中国人民银行 财政部关于深入推进文化金融合作的意见》（文产发〔2014〕14号）
国务院办公厅《关于印发文化体制改革中经营性文化事业单位转制为企业和进一步支持文化企业发展两个规定的通知》（国办发〔2014〕15号）
《文化部 工业和信息化部 财政部关于大力支持小微文化企业发展的实施意见》（文产发〔2014〕27号）
国家发改委《国家级区域规划管理暂行办法》（发改地区〔2015〕1521号）
《中共江苏省委关于贯彻落实党的十七届六中全会〈决定〉实施文化建设工程的意见》
《江苏省财政厅省文化厅省广电局省新闻出版局关于印发〈江苏省省级现代服务业（文化产业）发展专项引导资金使用管理办法〉的通知》（苏财规〔2013〕9号）
《江苏沿海地区发展规划》
《江苏省国民经济和社会发展第十三个五年规划纲要》
《南京市国民经济和社会发展第十三个五年规划纲要》
《南京市创意文化产业空间布局和功能区发展规划（2016—2020）》
《南京市推进文化创意和设计服务与相关产业融合发展行动计划（2015—2017年）》
《南京江北新区总体规划（2014—2030）》
《南京江北新区近期建设规划（2015—2020）》
各重点建设项目的建设规划及其他文件及相关资料

二、规划背景

（一）发展现状

作为国家战略、区域发展的重要组成部分，南京江北新区具有区位条件优越、产业基础雄厚、创新资源丰富、基础设施完善、承载能力较强等优势，具备了加快发展的条件和实力。

区位条件优越。江北新区在地理位置上与南京老城区形成区域互补，以长江为分界。未来新区将成为集客运铁路、货运铁路、高速公路、干线公路网、航空和航运等为一体的交通综合枢纽，两小时通达长三角中心城市，辐射苏北、皖北和长三角地区。

历史文化悠久。新区有始建于唐咸通年间的六合文庙、中国禅宗重要寺院定山寺、民国时期的重要交通枢纽浦口火车站、书法家林散之纪念馆等历史文化资源，在历史与现代的结合方面具备进一步开发的潜力。

产业布局清晰。江北新区以科技创新为核心,以产业转型为先导,以信息技术、生物医药、装备制造等战略性新兴产业作为发展重点,将带动周边城镇、市县的产业转型升级,全面铺开创新创业平台载体建设。

政策支持明确。江北新区作为全国第十三个、江苏省首个国家级新区,在新区建设层面上升为国家战略,总体发展目标、发展定位等由国务院统一进行规划和审核,辖区内实行更加开放和优惠的特殊政策,鼓励新区进行各项制度改革与创新的探索工作。

创新基础扎实。江北新区现有各类科技创新平台和工程技术中心50多个,具备高质量的科研基础设施。同时新区聚集了一批国内外知名的高科技企业及研发机构数百家,为科技创新发展注入活力。

两岸交流密切。江苏已成为两岸经贸交流最密切的省份之一。苏台经贸合作基础良好,江北新区引入台积电和台湾仁创等企业,吸引一批台商台胞进入,使新区在智能制造、创意设计方面具备领先优势,实现了两岸合作共赢。

(二)发展机遇

1. 地方崛起:国家新区,引领经济增长新引擎

江北新区作为第十三个国家级新区,是国家区域协调发展总体规划中的重要构成部分。江北新区的成立乃至于开发建设都在国家战略层面上,相关特殊优惠政策和权限等由国务院直接批复。江北新区的崛起和文化产业的发展,要从国家层面考量,利用政策优势和当地资源,从创意城市、人居环境、文化品牌、社会形态等多方面着手准备,用文化引领城市发展,打造战略性新兴产业示范区。

2. 国家战略:文化产业,国民经济支柱性产业

国家"十三五"规划中重申,2020年文化产业要成为国民经济支柱性产业,表明中央在"十三五"期间决心大力推进文化产业发展。"十三五"时期是文化产业发展的机遇期,抓住机遇、把握趋势,根据中央规划及时调整自身发展策略,对于推动新区文化产业具有重要意义。根据《2017年国务院政府工作报告》,文化产业的结构调整应与"一带一路"倡议、"长江经济带"等国家发展战略协同,使文化建设和经济建设相辅相成,以文化产业拉动经济发展。

3. 国际视野:创意城市,走向全球的核心品牌

面对国际形势新变化和国内发展新要求,积极扩大对外开放,进一步完善国际交流机制和平台,促进新区企业跨国发展,提升区域开放合作水平。在国际层面展开交流合作,打造城市形象,树立城市品牌,助力南京申请联合国"文学之都"。践行文化"走出去"战略,扩大国际文化交流,引入国际人才,培养翻译人才,提高对外传播水平;运用多媒体手段,提高中华文化的国际影响力,讲好中国故事。

（三）面临挑战

1. 顶层设计的前瞻性有待拓展

在新区整体规划层面，没有充分意识到江北新区作为国家级新区的战略定位，在基础设施的规划中对新区重要性的认识不足。实际上，江北新区的规划与设计将使南京由现有的"半圆"（老城区）变成整圆（老城区＋江北新区），将对南京及整个江苏的发展起到支撑性作用。因此，在规划层面上，应关注江北新区顶层设计的前瞻性与拓展性，充分考虑新区未来的可能性。大力加快战略性新兴产业布局，把发展文化产业作为促进城市经济社会发展、提升城市品位、增强城市软实力的重要手段。就文化产业而言，现有文化产业基础薄弱，规模小，地方对发展文化产业的重要性认识不足，在引导文化产业发展方面缺乏规划、管理、政策、必要的手段和技术支撑，文化产业缺乏生存和发展的基本空间，处于"小、散、滥"的自由发展状态。

2. 产业结构的融合性有待完善

产业融合作为产业发展的现实选择，是全球化背景下提高生产力和竞争力的必经之路。政府要为产业融合创造良好的支持环境，突出服务贸易在推进供给侧改革和贸易转型升级中的积极作用。充分发挥江北新区自身产业和政策优势，推进先进制造业与现代服务业、传统产业与高新技术产业的融合发展，进一步凸显文化产业在产业结构调整和发展方式转变方面的地位与作用。完善江北新区产业结构，立足建设产业科技创新基地，促进新区经济社会健康发展。

3. 体制机制的创新性有待加强

江北新区的发展无法逾越江苏省和南京市的行政管理权限，在"省"与"市"的行政区划中探索行政区与功能区融合发展的管理机制是无法规避的问题。理顺江北新区的内部行政管理体制，适时实施行政区划调整，努力破解制约发展的体制机制障碍将成为解决江北新区现有管理机制滞后的措施之一。江北新区作为新的行政区划，具有"无债一身轻"的先天优势，有效避免了人员冗杂、财政支出繁杂等问题，因此，由政府管理逐步转变为政府治理，明确政府权力边界，按照国家统一的制度框架要求，研究制订政府向社会组织购买服务实施细则，出台政府购买公共服务清单等目录是江北新区行政管理过程中应"提前预见"并"付诸实践"的重点。

4. 人口结构的互补性有待提升

江北新区作为国家级战略新区，承担着四大战略定位的基本任务，将成为新兴区域政治经济文化技术的中心，在此过程中，技术、资金和各种人才将成为江北新区得以发展的必要支撑条件。然而，由于历史原因，江北新区的农业人口较多，文化素养培育不足，农村人口的特点使得他们难以适合新区高速发展的要求，反而使新区需要花费更多的财力、物力和精力处理教育培训问题，加重新区向前发展的包袱；而且，虽然大量的劳动力能够促进新区发展，但并未在技术上、企业管理上为江北新区带来实质性的进步。因此，如何以现有的人口素质基础为现代化新城提供必要条件，解决人口素质与城市发展的平衡问题将是江北新区面临的挑战之一。

三、总体要求

（一）指导思想

全面贯彻党的十八大和十八届三中、四中、五中全会精神，深入贯彻落实习近平总书记系列重要讲话，特别是视察江苏重要讲话精神，认真践行五大发展理念，坚持中国特色社会主义文化发展道路，以激发文化创造活力为核心，以深化文化体制改革为动力，以深化文化供给侧改革为路径，建设一批具备强大创新能力、集聚能力、融合能力和辐射能力的文创企业和重大项目，引领江北新区成为南京文化产业增长极，为把南京建设成为全国文化创意中心、世界历史文化名城和现代国际人文绿都作出贡献。

（二）基本原则

1. 一区多点、政策覆盖

结合文化创意产业发展规律和特点，采用"一区多点、政策覆盖"的空间发展模式，利用南京市各类文化创意产业集聚区已有资源，在各类国家级产业基地、园区的发展基础上，进一步加强产业协作，完善区域分工，健全政策体系，形成促进文化创意产业发展的良好环境。

2. 产业融合、重点提升

促进科技、金融与文化创意产业的融合发展，培育产业新业态。促进文化创意总部经济和商务服务业融合发展，强化创意设计和国际交往中心地位。促进传统产业与文化创意产业的融合发展，提升传统产业附加值。激发文化艺术、广播影视、新闻出版等传统行业活力，加快设计服务、广告会展、艺术品交易等优势行业成长，推动若干新兴业态融合发展，以重点功能区、重点行业和重大项目带动江北新区文化产业发展质量的提升。

3. 产业集聚、空间集约

遵循文化产业空间发展规律，在促进文化创意氛围的基础上，引导不同类型、不同环节、不同发展阶段的文化产业各领域向相关功能区集聚发展。坚持空间集约利用，鼓励功能区带动传统历史文化区域、工业遗址的有机更新和商务办公区域的文化转型发展，推动风貌提升和产业升级，进一步提高空间资源使用效率。

4. 规划衔接、区域引导

发挥政府的引导推动作用，综合运用规划引导、财政补贴、价格调控、产业政策等手段，充分发挥产、学、研等各类主体的积极性。加强政府工作与江北新区远期、近期总体规划的衔接，积极通过文化产业建设带动产业转型升级和周边区域协同发展。结合当地资源禀赋和比较优势，采取政策、项目、资金、基础设施建设等多项措施，明确产业发展重点，形成多方联动、合理分工、突出特色、有序竞争的文化产业发展体系。

5. 先行试点、循序渐进

依托海峡两岸科工园等优势园区的产业发展基础，结合各行业发展特点，挑选若干发展基础较好、政策示范条件成熟、试点意义重大的功能区或重点企业予以重点支持，率先开展项目审批、财税支持、人才引进、土地使用等政策先行先试，为整体规划建设和江北新区文化产业繁荣发展探索道路、积累经验。

（三）发展目标

通过优化完善战略定位和产业空间布局，着力建设创意设计之都和宜居特色小镇，推动文化创意与相关产业的融合提升发展，打造推动产业要素集聚、服务平台建设及政策措施落地的政策空间载体，引导江北新区特色发展、错位发展，使其成为带动产业转型升级的示范、展示人文创意南京的舞台、建设宜居城市的样板。

文化产业实现可持续发展。到2020年，文化产业形成良好布局，在江北新区整体建设过程中起到支撑引领作用，力争使江北新区创造全市约1/4～1/3的文化产业收入，以江北新区的文化产业发展推动、促进南京市文化创意产业高端化、集聚化的空间总体布局，保障文化产业可持续发展。

创新驱动形成核心竞争力。优化创新创业环境，激发创造活力；推进文化创新，掌握一批核心技术及知识产权；加强国际合作，充分利用全球创新资源；推动产业组织方式创新，不断改革、完善适应文化产业发展的体制机制。全面推动体制创新、产品创新、服务创新、业态创新，形成江北新区文化产业的核心竞争力。

市场主体呈现多元化趋势。培育和引进一批具有国际竞争力的文化产业市场主体，打造一批文化创意和高端设计知名品牌，丰富文化消费市场，培育文化消费理念，激励文化消费行为，引导文化消费市场健康发展，培育3～5家龙头企业，激发小微文化企业的创新活力。

文化科技金融全面性融合。充分利用江北新区政策优势，大力推动文化产业与金融、科技、实体经济的全面融合，实现产业协同发展、区域协调发展，进而带动产业转型升级，形成新的增长点和示范效应。

对外合作成为显著性优势。依托法国创意风情小镇、江苏南京高新——劳伦斯伯克利生命可续研发中心、中德智能制造（江苏）研究合作平台和海外高校合作办学等对外合作交流项目，加大江北新区的国际文化交流合作力度，创新管理机制，形成国际影响力与示范效应。

四、定位布局

（一）区域定位

1. 智慧设计产业先导区

与自主创新先导区的定位相呼应，以智慧产业带动自主创新，打造设计产业先导区。利用良好的产业基础，推动文化创意和设计服务与相关产业融合发展，特别是创意设计与装备制造业、特色农业、体育产业、数字内容产业等融合发展，打造创意设计与相关产业深度融合的新型示范性集聚区。力争到2020年，使江北新区文化创意和设计服务的先导产业作用更加强化，与相关产业基本形成全方位、深层次、宽领域的融合发展格局，培养一批高素质人才，培育一批具有核心竞争力的企业，形成一批拥有自主知识产权的产品，打造一批具有国际影响力的品牌，建设一批特色鲜明的融合发展社区、园区和新型城镇。

2. 特色宜居城镇示范区

与新型城镇化示范区的定位相呼应，在江北新区建设宜居城镇示范区。从特色宜居城镇入手，做出适宜的产业规划，以务实的态度推进城镇的可持续发展。坚持产业、文化、旅游、生态"四位一体"的发展理念，促进"产城融合"，走出一条生产、生活和生态融合发展快速路；做好科学规划，凸显城镇特色；深入挖掘江北新区文化特色，紧紧围绕地方文化资源；新建一批代表性休闲旅游载体，围绕江北自然生态环境资源，在深度挖掘文化资源的同时，积极配合项目单位新建一批环境优美、生态良好、宜居宜业的小镇项目；开发一批特色风情小区，把世界先进的建筑风格、建筑艺术集中到江北新区，把全区星罗棋布的居住小区建设成为具有不同民居风格的世界民居特色博览园，规划建设星级酒店群，打造高端论坛、会议永久会址。

3. 数字创意产业集聚区

与长三角地区现代产业集聚区的定位相呼应，在江北新区打造数字创意产业集聚区。互联网和数字技术的发展极大地促进了数字文化产业发展，也不断催生出数字文化产业的新业态、新模式。国务院于2016年年底印发的《"十三五"国家战略性新兴产业发展规划》提出，到2020年，要使新一代信息技术、高端制造、生物、绿色低碳、数字创意5个战略性新兴产业增加值占国内生产总值比重提高到15%，形成经济发展的新支柱，并在更广领域形成大批跨界融合的新增长点。江北新区应抓住国家级新区发展的历史性战略机遇，并积极响应国家战略性新兴产业发展规划，特别是数字创意产业的发展机遇，使产业结构进一步优化，产业创新能力和竞争力明显提高，形成战略性新兴产业发展新高地，力争成为国家层级的数字创意产业集聚区。

4. 国际合作交流实验区

与长江经济带对外开放合作重要平台的定位相呼应，在江北新区营造开放、包容的文化交流平台。发挥江北新区已有的对外交流优势和资源，积极融入国家"一带一路"建设，利用地缘优势和国家级新区机遇，推动海峡两岸交流合作，加强国际合作，特别是与欧洲文化创意大国，如法国、意大利、德国等国的合作，积极培育国际文化竞争力，打造文化服务贸易创新发展高地，把欧洲的生态宜居理念和创意生活方式引入江北新区，并与地方文化融合，营造开放包容、环境友好的国际化文化居住社区。与此同时，江北新区也要扩大对国内省市，特别是与长三角地区省市的文化交流开放合作。比如，与上海浦东新区、浙江舟山群岛新区、上海自贸区等区域的文化创意产业联动发展，力争让江北新区成为南京新型对外开放合作的样本示范。

（二）空间布局

依托江北新区总体规划"一轴两带三心四廊五组团"的空间结构布局，结合当地文化产业发展特色，坚持优势互补、产业要素合理分配、资源和设施共享，实现与周边地区协调发展的原则，构建"一主一副两带多点"的文化产业空间格局。

1. 一主：科技文创核心区

以江北中心城为核心，辐射至二桥、桥林、大厂地区。以浦口区为空间载体，重点依托浦口的科技创新平台和智慧产业资源，打造文化产业集群，建成以数字创意、智慧设计、民国风情、国际小镇为主体，文化与科技、文化与金融、文化与社会高度融合的文化产业特色街区。将核心区打造成传统与现代交错、娱乐与休闲融合、科技与创意合璧的"文化地标"，传承浦口历史文脉和传统品牌文化，进一步发挥集聚融合、带头引领作用，以点带面，提升对江北新区文化创意产业的空间带动能力。

2. 一副：城市服务副中心

以六合中心板块为起点，延伸至六合区。以六合中心、化工园和经济开发区为主，金牛湖、金牛山等景区为辅，打造集生产、生活、生态于一体，体现为新兴城市服务的文化产业功能区。六合中心板块作为江北城市副中心，包括了休闲商务、商业综合、棠湖研发和居民居住四个区域，将建立主题性商业中心，加快发展金融和专业服务业，将文化产业与都市服务融合，为居民提供高品质生活，成为辐射南京都市圈的区域服务中心。

3. 两带

沿江文化体验带。根据江北新区沿江发展战略，将文化产业发展核心区向长江沿岸地带延伸扩展，以浦口火车站为重点，将沿江文化体验带打造成江北新区文化空间塑造的重要地区，以打造文化产业重大项目为抓手，以文化体验为内容，用特色文化符号拉动相关产业发展。

老山生态休闲带。以整个老山区域为核心，依托"一山三泉"的核心自然资源基础，面向城市人群发展生态旅游、休闲度假，将其打造成为集现代和生态于一体、传统文化与时尚娱乐相融合的度假地，使其成为外来游客、商务人士和新区居民都乐于前往的休闲地。

4. 多点

深入挖掘在地历史文化资源，引进具有鲜明特色的文化产业业态，建设一批具有明显带动作用的文化产业特色街区和特色小镇。首批建设"四镇"。

民国风情历史小镇。以浦口火车站地区为核心，整合浦口轮渡码头、津浦铁路、浦镇车辆厂、龙虎巷等周边民国历史文化资源，打造以民国文化为主题的文化传承体验区。展示近现代交通发展背景下形成的城市空间结构特征、富有活力的文化特色街区，重点将其打造成为：以展现民国历史文化特别是文化生活为主导的文化体验区；以民国历史文化遗迹为主导功能的文化旅游观光区；创意办公为主导功能的文化创意办公区，以及以餐饮商业和休闲娱乐为主导功能的商业休闲服务区。

海峡两岸设计小镇。位于南京市浦口区南京海峡两岸科技工业园内。依托海峡两岸科工园和台湾高端创意设计企业及研究院，以"工业设计"为特色，通过台积电和清华紫光等企业的引入，带领集成电路产业链发展，打造集成电路设计摇篮，带动江北新区、南京市的智能制造行业发展；吸引大量台湾地区人才入驻小镇，成为两岸文化创意对接平台和两岸青年创业基地及孵化器。

山水户外健康小镇。以老山森林公园、金牛湖等生态资源为基础，以生态、养生、休闲、度假为特色，以健康养生、生态度假、主题游乐为主推项目，以医疗服务和健康管理为支撑产业，以健康制造、互联网+、文化创意、体育健身为配套，打造成集商务会议、生态旅游、文化体验、乡村旅游等为一体的健康小镇。

法国创意风情小镇。位于江北中心城南部三桥中心区。是富有法国元素，以文化创意为产业特色，兼有总部经济、科创研发、生活休闲功能的特色创意风情小镇。面向海内外高端创意圈人群、追求高品质生活和创意美学体验的中高级消费阶层，以良好的生态环境为基础，以法国艺术时尚为元素，以创意设计为载体，法国创意风情小镇将成为法兰西民族的海外聚集地和法国企业总部的海外基地。

（三）功能分区

1. 生产：构筑产业空间新格局

1）强化数字创意技术，推动制造业转型

以江北中心板块为中心，大力发展数字创意设计行业。将新兴产业辐射至其余六大板块，包括高新创新板块、三桥创新板块、桥林制造板块、六合中心板块、老山休闲板块和西坝港口板块，覆盖整个江北地区核心地带。助推东部地区由"制造"向"智造"转型，引入高新技术，将桥林新城重点打造为区域智能制造产业基地。

在创作生产技术装备领域，加大空间和体感感知等基础技术的研发力度，加快虚拟现实、增强现实、交互娱乐引擎开发、文化资源数字化处理、互动影视等核心技术的创新发展，加强

大数据、物联网、人工智能等技术在数字创意生产领域的创新应用和产业化。在传播服务技术装备领域，重点研发具有自主知识产权的超感影院、混合现实娱乐等的配套装备和平台，大力研发数字艺术呈现技术，提升艺术展演展陈数字化、智能化和网络化水平，支持文物保护装备产业化及示范运用。

2) 丰富数字文化内容，创新文化产品形态

在当代数字创意内容的创作方面，加强数字创意产品原创能力建设，利用南京现有数字文化资源，加强新区数字文化产品开发。发掘新区文化符号，促进出版发行、影视制作、演艺娱乐、艺术品、文化会展等行业的数字化进程，提高动漫游戏、数字音乐、网络文学、网络视频、在线演出等文化品位和市场价值；鼓励多业联动的创意开发模式，提高不同内容形式之间的融合程度和转换效率，努力形成具有国内国际影响力的数字创意品牌。

在本地优秀文化资源的创造性转化方面，鼓励对艺术品、文物、非物质文化遗产等进行数字化转化和开发；依托地方特色文化，加强现代设计与传统工艺的对接，创造具有鲜明区域特点的数字创意内容产品；提高图书馆、美术馆、文化馆、体验馆、博物馆、建筑馆、文化遗产地的数字化智能化水平，带动公共文化资源和数字技术融合发展。依托于现有的地区文化资源，引入大数据等科学技术对文化资源进行整理记录，进行文化衍生品的开发，打造"基于历史文化、迎合现代品位"的文化产品。

3) 重视创意设计服务，整合产业发展格局

推进设计创新成为现代制造业、服务业、城乡建设、环境生态等领域的核心能力。在工业设计方面，提升江北新区"设计之城"的定位，推动工业设计与企业管理深度融合，鼓励工业设计机构整合全产业链，转化工业设计创新成果；制订和推广创意设计行业标准，建立设计人才和机构数据库、供需对接平台以及双创服务平台。

提高城乡规划、建筑设计、景观设计和装饰设计水平，促进创意设计在智慧城市、社区公共服务、公共艺术等领域的融合应用，提升人居生活质量。推动数字创意在电子商务、社交网络、教育服务、旅游、农业、医疗、展览展示、地理信息、公共管理等各领域的应用，培育更多新产品新服务和多向交互融合的新型业态，形成数字创意产业无边界渗透格局。

2. 生态：打造人居环境新面貌

1) 以生态文化立城，塑造创意城市样板

江北新区建设中要加强环保意识，把生态性融入城市规划发展的内容当中，遵循生态的可持续发展道路，实现城市的健康成长。江北中心片区建立生态与现代相结合的城市风貌，老山休闲片区打造生态与人文相结合的田园风貌，桥林新城以生态、智造和未来港结合建立城园风貌，西坝园区以科技和生态结合打造港口风貌，完善"城、园、港、乡"的生态环境布局。

开放式江南园林融合市镇生活的理念来设计生态景观，严格把握好人文景观和自然生态景观之间的关系，利用城市文化、生态环境、现代理念一体化理论，提高城市的生态效益和景观

效应。打造乐活城市形态，使其成为新生活形态文化城和生态养生城市的典范，从而塑造具有国际化后工业标准的创意城市样板。以创意设计规划为核心，导入生活美学，提供如城市名片及形象、智慧、人文及艺术主题等规划架构，营造出城市生活美学空间。

2）推动"文化+"项目，向生态资源要效益

将山水视为当地开发文化产业的重要资源，贯彻"大绿战略"，充分挖掘利用老山天然的自然资源，推动"文化+生态""文化+旅游""文化+创意"等的不断落地，各展其能谋众创，培育形成更多具有美丽江南姿态的文化品牌。在保护生态资源的基础上，挖掘生态资源与文化的结合点，开发新式旅游项目，打造文化品牌，强化品牌形象传播。

立足区域内其他自然资源、人文资源、产业资源、项目资源，加快发展文化创意、移动多媒体、影视动漫等新兴文化产业。结合不同旅游群体的消费需求，着力打造主题公园游、森林健步游、绿地休闲游等旅游精品线路，并与周边区域的农业发展融为一体，形成点面结合的服务业新格局。

3）发展精致农业，提供现代田园式生活

学习台湾地区先进经验，导入休闲农业发展模式，将"农业文化""农业旅游""农业休闲"的概念与当地实践密切结合，让"健康农业""卓越农业""乐活农业"的形态在江北新区不断开花结果。大力支持"健康、生态、关怀、公平"的有机农业，强调时尚、安全与乐活的概念，整合农业与观光资源、促进产业升级，借由推动产业服务化，带领消费者崇尚回归自然、健康环保的乐活生活。

倡导精细化耕耘，每一座休闲农场都独具匠心，追求精致、美观、自然、和谐之美，让人既能感受现代科技文明的魅力，又能充分体验田园风光的韵味。重视科技引领，在科技创新、设施投入、技术改良、结构配套、品质提升等方面不断提升，让当地的农业品质获得质的飞跃，以此拉动农业观光等文化旅游产业的开展。

3. 生活：营造"江北 Style"新品质

1）忆古今：再现民国街区景象

江北新区的部分城市格局、街道街区、市井风俗继承和延续了诸多民国时期的元素，民国文化在此有深厚积淀，使其拥有得天独厚的民国文化旅游资源。围绕这些优质的资源进行更科学、更系统的规划与开发，打造特色民国文化旅游的城市品牌，让游客领略到江北新区独具魅力的历史和文化。如浦口历史文化区的规划要充分尊重承载着丰厚文化和城市记忆的历史建筑与街道景观，将其植入创意、文化展示等崭新的使用功能，配合延伸的地铁线路的可达性提升、传承地方文化，激发区域活力。

对江北新区的民国文化遗迹深入挖掘整理，在现有的基础上再进行拓展，探究其背后深藏的文化内涵，在此基础上大力开展民国文化旅游，通过民国旅游线路的设计和民国旅游商品的开发，使游客在旅游过程中感受到民国文化的气息，获得愉悦的审美感受和全新的旅游体验；

通过新闻媒介、影视传播、网络信息的方式，面向更广阔的范围宣传江北新区独一无二的民国文化旅游资源，介绍其保护开发和利用的情况，展示其现状。

2）品情趣：培育特色文化小镇

结合江南风情和本地特色，培育一批特色文化小镇，把打造文化小镇作为促进县域文化产业发展的重要载体和抓手。加快推进特色小镇文化建设，着力推动"文化+特色小镇"融合发展，统筹城乡发展和小城镇建设，打造文化与新型城镇化建设有机结合的新样本；强化特色小镇的文化功能、融入特色小镇的文化元素、提升特色小镇的文化品质，实现文化让特色小镇更加美好、特色小镇让文化更具魅力的双重目标。

推动特色小镇文化产业跨界融合，立足文化特色，集聚发展文化产业，开发适销对路的特色文化产品，推进文化旅游、文化创意产业的融合发展。推进特色小镇对外文化交流合作，扩大文化开放和文化贸易，传播和推介地域特色文化，活跃双向交流与互鉴，拓展境外文化市场。

3）观天下：创造全球品质家园

按照国家级新区参与国际竞争的要求，以文化为依托建设国际社区、学校、医院等高品质重要设施，以文化为依托不断发展音乐、电影、动漫等面向全球的文化节庆和会展活动，为新区居民提供有品质的生活。

对目前居民最热衷的文化消费项目进行挖掘，提升内涵、层次和服务质量，扩大服务范围，从中培育出新的消费增长点。开拓新的文化消费领域，开发新的文化消费项目，引导居民多往国家鼓励发展的文化消费热点和领域进行文化消费活动，让居民在文化产品与文化服务中提升思想哲理、审美情趣、价值观念，通过文化消费持续提高当地居民文化素质。

结合国家对文化建设的要求，开发江北新区的现代城市文化，在文化产品创作、文化设施建设、文化人才培养等方面增加投入，做好长远规划，不断探索新的文化创新体系。

五、重点任务

（一）设计引领——江北文化创意设计

加快发展文化软件服务、工程设计服务、专业设计服务和广告服务产业，着力提高文化创意和设计服务在文化产业增加值中的比重。坚持保护传承和创新发展相结合，用创意设计提升产品制造、工艺美术、文化休闲娱乐等传统产业门类的发展质量水平，加快构建结构合理、门类齐全、科技含量高、富有创意、竞争力强的现代文化产业体系。让创意设计引领制造业，做好江北品牌形象的塑造和推广。

——开拓创意设计，提升现代产业。深入挖掘当地历史文化资源，梳理可用于创意设计的文化符号，把传统历史文化元素融入现代设计业，定期或不定期地举办创意设计论坛、会展等行业活动，汇聚各方资源，提升设计品质，搭建要素平台，营造良好的创意设计氛围，培育一批具有原创性、核心竞争力和较高市场价值的品牌设计企业，最终实现依托江北新区的创意设计实力和影响力，助力南京成为联合国教科文组织"全球创意城市网络"成员（设计之都方向）。

——发展工业设计，打造智造江北。以海峡两岸科工园为核心区，以两岸设计小镇为重点，以台积电项目为先导，加快形成具有中国特色的工业设计创新体系和世界一流的工业设计中心，提升工业设计的国际化水平，打造一批工业设计龙头企业和产品。结合两岸优势产业，通过工业设计将文创产业与制造业结合，创造产品的品牌价值，提升产品附加值。

——做好形象设计，推广江北品牌。区域品牌是推广区域形象、推动区域营销、增强当地居民自信的重要途径。江北新区需要树立与南京老城区和而不同的品牌形象，既要有国家级新区的战略高度，又不能完全脱离现有资源。从形象设计上确定江北品牌，将形象设计作为区域整体战略发展规划的一部分，有助于对区域定位、功能定位有更为系统和细致地了解。值得注意的是，江北品牌的形象设计是新区未来呈现给世界的形象的规划，要充分考虑新区未来发展趋势，推动新区国际化进程。

（二）生态支撑——绿色宜居城镇建设

江北新区具备丰富的生态资源，珍珠泉、佛手湖、老山森林公园、金牛湖等自然资源风光优美。新区还包含东王村、浦口火车站历史建筑群等历史风貌区，竹镇等历史文化名镇，八百桥青龙街、龙袍老街、瓜埠镇、汤泉镇、桥林镇等古镇古村。新区将借助生态环境、历史文化、高新科技等资源，打造出现代都市集居住生态旅游文化于一体的宜居城镇。

——人类环境自然的和谐共处。在保护生态环境与大自然和谐共生的前提下开发城镇环境资源，找到优质的、有地域特色的环境品牌基因。在发展中控制城镇的承载力，自然景观不要做大范围的人为加工，开发重点应放在交通、水电等基础设施的完善，餐饮、住宿等高品质服务的提供，用地、建筑景观风格等方面的控制上，控制城镇核心区规模。

——生态生产生活的完美结合。提供生态型的生产模式，绿色化的职业生活，高品质的文化创造和享受。向生态要效益，以绿色促发展，开发田园城市型的文化创意园区，吸引各地农耕文化的代表和艺术创作人士会聚，把发展文化产业与江南诗意文化、中华耕读传统、绿色健康体验及现代田园城市结合起来，成为全国文化产业空间集聚的一种新模式。

——旅游安居创业的完整形态。依托四通八达的地理位置和深厚的历史文化资源，新区城镇采取"旅游+社区+创业"的模式，力图打造集生态、人文、旅游、创业、生活为一体的功能完备、形态丰富的新型城镇。在基础设施的不断完善下，宜居城镇中的企业不仅可以获得创业所需的各类资源，其生活需求、精神需求也可获得较高程度的满足。另外，特色城镇的完善配套也是吸引高新技术人才和创意创新人群的重要筹码。

（三）风情为魂——特色街区小镇开发

加快建设一批特色小镇，是新常态下做出的推动经济转型升级的一项战略举措。按照政府主导、企业落实、资源整合、项目组合、产业融合原则，在江北新区建设一批聚焦创意时尚、兼顾人文艺术、包容历史文化、体现地方民俗的产业聚集，并具有独特文化内涵和旅游功能以及生态和谐、环境优美的特色小镇。以新理念、新机制、新载体推进产业集聚、产业创新和产业升级。相较于产业园区和传统小镇，特色小镇的价值在于产、城、人的有机融合。因此，在江北新区特色小镇建设的蓝图上，产业发展、城市配套、创新人才都是缺一不可的必备元素，且应互为融合。

——完善小镇文产布局。立足本地、放眼世界、扎根生活、联结社区，在本地文化基因基础上寻找合适的产业作为发展方向，持续培育独特的、有品质的、可持续的地方文化，促进本地文化保护、传承、创新、建设和品牌营造，不断催生出符合世界融合发展的美学元素，在此基础上促进本地文化产业的发展。培育发展一批原创能力强、技术水平高、品牌影响大的文化领军企业和重大项目，建设一批文化企业集聚度高、产业核心竞争力强的文化创意产业集群和中小微文化企业群落，形成一批具有广泛知名度和国际影响力的文化创意产业地标，引进和培养一批能够参与国际竞争的文化创意产业管理、创意、营销等高端人才。

——发展小镇文化品牌。在真正珍惜尊重本地居民的历史记忆和美好向往上，在真正用心整理、提炼本地特色并将"特色"加以保护、挖掘、传承和创新设计上，挖掘出特色小镇本身的文化特色，做出涵盖文化和经济双重价值的品牌。以民国风情街区为例，江北新区的民国旅游资源丰富且种类繁多，涉及建筑、美食、教育、服装等多种元素，集中体现了当时的文化特征。对于尚未开发或者刚刚开放的民国景点，要善于通过各种各样的媒体宣传形式扩大其名气，形成一定的品牌影响力和号召力。目前，单一的模式已经无法满足游客的旅游需求，也不利于民国旅游的持续健康发展，所以可结合博物馆、主题公园、步行及购物商业街等多种模式，并根据游客认可的开发意向进行综合开发。

——打造小镇服务网络。以人的城镇化为核心，提供便捷的基础设施、完善的公共服务、宜居的生态环境、独特的文化魅力，完善城镇功能，加强城镇道路、供水、供电、通信、污水垃圾处理、物流等基础设施建设，完善和提升特色小镇和小城镇的功能与承载能力，加快补齐公共服务的短板，打造集家庭、健康、养老、旅游、体育、文化、法律为一体的服务网络，使当地居民、企业和旅客有实实在在的获得感和幸福感。

（四）生命为本——全国健康产业社区

目前，健康产业涉及休闲保健、医药用品、绿色食品、绿色环保产品、体育健身用品、体育健身场所、医疗康复机构以及与人们身心健康息息相关的各个生产和服务行业。在江北新区现有健康产业布局中，医药研发、生物制药、医疗器械和健康服务是四大主攻方向，以南京生物医药谷、南京化学原料药产业园、南京国际健康城为代表形成三大生命健康产业集聚区，新区已将生命健康产业作为产业发展重点，力争到2020年实现1 000亿元人民币的产业规模。

——记录健康数据，完善社区肌理。由健康管理、医院等机构免费开展健康体质测试，政府部门搭建健康管理服务平台，记录居民健康大数据，时刻掌握居民健康状况，及时推进健康措施，利用大数据对居民健康状况进行研究。鼓励居民全民健身、建设公共健身场所、提升体育场馆利用率，因地制宜开展社区体育、学校体育、时尚体育、老年人体育、残疾人体育等群众性体育活动，加快完善公共体育服务体系。

——引导社会资本投入健康产业。要充分发挥江北新区生态环境的资源禀赋、养生保健文化较为前卫等比较优势，加大生物医药、基因工程、医疗器械、健康管理等行业的推广，塑造健康产业特色品牌。鼓励社会力量兴办医养结合机构，支持养老机构开展老年病康复护理和临终关怀服务。对本地或国有资本开放的领域、行业，可通过引进战略投资者、定向增发等多种形式，不断向异地资本、外资、民资逐步开放，积极引导社会资本投入健康产业。大力引进境外专业人才、管理技术和经营模式，提高医疗科技、医疗器械、高端医疗服务国际合作的知识和技术水平。

——促进健康产业形成产业集群。依托产业结构优化、层次高端的优势，结合长三角区位优势和区域资源禀赋及产业基础，推动健康产业集群发展。鼓励支持各区、新区结合本地实际和特色优势，高标准定位健康产业融合发展的方向和策略，突出医药制造、医疗器械、基因工程、健康保险、健康管理等重点行业，加大资源重组、整合力度，努力打造企业集中、链条完整、分工互补、人才集中、科技支撑的多个健康产业集群。促进健康服务业的高端化、国际化、集聚化发展。培育以健康为主题的产业园区，鼓励健康服务新业态发展，促进医疗与养老、旅游、互联网、健身休闲、食品、科技、文化的融合，催生健康服务新产业、新业态、新模式，深化卫生与健康领域供给侧结构性改革。

六、保障措施

（一）改善管理机制，构建保障体系

建设信息集成系统。通过技术创新、应用开发，积极建设江北新区文化产业信息集成系统，将江北新区的文化遗产、文化项目、文化活动、行业资讯等动态数据库与文化政策发布、项目管理、统计监测、评估认证等电子政务结合起来，提升城市精细管理水平，以建设智慧城市为目标，通过网络与上下左右相关方面形成信息共享，争取打破体制分隔、信息孤岛，使行政管理更加专业、透明、高效。

创新管理服务方式。改革和创新文化产业行政管理方式，推动主管部门从产业管理向产业服务转变，创新服务模式，提高服务水平，积极探索行政管控与规则服务相结合的现代公共管理服务方式，更加注重制订和完善产业规则，建立和维护公共秩序，提供快捷、高效、优质的行政服务。

搭建贸易合作平台。立足"长江经济带对外开放合作重要平台"的国家级新区战略定位，着力打造以创意设计为核心的文化外贸交流合作平台，通过文化产业博览会、投资贸易洽谈会、文化创意产业论坛、青年设计师邀请赛等形式，促进江北新区文化产业对外产品和项目展示、招商合作、经贸交流，形成自身特色与优势。

完善项目保障机制。成立文化产业专家评审委员会，对江北新区立项的各类文化产业项目进行科学分析评估，将符合江北新区文化产业整体发展方向，有利于推动产业健康发展的项目列入重点项目库并跟踪落实。针对文化产业发展特点，除一般性园区项目、产业项目外，还要加大力度对平台项目、软性项目、特色街区（小镇）项目的投入与扶持，为企业提供全面的技术支持、营造良好的产业发展环境和独具特色的创新创意氛围，吸引更多人才、资金、机构参与到江北新区文化产业的建设之中。

（二）跨域协同运作，整合相关要素

事业产业协同机制。将文化遗产保护与特色文化产业发展以及特色小镇建设更紧密地结合起来，用民国文化等历史文化元素作为江北文化产业的基础和依托，使文化产业成为文化事业的生发和带动力量，在对历史文化遗产进行产业化开发时，注重引入事业产业协同创新机制。

跨部门跨领域合作。通过跨部门联席会议、跨界协作创新平台、产业联盟，以及产、管、学、研合作机制等方式，破除文化产业和科技、现代服务业和传统产业融合发展的体制机制障碍，建立规划衔接、部门合作、产业联盟、技术共享、市场共建的文化产业融合发展机制。

长效机制持续供给。产业协作不能通过一个规划、一次会议、一时对接一蹴而就，要力求在文化产业与相关产业、宣传部门与相关委办局之间建立长效协作机制，通过合作制度、专题例会、信息共享、规划协同、人事安排、绩效挂钩等方式予以具体落实。

区域协同互动发展。江南地区地域相近、文化相承，又各具备自身的独特魅力，是多元文化交融荟萃的结果。文化作为软实力，在区域协同发展方面起着十分重要的作用，长三角地区综合实力的上升与本土文化的凝聚力有着不可分割的关系。

（三）培养创意人才，强化人才激励

完善人才激励制度。加大文化产业人才政府奖励力度，实施高层次人才引进计划，引进来自法国、德国、中国台湾地区等文创产业发达国家和地区的人才，做好人才安置计划，重点向设计产业倾斜。加强人才队伍建设，发挥周边地区高校和科研院所的支撑与引领作用，加强文化产业相关专业学科建设，支持高校增加服务经济社会发展的急需专业和学位点。

改革人才培养模式。制订鼓励企业参与人才培养的政策，建立企校联合培养人才的新机制，促进创新型、应用型、复合型和技能型人才的培养。加大力度吸引全球文化产业的优秀研究人才、创意人才和管理人才来本地创新创业。

营造文化创意环境。积极营造尊重文化、尊重创意、尊重人才的产业发展环境。进一步强化江北新区创意人才、科技人才、对外交流人才等方面的人才培养，学历教育与职业教育相结合，完善管理人才、创意人才和营销人才的复合培养体系，建设产、学、研一体化的文化产业人才培养基地。

推进专利立法工作。全面推进依法治国,完善知识产权保护制度,推进知识产权地方立法。知识产权地方立法要突出地方特色,大胆创新,敢于先行先试,形成决策科学、执行顺畅、监督有力的知识产权管理体制,保障人才利益。

(四)推进金融创新,优化创业环境

建立健全评估体系。针对文化产业轻资产重创意的特点,建立健全相关评估体系和信用体系,鼓励银行、金融机构大力开展版权质押、股权融资等多种业务,引导各方资本以风险投资等形式加大对文化产业的投资力度,解决或缓解江北新区文化企业、文化项目融资难题;鼓励文化创意企业通过上市、挂牌、发行债券、并购重组等方式融资,利用资本市场做强做大。

设立文化产业基金。积极培育文化创意产业的战略投资者,推动设立文化产业投资基金,引导社会资本加大对江北新区文化创意核心领域、文创新兴业态和重大项目的持续投入;规范发展文化产权交易场所,完善中介服务市场,提升文创产业投资便利化水平。

完善创业扶持政策。在文化产业领域持续完善促进大众创业万众创新的政策和法律体系,大力推进大众创业万众创新示范基地建设,积极培育和集聚各类创新主体;健全创新创业服务体系,充分释放大众创业万众创新活力;健全创业企业培育孵化体系,加快新型创业孵化载体建设。

做好创业平台建设。加大众创、众包、众扶、众筹支撑平台建设力度,构建普惠性创新创业支持政策体系;培育和厚植鼓励创新、宽容失败、崇尚成功的创新创业文化,优化创新创业生态,塑造工匠精神,培育文化产业发展新动力。

北京市通州区文化创意产业发展规划建议[①]

[①] 2018年通州区政府委托项目。主持:熊澄宇。参与:吕宇翔、胡琦、张虹、张学骞、张苑馨、刘瑞华、吴福仲。

第一章　总则
　　第一节　规划名称
　　第二节　规划性质
　　第三节　规划依据

第二章　规划背景
　　第一节　项目背景
　　第二节　产业基础
　　第三节　问题挑战

第二章　总体思路
　　第一节　指导思想
　　第二节　规划原则
　　第三节　总体目标

第四章　整体布局
　　第一节　战略定位
　　第二节　空间布局
　　第三节　产业路径

第五章　主要任务
　　第一节　激活文化经济

　　第二节　重塑产业生态
　　第三节　增进创意集成
　　第四节　融贯全局发展

第六章　核心项目
　　第一节　引领项目
　　第二节　提升项目
　　第三节　发展项目

第七章　保障措施
　　第一节　组织保障
　　第二节　资金保障
　　第三节　人才保障
　　第四节　平台保障

第八章　附则
　　第一节　规划批准
　　第二节　解释单位
　　第三节　生效日期
　　第四节　规划适用

第九章　附件：规划图集

第一章　总则

第一节　规划名称

《北京市通州区文化创意产业发展研究》

第二节　规划性质

本规划是北京市通州区作为城市副中心进行文化创意产业建设的总体规划，是通州区加快发展文化创意产业的指导性文件，对下一步通州区文化产业的规划目标、规划原则、战略定位、空间布局、产业路径、核心项目、实施路径、主要任务和保障措施等进行了系统设计。

第三节　规划依据

1. 国家层面

　　国务院：《国家"十三五"时期文化改革发展规划纲要》
　　国务院：《关于推进文化创意和设计服务与相关产业融合发展的若干意见》
　　国务院：《京津冀系统推进全面创新改革试验方案》
　　国务院：《关于发展众创空间推进大众创新创业的指导意见》
　　中央全面深化改革领导小组：《深化文化体制改革实施方案》
　　中共中央政治局、中央财经领导小组：《京津冀协同发展规划纲要》
　　中共中央、国务院：《国家创新驱动发展战略纲要》
　　文化部：《"十三五"时期文化产业发展规划》
　　文化部、财政部：《关于推动特色文化产业发展的指导意见》
　　文化部、央行、财政部：《关于深入推进文化金融合作的意见》
　　文化部、工信部与财政部：《关于支持小微文化企业发展的意见》
　　文化部、财政部：《文化产业创业创意人才扶持计划》
　　文化部：《文化部关于推动文化娱乐行业转型升级的意见》

2. 北京层面

　　北京市：《北京城市总体规划（2016年—2035年）》
　　北京市：《北京市"十三五"时期加强全国文化中心建设规划》
　　北京市：《"十三五"时期现代产业发展和重点功能区建设规划》
　　北京市：《北京"设计之都"建设发展规划纲要》
　　北京市：《北京市推进文化创意和设计服务与相关产业融合发展行动计划（2015—2020年）》
　　北京市：《北京市文化创意产业发展指导目录（2016年版）》

北京市：《加快推进通州现代化国际新城建设行动计划》
北京市：《"十三五"期间北京市公共文化服务体系建设任务和分工》
北京市：《关于深化北京市文化体制改革的实施方案》
北京市：《北京市在文化体制改革试点中支持文化产业发展的实施办法》
北京市：《北京市文化创意产业功能区建设发展规划（2014—2020年）》
北京市：《北京市文化创意产业提升规划（2014—2020年）》
京津冀三地：《京津冀三地文化人才交流与合作框架协议》
京津冀三地：《京津冀文创园协同发展备忘录》

3. 通州层面

《通州区总体规划（2016年—2035年）》（征求意见稿）
通州区：《通州区国民经济和社会发展第十三个五年规划纲要》
通州区：《通州区"十三五"时期产业发展及空间布局规划》
区旅游委：《通州区"十三五"时期旅游业发展规划》
区经济信息化委：《通州区"十三五"时期工业转型升级发展规划》
区金融办：《通州区"十三五"时期金融业发展规划》
区农委：《通州区"十三五"时期现代农业发展规划》
区发展改革委：《通州区"十三五"时期新型城镇化发展规划》
区科委：《通州区"十三五"时期科技创新发展规划》
区文化委：《通州区"十三五"时期文化事业发展规划》
区委宣传部：《通州区"十三五"时期文化产业发展规划》

第二章 规划背景

第一节 项目背景

1. 国家战略

根据十九大关于新时代社会主要矛盾转化的战略判断、文化领域供给侧改革的深入推进，以及《国家"十三五"时期文化改革发展规划纲要》的逐步落实，我国文化产业正在增量与提质两个方向上寻求不断的突破。2017年，我国文化产业实现增加值3.45万亿元，占GDP约4.4%，文化产业对于优化国民经济结构，坚持创新、协调、绿色、开放、共享的发展理念，正发挥着越来越重要且不可替代的作用。

2. 协同发展

随着2015年《京津冀协同发展规划纲要》的发布，京津冀的区域协同发展已经成为一项重大的国家战略。由此，京津冀不同城市、不同区域之间在北京非首都功能疏解、京津冀交通一体化、生态环境保护、产业升级转移等重点领域具有深远的合作空间与发展前景。此外，大运河文化带的建设也将进一步串联周边区域的协同发展，为通州区"保护好、传承好、利用好"这一世界认可的国家文化符号提供战略契机，进而为京津冀协同发展搭建深度交融的桥梁。

3. 北京定位

《北京城市总体规划（2016年—2035年）》将北京城市定位为全国政治中心、文化中心、国际交往中心与科技创新中心，以及和谐宜居之都。其中，文化中心的建设离不开文化创意产业的发展，而全国政治中心、国际交往中心与科技创新中心的建设，同样需要文化创意产业的助力与参与。通州区文化创意产业的发展将利用深厚的文脉底蕴和密集的文化资源，成为沟通传统与现代的重要桥梁、联系本土与世界的关键纽带、融合精神文明与物质文明的独特载体。

根据北京市委、市政府《关于推进文化创意产业创新发展的意见》，按照全国文化中心建设"一核、一城、三带、两区"总体框架，以社会主义核心价值观为引领，以满足人民群众多样化、多层次、多方面精神文化需求为目标，健全现代文化创意产业体系，培育新兴文化业态，推动文化创意产业高端化、融合化、集约化、国际化发展，为建设国际一流的和谐宜居之都作出更大贡献。

4. 通州定位

根据《北京城市副中心控制性详细规划（街区层面）》，通州区要紧紧抓住疏解非首都功能这个"牛鼻子"，建设新时代和谐宜居典范城市。建设市级行政中心，建设国际化高端商务区，建设文化和旅游新窗口，搭建科技创新平台。作为北京城市副中心，通州区已经与雄安新区一并成为北京城市发展的"新两翼"。为此，通州区关于围绕行政办公、商务服务、文化旅游及科技创新和文化创意3+2功能的建设，在疏解非首都功能、打造国际一流的和谐宜居之都，以及促进京津冀区域协同发展等方面起到示范作用。这既能够为该地区文化创意产业的聚集与发展提供优质的产业与政策环境，也能够为该地区的文化消费奠定深厚而可持续的市场基础。

第二节　产业基础

1. 政策优势

2015年7月，北京市委审议通过了《中共北京市委北京市人民政府关于贯彻〈京津冀协同发展规划纲要〉的意见》，将通州区置于京津冀协同发展的更大平台中加以谋划。2016年6月，北京市政府印发了《"十三五"时期加强全国文化中心建设规划》，提出在北京城市副中心加快布局一批特色鲜明、服务完善、运营规范、效益显著的文化创意产业示范园区，增强示范园区在津冀地区的辐射力和影响力。2017年2月，国家发改委、住建部联合印发的《关于进一步做好重大市政工程领域政府和社会资本合作（PPP）创新工作的通知》中，公布了开展

PPP 创新工作的 43 个重点城市，其中，通州区成为北京唯一入选的地区。此外，《北京城市副中心行动计划》《关于推进北京国际医疗服务区试点工作的若干意见》《通武廊战略合作发展框架协议》等支持通州"一核五区"建设的政策文件，也将促使通州在京津冀协同发展战略中的地位更加突出。

2. 区位优势

通州区地处北京东部、京杭大运河北起点，紧邻天津武清、河北三河、廊坊等地。通州区作为京津冀三地交会之腹地、环渤海经济圈之枢纽，它便利的交通条件将进一步巩固并凸显其独一无二的区位优势。通州境内拥有密集而便捷的公路路网与轨道交通。京哈、京沈、京津塘等 5 条高速公路穿境而过，首都环线高速公路与京秦高速公路即将建成。通州还拥有 5 条连接北京中心城区的干线通道，已建成的六环路、地铁八通线和规划建设的 7 号线东延、地铁 17 号线、八通线南延、地铁 6 号线二期等轨道交通亦将贯穿全境，"一小时交通圈"呼之欲出。此外，首都机场与新机场分处通州南北，遥相呼应，新北京东站也确定落户通州。立体式交通网络正在将通州与首都城区、京津冀、全国乃至世界连接为一体。

3. 转型优势

通州区宏观经济结构的转型正在为文化产业、创意经济的发展积蓄充足的能量，开辟广阔的空间。其中，北京环球主题公园及度假区、宋庄文化创意产业集聚区和台湖原创演艺小镇的建设，初步形成了辐射全国的影响力与覆盖全区的产业主导力，它们将在未来进一步为通州区文化产业的全局发展提供坚实的产业基础与深远的延伸空间。同时，文化创意产业与其他产业融合发展是当前世界经济发展的重要趋势，新兴文化业态、产品内容大幅拓展了"文化+"概念的产业内涵。通州部分地区的制造业与农业也在绿色发展的大势所趋中具备"文化+"的升级潜能，例如，西集镇的樱桃种植业、漷县的健康产业，以及马驹桥镇的科技产业，都可以在与文化产业的融合中构建更具市场竞争力的发展模式。

4. 资源优势

首先，通州区拥有丰富的历史文化资源。大运河的漕运文化至今在两岸熠熠生辉、通贯全域；宋庄与台湖的艺术文化也提前进入产业化发展轨道；环球主题公园的建设亦将成为通州文化的又一高地。其次，张家湾的红学文化、梨园镇的韩美林艺术馆、汉路县城遗址、北齐长城遗址等，传统与现代交错分布，都有待进一步地整合开掘。最后，通州区还拥有良好的自然与生态资源。除了京杭运河以外，潮白河、北运河等 13 条河流穿区而过，为文化产业提供了灵动分布的亲水空间。此外，除了现有的延芳淀湿地公园、永乐生态公园、大运河森林公园等点状分布，通州区还将立足于与周边地区的整体联动，以点带线、以线带面，着力打造环首都国家公园与环渤海高端湿地公园，促使通州区在创新人文与优化环境之间形成良性互动与持久的交融。

第三节 问题挑战

1. 基础薄弱

通州区文化产业基础薄弱主要体现在两个方面：从外部条件看，文化产业的发展往往基于当地转型升级的现代制造业与较为发达的现代服务业，它们可以为文化产业提供深厚的经济基础、广阔的融合空间以及成熟的市场环境。但是这两个基础在通州区发展得依然不充分，第一产业和第二产业占比相对较高，第三产业占比较低。此外，全区公共服务资源供需矛盾突出、生态承载能力不足、工业大院量大、面广等问题都使全区经济转型升级任重道远，从而在产业结构和总体发展基础的层面上限制了文化创意产业的发展。

从内部条件看，通州区文化创意产业在产业结构与规模等方面还存在诸多不足。2017年，北京市规模以上文化创意企业收入合计为16 196.3亿元，同比增长10.8%；通州区规模以上文化创意企业收入合计为178.2亿元，收入仅为全市的1.1%；北京规模以上文化创意企业的平均从业人数为125.1万人，同比增长0.3%；通州区规模以上文化创意企业的平均从业人数为近1.2万人，同比下降4.3%。这些都表明通州区文化产业的发展起点低、底子薄，依然有巨大的提升空间。

2. 结构失衡

从产业结构上看，通州区文化产业九大领域发展较为不均衡。2017年，通州区规模以上文化创意企业中文化艺术服务收入合计为9 306万元，同比增长30.6%；文化用品设备生产销售及其他辅助"一枝独秀"，收入合计为1 341 226万元，同比增长28.8%，其比重占通州区规模以上文化创意企业总收入的75.3%；设计服务（收入合计为7 128万元）和广播电视电影服务（收入合计为24 105万元）的同比增长分别为12.4%和10.3%；此外，另外五大领域的发展呈现倒退的趋势，新闻出版及发行服务（收入合计为103 952万元）、艺术品生产与销售服务（收入合计为12 174万元）、软件和信息技术服务（收入合计为50 950万元）、广告和会展服务（收入合计为198 174万元）、文化休闲娱乐服务（收入合计为34 739万元）的同比增长分别为-9.0%、-9.4%、-13.3%、-17.7%、-19.7%，收入合计分别约占总体的5.8%、0.7%、2.9%、11.1%和1.9%。可见，通州区文化产业总体结构过度向低端倾斜，在创意核心领域缺乏强劲的驱动力，致使产业整体在价值生产方面活力匮乏、后劲不足。

3. 形态松散

将文化创意产业的供应商、生产商和销售商都聚集于同一空间，相当于将文化创意产业的供应市场和销售市场进行了便利化的整合，使得文化创意的生产者能够更加便利地了解创意生产、技术和产品的信息，因此，可以有效地降低文化创意生产者与供应商或销售商之间市场信息或生产信息不对称的程度。通州区文化产业聚集较为松散，尚未形成完整、高效产业链。例如，宋庄艺术区聚集了一大批享誉全国的文化名人和艺术家，但都属于较为松散的聚集，离"产业集群"的目标，还有一定的距离，尚未形成完整、高效的产业链，存在融资困难，创意人才短缺等诸多短板，对地方贡献较小。由此导致大量文化资源尚未有效地转化为文化资本。文创企业之间在开发、生产和营销等环节上缺乏密切的协同与合作，产品差异性小，不能实现有效的资源共享和上下游产业呼应。

4. 保障缺位

在通州区文化创意产业保障机制建设方面，存在以下两方面问题：

一是土地保障缺位。通州区现存大量用地性质单一，以 M1 类工业用地为主，而与文化产业匹配的 M4 类用地或 A 类、B 类用地却明显不足，致使相关产业招商项目审批难以通过，无法落地。这成为当地在清退"散乱污"型企业后进一步升级置换的最大门槛。此外，现有农业集体用地、宅基地流转模式也难以对文化旅游、创意农业、会展业等文化融合型产业形成有效的用地支撑。因此，统筹盘活闲置土地资源将是通州区文化创意产业发展亟须解决的问题之一。

二是管理机制缺位。全区目前专门针对文化创意产业的管理机构只有文化委员会下设的文化产业科，属于科级单位，无法具有统筹部门、整合资源的行政级别与领导能力；此外，还存在产业项目的配套政策不健全和项目落实后期缺乏监督等具体管理问题，这些都在不同程度上阻碍着文化创意产业在通州区的繁荣与发展。

第三章　总体思路

第一节　指导思想

准确把握十九大关于新时代社会主要矛盾转化的战略判断，即社会主要矛盾已转换为人民日益增长的美好生活需要和不平衡、不充分的发展之间的矛盾，以满足人民对美好生活的向往为通州区文化创意产业发展的出发点。作为北京城市副中心，通州区已与雄安新区一并成为北京城市发展的"新两翼"，在疏解非首都功能、打造国际一流的和谐宜居之都的同时，发展文化创意产业促进经济结构的转型与升级。完善文化管理体制以及公共文化服务体系，健全现代文化产业体系和市场体系，创新生产经营机制，完善文化经济政策，培育新型文化业态。抓实抓好文化中心建设，做好首都文化这篇大文章，精心保护好历史文化金名片，推进首都精神文明建设，坚定文化自信，推动社会主义文化繁荣兴盛。

第二节　规划原则

1. 传承文化与创新引领相结合

作为"京畿门户"，通州是京杭大运河的北起点。这片被运河文化浸润滋养的土地，有着丰厚的历史文化资源。在继承和保护文化遗产的前提基础上，通过有益的产业化探索，挖掘历史文化的当代价值，形成古今交融、开放包容的文化特色，加强文化功能区建设，突出多元文化交融。同时，要坚持创新引领，鼓励原创突破，充分释放创新潜力，促进科技创新产业与文化创意产业的发展，带动产业转型升级。深化科技体制改革，建立以企业为主体、市场为导向，产学研深度融合的技术创新体系，加强对中小企业创新的支持，促进科技成果转化。倡导创新文化，强化知识产权创造、保护和运用。

2. 分工协作与联动共赢相结合

充分发挥通州区文化产业的辐射带动作用，推进产业链上下游和区域分工与相互协作，加快跨区域、跨行业、跨所有制的跨界合作，优化区域内部产业结构和空间布局。疏解北京非首都功能，加快京津冀文化创意产业一体化发展，提升产业链协作发展水平。以"一带一路"建设为重点，提升市场开放度，加快产业"引进来"与"走出去"，促进文化要素与服务的国际化进程，推动形成文化创意产业全面开放的新格局。

3. 跨界融合与转型提升相结合

深化供给侧结构性改革。推动互联网、大数据、人工智能和实体经济深度融合，在中高端消费、创新引领、绿色低碳、共享经济、现代供应链、人力资本服务等领域培育新增长点，形成新动能；支持传统产业优化升级，加快发展现代服务业，瞄准国际标准提高水平；促进文化产业与相关产业的深度融合，加强特色文化产业发展，构建现代文化创意产业体系；注重新型文化业态的培育，提高产业规模化、集约化、专业化水平，培育产业新的增长点；加快产业结构创新、链条创新、形态创新，实现产业升级发展。

第三节　总体目标

1. 近期（2018—2020年）

——文化产业整体实力和竞争力进一步增强。到2020年，培育形成一批新的增长点、增长极和增长带，文化产品和服务供给能力显著提升，城乡居民文化消费持续增长，文化创造活力明显增强，文化产业吸纳就业能力进一步彰显。力争使通州区文化创意产业年平均增长速度高于全区GDP增长速度3～5个百分点，到2020年，实现通州区文化创意产业总收入超过240亿元；综合贡献率占全区GDP总量的6%～8%。

——产业布局更趋合理，文化创意产业功能区建设日益深化，到2020年，引导建设重大项目20～30项（包括在建），落地并建设特色园区30～40个（包括在建），京津冀文化创意产业合作机制进一步完善，区域产业结构和空间布局更加优化，产业一体化发展的格局初步建立。

——市场主体日益壮大，营造良好的市场环境，引进和培育具有竞争力的文化创意龙头企业。力争到2020年，区内注册的规模以上文化创意企业及机构突破120家。

——现代文化市场体系更加健全，市场在文化资源配置中的积极作用进一步发挥，产权、人才、信息、技术等文化要素合理流动，建立健全文化产权交易综合性平台（大型）3～5个、文化产权交易专业性平台（中小型）6～10个。文化投融资体系更加完善，金融资本、社会资本与文化资源有效对接，创新并培育"文化＋金融"的新型服务平台与对接方式，在通州区文化创意产业集聚区打造3～5个"文化＋金融"示范点。

——文化产品和服务更加丰富多彩，推出更多具有自主知识产权的品牌文化产品，打造更多思想性、艺术性、观赏性相统一的精品力作。推出以"大运河文化品牌"为特色的原创性文化产品与服务，以原创演艺、文创设计产品为主要突破口，以满足人民群众多层次、多样化、分众化的文化消费需求。

2. 远期（2020—2035年）

——建设文化和旅游新窗口，助力中华优秀传统文化创造性转化和创新性发展，形成传统文化与现代文明交相辉映、历史文脉与时尚创意相得益彰、本土文化与国际文化深度融合、彰显京华特色与多元包容的大文化产业。

——文化创意产业发展的质量和效益全面提升，成为通州区更新与持续发展的重要力量。到2035年，实现通州区文化创意产业总收入超过1 500亿元；综合贡献率占全区GDP总量的10%～12%，达到北京市各区排名第3～5位。

——产业结构优化升级，融合发展内涵更加丰富，高端化、服务化、融合化特征更加明显。"文化＋"产业多元融合发展格局初步形成，文化创意产业的关联、带动作用显著增强。在创意设计、数字内容、广告会展、文化旅游等方面取得突破，形成文化产业新的增长点，促进产业优化重组，建设结构合理、布局科学、集聚有效的文化产业发展体系，以文化产业推动社会经济结构的整体转型升级。

——文化创新能力进一步提高，创新创意氛围更加浓郁，文化创意产业领域技术应用更加广泛，文化生产经营网络化、数字化进程加快，新型业态不断涌现，创新成为产业发展的第一驱动力。推动设计产业和数字创意产业增加值，使其年均增速达10%～15%，成为通州区经济支柱性产业。

——文化产业国际化趋势更为显著，产品和服务出口进一步扩大，国际营销网络渠道更加通畅、产品质量效益明显提高，全区文化产品和服务在国际市场的份额进一步扩大，大幅提高对外文化贸易额在对外贸易总额中的比重。将通州区打造成为全球文化产业的集散地与多元文化的交流中心。

——建成完备的创新人才库，培养造就一大批具有国际水平的战略科技人才、科技领军人才、青年科技人才和高水平的创新团队，培育创意阶层的崛起。初步形成领军人才、管理人才、专业人才、创意人才和综合型人才等不同层次人才的集聚地。

——建设成为具有鲜明特色的现代化国际新城典范，达到世界一流水平，激发全社会创造力和发展活力，以文化创意产业为支撑，实现更高质量、更有效率、更加公平、更可持续的发展。

第四章 整体布局

第一节 战略定位

1. 运河文创引领区

世界遗产委员会认为：中国大运河是世界上最长、最古老的人工水道，促进了中国南北物资交流和领土的统一，是东方文明在水利技术和管理能力方面的杰出成就。中国大运河是隋唐大运河、元明清时期的京杭大运河和浙东运河三条运河的总称，其覆盖了中国 3.22% 的国土，生活在两岸的人民超过 3 亿元，流经区域所创造的 GDP 占全国 GDP 的 1/4。

习近平总书记指出："北京历史文化是中华文明源远流长的伟大见证，要更加精心保护好，凸显北京历史文化的整体价值，强化'首都风范、古都文韵、时代风貌'的城市特色。"大运河所承载的物质文化和精神文明是中华文脉的有机组成部分，沿线的文化资源能够通过大运河进行串联。同时，大运河自西北向东南通过通州全域，串联城市副中心和若干小镇，是通州区清新明亮特色风貌的关键性空间廊道。提炼运河的历史文化元素，创意设计相关文化产品，开展运河文创竞赛，举办运河文创集市，设立运河文创展会，组织运河文创之旅，与北京文投集团共建创意产品版权交易中心，通过数字创意展示通州的运河遗迹、古城遗址、传统民俗文化，能够以运河特色文化彰显区域优势、城市品牌和中华文明，在原本文化肌理之上形成弘扬中华文明、引领时代潮流的世界文脉标志。

2. 国际旅游示范区

发展文化旅游产业是实现通州区产业转型升级、疏解副首都核心功能、促进京津冀协同发展的重要途径之一。为此，通州区将打造国际旅游示范区，以环球主题公园为引领项目，加速推动高精尖产业集聚，加速产业层级跃升，形成首都文化、国际交往、科技创新等多产业功能的融合高地、互动高地，形成具有全球张力与吸引力的文旅生态圈。

此外，国际旅游示范区还需要将国际资源、国际视野、国际格局充分根植于中华优秀传统文化基底之中，鼓励东西方文化在示范区内实现人才互动、创意互鉴、机制互补、元素互融四个层面的深度交流，使示范区成为展示通州作为文化自信与多元包容的魅力名城的核心载体。

3. 设计之都核心区

设计产业将是推动通州文创产业向"高精尖"发展的重要抓手，通州区将致力打造北京设计之都核心区，以一区（中国第一设计产业集聚区）、一节（世界创意设计节）、一会（中国设计峰会）、一基地（中国创意设计示范基地）为发展理念，打造中国设计产业集聚地、北京"设计之都"核心区，并承接北京核心功能的疏解。将重点依托工业基础良好的台湖镇、原创艺术的集聚地宋庄镇、传统文化符号丰富的张家湾古镇，以及生态资源良好、宜居宜业的漷县、西集镇、永乐店镇和于家务乡进行重点开发。把握设计之都核心区的发展机遇，积极引入设计板块和设计资源,以创意设计为引领,助推北京城市副中心智慧城市的建设。

4. 原创演艺试验区

北京以其深厚的文化底蕴汇聚了国内外众多的知名演艺精英与高端产出机构,北京也是我国艺术类院校较为集中的城市,这都为紧邻北京城区的台湖提供了打造原创演艺小镇充足的人才保障与丰富的对接资源。同时,文化旅游已作为通州区进一步发展的功能定位,这也将成为台湖原创演艺小镇发展的有力推动因素之一。

台湖原创演艺小镇的战略定位为:以"特而精、小而美、活而新"为原则,发挥舞美基地龙头作用,彰显中国特色,深耕演艺元素,坚持内容原创,围绕"北京味儿""运河文化"等文化元素,和环球主题公园国际元素形成呼应。同时,在形态构造方面侧重原创IP生产,面向舞台剧发展,侧重小剧场的运营,为通州区的新消费群体、青年创意人才提供更易被接受和灵活性的文化产业及服务。同时,以虚拟现实为核心的数字演艺平台、版权交易和跨界孵化平台,为戏剧及其上下游提供创意科技、知识产权和内容支撑。以名家创作工作室建设人才高地,以青年社区为人才孵化基地,以原创剧目集中孵化地为特色发展路线,以舞美"智"造基地为发展方向;并且,打造版权机构及交易中心聚集地,以及演艺研究权威机构及大数据聚集地,力争打造具有首创意义的演艺概念与具有标杆意义的演艺精品。

第二节 空间布局

1. 一带一园一区

● 一带:大运河文化创意产业发展带

大运河文化带主要以"一线四区"为基点,通过对大运河沿线水域资源及路县故城、通州古城、张家湾古镇、漷县古城等文化资源的系统挖掘与梳理,旨在将自然遗产、历史建筑、历史名人、非物质文化遗产进行系统性的开发。南北大运河的开通,使东南沿海地区与全国各地的联系更为直接而紧密,尤其是运河区域经济文化的繁荣与发展,使之成为对外交往和扩大中外经济文化交流的前沿地区。

大运河文化创意产业发展带是以水体、滨水绿化廊道、滨水空间共同组成的多产业联动发展的组合。通过改善流域生态环境,恢复历史水系,提高滨水空间品质,将大运河的文化元素、历史风貌、民俗传统、生态环境构建成为服务市民生活、展现城市历史与现代魅力的亮丽风景线和文化产业与服务集群。

● 一园:环球主题公园

在《北京城市总体规划(2016年—2035年)》中,环球主题公园项目被列为北京城市副中心"一轴"上的重要功能节点,同时,在《北京国民经济和社会发展第十三个五年规划纲要》中,环球主题公园项目为北京文化创意产业重点建设项目。环球主题公园位于通州核心区范围内,是承接通州区3+2主导功能中的文化旅游功能的重点支撑项目,同时,也是通州区产业结构转型升级、经济增长的新引擎。环球主题公园的落地将推动通州区传统行业的转型升级，有助于实现文化、科技、服务的创新与融合，并在IP孵化、文创产品研发、项目实施、运营等方面汇聚资源、跨界融合。

环球主题公园是国际文化进入中国，能够辐射全国的文化娱乐旅游中心；同时，也是中国文化走向世界、面向世界的中国文化创新窗口。环球主题公园与大运河文化创意产业带遥相呼应，是国际文化与中国传统文化的象征性项目。

● 一区：通州设计之都核心区

联合国全球创意城市网络旨在将以创意和文化作为经济发展最主要元素的各个城市连接起来形成一个网络，成员城市相互交流支持，帮助各城市的政府和企业扩大国内和国际市场上多元文化产品的推广。2012年，北京市入选联合国全球创意城市网络"设计之都"，获得联合国教科文组织创意城市网络"设计之都"称号，这将推进北京进一步融入全球设计产业平台，对发展壮大北京创意设计产业，推动自主创新，调整产业结构，加快城市转型，建设国际化城市具有重要作用。通州区将作为北京设计之都的核心区，引入设计板块与资源，积极将设计产业与制造业、数字内容产业、旅游业、特色农业、体育产业等相关产业融合，并以提升人居环境质量和满足人民对美好生活的向往为根本出发点。

2. 两心两组团

● 一心：北京城市文化副中心

北京城市副中心紧紧围绕对接中心城区功能和人口疏解，发挥疏解非首都功能的示范带动作用，促进行政功能与其他城市功能的有机结合，以行政办公、商务服务、文化旅游为主导功能，形成配套完善的城市综合功能。

在北京城市文化副中心的建设中，将重点挖掘大运河沿线文化创意资源，围绕"三庙一塔"打造运河历史文化区，以大运河文化广场作为通州大运河起点，遥望悠久的漕运文化；在大运河森林公园自然基底上塑造文化景点，对传统文化进一步演绎。同时，有效承接环球主题公园的外溢效应，积极发展新兴文化创意产业，突出通州区传统与现代的文化融合。

● 一心：国际文化交往中心

通州区作为北京城市副中心，一方面，凝聚着强大的政策红利；另一方面，也将承载疏解北京非首都功能，以及为城市副中心提供必要的环境支持等重任。在通州区未来的发展过程中，城市副中心的战略定位将使其国际化的需求大大增加，在综合分析交通、人流、物流、土地和生态环境等因素的基础上，将通州区的国际文化交往中心落位于通州核心区张家湾和漷县交接处，重点发展国际会展产业。

● 一区：宋庄原创艺术组团

充分利用宋庄原创艺术产业基础，盘活画家村原创艺术资源，打造具有国际影响力的中国当代原创艺术集聚区。以艺术品交易和综合服务为两条发展主线，充分进行文化＋科技、文化＋

金融的融合业态打造，重点布局中国艺术品交易中心和国家时尚创新中心两个项目，促进宋庄文化创意产业上、中、下游的联动发展。

● 一区：永乐店生态文化组团

永乐店具有交通、区位和资源环境等方面的优势，作为新市镇将具有跨界协同和带动服务周边等功能。作为区域发展的战略高地，新市镇将利用和大兴采育镇、廊坊市辖区、天津武清区跨界协同发展的战略储备空间，承接中心城区部分专项功能疏解转移。新市镇的文化发展方向将定位为：弘扬中华传统农耕文明、打造北方乡镇特色样本，将在时间上体现一年四季不同的农业特色景观，在空间上展示前所未有的北方乡村特色文化，以留住城市中的乡愁、岁月中的人情为主要基调，将古老与现代、悠闲与繁华进行一体化的文化展现。

3. 三联动

● 科技文化融合区：台湖＋马驹桥

台马组团是打造首都创新驱动发展的前沿阵地，是创新型产业集群和"中国制造2025"示范区的重点地区，重点吸引创新型总部企业、研发型企业，发展节能环保、新能源、现代物流等战略性新兴产业，鼓励现有传统制造业向研发环节或管理型总部转型升级，大力发展科技服务功能和城市综合服务功能。

台马组团将遵循亦庄新城的总体战略定位，同时，在产业功能和建设标准上与城市副中心紧密衔接。重点依托环渤海总部基地、光机电产业园、中关村科技园区通州园、马驹桥物流园区和小剧场原创演艺小镇等重点板块，加快产业转型升级，完善城市综合功能。

重点在台湖地区北部以科技驱动打造小剧场原创演艺产业；在台湖地区中南部以光机电产业园区和环渤海总部基地为基础，推进设计服务与制造业、数字内容产业、旅游业、特色农业和体育业的融合发展，并以提升人居环境质量为发展目标。在马驹桥重点关注科技驱动下的物流产业和智慧城市的建设。

● 休闲文化体验区：张家湾＋于家务

张家湾属于通州区核心发展区域，其北部以文化、科创和旅游为基本发展方向，在南部则具有较突出的农业资源与田园风貌，具备将现有农田、果园提升成为集农业生产、文化休闲、观光旅游为一体的休闲文化体验区的基本条件；于家务的发展方向为都市农业、中国种业硅谷、绿色人居产业等。结合两区优势，以观光农业、田园休闲和乡村旅游为发展特色，促进邻近乡镇之间的区域联动发展，关注在农业和生态基础上的科技融合和文化创新。

● 生态文化共生区：西集＋漷县

文化旅游将成为通州区进一步发展的三大支点之一，以"适度超前、相互衔接、满足未来"的原则，促进北京市文化中心、国家交往中心和科技创新中心的融合。

西集镇的樱桃小镇和丰富的温泉资源为多种产业的发展提供了沃土，其将以文化主题旅游和运动休闲为主导，以养生康复为配套，发展体验经济产业集群；漷县的战略发展定位为健康特色和文化休闲，依托延芳淀湿地等特色自然生态资源，以及漷县古城资源，借力健康养老等医疗项目建设契机，将潞县打造成为国际一流的医疗健康服务区、京津冀重要的生态文化休闲旅游度假区、副中心城乡宜居发展示范区。

第三节　产业路径

通州区文化创意产业的发展具有整合与设计、生产与传播、消费与转型等多种产业发展路径。聚焦文化生产前端，鼓励创意、创作与创造，建设创意通州，使通州区成为传统文化元素和现代时尚符号汇聚融合的时尚创意产业示范区。

1. 转型升级传统产业

当前，经济发展方式不断转变，产业不断融合与升级。我国目前正在经历的第三次消费结构升级转型正驱动着相关产业的增长，其中，以教育、娱乐、文化、交通、通信、医疗保健、旅游等方面的消费增长最快，而文化创意产业也正在积极利用数字化、网络化和信息化将文化创意元素不断融入传统行业，以此来引导和刺激消费者的消费需求。

通州区的部分制造业及传统农业具有向文化创意产业转型升级的潜力。通州区在环保、低碳的建设理念下，部分对自然资源有较大消耗和对人民生活环境有较大影响的传统制造业将不再符合通州区未来的发展规划。而文化创意产业具有知识、智慧密集性的特点，不仅不会掠夺稀缺的自然资源，而且能够保护现存的文化资源，并能充分利用历史与现实的文化资源，通过历史与未来、传统与现代、东方与西方、经典与大众的交叉融合，对促进人类文化事业的发展产生巨大的推动作用。

2. 促进提升新兴产业

在新兴产业发展过程中，以体验式、分享式、智能化、创新性为主要特点的数字创意产业有着无可比拟的先天优势。网络文学、动漫、影视、游戏、创意设计、VR 等数字创意产业是在顺应互联网迅猛发展的背景下应运而生的。借势于网络的发展速度、普及范围和影响力度，数字创意产业使创意产品和服务真正地从虚拟走向现实，各种新兴业态和商业模式从网络经济的范畴延伸到实体经济；此外，数字创意产业在"开放、协作、分享"的理念下积极与传统产业融合，带动传统产业的转型升级，在人工智能技术的支撑下，逐渐形成了互联互通的新型生产和消费形态。

文化创意和产业融合也为现代科技提供了主体观念、内容文本与人文灵魂。第三代生产力的显著标志是文化、科技和经济崭新关系的建立，其重要特征便是"文化的科技化"和"科技的文化化"，以及由其产生的当代文化、科技的一体化趋势，应重新认识当代文化的科技特征和科技的文化含量。

3. 联动融合相关产业

从世界范围来看，现代科技的发展尤其是信息技术、传播技术、自动化技术和激光技术等高科技的发展，已广泛运用于各类文化艺术与创意活动之中，在文化领域掀起了新科技革命的旋风，已经导致新兴文化形态的崛起和传统文化形态的更新，同时，又汲取各行业的特色并积极与之融合，使当代高新科技和文化创意为产业的融合发展提供了科学路径、技术条件和实现方式。

在通州区文化创意产业的发展过程中，应大力推进文化创意产业与设计服务相融合，以产业间要素的流动促进有效的资本整合，在综合统筹区域资源的基础上，积极促进文化创意产业与城市设计、工业设计、创意设计和数字创意设计的联动发展。同时，关注与文化创意产业相关的会展业、体育业、旅游业等行业的发展，进一步打破界限，促进各相关产业之间的联动式、融合式的创新发展。

第五章　主要任务

习近平总书记指出，通州区要构建蓝绿交织、清新明亮、水城共融、多组团集约、紧凑发展的生态城市布局，着力打造国际一流和谐宜居之都示范区、新型城镇化示范区、京津冀区域协同发展示范区，为通州区作为北京城市副中心的建设指明了方向，也为文化创意产业纵深化、立体化、全面化发展提出了发展期待。通州区文化创意产业的发展将以其深厚的历史文化资源为基底，探索产业发展新路径，让创意产业成为沟通传统与现代的重要桥梁、联系本土与世界的关键纽带、融合精神文明与物质文明的独特载体。

第一节　激活文化经济

历史文化资源是人类发展进程中所创造的一切含有文化意味的文明成果，以及承载有一定文化意义的活动、事件、物件等。通州区是历史文化城区，京杭大运河的漕运文化、四区古城古镇文化、三庙一塔、皇家文化、民俗宗教、饮食艺术、胡同文化等历史文化资源丰富。在文化产业规划中，要注意深耕盘活历史资源，提升文化创意产业内涵，推进产业纵深发展。

1. 传承历史文脉　深耕全区资源

通州历史悠久，距今已有2 000多年的历史。在金、元、明、清四朝定都北京，京杭大运河为漕运命脉的800年间，通州是京城门户、仓储重地，政治、军事、经济地位十分突出。可寻根历史文脉，梳理区域内历史文化资源，整合全区相关资源，重点打造围绕一线四区的文化创意产业区；充分挖掘大运河的漕运文化、宋庄与台湖的艺术文化、张家湾的红学文化、梨园镇的韩美林艺术馆、汉路县城遗址、北齐长城遗址等重点历史文化资源，打通与环球主题公园建设的对话关系，形成传统与现代交错分布的文化产业发展格局；彰显文化自信与多元包容魅力的世界文化名城，弘扬中华文明和引领时代潮流的世界文脉标志，建设具有首都特色的文化创意产业体系，打造具有核心竞争力的知名文化品牌。

2. 弘扬古城遗韵　激发运河势能

中国的邻近国家和地区，以及西亚、欧洲、东非各国纷纷派遣使团和商队来到中国，在各沿海港口泊岸，随即沿运河航行到达京师及各地，进行频繁的经济文化交流，有的更直接迁居于运河区，使这一地区成为内迁各少数民族和外国使者、商人、学问僧、留学生及其他各方人士集中的地区。他们把中国先进的文化带到世界各地，扩大了中国对世界的影响；而国外优秀的文化也传播到中国，不仅丰富了运河区域文化的内容，而且也促进了中华民族文化的发展。

京杭大运河已被列入联合国世界文化遗产名录，是世界上最长的人工河流，是中国古代重要的漕运通道和经济命脉。大运河北京段由昌平到通州，途经六个区。大运河北京段40处遗址，通州达17处。要充分释放大运河文化带的经济势能，联动周边的文旅产业、创意产业。注重非物质文化遗产的开发、保护和产业升级，运用现代化、数字化的手段探索非遗传承与创新的文化价值、社会价值、经济价值。

3. 振兴节庆习俗　塑造文明共识

通州的皇家文化、漕运文化、饮食文化、胡同文化、艺术文化等历史资源丰富，可促进节庆会展与旅游等相关产业的融合发展；同时，环球主题公园的落地与发展将形成新的现代文化景观，要充分打通传统与现代，打造具有通州特色、国际风范、现代性格的文化节庆品牌，使地方特色文化节庆项目与新兴节庆品牌活动共同发展，复现历史魅力，包含现代意蕴。按照不同城区、不同镇村、不同产业特点，布局独具通州特色的文化活动、艺术节庆、传统文化活动，打造3～5个具有国际影响力的节庆会展项目或平台，形成品牌效应。

第二节　重塑产业生态

通过产业要素集聚带动空间组团集约，进而重塑文创产业生态，这既是通州区打造国际一流和谐宜居之都示范区、新型城镇化示范区、京津冀区域协同发展示范区的内在要求，也是推进通州区历史文化传承与创新、面向未来的创意经济发展的必由之路。

1. 创新集聚模式　优化发展格局

鼓励通州区文创产业与相关产业间沿着产业链上下游进行纵向整合，鼓励不同门类产业间通过品牌、资本、平台、市场等形式进行横向整合，以集约式、共享式和平台式等方式促进通州区创意文化产业的聚力发展。鼓励通州区文创产业在不同区块间、不同行业间进行横向整合，在梳理通州区历史文化、产业经济、城镇资源的基础上，围绕一带、一心、两区、三联动的空间战略布局，充分开拓文化创意产业发展的空间、链条和层次。

此外，要努力拓展提升产业发展内在驱动力，最大限度激发大众创业、万众创新的活力。助力文化创意的生产者更加便利地了解供应市场或销售市场的信息，使供应商和销售商更便利地了解文化创意生产、技术和产品的信息，有效地降低文化创意生产者与供应商或销售商之间市场信息或生产信息不对称的程度，最终从不同层面共创通州优势文创产业生态圈。

2. 提振核心要素　健全支撑体系

夯实通州区文创劳动力要素：整体提升文创产业劳动力人数与机构建设，基于产、学、研一体化平台，大力扶植文创人才专业培养，推动知识创新、科技创新、文化创新等多方面成果在通州就地转化。

升级通州区文创资本要素：加大国家公共文化服务和基础设施投入，完善文化产业金融支撑体系，建立公共财政与社会资本的合作机制，进一步发挥公共财政的引导作用、杠杆作用与社会资本的市场敏锐度及运营专业度。

开掘通州区文创文化要素：对通州区传统文化符号的搜集、整理、保护，并探讨其设计、宣传、操作和推广路径，将有助于体现通州区整体文化的差异性、唯一性和独特性，也将是拓宽文化多样性的互动范围并有效延续其纵向的传播时间的方式之一。在整合梳理通州区文化产业资源的基础上，纵深挖掘有创意开发前景的产业资源，延展新兴业态，打造全产业链条。尤其围绕影视、数字创意、会展、原创艺术、智慧科技、生态农业等产业。

3. 坚持宜产宜居　构筑"三生"共荣

京杭大运河穿城而过，构成了通州区最具生态美、自然与人文相容的独特景观。在文化创意产业发展进程中，要注重生态要素的整合，将生态作为文化的一部分，拓展城区规划的内容，实现水城融合、蓝绿交织。在景观营造、城市系统、天机线优化等方面，实现生态与产业的互动融合。生态原则是文化创意产业发展最为重要的原则之一，在产业发展的过程中，充分保护生态资源，打造水城融合的新城面貌，是通州区发展文化创意产业的必然要求。

市民、新市民、游客构成了通州区生态的人的维度。文化创意产业要凝练生活形态，将生活、发展、体验、价值等诉求体现到每一处景观、每一个节庆、每一个产业细节之中。尤其在特色小镇的建设中，要强调生产、生态、生活的"三生"共荣，让城市产业、城市环境与城市文化真正服务于人民群众对美好生活的向往的需求。系统打造第一圈层小镇（宋庄、张家湾、马驹桥、潞城和台湖）和第二圈层小镇（漷县、西集、于家务），共同致力于构建生态休闲、绿色发展、养老养生、节能环保为一体的产城融合模式。

第三节　增进创意集成

1. 探索多维融合，拓展"文化+"范围

努力将文化创意产业与相关产业的融合发展充分对接通州区的新城化建设、社会建设、文化建设和生态文明建设，从而构造一种可持续发展的一体化发展模式，这种一体化包括生产与生活的融合模式、虚拟与现实的融合模式和人与社区发展的融合模式。这些融合模式将以现代城市居民的文化需求为出发点，进而满足商务休闲、社会交往、休闲娱乐及生活方式和创意生产的综合需求，最终将通州打造为以文化创意为核心线索，贯通金融、科技、智能制造、旅游消费、娱乐休闲等各个领域的产业融合承载区。

此外，要充分发挥基于互联网传播特性的社区经济模式、共享经济模式、众筹经济模式、分众经济模式，以"互联网+"的平台效用推动通州区"文化+"的产业融合模式，以面向个性化需求的定制化服务推动生产者与消费者的共同参与和互动。

2. 推动文旅融合　整合消费体验

围绕环球主题公园、大运河文化带、潞县故城旅游、生态农业体验旅游，推进文旅融合，营造动感与休闲结合、人文与自然交错、"国际范儿"与"东方范儿"呼应的文化旅游消费体验。关注通州特色旅游资源，并与北京各区文旅资源、京津冀资源形成联动，提升通州区在国内外消费市场的认知度和美誉度。充分利用环球主题公园入驻通州区带来的资本、科技、管理模式、品牌IP等高附加值要素的跟进，全面提高主题公园周边产品与服务的附加值，将创意生活与百姓的衣食住行结合起来，以丰富的精神文化产品和服务提升人民的生活品质，为不同消费群体提供各具特色的产品与服务，形成良性的文化市场体系和良好的文化消费氛围。

3. 引导科技融合　共建智慧新城

围绕台马组团、潞城等智慧产业集聚地，发展智慧城镇相关的数字创意产业，形成中心带动周边的产业圈层。尤其围绕台马组团打造首都创新驱动发展的前沿阵地，发展节能环保、新能源、现代物流等战略性新兴产业，推进产业升级。在台湖地区中南部以光机电产业园区和环渤海总部基地为基础，推进设计服务与制造业、数字创意产业、旅游业和体育业的融合发展，探索马驹桥片区发展科技驱动下的物流产业和智慧城市的建设。

第四节　融贯全局发展

京津冀的区域协同发展已经成为一项重大的国家战略。作为北京城市副中心，通州区已经与雄安新区一并成为北京城市发展的"新两翼"。为此，通州区将紧紧围绕行政办公、商务服务、文化旅游三大主导功能的建设，在疏解非首都功能、打造国际一流的和谐宜居之都，以及促进京津冀区域协同发展等方面起到示范作用。

1. 借力南北联动　加强全局沟通

立足区内资源整合，放眼京津冀发展全局，借南北资源、市场、产业的联动，实现文化创意产业的空间拓展。充分发挥通州区文化产业的辐射带动作用，推进产业链上下游和区域分工与相互协作，加快跨区域、跨行业、跨所有制的跨界合作，优化区域内部产业结构和空间布局。疏解北京非首都功能，加快京津冀文化创意产业一体化发展，提升产业链协作发展水平。以"一带一路"建设为重点，提升市场开放度，加快产业"引进来"与"走出去"，促进文化要素与服务的国际化进程，推动形成文化创意产业的全面开放新格局。

2. 延伸合作空间　促进业态更新

京津冀不同城市、不同区域之间在北京非首都功能疏解、京津冀交通一体化、生态环境保护、产业升级转移等重点领域具有深远的合作空间与发展前景。注重利用周边城市、区镇、乡村的文化资源，合理关照上下游产业关系，加强联系沟通，打造多赢局面。注重新型文化业态的培育，提高产业规模化、集约化、专业化水平，培育产业新的增长点。加快产业结构创新、链条创新、形态创新，实现产业升级发展。

3. 塑造品牌形象　增进国际辐射

利用高品质、现代化的传播方式，以及市场化的手段进行全方位的宣传推广，构建城市副中心的整体形象。有效利用国内外的媒体资源以及各种新兴媒体手段，加大力度宣传推进历史文化传承、文化产业发展，通过不同视角全方位展现通州独特风姿，塑造通州区的城市品牌形象和国际影响力。以国际性的文化交流先导区为定位，围绕环球主题公园、宋庄的辐射力和外溢效应，对接中心城区功能和国际化发展方略；重点推进台湖小剧场原创小镇、张家湾漕运文化、马驹桥科技服务、于家务科技农业以及民俗文化相关产业发展，全面对接国际创意产业发展舞台，释放文化活力，发挥品牌势能。

第六章　核心项目

依托通州区文化创意产业整体规划，围绕大运河沿线文化资源禀赋与通州区文化创意产业基础，整合外部可导入资源，实施特色项目、龙头项目带动工程，培育具有显著示范性和产业集聚效应的文化创意产业核心项目，加强对项目的引导培优、动态管理和宣传推广。形成4个引领项目、3个提升项目、3个发展项目的"4+3+3格局"，构成通州区文化创意产业发展的核心动力（表6-1）。

表6-1　"4+3+3格局"

引领项目	提升项目	发展项目
大运河文化创意发展带	台湖演艺小镇	工业大院改造
通州设计之都示范区	国际会展中心	民俗文化产业化
宋庄艺术品产业集聚区	体育文化产业带	创意产品和服务
全球主题公园旅游区		

第一节　引领项目

1. 大运河文化创意发展带

将"一线四区"文化和景观资源的开发与创意、旅游、体育、休闲四个发展主题相结合，积极打造以"历史遥望""传统演绎""活力迸发""生态回归"为主题特色的大运河文化创意产业发展带。以文化推动通州大运河旅游产业转型升级，改善通州旅游经济增长方式,促进文化旅游融合发展。顺应当前旅游业从观光经济到体验经济的升级转换,通过文化渗透、创意融入,增加通州大运河游客的驻留时长和文化体验内容,大力提升通州大运河文化旅游的文化品格和文化魅力。将大运河沿线、通州古城片区、路县故城片区、张家湾古镇片区、漷县古城片区中蕴含的古今交汇、积淀厚重的文化内涵进行提炼,使之贯穿到通州大运河文化旅游吃、住、行、游、购、娱等各个环节,为通州旅游产业创造多元的复合增长点。通过营造整体氛围,打造大运河文化呈现载体,实现对外传播的文化认同。全面关注本地居民的精神文化、体育文化、休闲文化需求和外来游客的旅游度假需求,为通州大运河文化创意产业链、价值链、生态链提供文化标准,注入文化内涵,创造文化沉浸体验,带动通州大运河沿线的区域开发与社会经济发展。将通州大运河文化和景观资源转变为创意资源、旅游资源、体育资源、休闲资源,将通州大运河文化优势变为绿色经济发展优势,通过文化景观资源的深度开发,切实增强"大运河通州段"的国内外影响力与竞争力。

2. 通州设计之都示范区

把握北京设计之都的发展契机,将台湖打造成为第一批标杆性的特色小镇。重点培育以城市设计、工业设计、创意设计、数字创意设计为主的特色设计产业集群,鼓励企业设计机构独立运营,积极引入市属及部分央属的设计板块和设计资源,引进一批在国内外具有影响力的设计企业、设计师工作室。发挥创新性、引领性示范作用,按标杆谋划,尊重发展规律,提升通州区设计产业技术和创意水平,促进相关设计企业的技术进步和文化创新。努力打造3~5个具有国际影响力的设计主题展会,形成"通州设计"品牌效应,将通州区设计之都示范区打造成为全国一流的特色设计产业集聚区。提供设计之都的国际交流展示平台、科技引领的体验互动平台、持续发展的人才培养平台,努力打造"一区、一节、一会、一基地"。打造完整的设计产业链条,实现上下游产业联动,加强文化创意和设计服务与制造业、数字内容、人居、旅游、特色农业、体育等相关产业的融合发展,扩大产业链增值空间。承接北京中心城区设计资源疏解,辐射带动京津冀及北三县地区设计产业服务配套的建设。

3. 宋庄艺术产业集聚区

以特色小镇为发展理念,以特色优势产业为切入点,提升宋庄区域产业发展活力和空间承载力。明确宋庄特色小镇的产业主体与方向,以原创艺术为突破,搭建原创艺术品交易平台,引导原创设计产业发展。发挥文化在经济社会发展形态中的作用,关注原创设计产业与生态环境的关系,营造和谐创意社区模式,将宋庄打造成为中国原创艺术品研发设计中心、交流贸易中心、价值认证中心。实现文化对宋庄原创艺术产业的价值提升,加强文化创意引领作用,创建自主知识产权,形成创意人才聚集,扩大国内国际影响。引导培育一批宋庄文化创意产业重点项目,广泛吸引社会资本参与建设,拓宽宋庄文化创意产业项目投融资、交易、销售的合作渠道。推动重点项目与国内外相关机构的深度交流与协作,集聚全球优质文创资源促进项目发展。切实引导培育一批生态环保、差异竞争、区域带动、可持续发展的宋庄文化创意产业优质项目。

4. 环球主题公园旅游区（略）

围绕环球主题公园及度假区，主导发展文化交流和旅游休闲产业，联动发展演艺产业、设计服务业、文化与科技融合产业，为建设通州文化功能区、推动通州文化产业繁荣，发挥示范作用与引领作用。环球主题公园旅游区将依据国家战略导向、区域联动发展、产业专业集聚、优势长板突出的原则，依循文化科技加速融合、本底资源价值提升、高精尖科技元素植入、互联网商业模式转型升级的产业路径，立足与京津冀产业联动、国际资源对接的区域协同战略，借助环球主题公园、国际旅游联盟和主题娱乐协会的行业影响力，引入一批文旅领域高、精、尖企业，打造集文化科技融合、文化服务融合、科技服务融合三大示范区于一体的高端文化创意产业集聚区。

第二节　提升项目

1. 台湖演艺小镇

以"落实首都城市战略定位，加强全国文化中心建设"的目标为宗旨，坚持"特而精、小而美、活而新"的发展原则，充分发挥舞美基地龙头作用，与时俱进用好"文化＋科技"的创新势能，围绕台湖演艺小镇建设，着力培育创意创作、展演交流、艺术推广、文化旅游四项产业功能。打造集创作、排练、演出、演艺教育培训于一体的原创演艺产业链，形成原创演艺生态圈。打造彰显中国特色、深耕演艺元素；面向舞台剧发展、侧重小剧场运营；打造融合性平台、提供全方位支撑的北京原创演艺文化高地。树立文化品牌，成为戏剧人才和原创孵化、戏剧节庆活动、跨界联动的承载地和聚集地。充分考虑本地原住民的文化生活需求和就业需求，做到本地百姓的工作、生活与原创演艺的有机结合。面向环球主题公园的外溢消费群，充分发挥环球主体公园的辐射带动作用，推出富含传统文化元素的话剧、舞台剧等演艺形态，形成与环球主题公园的差异化竞争、错位互补发展，并形成有机补充和配套。

2. 国际会展中心

服务通州作为城市副中心城市品牌形象建设，加大和提升会展产业在现代服务业中的比重和整体水平，充分发挥会展产业在引导消费、推动经济增长和社会发展等方面的作用，推动经济社会的全面协调发展。"十三五"期间，通过会展产业带动通州作为城市副中心在旅游、交通、广告、通信等关联产业方面的发展，促进本地就业，与城市副中心其他功能和中心城区、京津冀地区形成良性互动；办好各类文化会展节庆活动，推动大运河文化的对外传播；打造具有国际影响力的会展项目，形成行业品牌，为通州区的经济发展注入鲜活动力。

3. 体育文化产业带

根据全面建成小康社会的总体部署、实现体育强国的战略目标和建设健康中国的任务要求，深化体育重点领域改革，促进群众体育、竞技体育、体育产业、体育文化等各领域全面协调可持续发展，推进通州体育产业发展迈上新台阶。加快政府职能转变，加速职业体育发展，创新体育社会组织管理和体育场馆运营，逐步完善与经济社会协调发展的体育管理体制和运行机制，基本形成现代体育治理体系。推动全民健身公共服务体系日趋完善，使人民群众健身意识普遍增强，身体素质逐步提高。不断提升体育产业规模和质量，促进体育消费水平明显提高。进一步扩大体育文化在体育发展中的影响，突出体育文化在培育社会主义核心价值观中的重要作用。力争打造一批高质量的体育文化精品工程，办好一批社会效益显著的体育文化品牌活动，把丰富多彩的体育文化理念融入通州体育事业发展的各个环节，为通州精神文明建设增添力量。

第三节 发展项目

1. 工业大院改造

总结通州区工业发展的历程，体现新时代城市副中心的文化活力和动力，融入创新驱动要素，在工业大院保护和空间改造上体现独特的创意设计元素，运用创意手法，为创意类企业提供充满时尚元素的交互体验空间。以文化、休闲、时尚为导向，融时尚发布、创意办公、创意休闲于一体，打造兼备时尚娱乐和文化休闲产业的消费场所，彰显工业文化气质。

2. 民俗文化产业化

在充分挖掘、保护、传承大运河文化的基础上，以城市副中心建设为契机，最大限度地整合文化资源，优化资源配置；有效吸引人流、物流、资金流和信息流，形成聚集效应；充分发挥文化的经济功能，形成增值效应；带动形成产业链条，拓展产业发展空间；联动周边市区资源，激活市场潜力，推动通州文化品牌国际化发展，促进国家与地区间的人文交流、经贸往来。

3. 创意产品和服务

伴随着城市副中心建设和相关规划逐步落地，未来，通州区将聚集大量新消费群体，形成巨大的消费市场。新消费群体具有可挖掘的消费潜能，主要体现在时尚消费升级换代、学习消费倾向增强、休闲康养活动增加三个方面，以品质、超前、独特、体验感为核心诉求。结合供给侧结构性改革发展思路，以科技应用为新发力点，以休闲商业为基础，融入创意、科技与人文特质，将其转变成为衣、食、住、行、教育、娱乐等民生领域的复合式经营，为通州新消费群体提供具有深度体验、高品质的文化消费产品和服务。

第七章 保障措施

第一节 组织保障

1. 推进机制创新

成立以通州区书记、区长为主要负责人的领导小组，职能办公室设于区委宣传部，构建协调机制，形成合力，统筹推进各项工作。区政府各有关部门、镇人民政府要根据规划要求，制订实施方案和具体落实措施，加大支持力度，加快将文化创意产业培育成为通州区的支柱性产业。领导小组要研究协调产业发展中的重大问题，指导推动本规划的组织实施。领导小组办公室设在区发改委，负责日常工作。区有关部门要按领导小组部署，加快编制重点领域行动计划，确保各项工作扎实有序推进。要切实把文化创意产业发展纳入通州区经济社会发展的重要议程，结合本地实际制订具体实施方案，建立健全工作机制，推动本规划各项任务落到实处。

2. 加强统计监测

对文化创意产业整体及各分类进行统计与检测，建立相关领域企业名录库，探索形成符合通州区实际、遵循统计学规律的统计方法和统计指标体系，逐步建立科学合理的产业统计制度。逐步建设通州区大数据中心，以及文化创意产业人才库、项目信息库、宏观经济数据库、行业分类数据库、企业发展数据库、知识产权转化数据库等，充分整合各类与文化创意产业相关的信息资源，推进大数据的建设、整合与应用。在此基础上，加强对各类新兴产业发展的运行监测和统计分析，及时、准确、客观地反映发展状况，为通州区文化创意产业的宏观调控与科学决策提供可靠依据。同时，将通州区文化创意产业发展作为评价经济社会全面发展的重要指标，落实到各区和相关部门的工作绩效考核与领导干部政绩考核当中，鼓励对通州区各乡镇、各文化创意产业细分行业的产业数据定时更新、统计与分析，以对通州区文化创意产业整体发展状况进行把握和有效的及时调整。

3. 引导宣传理念

在北京市委、市政府，通州区委、区政府，以及文化改革发展工作领导小组领导下，建立宣传部门组织协调、有关部门分工负责、社会力量积极参与的工作机制，建立宣传、发改、财政、国土、规划、税务、统计、文广新、旅游、科技、金融等部委办局和相关县（市、区）参加的沟通协调机制，共同研究通州区文化产业规划建设工作中的重大问题。充分重视思想意识的引导作用，积极做好通州作为重点新城的发展定位的宣传、通州做强新城产业功能聚集区的引导理念宣传，以及通州发展建设重点的功能板块宣传。并且，通过对通州新城的重大产业项目宣传文化产业促进经济社会整体发展的理念，在社会凝聚发展通州、宣传通州的共识，营造良好的舆论环境，形成通州区文化创意产业规划有利的舆论环境和品牌影响；鼓励通州区政府建立体现特色、地域文化的自主知识产权文化创意产品和服务，在国内外形成宣传和示范效应；对通州特色文化创意产业通过新方式重点宣传，形成通州创意产业形象与通州新城新形象并行互动，注重其文创产业在国内先进性、共享性、国际性理念的宣传，以突出其引领性。

4. 完善社会管理

通州区要针对目前行政管理结构松散、行动效率低下的问题，依据党的十九大报告提出的"打造共建共治共享的社会治理格局"目标，加强社会治理制度建设，完善党委领导、政府负责、社会协同、公众参与、法治保障的社会治理体制，提高社会治理社会化、法治化、智能化、专业化水平。通州区要按照"管理方式便捷化、权责界定清晰化"的思路，明确小区、乡镇与产业园等不同社区的管理性质，综合考量户籍人口、流动人口、区域位置等情况，在辖区内统一建立多层次、网络化的管理服务体系，形成发现、上报、处置、反馈四个环节高效衔接、有效互动的工作链条。此外，通州区要充分发挥基层社会组织的服务管理功能，促进基层社会组织与政府部门形成合力，强化宣传教育，增强群众参与性。同时，认真落实各级文化经济政策，积极推动文化产业园区基础设施、公共服务平台和产业联盟建设，鼓励定期形成反馈机制，通过调查问卷、公共平台网络评论等方式对推进情况与市民、产业进行积极互动和调整。

第二节　资金保障

1. 加大资金支持

保证一定数额的文化创意研发引导资金，到2020年，增加通州区文化创意产业研发引导资金不低于3亿元。调整资金使用范围，更加体现导向性；集中资金使用方向，更加体现有效性；调整资金补贴环节，更加体现针对性；丰富财政资金扶持方式，更加体现多元性。首先，进一步完善财政专项资金管理制度，提高资金使用效益，使财政补助资金在促进文化企业发展过程中发挥积极的作用。其次，加大对创新企业的税收优惠力度，降低企业成本、引导资本流动。再次，引导和落实通州区文化产业发展专项基金，以及政府引导、企业参与的产业共济基金，对于符合通州区文化产业规划布局的文化企业和项目通过项目补助、贷款贴息、保费补贴、绩效奖励等形式予以重点支持。最后，对文化艺术、新闻出版、广播影视等传统优势行业和设计服务、广告会展、艺术品交易等创意交易行业，以及文化科技融合产业相关企业和项目择优进行补助，设立相关通州区创意产业发展专项基金，有效引导符合本区域功能定位的文化创意产业和优势企业聚集发展。

2. 建设金融体系

针对文化产业轻资产重创意的特点，建立健全相关评估体系和信用体系，鼓励银行、金融机构大力开展版权质押、股权融资等多种业务，引导各方资本以风险投资等形式加大对文化产业的投资力度，推动多元化、多层次金融市场发展，支持文化产业发展，要同时发挥直接融资与间接融资的作用。有效利用投资基金市场、股票市场和债券市场，同时，发挥商业银行主渠道作用以及加快专营文化产业业务的中小金融机构的建立与发展。完善综合信息服务平台，建立文化企业信用风险评级体系。

3. 提高项目投入

成立文化创意产业专家评审委员会，对通州区立项的各类文化创意产业项目进行科学分析评估，将符合通州区文化创意产业整体发展方向、有利于推动产业健康发展的项目列入重点项目库，并在项目投入初期或断流期进行必要的项目资金帮扶式投入。针对文化创意产业的特点，除了重点引领项目、提升项目、发展项目之外，通州区还应关注平台项目、特色项目和软性项目的建设，对于投资大、见效慢，但未来经济收益与社会效益较高的项目给予更多的项目资金支持。

4. 引导社会资本

引导全社会资金更多投向文化产业领域，形成以政府投入为引导、企业投入为主体、银行贷款为支撑、社会集资和引进外资为补充的文化科技投入体系；引导社会资本加大对通州区文化创意核心领域、文创新兴业态和重大项目的持续投入；规范发展文化产权交易场所，完善中介服务市场，提升文创产业投资便利化水平。文化企业要探索并健全知识产权信用担保制度和其他信用担保制度，鼓励有条件的文化企业上市融资。

第三节　人才保障

文化创意产业人才通常具有文化创新性、高知识性、高流动性等特征，其丰富的想象力、独特的思维方式往往成为其内在特质。其中，以创意设计人才、数字创意人才、文化艺术人才等类型的人才所体现的特征性较为明显，因此，文化创意产业的人才引入、培养、管理、使用、评价、开发均具有自身的特殊性。

根据通州新城规划发展建设所需人才类型，积极营造尊重文化、尊重创意、尊重人才的产业发展环境，加大人才引进力度，创新人才培养模式，完善人才使用机制。

1. 人才政策保障

在人才引入政策方面，制定了《通州区文化创意人才专项政策》《通州区文化人才发展规划》，通过政策和规划，确定人才引入的相关限制条件与优惠措施，在政策和规划的层面保障人才的引入，拓宽人才引进绿色通道。在人才保障政策方面，落实各层次人才保障政策，从薪酬、津贴、期权、生活环境、子女教育等各方面创造有吸引力的引智条件及创业环境。同时，关注知识产权和交易平台等方面的建设与维护，为各行业、各层次人才创造良好的、能够长远发展的就业环境。

2. 分类评定措施

首先，加大文化创意人才特别是领军人物的引进力度，以专业性强、社会影响力大的领军人才带动通州区文化创意产业发展。通过公开招聘、人事调动、合同聘用、项目合作、开办工作室（创作室）等多种方式，积极引进一批高端的领军人才为通州区文化创意产业服务。其次，充分利用北京高校现有人才培训基地提高专业管理人才、专业技术人才水平。将北京突出的高校资源与通州区文化创意产业发展的实际需求相统一，推动区域之间、高校与企业之间的合作，促进通州区文化创意产业人才培养基地或实训基地的建设，同时，推进通州区现有技术人才的转型。再次，在原创艺术方面，结合通州区现有特色，以宋庄小堡的原创资源最为突出，在引入人才的过程中，应重视多学科、跨专业、国际化、复合型人才；并进一步注重引入和培养具有原创能力的人才。同时，重点推进创意设计、文化传媒、广告会展、知识产权、传统工艺品等领域文化经营管理人才的培养工作，并加大对非物质文化遗产传承人的扶持力度，以具有特色的非物质文化遗产资源带动通州区特色民俗文化的发展。最后，在人才评定制度方面，一方面，在引入人才过程中的评定，要以通州区文化创意产业的短板与实际需求为基准，对申报入驻通州区文化创意产业的人才进行评定；另一方面，在引入人才并进行合理保障其权益的基础上，定期对入驻人才进行评定，并给予积极或消极强化措施；此外，在后期的人才评定过程中，可将人才与项目相结合的程度作为评定标准之一。

3. 完善引入机制

创新完善人才引进及合作机制，加强产、学、研人才交流合作。一方面，积极支持高校、科研院所将系统化和创新化的理论带到企业中，将具有创新性和实践性的想法依托企业的实际操作环境加以实践；另一方面，为文化创意企业走进高校、科研院所搭建平台，使企业所想、所需能够与高校资源更为有效地对接，促进通州区创意人才、科技人才、对外交流人才等多元化人才的培养。学历教育与职业教育相结合，完善管理人才、创意人才和营销人才的复合培养体系，建设产、学、研一体化的文化产业人才培养基地。

4. 创新人才理念

突破文化创意人才区域限制，借助互联网技术与平台，在更为广阔的全球视野中建立文化创意产业智库平台，鼓励开展创意人才的国内国际交流（论坛会议、比赛竞技、展会与培训）。同时，在"一带一路"的宏观背景下，关注文化创意人才的国际间流动。结合通州文化创意产业所需，对人才进行预见性聚拢，探索新型用人机制、"人才共享"机制，通过客座制、签约制、特聘制、合作工作室等形式使国内外高端人才"为我所用"，鼓励国内外优秀人才以版权、知识产权、无形资产、技术要素等作为股份参与企业利润分配。

第四节　平台保障

1. 综合性信息服务平台

围绕通州区文化产业发展，以整合资源、拓展功能、提升层级为宗旨，打造以政府为主体、企业与社会共创的综合性文化产业信息服务平台。该服务平台应该以门户网站为主，由通州区政府部门牵头投资建设，也可鼓励企业投资或政府购买服务等来保证整个文化产业信息服务平台的正常运行。该平台要突出通州特色，打造通州品牌，根据通州区文化产业资源的特色组织相关信息资源，提供相关服务内容，信息发布涉及新闻资讯、政策法规、人才交流、园区建设等。在功能设置上，该平台属于文化产业链的下游，根据通州区文化产业的发展进程，它不仅要依靠上游与中游丰富的信息资源发布相关信息咨询，也要为文化产业上下游联动提供沟通服务，全面带动通州区文化产业的协同发展。由于平台涉及政策发布、在线服务、线上交易等，因此建议采取公办公营、公私合营的方式进行构建，在域名上选择.gov或.org确保网站的安全性；不宜采取完全私营的运营模式。在此基础上，平台也要兼顾运营微信公众号、微博等新媒体窗口，并与国家级、各地区、各部门、具有影响力的民间网站积极合作，形成强大的平台聚合效应，扩大传播范围与社会影响力。

在信息发布的基础上，该平台中还将在文化产品发布与交易、文化企业宣传与推广、文化资源共享与展示等方面进行服务模块的延伸，从而使平台将政府、文化企业和市场消费者等文化产业相关主体联系在一起，起到以信息流通带动项目流通的作用。此外，在文化版权保护方面，该平台也可以凭借自身权威性、专业性、服务性优势，与未来通州区打造的版权交易中心合作，在建构通州知识产权保护的价值评估机制、信用保障机制与市场流通机制等方面提供平台支撑。除了一般性的公共服务，该平台还可以提供相应的销售、策划、人才派遣、管理、设计制作等商业化服务，形成公共服务机制与市场化机制的有机互补、活力共融，进而该平台可以优先选取通州区重点发展的文化产业领域，有重点、有次序地培育若干行业分支公共服务平台，从而形成"1+X"的平台结构。"1"即一个综合性核心平台，"X"即根据细分行业或具体服务内容，设若干个子平台。力求通过数年时间，不断完善功能，为相关企业在整个价值链上提供全方位服务。

2. 国际性文化交流平台

首先，统筹政府、企业、高校、行业协会、社会资本、中介机构等部门，形成合力，吸引具有国际、国内影响力的大型品牌活动落地，把通州区的文化交流范围与层级推上新台阶。为此，该平台要完善国际文化交流服务功能，提供管理有序、运作高效、功能齐全的服务，提供充足的与国际文化交流相关的资金、项目和人才，提供检索便捷、内容广泛、及时更新的国内国际文化交流信息查询系统。在此基础上，依托现有的国际文化服务贸易平台、文化产权交易中心等文化产业专项交易机构，进一步整合通州乃至北京的出版发行、影视制作、印刷、广告、演艺、娱乐、会展、文化创意、数字出版、移动多媒体、动漫游戏等细分子行业内已经形成的产权交易机构，形成覆盖面广、功能完备的文化产业交易平台，打造在国内首屈一指、亚洲知名的版权贸易盛会。以强大的文化产业交易功能，形成高度的社会公认性和国际范围内的认知，吸引各种有利于文化产业和文化消费的资源和能量集聚归拢。

同时，该平台可以做出以下两个方向的功能延伸：第一，结合台湖演艺小镇的发展需求，放眼北京演艺市场，打造国内最为领先的国际化演艺中心，以现有大型文化基础设施为重要依托，建设文化产业国际演艺共性服务平台。该平台要致力于对接国际娱乐资源，把国际演艺产业的运作与中国本土的文化资源有机结合，引入国际高科技含量较高的动感活动，成为中外流行文化、时尚文化交流场所以及影响力辐射东亚地区的综合性演艺娱乐场所。第二，打造文化产业国际休闲共性服务平台。通过对通州区现有以及规划中的重大休闲娱乐资源的利用、开发和整合,形成现代娱乐项目、优秀传统文化体验、民族文化艺术创意、特色生态休闲服务、特色观光体验娱乐等体验内容互动发展的推进平台,打造独具特色的国际化都市型"文化休闲体验之旅",不断增强城市的创造力、影响力和竞争力。

3. 灵活性融资合作平台

建立高效灵活的融资平台。充分发挥财政资金的引导作用,吸引社会资本加大对通州区文化创意产业的投入。支持运用政府和社会资本合作(PPP)模式,建设产业园区、研发平台、交流平台等基础设施。发起设立文化创意产业发展投资基金,鼓励金融机构创新金融产品和服务方式,探索拓宽通州区文化创意产业贷款抵押担保范围,在风险可控、商业可持续的前提下加大对产业的信贷支持力度。支持符合条件的企业上市融资、发行各类企业债券和组建财务公司,利用多层次资本市场进行融资。创新利用外资方式,积极争取境外直接投资、国际组织和外国政府优惠贷款、国际商业贷款等。

4. 周期性项目对接平台

以通州区文化委员会为发起方,以通州区各文化及相关企业为参与方,以一年或半年为周期,定期打造通州区文化产业走出去与引进来的推介平台,以求优质资本的吸引、优质人才的招纳、优质项目的落地、优质企业的入驻。打造项目推介平台的工作可以与打造文化产业园区的工作同步展开,因为项目推介最好能够扎根于一个商业氛围浓厚、设施配套齐全、文化企业高度聚集、产业门类丰富的文化产业园区,该平台同时也可以为园区内的企业提供创业孵化、政策服务、人才培训、交流展示、知识产权保护、金融服务等多方支持。在此基础上,经过与政府合作,由通州区宣传部或文化委员会主办,由园区管理委员会承办,定期举办"通州区文化产业精品项目交流对接会",该对接会将为有意向落地通州或有意向走出通州的文化企业提供租金奖励、税收奖励、名牌名企奖励、人才奖励、上市奖励、孵化器奖励、招商引资奖励。利用召开对接会的契机,通州区可以积极整合全产业园乃至全区的文化资源,为通州区的文化产业及重点招商项目创造出更多的机遇,为投资方与项目方搭建面对面交流与沟通的平台,辅助重点招商项目的推介、对接、洽谈。

对接会的交流机制中可以采取重大项目"一事一议"的重点扶植方式。对于重点扶植的文化产业项目,除了要符合国家统计局《文化及相关产业分类(2012)》的文化产品大范围之外,还需满足以下几点要求:第一,与通州区重点发展的文化产业领域密切相关,如设计业、文化旅游、艺术品交易、创意农业、创意科技等;第二,在本行业同类产品中,具有突出代表性、影响力、引导性、示范性的文化产品品牌,具有一定生产规模,市场占有率和市场份额大,有较高知名度、美誉度、社会信誉,取得良好经济效益的文化产品品牌;第三,具有独特鲜明的北京特色、通州风格、技艺精湛、构思设计独特新颖的文化产品品牌。此外,该项目如能在继承和发扬传统技艺的基础上,在技术、制作、工艺、材料的使用上有重要的突破,或在国际、国内、各省市重大评选活动中获得奖项,或在国外有较强出口创汇能力,则属于优先考虑的范围。

第八章 附则

第一节 规划批准

本规划由北京市通州区人大常委会批准。

第二节 解释单位

本规划由北京市通州区宣传部负责解释。

第三节 生效日期

本规划自发布之日起生效,由北京市通州区人民政府组织实施。

第四节 规划适用

其他区级文化创意产业相关规划,包括各专项规划,如与本规划内容相冲突,以本规划内容为准。

南昌市湾里区幸福产业概念规划建议[①]

[①] 2019年南昌市湾里区发改委委托项目。主持：熊澄宇。参与：吕宇翔、张虹、张学骞、张苑馨、刘瑞华、吴福仲。

一、前言
    （一）研究定位
    （二）规划依据
    （三）规划时限

二、规划背景
    （一）产业内涵
    （二）发展机遇
    （三）湾里优势
    （四）发展瓶颈

三、总体要求
    （一）指导思想
    （二）基本原则
    （三）发展目标

四、案例研究
    （一）国外案例分析
    （二）国内案例分析

五、定位布局
    （一）功能定位
    （二）产业布局

六、空间布局
    （一）一核：罗亭镇幸福产业小镇
    （二）两圈
    （三）多组团

七、主要任务
    （一）三大示范工程
    （二）五大重点任务

八、保障措施
    （一）健全组织机制
    （二）强化项目扶持
    （三）推进人才引智
    （四）配套设施保障

附件：幸福产业指标体系
    （一）设计权重说明
    （二）指标体系建构
    （三）指标体系说明

一、前言

（一）研究定位

本研究为南昌市湾里区幸福产业概念规划提供从战略层面到项目层面的先导思路。

（二）规划依据

中共中央国务院《"健康中国2030"规划纲要》

中央全面深化改革领导小组：《国家生态文明试验区（江西）实施方案》

国务院：《关于推进文化创意和设计服务与相关产业融合发展的若干意见》

国务院：《国务院办公厅关于进一步扩大旅游文化体育健康养老教育培训等领域消费的意见》

国务院：《中医药发展战略规划纲要（2016—2030年）》

国家发展和改革委员会、科技部、工业和信息化部：《长江经济带创新驱动产业转型升级方案》

生态环境部：《全国生态保护"十三五"规划纲要》

国家旅游局《国家康养旅游示范基地标准》

国家林业和草原局《关于启动全国森林体验基地和全国森林养生基地建设试点的通知》

国家林业和草原局《中国生态文化发展纲要（2016—2020年）》

国家林业和草原局《林业发展"十三五"规划》

江西省：《江西省"十三五"发展规划》

江西省政府：《江西省城镇体系规划（2015—2030年）》

江西省政府：《江西省"十三五"大健康产业发展规划》

江西省发改委：《江西省关于推进幸福产业高质量跨越式发展的意见》

南昌市：《南昌市城市总体规划（2001—2020年）》

南昌市：《南昌市十三五规划》

南昌市：《梅岭-滕王阁风景名胜区总体规划（2008—2025年）》

南昌市湾里区：《南昌市湾里区总体规划（2013—2030）》

南昌市湾里区：《湾里区国民经济和社会发展第十三个五年规划纲要》

南昌市湾里区：《湾里区全域旅游规划》

南昌市湾里区：《梅岭国家森林公园总体规划（2008—2020）》

（三）规划时限

本规划时限为：2019—2023年。

二、规划背景

（一）产业内涵

1. 背景解读

党的十九大报告中做出了一个重大的政治判断：中国特色社会主义进入新时代，我国社会主要矛盾已经转化为人民日益增长的美好生活需要和不平衡、不充分发展之间的矛盾。在满足基本生存需求的基础上，人们的需求由温饱转向了发展性需求，内涵消费、高层次消费不断呼应供给侧结构性改革，加快发展旅游、文化、体育、养老、健康等幸福产业，成为满足人们对美好生活愿景的题中之意。

幸福产业的产生揭示了人们对于旅游的需求、健康的需求、文化的需求、舒适的需求。总体上，幸福产业的产生和发展是出于对一种幸福的生活方式与社会形态的需求，以至于它无法将任何一种需求从整体中剥离出来。在过去，行业的分割忽视了这一融合的本质，而幸福产业则需要还原并提供一种面向整体生活方式的消费对象。

2. 产业描述

幸福产业包含并不限于以下具体产业：文化、旅游、健康、养老、体育、教育（培训）、家政，它并非这些领域的简单叠加，而是在试图通过供给端的互补共建与消费端的协同融合，在固有产业发展的基础上建构新型产业关联形态，如文旅融合、康养融合、培训服务多方面的交互融合，构建出幸福产业发展的基本形态。幸福产业处于高端服务业、绿色经济、创意经济的交叠领域，在未来，上述三大产业领域的发展势能必然能为幸福产业注入强劲的驱动、积蓄充足的能量、开辟广阔的空间。

幸福产业实现了产业要素集聚—产业形态更新—产业辐射拓展三大联动板块。首先，集合了文化、旅游、健康、养老、体育、教育（培训）、家政等产业中的基本要素，并在既有产业基础上实现交叠互动；其次，幸福产业的发展打通了供给侧和消费端，让产业经济的发展更好地服务于人的需求；最后，在要素整合和业态更新的基础上，幸福产业将实现产业融汇整合，拓展到服务业、旅游业、文创业等多个业态类别，同时，在空间方面与周边省区实现业态合作与创新。

（二）发展机遇

1. 国家战略

近年来，发达国家对高端产业的分流与发展中国家对中低端产业的分流同时发生，对我国产业结构形成"双向挤压"的严峻挑战。严峻的外部经济环境促使国民经济体系的优化调整与国家产业战略的推陈出新势在必行。此外，资本盲目投资导致产能过剩，资源盲目开采导致环境污染，也进一步威胁着国民经济的可持续发展。为了应对上述变局，我国加快构建现代化经济体系势在必行，经济结构调整正在逐渐向高端服务业倾斜、向绿色经济倾斜、向创意经济倾斜。随着上述供给侧与需求侧的潜在变革，国家在战略层面也逐渐聚焦于如何基于社会机制的优化促进产业形态的转型与升级，由此逐步构建起助力幸福产业在湾里区落地生根的顶层设计依据。

在社会机制层面，2016年，国土资源部印发《关于深入推进城镇低效用地再开发的指导意见（试行）》，鼓励原国有土地使用权人通过自主、联营、入股、转让等多种方式对所有土地进行改造开发。同年，十六部委发文《关于支持整合改造存量社会资源发展养老服务的通知》指出，鼓励盘活存量用地用于养老服务设施建设。2017年，《关于运用政府和社会资本合作模式支持养老服务业发展的实施意见》鼓励政府将现有公办养老机构交由社会资本方运营管理。同年，四部委印发《关于规范推进特色小镇和特色小城镇建设的若干意见》，鼓励特色小镇模式在全国推广。2018年，发改委印发《关于建立特色小镇和特色小城镇高质量发展机制的通知》，推动特色小镇建设由热潮转入理性探索。

在产业形态层面，2014年，国务院印发《关于推进文化创意和设计服务与相关产业融合发展的若干意见》；2015年，两部委印发《关于促进中医药健康旅游发展的指导意见》，从产品、品牌、市场、产业、公共服务等方面鼓励中医药健康旅游的可持续发展。2017年，《江西省"十三五"大健康产业发展规划》出台，提出在生物医药、康体旅游、健康食品、养生养老等领域形成一批具有核心竞争力的知名品牌，并打造一批健康小镇与大健康产业信息服务等功能平台。

2. 开放江西

截至2017年年底，全省实现生产总值20 818.5亿元人民币，增长8.9%；财政总收入3 447.4亿元人民币，增长9.7%；固定资产投资21 770.4亿元人民币，增长12.3%；实际利用外资114.6亿美元，增长9.8%，主要经济指标增幅继续位居全国前列。现代服务业发展势头良好，金融机构人民币和外币存、贷款余额分别新增3 430亿元人民币、4 053亿元人民币；服务业增加值占GDP比重同比提高0.7个百分点，三次产业结构进一步优化。统计数据显示，2018年1—5月，全省6家机场共完成旅客运输量722.52万人次，同比增长49.9%，旅客运输量在华东地区增速排名第一。

在政策规划层面，2018年，江西省委、省政府印发《中共江西省委江西省人民政府关于实施乡村振兴战略的意见》，提出完善以绿色生态为导向的农业补贴政策体系和激励约束机制，推动农产品和商贸、旅游、教育、文化、康养等产业深度融合。同年，江西省委、省政府印发《中共江西省委江西省人民政府关于全面推进全域旅游发展的意见》，提出推进乡村旅游提质升级，同时，推进休闲、度假、健康、养生等与旅游的融合。

在旅游业方面，2018年上半年，全省累计接待旅游总人数27 371.34万人次，同比增长19.51%；旅游总收入2 800.77亿元人民币，同比增长27.91%。依据《2018年江西省大中型建设项目名单》，与旅游相关的旅游投资项目有157个，总投资金额达到1 752亿元人民币；新建的旅游项目有 37 个，投资金额达到 310 亿元人民币。项目投资的领域主要包括景区提升、特色小镇、景区交通、古村古镇、田园综合体等，投资主体涵盖了政府、国有企业、民营企业、混合所有制企业，呈现出多元化的特征。

在健康产业方面，根据《江西省"十三五"大健康产业发展规划》，到 2020 年，江西省大健康产业总规模将力争突破 1 万亿元人民币，产业总体将重点围绕生物医药、医疗服务、康体旅游、健康食品、养生养老、健康管理六大领域，构建"药、医、游、食、养、管"六位一体的大健康产业体系。其中，2017 年江西省医药产业实现主营业务收入 1 373.25 亿元人民币，比上年增长 13.89%，占全国总量的 4.6%、在各省同行业中位居第 7 位，实现利润 133.98 亿元人民币，比上年增长 28.52%。

2018 年，江西省发布《关于推进幸福产业高质量跨越式发展的意见》（下称《意见》），明确提出要在 3～5 年内推动全省幸福产业体系更加健全、规模持续扩大、质量不断提升。《意见》提出，重点协调、推进在南昌市周边建设幸福产业集聚区，据此，江西省集中探索幸福产业的区域发展机制、思路与模式。

3. 活力南昌

作为江西省省会、长江中游地区重要的中心城市、国家历史文化名城，南昌一手抓战略性新兴产业的培育发展，一手抓传统优势产业的改造提升。近年来，南昌市进一步大力培育都市现代农业、VR 产业、中医药产业等新兴产业，"南昌药谷""南昌绿谷""中国（南昌）VR 产业基地"，相继投入建设，为传统产业注入了新鲜血液。

2016 年，全市文化产业主营业务收入 534.29 亿元人民币，增长 4.7%，占全省总量的 1/5；2011—2016 年，全市文化产业增加值由 88.77 亿元人民币提高到 182.13 亿元人民币，占 GDP 的比重由 3.3% 提高到 4.18%。5 年增加值的平均增速高于同期 GDP 的增速，在全市国民经济中的地位更加重要。2017 年，南昌市发布《〈关于支持生物医药产业发展的若干政策措施〉实施细则》，2017 年，全市规模以上生物医药（含医疗器械）企业主营业务收入 319.5 亿元人民币，同比增长 9.8%。2019 年，全市共有 42 个生物医药产业项目列入全市重大重点工业项目库，占总数的 12.7%，总投资达 334.5 亿元。2018 年，南昌市出台《南昌市人民政府办公厅印发关于加快 VR/AR 产业发展的若干政策（修订版）的通知》，提出了"159"产业发展战略，致力抢占虚拟现实产业制高点。立足"中国（南昌）虚拟现实 VR 产业基地"，目前，该基地已引进首批 20 余家企业入驻，初步形成 VR 产业上下游企业聚集、抱团发展的局面。

随着南昌城市建设快速发展，居民收入稳步增长，为健康养生、城郊旅游和农业休闲奠定了产业发展的社会基础与市场基础。多层次、多种类、多群体的消费群体的崛起也将打破原有固化、单一的消费需求格局。在需求侧，国民需求结构正在向更多元、更多层次发展，持续多年的以"吃"为主导的需求结构正呈现细分化、个性化趋向。这些趋向具体表现为消费需求的四个方面的变动：就产品而言，从追求高档转变为追求健康；就服务而言，从粗放模式转变为精细模式；就品质而言，从实用优先转变为时尚优先；就体验而言，从以观光为主转变为以休闲为主。

（三）湾里优势

1. 生态环境优美

优越的生态条件既是湾里区吸引产业落地、游客入境的核心要素，也是幸福产业向绿色、健康两个方向发展的基础性资源。湾里全区土地面积238平方公里，东西宽20公里，南北长27公里。湾里区居西山山脉核心，全区地势由西南向东北倾斜，山丘起伏，河谷纵横，全区拥有大小山峰99座，海拔最高的洗药湖为841.4米。湾里西南部以低山高丘为主，东北部多为低丘岗地，东南部为低丘平原。全区山地占72.3%，耕地占12.7%，水面占4.9%，故有"七山半水半分田，一分道路和庄园"之称。湾里属亚热带季风湿润气候，雨量充沛，日照丰富，气候凉爽，年平均气温14.5℃～17.6℃，比南昌市区普遍低3℃～5℃。名列全国十三大避暑胜地，享"小庐山"之美誉。全区森林面积26万亩，林木覆盖率达73.94%，大气中每立方厘米负氧离子含量平均达2万个以上，个别地段最高可达10万个，是南昌市的"氧吧""绿肺"，2016年被评为国家生态区。湾里区丰富的植物资源也将为其幸福产业"旅游+康养"的发展路径提供重要保障。

2. 区位优势明显

湾里区位于东经115°37′～115°49′，北纬28°40′～28°55′。地处南昌城西北部的西山山脉中段，北邻永修县，南连新建区，西接安义县，东邻红谷滩新区、桑海经济技术开发区、国家南昌经济技术开发区。随着市委、市政府"揽山入城"战略的实施，湾里城区的区位和交通优势将日益显现，这既将保障湾里区与周边地区的便捷联动，也将保障湾里区与全市，乃至全国、全世界市场、资源的有效对接。湾里区距省、市行政中心，昌北机场，南昌西站皆在15～20（分钟）车程以内，红湾、昌湾、云湾公路直通南昌核心城区，西外环高速公路、105国道、南安、蛟万和省店公路穿境而过，实现环山一圈、内部成网、四通八达、大山进城8条通道交通网络，通行条件十分便捷。

此外，湾里区在完善、升级内部交通体系上更将"智慧"与"绿色"的理念融入其中，这既能成为其提升地区竞争力的亮点，也能成为幸福产业与幸福事业形态融合、理念重合、功能配合的可靠载体。2017年，南昌市公路管理局与湾里区政府对穿越湾里区、梅岭镇、太平镇等景区的417省道望招线和106省道蛟万线进行智慧旅游示范公路建设。该建设主要致力于解决通往梅岭景区主要通道的运载压力与安全风险，其中对于公路的智慧建设包括增加全程短信服务、可变情报板、交通量调查、视频监控、弯道监测预警、能见度监测、结冰预警、自动融冰除雪等科技设施。在服务游客方面，将增建休闲绿道，包括自行车道、游步道、绿道驿站、观景平台、景观廊架与景亭、公厕等公共基础服务设施。

3. 文化资源丰富

湾里区在音律文化、爱情文化、宗教文化、医药文化等十个方面具有鲜明在地特色，这可以为幸福产业发展提供宝贵的历史经验。梅岭风景区历史悠久，自西汉末年始，便有一大批名人学士先后慕名而来。西汉末年，南昌尉梅福拒官场，携妻儿隐退此山修身致学，后人建梅仙坛、梅仙院以纪之，梅岭由此得名。此后，邓禹、葛洪、陈陶、欧阳持、曹崧、张氲、贯休、齐己等一大批名人来此隐居修身。历代文人名士在梅岭留下了多处石刻，其中留元刚石刻、芗林石刻和洪崖石刻保存较好。

此外，洪崖丹井不但风景秀丽，山水相映，而且相传为中华乐祖伶伦制定五音十二律之处，是我国古代音乐文化的发祥地。出于对音律文化传统的延续，湾里区成功地打造了"中国南昌·梅岭伶伦音乐节"，让这片古音盎然之地再响新声。音乐节的明星阵容、舞美效果、现场互动等正在不断全面升级，国内外音乐唱作人和摇滚新秀齐聚于此，推动金属、朋克、民谣、硬核等音乐元素在此碰撞。此外音乐节还配套建设了创意集市、游艺园区、美食派对等功能区，协同致力于为乐迷打造华南地区独一无二的户外音乐派对。

湾里区内保存的古代宗教遗址为提升全区文化的精神内涵提供了重要的历史底蕴与延伸线索，其中较为著名的有梅岭镇店前村紫阳宫与招贤镇翠岩禅寺。紫阳宫又称紫金纯阳道坛，祀乐汉开国之勋邓禹，后祀紫阳真人吕纯阳（吕洞宾）。翠岩寺始建于南北朝，是江西著名的寺庙之一，它与香城、双岭、云峰、奉圣、安贤、六通、蟠龙同为"西山八大名刹"。

4. 产业集聚初现

（1）健康产业核心区。2017年，省委、省政府提出建设中国（南昌）中医药科创城的战略构想，中国（南昌）中医药科创城布局为"双核驱动、协同发展"模式，经过全区不懈努力，争取到其中"一核"成功落户在南昌市湾里区江中的药谷规划建设。在此建设带动下，湾里区抢抓"健康中国""中医强省"发展机遇，整合并利用区内江西中医药大学、江中集团和已有养生项目的功能作用，推动了区内医药养生、健康活动、医药科技、健康产业发展快速，推进了江中研发中心、中巴中医药产业园总部、热敏灸旗舰店等一大批产业项目落地。湾里区还将创建国家中医药健康旅游示范区、进一步巩固国家慢性病防控示范区，逐步构建全省健康产业高地，逐步打造"走进湾里、走进健康"的区域品牌，最终以板块融合、项目融合的方式，为湾里区发展幸福产业提供重要支撑。

（2）旅游产业集聚区。湾里区名胜古迹颇多，为古"豫章十景"中"洪崖丹井"和"西山积翠"所在地。作为江西省首批旅游强县（区），湾里区近年来在打造"四个中心"（区域性旅游集散中心、区域性休闲度假中心、区域性文化娱乐中心、区域性健康养生中心）的过程中，已经充分地开掘区内丰富的旅游资源，打造了一系列颇具影响的旅游景点，包括洪崖丹井、狮子峰、神龙潭、太平心街、竹海明珠、月亮湾智慧公路、九龙溪生态休闲公园等，有效地推动了当地经济与社会的发展。2017年，湾里区累计接待游客达1 160万人次，同比增长45.1%；旅游综合收入38.5亿元，同比增长46.39%。

（四）发展瓶颈

1. 产业基础整体落后

幸福产业的布局与落地是一个系统工程，它需要在与当地产业经济高频对接、高效互动的过程中既不断丰富自身，也不断壮大对方，而湾里区整体产业基础依然薄弱，这从外部经济环境上制约了幸福产业与当地社会、经济、文化协同发展的空间与范围。其具体表现在以下三个方面：

（1）湾里区经济总量较小。表 2-1 是南昌各区 2017 年几项主要经济指标的横向比较，可以看出，湾里区的经济总量不但在全市各区排名垫底，而且在江西各区县中同样落后。虽然其中有种种特殊情况需要予以综合考虑，而且湾里区已然获得了较快增长，但是这依然不能掩盖地区财政税收与社会固定资产的总量不足对幸福产业健康发展的根本制约。

表 2-1　2017 年南昌各区主要经济指标的横向比较

地区	GDP	全省排名	财政总收入	500 万元以上固定资产投资
青山湖区	1 653.99 亿元	1	59.57 亿元 增长 11%	665.8 亿元 增长 12%
西湖区	515.81 亿元	5	103.1 亿元 增长 48.6%	403.1 亿元 增长 12.1%
东湖区	414.99 亿元	7	70.76 亿元 增长 12.51%	206.07 亿元 增长 13.3%
新建区	448.36 亿元	8	64.1 亿元 增长 15.4%	425.25 亿元 增长 12.8%
青云谱区	375.83 亿元	14	45.56 亿元 增长 13.3%	241.57 亿元 增长 12.9%
湾里区	64.4 亿元	94	13.3 亿元 增长 17.2%	57.88 亿元 增长 14%

（2）湾里区经济结构失衡。首先，地方财政税收过度依赖房地产土地出让金的局面仍未改变，一旦未来房地产发展进入瓶颈期与停滞期，湾里区财政收入将陷入断崖式下滑，这将在中长期层面极大地限制政府利用社会财富再分配对幸福产业引导与调控的能力。其次，尽管湾里区拥有丰富的自然资源与人文资源，但对于发展全方位的幸福产业而言，一方面，湾里区的硬件设施无法满足其进一步发展的需求；另一方面，当地的医疗、教育、科技、文化等公共服务依然处于较低的水平，也无法对幸福产业产生"夯基""托底"的效用。

2. 业态升级动力不足

综观湾里区相关产业现状，其整体在探索新业态、引进新资本、利用新技术、孕育新理念四个维度上缺乏动力，对具体行业的精耕优化不充分、创新升级不充分，致使当地在无法全面布局幸福产业的情况下，也没有形成点状突破，没有在某一领域产生引领作用、示范作用以带动幸福产业全局发展，这具体表现在以下三个方面：

（1）客流消费供应不足。虽然湾里区每年凭借其优渥的自然生态资源吸引了大量游客来此观光休闲，但是景区内部以及景区周边缺乏足够的具有特色的深度体验项目，无论是农家乐和民宿，还是娱乐项目、度假项目，景区自身"造血"功能都有不足，进而导致湾里区旅游业始终处于有市场，无消费；有流量，无收入的困境。

（2）产业要素整合不足。幸福产业任何一个领域的发展都是多元要素整合的结果，这些要素包括了产业、人才、资本、政策、技术、环境、资源、区位等诸多方面。但是在湾里区，这些要素要么尚未跟进，例如，优质资本与高端人才的缺乏致使康养、旅游、生态农业缺乏先进、明确的发展理念，要么一些既有要素处于相互孤立、隔阂的状态，没有建立起联动、融合的创新机制，例如，当地以先锋学院为载体的优质IT教育资源没有与旅游、康养、文化等产业对接，再如，当地的旅游资源、体育资源与文化资源缺乏合作，致使传统业态失去融合创新、整合升级的机遇。

（3）管理模式创新不够。首先，湾里区康养产品及服务模式单一，未能走出"公建民营"的管理模式，未能打造契合本地资源禀赋、迎合多样化需求的康养业态；其次，湾里区生态农业产品及服务模式单一，未能走出"公司+基地"的运作模式，无法充分与周边生态农业形成差异化发展；最后，湾里区旅游产品与服务模式单一，未能突破"景区—门票"的盈利模式，难以从大众化的观光旅游向精细化的体验旅游转型。

3. 品牌项目带动匮乏

湾里区产业经济内生活力的匮乏究其直接原因，在于缺乏有足够集聚力、辐射力的品牌项目带动幸福产业集群的整体崛起。"四个中心"缺乏相应的龙头项目的带动与引领。全区"四个中心"战略的提出和实施虽然已有一段时间，但是围绕这些中心都缺乏相应的龙头项目的带动与引领，以致空有"中心"之名，没有形成"中心"应该具备的示范功能、集聚功能、辐射功能，因此它们对湾里经济的振兴和财政收入的收效依然微薄。

究其深层原因，主要有两点：第一是地方政府在全区就业环境、政策环境、营商环境与施工环境等方面分别存在布局不到位、鼓励不到位、改善不到位、优化不到位等问题，并且在交通条件与土地使用条件等方面也缺乏充分的保障，这会从整体上降低该地区对资本、技术、人才等各项资源的吸引力。第二是品牌建设与经营困难。一方面，虽然有恒大童世界、中医药科创城这样的优质项目，但湾里区缺乏能够树立自身在幸福产业这一新领域先导位势的标志性项目；另一方面，虽然湾里区也有例如"爱情不到湾里不甜""走进湾里，走进健康"等宣传标语，但在区域形象上尚未塑造差异化鲜明的特色以呼应幸福产业所需的社会生态。此外，幸福产业在项目推进与品牌建设上缺乏世界范围内的先例和可循路径，同时，旅游、康养、文化各领域在全国范围也面临同质化竞争的危险，这就促使湾里区加快提升区域竞争力、因地制宜探索幸福产业的发展路径成为迫在眉睫的任务。

4. 存量资源亟待盘活

受限于生态保护需求与土地规划布局，湾里区国家森林公园、景区用地占比较多，开发困难，可供大面积规划的土地较少，并且呈现出分布相对零散的情况，不利于幸福产业项目的集聚。因此，湾里区需要调整土地使用思路，不但精耕存量用地使用方式，坚持走资本密集、创意密集、技术密集的开发路径，还要对处于半开发、停滞开发、限制开发的土地资源进行梳理、整合，依托多种路径、多元项目予以创造性转化。通过表 2-2 和表 2-3 可见，目前湾里区未开发土地虽然十分有限，但是可以进行再利用、再开发的空间存量可观。目前这些资源都尚处于未激活的状态，这既在无形中浪费了公共资源，也有悖于产城融合、宜产宜居的发展理想。这就需要在幸福产业的整合性框架下，具有针对性地制定土地政策，改造思路与招商策略，打造资源盘活与产业升级的双赢局面。

表 2-2 湾里区存量资源列表

存 量 资 源	分 布 位 置	可改造方向
闲置养老院	太平镇	康养
52 块项目用地	分散于全区	康养、生态旅游
历史遗留的老旧厂房	招贤镇幸福街道、站前街道	创意产业
22.15 平方公里的适宜建设用地	以中心城区为主	文化旅游、创意产业
35.97 平方公里的限制建设用地	城镇发展区、罗亭工业园以及鼓励发展的乡村居民点	康养、文化旅游、生态农业

表 2-3 中心城区历史遗留地块基本情况

序号	学校、企业名称	地块位置	占地面积（亩）	产 权 人	建筑面积（m²）	存在问题
1	南昌汽车电器厂	紫清路	22	南昌汽车电器厂	15 000	停产并转租
2	南昌弹簧标准件厂	紫清路	24	南昌弹簧标准件厂	16 000	停产并转租
3	老矿山机械厂	紫清路	16.8	矿山机械有限公司	未知	停产并转租
4	汽缸垫厂	紫清路	28	南昌汽缸垫厂	未知	在生产
5	电容气厂	招贤路 597 号	33.4	市国资委	20 000	停产并转租给小手工作坊
6	南昌工具厂	渔樵街	150	昌工控股集团	未知	停产并转租
7	南昌电子管厂	乐祖路 300 号	180	昌工控股集团	未知	停产并转租

三、总体要求

（一）指导思想

在习近平新时代中国特色社会主义思想、五大发展理念以及打造美丽中国"江西样板"的方向指引下，以"打造四个中心，建设大美湾里"为切入点，进一步满足新时期人民群众对健康、绿色、时尚、智慧的新需求，以科学的政策引导为突破口，以示范性的龙头企业为牵引，以特色化的产业集聚区建设为依托，以新技术公共服务平台为保障，在湾里区构建以健康、绿色、智慧、时尚为特色的幸福产业体系，推动当地产业转型和人民幸福感同步升级。

（二）基本原则

1. 幸福事业与幸福产业相结合

随着我国物质文明水平的整体提升，公众的消费需求和消费水平呈现多元化、多层级化趋势；随着市场经济的发展，幸福服务日益显露效用的可分性和消费的排他性特征；随着产业升级的推进，丰富并深耕幸福服务的内涵对于优化国民经济结构具有重要意义，在此历史条件下，幸福产业有其发展的合理性与必要性。尽管幸福事业与幸福产业存在差异，不过二者都是满足新时期人民群众对美好生活向往而不可或缺的社会生产部门，为此，要构建幸福事业与幸福产业互动发展的机制。在共性机制上，既要以幸福事业培育幸福产业，又要以幸福产业反哺幸福事业，同时完善幸福产品与服务综合评价体系，促进幸福事业与幸福产业整体协调发展。在差异性机制上，要正确处理市场推动与政府引导的关系，对于幸福事业，要依循政府主导、市场参与的原则，对于幸福产业，则要依循政府引导、市场推动的原则。

2. 健康绿色与智慧时尚相结合

一方面，以"健康"与"绿色"为核心的生态文明建设为湾里区发展幸福产业提供了基础性支撑。首先，"绿色"是整合幸福产业要素的关键环节，"健康"是构建幸福产业体系的最终归旨；其次，"绿色"与"健康"是保障社会可持续发展的必要条件，是人类社会在20世纪末针对高增长、高消耗、高污染的传统经济增长方式提出的替代性方案。另一方面，以"智慧"与"时尚"为核心的业态创新为湾里区发展幸福产业提供了跃升性动力。因此，推进幸福产业不能一拥而上、满足于跟风，要抓住自身差异性与不可替代性资源，深耕于"智慧"，融汇于"时尚"，开辟真正的市场需求，以此培育新的经济增长点，并将创新迅速扩散到经济与社会生活的方方面面，使其成为湾里区乃至南昌市经济转型发展的一种"增长机制"，引领江西经济结构优化升级。

3. 全域分布与核心塑造相结合

幸福产业应当充分依循湾里区的资源禀赋与要素分布、要素流动、要素联动的内在机理与运作规律，突破各镇域行政划分、行业部门划分对产业集聚的空间限定、行业限定，从组团式发展、封闭式发展向分布式发展、全域式发展转型，以此推动幸福产业集聚的形态更新、形态延伸与形态拓展，扩大产业整合范围，增进产业关联程度，开辟行业合作空间。在此同时，还应该围绕"康养产业"与"旅游产业"两大特色板块，在进一步优化湾里区营商环境、优化招商政策的基础上，以核心项目、龙头企业、特色资源为依托，以"绿色、健康、时尚、智慧"为细分方向，一方面，整合、重构现有产业；另一方面，引入、培育未有产业，在湾里区的合适地块重点打造两到三个"幸福小镇"，形成幸福产业的核心集聚。

4. 整体目标与分步实施相结合

幸福产业要在产业更新、生活宜居、生态优美"三位一体"的目标牵引下，充分利用各地区资源禀赋，打造新的业态关联逻辑、新的供给消费关系，最终在产城融合层面催生新的社会形态，这应当作为湾里区发展幸福产业的整体目标与长远思路。当然，在确立整体目标与长远思路的同时，湾里区还需要充分考虑当地现有社会经济现状、现有产业基础以及现有突出矛盾，依循"问题聚焦、政策聚力、优势聚合"的原则，制订幸福产业发展的重点目标与阶段性思路。要遵循地区产业发展的潜在规律，按照"政策鼓励/服务优化—人才聚集/项目集聚—资本跟进/技术参与—市场形成/品牌树立—自主创新/产城融合"五个阶段有计划、分步骤地展开幸福产业建构与升级的引领工作。

（三）发展目标

从公共服务、优惠政策、生态环境、管理机制、文化传播等多方面打造"幸福湾里"的区域品牌，提升地区对幸福产业项目与企业的集聚能力。到 2023 年，"幸福+"产业多元融合发展格局形成，建成具有国内较强竞争力的现代产业体系，成为湾里区产业发展的第一驱动力。通过幸福产业的发展，在医疗、旅游、养老、教育等方面提升当地居民的生活水平和质量，在人均收入与就业渠道方面提升当地居民获得感，助力小康湾里、幸福湾里的全面建成。培育形成一批新的产业增长点、增长极和增长带，旅游、健康、养老、文化等产业产品和服务供给能力显著提升，在打造若干产业链的基础上形成 2~3 个较大规模的现代化产业集群。

——品牌树立助推产业集聚。力争到 2023 年，高端人才带动源头创新和协同创新效应初现，每年吸引中高端人才 1 000 人，引导建设重大项目 10~15 项（包括在建），区内注册的规模以上幸福产业相关企业及机构突破 100 家，建设面向幸福产业入驻、服务、咨询、交易、融资的共性技术平台，打造"幸福产业"特色小镇 2 个，业态融合示范点若干。

——招商引智激发产业创新。伴随着产业聚集度、市场活跃度、资本密集度不断升高，产业创新能力进一步提高，新型业态不断涌现。同时，产业国际化趋势更为显著，产品和服务与国际市场、国际资源、国际标准对接进一步深化。幸福产业的发展模式在吸引人才入驻、项目入驻的基础上，积极发展就地培育产业领军人才、就地孵化创新项目的能力，推动幸福产业向更具活力的集聚模式迈进。

——造福民生实现产城融合。力争到 2023 年乃至更长远的未来，通过产业发展与城市建设之间的良性循环与融合发展，在全社会激发幸福产业的创造力，在产与城、产与人、产与自然之间形成整体联动、共生共荣的局面。以多核心布局为架构，打造全区生产、休闲、商务、生活、养老、医疗半小时生活圈。通过将城市产业培育与内生发展动力培育充分结合，最终将湾里区建设成具有鲜明特色的国际现代化宜居之城。

——多点带动扩增产业总值。幸福产业生产总值年平均递增12%，高于湾里区生产总值增速1/2。力争到2023年，产业生产总值超过80亿元，同时地区带动固定资产投资与社会消费品零售总额快速增长，年均增长超过15%，产业增速在全市排名第一，体量排名位居前列。

相关量化发展目标详见表3-1、表3-2、表3-3。

表3-1　湾里区幸福产业综合目标

	预 估 年 份	2023年
综合指数	总计带动就业人数	1.2万人
	产业总体规模	80亿左右，占全区GDP比重80%
	年产业增速	15%以上，高于全区平均增速50%以上
	吸引投资	72亿，年平均增速15%以上
	国家5A、4A级景区	4个
	国家级特色小镇	2个
	年接待游客	3 500万人次，年增长率达25%

表3-2　湾里区幸福产业配套度、活跃度目标

	预 估 年 份	2023年
配套度	星级酒店床位数	6000个
	私人疗养院数量	15个
	三级医院数量	2家
	万人以上综合性（音乐、体育等）场馆数	1个
	3A级以上旅行社数量	5个
活跃度	年国际（内）综合赛事数	5次
	年国际（内）旅游节数	10次
	年国际（内）音乐节数	2次

表3-3　湾里区幸福产业发展度目标

	预 估 年 份	2023年
发展度	文化创意产业规模以上企业数	30个
	大健康产业规模以上企业数	30个
	绿色农业产业示范基地	20个
	旅游休闲产业示范基地	20个
	中医养生产业创新基地	10个
	度假养生产业创新基地	20个
	规模龙头企业	15家

以上指标均为参考值

四、案例研究

虽然作为一个综合产业体系,幸福产业缺乏可资借鉴的完整实践先例,但是国内外许多地区已然从某一特色产业为切入点,积极寻求向其他领域融合,形成了以康养或旅游为主导业态,以休闲运动、绿色农业、医疗保健等为延伸业态的特色产业体系。这些地区有的在项目引进思路方面、有的在激活资源禀赋方面与湾里区具有某种共性,因此它们的成功经验对于湾里区构建幸福产业体系具有重要借鉴意义,下面兹从国内外两个角度介绍相关案例并提炼具有启示价值的经验总结。

(一)国外案例分析

1. 日本森林养生基地介绍——FUFU 山梨保健农园

"FUFU 山梨保健农园",占地 6 万平方米(不包括周围山林)由知名建筑设计师设计,拥有丰富的自然资源和先进的管理理念,农园位于山梨市,地理位置优势明显,是日本知名的森林疗养基地。农园是作为森林浴基地开发建设的先例之一,通过专业而科学的研究,充分挖掘出了森林独特的保健疗养价值,开发了独具特色的森林保健产品,为居民和游客提供了富有成效的保健旅游产品。

(1)核准定位,量体裁衣。森林养生的内涵较为丰富,包含膳食、运动、休养、医药等多个方面,农园在分析自身资源、地理环境、气候土壤及地势植被优势的基础上,将自然区域资源充分利用划分,开发出别具特色的森林项目。同时,由庭园设计师 Dan Pearson 设计,遵循"碳补偿"(carbon offset)这一相应的设计理念,以森林、庭园、农业、艺术为概念,透过各种观光事业及教育手法,创造人类有更多接触大自然的机会,量体裁衣,特色鲜明。

(2)巧于布局,精在体宜。山梨保健农园的建设充分考虑了各养生板块及活动内容之间的联系与隔离、种类齐全、动静分离、线路清晰、劳逸结合。同时,严格控制建设体量,充分应用自然环境,减少对生态环境的破坏和干扰。其中包括山地花园、草地花园、农产花园、森林餐厅等。

(3)深耕理念,髓在文化。农园充分结合自身场地特色及文化内涵,加以深层次挖掘,已形成独具特色的核心课程产品,在其建设之初对产品体系及主要发展方向进行充分论证,自成体系,文化属性是吸引力根源。课程安排强化科学性、指导性和带领性,自成"六位一体"养疗理论,同时,强调环境浸润性,兼具免费和收费项目,形成了山梨保健农园自身的差异化课程品牌,使得很多游客因其课程和专业指导慕名而来。

(4)市场导向,精细运营。保健农园应市场需求除了森林疗养步道之外,还有药草花园、作业农园、宠物小屋等保健设施,健康管理设施相对完善,但住宿部只有 13 个房间 45 个床位。保健农园实施预约制经营,客人大部分来自东京,主要以健康管理为目的,几乎没有以观光为目的的客人。客人年龄集中在 20~40 岁的年轻人,以女性和家庭顾客群体为主。目前,客人一般停留两天一晚,但是停留三天两晚的客人也在增加。酒店一昼夜人均消费约2万日元,这个价格能够被日本中等偏上收入的人群所接受。保健农园年收入约9 600万日元。

2. 新加坡高端医疗集团介绍——百汇医疗

百汇医疗集团在30年时间内成为亚洲第一、全球市值第二的医疗集团,开创"私人诊所+酒店管理"模式,涵盖医院管理和咨询服务,成为高端私人医疗保健服务提供商,旗下拥有鹰阁、伊丽莎白、百汇、百汇医疗、班台等多家知名医疗品牌。酒店式管理有效保证了集团医院扩张的可复制性,并提高了高端医疗患者的服务体验。

(1)私人诊所,合作共赢。私人诊所成功地平衡了医院与医生之间的利益分配,吸引顶级医生到百汇旗下医院开私人诊所。全新加坡拥有3 000多名医生,百汇医疗集团拥有其中1 500多名著名医学专家,基本所有的医生都曾经在公立医院有10年以上的从业经验。拥有独立执业资质的医生在医院租用房间开办私人诊所,门诊及手术收入归医生所有,共享先进检测及化验设备,护理以及病房服务收入则归医院所有,医院还可以通过参股的方式进行资金支持。诊所之间常共同会诊,同时成立委员会会同医院进行质量和价格的监控。

(2)酒店标准,"超级医院"。使用酒店式管理可有效保证集团医院扩张的可复制性,并提高高端医疗患者的服务体验。致力于将传统医院打造成社区管家式私人医护中心,按照五星级酒店标准装修与服务以降低患者的压力。同时,拥有诊所、药店、保健康复中心、体检中心、餐饮中心、礼品店、便利店等医疗及完备的周边服务产品,打造一个为患者提供高端综合性医疗服务"超级医院"平台:社会资本投资建设+百汇医疗集团管理+业内顶尖医生使用。

(3)地产旅游,多栖协同。旅游与休闲地产整合成为一体化服务模式开辟里"医疗旅游"变现项目。在百汇医院没有覆盖的区域,设立一些病人援助中心开展"医疗旅游",将病人带到新加坡或马来西亚百汇旗下的医院作诊疗。在新加坡最大的私人医院伊丽莎白医院,60%以上的病人都是外国人士,不乏名人政要、皇室成员。同时,在地产医疗模式方面,不同于传统医院研究、诊疗、服务、运营能力分开,百汇为医疗运营机构提供专业的不动产服务,形成投资商、开方商、运营商三者分离并共为一体的地产医疗模式。医疗旅游规模预计在2018年将达到17亿元,以带动新加坡医疗房地产的强劲增长。

3. 主要启示

一是政府大力推行健康养生政策,致力基础建设完备落地化。建立示范区域试点,把经验面向全国推广,同时,可引入国外先进人员辅助建设。将康养提升到更好满足人们不同需求的任务当中来,核心大力发展山村地区的旅游事业,帮助先有资源的完备化落地。

二是充分激发产业融合,致力于旅游、康养、文化、地产、医疗的特色价值链打造。在精耕某一优势产业领域的基础上,要坚持全局思维、全域视野、全产业链布局,有效地进行产业功能的拓展,同时,注意积极援引其他产业领域的技术优势、品牌优势、创意优势或服务优势,打造地区产业优势共创、优势互补的协同格局。

三是以自然资源为基础特色发展，以保护性利用为主线可持续发展。积极保护自然资源，牢固树立"绿水青山就是金山银山"的发展意识，以原生态的自然资源、自然体验、自然景观作为核心吸引力，带动客流并形成经济效益反向回馈自然资源保护建设，形成人与自然的良性发展循环。

四是围绕区域特色，在品牌建设与产业集聚上形成良性的互动关系。坚持绿色、健康、时尚、智慧的基本批评标准，推动准入门槛建立，以标准化运作推动地区项目引进的特色聚焦，在产业集聚方面形成具有针对性的区域品牌效应。此外，积极协同高校、产业、科技等多方资源，并联合专业第三方为产业发展提供管理、融资、营销等专业化服务，努力提升周转成功率，优化产业集聚的生态圈层。

（二）国内案例分析

1. 海南博鳌乐城国际医疗旅游先行区

其位于博鳌镇乐城、博鳌亚洲论坛年会所在地的中心地带，规划面积约20平方公里，投资将达到数百甚至上千亿元。海南博鳌乐城国际医疗旅游先行区是一个集康复养生、节能环保、休闲度假和绿色国际组织基地为一体的综合性低碳生态项目，以万泉河为生态廊道，形成"一河两岸、四区五组团"的整体空间结构，包括世界顶级医院、国际组织基地、高端购物中心、特色体验居住区四大功能区以及由5个医疗养生组团构成的健康长廊。是响应国家"一带一路""健康中国"的倡议，与医药康养和国际贸易的发展政策相连，是海南省打造"健康岛"规划举措的重要一环。

（1）"中心""组团"，重点先行。规划常住人口约5.61万人，核心产业实现年产值800亿~1 000亿元。目前，有意向在先行区投资的项目达55个，已正式受理34个，通过评估22个，落地开工20个，有美、英、德等国家及港澳台地区的30家顶级医院合作机构，产业内容涉及生殖备孕、整形美容、肿瘤防治、干细胞应用、抗衰老、健康管理、康复疗养等。联动之城、记忆之城、产业之城、特色之城、低碳生态之城，五城联动。重点先行在特许医疗、健康管理、照护康复、医学美容和抗衰老等，形成为游客提供体检、健康管理、医疗服务、康复、养生养护等完整的医疗产业链。

（2）政策优惠，国际特色。其功能定位是：依托当地生态资源，试点发展医疗、养老、科研等国际医疗旅游相关产业，创建低碳低排放生态环境典范，丰富相关领域国内外合作交流平台，享有免税、减息等九大黄金政策，同时为"多规合一"规划试点，全面实行"多规合一"审批。在国际旅游胜地三亚建设医药国际化服务贸易平台，可以聚集人气，聚焦品牌，彰显特色，并进一步利用好此平台，促进创新思维，满足时代需求，更好地向世界推广中国医药品牌和服务，同时，促进医药与旅游、文体等领域的深度结合，创造国际化新品牌。

2. 东阿阿胶 - 阿胶世界

阿胶世界位于山东省东阿县阿胶街 78 号，由东阿阿胶股份有限公司投资 40 余亿元建设。阿胶世界占地 700 余亩，按国家 5A 级旅游景区标准建设，是国内第一家全体验产业园，集生产、物流、工业旅游、养生体验等服务功能于一体的阿胶主题旅游景区，包含参观体验、餐饮、会议、住宿、阿胶系列产品体验等内容，景区预计年接待量 150 余万人。以"阿胶养生、梵呗养心、黄河风情"三大品牌为支撑、以"旅游+"的思维，打造独具东阿特色的"中国养生养心休闲旅游目的地"。

（1）用活科技，古今结合。幻影成像体验项目通过虚实结合的高科技全息手段，情境演绎阿胶起源、炼制技艺的传承与科技创新。飞行影院和 4D 影院（预计 2019 年建成）通过浸入式体验项目，打造具有飞行感的体验项目和身临其境的超感官观影体验。中国阿胶博物馆始建于 2002 年，是我国首家以单一中药品种为主题的专题性博物馆，也是国内唯一的阿胶博物馆、国家 AAAA 级景区和全国中医药文化科普教育基地，馆藏面积 1 400 平方米，广泛收集了 1 万余件与阿胶相关的历史人物、典籍、文物、年代阿胶等。黑毛驴文化主题乐园同蚂蚁金服"互联网+县域服务"系统达成合作意向，惠及村镇。

（2）破区划界，养生养心。首先突破行政区划界限，把全县作为一个大景区来规划、建设、运作，围绕的总体空间架构明确了阿胶养生核心区、沿黄养心观光休闲区、沉沙池休闲湿地度假区、济聊一级生态农业区、历史民俗体验区"五大片区"。在空间布局上，通过景区景点、旅游小镇、乡村旅游点和旅游综合体，打造"城区—特色乡镇—美丽乡村—旅游景区"四种不同类型的景观样貌。同时，依托县域交通干道，以交通网络和生态廊道为纽带，以景区、景点为支撑，实现串点成线、连线成面、联动发展。

（3）主体配套，突出品质。法国雅高集团旗下的大型连锁国际品牌美居酒店正式进驻东阿，17 层设计、400 张床位的四星级酒店将满足不断增加的游客需要。阿胶文化酒店主题化升级改造项目则为游客巧做"住文章"，一个房间一个文化主题，让游客在住的过程中充分体会东阿元素的趣味。阿胶主体茶餐厅、阿胶养生宴、驴肉美食宴则强调在滋补康养的过程中不忘美味。阿胶世界国际会议中心也为公司企业调研学习提供了一站式的配套设施。对标中欧标准的国际一流的研讨室，可容纳 100 余人；容纳 700 人的大剧院拥有国际一流的设备设施和空间结构；有 7 间设备设施齐全的高标准会议室，分别可容纳 50～200 人。

3. 主要启示

（1）政策引导、配套建设、公共服务相结合。康养小镇的定位是打造生态环境良好、宜居宜业的新型发展区域，所以前期建设时应注重社区功能的完善。大力推动镇内外交通体系的建设，尤其是完善镇内交通，将公交车、骑行和步行作为主要的出行方式，体现低碳、健康的道教养生理念。坚持以人为本，合理布局市政设施网络、新一代信息基础设施建设、商业、文化、体育、教育、物流、医疗卫生等生活服务配套，积极优化各项公共服务，体现小镇的宜居宜业特色。

（2）产业融合、要素整合、链条延伸相结合。保持现有康养项目的稳定性，并积极引进新的产业项目，吸引游客，带动消费，延伸产业链，围绕旅游和康养这两大主导产业，着力培育康养服务、健康体检、基因检测、抗衰老医疗、中医疗养等高端医疗产业和道家养生产业，打造完整的产业生态圈，实现产镇一体、协调发展。结合实际情况，制订科学的运营方案和资金计划，引进专业的康养人才、医疗人才和文化专家，提升专业性，解决好成本与盈利之间的问题，实现康养小镇的长期可持续发展。建立严格的监管机制，实行末位淘汰制，定期对市场主体服务的专业性、内容的独特性等进行考核，保持小镇康养项目的生命力。

　　（3）PPP模式、多方参与、管理运营相结合。PPP（Public-Private Partnership）模式是指政府和社会资本合作，是公共基础设施建设项目的一种运作模式，近几年在特色小镇建设的应用中取得了较好的效果。坚持"政府引导、市场主力、居民参与"的运作机制。政府作为康养小镇项目的引导者，应着重发挥政策、硬件和监督三大作用。优化产业投资环境，提供优质的政务服务，完善基础设施建设，提高资源配置，监督项目进展，为康养小镇项目营造良好的客观环境，为其保驾护航。康养小镇不仅是经济发展的手段，同时也是城镇化的途径，因此，镇区居民应积极投身康养小镇的建设与运营中来，加强与康养产业的联结和互动，改善生活方式，提升自己的生活品质，真正实现"生产—生态—生活"的三生融合。

五、定位布局

（一）功能定位

　　"幸福产业"指的是与人们生活质量、幸福感、获得感密切相关的产业类型。国务院办公厅2016年11月印发的《国务院办公厅关于进一步扩大旅游文化体育健康养老教育培训等领域消费的意见》中指出，要围绕旅游、文化、体育、健康、养老、教育培训等重点领域，通过提升服务品质、增加服务供给，不断释放潜在消费需求。根据湾里区的实际情况，在摸清产业基础与资源禀赋的前提下，将打造以"幸福"为核心，以"旅游"和"康养"为立足点，以"健康""绿色""时尚""智慧"为主题的幸福产业多维格局。通过幸福产业及相关项目的引进、引领、提升、融合，将湾里区打造成为具有区域性、带动性、集聚性的旅游中心、康养中心、休闲中心、文娱中心。

1.健康养生体验中心

　　健康养生构成了幸福产业的关键面向。湾里区不仅有着江中药谷、中医药药材基地等医药资源，同时高达70%的森林覆盖率为疗养康复提供了天然场所，加之对现代化智能医疗、养老设施的引进，为湾里打造区域性健康养生中心提供了条件。

　　湾里区依托中医资源、生态环境、宗教文化、中草药种植、休闲康养、旅游度假等已有资源，通过吸纳全省优质医疗资源集聚，逐步形成以医药研发、运动健身、社会养老、健康管理、健康咨询、高端疗养、基因检测、远程医疗服务为主的健康产业体系，打造江西省首个以中医文化为主题和载体的生态健康型康复疗养基地；加快引进战略投资者，建设一批高质量养老院，为银发一族打造集运动、健身、养生、理疗于一体的疗养社区，做大湾里社会养老产业，着眼建设发展立体化、多功能的运动训练基地，着力构建健康养生多元化融合发展格局。

2. 绿色生态旅游中心

旅游被列为幸福产业之首。湾里区拥有丰富的生态旅游资源、音乐农耕等历史文化资源，为构建生态休闲、全域旅游提供了强大的产业基础。在新的发展时期，依托湾里的区位与资源优势，以旅游业带动产业升级转型，是引领幸福产业提档增效，扭转产业结构单一、产业发展内生动力不足、产业品牌效应不优等现状的必然选择。

通过整合资源，优化产业布局，打造湾里区域性旅游中心，培育湾里区旅游核心吸引力，构建以旅游康养为主题的幸福产业体系，提升新的经济增长点，将会为幸福产业的发展注入鲜活的驱动力。重点集中于整合梳理湾里区6个主类、18个亚类、35个基本类型的旅游资源，将现有旅游资源与康养、休闲、文娱相结合，将旅游产业规划与观光点建设、新城区建设、旧城改造、特色旅游商业街建设相结合，将旅游文化与音乐文化、宗教文化相结合，打造风光游、人文游、特色游、运动游、养生游、漂流游、文化游、乡村游等幸福产业深度旅游产品，形成高效融合的旅游体系，凝聚独具魅力的旅游 IP，提升湾里区旅游文化的辐射力和影响力。

3. 时尚休闲度假中心

休闲度假中心是旅游聚合与健康养生的重要延伸。通过构建空间全域联动、时间全时拓展、客群全龄辐射、产业全素整合的时尚休闲度假发展链条，将湾里区现有的旅游、康养资源进行优化升级，大力推动湾里休闲度假产业发展，通过不断加强湾里区旅游休闲目的地形象建设，优化旅游休闲软硬环境，使湾里区真正成为广大人民群众的休闲度假胜地。

丰富和挖掘旅游"吃、住、行、游、购、娱"六要素，大力发展普通市民乐于接受的休闲项目，拉长旅游产业链，带旺湾里区旅游休闲产业人气。充分发挥区域交通优势，以山水、生态、人文为资源依托，以景城融合、产城互动为抓手，突出城郊生态、美丽乡愁、洪崖文化特色，打造以时尚康养度假产业为引领的，集山地森林度假、音律文化娱乐、中医健康养生、市级旅游集散为一体的国家级旅游度假区；引导风情酒吧街、文化休闲街、民俗旅游街等主题时尚娱乐街区打造。

4. 智慧产业引领中心

建设湾里区域性文化娱乐中心，以"旅游+""康养+"为立足点，充分结合现有产业资源深耕挖掘，在旅游、休闲、文化、娱乐方面均突出"智慧"特色。

开发基因检测、高端大数据医疗、个人体检数据云平台等康养产业；在新型、运动型休闲项目方面提升现代化的智慧元素，融合年轻消费群体爱好，依托射击馆、飞碟靶场、射箭训练馆等载体，形成射击运动、攀岩、山地自行车、山地骑马、热气球升空、漂流等以体育休闲为特色的旅游品种；以娱乐场所、景区、酒店、旅游商业区为抓手，突出智慧体验和科技元素，在特色节庆活动如伶伦音乐节、赛车文化节、太平观花节、啤酒文化节、民俗文化节、山地自行车赛、避暑露营大会等方面增加 VR 体验、科技展示、现场交互环节设置等；引导发展一批时尚、智慧、现代的城市公园、主题娱乐区，如夜游公园、运动公园、音乐公园、滨河带等。

（二）产业布局

合理的产业布局是统筹地方经济资源，促进财政税收增长的重要保障。围绕四个中心的功能定位，协调资源、产业、经济发展之间的落差与矛盾，因地制宜地推进幸福产业合理布局，优化产业要素融合，是幸福产业规划的题中之意。在此基础上，本规划提出构建以"幸福+"为核心，以"旅游+""康养+"为两大立足点，突出"健康+""绿色+""时尚+""智慧+"四大主题特色的幸福产业体系。

1. 核心框架："幸福+"产业

按照幸福产业涉及的旅游、文化、体育、健康、养老、培训等不同方面，梳理湾里区幸福产业资源类型，重点围绕全域旅游、健康养生、文化娱乐、休闲度假构建幸福产业基础布局。立足资源基础、围绕四大中心定位，整合幸福产业要素，以"旅游+""康养+"为两大立足点。在"旅游+"层面，强调全域旅游视野下的森林、慢行、竹林、音乐、民宿、村俗等全方位、全时段文旅融合要素的；在"康养+"层面，重点突出"医、药、养"特色，构建医药研发、中药种植、热敏艾灸、运动健身、高端疗养、基因检测、养老地产等康养产业综合体。

2. 重点方向："旅游+""康养+"产业

1）全域旅游联动整区资源

（1）拓展全域全时旅游产品。基于全域森林资源、景区资源、竹林、花卉、音乐文化、工业文化等，拓展风光游、人文游、特色游、运动游、养生游、漂流游、文化游、乡村游等旅游主题，打造空间全域联动、时间全时拓展、客群全龄辐射、产业全素整合的全域旅游生态。在中心城区旅游方面，围绕洪崖丹井景区、音乐文化、中医药科创等形成"旅游+康养+文化"的融合路线；结合洪崖丹井景区、铜源峡景区、梅岭景区、紫阳宫景区、狮子峰景区、太平景区、神龙潭景区、洗药湖景区探索景区旅游新形态；将养生庄园、果木园艺、原生采摘、乡村民宿等融合，打造田园综合体。

（2）联动产业实现产城融合。围绕核心旅游产业，延伸产业链条，拓展风景观光与休闲度假相融合，产业体验与康养度假相结合，时尚消费与智慧体验相结合。通过打造以太平、罗亭两大幸福小镇，围绕招贤镇核心城区，开拓梅岭、洗药湖风景区旅游线路，以此布局旅游、康养项目，充分实现行政区划与产业规划的融合。同时，注重发散布局，依据各镇、街道、行政村的实际情况，开发空心村民宿旅游、民俗活动、花卉观光、时尚一条街、艾灸一条街等产城融合项目。

（3）凝聚独具魅力的旅游IP。将现有的绿色生态资源、中医药资源、音乐文化资源、体育娱乐资源、休闲养老资源整合纳入幸福产业规划的整体范畴之中，注重与旅游产业的深层互动。提升重大旅游节庆的集聚效应，将伶伦音乐节、花卉节升级成为具有国际国内影响力的重量级节庆，借此提升湾里旅游文化的知名度。注重探索音乐与康养、花卉与体验采摘、养老地产与休闲度假、森林康养与智慧医疗的融合，打造属于具有名片意义的湾里旅游IP。

2）生态康养打造区域品牌

（1）突出特色，构建"医养"体系。充分利用全域森林天然氧吧资源、中草药种植资源、热敏艾灸专利资源、养老地产资源，立体打造医疗、康养、体检综合体系。整合全域资源和产业要素，探索消费升级和市场拓维，通过合理招商引资，提升项目影响力和辐射度，以点带面，开掘产业势能，联动片区发展。

（2）延伸产业，全链打造康养生态。将康养产业与农业结合，探索中医药种植、体验、采摘等终端产业形态；将康养产业与服务业相结合，建设艾灸一条街、森林理疗、高端体检项目、基因检测项目；将康养产业与旅游业相结合，利用音乐疗养、景区旅游、养老地产等相关资源，实现康养与旅游的融合。

（3）提升项目，引领品牌集聚效应。引进国际医院、探索国医大师坐诊制度、开发森林养老地产项目、景区森林理疗项目、洪崖丹井音乐治疗基地建设等，以重大项目提升全区"医药养"康养理念的升级和影响力。

3. 品牌构建："健康+""绿色+""时尚+""智慧+"

围绕"健康、绿色、时尚、智慧"四大主题，结合湾里资源提升产业识别度，以此带来不一样的消费者、旅游者体验，实现流量突破，形成品牌效应，提升湾里幸福产业影响力。

1）健康产业奠定幸福产业基础

（1）高端医疗体检产业。以高端医疗体检、国医坐诊、国际医院高端医疗检测项目锁住中高端消费者。围绕幸福小镇、国际医院，延伸周边区域的医疗康养项目，布局医药、针灸、药膳、养老度假等产业样态。

（2）康养度假养生产业。在恒大健康城、中华情养老地产的基础上，拓展高端养老产业链条，如文娱节庆、体检养生、采摘体验、体育项目等，吸引中长期消费者与短期旅游消费者。

（3）智慧康养体验项目。引进国际国内先进的智慧医疗项目，以及基因检测、居家智能医疗、大数据医疗等，提升康养产业技术品质。

2）绿色产业打造幸福产业底色

（1）绿色中草药种植产业。以铁皮石斛、灵芝等中草药种植，培育、发展绿色中草药种植产业，结合热敏艾灸、中医疗养、国药研发、康养保健，延伸绿色产业的终端触角。

（2）绿色生态采摘体验。利用全区内乡村资源，探索生态采摘产业模式，实现乡村振兴与农业产业化相结合的二元融合。注重将生态采摘与度假休闲、亲子游、养老疗养等方面的结合，丰富产业服务的品类。

（3）绿色原生民宿旅游。将区域内空心村资源在地化改造整合，发展民宿旅游、农家乐、采摘体验等度假休闲产业形态。利用山水田园等生态景观探索多元化绿色旅游，带动周边城区、城市、跨省短期旅游。

3）时尚产业提升幸福产业品位

（1）时尚设施布局构建。以太平心街为项目基底，布局时尚产业，以酒吧、商铺为单位，引进与药膳、植物美容、花卉艺术、体验项目、时尚沙龙、小型会展有关的企业入驻，注重多元消费体验，留住不同年龄层次的消费者。

（2）音乐产业维度拓展。以洪崖丹井景区为布局基础，拓展音乐疗养、科技体验、课程培训、伶伦音乐节等音乐项目，将音乐理疗与景区旅游充分融合。

（3）花卉产业品质升级。建设色彩疗养园，利用花色、叶色、花膳进行调整理疗；建设艺术疗养园，开展插花、压花、盆景制作；建设药草疗养园，利用耕作、采摘、制膳等方式延伸花卉产业内涵与外延。

4）智慧产业升级幸福产业模式

（1）"旅游+智慧"探索新型产业形态。打造旅游云平台，增加旅游个人大数据监测系统，深入了解旅游消费习惯。增加虚拟现实旅游体验项目，引进智慧游戏与旅游结合项目等。

（2）"康养+智慧"吸引高端消费群体。引进现代化智能医疗、体检、康复项目，重点布局中高端、中高年龄层次的体验项目。在康养大数据、云平台、终端数据传输方面借鉴国际经验。

（3）"智慧+时尚"项目拓展。在旅游、康养方面增加智慧与时尚元素，吸引多元消费群体，如音乐疗养与美学疗养、VR旅游体验与智慧旅游数据平台搭建、个人化居家智慧医疗服务等项目。

4. 业态延伸：家政＋培训

在基本幸福、康养、旅游产业格局中，围绕幸福产业的功能和定位，结合湾里区实际区情，以"绿色、健康、时尚、智慧"为特色，拓展家政、培训两大业态，形成核心、周边双联动，带动流量消费升级。

1）家政服务

（1）家政护理培训。聘请专业家政护理专家开班授课，开展家庭保洁、健康护理、母婴护理、家宴服务、幼儿托管、孝心服务、代理购物等家政培训，吸纳农村、城郊再就业。

（2）居家养老服务。探索居家养老家政护理模式，定制高端养老服务、陪护、疗养、康复等服务类别。

（3）特色康养培训。结合中医、热敏艾灸等特色理疗方式，为高端消费群体定制家政理疗服务。

2）教育培训

（1）软件资格培训。以先锋学院为中心，探索软件资格培训业务，召开软件信息人才交流会、商谈会等。

（2）动漫产业培训制作基地。围绕泰豪动漫园，构建以动漫制作、IP运营、培训等为产业链条的动漫发展格局。

（3）打造康养理疗慕课平台。将森林康养、音乐理疗、中医热敏、家庭理疗等技能培训加入慕课平台，定制培训课程，满足现代互联网消费群体的信息服务需求。

六、空间布局

（一）一核：罗亭镇幸福产业小镇

2019年，罗亭镇入选首批"省级创新型乡镇建设试点乡镇"，这将为罗亭镇发展幸福产业提供坚实的政策定位依据，而幸福产业的发展也将为罗亭镇建设创新型乡镇提供特色方案与现实路径。罗亭镇地处南昌市和九江市之间，昌九高速公路的开通，既为罗亭镇带来更广阔的承接区域和空间拓展的机会，也为罗亭镇创造融入周边城镇、进而融入都市圈的难得机遇。基于此，将罗亭镇打造为湾里区幸福产业小镇的思路如下：依循以创新型产业引领创新型乡镇建设的整体思路，针对罗亭镇的生态、产业资源的差异性与不可替代性，科学融入"绿色""时尚""健康""智慧"等理念，合理设计凸显"健康与绿色"的美学康养、休闲农业等项目，及凸显"智慧与时尚"的培训产业、文化旅游、时尚运动等项目，建构融合动静、调心养身的幸福产业体系。围绕创新先行、绿色先行、改革开放先行和新智造、新科技、新服务、新消费发展导向，发挥幸福产业引领、赋能、协同作用，强化政策创新、主体培育、产品供给等环节的机制保障。强化罗亭镇在湾里区产业发展的创新引领作用，聚焦标准化示范引领能力与品牌经济贡献率两大指标，找准品牌培育与新旧动能转换的契合点，带头加快形成一批拥有核心竞争力、高附加值的知名幸福产能品牌。

（二）两圈

1. 中心城区康养活力圈

充分回应习近平总书记考察江中药谷时作出的关于"发挥中医药的独特优势，推进中医药现代化，推动中医药走向世界"的重要指示；充分回应《健康中国"2030"规划纲要》关于"充分发挥中医药独特优势""发展中医特色康复服务""加强中药新药创新能力建设""大力发展优质中药"的战略布局；充分利用江西省中医药科创城"一核"落位湾里区所开辟的巨大的产业空间与政策优势；充分利用江中制药集团、江西中医药大学作为产业集聚地、人才集散地的基础条件；充分利用湾里区在南昌市突出的生态环境与自然资源，挖掘、整理、推广赣派中医深厚的文化底蕴，在湾里区打造以中医养生为核心特色，以健康服务为主导产业，以养生、文化、旅游、休闲为融合业态的产业创新综合体，围绕"人才培养—绿色种植—高端研发—成果转化—功能拓展—销售体验"六大产业板块，在湾里区布局以"两心、两区、两板块、两平台"为框架的创新型中医药产业价值圈,在江西中医药大学、江中药谷及周边毗邻区块总用地面积约4.14平方公里的用地打造世界知名、国内领先的中医药文化传承高地、创新研发高地、人才聚集高地、健康服务高地、高端装备研制高地。

2."洗—太—梅"生态旅游圈

以由S417、S106、七彩路、幸洗路组成公路交通网络为核心圈层,北侧串联太平镇、梅岭镇,南侧串联洗药湖管理处、幸福水库,以圈层周边优越的生态条件为基地,通过便捷化服务、精细化改造、创意化升级、全域化布局,打造人文景观与自然景观相映成趣的生态旅游圈。要利用梅岭镇与太平镇的交通区位优势,一方面,要纵向加强与中心城区、周边乡镇的联动,面向都市消费人群打造生态生活融合区,充分利用镇内闲置资源、生态资源与文化资源,形成以慢生活为主题与休闲度假业态融合的养老、养生产业圈层;另一方面,要横向加强梅岭镇和太平镇与湾里区周边区县的紧密联系。重点发展生态旅游、养生旅游、文化旅游等旅游形态,协同以茶叶、食用笋、油茶种植为主的特色农业,整合特色资源与宣传渠道,打造江西省优质旅游目的地。此外,要发挥洗药湖自然环境优势,围绕"水清、空净、气爽"三大主题,协同多样化业态开展节庆式、赛会式娱乐休闲活动,整体提升生态旅游圈内的消费供给能力与客流承载能力。

(三)多组团

1. 健康绿色产业提振组团

大力发展健康服务产业,鼓励连锁化经营、集团化发展,实施品牌战略,培育一批各具特色、管理规范、服务标准的龙头企业,加快形成产业链长、覆盖领域广、经济社会效益显著的健康服务产业集群。此外,以湾里区"江西省首批省级森林养生基地"建设为契机,绿化旅游环境和林木主题种植、观光、养生,开发森林养生、森林度假、森林运动、林木研学、林木探索等项目。

2. 时尚智慧产业拓展组团

结合智慧医疗手段,使湾里区成为全省乃至全国的集医学诊断、检验和慢病服务管理协同监管高端平台的服务中心。以卡丁车赛事举办、射击馆建设、金马国际文化体育城建设为带动,打造集运动竞技场、儿童电竞馆、风情商业街及其配套服务设施于一体的体育休闲中心,同时积极导入滨水休闲娱乐、山地户外运动、体育赛事、低空飞行等新兴运动业态,整合资源,协同打造南昌时尚运动休闲中心。

3. 存量资源创新盘活组团

总结湾里区工业发展历程,体现新时代城市副中心的文化活力和动力,融入创新驱动要素,突破用地机制,在工业大院保护和空间改造上体现独特的创意设计元素,运用创意手法,为创意类企业提供充满时尚元素的交互体验空间。在生态条件较好而闲置的地块充分发掘、创造、展示林木资源魅力，带动绿色食品、绿色工艺品、绿色建筑等多业态协同发展。

4. 旅游品牌资源聚合组团

从时间与空间两个层面整合湾里区旅游资源，同时植入多样业态增强消费供给，通过专业化、系统化运作综合提升湾里区客流吸引力，树立湾里区旅游品牌。在时间整合上，以伶伦音乐节为带动，围绕音律、爱情、健康、家庭等多主题，常态化举办特色节庆活动。在空间整合上，面向徒步游客，沿绿道徒步系统设置露营设施及简单的游憩设施；面向自驾车游客、自行车骑游客，结合景区主题、民俗，建设不同主题特色营地；在业态植入上，优化当地酒店住宿整体服务质量，打造以"星级酒店＋特色民宿＋经济型酒店"为架构，以接触自然、闹中取静为核心体验，以餐饮商业街为配套的多层次旅游住宿产业体系。

5. 幸福产业多组团

围绕现代观光型农业及民宿产业发展要求，逐步搭建出全区、一村、一品、一景、框架。在已建成东昌奥辉葡萄生态园基地、西昌印象梅林项目、大东葡萄基地项目、泊园茶村项目的基础上立足农字，坚持不懈引进特色民宿、休闲体验农业企业，实现旅游业向观光、休闲、度假一体发展，提升产业发展新格局。对罗亭镇、洗药湖等地现有农家乐进行精品化和特色化提升，利用居民搬迁废弃空置村落，以客栈、画家村、作家村、度假村等形式活化空间，以田园综合体、田园民俗、田园养生等形式拓展农业，提炼音律主题、爱情主题、健康主题进行改造，打造富有特色的"一产＋三产"产业体系。

七、主要任务

（一）三大示范工程

1. 罗亭镇幸福产业小镇

充分利用罗亭镇入选江西省首批"省级创新型乡镇"的指导框架，在培育特色产业集群、培育引领产业变革的龙头企业方面对接该框架的产业建设思路，在优化创新创业环境、健全创新体系、凸显地方特色、协调经济社会发展等方面对接其建设要求，围绕"动""静"两条主线，打造"养心"与"养身"两大产业功能区块，整合罗亭镇现有资源，开发潜力资源，引进未有资源，打造"以静养心，以动养身，一动一静，道在罗亭"的幸福产业生态系统（图7-1）。

1）打造"以静养心"产业功能区

第一，利用梦幻林海的自然环境基底与九里十八观的人文基底，打造以"道在罗亭"为主题的道教文化主题游览区，突出传统养生文化与休闲产业的对接，传统国学文化与研学产业的对接。进一步建立道教文化学堂、少儿古琴培训基地。可参考儒家学堂模式，亦可参考佛学堂修行式教学，在九里十八观成立道文化学堂，作为南昌市中小学周末授课的独立教学机构，在周末开设传统儒学及相关知识讲堂。

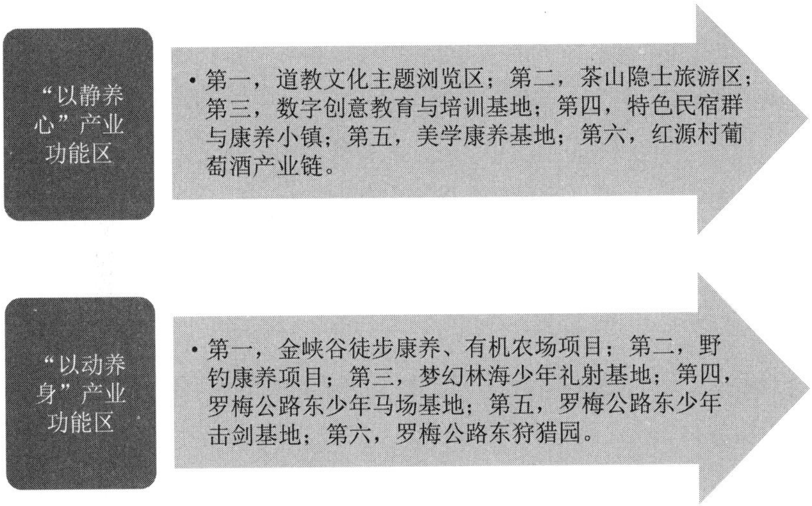

"以静养心"产业功能区 · 第一，道教文化主题浏览区；第二，茶山隐士旅游区；第三，数字创意教育与培训基地；第四，特色民宿群与康养小镇；第五，美学康养基地；第六，红源村葡萄酒产业链。

"以动养身"产业功能区 · 第一，金峡谷徒步康养、有机农场项目；第二，野钓康养项目；第三，梦幻林海少年礼射基地；第四，罗梅公路东少年马场基地；第五，罗梅公路东少年击剑基地；第六，罗梅公路东狩猎园。

图 7-1　罗亭镇幸福产业小镇功能区内容

第二，红源村步道均呈半开发状态，较适合打造隐士文化，可融入魏晋古朴隐士风格园林建筑，结合南昌诗词文化打造茶山隐士旅游区，融入露营文化，提供半归隐服务项目。在"茶山隐士文化"符号基础上招标露营项目，与相关成熟露营平台相结合，如中国露营网（52luying.com），打造现代隐士生活文化。另外，红源奇石洞含多种硬质木材种植，可在考查规划后引进家具厂项目，此处可与美学康养竹器制造链联合打造。

第三，结合先锋软件职业技术学院优势，引入泰豪动漫学院，协同打造数字创意教育基地、少年计算机培训基地。两家学院可以开展联合项目，开设板块式数字创意与软件设计培训课程，授课指导人员可以项目形式在先锋职业技术学院与泰豪动漫学院展开，包括数字创意课程服务、少年计算机技能大赛；少年计算机夏令营等。同时，先锋学院还可以与当地岭南电商村积极开展联动，共建电商运营实践基地，在营销策划、界面设计等环节对电商村提供人才输出、创意输出，构建良好的"产—学"互动关系。

第四，利用 055 县道沿线乡村尚未被开发的较好的旧房基础打造特色民宿群与特色康养小镇。在土地资源优势上开发养生蔬菜及养生药材种植，周边开发相应艺术家工作室及按"民宿圈"所需招标相关产业，打造民宿产业带。以民宿、餐饮、艺术工作室、有机农业、养生药材特色产业带动相关餐饮业、旅游业、艺术工作室业务等领域。

第五，在 005 县道以南的水生生态农业观光园建立"美学康养基地"。在 1 200 亩水生生态农业观光园基础上，发展美学康养基地，打造高端康养中精神疗养板块。其中，重点打造东方插花文化产业：结合湾里区成熟茶庄业基础，在梦幻林海基地结合恒大健康城项目打造东方插花精神疗养文化产业。基地可以与国际医院合作开设插花疗养课程，定期开展插花活动及雅集，发展相关插花文化产业，生产相关文化产业产品，也可以招标相关成熟插花单位进行指导合作，如北京花研司等。借鉴已成熟插花课程项目，开展插花愈疗项目。

第六，在店罗公路红源村打造葡萄酒产业链。在罗亭镇原 500 亩葡萄种植面积基础上，搭建欧式葡萄酒庄园，融入红酒酿造基地及红酒资格证培训基地。在周围适宜葡萄酿酒的生态环境的基础上，打造田园风情葡萄酒庄园，为完善产业链，可引入先进红酒酿造项目，发展葡萄酒品牌及品酒师资格证培训项目，提升当地葡萄酒品牌知名度。红源村可对外进行葡萄酒项目招标，打造田园式葡萄酒庄园，开发品牌产品，承接红酒品酒资格师业务培训，开展葡萄酒相关主题节日等。

2）打造"以动养身"产业功能区

第一，在金峡谷引进徒步康养、有机农场项目。该项目的核心运营圈是发展金峡谷徒步康养，打造徒步装备产业、徒步活动中心、徒步培训及有机农场为一体的康养项目。徒步项目要与合作公司共同搭建专业徒步互联网服务平台，定期推出徒步培训、徒步夏令营、酒店食宿等优惠套餐政策进行广告推送。该项目预计辐射产业包括酒店产业、有机农场产业、区域旅游产业等。此外，金峡谷具备较好的有机农场产业发展条件，其有机蔬菜、有机家禽有一定的养殖基础，可进一步拓展规划有机农场，内销外输。

第二，在罗亭镇区引进野钓康养项目。湾里区 11 个水库，罗亭占了 8 个，目前，野钓活动已较为成熟。但没有形成完全成熟的"养—钓—食—宿"野钓链条。因此，需要在这些水库的非饮用水源保护区域打造顶级野钓养殖活动区，协同配套野钓现场高端服务与野钓钓具实体店，拉动休闲、运动、食宿、旅游等产业跟进。项目辐射活动包括打造高端特色野鱼烹饪点，据野钓群体反应，周边是否具有一体式烹饪点对于野钓地点选择至关重要，因活鱼不方便携带又想短时间内享受成果，因此野鱼烹饪为项目发展中一主要打造环节，可结合即钓特征，打造"生食""药膳"等特色服务特征。

第三，在梦幻林海打造少年礼射基地。礼射为较具中国特色的、且居于体育、礼仪之间的活动。礼射、古琴及道文化课程，形成了较具中国特色的礼乐文化课程。面向爱好礼射与具有传统文化特色体育的青少年群体、南昌市周边中小学群体等，基地可作为南昌市周边中小学礼射了解活动中心定期组织合作参观讲解活动。项目可以与高校礼射社团合作，如清华大学礼射中心，其具有良好的多年礼射课程经验及礼射研究经验，可为青少年礼射基地提供良好的礼射介绍与实地操作学习。

第四，在罗梅公路东建设少年马场基地。罗亭镇空心村与绿廊具备了饲养马匹的基础条件，可就矮种马、普通马等种类进行饲养。面对青少年马术爱好群体，以少年马术教学为主；面对成人马术爱好群体，以开放成人马匹销售、寄样、场地出租为辅。结合国际培训标准，进行规范体育项目引进，开发少年马场培训基地。据 2017 年中国马术行业发展状况调查报告，中国全国马术俱乐部发展活跃，共计 1 452 家，全国大约有 42 万骑马会员，61.83% 是孩子。华东在全国马术俱乐部地区中占据比例达 32.23%，同一区域可交流资源丰富，同类型复制模式资源丰富，少年马场可对华东成熟马场进行同类型学习。项目主要收入来自马匹销售、马术教学、马匹寄养、场地出租、举办赛事等。

第五，在罗梅公路东建立少年击剑基地。以少年康养产业为宏观指引，打造少年击剑基地；以提升身体素质、平衡力、反应能力、击剑技巧为目标，打造少年击剑基地。击剑作为一项西方古代剑术决斗的经典体育运动，14世纪时在欧洲深受贵族喜爱。19世纪初已成为国际性体育竞赛项目，对于战术的灵活性和优雅性都有着较高的要求，故享有"格斗中的芭蕾"之美誉。项目可与成熟击剑俱乐部形成合作，如北京万国击剑俱乐部，其已经具备完善的公共课和私教课，其中又分为技术课、体能课、实战课，每周一次进行轮换训练。

第六，在罗梅公路东建立狩猎园。中国目前现存猎场有湖南五盖山狩猎场、黑龙江桃山国际狩猎场、山东黑虎山狩猎场、湖山县太子山森林狩猎场、山西东方国际狩猎场、西北阿尔金山国际狩猎场、青海都兰狩猎场，以及康巴、川西国际狩猎场、青龙潭的燕山狩猎场、长城狩猎场、罗福沟狩猎场、木兰围场、大峪湾狩猎场等。对内地开放的猎场还在少数，罗亭绿廊建狩猎场，既可走狩猎主体公园路线，又可走专业狩猎路线。项目创收主要来源于狩猎会员费用、狩猎培训课程、狩猎器具租赁、相关保险服务链消费，并能辐射相关酒店业、餐饮业、旅游业等消费领域。

2. 中心城区康养活力圈

通过模式创新，在长期正式合作和非正式互动的基础上，建立依靠湾里区优势要素和产业资源的创新生态系统，着力将基于地理临近、形态松散、聚而不合的中医药企业与相关项目分阶段逐步整合升级为以"两心、两区、两板块、两平台"为框架的创新型中医药产业生态圈，即"一个产业集聚中心、一个创新研发中心、一个泛生态漫步区、一个泛智慧保健区、一个医养结合板块、一个康旅融合板块、一个互动孵化平台、一个公共服务平台"八个组成部分（图7-2）。

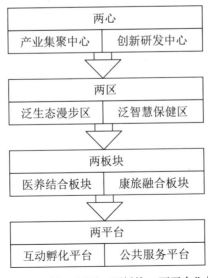

图7-2 "两心、两区、两板块、两平台"框架

1)"两心"

围绕江中药谷的建设，强化"高端研发＋成果转化"两大板块，通过一定优惠政策吸引国内外健康服务企业与相关人才入驻药谷及其周边，通过产业要素间地理临近、共享设施、共享政策从而降低生产成本、沟通成本与贸易成本，打造江中药谷的"产业集聚中心"与"创新研发中心"。"产业集聚中心"要以丝绸之路经济带、长江中下游城市群、环鄱阳湖城市群等区域合作机制为平台，提升赣派中医医疗、保健、健康旅游、服务贸易等服务能力。为此，要在中心扶持一批市场优势明显、具有发展前景的中医药服务贸易重点项目，建设一批特色突出、能够发挥引领辐射作用的中医药服务贸易骨干企业，创建若干个综合实力强、国际影响力突出的中医药服务贸易重点区域。

"创新研发中心"是指由江中药谷与江西中医药大学牵头，在中医诊疗设备、中医健身产品、中药、保健食品等领域促进行业龙头企业或骨干创新型企业与高等学校、科研院所及相关中介服务机构的协同合作，提高"产业集聚中心"传统医药及相关产品研发、制造能力。同时，设立中医药产业研究院，履行智库服务与科研创新两项职能，在中医药物研发、设备研发、服务创新及相关人才培养等领域共同构建若干集"产、学、研"于一体的融创中心，在湾里区形成"有核无边，辐射带动"创业氛围。

2)"两区"

遵循"无事治未病、有事就调养"的两条思路，紧抓"功能拓展"一条主线，在湾里区建设由"泛生态漫步区""泛智慧保健区"有机构成的中医药大健康社区，促使产业聚集从产值提升、规模扩增阶段向人才溢出、业态溢出、知识溢出阶段跃升。"泛生态漫步区"将面向全体市民，以提升市民"治未病"能力、增强市民"治未病"意识为目标，在拓展、丰富湾里区现有绿道功能的基础上，利用湾里区绿道漫步系统优质的生态基底，打造围绕城区、辐射全域的"山水都市绿脊线"与"生态趣味环线"，在脊线与环线周边分布式布局运动休闲区与憩息休闲区，力图以优质舒适、亲近自然的空间形态与交通体验推动全民健身活动。

"泛智慧保健区"将面向需要专门身体调养的市民，在重点研发健康识别系统、中医体检系统、经络辨识仪等数字化、智能化中医健康辨识技术、干预设备的基础上，以湾里区中医医院、综合医院、妇幼保健院、养老机构、体检机构、护理机构、社区卫生服务中心为多元化技术承载中心，探索、发展用于中医诊疗的便携式健康数据采集设备，与物联网、移动互联网融合，密切推进公共资源与社会团队的领域融合，构筑自动化、柔性化、全域化、综合化中医药健康信息服务体系，力图将其打造为幸福产业与幸福事业融合的示范项目。

3)"两板块"

充分发挥行业融合所开辟的产业势能，在通过"两心"建设精耕中医药核心竞争力的基础上，充分发挥该竞争力对于提升文化品质、优化旅游体验的特殊作用，在湾里区形成对养生文化、旅游两大领域的差异化发展模式与区域品牌，打造"医养结合板块""康旅融合组团"，整体提升中医药科创城的产业供给能力。打造"医养结合板块",就是要以中医药产品创新、技术创新提高医疗机构综合服务水平,鼓励社会资本举办的中医诊所与其他医疗机构建立合作关系,引进先进的医院管理理念、管理模式和服务模式,优化医疗设施建设,提升医疗机构服务质量,在此基础上,针对不同康养需求人群,提供多元化康养服务,建设颐养、长乐、康益三大主题产业区块,打造全方位全龄化的医养新模式、高精准多维度的医养新体系,以及租、购、旅灵活选择的医养新机制。

打造"康旅融合板块",就是要利用湾里区现有资源优势,将其拓展成全域范围的中医药生态旅游示范基地。结合湾里区现有的梅岭、月亮湾、洗药湖以及九龙溪生态公园等健康生态旅游资源,整合江中药谷现有的智能成果转换示范年间、液体车间与固体车间的全自动工艺观光以及岐黄国医外国政要体验中心等工业旅游建设,重点联动高端医疗、特色专科、中医保健、康复疗养等系列产品,打造体验性强、参与度广健康旅游产业链。

4)"两平台"

为了在中医药科创城优化创业生态、完善创新网络,从内部——建立"公共服务平台"与外部——建立"互动孵化平台"全方位激活产业供给能力与市场空间。"互动孵化平台"以"项目孵化转化"为核心,针对中医药企业提供覆盖全生命周期的科技服务和平台载体,加强中医药领域前沿性、关键性和共性技术研究,加快建设中医药产业关键的共性技术研发、科技信息、技术转移等公共技术服务平台。其功能主要包括创业政策引导、龙头企业带动、天使基金跟进等关键环节,支持平台内各主体开展协同创新,探索、完善彼此间合作的信用机制、责任机制和利益机制,实现优势互补、利益共享、风险共担,力争在5年内孵化创业项目50个,孵化新三板挂牌企业2家,聚集投资机构10余家,聚集资本200亿元。

"一个公共服务平台"是指通过面向高端中医药企业,提升放宽住所要求、放宽冠名限制、核名自助查询、网络远程审批、五证合一等公共服务效能,进而在技术咨询、专利版权保护、第三方认证、政策指导、创业指导等各方面打造一体化、一站式创业者咨询中心,全面降低人才入驻、企业入驻的资金成本、时间成本与精力成本,综合优化产业创新环境。

3."洗—太—梅"生态旅游圈

整合洗药湖、太平镇、梅岭镇三大片区旅游与康养产业,制定全区旅游标准体系,并在康养旅游基础设施改善、品牌宣传、土地流转等方面力争有所突破。以特色街区、特色景区、特色园区为空间载体,在全镇培育风景观光、休闲度假、特色康养三大生态旅游板块(图7-3),同时激活户外运动、文化体验、主题民宿、绿色餐饮、户外素质拓展、禅修瑜伽等新型业态,在三地之间建构多元联动、差异互补的现代化生态旅游产品服务体系。

图 7-3 "洗—太—梅"生态旅游板块

1) 风景观光板块

充分利用梅岭头景区、狮子峰景区、神龙潭景区、铜源峡景区、四季花海等风景名胜，以打造山水相映成趣的城市中心森林公园为总体目标，以交通串联、门票串联、业态串联等多种方式将上述风景片区整体定位为南昌市居民短途休闲旅游最佳目的地，系统打造成为南昌市全域旅游示范区。该板块可以拓展的业态类型是户外运动，要充分利用丰富多样的运动健身方式，开发不同的运动健身旅游产品，既可以是单项运动健身旅游产品，也可以是组合型运动健身旅游产品，该类产品开发应满足旅游者轻松、快乐、有趣、保健的旅游动机，产品开发要区别以竞赛为目的的竞技体育旅游，体现大众性。要利用林地和山地资源，开展登山、野外露营、野炊、定向运动、溪流、探险、垂钓等户外运动项目，使消费者充分与大自然接触；要充分利用野外的极限运动资源，开展如攀岩、跳伞、蹦极、悬崖速降等运动项目，满足年轻消费群体寻求新鲜刺激、释放自我的需求。

2) 休闲度假板块

充分提升幸福桃园、太平心街、泊园茶村、洗药湖景区等已经具有一定知名度和运营基础的产业集聚区，以打造快通达、慢节奏的生活体验区为总体目标，进一步优化服务品质，以多形态休闲产业在地营造一种沉淀、静谧的生活方式，精准满足都市人群释放压力、陪伴家人的内在需求。该板块可以拓展的业态类型包括"莲文化""花文化""茶文化"三个方向。在太平镇湾头村打造"莲文化"休闲产品。通过休闲设施主题景观化、房屋风貌改造主题景观化及主题景点打造措施，形成乡村全域空间景观化的格局；提供莲主题住宿，围绕"莲"的医药价值开发养生食疗产品，提供主题餐食，开展莲主题文化节等；在九龙溪"万亩花海"打造花文化休闲产品：依托优质的花卉观光资源，打造大规模的花卉观光园区，主打花茶养生、花卉鉴赏、插花艺术培训等业态，联动瑜伽、冥想、芳香 SPA 等业态，打造能够满足多休闲兴趣、多休闲需求的项目体系；在梅岭镇与洗药湖打造茶文化休闲产品。具体发展茶文化体验、制茶体验、精品茶具展示、茶道展示、健康茶餐、高端茶商务六大茶产业衍生项目，在强大的文化展示及体验基础上融入各具特色的主题建筑元素，形成茶文化气息浓郁，主题风格特色鲜明的精品茶文化主题旅游区。

3）特色康养板块

充分利用湾头村、南源村、洗药湖周边、林恩茶研园、月亮湾山体公园、九龙溪生态公园以及太平镇政府托管的养老院等自然、空间与产业资源，以打造"避暑康养+中医康养+田园康养"的多业态康养综合体为总体目标，精耕以洗药湖为中心的避暑康养区，以太平镇养老院、林恩茶研园为中心的中医康养区，以及在湾头村、南源村、献忠湖分布的田园康养区，初步在三镇内形成差异发展、联动互补的康养旅游产业体系。该板块可以拓展的业态类型包括中医诊疗、康养科教、康养信息服务三个方向。中医诊疗依托丰富的药材资源和先进的中医医术，同时配合特色食疗、特色茶疗，针对不同的人群，开发不同价位、不同特色的健康体检项目；开发高规格、高标准的、以治疗为主的医疗旅游产品，确保顾客在接受良好治疗的同时，能够全程享受周到细致的服务。"康养科教"是指为各类人群提供以康养为主题的科普和教育培训服务与产品。其核心项目包括康养知识、养生文化、生态文明教育以及康养技能培训等。其中针对康养游客的具体产品有康养教育基地、康养野外课堂、康养体验馆、康养博物馆、康养文化馆、康养宣教园、森林课堂、亲子康养活动等。"康养信息服务"是指针对市场需求，充分将健康信息化服务融入当地产业体系建设当中，具体项目包括：健康检查评估中心、健康信息管理中心等。要顺应"互联网+医药"的产业趋势，充分协同中医药科创城的产业辐射，建立中医诊疗健康信息云平台，为推动分级诊疗提供技术支撑。要制订中医药健康管理服务标准，构建公共服务平台，创新差异化的健康管理服务新模式，开展数字化中医体质辨识、健康咨询、健康体检、健康评估等服务。

（二）五大重点任务

1. 健康绿色产业提振

1）太平镇南溪村、太平村周边——"森林疗养+音乐疗养"优势融合项目

重点打造太平镇南溪村、太平村附近森林疗养基地，通过引进日本、北欧、新加坡先进的森林康养公司，部署建设项目，进而辐射周边，形成点状、组团、集约、聚合等多元建设模式。结合湾里区音乐文化、节庆资源，在森林疗养项目中拓展音乐文化、特色花卉培育、花艺疗养等产业形态和美学体验平台，尝试打造不同特色的美学体验项目。

2）中心城区南面双马石路南侧、梅岭大道沿线——"体检+医疗+康养"精密化联动项目

以招贤镇和幸福街道为主，打造"国医艾灸+中医养护"一条街，辐射周边中医药种植、康养体验、度假休闲。在中医药科创城的基础上，规划中医院、儿童推拿馆、中医美容馆、艾灸馆、药膳馆、中医药文化交流中心等项目，形成中医药特色集聚。突出湾里区生殖医院

和湾里区中医治未病中心特色；引进高端基因检测项目；增设定制医疗、高端康养项目；引进日本高端精密医疗体检，通过 PET-CT、MRI、超声波等精密仪器，增强产业医疗科技和精细化程度。

2. 时尚智慧产业拓展

1）中心城区旅游集散中心至新经济产业园——"云上湾里"健康信息服务项目

在中心城区推进健康智慧服务与云端康养项目，引进智慧康养监测、精密体检等高端体验项目，构建生态康养数字云平台"云上湾里"，在旅游集散中心打造该项目的展示体验中心，在新经济产业园区打造其后台服务中心。云上湾里建设将分为森林氧吧实时监测、中草药生产加工二维码扫描全流程数据采集、旅游数据实时监测、便民体检体验项目数据终端平台等，通过智慧产业的先行探索，构建区域智慧产业引领中心。

2）招贤镇南昌西环线湾里段两翼——时尚体育运动延伸项目

重点选址、布局南昌西环线湾里区段两翼，盘活全域时尚体育资源，探索"文旅+体育"路径，发挥其养心养身双重功用。以招贤镇丰富的体育产业资源为核心，以现有卡丁车、保利水上世界、赛车、射击为重点项目，通过承办重大赛事、开展节庆等，打造湾里"体育周"节庆品牌，吸引年轻群体、兴趣社群、亲子游等消费流，不断提升体育活动的时尚智慧特色。

3）招贤镇新经济产业园——"创意+设计"精品研发项目

充分发挥"文化+互联网"创新融合的产业势能，充分利用数字和互联网技术改造、提升信息服务与动漫游戏业，支持特色化运营平台建设，并依托平台发展研发、制作、应用及衍生品开发等全产业链环节，助力湾里区在新经济产业园建设"创意+设计"精品研发项目。应用最新制作技术，生产制作原创动漫和游戏精品，加强 VR 等虚拟现实体验技术、平台兼容技术等共性关键技术研发，推进虚拟现实技术与互动技术等新兴前沿领域的创新应用。在未来 5 年内，依托新经济产业园的空间载体，重点引进和培育 10 家在国内外具有影响力的创意设计企业，通过政策聚焦，强化对创意设计人才和机构的集聚能力，构建公共技术服务平台，打造"南昌设计"品牌。以文化创意和知识产权为核心价值，依托南昌乃至江西丰富的历史文化资源、设计人才资源、现代科技资源，努力提升广告设计、建筑设计、园林设计在南昌的市场地位，着力推进文化创意和设计服务与相关产业融合发展，努力形成引领全国的设计产业体系。

3. 存量资源创新盘活

1）梅岭大客天下、明清文化园周边——竹林资源"设计+体验"形态激活项目

围绕大客天下"全竹宴"、明清文化园园林场馆资源，充分激活湾里区竹林资源，促进业态开发。开发竹林美食产业链，通过竹荪种植、竹酒开发等，配合湾里全竹宴，打造"湾里竹宴"的品牌特色；引进竹林加工，吸纳农村剩余劳动力参与竹艺加工，改变已有作坊式、个体生产，让竹艺、竹具走向市场；推进竹文化体验馆建设项目，拓展竹艺、花艺培训，结合时尚文化、爱情文化、音乐文化，形成产业内部联动。

2）站前街道老旧厂房区——"文化＋休闲"业态更新项目

盘活湾里区文化创意产业资源，以北京 798、上海红坊创意区、上海 8 号桥、深圳华侨城 OCT、红砖艺术区、武汉汉阳造等为参考蓝本，探索长期租赁、引进艺术基金会管理等方式实现产权优化与集约运营，以更为灵活的市场手段推进老旧厂房变现步伐，推进湾里存量厂房空间再利用项目，拓展展览、博物馆、文化馆、茶艺、竹艺、花艺等项目，实现空间再利用，整合打造健康、时尚、智慧空间重塑。

4. 旅游品牌资源聚合

1）洪崖丹井景区、月亮湾山水步道及全域节点——步行、骑行、自驾串联＋慢生活业态植入项目

拓展月亮湾山体公园在文旅融合方面的承载力和吸引力，将栈道、游步道慢行系统及草甸户外露营、山林猎奇、千年米槠林、千年道坛、千年古驿道等融入更多时尚年轻元素，吸引年轻消费群体；拓展沿线旅游、度假、休闲、体育运动、全面健身等活动，注重探索趣味性、非竞技性体育项目的优化，提升产业全民化程度。同时，串联相关节庆活动，提升参与度和游客量。

2）中心城区旅游集散中心周边、商贸旅游集散中心——全域节庆整合、客流聚集项目

以旅游集散中心为中心，同时辐射梅岭、太平、罗亭、洗药湖等区域，利用湾里区全区丰富的节庆资源，如伶伦音乐节、帐篷节、风筝节、啤酒节、鲜花节等串联成系列节庆产品，将时间相近的节庆打造成"四季节庆系列"："春季赏花采摘""夏季避暑宿营""秋季慢行聆乐""冬季品茶养心"等。通过招商引资、专业策划，亦可考虑成立专业的运营公司统一策划、包装、执行、运作，以市场化的专业力量推动节庆运作的规范化常态化机制。同时，围绕节庆资源，完善音乐、宿营、观光体验等基础设施，为游客和居民提供日常休闲消费的集聚地。

3）中心城区北面——"乐动洪崖，情筑湾里"文化旅游主题互动项目

以传承文化、产业主导，创意呈现为核心思路，以"时尚＋消费""智慧＋体验"为核心特色，在湾里区中心城区北面打造以"数字音乐产业聚集区""音乐互动体验消费区"为两大核心区块的"乐动洪崖，情筑湾里"文化旅游主题互动项目，通过多功能项目、多元化的业态协调经营性文化与公益性文化的关系。在数字音乐产业聚集区，以伶伦音乐节为契机，引领音乐创作团队集中发展，整合处于零散发展阶段的零散团队，形成较为完整的产业链条，从而提升湾里区整体艺术氛围、促进湾里区整体音乐创作水平、培育音乐艺术团体。在音乐互动体验消费区，以湾里希尔顿文旅综合体项目建设为契机，协同打造以数字智能、沉浸交互为核心体验的音乐博物馆、音乐图书馆，打造南昌市的音乐体验乐享高地。依托音乐沙龙、音乐讲座、音乐剧场等项目，定期举办选秀活动，丰富社区文化活动。通过不定期地举办各类慈善公益活动，使其成为本地居民的文化情感栖息地、南昌青年实践基地。

5. 幸福乡村重点振兴

　　1）梅岭镇罗梅公路周边——"田园综合体"改造项目

　　以梅岭镇为核心，以罗梅公路为规划主轴，结合梅岭镇特色农业、空心村、森林资源等，通过民宿改造、交通串联、花卉中药养殖、徒步旅游等综合打造梅岭镇田园综合体。同时，以泊园茶村、岭溪谷、六号小镇等精品民宿为范本，依据梅岭镇空心村特色资源，实现全域空心村资源整合与开发，吸引短期假日旅游、周末观光养心游等，实现流量与留量双突破。此外，与罗亭镇幸福小镇产业集聚形成资源和项目联动，在民宿旅游、体验采摘、农业产业化等方面形成紧密合作。

　　2）洗药湖"高路入云端"至幸福水库——"绿色种植＋农事体验"优化项目

　　主要围绕"高路入云端"经典至幸福水库范围，瞄准采摘游、赏花游等农业休闲观光游，在特色果业、花卉苗木、高山茗茶等特色产业中增设农事体验项目，优化洗药湖农业现代化水平。融合油菜花节、茗茶采摘节、蓝莓采摘节等节庆活动提升流量。推进建设茶田村、竹海村、荷花村等一批特色村落，实现旅游与乡村振兴的联动共振，拓展农业多元发展，提升产业化水平。

八、保障措施

（一）健全组织机制

　　（1）加快建立统筹领导机制。成立以区委书记、区长为组长的湾里区幸福产业发展领导小组，办公室设在区发改委，由区发改委主任任办公室主任，形成协调文化、卫生、民政、商务、旅游等部门协作配合的长效工作机制，进一步加强对文化、旅游、康养融合发展的工作领导，以求形成合力，统筹推进各项工作。区政府各有关部门、各镇人民政府要根据规划要求，制订实施方案和具体落实措施，加大支持力度，加快将"1+2+4+n"幸福产业体系培育成为湾里区的先导产业和支柱产业。领导小组办公室设在区发改委，负责日常工作。区有关部门要按领导小组部署，加快编制重点领域行动计划，确保各项工作扎实有序推进。要切实把幸福产业发展纳入湾里区乃至南昌市经济社会发展的重要议程，结合本地实际制订具体实施方案，建立健全工作机制，推动本规划各项任务落到实处。区各镇政府和各行业主管部门要在区政府统一领导下，强化各重点工程相关项目的组织实施，将工作责任落实到岗、到人。

　　（2）加快建立监测评估机制。全区要由统计部门牵头，尽快确定幸福产业统计范围，规范产业统计口径，建立相关领域产业企业名录库，探索形成符合湾里区实际、遵循统计学规律的统计方法和统计指标体系，逐步建立科学合理的产业统计制度。逐步建设湾里区幸福产业数据中心，同时建立政府行政权力清单、项目引进正面与负面清单、法人信息库、宏观经济数据库，充分整合各类政务信息资源，推进大数据仓库的建设和整合应用。在此基础上，加强对各类新兴产业发展运行监测和统计分析，及时、准确、客观地反映发展状况，为湾里区经济社会发展的宏观调控和科学决策提供可靠依据。

（3）加快建立对外合作机制。区政府积极与全国旅游业、健康服务业行业协会合作，定期召开中国（江西）幸福产业高端论坛，下设产业发展论坛、业态创新论坛、投资招商论坛等细分方向，并常设双向贸易中介平台与产品服务展示中心，通过湾里区品牌影响、服务水平的提升带动幸福产业聚集力的跟进。以重点工程为载体，加强与国内外先进文化旅游机构、康养机构的合作交流，支持区内企业参与"国际（杭州）文化旅游博览会""国际（广州）大健康博览会""国际（中国）老龄产业博览会""中国（北京）国际中医药健康服务博览会"等经贸交流活动，重点推进文化旅游（如竹文化体验馆项目、特色民宿项目）与健康服务（如医联体项目、森林疗养项目）在产业联动、风险投资、人才培养、管理创新等方面的广泛合作。

（二）强化项目扶持

项目落地是幸福产业在湾里区生根发芽的现实载体，没有项目的现实支撑，幸福产业"1+2+4+n"产业体系的建立就无从谈起，为此，湾里区要为项目落地提供全方位保障措施，以"高门槛准入、高效率服务、高质量配套、高优惠奖励"为总体原则，切实从准入机制、管理机制、奖励机制等方面入手，为幸福产业的快速发展打造具有地区竞争力、吸引力的政策环境。

（1）建立项目准入机制。具体以"1+2+4+n"产业规划以及"一带、一圈、双核、多组团"为依据，编制《湾里区幸福产业项目（企业）引进重点区块》。上列区块应当符合各自所属产业的"高精尖"标准，以杜绝高能耗、低附加值、低经济效应的项目入驻。具体而言，"高"指年资本投入、研发费用、营业收入、市场规模等综合加权平均增长率在15%以上；"精"指净资产收益率在10%以上，能源消耗占经营收入的比率在5%以下；"尖"指在行业内综合实力排名前十的企业，或具有不可替代的知识产业、专有技术、管理经验的企业，或已在国内外上市的企业，或总部企业。

（2）创新项目对接模式。对于符合《湾里区幸福产业项目（企业）引进重点区块》标准的项目或企业，如果进一步满足以下五个条件之一，则享受"一企一策"的待遇，由企业和本区政府共同协商，量身定制个性化的支持措施：①注册资本金在25亿元人民币以上；②当年全国500强企业或与《财富》世界500强企业合资合作；③年营业收入在20亿元人民币以上；④年缴纳各类政府税费在1亿元以上；⑤解决就业岗位在500人以上。

（3）调整土地利用政策。对于符合区制定的"高精尖"标准项目，可以提供土地及房产方面的优惠政策。首先，政府要加大一级开发投入力度，政府负责投资达到"七通一平"标准。合法合规设置门槛，鼓励"高精尖"文化旅游与健康养生，特别是符合"一企一策"标准的企业优先获得产业用地，并在供地价格、土地出让金交付期限等方面兼顾政府收益与对产业发展的支持。其次，对符合"高精尖"标准的企业减免3年的土地使用税，同时，投资自建房产减征30%城市基础设施建设费。对于符合"一企一策"标准的企业减免6年土地使用税，同时，减征50%城市基础设施建设费。

（4）完善财政鼓励政策。在财政鼓励方面，项目分红个人股东缴纳的个人所得税，按其实际地方财政贡献的50%给予返还奖励；经营期在5年以上的，从开始获利年度起，可享受"二免三减半"的优惠。对符合门槛标准的文化旅游企业、健康服务企业，按企业上一年上缴税收形成区级财力部分的5%连续3年给予企业主要经营者（或企业领导集体）特别奖励，但每年奖励最高不超过100万元人民币。对2019年1月1日之后在南昌市新注册的幸福产业范围企业，经认定后，按其实缴注册资本金规模给予10万～20万元创业启动资金支持。

（5）优化金融引导政策。在金融鼓励方面，加大投融资模式创新、财政投资先导、社会资本跟进，最终带动多层次产业基金的形成，其中包括1 000万元项目启动资金、3 000万元项目引导基金、5 000万元创业引导基金、5 000万元创业贷款风险池，最终达到政策直接投入变间接投入，无偿投入变有偿投入，低效突入变高效投入。支持符合条件的企业上市融资、发行各类企业债券和组建财务公司，利用多层次资本市场进行融资。对落户南昌市的幸福产业范围内企业实际发生的银行贷款，连续3年给予投资项目贷款利息60%的贴息支持，每年不超过150万元；对引入风险投资的幸福企业，按企业实际引入投资额的10%给予不超过50万元的一次性奖励；对于在境内沪、深交易所上市或境外证券市场上市的企业奖励1 200万元。

（三）推进人才引智

（1）构建精准化人才引智政策体系。结合《南昌市高层次人才分类认定办法（试行）》（洪才字〔2018〕4号）将湾里区幸福产业高层次人才分为顶尖人才（Ⅰ类）、领军人才（Ⅱ类）、重点人才（Ⅲ类）、紧缺人才（Ⅳ类），比照《南昌市高层次人才分类认定办法（试行）》提出的A、B、C、D四类，同等享受相对应的人才政策，由湾里区幸福产业专项政策资金兑现。依据人才划分标准，细化人才入驻的全套优惠条件，具体包括：科研经费补贴、科研成果产业化配套资金、个人所得税地方分享部分给予安家补贴、房租补贴、生活自住用房、配偶办理随调、为子女提供优质办公教育资源等，对于不同等级的人才给予不同等级的优惠措施。新引进落户且在湾里区毕业3年内的幸福产业企业全日制博士研究生、硕士研究生、本科毕业生，每人每月发放1 500元、1 000元、500元的生活补贴。新引进落户且在湾里区工作的毕业5年内的幸福产业企业全日制博士研究生、硕士研究生，在湾里区首次购买商品住房的，分别给予10万元、6万元购房补贴。

（2）打造全方位人才育智培养体系。既要依托高等院校的学历教育，为湾里区培养高端人才增强内生活力，同时也要依托职业技能教育，实施以幸福产业为总体特色，以旅游管理、健康服务、养生服务为具体特色的"专业化人才—特色化产业"对口战略。加大对专业人才的培育，鼓励全国乃至全世界高校在湾里区开设数字创意、旅游管理或健康养生专业培训院校。在"点"的层面，要加强健康服务产业人才培养，在湾里区打造康养产业人才高地，有效缓解全省健康服务供应不足。首先，健康产业人才培养和专业设置应坚持"一个立足"和"四个结合"，即立足各类人群的健康基本需求，理论与技能相结合、临床与基础相结合、传统中医与国外医药相结合、产业理论与药学知识相结合，培养全方位、多层次、复合型人才。其次，在老年基础护理人员培养上坚持实行专业化、职业化和志愿者相结合的原则，加大老年健康服务队伍的建设力度，同时培养专业护理与业余护理两大类护理人才。在"面"的层面，创新完善人才引进及合作机制，加强产、学、研人才交流合作。一方面，积极支持高校、科研院所将系统化和创新化的理论带到企业中，将具有创新性和实践性的想法依托企业的实际操作环境加以实践；另一方面，为文创、文旅、康养企业走进高校、科研院所搭建平台，使企业所想、所需能够与高校资源更为有效地对接。要促进学历教育与职业教育相结合，完善实践人才、管理人才、创意人才和营销人才的复合培养体系。

（四）配套设施保障

湾里区要以促进产业落地为核心目的，以幸福引导发展，以发展夯实幸福为核心原则，以产城融合为框架，以实现宜居的人居条件为核心目标，实现基础设施建设的跨越式发展。要以共享发展为基本理念，以公私合作总体框架，以及实现基本公共服务均等化、城乡发展一体化、建设服务型政府为主要任务，大力提升湾里区公共服务承载力，为湾里区发展幸福产业提供优质的社会生态环境。

（1）加强湾里区旅游基础设施建设。要以建设南昌市旅游集散中心为基点，充分对标国内外景区基础设施建设体系，集中力量建设一批设施完善、吸引力强、服务质量好的文化旅游基地，以提高当地接待游客能力、增强综合带动作用。要依循标准化、统一化原则，依循落后区域变整洁、整洁区域变优美、优美区域变风景的跃升思路，全面提质，不留死角。要强化山地生态圈层及水果、蔬菜种植基地的生态系统保护，积极推行垃圾分类处理，做好水系生态修复和治理。

（2）加强湾里区信息基础设施建设。有效发挥湾里区月亮湾智慧公路的示范作用，构建全覆盖感知网络，加快建设全覆盖、多维度的感知网络系统，统一湾里区智慧感知网络标准，规范城市公共场所摄像监控网络管理，为旅游、交通、应急和城管等多个领域提供全面的智慧感知，保障湾里区全域信息及时流通。在智慧服务方面，建设"云上湾里"智慧服务器，搭建以基础设施层、系统平台层、应用平台层为框架结构，多个系统应用为支撑的共性技术平台，实现面向湾里区全用户、全需求的云计算服务，为区内的智慧旅游、智慧教育、智慧康养、智慧生活等多维数字化需求提供强大的信息技术支撑。

（3）创新PPP合作模式，引导高端医疗服务下沉。在湾里区已有"医联体"合作模式的基础上，进一步对接全市、全国乃至全世界优质医疗资源，创新多种形式，加强其向基层医疗服务下沉。基于已有的"城市医联体"模式，湾里区可以通过"医共体"（从预防、治疗、康复，提供一体化的服务，把区、镇、村连起来）、"专科联盟"（以一所医疗机构特色专科为主，联合其他医疗机构相同专科技术力量，形成区域内若干特色专科中心）、"远程医疗协作"（用信息化手段促进医疗资源纵向流动，提高优质医疗资源可及性和医疗服务整体效率）等多种路径,灵活对接优质医疗资源,整体提升区内综合医疗水平。

（4）开拓医联体合作模式,引导优质康养资源落地。考虑养老事业的特性与湾里区实际情况,湾里区应当选择"委托运营—移交"与"部分私有化"两类运营模式。前者是指对于基础较好的养老设施,政府可以将存量设施的经营权租赁给私人部门,后者负责对其进行改造更新和运营管理,期满后将养老设施移交政府;后者是指对于基础较差的养老资源,私人部门则可以通过购买或出资建设持有基础设施部分所有权,公私双方共享回报、共担风险合资兴建。在此模式基础上,要通过加强监管机制,设立养老院评级制度,对PPP养老项目进行严格的考核督察。要深化公共服务价格改革,加快完善养老服务行业的价格机制,让社会资本形成稳定的收益预期,确保社会资本具有进入养老事业的充足动力。

附件：幸福产业指标体系

（一）设计权重说明

指标是一种反映事物性质的量化确定手段,国外有关文献对于指标的解释通常是把它看成一种量化的分析统计方法。例如,雷蒙·鲍尔在《指标》一书中提出："指标是一种量化的数据,它是一套统计数据系统,用它来描述社会状况的指数,制定社会规划和进行社会分析,对现状和未来作出估价。"

确定指标体系权重的方法可分为"主观赋值法"和"客观赋值法"两大类。主观赋值法在客观性上稍逊于客观赋值法,但解释性强,在对学界和业界尚未发展出成熟的赋值标准时,专家的经验判断常常会起到主导作用。本研究结合了相关专家意见（"德尔菲法"）、"主观加权法"和"层次分析法"。

其中,"层次分析法"把幸福产业所涉及的经济、社会等相关因素分解为不同的组成因素,按照因素之间的相互影响和隶属关系将其进行逐层聚合,形成一个阶梯的、有序的层次指标体系。然后,针对每个层次中各个因素相对的重要性,结合现有研究发现中指明的该因素对整体的影响程度,确定每一层次的各个因素、每一层次的全部因素对总体的重要性权重。最后,综合计算各层因素重要性的相对权重。

首先,对指标进行层次化处理,并对指标进行层次化分类。然后,从一级指标开始,结合相关研究和专家意见,逐次确定因素间的相关程度,以及确定对于上一层的指标而言,本层中与之相关的指标的重要程度,并据此赋权。最终,在确立指标体系构成的基础上,参考国内外相关研究确定指标权重的构成。在二级权重上,突出幸福产业,减弱城市基础类指标的权重,突出增量,弱化存量的指标影响。在三级权重方面,采用目前较为通用的均值赋权方式。

（二）指标体系建构

一级指标	二级指标	权重	三级指标	权重	四级指标
产业实力 A1（0.5）	经济实力 B1	0.3	经济收益 C1	0.4	五大产业收入增加值 D1
					增加值占 GDP 的比重 D2
			规模企业 C2	0.6	规模以上文化产业企业数 D3
					规模以上体育用品生产企业 D4
					规模以上中（西）制药企业 D5
					规模以上旅游企业 D6
	服务实力 B2	0.3	从业人口 C3	0.4	第三产业从业人数 D7
					每万人医护人员数 D8
					文化产业从业人数 D9
					旅游产业从业人数 D10
					第三产业从业人口中高中以上学历比重 D11
					五大产业从业人员大专以上学历比重 D12
			硬件要素 C4	0.6	星级酒店床位数 D13
					私人疗养院数量 D14
					三级甲等医院数量 D15
					万人以上体育场馆数 D16
					3A 级以上旅行社数 D17
	活力指数 B3	0.2	年国际（内）体育赛事数 C5	0.3	
			年国际（内）音乐节数 C5	0.3	
			年国际（内）旅游节数 C6	0.4	
	引领示范 B4	0.2	国家文化产业示范园 C7	0.2	
			国家文化科技示范园 C8	0.2	
			国家体育产业示范单位 C9	0.2	
			国家体育产业示范项目 C10	0.2	
			国家体育产业示范基地 C11	0.2	

续表

一级指标	二级指标	权重	三级指标	权重	四级指标
区域实力 A2（0.3）	经济实力 B5	0.2	生产总值 C12	0.6	地区生产总值 D18
					人均地区生产总值 D19
			消费能力 C13	0.4	年家庭文娱支出 D20
					年家庭旅游支出 D21
					年家庭体育用品及活动支出 D22
					年家庭养生保健活动支出 D23
					年家庭教育培训支出 D24
	人口要素 B6	0.3	人口数量 C14	0.2	常住人口数量 D25
					外来人口数量 D26
			受教育程度 C15	0.3	城镇常住人口本科以上比重 D27
			健康程度 C16	0.5	平均寿命 D28
					身体健康 D29
					心理健康 D30
	和谐指数 B7	0.3	收入平等 C17	0.5	基尼系数 D31
					城乡居民收入比 D32
			区域安全 C18	0.5	万人刑事案件立案数 D33
					民事纠纷调解成功率 D34
综合潜能指数 A3（0.2）	文化潜能 B8	0.2	世界文化遗产数量 C19	0.2	
			国家（省）文物保护单位数量 C20	0.2	
			国家文化名村镇数量 C21	0.2	
			城市非物质文化遗产 C22	0.2	
			国家 4A 级景区数量 C23	0.1	
			国际 5A 级景区数量 C24	0.1	
	生态潜能 B9	0.6	国家森林公园数量 C25	0.25	
			国家自然遗产数量 C26	0.25	
			森林覆盖率 C27	0.25	
			空气 API 指数达到二级天数占全面的比例 C28	0.25	
	智慧潜能 B10	0.4	人均电子商务交易额 C29	0.4	
			有线电视向数字化改造率 C30	0.2	
			无线宽带覆盖率 C31	0.4	

（三）指标体系说明

1. 产业实力指数

  1）经济实力

  经济收益

  五大产业收入增加值

  增加值占 GDP 的比重

  规模企业

  规模以上文化创意产业企业数

  规模以上体育用品生产企业

  规模以上中（西）制药企业

  规模以上旅游企业数

  2）服务实力

  从业人口

  第三产业从业人口

  每万人医护人员数

  文化产业从业人数

  旅游产业从业人数

  第三产业从业人口高中以上学历比重

  五大产业大专以上学历比重

  3）硬件要素

  星级酒店床位数

  私人疗养院数量

  三级甲等医院数量

  万人以上体育场馆数

  3A 级以上旅行社数量

2. 活力指数

  1）节庆活跃程度

  年国际（内）体育赛事数

  年国际（内）电影节数

  年国际（内）音乐节数

  年国际（内）旅游节数

  2）引领示范程度

  国家文化产业示范园

国家文化科技示范区

　　国家体育产业示范基地

　　国家体育产业示范单位

　　国家体育产业示范项目

　　国家健康旅游示范基地

3. 区域实力指数

　　1）经济实力

　　2）生产总值

　　3）地区生产总值

　　4）人均地区生产总值

　　5）消费能力

　　6）年家庭文娱支出

文化产品消费

备注：一般指对科技作品、文艺作品、音像作品、影视片、各种出版物等物质形态消费品的消费；文化服务消费是指如教育、科技培训、艺术表演、互联网以及各种娱乐场所等提供的服务形态消费。

家庭旅游消费

备注：它是满足人们的好奇、好学、探险、挑战、产生自豪感等心理的重要方式，在完全不同于日常生活的旅游景点，旅游者通过感官全方位地获得各种新奇的体验，心情得以放松。"旅游消费"是指游客使用为他们而生产的产品和服务的价值，是指人们在旅行游览过程中，为了满足其自身发展和享受的需要而消费的各种物质资料和精神资料的总和。

年家庭体育用品及活动支出

备注：居民的体育消费可以分为广义的和狭义的体育消费。狭义的体育消费指的是那些直接从事体育活动的个人消费行为；广义的体育消费则包括一切和参与体育活动有直接关系的个人与家庭消费。当前，在我国居民体育消费结构中，体育实物消费比重远远大于体育服务消费。普遍来讲，经济发达地区体育服务消费与实物消费是平衡的，而不发达地区的体育实物消费远远高于服务消费。二者消费的额度和比重可以看出当地体育产业在居民生活中的作用。体育消费呈现出不同层次的分化，如垂钓、骑行等消费方式已在家庭体育消费中悄然出现。

家庭养生保健活动支出

家庭教育培训支出

　　7）人口要素

人口数量

　　常住人口数量

外来人口比重

受教育程度

城镇常住人口本科以上比重

健康程度

备注：主要反映影响人民群众幸福感的生理健康情况、心理健康情况、社会健康情况等，包括人均预期寿命、传染病报告发病率、精神障碍发病率。人均预期寿命（岁）指 0 岁时的预期寿命，反映新出生人口平均预期可存活的年数。

平均寿命

身体健康

备注：此指标用于衡量社会经济发展水平及医疗卫生服务水平，是反映人口健康状况的一个重要指标。"传染病报告发病率"指某年某地区每 10 万人口中甲、乙类法定报告传染病发病数。指标用于描述一定时期内地区传染病的发病状况，是衡量地区传染病疫情稳定状况和居民健康水平的重要指标。

心理健康

备注："精神障碍发病率"指在一定期间内，一定人群中精神障碍疾病病例出现的频率。此指标用于描述一定时期内地区精神障碍的发病状况，是衡量地区居民精神卫生水平的重要指标，一定程度上也反映了地区居民的心理健康状况。

4. 和谐指数

  1）收入平等

基尼系数

备注：基尼系数是指国际上通用的、用以衡量一个国家或地区居民收入差距的常用指标。基尼系数介于 0～1 之间，基尼系数越大，表示不平等程度越高。

城乡居民收入比

备注："城乡居民收入比"是指城镇居民可支配收入与农民人均纯收入之比。此指标用于衡量城乡居民收入的协调发展状况，是全面建成小康社会的监测指标。

  2）区域安全

万人刑事案件立案数

备注："每万人刑事案件立案数（件）"指地区每万人中年内发生并达到公安等司法部门规定的立案标准的刑事案件数，其中刑事案件是指须依法追究刑事责任并由公安等司法机关立案处理的案件。此指标用于反映地区刑事案件的发案状况，是反映某一地方社会治安状况、人民群众社会生活安全感的重要指标。

民事纠纷调解成功率

备注："民事纠纷调解成功率（%）"指人民调解组织调解成功的民事纠纷件数与其调解

的民事纠纷件数之比。指标用于反映基层调解组织的民事纠纷调解能力，也是反映人民群众安全感的指标。

5. 综合潜能指数

  1）文化潜能

  世界文化遗产数量

  国家（省）文物保护单位数量

  历史文化名村镇数量

  城市非物质文化遗产

  国家 4A 级景区数量

  国家 5A 级景区数量

  2）生态潜能

  国家森林公园数量

  世界自然遗产数量

  森林覆盖率

备注："森林覆盖率（%）"指一个国家或地区森林面积占土地面积的百分比。此指标用于反映地区森林面积占有情况或森林资源丰富程度及实现绿化程度。"空气 API 指数达到二级天数占全年比例（%）"指 API 指数介于 51～100 的天数占全年比例，API 是一种我国现行普遍采用的反映和评价空气质量的评价方法。此指标用于衡量地区空气质量状况和空气污染程度。

  3）智慧潜能

  人均电子商务交易额

  有线电视向数据化的改造率

  无线宽带覆盖率

成都天府文创城产业概念规划建议[①]

[①] 2020年成都天府新区管委会委托项目。主持:熊澄宇;参与:张学骞。

一、总则
第一节　规划性质
第二节　规划依据
第三节　规划时限

二、规划背景
第一节　文创产业发展机遇
第二节　文创新城建设挑战
第三节　产业发展比较优势
第四节　新城建设突出困难

三、总体要求
第一节　指导思想
第二节　基本原则
第三节　目标导向

四、定位布局
第一节　差异定位
第二节　板块聚焦
第三节　区域协同

五、案例对标
第一节　综合类型
第二节　专项类型

六、空间规划
第一节　"一带"：雁栖湿地生态人文共生带
第二节　"一轴"：天府大道科技创意互动轴
第三节　"多区块"：产城融合功能区块

七、主要任务一：打造"创意+科技"集聚区
第一节　融合框架：横向共振，垂直共生
第二节　项目模块：内容、人才、设计、版权

八、主要任务二：构筑"会展+文旅"生态圈
第一节　融合框架：有核无界，多链整合
第二节　具体模块：品牌树立、娱情养生、空间营造

九、保障措施
第一节　健全组织协调
第二节　完善政策体系
第三节　助力人才发展
第四节　打通融资渠道
第五节　夯实基础设施

一、总则

第一节 规划性质

本规划是成都市天府新区文创城建设从战略层面到项目层面的概念预研究。

第二节 规划依据

中共中央、国务院：《国家新型城镇化规划（2014—2020年）》

国务院：《文化产业振兴规划》

国务院：《国务院关于推进文化创意和设计服务与相关产业融合发展的若干意见》

国务院：《国务院关于进一步促进展览业改革发展的若干意见》

国务院办公厅：《国务院办公厅关于进一步扩大旅游文化体育健康养老教育培训等领域消费的意见》

国务院：《"十三五"国家战略性新兴产业发展规划》

国务院：《国务院关于成渝城市群发展规划的批复》

中共中央、国务院：《国家"十三五"时期文化发展改革规划纲要》

国务院：《国务院办公厅关于进一步激发文化和旅游消费潜力的意见》

原文化部、原国家旅游局：《文化部 国家旅游局关于促进文化与旅游结合发展的指导意见》

原文化部、财政部：《关于推动特色文化产业发展的指导意见》

原文化部：《文化部"一带一路"文化发展行动计划（2016—2020年）》

原文化部：《文化部关于推动文化娱乐行业转型升级的意见》

原文化部：《文化部"十三五"时期文化产业发展规划》

原文化部：《文化部关于推动数字文化产业创新发展的指导意见》

国家新闻出版广电总局：《关于进一步加快广播电视媒体与新兴媒体融合发展的意见》

四川省人民政府、重庆市人民政府：《深化川渝合作深入推动长江经济带发展行动计划（2018—2022年）》

四川省人民政府、重庆市人民政府：《深化川渝合作推进成渝城市群一体化发展重点工作方案》

四川省人民政府：《四川省人民政府办公厅关于印发四川省"十三五"文化发展规划的通知》

四川省人民政府：《建设文化强省中长期规划纲要（2019—2025年）》

成都市人民政府：《成都市会展业发展"十三五"规划》

成都市人民政府：《成都市旅游业发展"十三五"规划》

成都市人民政府：《成都市文化产业发展"十三五"规划》

中共成都市委、成都市人民政府：《建设西部文创中心行动计划（2017—2022年）》

成都市人民政府：《成都市促进西部文创中心建设若干政策》

成都市人民政府：《成都市美丽宜居公园城市规划》

天府新区：《直管区"十三五"经济社会发展思路》

天府新区：《直管区分区详细规划（2016—2035）》

第三节 规划时限

本规划时限为：2019年—2028年。

二、规划背景

第一节 文创产业发展机遇

1. 经济要素：结构升级

进入21世纪第二个十年，我国加快构建现代化经济体系，以应对来自国内外经济环境的潜在变革。一方面，战略性新兴产业发展稳步推进，"互联网+"行动和国家大数据战略的实施以及人工智能、虚拟现实等新技术兴起，促进了平台经济、数字经济、创意经济等新业态不断涌现；另一方面，我国现代服务业创新发展成效显著，已成为国民经济位居主导的产业形态，并初步解决了我国第三产业内在层次较低、满足人民多样化消费需求的服务占比较低等问题。

因此，国家经济结构的转型正在为战略性新兴产业与高端服务业的长足发展提供充分的优先发展空间，而文化创意产业正处于上述两大产业的交叠领域，因此在未来，二者的迅猛发展必然能为文化创意产业注入提质增量的强劲驱动。据统计，2018年，我国文化产业规模以上企业实现营业收入89 257亿元，比上年增长8.2%。2019年上半年，全国规模以上文化及相关产业企业营业收入超过4万亿元，同比增长7.9%。在全国整体经济下行压力加大时期，文创产业的"逆势增长"正是我国现代化经济体系从传统向高端迈进的集中体现。

另外，文化产业对于优化国民经济结构，坚持创新、协调、绿色、开放、共享的发展理念，也发挥着越来越重要且不可替代的作用。2018年，文化服务业营业收入34 454亿元，增长15.4%，其中新闻信息服务增长24.0%，创意设计服务增长16.5%，文化传播渠道服务增长12.0%；2019年，文化服务业营业收入的增速为13.0%，营业收入的占比达40.9%，比上年同期提高了4.2个百分点。其中新闻信息服务增长25.1%、创意设计服务增长12.4%、内容创作生产增长9.8%。可见，以信息服务业为主导的新兴业态的良性发展、快速发展，已经是文创产业快速增长的核心驱动，由此也使其成为我国产业结构向低能耗、高附加值、深度融合转型升级的特色板块、示范领域。

2. 社会要素：需求转型

如上所述，在经济层面，随着产业升级的不断推进，提升服务业品质、精耕服务业形态对于推进国民经济供给侧结构性改革具有积极意义。此外，在社会层面，随着我国物质文明水平整体提升，人民的消费需求和消费水平呈现多元化、多层级化趋势。据相关报告预测，到2022年，76%的中国城市家庭将达到中产人群的收入水平，而这一比例在2000年仅为4%。随着我国中等收入群体的不断壮大，国民消费需求在经历了从满足温饱向物质享受的转型之后，进一步地向品质、文化、身心健康等更高层级跃升。从2014年到2017年，我国城镇居民用于医疗、教育、娱乐、旅游等服务性消费占比由35.7%上升到39.6%，用于商品性消费的支出占比由43.2%下降到37.4%，消费结构由商品性消费转向服务性消费。

在此背景下，文创产业的发展有其促进经济发展的合理性，更有其推动社会发展的必要性，它标示我国经济结构的优化与调整已经进入与人民对美好生活向往深度融合的阶段。经济学家费尔普斯认为："在一个有着足够现代能力的社会，美好和正义的政治制度的标准同时也是美好和正义的经济制度的标准。"虽然对美好与正义的界定不同国家不尽相同，但是能够达成共识的是，衡量经济发展的标准正在从量的单向维度转化为质与量相协调的复合维度，而打造文创产业无疑是地区经济提升复合维度的重要路径与关键抓手。

因此，文创产业的发展将在中国同时迎来产业转型与需求转型两方面机遇，由此成为协调经济效益与社会效益的灵活枢纽，重构产人、产城关系的重要抓手。党中央和国务院在《国家新型城镇化规划（2014—2020年）》中提出，要"统筹生产区、办公区、生活区、商业区等功能区规划建设，推进功能混合和产城融合，在集聚产业的同时集聚人口，防止新城新区空心化"，这就为新时期城市文创产业规划提出了"产城融合"的新要求，即坚持产业竞争力与城市承载力相互促进、协同提升，努力在经济、自然与人口之间，在生产、生态与生活之间，营造经济建设、文化建设和人们福祉建设相互促进、共生共荣的统筹机制。

3. 区域要素：位势迁移

在国家全面推进文化产业繁荣发展的背景下，我国西部地区正努力深掘本土特色资源、深挖内容价值潜力、深耕行业整合逻辑，以政策、规划吸引创意人才积极进入，以创意人才带动社会资本持续跟进，以社会资本孵化新型业态实践延伸，由此助推西部地区文创产业发展从处女地变为开拓地，从探索期进入成熟期。从体量来看，我国文创产业发展依然以东部地区主导、引领，然而从位势来看，西部地区文化产业增长速度近年来领跑全国，在未来有望发展成为全国文创产业的新高地、新引擎。尤其作为21世纪"一带一路"对接东西、衔接南北的重要节点，西部文创产业将扮演推动世界文明交流互鉴的关键枢纽，由此迎来产业国际化、多元化、跃升化发展的前所未有窗口期、开放期与战略机遇期。2018年我国文化产业及相关产业企业实现营业收入同前一年比，西部地区增长12.2%，中部地区增长9.7%，东部地区增长7.7%，东北地区下降1.3%。

作为西部地区社会经济发展的核心地区，四川省正致力在西部地区文创产业位势提升的进程中进一步发挥引领作用、示范作用与辐射作用。通过加大政策与资金扶持，四川省在改造提升传统文化产业同时聚焦新型业态培育，同时通过加强文化产业聚集区的规划建设和管理，有效地推动重点文创产业板块向市场化、国际化、专业化、集约化方向转型升级。"十三五"期间，逐渐形成了"一核五带"（"一核"，即成都文旅经济发展核心区；"五带"，即环成都、川南、川东北、攀西、川西北文旅经济带）的文创产业空间发展格局，构建了以文化旅游、演艺娱乐、动漫游戏、创意设计为核心板块的文创产业高端集群。

4. 城市要素：活力天府

作为四川省"一核五带"发展布局中的"文旅经济发展核心区"，成都市充分发挥自身核心带动作用，近年来在"文化+"产业格局的基础上，深度结合"生态+"价值理念，积极利用"一带一路"桥头堡"位置，以文化为根基、创意为灵魂、产业为支撑，汇聚文创要素重点实施七大举措：（1）厚植文化传承、涵养天府文化；（2）发展文创金融；（3）促进跨界融合；（4）扩大对外开放；（5）壮大市场主体；（6）加快"双核两袋十九片"空间布局；（7）推进传媒影视、创意设计、现代时尚、音乐艺术、文体旅游、信息服务、会展广告、教育咨询八大重点领域。

2018年《中国新文创研究报告》显示，成都位列2018年中国城市新文创活力指数排行榜第一位。2017年，成都市文创产业八大重点领域整体实现营业收入2 743亿元，同比增长25%，占文创产业总营业收入的84.7%。创造增加值687.97亿元，同比增长28.91%，占文创产业总增加值的87%，对文化创意产业增加值增长的贡献率达97%。在细分领域，成都打造了一系列差异性鲜明的文创产业集聚板块，为进一步厚植特色、有机拓展铺垫了优渥的产业基础：第一，文旅产业加快发展。2018年接待游客2.4亿人次，增长15.8%，实现旅游总收入3 712.6亿元，增长22.4%。第二，会展经济持续繁荣。2018年实现会展总收入1 091.9亿元，增长17.2%。第三，"全国动漫游戏第四城"勃兴。2016年全市规上（限上）企业中从事动漫、游戏设计的企业实现营业收入118.7亿元，创造增加值71.3亿元，增加值占文化创意设计服务业的28.6%。第四，"中国书店之都"名副其实。2017年书店数量达到3 463家，继北京后居全国第二。第五，博物馆总数量和非国有博物馆数量均在全国城市中位居第一。全市注册登记的博物馆、纪念馆已达150家，平均每13.5万人就拥有1座博物馆。第六，艺术品产业集聚效应初显。已聚集绘画、书法、摄影、广告设计、音乐等艺术家工作室和各类艺术机构400余家，竞争效应、叠加效应、溢出效应逐步增强。

在成都文创产业蒸蒸日上的整体带动下，天府新区正以南部旅游文创功能区为核心，以锦江生态文化"沿江"带、鹿溪河文创产业"沿河"带、龙泉山西麓特色文创小镇"沿山"带为支撑，加快构建"一园三点多带"全域文创产业空间布局，加快建设天府文化集聚地、美好生活体验区。

第二节　文创新城建设挑战

1. 城市演进：新区"见物不见人"

改革开放以来，国内各地制定了各种产业区域的开发政策，在中心城区之外开辟了名目繁多的产业新区，例如工业园、产业园、经济技术开发区、高新技术产业开发区等。这类产业新区旨在实现原料、劳动力、资本等传统生产要素的聚集和流动，以及土地、交通、基础设施等资源的共享，进而产生集聚效应。这一发展路径在20世纪末有力地推动了我国经济体量的跨越式发展。

但是，随着第三次科技革命的蓬勃兴起，新理念、新技术、新业态参与生产程度不断深化，土地、资源、交通等传统生产要素权重逐渐下滑，同时人才、创业环境、生态环境等要素权重不断上升，因此推动了产业新区向产业新城转变，科技城、文创城、国际创新城等模式随之兴起，以整体建构区域内产业创新的生态关联。

然而，近十年来，由于产业新城的发展持续引导企业单向聚集、人口单向流动，最终暴露出新城内产城分离、公共服务供求矛盾等问题，该问题集中体现在职住失衡、交通拥堵、环境污染等现象，最终造成产业新城难以在生产、生活、生态之间建构起融通互联的生命共同体。

为了解决这一问题，天府新区在建设文创城时需要打破封闭、孤立、单向度的功能定位与发展思路，以社区化定位促进新城就业人群在地居住消费，以去中心路径促进产业链上下游企业在本地配套，最终实现从"产城人"向"人城产"城市发展逻辑的转变，以更加完善的治理体系把产业新城建设成为生产空间集约高效、生活空间宜居适度、生态空间山清水秀的产城融合典范。

2. 形态融合：文化科技沟通不足

《"十三五"国家战略新兴产业》将数字创意产业纳入规划，提出"以数字技术和先进理念推动文化创意与创新设计等产业加快发展，促进文化科技深度融合、相关产业相互渗透"。数字创意正在成为文创产业乃至现代化产业体系中具有突出增长动能的领域。其中，数字创意的技术赋能与人文赋值深度融合是产业整体持续发展、高质量发展的关键环节。因此，在发展数字创意产业过程中，主要存在以下三大难点：

第一，如何在技术层面推动人工智能、虚拟现实、可穿戴设备、互联网等技术向文创全产业链深度整合，提升各产业环节运用新工具产生新效能、新效益的能力。为此，天府新区可以紧抓人才这一关键要素，注重引进一批高层次科技与设计人才、团队，组织实施科技与文化深度融合培养专项，支持社会力量在文创城建设建立新兴科技文创应用基地。

第二，如何在文化层面致力于在数字化、信息化、智能化的技术背景下对动漫游戏、数字音乐、网络文学、网络视频等产业板块的持续创新，进而激活艺术品、出版发行、影视制作、演艺展览等行业形态的渐进变革。为此，天府新区需要紧抓IP这一关键环节，致力于建构以明星IP为核心的泛娱乐共生系统，通过企业间并购、投资等形式，形成打通游戏、文学、动漫、影视、戏剧、电竞等多种数字内容领域的业务矩阵，为地区数字创意产业维系原创能力与增进核心竞争力提供根本保障及重要支撑。

第三，如何在周边乃至全国省、市、区踊跃发展数字创意产业的大环境下找到本区域发展数字创意产业的独特抓手，打造具有差异性、不可替代性的科技与文化的融合板块，形成在该板块的相对优势与集聚效应。为此，天府新区可以避开在成都地区已经发展较为成熟的动漫游戏、数字音乐、数字阅读等板块，以政策为杠杆，以社会资本为主力，聚焦"数字＋设计"板块，建设大数据、新媒体驱动下工业设计、时尚设计、广告设计的业态创新高地。

3. 文化传承：文脉断裂标识缺乏

由于老城区（中心城区）形成于经年累月的平稳发展，因此拥有相对深厚的文化传统与历史基点，而由于新城新区形成于短时间的跨越式发展，在其建设伊始往往笼统地谈到其"新"，对其与老城区在城市文化、精神、文态方面所谓传承关系往往一笔带过，缺乏深入的思考，更缺乏对操作手法的探索、总结。其结果是，在跨越式的城市发展中，新城新区在文化样态建设中，使其"新"不是特色鲜明而是单调同质——它往往是迥异于传统文化、地域文化的异质性文化，以现代、国际、高科技、面向未来等面目出现，却在空间上割裂于地区整体的文态延展，也在时间上割裂于地区历史的文脉延续。由此导致产业新城发展之"新"甚至是一种破坏性的"新"，进而造成其中居民对城市意象、城市认同的混乱与焦虑。

为解决这一问题，天府新区需要走出一条"新旧交错"的文化生态营造之路。既要在保护的前提下对当地历史文化遗迹进行功能性利用，依托遗迹资源进行适度的文化商业复合开发，放大历史文化遗迹的文化价值，完善城市公共服务功能；同时，也可以根据城市发展和功能需求，引入知名文化品牌，新增产业文化展厅、博物馆、文化活动中心、邻里文化中心等公共文化设施，完善全域文化设施体系，引导形成以"天府故地，蓉城新里"为核心标识的文脉传承高地。

第三节 产业发展比较优势

根据成都市规划要求，天府新区总面积1 205平方公里，包含新津县全城和天府新区直管区、双流区、邛崃市部分区域。依循习近平总书记视察指示，围绕"一点、一园、一极、一地"建设，天府新区正致力于拓展新兴产业功能，建设"三中心两基地"，强化科技创新中心、国际金融中心、区域性总部基地、高新技术产业服务基地、国际版权交易中心。为了实现上述产业发展目标，天府新区可以充分利用以下四大比较优势，扬长避短，错位跟进，打造以生态价值转化为核心的人文生命共同体。

1. 生态环境优质

天府新区城市建设方式已经由拥路发展调整为拥水发展、拥绿发展，在此前提下，天府新区正利用区内"一山两楔三廊五河六湖多渠"，打造"看得见山，望得见水，记得住乡愁"的公园城市典范。其中兴隆湖约70%的面积为生态、农业和河流湖泊用地，具有打造公园城市的生态基底；天府公园总面积1.6平方公里，公园建设植入海绵城市理念，形成生态的自然驳岸；鹿溪河生态区水域面积415亩，是天府新区由北向南、组团式建设的重要生态走廊。依托鹿溪河的蜿蜒，打造的115公里鹿溪智谷绿道，更与周边景致共同构筑蓝绿交织的生态格局。

1100　熊澄宇策划规划集（规划集）

此外，围绕"世界级的城市绿心、高品质的市民游憩乐园"的总体定位，成都龙泉山城市森林公园 1 275 平方公里全域的总体规划即将落地，其中 99 平方公里的示范区涉及天府新区和空港新城之间的山体区域，是成都"一山"连"两翼"山、城、人互动融合的最佳示范区。依托龙泉山城市森林公园的高位建设，天府新区将基于全域森林复建与生态修复，示范打破行政区界藩篱"无界发展"新理念，成为"生态龙泉"产业协同生态圈的重要支点。

2. 产业初具规模

首先，凭借明确的政策定位与积极的招商引导，过去几年间天府新区已经初步在文创产业领域形成一定规模的产业集聚，为下一步文创企业、人才、资金要素加速集聚提供了良好而成熟的平台基础。2017 年，新区文创企业从 2016 年的 270 家发展到 474 家，文创产业增加值预计实现 GDP 占比 2.3%，形成了"一展一园五项目"等一系列产业亮点。首先，会展业一枝独秀。自 2017 年以来，中国西部博览城已成功举办西博会进出口商品展、腾讯全球伙伴大会、第 17 届中国西部国际博览会、第 98 届全国糖酒商品交易会、第 19 届成都家具展等 91 个展会活动，展陈面积近 220 万平方米，形成国家级国际性特大型展会承接能力，展览规模、参展企业、观众数量、国际化程度均创历史之最。

其次，2019 年 3 月启动建设以来，中意文化创新产业园围绕国际创意设计基地、中意文化交流合作中心建设宗旨，邀请中国美院和意大利顶级设计机构进行园区城市设计，初步洽谈意大利意向合作企业 84 家，加快推进清华大学米兰理工大学中意设计创新基地镜像园签约，初步形成国际当代艺术磁极、设计艺术人才培育中心。

最后，2018 年以来，新区新签约引进天府国际旅游度假区、华谊兄弟天府（国际）艺术小镇、言几又（天府）国际文创中心、注艺影视文创产业基地、海外华文传媒国际交流中心 5 大项目，协议金额 354 亿元，其中投资 100 亿元以上重大项目 2 个：包括天府国际旅游度假区项目，将推动形成以成都为中心、面向西南、辐射中西部的高端旅游度假产业群；华谊兄弟天府（国际）艺术小镇项目，将形成具有全球影响力的文化艺术交流平台，实现千亿文化产业能级平台。

3. 上位战略聚焦

天府新区作为全国第 11 个国家级新区，同时也是成渝经济区、全面创新改革试验区与自由贸易试验区的重要政策承载地。这也使它成为国家新一轮西部大开发战略的重要支撑地、"一带一路"倡议的运转枢纽地，由此在天府新区形成了"四大区域+两大战略"的政策叠加高地，这必将为新区开辟前景广阔的产业发展空间、要素跟进空间、市场需求空间。截至 2018 年底，天府新区累计完成地区生产总值 1.05 万亿元、年均增长 9.4%，累计引进重大产业项目 590 余个、协议总投资突破 1 万亿元。其中，仅 2018 年就完成地区生产总值 2 714.1 亿元，经济总量在 19 个国家级新区中排名第五。

2019 年，习近平总书记关于天府新区"一点、一园、一极、一地"的指示，又明确将生态价值置于新区发展内涵的首位。由此，天府新区获得了来自顶层设计多维度、多层级的战略聚焦与政策关怀，它将作为区域经济发展的引领区、生态价值转化的示范区、世界文明交流的活跃区，持续吸引来自全国乃至全世界的关注目光。

4. 交通条件便利

对于向高端迈进的现代服务业，无论是商务、金融，还是文创、旅游，便捷的交通设施是资源、人员之间调度、交流的重要基础条件。在这方面，天府新区已经初步构建"内联外通"的交通系统，使之成为集聚文创产业的又一关键区位优势。

首先，在"内联方面"，天府新区坚持"绿色低碳、TOD 交通发展"理念，构建以轨道交通为骨架、公共交通和慢行交通为主体的集约化、多元化客运体系。其中，成都地铁 1 号线三期工程的博览城北站位于天府新区核心区域，将建设为融合城际和城市轨道交通、公共汽车、出租车和非机动车等多种交通方式的综合交通枢纽。天府新区的轨道交通体系目前已规划约 360 公里，多条高速路、快速路将连接中心城区。天府文创城西侧为益州大道，东侧至东山大道及成自泸高速，北侧为大件路，南侧为彭三快速路，距第二绕城高速仅 1 公里，可以高效服务于新区与成都市区的人流互通，为将自身深度整合于成都现代化产业结构提供硬件保障。

其次，在"外通方面"。新区距高铁天府枢纽站约 5 公里；距双流国际机场约 30 公里；距天府国际机场 30 公里。打通内部网络、分流内外交通、建立相对独立的交通体系，立体式交通网络正在将天府新区与成都城区、西部地区、全国乃至世界联结为一体。其中，成都机场已开通国内外航线 239 条，其中国际及地区航线已达 77 条，通航国内外城市达 178 个，位居中西部首位，是仅次于北京、上海、广州的全国第四大航空枢纽。此外，作为西南地区重要的铁路枢纽，成都不但是成渝、宝成、成昆、达成 4 条铁路的交会处，更随着"蓉欧快铁"的建成，成为成都打造"中国向西开放前哨"的动力引擎。

第四节　新城建设突出困难

当然，由于种种现实条件的制约，加之天府新区文创产业建设尚处于起步阶段，总体来说起点低、底子薄，新区文创城发展依然面临诸多"痛点"，需要在日后予以针对性解决。总体来说共包括如下三个方面：

1. 基础依然薄弱

天府新区自成立以来，虽然经过 5 年的迅猛发展，已经在科技创新、商务、金融等领域形成较大产业规模与较成熟的产业体系，但是在文创产业领域依然在"量"与"质"两个层面存在欠缺。在量的层面，虽然纵向比较，新区文创产业体量扩增已经取得了实质性进展，但是横向对比，成都其他县区的文创产业发展现状依然差距不小。2017 年，成都各区县文化创意产业增加值排名前 10 的地区分别为：高新区（185 亿）、锦江区（92.9 亿）、金牛区（72.5 亿）、青羊区（56.5 亿）、成华区（47.1 亿）、武侯区（36.6 亿）、温江区（30.5 亿）、双流区（29.6 亿）、新都区（28.1 亿）、龙泉驿区（26.0 亿）。而天府新区位列第 17 名，增加值 8.9 亿，与前 10

名发展水平依然相距遥远。

在成都市规划的文创全域发展新格局中，天府新区与"天府锦城"文商旅融合发展核心区被共同定位为"双核"之一，但是相比之下，后者坐拥锦江区、青羊区、金牛区、武侯区、成华区和高新区西区及南区，2017年合计实现营业收入2 087亿元，占全市总营业收入的64%，同比增长29%；实现增加值491亿元，占全市增加值的62%，同比增长23%。而新区同年仅实现营业收入36亿元，同比增长13%；实现增加值9亿元，占全市增加值的1%，无论增量、增速还是贡献率都与后者存在较大悬殊。

当然，"双核"在覆盖范围、发展程度方面的先天差异导致二者在产业增量与贡献率上不可同等而语，但是增速的差距依然不可忽视。这也从侧面体现了文创产业在规模效应与集聚效应之间的正态关联，由此导致先发地区体量越大吸附力越强，后发地区体量越小吸附力越弱的"马太效应"。不过，因为文创产业具有独特的灵活性、流动性、轻资产性，所以只要后发地区积极构建充分契合文创要素特性的产业生态，从特色切入、从新业态切入，突破体量小与集聚弱的两难实现"换道超车"亦非不可能之举。

2. 竞争依然激烈

成都文创产业的高位发展、全面发展，无疑为天府新区提供了良好的产业升级、互动、合作、流通的外部资源环境，但另一方面，这也意味着天府新区的每一步发展、每一个方向的发展都有可能面临周边区县的同质化竞争，这对于处于起步阶段的新区文创产业而言亦是不利的因素。

例如，在"双核之一"的世界文化名城核心区范围内：高新区已形成以信息服务业为主的文创产业格局，其信息服务业占全市信息服务业50%以上；金牛区聚集了大批建筑设计企业和设计研究院，奠定了深厚的创意设计业基础；成华区以音乐戏剧产业、影视产业、电竞游戏为文创产业核心，其中，东郊记忆音乐公园已荣获"国家音乐产业基地""国家4A级旅游景区""国家工业遗产旅游基地"等荣誉称号；锦江区是全市传媒影视业的重要聚集区域；武侯区主营创意设计、文化休闲等新兴文创业务。

此外，龙泉山文创产业带与龙门山文创产业带在文体旅游、田园文创方面亦有得天独厚的自然条件。如果天府新区意图发展上述方向的文创产业，就会难免面临上述地区的同质化竞争，具有市场空间、招商机遇被挤压的风险。因此，如何立足于自身独有优势，寻求与周边区县特色发展、协同发展、错位发展，有机嵌入成都文创产业整体格局，将是天府新区必须应对的一大难题。

3. 模式依然受限

如果说基础薄弱与同质竞争是客观存在的问题，那么天府新区在发展文创产业过程中还存在一定程度的主观导致的问题，其具体表现为三类模式建构的局限性。

第一是空间模式块状分割。"产城融合"主导下的文创产业，其集聚形态倾向从向心式块状发展向分布式带状发展转变，这不但符合创意产业作为非物质性劳动的"网络生产"特性，而且与公园城市的空间结构耦合。而天府新区目前的文创产业空间形态依然是封闭的，是与其他产业空间相互隔离的,这将致使多区域、多节点、多行业间创意资源难以进一步整合。而这也进一步导致空间内产业过度集中,生活空间、生态空间被过度挤压,由此背离了公园城市建设的初衷。

第二是管理模式条状分割。与产业布局区块划分密切相关的是产业管理的条状分割。虽然目前新区文创城建设统归天府文创城管委会负责,但是部分与文创产业交叉融合乃至直接相关的管理职能依然分布于环保和统筹城乡局、科创和新经济局与文创和会展局,这就需要进行更加综合而完善的统筹协调,实现文创产业通盘规导作用的充分发挥。

第三是创新模式内生性、在地性不足。新区文创产业项目的推进目前主要依托天府文创城与中意文化创新产业园两大平台。但是在项目推进过程中,平台对于扎根于原生创新转化的业态孵化,对于新区乃至成都市形态丰富、历史悠久的文化资源的活化利用,都缺乏足够的关注。由此出现文创产业脱域化倾向,落地项目虽然在横向能够获取一定程度的互动关联,但是在纵深纬度上难以获得与在地资源、本土文化、社会活力的互动与互惠,进而导致产业发展成为"无本之木、无源之水",难以生成维系自身可持续发展的品牌认同与区域文态。

三、总体要求

第一节　指导思想

在习近平新时代中国特色社会主义思想、五大发展理念的指引下,以加快建设天府新区"一点、一园、一极、一地"为核心任务,以进一步满足新时期人民群众对美好生活向往为根本目的,以生态为基、文化为魂、旅游为骨、科技为形,充分发挥政策规划的科学引导作用,充分发挥头部企业的示范带动作用,在天府新区打造以智慧、时尚、绿色、安适为特色的文创产业聚集区,助力当地产业结构和人民幸福感、获得感同步升级。

第二节　基本原则

1. 以城优产,以产促城

以城优产强调:要把天府文创城的建设从某一区块范围拓展至全区、全域范围,通过文化创意的融合功能建立城、村、山、水、田、林、湖的无边界的生命共同体,体现生产、生活、生态多元复合发展的公园城市典范。以文化创意为核心的全域建设将为天府新区既提供产业形态更新的跃升动力,也提供城市形态优化的独特路径。

以产促城强调:天府文创城的建设不仅是一个政府、企业、市民发挥主观能动性的创造过程,也是一个尊重、回归自然生产规律、城市生长规律的过程。因此,在文创城的全域建设中,要尽量降低人对自然的过度干预,合理因势随形布局城市功能组团,塑造具有天府丘地特质的城市形态。同时,本着弹性、可持续的原则,要让文创城的建设既为舒适生活预留空间,也为未来发展预留空间，形成产业建设与城市建设的良性互动关联。

2. 系统布局，差异定位

系统布局原则要求：文创城的建设需要在内部形成在多产业环节、多产业领域之间互补、互动、互进的有机整体，充分营造不同文化资源、创意人才、生产要素活跃沟通、积极对接的产业氛围，进而反过来吸引更多的资源、人才与要素在文创城集聚，以此建构持续孵化文化创意新形态与新业态的良性生态圈层。

差异定位原则要求：在推进文创产业综合布局的同时，要抓住自身差异性与不可替代性标识，不能一拥而上满足于跟风复制，而要通过政策引导，深耕于天府特色、融汇区域风貌、延伸新兴业态，打造在某一细分行业、某一具体业态的先发优势或集聚优势，以文化供给侧能力的结构性优化开辟市场需求，培育消费增长点。

3. 科技塑形，文化注魂

"科技塑形"是指：一方面，充分利用全息投影、AR/VR/MR等前沿科技激活文化体验场景和体验形势，对用户产生感官刺激、梦想沉浸、心灵触动等多层次传播效果，实现文化创意内容生产的最大效能；另一方面，要推动互联网、大数据、人工智能等高端科技和文化创意进行全产业链融合，在人才培育、市场定位、宣传展示、宣传销售、供应物流等多个环节激发文创产业的科技增长点，以此进一步提高产业的集约化、专业化水平，加快产业的结构创新。

"文化注魂"则是指：文化创意产业自身的精神属性决定了无论是沉浸式场景的真实营造，还是全产业链的信息化重组，这些"有形"的产品创新都不足以构成文化市场的流量入口，真正的流量入口依然是"有形"之下"无形"的内容生产。为此，文创城需要紧紧围绕人才这一文化内容生产的核心要素，构建完善的创造性人才的引进、会聚、培育机制，为文化创意的科技赋值与产业延伸提供支撑资源与根本保障。

第三节 目标导向

1. 近期目标（2019—2023年）

通过吸引一批中高端企业入驻文创城，带动相关人才、资本跟进，初步建构跨行业、跨产业链的高质量发展格局。在此格局中，区内人才、技术、客流等优势要素将突破既定业务架构，拓宽服务空间，开辟延伸方向，积极寻求与其他优势要素的"强强融合"。到2023年，累计吸引100亿元级项目5个以上，新落地项目30个以上，当年带动全区文创产业年营业收入72亿元，增加值18亿元，较2019年增长100%，5年间年均增幅达20%，占天府新区当年GDP 13%，占成都市文创产业当年营业收入与增加值3%，位列各区县第10名左右。

根据《成都市急需紧缺人才和高端人才目录》评定标准，到2023年，至少累积引进（以落户或签署劳动合同、劳务合同等形式）或培育与文创产业相关的 A 类国内外顶尖人才 2 人、B 类国家级领军人才 5 人、C 类地方级领军人才与 D 类其他高级人才共计 20 人。据此打造一批思想性、艺术性、观赏性相统一的文化精品，推出一批具有自主知识产权的文创品牌，使天府新区初步形成人才集聚效应，并使文创城在全市乃至全省范围具有突出的创意人才吸引力与号召力。

在既有产业基础上，培育形成一批新的增长点、增长极和增长带，文化产品和服务供给能力显著提升，文化创造活力明显增强，文化产业吸纳就业能力进一步彰显。到 2023 年，文创城就业人口较 2019 年增长 100%。居民人均文化消费额较 2019 年增长 100%。

进一步发挥市场在文化资源配置中的积极作用，引导产权、人才、信息、技术等要素合理流动，完善文化投融资体系，实现金融资本、社会资本与文化资源有效对接。到 2023 年，打造文创企业公共服务共性技术平台 1 个、文化产权交易综合性平台或专业性平台 2 个。

2. 远期目标（2024—2028 年）

"文化+"产业高质量发展格局基本形成，文创产业向科技、制造、商务、旅游业等相关产业的融合作用、关联作用、带动作用显著增强，产业发展路径逐步从对外招商引资转向内生模式与外生模式的匹配、协同。在此格局下，新区文创城集聚规模初步形成，集群效应逐步释放，对相关领域的文创企业、项目吸引能力进一步提升，文创产业发展的质量和效益全面提升，成为天府新区建设国际一流公园城市的支柱性产业力量。到 2028 年，累积吸引 100 亿级项目 18 个以上，新落地项目 100 个以上，当年带动全区文创产业年营业收入 216 亿元，增加值 54 亿元，较 2023 年增长 200%，5 年间年均增幅达 24.57%，占天府新区当年 GDP 20%，占成都市文创产业当年营业收入与增加值 8%，位列各区县第 5 名左右。

根据《成都市急需紧缺人才和高端人才目录》评定标准，从 2024 年到 2028 年，至少累积引进（以落户或签署劳动合同、劳务合同等形式）或培育与文创产业相关的 A 类国内外顶尖人才 4 人、B 类国家级领军人才 10 人、C 类地方级领军人才与 D 类其他高级人才共计 50 人。由此在全区形成优美便利、宽松活跃的网络化、社区化创意氛围，使文创城成为具有全省、全国影响力的创意人才高地。

在创意氛围更加浓郁、文化交流更加频繁、职住功能更加平衡的整体背景下，文创城项目培育能力显著增强，项目孵化成果显著增多。到 2028 年，文创城累积孵化项目与企业 50 个以上，形成时尚设计、数字创意、会展休闲、文化旅游四大文创领域的国际竞争力，最终确立新区在"一带一路"倡议中特色鲜明的节点地位与窗口功能。

通过文化涵养与城市更新之间的良性循环与互动发展，助力天府新区基本实现"一点、一园、一极、一地"建设目标。文创城将基于产业园区功能拓展形成产业社区，进而通过产业社区衔接生态郊区与特色街区联动共荣，最终以散点状、分布式，在全区打造一系列对外无界渗透、对内绵延一体的产城功能融合组团。到 2028 年，努力实现全区自然生态整体向天人和谐的社会生态转化，全区产业竞争力持续向包容、开放的社会形态发展，全区文化创造力普遍向幸福、宜居的社会价值回归。

四、定位布局

第一节　差异定位

如果说对于已经建构了成熟的文创产业体系的"天府锦城"核心区，它的发展定位更加立足于当前现状整体布局，以存量优化为主，强化进一步集聚的引领功能，那么对于尚处于起步阶段的天府新区，则应该寻求差异化定位，其功能应当立足于未来空间的点状突破，以新业态、新社会形态的潜能释放为主，强化模式探索的实验功能。基于这一宏观定位，天府新区文创城的具体定位可以表述为以下四个方面。

1. 生态价值转化示范区

坚持生态价值的优先导向，坚守生态底线、生态红线，以打造天府新区"山、水、田、林、湖、草"生命共同体为起点，通过生态价值向经济价值、社会价值、人文价值的三步转换，最终将公园城市理念从单纯的景观形态拓展为"人、城、境、业"和谐统一的新型城市形态。首先，立足于区内"一山、两楔、三廊、五河、六湖、多渠"的生态价值本底，通过绿道串联"生态保护区+郊野风光带+服务节点"，打造近看有质、远观有势、生机盎然的山水生态公园场景。其次，通过蓝绿交织的亲水空间的打造与维护，植入文创、交流、居住、休闲、公共服务等多元功能，满足各类人群多元需求，形成产业互动社区现实生态价值向经济价值的转化。再次，依循"可进入、可参与、场景化"原则，通过多种生活场景营造，形成去中心化城市特色街区，增强居民地区幸福感、获得感，实现经济价值向社会价值的转化。最后，从概念层面、符号层面、实践层面出发，将公园城市建设、文创城建设对接，回归成都乃至中国的传统自然观、生态观，最终将生态保护区、产业社区与特色街区联动整合为天人和谐的生命共同体，实现多种价值向人文价值的凝练、汇聚。

2. 文化旅游科技融合先行区

文化、科技、旅游的深度融合关键在于如何充分发挥、结合三者不同的优势，以实现文创产业价值链的整体提升。因此，天府新区要充分发挥文化的原创内容生产优势，为产业融合确立核心价值；要充分发挥旅游的流量汇聚优势，为核心价值的实现提供市场空间、消费载体；要充分发挥科技形式的创新优势，为文化旅游提供令人流连驻足的感官体验与互动环境。因此，文创城应当充分认识到当下文创产业"无界无形"的本质，并不对产业内容设置过于明确的条块限制，而是坚定文创产业内容价值优先原则，紧紧围绕内容价值的创造与拓展，将文创产业的园区、集群打造为一种不同产业间、行业间、企业间相互激发内容灵感的对接平台与互动平台，以此源源不断孕育具有成都特色、时代风尚的原创内容，进而通过旅游与科技的双重拓展，实现内容价值在更广阔的产业空间、市场空间的流转与释放。

3. "一带一路"文明互鉴枢纽

天府新区要立足于"一带一路"重要机遇，明确自身特殊位置，努力发挥通导内陆、连接世界的枢纽作用，成为"一带一路"倡议中推动文明交流互鉴的重要窗口。因此，天府新区要充分利用自身贯通东西、衔接南北的交通优势，尤其是毗邻两大国际机场与"蓉欧快铁"的交通便利，做好公共服务，优化营商环境，在现有中意国家文化交流园的基础上，积极拓展沟通范围，强化自身优势，重点围绕设计、会展、文旅等领域，以具体项目为合作抓手，进一步引进国际团队、国际资源、国际品牌向文创城集聚，努力在天府新区打造独具天府特色的东西方相得益彰的文化形态、现代与传统相互动促进的产业形态、开放观与生态观相辅相成的价值形态。

4. "川蜀遗韵"文脉传承高地

唯有做好对成都老城区、核心城区的文脉传承，才能从根本上解决新区发展如何塑造本底的认同感、归属感问题。文创城建设理应发挥自身整合、汇聚功能，通过"可观、可享、可再生"三条路径，将天府新区在文化形态层面有机融入成都文化生态系统。所谓"可观"，即以创意设计产业为抓手，以建筑符号、艺术符号为设计重点，注重保持新区城市景观风格统一于鲜明的四川特色。所谓"可享"，即积极引导川剧、清音、蜀锦、蜀绣等传统艺术、传统工艺走进社区分布展示，进而走进场馆剧院，或节庆活动集中展示，在新区打造以点连片、绵延渗透的"老成都巴适生活区"。所谓"可再生"，即在加强非物质文化遗产传承保护的前提下，充分利用文创城时尚设计资源、数字创意资源，积极推进非遗活化、产业化，为"川蜀遗韵"在新区落地生根提供面向市场、面向时代、面向世界的产业支撑。

第二节　板块聚焦

在上述差异化定位的背景下，天府新区需要聚焦优势板块、扶持特色方案、细化实施路径，明确文创城产业发展方向。此外，天府新区周边各区在文创发展方面具已形成了一定的特色与方向：双流区以文化旅游为特色，未来重点发展打造以动漫为主的文化创意产业；高新区以动漫产业为特色，未来将致力于实现数字文创与城市形象共生；龙泉驿区以音乐文化为特色，未来将以古驿为文化底本，促进休闲价值衍生与拓展；锦江区以广告产业为特色，未来重点探索非物质文化遗产的创新传承。天府新区的文创产业板块设计，既要寻求与上述地区产业板块的"共性"，形成协同共振的外部效应，也要确立与这些板块的"差异性"，避免陷入同质化竞争，无法形成错位发展格局。鉴于以上两点，为契合当今时代产业融合发展的变革趋势，同时观照于新区生态价值的维护与利用，文创城可以对"文化＋科技""文化＋旅游""文化＋设计""文化＋会展"四大产业板块给予重点关注、政策支持，并通过这四大板块的建设，推动社会功能平衡完善、社会生活品质提升、社会组织的模式优化，最终将产、城、人统一于生态宜居、公园城市的整体建设框架之下。

1. 聚焦"文化+科技":突出天府遗韵活化再生

　　21世纪以来,移动互联网与数字技术的快速发展驱动数字创意产业爆发式增长,大数据、云计算、虚拟现实、物联网、区块链等新一代科技革命不断将数字创意产业推升至全新的高度。2016年,国务院印发《"十三五"国家战略性新兴产业发展规划》,明确将数字创意产业列为国家战略性新兴产业。预计"十三五"末,全国数字创意产业相关行业产值规模将达到8万亿元。2017年,原文化部、财政部联合印发《关于推动数字文化产业创新发展的指导意见》,2019年,科技部等六部门印发《关于促进文化和科技深度融合的指导意见》,分别立足于文化聚焦优化数字文化产业供给结构、扩大和引导数字文化消费需求,立足于科技研发,提出加强文化共性关键技术研发、加快文化科技成果产业化推广、推动媒体融合向纵深发展、促进内容生产和传播手段现代化。2016年至2017年上半年,我国数字创意产业投资额高达659.3亿元人民币,占投资市场总额的9.8%。2017年,我国数字文化产业增加值约为1.3万亿元到1.19万亿元,总产值为2.85万亿元到3.26万亿元。可见,科技促进文化产生新样式、新产品、新服务,而文化则不断赋予科技人文内涵的互动过程,它将在内容创意、设备创新两个方面呈软硬兼备、纵横驰骋的趋向。

　　因此,天府新区应当充分发挥"文化+科技"创新融合的产业势能,充分吸引全市、全国影视产业、动漫产业资源落地,引导影视动漫创作与新媒介、数字信息技术的实现,内容与形式的相互促进、相互融合,由此在新区打造新影视、新动漫的前沿探索与未来体验基地。为此,该基地要应用最新制作技术,生产制作原创影视、动漫和游戏精品,加强VR等虚拟现实体验技术、平台兼容技术的共性关键技术研发,推进虚拟现实技术与互动技术等新兴前沿领域的创新应用。此外,该基地还要支持建设围绕IP孵化、转化的运营平台,并依托平台发展研发、制作、应用及衍生品开发等全产业链环节,助力天府新区建设以数字影视为主导业务的数字文化创想基地。推动"产、学、研"联合培养数字创意人才,对优秀创意人才和创意作品给予创业支持,鼓励研发体现四川、成都传统文化特色、具有自主知识产权的数字创意产品。

2. 聚焦"文化+旅游":突出天府生态颐养身心

　　随着我国人均可支配收入的长足提升,人均教育娱乐休闲消费占比稳步提升,旅游成为人民群众向往美好生活的重要体验方式,由此激发我国旅游业持续迅猛发展,规模日益扩大,体系逐渐完善,市场秩序不断优化。2018年,中国旅游业总收入达6.0万亿元,对中国GDP的综合贡献为9.9万亿元,占国内GDP总量的11.0%,逐渐成为国民经济新的增长点。此外,旅游业和文化创意产业融合发展的趋势开始日益凸显。文化不仅能融入现有的旅游要素之中,使现有旅游产品品质得到提升,也能作为核心资源,并整合资本、科技等其他要素,形成新的旅游聚集区。2009年,原文化部和原国家旅游局联合发布《关于促进文化与旅游结合发展的指导意见》,助推我国文旅融合迈向新台阶;2018年,根据国务院机构改革方案,文化部、国家旅游局的职责整合,为我国文化和旅游的融合发展提供了更加有力的制度保障;2019年,国务院印发《关于进一步激发文化和旅游消费潜力的意见》,进一步强调深化文化和旅游领域供给侧结构性改革，提升文化和旅游消费质量水平，不断激发文化和旅游消费潜力，以高质量文化和旅游供给增强人民群众的获得感、幸福感。

因此，天府新区要科学利用成都丰富的自然资源与文物遗迹，有效激活博物馆、纪念馆、美术馆、艺术馆、世界文化遗产展示馆、非物质文化遗产展示馆等文化场所的业态更新，推动剧场、演艺、游乐、动漫、创意设计等产业与旅游业融合开展文化体验活动。此外，要充分发挥本地生态环境优势，打造田园养生综合体，基于对消费群体的需求细分，围绕年轻消费者与体育运动结合打造田园运动康体，围绕中年消费者与文化休闲结合打造田园文化养心，围绕老年消费者与养生养老结合发展田园健康享老，最后通过整体提升建构公园城市的栖居环境、悠闲自然的感觉环境，以及天人和谐的社区环境、多元共融的交流环境、高效优质的服务环境，为文旅融合下的城市社会生态系统构建赋予高规格的品质定位。

3. 聚焦"文化＋设计"，突出天府美学走进生活

设计将信息、知识、技术和创意转化为产品、工艺、装备与经营服务的先导，它以知识网络时代为背景，以产业为主要服务对象，以用户需求驱动设计创新，具有绿色低碳、网络智能、开放融合、共创分享等主要特征。立足于文化创意对于特色内容、原生 IP 的生产与打造，设计产业能够促进厚植竞争优势，减少同质竞争，为进一步向一产农业、二产制造业纵深拓展奠定扎实基础。因此，2014 年国务院颁布《关于推进文化创意和设计服务与相关产业融合发展的若干意见》，明确创意设计的高知识性、高增值性和低能耗、低污染等特征，强调了推进文化创意和设计服务等新型、高端服务业发展，对于促进经济结构调整和发展方式转变、推动生产模式与服务模式创新，带动万众创业、大众创新、满足多样化消费需求、提高人民生活质量的重要意义，由此使"文化＋设计"产业成为撬动我国产业体系从供需失衡到供需匹配整体转型的关键支点。

因此，天府新区可以依托中意国际文化交流园的平台功能，以龙头企业带动为抓手，以知识产权为运作支点，打造以"天府审美、时尚生活"为核心标识的设计产业卓越集群，深耕于"智慧"，融汇于"时尚"，开辟真正的市场需求，持续培育新的经济增长点，并将设计成果融合于相关产业、普惠于社会生活的方方面面。要密切把握时尚设计形态、业态、生态的动态变革，如设计与生产环节的"快时尚"模式、传播与营销环节的 ROPO（Research Online Purchase Offline）模式、整体供应链的柔性化、个性化模式等，以此对接国际资源，汇聚全球设计领域名企、名牌、名师，以系统化思维、生态化结构，协同打造创意设计、时尚设计的人才培训中心、业务交流中心、作品展示中心、金融服务中心，在新区构建完整、活跃的"文化＋设计"产业生态圈，树立成都设计产业集聚模式新标杆。

4. 聚焦"文化＋会展"，突出天府品牌汇聚流量

通过新技术、新产品、新理念的展现与交流，会展活动将带来巨大的集聚效应，加速产业链内各环节企业的沟通、学习、互动，从而能够有效驱动文化产业的融合创新、联动发展，最

终以会展品牌确立带动天府新区品牌打造，以会展流量汇聚带动新区整体流量提升，实现以点带面、贯通全局的效应。到2017年，我国会展业的直接产值已达到5 951亿元，比上年增长17.6%；占全国国内生产总值的6.2%，占全国第三产业产值的12%；实现社会就业1 990万人次，比上年增长0.35%；综合贡献为全国GDP的5.1万亿元人民币，比上年增长13.3%。2015年，国务院印发《国务院关于进一步促进展览业改革发展的若干意见》，提出了加快信息化进程、提升组织化水平、健全展览产业链、完善展馆管理运营机制、深化国际交流合作等意见，正式将会展业纳入国家政策支持轨道。

为此，立足于中国西部博览城，天府新区会展产业可以向四个方向进行功能拓展：（1）深耕专业化管理，向会展业上游延伸，积极壮大、孵化或引进水平一流的会展运营、策划机构，提升成都会展业整体实力；（2）有效对接四川省域文化资源、创业资源与国际贸易资源，打造会展新专题、新项目，反哺国家自由贸易试验区建设；（3）充分拓展会展业与旅游业、体育产业、数字创意产业、艺术品业、餐饮业、酒店服务业等多元互动、多维协作的空间，不仅将会展打造为产业聚集平台，更要将其打造为新业态的融合平台，从而引领天府会展产业向新生态、新体验延伸。

第三节　区域协同

1. 助力成渝地区文创一体化

在《成渝城市群发展规划》及《深化川渝合作深入推动长江经济带发展行动计划（2018—2022年）》的战略布局下，成渝地区双城经济圈的建设将为经济圈内各城市的文创产业提供优势互补、资源互通、要素互动的统筹机制与协调框架。而在《深化川渝合作推进成渝城市群一体化发展重点工作方案》中，川渝两地将围绕战略协同和规划衔接、生态环境联防联治、基础设施互联互通、开放通道和平台建设、区域创新能力提升、产业协作共兴、市场一体化发展、公共服务一体化发展、合作平台优化提升9大方面36项重点任务共同推进成渝城市群一体化发展。由此，天府新区须立足自身定位，在上述一体化的发展格局中，积极探索文创产业的协同创新空间。具体而言，可以依循以下两个方向：

第一，成都与重庆作为西南地区的中心城市，共同肩负着推动巴蜀文化传承创新、走向世界的时代使命。首先，在"推动产业协作共兴"这方面，鉴于重庆近年来同样致力于在设计产业寻求突破，天府新区可以在时尚设计、工业设计等领域推进园区合作共建，推动成渝两地设计师、设计企业的交流、互动常规机制。在此基础上，新区可以进一步围绕巴蜀文化创新转化、城市美学营造、时尚生活引领等共性设计议题，从信息共享到创意共生再到项目共创，多层次推进协同创新向纵深迈进。

其次，在"推动区域创新能力提升"方面，天府新区要把握成渝两地在数字内容产业发展方面的共性需求，打造服务成渝、面向全国的数字内容版权运营中心，推进城市群标准化和知识产权改革创新。成渝地区是双创活力集中区，因此建议数字内容版权运营中心应深度结合创新创业的需求，建立完整、简洁、方便、高效的服务体系，并充分利用新一代信息技术，构建覆盖计算机平台、移动应用等多模式的"互联网+"服务平台，打造"线上—移动—线下"三位一体的服务体系，开展智能化、个性化知识服务。

第二，成都南侧，从龙泉驿区经天府新区延伸至眉州、乐山一线，山水相连、人文相亲，因此可以在成渝城市群的合作框架内，在"推动产业协作共兴"方面共建国际文化旅游目的地，在"推动合作平台优化"方面，提升促进毗邻地区一体化发展，打造"生态康养—身心修养—人文涵养"的文化旅游空间带。其中，龙泉驿区具有得天独厚的森林资源，核心打造生态康养空间，眉州、乐山具有相对丰富的历史文化资源，核心打造人文涵养空间，而天府新区位于龙泉驿区与眉州、乐山之间，将衔接生态与人文空间，结合城市景观绿轴、特色小镇、大美乡村等建设，在需求端突出生活化基调，塑造特色城市文化、丰富城市底蕴，在供给端突出多业态的综合承载力，推动文化创意新组织、新产品、新业态、新模式发展，最终打造更加贴近生活、更加激活业态的身心修养空间。

2. 增强全球文创市场竞争力

在对内精耕业态的同时，天府新区还须利用自身毗邻双流、天府两大国际机场的交通优势，充分依托四川自贸试验区与"一带一路"两大国际平台，积极参与全球文创市场竞争。为了打造市场核心竞争力，新区文创城自身要集成空间大、环境优、政策惠等突出优势，从单纯的"吸引资源"定位向综合的"整合资源"定位转变，在地实现本土特性与国际视野相互融合，产业纵向升级与产业横向拓展相互协调。

首先，立足于四川自贸试验区建设，展开以国际论坛为平台，举办以博览会、洽谈会、研讨会、文化节为主要形式的文化交流活动。这些活动，可以采取以精准对接一国、一城的策略，不求大而全，但求小而精，以交流活动切实推动文化贸易往来、人才往来、资源往来。在此基础上，新区要加大文创生产、服务、贸易的宣传和推广，为新区文创企业产业发展提供更为广阔的成长条件和发展空间。另外，天府新区要在高标准建设综合交通枢纽的基础上，在新区打造成都文创信息港，把文化经贸活动尽可能地转移到数字空间上来，摆脱内陆城市地理空间的约束。为此，要抓住数字技术革命突破的新机遇，通过发挥现有产业龙头企业带动作用和有针对性的招商引资，加大柔性定制、区块链、数字影视等高技术、高附加值、轻资产、对物流成本不敏感的产业板块建设，以此积极承接国际先进文化服务业，把成都打造成为全国重要的先进文化贸易服务基地。

其次，立足于"一带一路"倡议，天府新区可以围绕文化、制度交流与经贸并重，创新资源引进和规则对接核心主题，巩固和扩大与"一带一路"沿线的全面合作。要根据"一带一路"沿线国家产业基础、合作偏好、政治经济制度以及交易成本的差异性，以实现竞争优势和价值创造为核心，精细化深耕国际市场，分类别、多层次、分区域地展开文化合作活动。在"一带一路"沿线国家中，欧洲的方面特别倡导高校、社会行业和世界各国组织、企业、政府，以及科研机构在科技、社会、经济领域的深度合作，天府新区可由社会组织、科研机构、文创园区牵头，与欧洲各国共建跨区域的、跨国界的产、学、研、用平台。因此，新区需要以东西方文明交互融合为切入点，充分利用"中国—欧洲中心"这一中欧合作生态服务体系，带动和扩大旅游服务、产品研发、设计培训等板块的合作。进而，借助平台实现与欧洲文化、环境、管理机制、标准设立和信息披露等方面的对接，对本土的制度创新起到"倒逼"作用，带动区域对外开放水平全面提升。

对于上述两大国际战略的联动策略，天府新区可以先从具有一定合作基础的国家入手，以点带面，进而予以拓展，而这一优先选择的联动"点"可以是意大利。首先，天府新区已经在中意文化创新园的建设中与意大利展开了切实的合作。其次，在欧洲抗击新冠疫情的过程中，意大利也与中国，尤其是四川省（中国对点支援意大利的省份即为四川）深化了患难与共、同舟共济的情谊。因此，无论是既有的合作基础，还是新的认同与共识，都便于天府新区与意大利深化合作，聚焦设计、艺术两大领域，推动资本、人才、技术、历史资源诸多要素在两地沟通流动、激活创新。其中，已经初具规模的中意文化创新园可以发挥引领作用。以该园区为依托，文创城应当积极探索运营新模式，强化本园区平台型、服务型功能，精耕自身资源整合优势，主动协助对接意大利优秀品牌资源，在与国外资源高效连通中，占据国际时尚产业发展高位。

五、案例对标

第一节 综合类型

1. 苏黎世创意聚集区

（1）基本情况

苏黎世有欧洲最好的两所大学和一所知名的创新文化发展中心，它是世界上最适宜居住的城市之一。苏黎世正是善于倾听创意阶层的心声，促成了它由全球银行和金融服务业的中心向时尚文化创意城市的转化。苏黎世是一个引领国际潮流的时尚之都——传统经典与前沿思潮在这里相互碰撞与交融：这座城市拥有享誉欧洲的顶级博物馆，歌剧院里上演着首屈一指的德语剧目，频繁举办的音乐会和戏剧演出丰富了公众的文化生活，名目繁多的文化休闲项目和公共活动，为苏黎世和瑞士塑造了积极、正面的国际形象。一个广泛扶持、保护创意产业的环境在苏黎世逐渐形成，创意型产业不仅仅是城市经济增长的一个有力支撑点，还使苏黎世完成了一个华丽的转身——从之前保守沉闷的金融中心转变成一个国际时尚城市，从而吸引了大批海外人才到这里创业。在城市间的国际竞争中，创意经济所发挥的决胜作用不断增强，苏黎世城市建设、经济发展的策略与方针也逐渐明晰，即大力扶植创意产业的发展。

（2）发展进程

"歌剧院骚乱事件"引发了非主流文化在苏黎世的繁荣发展，20世纪80年代初，大量新兴的文化形式很快为公众所接受，并在短时间内拥有了庞大的"粉丝团"。艺术和文化环境的形成大概分为三个平行发展的过程：文化政策的转变、餐饮服务业的自由化以及限制工业化。

文化政策的转变：1980年的青年运动使城市管理层不得不承认，除了主流的艺术之外，众多非主流艺术同样需要人们的关注及扶植。从前只扶植经典艺术形式的观念应当转变，因为艺术发展多元化的趋势是不可逆转的。为了保护艺术形式的多样性，一方面要继续支持现有的艺术研究机构，同时也要扶植新生力量。就这一点而言，对于文化领域的投资应理解为"对于传统和新兴艺术的经济支持"。

餐饮服务业的自由化：作为餐饮服务业自由化改革的重要举措，1997年苏黎世废除了"必需品供给制"，餐饮服务企业的数量随之成倍增长，而在这之前，城市中餐饮服务企业的数量是处于政府的严格控制之下的。为了满足人们不断增长的社交需求，休闲娱乐、特色餐饮、消费购物等商业设施逐渐兴起，夜生活成为时尚，越来越多的人在城市的广场、街道等公共空间享受闲暇时光。

限制工业化：文化生活兴旺的同时，政府也在逐步推进限制工业化的各项政策。今天，苏黎世更多地被视为金融中心，然而很少有人知道，历史上的苏黎世也曾是一座实力雄厚的工业基地。在20世纪80年代的10年间，近1/4的产业工人失去了他们的工作。迫于政策的压力，许多工业企业不得不裁员，搬离原有的厂区，向城市边缘、甚至是国外转移，这种现象在城市的工业西区和北部的Oerlikon工业区尤为明显。产业结构的调整导致失业率激增，百姓的生活成本越来越高，政府税收额显著下降；此外，90年代初酒店服务业的畸形膨胀和毒品交易活动的日益猖獗，使相当数量的人选择了离开。

尽管苏黎世在这些年的城市发展中遇到了这样和那样棘手的问题，但政府还是坚定地执行工业产业结构调整的各项举措，同时收紧基础服务设施与住宅的新建项目数量。直到1996年6月，情况才发生了改变，州政府颁布了一项城市建设和区域规划草案，允许在工业区引入基础服务功能。与此同时，"城市论坛"——一种新兴的城市发展管理模式——逐渐为人们所接受，因为它能够摆脱烦琐的官僚程序，更直接有效地解决城市发展中的诸多问题。

（3）产业特色

在过去的数十年中，苏黎世逐渐成为全球创意产业发展的重要策源地之一。这是诸多因素共同作用的结果：多样包容的文化环境、潜力无限的创新团队、地方经济（金融机构）的蓬勃发展，以及城市高收入阶层对文化艺术和基础服务产业的诉求。苏黎世市政委员会编制了城市2025年的发展纲要，规划了未来城市发展的目标和方向。基于以往的经验和教训，苏黎世将发展创意产业确定为整个纲要的核心内容，其地位不言自明：作为一个潜力无限的朝阳产业，必将得到政府的大力支持。此外，纲要明确地规定了享受政策优惠的对象——政府和民间的创意企业，以促进其向高层次和多样性方向发展，成为经济发展的源动力；支持专业教育培训机构的发展，加强与企业间的横向联系，培养实用型人才；城市应提供创意产业的生存空间，并加强产业内部的联系交流。

从2006年开始，苏黎世政府主动出击，谋求其战略合作伙伴——特别是各大金融财团——的帮助，并达成多项协议，在落实了政策性资金来源的同时，政府还开通了"创新苏黎世"（Creative Zürich Initiative）和"创意星期三"（Creative Wednesday）两个网站，创意企业可以在这里向外界展示自己的产品和理念；网站还提供本地各类创意项目的信息、即时的文化交流活动安排及相应的网址链接。总之，网站的启动为创意产业搭建了一个交流平台。"创意星期三"是业内人士的专属论坛，从2006年年底开始，网站每3个月举办一次专题研讨会，大家有机会就彼此关注的焦点问题直抒己见，加强了业内的交流与联系。位于狮牌啤酒厂区内的博物馆、画廊和工作室，曾一度被既定的开发项目所危及，通过政府的积极运作和协调，这些艺术空间最终得以保留，同时也保住了苏黎世在国际艺术品交易行业多年经营所赢得的威望与地位。而对于Letten火车站的娱乐休闲区，按照公众的意愿，应提供给创意产业更多的发展空间，相应的规划方案还处于概念阶段，需要进行反复的研究论证。

除了上面提到的，还有更多未提及的政策措施发挥着积极的作用，其中包括"建立发展科研机构""规划保护工业区的可持续发展""强化城市品牌效应，承办国际会展活动，吸纳更多的观光客"等。此外，激发城市活力的各种途径，保护城市工业和商业活动场所，加快高校科研成果向生产力的转化等，都是有益于创意产业经济发展的积极举措。

2. 中新天津生态城

（1）基本情况

中新天津生态城是中国、新加坡两国政府合作项目。生态城市的建设显示了中新两国政府应对全球气候变化、加强环境保护、节约资源和能源的决心，为资源节约型、环境友好型社会的建设提供积极的探讨和典型示范。生态城坐落于天津滨海新区（距离天津市中心40公里处）。为满足中国城市化发展的需求，占地30平方公里的生态城以新加坡等发达国家的新城镇为样板，将被建设成为一座可持续发展的城市型和谐社区。2018年11月26日，中新天津生态城被推选为"2018中国最具幸福感生态城"。中新天津生态城是"无废城市"建设特例区。

2007年4月，国务院总理温家宝在会见新加坡国务资政吴作栋时，共同提议在中国合作建设一座资源节约型、环境友好型、社会和谐型的城市。2007年7月，吴仪副总理访问新加坡，与新方进一步探讨了生态城选址和建设原则。随后，国家有关部委对天津等多个备选城市进行反复比选和科学论证，在征求新加坡国家发展部的意见后，于9月底初步认定生态城选址在天津滨海新区。2007年11月18日，国务院总理温家宝和新加坡总理李显龙共同签署《中华人民共和国政府与新加坡共和国政府关于在中华人民共和国建设一个生态城的框架协议》。国家建设部与新加坡国家发展部签了《中华人民共和国政府与新加坡共和国政府关于在中华人民共和国建设一个生态城的框架协议的补充协议》。协议的签订标志着中国—新加坡天津生态城的诞生。

以人与自然和谐共存、人与经济和谐共存以及人与人和谐共存为主旨和目标。中新天津生态城指标体系依据所选区域的资源、环境、人居现状，突出以人为本的理念，涵盖了生态环境健康、社会和谐进步、经济蓬勃高效3个方面22条控制性指标和区域协调融合的4条引导性指标，将用于指导生态城总体规划和开发建设，为能复制、能实行、能推广提供技术支撑和建设路径。

（2）发展进程

渤海湾畔的天津滨海新区内，世界首个国家间合作建设的生态城市——中新天津生态城正在崛起。在曾经1/3是盐碱荒地、1/3是废弃盐田、1/3是污染水面的一片"生态禁区"，整理废弃盐田，净化海水，综合利用风能、太阳能、地热能、生物质能等绿色能源，发展低碳循环经济……经过10年创业，由中国和新加坡合作建设的中新天津生态城闯出了一条资源约束条件下城市可持续发展新路。

20世纪50年代，军垦在生态城建成占地5平方公里的"八一盐场"。这里还有一个有着上百年历史的小渔村——青坨子村，村民自古以来主要靠渔船出海谋生，具有独特的民俗文化。随后的几十年，这片土地仿佛被世人遗忘。直到20世纪60年代，这片土地还保持着原生态的自然风貌。21世纪初，沧海桑田，斗转星移，这片历经沧桑的土地在21世纪初迎来新生。2008年，中新两国选择在这里建设新型生态城市，旨在探索一条资源约束条件下实现城市可持续发展的新路，首批建设者从全市各条战线会聚而来，在渤海之滨的这片盐碱荒滩上，开启了宏伟而艰辛的创业历程，开始让这片土地焕发出久违的生机。经过10年的开发建设，如今的生态城已经从盐碱荒滩成为一座生机盎然的生态之城，从荒芜之地成为声名远播的宜居之处，从无人问津的产业洼地成为经济蓬勃的投资沃土。

（3）产业特色

● 人与自然和谐共存

新型能源——积极推广新能源技术，加强能源梯级利用，提高能源利用效率。有限发展地热能、太阳能、风能、生物质能等可再生资源，全面实施国内首个智能电网示范区建设，可再生能源使用率到2020年达到20%。

绿色建筑——所有建筑要达到绿色建筑标准。集成可再生能源利用、水资源循环节约、垃圾无害化处理和绿色建材、通风采光等方面节能减排技术，形成绿色建筑综合实施方案，有效降低建筑能耗和排放。

● 人与经济和谐共存

五大创意园区——

国家动漫园：是文化部和天津市合作建设的中国最多的国家级动漫园；国家影视园：生态信息园主要发展软件开发、系统集成、服务外包、芯片设计等，致力于建设成为国内一流的软件开发、培训、出口和资讯服务基地；生态信息园：生态信息园主要发展软件开发、系统集成、服务外包、芯片设计等，致力于建设成为国内一流的软件开发、培训、出口和资讯服务基地；生态科技园：是生态城以节能环保、绿色建筑为主的研发、认证中心和企业总部的聚集区域；

生态产业园：是生态城以新能源、新材料、新技术等低碳产业项目为主的新兴企业聚集区。

● 支柱产业——

以百度、联众游戏、暴风科技为代表的互联网+高科技企业，以蓝色光标、美团电影、吕荣传播为代表的文化创意企业，以亿利国际生态旅游岛、深圳华强方特欢乐世界为代表的精英配套企业规模聚集，形成以互联网+高科技，以文化创意和精英配套为辅的三大支柱产业集群。

● 人与人和谐共存

建设和谐社区，建立生态细胞—生态社区—生态片区三级居住体系。混合安排多种不同类别住宅形式，满足不同群体居住需求，增加公共服务设施供给，建立满足不同需求、合理适度的公共服务体系，实现公共资源平均分配和共享。

在医疗保障上，结合区域人口规模和结构特点，确立综合医院和社区卫生服务中心两级服务模式，逐步建立社区首诊、分级医疗和双向转诊服务机制。探索实行家庭医生服务制度，打造便利高级、重点突出、保障全面的大健康服务体系。

3. 之江文创产业园

（1）基本情况

从孵化器转型升级为国家大学科技园，到顺应时势的特色小镇，艺创小镇完成了化蛹成蝶的美丽嬗变。2018年，浙江省发布了《之江文化产业带建设规划》，发布之地就在西湖区的艺创小镇。这意味着艺创小镇将奔跑在之江文化产业带核心区域的最佳跑道上。而其所在的西湖区更是处在整条文化产业带的关键位置。事实上，艺创小镇只是西湖区文创蓬勃发展的一个"缩影"。近年来，西湖区坚持文化事业、文化产业"双轮驱动"，不断提升文创产业集聚度、贡献度，已成为杭州市文创产业高地和建设全国文化创意中心的排头兵。

目前，全区共有省级以上文化产业园5家，文创企业1万余家。2018年，文创产业增加值430.6亿元，增长8.5%。2019年上半年，实现规模以上文创产业增加值242.7亿元，增长32%；实现文创企业营业收入663.3亿元，增长31.5%。2019年5月28日，中国（浙江）影视产业国际合作区在杭州市西湖区启用。这标志着西湖区的文创再添一支强劲力量。一直以来，西湖区的影视全产业链引领着西湖区的文创产业。此外，之江国际影视产业集聚区着力打造集国际影视总部集群、高科技影视制作平台、艺术家创意社区、电影学院和泛娱乐新消费业态于一体的全球影视产业集聚中心。

蓬勃发展的不仅仅是影视产业。龙坞茶镇·九街正式开街、之江文化中心加快推进、象山艺术公社投入使用……西湖区文创产业发展如芝麻开花节节高，如今，西湖区的文创产业发展已呈百花齐放之势。在文创产业发展的巨轮之下，名企不断涌现，如华策影视、宋城演艺等5家主板上市文创企业，南广影视、艺能传媒、德纳影业、时光坐标等16家新三板上市文创企业。2020年上半年，国内最大有声阅读领军企业喜马拉雅公司正式签约落户象山公社。与此同时，名家大师的不断引入，更为西湖文创产业的发展添筹加码。潘公凯、麦家、余华、刘恒、蔡志忠、吴山明等 30 余位"国内顶尖、国际一流"的名家大师纷纷与西湖结缘，成为文创"大 IP"。

（2）发展进程

之江文创园引领文创风潮，从轰鸣如潮的双流水泥厂到之江文创园区，再到中国美术学院国家大学科技（创意）园，直至如今的高水平特色小镇，用了 10 年时间。10 年弹指一挥间，2018 年，园区产值约 4.3 亿元，产生税收 2 885 万元，亩产税收 9 万元，是原水泥厂亩产税收的近 100 倍，彻底从高污染、低效能经济成功转型为绿色低碳的文化创意经济，成为"绿水青山就是金山银山"的典型案例。

2008 年的开园是艺创小镇 1.0 版，2.0 版就是 2010 年园区打造了全国首个也是全国唯一一个以艺术创意为特色的国家大学科技创意园。艺创小镇 3.0 版，则是 2015 年"艺创小镇"的诞生。2018 年年底，小镇建成浙江省首个由城中村改造而成的文化创意艺术街区——象山艺术公社，打响省市之江文化产业带建设的第一枪，将艺创小镇版本刷新至 4.0 版。"第一眼，觉得它是山峦、流水和现代建筑，但慢慢地，你会发现它是一幅画，作画者，是隐藏在其中的艺术家们。"有人曾经如是形容艺创小镇。

目前，小镇集聚了北斗星色彩、形而上设计、袁由敏设计等 1 089 家设计企业。漫画大师蔡志忠、雕塑艺术家杨奇瑞、根雕大师周扬等一大批艺术创作大师也在这里潜心创作。未来，艺创小镇将紧紧抓住浙江省打造之江文化产业带、杭州市实施"拥江发展"战略和全面推进"文化兴盛"的重大机遇，将小镇打造成为浙江省发展文化产业的主平台、之江文化产业带的一颗璀璨明珠。

（3）产业特色

杭州之江文化创意园园区分为核心示范区、产业拓展区、综合配套区 3 个区块，共由 7 个项目组成。

核心示范区

● 企业孵化器——凤凰创意国际：位于杭州创意路 1 号，由历史水泥厂改建而成，占地面积高达 332 亩，建筑面积 10 万平方米，极力引入设计类、动漫类、艺术类、新媒体四大特色创意产业，大咖齐聚，产业氛围十分浓厚。

● 创意示范平台——凤凰大厦：该项目位于凤凰山以北，距离凤凰创意国际几公里，建筑面积 9.7 万平方米，目前已引进 300 多家文化创意企业，配套完善，功能设施齐全，产业集聚，氛围好。

● 创新创意新中心——象山艺术公社：该项目以创新为定位，位于中国美术学院西侧，建筑面积 2.5 万平方米，主要引入对象是创意大师和艺术大师，旨在打造国际化艺术创意中心和当代艺术公社。

● 专业交流中心——外桐坞艺术村落：外桐坞艺术村落主要包含农家休闲娱乐区、居民生活休闲区、石榴采摘体验区、茶园观光区、茶艺体验区、艺术文化区 6 大功能区，建筑面积有 2.2 万平方米，该基地将区域旅游和艺术产业相融合，通过艺术创作、展览和交易等形式，逐渐成为国内最活跃的艺术中心。

● 人才培养中心——中国美术学院象山校区：建筑面积3 000平方米。已经形成设计、动漫、艺术品、现代媒体4个特色产业，以中国美术学院人才为依托，培养复合型和紧缺型的国际化创意人才，为整个园区产业发展提供智力支持。

产业拓展区

项目位于石龙山、凤凰山北麓，占地面积约808亩。通过政府倾力改建，已经成为接产服务配套中心和文创设计、影视新媒体特色产业集聚地。

生活综合配套区

该项目位于中国美术学院象山中心校区与创意国际交接处，范围包括规划广场、公园、小区绿地及两侧地块和320国道以南象山路两侧地块，占地面积990亩。将打造成一个由时尚精品商业街、星级酒店、影视娱乐城、图书馆和创意办公楼组成的综合配套体，将来成为整个之江地区的文化中心和商业中心。

4. 经验总结：政策网络先导，多维要素跟进

以上三个文创产业集聚区的形成，虽然各自依托的核心要素不尽相同。但是三者共同以政策网络为先导，在充分发挥政策的杠杆作用前提下，进一步吸引特色要素实现成果转化、创新集聚、功能拓展，例如，苏黎世创意聚集区的人才要素、天津生态城的资本要素、之江文创园的技术要素。政策网络将最大限度地淡化政府与企业基于固定区域、常规机制的外在联系，最大限度地强化二者基于互动、协商的内在联系，而这就更加需要以高度针对性的政策集束引领不同种类的产业集聚区建设，积极探索"一区一策"的差异化路径，实现各集聚区政策资源配置的灵活化与精准化。

可见，集聚区政策网络的建构，是一个政府与公众之间交流互动和协同合作的过程。也只有这样，对于创意产业的政策倾斜，如保护其生存环境，鼓励旧建筑的改造利用等才有可能真正发挥作用。以上产业集聚区的发展都证明了创意产业强大的政策动力，因此，政府不能过分沉溺于细枝末节的干预，而应在核心问题上——支持和维护产业内部的交流与合作——发挥其服务职能。产业集群之所以称之为集群，并不标示某一类企业的单纯集合，而标示了一种关系性构成，这种构成包含以下4个层面：企业间关系、区位间关系、价值链间关系、集群与社会、自然、人文环境间关系。而文创产业集聚区作为创意人才的生活之地、创作之地、交流之地、协作之地，其要素趋于交互，其空间趋于分布，进而引发其价值链趋于拓展。在此过程中，创意产业将内在地建构一种社会化关系网络，另外，也将外在地与整体综合环境垂直融合、深度互嵌。

在此过程中，政府必须认识到文化产业的"差异性"和"敏感性"，遵循产业发展的特殊规律，不能用一套均质化的政策。政府应帮助而非指导创意企业、团体甚至个人寻找合适的处所，实现其可持续、可再生发展。由于创意企业对于区位的选择有着特别的偏好，如喜欢扎堆

以便于交流和相互间的灵感启发，这就要求政府必须掌握相关的专业知识，了解技术细节问题，才有可能建立正确、合理的产业网络分布。因此，对于特定的空间，首先应进行不间断的使用状况调查，观察人们在其中的各种需求以及由此作出的行为反应，为政府提供准确、客观的决策依据。

第二节　专项类型

1. 柏林设计产业功能区

（1）基本情况

德国柏林于2005年被联合国教科文组织认定为"设计城市"（City of Design），成为欧洲第一座加入联合国全球"创意城市联盟"的城市。它将社会生产与市场经济、城市建设与文化创意相结合，此番设计风潮席卷德国各地。柏林无限度地包容了各种文化艺术的发展与沿承，产生了多元化的文化与艺术境地。柏林城的历史遗迹、地域特色、民族传统与文化创意等城市资源，都是世界各地的艺术家、设计师、创意者们争先前往的原因。在这种开放的氛围下，柏林作为"创意之都"建立了许多艺术、文化交流的平台，设计行业已然成为柏林的核心创意产业。

这些有形的、无形的、新与旧的文化碎片构筑成属于柏林城特有的图像集群。柏林的地标与建筑、文化与艺术，这些泛化的图像符号逐渐形成"创意之都"独特的城市形象系统。柏林以发展国际文化之都、购物时尚之都、派对之都为目标。柏林的设计产业涵盖了设计机构、设计工作室、工业设计、时尚设计、设计节以及设计产品商店在内的1 300多家设计商贸机构，是欧洲新兴的设计产业集聚地，为其实现设计之都发展目标奠定了基础。柏林的设计传统和当代创意影响到了整个国家和国际相关领域的运作。以设计为核心的文化创意产业已经成为城市的支柱产业，拉动了相关经济。据统计，2005年，柏林的文化创意产业创造了97.72亿美元的经济收入，约占整个城市GDP的11%。

（2）发展进程

柏林的文化产业发展有近几十年的历史，在出版、影视等方面具有传统的优势，并长期保持良好的文化氛围，使城市最终走上一条新的、以创新为导向的、可持续的发展道路。尽管如此，柏林选择文化产业带动城市的发展是带有一定程度的偶然性的。由于柏林房地产业长期的不景气，致使城市的住宅、工厂和办公的租金较西欧城市普遍低廉，以致生活和创业成本保持在一个较低的水平上。全德国乃至全欧洲创意工作者、创意生产者和创意供应商迁来柏林生活和工作，营造了一种世界主义的、自由主义的、激动人心的艺术氛围。

在不同的历史发展阶段，柏林文化对其设计产生了不同程度的影响。20世纪90年代两德统一后的设计理念融合了多元文化特点，既有复兴严谨的设计风格又有民主自由的设计理念，柏林还吸引了来自不同地区的设计阶层集聚，融入了各国的时尚设计理念，逐步形成了"自由、原创、空间"的设计理念。这也对当今柏林设计之都建设产生了积极的促进作用。柏林工业设计经历了 5 个主要发展阶段（表 5-1）。传统工业遗迹为创意人才集聚提供了条件，2007 年年底，柏林政府通过资金投入使柏林的老厂房租金低于全德平均水平的 20%，创意人才在此集聚，成立工业设计工作室等，为柏林工业设计注入新的血液。

表 5-1　柏林工业设计发展阶段分析

理　念	阶　段	时　间　段	发展背景	工业设计发展状态
理性主义设计理念	启蒙探索阶段	19世纪末—20世纪初	工业革命启蒙作用	产品设计环境改变，从不同角度探索工业设计准则及美学标准，拉开柏林工业设计的序幕
理性主义设计理念	成型时期	20世纪20—30年代	"一战"后工业科技的发展	现代主义工业设计准备，包豪斯的建立标志着现代主义设计走向成熟
原始功能主义理念	"二战"后的设计	20世纪40—50年代	"二战"的影响	消费市场对工业设计的关注降到最低，设计只注重功能，后逐渐向理性主义回复发展
非主流设计理念	多元时代设计	20世纪50—70年代	经济与科技大繁荣	受新科技、新材料、新工艺及新消费观的影响，呈现多元发展面貌
绿色设计	信息时代设计	20世纪80年代后	计算机网络技术发展	设计多元化与一体化统一发展

资料来源：叶霞. 二十世纪德国工业设计研究 [D]. 武汉理工大学，2006

（3）产业特色

柏林创意设计产业的发展及文化之都、时尚之都的建设主要基于三种相互交织的理念：一是"以高起点的设计规划实现城市重建，以大规模的创意文化推动经济发展"的理念，吸引大量艺术设计企业及设计人才集聚，为城市不断注入新的文化创意元素；二是"节能、低碳"的产业设计理念使柏林由传统的以工业制造业为主的城市向生态、环保、节能的新型文化时尚之都转变；三是工业设计理念"用工业保护设计"，认为工业产品的质量在很大程度上取决于它们的设计。

● 城市景观设计

柏林文化之都建设的重要表现是对内城空间的塑造，柏林形成了具有文化特色的"城市街道空间艺术"。该设计在自由、开放文化理念的引导下强调城市空间的"平等、尊重、活力"，包括园林设计、道路设计、街头艺术设计。通过公共空间的塑造来营造良好的内城居住环境，公共空间既包括有形的建筑也包括无形的城市环境，柏林正是通过对包括庭院、街道、广场等公共空间的设计实现内城创意规划的。这样的设计理念兼顾历史又融入可持续开发的创新理念，通过公共空间的塑造改变居民生活环境，使文化创意不再局限于专业设计领域而是应用到城市空间及景观建造方面，也使创意设计真正融入人们生活，在改造城市面貌的同时，为创意人及普通居民营造良好的文化创新氛围，将文化元素融入城市空间塑造及城市生活中，实现柏林文化之都的建设目标。

● 数字媒体设计

柏林的数字媒体发展是实现时尚之都建设目标的重要内容，数字媒体包括城市互联网、影视设计、手机通信等。柏林是世界范围内数字媒体技术领先发展的核心区域。一方面，设计产业的数字化满足了人们对创意设计衍生品的跨区域需求，扩大了创意设计产品的市场空间，增强了柏林时尚购物之都的国际影响力；另一方面，数字产品要实现其价值就需要设计研发机构与企业及市场结合，形成以数字媒体为载体的创意产业链。在这条完整的产业链中，融入文化理念的创意设计体现了文化之都的发展要求；为设计产品宣传举办的节事活动成为派对之都建设的重要表现。这些活动吸引了大量创意阶层在此集聚，使柏林成为多元文化的大熔炉，也成为时尚设计的源地，推动了建设文化之都、时尚设计之都目标的实现。

2. 慕尼黑里姆会展新城

（1）基本情况

慕尼黑里姆会展新城（Messestadt Riem）位于慕尼黑东郊，距城市中心约 7 公里，慕尼黑会展中心也坐落在这里。这里曾经是慕尼黑里姆机场，整个项目占地 6 平方公里。里姆新城高水平的可持续城市开发建设首先依靠科学的指导思想和规划设计。

慕尼黑市政府在该项目中依据"21 世纪议程"，努力保证一个平衡和注重生态的城市开发。开发目标的核心可以归纳为紧凑都市化和生态绿色。可持续发展是最重要的目标，在规划以及整个项目的实践中得到了充分的尊重。在慕尼黑里姆会展新城规划过程中，进行了一系列深入的专项课题研究，以确保旧机场用地能够建设成为现代化的可持续发展的新城。这些研究包括：生态建设规划；拆建规划研究（减少建筑拆除垃圾、保护原生态土壤……）；受污染土地无害化处理研究；城市基础设施规划研究；社会各阶层需求研究和保障设施规划；能源系统规划研究；停车系统规划研究；空间概念规划研究；游戏场地规划研究；特色标志性树木规划研究（通过特色树植形成街区的认知度和归属感）；开放空间规划研究；市民/使用者参与研究；艺术设施规划研究。

（2）发展进程

德国里姆新城是德国 20 世纪 90 年代中期完成的总体规划，在过去将近 30 年的不断建设和完善过程中，保持和实现了最初的规划理念，代表了德国这一时期新城建设的较高水准。

它是德国规模最大的可持续城市发展项目之一，从 1995 年开始，经过近 20 年的规划建设，现已基本完成。该项目城市设计的主要目标是开拓适合居住和工作的绿色场所，1995 年完成总体规划，2013 年建设完成。工程包括办公与企业园区、商业中心、学校、酒店、教堂及 6 100 套住宅单元，可供 1.6 万人居住和 1.3 万人工作。

（3）产业特色

● 绿化系统

里姆会展新城项目规划突出重视绿化景观设计。成功地开放绿色空间的设计，能够改善小区域气候，降低能源和资源的消耗。整个项目的开发必须遵循市政府的指导性规范。项目中创造了分等级的开放空间体系，依次为私人绿化空间、半公共庭院、公共绿色走廊和位于南端的公园。

● 节约土地

为了实现节省用地的目标，项目中建立了面积指标体系。同时，对旧机场的废弃土地进行改造利用，并保留和重新利用部分原有建筑，对机场塔台、跑道起飞地点等历史遗物进行保护利用，将其有机地融入新城规划建设之中。

● 减小硬质铺地和回用原土

大面积硬质道路、铺地对雨水回灌、微气候环境都会产生诸多负面影响，因而规划时注重减少硬质铺地，结合景观设立雨水收集自然渗透设施。基地地表原土是环境的有机组成部分，由于建筑或道路建设而开挖的地表土必须有专业公司负责临时运输和存放，并在建设工程完成后重新运回基地，用于园林等使用。

● 节约能源和水资源

为了减少能源消耗尤其是石油能源的消耗，里姆会展新城项目一期的建造立足于建立低能源消耗建筑施工和低能源消耗住宅的基础。在后续阶段中规划完全采用可持续能源，例如，沼气热能和太阳能。通过采取适当的措施，使本项目减少1/3的自来水消耗量，而不降低生活质量，根据住宅规模和是否有足够的条件用作雨水的初步净化收集。

● 交通规划

里姆会展新城交通规划的上层目标是：避免交通噪声和尾气污染，保证城市开敞、城市空间质量。里姆会展新城项目在交通上具备从私家汽车模式过渡到无汽车或公共交通模式的潜质。整个地区由2号地铁的两个地铁站、一条公共汽车线路和城市公共交通系统相联系，并且配备良好的人行和自行车体系。随着城市的发展，这个特色在未来能得到更好的发扬。

● 垃圾处理

里姆新城设置区域废弃物管理系统包括废物收集以及回收中心。会展中心也设置了废弃物管理系统，包括废弃材料回收设施以及对废品处理的私人条约。在垃圾处理上，市政府提倡分离处理不同的生活垃圾，包括玻璃、金属、塑料、大型垃圾、有机垃圾和残余物垃圾。

● 可持续的生活模式与市民参与

实际上，城市和城市居民只有按照可持续发展的观念生活，才能建立真正意义上的可持续发展模式。慕尼黑里姆会展新城项目倡导居民可持续发展的生活模式，积极参与社区公共生活，保护生态和环保。

3. 韩国上岩数字媒体城

（1）基本情况

上岩数字媒体城（简称 DMC）位于首尔麻浦区上岩洞，该区域位于汉江之滨，2002年随世界杯场馆建设才开始开发。距离首尔国际机场30分钟车程。首尔数字媒体城集中韩国广播、游戏、电影、动漫、音乐和网上教育等基于信息技术的产业，被首尔人称为把梦想变为现实的典型代表。数字媒体城将通过产、学、研结合，将其打造成为韩国最高水准的知识基础中心与世界顶级知识产业中心地,还将围绕数码媒体技术在日常生活和社会活动领域的适用性进行测试。

作为一个融合了现代技术和高科技产业的集群经济体,上岩媒体城配备了世界顶级的媒体设施,容纳一大批领航级的数字内容制作公司和研究院所,学术、产业、研究等在这里不断融合,推动着首尔不断成为亚洲区域首屈一指的知识中心,甚至成为全球数字媒体行业的重要核心之一。当然,上岩媒体城项目不仅仅是一个简单的媒体经济发展计划,它在本质上还是一项城市发展项目,被韩国政府视为未来社会资本增长的一个支点,是韩国经济可持续发展的一个重要引擎。

(2)发展进程

上岩媒体城本身由一座工业废料堆积的垃圾填埋区改造完成。早在20世纪90年代,已有1万多家小型数字媒体创新型企业聚集首尔。政府最初开发本项目的目的正是为了激励这些中小企业,但随着规模的扩大和聚合效应使得媒体城的实际结果远远超过预期。首尔数字媒体城周边有2001年建成的世界杯体育场、世界杯公园,2004年建成的公共高尔夫球场和外国人居住村。数字媒体城作为总面积661.2万平方米的"千年城"的组成部分,已经成为世界一流水平的媒体内容研究所和产品生产、流通中心。

发展到今天,上岩数字媒体城使得今天的首尔在亚洲区域显得格外耀眼,其来自于高效的城市规划、清新的城市设计以及对数字信息技术的挖掘。作为先进的数字技术与自然环境共存的经济综合体,上岩媒体城不仅推动了韩国媒体公司的聚合与发展,促进韩国文化内容制品日趋丰富与完善,同时也不断提高了韩流在世界舞台上的影响力;更重要的是,它还兼顾了城市公共服务的职能,是城市休闲娱乐活动中重要的组成部分,为市民及游客亲近自然、体验新潮、感受前沿提供了新的平台。

(3)产业特色

采用"开发—转让"的开发模式:整个数字媒体城的开发和推广由首尔市政府负责,具体实施建设工程计划是由政府专门成立的"数字媒体城处"负责的。首尔市开发公司负责执行土地开发和基础设施的建设,开发成本约65亿美元,采用"激励机制和政策支持"的开发机制。

● 国内激励机制:差异化定价;安装付款;提早付款有折扣;强调激励价格机制。

● 外商投资激励机制:土地供给;办公室出租提供;出租楼和外国学校;以外商投资相关法律为准提供相应支持。

作为数字媒体工业综合体,上岩媒体城容纳了先进的物质基础设施和社会资本,是数字技术的成长摇篮,能够不断培育相关行业,完善商业支持服务,加强现有企业的革新能力;对于繁荣的都市而言,上岩媒体城容纳了公园、咖啡馆、有活力的街道、舒适的住房设施等,是一个能够提供丰富文化体验的生活社区;这里还建立了一个独立的宽带光通信网络,提供无线和卫星电信服务,供游客可以免费上网,让数字信息服务深入生活的每一个毛孔。为了让"媒体城"更贴近公众,以便发挥出更大的公共服务效力,韩国政府还在官网上提供了上岩媒体城的参观路线（DMC tour），在步行路线中共提供了四种浏览方案：媒体技术游、建筑和公园游、日落风景游、南吉公园和水杉线路。

从另一个角度来看，上岩媒体城还是首尔城市生活中重要的"第三空间"，民众们在这里可以开阔视野、放松身心、愉悦性情。今天的城市越来越体现出了文明社会中内置的冷漠与疏离等缺点，因此未来的城市发展除了强调体制安排、空间规模、经济发展和优化住宅外，更重要的一点就是通过增加公共休闲空间以加强社会凝聚力，改善地区氛围，增加城市吸引力，而上岩媒体城无疑是城市中一处可供"呼吸"的文化自然空间，是城市精神的一抹曙光，人们可以在这里放松身心、探索自然、增长智慧，获得性情上的愉悦与慰藉。

4. 经验总结：深化项目根植性，构筑产城共同体

虽然柏林、慕尼黑、韩国三个地区的文创城都根植于不同的建设背景，因此衍生出不同的发展脉络，但是从这三条脉络中我们可以提炼出一些共性特征，它具体呈现于从产业集聚向特色城区转型所普遍需要经历的三个阶段：第一，产业要素更新阶段。在此阶段，集聚区通过人才与科技的聚集，努力提升信息、知识、创意参与生产的能力与范围，以此突破传统发展格局。第二，要素关联改造阶段。在此阶段，集聚区通过打造灵活、多样、高效的互动平台、交流空间、对接机制，实现新要素的全节点共振，进而激发产业链的纵向整合以及产业链之间的横向融合。第三，社会关系调整阶段，在上述新的要素构成与关联的基础上，集聚区将引导全民共创、共治、共享，最终形成特色城区，在产业发展与社会发展之间建构起良性生态。

以上特色城区的建设经验表明，在新媒体蓬勃发展的今天，虚拟疆域依然无法完全替代社会的现实载体，文化创意活动仍是产业环境与城市环境互动、虚拟空间与现实空间结合的结果。因此，唯有确立要素集聚、产业建构的功能属性，同时回归社会建构、城市发展的目标属性，产业聚集才能真正形成根植于当地居民生活、生态的垂直生产单元，而这一垂直单元也会反向帮助落地产业提升应对发展不稳定性和普遍风险的能力，由此真正发挥文化创意在经济活力与社区活力之间、产业结构调整与城市服务优化之间所起到的特殊的衔接与中介作用。

其次，上述不同类型的特色城区，各自发展路径的特色集中表现于不同产业对空间的不同诉求：对音乐企业重要的区位因素与设计行业的完全不同；企业和从业人员在柏林的需求与在慕尼黑的需求不尽相同；高收入的创意行业有能力进驻环境优良的loft，而收入较低的行业则居住在一些传统产业没落的区域内。而在时间维度，所谓的优质和衰败的城市空间并不是一成不变的，有些甚至在十几年之间就得到转换。城市空间由于小微型文化企业或是从事文化行业的自由职业者的入驻，而引发地产的升值，反而挤占了原有的企业，由利润更高的企业替代。在此过程中，如何寻求产业的经济收入与文化的可再生性之间的动态平衡，对于一个城市的文创发展至关重要。因此，"创意空间"在时间上是片段性的，在空间上具有不稳定性。应当承认的是，城市、街区、建筑物中的"创意空间"并不是通过城市规划的传统手段（如土地利用规划）所定义的。

再次，除了关注文化产业本身的发展之外，城市规划者还应关注其与其他产业之间的互动关系，如文化产业与旅游业。文化设施经常成为旅游项目，文化产品和服务也是游客选择旅游地的重要因素之一。除了促进旅游业的发展，文化产业还能改善地区的投资环境，促进其他产业的发展。传统的区位因素已经完全不能区分地区的优劣势，"软实力"在城市发展中起到越来越重要的作用，文化、文化产业、创意空间是城市"软实力"的最佳体现。诸如柏林等创意城市正是借助这股力量，行进在城市发展的上行通道中。

六、空间规划

文创城拟规划建构"一带、一轴、多区块"的空间结构，形成协调呼应、顺应自然、疏密有序、城乡融合的产业空间发展布局。

第一节　"一带"：雁栖湿地生态人文共生带

沿雁栖湖东西走向，在维护湿地自然风貌的基础上，沿湿地两侧打造绵延十余公里的亲水灵动空间，一方面，将湿地建设为山水湖草景观长廊，并在外围打造结合蓝道、绿道、步道、跑道、骑行道于一体的运动休闲"五线谱"；另一方面，在景观长廊外围，布局时尚设计、高端商务、健康养生、文化消费等低碳环保产业，形成自然景观与创意空间交相辉映的生态人文走廊。

综上，新区要坚持以构筑人与自然的生命共同体为优先原则，以会展经济与文化旅游为主题，以高端商务、医疗康养为补充内容，坚持核心突破与全域打造相结合的思路，将天府新区打造为成都市具有突出特色的低碳绿色公园城和健康生活目的地，最终形成公园城市建设新范式，在构建完整的新成都生活方式、提升天府新区品牌形象、推动经济、带动人气以及重塑人文环境等方面起到积极作用。

第二节　"一轴"：天府大道科技创意互动轴

沿天府大道南北走向，利用交通优势对接天府科技城的科技资源，在天府大道两侧布局数字创意产业。围绕影视、动漫、游戏、出版等核心内容产业，充分援引具有成都特色、川蜀特色的文化资源，立体打造一个数字内容原创社区、一个数字娱乐小镇、一个数字体验场馆、一个版权交易中心，形成"一区、一镇、一馆、一中心"的穿插布局。此外，立足中国西部国际会展中心的核心带动作用，积极延伸、整合会展产业上下游链条，在互动轴北端打造专业化、国际化、品牌化会展服务体系。

建设"创意+科技"的集聚区，其本质在于，围绕科技与创意这两大生产要素，在新区实现产业融合，进而助推新区产城融合。如果说产业融合解决的核心问题是如何激活生产要素的创新集聚、横向共振，那么产城融合解决的核心问题则是如何引导这种横向流动与当地社会生产、生活垂直共生。首先，在产业融合层面，新区要通过打造灵活、多样、高效的互动平台、交流空间、对接机制，努力提升科技、创意参与生产的能力与范围，实现这两大新要素的全节点共振，最终激发产业链的纵向整合以及产业链之间的横向融合；其次，在产城融合层面，在上述新的要素构成与关联的基础上，新区将引导全民共创、共治、共享，最终促成在产业发展与社会发展之间的良性互动。

第三节 "多区块"：产城融合功能区块

基于上述生态人文共生带与科技创意互动轴的发展，生态将逐渐从自然要素转化为产业要素，而在产城融合功能区块的建设中，生态将进一步从产业要素转化为社会要素，即生态本身将作为蓝绿交织的城市面貌、作为低碳绿色的城市服务、作为人文与自然交相辉映的城市理念，充分体现于新区的每一处景观、每一个公共空间、每一次会展活动、每一项产业布局之中。最终作为一种社会要素，生态将回归由天府新区市民、新市民、旅客共同承载的人的维度，从而让文创产业建设优化城市更新路径，以此真正服务于人民群众对美好生活的向往与需求。

为此，依据天府新区的自然、人文、交通等资源禀赋，文创城将在"一带""一轴"之外形成若干推动活力街道与特色社区建设的功能区块，具体位置包括文创城东北角、鲢鱼口水库与大林湖、大林镇、广都城二江寺遗址等，这些区块将在多形态、多功能、数字化、高品质的城市空间塑造方面精准发力，形成共性技术平台与城郊田园聚落虚实互补、重点项目孵化与公共设施优化软硬并济、特色内容引领与泛文旅圈环绕点面协同的多节点创意网络。

七、主要任务一：打造"创意+科技"集聚区

第一节 融合框架：横向共振，垂直共生

相比于传统产业集群，"创意+科技"集聚区能够形成根植性更强的在地集群，在不断吸引优秀创意人才、持续产制优秀作品的同时，还能够充分提升地方就业机会与地方品牌声誉，通过打造特色街区助力完善地方公共服务体系，最终使集聚区成为天府新区的休闲中心和娱乐中心，甚至进一步助推新区文化旅游的开发与拓展。

因此，天府新区任何与数字创意、时尚设计相关的产业布局都不应当分属各自独立的项目板块，而应当统一纳入"创意+科技"融合集聚区的建设规划之中，该建设规划具体将由"两区融合""两心融合"与"两平台融合"有机构成，由此使集聚区成为数字创意产业、时尚设计产业共同面对的基础性条件，促生产业内融合、产业间融合，最终促生产业发展与城市建设的融合。

第一，"两区融合"是指产业园区与生活社区的融合。首先要明确的是，在文创产业的要素体系中，科技权重虽然日益增加，但是位于主体地位的依然是创意人才。而"两区融合"则将产业创新视为一个社区化成果，将产业集聚视为一个社会化过程，从而将提高人才社交质量、

优化人才工作、生活处境置于激发创新的核心位置。"两区融合"将使企业间的聚集方式从单纯的专业化、生产性聚集，转向以频繁而活跃的社区化互动、非贸易合作、跨边界合作的聚集，从而使产业的聚集效应从简单的由政策、劳动力、地理临近所造成的成本优势转化为无形而富有自身创新特色的知识溢出优势，最终充分利用新区优渥的自然环境，形成生产、生活与生态的"三生"共荣，在根本上摆脱一旦成本优势丧失各企业即"人去楼空"的困局。

第二，"两心融合"是指服务中心与展示中心的融合。"服务中心"是指通过面向科技与创意融合领域企业，提升放宽住所要求、放宽冠名限制、核名自助查询、网络远程审批、五证合一等公共服务效能，进而在专利版权保护、检验检测认证、政策指导、创业指导等各方面打造一体化、一站式服务中心，全面降低入驻企业创业的资金成本、时间成本与精力成本。"展示中心"则是指依托新区先期会展资源，推动集聚区内企业与集聚区外企业、市场、研发机构对接，举办产业发展高端论坛、专题研讨，新兴产品推介会、发布会、集中展览，或具有知识普及色彩的体验乐园，以此提升集聚区的品牌知名度与行业号召力。如果说前一建设旨在对内提升集聚区的项目对接能力，那么后一建设则旨在对外提升集聚区的形象传播能力。因此，通过两心融合建设，集聚区将同时实现广纳社会资源与打通入驻渠道，并引导二者一内一外、相互配合、相互依托。

第三，"两平台融合"是指孵化平台与成长平台的融合。"孵化平台"是指围绕原创内容、原创产品、原创业态，促进行业龙头企业或骨干创新型企业与高等学校、科研院所及相关中介服务机构在数字创意、工业设计、时尚设计等领域共同构建若干集"产、学、研"于一体的高频、高效的原创能力培育基地。"成长平台"则是指，对于具有开发潜力的原创内容、原创产品、原创业态，积极跟进政策引导、人才引进、技术转让、投融资等关键要素，进而充分面向市场机制，支持平台内各主体探索完善彼此间合作的信用机制、责任机制、利益分配机制与风险共担机制。由此，孵化平台与成长平台将一前一后、前后配合，在集聚区打造从无到有、从有到强的完整创业链条，以此促使集聚区从以政府操盘为主转变为以企业共生为主，从房租收益为主转变为股东收益为主，从税源培育为主转变为创新主体培育为主，从量的扩张转变为质的提升（表7-1）。

表7-1 建设"创意+科技"集聚区的维度、内容与路径

融合维度	融合内容	融合路径
两区融合	生活社区：共创	围绕创意人才打造生产、生活与生态的共荣空间
	产业园区：共享	
两心融合	服务中心：对内	实现广纳社会资源与打通入驻渠道的互补、互促
	展示中心：对外	
两平台融合	孵化平台：前端	打造从无到有、从有到强的完整创业链条
	成长平台：后端	

第二节　项目模块：内容、人才、设计、版权

基于上述融合框架，新区可以考虑围绕内容、人才、设计、版权四大模块开展项目引进及打造。

1. 数字内容孵化项目群

天府新区应当明确内容在"科技+创意"产业圈层中的核心位置，在动漫、游戏、影视、阅读、音乐五大数字内容板块中，致力于寻找适合的突破口，通过相关领域的项目引进，提升新区在数字文化原创方面的能力。结合当前文娱运作大众化、多渠道、全版权、多媒介的发展趋向，新区可以围绕"IP+体验"这一核心主题，以原创IP夯实体验内容，以动感体验拓展IP维度，打造独具天府特色的数字内容孵化路径。

具体而言，新区可以结合区内现有优势科技资源，鼓励相关企业与内容产业深度融合，通过万物互联、沉浸传播、柔性定制、人工智能等技术路径打通内容产业与现实生活联系。具体路径可以依循以下三个方向：第一，在影视内容方面，打通创作、版权、制作之间的联系渠道，打造"一站式""场景化"观影娱乐体验。同时，连接智能汽车，对接智慧影院，打造"私人化""可移动"观影休闲体验。第二，在游戏内容方面，结合现代电竞馆的设计，打造拥有世界级舞美效果、能容纳中等规模的电竞比赛专用场馆。在此基础上，通过举办电竞赛事、商业推广、嘉年华和发布会等活动，提升新区电竞知名度，促进电竞产业上下游紧密合作。第三，在演艺内容方面，未来会对可穿戴设备在主题公园的应用进行专项研究，并且争取早日通过可穿戴设备与游乐项目的结合，让游客能够体验到更加震撼、更加刺激的感受。

2. 川蜀遗韵活化项目群

除了"IP+体验"，新区可以利用成都作为历史文化名城的资源汇聚优势，与文物保护单位、非物质遗产传承人、文化团体和企业力量展开合作，将独具川蜀特色的自然风貌、文物藏品、非物质文化技艺以及各地风物民俗予以多样形式、多种样态的活化转换，以此作为提升内容原创能力的另一路径。大力发展产品设计、建筑与环境设计、视觉传达设计等行业，使成都成为传统文化元素和现代时尚符号汇聚、融合的时尚创意之都。

一方面，新区可以充分援引互联网、VR、AR、MR、全息成像、无人机摄影等新媒介技术团队，开辟文化元素与科技展现的创新融合空间，集成建设川蜀风物虚拟体验馆、川蜀文明再现馆、数字创意博物馆、VR"云上公园"城市传播平台，打造城市公共活动新空间、新平台；另一方面，新区还可以充分援引创意设计团队，提炼川蜀文化元素，衔接川蜀传统技艺，在新区开设传统文化创意转化实践基地以及成果展销快闪店。

通过上述路径，川蜀遗韵活化项目不但可以促进传统文化资源与科技资源、设计资源的融合创新，还可以助力创新成果走进天府新区人民的生活，进而塑造天府新区厚重与动感兼容、天府故地与蓉城新里并存的独特区域形象，为成都人走进天府、驻足天府、留恋天府提供宝贵契机。

3. 时尚设计育智项目群

需要深刻认知到，创意因人才而生，因人才而起。将育智引智作为重要抓手以带动新区时尚设计产业国际化、高端化。为此，新区可以借助"一带一路"文化交流平台、中意文化交流平台，与意大利 POLIMODA 时尚学院、意大利欧洲设计学院等意大利知名设计学院展开合作，同时，积极对接四川美术学院、清华大学美术学院等国内知名艺术类院校资源，在中意文化创新产业园内打造培育设计领域尖端人才的时尚学院。

作为管理机制更加灵活、产学研更加一体化的私营培训机构，在师资、环境、培养方案等方面全面对标高等设计院校。在此基础上，学院将通过邀请国内外顶尖设计师、设计教师来院开设讲座、课程、工作坊，厚植教学能力；通过联合成都市国际时尚联合会等地方产业联盟，举办各类"时尚生活"设计成果展示、评比、推介活动，厚植教学品牌；通过与时尚企业、科技公司、传媒集团合作建立成果转化试点，厚植教学应用，最终通过设计人才的不断内生聚合，从根本上提升新区创意氛围、夯实新区创意新高地、优化新区创业软环境。

4. 工业设计嵌入项目群

积极迎合全国工业制造业转型升级趋势，瞄准转型升级关键环节和突出短板，在新区建立工业设计研发基地，吸引重点工业设计单位或高、精、尖企业研发部门在基地设立分支机构，协同聚力，推动研发设计服务与四川省制造业融合发展、互促共进。基地将引导研发设计企业与制造企业嵌入式合作，提供需求分析、创新试验、原型开发、成果交易等服务，同时整合成都高校资源，协助技术研发，助力成都市及周边地区建立完善的"创意—创新—创业"生态链。此外，基地还可以开展制造业设计能力提升专项行动，促进工业设计能力与制造业需求的精准化、柔性化衔接，带动新区及成都市工业设计行业向高端综合设计服务业转型。

5. 版权交易运营项目群

为了推进上述文化创意、科技创新成果的顺利转化，新区要立足全省建立版权交易运营中心，全面涵盖版权登记、版权代理、版权经纪、版权评估、版权维权、版权费用收取等版权中介服务，基于信息收集，通过市场化运作，集中解决供需信息不对称问题，率先布局内容版权转化，打造成都文化创新策源地。中心可以通过大数据分析版权需求的种类和版权价值的大小，还可以寻求指向明确的版权供求双方。同时，紧抓当前版权云、版权印、区块链等技术日渐成熟的机遇，显著提升版权交易平台的交易效率。在此基础上，中心可以面向设计、影视、动漫、图书、演艺、工艺美术品等细分领域，向专业化分工迈进，以此加大对精品力作的扶持力度。

八、主要任务二：构筑"会展+文旅"生态圈

第一节　融合框架：有核无界，多链整合

除了有机整合区内创意资源与科技资源的融合集聚区，对于天府新区突出的会展资源与优质的自然资源，文创城还应该针对会展产业的发展特性精耕文化与旅游的融合运作模式，积极探索并激活会展产业与文旅产业的衔接点、联动线、协同面，构筑在全区更大范围的"有核无界，多链整合"的"会展+文旅"融合生态圈。要通过空间架构创新，在长期的正式合作和非正式互动的基础上依靠新区优势要素和特色资源，在会展产业与文旅产业之间建构你中有我、我中有你、协同创新、共生共赢的生态圈层。

一方面，新区要立足于会展产业发展，充分发挥会议会展活动对旅游所起到的场景革新、聚合性提升、流量新入口的积极作用，充分发挥会展消费人群消费能力高、旅游意愿强、精神文化需求高、停留时间长的群像特点，通过设定高质量的会展主题和活动矩阵，同时满足用户远近距离的社交需求、购物需求、休闲需求，以集中化、程度高的形式，传播正面价值主张，促进产品和品牌输出。

另一方面，新区要立足于文旅产业发展，充分发挥"旅游+"模式产业链延伸、功能体复合的拓展功能，及其从"能来人"向"留住人"转变的承载功能，同时密切配合会展主题、会展动态，在旅游产品（主题乐园、生态公园、体验中心、文化演艺及衍生品、住宿及餐饮服务等）的设计上整体向休闲度假倾斜，进而可以通过结合会展议程时间来设计不同主题的特色活动及配套服务。

为此，要从会展与文旅的生态关联视角出发，按照生态系统物种间形成的原生、共生、次生、伴生关系，促进区域产业要素的相互依赖、连接与合作，形成产业关联协调、供需数量平衡、文化特色突出的"会展+文旅"生态圈。据此，该生态圈将具体由以下原生链、次生链、伴生链三条路径有机组成（表8-1）：

表8-1　建设"会展+文旅"生态圈的赋能机制与产业链规划

"会展+"赋能 场景革新、流量汇聚 要素结构升级 消费能力升级 ↓↑ "旅游+"赋能 产业延伸、功能复合 从"能来人" 到"留住人"	产业 原生链	基于新旧交错、中外交织的资源结构，以规范、绿色、专业化、国际化提升会展品牌内涵
	产业 次生链	打造契合多类型社交需求的"会展—商务—康养/主题乐园"产业链条，有效疏导会展客流二次消费
	产业 伴生链	向主题公园、养身养心、田园度假、教育培训等多业态拓展，实现会展经济向文旅经济的持续转化

第一，围绕会展本体产业内部的相互关系，打造产业原生链。

以中国西部国际博览城为核心，打造四川会展新名片。一方面，充分依托古蜀文化、三国

文化、熊猫文化、道教文化等丰富的天府文化资源；另一方面，积极围绕战略性新兴产业招展引会，夯实天府新区"天府故地，蓉城新里"新旧交错、中外交织的区域形象。同时，深化同国际知名会展企业的合作，努力提升现有品牌展会品质，进一步提升展会专业化程度、国际化程度、规范程度、绿色程度。

第二，围绕会展产业带来的大量客流所产生的二次消费，打造产业次生链。

随着会展产业集约化、专业化运营，天府新区客流增长，游、购、娱、吃、住、行等二次消费需求同步攀升，生态圈要在满足上述基本消费需求的基础上，努力实现基于会展客流的业态拓展，可以围绕"社交"这一消费主线，打造从"会展—泛社交"到"商务—重点社交"，最终到"康养—亲密社交"这一无缝衔接的产业次生链。

第三，围绕与会展产业无直接联系，却因良好的文旅氛围带动衍生的新产品、新服务，打造产业伴生链。

如果说次生链发挥的是会展产业的直接外溢效应，那么伴生链则发挥的是会展产业的间接外溢效应。在带来密集客流与密集消费的基础上，成熟的会展产业还会为地区带来技术、资金、物流、互联网等要素的集聚，利用上述要素集聚，生态圈将进一步从"会展—商务—康养/主题乐园"单向度产业链向"主题公园、运动养身、文化养心、田园度假、教育培训"等多向度、多元化产业链拓展，以精准谋划的新兴业态推动生态圈逐渐从会展本位向文旅本位转移，在全域打造具有一定知名度的精品旅游地10处左右，多形式的生态体验试点基地5处左右，精品森林旅游线路2条，森林特色小镇1个，最终实现生态圈从会展经济首度激活到文旅经济多维拓展的持续过渡、持续转化。

第二节 具体模块：品牌树立、娱情养生、空间营造

基于上述融合框架，新区可以在品牌树立、娱情养心、空间营造等模块内开展项目引进及打造。

1. 会展品牌提升项目群

天府新区要充分依托中国西部国际博览城的引擎功能，落实《成都市会展业"十三五"规划》"一区一节会"和"精品化"原则，坚持短期引入与长期培育相结合，有效平衡政府资源与市场化资源，平衡国内资源与国际领先专业能力，与专业运营商、行业协会、国际组织、领先企业建立市场化合作机制，从而充分引入各行业顶级企业、领军人物、意见领袖、科创成果等高品质产业资源，打造具有标志性的品牌化会展活动，构建"驻场明星"活动与场馆品牌相互带动的格局，进而形成高能级的"城市名片"。

为此，新区应当完善博览城周边服务功能与基础设施，以共同的目标客群为核心，打造一站式会展服务，进而构筑酒店、餐饮、商业、娱乐、总部经济无缝衔接的消费生态系统，充分实现流量导入与流量的就地变现，进而真正实现会展业对新区整体经济的拉动效益。此外，新

区还应当充分协同"科技+创意"集聚区建设的资源需求,在未来会展内容的引进上,向数字内容博览、时尚设计展销、工业设计活动的方向给予重点关注,形成全区文化产业的跨行业合力。

2. 生态体验度假项目群

为了充分激活、满足会展产业所吸引的客流二次消费需求,依托新区雁栖湖畔以及龙泉山南端良好的气候及生态环境,重点打造森林疗养项目与湖畔康养项目,带动养老、护理、餐饮、医疗、游学等多点共同发展,形成点状、组团、集约、聚合等多元建设模式,打造生态体验度假区。具体方案如下:

第一,结合佳龙森林度假小镇建设,可以通过引进日本、北欧、新加坡先进的森林疗养公司,部署森林疗养建设项目,进而辐射周边,充分发掘"林中路""林中空地"的审美意涵,尝试内在孵化音乐调理、花艺培训、手工押花课堂等各具特色的拓展项目,丰富森林养生体验维度。第二,可以通过引进田园综合体建设团队与健康服务团队,部署湖、田、园康养项目。依循以园养园、天人共生的生态循环理念,以湿地公园建设为环境依托,切合雁栖湖两岸地理形态,打造包括艾灸村、国医馆、健康管理中心等项目在内的康养功能区;打造包括房车营地、夜市商街、亲水民宿群等项目在内的休闲配套区;打造包括禅修体验、农事体验、四川传统工艺体验等项目在内的文化体验区。

3. 游乐文化引流项目群

新区可以结合天府国际旅游度假区建设,尤其是其中国际马戏演艺组团对马戏文化、游乐演艺、沉浸式体验的重点打造,积极探索该项目与"科技+创意"集聚区中"数字内容孵化项目"的共性环节,积极孵化"演艺文化+数字创意"的合作成果,集成聚合西南地区独树一帜的"动感生命"体验乐园,打造新区文化流量集聚第二极。

另外,新区还应引导度假区建设,开辟与"川蜀遗韵活化项目"的合作空间,为度假区开发富于川蜀文态特征的"IP"资源,差异化发展体现川蜀民俗特色、生态特色、产业特色的主题公园集群,规划开发以川蜀文化为主题的商业街区、艺术街区、特色风情街区、主题街区等创意街区,增强文化的对外开放性及公众参与性,建设集购物、餐饮、休闲、娱乐、推广活动、主题节庆于一体的大型消费娱乐场所。

4. 运动休闲综合项目群

基于天府新区现代五赛事中心已有产业规模,依循"全球、全民、全方位"的原则,探索从体育场馆向运动休闲综合体转型的多维路径。所谓"全球",即在射击、击剑、游泳、马术、越野跑等现代五项运动领域积极承办具有国际品牌影响力的体育赛事,打造西部中外文体交流的承载地、示范地。所谓"全民",即积极举办群众文体活动,树立"引领全民健身、助力健康中国"的区域形象。所谓"全方位",即围绕体育产业,穿插补充娱乐、餐饮、零售等业态,建立起相互依存、相互助益的能动关系。

在做优、做强综合体的基础上，新区一方面可以结合公园城市建设，依托山地、丛林、水体等地貌资源，发展户外拓展、露营，环山、环湖骑行，定向越野，水上运动等项目；另一方面，可以充分发掘"体育＋教育"的深厚市场潜力，发展少儿击剑、少年射击、亲子马术等项目，整体培育以运动为切入点、休闲为延伸点、生命经济与亲子经济为拓展点的多元体育产业生态。

5. 城市空间生长项目群

除了上述集群化、聚合式发展项目，为了充分彰显新区文创产业功能区建设所依循的"三生"融合范式，新区还须打造多形态、分布式、网络状的小功能组团，以进一步实现人民的精神消费需求、社交需求、休闲需求在地消化、短途获取。当今城市越来越体现出了文明社会中内置的冷漠与疏离等体验缺点，因此新区的发展除了强调都市繁荣、经济发展和基础设施优化外，更重要的一点就是通过增加城市公共空间以实现从产业集聚、功能拓展向活力街道、舒适社区建设转向，而小功能组团无疑为城市提供了可以"呼吸"的文化空间，是实现这一转向的关键抓手。

为此，除了公园、咖啡馆、电影院等传统城市空间建设，新区还可以以社区、街道为单位，穿插建设更具文化特色的城市空间项目，比如，音乐图书馆、城市会客书房、非动力型儿童乐园等，让民众在这里开阔视野、放松身心、愉悦性情。同时还可以建立覆盖全区的宽带光通信网络，提供无线和卫星电信服务，供新区免费上网，让数字信息服务深入城市空间的每一个角落，由此超越生态的自然维度、经济维度，达致人与社会的维度，协同营造一种特定的城市空间、服务与理念，建构产城融合的生态范式、天府样板。

九、保障措施

第一节　健全组织协调

在成都市和天府新区两级政府的统筹领导下，应建立健全党委统一领导、党政齐抓共管、宣传部门组织协调、有关部门分工负责、社会力量积极参与的工作机制。研究建立市区两级政府之间、区级政府各部门之间的沟通协调机制，协调宣传、发改、财政、税务、旅游、金融等部门，共同研究解决天府新区文创城规划建设中的重大问题，包括发布建设目标、年度计划和重点支持产业目录，协调推动重大文化项目（与数字创意、时尚设计等产业相关）落地等，将文化产业发展作为评价经济社会全面发展的重要指标落实到相关部门的工作绩效考核和领导干部政绩考核当中；认真落实各级文化经济政策，积极推动文创新城基础设施、公共服务平台和产业联盟建设。

具体而言，应优先做到：（1）加快建立统筹领导机制，形成协调文化、卫生、商务、旅游等部门协作配合的长效工作机制，以求形成合力，统筹推进各项工作。要切实结合实际制订具体实施方案，建立健全工作机制，推动各项任务落到实处，将工作责任落实到岗、到人。

（2）要建设高效合理的综合评价指标体系，统筹考察文化产业发展与区域经济建设之间的紧密联系；以国家文化产业统计标准为基础，加强文化产业相关发展指标的统计分析工作，建设信息资源共享平台，为政府决策、企业咨询、资金投入、人员流动等提供科学有效的信息支持。（3）应建立监测评估机制，由统计部门牵头，规范产业统计口径，建立相关领域企业、单位名录库，探索形成符合文创城实际、遵循统计学规律的统计方法和统计指标体系，逐步建立科学合理的产业统计制度。逐步建立政府行政权力清单、项目引进正负面清单、法人信息库、宏观经济数据库，充分整合各类政务信息资源，推进大数据库的建设和整合应用。在此基础上，加强对各类文创产业发展的运行监测和统计分析，及时、准确、客观地反映发展状况，为文创城经济社会发展的宏观调控和科学决策提供可靠依据。

第二节　完善政策体系

首先，应落实国家、四川省、成都市和天府新区支持文化产业发展的各项规划、法规与优惠政策，进一步研究制订促进文化创意产业发展的针对性政策，指导因地制宜制订发展规划和年度建设计划。各相关部门要研究制订支持创意文化产业建设发展的共性政策，加大对文创城建设的规划、土地和财政政策支持力度，积极争取国家级和省、市级文化产业专项资金及其他相关专项资金向文创城倾斜。

其次，应建立企业、项目、产品、版权、人才的认定和考评标准，作为落实各项优惠、扶持、激励政策的基础性依据；扩大文化产业发展专项资金规模，对符合文化产业规划布局的文化企业和项目通过房屋租金补贴、项目补助、贷款贴息、政策融资担保等形式予以重点支持；明确文化产业市场准入标准，完善对原创内容、创新研发、投资创业、人才激励、人才引进、对外贸易等重要方面的各项扶持政策；针对文化创意产业门类众多、分异明显的特点，鼓励企业设计服务机构独立经营，探索建立差异化的文化创意产业绩效评价指标体系和监督管理机制。

再次，强化政策协调，形成统筹体系。充分考虑文化创意产业门类的多样性和要素的复杂性，实现分类指导；同时，大力加强政策措施的全局统筹与相互协调，保证政策措施的合理制订、有序实施。共性政策集中研究、统一制订；个性政策允许先行先试、分步推行，两者有机结合；市场主导政策为主体，个性政策为配套，理顺政策体系关系，避免政策措施的重复与冲突；明确同等政策措施覆盖，促进不同主导产业的集聚；探索建立政策协调机制，强化政策沟通与管理协作。

最后，建立健全文创产业市场机制，降低文创产业准入门槛，破除文化创意产业和科技、现代服务业和传统产业融合发展的体制机制障碍，建立规划衔接、部门合作、产业联盟、技术共享、市场共建的文化创意产业融合发展机制。建立健全国际合作机制，全面提升文创城的国际化要素集聚，提升国际竞争能力。以文创城为载体，加强与国内外文化创意城市、地区间的合作交流，重点推进产业联动、版权保护、风险投资、人才培养、机制创新等方面的国际合作，加快吸引国内外知名企业、组织、大师、工作室在文创城内设立总部或分支机构，鼓励文创城内文化创意单位积极参与国际分工，承接国际文化创意类外包业务；鼓励文创城内具有国际竞争力的文化创意企业加大对外投资，通过独资、合资、控股、参股等多种形式在国外兴办文化创意企业，收购国际知名文化创意企业，逐步建立以天府新区为重要节点的全球文化创意产品和服务体系。

第三节　助力人才发展

天府新区应积极营造尊重文化、尊重创意、尊重人才的产业发展环境，加大人才引进力度，创新人才培养模式，完善人才使用机制；拓宽人才引进绿色通道，落实高层次人才激励政策，从薪酬、津贴、期权、生活环境、子女教育等各方面创造有吸引力的引智条件及创业环境；进一步强化创意人才、科技人才、对外交流人才等方面的人才培养，学历教育与职业教育相结合，完善管理人才、创意人才和营销人才的复合培养体系，建设产、学、研一体化的文化产业人才培养基地；探索新型用人机制，通过客座制、签约制、特聘制、合作工作室等形式使国内外高端人才"为我所用"，鼓励国内外优秀人才以版权、知识产权、无形资产、技术要素等作为股份参与企业利润分配。

天府新区应深入贯彻中央和四川省政府、成都市政府的意见精神，充分利用政策基础，制订有利于培养和引进世界顶级创意创新人才的政策；重点培养和引进文创领军人物、文创资本运营人才、文创科技创新人才等在蓉创新创业，与境外高校、研究机构共建高端专家智库；深入实施成都青年文艺家培养计划，推进青年高端创意人才、优秀女设计师选拔和培养计划；培养一批文化创意产业领域的领军人物、高层次文化经营管理人才、文化金融融合的资本型人才、文化科技融合的创新型人才，以及熟悉国际文化产业和贸易规则的外向型人才；鼓励建设产、学、研联动的文化创意产业创新人才培养模式，鼓励企业之间、企业与教育和研究机构之间联合组建文化创意产业专业培训网络，支持社会各界，尤其是大学生创新创业；建立健全文化创意人才的认定机制、评价体系和激励机制，建立文化创意人才信息资源库和综合保障服务平台，建立文化创意产业高级人才专项户籍指标制度，加强人才服务保障，将满足条件的文创产业"高峰人才"和懂文化、善创意、会经营的高端复合型文创类人才纳入"蓉城人才绿卡"服务体系，加大对青年文创人才的公寓、公租房保障力度，在户籍办理、子女入学入托等方面提供政策保障；设立人才专项奖励资金，并鼓励各类人才以知识产权、无形资产、技术要素等作为股份参与企业利润分配；推广人才"打包"引进模式，以团队、核心人才带动等方式大力吸引海内外优秀高端人才入驻文创城。

新区还应支持社会力量在文创城建设中建立新兴科技文创应用基地；致力于建构泛娱乐共生系统，通过企业间并购、投资等形式，形成打通游戏、文学、动漫、影视、戏剧、电竞等多种数字内容领域的业务矩阵，为地区数字创意产业维系原创能力与增进核心竞争力提供根本保障与重要支撑。

第四节　打通融资渠道

针对文化产业轻资产重创意的特点，天府新区应建立健全相关评估体系和信用体系，鼓励银行、金融机构（信贷和担保机构等）大力开展版权质押、股权融资等多种业务，探索用多种方式引导各方资本以风险投资等形式加大对文化产业的投资力度，解决或缓解文化企业、文化项目融资难题；鼓励文化创意企业通过上市、挂牌、发行债券、并购重组等方式融资，利用资本市场做大做强；积极培育文化创意产业的战略投资者，推动设立文化产业投资基金，引导社会资本加大对文化创意核心领域、文创新兴业态和重大项目的持续投入；规范、发展文化产权交易场所，完善中介服务市场，提升文创产业投资便利化水平。

鼓励文化创意企业通过并购重组、上市融资等方式，利用资本市场做大做强。优先安排符合条件的文化创意企业发行公司债、企业债、集合信托和集合债、中小企业私募债等非金融企业债务融资工具。充分鼓励和引导社会资本积极参与重大文化项目建设，积极探索社会资本投资、银行贷款、政府奖励三者结合的文化产业金融促进模式，同时努力创新多元化金融模式：如银行股权融资；基于无形资产的融资租赁；影视众筹、债券众筹；等等。充分发挥社会资本进入文化生产领域的积极作用，在文化产业市场交易繁荣的大背景下推动文化金融专业化发展。

积极引导统筹的文化创新发展专项（产业类）资金支持重点项目建设，鼓励文化创意企业、单位和重大项目按照产业定位布局落地，推动文创城配套基础设施、公共服务平台和产业联盟建设，引导和支持文化创意产业发展；鼓励设立文化创意产业发展资金，有效引导符合定位的文化创意产业和优势企业向文创城聚集。具体鼓励办法包括以下四个方面：第一，税收优惠。对具有引领作用的文化旅游企业或园区、楼宇运营商，按较低的税率征收企业所得税。由税率降低给企业带来的"收益"，主要用于企业自身的扩大再生产或文化创意与科技研发。第二，经营者奖励。对符合奖励标准的文化或旅游企业，按企业上一年上缴税收形成的区级财力部分的百分比，连续多年给予企业主要经营者（或企业领导集体）特别奖励；第三，研发扶持。对文创城内文化创意企业在引进、消化、吸收创意类、国外先进技术等时，按实际投入的一定比例给予补贴；第四，贷款补贴。对符合文创城发展方向且具有"高、精、尖"层次的文化创意企业、单位，对其实施重点项目所实际发生的贷款利息给予补贴。

第五节　夯实基础设施

天府新区文创城应以促进产业落地为核心目的，以产城融合为框架，以实现宜居的人居条件为核心目标，实现基础设施建设的跨越式发展。要以共享发展为基本理念，以公私合作为总体框架，以实现基本公共服务均等化、建设服务型政府为主要任务，大力提升公共服务承载力。根据城区发展和功能需求，引入知名文化品牌，新增产业文化展厅、博物馆、文化活动中心、邻里文化中心等公共文化设施，完善全域文化设施体系；建设和完善卫生、交通、金融、娱乐等与民众生活密切相关领域的基础设施；加强天府新区文创城设施建设，集中力量建设一批设施完善、吸引力强、服务质量好的文创基地，以提高当地游客接待能力，增强综合带动作用。此外，还应做到：

第一，突出公园城市特点，重视生态价值，建设内陆开放经济高地。围绕"一带一路"建设和长江经济带发展节点的定位，聚集发展新经济、会展经济、文创产业，加快将天府新区文创城打造为美丽宜居的公园城市先行区（立体公园城市风貌），带动成都经济高质量发展，为将天府新区文创城建设成为蜀都味、国际范儿的国际知名都市文创旅游目的地、美丽宜居公园城市的新地标、"一带一路"文化创新产业新标杆、高质量绿色发展新名片贡献力量。

第二，加强天府新区信息基础设施建设。加快建设全覆盖、多维度的感知网络系统，统一文创城的感知网络标准，规范城市公共场所摄像监控网络管理，为交通、应急和城管等多个领域提供全面的技术支持，保障全域信息及时流通。在智慧服务方面，搭建以基础设施层、系统平台层、应用平台层为框架结构，以多个系统应用为支撑的共性技术平台，实现面向文创城全用户、全需求的云计算服务，为天府新区文创城的管理服务工作提供数字化的重要保障。